希腊古代经济史

（上编）

厉以宁 著

2013 年·北京

图书在版编目(CIP)数据

希腊古代经济史/厉以宁著.—北京:商务印书馆,2013
ISBN 978-7-100-09182-4

Ⅰ.①希… Ⅱ.①厉… Ⅲ.①经济史-古希腊 Ⅳ.①F154.592

中国版本图书馆 CIP 数据核字(2012)第 104418 号

所有权利保留。
未经许可,不得以任何方式使用。

希腊古代经济史
(上下编)

厉以宁 著

商 务 印 书 馆 出 版
(北京王府井大街36号 邮政编码 100710)
商 务 印 书 馆 发 行
北京瑞古冠中印刷厂印刷
ISBN 978-7-100-09182-4

2013年6月第1版　　开本 850×1168　1/32
2013年6月北京第1次印刷　印张 35½　插页 1
定价:98.00元

序 言

马 克 垚

古希腊史可说是具有无穷的魅力,她的城邦制度、民主制度、奴隶制经济、哲学、文学、艺术等,一直是国际学术界研究、讨论的中心,有关的论文、著作汗牛充栋。希腊的遗产,无论是对人类的学术思想,还是具体的政治实践,都具有巨大的影响,所以研究者乐此不疲,不断有新的看法、新的成果出现。我国对古希腊史的学习与研究开始较晚,自改革开放以来,突飞猛进,取得了巨大的成绩,翻译、著作、论文大量涌现,成长起一代很有建树的学者,甚至可以说古典学颇有成为显学之势。但是,纵观国内学者著述,大都是力求向深入方向发展,以专题论文、专门问题的论著为主,而没有一本厚重的全面论述的希腊史。翻译过来的希腊史,有分量的似乎也只有苏联史家塞尔格也夫的一本,可惜比较陈旧。哈孟德的《希腊史》据说已经译出,但迟迟不见出版,新近译出的波默罗伊等的《古希腊社会政治文化史》还比较全面,但是和西方一般的希腊史一样,写到希腊化时期就匆匆结束了。中国学者没有写出一本全面的古希腊史,我猜想其原因之一是因为希腊史研究可谓博大精深,做一全面概括之作相当不易,所以至今还无人问津。最近厉以宁教授写出了他的

《希腊古代经济史》，读过之后，我感到这可说是一本有分量的、全面论述古希腊的历史书，为国内学界了解古希腊史搭起了方便的桥梁。

厉以宁教授的古希腊史，其特点之一是时空范围广阔，上起公元前三千年的爱琴文明，下抵公元30年埃及托勒密王朝为罗马所灭；而空间范围则囊括地中海周围，甚至东到印度河流域。这和一般希腊史写到希腊化时期就匆匆结束的格局不同，而大量写出希腊化世界的历史，也和他的《罗马—拜占庭经济史》格局相一致。另外一个特点就是内容广泛，虽然名为经济史，但他的写法是纵论政治制度、阶级斗争、阶级关系变化等和经济发展的关系以及相互影响，甚至还有文化、思想变化的内容。所以这不只是一部经济史，而是熔经济、政治、社会等于一炉的全面的古代希腊的历史。写的少的是具体的战争过程，具体的文学、艺术（雕塑、建筑）等，这些已经有大量的著作介绍了。但是，本书的最大特点，就是它不只是综合各家研究成果、对希腊古代历史的全面讲述，而且是根据具体材料，精心研究的重大理论创新之作。下面，根据个人浅见，说一说本书创新之点。

奴隶制经济：

过去大都强调古代希腊有发达的工商业。上世纪五六十年代，苏联史学更有希腊城邦内部土地奴隶主和工商业奴隶主斗争的提法，认为城邦制度的发展变化是这两派斗争的结果。后来的研究则证明希腊城邦的生产依然是农业为主。本书也认为，古代希腊文明主要是一种农业文明，农业生产是其经济基础，小农经济是她的基本经济结构，不存在大土地奴隶主和工商业奴隶主。但是本书也指出希腊有发达的工商业，特别是在雅典的伯里克利时代,雅典的货币——猫头鹰币通行于整个地中海地区,出现了专营货币兑换、存贷款业务的机关,类似现代的银行。不过不能像罗斯托夫采夫那样直接称此时的希腊存在银行和银行家,因为现代的银行是旨在促进经济活动的信贷机构,而当时希腊的"银行"主要是从事货币兑换和典当业务,大量货币依然储藏起来,不进入流通领域。

关于奴隶制经济和奴隶制社会,一般认为,古代希腊是奴隶制经济占主导的奴隶制社会。改革开放后,国内有胡钟达先生提出古典社会不是奴隶制社会的问题,引起世界史学界的注意。而廖学盛等同志则仍然坚持认为,古典社会是奴隶制社会。厉以宁的书对这一问题讨论甚多。他认为,雅典(因为古代希腊城邦众多,各城邦经济情况不同,人们往往以雅典为代表分析奴隶制经济)以小生产者所有制为主,另外还存在着四种非主流的所有制或经济成分,这就是大土地所有制、大工商业所有制、政府所有制、奴隶制经济,而奴隶制经济往往是依附于前三种经济成分。希腊奴隶制经济有一个发展过程,厉以宁从供给与需求的关系上分析这一发展过程,当因战争、奴隶贸易等的发达使供给大于需求时,奴隶制经济就得到发展,出现了排挤小生产者的情况,奴隶劳动增多。但奴隶制经济仍然不是单独存在的经济成分,而是依附性的。所以雅典不是奴隶制社会,而是城邦制度下的社会,简称为城邦社会。城邦社会并非雅典所特有,是希腊世界所共有的。城邦社会有三个特征,一,城邦的主题是公民,公民的权利平等;二,城邦的领导层是公民的代表,公民大会是城邦的最高权力机构;三,城邦中的居民严格分为等级,只有公民才有充分权利。到了公元前五世纪后期和四世纪前期,即雅典的伯里克利时代和希波战争前夕,雅典的奴隶数大为增加,虽然缺乏准确的统计数字,但其数目肯定超过了公民人数。由于到处使用奴隶劳动,公民轻视劳动和工作,这是导致城邦瓦解的原因之一。

厉以宁还考察了希腊化各国的奴隶制,在托勒密埃及,农业中传统就是由小农耕作,几乎没有奴隶劳动,工商业中使用一些奴隶。奴隶都是外族人,国家垄断奴隶贸易,还禁止在农业等行业中使用奴隶,以保持社会稳定。塞琉古王朝是原来波斯帝国的广大地盘,虽然波斯也使用奴隶,但是奴隶数目不是很多。塞琉古时期奴隶的价格呈不断下降趋势,这是因为当时奴隶的供给旺盛,而使用奴隶劳动却在不断萎缩所致。从马其顿、希腊来的使用奴隶的人已经知道奴隶劳动效率低下,难以维持,不断减少他们的使用。只有安提柯王朝,它承袭了原来的马其顿、希腊地区,城邦结构处于不断瓦解的状态,城邦中的公民人数呈下降趋势,而奴隶数目却不断加大,如雅典的公民人数一度只有万人,奴隶数目据说有40万(当然不足为信)。因为土地兼并,大土地所有制发展,大土地上使用大量奴隶劳动,手工业中奴隶劳动的数量也大为增加。不过,这三个王朝,总的说来仍然是多种经济成分并存,奴隶制也只是一种经济成分而已。

城邦制:

古代希腊的城邦制度是史学研究的重点,而城邦制度必然和古代民主制、现代民主制相联系。西方学界自 1992—1993 年召开纪念民主 2500 周年会议之后,这一研究更是一时称盛,但我国关于这一问题的论著也不少,讨论过城邦制在世界历史上是否有普遍性的问题,还有各种专门论著。厉以宁教授在本书中,对城邦制、民主制可谓甚多评论,值得引述。

厉以宁指出,城邦由公民组成,公民中有贵族与平民,贵族与平民的斗争,围绕着两个问题展开,第一是土地问题,第二是政治权力问题。土地私有之后,希腊城邦内部发生了贫富分化,贵族与平民,贫者与富者,不断围绕着土地与政治权力的分配展开斗争。由于平民派不断取得胜利,所以政治朝着民主的方向发展。这一制度调整成为不可逆转的趋势,最后大体上实现了政治平等,希腊城邦实现了民主政治,人人轮流为统治者与被统治者,以雅典最为典型。但是这一直接民主制并非没有缺陷,公民充当各种公职成为一种负担,而且也不具备成为熟练政治家的才能和训练;公民大会的许多决定都是仓促做出的,它往往成为政治野心家、冒险家的工具;民主制度的维持靠的是公民的热情与荣誉感,经济利益的考量不可能使这一热情持久不变。在贵族和平民之外,雅典没有形成有力的中产阶级,所以政治只能在贵族制和民主制之间选择,而贫富分化却使希腊城邦出现了平民极端派,他们要求重新分配土地,没收富人财产,使城邦内部斗争加剧,最后民主派和贵族派的矛盾演变为伯罗奔尼撒战争,希腊城邦之间相互残杀,战争没有赢家,是希腊世界的自我毁灭,也是希腊城邦制度的终结。

厉以宁教授对城邦制度进行了历史的分析,指出其先进性与落后性。在城邦制度的盛期,实现了政治上的民主与平等,但是城邦制度排他性太强,各城邦个个独立,不能统一,希腊城邦的公民权不能像罗马的公民权那样推广于非公民,城邦本身也就不能扩大。城邦内部充满了贵族派和平民派的斗争,而城邦之间也不断进行着争霸的战争。战争给希腊城邦制度以巨大打击,加剧了贫富分化,导致平民破产;战争的失败又揭示出希腊城邦的直接民主制往往导致决策的错误和指挥人员的无能,于是使公民本身也逐渐丧失对城邦的自豪和热情,城邦制逐渐丧失凝聚力。更重要的是,贫富分化使许多人丧失土地,城邦公民日益减少,贫穷的公民也无力参军作战,所以城邦的军队不能维持,不得已采取雇佣军制,雇佣军为金钱而战,没有城邦公民的荣誉感,于是城邦制逐渐陷入危机。原来的民主政治这时转化成为暴民政治,国家的内政外交,军国大计,完全操纵于一小撮投机家、冒险家之手,或者是群众一时冲动的随意决定,这被称为"集体僭主"。城邦的危机和社会的危机交织,民主社会转化成为恐怖社会,相互残杀,没收财产,人人陷入恐怖之中,而城邦制度本身不能解决自己的矛盾,最后只有外面的力量——马其顿的君主制解决了希腊城邦制的问题。厉以宁教授从经济、政治、社会思想诸方面,分析了希腊民主制的得失,给出了自己对这一问题的答案。他不像一般学者把希腊民主和近代西方民主联系起来考察,而是从当时历史实际出发,评价希腊民主,这是他的又一创新。

希腊化与东方化:

本书的一大特征,就是对希腊化地区的重视,对安提柯、塞琉古、托勒密三个王朝的社会历史,做了十分详细的叙述,并且使用了希腊化时期和希腊化世界这两个名词。希腊化世界指的是接受希腊文化,采纳希腊式政治体制,并且由希腊人治理的区域,即亚历山大东征所开辟的辽阔土地;而希腊化时期,是指希腊文化和东方文化相融合,从而形成希腊化世界和希腊化文化的时期。世界历史上早就有希腊化、希腊化时期等的提法,是说希腊文化对东方的影响。但厉以宁教授也认为,希腊化这个名词是有问题的,即它对希腊化中的东方因素考虑不够,所以指出希腊化文化是希腊文化和东方文化相融合的产物。这一融合过程不仅有融合,也有斗争,即两个文化的相互较量。厉以宁从政治制度、经济、社会文化生活等方面,详细叙述、分析了三个王朝希腊化的内容。安提柯王朝建立在希腊和马其顿的本土上,当然希腊文化最浓,东方化程度最低。这里政治存在着二元体制,即马其顿王国和希腊自治城市,而希腊人和马其顿人因为过去的关系,所以双方总存在着矛盾。塞琉古王朝是原来波斯帝国的土地,所以东方的色彩最为浓厚,政治上实行中央集权的专制统治,有一些希腊式城市,但自治权不大。在城市中,原来的西亚居民也日益希腊化,而广大的乡村仍然是东方式的。这里希腊人和马其顿人不存在区别,共同代表着希腊文化。埃及的托勒密王朝保留了自己的特色,王权带有神性,被认为是神的代表,实行高度中央集权的专制统治,下设省、县管理,官员由中央任命。希腊人担任政府官员和组成军队,是统治者,和当地人的矛盾较多。在文化融合的问题上,厉以宁特别提出了文化的较量现象,指出在希腊化世界,东方文化和希腊文化的较量一直在进行,在这些地区希腊化的同时,希腊人也被东方化了,希腊文化很有活力,东方文化根深蒂固,十分顽强,所以双方仍然保持着各自的领域,进行着较量。最后形成了的,既不是完全的希腊文化,也不是东方文化,而是参合了部分希腊文化和部分东方文化的希腊化文化。由于希腊化地区后来演变成为罗马帝国,所以厉以宁还讨论了希腊化文化和罗马文化的融合和较量,最后形成了拜占庭文化,希腊化文化是这一文化的主要内容,而罗马文化在较量中退出了历史舞台。

希腊化问题，不可避免地和历史学上的东方、西方问题相关联。自从 1987 年伯纳尔的《黑色雅典娜》一书出版后，此一问题又掀起新一轮的争论，厉以宁教授对这一问题的处理，是根据历史事实，保持平衡论点，所以他指出希腊文化的源头有许多是东方的，希腊化世界中，东方文化和希腊文化存在着融合和较量两方面的内容，而文化的演变则一直存在，后来地中海地区西部形成了基督教文化，东部则形成了拜占庭文化。

我对希腊古代经济史了解不多，以上评介，不一定能充分体现作者的创新，不过是作为读者的一点体会而已。还要指出的是，厉以宁是一位经济学家，他主要关注、研究的是国计民生的大问题，随着国际、国内经济运行的上下起伏，他不断提出新的见解。而已是耄耋高龄，仍然能挤出时间，完成此七十万字的经济史巨著，足成其五本经济史的系列。这一为学术奋斗不止的精神，为我们这一代学人树立了榜样，也为广大学者树立了榜样，值得我们大家学习。

马克垚

于北京大学 历史学系

2011 年 10 月 23 日

目　录

前言 ……………………………………………… 1

上编　希腊城邦制度

第一章　古代爱琴海文化 …………………… 17
第一节　克里特文化 ………………………… 19
一、传说中的米诺斯王朝 ……………………… 19
二、米诺斯王朝时期的社会经济概述 ………… 22
第二节　迈锡尼文化 ………………………… 29
一、迈锡尼文化和克里特文化的关系 ………… 29
二、迈锡尼王朝时期的社会经济概述 ………… 34

第二章　荷马史诗时代 ……………………… 41
第一节　荷马史诗和传说中的英雄人物 …… 41
一、荷马史诗 …………………………………… 42
二、传说中的英雄人物 ………………………… 45
第二节　荷马史诗时代的社会组织和经济 … 47
一、荷马史诗时代的社会组织 ………………… 47
二、荷马史诗时代的经济 ……………………… 52
三、荷马史诗时代的结束 ……………………… 57

第三章 希腊城邦制度的形成 …… 60
第一节 城邦制度形成的背景 …… 60
一、城邦制度早期的土地关系 …… 60
二、城邦制度早期的自由民 …… 67
三、城邦制度早期的奴隶制 …… 74
第二节 较早的城邦 …… 78
一、伯罗奔尼撒半岛上的城邦 …… 79
二、希腊北部和中部的城邦 …… 86
第三节 早期僭主政治 …… 89
一、僭主政治的由来 …… 89
二、早期僭主政治的结局 …… 93
三、早期僭主政治的影响 …… 94
第四节 城邦制度下的对外移民和移民城邦 …… 97
一、移民的性质 …… 97
二、母城邦政府在移民过程中的作用 …… 100
三、新城邦政府在移民过程中的作用 …… 105
四、移民的流向 …… 108
五、意大利半岛上的希腊移民城邦 …… 111
六、西西里 …… 116
七、希腊本土以东的几个移民城邦 …… 120
八、希腊世界 …… 126

第四章 斯巴达的崛起 …… 132
第一节 斯巴达城邦的建立 …… 132

一、斯巴达人进入拉哥尼亚平原…………… 132
　　二、斯巴达的社会结构 ………………………… 135
　　三、斯巴达的政治体制 ………………………… 140
　　四、斯巴达的监察官制度 ……………………… 147
　　五、斯巴达人的生活 …………………………… 150
　　六、斯巴达的经济 ……………………………… 152
　第二节　斯巴达的对外扩张 ……………………… 158
　　一、伯罗奔尼撒同盟的建立 …………………… 158
　　二、斯巴达的称霸 ……………………………… 161

第五章　雅典的发展和改革 …………………………… 167
　第一节　雅典城邦的建立 ………………………… 167
　　一、关于雅典历史的传说 ……………………… 167
　　二、雅典城邦的出现 …………………………… 170
　　三、雅典城市的建设 …………………………… 175
　第二节　雅典经济的发展 ………………………… 178
　　一、土地私有制的形成 ………………………… 178
　　二、平民和贵族斗争的激化 …………………… 184
　　三、奴隶的使用 ………………………………… 186
　第三节　梭伦改革 ………………………………… 192
　　一、梭伦改革前的政治体制弊端 ……………… 192
　　二、梭伦改革的背景 …………………………… 193
　　三、梭伦的政治体制改革 ……………………… 196
　　四、梭伦的经济体制改革 ……………………… 200
　　五、梭伦对社会秩序和社会风气的整顿 ……… 208

六、对梭伦改革的评价 ………………………………… 210
第四节　庇西特拉图僭主政治 ……………………………… 217
　　一、梭伦退休以后的雅典形势 …………………………… 217
　　二、庇西特拉图登上雅典政治舞台 ……………………… 222
　　三、对庇西特拉图僭主政治的评价 ……………………… 225
第五节　克利斯提尼改革 …………………………………… 230
　　一、克利斯提尼执政 ……………………………………… 230
　　二、克利斯提尼的改革措施 ……………………………… 232
　　三、对克利斯提尼改革的评价 …………………………… 240

第六章　希波战争和希腊境内形势的变化 ………………… 250
第一节　波斯帝国的兴起 …………………………………… 250
　　一、波斯帝国兴起前小亚细亚历史概述 ………………… 250
　　二、波斯帝国兴起前伊朗高原上的部落和小国 ………… 257
　　三、阿黑门尼德王朝的建立和扩张 ……………………… 260
　　四、波斯帝国成为希腊最可怕的敌人 …………………… 268
第二节　希波战争第一阶段 ………………………………… 273
　　一、本土战场 ……………………………………………… 273
　　二、海外战场 ……………………………………………… 279
　　三、第一阶段结束 ………………………………………… 281
第三节　希波战争第二阶段 ………………………………… 283
　　一、提洛同盟 ……………………………………………… 283
　　二、雅典和斯巴达、科林斯的矛盾 ……………………… 286
　　三、波斯帝国的衰落 ……………………………………… 288
　　四、希腊城邦分裂为两派 ………………………………… 291

第四节　雅典的伯里克利改革 … 295
一、雅典改革深化的背景 … 295
二、伯里克利执政 … 301
三、伯里克利改革的要点 … 304
四、伯里克利振兴经济的措施 … 311
五、对伯里克利改革的评价 … 315

第五节　雅典的"黄金时期" … 322
一、手工业的发展 … 323
二、商业的繁荣 … 331
三、农业状况 … 339
四、教育和文化 … 344
五、家庭生活和妇女地位 … 348
六、平民中的极端派 … 352

第六节　雅典奴隶的处境和反抗，被释奴隶 … 357
一、奴隶的人数 … 359
二、奴隶的处境 … 362
三、奴隶的反抗 … 368
四、被释奴隶 … 370
五、雅典公民对斯巴达黑劳士的态度 … 372

第七章　雅典和斯巴达之间的长期战争——伯罗奔尼撒战争 … 375

第一节　雅典和斯巴达之间矛盾的再度激化 … 375
一、矛盾再度激化的背景 … 375
二、矛盾再度激化的深层次原因 … 377

三、矛盾为什么难以缓解 ………………………… 380
第二节　伯罗奔尼撒战争 ……………………………… 384
　　一、雅典和科林斯的冲突及其扩大 ……………… 384
　　二、伯罗奔尼撒战争第一阶段 …………………… 388
　　三、伯罗奔尼撒战争第二阶段重启战争的原因 … 397
　　四、伯罗奔尼撒战争第二阶段 …………………… 401
　　五、伯罗奔尼撒战争的结局 ……………………… 407
第三节　伯罗奔尼撒战争结束后的希腊形势 ………… 414
　　一、雅典地位的急剧下降 ………………………… 414
　　二、斯巴达并非真正的赢家 ……………………… 424
　　三、底比斯的短暂兴盛和迅速衰落 ……………… 436
　　四、西西里岛形势的变化 ………………………… 443
　　五、"三十僭主政治"之后雅典政局的动荡 …… 453

第八章　希腊城邦制度危机和社会危机的交织 ………… 459
　第一节　城邦制度及其危机的含义 …………………… 459
　　一、城邦制度的含义 ……………………………… 459
　　二、城邦制度危机的出现 ………………………… 466
　　三、城邦制度的结局 ……………………………… 478
　第二节　社会危机 ……………………………………… 482
　　一、雅典的社会危机 ……………………………… 482
　　二、斯巴达的社会危机 …………………………… 490
　　三、其他希腊城邦的社会危机 …………………… 493
　第三节　希腊因城邦制度危机和社会危机交织而陷入
　　　　　意识形态困境 ……………………………… 498

一、学术界的争论 …… 498
二、思想的混乱 …… 517
三、希腊人的困惑 …… 529
四、出路何在 …… 533

下编　希腊化时期

第九章　马其顿的崛起和逐步希腊化 …… 543
第一节　马其顿的崛起 …… 545
一、希腊化的含义 …… 545
二、早期的马其顿王国 …… 548
三、菲利普二世 …… 554
四、希腊境内的亲马其顿派和反马其顿派 …… 558

第二节　马其顿对希腊的征服 …… 565
一、菲利普二世南下 …… 565
二、雅典的屈服 …… 567
三、科林斯会议 …… 572
四、亚历山大继位 …… 577
五、马其顿的希腊化 …… 585

第十章　马其顿帝国的急剧扩张和迅速崩溃 …… 592
第一节　亚历山大——征服者 …… 592
一、波斯的灭亡 …… 593
二、印度河战役 …… 605
三、马其顿帝国极盛时期的消逝 …… 608

第二节　马其顿帝国的迅速崩溃 …… 618

一、动乱 …………………………………………… 618
　　二、分治的必然性 ………………………………… 627
　　三、分治区的形成 ………………………………… 629
　　四、安提柯、塞琉古、托勒密三个王朝的建立 …… 635
　　五、马其顿帝国迅速崩溃的原因 ………………… 640
　　六、对亚历山大的评价 …………………………… 645
　　七、一个时代的结束和另一个时代的开始 ……… 654

第十一章　安提柯王朝 ………………………………… 657
　第一节　安提柯王朝的政治体制 …………………… 657
　　一、安提柯二世 …………………………………… 657
　　二、北部边境的安全 ……………………………… 659
　　三、协调与希腊城邦之间的关系 ………………… 661
　　四、处理好与塞琉古王朝、托勒密王朝的关系 … 664
　　五、安提柯王朝的东方化程度 …………………… 666
　第二节　安提柯王朝的经济和社会概况 …………… 669
　　一、安提柯王朝的城市化 ………………………… 669
　　二、安提柯王朝时期的雅典经济 ………………… 672
　　三、安提柯王朝时期的斯巴达经济 ……………… 683
　　四、安提柯王朝时期的提洛经济 ………………… 696
　　五、安提柯王朝时期的罗得斯经济 ……………… 700
　第三节　安提柯王朝走向衰亡 ……………………… 705
　　一、埃陀利亚同盟 ………………………………… 705
　　二、阿卡亚同盟 …………………………………… 709
　　三、罗马共和国和马其顿之间关系的变化 ……… 713

四、安提柯王朝的结束 …………………………… 721
　　五、对安提柯王朝的总的评价 …………………… 727
　　六、罗马占领后的希腊本土经济 ………………… 732

第十二章　塞琉古王朝 ……………………………………… 743
　第一节　塞琉古王朝的兴起 …………………………… 743
　　一、塞琉古王朝的特色 …………………………… 743
　　二、塞琉古王朝的建立 …………………………… 747
　　三、塞琉古王朝的强盛 …………………………… 749
　　四、塞琉古王朝的中央集权体制 ………………… 757
　　五、塞琉古王朝的地方行政体制 ………………… 761
　第二节　塞琉古王朝的经济 …………………………… 770
　　一、土地关系 ……………………………………… 770
　　二、手工业和商业 ………………………………… 778
　　三、奴隶的使用 …………………………………… 784
　　四、城市生活 ……………………………………… 789
　　五、犹太人 ………………………………………… 801
　第三节　塞琉古王朝的衰亡 …………………………… 808
　　一、马格尼西亚战役：塞琉古王朝由盛到衰的转折点 … 808
　　二、地方割据和独立 ……………………………… 811
　　三、帕加马王国并入罗马 ………………………… 827
　　四、犹太起义 ……………………………………… 836
　　五、塞琉古王朝的结束 …………………………… 841
　　六、对塞琉古王朝总的评价 ……………………… 846
　　七、罗马占领后希腊人在西亚的处境 …………… 850

第十三章　托勒密王朝 ········· 859
第一节　托勒密王朝的兴起 ········· 859
一、托勒密王朝的建立 ········· 859
二、托勒密王朝的强盛 ········· 863
三、托勒密王朝的政治体制 ········· 868
四、希腊人在埃及政治中的地位 ········· 876
五、托勒密王朝的法律体系 ········· 881
六、希腊人和马其顿人在埃及的融合 ········· 883
七、埃及境内的本地居民 ········· 886

第二节　托勒密王朝的经济 ········· 889
一、土地关系 ········· 890
二、手工业和商业 ········· 905
三、奴隶的使用 ········· 919
四、城市生活 ········· 922
五、首都亚历山大里亚 ········· 926
六、埃及的犹太人 ········· 933

第三节　托勒密王朝的衰亡 ········· 937
一、罗马的威胁 ········· 937
二、埃及本地人的逃亡和起义 ········· 940
三、犹太人问题的产生 ········· 947
四、罗马在地中海东部海域霸权的确立 ········· 949
五、托勒密王朝晚期的埃及本土化 ········· 953
六、托勒密王朝的终结 ········· 962
七、对托勒密王朝总的评价 ········· 970

八、罗马占领后希腊人在埃及的处境 …………… 976

第十四章　从希腊化文化到拜占庭文化 …………… 987
　第一节　希腊化世界和希腊化时期 …………… 987
　　一、关于希腊化世界的进一步阐释 …………… 987
　　二、关于希腊化时期的进一步阐释 …………… 991
　第二节　希腊文化的变迁 …………… 995
　　一、亚里士多德学说的命运 …………… 995
　　二、平民极端派过激行动的哲学基础 …………… 996
　　三、道德评价标准的改变 …………… 1001
　　四、隐世思想的抬头 …………… 1005
　第三节　希腊文化、东方文化和罗马文化的较量 …… 1009
　　一、希腊文化和东方文化的较量 …………… 1009
　　二、希腊化文化的形成 …………… 1015
　　三、希腊化文化和罗马文化的较量 …………… 1019
　　四、罗马—基督教文化的兴起和传播 …………… 1031
　　五、希腊化文化向罗马—基督教文化的靠拢 ……… 1038
　第四节　罗马—基督教文化的分化 …………… 1042
　　一、罗马帝国分裂的文化背景 …………… 1042
　　二、基督教会分裂的文化背景 …………… 1048
　　二、中世纪西欧封建文化的形成 …………… 1050
　　四、走向拜占庭文化 …………… 1055

引用书刊索引 …………… 1067
后记 …………… 1103

前言

一、

《希腊古代经济史》一书,按出版年份排列,是我的西方经济史系列著作中的第四本。如果按历史顺序来排列,那么它应为第一本。这四本书的历史顺序是:

1.《希腊古代经济史》
2.《罗马—拜占庭经济史》
3.《资本主义的起源——比较经济史研究》
4.《工业化和制度调整——西欧经济史研究》

这四本书都由商务印书馆出版。

在1982年,我和我的老师罗志如教授还合著过一本经济史著作:《二十世纪的英国经济:"英国病"研究》(人民出版社出版)。加在一起,按历史顺序排列,我一共有五本关于西方经济史的著作,第五本就是《二十世纪的英国经济:"英国病"研究》。

这些著作都是根据我多年以来学习西方经济史的读书笔记、讲义和手稿整理出来的。

二、

呈现在读者面前的这本《希腊古代经济史》,分为上下两编，共十四章。

上编"希腊城邦制度"，包括八章。下编"希腊化时期"，包括六章。我认为，最能反映我的观点的是上编中的第五章"雅典的发展和改革"、第六章"希波战争和希腊境内形势的变化"和第八章"希腊城邦制度危机和社会危机的交织"，以及下编中的第十二章"塞琉古王朝"、第十三章"托勒密王朝"和第十四章"从希腊化文化到拜占庭文化"。

下面，在这篇"前言"中，我将扼要介绍一下我在这几章中所表述的基本观点。

三、

关于"雅典的发展和改革"（第五章）。

本书认为，雅典城邦的建立是一个纯粹产生于部落内部的融合过程，是部落和氏族成员自愿结合的结果。斗争和冲突产生于内部，即氏族贵族和平民之间，二者都是自由民，他们之间的冲突是利益之争，贵族力图保持过去的、既得的利益，平民则主张修改过去的规定，以保证平民利益的增加。

在雅典，长期维持土地氏族共有、家庭分得份地的制度。领取份地是公民的权利，公民权与土地权是紧密结合在一起的。但人口增长快，土地资源紧缺，多年来已经分配给公民家庭的土地由于世代相传，子嗣繁衍，土地细分，渐渐成为实际上的私有财产。土地有好有坏，人均土地有多有少，年成丰歉不一，结果，公民作为小土地所有者，就出现了贫富差别。于是平民与贵族之间便展开了长期的斗争。斗争大体上围绕着两个主题进行：一是土地兼并问题，二是政治权力分配问题，即现实社会中，政治权力由贵族集团把持,平民被排除在外。

雅典城邦建立后奴隶的使用日益普通。但雅典经济一直是多元的,所有制结构也是多元的。小土地所有制依然为主,此外还有大地产制、城邦所有制(以矿山为主)和私营工商业经济等。奴隶制经济只是多元经济成分中的一种,而且是依附于其他所有制的,如依附于大地产制、城邦所有制、私营工商业经济等,那里都使用了奴隶。即使是主要的经济成分——小土地所有制,也有使用奴隶的。

因此,把雅典社会说成是"奴隶制社会",是不妥的。"奴隶制社会"这个概念模糊不清。本书不使用"奴隶制社会"这个词。本书认为,希腊各个城邦的社会是城邦社会,雅典社会是城邦社会的典型之一。在城邦社会中,公民是主体,公民中的贵族和平民之间的矛盾始终是主要的。城邦有自己的一套制度,城邦不合并,不统一,独立自主。这在全世界是仅有的。在世界上其他地区,在原始社会解体之初,也有过一些小国(城邦),但它们或者自行合并统一了,或者被附近的大国吞并统一了。没有像希腊本土的各个城邦那样,一直坚持独立,并长达几百年。

在公元前594年到公元前572年间,梭伦担任了长达22年的雅典执政官,他推行了政治体制改革和经济体制改革。这是雅典自建立城邦以来的第一次重大的制度调整,而这场制度调整是从调整所有制开始的。产权的界定和清晰化,是所有制调整的核心。他要保护的是小土地私有,他要制止或限制的是大地产制。他认为只有这样做,才能使雅典城邦建立在牢固的基础之上。总的说来,梭伦的改革是稳健的。雅典城邦制度并没有因梭伦改革而改变。但梭伦的改革只是此后雅典一系列改革的开始,雅典社会依然保留了较多的氏族社会残留下来的东西,贵族与平民之间的斗争仍在继续。

然而,一旦改革的车轮启动了,接踵而来的制度调整就挡不住了。雅典作为城邦社会既然走上了制度调整之路,就没有任何人有力量使改革的车轮停止前进,更不必说向后倒退了。

四、

关于"希波战争和希腊境内形势的变化"(第六章)。

希波战争结束后,雅典成为地中海东部地区的海上霸主。波斯帝国退缩于西亚。这时的希腊城邦大体分为两个阵营,一是以雅典为首的、参加提洛同盟的城邦,另一是以斯巴达为首的、参加伯罗奔尼撒同盟的城邦。双方继续斗争。

在雅典,贵族与平民之间的冲突呈现激化的趋势。在斗争中,主张继续推进改革的平民派逐渐居于优势地位。公元前461年,平民派把伯里克利推举为雅典最高领导人,由此开始了伯里克利改革。伯里克利采取的仍是渐进式的制度调整,贵族寡头政治一步步退出了历史舞台,公民权利趋向于平等,民主政治基本上确立了。

制度调整是完善雅典城邦制度所必需的。制度调整让平民得到了实惠,这样,就只能沿着这条路走下去,谁也不可能宣布撤销已经做出的决定,否则雅典社会就会大动荡,就会内乱,甚至会给平民极端派一个借口,乘此机会进行极端的行动。贵族也不得不承认现实,接受制度调整的结果。这就是制度调整不可逆性的反映。

伯里克利执政时期,雅典进入了它的"黄金时期"。手工业、国内外贸易、信贷业、农业都有较大的发展。与此同时,城市生活条件改善,社会安定,文化和教育也都有进步。但与此同时,奢侈、铺张和相互攀比之风传开了,有人为此炫耀,认为非如此不足以表现雅典鼎盛时期的富庶,也有不少人对此进行谴责,因为在雅典城邦中仍有穷人。

雅典社会中当时已经形成了一个中产阶级或中间阶层,但人数还不多,还不足形成贵族和平民两大势力之外的足以平衡局势的第三种力量。人们只有在贵族寡头政体和平民政体之间做出选择。已经出现的中产阶级,在某些场合同贵族寡头派站在一起,在另一些场合又成为平民派的支持者。在雅典的城邦政治中,中产阶级不可能成为一支独立的政治力量。这是它同后来的中世纪晚期西欧城市的重大区别。

在处于"黄金时期"的雅典,奴隶人数增多了,使用奴隶比过去更加普遍了,但即使在这一时期,奴隶制经济依然只是雅典的多种经济成分之一,并且在许多场合仍是依附于其他经济成分的。如私营手工业、商业、船运业中使用了奴隶,城市所有制经济(如矿山)中使用了奴隶,大地产中使用了奴隶,一般家庭中也使用了奴隶。不能认为这一时期的雅典社会成了"奴隶制社会"。雅典的经济依然主要是小生产者经济,包括小土地所有者、小手工作坊、小商业等。传统农业和手工业在雅典"黄金时期"不可能把雅典带进工业化,传统农业和手工业再发达也做不到这一点,正如传统工业今天绝不可能把现代国家带进信息化一样。

由于奴隶的反抗也在激化,役使奴隶的主人感到使用奴隶常常是不合算的,于是在这一时期,通过赎买和主人的"恩典"

等方式来释放奴隶的现象增多了。政府也释放奴隶,其中有些奴隶是在政府部门工作的,释放后仍留用。被释奴隶是自由人,但不是公民,所以不能拥有地产。

五、

关于"希腊城邦制度危机和社会危机的交织"(第八章)。

在伯罗奔尼撒战争结束后,希腊城邦制度很快就陷入了危机。经济的发展和土地的兼并、集中,贫富差距扩大和社会动荡不宁,使城邦制度过去长期赖以存在的经济基础动摇了。贵族和平民之间的斗争不断激化,平民中的极端派的号召力增大了,他们不顾已形成多年的法律和秩序,夺取了政权并实行了极端的政策,富人被杀,被剥夺或逃往国外。中产阶级不仅受到波及,而且受到平民极端派打击最重的正是中产阶级。中产阶级在雅典等工商业繁荣的城邦中,迅速萎缩。在混乱中,几乎所有能够活下来的公民都处于困境。公民们自己的日子既然这么艰难,对前途还能有什么指望?城邦制度还能这样维持下去吗?

城邦制度危机还同社会危机交织在一起。企业的日子越来越不好过,失业人数增多了,失地农民也不断增加,希腊许多城邦都处在混乱无序状态。公民兵役制维持不下去了,代之而起的是雇佣兵制度。雇佣兵根本没有什么保家卫国的观念,谁给薪酬就替谁打仗,毫无诚信可言。无论是战胜的一方还是战败的一方,雇佣兵在领不到薪酬或者在薪酬无法使他们满足的时候,抢劫便成为他们的生财之道。希腊城邦向何处去?希腊社会的出路在哪里?这成为公元前4世纪前半期希腊大多数城邦的公民们反复思考的问题。

在这种形势下,要想恢复兴盛阶段的城邦政治已经绝无可能。那么能不能走联合、统一的道路?这也只是一种愿望。困难在于每一个城邦都要捍卫自己的主权、自治权,没有一个城邦愿意放弃独立。

在这种形势下,对希腊城邦前景的学术研究和讨论已没有人感兴趣了,也没有人关心这种研究。各种各样的社会思潮都涌现出来。这是一个不同社会思潮都有市场的年代。有悲观主义的,有逃避现实的,有主张享乐的,也有厌世的。各种社会思潮都有一批信徒,谁也说服不了谁。

泛希腊主义就是这些社会思潮中的一种。泛希腊主义的宗旨是为陷入危机中的希腊城邦找到一条出路,也就是要寻找一种强大得足以统治全希腊,并领导希腊人共同对付东方强敌的政治力量。通过这一过程,才能把希腊带离苦海。

然而,在希腊本土的城邦中是找不到这种政治力量的。伯罗奔尼撒战争中,雅典和斯巴达实际上是两败俱伤,谁也承担不了统一希腊的使命。那就只有到希腊本土以外去找。

希腊本土以北的马其顿王国便是这种被一部分希腊人寄以希望的、可以率领希腊人一致对外的政治力量。尽管马其顿人一直被希腊人看成是蛮族,但这种看法是可以改变的。于是在希腊一些城邦中相继出现了"亲马其顿派"。与此同时,在同一些城邦中也出现了"反马其顿派"。他们不断辩论,以证明自己的主张是对的。

但历史并不以他们的辩论而变更自己前进的轨迹。马其顿王国崛起了,马其顿人在国王菲利普二世率领下,南下了。马其顿军队击败了希腊城邦联军,占领了希腊本土。维持了数百年之久的希腊城邦制度结束了。留下的,除了"反马其顿派"坚持反抗、斗争外,"亲马其顿派"也大为失望,因为向来被希腊人崇尚的民主和宪制消失了;城邦只是名义上还保留,它只剩下形式。

六、

关于"塞琉古王朝"(第十二章)。

在亚历山大帝国解体后新成立的三个希腊化王朝中,安提柯王朝的东方化程度最低,塞琉古王朝的东方化程度最高,托勒密王朝居中,并具有自身的特色。塞琉古王朝的东方化程度之所以最高,一是由于这里原是波斯帝国直接统治的核心地区,二是塞琉古王朝为了巩固政权,必须更多地采纳东方的政治制度。与此同时,叙利亚北部作为塞琉古王国的中心,这里的希腊味最浓,被人们称为"第二个马其顿"。叙利亚一面临海,北部是小亚细亚,那里有一些希腊移民城市,向东和向东南走,则全是西亚人地区,因此,被称为"第二个马其顿"的地区实际上处于西亚人包围之中。

在政治体制上,塞琉古王朝不像安提柯王朝那样存在着二元政治体制(既存在一个马其顿王国,又存在若干个希腊自治城市)。希腊本土的城市自治,外交上听命于马其顿王国,军事上受到马其顿在希腊本土的驻军的控制。在塞琉古王朝辖区内,虽然有不少希腊式城市,它们也有一定的自治权,不过这些希腊式城市都是从属于塞琉古王朝中央政府的。中央高度集权,国王总揽大权,这是塞琉古王朝体制的特征。从社会制度上说,塞琉古王朝和安提柯王朝一样,都是专制的封建王朝,那里的社会都是封建社会。

塞琉古王朝的中央高度集权,也体现于王室成员、贵族等都没有自己的世袭封地,也没有属于自己的军队。地方实行行省制,行省的长官由中央派出,由国王任命。

在塞琉古王朝的城市中,除了有新建的希腊移民城市外,还有一些以西亚本地人为主的城市。但城市中的西亚人,尤其是上中层成员,都接受了希腊式教育,采取了希腊人的生活方式。他们同城市中的希腊人交往频繁,通婚的也越来越多,城市中的希腊化趋势越来越明显,本地上层社会的希腊化更为突出。但在塞琉古王朝的乡村,则仍然保留东方原有的习俗和生活方式,宗教信仰依旧是东方的。

塞琉古王朝和安提柯王朝的另一个重要区别是双方对马其顿人的看法截然不同。在安提柯王朝,希腊人始终同马其顿人心存芥蒂,总认为马其顿人是统治者,希腊本土被迫屈从于马其顿,希腊人是被压迫者。而在塞琉古王朝,马其顿人和希腊人都是外来的,他们不分彼此,都认同对方是自己人,马其顿人和希腊人合而为一了。在马其顿—希腊人的周围都是西亚本地人,这才是他们共同的对手,但又必须长期共处。正因为马其顿人和希腊人相互认同了,希腊文化被他们共同接受了,二者又处于东方环境中,于是就形成了把希腊文化同东方文化结合在一起的希腊化文化。塞琉古王朝在这方面和托勒密王朝相似,而与安提柯王朝有区别。

塞琉古王朝最大的危险,在罗马人征服迦太基和消灭安提柯王朝之前,不是罗马人,而是内部的地方割据势力。对塞琉古国王来说,在这一大块原波斯帝国的领土上,地方向心力本来就不强,那里的许多居民原来是被波斯帝国征服的,离心力一直很强。塞琉古王朝前期,这些地方都屈服于塞琉古王朝的强大兵力,所以表面上顺从塞琉古王朝;到了塞琉古王朝军事力量因忙于连年同托勒密王朝交战而削弱后,地方割据现象就一再出现,它们纷纷宣告独立,脱离中央。塞琉古王朝最后只剩下两河流域的一部分和叙利亚。罗马军队在这种形势下由小亚细亚南下,结束了塞琉古王朝。安提柯、塞琉古王朝都不存在了,都被罗马灭掉了,托勒密王朝还能维持多久?

七、

关于"托勒密王朝"(第十三章)。

埃及有古老的文明。波斯帝国曾两度统治埃及。亚历山大是从波斯帝国手中把埃及夺过来的。托勒密一世在埃及这块土地下建立了托勒密王朝,存在了将近三百年。

这是一个很有特色的、希腊化的封建王朝。在王权与神权的合一方面,托勒密王朝在三个希腊化王朝中是最突出的。这是因为,古代埃及的国王都被臣民尊奉为神或神的儿子,那时的国王称做法老,法老既是政治领袖和军事领袖,又是大祭司,即宗教领袖。亚历山大击败波斯帝国,占领巴勒斯坦后,把自己装扮成神的儿子进入埃及境内,这样就得到埃及本地人的拥戴。托勒密一世和以后历代托勒密国王,都让埃及祭司为自己大造舆论,以神的化身自居,传达"神谕"。

在政治上,托勒密王朝和塞琉古王朝一样,都是中央高度集权的体制。全国分设省(州)和县,省(州)县两级地方行政官员都由国王任命。托勒密王朝不分封王公贵族,他们有领地,这是国王赐给的,他们只是靠田庄取得收入,不管地方事务,也没有军队指挥权。

托勒密王朝重视发展经济,并且对经济活动实行了严格的管制措施。土地国有;手工业工匠人身自由受限制,不能自由择业,父子相承,世代从事某一行业的工作;榨油、食盐、纸草甚至烟香的生产和销售,全都掌握在政府手中;实行包税制,等等,使托勒密王朝的经济带有很大的管制色彩。私人投资、私人开办工商业企业以及私人贩运商品,都是政府允许的,但私人领取营业执照,手续繁多,税负也重。特别在金融方面,托勒密王朝在继承雅典兴盛时期有关金融业的经验的基础上,除了发展私营金融业以外,更重要也更有特色的是建立皇家银行及其庞大的分支机构体系,使之成为托勒密王朝的信贷中心、理财中心。

托勒密王朝也普遍使用奴隶。奴隶是外国人或战俘。奴隶属于王室和私人。奴隶贸易由国家垄断。奴隶制经济也是托勒密王朝多种经济成分中的一种,并且是依附于王室经济、私营经济和小生产者经济的。托勒密王朝境内,广大农村中,除了神庙土地有时使用一些奴隶耕种外,农民都是王室土地、神庙土地的佃户,他们不使用奴隶。

托勒密王朝前期是强盛的,希腊人是军队主力,希腊人担任地方行政机构的正职,埃及本地人不被招募到陆军之中。后来,由于托勒密王朝和塞琉古王朝之间多次发生战争,托勒密王朝深感兵源不足,所以从托勒密王朝中期以后,也从埃及本地人中招募陆军士兵。埃及本地人的军队成立后,埃及人在国内政治中的发言权大为增加,地方不听命中央,埃及各地社会上层成员不服从国王的事件时有发生。埃及军队哗变的事件使托勒密王朝难以应付。于是从公元2世纪中期起,托勒密王朝推行埃及本土化措施的步伐大大加快了。埃及祭司被赋予更大权力,埃及本地人可以担任地方行政机构正职。但埃及本土化未能挽回托勒密王朝的命运。希腊人在埃及的统治走到了尽头。罗马大军压境,托勒密王朝终于被罗马征服。

八、

关于"从希腊化文化到拜占庭文化"(第十四章)。

在希腊化世界,希腊文化和东方文化一直在悄悄地进行较量,经过长时期的碰撞和摩擦,逐渐形成了希腊化文化。希腊化文化是改变了的希腊文化和原波斯帝国土地上的东方文化一部分内容融合之后的产物。罗马征服了希腊化世界后,在这里又产生了希腊化文化和罗马文化的较量。

然而,在希腊化文化和罗马文化较量过程中,罗马文化自身也在悄悄地变化。帝制代替了共和国,对政府领导人制衡的传统淡薄了,罗马文化和当初刚进入西亚、北非的希腊文化一样,也吸纳了东方文化的一些内容。前期的罗马文化渐渐演变为罗马帝国文化。希腊化文化同罗马帝国文化在原来的希腊化世界的土地上继续较量。

基督教产生了,它起初处于非法状态,秘密传教,赢得不少人的信仰。罗马帝国起初采取镇压措施,但抵挡不住基督教影响的扩大。到公元4世纪初期,连罗马皇帝君士坦丁一世也转而信仰基督教了。到公元4世纪末,基督教被定为罗马帝国的国教。于是罗马文化又演变为罗马—基督教文化。罗马帝国也分为东帝国和西帝国。

接着,西罗马帝国灭亡了,在西欧和意大利半岛上成立了若干日耳曼王国。在西部,蛮族文化逐渐取代了罗马文化,蛮族—基督教文化逐渐取代了罗马—基督教文化,后来就成了中世纪西欧封建文化。东罗马帝国仍继续存在,它始终以罗马帝国自居,在查士丁尼一世临朝期间,他还收回了西部大部分土地。希腊化文化和罗马文化的较量也在继续进行。

在西部,日耳曼人,从国王到普通人,后来都信奉了基督教,并成为虔诚的基督徒。但他们全都不接受罗马—基督教文化中所谓罗马皇帝与上帝合而为一的说教。在西欧的日耳曼人中,罗马—基督教文化中的"罗马"一词已被抛弃。但基督教文化被保留下来。罗马文化失去了对西部的影响,只有拉丁语言文字仍被使用。

在东部,情况与此截然不同。到了查士丁尼时期,罗马—基督教文化演变过程一直没有停止,最终形成了拜占庭文化。罗马文化在东部的最后痕迹也消失了:皇位早已成为世袭的,元老院仅仅留下一种形式,不起任何制衡作用,而成为皇帝的工具;连元老院成员的结构也变了,这些人不再是世家名门出身的代表,而成为皇帝宠信的新贵的代表。军队也变成了以雇佣军为主。

拜占庭文化成为主流,希腊化文化成为拜占庭文化的主要成分,并且吸纳了更多的东方文化的内容。基督教一统天下。罗马占领雅典后的几百年内,雅典一直保留下来的非罗马、非基督教的文化教育中心被关闭了,教授们被迫逃往外地。皇帝本人被更加神化。拉丁语言文字早被废弃不用,只有希腊语言文字才是官方的。

在希腊化文化同罗马文化的较量中,在原来的希腊化世界,希腊化文化占了上风,罗马文化退出了历史舞台,留下的是基督教文化,而基督教文化并不发源于罗马,因为罗马宗教是多神教。

从政治史的角度看,罗马灭掉托勒密王朝(公元前30年)标志着希腊化世界的消失和希腊化时期的结束。而从文化史的角度看,1453年奥斯曼帝国攻陷君士坦丁堡,灭掉了拜占庭帝国的最后一个王朝——佩利奥格洛斯王朝,才算是希腊化时期的告终。

上编

希腊城邦制度

第一章 古代爱琴海文化

希腊境内最早有人居住大约在2万年以前,他们住在希腊东南部山地的洞穴内。① 公元前10000年到前8000年,他们经历了从旧石器时期到新石器时期的过渡,这时开始出现农业和持久性居住地。② 公元前7000—前6000年,在东南欧,包括希腊在内,农业和饲养业都有所发展。到公元前7000—前5000年,希腊境内一些肥沃的平原上已经有了由永久性住房构成的居民区。③ 大约在公元前6000—前5000年间,希腊本土已开始出现村落。④ 公元前3000年以后,克里特同埃及之间有了间歇性的商业往来。⑤ 这就是目前所了解到的有关希腊的最早情况。

希腊本土的居民在公元前2000—前1000年之际,是说希腊语的,他们是最早使用希腊语的人。⑥ 然而在希腊本土以南,

---

① 参看T. R. 马丁:《古代希腊:从史前到希腊化时期》,耶鲁大学出版社,1996年,第5页。
② 参看同上。
③ 参看同上。
④ 参看琼斯:"米诺斯人和迈锡尼人",载斯特兰编:《古代希腊的贡献》,浩特、莱恩哈特和温斯顿出版公司,纽约,1971年,第49页。
⑤ 参看同上。
⑥ 参看波德曼:《前古典时期:从克里特到古风时期的希腊》,企鹅图书公司,哈蒙兹渥斯,1967年,第18页。

在地中海的克里特岛上,却住着另一个种族,他们有自己独特的文化,使用自己特有的语言。这就是本章所要考察的克里特文化。① 也可以说,克里特文化是最早的希腊文化。

希腊文化最早开始于古代爱琴海文化和荷马史诗时代,这大体上包括公元前 3000 年到公元前 800 年这段时期。但这是一个缺少文献资料的时期,而历史上的传说又不一定可靠,所以只能根据考古资料,以及学者对考古遗址和出土文物的研究才能对当时的情况有所了解。考古发掘和研究从 19 世纪后期开始,除了第二次世界大战期间停顿而外,直到现在仍在不断进行,新的考古发现和新的研究成果相继出现,新研究成果修正过去的看法,是不足为奇的。②

历史上的传说并非完全不可信,但其中确有不少令人难以相信的部分。加之,"有关的传说既不连贯,又不完整"③,所以很难把它们串联起来,说明真相。然而我们应当懂得,"过分依赖考古资料、强调中长期趋势",也是有缺陷的,这不仅使"早期希腊史不再那么富有传奇色彩",而且也会使早期希腊史"失去了它应当具有的激情和生动"④。对荷马社会的研究尤其如此。

这样,对古代爱琴海文化的研究,可能目前还只能主要依靠考古资料,而对于荷马史诗时代,除了应当更好地利用考古资料

---

① 参看波德曼:《前古典时期:从克里特到古风时期的希腊》,企鹅图书公司,哈蒙兹渥斯,1967 年,第 18 页。
② 参看晏绍祥:"早期希腊史研究的新趋势",载晏绍祥:《荷马社会研究》,附录 2,上海三联书店,2006 年,第 338 页。
③ 同上书,第 335 页。
④ 同上书,第 344 页。

以外,也应当谨慎地利用文献资料和传说。①

第一节 克里特文化

一、传说中的米诺斯王朝

爱琴海是地中海东部一片广阔的海域,其中有许多岛屿,克里特岛就是这些岛屿中的一个。它是地中海东部第二大岛(面积8,220平方公里),仅次于塞浦路斯岛(面积9,200平方公里)。

克里特岛是一个富饶的地方,北部隔海约120公里是希腊本土,南部隔海是非洲的埃及。荷马史诗中曾经提到克里特岛,说那里土地肥沃,人口众多,有许多城市,但后来被希腊人忘记了。希腊人后来只是从传说中隐隐约约地知道克里特岛有过一段繁荣的岁月,但这仅仅是传说而已。

揭开古代克里特文化之谜的,是19世纪晚期和20世纪初期的英国考古学家伊文思和他领导下的发掘队伍。继伊文思之后,欧洲其他国家的考古队也陆续来到克里特岛,进行发掘。终于在20世纪30年代以后,随着一些重要的考古发掘报告的出版,人们开始对古代克里特文化有了初步了解。

据专家们的意见,古代克里特文化可以分为三个阶段:早期米诺斯文化,中期米诺斯文化,后期米诺斯文化。从年代上看,

---

① 参看晏绍祥:"早期希腊史研究的新趋势",载晏绍祥:《荷马社会研究》,附录2,上海三联书店,2006年,第345—346页。

早期米诺斯文化相当于埃及第 9 王朝以前,大体上是埃及古王国时期;中期米诺斯文化相当于埃及第 10 王朝至第 17 王朝,大体上是埃及中王国时期;后期米诺斯文化相当于埃及第 18 王朝以后,大体上是埃及新王国时期的初期。①

具体地说,早期米诺斯文化,大约是从公元前 3000 年到公元前 2300 年。早期米诺斯文化的末期,大约在公元前 2600 年以后,正处于新石器时期向青铜器时期的过渡阶段,或称做石器和青铜器并用时期,这已被考古发掘所证实。但后人对米诺斯人的社会组织状况不了解,只能推测当时克里特岛上有若干部落,它们被山脉隔开,每个部落由一位酋长统治,下面又分为若干村落,居民从事农业和饲养业,这是他们赖以生活的行业。②在埃及、叙利亚、巴勒斯坦、爱琴海各岛屿和希腊本土,都发现了米诺斯的陶器,可见米诺斯人当时在地中海东部地区的贸易中居于重要地位,他们输出葡萄酒、橄榄油、金属器皿和陶器。③米诺斯人也向爱琴海一些岛屿移民、经商。④

中期米诺斯文化大约是从公元前 2300 年到公元前 1600 年。这时青铜器已被大量使用。在社会组织方面,据考古发掘的结果看,当时已经形成了国家,可能还是多个小国并存,因为在不同地点发掘出宫殿遗址,宫殿规模都不大。这些米诺斯人来自何处？可能来自地中海南岸,一种说法是来自

---

① 参看柴尔德:《欧洲文明的曙光》,陈淳、陈洪波译,上海三联书店,2008 年,第 25 页。
② 参看琼斯:"米诺斯人和迈锡尼人",载斯特兰编:《古代希腊的贡献》,浩特、莱恩哈特和温斯顿出版公司,纽约,1971 年,第 50 页。
③ 参看同上。
④ 参看同上。

古代埃及。① 看来克里特岛与古代埃及关系密切,克里特文化受到古代埃及文化较多的影响。② 目前的解释是:埃及人渡海来到克里特岛,除了出土器皿的形状和选料可以为证外,在克里特"早期墓葬中发现的一些尼罗河流域宗教习俗"③,同样表明了这一点。

中期米诺斯的宫殿被称为旧宫。它们被损毁的时间大约是公元前18—17世纪,④为什么会损毁?一种说法是由于自然灾害(如地震),但也有可能是内战所致。

后期米诺斯文化大约从公元前1600年到公元前1100年。这时的米诺斯王朝可能是一个统一的国家,因为王宫设在克诺萨斯,气势雄伟,装饰华丽,遗址墙壁上的壁画反映了它极盛时期的辉煌。这时建立的王宫被称为新宫或第二宫。⑤ 它们是在旧宫废墟上建立起来的,并且距旧宫的破坏并不很久。⑥ 从考古资料发现,米诺斯人是一群活泼的、快乐的、感情丰富的人,他们喜欢靓丽的颜色,喜欢玩复杂的棋戏,穿着精致的服装。他们的住房,有的有五层楼高,有明亮的天井、收进去的阳台。⑦ 他们在建筑上也有一些创造,例如王宫中有水管系统,甚至还有冲

---

① 参看陈志强:《巴尔干古代史》,中华书局,2007年,第54页。
② 参看同上。
③ 柴尔德:《欧洲文明的曙光》,陈淳、陈洪波译,上海三联书店,2008年,第23页。
④ 参看吴于廑:《古代的希腊和罗马》,三联书店,2008年,第2页。
⑤ 参看同上。
⑥ 参看同上。
⑦ 参看波拉等:《古典希腊》,时代—生活丛书出版公司,亚历山大里亚,美国弗吉尼亚州,1977年,第31页。

水的卫生间。①

米诺斯王朝大约兴盛了三百年。公元前1400年前后,新王宫又遭摧毁,原因依然不明。一种可能是公元前1700年前后的大地震所造成的灾害。② 遗址的发掘显示了地震时神殿石块和陶罐在倒下时都有一定的倾斜度。虽然地震不一定会灭掉一个国家,而且这次大地震之后也有过恢复重建,③但地震确实使米诺斯王朝的国力受到很大损害,为外族入侵创造了条件。传说中王宫所在地克诺萨斯是不设防的,后经遗址发掘证实了这一点。"克诺萨斯是不设防的,其统治者必定控制着海面"④,而"广阔的宫殿则证明了它的财富。克诺萨斯极为复杂的布置表明它是一个行政管理中心,而不是要塞"⑤。最后,多利亚人从希腊本土侵入克里特岛,米诺斯王朝灭亡。克里特文化从此长期从人们记忆中消失。

二、米诺斯王朝时期的社会经济概述

关于早期米诺斯文化和中期米诺斯文化,尽管可以根据对遗址的研究多多少少知道一些,但那只是零星的、局部的资料。目前能够了解得比较多的,主要是后期米诺斯文化的情况,也就是米诺斯王朝时期的情况。

---

① 参看波拉等:《古典希腊》,时代—生活丛书出版公司,亚历山大里亚,美国弗吉尼亚州,1977年,第31页。
② 参看布朗主编:《失落的文明:爱琴海沿岸的奇异王国》,李旭影译,华夏出版社、广西人民出版社,2002年,第106页。
③ 参看同上。
④ 基托:《希腊人》,徐卫翔、黄韬译,上海人民出版社,2006年,第12页。
⑤ 同上书,第15页。

第一章 古代爱琴海文化 23

从克里特岛同周围其他小岛的往来,可以了解船舶的建造当时已达到一定的技术水准。从考古资料了解到,公元前1800年左右,帆的使用提高了航海技术。① 而在这以前,船只全靠桨手驱动,"桨手最多时可达50人,至少也有25人"②。如果"船只装满口粮、原始的设备和其他必需品——还要为承载的货物留下空间——这种优雅的狭长快船在持续约两星期的双程航行中大概至多可以行驶200英里"③。

米洛斯王朝的最高权力掌握在国王手中。国王凭借两个支柱,一是军队,二是神职人员。军队是米洛斯王朝征服岛上各小邦的力量。米洛斯王朝还拥有一支舰队,控制爱琴海海域,肃清海盗,保证海上航路畅通。神职人员的任务则是向臣民宣传国王是神之子,奉神的旨意对国家进行统治。为了表示国王权力来自神授,所以米洛斯王朝采用斧头和百合花作为王室徽记。

克里特人信奉万神教。"有一些证据表明,他们有用活人献祭的习俗。"④在克里特人看来,"自然界充满了神灵——这一信仰使得他们将许多户外场所变成膜拜众神的圣地"⑤。考古队发现,"在克里特岛大约30个不适合居住的潮湿的岩洞的幽深处,出土了不计其数的黏土供品,这是宗教活动的证据"⑥。更令人感兴趣的是:在一些岩洞里,"还发现了黄金双刃斧、青

---

① 参看布朗主编:《失落的文明:爱琴海沿岸的奇异王国》,李旭影译,华夏出版社、广西人民出版社,2002年,第71页。
② 同上。
③ 同上。
④ 阿克罗伊德:《古代希腊》,冷杉、冷枞译,三联书店,2007年,第10页。
⑤ 布朗主编:《失落的文明:爱琴海沿岸的奇异王国》,李旭影译,华夏出版社、广西人民出版社,2002年,第112页。
⑥ 同上。

铜小塑像以及动物牺牲的残骸"①。

万神教认为万物都是神,都有灵,都值得崇拜,所以山岳、岩洞、石头、石柱、树木、太阳、月亮、山羊、蛇类、鸽子等等,都受他们祭奉。②在原始社会这本是一种常见的现象,因为"原始人深信,每一氏族都与某种动物、植物或无生物有着亲属或其他神秘关系"③。克里特岛上的最初居民并非例外。在克里特人中间,他们想象出来的母亲神,更是他们崇拜的对象,因为她代表了生殖力。母亲神之子是仅次于其母亲的崇拜对象。克里特人为了祭神,有一套繁缛的祭礼,通常由女祭司主持祭礼。④后来,男性的神也在克里特岛出现。"根据神话传说,宙斯——众神和万民的君父——出生在克里特岛。至今人们对这一点的看法是一致的。"⑤由于宙斯神的出现,人们认为,"克里特岛是希腊宗教信仰和宗教实践的发源地——如果说那还称不上宗教,至少可以说那是希腊宗教赖以发展的基础"⑥。至于对宙斯的崇拜究竟开始于米诺斯王朝还是开始于此后的迈锡尼王朝,甚至更晚一些,还有待进一步发掘和研究。无论如何,从母亲神崇拜到宙斯崇拜的过渡,可能意味着从母权社会向父权社会的转变。值得一提的是:宙斯作为主神的地位的确立,它"不仅是自然力

---

① 布朗主编:《失落的文明:爱琴海沿岸的奇异王国》,李旭影译,华夏出版社、广西人民出版社,2002年,第112页。
② 参看杜兰:《世界文明史》第2卷《希腊的生活》,幼狮文化公司译,东方出版社,1998年,第12页。
③ 衣俊卿:《历史与乌托邦》,黑龙江教育出版社,1995年,第37页。
④ 参看同上。
⑤ 赫丽生:《古希腊宗教的社会起源》,谢世坚译,广西师范大学出版社,2004年,第1页。
⑥ 同上。

量的象征,而且也是社会力量的表现"①。要知道:"神话的最高发展形态,是唯一神至高无上地位的最终确立,是严格意义上的宗教对神话的取代"②。

克里特人尊重死者,一般用土棺、石棺或大瓮埋葬。从克里特出土的石棺上所涂的石膏面上的画面,可以看到画中所反映的生活场景极具特色。③ 陪葬品多半同死者生前的经历有关。例如,死者是国王、贵族或富商,陪葬品多半是金银珠宝;善弈棋的,陪葬品是一副泥土制的棋子;如果死者是音乐家,陪葬的是泥土制的乐器;如果死者喜爱航海,小泥船便是陪葬品。

米洛斯王朝境内有一些城市。《荷马史诗·伊利亚特》中提到克里特有近百个城市。"事实上,自从伊文思集中精力对这座面积广大的爱琴海岛屿进行考古发掘时起,至今已经出土了数百个定居点(其中有许多属于米诺斯文化)。"④克里特有那么多城市,在希腊史上是前所未有的。"在米诺斯文化早期,仔细规划的城市无须城墙加以保护,表明当时已经建立起了有秩序的政体和至高无上的法律。"⑤而到了米诺斯文化中期以后,城市已建城墙,这表明统治者感到商业的繁荣可能会引起外族人的嫉妒前米劫掠,所以要加强防卫。

考古发掘表明,米诺斯文化中期以后,城市规模已较大,有

---

① 衣俊卿:《历史与乌托邦》,黑龙江教育出版社,1995年,第37页。
② 同上。
③ 参看布朗主编:《失落的文明:爱琴海沿岸的奇异王国》,李旭影译,华夏出版社、广西人民出版社,2002年,第96页。
④ 同上书,第90页。
⑤ 柴尔德:《欧洲文明的曙光》,陈淳、陈洪波译,上海三联书店,2008年,第25页。

铺着石板和水沟的街道,有交叉纵横的小巷,旁边或者是住宅,或者是店铺。除了克诺萨斯以外,还有另外三个宫殿群:法斯托斯、马利阿和查克罗斯。① 法斯托斯位于岛的南部,是一座港口城市,船只从这里起航,凭借风力可直达埃及。象牙可能就是埃及或近东输入克里特的,②米诺斯宫中的金器和珠宝装饰品也可能来自埃及或近东。③ 有一种可能是:当时西亚文化很明显地受到埃及文化的影响,④所以西亚文化对克里特的影响实际上和埃及文化对克里特的影响是一回事。

米诺斯文化的一个特征是妇女的社会地位高,妇女不受男性的限制,行动自由。这不是说米诺斯王朝的社会仍是母权社会,而可能是母权社会的影响还保留得比较多。例如,米诺斯王朝由国王统治,王位可以传给"与国王女儿结婚的人"⑤。又如,"孩子以母亲命名,所有遗产都通过母亲继承"⑥。另一方面,妇女同男子一样,或在田里干活,或在手工作坊里做工,或主持家务;妇女也同男子一样看戏,看比赛,而且坐在前排。

克里特人有自己的语言和文字,称为线形文字 A,它不同于后来希腊人使用的语言和文字。一种论点是:克里特人早期只

---

① 参看布朗主编:《失落的文明:爱琴海沿岸的奇异王国》,李旭影译,华夏出版社、广西人民出版社,2002 年,第 90 页。
② 参看波德曼:《前古典时期:从克里特到古风时期的希腊》,企鹅图书公司,哈蒙兹渥斯,1967 年,第 34 页。
③ 参看同上书,第 24 页。
④ 参看彭树智主编:《中东国家通史》叙利亚和黎巴嫩卷,王新刚著,商务印书馆,2003 年,第 33 页。
⑤ 布朗主编:《失落的文明:爱琴海沿岸的奇异王国》,李旭影译,华夏出版社、广西人民出版社,2002 年,第 111 页。
⑥ 同上。

使用象形文字(图画文字),后来几经演变,形成了一套与腓尼基字母相似的字母,这就是线形文字 A 的由来,但"直到今日仍无人能破解这些手迹"①。另一种论点是:从时间上看,腓尼基人在地中海航行和经商同米诺斯王朝的存在大体上是同时的,二者相互影响,克里特人在长期交往中形成了自己的线形文字 A。根据考古资料可以了解到,尽管腓尼基人对克里特人有过影响,但克里特文化"是一种原创的力量"②。也就是说,"米诺斯文化的精神完全是欧式的而非东方的"③。

关于腓尼基人的早期活动,这里也需要作一些说明。要知道,古代的腓尼基不是一个国家的名称,只是一个地区、一个民族的名称。④ 在腓尼基人生活的西亚地区"从未形成为一个统一的国家,而是形成了若干彼此独立的小城邦国家"⑤。更能说明问题的是:"居住在本地区的人们从来不把自己叫作腓尼基人……他们只把自己称为某某城市人,如西顿人等。"⑥因此,我们在承认腓尼基人的经商活动对克里特确有一定影响的同时,也不能夸大这些影响。米诺斯文化和米诺斯王朝毕竟是土生土长的、相对独立的和自成体系的。

根据已有的资料,米洛斯王朝使用了奴隶。从克诺萨斯王宫和其他巨大工程建筑来看,从事沉重体力劳动的大概是奴隶,

---

① 阿克罗伊德:《古代希腊》,冷杉、冷枞译,二联书店,2007 年,第 10 页。
② 柴尔德:《欧洲文明的曙光》,陈淳、陈洪波译,上海三联书店,2008 年,第 26 页。
③ 同上。
④ 参看彭树智主编:《中东国家通史》叙利亚和黎巴嫩卷,王新刚著,商务印书馆,2003 年,第 35 页。
⑤ 同上。
⑥ 同上。

他们是劫掠来的人口,或者是被米诺斯王朝征服的地区的民众。被征服的地区包括爱琴海上的一些岛屿,甚至还有希腊半岛南部。至于奴隶人数占克里特人口的比例,则无从得知。

传说米诺斯王朝时期有一种会餐制度,也就是公共食堂制度。"凡公地上一切收获和畜产以及农奴所缴纳的实物地租,完全储存于公仓,一部分用来交给祀神和各种社会事业,另一部分就供会餐,这样,所有男女和儿童全都吃到了公粮。"①这段话出自亚里士多德的著作,但也只是传说而已。"也许这里的意思是说克里特以公粮拨给各户,其数足供男子参与会餐及其妻女在家食用。"②而且传说这是不用交费的,"安排得比较有利于平民"③。

米诺斯王朝是怎样衰亡的,这又是一个未被揭开之谜。前面已经提到,克诺萨斯王宫的毁坏可能由于自然灾害(大地震),也可能由于战争(岛上部落反叛或外族入侵),但王宫毁坏并不等于亡国。此后米洛斯王朝仍延续了二百多年,不过损毁的王宫再也没有恢复到过去的规模。

一种比较合理的推测是:在米诺斯王朝衰落后的一个世纪内,"米诺斯人和迈锡尼人之间发生了一场战争,结果来自大陆的迈锡尼人取得了胜利并控制了克里特岛"④。迈锡尼人来到克里特岛上并攻占了海岸一些港口,可能是为了商业利益,即想

---

① 亚里士多德:《政治学》,吴寿彭译,商务印书馆,1997年,第94—95页。
② 同上书,第95页注①。
③ 同上书,第94页。
④ 布朗主编:《失落的文明:爱琴海沿岸的奇异王国》,李旭影译,华夏出版社、广西人民出版社,2002年,第120页。

控制爱琴海一带的商业垄断权。① 这原来只是学者们的推测，但近来的考古发掘证明上述推测是正确的："考古纪录表明，在公元前1470年之后克里特岛上存在着一个外来势力。武士墓和大量的武器贮藏使得当时的克诺萨斯笼罩在一片冷峻的军事氛围中。"②这里所说的外来势力，就是指由希腊大陆侵入的迈锡尼人。"更能说明问题的是，米诺斯人的书写系统——A类线形文字消失了，取而代之的是最早的希腊书面语——B类线形文字。"③

迈锡尼人可能与衰落中的米洛斯王朝在克里特岛并存过一段时间，最后，在公元前14—12世纪时，来自希腊本土的、在文化和发展上更为落后的多利亚人在克里特岛上成为米洛斯王朝更大的威胁，最终是多利亚人把米洛斯王朝灭掉了。从此米洛斯文化便被湮没，直到19世纪晚期和20世纪以来的考古发掘才又被人们逐步了解。

第二节 迈锡尼文化

一、迈锡尼文化和克里特文化的关系

迈锡尼文化发现的时间略早于克里特文化发现的时间。德国考古学家谢里曼在迈锡尼文化的发掘中起了显著的作用。他

---

① 布朗主编：《失落的文明：爱琴海沿岸的奇异王国》，李旭影译，华夏出版社、广西人民出版社，2002年，第161页。
② 同上书，第120页。
③ 同上书，第120—121页。

原来对传说中的特洛伊古城遗址感兴趣,所以从1870年起在小亚细亚进行发掘,并取得一些成绩。1876年,他决定在希腊伯罗奔尼撒半岛东部的迈锡尼发掘,试图证实《荷马史诗》中的阿伽门农是否确有其人。发掘数年,终有成果,他找到了阿伽门农的坟墓,但更大的收获是首先揭开了湮没已久的迈锡尼文化之谜。

在谢里曼之后,其他一些国家考古学者相继在迈锡尼文化遗址进行了更大规模发掘,发掘结果初步认定,大约在公元前16世纪至公元前12世纪之间存在过一个迈锡尼王朝,创造迈锡尼文化和建立迈锡尼王朝的,是希腊人中的一支——阿卡亚人。阿卡亚人原住巴尔干半岛西北部,他们大约在公元前17—16世纪就南下了,后来占领了迈锡尼这块地方,建立了迈锡尼王朝。[1] 他们的都城也设在迈锡尼。"荷马史诗中攻打特洛伊城的主帅阿伽门农,就是阿卡亚人占据下的迈锡尼的首领。"[2] 但是,"到目前为止,我们在迈锡尼时代还没有发现任何诗歌创作的证据"[3],因此只好靠考古发掘来判断当时的情况。

有一点似乎是不少学者所认可的,即创造米诺斯文化的克里特人并不说希腊语,而创造迈锡尼文化的阿卡亚人却说希腊语。[4] 换一种说法,在米诺斯王朝,居住在希腊境内的克里特岛上的"希腊人",仅仅是由地域概念来说的希腊人,而在迈锡尼

---

[1] 参看吴于廑:《古代的希腊和罗马》,三联书店,2008年,第8页。
[2] 同上书,第9页。
[3] 晏绍祥:《荷马社会研究》,上海三联书店,2006年,第33页。
[4] 参看T. R. 马丁:《古代希腊:从史前到希腊化时期》,耶鲁大学出版社,1996年,第17页。

王朝时期,由于阿卡亚人说的是希腊语,所以"希腊人"也就成了真正意义上的希腊人。①

问题在于迈锡尼文化和克里特文化的关系。克里特文化早于迈锡尼文化,那么,创造克里特文化和建立米诺斯王朝的人同创造迈锡尼文化和建立迈锡尼王朝的人有没有继承关系?说法不一,但有一点没有太大的争议,即迈锡尼人继承了克里特文化;②米诺斯王朝时期的一些技术,即使不是全部,被迈锡尼人接受了。③ 如果再考虑到迈锡尼人在管理方面的成绩,以及在建筑和器皿制造上的进展,那么可以认为他们是米诺斯人的值得称道的继承者。④

争论依然存在。比如说,迈锡尼是不是一种较早的土著种族呢?"对于这些问题还不可能有确切的答案。"⑤但至少可以了解到,"总的说来,他们很可能是说希腊语的征服者,并且贵族是来自北方的头发漂亮的侵入者。这些人带来了希腊的语言"⑥。

迈锡尼人也就是自希腊西北部南下的阿卡亚人。据说,他们比米诺斯人好战,他们把陆上和海上的劫掠视为一项事业。⑦

---

① 参看 T. R. 马丁:《古代希腊:从史前到希腊化时期》,耶鲁大学出版社,1996年,第16—17页。
② 参看波拉等:《古典希腊》,时代—生活丛书出版公司,亚历山大里亚,美国弗吉尼亚州,1977年,第31页。
③ 参看同上。
④ 参看同上书,第32页。
⑤ 罗素:《西方哲学史》上卷,何兆武、李约瑟译,商务印书馆,2002年,第29页。
⑥ 同上。
⑦ 参看波拉等:《古典希腊》,时代—生活丛书出版公司,亚历山大里亚,美国弗吉尼亚州,1977页,第32页。

由于米诺斯王朝兴盛时不仅控制了克里特岛,而且还控制了希腊本土一些地方和爱琴海上一些岛屿,所以克里特人同迈锡尼人的接触可能开始于克里特岛以外的地区。开始时,可能是商业上的往来起了重要作用。[1] 以后,迈锡尼人才渡海来到克里特岛。克诺萨斯王宫的破坏,前面已经提到,可能是大地震所致,也可能是迈锡尼人所为。但迈锡尼人同米诺斯王朝之间确实发生过战争。[2] 现在可以根据考古资料推断的是,在克诺萨斯王宫损毁之后的一两百年内,迈锡尼人仍继续进入克里特岛,最终灭掉了米诺斯王朝。

迈锡尼王朝建立后,王宫在哪里? 王宫在希腊本土伯罗奔尼撒半岛西南部的庇洛斯。[3] 王宫中,有国王宝座所在的房间、王后卧室、贮藏室、作坊等。与米诺斯王朝的王宫不同的是:迈锡尼国王宝座所在的房间较大,既是国王会见臣属的地方,也是祭神之处,而米诺斯国王宝座所在的房间很小,主要是祭神之处,而不是国王会见臣属的地方。[4] 至于迈锡尼王宫和宫内宝座所在的房间的装饰,则主要是希腊大陆风格的,只有少数具有米诺斯风格。[5]

迈锡尼文明是怎样衰落的? 考古资料支离破碎,学者们有

---

[1] 参看波德曼:《前古典时期:从克里特到古风时期的希腊》,企鹅图书公司,哈蒙兹渥斯,1967年,第35页。

[2] 参看布朗主编:《失落的文明:爱琴海沿岸的奇异王国》,李旭影译,华夏出版社、广西人民出版社,2002年,第161—162页。

[3] 参看琼斯:"米诺斯人和迈锡尼人",载斯特兰编:《古代希腊的贡献》,浩特、莱恩哈特和温斯顿出版公司,纽约,1971年,第53页。

[4] 参看同上书,第53—54页。

[5] 参看同上书,第53页。

激烈争论。① 不同的解释有：内战、社会革命或奴隶起义；外敌从陆路或海上入侵；与东方贸易中断、谷物进口中断而导致的饥荒；气候变化（太干旱或太湿冷而无法种庄稼）；灾难性的传染病；由滥伐森林引起土壤受侵蚀；一系列地震之类的自然灾害。② 不管是某一个原因或某几个原因共同起了作用，到了公元前13世纪下半叶，迈锡尼人的定居地终于成了废墟；到了公元前12世纪初，迈锡尼王朝的宫殿等建筑都被毁坏和废弃了。③

迈锡尼王朝被谁灭掉？又有两种不同的说法。一种是比较流行的说法，即认为：灭掉米诺斯王朝的不是阿卡亚人，而是比克里特人和阿卡亚人都落后的多利亚人；灭掉迈锡尼王朝的也是多利亚人。④ 另一种说法是，尽管多利亚人是来自希腊西北部的未开化部落，但是"至今尚未发现任何显示他们到来时有过纵火和破坏行为的考古学上的证据，而仅仅是靠在那些已人口稀少的昔日王国里定居下来"⑤。也就是说，"多利亚人并未造成迈锡尼帝国的崩溃，他们只是利用了致其崩溃的主要条件"⑥。

---

① 参看布朗主编：《失落的文明：爱琴海沿岸的奇异王国》，李旭影译，华夏出版社、广西人民出版社，2002年，第166页。
② 参看同上。
③ 参看同上书，第166、168页。
④ 参看杜兰：《世界文明史》第2卷《希腊的生活》，幼狮文化公司译，东方出版社，1998年，第46—47页。
⑤ 布朗主编：《失落的文明：爱琴海沿岸的奇异王国》，李旭影译，华夏出版社、广西人民出版社，2002年，第172页。
⑥ 同上。

二、迈锡尼王朝时期的社会经济概述

首先要对迈锡尼王朝兴盛阶段的统治范围做一番估计。从考古资料可以了解到,这时迈锡尼王朝除了统治伯罗奔尼撒半岛大部分地区而外,还统治克里特岛以北、伯罗奔尼撒半岛以东的基克拉泽斯群岛。基克拉泽斯群岛在米洛斯王朝时期已经是商业比较发达的地区,那里的居民主要从事海上贸易,同希腊本土、西亚、北非、意大利半岛甚至远到西班牙、法国南部和黑海沿岸都有贸易往来。在上述这些地方,都发现了属于基克拉泽斯群岛类型的遗物,[1]并且这里居民的葬俗却不是克里特式的,而是安那托利亚式的,可见受到小亚细亚的影响。[2] 由此再向东,南斯波拉泽斯群岛、罗得斯岛、基浦路斯岛可能也在迈锡尼文化范围内,但迈锡尼王朝不一定在这里建立行政机构。

足以证明迈锡尼人当时航海技术和造船技术成就的证据是:他们的船队穿过达达尼尔海峡和博斯普鲁斯海峡,进入黑海,到达黑海沿岸地区。要知道,"注入海峡的黑海海水形成了平均时速3英里,有时甚至达5英里的逆流"[3]。如果碰到顺风,古代船舶有可能战胜逆流,"但即使在夏天,海峡上刮的大多也是北方吹来的逆风。在风暴肆虐的冬季,根本就没有人敢冒险进入狂风吹袭的海峡"[4]。所以迈锡尼人能从希腊航行到

---

[1] 参看柴尔德:《欧洲文明的曙光》,陈淳、陈洪波译,上海三联书店,2008年,第38页。
[2] 参看同上书,第38—39页。
[3] 布朗主编:《失落的文明:爱琴海沿岸的奇异王国》,李旭影译,华夏出版社、广西人民出版社,2002年,第5页。
[4] 参看同上。

黑海沿岸,是了不起的,而迈锡尼人北上的根据地就是小亚细亚的特洛伊城和附近的港湾。

迈锡尼王朝兴盛时,不仅商业繁荣,人员交往也比较多。"迈锡尼人外出频繁而且走得很远,旅行的主要动因是商业。"[1]矿产品、手工艺品和日常生活器皿,是迈锡尼人对外贸易的主要商品。塞浦路斯是铜的主要产地,对青铜器的需求不断增长,使这一海域的货运量随之增大。但有一个问题至今仍不清楚,即制造青铜器需要在铜中加入锡,"可是在地中海地区找不到锡:可供开采的矿层在葡萄牙,以及现在的布列塔尼和英国"[2]。那么,迈锡尼人为了制造青铜器是怎样得到锡矿石的呢?可以设想迈锡尼商人曾经到过地中海区域以外的地方,以取得锡矿石。这些锡矿石可能最初是由腓尼基人用船运到爱琴海地区的,[3]后来则由希腊人把锡矿石由陆路把锡矿石运到马赛,再用回希腊的船只运回希腊,[4]但也许这是迈锡尼王朝之后才发生的事情。

当时海盗活动比较猖獗。海盗的动机是"为着自己的利益,同时也是为了扶助他们同族中的弱者"[5],所以在那个时候,海盗"这种职业完全不认为是可耻的,反而当作光荣的"[6]。迈锡尼人早期可能从事过海盗活动,但后来,随着迈锡尼王朝的兴

---

[1] 库蕾:《古希腊的交流》,邓丽丹译,广西师范大学出版社,2005年,第161页。
[2] 同上。
[3] 参看杜丹:《古代世界经济生活》,志扬译,商务印书馆,1963年,第49页。
[4] 参看同上。
[5] 修昔底德:《伯罗奔尼撒战争史》上册,谢德风译,商务印书馆,2007年,第49页。
[6] 参看同上。

盛,它为了保障海上商路的安全和通畅,迫使自己的臣民改变一贯的做法,以通商致富代替劫掠致富。在迈锡尼文化遗址发现了一些精致的金银装饰品,它们可能是迈锡尼工匠制作的,但更可能是从叙利亚、埃及或克里特岛输入的。拥有精致金银装饰品的多半是王公贵族家庭,由此反映出他们生活相当奢侈。

迈锡尼社会分等级,包括贵族(或武士)、工匠、农民、牧人、奴隶和神职人员。[①] 奴隶来自何处? 人数多少? 奴隶在总人口所占比例大小如何? 这些情况还不清楚,可以了解到的是:国王、贵族、神庙都是大地主,从而也都拥有奴隶。奴隶是大地产的主要劳动力,包括从事生产和服各种苦役。迈锡尼的农民可能各自拥有一小块份地;如果份地不足以养活一家,他们也从贵族或神庙租佃一些土地。此外,大型建筑工程,农民也可能有义务参加劳动。从目前的考古资料可知,无论在迈锡尼时期还是在更早的米诺斯时期,在至今还存在的建筑遗址上,当初修建的,"不是公共建筑,而是米诺斯文明和迈锡尼文明的王宫和城堡"[②]。尽管也发现了宗教性建筑遗存,但"就连宗教性建筑,也通常是同王宫联系在一起,以圣室或圣殿的形式出现。显然,王宫及其附属的宗教建筑主要为王室成员所用,并不向公众开放,因此不是严格意义上的公共建筑"[③]。

---

① 参看琼斯:"米诺斯人和迈锡尼人",载斯特兰编:《古代希腊的贡献》,浩特、莱恩哈特和温斯顿出版公司,纽约,1971年,第54页。
② 黄洋:"希腊城邦的公共空间与政治文化",载《历史研究》2001年第5期,第101页。
③ 参看同上。

迈锡尼王朝的政治体制可能是模仿克里特的。① 但由于迈锡尼王国管辖的区域比较大,"在地方上,迈锡尼国家实行的可能是行省制度"②。各个行省都由派出的官员治理,从中央到地方,形成一个官僚体系。③ 当地的人民可能有非常有限的自治权,共同体的首领好像是由国王任命的,因此,"这样一种拥有非常有限自治权的共同体(如果还能称之为共同体的话),当然和后来的希腊城邦有天壤之别"④。

前面已经提到,迈锡尼王国曾经控制了小亚细亚西海岸一带,特洛伊城就是迈锡尼人的殖民地。特洛伊历史悠久,早在迈锡尼人来到之前就已存在。据考古资料,特洛伊所在地目前名为希沙立克,其山丘下有九层叠压在一起的居民区。最底层(第一层)年代最早,特洛伊文化是第五层,迈锡尼文化则是第六层。⑤ 考古发掘还表明,特洛伊文化可能是小亚细亚安纳托利亚文化的扩展,并且受到两河流域文化的影响。⑥ 迈锡尼王朝时期,特洛伊城曾在过去的遗址之上重建,规模比过去大,城墙比过去坚固。由于特洛伊城地处达达尼尔海峡南岸,地势重要,是兵家必争之地,几度易手。迈锡尼王朝的衰落可能同特洛伊城的攻防有关,它因此耗尽国力,最终被多利亚人乘机催毁,以致亡国。

---

① 参看波德曼:《前古典时期:从克里特到古风时期的希腊》,企鹅图书公司,哈蒙兹渥斯,1967年,第44页。
② 晏绍祥:《荷马社会研究》,上海三联书店,2006年,第90页。
③ 参看同上书,第91页。
④ 同上。
⑤ 参看柴尔德:《欧洲文明的曙光》,陈淳、陈洪波译,上海三联书店,2008年,第48页。
⑥ 参看同上书,第49页。

另据考古资料,迈锡尼王朝时期使用了不同于克里特文字(线形文字 A)的文字(线形文字 B)。① 这种古希腊文字的出现,"不是为了在不同的社会成员之间建立文字或宗教的交流,而是出于经济的需要,为了使记忆绵延不断"②。具体地说,就是为了王室管理的需要,如产品分配、库存、纳税等情况的记载。"在此阶段,单凭王宫管理人员的记忆就不够了:必须找到一种可靠的办法,用它来详细清点资源的流通,掌握档案资料。由此,他们借用了接近于迈锡尼王宫的社会里先已存在的文字。"③懂得并能抄写这种文字的人很少,仅限于一些重要的官员和每天清讫账目的书记人员。④ 由于至今没有发现记载在羊皮纸或纸草上的文字,而只发现记载在黏土板上的文字和器皿上的文字,所以至今对迈锡尼王朝的情况了解很少。

克里特文字(线形文字 A)和迈锡尼文字(线形文字 B)都是史前时期希腊人使用过的文字。随着米诺斯王朝和迈锡尼王朝的灭亡,这两种文字都失传了。公元前 12 世纪以后,大约有 300 年之久,由于人们不掌握这段时间内的任何书面资料,所以历史学家把这一时期称为"黑暗时代"。⑤ 再往后,出现了希腊文字,也就是希腊城邦制度下通用的文字。这种希腊文字,可能是从腓尼基商人那里借用并做了修改的,它并非直接取自线形文字 A 或线形文字 B。⑥

---

① 参看库蕾:《古希腊的交流》,邓丽丹译,广西师范大学出版社,2005 年,第 2 页。
② 同上书,第 3 页。
③ 参看同上。
④ 同上书,第 3—4 页。
⑤ 参看同上书,第 5 页。
⑥ 参看同上书,第 7 页。

但也有另一种说法,即认为希腊文字实际上取自埃及文字。"从埃及人的动物图画来看,他们是最早用图画符号表示思想的民族:人类历史的这些刻在石头上的最古老的文献,直到今天我们还可以见到。"①因此,埃及人自称是"字母的发明者。他们认为,曾称雄海上的腓尼基人把这种知识从埃及输入希腊,结果借用字母的腓尼基人却取得了发明字母的声誉"②。

那么,研究者们能不能根据有限的但已被解读的线形文字B的资料,多多少少了解到迈锡尼王朝的土地关系概况呢?研究者们做过一些尝试。他们认为,"作为'宫廷经济'的一个基本特征,王宫在迈锡尼的土地占有和其它经济活动中都起着至关重要的作用"③;除国王和王国的最高军事将领占有的土地而外,"王国的土地大体上划分为'私有地'和'公有地'两部分。尽管由于资料的限制,我们尚不能确定土地的最终所有权应归于谁,但似乎可以肯定,土地的占有无一例外地同一定义务联系在一起,即土地占有者必须为王室或承担一定的义务如劳役或贡赋"④。这是不是类似古代西亚的土地制度?但不管怎样,这同希腊荷马社会的土地制度是显著不同的。⑤

从克里特文化和迈锡尼文化的考古发掘和研究成果可以清

---

① 塔西佗:《编年史》下册,王以铸、崔妙因译,商务印书馆,2002年,第329页。
② 同上。
③ 黄洋:《古代希腊土地制度研究》,复旦大学出版社,1995年,第21页。
④ 同上。
⑤ 参看同上,第21—22页。

楚地了解到,"这一发现彻底改变了人们看待古代传说和神话的态度,证实了神话和传说对于民族的记忆而言是多么的重要,使得学者开始认真地对待并分析其中保留下来的事实信息"①。

---

① 吴晓群:《希腊思想与文化》,上海社会科学院出版社,2009年,第11页。

第二章 荷马史诗时代

第一节 荷马史诗和传说中的英雄人物

前面已经指出,自从公元前1200年左右迈锡尼文化遭到多利亚人破坏之后,到公元前800年前后希腊开始建立城邦之间的这段时间被称为希腊史上的"黑暗时代"。在"黑暗时代",迈锡尼经济遭到严重破坏,迈锡尼文化也跟着消失了。① 公元前1000年左右,迈锡尼人的居住地除雅典以外,几乎全被损毁。② 加之,希腊同外界的海上联系也终止了,世界似乎变小了,很少证据表明这时还保持着越过爱琴海或科林斯湾的航行。③ 迈锡尼王朝的主要活动地带是伯罗奔尼撒半岛,而正是伯罗奔尼撒半岛损毁得最严重,拉哥尼亚在大约一世纪的时间内几乎无人居住。④

但是,近年来通过对考古资料和文献资料的研究,研究者们

---

① 参看T.R.马丁:《古代希腊:从史前到希腊化时期》,耶鲁大学出版社,1996年,第37页。

② 参看同上书,第38页。

③ 参看伯里和梅吉斯:《希腊史(到亚历山大大帝去世)》,第4版(修订版),圣马丁出版社,纽约,1975年,第68页。

④ 参看晏绍祥:《荷马社会研究》,上海三联书店,2006年,第38页。

开始认识到,从迈锡尼文化的衰亡到希腊城邦建立这段时间还不能被简单地说成是"黑暗时代"。一方面,技术有所进步,在迈锡尼王朝时,人们还只知道用青铜器,而在所谓"黑暗时代",铁矿在一些地方被开采了,冶炼技术也发展了。[①] 人们开始使用铁器,并且铁器(包括工具和武器)逐渐代替铜器和青铜器。[②] 另一方面,从"黑暗时代"的后期起,荷马史诗"扮演了文化承接的重要作用,史诗中所保留的有关过去的记忆成了我们了解那个时代的重要依据"[③]。在荷马的史诗中,"尽管存留着许多神话与传说,但我们仍然可以把它们视为解读这个时代的重要文献"[④]。

一、荷马史诗

希腊史上,公元前10世纪到公元前8世纪这段时间,通常被称为荷马史诗时代,它因流传下来的荷马史诗而得名。荷马是传说中的人物,生卒年份不详。据说荷马史诗是荷马所撰,但这仅仅是传说而已。另一种说法是:撰写荷马史诗的人"是集歌手与诗人于一身的行吟诗人"[⑤],而"荷马大概就是这些行吟诗人中的一个"[⑥]。

荷马史诗包括两部分:一是《伊利亚特》,叙述的是阿卡亚

[①] 参看 T. R. 马丁:《古代希腊:从史前到希腊化时期》,耶鲁大学出版社,1996年,第40页。
[②] 参看同上。
[③] 吴晓群:《希腊思想与文化》,上海社会科学院出版社,2009年,第16页。
[④] 同上书,第17页。
[⑤] 库蕾:《古希腊的交流》,邓丽丹译,广西师范大学出版社,2005年,第13页。
[⑥] 同上。

人远征特洛伊城的故事;一是《奥德赛》,叙述英雄奥德赛渡海返乡的历险故事。这两个故事都是迈锡尼王朝的遗闻。据研究,"荷马史诗无疑是希腊文学、进而是整个西方文学的真正开端"①,而荷马史诗中两个故事的题材主旨、人物情节、语言特征等方面,则可以看到在西亚地区早已流传甚广的苏美尔—阿卡德史诗《吉尔伽美什》的影响。② 因此,在某种程度上,《吉尔伽美什》的"某些段落正是荷马史诗中相应情节的底本,或是游吟诗人在荷马史诗的口传过程中予以借鉴参考的素材"③。实际上,希腊神话中的一些重要神祇,也源自西亚。④ 甚至可以说,"希腊诸神连带着神谱都是从东方引进的"⑤。引入希腊的途径是:"东方原型神是从叙利亚或小亚细亚首先输入塞浦路斯,经中转再输入到其他爱琴海岛屿和希腊半岛的。"⑥

现在要探讨的是,荷马史诗中两个故事的情节是否有所依据? 这是历来研究希腊古代史的学者争论不休的问题。考古发掘最早就是围绕着荷马史诗的探究而进行的。

关于荷马史诗中叙述的阿卡亚人远征特洛伊城的故事,经过考古学家的研究,认为历史上确有其事。阿卡亚人是希腊人中的一支,尤其是指原来住在帖萨利南部的一支希腊人,但却是当时人们对来自希腊本土人的统称。同阿卡亚人交战的另一

---

① 白钢:"光从东方来",载白钢主编:《希腊与东方(思想史研究第 6 辑)》,上海人民出版社,2009 年,第 70 页。
② 同上。
③ 同上书,第 73 页。
④ 参看阮炜:"舶来的'怪力乱神'",载《读书》2010 年第 4 期,第 108 页。
⑤ 同上书,第 109 页。
⑥ 同上。

方,说法不一:有的说是来自巴尔干半岛的其他族人,有的说是来自克里特岛的克里特人,也有的说是来自西亚的腓尼基人,甚至还有的说是来自北非的埃及人。特洛伊城之战的主题是英雄和战争,但对于所有住在这个城市中的人来说,他们同城市有着特殊的关系。[1] 而在《奥德赛》中要比在《伊利亚特》中更容易找到有关城市社会的证据。[2] 从这些迹象来看,这就产生了一个问题:在荷马时代,希腊是不是已经有了城邦制度的雏形?这个问题一直是有争议的。

另一个引起研究者们关注的问题是:荷马以后的古代希腊人怎样看待荷马史诗,或者说,在古代希腊人看来,荷马史诗究竟意味着什么。[3] 看法各异:有的作家很少提到荷马,有的则贬低荷马的成就。"对不同时代、不同领域的希腊人来说,荷马似乎都有其独特的意义。"[4]这种独特的意义因人们的专业领域而互不相同。"对诗人来说,他是摹仿或者竞争的对象;对哲学家来说,他主要作为对手,作为传统宗教与世界观的化身存在,是他们批判的对象,或者是他们借以阐述自己思想的媒介;对历史学家来说,他意味着历史资料。"[5]懂得了这一点,我们也就对有关古代希腊人的荷马史诗评介或论述有比较清楚的了解了。

总之,可以做出这样的判断:"在荷马时代以前,爱琴世界

---

[1] 参看博登:"装甲步兵和荷马:战争、英雄崇拜和城邦意识",载里奇和谢普莱编:《希腊世界的战争和社会》,鲁特莱奇出版公司,伦敦,1993年,第45页。

[2] 参看同上书,第46页。

[3] 参看晏绍祥:"古代希腊作家笔下的荷马",载晏绍祥:《荷马社会研究》,附录1,上海三联书店,2006年,第313页。

[4] 同上书,第327页。

[5] 同上。

已经出现过高度的文化,最早的希腊人也已登上历史舞台。克里特和迈锡尼的故墟,指出这一文化的特色和水平。"① 多利亚人虽然先后毁灭了米诺斯王朝和迈锡尼王朝,"但这个被毁灭的古代文化的幽灵,并没有断绝和爱琴世界的关系"②。历史和文化都是有继承性的。问题在于谁是接力者。"在希腊历史漫长的跑道上,荷马时代的希腊人是文化火炬的接力者。在他们之前,克里特和迈锡尼已经先跑了一程。后起希腊城邦经济和文化的繁荣,并不是一无依傍的独创。"③

二、传说中的英雄人物

没有英雄人物,史诗不会如此动人,而英雄人物并不完全是史诗作者臆想出来的。在史诗中,神有神奇的力量,英雄人物总能在最危急的时刻得到神的支持而战胜困难险阻,这反映了人们的一种美好的愿望。这些传说,尽管有许多在现代人看来是不可思议的,但它们之所以能流传下来,就表示了人们的理解。因此,荷马史诗时代通常被称作"英雄时代"。潘光旦认为:"英雄时代,如译作神人时代,更妥,意指当时所称的英雄为一种半神半人的人物。"④

从荷马史诗中有关英雄人物的传说,至少可以了解到以下三点:

---

① 吴于廑:《古代的希腊和罗马》,三联书店,2008年,第9页。
② 同上书,第9—10页。
③ 同上书,第10页。
④ 潘光旦:恩格斯著《家族、私产与国家的起源》一书的译注,载《潘光旦文集》第13卷,北京大学出版社,2000年,第324页。

第一,凡是英雄,都是恋乡爱乡的人。他们不管是航海还是从军出征,都忘不了自己的家乡。他们在外历尽艰辛,最终还是要回乡,为故土服务。他们作为首领,都热衷于建立城市,使人们过上舒适的生活。这反映当时希腊人的一种理念,即热爱家乡的生活。《伊利亚特》①和《奥德赛》②中都突出描述英雄还乡的情节。

第二,任何英雄人物都离不开神的帮助。只有在神的帮助下,他们才获得超过常人的本领或力量;也只有在神的帮助下,他们方能战胜怪兽,战胜敌人,战胜天灾。③

第三,很可能就是在荷马史诗时代,希腊人在宗教观念上已经开始由图腾制度向神人同形同性的转变。要知道,希腊早期的宗教里还保留着图腾制度的残迹,即"人兽之间还没有明确的界限,往往崇拜禽兽形的神。人名、天体的名称都从走兽名字派生出来,往往崇拜禽兽形的神。④"但通过荷马史诗时代,这种观念开始变化,即神人同形同性。"希腊人不再像自己的祖宗那样把走兽等自然物当神来崇拜,而是用人形来描绘神。"⑤当然,这只是宗教观念转变的开始,宗教观念转变的过程还有相当

---

① 参看荷马:《荷马史诗·伊利亚特》,Ⅰ.11—32,罗念生、王焕生译,人民文学出版社,2008年,第1—2页。

② 参看荷马:《荷马史诗·奥德赛》,Ⅶ.298—333,王焕生译,人民文学出版社,2004年,第126—127页。

③ 参看荷马:《荷马史诗·伊利亚特》,ⅩⅩ.1—53,罗念生、王焕生译,人民文学出版社,2008年,第458—460页;荷马:《荷马史诗·奥德赛》,Ⅰ.126—158,王焕生译,人民文学出版社,2004年,第242—243页。

④ 叶孟理:《欧洲文明的源头》,华夏出版社,2000年,第65页。

⑤ 同上。

长的过程。①

上述这些都有助于人们对于荷马史诗时代的了解。不能忽视的是:"基本上,荷马并不谈论道德:在他的史诗世界中权力与荣耀是注意的焦点,优胜劣败是世事运行的逻辑。所以他描绘神与英雄人物的功业,但是作品中却未充分反映人在当时社会生活下喜怒哀乐的情怀,也就是对现实生活人际伦理的关照(即使是文学式而非严肃的)并不是其主要问题意识。"②

第二节 荷马史诗时代的社会组织和经济

一、荷马史诗时代的社会组织

荷马史诗时代阿卡亚人的社会是父权制组织。这意味着,从母权制到父权制的过渡在荷马史诗时代之前就已经完成了。"女性世系是原始的,这种世系的男性世系更适合于古代社会的早期状态。"③据荷马史诗中的叙述,家庭中父亲被认为是主宰。家中可以有妻妾多人,并可以将妻妾转送给他人。父亲甚至可以杀害自己的子女祭神。但妇女的地位仍得到一定的尊重,这主要反映于妇女可以参加社交活动,可以同其他男子交

---

① 应该说,在世界上许多地方,都曾出现这种从动植物神祇过渡到人兽同体神,再过渡到神人同形或神人同体的神祇。(参看衣俊卿:《历史与乌托邦》,黑龙江教育出版社,1995年,第37页)

② 陈思贤:《西洋政治思想史·古典世界篇》,吉林出版集团有限责任公司,2008年,第37页。

③ 摩尔根:《古代社会》下册,杨东莼、马雍、马巨译,商务印书馆,1997年,第342页。

谈。这种情况反映了这时的阿卡亚人的社会刚从母权制过渡到父权制,母权制的影响尚在,或者说,"女性世系尚未完全消失"①。

从政治组织上看,这一时期的阿卡亚人处于部落或部落联盟阶段,实行的是军事民主制。摩尔根认为,在军事民主制之下,"人民是自由的,政治的精神(这是最关紧要的问题)是民主的"②。摩尔根还指出:"如果要对荷马史诗时代的政府下一个更加专门的定义,那么,用军事民主制来表达它至少具有合理的正确性;而使用王国这一名词及其所必然包含的意义是错误的。"③

然而,随着考古事业的进展,摩尔根的观点引起后人的评论,即认为荷马史诗时代长达三百多年,不可一概而论。很可能在荷马史诗时代的较晚阶段,王国和王国政府已经出现,只是由于希腊本身的特点,这些王国都是小国,也就是城邦;这些小国的政府就是城邦的民选政治组织和政治机构。但不能忽略,"荷马时代的城市并不是后来经典意义上的城邦,后者是独立的和有主权的政治联合体"④。尽管像 demos、pdis、politai 这些词确实出现于荷马的诗中,但当时这些词并没有它们后来才具有的与城邦有关的内容。⑤

---

① 摩尔根:《古代社会》下册,杨东莼、马雍、马巨译,商务印书馆,1997年,第343页。
② 同上书上册,第249页。
③ 同上。
④ 奥斯汀和维达尔-纳奎:《古希腊经济和社会史导论》,英译本,奥斯汀译,加利福尼亚大学出版社,1977年,第40页。
⑤ 参看同上。

第二章 荷马史诗时代

荷马时代的主要体制是什么？它"至少表现为贵族的 oikos"①。oikos 这个词有时被解释为"家庭"。但这种解释太窄了，而且可能引起误读。一个 oikos，甚至在它的纯粹人际关系方面，要比现代意义上的家庭大得多，因为现代意义上的家庭是指家长和孩子的集合，也就是一个核心家庭。② 实际上，oikos 的涵盖面比家庭人际关系广泛，它"包括同一个人际集团为了保证自己物质生活而事实上不可分离的各种财物在内"③。如土地、房屋、牲畜、各种储备、器具等等。也就是说，"oikos 既是一个人际单位，又是一个经济单位，它由 oikos 的头头管理"④。战争时代就是统领。"从经济方面看，oikos 的理想是自给自足。"⑤于是 oikos 平时就成为一个生产和消费单位，它的大多数物质需要的提供不必同外面世界打交道，也不需要商业交换。⑥

当然，在当时的情况下，这些小国和小国政府还没有树立自己的权威，所以在治理社会的过程中不得不依靠家长的权威。父权制下家长拥有的权威有助于这些小国和小国政府的权威逐步树立和巩固。

在荷马史诗时代，部落酋长、部落联盟领袖、贵族以及后来出现的国王等人，都已拥有奴隶，但奴隶数目不很多。一个拥有大地产的贵族，约有几十名奴隶。大部分土地仍由人身自由的

---

① 奥斯汀和维达尔-纳奎：《古希腊经济和社会史导论》，英译本，奥斯汀译，加利福尼亚大学出版社，1977年，第40页。
② 参看同上书，第41页。
③ 同上书，第41页。
④ 同上。
⑤ 同上。
⑥ 参看同上。

农民耕种。他们中许多人有一块份地,自种自收,也有些人可能是雇工或佃户。奴隶来自战俘,有的是被买来的外乡人。史诗《伊利亚特》中提到,特洛伊城的英雄曾说过,一旦城陷,其妻将被俘为奴,受尽痛苦,强迫劳动。①

手工业者有人身自由。他们可以建立作坊,制造工业品出售。也有的手工业者应雇主邀请,到雇主家里干活,由雇主供应伙食,并得到一定报酬。农村中也使用雇工。史诗《奥德赛》中提到,奥德赛曾扮作乞丐,有人问他愿不愿去当雇工,或从事建筑,或植树,保证付给工资。② 史诗《伊利亚特》中还提到,收获季节,农村中贵族田庄里举行筵席,宰牛,供雇工们午餐。③

当时的土地是归部落所有的,并由部落下面的氏族使用。氏族是最基础的社会组织。氏族中,每一个氏族成员都有一块土地,自己耕种或放牧,产品归己。一些氏族还拥有墓地。由于不断发生部落贵族或氏族长老侵占公有土地的事件,土地私有化过程也在缓慢进行。

关于荷马史诗时代的土地关系,学术界有不同见解。据晏绍祥论述:"在荷马史诗中,我们没有见到任何可以证明共同体占有大片耕地和良好的土地的证据,也没有管理公共土地的机构存在。"④除了提到私人财物的交换以外,"史诗给我们的印象是土地可以世袭继承的"⑤。并且,从史诗中看到,"土地买卖在

---

① 参看巫宝三主编:《古代希腊、罗马经济思想资料选辑》,商务印书馆,1990年,第2—3页。
② 参看同上书,第5页。
③ 参看同上书,第8页。
④ 晏绍祥:《荷马社会研究》,上海三联书店,2006年,第57页。
⑤ 同上书,第58页。

当时已经是一件十分普通的事情"①。关于土地可以世袭继承和可以买卖,"我们只能认为,荷马时代的土地已经完全、至少基本私有化了"②。这很可能是荷马史诗时代晚期的事情,法律上的认可则可能是更晚的事情。

部落的权力机构是长老会议,由各氏族的长老们组成,主要裁决部落内部的冲突、纠纷。当一个部落同其他部落发生冲突时,长老会议负责对外交涉。如果部落间发生争夺牧场、树林、水源等冲突时,部落全体男性成员都参加战斗,部落首领就是统领。久而久之,大事的决策权就转移到军事统领手中,长老会议仍存在,处理平常事务。

国家就是在部落或部落联盟的基础上形成的。国家形成后,理论上的最高机构是民众大会。在《伊利亚特》③和《奥德赛》④中,都对民众大会有过描述。这就是荷马时代的政治组织形式。军事统领也是通过民众大会选出的。民众大会把自己最佩服的和被认为最能干的人推举为军事统领。但战士可以责骂自己选出的军事统领,这就是军事民主制的一种反映。⑤

当时人们把军事统领称为巴昔琉斯。荷马时代,巴昔琉斯只是军事统领,⑥后来才被奉为国王。区别在于:这时对军事统

---

① 晏绍祥:《荷马社会研究》,上海三联书店,2006年,第59页。
② 同上。
③ 参看荷马:《荷马史诗·伊利亚特》,Ⅱ.84—99,罗念生、王焕生译,人民文学出版社,2008年,第29页。
④ 参看荷马:《荷马史诗·奥德赛》,Ⅱ.6—14,王焕生译,人民文学出版社,2004年,第18页。
⑤ 参看荷马:《荷马史诗·伊利亚特》,Ⅱ.211—242,罗念生、王焕生译,人民文学出版社,2008年,第33—34页。
⑥ 参看吴于廑:《古代的希腊和罗马》,三联书店,2008年,第12页。

领的权力是有限制的,他只是战争时期的最高指挥官,不能把受他率领的人看做是他的臣属。① 他不能传位于儿子,而且战争结束后,他的职务也就不复存在了。

临时性的军事统领如何过渡到持久性的国王,荷马史诗中并没有专门的叙述。这很可能是一个逐渐演变的过程。最初的持久性的国王本人一定是一个既握有重兵而又军事才能出众的人。可能是民众大会信任他,希望在战争结束后仍由他掌权;也有可能是他利用民众的信任,赖在最高统治者位置上不走。世袭传位则是后来的事情。

在这里,不应该忽视作战技术的进步所带来的影响。荷马时代,作战方式有了变化,这被称为"装甲步兵改革"。② 这是指,当士兵穿上新的盔甲后,引起战术的改变,并使"非贵族的"人员加入军队之中,而这一变化又反过来给社会变动施加压力。③ 装甲步兵方阵在荷马史诗中已经出现,它主要保卫城邦的疆土。④ 当然,这些变动会影响军事统领的地位,使军事统领的持久掌权的可能性增大了,也就为临时性的军事统领制向持久性的国王制的过渡准备了条件。

二、荷马史诗时代的经济

对荷马社会的描述并不等于对公元前10世纪到9世纪的

---

① 参看吴于廑:《古代的希腊和罗马》,三联书店,2008年,第12页。
② 参看博登:"装甲步兵和荷马:战争、英雄崇拜和城邦意识",载里奇和谢普莱编:《希腊世界的战争和社会》,鲁特莱奇出版公司,伦敦,1993年,第47页。
③ 参看同上。
④ 参看同上书,第60—61页。

希腊社会的描述,不能把二者混为一谈。① 实际上,有三个层次的时代在荷马史诗中是并存的:一是诗人力求追忆的迈锡尼时代,二是迈锡尼王朝之后的所谓"黑暗时代",三是诗人自己的时代。② 因此很难仔细地分清某一件事属于这一时代而并非属于另一时代。③

在荷马史诗中,"荷马知道已消失的迈锡尼世界比他生活的世界要富裕和强大。他重新构造他想象中存在的这个世界,为此他故意夸大了他的国王们的财富"④。实际上,考古学所揭示的这时的希腊世界远不是令人惊叹的——物质文明正经历重大的下降,许多地点废弃了,同外部世界的联系几乎中断了。⑤ 所以诗中对荷马社会的描述带有不少诗人想象的成分。

荷马史诗中提到,农业是主要的产业。农户使用的农具有犁、鹤嘴锄、镰刀、铲等。他们懂得深耕,犁用牛牵引,甚至用双牛牵引。他们也知道使用天然肥料,并会引水灌田。史诗中还说,农民耕地时,愉快地闻着新耕过的深色土地的气味,眼盯着犁得笔直的畦沟,播种小麦。而且,当时即使是有田产的富人或大户,也以自己能胜任农活而自豪。⑥

畜牧业在史诗中有不少记载。但不能夸大畜牧业在当时经济中的地位。"总的说来,荷马时代占主导地位的是农业而不

---

① 奥斯汀和维达尔-纳奎:《古希腊经济和社会史导论》,英译本,奥斯汀译,加利福尼亚大学出版社,1977年,第38页。
② 参看同上。
③ 参看同上。
④ 同上书,第39页。
⑤ 参看同上。
⑥ 参看荷马:《荷马史诗·奥德赛》,XVIII.365—375,王焕生译,人民文学出版社,2004年,第347页。

是畜牧业。"①农民饲养的牲畜有猪、马、牛、山羊和绵羊等。氏族有公共牧场,任何人都可以在那里放牧。贵族拥有自己的圈起来的牧场。后来,公共牧场的土地分配给每一个农户了。有钱有势者乘机并购,甚至豪夺农民的牧场。

同一时期的西亚国家,"已经有一支往往在很大程度上实现劳动专门化了的、依附家族的农奴,用自己的生产来满足着主子的整个物品和人员劳务的需求,不仅经济上的需求,而且也包括军事上和宗教生活上的需求"②。但荷马史诗中的贵族经济同这些东方国家的贵族经济是不一样的,③因为前者的规模远远小于后者的规模。

荷马史诗中已提到铁,而迈锡尼王朝直到灭亡都"还没有进入铁器时代"④。荷马在诗中"常常把金子、铜、铁并列在一起,用以形容一个人的财富"⑤。但史诗中却没有本地采矿的叙述。铜、铁、锡和金银是外地输入的。铁是稀少的,主要用作工具,也同牲畜、牲畜一样被当作交易手段。"荷马史诗中,用青铜做武器,用铁做工具,是习见的现象。"⑥这可能由于当时铁的冶炼技术还刚刚起步,铁制刀剑不如青铜刀剑锋利。

荷马史诗中提到了陶匠、马鞍匠、泥水匠、木匠、家具匠、铁匠等职业,还提到他们的作坊。但人们需要的手工业品,除了到作坊购买以外,还有主人自己制造的。连贵族也以自己做家具,

---

① 晏绍祥:《荷马社会研究》,上海三联书店,2006年,第156页。
② 韦伯:《经济与社会》上卷,林荣远译,商务印书馆,2006年,第429页。
③ 参看同上。
④ 吴于廑:《古代的希腊和罗马》,三联书店,2008年,第10页。
⑤ 同上。
⑥ 同上。

做皮靴,做马鞍而向别人炫耀手艺。妇女,包括贵族家里的女主人,也忙于纺织、刺绣,并且也乐于向别人炫耀自己手艺之精巧。

荷马史诗中有交换的叙述,主要是指同外族和外邦的商品交易。然而,"荷马显然对西地中海或黑海几乎一无所知,这些区域当时尚不为人所知,充满了神奇"①。荷马所了解的至多是地中海东部的情况。由于海盗出没,所以海上运输风险很大。加之,这一时期腓尼基人的航海技术超过希腊人,所以希腊人在海上运输上不占优势。

根据荷马史诗中的描述,希腊人所建造的远征特洛伊城的船只,"是有20或50个桨的轻型船只,船身约长12或27米。它们没有甲板,而且非常轻巧"②。荷马史诗中还描述道:"这些船是黑色的,上面涂着松脂,船首上了色彩。船航行时或用桨,或在顺风时使用一面帆。"③

陆上的运输以骡马驮运或人力运送为主,道路崎岖难行。人们普遍以牛作为价值标准。至于家庭的财产,则以牛的数量作为标准。在部落内部或部落之间,不用中介手段而是以物易物。

荷马史诗中,"'家庭'的观念同它所占有的土地密不可分"④。贵族家庭在当时的社会中占据支配地位。在荷马时代,"正是这些贵族家庭控制了几乎全部的政治生活,其成员是战

---

① 基托:《希腊人》,徐卫翔、黄韬译,上海人民出版社,2006年,第74页。
② 库蕾:《古希腊的交流》,邓丽丹译,广西师范大学出版社,2005年,第132页。
③ 同上。
④ 黄洋:《古代希腊土地制度研究》,复旦大学出版社,1995年,第41页。

争中最主要的力量,它们也控制并几乎垄断了社会最主要的经济资源——土地"①。

在荷马时代,人们还没有纳税的概念,国王也没有征税。战争期间,为了打仗的需要,各个部落和部落成员都习惯于采取"捐献"或"送礼"的做法,以补充军费支出。平时也有"送礼"给国王的。如果军费还不足,或国王平时感到自己收到的"礼物"太少,就采取劫掠手段,包括在海上劫掠,在攻占的外族或外邦的土地上劫掠,既抢夺财物,又俘虏平民,或作为奴隶使用,或卖出去,或勒索赎金。

在荷马社会,奴隶是存在的。但自由民和奴隶所从事的工作类型并无差别。② 没有迹象表明当时存在着依附农民,不过这不一定意味着荷马时代没有依附农民。③

还应当指出,劫掠人口和贩卖俘虏为奴等现象是普遍的,和平时期劫掠也屡见不鲜。④ 对于劫掠,没有人认为这有损于道德,也没有宗教上的限制。⑤ 当时的风气就是如此。

由于劫掠成了荷马时代人们发财致富的手段,所以国王后来做出规定,掠到的财物中应拿出一部分作为税金交给国王。

从劫掠成风这件事,也可以看出荷马时代希腊人对神的态度:"古希腊的军人航海贵族,一半是海盗,一半是商人"⑥,他们

---

① 黄洋:《古代希腊土地制度研究》,复旦大学出版社,1995年,第42页。
② 参看奥斯汀和维达尔-纳奎:《古希腊经济和社会史导论》,英译本,奥斯汀译,加利福尼亚大学出版社,1977年,第45页。
③ 参看同上。
④ 参看杰克逊:"奥德赛世界中的战争和战利品掠夺",载里奇和谢普莱编:《希腊世界的战争和社会》,鲁特莱奇出版公司,伦敦,1993年,第68页。
⑤ 参看同上。
⑥ 韦伯:《经济与社会》上卷,林荣远译,商务印书馆,2006年,第538页。

对神的崇拜出于他们对财富的祈求,能让自己发财的神是受尊敬的,否则就无所谓虔诚还是不虔诚了。因此,"在《奥德赛》里描写了他们总是对神十分不恭的态度"①。

三、荷马史诗时代的结束

荷马史诗时代被历史学家承认为一个承上启下的时代,上承迈锡尼王朝,下接城邦制度。② 但从线形文字 B 的解读可以了解到,"迈锡尼宫廷及其缜密的官僚制度同荷马时代国王们的宫廷以及可能不那么复杂的组织之间有很大的差距"③。也就是说,迈锡尼王朝的实质性要素已经消失了,以至于后代的希腊人对于迈锡尼王朝的存在连模糊的感觉都没有了。④

在荷马史诗以后,还应当提及赫西俄德,他是希腊彼阿提亚的一位诗人,大约是公元前 8 世纪的人,其作品是咏农事的《田功农时》。⑤ 在《田功农时》中可以看到希腊社会的进一步分化。"诗人最引人注目的是关于土地兼并的反映。赫西俄德劝人最好只养一个儿子,儿子多了,徒然因为争田打官司,白白把土地送给执法的人做贿赂。"⑥这反映了当时的土地关系的变化,即一方面,诸子析产制已经出现,另一方面,氏族贵族利用手中的权力,包括执法的权力,对土地巧取豪夺。尤其是,在荷马

---

① 韦伯:《经济与社会》上卷,林荣远译,商务印书馆,2006 年,第 538 页。
② 参看奥斯汀和维达尔-纳奎:《古希腊经济和社会史导论》,英译本,奥斯汀译,加利福尼亚大学出版社,1977 年,第 37 页。
③ 同上。
④ 参看同上。
⑤ 在陈恒选编的《西方历史思想经典选读》(英文版)中,将赫西俄德的作品译为《工作和时日》。(北京大学出版社,2008 年,第 5—8 页。)
⑥ 吴于廑:《古代的希腊和罗马》,三联书店,2008 年,第 14 页。

史诗时代,"虽然已经有了公社成员失地的现象,但还没有份地的买卖。到了赫西俄德时代,份地出卖的现象发生了"①。出卖份地,必然有些人失去谋生的手段:"失去土地的穷人,很自然地会降身为奴隶。"②因此在赫西俄德的诗中多次提到奴隶,包括在田地里耕作的奴隶。"荷马史诗中所说的奴隶主,大抵还是一些氏族贵族,而在赫西俄德的诗里,连自耕的小田主,也已蓄养了奴隶。"③

根据考古资料,可以认为公元前8世纪以后,希腊进入了城邦政治时代。荷马史诗的结束(或者说荷马和赫西俄德时代的结束),是同城邦政治时代的开始相衔接的。这时,在人种方面有一次较大的混合,即希腊人中的两大支,即阿卡亚人和多利亚人混合了。他们不仅混居,而且也通婚。此外,还有一些希腊部落也陆续由希腊北部进入希腊中部,其中有较大影响的一支就是爱奥尼亚人,他们操着不同于阿卡亚人和多利亚人的方言,他们后来也在希腊中部和南部、小亚细亚以及爱琴海的一些岛屿上建立了城邦,同阿卡亚人、多利亚人的城邦并存。

从希腊城邦使用的文字上看,它既不同于克里特人所使用的文字,也不同于迈锡尼人所使用的文字,而是从腓尼基人那里学习并加以改造的文字,即希腊语。关于这一点,前面也已指出。至于希腊语形成的时间,据研究"不可能早于公元前9世

---

① 吴于廑:《古代的希腊和罗马》,三联书店,2008年,第14页。
② 同上。
③ 吴于廑:"希腊城邦的形成及其历史特点",载吴于廑:《古代的希腊和罗马》,附录,三联书店,2008年,第161页。

纪"①。这是因为，"在陶器上发现的首批证据，题献、铭文仅上溯到公元前8世纪"②。

腓尼基人对希腊城邦的影响不仅在于语言文字，而且还在于技术、知识的传入。希腊人在造船技术和航海技术方面就从腓尼基人那里学习到不少东西。因为航海技术进步了，希腊人在这一时期同埃及交流较多。希腊人到埃及去，除了从事商业活动而外，可能还有一些艺术方面的画师、工匠，他们到埃及去观摩学习。

希腊城邦建立前后，亚述是西亚的强国（一度占领过埃及）。亚述帝国同希腊人接触也比较多，它对希腊人的影响可能是多方面的，包括器皿和艺术品的制作、服饰的式样、雕刻技艺和艺术风格、天文知识、货币的使用。

尽管有上述这些外来的影响，但总的说来，荷马史诗时代之后所开启的是希腊城邦制度的建立时期，这时，希腊自身文化传统的影响依然是最主要的。

---

① 库蕾:《古希腊的交流》，邓丽丹译，广西师范大学出版社，2005年，第7页。
② 同上。

第三章 希腊城邦制度的形成

第一节 城邦制度形成的背景

从氏族社会到城邦的建立,在希腊史上是一次巨大的飞跃,其间的一个过渡阶段就是部落联盟或王国雏形的形成。

氏族以血缘为基础,部落的基础同样是血缘关系。① 部落联盟则不一样,部落联盟的形成首先同地域有关,它是由不同的部落合并而形成的。这种合并,可能是自愿的,也可能受到外界压力的影响。② 摩尔根关于氏族社会演进过程的论述是否具有普遍意义,学术界一直有争论。③ 但不管怎样,他有关希腊的城邦由部落联盟演变而来的论述,仍是可信的。

一、城邦制度早期的土地关系

荷马史诗时代结束后,"大约公元前 8 世纪开始,城邦就在

---

① 参看摩尔根:《古代社会》上册,杨东莼、马雍、马巨译,商务印书馆,1997年,第 220 页。
② 参看同上。
③ 参看吴晓群:《希腊思想与文化》,上海社会科学院出版社,2009 年,第 11 页。

希腊形成了:这是一些相互间独立的小型社会集团,随着时间的推移,这些社团把有共同的过去、文化和计划而相互关联的个人聚集在一起"①,城邦从此产生。为什么这些小社团过去不曾想过统一、联合?这绝不是地势山川所隔绝的缘故,因为有些城邦同在平原地带,没有山岭横隔,照样各自是小邦。② 有时一个城邦不一定大于一个村庄。③ 主要原因在于一种早就存在于希腊的信念:两邦的神不同,典礼与祷辞亦异。此邦所奉之神,不为邻邦所信。古人相信一城之神,不受公民以外的人祭祷。④ 后来,即使城邦的公民不再像刚开始建立城邦时那样迷信神祇了,但"分裂早已为习惯、利益、根深蒂固的敌意和过去斗争的记忆所固定下来了"⑤。

刚建立城邦时,城邦所在地的交通一般比较便利。"古代文明是沿海文明;没有一个有名的城市离海超过一日的路程。"⑥这并不是说腹地没有城市,但那里的城市发展不起来,因为"它依然处于自然经济的发展阶段,所以购买力很小"⑦。城

---

① 库蕾:《古希腊的交流》,邓丽丹译,广西师范大学出版社,2005年,第33页。
② 参看古朗士:《古代城市:希腊罗马宗教、法律及制度研究》,吴晓群译,上海人民出版社,2006年,第230页;参看李玄伯译本,中国政法大学出版社,2005年,第166页。
③ 参看斯塔尔:《希腊早期经济和社会的成长(公元前800—前500年)》,牛津大学出版社,1977年,第98页。
④ 参看古朗士:《古代城市:希腊罗马宗教、法律及制度研究》,吴晓群译,上海人民出版社,2006年,第229页;参看李玄伯译本,中国政法大学出版社,2005年,第165页。
⑤ 古朗士:《古代城市:希腊罗马宗教、法律及制度研究》,吴晓群译本,第231页;李玄伯译本,第167页。
⑥ 韦伯:《世界经济通史》,姚曾廙译,上海译文出版社,1981年,第113页。
⑦ 同上。

邦早期,城区相当简陋,周围有城墙作为防御工事。城邦有行政机构,设在城区内;更重要的是,城区有宗教活动中心,但最初不一定建立神庙,祭祀诸神的活动可以露天进行。① 城邦是有边界的,立有界石。所有城邦在建筑上的共同点是:在城邦中心,建有"到处都一样的特定的场所:一个广场、几个神庙、几座公共建筑物,后来又有剧院和体育馆"②。

在城邦地域内,城区周围是农村,所以土地关系的明确十分重要。前面已经提到,在荷马史诗时代晚期,氏族土地公有已开始向私有过渡。这种过渡的进展情况在各地是不一样的。关于荷马社会是否有城邦,学术界有争议。有的学者认为,当时还不可能有城邦,因为还没有"公民"这一概念,而只有"居民"概念。③ 主张当时已有城邦的学者则认为,荷马社会中城市已作为居民共同体而存在,既然城市是居民共同体,那么城邦就是共同体组织的常态。④ 晏绍祥在评介了各种观点之后写道:由于共同体由自由民组成,所以"在一些重大问题上,共同体必须求助于全体自由民,所以,它不能不给予自由民必要的权力"⑤。尽管共同体的主要掌权者是贵族,但全体自由民大会是拥有一定权力的,在这里,"我们看到了古典城邦的民主因子"⑥。晏绍祥在所著《荷马社会研究》一书中用了"城邦制度的萌芽"这一

---

① 参看斯塔尔:《希腊早期经济和社会的成长(公元前 800—前 500 年)》,牛津大学出版社,1977 年,第 98 页。
② 库蕾:《古希腊的交流》,邓丽丹译,广西师范大学出版社,2005 年,第 33 页。
③ 参看晏绍祥:《荷马社会研究》,上海三联书店,2006 年,第 87 页。
④ 参看同上。
⑤ 同上书,第 309 页。
⑥ 同上。

说法。与后来的希腊古典时期的城邦相比,荷马史诗时代的城邦"还相当原始和不完善"①,不过它已展现了"城邦体系正在兴起的复杂图景"②。

公元前8世纪以后,铁制工具普遍使用,开垦荒地的面积扩大了。这对于土地制度的变化有重要作用。要知道,在原来就已存在的份地制之下,氏族成员每户可以得到一块份地,但新开垦的荒地并不明确归属,结果成了谁开垦就归谁,于是土地私有的趋势加快了。换句话说,开垦荒地比通过分配而取得的份地更容易被看成是私有地。产权明晰的概念在新垦的土地上更容易被人们接受。产权不确定,谁愿意这样费力地去开垦荒地?由于贵族势力大,耕畜多,还使用了奴隶,所以他们占有了许多新开垦的土地。这是新形势下土地关系变化的第一步。但这是意义深远的变更土地关系的第一步。

在一个家族或家庭内部,土地是怎样分配的?特别是份地私有化之后,土地在家族或家庭成员之间是怎样分配的?这也同传统的做法不一样。很可能经历了较长时期的酝酿,从而有一个废除长子继承特权的阶段。长子继承,固然有利于家族或家庭力量的增强,但由于成员人数日益增多,成员之间不和、争吵激化,长子继承的特权便逐渐被搁置而不顾了。③ 传统的长子继承权的废除,"大约并未有过日期,它不是一年所能完成

---

① 晏绍祥:《荷马社会研究》,上海三联书店,2006年,第309页。
② 同上书,第312页。
③ 参看古朗士:《古代城市:希腊罗马宗教、法律及制度研究》,吴晓群译,上海人民出版社,2006年,第279页;参看李玄伯译本,中国政法大学出版社,2005年,第215页。

的,它是由渐而来,始行于一家,他家继之,渐遍于各族"①。家族析产或家庭析产,在有些城邦甚至还经过暴动,而且析产的做法在废除长子特权的同时,实际上也破坏了父权。② 但不管析产何时推广,长子继承制何时消失,"这真是重大革命,社会的变化亦从此开始"③。从此以后,家族或家庭的非长子的各支也就有了自己的田产、住宅和私人利益,并且都自立门户了。④ 这可以被看成是新形势下土地关系变化的第二步。这两个有决定意义的步骤,在不同的城邦实行的时间有较大差别,但各城邦之间相距不会太大,因为它们相互影响,信息传递较快。最重要的是:这两个步骤都与大多数城邦自由民的利益有关,所以某一个城市一获得其他城邦已经把荒地归属于开荒者的信息,以及获得其他城邦已经取消长子继承权的信息后,马上就效法了。至于城邦在法律上对既成事实的确认,那是后来的事情。

有了上述两步的土地关系变化,传统的土地公有和份地定期重分的做法再也行不通了。新开垦的土地,谁愿意交出去重新分配?已经细分到各家各户的土地,谁愿意交出去重新分配?因此,尽管公有土地依然存在,那也仅限于公共牧场、公共树林、公共池塘以及公共建筑占地了。至于神庙土地,名义上仍是公有的,实际上已归神庙永久占有。

开垦出来的土地多了,农产品也就丰富起来,城区中商户增

---

① 古朗士:《古代城市:希腊罗马宗教、法律及制度研究》,吴晓群译本,第279页;李玄伯译本,第215页。
② 同上书,吴晓群译本,第280页;李玄伯译本,第216页。
③ 同上。
④ 参看同上书,吴晓群译本,第280—281页;李玄伯译本,第216页。

加,手工业随之得到发展,城区之外兴起了一些小集镇。为了供应城区和集镇上日益众多的居民的需要,城郊的蔬菜种植、家禽家畜饲养、葡萄园、橄榄林都发展起来。商人来这里收购,运往城区和外地。

由于各个城邦所处的地理位置不一样,有的位于平原,有的位于山区,有的在海岛上,土地关系不尽相同。有的城邦保留了较多的公共土地,有的城邦的私有土地所占比例较大。但新开垦的土地归私人所有,父子传承,诸子析产,在城邦制度下渐成惯例。

城邦的领域以界石为限。城邦中的农村依旧在界石以内。"当人走近边界,就意味着来到了'文明和野蛮'的分水岭。"[1]界石附近是边界地带,"这些边界地带往往是那些即将归属城邦的人实现其融入的地方"[2]。

一个城邦在初建时,可能境内只有一个城市,但后来情况发生了变化。许多城邦是靠海的,岛屿城邦更是如此。靠海的城邦一定会充分利用自己的港湾,以便同外界交往、贸易。"因此,到公元前6世纪初,如通常出现的情况那样,当离海岸几英里的主城镇发展起来后,在每个小国的海岸边已经出现了第二个城市。"[3]这第二个城市并不是城邦的政治中心,但却是交通枢纽、商业据点。"在新的定居点,风格是由水手和商人确定

---

[1] 库蕾:《古希腊的交流》,邓丽丹译,广西师范大学出版社,2005年,第33页。
[2] 同上。
[3] 弗格森:《希腊帝国主义》,晏绍祥译,上海三联书店,2005年,第6页。

的,而在老的中心,由土地所有者和农民确定。"①

在这里,还有一个问题需要弄清楚,这就是:在城邦建立后和城邦时期,希腊社会究竟是什么样的社会?黄洋在《古代希腊土地制度研究》一书中提出的论点是:"希腊文明事实上不是一个商业文明,而是一个以农业为其主要社会与经济基础的古代文明。"②这是因为,第一,"古典希腊城邦的主要社会与政治力量即公民的主体是自由农民,而不是手工业者或商人;"③第二,"同中国古代一样,在古代希腊人的思想中同样存在着重农轻商的观念。"④因此,"古典城邦中自由农最重要的特征包括,国家对农民和他们的土地不征收固定的人头税和财产税,同时只有公民才有权拥有土地,而土地所有制和政治权利又是紧密结合在一起的"⑤。黄洋的上述分析符合希腊城邦的实际。在不少城邦,这种以农民为主的状况一直延续下去,只是在少数城邦,到了城邦制度的后期才有所变化,关于这一点,本书第八章会有论述。

但黄洋还没有明确地说明希腊城邦社会的性质。本书在这一章和以下有关各章中将会多次说明作者的观点,即本书不采取"从原始社会向奴隶制社会过渡"、"进入奴隶制社会"、"形成早期奴隶制社会"、"希腊古代社会是典型的奴隶制社会"之类的说法,而认为希腊的城邦在制度上就是城邦社会,城邦的公民

---

① 弗格森:《希腊帝国主义》,晏绍祥译,上海三联书店,2005年,第6页。
② 黄洋:《古代希腊土地制度研究》,复旦大学出版社,1995年,第3页。
③ 同上。
④ 同上书,第3—4页。
⑤ 同上书,第5页。

就是这一城邦社会的主体。它是人类历史上独一无二的一种制度。① 城邦制度终结后,希腊本土和各个希腊化王朝都相继转变为中央集权的封建社会。这是本书下编将要阐释的论点。②

二、城邦制度早期的自由民

与荷马史诗时代相比,城邦制度建立后,自由民人数越来越多:一方面,人口繁殖较快,另一方面,迁入城邦的人日益增加。有些城邦很小,例如,靠近小亚细亚西南海岸的科斯岛,本身面积不大,却分成四个城邦,"因而它就有四支军队,四个政府"③。又如,"迈锡尼在有史时期已经萎缩成阿伽门农首都的城邦,却仍然是独立的"④。这又是一个非常小的城邦,"在希腊人反击波斯的战争中,她派遣了一支军队帮助希腊一方,参加了普拉蒂亚之役,这支军队由8个人组成"⑤。尽管这一军队只有8个人,"但我们却没有听说任何人笑话这支军队与别人合伙搭车"⑥。

古代希腊城邦初建之时,还只有"居民"概念。但那时城邦中的"居民"和后来西欧城市中的"居民"有明显的区别。中世纪西欧城市中的"居民"就是市民,他们"不靠自己的农田来满足自己的粮食需求"⑦。而古代希腊城邦中的"居民",却"有一

---

① 参看本书,第139、212—213、465页。
② 参看本书,第663、769、976、980页。
③ 基托:《希腊人》,徐卫翔、黄韬译,上海人民出版社,2006年,第61页。
④ 同上。
⑤ 同上。
⑥ 同上。
⑦ 韦伯:《经济与社会》下卷,林荣远译,商务印书馆,2006年,第573页。

块田产,一块供养他的、完全属于他的农田。"①从这一区别来看,古代希腊城邦中"有充分权利的市民是'农业市民'"②。

对希腊城邦的公民,"按词义本身理解是一个城市的居民,而不是今天的民族国家的成员身份或国民"③。在希腊城邦制度下,"在希腊文中,公民(polite)一词就是由城邦(polis)演化而来,意为'属于城邦的人'"④。公民来自自由民,但自由民不一定都是公民。城邦的成员即公民中,只有男性才有参与政治的权利。妇女虽然也是城邦的成员,她们不参与政治活动,但可以参与社会活动和宗教活动。⑤ 无论男女成员,既可以住在城市中心地区,也可以住在乡村,或住在自己在乡间的某个住宅中。⑥

希腊城邦建立后仍旧保留了"部落意识"。这是一个值得注意的问题。要知道,城邦建立在后,部落形成在前,这是毫无疑义的。但为什么城邦建立后又会存在"部落意识"这样的问题呢? 这是因为,先有向城邦的移民,然后才会出现"部落意识",即在城邦的居民中要划分"部落"和确立"部落意识",使之成为"共同血缘的整个象征",⑦树立"部落的崇拜"。⑧ 也就是

---

① 韦伯:《经济与社会》下卷,林荣远译,商务印书馆,2006年,第573页。
② 同上。
③ 刘军:"近代西方公民权利发展史研究的若干问题",载武寅主编:《中国社会科学院世界历史研究所学术文集》第2集,江西人民出版社,2003年,第222页。
④ 同上。
⑤ 参看T. R. 马丁:《古代希腊:从史前到希腊化时期》,耶鲁大学出版社,1996年,第52页。
⑥ 参看同上。
⑦ 韦伯:《经济与社会》上卷,林荣远译,商务印书馆,2006年,第446页。
⑧ 同上。

说,"部落意识"在希腊是作为一种"共同的回忆"而存在的:①人们回忆在政治上未被组织起来之前曾经存在过"血缘共同体",②建立城邦之后才形成了"由政治上共同的命运所制约的"政治共同体。③

这表明,城邦制度的建立意味着在古代希腊发生了一场过去从未有过的社会革命,即从传统的部落制度转变为城邦制度。④ 这场社会革命的深刻意义在于:在部落制度下,个人必须忠于部落,个人的一切活动都取决于部落的安排,甚至个人婚姻也受制于部落。⑤ 城邦建立后,部落成员纷纷进城,部落制度衰落了,在城邦中建立的是一个以家庭为主的社会。于是人们的活动以及人和人之间的关系不再由部落决定了,人们有了较多的选择空间,包括婚姻的选择、交易中的选择、个人的联系、政治上的结盟。个人主义正是在这种背景下出现的。⑥ 这就是社会革命。"部落意识"作为人们"共同回忆"而保留下来,这可以被理解为对兴起中的个人主义的一种平衡、一种补充。

在"部落意识"保留的同时,久而久之,"公民意识"逐渐发展。各个城邦都成了公民掌握权力的城邦。在城邦中,"公民的权利和义务紧密联系在一起,两者不可分离"⑦。公民扮演了多种角色:作为公民,他既是政治上的统治者,也是土地占有者,

---

① 韦伯:《经济与社会》上卷,林荣远译,商务印书馆,2006年,第446页。
② 同上。
③ 同上。
④ 参看高尔德纳:《希腊世界:社会学分析》,哈泼和劳出版公司,纽约,1965年,第79页。
⑤ 同上书,第80页。
⑥ 参看同上。
⑦ 吴晓群:《希腊思想与文化》,上海社会科学院出版社,2009年,第50页。

同时还应该是城邦的保卫者、共同神灵的信奉者。在这几重角色中既包含了权利,也包含了义务。① 在共同信奉神灵方面,王位称号和祭祀职务合二为一是相当普遍的。② 例如,"在共和体的雅典,第二位(就其重要性而言)地方长官(一年一选)也被称为王,他的妻子也叫王后,两人的职务其实都是宗教方面的"③。实际上可以理解为:居于第二位地方领导人,即使是选举产生的,也不过是大祭司或祭司长,而并非政务官。而且,希腊一些共和政体城邦中的"王",所主持的祭祀"只限于境内一般平民祭祀"④。

由于各个城邦的情况不同,所以某个城邦究竟是采取共和体制还是国王体制,要因城而定。各个城邦是陆续建立的,步伐不一,只能说后建立的城邦可能汲取了以前建立的某些城邦的经验,而不能认为有一种理论在指导。然而,有一点对所有的城邦是一致的,这就是公民在履行自己的义务时,必须亲自去实现,而不能请人代理。也就是:"一个公民是一个兵士、一个法官,并且还是政府会议中的一分子,他所有的公共职务都要亲身去做,不能用代表。"⑤希腊城邦时期,没有代议制:"代议政府的观念,希腊人从不知道。"⑥

---

① 参看吴晓群:《希腊思想与文化》,上海社会科学院出版社,2009年,第50页。

② 参看弗雷泽:《金枝》,徐育新、汪培基、张泽石译,大众文艺出版社,1998年,第11页。

③ 同上。

④ 同上。

⑤ 狄金森:《希腊的生活观》,彭基相译,华东师范大学出版社,2006年,第56页。

⑥ 同上。

第三章　希腊城邦制度的形成

正如前面已经提到的,希腊城邦制度建立以后,"部落意识"和"公民意识"并存而且共同发展起来,于是"本籍的自由人成为全权的公民,他们构成城邦的统治阶级"①。但土地私有化过程一直在进行,社会分化也从未停止过。公共土地数量不断减少,农村中的穷人,即使他们是公民,也难以从公共土地中得到保护。部落制度对本部落穷人的保护是很久以前的往事,现在已经指靠不了对作为公民的穷人的保护了。好在个人可以较自由地选择结盟者,于是形成各种各样的团体,个人不得不寻求某一个团体的保护。这样,党派之争就展开了,社会矛盾和冲突就加剧了。②

与此可能有一定联系的是:当时,一般希腊人希望只有一个男孩,因为这会阻止家中田产的细分,而且还表明男孩是获得父亲农场继承权的。③ 这也可以说明,在当时希腊人生活中,拥有一块乡下的土地同家庭政治经济上的独立常常是联系在一起的。④

失去份地的农民,以及在农村仅靠小块份地无法维持生活的农民,通常只好离家进城找工作做,或者移民外地。社会矛盾的激化,使公民们迫切要求恢复社会秩序。在城邦制度下公共广场和圣殿起着重要的作用。公共广场通常位于街道交叉口,

---

① 吴于廑:"希腊城邦的形成及其历史特点",载吴于廑:《古代的希腊和罗马》,附录,三联书店,2008年,第173页。
② 参看高尔德纳:《希腊世界:社会学分析》,哈泼和劳出版公司,纽约,1965年,第106页。
③ 参看斯塔尔:《希腊早期经济和社会的成长(公元前800—前500年)》,牛津大学出版社,1977年,第41页。
④ 参看同上。

周边建起公共建筑物,其中包括神庙,人们经常聚集在这里,后来又设置了商业网点,所以是先有广场,再有市场。"这样,古典时代的广场便集宗教、政治、商业三种职能于一身。"①广场周边也是政治中心,因为城邦的议事厅、召开公民大会的会址和法院都设在这里。"每个公民都可以走进这些公共建筑,不仅是为了咨询或解决私事,而且也为了参与共同的决定。"②圣殿是供奉众神的神圣之地:"它可能是一片树林,或一位英雄的坟墓周围的一块空地等。"③圣殿四周筑有围墙,它之所以重要,不仅因为人们在这里举行祭神仪式,而且因为这里还成为人们的避难之地:"这种地方所具有的神圣价值使人们可以入内避难并获得安全。"④此外,"逃跑的奴隶和流亡者——由于他们不再受任何法律的保护,因而处于风雨飘摇的处境中——就这样在圣殿里找到了庇护"⑤。

希腊城邦中的公共建筑(如神庙、圣殿等)除了上述作用而外,还有一个重要的作用,这就是培育公民对城邦和对集体的认同感,而这种认同感正是城邦得以生存和发展的最根本的基础。⑥ 但从另一角度看,希腊城邦中的公民不仅要有对城邦和对集体的认同感,还要有自主权和自治权,甚至要有支配他人的

---

① 库蕾:《古希腊的交流》,邓丽丹译,广西师范大学出版社,2005年,第38页。
② 同上书,第38—39页。
③ 同上书,第45页。
④ 同上。
⑤ 同上。
⑥ 参看黄洋:"希腊城邦的公共空间与政治文化",载《历史研究》2001年第5期,第102页。

意志。① 这同他们对城邦和对集体的认同感似乎是不矛盾的。希腊人就好像是一块钱币,钱币的这一面刻上"避免支配自己"几个字,另一面刻上"支配别人"几个字。② 这就是希腊城邦中公民的个人主义。正是希腊人的个人主义,使他们处于一种尴尬的两难境地。③

可以在上述分析的基础上再做进一步的解释。

由于公民对城邦和对集体产生了认同感,从而对城邦有了一份特殊的感情;城邦既是城市,是自己生长和栖息之地,"又是民族的自豪的源泉和目标"④。如果"消灭一个城市的政治认同,犹如取人性命"⑤。为此,一个城邦的宗教团体"需要用圣地和神灵来装扮,自己的神灵需要用赛会和悲剧来给予尊敬"⑥。这些无非都是为了巩固对城邦的认同。希腊人的城邦理念就这样深深地扎入人们的心中。"但糟糕的是,他们所热爱的国家不是全希腊,而仅仅是某一城邦的领土。"⑦

由于公民的个人主义一直顽强地存在,城邦的排他性是明显的。一个宗教团体反对另一个宗教团体也是惯见的现象。⑧ 这很难实现"任何通过各种不同的政治团体大力干预而形成统

---

① 参看高尔德纳:《希腊世界:社会学分析》,哈泼和劳山版公司,纽约,1965年,第102页。
② 参看同上。
③ 参看同上。
④ 弗格森:《希腊帝国主义》,晏绍祥译,上海三联书店,2005年,第9页。
⑤ 同上。
⑥ 同上书,第10页。
⑦ 同上。
⑧ 参看韦伯:《经济与社会》上卷,林荣远译,商务印书馆,2006年,第469页。

一的神职人员"①。在希腊各个城邦,存在着对特殊的神(可以称之为家神)的崇拜,这更加突出了在个人主义基础上所产生的排他性,以保证权力不外泄。"在雅典,谁若是没有家神,就不能担任官职。"②

懂得了希腊公民对城邦的认同感和基于个人主义的城邦排他性二者的并存,就可以明白一个道理:为什么这么多小邦始终存在而不采取合并的行动?关于这些,本书第八章将有较详细的论述。

三、城邦制度早期的奴隶制

在城邦制度早期,城邦中仍是自由民占大多数。这时的奴隶,除了少数是由于自由民负债而沦为奴隶的而外,主要是城邦在对外战争中俘获来的。这些俘虏,或被赐给有功人员为奴,或在市场上出售,或被编入苦役营。奴隶也有从海上劫掠来的,或者被拐卖来的。"以俘虏作奴隶,在时代上比以贫穷债户作奴隶为早,大抵始于比较后期的佃猎生活,而盛于农业比较发达以后。"③

农业中使用奴隶的人数不多,一般都是农户和家庭成员参加劳动。如果有奴隶,主要从事家务,包括充当仆役。贵族田庄雇用的多半是本村或邻村的农民,他们是自由民。在城邦制度早期,希腊境内不存在大量使用奴隶的种植园或大农场。

---

① 韦伯:《经济与社会》上卷,林荣远译,商务印书馆,2006年,第469页。
② 同上书,第470页。
③ 潘光旦:恩格斯著《家族、私产与国家的起源》一书的译注,载《潘光旦文集》第13卷,北京大学出版社,2000年,第325页。

公元前6世纪希腊城邦分布简图

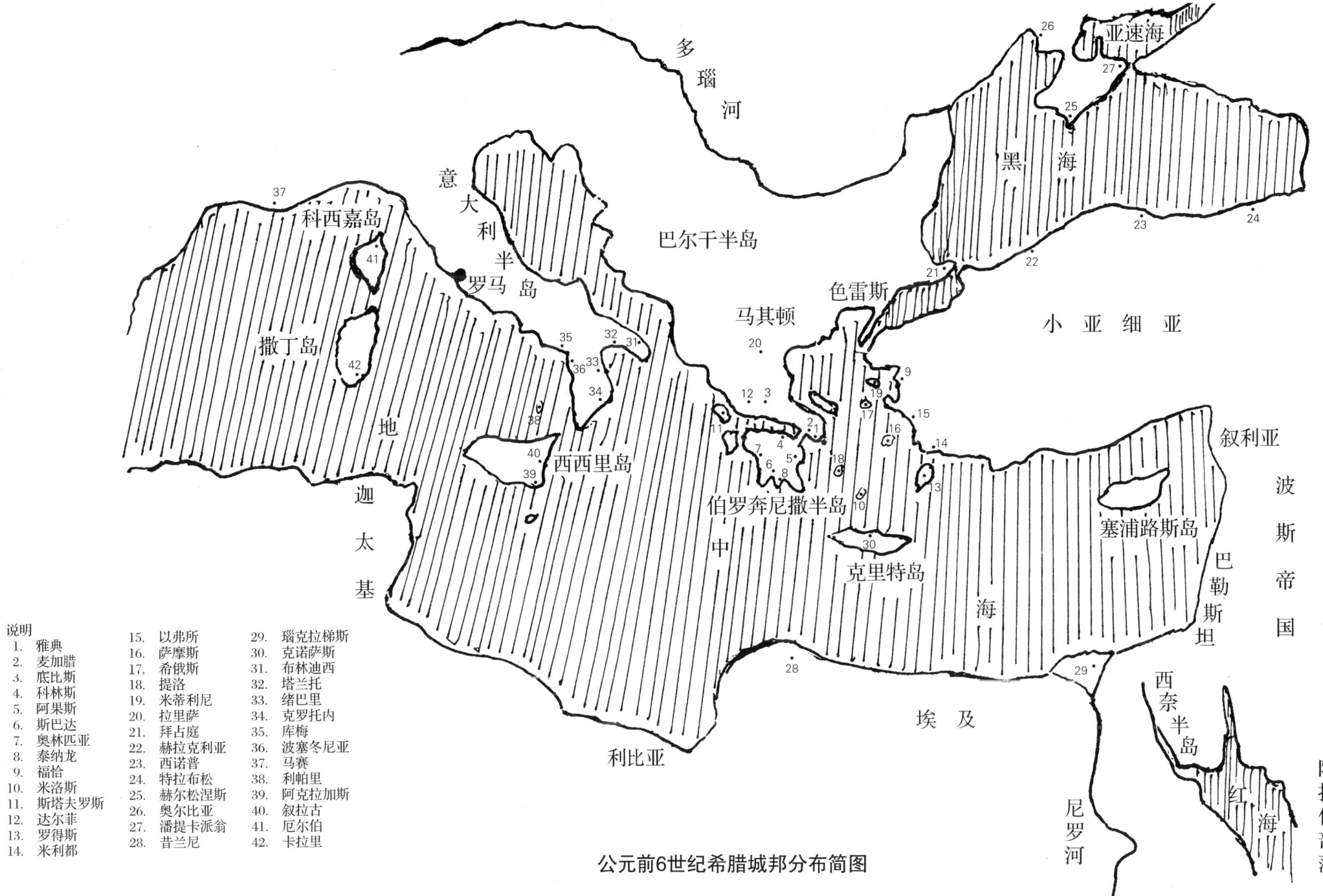

说明
1. 雅典
2. 麦加腊
3. 底比斯
4. 科林斯
5. 阿果斯
6. 斯巴达
7. 奥林匹亚
8. 泰纳龙
9. 福恰
10. 米洛斯
11. 斯塔夫罗斯
12. 达尔菲
13. 罗得斯
14. 米利都
15. 以弗所
16. 萨摩斯
17. 希俄斯
18. 提洛
19. 米蒂利尼
20. 拉里萨
21. 拜占庭
22. 赫拉克利亚
23. 西诺普
24. 特拉布松
25. 赫尔松涅斯
26. 奥尔比亚
27. 潘提卡派翁
28. 昔兰尼
29. 瑙克拉梯斯
30. 克诺萨斯
31. 布林迪西
32. 塔兰托
33. 绪巴里
34. 克罗托内
35. 库梅
36. 波塞冬尼亚
37. 马赛
38. 利帕里
39. 阿克拉加斯
40. 叙拉古
41. 厄尔伯
42. 卡拉里

使用奴隶较多的是矿场。矿场使用的奴隶大多数是从蛮族那里买来的。[1] 据说,色雷斯和小亚细亚稍后成为矿场使用的奴隶的主要供给地。[2] 矿场地处偏僻,便于对奴隶监督管理。

建筑工地是使用奴隶较多的又一场所。但在城邦制度早期,希腊一些城邦还不像后来那样大兴土木,到处建筑公共设施。这时所建设的主要是城墙、防御工事、港口设施、引水沟渠等。

手工作坊中也使用奴隶,这反映当时手工业劳动力供给是不足的,所以手工业主需要购买奴隶。[3] 规模较大的,如石料场、造船工场、陶器工场等,使用的奴隶较多。虽然石料场与矿场有相似之处,但也有区别,即石料场需要一些会雕刻的工匠,也许被俘获的外邦俘虏中就有一些手艺较好的石匠、雕刻匠,他们作为奴隶被送到这里来劳动。

此外,奴隶也被希腊人用作献祭时的牺牲。[4] 按照很古就已存在的希腊陋习,为了驱邪或消除饥荒,村庄或集镇里常举行如下仪式,即挑出一名奴隶,大家用树枝抽打他,把他赶出家门,替大家消灾。[5] 鞭打是轻的,有的地方把充作牺牲的奴隶,用石头活活砸死,这个被砸死的奴隶就被称作"替罪羊"。[6] 有时,充当"替罪羊"的不限于奴隶。"雅典人经常用公费豢养一批堕落

---

[1] 参看斯塔尔:《希腊早期经济和社会的成长(公元前800—前500年)》,牛津大学出版社,1977年,第91页。
[2] 参看同上。
[3] 同上书,第161页。
[4] 参看弗雷泽:《金枝》,徐育新、汪培基、张泽石译,大众文艺出版社,1998年,第520页。
[5] 参看同上。
[6] 参看同上。

无用的人:当城市遭到瘟疫、旱灾或饥荒这一类的灾难时,就把这些堕落的替罪羊拿出来献祭……先领他们走遍城里,而后杀祭,显然是在城外利用石头砸死的。"① 这种陋习曾长期存在。

不把奴隶当做人而看成是异类的观念,在希腊城邦是一贯的。以后,需要"经过几世纪的基督教的传播方才使我们相信人在这方面至少是相等的,即没有一个人能显然有权利使别人做他意志的被动器具"②。

然而,在城邦制度早期,奴隶尽管受虐待,甚至充当献祭时的牺牲,法律上仍有某些不得任意损害奴隶利益的规定。例如,从克里特岛南岸哥尔金发现的铭文(刻于公元前5世纪中叶)中写道:"倘某人因自由人或奴隶之故提请法庭公断,则彼在法庭审理之前无权(强行)带走被告;而倘彼将其带走,则法官因此应课彼罚金。"③ 这表明涉奴案件要在法庭审理完毕之后才能做出判决。关于身份的断定,"若有人断言这是自由人(指被告),而另有人一口咬定这是奴隶,则争讼将有利于证明其为自由人的一方"④。铭文中还记述道,如果某人强奸女奴,要课以罚金,如果是夜间强奸,罚金加倍;如果奴隶与自由人女子通奸而被抓获,罚金加倍。⑤ 这表明,奴隶是受歧视的,但在处罚时,对奴隶的罚金只是加倍处罚。

---

① 参看弗雷泽:《金枝》,徐育新、汪培基、张泽石译,大众文艺出版社,1998年,第520页。
② 狄金森:《希腊的生活观》,彭基相译,华东师范大学出版社,2006年,第62页。
③ 巫宝三主编:《古代希腊、罗马经济思想资料选辑》,商务印书馆,1990年,第217页。
④ 同上书,第218页。
⑤ 参看同上书,第219页。

铭文中还提到奴隶可以同自由人结婚。但婚后所生子女受到的待遇不一样。如果男奴隶"娶自由人女子为妻,居于妻子家中,则彼婚生子女为自由人;倘自由人女子居于奴隶处,则婚生子女为奴隶"①。男奴隶和女自由人的婚生子女在接受母亲遗产时也有区别:"倘同一母亲有自由人和奴隶两种身份之子女,若母亲死亡,则自由人身份的子女应获得遗产,倘存在这种遗产的话。倘死者无自由人身份的子女,遗产应由其亲属获得。"②这表明,奴隶是没有财产权的。

从希腊城邦制度早期的奴隶制可以了解到这样两点:

第一,奴隶制和战争在希腊是相互依存的。战争同奴隶制有关,奴隶制又使战争成为必要。③ 这是因为,如果没有战争,没有海盗活动,没有私人的经营,就不会有廉价的奴隶供应,奴隶的价格就会上涨。当然,靠奴隶繁殖后代也能使奴隶制延续下来,但那样会使奴隶的使用成本太高了。④

第二,希腊城邦之所以需要战争,因为这有助于缓和国内贫富冲突,进而减少因贫富冲突而增加的支出。⑤ 也就是说,"在某种程度上,战争对城邦的内部稳定是必要的"⑥。因此,希腊城邦与城邦之间发生战争是正常现象,和平共处则是不正常的。⑦

---

① 巫宝三主编:《古代希腊、罗马经济思想资料选辑》,商务印书馆,1990年,第219页。
② 同上。
③ 参看高尔德纳:《希腊世界:社会学分析》,哈泼和劳出版公司,纽约,1965年,第145页。
④ 参看同上。
⑤ 参看同上书,第143页。
⑥ 同上书,第144页。
⑦ 参看同上。

第二节　较早的城邦

城邦常被人们看成是希腊人的创造,"其实城邦是一种比较普遍的社会现象,不止是希腊人的创造。在希腊城邦以前就有腓尼基人的城邦(如提尔、西顿和迦太基);与希腊城邦同时代的有伊特拉斯坎人的城邦"①。这意味着,在西方,在地中海沿岸,很早就出现了城邦。一方面,这可能来自"地中海的恩赐"②,即地中海沿岸"有许许多多海岬和溪谷,这些在同样的条件下一向是容易防御的"③;另一方面,这同贸易的发展有关。山谷把土地割裂成许多小块地区,它们面积不大,土地有限,不可能完全自给自足,而必须依赖贸易,地中海"成为联结生产力颇不相同的各国的一条公路"④,城邦也就赖以生存和发展。

尽管如此,希腊的城邦自有本身的特点,比如说,希腊的城邦和古代意大利境内的定居点是有区别的。"由于希腊和意大利的社会发展阶段不同,城邦建立的方式和时间也不同。因此,不仅古意大利人城市建立的特征和古希腊城市的发展特征很不相同,而且也不能认为,在拉丁世界,在罗马建立以前就已经建立了城邦。"⑤在古代意大利人那里,"也存在一个防御和宗教中

---

① 希克斯:《经济史理论》,厉以平译,商务印书馆,1987年,第37页。
② 同上。
③ 同上。
④ 同上。
⑤ 马尔蒂诺:《罗马政制史》第1卷,薛军译,北京大学出版社,2009年,第45页。

心"①,后来这个中心形成了堡垒或城堡,"这与希腊人建立的城市没有什么联系"②。此外,"古意大利人的体制一般是划界了的村落体制,不同于古希腊的村落,后者没有确切的、有标记的边界"③。因此,具有自身的特点的希腊城邦,很可能类似于腓尼基人的城邦,而不同于古意大利人的堡垒和村落。

为什么会出现上述不同?一种解释是:当"属于第一波印欧移民的一次迁移中在意大利定居下来,……其经济很原始,主要是畜牧业,因而它还不知道更先进的城邦体制。"④以畜牧业为生的外来移民不会长期定居在一个地方,他们集体迁移,寻找水源和草地,他们有共同的祖先、共同的神、共同的风俗习惯,但不需要建立城市。有了商业需要(如腓尼基人那样),或实行了农耕(如希腊人那样),为了建立管理居民的体制,才建立了城邦。

希腊的城邦是在公元前8世纪到公元前6世纪之间陆续出现的。希腊境内和希腊周边的希腊人移居区都先后形成了城邦。下面,让我们从希腊本土南部即伯罗奔尼撒半岛说起。

一、伯罗奔尼撒半岛上的城邦

本书第一章和第二章都提到,在由希腊西北部山区进入伯罗奔尼撒半岛的多利亚人,是希腊人中的一支。传说他们曾毁

---

① 马尔蒂诺:《罗马政制史》第1卷,薛军译,北京大学出版社,2009年,第44页。
② 同上。
③ 同上。
④ 同上书,第45页。

灭了克里特岛上的米洛斯王朝和希腊南部的迈锡尼王朝。正是他们,在公元前8世纪以后建立了伯罗奔尼撒半岛上的若干城邦,其中著名的有斯巴达、阿果斯、科林斯、麦加腊等。在这里需要说明,居住于希腊城邦中的,被称为希腊人,希腊城邦以外的人则被称作"蛮族"。希腊北部边境地区的色雷斯人,不说希腊语,那就是"蛮族"。[1] 西亚人,包括波斯人在内,尽管文明程度决不低于当时的多利亚人,但他们不说希腊语,而多利亚人说希腊语,所以西亚人、波斯人都是希腊人眼中的"蛮族"。[2]

在伯罗奔尼撒半岛的城邦中,斯巴达最重要,本书第四章专门有论述。下面只谈一谈阿果斯、科林斯和麦加腊。

(一)阿果斯

阿果斯位于群山之间海边的一块平地上,山脉和海洋把它同其他地区隔离开来,易守难攻。多利亚人建立阿果斯城邦的时间大约是公元前8世纪,而阿果斯作为一个强盛的城邦大约是在公元前7世纪初。

阿果斯位于斯巴达和科林斯之间,它同斯巴达的矛盾很大,而且由来已久。主要积怨在于:当初斯巴达占领了美塞尼亚之后,奴役了当地居民,当地居民不断反叛。这些叛乱者得到邻近两个城邦(阿卡底亚和庇萨)的支持,而庇萨城邦的后台就是阿果斯。[3] 阿果斯国王费顿当权时,阿果斯在伯罗奔尼撒半岛上

---

[1] 参看基托:《希腊人》,徐卫翔、黄韬译,上海人民出版社,2006年,第1页。
[2] 参看同上。
[3] 参看伯里和梅吉斯:《希腊史(到亚历山大大帝去世)》,第4版(修订版),圣马丁出版社,纽约,1975年,第101页。

起着重要作用。①

阿果斯城邦辖区的土地不太肥沃,但城区人烟稠密,街道都显狭窄。阿果斯实行的是国王体制,上层社会分两派,势力都很大,互不相让。其中一派是氏族贵族,他们占有较多的土地,另一派是工商业者,他们以财力雄厚的富商为领导。城邦刚建立时,氏族贵族占优势,但工商业者后来居上,他们有平民支持,进而成为国王的依靠。据说阿果斯国王费顿的政权就是以大商人为依靠并得到平民支持的。费顿制定了一套新的规章制度,以促进工商业发展,例如,度量衡制的统一、本城邦钱币的铸造、文化事业的发展、学校的兴办等。

阿果斯在势力鼎盛时期曾北上与雅典对抗,并把受雅典控制的一些小城邦拉到自己这方面来。斯巴达本来就同阿果斯有矛盾,阿果斯强盛后更引起斯巴达的不安。阿果斯国王费顿之后,其继承人腐败无能,大商人利用权势尽谋私利,从而失去民心。斯巴达与阿果斯陷入长期作战困境,阿果斯虽然有胜有败,但国力耗损太大,力不能支,最终不得不臣服于斯巴达。

(二)科林斯

科林斯位于希腊中部和南部之间的地峡上,地理位置十分重要,因为"住在伯罗奔尼撒半岛上的人和半岛以外的人来往必然经过科林斯的领土"②。

早在史前时期,科林斯地区虽然可能从来不曾完全荒芜过,

---

① 参看伯里和梅吉斯:《希腊史(到亚历山大大帝去世)》,第4版(修订版),圣马丁出版社,纽约,1975年,第101页。
② 修昔底德:《伯罗奔尼撒战争史》上册,谢德风译,商务印书馆,2007年,第13页。

但在青铜时代末期以前,这里并没有得到开发。从考古资料看出,大规模的连续移居科林斯开始于公元前925—前875年。①从词的来源上说,科林斯这个词是外来的,有可能最早是外国来的移民的一个点。② 但同样有可能的是,多利亚人后来从希腊西北部进入了科林斯,沿用了原有的地名。③ 据说,多利亚人的三个不同部落直接移居斯巴达和阿里斯,以后又间接移居科林斯。④ 多利亚人在这里建立了城邦,从城墙建筑所提供的证据表明,公元前8世纪以后科林斯城邦的居住区面积是扩大的。⑤把乡村包括在内,科林斯城邦的领土面积为330平方英里。⑥

科林斯有良好的港湾。来自爱琴海的船舶到达地峡东岸后,可以通过木质滑道被牵引滑行,不过几公里的路程就能到达地峡西岸,再驶入伊奥尼亚海和亚得里亚海。

科林斯实行国王专制统治,世代继承。据希罗多德记述,科林斯归少数家族统治,他们之间相互通婚。⑦ 科林斯同阿果斯一样,在国王执政期间,上层社会也有以经营土地为主的氏族贵族和致力于工商业经营的大商人两派之争。由于科林斯商业发达,大商人势力大,所以他们成为国王的依靠力量。

到了公元前7世纪中期(公元前655年),库普赛罗斯夺得

---

① 参看萨尔蒙:《富裕的科林斯:公元前338年以前的城市史》,克莱伦顿出版公司,牛津,1984年,第39页。
② 参看基托:《希腊人》,徐卫翔、黄韬译,上海人民出版社,2006年,第9页。
③ 同上书,第10页。
④ 参看萨尔蒙:《富裕的科林斯:公元前338年以前的城市史》,克莱伦顿出版公司,牛津,1984年,第51页。
⑤ 参看同上书,第77页。
⑥ 参看基托:《希腊人》,徐卫翔、黄韬译,上海人民出版社,2006年,第61页。
⑦ 参看希罗多德:《历史》下册,王以铸译,商务印书馆,2007年,第386页。

政权,成为僭主,也就是新王朝的国王。尽管他专横独断,但"他统治了30年,并且得到善终"①。他使科林斯更加繁荣。他的儿子佩利安多洛斯于公元前625年接任,又统治了40年,直到公元前585年。这些年内,科林斯的手工业发展很快。在希腊许多城邦都轻视手工工匠的情况下,"在科林斯人那里,手艺却是最不受蔑视的"②。

佩利安多洛斯在登位之初,性情比他的父亲要温和些,但后来可能受到米利都僭主特拉叙布洛斯的影响,性情变得比他父亲残暴得多。③ 但他仍能使科林斯继续兴旺。他执行了一些使某些人感到不快但却有利于社会的政策,例如,他限制每人雇用奴隶的最高限额,并禁止继续从境外输入奴隶;他强迫富人捐出黄金,在城区铸造一座巨大的雕像;他邀请科林斯全城的贵妇参加宴会,将她们的首饰的一半收归国有,甚至把她们的华丽服装剥下,用火烧掉。④ 这样,尽管科林斯照常繁荣,而他在国内却树敌太多。

佩利安多洛斯死后38年,斯巴达帮助科林斯的贵族推翻了库普塞洛斯家族统治,建立了贵族政府。贵族执政后,科林斯在军事上受到斯巴达的控制,同时也受到雅典的威胁。

科林斯很早就铸造了自己的钱币。它的钱币信誉良好,虽然不是希腊本土最早铸造的城邦钱币。⑤ 科林斯对外贸易和国

---

① 希罗多德:《历史》下册,王以铸译,商务印书馆,2007年,第386页。
② 同上书,上册,王以铸译,第185页。
③ 参看同上书,下册,王以铸译,第388页。
④ 同上书,下册,王以铸译,第389页。
⑤ 参看萨尔蒙:《富裕的科林斯:公元前338年以前的城市史》,克莱伦顿出版公司,牛津,1984年,第170页。

内商业兴旺,手工业发达,需要有可靠的钱币作为交易中介。更重要的原因也许是:由于铸币有固定的成色和重量;适于纳税、缴费、罚款等,既使得使用者感到方便,又便于管理。①

(三)麦加腊

麦加腊位于伯罗奔尼撒半岛的最北端,也就是科林斯地峡的最北端,距雅典较近,面积不大,大约只有阿提卡的四分之一还不到。② 它也是一个商业中心,因为和科林斯一样,港湾良好,东可以通过爱琴海同小亚细亚、腓尼基、埃及交往,西可以通过伊奥尼亚海和亚得里亚海,同意大利半岛、西西里、迦太基交往。

麦加腊的兴起大约在公元前7世纪,略晚于科林斯,以后一直同科林斯竞争,两城不相上下。③ 公元前6世纪时,麦加腊的手工纺织业很兴旺,纺织品行销各地。④

在政治体制上,起初,麦加腊由氏族贵族执政。公元前630年,由于平民和贵族之间关系紧张,出身于贵族之家的提欧根尼倾向于民主政体,逐渐成为平民派代表人物。据说,他曾率领一帮穷人占领了一个贵族所拥有的牧场,在那里召集追随者,扩大自己的队伍,进攻城区,推翻了政府,成为统治者。⑤ 虽然提欧根尼是一个僭主,组建的是专制政权,但他的政策明显地是代表

---

① 参看萨尔蒙:《富裕的科林斯:公元前338年以前的城市史》,克莱伦顿出版公司,牛津,1984年,第170页。
② 参看帕克:《城邦——从古希腊到当代》,石衡潭译,山东画报出版社,2007年,第15页。
③ 参看杜兰:《世界文明史》第2卷《希腊的生活》,幼狮文化公司译,东方出版社,1998年,第68页。
④ 参看同上。
⑤ 同上书,第69页。

平民利益、抑制权贵的。他抑制贵族势力,致力于发展经济和文化。

提欧根尼统治麦加腊达 30 年之久。在这期间,麦加腊"同其它希腊城邦一样,正在经历从以出身为个人地位之基础的社会向以财富为基础的社会的转变"①。尽管政局仍是时有变化的,但"往日的贵族理想已是一去不复返了"②。公元前 600 年,麦加腊的贵族和富人联合起来,推翻了提欧根尼的政府。但很快又发生了所谓的"第三次革命",即平民又夺回了政权。③ 这一次平民政权的建立,使麦加腊的政策对贵族和富人更加不利,如没收一些贵族和富人的财产,取消穷人所欠债务,命令富人向所有债务人退还利息。还有一些贵族和富人在财产被没收之后又被驱逐出境。④ 这种现象在同时期的希腊城邦中是常见的,而并非麦加腊所特有。⑤

麦加腊此后一直在希腊两大城邦斯巴达和雅典之间周旋,处于骑墙地位。它依靠自己地理位置的特殊,维持自己的生存。至于流亡的贵族及其支持者,后来虽然陆续回国了,但再度恢复贵族专制已经没有指望。⑥

---

① 黄洋:《古代希腊土地制度研究》,复旦大学出版社,1995 年,第 169 页。
② 同上书,第 168 页。
③ 参看杜兰:《世界文明史》第 2 卷《希腊的生活》,幼狮文化公司译,东方出版社,1998 年,第 69 页。
④ 参看同上。
⑤ 参看黄洋:《古代希腊土地制度研究》,复旦大学出版社,1995 年,第 169 页。
⑥ 参看杜兰:《世界文明史》第 2 卷《希腊的生活》,幼狮文化公司译,东方出版社,1998 年,第 70—71 页。

二、希腊北部和中部的城邦

在希腊的中部和北部,同样存在着许多城邦。其中最重要的是雅典。关于雅典,本书第五章专门予以论述。这里只提一下雅典以外的两个重要城邦:底比斯和达尔菲。

(一)底比斯

麦加腊位于由希腊南部通向中部和北部的十字路口。由麦加腊往南,通过科林斯进入斯巴达等地;由麦加腊往东,进入雅典;而由麦加腊往北,则通往底比斯。由底比斯再往北,可以通往色雷斯或马其顿。这是当时希腊南北交往的通道。

底比斯是希腊中部和北部的一个重要城邦,领土面积同雅典差不多。[①] 它在相当长的时间内默默无闻,也没有什么影响。只是由于它的地理位置很重要,从希腊以北进入希腊境内的"蛮族",如果想到达雅典和伯罗奔尼撒半岛的话,底比斯是他们必经之路。在稍后的雅典和斯巴达争夺霸权的过程中,底比斯有时同雅典站在一起,有时又同斯巴达站在一起,底比斯实际上起着一种平衡的作用。但这种平衡作用在希腊城邦制度早期还不明显,因为当时斯巴达的势力还只限于伯罗奔尼撒半岛上,而雅典长时间内忙于自己内部的政体改革和专心于海外扩张,对底比斯的影响都不大。而当斯巴达和雅典双方都想成为霸主时,底比斯的地位就突出了,它的作用不再限于平衡或协调,它自身也想挤入争霸的行列,同斯巴达或雅典一争高下。

---

① 参看帕克:《城邦——从古希腊到当代》,石衡潭译,山东画报出版社,2007年,第15页。

底比斯位于比奥提亚地区。比奥提亚地区有10个城邦,同说一种方言,底比斯是其中之一。这些城邦形成了比奥提亚同盟,底比斯力量最强。这些城邦中,半数以上是小邦,它们分散行动,挡不住底比斯的扩张。"对它们来说,这是失败;对底比斯来说,这是方便。"①这样,"底比斯变成了比奥提亚的普鲁士"②。底比斯控制了这一同盟,以至于引起了斯巴达的嫉妒和担心。当斯巴达势力强大后,强行解散了这一同盟,以消除底比斯的影响。③

底比斯终于强盛起来。它已不满足于充当比奥提亚的领袖,而且想取斯巴达和雅典的霸主地位而代之。这些在本书第七章中将有论述。

不管怎样,底比斯同斯巴达和雅典的争斗,为以后马其顿的崛起和南下铺垫了道路。从某种意义上说,底比斯的兴衰是未来的马其顿帝国的缩影。

(二)达尔菲

位于希腊中部的达尔菲城邦是以圣迹而著名的。达尔菲的所谓圣迹,来自希腊神话。据传说,这里早就建立了阿波罗神殿,内藏宝物,外族人想掠走这些宝物,赖有神祇保佑,均未得逞,或被自然灾害所吓走,或被山势险峻所惊退。④ 如此越传越神奇,来此朝圣的香客也越来越多,达尔菲城邦逐渐繁荣起来。

---

① 弗格森:《希腊帝国主义》,晏绍祥译,上海三联书店,2005年,第14页。
② 同上。
③ 参看同上。
④ 参看杜兰:《世界文明史》第2卷《希腊的生活》,幼狮文化公司译,东方出版社,1998年,第78页。

稍后,在达尔菲建立了祭坛,先是祭奉地神,后来祭奉阿波罗神。① 圣迹越有名,香客来得越多,祭坛的收入也越丰厚。于是达尔菲宝库的名声也就更加显赫。

达尔菲宝库引起了希腊一些城邦的关注,外族人和外邦人都想把宝藏弄到手。加之,达尔菲认为香客是一笔巨大的财富收入之源,征税收费,有过不少争执。为了安全起见,达尔菲总是依靠强者,以取得保护。大约在公元前6世纪中期,达尔菲被希腊各城邦承认是中立城邦,这才保持和平与繁荣。

达尔菲不仅以宝库闻名远近,而且也逐渐成为希腊文化中心之一。达尔菲修建了一座大剧院,还修建了一座有环形看台的竞技场。对当时达尔菲的热闹,尤其是阿波罗节日的盛况,在杜兰的《世界文明史》中有过这样的描述:"狂热的朝圣者拥塞于通往圣城的道路上,嘈杂的旅店和帐幕中满是旅客,无数善于利用机会的商人在路边搭起临时摊位,百物杂陈。"②朝圣的人群在通往阿波罗神殿的路上,势如潮涌,他们把"奉献或祭品恭谨地置于殿前,虔诚地恭颂祷词,带着敬畏的心情在戏院观赏表演,再步履维艰地跋升数百级前往费西亚竞技大会,或向远处眺望高山和大海"③。他们是带着各自的祈求前来的,正是"在这样热切的期望下,度过了他们的生命"④。

---

① 参看杜兰:《世界文明史》第2卷《希腊的生活》,幼狮文化公司译,东方出版社,1998年,第78页。

② 同上。

③ 同上。

④ 同上。

以上所说的是城邦制度早期希腊一些城邦的情况。那么，在希腊城邦区域以北，即巴尔干半岛中部和北部，当时是什么情况呢？以北纬41度线为界，此线穿过马其顿和阿尔巴尼亚中部，把巴尔干半岛分划为两部分。"此线以南是古代希腊人的世界，以北则是伊利里亚人、色雷斯人和达吉亚人活动的区域。"①伊利里亚人、色雷斯人和达吉亚人都被当时的希腊人视为蛮族。即使北纬41度线穿过了马其顿，那里的居民是马其顿人，同样被视为蛮族。至于阿尔巴尼亚人，他们"可能不是半岛西部人的后裔，其祖先很可能来自半岛东部地区"②。他们被视为带有蛮族的色彩。这些所谓蛮族的居住地区，都与希腊式的城邦政治无关。

第三节 早期僭主政治

一、僭主政治的由来

氏族成员选举领导人，是希腊人很早就形成的传统。"在早期的希腊氏族中，无疑地存在这项权利。"③选举出来的，就是一个氏族的酋长。但是不是还存在另一种可能性，即酋长传位给长子，使酋长一职成为世袭的？不能认为没有这种可能，但

---

① 陈志强：《巴尔干古代史》，中华书局，2007年，第50页。
② 同上书，第51页。
③ 摩尔根：《古代社会》上册，杨东莼、马雍、马巨译，商务印书馆，1997年，第225页。

"长子世袭是不符合这个职位的古老原则的"①。在希腊,重选举而不重世袭,这已成为一种传统,所以人们尊重的是"根据自由选举授予职位,并对不称职者保留罢免之权"②。

部落领袖后来演变而成为国王,他们被认为是公众信任的人物,出自公众的拥戴而当选是一个惯例。僭主,就是破坏了惯例而产生的领袖。僭主,不管来自贵族,还是来自平民,都被认为"显然兼具寡头和平民政体的弊病"③。这种弊病,一方面是:"它从寡头政体承袭了积累财富的目的;一个僭主能够维持其卫队和豪奢的生活完全依仗财富;"④另一方面是:"它又从平民政体接受了仇视贵要阶级的气息以及或明或暗地损害著名人物的政策。"⑤因此,在希腊人心目中,僭主一定出于自私的目的:"但求有补于自己的政权,僭主是不惜采取任何恶劣手段的。"⑥

僭主是如何上台的?从希腊一些城邦的实际情况看,僭主或者是靠武力推翻了原来经过共同遵守的程序或仪式而推举出来的领袖,自己登上领袖人物位置的;或者由实际上掌握了政权的领袖人物不通过共同遵守的程序或仪式而以指定继承人的方式(如子承父位)登上领袖人物位置的;或者是以威逼利诱的方式,表面上仍按照共同遵守的程序或仪式推举出领袖,实质上则是一手操纵所谓的选举过程而登上领袖人物位置的。

---

① 摩尔根:《古代社会》上册,杨东莼、马雍、马巨译,商务印书馆,1997年,第225页。
② 同上。
③ 亚里士多德:《政治学》,吴寿彭译,商务印书馆,1997年,第280页。
④ 同上。
⑤ 同上。
⑥ 同上书,第295页。

问题在于:想成为僭主的人为什么会如愿以偿?这必须从希腊城邦制度存在的背景谈起。

在城邦建立之前,氏族贵族在部落和部落联盟中占着主导地位,他们拥有土地,又拥有奴隶,他们的利益主要集中在土地收益上。城邦建立后,在早期,这些氏族贵族依然掌握了实权,他们的代表者被推举为军事统领或国王。氏族贵族们围绕在军事统领或国王的四周,分享权力。于是他们成了有势力的名门望族,引起了另一些名门望族的不满。"例如,在叙拉古似乎(僭主政治)是一些受到人民所排挤的望族帮助一个僭主实现统治的。"[1]就希腊许多地方来说,僭主由望族担任,而他的对手也是望族。这就是当时条件下的等级斗争,"僭主政治处处都是等级斗争的产物"[2]。

在某些城邦,工商业者逐渐成长起来了。其中,有的工商业者本身就是贵族,或出身于贵族之家,他们的兴趣和事业却在工商业上,尤其是在对外贸易上。他们的利益倾向与那些以土地占有和经营为主的贵族(土地贵族)不一样,于是形成了两个利益集团。至于作为僭主的一方,是土地贵族还是工商业贵族,僭主的另一方是工商业贵族还是土地贵族,并不重要。归根到底,僭主政治是两派贵族利益集团之间的斗争、两个名门望族之间的斗争。

两派的斗争决不限于贵族自身的利益,而必然会涉及平民的利益。所以贵族两派的斗争中究竟哪一派会占上风,取决于

---

[1] 韦伯:《经济与社会》下卷,林荣远译,商务印书馆,2006年,第665页。
[2] 同上。

平民中多数人支持哪一派。这对于希腊城邦政治的走向是有意义的。对大多数希腊城邦来说,法律正是在平民和贵族的长期斗争中被制定。① 在许多场合,法律的制定是作为掌权者一方的贵族对平民的一种让步。②

僭主正是在这种背景下上台的。不管僭主以何种方式上台,但他们有一点是共同的,即正如前面已经提到的,他们的上台从不遵守以往部落或部落联盟所形成的共同遵守的程序和仪式。"僭主通常是贵族,他们通过赢得少数富裕公民的支持而取得了权力。"③当然,这并不排除僭主有时也能得到较多平民的支持而上台。为什么在有较多平民支持时,僭主不通过正常的选举上台呢?原因是复杂的:或者公认的程序受到某些人的把持而无法启动;或者,事后才发现有多数平民支持,而事先不了解这一点,所以不敢动用公认的程序;还有,军队归目前在台上的领导人所掌握,僭主唯有秘密策划和秘密运作,才能一举夺得政权。

总之,僭主是政变的成功者,或者是篡权的成功者。但僭主取得成功后,必须致力于满足支持者的诉求和愿望,僭主上台后一定要有所作为,否则照样会被赶下台。僭主中,有暴君,有平庸之辈,有伪善者,但其中也有能人:"许多僭主是好的统治者,他们通过实行改革和鼓励盖新建筑来改善自己的城邦"④,他们

---

① 参看伯里和梅吉斯:《希腊史(到亚历山大大帝去世)》,第4版(修订版),圣马丁出版社,纽约,1975年,第104页。
② 参看同上。
③ 阿克罗伊德:《古代希腊》,冷杉、冷枞译,三联书店,2007年,第41页。
④ 同上。

甚至"对低下的农民承诺结束由富裕的地主对其进行剥削的局面"[1]。

二、早期僭主政治的结局

一般而言,僭主统治的时间不会很长。(当然也有例外,有的僭主执政好几十年。)为什么僭主通常只有短暂的统治呢?仍应从希腊城邦制度早期的政治形势说起。

如上所述,氏族贵族中这一名门望族和另一名门望族之间的斗争,包括氏族贵族中的土地贵族和工商业贵族之间的斗争,以及平民中对这一派贵族或对另一派贵族的支持,是僭主得以上台执政的原因。僭主上台后,失势的贵族显然是不甘心的,他们的支持者还在,人数众多,而且遍布城乡,所以失势的贵族总想卷土重来。他们时时刻刻盯着僭主及其党羽,一旦发现执政集团有失误,便会借机大肆渲染,为自己上台准备条件。

即使是支持僭主上台的平民,包括那些持中立态度的平民,他们仍然向往传统的选举领导人的程序和仪式,对僭主不遵守公认的惯例的做法采取容忍的态度。但这些人是否长久容忍,要根据僭主上台后的治绩而定,他们不一定长期容忍下去。如果他们认为僭主不过是暴政的继续和庸人的统治,他们反对僭主的呼声在社会上会不断高涨。僭主的支持者人数减少和反对者人数增多的结果,使僭主的政权难以维持下去,最终被推翻,被赶走。在希腊本土,公元前7世纪以后,城邦僭主执政"先后

---

[1] 阿克罗伊德:《古代希腊》,冷杉、冷枞译,三联书店,2007年,第41页。

席卷了一系列大城市,其中包括雅典,但是仅仅存在几代人之久"①。这一方面表明,治绩始终是衡量僭主能否继续执政的标准,另一方面表明,城邦的民主、自由仍是大趋势,总的说来,"城市僭主政治是一种局部地区的现象"②。

在有些城邦,在推翻僭主统治之后,出现了原来失势的名门望族和曾经支持过僭主、但后来又抛弃僭主的名门望族联合执政的情况。他们通常保留了传统的程序和仪式(尽管只是部分保留或者是有选择地保留),采取选举的做法,重新恢复到公众认可的方式上来。这可以说成是一种妥协,即在经历了一段僭主政治之后又恢复了传统,但这毕竟给予新政权以某种合法性。

在有些城邦,在推翻僭主统治的过程中,形成了包括贵族和平民在内的新的党派,他们已经不能再套用土地贵族派、工商业贵族派或彻底平民派之类的称号了。这主要因为,专制独裁的僭主政权使大多数公民都饱受灾难,大多数公民经历了战乱、冲突和暴政之后,人心思定,人心思治。他们认识到,与其动乱延续,不如推举产生一个大家都认可的政府;与其让僭主一人或一个家族独揽大权,不如选出一个多多少少符合民主原则的政府。这样,僭主政治成了希腊城邦走向民主道路上的一个插曲。希腊城邦的民主秩序正是汲取了僭主政治的教训而逐步完善的。

三、早期僭主政治的影响

僭主政治在城邦制度早期的出现不是偶然的。它是希腊城

---

① 韦伯:《经济与社会》下卷,林荣远译,商务印书馆,2006年,第665页。
② 同上。

邦制度产生、发展和完善过程中的特殊产物。它不同于古代东方国家,因为在那里,国家一经产生就是国王的专制统治,而且世袭制被认为是无可非议的制度。它也不同于罗马帝国时期出现的僭主政治,因为在那里,僭主只不过是军阀篡位篡权的代名词,罗马帝国皇帝的登位仍然是有一套被认可的程序和仪式的。

而在希腊城邦制度早期,僭主具有自身的特殊性,他们往往是长期党派斗争的产物。尽管大多数情况下僭主统治时间不会很长,但不可否认的是,不少僭主上台时甚至执政时是受到支持者拥戴的。即使如此,僭主始终是僭主,骂名不会消失,因为传统的推举领导人的程序被破坏了。因此,希腊城邦的僭主政治"不可避免地要打上僭主者个性的印记,而且这种个性,因为它反对所有先存的利益,必须处在一种持久的挑战和敌对状态之中"①。有的僭主上台后,是想干一番事业的。僭主通常在社会动荡中上台,他上台后的第一件大事就是要使社会从动荡的困境中摆脱出来,恢复社会秩序。他想走的途径是:先从秩序的破坏中夺取政权,再利用政权来从乱到治。他甚至会认为,反正已经背上了骂名,干些大事总比不干事好,干些善事总比干坏事好。

从这个意义上说,在希腊人的心目中,凡是不按传统和惯例、不遵守公认的程序和仪式而取得领导人职位的,不管是谁,一律都是僭主。也许以后的史书上会记载某个僭主统治时期的治绩,但同时代的希腊人,支持僭主的,可能对僭主如何上台这

---

① 贡斯当:《古代人的自由与现代人的自由》,闫克文、刘满贵译,冯克利校,商务印书馆,1999年,第282—283页。

件事闭口不谈,反对僭主的甚至包括持中立态度的,却会异口同声地指责僭主。这就是希腊城邦政治的特色。"成则为王,败则为寇"这种说法在希腊城邦制度下是不存在的。"成",是僭主;"败",也是僭主:这就是民心民意。

僭主政治只产生于古代希腊。它对古代东方国家没有什么影响,对罗马共和国和罗马帝国也没有什么影响。只是到了罗马帝国后期,罗马境内才有了僭主,但那更接近于古代东方的模式而与希腊城邦制度下的僭主政治无关。

僭主政治对希腊城邦制度的影响主要在于一种政治理念的传承。希腊人由此得到启示:不管发生什么情况,公众认可的一套程序、仪式和制度,在未经公众通过修改的决议之前,必须遵守、执行。城邦制度既然是公众或其代表在大会上通过的,那么无论什么人都没有权力废弃它,甚至修改它。希腊的公众只认规则,而不问实际情形是不是发生了变化,也不问原先制定的规则如果不加以修改会带来什么样的后果。

马其顿作为希腊本土以北的一个经济文化落后的地区,他们不像希腊城邦那样有公民们共同制定的法律和必须遵守的规则。因此对马其顿人来说,不存在所谓僭主政治这一类问题。马其顿王国和亚历山大大帝后来建立的帝国,所遵循的都是马其顿的传统,而不是希腊城邦的传统。关于这些,将在本书第九章、第十章中加以论述。

第四节 城邦制度下的对外移民和移民城邦

一、移民的性质

古代希腊史,从某种意义上说,就是不断移民和移民在外开拓领土、并把希腊文化带到所开拓领土之上的历史。也可以换一个说法,古代希腊史,或古代希腊人移民开拓史,就是持续不断的"希腊化"过程。[1]

关于"希腊化",陈恒在所著《希腊化研究》一书中提出了三次"希腊化"的论点:

第一次"希腊化"是指,"早期希腊本土的居民并不是希腊人,约公元前2500年以后一批操希腊语的人南下,逐渐形成了不同的部落"[2]。

第二次"希腊化"是指,"公元前8到公元前6世纪的希腊大殖民运动。在地中海、黑海建立了一系列希腊殖民地,传播希腊文化"[3]。

第三次"希腊化"是指,"公元前323年亚历山大大帝去世后的三个世纪里,希腊文明和小亚细亚、叙利亚、美索不达米亚以及埃及的相融合的一种进程"[4]。通常所说的"希腊化"即指

---

[1] 陈恒:《希腊化研究》,商务印书馆,2006年,第129页注①。
[2] 同上。
[3] 同上。
[4] 同上书,第31页。

此而言。①

　　本书第一章和第二章对上述"第一次希腊化"做了考察。本书第三章、第四章和第五章对上述"第二次希腊化"做了考察。本书下编从第九章到第十四章,则把"第三次希腊化",即通常所说的"希腊化",作为考察的内容。

　　就"第一次希腊化"和"第二次希腊化"中所涉及的希腊人移民而言,两次移民的性质是有明显不同的。"第一次希腊化"过程中的希腊人迁移,都是以部落为单位的自发的迁移。他们并没有迁移计划,也没有预定的移民地点,而是认为哪里适合本部落居住、生活和易于防守就迁移到那里去。"第二次希腊化"过程中的希腊人迁移,已经是发展中的城邦对外扩张的形式。这一时期(公元前8—公元前6世纪)的希腊城邦向外移民是一种殖民化。"这种殖民化具有希腊特色,因为移居国外的人建立新的城邦,这是一个自治的、完全独立于其宗主国的城邦。"②但这并不否定"第二次希腊化"过程中移民也具自发性。这是因为,移民开始时同样没有预先制定的明确计划。"通常,移民们都是成群结队出走,一队约为百余人。他们由一位远征队首领率领,此人也将是新城的创建者;他们选择一块地方,迫使当地民众接受他们的存在。"③促使对外移民的最直接原因就是占有土地,开发土地。"当希腊人开始开发一个国家的天然资源时,土地的价值即显著增高。耕地、草原、牧场的范围与收获都

---

①　陈恒:《希腊化研究》,商务印书馆,2006年,第31页。
②　库蕾:《古希腊的交流》,邓丽丹译,广西师范大学出版社,2005年,第161页。
③　同上书,第162页。

大为增加,各种原料的多种多样与丰富给繁荣带来一个新的因素。"①土地压倒一切;有了土地,有了地上和地下的产品,这才引起以后贸易的开展。

那么,移民城邦的土地是如何分配的呢?要知道,除个别例外(如斯巴达),"土地的平均分配从来不是古典时代希腊母邦的特征,同样地,甚至也不是古风时代母邦的特征"②。然而在移民地区,土地平均分配是常见的,而且可以看成是"希腊殖民地的一个重要特征"③。为什么会有这种现象?不能排除当地土地丰裕这一因素,也不能排除一起迁移的人牢记着希腊母邦把公民权同土地所有权紧密地连结在一起的原则,即公民权利是平等的,土地所有权也应当平等。同时,也应当承认在这个时期财产私有制已经确立。移民希腊以外的地区,有助于每一个移民者确立私有财产权,满足人们在母邦未能满足的增加私有财产的愿望。④

蒙森曾就当时希腊人向意大利移民的历史评论道:尽管希腊人外迁一开始是分散的、自发的,但人们却有一种共同的认识,即"向西航行和在西土移居的特权并非是一个希腊人某个地区或某个种族所独有,而是希腊全民族的公产"⑤。这表明,大家都有权向外移民,都有权在当地建立希腊人的移民点、殖民

---

① 杜丹:《古代世界经济生活》,志扬译,商务印书馆,1963年,第28—29页。
② 黄洋:《古代希腊土地制度研究》,复旦大学出版社,1995年,第59页。
③ 同上。
④ 参看同上书,第75—77页。
⑤ 蒙森:《罗马史》第1卷,李稼年译,李澍泖校,商务印书馆,2004年,第117页。

地和设置城邦。

这一时期希腊人的对外移民,尽管仍是自发的,但不能认为没有较长期的考虑或打算。从某种意义上说,这也是一种有"深谋远虑"的行动,而不是受某种冲动驱使的。"深谋远虑"是理性的行为,意味着文明;"深谋远虑"与"冲动"的不同反映了文明人与野蛮人的区别。①

二、母城邦政府在移民过程中的作用

"第一次希腊化"过程中,希腊人移民是自发的,当时只有部落的行动而政府尚未成立,所以谈不上政府在移民过程中发挥过什么样的作用。"第二次希腊化"过程中,已建立了城邦,并且有城邦政府,虽然这次移民开始时仍是自发的,但母城邦政府在移民过程中的作用却不容忽视。正是在母城邦政府的作用下,原来自发的、分散的移民行动逐渐变成政府策划、组织和协助下的一种行动。

母城邦政府的作用首先反映于它对移民城邦的帮助。移民新建立的城邦,是一个独立的城邦,但毕竟是从母城邦分出去的,并同母邦保持着密切的联系。新城邦的式样有时同母城邦一模一样,即"每座城邦都再现了母城邦的模式,有同样的公共场所、同样的规章制度、同样的生活方式"②。各个移民城邦的政治体制也同母城邦有相似之处。一个移民城邦也就是一个小

---

① 参看罗素:《西方哲学史》上卷,何兆武、李约瑟译,商务印书馆,2002年,第38—39页。
② 库蕾:《古希腊的交流》,邓丽丹译,广西师范大学出版社,2005年,第33页。

国,"这些小国经历了各不相同的演变:一些是民主政体,另一些是寡头政体"①。也就是说,移民城邦,从宗教信仰、祭祀方式、生活习惯,直到政治体制,都是从母城邦搬过来的。

一般说来,母城邦并不要求移民新建的城邦或殖民地缴纳贡赋,但也有例外,比如说,西诺普城邦对移民在黑海南岸的殖民地建立了支配权:西诺普的殖民地必须向母城邦缴纳贡赋。②

还需要指出,决不要以为移民城邦是可以随便建立的。要建立城邦,一定要请求母城邦同意,申请人要有正当职业,并且必须是公民,否则没有建立新城邦的权利。此外,外迁建立移民城邦的人还需要向母城邦请求得到两项许可:一项是从母城邦取得圣火,另一项是从母城邦引进一位懂得建城礼仪的人。母城邦同意后,母城邦就派出建城的指导者,携带着圣火,来到移民城邦所在地,开始建立新城邦。尽管手续繁琐,却是必不可少的。这样,母城邦和移民城邦之间的关系就巩固下来了。

那么,向外迁移的是些什么人呢？大体上有三种人。其中较多的是失去土地或土地减少而无法生活的平民,他们想到新土地上去谋生。另一部分是有一定的技艺但认为本地竞争日益激烈,不易发展,不如到新土地上重新创业,一展身手。还有少数是失意或自认为怀才不遇的政客,包括在政治斗争中失败的氏族贵族,或平民中有政治抱负但在本地无出头之日的人,他们的外迁既有生活上的压力,也有政治上冒一次险的动力。

---

① 库蕾:《古希腊的交流》,邓丽丹译,广西师范大学出版社,2005年,第33页。

② 参看奥斯汀和维达尔-纳奎:《古希腊经济和社会史导论》,英译本,奥斯汀译,加利福尼亚大学出版社,1977年,第126页。

希罗多德曾描述过提拉岛上向外移民的过程。提拉岛持续干旱7年,树木枯死,于是向神请示,"而女司祭就提到说他们应当到利比亚去殖民"①。当提拉人在利比亚沿岸的一个岛上建立了一个殖民地后,"提拉人决定从他们的七区派遣男人出去,用抽签的办法选出每两个兄弟中的一人"②前来殖民。可见,外迁同生活压力直接有关,而且外迁带有强制性,抽签抽中了,就必须前去。

移民所建立的也是城邦。这同希腊人的城邦观念结合一起,因为在希腊人看来,城邦"不是人为的,而是人类社会组织自然进化的结果"③;加之,城邦的形成还是"人的本性逐步完善的结果"④。因此,最初的移民建城,是分散的和自发的。甚至在某些地方还出现了母城邦政府刁难移民建城的行动:一是由于它们担心公民外迁不利于本地的经济发展,二是由于它们担心移民迁移到其他地区会给母城邦增添麻烦,如引起移入地区同母城邦之间的战争或其他冲突。但阻拦无济于事,只好听之任之。逐渐地,母城邦感到移民外迁是利大于弊的:

首先,这是促进本地社会安定的一种办法,因为外出移民中有相当一部分的失去土地或因人口增加、土地减少而生活困难的平民,还有少部分是政治上失意的政客和对政府有积怨的和怀才不遇的人,这些人都可以被看成是母城邦中的失败者,"失

---

① 希罗多德:《历史》上册,王以铸译,商务印书馆,2007年,第324页。
② 同上书,第325页。
③ 丛日云:《在上帝与恺撒之间》,三联书店,2003年,第119页。
④ 同上。

败者唯一的出路往往就是远走他乡"①;假定这些人连同他们的家属一起外迁了,岂不是有利于社会安定?如果在他们外迁时母城邦政府还给他们一些帮助,岂不是有利于化解积怨,消除隔阂?

其次,移民固然会影响本地的劳动力供应,甚至会带走一笔资金,但移民在外面开拓了土地和建立了新城后,可以为本地的手工业品和农产品打开销路,移民还有可能把在新土地上掠到的人口卖给母城邦的购奴者,这样,母城邦会感到移民外迁最终会从经济上给母城邦带来好处。

最后,移民建立的新城邦日后可能富裕起来,强盛起来,它们可以成为母城邦的盟邦,在母城邦的对外战争中会帮助自己。

于是,政府对外迁移民和新城邦的态度便发生变化,转为移居行动的支持者。

母城邦政府为了支持移民的外迁,大体上采取如下的措施:确定移民地区,指派领队人员;转移圣火;承建新城墙;协助建筑新城邦的城墙和防御设施;帮助制定新城邦的城区建设规划等。

新城邦的土地可能以抽签的方式把土地平分给移民。② 于是移居各户都可以分得一块土地。由于前来移民的人中有不少是原来在移出的地区已失去土地或已减少土地的农民,所以到达新移民地区后一般都安居下来,成为新地区的农民,乡村也就随之安定下来。城区内,街道两旁是住宅和商店,让前来移民的手工业者和商人等能安居下来,照常经营工商业。无论是农民

---

① 库蕾:《古希腊的交流》,邓丽丹译,广西师范大学出版社,2005年,第162页。

② 参看同上。

还是工商业者、工匠、雇工,都成为新城邦的公民,有选举权和被选举权。

移民过程中势必会涉及移入地区的原住民问题。"扩张的最终形式是杀戮土著或把他们赶出境外,并占领腾出来的土地。"①这是难免的。在几个世纪内,"许多非希腊的居民在希腊移民环绕着地中海和黑海前来寻找他们的许多'殖民地'时,或者,在第二次移民浪潮前来增援这些新城市时,他们不得不承受这样的命运"②。在这次移民过程中,无论是先来的移民还是后来的移民都同原住民发生冲突,原住民或是躲避到偏远的山地,或者就被消灭,包括被杀戮和被贩卖为奴。

这里还有一个问题需要弄清楚,这就是:移民从母城邦移出后,为什么不作为母城邦的一个殖民地或移民区而存在,非要自己成立一个新城邦而独立自主呢?从文化方面考察,这是没有困难的,因为外迁的城邦公民同母城邦的公民不仅有血缘上的联系,而且有同一种宗教信仰,崇拜同一个神祇。从政治经济方面考察,作为母城邦的殖民地或移民区,它们同样可以得到母城邦的帮助或支持,这样可能更有利于移民的创业。那么这些移民为什么一定要建立新城邦,独自开创新的事业呢?一个可能的解释可能同希腊人的独立自主理念有关。希腊人向新地区移民,原因不止在于取得新的生活资源,分到新土地,而且在于独自开辟新的天地。他们也许认为,作为母城邦的殖民地或移

---

① 威斯:"希腊时代的战争和社会",载萨宾、威斯、维特比编:《剑桥希腊罗马战争史》第1卷《希腊、希腊化世界和罗马的兴起》,剑桥大学出版社,2007年,第285页。

② 同上。

区,仍然归属母城邦,自主性会多多少少受到约束,而且会随着母城邦政治派别的斗争和政坛的变动而受到影响,这对未来的发展是不利的,不如自建城邦更有利于自己的生活安定和未来的发展。这正是希腊人的特点。

三、新城邦政府在移民过程中的作用

新地区建立的移民城邦政府的主要任务是稳定社会和尽可能地发展经济。其中尤其重要的是分配土地,以便让农民安心生产,尽快尽多地提供粮食和蔬菜,以及橄榄油、葡萄酒和家禽家畜,以保证移民定居下来以后的生活。如果产量较多,还可以出口一部分,换取本地急需的农具、耕畜、日常生活用品。本地的手工业是后来发展起来的。只要有熟练的工匠,又有充足的原材料,市场没有问题,可以内销,也可以外销。新建的移民城邦,几乎都在海边,或在岛上,交通便利,商业也就日益兴旺。

综合而言,一个新城邦的农业发展是最重要的,新城邦政府不可避免地会把分配土地、安置农民、鼓励和帮助农民增产作为政策中的重中之重。好在移民们所迁居的地方在气候上十分相似于他们的故土,所以要发展农业并不困难。[①] 但有关土地分配和农业发展方面最重要的问题,对任何一个移民城邦来说,不可避免地都是所有权问题,也就是产权问题。新城邦和老城邦不同。老城邦由于是历史形成的,要受到部落、部落联盟很多惯例的约束,不可能绕过历史上形成的种种限制;新的移民城邦却

---

① 参看斯塔尔:《希腊早期经济和社会的成长(公元前800—前500年)》,牛津大学出版社,1977年,第63页。

不然,它们可以根据移民们的愿望而实行更符合移民要求和符合经济发展趋势的新的规定,其中最重要的一项就是明确产权和将产权细化到个人。这很可能是适应公元前7—公元前6世纪的新情况所致。土地在名义上仍是共有的,但份地分配到每户,落实到户,世代继承。这样才能调动移民的积极性。换言之,"所有权始终置于一个社会的制度结构之内,新所有权的创造需要新的制度安排,确定和说明经济单位可以协作和竞争的方式"①。

新城邦不可能长期依靠母城邦提供保护。同时,新城邦对母城邦还多少有些顾虑,担心过多地受母城邦的牵制。因此,新城邦迟早要建立自己的军队,并且宜早不宜迟。新城邦除了要建立一支陆军而外,有的还需要有自己的舰队,既可以保护沿海地带的安全又保护海上商路的通畅,有时还可以进行海盗活动,劫掠货船。新城邦也不满足于最早时开拓的领土,它们总想不断扩大自己的统治地域,继续征服和驱逐原住民。如果新移民地区既是希腊移民移入的地方,又是非希腊移民所垂涎的地方,那么战争或许难以避免,新城邦必须及早扩军备战。一个明显的例子就是西西里岛上的冲突。来自希腊科林斯的移民与迦太基人在这里发生激烈的冲突,而且迦太基人势力很大,希腊移民除了组织自己的军队而外,还不得不求助于母城邦的政府。②

关于移民城邦的建立同商业发展之间的关系,不可一概而

---

① 诺思和托马斯:《西方世界的兴起》,厉以平、蔡磊译,华夏出版社,1989年,第6页。
② 参看斯塔尔:《希腊早期经济和社会的成长(公元前800—前500年)》,牛津大学出版社,1977年,第62—64页。

论。在通常情况下,商业发展是移民活动的结果,而不是移民活动的原因;①然而,实际上却可以看出,希腊移民活动之所以取得成就,在很大程度上要归功于商业的平行发展。② 也就是说,有了商业的发展,移民活动进行得比较顺利,而随着移民活动的进展,商业也就有了更好的发展机会。

下面可以对移民城邦建立过程中,移民和他们的城邦政府同当地原住民之间的关系做一小结。总的说来会有四种可能的结果:③

1. 希腊移民被赶走;
2. 原住民被赶走;
3. 不管是否出于自愿,希腊移民和原住民在本地共处共存;
4. 这块地方被希腊移民和原住民都放弃。

上述第四种情况可以不必考虑,而前三种情况则是可以讨论的。

第一种情况,即希腊移民被赶走。从而原住民的生活恢复正常,直到下一批希腊移民来到。这样,本地的原住民在这一过程中可能得到一些战利品,包括希腊人的甲胄、头盔、盾牌、生活用具等。④ 原住民对下一次前来的希腊人的防御能力似乎增强了。

---

① 参看斯塔尔:《希腊早期经济和社会的成长(公元前800—前500年)》,牛津大学出版社,1977年,第63页。
② 参看同上。
③ 参看里尔:"希腊早期的战争、奴隶制和殖民地",载里奇和谢普莱编:《希腊世界的战争和社会》,鲁特莱奇出版公司,伦敦,1993年,第91页。
④ 参看同上。

第二种情况,即原住民被赶走。这往往是一个渐进的过程。希腊人先登陆,在沿海岸扎营,开垦土地,进行生产,以后逐步向内地推进,逼近本地人的村落,再通过暴力、战争把他们赶走。①

第三种情况,即希腊移民和原住民在该地区共处共存。所谓共处的形式可以是多种多样的。比如说,原住民承诺向希腊移民的机构缴纳一定的贡赋,或者答允提供劳役,为希腊人效力,然后就被允许留下来了。② 还有一种可能,即原住民被允许留下,但作为"低等人"对待,没有公民地位。③ 在个别情况下,原住民也有受到平等待遇的,甚至希腊移民会同他们友好相处,并且相互通婚,通常是希腊男子娶本地女子为妻。④ 共处的结果是否也包括希腊移民融入了本地社会呢?这种情况并不是没有,但似乎并不多见。⑤

在上述第三种情况下,为什么会有不同的结果?在很大程度上同新城邦领导人的理念和对待原住民的政策有关。

四、移民的流向

公元前8世纪到公元前5世纪中叶这段时间内的希腊移民,大体有四个流向,即东北方向、东南方向、南部方向和西部方向。

东北方向:这是指移民从希腊本土向色雷斯、小亚细亚西海

---

① 参看里尔:"希腊早期的战争、奴隶制和殖民地",载里奇和谢普莱编:《希腊世界的战争和社会》,鲁特莱奇出版公司,伦敦,1993年,第92页。
② 参看同上书,第100页。
③ 参看同上书,第101页。
④ 参看同上。
⑤ 参看同上书,第103页。

岸和黑海沿岸等地的迁移。其中,黑海沿岸的 90 个移民点,是希腊人先移民到小亚细亚的米利都,再由米利都向黑海沿岸移民而建立的。① 公元前 5 世纪中叶,雅典人在色雷斯建立了一个殖民地——布里亚,在分配土地方面,规定"雅典公民从十个部落各选出一名土地分配者,他们负责分配殖民地的土地,其职责在于保证将土地公平而平等地分配给殖民者"②。

东南方向:这是指移民从希腊本土向爱琴海上的基克拉泽斯群岛、南斯波拉泽斯群岛、塞浦路斯岛、小亚细亚西南海岸等地的迁移。这些岛上原来就有一些希腊人分散地移居。由于已移居的希腊人发现这里适宜于垦驻,所以招引自己本部落成员前来,移民人数不断增加。

南部方向:这是指移民向地中海南岸的迁移。例如,希腊人较早就在利比亚海岸(埃及西面、迦太基东面)建立了昔兰尼。③当地的原住民是利比亚人。希腊移民占领了利比亚人大片土地后,利比亚人向埃及求援。"埃及人那时对希腊人还不了解,因而不把他们的敌人放在眼里。"④希腊人击败了埃及援军,埃及人只有少数返回埃及。⑤ 从此希腊移民就在昔兰尼站稳了。最初,希腊人在这里建立了国王体制,内部动荡不安,发生政变,国王只保留了一部分领地,"把以前属于国王的所有其他的一切

---

① 参看库蕾:《古希腊的交流》,邓丽丹译,广西师范大学出版社,2005 年,第 163 页。
② 黄洋:《古代希腊土地制度研究》,复旦大学出版社,1995 年,第 59 页。
③ 参看希罗多德:《历史》上册,王以铸译,商务印书馆,2007 年,第 324 页。
④ 同上书,第 328 页。
⑤ 参看同上。

都交到人民大众的手里去了"①。希腊移民在昔兰尼附近沙漠边缘的沿海平原地带开辟牧场,生产羊毛,向希腊输出。他们还在这里建立手工作坊,向非洲其他地区输出纺织品。②

埃及当时对外来移民的控制是很严的,希腊人发展空间很小,移民不多。埃及国王萨美提克二世("他是以希腊姓名阿普利伊著称"③)继而采取优待希腊移民的政策,引起埃及人不满,于是发生了反对萨美提克二世的暴动,埃及军队也叛变了。萨美提克二世在压力之下被迫同意放弃王位。三年后(公元前568年),他企图依靠希腊人夺回政权,再任国王,但战死了。④这说明埃及人不愿希腊人在埃及境内取得特权。新国王阿美斯二世也懂得希腊人在埃及的作用:一是可以利用希腊商人发展埃及经济,二是可以用希腊人充实军队,他甚至想用希腊人组成的雇佣军驻扎要地以代替埃及本地人的军队。⑤ 他还允许希腊扩大瑙克拉梯斯移民区,并按希腊人的习惯建造神庙,按照希腊人的愿望在这里经营市场。⑥ 移民于瑙克拉梯斯的希腊移民来自小亚细亚西海岸的几个城邦,他们各有自己的街区和自己的祭坛。⑦ 不属于这几个城邦的希腊人则有一个公共的区域,用厚砖砌成的墙围起来,市场就设在这里。⑧ 来到埃及的希腊人,

---

① 参看希罗多德:《历史》上册,王以铸译,商务印书馆,2007年,第329页。
② 参看同上书,第326页。
③ 费克里:《埃及古代史》,高望之等译,科学出版社,1956年,第103页。
④ 参看同上。
⑤ 参看同上书,第104页。
⑥ 参看同上。
⑦ 参看伯里和梅吉斯:《希腊史(到亚历山大大帝去世)》,第4版(修订版),圣马丁出版社,纽约,1975年,第85页。
⑧ 参看同上。

除了经商以外,还有一些充当雇佣兵,这可能与小亚细亚西海岸的希腊城邦人口过剩有关。① 瑙克拉梯斯"起初只是一个商行,从公元前6世纪直到被波斯人征服为止,变成了古希腊世界最繁华的城邦之一,成为在此之前互相陌生的两个世界的接触点"②。

西部方向:这是指移民向意大利半岛南部、西西里岛、高卢南海岸、西班牙东海岸等地的迁移,也包括向伊奥尼亚海上的伊奥尼亚群岛的迁移。关于意大利半岛南部和西西里岛上的希腊城邦,下面专门叙述。

五、意大利半岛上的希腊移民城邦

首先看意大利半岛南部的情况。

腓尼基人无论在东地中海沿岸还是在西地中海的西西里岛和高卢、西班牙沿海一带都建立过自己的商站或移民点,并且"几乎无不早于希腊人"③。但在意大利大陆,情形就不一样。"意大利大陆是否有腓尼基人的殖民地,迄无可靠迹象可考;"④即使有过,"无论如何都不甚重要,而且存在并不久,早已被埋没,几无遗迹可寻"⑤。因此只能得出如下判断:"希腊人的航海术发达得很早,他们在亚得里亚海和蒂勒尼安海的航海,很可能

---

① 参看伯里和梅吉斯:《希腊史(到亚历山大大帝去世)》,第4版(修订版),圣马丁出版社,纽约,1975年,第85页。
② 库蕾:《古希腊的交流》,邓丽丹译,广西师范大学出版社,2005年,第163页。
③ 蒙森:《罗马史》第1卷,李稼年译,李澍泖校,商务印书馆,2004年,第115页。
④ 同上书,第116页。
⑤ 同上。

早于腓尼基人。"[1]

最初登陆意大利半岛的希腊移民有两支,一支是多利亚人,另一支是阿卡亚人。多利亚人大约是在公元前706年来到。[2] 他们以布林迪西为基地,然后绕过半岛进入塔兰托湾,在塔兰托湾北岸建立了塔兰托城邦。多利亚人中的一支,即斯巴达人,是塔兰托城邦的建设者。据说,这是斯巴达仅有的一个殖民地,当初开拓移民区时主要考虑的是斯巴达境内土地短缺。[3] 后来,斯巴达人通过美塞尼亚战争而夺取了美塞尼亚,土地短缺问题缓解,就不再向外移民和建立移民区。[4]

已经来到塔兰托的斯巴达人在这里建城,开垦,种植橄榄树,造船,捕鱼,饲养马匹,制作陶器,毛纺织业和染色业是他们的特长。塔兰托的优势在于"它的海港极佳,是整个(意大利)南部海岸唯一的良港,因此该城就成为意大利南部商业的甚至也是亚得里亚海部分运输的天然仓库"[5]。塔兰托的毛纺织业和染色业是从小亚细亚的米利都城邦引进的,发展很快,"所雇用的工人以数千计"[6]。塔兰托铸造的钱币也十分著名,"希腊人在意大利殖民地以塔兰托造币为最多,而且所铸造的钱币中

---

[1] 蒙森:《罗马史》第1卷,李稼年译,李澍泖校,商务印书馆,2004年,第116页。
[2] 参看卡特利奇:《斯巴达人:一部英雄的史诗》,梁建东、章颜译,上海三联书店,2010年,第58页。
[3] 参看同上。
[4] 参看同上。
[5] 蒙森:《罗马史》第1卷,李稼年译,李澍泖校,商务印书馆,2004年,第123页。
[6] 同上书,第124页。

有许多是金币"①。

阿卡亚人也在意大利半岛南部登陆。阿卡亚人之所以致力于移民海外,主要是因为阿卡亚人居住的地区山路崎岖难行,他们为饥饿所迫,只得到海外求生。② 移民潮过去以后,留在原地的阿卡亚人又成了海外雇佣兵的稳定供给来源。③

移民的阿卡亚人越过了塔兰托湾,在塔兰托湾西岸建立了一些城邦,并且成立了阿卡亚城市联盟,制定共同的法律、度量衡和货币,也有相同的市政组织,如市长、参议员、审判官等。④其中有两个重要的城市,一是绪巴里,另一是克罗托内。这两个城市都很繁荣。

绪巴里,据说是当时意大利半岛上最大的城市,统治着附近4个部落、25个集镇。⑤ 绪巴里拥有大量奴隶,从事农业和手工业劳动,希腊人过着舒适、享乐的生活。

克罗托内也是一个富裕的城邦,手工业和商业也相当发达。大约在公元前510年,绪巴里和克罗托内两个城邦发生激烈的战争,绪巴里战败,城市被抢劫、焚毁,以后再也没有恢复昔日的繁荣。

意大利半岛上当时也有罗马人的殖民地和移民城市。但罗马人的殖民地不同于希腊人的殖民地。"希腊诸城邦的殖民

---

① 蒙森:《罗马史》第1卷,李稼年译,李澍泖校,商务印书馆,2004年,第124页。
② 参看卡特利奇:《斯巴达人:一部英雄的史诗》,梁建东、章颜译,上海三联书店,2010年,第58页。
③ 参看同上书,第59页。
④ 参看蒙森:《罗马史》第1卷,李稼年译,李澍泖校,商务印书馆,2004年,第121页。
⑤ 参看同上。

地,有大有小,都在海外,都先后脱离母国成为独立的政体。殖民地与母国的关系,一般地说,是国与国的关系,而不是从属关系。"①罗马殖民地则不同。罗马人早期只生活于意大利半岛中部,并在这里建国。罗马人在意大利南部建立的殖民地,"是罗马不可分割的一部分。罗马人的殖民地建立到哪里,罗马的统治也就扩张到那里,有时,殖民地是罗马侵略扩张的先锋"②。所以在意大利半岛南部,实际上长时期内是希腊移民城邦和罗马移民城市并存的局面。这两类不同的移民城市之间,除了商人有生意上的来往而外,没有其他交往。这种并存的局面大约存在了两三百年之久。随着罗马势力的不断扩张,到了公元前3世纪初,希腊境内政局动荡不定,母城邦再也顾不上设在意大利半岛南部的移民城邦了,这些希腊移民城邦"已开始在罗马的压力下屈服了。利益的不同和传统的影响使它们很难联合起来对抗罗马人"③,最终——被罗马并吞。

在意大利半岛西海岸,在那不勒斯以南和以北,也有一些希腊移民建立的城邦。例如,位于那不勒斯南面的波塞冬尼亚城,是意大利半岛南端绪巴里城邦的人到这里来开拓而逐渐建成的,它是希腊人运输货物进出和仓储的地方。④又如,位于那不勒斯以北的库梅,是意大利半岛西海岸另一个港口城市,大约建

---

① 夏遇南:《罗马帝国》,三秦出版社,2000年,第67页。
② 同上。
③ 参看杜兰:《世界文明史》第2卷《希腊的生活》,幼狮文化公司译,东方出版社,1998年,第122—123页。
④ 参看同上书,第123页。

于公元前750年,希腊人把它当做向意大利中部推销商品的据点。[①]

在意大利半岛南部西海岸的希腊移民城邦,一般都实行民主政体,重选举,并有高额的赋税限制,政制比较温和,但久而久之,"政权便落在由最富有阶级选举产生的议会之手"[②]。但这也带来政局稳定的效果,即"大体上能使这些城市免于暴君和暴民的肆虐"[③]。

在这里还应提到希腊人在意大利以西、地中海北岸的开拓。大约在公元前600年,希腊人就在萨里亚港附近登陆,建立了马赛城。[④] 希腊人将商品通过罗纳河销往内地。希腊人也在科西嘉岛上建立了移民区。大体上在同一时期,希腊人还进入了如今西班牙境内,设立一些商站,并开采当地富饶的银矿。[⑤] 卡蒂斯附近的塔特苏斯是一个港口,银矿石从这里外运。[⑥] 大约在公元前6世纪后期,迦太基势力日增,它和意大利当地居民联手,击败了希腊人,从此希腊人就丧失地中海西部的控制权。希腊人先放弃科西嘉岛,接着又撤出了西西里岛以西的海域。[⑦]

[①] 参看杜兰:《世界文明史》第2卷《希腊的生活》,幼狮文化公司译,东方出版社,1998年,第123页。

[②] 蒙森:《罗马史》第1卷,李稼年译,李澍泖校,商务印书馆,2004年,第124页。

[③] 同上。

[④] 参看伯里和梅吉斯:《希腊史(到亚历山大大帝去世)》,第4版(修订版),圣马丁出版社,纽约,1975年,第87页。

[⑤] 参看同上。

[⑥] 参看同上。

[⑦] 参看蒙森:《罗马史》第1卷,李稼年译,李澍泖校,商务印书馆,2004年,第131—132页。

六、西西里

意大利半岛南端以西是西西里岛,中间隔着墨西拿海峡。西西里是一个土地十分肥沃的岛屿,面积达 25,460 平方公里,是地中海第一大岛。据传说,在克里特人建立米诺斯王朝后,克里特人就到过这里,进行贸易。后来,腓尼基人大约在公元前 800 年左右在西西里岛西部定居下来。莫特亚、巴勒摩等地都是腓尼基人所建城市。希腊人可能同时或稍晚一些,也移居西西里岛。由于腓尼基人定居于西西里岛西部,所以希腊人就住在西西里岛东部。希腊人移居之前,当地的原住民同希腊人曾有贸易关系,如进口希腊陶器。① 这也许就是后来希腊人向西西里岛迁移的一个重要原因。② 希腊人和腓尼基人不同。腓尼基人在西西里岛"建立起巩固的商馆就已满足"③。希腊人则忙于建立城邦,扩大领土,分土地,发展农业,同时也准备出口西西里的商品。

最早来自希腊的移民是优卑亚岛上的卡尔息斯人,他们建立了纳克索斯城邦,时间大约是公元前 735 年。④ 隔了一年,科林斯人建立了叙拉古城邦。⑤ 又过了 5 年,纳克索斯城邦的移民又建立了林地尼城邦,稍后还建立了卡塔纳城邦。⑥ 当然,移

---

① 参看伯里和梅吉斯:《希腊史(到亚历山大大帝去世)》,第 4 版(修订版),圣马丁出版社,纽约,1975 年,第 70 页。
② 参看同上。
③ 蒙森:《罗马史》第 1 卷,李稼年译,李澍泖校,商务印书馆,2004 年,第 123 页。
④ 参看修昔底德:《伯罗奔尼撒战争史》下册,谢德风译,商务印书馆,2007 年,第 478 页。
⑤ 参看同上。
⑥ 参看同上。

民建立城邦是一回事,以后城邦中的居民主要是由什么人组成又是另外一回事。到了后来,很难说西西里岛上某个城邦是哪一支希腊人拥有的。所以出现了"大希腊"这个名词。"大希腊"的含义是:"把希腊半岛连同它在海外的殖民地统称为'大希腊'。"① 有时,"大希腊"专指希腊本土以西的移民区。② 西西里无疑是包括在"大希腊"范围之内,从而"希腊的西西里和'大希腊'也是希腊各族共有,混合为一体,常常无法辨认"③。至多只能说"大希腊"中的某个城邦居民以某一支希腊人为主。

西西里岛上的希腊城邦中,最大的一度是南部的阿克拉加斯。这里的移民以多利亚人为主。它靠海建设,有良好的码头设施,有大型的市场,有坚固的卫城,还有宏伟的神殿,山坡上则是住宅区。它军队强大,称雄于地中海至希腊本土的海域。掌权的是工商业者。在阿克拉加斯发展过程中,虽经过地震和战争破坏,但都很快就恢复过来了。

另一个大城邦是叙拉古,那也是多利亚人建立的,多利亚人中的科林斯人是主要居民。叙拉古位于西西里岛的东部,原住民陆续被多利亚人赶到中部去了。希腊人迁来的越来越多,据说人口最多时达到 50 万人,从而成为西里里岛上最大的城邦。④ 由于科林斯的商业一直比较发达,因此研究者们对科林

---

① 史继忠:《地中海——世界文化的漩涡》,当代中国出版社,2004 年,第 104 页。
② 参看阿克罗伊德:《古代希腊》,冷杉、冷枞译,三联书店,2007 年,第 26 页。
③ 蒙森:《罗马史》第 1 卷,李稼年译,李澍泖校,商务印书馆,2004 年,第 117 页。
④ 参看杜兰:《世界文明史》第 2 卷《希腊的生活》,幼狮文化公司译,东方出版社,1998 年,第 126 页。

斯向叙拉古移民一事有两种不同的观点。一种观点是：来自科林斯的移民并非出于商业动机，而是出于土地经营和发展农业的考虑，移民之中主要是农民而不是商人。① 科林斯人来的这么多，叙拉古人口增加得这么快，同大片土地被开垦有关。② 另一种观点是：移民主要是为了商业目的，因为科林斯一向侧重商业，并且向意大利半岛和西西里等地出口的陶器几乎都产自科林斯。③ 黄洋在所著《古代希腊土地制度研究》一书中对上述两种观点做了如下的评述："我们完全有理由相信，有时候殖民活动的主要动机是农业和土地，而在另一些时候则是贸易。因此，这两种解释殖民运动原因的观点本身都不能令人满意。"④接着，他提出了自己的看法："希腊殖民运动的动机既不在纯粹地获取土地，也不在纯粹地谋求贸易利益，而是有其深刻的原因。从根本上来说，它反映了人类历史上观念的一次重要变革，即财产私有制的确立。"⑤这就是说，希腊移民来到海外，不是为了重建一个土地公有的氏族社会，而是为了建立一个确立私有制的社会。⑥ 这种解释是颇有见地的。

在叙拉古掌权的是巴齐亚德斯家族，引起了另一个贵族世家库普塞罗斯不服，起来夺取政权，并推翻了巴齐亚德斯家族的

---

① 参看黄洋：《古代希腊土地制度研究》，复旦大学出版社，1995年，第69页。
② 参看萨尔蒙：《富裕的科林斯：公元前338年以前的城市史》，克莱伦顿出版公司，牛津，1984年，第24页。
③ 参看黄洋：《古代希腊土地制度研究》，复旦大学出版社，1995年，第69—70页。
④ 同上书，第70页。
⑤ 同上书，第78页。
⑥ 参看同上。

统治。① 这次政变被称作叙拉古的社会革命。② 巴齐亚德斯家族可能是多利亚人,即从科林斯迁移过来的,而库普塞罗斯家族可能是希腊人中的非多利亚人。③ 其实,科林斯人并不支持巴齐亚德斯家族的统治,他们认为这是不得人心的僭主政治。④ 而且叙拉古的库普赛罗斯家族同样来自科林斯,它建立的政权也同样是僭主政治。这次政变或"社会革命"大约发生在公元前7世纪中期。⑤ 至于"社会革命"的激进程度,现在还很难做出判断,很可能是恢复了氏族社会的一些做法。⑥

公元前485年,叙拉古又发生了政权的更替,僭主盖龙执政,他实行独裁统治,不把希腊人的传统和惯例放在眼里,但国力却强大了。盖龙的军队攻占纳克索斯和墨西拿,整个西西里岛东部都被他控制。位于西西里岛北海岸的希梅拉城邦,稍后也同叙拉古结成同盟。在盖龙统治时期,叙拉古被建设为希腊城市中最美丽的一个。因此,有的历史书籍中把盖龙称为"伟大的国王"⑦。

西西里的希腊移民(也包括意大利半岛上的希腊移民)原来都使用通行于小亚细亚的巴比伦钱币和通行于希腊境内的爱琴钱币。希腊城市铸造的钱币(如雅典铸造的和科林斯铸造的

---

① 参看萨尔蒙·《富裕的科林斯:公元前338年以前的城市史》,克莱伦顿出版公司,牛津,1984年,第191—192页。
② 参看同上书,第192—193页。
③ 参看同上书,第191—192页。
④ 参看同上书,第195页。
⑤ 参看同上书,第192—193页。
⑥ 参看同上书,第193页。
⑦ 参看杜兰:《世界文明史》第2卷《希腊的生活》,幼狮文化公司译,东方出版社,1998年,第126页。

钱币)也在西西里岛被使用。① 后来,移民们纷纷仿造已流行的钱币,如小亚细亚来的移民铸造的钱币在成色上仿照巴比伦钱币,希腊来的移民则仿照流行的爱琴钱币。②

最后还应提一下西西里岛以北的利帕里城邦。利帕里城邦建立在利帕里群岛的利帕里岛上。岛上的希腊移民原来是在海上以抢劫财物为生的一群亡命之徒,他们把劫掠到的财物运到利帕里岛上的山洞里藏起来,于是岛上就实行土地共有、财物平分的制度,即土地为全岛所有的人共有,岛上的人一部分耕地,一部分从事其他工作,有战争就全体投入战斗,财物(包括抢劫来的和生产出来的)则平等分配给大家。这是公元前580年以后在利帕里岛所发生的事情,以至于被称为"奇异的'共产主义'"③。但这种平分财产的做法只维持了一段时间,后来,土地逐渐被占为私有了,平均分配财物的做法也维持不下去了。④

七、希腊本土以东的几个移民城邦

在希腊本土以东,在大移民的过程中出现了若干著名的移民城邦,其中有米利都、以弗所、拜占庭、萨摩斯等。

米利都位于小亚细亚西海岸,是来自伯罗奔尼撒半岛的希腊人建立的移民城邦。据说,这些移民在小亚细亚一共建立了

---

① 参看蒙森:《罗马史》第1卷,李稼年译,李澍泖校,商务印书馆,2004年,第118页。
② 参看同上。
③ 杜兰:《世界文明史》第2卷《希腊的生活》,幼狮文化公司译,东方出版社,1998年,第124页。
④ 参看同上书,第125页。

12座城市,"并拒绝再扩大这个数目"①。原因是:"当他们居住在伯罗奔尼撒的时候,他们是分成12部分的。"②米利都就是其中一个。

米利都最初是贵族掌权,以后逐渐改由商人掌权,但这段时间内政局一直不稳,后来又形成了僭主统治,政局才渐趋稳定,经济也发展起来了。公元前6世纪,米利都成为希腊世界中的富庶城邦之一。米利都以手工业著称,最兴盛的就是手工毛纺织业和染色业,因为米利都周围有大片牧场,羊毛源源不断地被运到这里来,加工为毛纺织品后再通过海上运输销往各地。而且米利都人还学会了从海螺中提取液汁,用作染料,这样,染色业也就发展起来了。

米利都的商人十分活跃,来往于意大利半岛、西西里岛、埃及、腓尼基和希腊本土各城邦之间。意大利半岛南部移民城邦塔兰托的毛纺织业和染色业,就是从米利都引进的。③ 米利都商人也从事借贷业,放债取息,生意兴隆,引起其他城邦的商人的嫉妒。

米利都的近邻是位于小亚细亚的吕底亚王国。早期,吕底亚人曾多次围攻米利都,"由于米利都人是海上的霸主,因此(吕底亚国王的)军队纵然把这个地方封锁住也是无济于事的"④。米利都的经济实力和军事实力都比较强,它主要靠自己

---

① 希罗多德:《历史》上册,王以铸译,商务印书馆,2007年,第74页。
② 同上。
③ 参看蒙森:《罗马史》第1卷,李稼年译,李澍泖校,商务印书馆,2004年,第124页。
④ 希罗多德:《历史》上册,王以铸译,商务印书馆,2007年,第8页。

来保卫自己和战后重建家园。① 吕底亚人也认识到米利都是不易攻下的,于是双方关系趋于缓和,和平相处,这种关系直到公元前6世纪中叶吕底亚王国被波斯帝国征服时为止。从此,包括米利都在内的小亚细亚各移民城邦的厄运就开始了。波斯大军压境,有的希腊城邦臣服了,有的则被攻占,大批希腊人渡海逃回希腊本土。米利都也不得不归顺了波斯帝国。

从文化上看,米利都一直是希腊文化的据点和希腊文化的传播中心。② 在哲学上很早就产生了米利都学派。可以作为希腊文化据点和希腊文化传播中心的,还不止米利都一个城邦,而是若干个小亚细亚西海岸的城邦,所以米利都学派又被称为爱奥尼亚学派。③ 在米利都兴盛时期,希腊本土的学者纷纷来到这里讲学或潜心研究、写作。这里,"不仅产生了希腊最早的哲学,同时也产生了最早的散文和史料的编纂法"④。

距米利都不远,在米利都以北的小亚细亚西海岸,有另一个著名的希腊移民城邦,这就是以弗所。在小亚细亚的希腊移民城邦中,以弗所也许是东方文化色彩最浓郁的一个,因为这里同东方各国的交往很多,东方商人常来这里或定居在这里,它是东方各国和希腊城邦的贸易中心。正是在小亚细亚西海岸,出现了最早的希腊城邦联盟,时间大约在公元前600年,甚至更早一些,参加这一城邦的有米利都、以弗所、萨摩斯

---

① 希罗多德:《历史》上册,王以铸译,商务印书馆,2007年,第9页。
② 参看罗素:《西方哲学史》上卷,何兆武、李约瑟译,商务印书馆,2002年,第54页。
③ 参看鲁滨孙:《新史学》,齐思和等译,商务印书馆,1964年,第76页。
④ 杜兰:《世界文明史》第2卷《希腊的生活》,幼狮文化公司译,东方出版社,1998年,第101—102页。

等 12 个城邦。①

由以弗所再往北,在马尔马拉海北岸、博斯普鲁斯海峡西岸,有一个当时小有名气、后来远近驰名的希腊移民城市——拜占庭。大约在公元前 7 世纪,希腊移民就来这里定居,并开展通向黑海沿岸地区的贸易。据说,希腊在这块地方筹建移民点之前,曾向神请示过,神指示他们在这里定居下来。② 这就是拜占庭的起源。"拜占庭地区的土地肥沃,水产丰富,因为大群的鱼从黑海游出来时害怕海面下倾斜的石坡,于是它们便离开了曲曲折折的亚细亚海岸,而到对岸欧罗巴各港湾里来。"③这也是当初希腊移民选择这一地区的重要理由。经过几代人的努力,"一个繁荣富庶的城市便成长起来了"④。大约在公元前 5 世纪初,黑海北岸一些希腊移民城市联合成立了以希腊人、本地人和色雷斯人为主的博斯普鲁王国,给拜占庭带来威胁,拜占庭则与雅典结盟,雅典借此控制博斯普鲁斯海峡,战争时期还封锁海峡,阻止黑海沿岸粮食外销到雅典的敌国。

拜占庭由于所处地理位置重要,所以历来是兵家必争之地。罗马人后来征服了拜占庭,征收的税赋比过去重,当地的希腊人向罗马元老院申诉,请求减免税赋。罗马皇帝克劳狄乌斯(公元 41—54 年)考虑到边境的稳定和拜占庭位置的重要性,向元

---

① 参看哈尔:"希腊时代的国际关系",载萨宾、威斯、维特比编:《剑桥希腊罗马战争史》第 1 卷《希腊、希腊化世界和罗马的兴起》,剑桥大学出版社,2007 年,第 98 页。
② 参看塔西佗:《编年史》下册,王以铸、崔妙因译,商务印书馆,2002 年,第 396 页。
③ 同上书,第 396—397 页。
④ 同上书,第 397 页。

老院提出给予五年免税的待遇。① 到了公元3世纪末,罗马皇帝戴克里先在位时,决定在拜占庭附近盖一个行宫。公元4世纪前期,罗马皇帝君士坦丁一世决定在这里建一个新城,并于公元330年迁都于此,这就是后来的东罗马帝国(拜占庭帝国)的首都君士坦丁堡。

在黑海南岸,很早就建立了希腊人的移民点。最早的移民可能来自小亚细亚西海岸的米利都城邦。② 米利都商人也把用小亚细亚羊毛织成的纺织品行销到黑海南岸的希腊移民点。③ 很可能在公元前8世纪,黑海同地中海东部海域的水上通道就已被希腊人所利用,但真正的希腊移民区的建立大概不会早于公元前7世纪中期。④ 后来,黑海南岸形成了一些城邦。赫拉克利亚是这些希腊移民城邦之一。它的建立约在公元前6世纪中期。⑤ 赫拉克利亚建立城邦后,经过较长时期的寡头统治和僭主统治,但终于成为一个民主政体的城邦。⑥ 后来,赫拉克利亚的民主制度衰落了,这固然同附近一些部落势力扩张,对赫拉克利亚形成威胁,从而内部发生争斗有关,但也不能忽视因土地分配出现问题而民主派领袖对内部事务处理不当所造成的后

---

① 参看塔西佗:《编年史》下册,王以铸、崔妙因译,商务印书馆,2002年,第397页。
② 参看伯里和梅吉斯:《希腊史(到亚历山大大帝去世)》,第4版(修订版),圣马丁出版社,纽约,1975年,第72页。
③ 参看同上。
④ 参看伯尔斯坦:《希腊文化的前哨:黑海岸边赫拉克利亚的兴起》,加利福尼亚大学出版社,1976年,第12页。
⑤ 参看同上书,第12—13页。
⑥ 参看同上书,第19页。

果。① 黑海南岸最东端的希腊移民城是特拉布松,也就是后来拜占庭帝国的最后一块领土,它直到公元1461年(即拜占庭帝国首都君士坦丁堡被攻占后的第8年)才被奥斯曼帝国消灭。②

黑海北岸也有一些希腊移民城市。从移民浪潮开始,在这里就形成3个移民中心,即奥尔比亚、赫尔松涅斯、潘提卡派翁。公元前6世纪后半期,奥尔比亚已开始经常发行纸币,比其他许多殖民地都早。这一情况可以证明奥尔比亚商业的巨大规模。③ 公元前5世纪,奥尔比亚已经是一个繁华的城市,它的母邦是小亚细亚的米利都,所以米利都人在奥尔比亚同奥尔比亚公民享有同样的公民待遇,其他希腊城邦出生的人来到奥尔比亚都没有这种权利。④ 赫尔松涅斯是多利亚人所建立,以农产品生产为主,向外输出农产品。⑤ 至于潘提卡派翁,这是黑海北岸以农业和商业并重为特色的希腊移民城邦,比较繁荣,可以证明这一情况的是:从公元前6世纪中期或后期起,潘提派卡翁经常发行自己的货币。公元前5世纪初所建立的博斯普鲁王国,就是以潘提派卡翁为基础,再合并了黑海北岸几个希腊移民城邦建立的。⑥

下面,再考察一下萨摩斯城邦。它也是小亚细亚西海岸12

---

① 参看伯尔斯坦:《希腊文化的前哨:黑海岸边赫拉克利亚的兴起》,加利福尼亚大学出版社,1976年,第23页。
② 参看厉以宁:《罗马—拜占庭经济史》下编,商务印书馆,2006年,第849页。
③ 参看乌特琴科主编:《世界通史》第2卷上册,北京编译社译,三联书店,1960年,第77—78页。
④ 参看同上书,第78页。
⑤ 参看同上书,第79页。
⑥ 参看同上书,第80—81页。

个希腊移民城邦之一。它位于距米利都和以弗所都不远的萨摩斯岛上。萨摩斯兴盛于公元 6 世纪后期,以盛产陶器和金属制品闻名,商业也很繁荣,成为米利都的商业竞争对手。淡水供应不足,曾是它发展的障碍。城邦政府耗费巨资,在岛上开山凿洞,引水进城。引水山洞长达 100 多米,两端施工,误差很小,可谓当时条件下的一大奇迹。① 公元前 523 年,僭主波吕克拉底执政并长达 20 年之久,社会安定,经济继续发展。但这时波斯帝国已日益强盛,波吕克拉底后来死于波斯人之手。②

八、希腊世界

从以上所说的了解到,在公元前 8—公元前 6 世纪希腊移民浪潮涌起之际,一个真正意义上的、范围远远大于希腊本土的希腊世界产生了。

希腊人新建城邦数量之多和城邦地域之广,在古代是罕见的。在爱琴海的各种岛屿上最终存在的城邦就有二百多个。③ 如果把所有的希腊城邦和殖民地(或移民区)都算在一起,总数大约有 1,500 个独立的政治单位。④ 以希腊本土为中心,东到小亚细亚,北到黑海北岸,南到利比亚,西到意大利半岛南部、西西里岛,甚至包括如今法国和西班牙沿地中海海岸,通过希腊文

---

① 参看杜兰:《世界文明史》第 2 卷《希腊的生活》,幼狮文化公司译,东方出版社,1998 年,第 103 页。
② 参看罗素:《西方哲学史》上卷,何兆武、李约瑟译,商务印书馆,2002 年,第 55—56 页。
③ 参看斯塔尔:《希腊早期经济和社会的成长(公元前 800—前 500 年)》,牛津大学出版社,1977 年,第 34 页。
④ 参看同上书,第 34—35 页。

化作为联系,以希腊人的血缘关系和语言文字,把这一千多个独立政治单位联结在一起了。

不仅如此,希腊人向东移民和向西移民的过程中,宗教信仰也发生了重要的变化。最初,希腊人的宗教信仰有多种极不相同的起源,而决不是单一的起源。[①] 经过米诺斯王朝、迈锡尼王朝,再到荷马史诗时代,希腊人所信仰的神不断发生变化,但信仰一直是多神的。经过荷马史诗时代,尽管希腊人的宗教信仰来自不同的起源,却渐渐混合在一起了。这样就逐渐形成了城邦制度形成后的希腊人的宗教信仰。[②] 到了大移民时期,希腊人就把这种混合的宗教信仰推广到希腊世界。

从政治上说,希腊人的迁移过程也是希腊移民城邦的建立和转型过程。所有的希腊移民城邦都相继成为政治上独立的城邦,母城邦对新城邦的影响继续存在,但毕竟是两个独立的城邦。[③] 关于在城邦的建筑风格上,母城邦和新城邦基本一致,到处是希腊式的神殿和卫城、公共建筑、公共广场,还有体育场馆和会议中心。新城邦同母城邦一样,各自独立,而没有中央政府,而且新城邦之间也时有战争发生。只要建立了新城邦,就会都按照希腊公民所认可的程序和仪式对城邦领导人进行推举,否则公民就不予承认,称之为僭主。同母城邦一样,只要是僭主,哪怕再有政绩,仍然是个僭主,会留下骂名。在希腊世界,这

---

① 参看罗斯:"希腊宗教的起源",载斯特兰编:《古代希腊的贡献》,浩特、莱恩哈特和温斯顿出版公司,纽约,1971年,第54页。
② 参看同上书,第58页。
③ 参看伯里和梅吉斯:《希腊史(到亚历山大大帝去世)》,第4版(修订版),圣马丁出版社,纽约,1975年,第80页。

已经成为人们的共识。当然,新城邦和母城邦还有一个区别,这就是:由于当地原来就有居民,后来才从希腊本土迁入了移民,有些移民还是从希腊人的新移民城市迁进来的,于是在新城邦中,由于希腊人和原住民之间通婚的情况渐多,"血缘渐渐混杂,与当地居民融合"①,这样,"后来的'希腊人'大都不是纯粹的希腊血统"②。

但有一项制度没有被希腊移民原封不动地带到新城邦,这就是家庭财产制度。在希腊本土,长期实行份地制度,而且份地由诸子析产继承,从而出现了家产(份地)不断细分,既造成家庭不和,又使得人均土地占有面积不断缩小,以致生活难以维持。希腊移民来到新地区之后,不愿意照搬故土的份地共有、诸子析产的惯例,而决定另立新规,即一开始就在新地区实行土地私有的制度,因为这种新规在土地广阔的新地区遇到的阻力要比故土小得多。于是个人土地所有制可能首先在新移民区建立并实施。③ 家产细分的做法也不再实行,个人实际上得到了财产权。新城邦的做法后来又影响了母城邦。④ 为什么新城邦会实行这种土地制度呢? 一种解释是:那里有大片未开垦的和未分配的土地,而且野兽出没,山坡地尤其如此。所以当一个精力充沛的移民申请开垦某块土地时,这块土地就变成他个人所有

---

① 史继忠:《地中海——世界文化的漩涡》,当代中国出版社,2004年,第104—105页。

② 同上书,第105页。

③ 参看伯里和梅吉斯:《希腊史(到亚历山大大帝去世)》,第4版(修订版),圣马丁出版社,纽约,1975年,第80页。

④ 参看同上。

了。① 随之而来的就是完成法律程序,使土地成为私产。实际上可以这么说,希腊城邦制度的最初的制度调整(即城邦制度下的体制改革)发生在移民在希腊本土外的新建城邦中。移民在外迁后,既要把原来的体制移植过去,又必然会对这种体制做一些改动,因为移民们已经认识到原来的体制有这样或那样的不足,而在母城邦由于受到惯例的限制,不容易更改,所以就趁着新城邦建立之际,做了制度调整,以便适应新的形势。当然,法律程序始终是不可缺少的,因为移民们在母城邦中已经懂得民主和宪制的重要性,他们必须遵守已经形成的规则和程序。

随着希腊移民的新城邦的建立,希腊人的海上贸易扩展了。从黑海北岸到利比亚和尼罗河三角洲,从西亚到地中海西部,直到西班牙,这一广大地区出土的大量希腊陶器和金属器皿,都证实了公元前800年到公元前500年这段时间内希腊经济的扩张。② 实际上,希腊人的贸易范围不限于希腊世界,也包括了非希腊人的国家或部落,例如交易的物品中就有来自西亚的商品,如象牙制品和彩陶器皿等。③ 尽管腓尼基商人早就在这一区域进行商业活动,但在希腊世界形成后,希腊人的贸易业绩决不逊于腓尼基人。

希腊世界出了不少文化名人。他们有的来自老城邦,有的来自新城邦,他们都受到城邦政府的庇护。没有希腊世界,就不

---

① 参看伯里和梅吉斯:《希腊史(到亚历山大大帝去世)》,第4版(修订版),圣马丁出版社,纽约,1975年,第80页。
② 参看斯塔尔:《希腊早期经济和社会的成长(公元前800—前500年)》,牛津大学出版社,1977年,第55页。
③ 参看同上书,第57—58页。

会有这么多文化名人的涌现。

前面已经提到小亚细亚的米利都城邦在希腊文化传播中的作用。在那里出现了一些哲学家、修辞学家和作家。这可以归因于米利都的富庶,但更应归因于城邦政府对文化的重视,以及为学术繁荣提供了条件。在公元前7世纪到公元前6世纪,米利都在哲学方面形成了"米利都学派",最早的、也是最重要的学派人物泰利斯就出生于此。米利都同东方国家和地区的学者交往很多,这有利于米利都产生学派,涌现文化名人。

在米利都以北的以弗所,出现了希腊史上著名的哲学家赫拉克里特。与米利都和以弗所相距甚近的萨摩斯岛上也出现了一些文化名人,其中有出生于本岛的数学家毕达哥拉斯,他后来移居于意大利半岛南部的克罗托内城邦,在那里开办学校,兼收男女学生。

在西西里岛上的希腊移民城邦,出了一些文化名人。或者是由于西西里岛上城邦的繁荣而吸引这些学者、作家、诗人从希腊本土迁来,或者他们是早期希腊移民的后代,在这里接受了良好的希腊式教育。

有了学术的繁荣,有了文化的传播,希腊世界才是名副其实的希腊世界。

在这些希腊移民城邦,无论是城邦的领导人还是普通的移民们,全都懂得维护希腊文化、发展希腊文化的重要意义。这是因为,他们已经离开了希腊本土,远离母城邦,如果没有希腊文化作为精神支柱和联系手段,他们是孤独的一批海外游民。有了希腊文化,他们就有了凝聚力,就有了向心力,就不至于像被遗弃的孤儿一样生活在海外。不仅如此,有了希腊文化,他们自己在异乡异地所生育的下一代、再下一代以至于以后若干代,他们的后人全都不会忘记自己是希腊人,老家在希腊某个城邦,在希腊本土有自己的根。这样,他们即使在移民城邦中已经生活好多年了,已经繁衍好多代了,他们没有忘记本土,也不会忘记自己的希腊血缘。这就是文化的无形力量。

第四章 斯巴达的崛起

第一节 斯巴达城邦的建立

一、斯巴达人进入拉哥尼亚平原

在伯罗奔尼撒半岛的南部内陆地区有一大块平原,四周环山,这就是拉哥尼亚平原,《荷马史诗》中称作拉塞达蒙凹地。斯巴达人是多利亚人的一支,他们由于过去生在山地,长在山地,一直以吃苦耐劳和勇敢善战著称,在侵入拉哥尼亚平原后,占领了大片土地,于是从事农业便代替了以往那种以放牧和作战为主的职业生涯。斯巴达人刚进入拉哥尼亚平原时已经没有氏族组织了,但他们还未能完全从该制度中摆脱出来,如长子继承权以及祖产的不可分割。①

据记载,斯巴达人起初分成三个部落,其中两个部落的名称不雅(称作小猪、小驴),后来,"他们进行了商议,而把部落的名

---

① 参看古朗士:《古代城市:希腊罗马宗教、法律及制度研究》,吴晓群译,上海人民出版社,2006年,第358页;参看李玄伯译本,中国政法大学出版社,2005年,第283页。

称改为叙列依斯、帕姆庇洛伊、杜玛那塔伊"①。此外,又增加了第四个部落,称为埃吉阿列依司。② 在斯巴达人尚未完全摆脱氏族组织的情况下,部落的形成对斯巴达以后的政治体制有深刻的影响,即这些制度在斯巴达社会造就了一个贵族阶层。③ 斯巴达城邦正是在这种情况下建立的。斯巴达不像希腊境内其他城邦有一座城墙。原因可能是因为拉哥尼亚平原四周都是山,易于防守,所以不需要修筑城墙。

斯巴达城邦建立以后,便积极向外扩张,以求获得更多的土地,掠获更多的人口。这一扩张活动大约开始于公元前 8 世纪后期。斯巴达首先进攻位于伯罗奔尼撒半岛西南方的美塞尼亚,那里地势平坦,土地肥沃。美塞尼亚人也是希腊人的一支,但肯定不是多利亚人,而斯巴达人、科林斯人、阿果斯人则都是多利亚人。④ 这就是第一次美塞尼亚战争,大约从公元前 730 年到公元前 710 年。⑤

美塞尼亚人敌不过斯巴达人,一部分美塞尼亚人被俘,被称做黑劳士,受到斯巴达人的奴役。美塞尼亚城仍保存下来,但每年必须向斯巴达纳贡,纳贡数额约占全部收成的一半。

隔了不到 70 年,大约在公元前 640 年左右,美塞尼亚人起

---

① 希罗多德:《历史》下册,王以铸译,商务印书馆,2007 年,第 375 页。
② 参看同上。
③ 参看古朗士:《古代城市:希腊罗马宗教、法律及制度研究》,吴晓群译,上海人民出版社,2006 年,第 358 页;参看李玄伯译本,中国政法大学出版社,2005 年,第 283 页。
④ 参看萨尔蒙:《富裕的科林斯:公元前 338 年以前的城市史》,克莱伦顿出版公司,牛津,1984 年,第 51、53 页。
⑤ 参看 T. R. 马丁:《古代希腊:从史前到希腊化时期》,耶鲁大学出版社,1996 年,第 73 页。

来反抗,这场战争被称做第二次美塞尼亚战争,时间为公元前640年到公元前630年。① 战争扩及整个美塞尼亚境内,连斯巴达本土上的黑劳士也有响应。斯巴达起初战争失利,但最终还是把黑劳士的起义镇压下去了。从此以后,斯巴达对黑劳士实行更严格的控制。②

黑劳士一词的含义是什么？一种说法是:黑劳士可能是指原住民;另一种说法是:黑劳士就是被俘获的人。不管哪一种说法,斯巴达把被俘获的原住民统称为黑劳士。还有一种说法,黑劳士也是外来者,即在斯巴达人之前就来到了美塞尼亚境内,只是因为他们打不过斯巴达人,所以战败后沦为俘虏,斯巴达就把这些人称作黑劳士。

其实,斯巴达人征服美塞尼亚,把所俘虏的人变为被奴役者,而不许他们成为公民,在古代希腊是常见的事。③

美塞尼亚人中还有一部分人逃离原来居住的村镇,躲避到偏远、外围地带,他们被斯巴达人称作皮里阿西人,意指边民。他们依附于斯巴达,有义务向斯巴达缴纳贡赋。至于这种缴纳是不是定期的、固定的税或地租,目前不能确定。④ 据说,这种

---

① 参看 T. R. 马丁:《古代希腊:从史前到希腊化时期》,耶鲁大学出版社,1996年,第73页。

② 在周一良、吴于廑主编的《世界通史(上古部分)》中,把黑劳士译为希洛人(人民出版社,1980年,第177页)。

③ 参看古朗士:《古代城市:希腊罗马宗教、法律及制度研究》,吴晓群译,上海人民出版社,2006年,第231页;参看李玄伯译本,中国政法大学出版社,2005年,第167页。

④ 参看黄洋:《古代希腊土地制度研究》,复旦大学出版社,1995年,第113页。

制度"是从远古的米诺斯王时代流传下来的"①。那种认为皮里阿西人也实行斯巴达的份地制度的说法,尽管由来已久,似乎并不可信。②

斯巴达的领土面积究竟有多大？在计算时,不仅要把由黑劳士耕种的斯巴达公民的土地计算在内,而且也要把属于皮里阿西人的土地包括在内。③ 这两部分资源的集合,构成了斯巴达国力强盛的基础。④

二、斯巴达的社会结构

古典时期斯巴达在体制、社会结构和生活方式等方面同其他所有的希腊城邦有十分明显的区别。斯巴达人深信并且让其他人相信斯巴达的体制是从非常遥远的古代传承下来的。⑤ 这种说法被认为不符合实际。⑥ 事实上,直到公元前7世纪末,斯巴达城邦的发展道路基本上是同其他希腊城邦相似的,只不过带有自己的一些明显特点而已。⑦ 斯巴达同其他大多数城邦一样,都经过王权和贵族政治阶段,斯巴达以后所形成的体制是多年来贵族和平民斗争的结果。通过这些变革,在斯巴达,世代相

---

① 亚里士多德：《政治学》,吴寿彭译,商务印书馆,1997年,第93页。
② 参看黄洋：《古代希腊土地制度研究》,复旦大学出版社,1995年,第114页。
③ 参看弗格森：《希腊帝国主义》,晏绍祥译,上海三联书店,2005年,第10页。
④ 参看同上书,第10—11页。
⑤ 参看伯里和梅吉斯：《希腊史(到亚历山大大帝去世)》,第4版(修订版),圣马丁出版社,纽约,1975年,第90页。
⑥ 参看同上。
⑦ 参看同上书,第91页。

传的国王体制继续保存下来了。① 这样,斯巴达体制同其他希腊城邦的体制之间的差别也就越来越突出。

在斯巴达,社会等级是森严的。斯巴达的居民分为三个等级:一是斯巴达公民,他们拥有全部权利,而且彼此一律平等;二是皮里阿西人,也就是前面已提到的边民,他们是自由人,组成自己的社区,但受制于斯巴达;三是黑劳士,他们一直隶属于斯巴达,从事强制性的劳动。② 但斯巴达的这样三个等级不同于本书下一章将会谈到的雅典城邦的三个等级,即公民、外国侨民、奴隶。③

在斯巴达,原来的部落成员都是自由民,成年男子有完全的公民权。贵族作为公民,在政治上有权担任公职人员,可以拥有其他财产,而平民作为公民,只有权得到一份土地。皮里阿西人并不是斯巴达的公民,或者说只是斯巴达的"二等公民",不像斯巴达人那样。但在他们自己的小社会里或小团体里,则是"公民"。④ "皮里阿西人的小社会是由一色皮里阿西人所组成,并拥自己的土地。"⑤他们不像黑劳士,不必正式向斯巴达纳贡;"但斯巴达的国王们各自拥有一块特殊的地产,这块地产取自皮里阿西人的土地并由皮里阿西人耕种"⑥。皮里阿西人除从事农业外,还从事商业和手工业。按照斯巴达的传统,商业和

---

① 参看伯里和梅吉斯:《希腊史(到亚历山大大帝去世)》,第4版(修订版),圣马丁出版社,纽约,1975年,第91页。
② 参看奥斯汀和维达尔-纳奎:《古希腊经济和社会史导论》,英译本,奥斯汀译,加利福尼亚大学出版社,1977年,第81页。
③ 参看同上书,第81—82页。
④ 参看同上书,第85页。
⑤ 同上。
⑥ 同上。

手工业都是贱业,斯巴达禁止本国公民从事这些活动,都由皮里阿西人从事。但斯巴达对工商业课以重税,所以"在斯巴达的历史上,商业和手工业始终得不到发展"①。皮里阿西人不能同斯巴达人通婚。②

皮里阿西人要服兵役,他们被大批征募到斯巴达军队之中。在波斯战争时,皮里阿西人在单独的分遣队中服役。③ 后来,在伯罗奔尼撒战争期间,皮里阿西士兵已经同斯巴达士兵混编在一起了。④ 这一变化可能发生在公元前465年大地震以后,这场大地震使斯巴达的人力资源受到巨大损失,从而迫使斯巴达采取军队混编的措施。⑤

处于社会结构的第三等即最底层的,就是前面提到过的黑劳士。稍后,在斯巴达,黑劳士的含义扩大了,它用来泛指下贱之人,包括斯巴达以后历次战争中俘虏的人。古典时期的希腊人经常把黑劳士说成是"奴隶",甚至在官方文件中也如此。例如,在公元前421年斯巴达和雅典缔结的尼西亚斯和约中提到,"如果奴隶阶级暴动,雅典人将尽全力帮助斯巴达人"⑥。这里所说的"奴隶阶级"就是指黑劳士。然而,人们常常被误导。在雅典的奴隶(他们来自国外和在市场上购得),同斯巴达的黑劳士团体之间有基本的区别。最大的区别是:黑劳士说同一种语

---

① 吴于廑:《古代的希腊和罗马》,三联书店,2008年,第33页。
② 参看同上书,第32页。
③ 参看奥斯汀和维达尔-纳奎:《古希腊经济和社会史导论》,英译本,奥斯汀译,加利福尼亚大学出版社,1977年,第85页。
④ 参看同上。
⑤ 参看同上。
⑥ 同上书,第86页。

言,他们是被征服而沦到依附于主人的地位的。[①]"在奴隶市场上是买不到黑劳士的。"[②]

当然,在古代希腊是没有"农奴"这个词的。黑劳士不是奴隶,却类似"农奴",是"介于自由民和农奴之间"的人,这是不容争议的事实。[③] 而且,不仅斯巴达有黑劳士这样的人,其他城邦也有,如帖萨利的 penestai,克里特的 mnoitai 和 klarotai。[④] 一种解释是:帖萨利和克里特都属于历史上希腊世界的边缘地区,那里的贵族不受其他势力的限制,所以他们能够把本地的小农推到"介于自由民和农奴之间"的依附地位。[⑤] 而在斯巴达,国内形势则迫使贵族把作为公民的普通农民提到平等地位,同时,为了平衡,就把拉哥尼亚平原的原住民和美塞尼亚这块征服地区里的小农变为黑劳士。[⑥] 这可能就是斯巴达不同于帖萨利和克里特之处。

严格来说,如果说黑劳士类似"农奴"的话,那么这些人是斯巴达城邦公民集体的"农奴",而不属于任何斯巴达公民个人,任何公民个人都无权处置黑劳士。从被限制在土地上,不得离开土地,收成的一半上缴,可以结婚成家,生育子女等来看,黑劳士确实有些像中世纪西欧庄园里的农奴,只不过中世纪西欧庄园里的农奴是属于农奴主即领主本人的。

[①] 参看奥斯汀和维达尔-纳奎:《古希腊经济和社会史导论》,英译本,奥斯汀译,加利福尼亚大学出版社,1977年,第86页。

[②] 同上书,第87页。

[③] 参看斯塔尔:《希腊早期经济和社会的成长(公元前800—前500年)》,牛津大学出版社,1977年,第163页。

[④] 参看同上。

[⑤] 参看同上。

[⑥] 参看同上书,第163—164页。

杜丹在所著《古代世界经济生活》一书中把黑劳士称为农奴。他写道:"那些未能在新来者到来之前逃掉的旧居民,都被降为农奴。美塞尼亚人的命运就是如此。"[1]他还指出:在黑海南岸的赫拉克利亚也有类似的情况,希腊人把原住民变为"束缚在土地上的农奴"[2]。结果,在斯巴达出现的把被征服者变成黑劳士,是侵略和征服的结果,侵略和征服使原住民失去了土地所有权。[3] 重要的是:地主不能把黑劳士置于死地或出卖他们。[4] 或者说,这里存在一个原则问题,即"土地与耕种土地的人绝对不能分开"[5]。这就是农奴的标准。

韦伯在《经济与社会》一书中把封建关系进行了分类。他把斯巴达的经济制度单独列为一类,即所谓"城市领主的"封建关系。[6] 我认为,韦伯对斯巴达经济制度的分类不一定是正确的,甚至是多余的。为什么一定要分类呢?包括斯巴达在内的所有希腊城邦,自成一类,即城邦社会,这在世界史上是独一无二的。城邦社会就是城邦社会,有什么必要一定要把斯巴达经济关系列为"封建关系"呢?而且"城市领主"型这个提法也不合适。当然,把黑劳士视为类似于农奴的看法,或称之为斯巴达公民集体的"农奴"的看法,还是可以成立的。但有了农奴,就一定是封建社会吗?[7]

---

[1] 杜丹:《古代世界经济生活》,志扬译,商务印书馆,1963年,第39页。
[2] 同上。
[3] 参看同上。
[4] 参看同上。
[5] 同上书,第40页。
[6] 参看韦伯:《经济与社会》下卷,林荣远译,商务印书馆,2006年,第399页。
[7] 美国南北战争之前,南部有奴隶,难道能说那里是奴隶社会吗?这是同一个道理。

那么,为什么有些著作中坚持把黑劳士说成是奴隶呢?一个重要的根据是:在斯巴达,每年监察官就职时都以城邦的名义向黑劳士宣战,以威慑黑劳士,要他们驯服听话,不得反抗;此外,只要发现黑劳士有反叛行动,甚至只有征兆,就可以杀戮。其实,这一现象与其说是"黑劳士是奴隶"的根据,不如说是"黑劳士是被征服者"的根据。"如果黑劳士像雅典的奴隶一样,为斯巴达公民个人所有的话,斯巴达人就不能任意杀死他们。因为他们是主人的财产,任何公民杀死其他公民的黑劳士,他都不得不给予其主人的赔偿。"①从这个意义上说,"斯巴达公民个人对黑劳士的权力是十分有限的。公民个人无权杀死他们","无权释放他们,也无权买卖他们"②。黑劳士有反叛行动,可以杀死他们,这恰恰是征服者对被征服者行使权力的表现,但不足以说明这就是奴隶主对奴隶的权力的行使。

黑劳士可以娶妻生子,这是斯巴达设法增加黑劳士的一种办法,因为既然不能从外面购入黑劳士,所以就让黑劳士自我繁衍。③

三、斯巴达的政治体制

前面已经说明,斯巴达的政治体制是从古老的传说沿袭下来的。但还存在其他传说。

一种传说是:根据达尔菲神殿的谕旨而制定了古斯巴达法

---

① 黄洋:《古代希腊土地制度研究》,复旦大学出版社,1995年,第90页。
② 同上。
③ 参看同上书,第91页。

典,从此流传下来,以后凡有更改之处都需要根据神的旨意而进行。①

另一种传说是:这种体制是参照了克里特岛的体制而制定的,②而且据说还是从米诺斯王朝传承下来的。③

传说还有:斯巴达人不但向克里特人学习,甚至还向埃及人学习,斯巴达人有些做法就模仿了埃及人。④

尽管有多种传说,但斯巴达政治体制无疑具有自身特色。它可能仍来自本城邦的传统,只是后来根据城邦形势有所调整。比如说,一个以农耕为主业的国家,分地而耕,不容许工商业发展,土地公有,按户分配份地,集体生活等等,都是斯巴达的特点,⑤同斯巴达特有的政治体制有一定的关系。

在这里,需要注意到斯巴达和雅典在城邦建立之前的差别:雅典是一个部落联合而形成的城邦,⑥而斯巴达的部落合并过程在建立城邦之前就完成了,然后,斯巴达城邦是作为外来者侵入拉塞达蒙凹地建立城邦的。斯巴达不同于雅典的上述特点,对斯巴达政治体制的特殊性是有影响的。

斯巴达设两位国王,分别由两个王族产生。这可能是由于

---

① 参看杜兰:《世界文明史》第2卷《希腊的生活》,幼狮文化公司译,东方出版社,1998年,第55页。

② 参看亚里士多德:《政治学》,吴寿彭译,商务印书馆,1997年,第92页。

③ 参看同上书,第93页。

④ 参看普鲁塔克:《希腊罗马名人传》第1卷,席代岳译,吉林出版集团有限责任公司,2009年,第83页。

⑤ 参看史继忠:《地中海——世界文化的漩涡》,当代中国出版社,2004年,第146页。

⑥ 参看廖学盛:"试析古代雅典民主产生的条件",载《世界历史》1997年第2期,第68页。

两大贵族家族当初势力相当,为保持平衡,一家出一人任国王。也可能这是沿用古制,因为在希腊人中以前也曾有过"双头政治"。两位国王同时执政,实际上是一种寡头政体。寡头(oligarchia)一词在希腊语中是指"少数人统治",以区别于民主(democratia)一词,民主则指"人民统治",即全体男性公民都有权参与管理。①

两个王族世代相传的情况,从公元前8世纪起就存在了。在公元前490年以后,这种政体不但继续存在,而且继承关系更为复杂。② 从那时起,有父子相传、兄弟相传、祖孙相传的,也有叔传侄甚至传给远房侄子的,等等。③ 还有侄子传给叔叔的。④

斯巴达国王的权力受到长老会议的限制,他们平时只有审判某些关于家族纠纷的案件和主持某些祭祀仪式的权力。斯巴达国王主持祭祀仪式实际上是沿袭了古代希腊人的国王兼祭司的传统。⑤ "在斯巴达,全国性的牺牲祭品皆由作为神的后裔的君王们来奉献。"⑥由于斯巴达设有两位国王,所以两人在祭祀方面有分工:"一个主持对拉塞达蒙(斯巴达的别称)的宙斯的祭祀,另一个主持对上天的宙斯的祭祀。"⑦

---

① 参看T.R.马丁:《古代希腊:从史前到希腊化时期》,耶鲁大学出版社,1996年,第70—71页。
② 参看福莱斯特:《斯巴达史》,第3版,布里斯托古典丛书出版社,伦敦,1995年,第21页。
③ 参看同上书,第21—22页。
④ 参看同上书,第22页。
⑤ 参看弗雷泽:《金枝》,徐育新、汪培基、张泽石译,大众文艺出版社,1998年,第11页。
⑥ 同上。
⑦ 同上。

斯巴达在司法审判时，贪赃枉法的行为时有发生，"连斯巴达的国王也常常如此"①。二王制度正是为了限制国王专制。②按照传统，国王在战争期间是统帅，"在战场上指挥部队，在城市内统领卫戍军，既有如此大权，就使他获得同时影响内政的手段"③。于是就必须限制国王作为统帅的权力。这样，经过多年的实践，在斯巴达实际上形成了对国王权力的三重限制，即长老会议、公民大会和监察官制度。如果再加上两位国王并存的制度，那就是四重限制了。关于两位国王并存的制度，前面已经谈过，这里再就长老会议、公民大会和监察官制度做一些分析。

长老会议：斯巴达真正的最高权力机构是长老会议。一切重大事务都由长老会议决定。但不可否认的是，尽管斯巴达国王的权力受到限制，但在斯巴达人心中，国王仍然是他们的领袖，是足以把公民们凝聚在一起的力量。比如说，国王还保留了一些特有的权利："只有国王才有权裁决一位未婚的女继承人应当嫁给什么人，如果她的父亲没有把她嫁出去的话；"④"如果有人想有一名养子的话，他必须当着国王的面做。"⑤国王去世时，"骑士们到拉哥尼亚各地宣布他的死讯，在市内，则妇女们敲着锅到各处去报信。而当这件事做完了以后，每家当中的两个自由人，一男一女一定要服丧，否则的话便要受到重罚"⑥。

---

① 格罗特：《〈希腊史〉选》，郭圣铭译，商务印书馆，1964 年，第 36 页。
② 参看基托：《希腊人》，徐卫翔、黄韬译，上海人民出版社，2006 年，第 84 页。
③ 摩尔根：《古代社会》上册，杨东莼、马雍、马巨译，商务印书馆，1997 年，第 249 页。
④ 希罗多德：《历史》下册，王以铸译，商务印书馆，2007 年，第 424 页。
⑤ 同上。
⑥ 同上。

斯巴达全境的人,包括公民、皮里阿西人、黑劳士都必须前来参加葬礼。[1] 而在新国王登位时,"这个新王便免除任何斯巴达人对国王或是对国家所负的任何债务"[2]。显然这可以博得穷苦公民的极大好感,从而有助于缓解社会矛盾。

在斯巴达,长老会议共有30名成员,其中,有28名长老,还有两名国王。28名长老由公民大会选举产生。当选的都是氏族贵族。如果长老会议出现空缺,递补的方式也很奇特,据说,公民大会参加者列队排好,候选人依次从他们面前走过,谁得到的喝彩声音最响和时间最长,谁就当选。这就是当时斯巴达人认为最公平的选举方式,很可能是斯巴达从过去部落阶段沿袭下来的。

公民大会:公民大会由30岁以上的男性公民组成。据说,公民大会的参加者人数不是很多,因为当时斯巴达人口约37万6千人,30岁以上男性公民约8,000人。[3] 公民大会每月月圆时开一次会。除了选举长老会议成员外,公民大会另一项工作是通过法律或修改法律。公民大会只表决(赞成或反对)而不进行讨论。表决时也以喝彩声音大小和时间长短来定。这同样是长期保留的传统做法。

从上述长老会议和公民大会对国王权力的限制可以了解到,一个部落或部落联盟建立的国家,即使是靠征服外邦外族而

---

[1] 希罗多德:《历史》下册,王以铸译,商务印书馆,2007年,第425页。
[2] 同上。
[3] 参看杜兰:《世界文明史》第2卷《希腊的生活》,幼狮文化公司译,东方出版社,1998年,第60页。

建立的国家,也不一定形成东方式的专制政体。① 斯巴达就是一个典型的例子:斯巴达建立的是希腊式的民主政体,而不是东方式的专制政体。"斯巴达人国家兴起的背景和经历以及政治制度的特点,在古代希腊并非独一无二的。"②比如说,多利亚人渡海进入克里特岛建立城邦后,所建立的体制与斯巴达人(也属于多利亚人)所建立的体制几乎是相同的:一方面奴役土著居民,自己不事生产,专事作战,另一方面同样建立了长老会议、公民大会等制度。③

在斯巴达的政治体制方面,有必要提到莱库古立法。在斯巴达人那里,长期流行的说法是:斯巴达的政治体制是莱库古设计的,最初的法律是莱库古制定的。希罗多德写道:莱库古曾担任斯巴达国王列欧波铁司的摄政之职,当他刚任此职时,"他立刻就改变了现行的全部法制,并注意使所有的人都来遵守他制定的新制度"④。由于莱库古建立了斯巴达最早的法律并且使斯巴达人"成了一个享有良好法律的民族"⑤,所以斯巴达人很怀念他,在他死后,"他们给他修造了一座神殿,并给他以极大的尊敬"⑥。

然而,莱库古是否确有其人,莱库古立法是否确有其事,历来就有争议。普鲁塔克在《希腊罗马名人传》中就指出:"史家

---

① 参看易建平:"部落联盟模式、酋邦模式与对外战争问题",载武寅主编:《中国社会科学院世界历史研究所学术文集》第1集,江西人民出版社,2001年,第209—210页。
② 同上书,第212页。
③ 参看同上。
④ 希罗多德:《历史》上册,王以铸译,商务印书馆,2007年,第31页。
⑤ 同上。
⑥ 同上。

对于斯巴达立法者莱库古有关的叙述没有确凿的证据,任何能够断言的事实都会遭到质疑或驳斥;"①"甚至就是对他生存的时代,这些史家的意见也无法一致。"②

不久前,牛津大学古代史教授 W. G. 福莱斯特在《斯巴达史》一书中写道:"莱库古本身是一个模糊的甚至可能是一个神话中的形象。"③也就是说,莱库古时代是后来的研究者根据传说,把斯巴达历史上的立法和制度建设等功绩全都归于莱库古一人而形成的说法。④ 至于莱库古时代究竟是公元前多少年,也没有一致的意见,时间跨度很大,谁也说不准。⑤

尽管学术界历来对这个问题存在争论,在没有可靠的证据被学术界认可之前,我们可以同意如下的说法:"斯巴达的政治制度完整严密,似乎在其立国之初确有像莱库古这样的立法者为之规划。"⑥从另一个角度看,"莱库古改革中包含的各种制度是植根于多利亚人固有的传统之中的,因此它们也或多或少地见于其他多利亚人的城邦"⑦。这样,我们也就不必为争论莱库古立法是否确有其事而止步不前了。

当然,我们也不能忘记"托古改制"是历史上常见的事实。

---

① 普鲁塔克:《希腊罗马名人传》第 1 卷,席代岳译,吉林出版集团有限责任公司,2009 年,第 79 页。

② 同上。

③ 福莱斯特:《斯巴达史》,第 3 版,布里斯托古典丛书出版社,伦敦,1995 年,第 40 页。

④ 参看同上。

⑤ 参看同上书,第 55 页。

⑥ 吴晓群:《希腊思想与文化》,上海社会科学院出版社,2009 年,第 64—65 页。

⑦ 同上书,第 65 页。

莱库古立法可能就是斯巴达人"托古改制"的一例。希腊人如此,罗马人也如此。例如,罗马作家西塞罗就说过:"富人的土地必须由穷人来耕种"[1]是莱库古当初规定,并且成为斯巴达的法律。[2] "托古"是有现实意义的。

斯巴达政治体制的最大特点就是设置了监察官制度。国王(即使是两个国王并存)、长老会议、公民大会,在希腊其他城邦中也有。而监察官制度则是斯巴达独有的。有人也把这一明显晚出的、独有的制度归功于莱库古。[3] 可见"托古改制"之风的盛行。

下面,让我们专门讨论监察官制度。

四、斯巴达的监察官制度

监察官制度的起源还不清楚,据说设立于公元前 8 世纪前半期。[4] 最初,监察官的任务是监察国王,审查国王有无违法行为。后来,大约不会早于公元前 7 世纪,监察官的职权扩大了,这一职务的重要性越来越突出,甚至凌驾于两位国王之上,比如说,接待外国使节,决定法律纷争,可以审讯国王、罢免国王、惩罚国王,战争时期可由监察官统领军队等。[5] 再往后,"监察官

---

[1] 西塞罗:《国家篇》,载西塞罗:《国家篇 法律篇》,沈叔平、苏力译,商务印书馆,2002 年,第 97 页。

[2] 参看同上。

[3] 参看孙道天:《古希腊历史遗产》,上海辞书出版社,2004 年,第 46 页。

[4] 参看伯里和梅吉斯:《希腊史(到亚历山大大帝去世)》,第 4 版(修订版),圣马丁出版社,纽约,1975 年,第 92 页。

[5] 监察官制度也存在于克里特城邦。按亚里士多德的说法,它不如斯巴达的完善。例如,在斯巴达,监察官在全体公民中产生,每个平民都有参与最高权力的机会;而在克里特,监察官仅在某几个宗族中产生。参看汪子嵩、范明生、陈村富、姚介厚:《希腊哲学史》第 3 卷下,人民出版社,2003 年,第 1071 页。

和国王们每月都要举行例行的誓言交换仪式,后者要宣誓遵守和维持法律,而前者则要宣誓支持两位国王"①。但是,监察官的支持是有条件的,即"两位国王须在实际上遵守并维护了法律"②。

希罗多德叙述了下面的事件:希波战争期间,斯巴达军队在监察官率领下忙于在通往伯罗奔尼撒半岛的地峡上修筑防御工事。有人向监察官反映,说防御工事用处不大。监察官听从了这一意见,乘天还未亮就把斯巴达军队撤出地峡。③ 可见监察官对军队的指挥权是绝对的。晏绍祥在利用了这段史料后评论说:这"给人的印象是斯巴达的政制为地道的寡头政制。民主因素,至少是公民大会可有可无。"④亚里士多德则指出了监督官制度的弊病。他认为,监察官的生活"不符合斯巴达政体的基本精神,对于他们,一切都很放任"⑤。这就是说,斯巴达法律对私人生活的约束是非常严格的,而监察官的生活是放任的。亚里士多德还说:"监察官对于城邦重要事务具有决定能力;但他们既然由全体平民中选任,常常有很穷乏的人当选这个职务,这种人由于急需金钱,就容易开放贿赂之门。"⑥

在斯巴达,唯一能同监察官抗衡的是长老会议。如果长老

---

① 卡特利奇:《斯巴达人:一部英雄的史诗》,梁建东、章颜译,上海三联书店,2010年,第49页。
② 同上。
③ 参看希罗多德:《历史》下册,王以铸译,商务印书馆,2007年,第625—626页。
④ 晏绍祥:"演说家与希腊城邦政治",载《历史研究》2006年第6期,第160页。
⑤ 亚里士多德:《政治学》,吴寿彭译,商务印书馆,1997年,第89页。
⑥ 同上书,第87页。

会议不同意监督官的决定,可以做出决议停止执行。这样,在斯巴达政治生活中真正起作用的,是监察官和长老会议。国王的权力已经不大了。[1] 宗教仪式仍然是国王主持的。即使是战争期间,两位国王中的一人,永远留在军队,但他们不是指挥军队作战,而是主持祭祀和从事占卜。[2] 有人说斯巴达国王统领军队,这句话从宗教意义上说也不算错,因为国王掌握主持祭祀和占卜的权力。[3]

值得注意的是:在斯巴达城邦,从来没有出现过僭主政治。[4] 甚至可以说,从斯巴达城邦建立到伯罗奔尼撒战争结束之间大约四百多年内,不仅没有僭主政治,而且"他们的政府没有变"[5],即一直保持两位国王并存、长老会议、公民大会和监察官制度。这在历史上是罕见的。雅典不是这样,其他许多希腊城邦也不是这样,也许只有罗马是这样。[6] "斯巴达城邦的决定性特征给人留下的是一种合理创造的印象,不能仅仅看作原始制度的残余。"[7]

---

[1] 参看古朗士:《古代城市:希腊罗马宗教、法律及制度研究》,吴晓群译,上海人民出版社,2006年,第266页;参看李玄伯译本,中国政法大学出版社,2005年,第202页。

[2] 参看同上书,吴晓群译本,第266页;李玄伯译本,第202页。

[3] 参看同上。

[4] 参看弗格森:《希腊帝国主义》,晏绍祥译,上海三联书店,2005年,第11页。

[5] 修昔底德:《伯罗奔尼撒战争史》上册,谢德风译,商务印书馆,2007年,第17页。

[6] 参看弗格森:《希腊帝国主义》,晏绍祥译,上海三联书店,2005年,第45页。

[7] 韦伯:《经济与社会》下卷,林荣远译,商务印书馆,2006年,第661页。

五、斯巴达人的生活

斯巴达以公民组成的军队为支柱,实行全体公民皆兵的政策。而且斯巴达还设置了一支常备军,当时它是"唯一拥有常设军的城邦"①。

在斯巴达,它之所以能使男性公民全都成为职业军人,视从军为唯一职业,就同黑劳士种田缴粮的做法有关。②

按斯巴达的规定,每一个男孩从7岁起就离开家庭,由国家抚养,进入既学习知识又从事严格军事训练的学校。在一班中,最有能力和最勇敢的男孩担任班长,其他男孩必须服从他,他有权惩罚不服从纪律的男孩。男孩从12岁起,整年只穿一件衣服,不穿内衣,养成不怕寒冷的习惯。自20岁起即入军队服兵役,直到60岁。男子30岁可以结婚,女子的结婚年龄为20岁。斯巴达禁止独身,因为必须为国家生育更多的未来公民。婚姻是自由的,但要经过"抢婚"的仪式。婚后,新娘与新郎的父母住在一起,新郎仍住在军队营房中,只能夜里回家,天亮前必须回到营房,这种习惯可能是母系社会留传下来的。

生下的孩子,"在别的国土里,母亲替婴儿洗澡只用水,斯巴达人的母亲却用酒来洗刚刚出世的婴儿"③。她们这样做,是为了考验孩子的体格:"病弱的任他在酒里晕死;强健的在经过考验之后就可以变得像铁一样地结实。"④养育孩子时,"她们不

---

① 基托:《希腊人》,徐卫翔、黄韬译,上海人民出版社,2006页,第83页。
② 参看戴维斯:《民主和古典希腊》,斯坦福大学出版社,1978年,第51页。
③ 吴于廑:《古代的希腊和罗马》,三联书店,2008年,第33页。
④ 同上。

用襁褓和绷带,相信这样就可以使孩子的四肢和形体自由发育"①。这很可能是多利亚人过去的传统。

在斯巴达,"妇人唯一的训练是怎样做母亲,只要她们能有健康的生产,就是在结婚以外的结合,习惯上也是可以承认的"②。据说,对私生子合法承认的一个正当理由是:"子女并不属于父母而是为国家所共有。"③

正是由于青年男子经过如此严格的训练,斯巴达组成了一支强有力的装甲步兵。这些步兵身披甲胄,手持长矛和盾牌,排成密集的队伍,向敌人进攻,使其他国家望而生畏。斯巴达士兵有一种把战死看成无上荣耀的信念,"所有的士兵都身着红色衣服,这样一来从伤口涌出的血迹就不明显了"④。一个军人战败而生还,全家、全村都认为是耻辱。"当一个母亲看见自己的儿子活着从战场上归来而其他人都已战死了时,她会觉得奇耻大辱而举起一块石头砸死自己的儿子。"⑤出征前,斯巴达战士的母亲与儿子道别时的赠言是:"与你的盾牌同在",因为盾牌是十分笨重的,临阵脱逃不可能带上盾牌。

在斯巴达,公民的墓志铭很简单。"一个公民的墓志铭上一般只刻上他的名字,不需要做铭文来叙述他一生的经历,因为一个公民的生平几乎是众所周知的。"⑥斯巴达人作战英勇,如

---

① 吴于廑:《古代的希腊和罗马》,三联书店,2008年,第33页。
② 狄金森:《希腊的生活观》,彭基相译,华东师范大学出版社,2006年,第130页。
③ 普鲁塔克:《希腊罗马名人传》第1卷,席代岳译,吉林出版集团有限责任公司,2009年,第95页。
④ 阿govern罗伊德:《古代希腊》,冷杉、冷枞译,三联书店,2007年,第47页。
⑤ 同上书,第49页。
⑥ 弗格森:《希腊帝国主义》,晏绍祥译,上海三联书店,2005年,第23页。

果一个公民为国阵亡了,墓碑上就写上"战死",以斯巴达特有的简洁方式"表达了阵亡者的杰出"①。

斯巴达人不愿同外邦人交往,他们自认为要高于一切外邦人,所以对外邦人异常冷淡。外邦人有事来到斯巴达,必须有正当理由,并且只准短时间停留。如果外邦人在斯巴达停留时间过长,就会被强行遣送出境。② 斯巴达人自身出国,必须经政府批准。

从斯巴达人的生活可以看出,这可能更接近于希腊人氏族社会的实际情况,但仍然是一种极端的情况。

六、斯巴达的经济

斯巴达是一个农业城邦,无论是手工业还是商业都不发达。斯巴达人不愿同外邦人交往,部分原因在于交通闭塞和对外经济交往很少,斯巴达"距离最近的港口大约30公里",运输也不方便。③ 正因为"斯巴达的手工业和商业不发达,它名为城邦,实际上却不是一个城市,没有城墙,没有街道"④。

斯巴达的土地是公有的,实行公民分配份地的制度,耕地的是黑劳士。正如前面已经指出的,黑劳士类似农奴,而且是属于斯巴达公民集体的农奴。他们在一块块份地上劳动,收成一半缴纳给斯巴达,一半归自己。前面还提到,工商业由皮里阿西人从事,斯巴达公民禁止从事手工业和商业。皮里阿西人经营工

---

① 弗格森:《希腊帝国主义》,晏绍祥译,上海三联书店,2005年,第24页。
② 参看库蕾:《古希腊的交流》,邓丽丹译,广西师范大学出版社,2005年,第173页。
③ 帕克:《城邦——从古希腊到当代》,石衡潭译,山东画报出版社,2007年,第21页。
④ 吴于廑:《古代的希腊和罗马》,三联书店,2008年,第32页。

商业,需向政府纳税。

斯巴达政府收入不多,但开支也不多,政府收支相当,可以维持下去。不存在财政赤字和政府举债等问题。

根据有关莱库古立法的记述,斯巴达一向过的是简朴的生活,把奢侈、享乐行为看作罪恶。斯巴达只可以从事武器制造,其他制造活动一律被禁止。[1] 在斯巴达,金和银都不准流通,规定只能使用铁钱。铁钱流通不便。"对于这种钱,还有谁来偷它,或者当贿赂接受它,或者抢劫它,或者掠夺它呢?它既不好收藏,又不能满意地占有。"[2]不仅如此,"铁钱是不能带到希腊其它地方去的,在那些地方它也没有任何价钱,可是却会被取笑"[3]。既然没有可以被外邦商人所接受的货币,对外贸易也就不存在了。"因此,购买任何外来商品或古董是不可能的;没有航海商人带着货物来到斯巴达的港口;没有修辞学教师涉足于拉哥尼亚的土地;流浪预言者、娼妓老板、金匠和银匠都不来了,因为这里是没有钱的。"[4]由于斯巴达禁止奢侈,所以也就没有奢侈品消费,斯巴达境内的手工工匠们只做日常生活必需的器物,即使他的技艺再好也没有用武之地。[5]

前面还提到过斯巴达的公民领取份地的制度。这里有必要再就份地继承问题做一些阐述。关于斯巴达公民领取份地一

---

[1] 参看卡特利奇:《斯巴达人:一部英雄的史诗》,梁建东、章颜译,上海三联书店,2010年,第53页。

[2] 巫宝三主编:《古代希腊、罗马经济思想资料选辑》,商务印书馆,1990年,第19页。

[3] 同上。

[4] 同上。

[5] 参看同上书,第19—20页。

事,应当理解为"实际上主要是对美塞尼亚土地的瓜分。它的目的远不是在斯巴达建立一个平等的社会,而是通过征服满足下层公民重新分配土地的要求,从而缓和其社会矛盾,同时为斯巴达的社会制度提供必要的基础"①。那么,斯巴达的土地公有制度和公民领取份地的制度能不能一直保留下去?这是有困难的。

根据资料,斯巴达的公民份地实行的是父子继承制,假定父亲的儿子不止一个,就由诸子共同继承。在这种情况下,如果只有一个儿子继承,土地显然具有私有性。②如果诸子共同继承,个人所有的土地就会越来越少,因为土地被细分了。"但是在美塞尼亚战争以后,斯巴达城邦没有进行份地的分配。"③这样,在斯巴达,公民领取份地的制度不可避免地发生危机,而且这一危机迟早是会爆发的。

在斯巴达,如果一个斯巴达公民没有儿子,只有女儿,土地如何继承呢?"份地由女儿继承,进而导致了土地的集中;"④这是因为,女继承人出嫁会带走丰厚的地产作为嫁妆。⑤亚里士多德就曾指出:"斯巴达嗣女继承遗产的特别多,而且当地又盛行奁赠的习俗,于是她们成了邦内的大财主。"⑥由此看来,斯巴达公有土地中的份地,总有一天会成为私有土地。关于这一点,本书第十一章在讨论公元前4—3世纪的斯巴达社会改革时将

---

① 黄洋:《古代希腊土地制度研究》,复旦大学出版社,1995年,第103页。
② 同上。
③ 同上。
④ 同上。
⑤ 参看同上书,第103—104页。
⑥ 亚里士多德:《政治学》,吴寿彭译,商务印书馆,1997年,第94页。

进行论述。

公共食堂制度是斯巴达城邦经济中的又一特点。这是指,所有斯巴达男性公民,"自30岁到60岁,都在公共食堂用膳,公共食堂的膳食在品质上较逊,在分量上也稍感不足"①,但大家都习惯了,无人抱怨。这被称作"共餐团制",是斯巴达的法律规定的。② 为什么会有这种制度? 据说仿自克里特,③其目的是为了磨炼斯巴达公民的意志,使他们适应于战争时期的生活,以免痴迷于奢侈和享乐。

至于公共食堂用餐所需要的谷物和副食,是由参加用餐的各个公民的家庭定期提供的,不能少于所规定的数量,否则就被取消公民资格。④ 男性公民在公共食堂用膳,还有一些专门规定。比如说,"一天当中的大型的集体用餐是在晚上举行。去公餐食堂的往返路上是不允许拿火把照明的,据说这是为了让斯巴达人养成在夜间进行隐蔽行动的习惯"⑤。以上所说的这些,还"被视为斯巴达取得军事成就的秘密"⑥。

---

① 杜兰:《世界文明史》第2卷《希腊的生活》,幼狮文化公司译,东方出版社,1998年,第63页。
② 参看希罗多德:《历史》上册,王以铸译,商务印书馆,2007年,第31页。
③ 参看亚里士多德:《政治学》,吴寿彭译,商务印书馆,1997年,第94页。
④ 在当时的希腊其他城邦中,有的也实行公共食堂制度,克里特就是一例。据亚里士多德的评论:"克里特的共餐制比斯巴达的优越,公地上 切收获和农奴交纳的实物全部归公, 部分用作祭神和公共事务,另一部分用作共餐,所有的人无论妇女、儿童和男子都能吃到公粮。"(参看汪子嵩、范明生、陈村富、姚介厚:《希腊哲学史》第3卷下,人民出版社,2003年,第1070页。)
⑤ 卡特利奇:《斯巴达人:一部英雄的史诗》,梁建东、章颜译,上海三联书店,2010年,第50页。
⑥ 威斯:"希腊时代的战争和社会,"载萨宾、威斯、维特比编:《剑桥希腊罗马战争史》第1卷《希腊、希腊化世界和罗马的兴起》,剑桥大学出版社,2007年,第290—291页。

斯巴达城邦刚建立时,可能也有贫富之分,因为有贵族,有平民,但贫富差别不大。以后,贫富差别逐渐扩大了。这在很大程度上同人口繁殖和公民的份地分得越来越少有关。在斯巴达,"多子的人家,田地区分得更小,许多公民必然因此日益陷于贫困"①。何况"斯巴达的立法者,希望族类繁衍,鼓励生育,曾经定有制度,凡已有三子的父亲可免服兵役,要是生有四子,就完全免除城邦的一切负担"②。然而斯巴达的贫富差别,从衣服上是看不出来的。无论富人还是穷人,都穿着相同的简单服装,都用一件披肩悬在肩上。富家子弟和贫户子弟受同样的教育,并且富人和穷人"在公共食堂桌上每人面前摆着一样的食品"③。

在斯巴达,"监察官每年给他的公民们发布'剃掉他们的胡子,服从法律'的命令"④。但是斯巴达不禁止公众留长发,所以男人们都留长发,从发式上也分不清谁是贵族,谁是平民,谁家里有钱,谁家里穷。

斯巴达人没有什么文娱活动,只有竞技活动和集体唱歌舞蹈,作为鼓舞士气和振奋公民意志之用。在现实生活中,"所有他们早期历史中曾有的美好事物,斯巴达都选择放弃。粗糙的用具,难看的房子,缺少雕像的走廊,丑陋、易垮而且封闭的公共建筑,没有剧院,没有新的音乐作品"⑤。在今日的斯巴达城邦

---

① 亚里士多德:《政治学》,吴寿彭译,商务印书馆,1997年,第87页。
② 同上。
③ 同上书,第202页。
④ 弗格森:《希腊帝国主义》,晏绍祥译,上海三联书店,2005年,第46页。
⑤ 同上。

旧址上,没有像希腊其他城邦那样留下宏伟建筑的遗址,在少数残存的废址中,没有发现石柱和雕像。这可以证明当初斯巴达没有大型的建筑物。幸亏有史书中关于斯巴达曾经强盛的论述,否则人们很难相信斯巴达的强盛是事实。

斯巴达从不提倡哲学,不鼓励文学创作,也不从事科学技术研究。斯巴达人守纪律,对自己在生活上要求严格,但不善于思考,也没有人认为需要思考。既然一切都已由传统和惯例所制定,一切做法都遵守法律,思考有什么必要呢?思考又有什么用呢?

对于斯巴达的经济,包括经济制度和经济生活,斯巴达人从未表达过有什么异议,甚至也没有任何意见,因为史书上从来没有相关的记述。然而财产的私有化却是渐渐地在社会上推进,斯巴达人自己不可能不察觉到这一变化,因为他们的私有财产,不管是多是少,总是客观存在。据亚里士多德的论述,他认为斯巴达实行的是一种"私财公有"的制度,即斯巴达人"对于朋友所有的奴隶或狗马都可以像自己的一样使唤;人们在旅途中,如果粮食缺乏,他们可以在乡间任何一家的庄园中得到食物"[1]。这可能是很久以前流行于多利亚人部落中的惯例,在斯巴达人这里仍然长期保留。但也有下述可能:亚里士多德在记述一习惯时掺杂了他本人的经济思想,因为"私财公有"是他的理想化了的财产制度。[2]

即使存在着亚里士多德所说的"私财公有"、"私财公用"

---

[1] 亚里士多德:《政治学》,吴寿彭译,商务印书馆,1997年,第54—55页。
[2] 参看同上书,第55页注[2]。

现象，那也只有朋友之间进行，或者在特定场合（如旅行期间）进行，并不是真正意义的共用私人财产。私人财产作为一种制度而言，它的基本特征不在于自己的物件归自己所有，而在于自己的财产传给子嗣。让朋友们使用自己的奴隶或狗马之类的所有物，或者，免费向旅行者提供食宿，都不等于私人财产公共化了。斯巴达的私有化进程依然同希腊其他城邦一样，悄悄地发生，又悄悄地推进，只是这一过程在斯巴达拖延的时间更长一些而已。

第二节 斯巴达的对外扩张

一、伯罗奔尼撒同盟的建立

前面已经指出，在城邦建立以后，在伯罗奔尼撒半岛上形成了若干城邦，其中有大有小，较大的城邦除斯巴达以外，还有阿果斯、科林斯、麦加腊等。斯巴达为了扩大自己的领土，曾发动了美塞尼亚战争，征服了美塞尼亚。第二次美塞尼亚战争期间，有些城邦（如阿果斯）担心斯巴达势力更加强大从而会不利于自己，便或明或暗地帮助了美塞尼亚人。也有一些城邦（主要是较小的城邦）是支持斯巴达人的，因为它们从自身利害方面分析，认为斯巴达实力强大，美塞尼亚人不是斯巴达的对手，最终获胜的希望不大，不如乘早同斯巴达交好，以免将来遭到斯巴达的报复。还有一些城邦，自认为比较强盛，而且离斯巴达较远，因此在第二次美塞尼亚战争期间采取观望态度，保持中立，科林斯和麦加腊就是这样的城邦。

第二次美塞尼亚战争以斯巴达的胜利而告结束。斯巴达乘战胜之威,决心控制伯罗奔尼撒半岛的其他城邦,自当首领。伯罗奔尼撒同盟就是在这种形势之下成立的。古代希腊人把这个同盟称作"拉塞达蒙人及其同盟",现代学者则称之为"伯罗奔尼撒同盟"。① 同盟建立的具体时间不详,大约是在公元前6世纪末。建立同盟的目的可能同联合对抗雅典有关。② 并且,建立这一同盟可能就是斯巴达的主意,因为它最符合斯巴达的愿望。③

伯罗奔尼撒同盟一开始是防御性的。这是斯巴达最初的意图。斯巴达当初建立这一同盟时,"与尽可能多的城邦签订了一个协议,协议规定每座城市承诺保障现存边界"④。这就是说,一开始,这是"防御性联盟,由一个城邦整体创建,旨在防御共同的敌人,或抵抗可能的袭击以保护领土的完整"⑤。

为什么斯巴达会提出这样的需求,一是考虑希腊城邦之间关系的变化,二是考虑斯巴达境内形势的变化。从城邦之间的关系来说,首先要注意到雅典的发展和强盛,包括雅典所实行的一系列改革及其对其他希腊城邦的影响。斯巴达所关心的是:雅典的势力和影响会不会扩大到伯罗奔尼撒半岛,会不会影响斯巴达的地位。而从斯巴达境内的形势变化来看,那么问题似

---

① 参看哈尔:"希腊时代的国际关系",载萨宾、威斯、维特比编:《剑桥希腊罗马战争史》第1卷《希腊、希腊化世界和罗马的兴起》,剑桥大学出版社,2007年,第103页。
② 参看同上。
③ 参看库蕾:《古希腊的交流》,邓丽丹译,广西师范大学出版社,2005年,第153页。
④ 同上书,第154页。
⑤ 同上书,第153页。

乎更复杂些,也更紧迫些。①

要知道,在斯巴达所征服的地区,通过黑劳士被奴役和皮里阿西人(边民)的臣服,斯巴达面临的境内形势已经同过去不一样了。这主要是指:"大约从公元前6世纪中叶起,斯巴达似乎已停止把自己的邻居贬为农奴或'边民'的地位,转而采取一种较温和的臣属形式。"②斯巴达从两次美塞尼亚战争中感到,把征服地区的居民变为农奴(黑劳士)或"边民"(皮里阿西人)的成本过高,而且还时有反叛、暴动。这种情况之下,如果斯巴达再同邻邦发生战争,内部不稳必将是巨大的隐患,所以既要依靠同盟的成员国帮助,又要设法改变今后的征服地区的治理政策。这就是:要"通过条约的签订把被打败的敌人成为顺从的盟邦,并使它们保留自治权和不必缴纳贡赋,但有义务按照斯巴达的要求提供军队和船只"③。斯巴达认为,改变治理被征服地区(或臣服地区)的政策对斯巴达更为有利。建立伯罗奔尼撒同盟同斯巴达的国内外政策的趋向是吻合的。

从性质上说,伯罗奔尼撒同盟"主要是一个常设的军事同盟,目的在于维持伯罗奔尼撒的力量的平衡,以及保证斯巴达自身的安全,特别是对付黑劳士"④。

---

① 参看威斯:"希腊时代的战争和社会",载萨宾、威斯、维特比编:《剑桥希腊罗马战争史》第1卷《希腊、希腊化世界和罗马的兴起》,剑桥大学出版社,2007年,第284页。
② 同上。
③ 同上。
④ 奥斯汀和维达尔-纳奎:《古希腊经济和社会史导论》,英译本,奥斯汀译,加利福尼亚大学出版社,1977年,第126页。

在建立伯罗奔尼撒同盟的过程中,斯巴达首先要扫除的障碍就是阿果斯。前面曾提到,伯罗奔尼撒半岛上长期与斯巴达相抗衡的城邦,是阿果斯。公元前7世纪初期,阿果斯城邦就已相当强大,工商业发展很快,有实力同雅典对峙和竞争。阿果斯当然不能容忍伯罗奔尼撒半岛上斯巴达的崛起。斯巴达也不能容忍阿果斯对斯巴达境内的美塞尼亚原住民的暗中支持,更不能容忍日后在伯罗奔尼撒半岛上形成双雄并立的格局。因此,在斯巴达赢得第二次美塞尼亚战争后,斯巴达同阿果斯之间的战争就开始了。这场战争持续了很长时间,双方各有胜负。由于阿果斯政府腐败无能,大商人集团只图一己私利,不顾民间疾苦,政府在大商人集团把持之下渐渐失去民心;加之,阿果斯在与斯巴达的长期战争中,严重消耗了国力,军无斗志,最终于公元前546年被斯巴达击败,臣服于斯巴达。至此,以斯巴达为首的伯罗奔尼撒同盟建立了,半岛上各个独立城邦都加入了这一同盟。

二、斯巴达的称霸

不管伯罗奔尼撒半岛上的各个城邦是否真心愿意加入这一同盟,是否认为值得追随斯巴达去同雅典对抗、争霸,但同盟一旦建立,就出不得各个城邦了。按照伯罗奔尼撒同盟建立时的议定,同盟做出的决议必须有大多数加盟城邦的同意才能生效,但在斯巴达以武力为后盾的操纵之下,斯巴达的意见便左右着同盟的决策,其他城邦无可奈何。不仅如此,"唯有斯巴达才能够召集和主持同盟的大会,而提交同盟大会的建议都已经由斯巴达的公民大会批准了"[1]。军事上也如此，甚至"出征的指挥官总是斯巴达人"[2]。

按照伯罗奔尼撒同盟的规定，加盟城邦在斯巴达发生战争时，或者在遇到黑劳士反对斯巴达而发生战争时，有共同出兵帮助斯巴达的义务，各个城邦派出的军队由斯巴达统一指挥。如果某一成员城邦独自同外邦作战，除非经过斯巴达政府和斯巴达操纵下的同盟同意，否则不能得到同盟的支持和援助。

然而，同样值得注意的是，伯罗奔尼撒同盟始终是一个军事同盟，而不是一个政治上的同盟或组织。只要不涉及城邦的对外事务，特别是不涉及战争问题和不涉及同盟的安全，同盟对各个城邦的内政是不过问的。同盟也不干预各个城邦的财政收支。斯巴达没有向它的盟邦索要贡品，[3]同盟也不需要各个城邦有任何捐赠。[4] 从组织机构上说，"事实上，同盟没有任何常设部门，在同盟大会和间断性的会议外没有任何同盟机构"[5]。不设常设部门，固然节省了经费；不缴纳任何费用，固然减轻了加盟城邦的财政负担；但这样一来，伯罗奔尼撒同盟是缺乏资金的，同盟也没有筹集费用的手段，以至于同盟始终无法建立自己

---

[1] 哈尔："希腊时代的国际关系"，载萨宾、威斯、维特比编：《剑桥希腊罗马战争史》第1卷《希腊、希腊化世界和罗马的兴起》，剑桥大学出版社，2007年，第103页。

[2] 同上。

[3] 参看库蕾：《古希腊的交流》，邓丽丹译，广西师范大学出版社，2005年，第154页。

[4] 参看奥斯汀和维达尔-纳奎：《古希腊经济和社会史导论》，英译本，奥斯汀译，加利福尼亚大学出版社，1977年，第126页。

[5] 库蕾：《古希腊的交流》，邓丽丹译，广西师范大学出版社，2005年，第154页。

的强大舰队,"以对付雅典人的数百条三层桨战船"①。

然而,正如前面所指出,伯罗奔尼撒同盟不干预加盟城邦的内部事务是有一项限制条件的,即以不涉及城邦的对外事务,不涉及战争问题,不涉及同盟的安全为前提。这就给予斯巴达介入加盟城邦内部两个派别之间的斗争提供了借口。斯巴达称霸于伯罗奔尼撒半岛之后,当它认为某一加盟城邦的现政府对斯巴达不友好或不那么听话的时候,就以此为借口,扶植该加盟城邦的反对派,同该城邦的现政府对抗,以求听命于斯巴达的新政府取代现政府,理由就是为了伯罗奔尼撒同盟的安全。

这方面的一个明显的例子就是斯巴达对科林斯的内政的干预。科林斯经济繁荣,长时期内是工商业大户处于有权有势的地位,氏族贵族集团受到排斥,而工商业集团不关心伯罗奔尼撒半岛上的事务,一心发展对外贸易关系,开拓海外市场。科林斯不愿意得罪斯巴达,仍同斯巴达保持友好往来。科林斯的氏族贵族集团处于反对派的位置上,竭力讨好斯巴达,斯巴达认为科林斯的氏族贵族集团比工商业集团更忠心,更可靠,更支持科林斯的氏族贵族集团夺取了政权,使科林斯坚定地成为斯巴达的盟邦。

在斯巴达争夺希腊全境的控制权的过程中,斯巴达有一个新的难题,即争霸往往以剧烈的甚至持久的战争为手段,公民人

---

① 库蕾:《古希腊的交流》,邓丽丹译,广西师范大学出版社,2005年,第154页。

数会因战争而剧减。"正是为了避免陷入这种困境之中,斯巴达十分珍惜真正斯巴达人的血统。"①斯巴达人以作战为职业,以为国捐躯为无上光荣,但是,矛盾却反映于"斯巴达害怕战争。我们能从修昔底德的著作中看到斯巴达人是如何缓慢和不情愿发动战争"②。建立伯罗奔尼撒同盟,可能带来这样两重任务,一是以伯罗奔尼撒同盟作为给对手的一种告诫:不要轻易同斯巴达交战,否则将面临全体加盟城邦的抗击;二是如果斯巴达同对手进行战争,那么斯巴达将会伙同伯罗奔尼撒同盟各城邦共同出兵,而不至于斯巴达单独作战,导致斯巴达人过多地死伤。这同样是服务于斯巴达称霸的同一目标的。

总之,对斯巴达而言,要称霸,就得有战争,而战争中必定死人;人死了,就减少公民人数;公民人数下降了,斯巴达原来的政治体制就会面临困境,甚至难以照原样实行下去了。这确实是一个难以解脱的陷阱。斯巴达到后来不得不为此焦急。怎么办呢?千方百计地扩大境内兵源成了斯巴达称霸以后面临的首要问题。"这就是为什么斯巴达要武装国内的'次等公民'、新公民、斯巴达男子与黑劳士女子的后代甚至黑劳士的原因。"③当然,这样做是有风险的:"斯巴达深知,如果武装被压迫阶级,每次战争结束后,都会有危险,班师后,要么接受黑劳士的要求,要

---

① 古朗士:《古代城市:希腊罗马宗教、法律及制度研究》,吴晓群译,上海人民出版社,2006年,第341页。参看李玄伯译本,中国政法大学出版社,2005年,第269—270页。

② 同上书,吴晓群译本,上海人民出版社,2006年,第342页;参看李玄伯译本,中国政法大学出版社,2005年,第270页。

③ 同上书,吴晓群译,上海人民出版社,2006年,第342页;参看李玄伯译本,中国政法大学出版社,2005年,第270页。

么就想法将其全部杀光,斯巴达被迫做出选择。"①这是不易做出的选择。假定采取前一种做法,即在班师之后给予黑劳士以人身自由,那么斯巴达的政治体制就动摇了,甚至解体了。假定采取后一种做法,即把从军的黑劳士杀掉,黑劳士的反抗就越发不可阻挡了,下次战争发生后再征召黑劳士入伍参战也难以实现了。这正是斯巴达为了争霸称雄而必须付出的代价。

但斯巴达要付出的代价还不限于此。在斯巴达公民内部,矛盾也在加深。如上所述,斯巴达公民不论贫富,都是斯巴达军队的基本组成人员,他们一律以作战为天职。为什么斯巴达把公共食堂制看得那么重要,这不仅是为了培育男性公民的军人意识,让他们养成遵守纪律和生活简朴的素质,而且也显示斯巴达社会是一个绝对公平的社会。斯巴达之所以"首先按照传统在服装上铲除贵族特别的生活方式"②,是因为他们认为,"至少在原则上,在有充分公民权的市民当中,社会的平等是绝对的"③。然而,斯巴达社会平等原则的贯彻,主要不是依靠公共食堂的用餐,也不是依靠人们服饰的相同,而主要在于土地的分配情况。土地分配无差异,或者说土地占有相同,才是一般斯巴达人心目中最重要的平等原则。

斯巴达的土地按公民户数平均分配的做法已经实施多年。由于人口的繁殖和田产不断细分,土地私有化的进程一直在悄

---

① 古朗士:《古代城市:希腊罗马宗教、法律及制度研究》,吴晓群译,上海人民出版社,2006年,第342页;参看李玄伯译本,中国政法大学出版社,2005年,第270页。
② 韦伯:《经济与社会》下卷,林荣远译,商务印书馆,2006年,第660页。
③ 同上。

悄地进行。社会实际存在的公民个人财富的不平等,在私有田产数量的多少上明显地表现出来。斯巴达越是想争霸称雄,战争就越难停歇,男性公民的阵亡加速了土地的集中,因为女继承人把继承到的土地在出嫁时作为嫁妆带到了丈夫家中。贫富差距的扩大引发了公民内部的冲突。换句话说,斯巴达"从前的制度只能在四围皆是敌人的小国家中可以适用,现在在帝国权力之下当然要破坏了"①。结果必然如此。斯巴达的扩张实际上是原来的体制趋于瓦解的征兆。② 社会上层得到的田产传给子孙,以前的严格规定不再被富人们遵守,而穷人的份地却依旧越分越细,公民内部的矛盾激化了,这就为公元前4世纪以后斯巴达的衰落埋下了种子。到了那时,"从前带着无生气的古代法律的假面具已揭穿了,而显示出人类的真面目来了:斯巴达人已非斯巴达人,他们的好坏都和普通人一样了"③。

关于这些,本书第七章和第十一章将对此进行较详细的论述。

---

① 狄金森:《希腊的生活观》,彭基相译,华东师范大学出版社,2006年,第85页。
② 参看同上。
③ 同上书,第86页。

第五章 雅典的发展和改革

第一节 雅典城邦的建立

一、关于雅典历史的传说

根据传说,当希腊人中的一支——多利亚人——南下占领伯罗奔尼撒半岛大部分土地的同时,希腊人中的另一支——爱奥尼亚人[①]——也南下了,他们没有进入伯罗奔尼撒半岛,而是在希腊中部地区定居下来,其中包括阿提卡半岛,雅典就位于阿提卡半岛上。这里的土地虽然不算肥沃,平原也较少,但气候比较宜人,也适合农业生产,适合人们居住;加之,这里港湾良好,海上交通便利,适合人们出外捕鱼和开展商业活动。

在阿提卡半岛上,在爱奥尼亚人从希腊北部来到以前,已经有土著居民生活在这里了。爱奥尼亚人来到以后,既没有驱逐这些土著居民,也没有奴役他们,把他们变为奴隶或"次等公民",而是同他们友好相处,互相通婚,久而久之二者共同形成

[①] 爱奥尼亚人,也被译为埃奥利亚人。本书按照周一良、吴于廑主编的《世界通史(上古部分)》关于移居希腊中部的人群的译名,译为爱奥尼亚人。(人民出版社,1980年,第166页)

了雅典人。

多利亚人占领了伯罗奔尼撒半岛大部分土地之后,也曾到过阿提卡半岛。阿提卡半岛,传说曾经归属于迈锡尼王朝,多利亚人摧毁了迈锡尼王朝的统治,但对于阿提卡半岛上的雅典并没有进行任何灾难性的破坏。[①] 在所谓"黑暗时代",阿提卡半岛衰落了,人口也减少了。"黑暗时代"过去后,在公元前800年到公元前700年这段时间内,人口却有异常的增长,原因可能是农业的恢复和政治上的稳定。[②] 这也不排除另一个原因,即原先住在伯罗奔尼撒半岛的一些阿卡亚人穿过了科林斯地峡,进入雅典,加入到新形成的雅典人行列中。因此,雅典人实际上是一种具有多个分支的希腊人,包括阿提卡半岛上的原住民,也包括从伯罗奔尼撒半岛上跑出来的一部分阿卡亚人,共同形成的。

直到公元前8世纪,新形成的雅典人还处在若干个部落分治的状态,部落联盟还没有形成,更谈不上雅典国家的形成。雅典也还没有成为一个城市。

传说中在阿提卡半岛共有四个部落,或者说主要有四个部落。每个部落内有若干个氏族。部落领袖是由氏族长老们推举出来的,下设议事机构。但这些部落还没有统一起来。

雅典各部落是什么时候统一的,说法不一。传说中提到,早在公元前11世纪,甚至更早一些,再晚也在公元前8世纪,雅典的国王就把各个部落统一了。但这只是传说而已。例如,修昔

[①] 参看 T. R. 马丁:《古代希腊:从史前到希腊化时期》,耶鲁大学出版社,1996年,第82页。

[②] 参看同上。

底德在《伯罗奔尼撒战争史》中写道:雅典的第一个国王是西克罗普斯,当时的阿提卡居民"总是住在独立的市镇的,各有各的市政厅和政府"①。有了国王,只是意味着有了一个独立的国家,但还不是统一的国家。又据传说,到了国王提秀斯时期,阿提卡半岛上的部落才统一起来,提秀斯有一个改革政府的计划,②其中"最重要的就是取消各市镇的议事会和政府,使他们都团结在雅典的下面,创造一个共有而详慎的民众会议和一个政府机构"③。这个计划实施后,于是阿提卡半岛上的居民"都成雅典的公民"④。据说,这才是真正意义上的统一。提秀斯的功绩是巨大的,他"所遗留给后代的,的确是一个伟大的城市,直到今天,雅典人为了纪念雅典娜女神而由公帑项下开支,以举行雅典统一节"⑤。这些也都是修昔底德在《伯罗奔尼撒战争史》中根据传说而写下的,但在产生于公元前10世纪至前8世纪的荷马史诗中没有这样的记述。

修昔底德的上述说法是否可信? 同样有争论。"有的学者根本否认提秀斯真有其人,但雅典城邦形成史中有过'合并运动',恐怕不容置疑。"⑥

一种可能是:在雅典发展过程中,曾经有过一位领袖实施了部落的合并,于是国家(至少是国家的雏形)就产生了。这位领

---

① 修昔底德:《伯罗奔尼撒战争史》上册,谢德风译,商务印书馆,2007年,第133页。
② 参看同上。
③ 同上。
④ 同上。
⑤ 同上。
⑥ 廖学盛:"试析古代雅典民主产生的条件",载《世界历史》1997年第2期,第68页。

袖被称为提秀斯,一直受到尊重,因为他本来就是一种理想中的人物。西塞罗的著作中对提秀斯的理想化的功绩做了如下的论述:在雅典,所有的原住民按照提秀斯的命令全部离开农村并入城市之前,他们有两重身份,一是出生地的居民,一是公民,并入城市之后,两重身份合一了,他们统统成为雅典的公民,雅典便成为他们的祖国。[①] 尽管这仍是根据传说而写下的,除了"按照提秀斯的命令"这几个字存疑而外,合并过程和身份合一过程还是可信的。

二、雅典城邦的出现

城邦就是国家。雅典是先有城市还是先有国家?根据资料可以了解到,当阿提卡半岛上存在四个互不隶属的部落时,半岛上只有村和小镇。雅典城是后来才建设的。这是因为:第一,当时四个部落中任何一个部落的实力都很弱小,谁也没有那么多的财力来建设一座像样的城市。第二,为什么要建一座不属于本部落的城市呢?即使建设了城市之后,又归什么人居住?城市归谁来管理呢?不同部落的氏族贵族们,或者住在乡村里,或者住在小镇上,生活不是很舒适吗?四周都是本部落的成员,不必提心吊胆,整日为自己和家人的安全忧虑,为什么一定要搬到建好的城市里同其他部落的人为邻呢?氏族贵族不愿住到城里来,难道让商人们住?当四个部落未统一时,每个部落都是农耕部落,虽然各有一些商人,但人数很少,哪有那么多

---

① 参看西塞罗:《法律篇》,载西塞罗:《国家篇 法律篇》,沈叔平、苏力译,商务印书馆,2002年,第184页。

商人可以定居在城市里？所以没有建设城市的必要,这是四个部落的共识。

因此,从顺序上说,可能是如下这种情况,即在部落阶段,各部落都有小镇,然后部落感到有必要联合起来组成部落联盟,再在部落联盟的基础上形成国家,然后才着手建设城市。新建的城市,既可能是在某一个原先就存在的小镇的基础上扩建而成的,也可能是另找一个适宜的地点,经过各部落氏族贵族的同意而新建的。根据雅典的情况,雅典城可能是在原来就有的小镇基础上扩建起来的。

由此看来,部落的合并是建城的必要的前提。部落的合并运动,又称联合运动,是必经的过程。在阿提卡半岛上,部落的联合是自愿的,即先联合,才统一:"联合运动的完成大概是在公元前8世纪,雅典是各部族的联合中心。"[1]根据现有资料,阿提卡半岛上部落的联合(部落联盟的成立)是通过协商方式完成的,没有发生部落间的战争,也没有发生某一部落以强制方式逼迫其他部落就范的情形。这又同传说中的国王提秀斯有关,据说在提秀斯时期,"个人可以和从前一样,照顾自己的财产,但提秀斯只许他们成立一个政治中心,那就是雅典"[2]。

雅典作为新成立的城邦,同当时希腊本土所建的其他城邦相比,在地理位置上有两个优点。一是,"虽然雅典不为水所围绕,但它正如一个岛屿一样,借助于各种风向吸引来它所需要的

---

[1] 吴于廑:《古代的希腊和罗马》,三联书店,2008年,第17—18页。
[2] 修昔底德:《伯罗奔尼撒战争史》上册,谢德风译,商务印书馆,2007年,第133页。

一切东西,也输送出它愿意出口的东西,因为它两面临海"①。交通便利,运输通畅,是雅典的明显优点。二是,雅典远离蛮族,也就是非希腊人。"对于许多国家来说,住在它们边境的蛮族经常使它们感到烦恼;但与雅典人为邻的各国本身却离开蛮族很远。"②远离非希腊人聚居地区,使雅典人不仅具有较大的安全感,而且也可以减少防务支出。雅典之所以能较早兴起,同它优越的地理位置有一定的关系。

在雅典部落合并和建立城邦的过程中,不曾受到外来势力的干扰。这段时间内,既没有发生外来势力阻止雅典城邦建立的事件,也没有发生外来势力出于某种目的而促成雅典各部落联合的事件。可以说,部落合并和建立雅典城邦,一方面是由于各部落出于自身安全的需要,另一方面是顺应经济发展趋势所致。

总的说来,雅典城邦的建立是一个纯粹产生于部落内部的融合过程,是部落和氏族成员自愿结合的结果。但这并不意味着部落和氏族内部没有斗争和冲突。斗争和冲突发生于内部,即氏族贵族和平民之间。氏族贵族和平民都是自由民,他们各有自己的愿望和要求,并且力争在部落合并和城邦建立之后得以实现。他们的相同之处在于:无论是氏族贵族还是平民,都反对"僭主政治",都希望通过公认的程序产生未来城邦的领导层,并严格按照共同制定的法律来办事。他们之间最大的不同点则是:氏族贵族力争在最大程度上保存自己的既得利益,而不

---

① 色诺芬:《雅典的收入》,载色诺芬:《经济论 雅典的收入》,张伯健、陆大年译,商务印书馆,2009年,第74页。
② 同上书,第17—18页。

能随意地把它们取消,甚至减少;平民们则认为应修改过去的规定,以保证平民的利益得以增加。从这个角度来看,氏族贵族同平民之间的斗争和冲突增加了雅典城邦建立的特色,使得雅典城邦从建立的一开始就不断完善自己的民主体制,避免走上专制独裁的道路。氏族贵族同平民的斗争,渐渐地演进为贵族派和平民派两个政治派别之间的斗争。如何看待部落时期就已经形成的传统和惯例,是保留它们还是对其中不合理之处进行修改,用什么方式来修改已经被认为是过时的传统和惯例,这些就成为雅典城邦建立以后贵族派和平民派斗争的焦点。

雅典历史上一个有争论的问题是:最早的雅典政体是不是王权制?如果雅典曾经有过王权制的话,那么它是什么时候转变为民主政体的?为什么会有这种转变?根据魏凤莲在所著《古希腊民主制研究的历史考察(近现代)》一书中的分析,"古希腊民主制的起源和发展是一个渐进的过程。古希腊国家初始时的政体是君主制,从个人权威的君主制发展到公民广泛参与国家管理的民主制,中间还经历了贵族集团的集体统治时期即贵族制阶段"①。雅典也是如此。雅典从部落合并到城邦建立的初期,根据传说,的确经历了国王统治的阶段。不管提秀斯是否确有其人,但最初雅典有国王统治,是可信的。贵族派和平民派的斗争从那时起也就展开了。城邦建立初期,贵族派势力比平民派大,所以贵族派掌握大权是必然的。但随着贵族派和平民派之间斗争的激化,支持平民派的公民越来越多,平民派要求

---

① 魏凤莲:《古希腊民主制研究的历史考察(近现代)》,山东大学出版社,2008年,第3页。

政治改革的建议逐渐成为政治活动中的主流,这样,民主政体才开始建立。

而且,从希腊城邦史上看,雅典并不是最早出现民主政治的城邦,在雅典之前已有先例。"爱琴海上的开俄斯、麦加腊、黑海沿岸的赫拉克利亚、利比亚海岸的昔兰尼和希腊西北部的安布拉吉亚,在公元前6世纪初期,都出现了民主制,在时间上均早于雅典城邦。"①雅典民主政治的建立,严格地说是在梭伦改革之后,大约也在公元前6世纪初期。至于雅典走向民主政治是否受到希腊其他城邦先实行民主制的影响,很难说。但应当承认,由王权制转向贵族派掌权,再过渡到民主制,是当时多数希腊城邦在政治改革方面的共同趋势。雅典的政治改革主要是由雅典的内部形势决定的。关于这一点,本章第三节将专做分析。但有一点可以肯定,即雅典日后的繁荣、强盛和对外扩张,都与民主制的推进有关:民主政治已被雅典的公民认为是有利于调动人们参政的积极性,从而有利于社会稳定和经济发展的一种政体。

在这里,有必要就货币经济发展对政体变动的影响谈一点看法。恩格斯在《家庭、私有制和国家的起源》一书中,对雅典由部落、部落联盟转向城邦建立的过程中曾强调货币经济所起的作用。书中写道:"货币和高利贷已成为压制人民自由的主要手段"②,"由此而日益发达的货币经济,就像腐蚀性的酸类一

---

① 魏凤莲:《古希腊民主制研究的历史考察(近现代)》,山东大学出版社,2008年,第3页。
② 恩格斯:《家庭、私有制和国家的起源》,载《马克思恩格斯选集》第4卷,中共中央编译局编,人民出版社,1972年,第107页。

样,渗入了农村公社的以自然经济为基础的传统的生活方式"①。部落或部落联盟阶段,商品货币关系虽然有一定的发展,并且对部落制的解体有过一定的影响,但就当时的雅典来说,货币经济的"腐蚀性"决不是主要的。这是因为,雅典在城邦建立前以及在城邦建立后的相当长的时间内,依然是一个农业社会,土地始终是公民最重要的财产,土地继承制度的重要性远远超过海上贸易和国内商业的重要性。当时的雅典正处于土地私有权确立的阶段,因高利贷而使小农丧失土地的现象即使存在,也不至于影响大局。如果夸大了货币经济的作用,那是难以说明当时雅典的经济形势的。

三、雅典城市的建设

前面已经提到,雅典城邦建立在先,雅典城市建设在后。这里所说的雅典城市建设,就是把部落时期就已存在的小镇扩建为城市。阿提卡半岛上的小镇,在雅典城邦建立之前,通常是某个氏族公共活动的场所,如祭祀神灵、祭祀祖先、氏族成员聚会之地。也有一些手工作坊和店铺,但工商业是不发达的。后来扩建的雅典城市,可能包括了若干个小镇。

阿提卡半岛上的土地不算肥沃,雅典的农民不得不把自己的大部分精力和时间用来培育土地,一直到后来雅典农民懂得如何精耕细作和施肥以后,农产品才逐渐丰富起来。即使如此,雅典自身仍无法生产足够的粮食,因为雅典城市的人口多起来

---

① 恩格斯:《家庭、私有制和国家的起源》,载《马克思恩格斯选集》第4卷,中共中央编译局编,人民出版社,1972年,第107页。

了。雅典必须从海外进口粮食。雅典农村主要生产橄榄油、葡萄酒、蔬菜、水果和家禽家畜,这些不仅可以供应城乡,还可以输出一部分。

当时雅典最大的特产是石料。"这些石料可以用来建筑最宏伟的庙宇、最华丽的祭坛,以及雕刻最优美的神像。"[1]正因为雅典石料资源丰富而且石料质量上乘,所以雅典城市建设和发展过程中,修建了不少引以为豪的公共建筑物。

在雅典城市扩建以前,原来小镇上的固定居民是不多的。有一些小商小贩住在镇里,他们多数行走叫卖,供给附近乡村中的住户所必需的商品,固定的店铺不多。常住在小镇的,主要是神职人员和行政管理人员,如负责镇上治安和向商贩征税的人员。也有一些氏族贵族不愿常住乡村,而愿意搬到镇里来住,这里毕竟有较多的信息可以获取。

雅典城邦建立后,城邦的议事机构和行政管理机构是新设置的。工商业随之发展起来,海外贸易发展很快。阿提卡半岛上有天然的良港,建设港口、码头成为当务之急。于是外部商人来到雅典的越来越多,有暂住的,也有常住的。雅典不仅在朝着政治中心的方向发展,而且还朝着国际商业中心的方向发展。

城市在迅速扩大。城市建设是需要投入大量资金的。资金如何筹集?城邦财政收入成为一个重要问题。雅典把重要矿产由城邦垄断经营,这是解决城邦财政收入困境的有效办法。实际上,当时不仅雅典采取城邦垄断矿业的做法,其他希腊城邦都

---

[1] 色诺芬:《雅典的收入》,载色诺芬:《经济论 雅典的收入》,张伯健、陆大年译,商务印书馆,2009年,第74页。

采取类似措施。各个城邦全都认为采矿业是城邦财政收入的重要来源,必须由城邦垄断经营而不能使它们成为私人财产。① 雅典当时发现了著名的劳里昂银矿并着手开采,这使得雅典政府收入甚丰,雅典还能利用开采出来的白银铸造银币,这是雅典经济繁荣的关键因素之一。②

税收也是雅典城邦的经常性收入来源。在雅典,公民的财产和公民的人身都免缴经常性直接税,而非公民则毫无疑问地要纳税。③ 按照规定,"雅典的侨民必须按时缴纳一种特别税,它还算适度,但却象征着他们同公民相比的较低的地位"④。

雅典和希腊其他城邦一样,经常采取征收间接税作为城邦财政收入的来源之一。在征收间接税时,对公民和非公民几乎完全一样,没有差别待遇。⑤

雅典城市扩建过程中,人口越来越多。城市中住着不少政界人士,其中有贵族派,也有平民派的活跃人士。这些政治活动家如果不住在城市里,他们的活动能量就会小得多。商人也云集雅典。外国商人和雅典本城邦的商人,以及各种手工业者,都搬进城市居住。奴隶人数也增加很快。工商业者雇有奴隶,家庭仆役几乎都由奴隶充当。奴隶要住在城里,就需要有住所。奴隶的住所由主人安排,这样城市中必然会扩大住所的面积。奴隶虽然住得十分拥挤,但城市人口的增加却不受影响。

---

① 参看奥斯汀和维达尔-纳奎:《古希腊经济和社会史导论》,英译本,奥斯汀译,加利福尼亚大学出版社,1977年,第120页。
② 参看同上。
③ 同上书,第121页。
④ 同上。
⑤ 参看同上书,第122页。

雅典成为城邦,不仅在时间上略晚于斯巴达,而且在实力上也弱于斯巴达。斯巴达城邦建立后就实行扩张,侵占美塞尼亚以增加领土,增加受奴役的劳动力。"当斯巴达宣称在伯罗奔尼撒坐大,并被公认为希腊族之领袖时,雅典还是第二甚至是第三等的国家。"①但雅典作为一个新兴的城邦,很快就赶上来了。雅典的城市建设进展很快,雅典成为著名的国际性的商业城市而闻名于爱琴海区域。这大约是公元前600年前后的事情。

第二节 雅典经济的发展

一、土地私有制的形成

从部落联盟的形成到雅典城邦建立初期,氏族社会盛行的平均分配份地的惯例一直保存下来。连财政收入的使用也有平均分配的倾向。有一个例子可以说明:雅典从劳里昂地方的银矿获得巨额收入时,雅典人就提出要平均分配,"从这部分的钱里每人要分得十德拉克玛"②。尽管这一建议没有实现,因为政府打算用这笔收入建造船舰,③但可以看到氏族社会传下来的惯例仍是牢固的。土地的使用也存在类似的平均分配倾向。

在雅典,长期内仍然维持土地氏族共有、家庭分得份地的制

---

① 基托:《希腊人》,徐卫翔、黄韬译,上海人民出版社,2006年,第89页。
② 希罗多德:《历史》下册,王以铸译,商务印书馆,2007年,第520页。德拉克玛是希腊古代的一种银币,等于6个奥波尔。按当时雅典的标准,1个德拉克玛重4.37克。(参看王同亿主编译:《英汉辞海》上,国防工业出版社,1987年,第1558页)
③ 参看同上书,第521页。

度。当时,拥有土地是雅典人拥有公民权的条件,因为公民权是同土地紧密联系在一起的。① 尽管城邦建立前后,人口还比较少,但农业却是有效率的。人们珍惜自己所分到的那块土地,精心垦殖。希腊人很早就懂得使用粪便作为肥料,稍后又知道使用硝石作为肥料,还知道把禾茎、草和菜根、菜叶留在地里,使土地肥沃。②"休耕制度已经不再是使土地休息以恢复地力的唯一方法了。"③希腊人已经知道,作物轮种能够得到同样的效果。当然,这虽说仍是一种相当幼稚的方法,因为只是把蔬菜和谷物轮种,"但这仍然是一个大的进步。因为至少休耕是部分地废除了"④。

农业技术的进步和农业生产率的提高,使雅典的农民希望分得更多的土地,然而另一方面,人口在增加,而已经分得的份地毕竟是有限的。越往后,土地供应就越紧张。向外移民,只能解决一部分人的土地短缺问题,并不能使土地供应状况大为好转。此外,还有三个原因加剧了土地的紧张:

第一,由于贵族们掌握城邦的大权,所以在分配土地时往往偏向于贵族家庭,把质量好的土地和交通便利地方的土地分给他们,甚至份地的数量也有照顾,于是贵族家庭占有的土地不断增多,而且土地比较肥沃,农产品出售的条件也比较好。

第二,由于城邦建立后,城市扩建的占地越来越多,不少本

---

① 参看奥斯汀和维达尔-纳奎:《古希腊经济和社会史导论》,英译本,奥斯汀译,加利福尼亚大学出版社,1977年,第97页。
② 参看杜丹:《古代世界经济生活》,志扬译,商务印书馆,1963年,第36页。
③ 同上书,第37页。
④ 同上。

来用于公众放牧的草场被占用了,有些耕地也被占用了,其中不少变成了公共用地,盖上了公共建筑,修筑了道路,或者变成了城市里公用的广场、市场等。

第三,城市居民人数的增加使得住房显然不足,于是大建住房变成了城市的迫切要求。原来的街区难以新建那么多住房,于是城市范围日益扩展,住房建设占了耕地,供新迁入城市的人居住。随着住房的兴建,商店、学校、手工作坊也增加了,占地必然越来越多。

在人口繁殖的前提下,新建的家庭都要求按照传统能够分到一块份地,于是土地就不敷分配。这是雅典在城市扩地以后遇到的一个难以解决的问题。

问题还不止于此。过去多年来已经分配给公民家庭的土地,由于世代相传,再加上多子嗣情况下的土地细分,人们实际上已经把领取到的份地当成了私有财产。没有人愿意把这块世代相传的份地交出去纳入重新分配的土地之列,贵族家庭占有的土地更不可能拿来重新分配。既然份地已经被视为私有,任何重新分配土地的设想都无法实现。

农民家庭子嗣再增多,怎么办?农业歉收年份农产品不足以维持生活时,又怎么办?对这些地少而又贫困的农民来说,解决这些问题的可行的办法,就是转让自己的土地。尽管出售份地是被严格禁止的,因为它们是公有的,违反规定出售自己份地的要受到处罚,但这已经阻挡不住份地的转让。富裕的农民特别是贵族家庭乘机买下了贫穷农户的份地,或者是为了伺机转卖牟利,或者为了扩大经营规模,使自己的土地成为大种植园,用奴隶耕种,或雇工耕种,所雇的工人来自本地或外邦。也有的大地产把土地划成小块,租给无地的或少地的农民耕种,收取地租。在雅典就存在分成制,这反映了当时已有土地租佃现象。①

关于雅典的佃户应把产量的多少交给地主,说法不一。在梭伦改革之前,在阿提卡半岛有 Client hectemor 一词,意指"六分之一的人",简称"六一汉"。但这个词却是含糊不清的,至少有两种解释,一是佃户自己只保留收获物的六分之一,二是佃户向地主缴纳收获物的六分之一。② 究竟是前一种解释对还是后一种解释对,这是有争议的。主张佃户自己只保留六分之一的人认为,"古代的证据一致表明这些人的景况很困苦,若是他们能有他们收获物的六分之五来利用,则他们就不会那样苦了"③。不管怎样,梭伦改革以后,再也没有见到"六一汉"这个词了,可能这个词已经消失了。④

在一些把"六一汉"解释为佃户向地主缴纳的只是收成的六分之一的著作中,所持的理由主要是:阿提卡半岛一带的土地都不算肥沃,虽然农业生产率比过去有所提高,但农产品的单位面积产量总的说来仍然较少,如果租户只得到收获物的六分之一,地主拿走六分之五,佃户即使在丰收的年份也无法维持下去,他们怎会接受如此苛刻的租佃条件?又怎能不弃田而逃亡?可是在文献中并没有雅典农村中佃户普遍弃田出走的现象,佃户仍然耕种着租来的土地,按分成制交租。

---

① 参看斯塔尔:《希腊早期经济和社会的成长(公元前800—前500年)》,牛津大学出版社,1977年,第160页。
② 参看杜丹:《古代世界经济生活》,志扬译,商务印书馆,1963年,第40页。
③ 同上。
④ 同上书,第40—41页。

在黄洋所著《古代希腊土地制度研究》一书中,对国外学术界关于"六一汉"的讨论有较多篇幅的评述。① 他的看法是值得一提的,也是新颖的。他写道:"六一汉"是什么人,他们"既不是向贵族缴纳自己的土地收成的六分之一或六分之五的下层农民,也不是为贵族耕种土地而得到六分之一收成作为报酬的贫穷农民,他们是阿提卡所有的农民"②。那么,他们为什么会被称做"六一汉"呢? 黄洋的解释是:阿提卡所有的农民都要将收成的六分之一缴纳给某些公共组织机构,因此,得到这六分之一收成的,"不是贵族阶层本身,而是由他们所控制、遍布阿提卡的地方宗教崇拜中心"③。黄洋的这种解释有新意,而且能给人们不少启发,但要确证这一点,还需要有更多的考古资料,否则仍然难以解释为什么梭伦改革以后不再出现有关"六一汉"的记载,是不是阿提卡的地方宗教崇拜中心不再向所有的农民征收这种占收成六分之一的贡赋或捐助了呢?

假定"六一汉"的上述解释可以成立,那么仍有一个未能说明的问题,这就是:当时雅典的佃户究竟要向地主缴纳多少地租? 我们并不能做出回答。也许可以根据西欧经济史上的分成制一般标准来推测,即佃户把收获物的一半左右上交给地主是常态,也就是说,对分制是常见的。佃户把收成的六分之一或收成的六分之五上交地主的分配比例,几乎没有。当然,雅典的佃户是自由民而不是农奴,不能同西欧中世纪庄园中有农奴身份

---

① 参看黄洋:《古代希腊土地制度研究》,复旦大学出版社,1995年,第137—140页。
② 同上书,第142页。
③ 同上。

的佃户进行类比,因为在西欧中世纪的庄园中,农奴除了把收成的一部分缴纳给领主以外,还要服劳役。这与雅典的佃户是不一样的。总之,有关"六一汉"的解释,还有待于进一步研究。

在雅典土地私有化的进程中,尽管小农因土地不足而感到生活艰难,尽管小农因外国农产品不断输入而感到竞争压力的增大,但这些并未改变当时的基本所有制结构,这一结构就是:雅典在城邦兴起阶段,"公民之间差别不大,绝大部分的公民都是小土地所有者"①。这既不同于同时代的古代东方,也不同于稍后的罗马,"在雅典没有出现一个古代东方式的大土地所有者阶层,也没有形成古代罗马式的大庄园"②。

以小土地所有者为主的雅典基本所有制结构对雅典的政治体制有什么影响?应当说,影响是存在的,但在雅典城邦建立初期,影响并不突出,一是其作用有限,二是其作用是间接的。③作用之所以有限,因为雅典的政治体制是民主体制,是经过公民的同意而建立的,在当时的情况下,任何人都不可能因财富占据优势而操纵政局,改变现存的政治体制,任何人都没有可能煽动起大多数小土地所有者而把雅典政治体制改变为僭主政治。作用之所以是间接的,因为有较多财富的人虽然不可能直接影响政局,但仍有一些途径可以收买民心,博得民众的好感,从而间接地影响政府,使政策措施有所调整。

但情况是会发生变化的。土地私有化在逐渐推进,小土地所有制也在逐渐分化。随着平民中失去土地的人越来越多,平

---

① 黄洋:"雅典民主政治新论",载《世界历史》1994年第1期,第63页。
② 同上。
③ 参看同上。

民和贵族之间的斗争激化了。这对雅典的政治体制的影响不可避免地增大了,而且从间接的影响开始变为直接的影响。

二、平民和贵族斗争的激化

在雅典,平民和贵族之间的斗争大体上围绕着两个主题而展开:一是土地兼并和集中问题,二是政治权力的分配,即政治权力由贵族集团所把持,平民被排除在外。

关于土地私有化以后的土地兼并和集中,前面已经谈过。这里需要补充的是:失去土地或土地越来越少的小农会不会因欠债无法偿还而沦为债务奴隶?[①] 如果出现了自由民沦为债务奴隶的情况,必定会引起平民的不满,平民和贵族之间的矛盾必定越发尖锐。

关于政治权力的分配,同样关系到雅典城乡平民的命运。早在部落和部落联盟阶段,已经形成了公民大会、长老会议、国王、执政官的政治权力体系。公民都是公民大会的参加者,不管穷人还是富人,不管是贵族还是平民,全都有权推举国王,推举长老会议成员,有权制定、修改和废除法律,决定作战和媾和等头等重要的大事。尽管公民大会一般并不就提案进行讨论,但公民们有表决权是没有疑问的。公民们在这种场合通常用喝彩方式行使自己的表决权。至于执政官,尽管人选由长老会议推荐出来,对执政官的制裁也由长老会议做主,但都需要由公民大会认可。

[①] 债务奴隶和债务奴隶制这两个名词,不一定妥当,见厉以宁:《罗马—拜占庭经济史》上编,商务印书馆,2006年,第29页注③。但欠债不还的人要受到债权人的奴役,则是事实。

雅典建立城邦以后,过去的政治权力体系依旧保存,所不同的是,长老会议的权力增大了,执政官的实权也加强了。城邦初期,国王还存在,但手中的权力不断缩小,渐渐成为一种象征,同荷马时代的"巴昔琉斯"(国王)差不多。可以说,早期雅典城邦的国王成了平时没有实权的"首领"。[1]

公民大会的权力也在逐渐减少,几乎成为一种摆设。按照过去的做法,法律的制定、修改和废除,公民在公民大会上是有表决权的,而现在这完全由长老会议包揽,也就是由贵族包揽,然后由长老会议选出的执政官执行,这样,损害自由民、平民利益的法律便通行无阻了。城邦建立以后,国王受制于贵族把持的长老会议,是很自然的,[2]但公民大会的权力的减少和丧失,则是贵族揽权的结果,这是平民不能容忍的。加剧平民和贵族之间冲突的一种重要事件,就是债务法的通过和执行。它规定:欠债不还的自由民必须以自己的人身抵债,公民权相应丧失。债务奴隶过去也曾有过,但从未被法律承认过,这样一来,债务奴隶合法了。平民认为,长老会议不顾民意,把自由民变成了奴隶,把公民变成了奴隶,这是绝对不允许的。这是除土地兼并之外雅典社会关系紧张的又一个重要原因。[3]

---

[1] 参看吴于廑:"希腊城邦的形成及其历史特点",载吴于廑:《古代的希腊和罗马》附录,三联书店,2008年,第169页。
[2] 同上书,第170页。
[3] 参看斯塔尔:《希腊早期经济和社会的成长(公元前800—前500年)》,牛津大学出版社,1977年,第181页。

三、奴隶的使用

在部落和部落联盟阶段，阿提卡半岛上虽然已经使用奴隶作为劳动力，但无论在手工业还是商业中，奴隶在劳动力总数中的比重是很低的，在工商业中从事劳动的主要是自由民身份的工匠、帮工、学徒。农业中所使用的劳动力，或者是小土地所有者自己，或者是临时帮忙收割的雇工。即使是贵族的土地，也很少使用奴隶。农业中的雇工，主要是失地或少地的农民，他们依然是自由民身份。矿场中使用的奴隶稍多一些，但采矿业当时还没有发展起来，所以奴隶总数不会很多。

当时，奴隶主要来自战争中俘虏的外邦人，也有从外邦购入的。

雅典城邦是通过部落合并而形成的。正如前面所指出，在合并过程中并未发生部落与部落之间的战争，所以没有战俘和由战俘沦为奴隶的状况。至于阿提卡半岛上的原住民，同雅典人是友好相处的，他们逐渐融入了雅典人之中。

雅典城邦建立后，形势发生了变化。雅典的实力随着经济的发展增强了，雅典的抱负又随着国家实力的增强而拓展了。雅典不甘心做希腊本土上的二流城邦，而一心想成为大国，以便主宰希腊本土，进而在爱琴海世界称霸。于是雅典对外战争增多，俘虏人数也增多，这就扩大了奴隶的供给来源。雅典的势力扩大到海上，劫掠外邦人为奴，并从外邦购进奴隶，运回国内再转卖出去。加之，雅典经济发展很快，从事工商业的，经营土地的，开采矿场的，都希望能够购到廉价的奴隶作为劳动力，于是外邦的奴隶贩子都把雅典当成有赢利前景的市场。

从雅典国内看,由于债务法的实行,自由民如果欠债不还沦为奴隶的事件屡见不鲜,这也增加了国内的奴隶供给。

在这里需要说明的是:尽管奴隶必须听命于主人,从事主人所指派的工作,尽管奴隶没有人身自由,但对于奴隶仍然有某种程度的法律保护:"人们不能虐待奴隶或弄死奴隶而免于处罚。"[①]杀害奴隶仍被列为杀人罪。[②] 当然,由于奴隶生活和工作环境不同,奴隶主人的性格和职业的不同,奴隶受虐待的情况也有较大的差异,虐待奴隶致死的不一定被追究责任,在矿场劳动的奴隶非正常死亡的例子并不少见。

供给刺激需求,需求又反过来刺激供给,这在雅典使用奴隶的过程中表现得十分明显。正因为向雅典供给奴隶的数量增加了,奴隶的价格下跌,于是就有更多的工商业者和地主愿意购入奴隶充当劳动力,以便扩大经营规模,增加产量,赢得利润;也有更多的家庭愿意购入奴隶,充当仆役,从事家务劳动,以改善生活,增加闲暇。这样,奴隶供给会继续增长,对奴隶的需求也会再度扩大,供给和需求相互推动之下,雅典的奴隶制经济发展起来了。根据雅典的具体情况,似乎可以得出如下的结论:在雅典的奴隶制经济发展过程中,奴隶的供给可能是最重要的因素。在部落和部落联盟阶段,甚至在雅典城邦的初期,奴隶供给来源有限,奴隶使用的范围也有限,即使工商业和农业中或公民家庭中想使用奴隶,因为奴隶供给少,奴隶价格高,人们想使用奴隶也不一定如愿。等到雅典建立了城邦,经济发展了,海外活动扩

---

① 奥斯汀和维达尔-纳奎:《古希腊经济和社会史导论》,英译本,奥斯汀译,加利福尼亚大学出版社,1977年,第101页。

② 参看同上。

大了,奴隶供给来源增多后,奴隶价格相应地下降,对奴隶的需求随之上升,奴隶使用的领域也就扩大了。

奴隶的使用增多以后,对雅典经济产生了一个许多人意料不到的情况,即在手工业作坊中,奴隶代替自由民雇工的人数也增多了:"自由劳工的生活更为贫困。体力的低廉出人意外,任何有能力购买体力者均不肯再自行使用双手工作。"[1]手工作坊主本来是自己干活的,他们宁肯只做监督工作而不亲自从事体力劳动。被奴隶替代的自由民雇工则失业了,成为无业者。这种现象在农业中也出现了。土地兼并和集中以后,在雅典农村中大地产的数目增加,原来一部分土地租佃出去,一部分土地雇工耕作,现在奴隶供给多了,地主认为用奴隶代替雇工耕作更合算,于是也就出现了少地或无地的自由民雇工被奴隶替代的情况。

既然体力劳动,尤其是手工业劳动,交给奴隶来从事,人们对体力劳动的看法也发生变化。体力劳动受到鄙视,"用手工作已成为一种被束缚的象征,已成为自由人不屑的工作"[2]。这一观念的转变,是逐渐实现的,但它的影响却是深远的,使此后若干代的雅典人都受到这种观念转变的影响。

以上对雅典奴隶制经济的分析表明了这样两点:

第一,雅典城邦建立以后,奴隶制经济逐渐发展起来。但在当时的雅典和此后相当长时间内的雅典,经济是多元的,所有制结构也决不是单一的。前面在讨论土地私有化问题时曾经指

---

[1] 杜兰:《世界文明史》第2卷《希腊的生活》,幼狮文化公司译,东方出版社,1998年,第83页。

[2] 同上。

出,雅典的基本所有制结构是小土地所有制,这种情况在土地私有化过程中没有受到多大影响。虽然土地的细分和人口的繁殖使得一部分小农生活困难而不得不出让土地而成为失地农民,但这还不至于动摇或改变雅典以小土地所有制为主的所有制结构;而且,承认土地私有使得更多的小农更加珍惜自己的私有土地,不愿丢掉它,精心耕作,争取有个好收成,以维持生计。至于雅典繁荣后,手工业有了较大的发展,奴隶被使用只是说明劳动力结构发生了变化,而作坊主依然是小业主身份的工匠和技术骨干。这说明雅典的基本所有制结构的性质未变,仍是小土地所有制,说得更确切些,仍是小生产者(包括小农和手工业者)所有制。①

由于经济是多元的,当时雅典经济中除了小生产者所有制为主而外,还存在着其他四种非主流的所有制或经济成分。它们是:

1. 大土地所有制,即大地产制;

2. 私营工商业所有制,即私营工商业者的企业所代表的经济成分;

3. 政府所有制,或称城邦所有制,这是指政府垄断经营的经济,例如矿山等;

4. 奴隶制经济,这是指以奴隶作为基本劳动力的大地产、私营工商业企业和政府垄断的矿山等。

这四种非主流的所有制或经济成分中,前三种和第四种

---

① 参看郭小凌:"古代世界的奴隶制和近现代人的诠释",载《世界历史》1999年第6期,第89页。

(奴隶制经济)之间有交叉关系。要知道,在当时的雅典,奴隶制经济并不是一种可以单独存在的所有制或经济成分,它需要依附于另一种所有制或经济成分上,比如依附于大土地所有制,或私营工商业所有制,或政府所有制之上。

至于奴隶充当家庭仆役,这种现象尽管相当普遍,但不构成一种单独的经济成分。

至于小农的家庭农场有时也有奴隶参加劳动,以及小手工业的作坊中有使用奴隶的,并且也有以奴隶充当主要劳动力的,但这些同样不构成一种单独的经济成分,而是依附于小生产者所有制。

由此看来,在当时的雅典,虽然存在着奴隶制经济,但奴隶制经济不是单独存在的经济成分,而是依附性的。

第二,很难说当时的雅典是"奴隶制社会",因为"奴隶制社会"的概念本来就是不清晰的。本书只使用"奴隶制经济"这个词,而且做出了上述解释。本书不使用"奴隶制社会"这个词。

雅典的社会可以概述为城邦制度下的社会,简称为城邦社会。而城邦社会并非雅典所特有的,它是当时希腊世界所共有的,只是不同的城邦有不同的城邦社会。雅典的城邦社会不同于斯巴达的城邦社会,雅典和斯巴达的城邦社会又都不同于西西里岛上叙拉古城邦社会或黑海南岸赫拉克利亚城邦社会。但只要是希腊的城邦和城邦社会,必定有一些共同点。这些共同点,本书第三章已经有了说明。这里再归纳为以下三点:

1. 城邦的主体是公民,公民的权利平等,公民的利益得到法律的保护。公民的意愿得到尊重。这是城邦的基本原则。

2. 城邦的领导层是公民的代表,他们是通过公民决定的程序依法产生的。从理论上说,公民大会是城邦的最高权力机构,公民大会推举出来的代表充当议事机构(长老会议,或其他名称)的成员,议事机构推举出执政人员和执政机构的首脑,但需要公民大会认可。

3. 城邦中的居民严格分为等级。只有公民才有充分权利。非公民又分为:自由民中的非公民,非自由民中的各种人,直到最低等级的奴隶。非公民的自由民,除了没有公民权外,仍然具有其他权利。奴隶则被剥夺了自由。

僭主政治,正如前面已经谈到的,是城邦社会的不正常现象。僭主是不合法的,即使掌权时间很长,或在执政时期有过政绩,同样被视为僭主,留下恶名。

上述希腊城邦社会的三个共同点表明了希腊人在建立城邦过程中所形成的共识。但以后城邦政治实践是否同希腊人的共识相符呢?这可能有三种情况:一是由于不同城邦的具体情况而在城邦政治实践过程中一开始未能符合共识,有待于以后逐渐调整后再与共识相符;二是由于某些城邦的特殊情况,未能完全按照希腊人所形成的共识来建设城邦,因此在实践中赋予本城邦的特色,并经过公民大会的认可而一直保留下来;三是由于本城邦建立后因内部出现了动荡甚至内战,从而违背了共识,扭曲了城邦政治的原意,于是才会形成后来多少有些变质的城邦社会。

斯巴达的城邦社会显然属于上述第二种情况;叙拉古的城邦社会显然属于上述第三种情况;而雅典则是上述第一种情况的典型。雅典通过一系列改革,逐渐使不完善的城邦社会转变为日益完善的城邦社会。

本章下一节将讨论梭伦改革。这是雅典促使城邦社会趋于完善的一系列改革的第一步，也就是以后绵延多年的雅典城邦制度调整的开始。

第三节　梭伦改革

一、梭伦改革前的政治体制弊端

梭伦改革发生在公元前6世纪初期。距离雅典建立城邦之时少说也有一百多年了。

梭伦本人出身于一个贵族家庭，到了梭伦这一代时，家庭已经衰败。梭伦的母亲同样是贵族出身，这个家族在雅典政界也颇有影响。梭伦幼年时就参加了诗歌文学活动，曾写过一些诗歌。进入中年后，他放弃了对文学的爱好而投身于政治。促使他的兴趣和志向转变的原因，主要是他认识到雅典社会的冲突已日益尖锐，富人欺压穷人，穷人作为公民的政治权力被剥夺了。他认为这已经不符合当初雅典准备建立城邦时公民一致的愿望，也不符合自部落和部落联盟以来就一直被部落成员所遵循的民主原则。他由此产生了改革体制的设想，并得到不少人的拥护。

到梭伦的时代，雅典平民和贵族之间的矛盾已越来越尖锐，两派之间的斗争也越来越激化。这既由于土地私有化以后平民失去土地或土地持有量不断减少的情况日益引起平民的不满，更由于穷人欠债不还要沦为债务奴隶，从而破坏了公民一律平等的惯例，引起了穷人的愤慨。梭伦认识到，这同城邦政治权力体系的扭曲有直接关系，因为公民大会已经名存实亡，实际权力掌握在控制长老会议的贵族手中,尤其掌握在由长老会议推举出来的执政官手中。部落和部落联盟期间就已存在并传承下来的议事机构长老会议,其成员全由贵族担任,而且是终身职,长老会议成了名副其实的贵族会议。这正是梭伦改革前雅典政治体制的主要弊端。

这时的执政官权力很大,他是行政管理的负责人、执行者。执政官起初也是终身职,后来改为任期10年,再往后改为一年一任。重要的是:执政官是贵族完全操纵的长老会议推举出来的,他们或者是贵族,或者是贵族派信得过的人。执政官不仅由贵族们推举出来,而且也由贵族们免职、放逐、逮捕、判刑。执政官的任用由长老会议提名,虽然形式上的通过要由公民大会决定,那只不过是一种形式,因为公民大会采取的是以群众鼓噪方式表示通过。

梭伦从实际生活中感到,不改革现存的不合理的政治体制,城邦政治将继续被扭曲,继续成为贵族压制平民的手段,平民和贵族之间的矛盾也只会加剧,不可能缓解。

二、梭伦改革的背景

梭伦改革之前三十多年雅典所发生的基伦暴动,以及梭伦改革之前二十多年雅典所发生的德拉古改革,都对梭伦改革有直接的影响。

公元前630年发生了基伦暴动,这是"雅典内部存在着紧张的对峙和政治利益冲突的反映"[1]。基伦是一个贵族,他认为

---

[1] 魏凤莲:《古希腊民主制研究的历史考察(近现代)》,山东大学出版社,2008年,第4页。

贵族会议不公正,指责了当时掌权的贵族阿尔克门尼家族。雅典城市中的平民同情基伦,但基伦却想通过发起平民暴动来推翻现政权,建立僭主政权,这就是对雅典传统规定和程序的摒弃,即摒弃民主制度,实行独裁体制。[①] 于是城乡中的平民不支持他,基伦暴动被阿尔克门尼家族把持的政府镇压下去了。

此后相距大约9—10年,大约在公元前621—前620年,德拉古作为执政官之一和立法者,制定了一部法典,被人们称为《德拉古法典》。德拉古的本意是想恢复雅典城邦建立初期的社会秩序,以缓和平民与贵族之间日益尖锐的矛盾。这是因为,在德拉古以前的很长时间,由于贵族集团把持了长老会议和操纵了执政官的推举工作,公民大会已形同虚设,所以政典的政体已经不是民主政体而变为寡头政体了。在寡头体制下,平民无权利可言,土地丧失,租富人土地耕作交租,欠债不还就被迫沦为奴隶。[②] 这些情况都使得雅典的忧国忧民之士担忧。[③] 加之,雅典城邦的高层官员的任用都以门第和财富为准,贵族子弟无疑处于优先位置。[④] 德拉古目睹了现实生活中的上述种种问题,决心通过立法来解决雅典政制存在的问题,使平民和贵族之间的矛盾缓解下来。

于是在《德拉古法典》中有下述规定:

---

① 参看魏凤莲:《古希腊民主制研究的历史考察(近现代)》,山东大学出版社,2008年,第4页。
② 参看亚里士多德:《雅典政制》,日知、力野译,商务印书馆,2009年,第5页。
③ 参看魏凤莲:《古希腊民主制研究的历史考察(近现代)》,山东大学出版社,2008年,第4页。
④ 参看亚里士多德:《雅典政制》,日知、力野译,商务印书馆,2009年,第5—6页。

放宽了新致富的人担任执政官的资格限制,实际上就是不限于执政官必须出身于旧的贵族家族,新近致富的平民也可以担任执政官;

禁止家族复仇行为,凡是杀人案件都应当由法庭审理;家族复仇行为当时主要同贵族特权有关,所以这一新的规定主要为了限制贵族的特权;

严禁盗窃行为,保护私有财产,即使是零星的偷盗,也要受到处罚。比如说,如果盗窃者是雅典公民,就要剥夺其公民权利;如果盗窃者不是公民,就要判处死刑。

《德拉古法典》被认为是雅典的"第一部成文立法"。[1] 其中特别要指出禁止家族复仇行为的法律规定的意义,因为有了《德拉古法典》,"以法律手段结束了贵族之间的宿怨和仇杀,过去由死者家族承担的复仇行为现在由政府组织机构来进行处理"[2]。然而,这一法律规定尽管制止仇杀和家族复仇行为,但并不能化解贵族内部的矛盾,更不能平息平民和贵族因夺地或迫人为奴等积下的仇恨,因为产生这些矛盾和激化这些矛盾的根源并未消除。

对执政官的资格限制的放宽有助于平民把自己中意的人选为执政官,但人选依然限制在富人圈子内,而且必须先经过由贵族把持的长老会议同意。这同样不能满足平民的要求。

至于制止盗窃行为的法律规定,则被认为过于严酷,而且是针对穷人而制定的,从而使民众不满。

---

[1] 魏凤莲:《古希腊民主制研究的历史考察(近现代)》,山东大学出版社,2008年,第4页。
[2] 同上。

尤其重要的是以下两个问题没有被《德拉古法典》所涉及。一是平民希望能对有关债务奴隶的法律进行修改，免除自由民因欠债无力偿还而沦为奴隶的规定。这是穷人最关心的问题之一，但德拉古回避了。二是平民希望能够改变贵族独揽制定法律、执行法律、解释法律的大权的状况，打破贵族把持司法机构的现状。德拉古同样对此做了回避。

平民们感到绝望，暴力抗争的情绪不断增长，抗债抗税的现象日多；而贵族和大商人在这种情形下开始联手，策划如何以武力来维护现存秩序，保卫自己的财产，免被暴徒抢劫。形势日益严峻，内乱一触即发。越来越多的平民，特别是平民中的穷人，认识到德拉古时期的雅典政体仍与以前一样，是由贵族控制着政权；[1]结果，"德拉古的法令，除了有关杀人犯的以外，已不复为人所遵守了"[2]。

正是在这种混乱的、紧急的形势下，梭伦走上了雅典政坛的前台。

三、梭伦的政治体制改革

梭伦的改革可以从政治体制改革、经济体制改革、社会秩序和社会风气的整顿这三个方面来阐述。先谈政治体制改革。

梭伦于公元前594年当上了雅典的执政官，那年他大约是44岁（或45岁）。他上台后，先实行大赦，释放了一批过去以谋反罪逮捕入狱或被放逐国外的政治犯，从而缓解了社会的紧张

---

[1] 参看魏凤莲：《古希腊民主制研究的历史考察（近现代）》，山东大学出版社，2008年，第4页。

[2] 亚里士多德：《雅典政制》，日知、力野译，商务印书馆，2009年，第10页。

气氛,并赢得了平民和一部分同当权的贵族不和的贵族家庭成员的支持。

接着,梭伦深知民众已对《德拉古法典》失望,对改革也随之失去信心,于是他直接废除了《德拉古法典》的大部分条款,并且暗示还有一些条款也将中止实施,只保留了其中有关凶杀的法律条文,一方面有助于暂时稳定社会秩序,不至于酿成社会治安失控,另一方面可以博得平民们的好感,让他们支持进一步改革。

然后,他规定按家庭财产的多少把雅典的公民分为以下四个等级:[①]

第一等级称"五百斗者",是指每年从田产中获得的收入达到或相当于500麦斗的谷物的公民(每麦斗约合52.3公升);

第二等级称"骑士",是指每年从田产中获得的收入在300—500麦斗谷物之间的公民;他们之所以被称为"骑士",是指他们有财力可以保养马匹;

第三等级称"双牛者",是指每年从田产中获得的收入在200—300麦斗谷物之间的公民;他们之所以被称为"双牛者",是指他们有财力可以畜养一对牛;

第四等级称"日佣",是指每年从田产中获得的收入在200麦斗谷物以下的公民;他们之所以被称为"日佣",是指他们收入微薄,要靠受人雇佣,才能挣得收入,养家糊口。

雅典公民以外的人不在上述这四个等级之内。

[①] 参看亚里士多德:《雅典政制》,日知、力野译,商务印书馆,2009年,第11页。

四个等级的划分同公民在担任公职和纳税方面的区别对待有关。

第一等级的公民有资格担任最高官职的官员,包括执政官和军事指挥官。他们的纳税额最多,税率也最高。

第二等级的公民一般可以担任中级官员和骑兵,但特别优秀的可以同第一等级的公民一样担任最高官职的官员,包括执政官和军事指挥官。他们的纳税额次多,税率中等。

第三等级的公民可以担任低级官员和重甲步兵,他们的纳税额较少,税率也较低。

第四等级的公民不能担任任何职务的官员,当兵也只能充当一般步兵。但他们免税。

可见,通过梭伦的这一改革,在雅典实行的是等级任职制和累进的税制。就累进税制这一点而言,无疑较过去是一个进步,因为根据年收入多少而调整税率,要比平均税率公平些。至于按收入多少确定公民的等级,对不同等级的公民实行任职方面的资格限制,尽管仍是不合理的,但相对于过去只有贵族家庭成员或贵族们所看中的、信得过的人才能担任官员的做法,未尝不是前进了一步。

在政治权力体系方面,梭伦改革的要点有以下这些:

重新确定公民大会的地位,恢复了公民大会过去曾经享有的权力,即执政官不再由长老会议(贵族会议)推举产生,而是每年由公民大会选出。公民大会还有权对执政官提出质询、指责和惩戒。执政官任期确定为一年,一年任期已满,按梭伦改革前的惯例就自然加入长老会议(贵族会议)。通过梭伦改革,规定执政官一年任期期满后,先由公民大会对他这一年的表现进行评审,决定其是否有资格进入长老会议(贵族会议),作为成员。这样,公民大会的权力就落实了,贵族的权力也就受到了限制。①

梭伦改革还建立了四百人会议。四百人会议类似于公民大会的常设机构,因为有权参加公民大会的人数太多,有资格出席公民大会的公民有不少因这种或那种理由不能出席,所以设立四百人会议是必要的。四百人会议的组成情况是:由当初合并而建立雅典城邦的四个部落各推举一百人参加,第一、第二、第三等级的公民都有资格被推举参加四百人会议。四百人会议是常设的议事机构,负责准备和审查公民大会上要讨论的提案,这又是对贵族权力的一种限制,②因为在梭伦改革前,凡是准备在公民大会上讨论的问题,都是事先由贵族操纵的长老会议自行决定的。

由此可见,通过梭伦对政治权力体系的改革,雅典的政治权力体系发生了重要的变化,"政治上的统治地位就不再取决于贵族出身,而是取决于财产资格"③。正由于财产资格代替了贵族出身资格,新致富的工商业者即使是平民出身,也能参加政治权力机构(如四百人会议),"这对于凭借氏族秩序的传统贵族来说,无疑又是一次政治上的削弱"④。

梭伦也对雅典的司法制度进行了改革,主要是建立了陪审

---

① 参看亚里士多德:《雅典政制》,日知、力野译,商务印书馆,2009年,第12—13页。
② 参看同上。
③ 吴于廑:《古代的希腊和罗马》,三联书店,2008年,第23页。
④ 同上书,第24页。

员制度。凡是雅典公民,不管是哪一个等级的成员,都可以被选为陪审员,参加审理案件。雅典陪审员总数达到6,000人之多。① 除了凶杀案件和叛国罪以外,均应有陪审员参加审判。此外,如果公民认为某个行政官员的行为不端,他可以向地方法院提起控诉。这项"公民可告官员"的改革被认为是"雅典之民主的阶梯与保障。"②

为了维持雅典城邦的安全和稳定,梭伦还制定了一项所谓暴乱期间"中立者有罪"的法律。也就是说,如果雅典发生了危及安全和稳定的暴乱,任何人都必须挺身而出,反对动乱。如果有人在这个过程中保持中立,则被剥夺公民资格,甚至被认定有罪,要受到审判、惩处。③

四、梭伦的经济体制改革

梭伦的经济体制改革措施主要有以下三项,即废除债务奴隶制,承认公民的私有财产继承权,振兴工商业。当时,雅典平民最关心的是债务奴隶制的存废。

在讨论雅典的债务奴隶制存废之前,有必要先考察一下雅典城邦建立初期存在的依附者制度。依附者又称门客、投靠人。这是雅典从部落或部落联盟阶段就已实行的一种制度。依附者最早开始于什么时候,现在还说不清楚。但可以肯定的是:在雅典,可能还包括希腊其他某些城邦,存在着依附者,"他们生而

---

① 参看杜兰:《世界文明史》第2卷《希腊的生活》,幼狮文化公司译,东方出版社,1998年,第85页。
② 同上。
③ 参看同上书,第86页。

低下,但因参与家内祭祀而与家长发生联系"①。这些出身微贱的人之所以称为依附者,是因为他们不是自由民,他们唯有依附于某一家族或家庭才能立足和维持生计,他们是介于自由民和奴隶中间的人。这些人最初是些什么样的人?他们为什么会成为某一家族或家庭的依附者?都不能确定。一种推测就是:他们本来是自由民,但因欠债不还或因犯有某种错误,受到处分,成为依附者,以后世世代代就是依附者了。不管这种推测是不是符合当初的实际情况,总之,依附者是不自由的,所以他们很早以前也就想要获得自由。

依附者的处境取决于他们和主人之间的关系。如果双方相处较好,依附者的待遇将会好一些,否则依附者会受到苛刻待遇。依附者及其家庭靠什么为生?靠替主人家干活,或者靠租主人一块土地,耕作为生。前一种情况下,依附者类似于仆役或雇工;后一种情况下,依附者类似于佃户,佃户采取分成制交租。"如果未交年租或因其他原因,这些人还会重新沦为奴隶。"②从这里也可以有这样一种推测:被释奴隶也可能成为依附者的另一来源。

从欠债不还沦为依附者这一点来看,梭伦改革中有关取消债务奴隶制的措施是得人心的,也是对多年传统的一次突破。

下面分别讨论梭伦改革中有关经济体制改革的三个方面:

---

① 古朗士:《古代城市:希腊罗马宗教、法律及制度研究》,吴晓群译,上海人民出版社,2006年,第282页;参看李玄伯译本,中国政法大学出版社,2005年,第218页。

② 同上书,吴晓群译,上海人民出版社,2006年,第288页;参看李玄伯译本,中国政法大学出版社,2005年,第223页。

1. 取消债务奴隶制

梭伦颁布法令,取消所有债务,包括欠私人的债和欠国家的债,并且解除了阿提卡半岛上所有的土地抵押关系;

与此同时,梭伦废除了实施已久的债务奴隶制,规定所有因欠债而沦为奴隶的人或因欠债而在一定期限内受债主奴役的人,均获解放。如果欠债的公民被债主卖到国外为奴隶,由国家出钱赎回并释放。

法令还永远禁止债务奴隶制,包括欠债而没有能力偿还的人自动投靠债主受到奴役(这可能就包括禁止欠债未还的人投身作为依附者)等行为。

以上有关取消债务奴隶制的规定,被看成是梭伦改革的最具有实质性的改革措施之一。[1]

的确,梭伦有关取消债务奴隶制的决定,意义十分重大。要知道,把本部落、本氏族、本国的人,因他们欠债而使他们沦为奴隶的现象,不是雅典一地才有的。它很可能是当时久已存在的一种陋俗。[2] 这些人原来也是人身自由的土地所有者,沦为债务奴隶之后,却"经常地成为他们自己的、被债主得到的土地的佃户"[3]。因此,梭伦废除债务奴隶制的举措,是对存在已久的传统惯例的抛弃。从维护社会安全和稳定的角度来看,原来的自由民因欠债而沦为奴隶后,很可能成为对社会强烈不满的人,否则后来罗马的《十二铜牌法》为什么要求把沦为债务奴隶的

---

[1] 参看亚里士多德:《雅典政制》,日知、力野译,商务印书馆,2009年,第13页。
[2] 参看韦伯:《经济与社会》下卷,林荣远译,商务印书馆,2006年,第704页。
[3] 同上。

人不留在本地而卖到外地去?[1]"这表明他们所具有的危险性。"[2]

2. 公民私有财产继承权的确认

在梭伦改革以前很久雅典实际上土地已经私有化了。梭伦改革把已经存在多年的私有土地合法化,承认私有财产的继承自由。这意味着,如果某人有子嗣,在去世前或去世后,可以将自己的财产分配给自己的儿子;如果没有子嗣,他可以将自己的财产遗赠给任何人,法律均予以承认。

土地由氏族共同继承还是由个人传给自己的子嗣,是雅典自从部落形成以后到城邦建立期间实现的一个重大变化。这一变化是渐进的,直到梭伦改革之前,大体上经历过几个阶段。最初"由氏族成员共同继承"[3],其后,"由同宗亲属继承而排除其他氏族成员"[4]。再往后,"便由同宗亲属按照与死者的亲疏次序继承,死者的子女是死者的最亲的同宗亲属,由此便获得了独占继承权"[5]。尽管如此,"财产必须保留在死者的本氏族内这项原则坚定地维持到梭伦时代"[6]。由此可见,梭伦改革的意义在于:"梭伦规定一个人如果无子女,可以立下遗嘱来处理自己的财产"[7],而不再像以前那样在死者无子嗣时财产要返还给氏族,由氏族成员共享或由最亲近的氏族成员分享。按照梭伦的

---

[1] 参看韦伯:《经济与社会》下卷,林荣远译,商务印书馆,2006年,第704页。
[2] 同上。
[3] 摩尔根:《古代社会》上册,杨东莼、马雍、马巨译,商务印书馆,1997年,第231页。
[4] 同上。
[5] 同上。
[6] 同上。
[7] 同上。

新规定，如果死者无子女，他可以把财产遗赠给外人，这表明"他对友谊的尊重超过了对亲属关系的尊重，从而使财产真正成为物主之物"①。也就是说，从梭伦改革时起，"法律已承认个人在世时对财产的绝对个人所有权"②。

3. 振兴工商业

在雅典，从氏族社会转向城邦社会是需要进行一系列制度调整的。前面提到的对氏族社会传承下来的债务奴隶制的废除，以及对私有财产权从法律上的确认，都是制度调整的重大措施。然而，梭伦在土地成为个人私有财产方面的改革仍然带有调和、折中的性质，这主要反映于他限制私人土地的买卖，而只允许私人土地的遗赠。究竟梭伦是不是有明确的限制土地兼并的打算，或者他究竟有没有重新分配土地的设想，根据现有的资料还得不出肯定或否定的结论。梭伦更没有在限制土地兼并或重新分配土地上采取过切实有效的政策。这些都被认为是梭伦的不足之处。但不管怎样，梭伦是认识到土地兼并和土地集中的危害性的。因此，"梭伦一方面允许没有子女的雅典人随意处分他的财物，而另一方面又用立法限制土地的买卖，也许是为了预防类似的恶果。他想借此阻止太大的地产的形成"③。

那么，梭伦究竟主要采取什么措施来防止社会的分化和因贫富差距过大而导致的社会冲突呢？他着力于振兴工商业，增加就业和增加低收入者收入。为此，梭伦"鼓励公民发展生产，

---

① 摩尔根：《古代社会》下册，杨东莼、马雍、马巨译，商务印书馆，1997年，第554页。

② 同上。

③ 杜丹：《古代世界经济生活》，志扬译，商务印书馆，1963年，第43页。

既发展农业,又大力发展手工业和商业。使所有有劳动能力的公民都能自力谋生,并且在财产增加的情况下提高政治地位"①。梭伦之所以这样做,"无疑是延缓财产分化、增加公民之间的团结、保障公民集体的凝聚力和稳固性"②。实际上,这反映了梭伦的一个重要观点:与其在条件还不成熟时就采取土地再分配等可能导致社会不安定的措施,不如用鼓励发展工商业和鼓励低收入者通过经营工商业致富的办法来提高居民的等级(例如由第四等级上升为第三等级,或由第三等级上升为第二等级……)。

尽管振兴工商业本身不属于城邦社会的制度调整的内容,但在城邦制度建立后,政府采取振兴工商业的措施却有助于社会的稳定和低收入者生活条件的改善,从而不仅可以使制度调整的成绩巩固下来,而且能促进下一步的制度调整。进一步分析,对工商业的鼓励,是同私有财产制度的确立结合在一起的,也同雅典实行的财政捐助制度有关。

要知道,雅典城邦对本国公民不征收固定的人头税和财产税,主要财政支出靠捐助制度来维持,即每年由一部分较富裕的公民向政府捐助钱财。捐助制度的存在表明了财产私有制的确立。③ 换言之,如果没有被确认的私人财产所有权,常规性的捐助制度就无从谈起;常规性的捐助制度唯有以私有财产制为基

---

① 廖学盛:"古代雅典民主政治的确立和阶级斗争",载《世界历史》1989年第6期,第106页。
② 同上。
③ 参看黄洋:《古代希腊土地制度研究》,复旦大学出版社,1995年,第126—127页。

础,才能实行下去。

梭伦之所以大力鼓励雅典发展工商业,据说这同梭伦本人在从政前经营过工商业有一定关系。然而,关于梭伦从政前经商经历的史料,却不一定可靠。[1] 史料中表明的事实是:梭伦退休后到国外去考察过:他"托词视察外界而离开雅典出游十年,但实际上他是想避免自己被迫取消他应雅典人之请而为他们制定的法律。原来雅典人发过重誓在十年中间必须遵守梭伦给他们制订的法律,故而他们是不能任意取消这些法律的"[2]。如果这段叙述是可信的话,那么也应该认识到,这不能说明梭伦当初在执政时鼓励雅典发展工商业的原因。我们还是需要从振兴工商业有利于推进梭伦所进行的雅典城邦社会的制度调整这一目标出发,因为只有经济发展了,社会稳定了,就业增长了,制度调整才能减少阻力,其成果才能巩固下来。

为了促进雅典经济的发展和工商业的繁荣,梭伦在执政期间做了如下的规定:凡是外邦人有一技之长的,如果有意携带家属移居于雅典并长住于此,可以获得雅典的公民权。[3] 这是一项十分大胆的政策,因为让外邦人作为侨民长住于雅典,以经商为业,这是可以被雅典人接受的,而且这种做法是雅典历来奉行的政策。而梭伦授予这些外邦人以雅典的公民权,也就是让这些外邦商人享有同雅典公民一样的权利,如免纳人头税和财产税,参与雅典城邦的政治生活等等,则引起雅典人的不满。但梭

---

[1] 参看郭小凌:"梭伦改革辨析",载《世界历史》1989年第6期,第140页。
[2] 希罗多德:《历史》上册,王以铸译,商务印书馆,2007页,第13页。
[3] 参看杜兰:《世界文明史》第2卷《希腊的生活》,幼狮文化公司译,东方出版社,1998年,第85页。

伦从发展雅典经济的角度出发,仍坚持这样做了。

出于同样的考虑,梭伦还规定,父亲应当把自己专长的技艺传授给儿子;假定父亲没有向儿子传授专长的技艺,儿子对父亲没有奉养的义务。① 梭伦认为,手工业技艺是一种归属于雅典城邦的荣誉,决不能失传;雅典人在国际市场上如何取胜,不是靠农产品出口,而是应当依靠雅典人有自己独特的手工业技艺。在梭伦看来,与其出口农产品,不如将农产品在雅典加工为手工业品,这对雅典更为有利。②

在梭伦的制度调整设计中,振兴工商业固然是稳定社会的重要措施,但他也认识到应付饥荒和防止粮价高涨的措施同样重要。在饥荒和粮价高涨的年份,雅典城邦向公民分配粮食。③ 此外,雅典城邦还实行救助政策,其中包括:给残废军人发放退伍费;给军人的孤儿发付抚恤金,直到他们年满18岁;军人的孤儿年满18岁后,如果他们是男子,政府免费向他们提供军事装备;如果他们是女孩,似乎要由政府出钱提供一份嫁妆。④

在货币方面,当时希腊的通用货币是米纳和德拉克玛:1米纳等于70—73德拉克玛。⑤ 梭伦将德拉克玛同米纳的比率改为1米纳等于100德拉克玛。⑥ 为什么梭伦要改变德拉克玛同

---

① 参看杜兰:《世界文明史》第2卷《希腊的生活》,幼狮文化公司译,东方出版社,1998年,第85—86页。

② 参看同上。

③ 参看高尔德纳:《希腊世界:社会学分析》,哈泼和劳出版公司,纽约,1965年,第137页。

④ 参看同上。

⑤ 参看杜兰:《世界文明史》第2卷《希腊的生活》,幼狮文化公司译,东方出版社,1998年,第84页。

⑥ 参看同上。

米纳的比率？后人的解释不一。一种说法是为了增加雅典的出口；另一种说法是为了减轻雅典地主们的负担，①因为当时地主中有些人确实是欠债人，货币贬值后他们的债务就减轻了，但这种解释不一定可靠，因为地主中也有不少人是放债的，货币贬值岂不是要受到损失？② 所以"可能梭伦根本没有贬低币值的意思"③。也许梭伦这项改革的原意是不想沿用伯罗奔尼撒半岛上通行的德拉克玛，而想改用爱琴海地区通行的货币。④

五、梭伦对社会秩序和社会风气的整顿

这是梭伦旨在稳定雅典城邦社会的一项有意义的措施。这是因为，梭伦已经意识到，自从雅典城邦建立以后，氏族社会曾经存在的一些约束人们行为的道德规范已经逐渐被人们遗忘了，或者不再被一些人遵奉了，而城邦社会中的法律仍在逐渐制定、修改和执行过程中，约束人们行为的法律有些仍是空缺，有待于制定；有些虽然已被制定，但不被人们认真地遵守，也不被执法者认真地执行。于是社会秩序松弛和社会风气败坏，成为危及雅典城邦稳定和发展的重要因素。梭伦决心着手整顿社会秩序和社会风气。前面已经提到的他制定在社会动乱期间"中立有罪"的规定，就是一例。

---

① 参看杜兰：《世界文明史》第2卷《希腊的生活》，幼狮文化公司译，东方出版社，1998年，第84页注②。
② 此法令可能不适用于商业债务关系。参看同上书，注①。
③ 同上书，注②。
④ 参看亚里士多德在《雅典政制》一书中对俊伦改革中有关币值变动的评论。(《雅典政制》，日知、力野译，商务印书馆，2009年，第14页正文，第14页注①—注⑤)

除此以外,梭伦还制定了下列规定或采取了下列措施,其中包括:

他禁止侵犯自由民妇女,违法者将处以罚款。凡当场捕获的男性奸淫妇女者,可以就地处死。

他反对奢侈浪费,包括丧葬中的铺张、挥霍;他反对以过多财物作为殉葬品,对葬礼和祭祀中铺张、浪费行为进行谴责。

他限制妆奁的价值和数量,甚至禁止妇女在衣柜内有超过三套服装。

他禁止诽谤死者,禁止造谣攻击他人。凡诽谤死者的,或在神坛或其他公共场合造谣攻击他人的,都要判罪。

由于雅典城邦的公共事务都由男性公民分担,他们把此作为公民应尽的义务,所以"全职的官员几乎是不存在的"[1]。比如说,雅典没有公职的检察官。官员贪赃枉法或渎职,怎么办?梭伦规定任何公民都可以对于他们认为是犯罪的人(包括官员)提出控告,也就是说,梭伦允许公民们自己从事有关私人和公共的不公正事件的法律行动。[2]

为此,梭伦要让所有的公民都知道法律:只有人人知法懂法,才能遵守法律,也才能根据法律去控告任何犯法的人,包括官员在内。梭伦制造了一些转筒,把法律条件写在上面,人们旋转转筒就可以阅读法律条文。

梭伦认为,雅典的社会治安和安全都要靠公民自己来维持。在雅典,没有专业的警察。虽说有一支骑警,那是由斯基泰人出

---

[1] 高尔德纳:《希腊世界:社会学分析》,哈泼和劳出版公司,纽约,1965年,第135页。

[2] 参看同上书,第135—136页。

身的奴隶充任的。① 公民自己则担任维持治安的任务。雅典也不设常备军,作战时期由体格健壮的男性公民义务服役,并且各自携带武器,自备给养,直到60岁。② 这些都是雅典自部落和部落联盟阶段以来就保留下来的制度,梭伦执政后依然维持这些传统,所不同的是,雅典城邦正式确认了它们,从而使它们成为合法。

六、对梭伦改革的评价

梭伦自公元前594年执政,担任了长达22年的雅典执政官,于公元前572年(66—67岁)时退休。在这22年内,他推行了政治体制改革和经济体制改革,振兴了工商业,以及整顿了社会秩序和社会风气。经过这长达22年的改革和治理,雅典的社会矛盾大大缓和了。

怎样看待梭伦改革?从性质上说,这是雅典自城邦建立以来的第一次重大的制度调整,而这场制度调整是从调整所有制开始的。产权的界定和清晰化,是所有制调整的核心。恩格斯在《家庭、私有制和国家的起源》一书中做了如下的评述:梭伦改革"是以侵犯所有制来揭开的"③。比如说,"禁止缔结以债务人的人身作抵押的债务契约"④;"规定个人所能占有的土

---

① 参看高尔德纳:《希腊世界:社会学分析》,哈泼和劳出版公司,纽约,1965年,第136页。
② 参看同上。
③ 恩格斯:《家庭、私有制和国家的起源》,载《马克思恩格斯选集》第4卷,中共中央编译局编,人民出版社,1972年,第110页。
④ 同上书,第111页。

地的最大数额"①,等等。梭伦所实施的制度调整,都是"为了保护一种所有制以反对另一种所有制的革命。它们如果不侵犯另一种所有制,便不能保护这一种所有制"②。梭伦要侵犯的所有制,就是氏族土地公有制;他要保护的所有制,就是个人土地私有制。而在他要确认和保护的个人土地私有制中,他要保护的是小土地私有制,他要制止或限制的是大地产制。这就是梭伦设计并力求实现的土地制度调整的要点。梭伦认为,只有这么做,才能使雅典城邦建立在牢固的基础之上。

在雅典城邦社会成长过程中,梭伦的功绩是不可磨灭的。这时距雅典盛期还有一百多年,然而正是从这个时候开始,"大胆而富于远见的政治家梭伦奠定了全新的国家理念"③。从此,"一个自由政制脱胎于世。在这个国度里,每个公民都积极参与国家事务,在法律面前人人平等"④。这确实是从氏族社会向城邦社会转型过程中前所未有的大事。

但在雅典国内,贵族们对梭伦是不满的、有怨言的。在他们看来,梭伦对贵族的限制过多,土地面积的扩大受到限制,连生活享受也管得太严,更不必说废除债务奴隶制,取消债务,缩小长老会议(贵族会议)的权力了。贵族们最看不惯的,是那些平民现在也能同贵族一样参与国家事务了。至于平民,他们对梭伦既有满意之处,也有不满之处。满意之处在于平民的利益得

---

① 恩格斯:《家庭、私有制和国家的起源》,载《马克思恩格斯选集》第4卷,中共中央编译局编,人民出版社,1972年,第111页。
② 同上。
③ 汉密尔顿:《希腊的回声》,曹博译,华夏出版社,2008年,第8页。
④ 同上。

到了维护,尤其是废除了债务奴隶制和债务的取消,以及平民权利受到维护;而不满之处主要表现为:以财产多少为标准的等级划分依然存在着不平等,富人依然高踞于等级之首,第三、第四等级依然被排除在高级公务职位之外,等等。

无论是出于贵族的指责还是出于平民的批评,都反映了梭伦改革期间雅典城邦的实际情况。尽管在现代研究者中有人认为梭伦的"别出心裁的改革,力图将贵族的和民主的宪法合而为一"①,从而"这种改革不会长期奏效",但是谁也不能否定这样一个事实,即通过梭伦的改革,雅典进入了比较平稳发展的新阶段。② 在梭伦执政之前,雅典一度陷于内战的边缘,城邦社会的不稳成为人们关注的焦点,但经过梭伦22年的执政,这一危险即使没有完全消除,但却大大减少了,城邦社会稳定下来了。

梭伦对自己的执政状况是满意的。他在诗中写道:"我所给予人民的适可而止,/他们的荣誉不减损,也不加多,/即使是那些有势有财之人,/也一样,我不使他们遭受不当的损失,/我拿着一只大盾,保护两方,/不让任何一方不公正地占据优势。"③

总的说来,梭伦的改革仍是稳健的。雅典城邦制度并没有因梭伦改革而改变,城邦制度仍是城邦制度,只是制度上做了调整。梭伦改革以前的雅典城邦还保留了较多的氏族社会残留下来的东西,如氏族贵族掌握了实权而公民大会只是空名和形式,土地仍在名义上保持氏族公有,尽管实际上已经成为公民的私

---

① 罗尔:《经济思想史》,陆元诚译,商务印书馆,1981年,第26页。
② 同上。
③ 亚里士多德:《雅典政制》,日知、力野译,商务印书馆,2009年,第15页。

有财产了;无子嗣的自由民的地产死后要归还给氏族集体;自由民欠债不还要沦为债务奴隶;还有,氏族社会固有的家族复仇制一直被保留着,置法律于不顾,等等。因此,直到梭伦执政之时,雅典的城邦制度仍是不完善的、带有较多的氏族社会的残余。要知道,制度更替和制度调整是两个不同的概念。一种社会制度替代另一种社会制度,称为制度更替;一种社会制度内部进行改革,称为制度调整。雅典的制度就是城邦制度,雅典的社会就是城邦社会。既然当时雅典城邦制度是不完善的,那就需要制度调整,否则内部矛盾不断激化,城邦制度就维持不下去了,因此梭伦所推行的城邦社会的制度调整,在当时的雅典至关重要。改革"削弱了强调血缘门第的氏族部落制度和氏族贵族的影响"①,从而对城邦制度的完善而言是一个进步。

制度调整是一个漫长的、渐进的过程。这是因为,任何一种制度总是适应当时的情况而被建立的。如果客观情况发生了变化,制度不再适应于实际,问题的暴露和对策的研究总是需要时间的。以雅典或所有希腊城邦为例,不可能在城邦刚建立时就会发生自由民中贵族和平民日益激烈的冲突,因此只有等待一段较长时间后才有制度调整的需要。一次制度调整后,可能又会出现新矛盾、新问题,于是就会有后续的制度调整,毕其功于一役,在制度调整方面是不可能的。雅典就是一个例证。② 梭伦的贡献在于:他不仅使原来就形成于雅典各个部落内部的民

---

① 廖学盛:"试析古代雅典民主产生的条件",载《世界历史》1997年第2期,第72页。

② 参看黄洋:"民主政治诞生2500周年?——当代西方雅典民主政治研究",载《历史研究》2002年第6期,第124页。

主议事规则和决策程序成为雅典城邦社会的民主议事规则和决策程度的依据,而且做了很大的改进,使之制度化了。雅典公民的人身自由被确定了,所有公民(包括最低等级的公民)都有权参与国家事务,即参加公民大会,"这两条措施实际上定义了公民权"[1]。可以认为,公民权的确定和赋予是雅典城邦民主政治的基础,因此,"在雅典民主政治的发展过程中,梭伦的改革迈出了最为关键的一步"[2]。这就是梭伦改革(制度调整)的功绩,尽管这只是阶段性的成果。

奴隶制经济在梭伦改革中没有受到过多的冲击,至多只在两个细节上受到一些影响。一是,自由民被禁止变成奴隶,这会减少雅典奴隶的供应量,但债务奴隶人数在奴隶中毕竟只占少数,这无损于奴隶制经济的继续存在。二是,土地兼并和土地集中受到了限制,大地产的形成从而也遇到了障碍,对从事耕作的奴隶的需求量相应地会减少,但当时雅典对奴隶的需求主要来自工商业、采矿业、家庭服务等领域,所以,随着工商业和采矿业的发展,以及家庭服务对劳动力需求的增长,对奴隶的需求量大体上未受到较大的影响。

梭伦改革中,无论是政治体制改革还是经济体制改革,都不涉及现存的奴隶制经济。这与当时雅典城邦社会中的主流意识是相符的。在雅典,"使用奴隶而又无视奴隶的存在成为当时的一种生活方式"[3]。因此梭伦"关于人人皆有政治与法律平等

---

[1] 参看黄洋:"民主政治诞生2500周年?——当代西方雅典民主政治研究",载《历史研究》2002年第6期,第124页。
[2] 同上。
[3] 汉密尔顿:《希腊的回声》,曹博译,华夏出版社,2008年,第9页。

的新思想丝毫也没有惠及奴隶"①。原因很清楚,因为梭伦同雅典城邦的绝大多数公民一样,都认为"奴隶不是真正意义上的人"②。梭伦要让最贫穷、最底层的雅典公民都拥有民主的权利、自治的权利,"可见,奴隶问题从没有进入梭伦大胆而富于建设性的头脑"③。划分等级,是公民内部的事情,与奴隶无关。公民大会也好,四百人会议也好,同样与奴隶无关。作为奴隶的和作为家生奴隶的外邦人,依旧为奴。

城邦制度的完善不可能在梭伦执政的 22 年内完成。梭伦能够做到的,是制度调整的起步。从雅典历史来看,梭伦能够在 22 年内改变了雅典城邦政治的原有格局,使雅典从原来的贵族—寡头政治开始走向民主政治,使 2,000 到 3,000 名雅典人(其中大多数是城里人)参加公民大会,这就很不错了。④

应当指出,在梭伦刚开始执政时,无论是贵族一方还是平民一方都处于观望状态,谁都不相信梭伦真的能把混乱的雅典社会治理好。当梭伦逐渐表现出自己的政治才干后,贵族和平民双方都对梭伦寄以希望,而且期望值很高,谁都希望梭伦的新法律和新政策能有利于自己这一方。

梭伦作为雅典的执政官,在贵族和平民的激烈斗争中不可能完全投入这一方或另一方,他必须采取平衡的策略,在平衡中施展自己的才能。而梭伦作为城邦制度的改革者和完善者,他

---

① 汉密尔顿:《希腊的回声》,曹博译,华夏出版社,2008年,第9页。
② 同上。
③ 同上。
④ 参看高尔德纳:《希腊世界:社会学分析》,哈泼和劳出版公司,纽约,1965年,第135页。

必须有自己施政的倾向性,这就是:在维持大体上平衡的同时,较多地偏向平民这一方,因为现实生活存在的问题在于贵族权力过大,平民的声音被抑制,平民的利益得不到保障。如果梭伦的改革不能把这种情况纠正过来,城邦制度怎能改善?社会矛盾怎会缓解?

梭伦是相信雅典城邦制度的优越性的。他要坚持雅典城邦制度的传统和公认的规则、程序。当时,有人曾劝他实行个人独裁的体制,认为这样更容易贯彻自己的政治主张,但梭伦拒绝了这一建议。梭伦的看法是:建立个人独裁体制,上去容易下来难。① 梭伦从希腊其他城邦的政治史上了解到,僭主政治即使有治绩,那也是招来骂名的;而且僭主的下场是什么呢?或者被赶下台,被驱逐出境,或者统治巩固了,把权力和位置传给了儿子。即使儿子、孙子相继即位,以后又怎么办?难道不会被推翻吗?谁能保证一个家族能永远霸占僭主这个地位,拥有个人独裁的权势?梭伦拒绝实行个人独裁体制的建议,不仅是明智的,也是难能可贵的。

针对平民中对梭伦改革的批评,即认为梭伦有向贵族让步、妥协的倾向,改革有不彻底之处,梭伦的答复是:他所制定的法律当然不可能是完美的法律,但却是能够让雅典人接受的最佳法律。② 这个回答很能表达梭伦作为执政官的思想(平衡至上)和作为改革者的智慧(审时度势,渐进为主)。

梭伦在公元前572年退休了。他不愿看到"人去政止"甚

---

① 参看杜兰:《世界文明史》第2卷《希腊的生活》,幼狮文化公司译,东方出版社,1998年,第86页。

② 参看同上。

至"人去政废"的后果。"经由雅典官员的宣誓,保证在十年内遵守他的法律而不变更。"①他放心了,于是到国外进行考察。他到过埃及,研究埃及的历史;他又到了塞浦路斯,还帮助塞浦路斯制定法律。最后他回到了雅典,闭门独居,不再过问政治,吟诗撰文,终其余年。

梭伦改革对雅典政治、经济、社会的影响,在梭伦退休之后仍长期存在。这种影响甚至影响到稍后的罗马王国。② 即使在雅典,尽管以后贵族和平民之间的矛盾又趋于尖锐,而且又出现了僭主政治,但城邦制度的制度调整却始终不曾停止,因为"梭伦改革已经为雅典民主制的发展指明了方向,奠定了基础"③。

第四节 庇西特拉图僭主政治

一、梭伦退休以后的雅典形势

前面提到,公元前572年,梭伦在执政22年后退休了。虽然接任的雅典官员宣誓十年内不会改变梭伦所制定的法律,但雅典的政局却因此不断动荡,因为贵族和平民之间的矛盾又激化了。

政治形势越来越复杂。这主要反映为三个彼此难以利益协

---

① 杜兰:《世界文明史》第2卷《希腊的生活》,幼狮文化公司译,东方出版社,1998年,第87页。
② 参看厉以宁:《罗马—拜占庭经济史》上编,商务印书馆,2006年,第15页。
③ 魏凤莲:《古希腊民主制研究的历史考察(近现代)》,山东大学出版社,2008年,第4页。

调的集团重新展开斗争。这三个集团究竟是什么时候开始形成的？准确的时间说不清楚,很可能在梭伦执政以前很久就已经存在。梭伦上台前雅典政局的混乱就同这三个集团的冲突有关。梭伦执政以后,它们之间的冲突只是暂时有所收敛。加上,梭伦采取平衡策略,在改革中尽可能照顾到每一方的利益,使它们多多少少心理上感到平衡些,冲突也就缓和下来。等到梭伦一退出雅典的政治舞台,斗争再度激化是难以避免的。梭伦的接任者既没有梭伦那样的威望和魄力,又缺乏在矛盾重重的社会环境中协调各方的智慧和办法,三个集团中的任何一个集团都不甘心自己的利益受到遏制,甚至被削减,所以它们一定会寻找借口,挑起事端,再乘机扩大自己的利益。

政治形势的复杂不限于此。要知道,雅典城邦在梭伦改革推行多年之后,民主体制的基础已经初步奠定,公民们参加政治活动的热情比过去大得多了。公民习惯于用演说来表达自己的政治立场和政治见解,可能是希腊人的古老传统。"希腊语中的'政治家'和'演说家'是同一个词。演说家一词首见于《伊利亚特》。"[1]雅典自从梭伦改革以后,宽松的政治氛围适宜于涌现更多的演说家;这些演说家中,不仅有主张改革和赞成民主政治的人,而且也有专门为某一集团效力,主张使某一集团的利益得到更多照顾的人。反对改革和反对实行民主政治的人中,同样有人擅长演说术。"演说术并不是民主派政治家的专长,那些反对民主政治的人不仅擅长演说,而且是真正的煽动家。"[2]除

---

[1] 晏绍祥:"演说家和希腊城邦政治",载《历史研究》2006年第6期,第152页。

[2] 同上书,第156页。

雅典以外,希腊其他城邦也都涌现出不少著名的演说家,他们的演说也对城邦重大内政外交事务的决策起过重要作用。① 因此可以这样说,不了解包括雅典在内的希腊城邦政治,就难以了解演说家在政治生活中的作用;同样的道理,不了解演说家所扮演的角色的重要性,也就难以了解城邦政治的实质。

正是由于演说家在某些场合是煽动家,是代表某一集团的利益而奔走呐喊的舆论推手,所以雅典政局在梭伦退休之后越来越复杂了。在三个集团的冲突中,演说家起着煽风点火的作用。

下面,让我们接着阐述梭伦执政时期和梭伦退休以后雅典这三个集团的概况。

一个集团被称作海岸派。它们之所以得到这个称呼,因为领导者是在港口经营国内外贸易的大商人。"据说他们的目的在于创立一种中庸的宪法。"②他们拥护梭伦所制定的政策措施,认为梭伦对工商业的重视以及对贸易、出口的鼓励是有利于本集团的。

另一个集团被称作平原派。它们之所以得到这个称呼,因为领导者是拥有较多地产的氏族贵族的代表。他们对梭伦不满,认为梭伦改革既削弱了他们的政治权力,又损害了他们的经济利益。他们反对平民参政,"要求成立寡头政治"③。

第三个集团被称作山地派。它们之所以得到这个称呼,因

---

① 晏绍祥:"演说家和希腊城邦政治",载《历史研究》2006年第6期,第162—163页。
② 亚里士多德:《雅典政制》,日知、力野译,商务印书馆,2009年,第18页。
③ 同上。

为领导者主要生活在山区,或者原籍在山区。他们人数最多,代表自由民中的小农、牧民、手工业者、雇工等人的利益。他们也对梭伦执政时期的政策不满,因为他们要求对占有太多土地的氏族贵族进行打击,没收氏族贵族多年以来侵占的土地,实施土地重新分配。

在当时的雅典,是不是存在着一个大地产奴隶主阶层或一个工商业奴隶主阶层呢?关于大地产的形成问题,前面已经讨论过,尽管土地兼并和集中的现象比以前多了,小土地所有者拥有的土地少了,但小农经济依然是基本的经济结构。同时,即使形成了一些大地产,但其中并非都是使用奴隶耕作的,租佃给少地和无地的农民的情况也很多。此外还有雇工耕作的。所以谈不上雅典已形成大地产奴隶主阶层。

至于是否存在一个工商业奴隶主阶层,郭小凌对此做过研究。他指出,这样的阶层或社会集团,"在梭伦改革的年代是不存在的,因为当时尚不具备他们产生的客观经济条件"[1]。具体地说,从当时整个希腊的生产力水平来看,希腊人"用简陋的铁制手工劳动工具的时间并不太久。就用于直接生产的能源而言,除人力外,只有来自牛的畜力(希腊人的马不被用于生产)。古希腊始终不知水力、风力的利用(除了航海时部分利用风帆)"[2]。因此,很难设想当时会"形成一个能够左右政局的工商业奴隶主阶层"[3]。关于梭伦振兴工商业的目的,前面也已做了分析,即认为目的主要在于发展经济,扩大就业,提高低收入

---

[1] 郭小凌:"梭伦改革辨析",载《世界历史》1989年第6期,第141页。
[2] 同上书,第141—142页。
[3] 同上书,第142页。

者收入,以稳定社会,并有利于推进改革,看不到有支持所谓工商业奴隶主阶层的目的。何况,"当时手工业没超出'个体户'的范围;因而即便可能有少数手工业者使用了奴隶劳动,就类型而论,也与农业中的家内奴隶是一样的"①。

正因为如此,本书在讨论梭伦退休之后雅典各个社会集团之间的斗争时,仍沿袭亚里士多德的提法,即海岸派、平原派和山地派三个集团的斗争②,而不采用所谓工商业奴隶主阶层(或集团)、大地产奴隶主阶层(或集团)和平民阶层(或集团)之间斗争的观点。

梭伦退休后赴国外考察期间,三个集团的斗争加剧了。梭伦回国后,目睹这种形势也无可奈何。他意识到这已经不是他作为一个退休的执政官所能扭转的局势,所以只好远离政坛,不闻不问。

三个集团之间的斗争愈演愈烈。到了梭伦退休后的第五年,由于派别斗争激化,竞选不出一个执政官,又过五年,还是选不出执政官,这个职位只好空着。③ 混乱的政局预示着一场政治风暴即将来临,这对雅典的前途是幸还是不幸,是福还是祸,要看是谁在掌舵。

掌舵人的智慧、勇气和策略决定着雅典城邦这艘刚驶上民主政治海洋的船只的命运。

---

① 郭小凌:"梭伦改革辨析",载《世界历史》1989 年第 6 期,第 144 页。
② 参看亚里士多德:《雅典政制》,日知、力野译,商务印书馆,2009 年,第 19 页。
③ 参看同上书,第 18 页。

二、庇西特拉图登上雅典政治舞台

接下来的掌舵人是庇西特拉图。他出身于贵族家庭,同梭伦有亲戚关系:他的母亲和梭伦的母亲是堂姐妹。但庇西特拉图的政治立场和政治观点却倾向于山地派。他认为梭伦的改革对贵族们的迁就太多,妥协太多,从而改革不彻底,没有惠及自由民下层劳动者(小农、牧民、手工业者、雇工等)。他认为自己有任务使改革更加彻底。这样,他被山地派推举为领袖,[1]而在一般人心目中,他被看成是一个具有平民极端派倾向的人。[2]

庇西特拉图于公元前561年被选为雅典执政官,这时梭伦退休(公元前572年)已经十一年了。他在一次公民大会上,向公众宣称有人要刺杀他,并向公众展示一处创口,说这就是证据,从而要求公民大会同意他建立贴身卫队。这在雅典是没有先例的。[3] 尽管有人怀疑这是庇西特拉图自己搞出来的创口,而且建立贴身卫队有利于改行个人独裁政治,但公民大会仍通过了一项决定,同意他成立一支50人的贴身卫队。庇西特拉图却扩充为拥有400人的卫队,乘机占领了雅典卫城,宣布实行个人独裁。[4] 这是庇西特拉图的第一次僭主政治。梭伦这时退休在家,劝告过庇西特拉图不要破坏民主体制,庇西特拉图置之不理。

---

[1] 参看亚里士多德:《雅典政制》,日知、力野译,商务印书馆,2009年,第18页。
[2] 参看同上。
[3] 参看杜兰:《世界文明史》第2卷《希腊的生活》,幼狮文化公司译,东方出版社,1998年,第88页。
[4] 参看同上。

庇西特拉图僭主政治维持了6年。雅典的海岸派和平原派联手,率领军队于公元前556年把庇西特拉图赶下台,并逐出雅典。庇西特拉图不甘心失败,同海岸派密谈,取得他们的支持,于公元前550年带兵回到雅典,夺回政权,建立了他的第二次僭主政治。仅隔一年,庇西特拉图同海岸派短暂的友好关系宣告破裂。海岸派再度同平原派联手,于公元前549年把庇西特拉图逐出雅典。庇西特拉图的第二次僭主政治又告失败。

庇西特拉图认识到自己之所以一而再地被从雅典赶走,是因为军队缺乏战斗力,于是着力重整军队。他经过几年努力终于击败对手,于公元前546年以胜利者的身份重返雅典,建立了他的第三次僭主政治。尽管他的对手们痛责庇西特拉图反复无常,一心想实行个人独裁,但他的第三次僭主政治却巩固下来了,一直到公元前527年他因病不治而死去。

前两次僭主政治期间,由于统治时间都比较短,又忙于同对手海岸派和平原派争夺政权,所以庇西特拉图在施政方面没有大的举措。第三次僭主政治确立后,庇西特拉图有了自己训练出来的一支有战斗力的军队作为支柱,权力巩固了,他便着手改革,把梭伦开始的改革事业继续推行下去。根据雅典城邦的传统,僭主政治是对民主体制的背叛,是受谴责的。然而,庇西特拉图执政期间所采取的政策却博得公众的好评,这是值得注意的事情。

在经济方面,对于梭伦推行的缓解平民和贵族之间矛盾并给穷人以救助措施,庇西特拉图不但没有更改,反而有所加强。例如,他把逃亡贵族或政变失败的贵族的土地加以没收,分配给贫苦农民,使他们分到一块耕地,以维持生活;"他又实施农贷制度,资助贫苦农民发展橄榄和葡萄种植"[1]。

他在雅典建立了一些大型公共建筑,包括神殿等,既可安置失业人员,又使雅典成为传播希腊文化的中心。

他修筑道路,兴建排水系统,使城市居民生活条件得以改善,并且保障境内交通运输线路畅通。

他开发银矿,并发行了雅典自己的银币。雅典的财力增强了,雅典在国际贸易中的地位也提高了。

他在通向黑海的达达尼尔地区建立了雅典的移民点,控制了通往黑海沿岸的水上商路,同时发展造船业,建立雅典的舰队,使雅典的各种产品可以顺利地到达黑海沿岸地区,也使得当地的粮食能源源不断地运到雅典,保障雅典居民的需求。[2]

他大力发展对外贸易,同不少外邦订立了通商协定,使贸易兴隆,社会受益。

为了增加财政收入,他对所有的农产品课以10%的税,稍后似乎降低到5%。[3] 最贫苦的农民的产品可以免税。

在政治方面,他使梭伦执政时制定的法律继续生效。在他的治理下,雅典仍然采取选举执政官的办法,公民大会和四百人会议照常起作用,各级法院也照常依法审判案件。社会秩序一切正常。唯一不同或最大的不同是:庇西特拉图的个人建议起着重要作用。这就是庇西特拉图个人独裁的集中表现。

---

[1] 吴于廑:《古代的希腊和罗马》,三联书店,2008年,第25页。
[2] 同上书,第26页。
[3] 参看杜兰:《世界文明史》第2卷《希腊的生活》,幼狮文化公司译,东方出版社,1998年,第89页。

三、对庇西特拉图僭主政治的评价

庇西特拉图刚建立僭主政治和建立个人独裁体制之时,拥护他的人不少,反对他的人也很多。拥护他的人认为这样一来,他就可以不受牵制地推行改革了。反对他的人则认为,他违背了雅典的民主传统和法制,这只能把雅典政局导向混乱、无序、内乱,而不可能给雅典人带来利益。但久而久之,雅典公民,包括一部分贵族,对庇西特拉图的看法渐渐发生了变化,因为庇西特拉图执政给雅典社会带来了繁荣和稳定。

亚里士多德对庇西特拉图的治绩做了如下的评价,他写道:庇西特拉图在作为山地派领袖时尽管"被看成是极端倾向人民的人"①,但他执政后,"处理国政是温和的,而且是具有宪法形式的,而不是僭主的;他每事仁慈温厚,对待犯法的人尤其宽大,而且拨款借贷贫民,以供他们产业之需,使他们能够依靠农耕,以自赡养"②。庇西特拉图为什么要竭力帮助农民,亚里士多德认为这是出于两个目的:"既防止他们逗留城市,而使之散居乡村,又令他们有小康之产,忙于自己私事,而不愿意,也没有时间来留心公众事情。"③亚里士多德的这一解释不一定符合实际。可能需要从庇西特拉图的山地派领袖身份进行分析。山地派代表了小农的利益,得到小农的支持才能使庇西特拉图夺得政权并巩固政权。因此,他照顾小农的利益是符合他的政治见解的。当然,亚里士多德也承认庇西特拉图发展经济的设计是对的,即

---

① 亚里士多德:《雅典政制》,日知、力野译,商务印书馆,2009年,第18页。
② 同上书,第21页。
③ 同上。

只有土地得到充分有效的利用,生产才能发展,农民才能增加收入,社会才能稳定。①

那么,应当怎样看待庇西特拉图的僭主政治同他推行改革二者之间的关系呢?庇西特拉图最初是通过选举方式当上雅典执政官的。他曾经想在平民和贵族之间做一调停人,使双方各做一些让步,使雅典不至于陷入内战。当初梭伦上台后,就是这么做的。梭伦在雅典的民主体制内采取平衡策略,使双方有所妥协,所以得以推进改革。但庇西特拉图作为协调者,却是无效的。庇西特拉图唯有"只求目的,不问手段",转而用个人独裁代替了民主政治。公众为什么会支持他的僭主政治?应该说,并不是庇西特拉图一选择僭主政治,马上就有多数人跟着他走。实际上,是在庇西特拉图调解失败之后才选择僭主政治的,即使如此,不少人认为民主政体是雅典公民的底线,不能违背民主政体而做另外的选择。但过了一段时间之后,越来越多的人懂得了一个简单的道理:与其保留民主政体而使社会陷于混乱,导致民不聊生,不如接受庇西特拉图的个人独裁而让社会稳定和人民生活改善。对大多数雅典人来说,这是现实的选择。廖学盛在《古代雅典民主政治的确立和阶级斗争》一文中写道:"从维护雅典公民的政治权利方面看,显然有所倒退,因为僭主凌驾于公民大会之上。"②然而,从后果方面看,对庇西特拉图的治绩应当是肯定的:庇西特拉图执政期间"推行的削弱氏族贵族的经

---

① 参看亚里士多德:《雅典政制》,日知、力野译,商务印书馆,2009年,第21页。

② 廖学盛:"古代雅典民主政治的确立和阶级斗争",载《世界历史》1989年第6期,第107页。

济、政治和社会影响、促进雅典农业与外界联系的种种措施,使雅典的经济发展走到了希腊各邦的前列,特别是使雅典的经济发展与海外扩张发生了密切联系"[1]。吴于廑在《古代的希腊和罗马》一书中对庇西特拉图的评价则是:"僭主"的"僭",这是就不符合法律程序而言的。但不能以为"僭主必然是暴君"[2],可以说庇西特拉图是"僭主",但"说他'暴',就根本不合乎历史事实"[3]。廖学盛和吴于廑两位学者对庇西特拉图僭主政治的分析是很有见地的,我同意这些分析。我想补充的是这样两点:

第一,这同庇西特拉图本人的品质有关。在僭主政治的框架下,不是任何僭主都能像庇西特拉图那样把雅典城邦的兴衰存亡放在首位的。庇西特拉图则始终把稳定雅典社会和振兴雅典经济放在施政方针的中心。他也不是无所作为的人,例如,他压制了贵族的反抗,贵族逃往国外或被放逐到国外后财产被没收,土地被拿来分配给无地或少地的贫苦农民;愿意留在雅典的贵族,只要不公然反对庇西特拉图政权的,可以照常过着富裕的生活,只不过要多纳税,多为雅典公共建设捐献就行了。对于平民中的极端分子,庇西特拉图同样运用个人独裁所获得的权力,让他们安分些,不要采取过激的行为,如重新分配一切富人的财产(包括土地),把富人扫地出门等等。庇西特拉图在完成梭伦想做而做不到的事情。这是他的过人之处。

第二,雅典城邦从建立之时起就有民主政治的传统,梭伦遵

---

[1] 廖学盛:"古代雅典民主政治的确立和阶级斗争",载《世界历史》1989年第6期,第107页。
[2] 吴于廑:《古代的希腊和罗马》,三联书店,2008年,第25页。
[3] 同上。

守民主政治的程序，维护这一程序，不容许有越轨行为，这是对的。但问题在于：到梭伦时期，雅典的民主政体是不是已经完善了呢？尽管梭伦通过一系列的政治体制改革，使雅典的民主政体比以前改善了，但是不是仍然有待于继续改善呢？然而，当继续完善民主政体已经遇到障碍而难以推进之际，难道就此停止改革吗？庇西特拉图采取了与梭伦不同的方式。梭伦只能寄希望于后来人，至少要求接任者宣誓在10年内不修改已有的法律。庇西特拉图则认为，尽管雅典的民主政体还不完善，与其让改革就此搁浅止步，不如绕开传统的民主程序，使改革继续前进。这就是梭伦和庇西特拉图的区别。换句话说，假定民主政体通过进一步改革而趋于完善，产生僭主政治的机会就会少得多，即使有人登上了僭主的位置，还会有那么多人支持僭主吗？正是从这个角度来考察，庇西特拉图的执政"对雅典民主制的发展具有积极意义"[1]；也正是从这个角度来考察，"庇西特拉图统治下的雅典，经济繁荣，政治稳定，直接证明了梭伦改革的方向是正确的，改革措施是确实可行的——只要贵族阶级停止权力争夺即可——这对后世民主制的进程无疑是一个重要的信息"[2]。

尽管庇西特拉图执政多年，成绩显著，但最大的问题正出于个人独裁统治。公元前527年庇西特拉图因病去世，临终时把权力移交给他的两个儿子：哥哥希庇亚斯和弟弟希帕恰斯，实际掌权的是哥哥希庇亚斯。

---

[1] 魏凤莲：《古希腊民主制研究的历史考察（近现代）》，山东大学出版社，2008年，第5页。
[2] 同上书，第4—5页。

在政治生活中,地位和权力可以子承父业,但能力、智慧和个人品质却未必父子相传。庇西特拉图实行个人独裁,但他能力强,有思想,有见解,并且既不敛财,又不暴虐,而是时时刻刻考虑雅典的改革和发展前景。他的两个儿子继承了父亲的独裁政体,大权独揽。他们不仅没有父亲的能力和智慧,甚至私欲膨胀,自私贪婪,为所欲为,毫无顾忌。雅典公众一方面为庇西特拉图不经过公民大会同意就传给两个儿子而深为不满,另一方面,更重要的是,希庇亚斯和希帕恰斯兄弟二人私欲横行,贪得无厌,不仅把雅典政坛搅乱了,而且也使雅典社会矛盾激化了。弟弟希帕恰斯在一次游行集会中被杀,兄长希庇亚斯为了替弟弟报仇,处死和放逐了一些人,从而引起更多的人不满。这就为雅典贵族派的卷土重来准备了条件。多年来亡命国外的雅典贵族一直投靠斯巴达,总想借助于斯巴达的力量返回雅典执政。留在雅典国内的贵族们,一直沉寂不语,也在伺机而动,现在终于等到了可以重整旗鼓的机会,同亡命国外的贵族相勾结,在推翻庇西特拉图家族独裁体制的旗帜下,率军进攻雅典。希庇亚斯迫于形势,不得不于公元前510年让出政权,接受放逐。庇西特拉图家族的僭主政治宣告结束。"很少有僭主能传至二代;庇西特拉图到了第二代就结束了。"[1]

个人独裁统治是不受制约和缺少制衡机制的一种政体。个人独裁统治能否持续下去,归根到底要靠公众是否继续支持这一政权。庇西特拉图家族统治的失败,就因为公众摒弃了希庇亚斯。庇西特拉图一生最大的错误,也许就在于他相信权力和

---

[1] 基托:《希腊人》,徐卫翔、黄韬译,上海人民出版社,2006年,第96页。

地位是可以世袭的。假定他在晚年把政权交还给公民大会,不那么溺爱两个儿子,①也许他的家族的下场不会那么凄惨。

但无论如何,庇西特拉图终于在自己的执政期间使雅典成为希腊世界中的一流强国。②。

第五节 克利斯提尼改革

一、克利斯提尼执政

制度调整是雅典城邦建立后不可阻挡的大趋势。庇西特拉图家族统治的结束并不意味着这一趋势停止前进了或逆转了。制度调整仍在继续进行。舵手的重任落到了克利斯提尼肩上。这是雅典城邦的制度调整中又一个阶段的开始。

前面已经提到,亡命国外的贵族所投靠的是斯巴达。亡命国外的贵族以留在雅典国内的贵族做内应,在斯巴达军队的帮助下,推翻了庇西特拉图家族的统治。克利斯提尼也是贵族家庭出身。在雅典贵族勾结斯巴达并组建军队(雅典自己的军队)进攻雅典时,他是这支军队的领导人。

紧接着,贵族控制下的雅典开始了执政官的选举。当选为首席执政官的是雅典贵族派代表人物伊萨哥拉斯,因为斯巴达看中了他。克利斯提尼在选举中失败了。但雅典的大多数公民是拥护克利斯提尼的。克利斯提尼鼓动支持自己的公民起来暴

---

① 参看杜兰:《世界文明史》第 2 卷《希腊的生活》,幼狮文化公司译,东方出版社,1998 年,第 90 页。

② 参看同上书,第 89 页。

动,把伊萨哥拉斯赶下了台。克利斯提尼在暴动中掌握了政权。他的上台尽管也是不符合雅典民主政治的规则和程序的,但雅典大多数公民认可了他。他建立的依然是一个独裁的政府。

斯巴达对雅典公众推翻伊萨哥拉斯的行为极其不满,出兵进攻雅典,准备扶植伊萨哥拉斯复位。克利斯提尼率领雅典军民奋勇抵抗,终于击败了斯巴达军队,斯巴达被迫撤军。克利斯提尼巩固了自己的政权。

克利斯提尼执政地位巩固后,着手恢复民主体制,并在梭伦和庇西特拉图改革的基础上继续推行改革。克利斯提尼懂得,民主政体在雅典城邦已家喻户晓,它的群众基础已经确立,虽然自己最初是以推翻伊萨哥拉斯的军事政变方式上台的,但如果不把自己的执政纳入雅典民主政体的运行轨道,即使当初雅典的公民大多数认可了这次军事政变,但肯定是不会持久。为了雅典城邦的长治久安,他必须重返民主政治的框架内,而且此举宜早不宜迟。

克利斯提尼还认识到,斯巴达在当时希腊世界中是唯一能够同雅典一争高下的强国,何况在斯巴达的周围还有一些听从斯巴达发号施令的伯罗奔尼撒半岛上的希腊城邦;斯巴达不会甘心失败,而一定会寻找自己在雅典的代理人再度介入雅典的政局。为了巩固政权和保障雅典城邦的安全,克利斯提尼认为必须继续发展经济,不断增强雅典的国力,而唯有大力推进改革,才能使雅典以希腊世界一流强国的姿态活跃在希腊世界之中。

克利斯提尼政权巩固后不久,一系列重大的改革措施就陆续推出。克利斯提尼改革大约开始于公元前509年或508年,距离庇西特拉图家族统治的结束才1—2年。

二、克利斯提尼的改革措施

克利斯提尼的重大改革措施主要有以下几项：

1. 重新划分选区和公民登记

雅典城邦是在原先居住于阿提卡半岛地区的四个部落合并的基础上建立的。四个部落，共包括360个氏族。选举一直按照部落组织进行。氏族贵族在部落中拥有传统的势力，他们操纵选举，依循惯例让氏族成员中的最年长者和最富有者当选。传统的按部落划分的选举制必然使权力落到氏族贵族手中。议事机构长老会议也就必然成为贵族会议。

梭伦和庇西特拉图都没有就选举制度中的选区划分进行改革。克利斯提尼执政后，为了改变选举的不合理，决定废除以血缘为基础的部落和氏族选举制，即取消原有的四个部落，代之以地理区划，把雅典分为10个选区，每个选区都包括一定的海岸地区、平原地区和山区，从而消除了以往形成所谓海岸派、平源派和山地派的根据。这样一来，不但地域特征（如海边、平原、山地）随着选区的重新划分而消失，而且氏族血缘的界限也淡化了。[1]

过去，在宗教信仰方面，每一个部落都有本部落所崇拜的神灵，这是从遥远的古代传承下来的，并成为氏族血缘关系赖以依托的基础；一个部落及其分支还要因共同崇拜的神灵而承担某些义务，[2]这同样是部落和氏族产生自身的凝聚力的重要因素。

---

[1] 参看亚里士多德：《雅典政制》，日知、力野译，商务印书馆，2009年，第28—29页。

[2] 参看韦伯：《经济与社会》上卷，林荣远译，商务印书馆，2006年，第440页。

要知道,在重新划分选区以后,过去的地域特征和血缘关系所起的作用逐渐淡化了,甚至消失了,但仍然需要有一种联系的纽带,这就是共同的神灵崇拜,也就是宗教因素,使团体"成为个人至少与迷信膜拜的共同体,而且往往是与人为的'祖先'相结合的团体"①。克利斯提尼重新划分选区后,不管这种划分设计得多么合理,宗教因素的作用仍然保留下来了,观念和旧传统也就没有被摒除。② 具体地说,通过选区的重新划分,每一个选区都以当地出生的古代英雄作为本区的守护神,作为团结人们的象征。至于10个区域守护神的由来,则是"按皮西阿女巫的神谕就一百个预先选择的名字中选出的"③,从而,避免了争议。这正是雅典选区重划的特色。

选区重划后,进行公民登记。结果,雅典的公民人数大大增加了。这是因为,外邦出生的自由民过去因族籍不同而无法登记入册,现在改为按地区登记,只要他们登记入册,便成为新的雅典公民。在登记时,甚至还发生误录的情况,即"把外邦居留民中的奴隶编入雅典各部族间"④。登记的公民人数增加,意味着支持克利斯提尼政府的人增加了。

但这一做法究竟是对还是错,引起了一些人的质疑,他们认为这种做法是违法的。亚里士多德就此进行了评论。他写道:"在这些新增的公民方面所引起的疑难,实际上不是某人是否为公民的事实问题,而是这些〔事实上已是公民的〕人们是否应

---

① 参看韦伯:《经济与社会》上卷,林荣远译,商务印书馆,2006年,第440页。
② 参看同上。
③ 亚里士多德:《雅典政制》,日知、力野译,商务印书馆,2009年,第29页。
④ 亚里士多德:《政治学》,吴寿彭译,商务印书馆,1997年,第115页。

该成为公民的法制问题。"①意思就是说,克利斯提尼这种公民登记的做法违背了原来的法律,因为按照雅典过去的规定,外邦人不应同本族人等量齐观,奴隶则是不齿于公民的,更不能登记为雅典的公民。② 亚里士多德就此引申道:"从这个问题又可引起进一步的问题,即凡在道义(成规)上不该为公民的是否可以成为一个真正的公民,而凡是不合道义的事物是否就作为虚假的事物?"③亚里士多德通过这一问号,表述他本人的观点:"在变革后凡是已获得这些法权的人们,实际上就必须称为公民了。"④也就是说,在亚里士多德看来,不管克利斯提尼这一做法是不是合乎成规,既然这已经成为事实,那就必须承认事实,即这些人既然已经有了公民身份,就得承认他们是雅典公民。⑤

通过选区的重新划分,从克利斯提尼以后,在雅典,一个人一旦被划分为属于某一个地区,那么这种地区成员的资格,"就是一种持久的可以继承的品质,它取决于住所、地产和职业"⑥。可以以一个由农村迁入城市工作和生活的手工业者为例。这样的手工业者,尽管他们居住在城市中,从事的职业是手工业,甚至他们迁入城市已经好几代人了,由于他们原来住在农村,所以他们依然按照各自原来所在的农业地区而定为那个农业地区的成员。⑦ 也许这就是克利斯提尼重新划分选区和公民登记措施

---

① 亚里士多德:《政治学》,吴寿彭译,商务印书馆,1997年第115页。
② 参看同上书,第115页注①。
③ 同上书,第115页。
④ 同上书,第116页。
⑤ 参看同上书,第115页注②。
⑥ 韦伯:《经济与社会》下卷,林荣远译,商务印书馆,2006年,第696页。
⑦ 参看同上。

的不够灵活之处。

2. 五百人会议

在梭伦改革时期,建立了四百人会议,作为公民大会的常设机构。四百人会议由雅典原来的四个部落各推选100人产生。四百人会议的建立在一定程度上削弱了过去贵族把持权力的状况,平民也可以推举自己中意的代表参加公民大会的常设机构。

现在,克利斯提尼重新划分了选区,四百人会议随之取消,代之以五百人会议,由新划分的10个选区各产生50人组成。重要的改变是五百人会议成员的产生办法。产生的办法不是选举,而是抽签或拈阄。凡年满30岁而且过去并未担任两届会议成员的男性公民,都有可能被抽中。[①] 人人都有机会被抽中,任何人担任会议成员不得超过两届,这被认为是公平合理的。抽签或拈阄本是民间经常使用的一种方法,具有"平民性质",[②] 所以得到平民的拥护。

的确,用抽签法或拈阄法产生五百人会议成员的规则,在当时雅典的环境中有两个明显的优点。第一,排除了梭伦时期四百人会议的成员必须是同一氏族有血缘关系的公民才有资格入选的界限,也就减少了论资排辈而让"年长者"当选的可能性;现在,连刚刚入籍的外邦人都有入选的资格了。一切都靠机缘,抽签时,抽到谁就是谁当选。第二,排除了任何人靠财富进行贿选的可能性,它使每一位公民被抽中的机会相等。这样也就消除了在以往的选举方式之下选举的结果往往引起人们的猜疑,

---

[①] 参看亚里士多德:《雅典政制》,日知、力野译,商务印书馆,2009年,第28—29页。

[②] 参看亚里士多德:《政治学》,吴寿彭译,商务印书馆,1997年,第201页。

认为有人贿选拉票等情况的发生。

此外,与四百人会议相比,五百人会议的权力扩大了,即除了拥有为公民大会准备提案的权力之外,还拥有监督所有官员的权力,以及执行公民大会决议的权力。这也扩大了平民在雅典政治体制中的作用。特别是拥有监督所有官员的权力这一点,意义十分重大,因为五百人会议成员是抽签抽出来的,包括各个不同职业、不同选区和拥有不同财产的人,他们过去互不相识,他们对官员的监督也必定是多方面的,一般不存在包庇某个官员或倾向某个派别的问题。

由于五百人会议的人数仍然偏多,所以又采取五十人团的做法。这是指:把五百人分为10组,每组50人,称做五十人团,按组轮值,轮值期为一年的十分之一,每天用抽签或拈阄的办法抽出一人担任主席。可以认为,公民大会之下的五百人会议是公民大会的常设机构,五百人会议之下的五十人团则相当于公民大会常设机构下的轮值办事机构。这样,通过克利斯提尼改革,不仅以五百人会议替代了四百人会议,而且使五百人会议这个公民大会常设机构有了轮值机构——五十人团,赋予公民大会常设机构权力的行使具体化和经常化了。

五百人会议的另一个明显特点是"会议向公众开放"[1]。据记载,听众是可以旁听会议的,只不过听众并非进入会场,而是"被栅栏隔在外面"[2]。但是,旁听者如果想要发言的话,他可以事前提出书面申请,经过会议同意后,可以进入会场,在会议上

---

[1] 库蕾:《古希腊的交流》,邓丽丹译,广西师范大学出版社,2005年,第103页。

[2] 同上。

发言。① 在某些情况下,五百人会议是闭门举行的,特别是在辩论时,这时不容许旁听。会议公开,容许旁听,很可能是保留了部落时期的习惯,因为按照传统,部落的大事对本部落的人是不保密的。

3. 十将军制

十将军制又称十司令官制,大约建立于公元前501—前500年之间。

按照克利斯提尼所做出的决定,新划分的雅典10个区域各推举一位将军,组成十将军委员会,共同指挥雅典的军队。10人轮流担任总指挥,每人任期一年,这样就可以防止某一位将军长期掌握大权。

历史学界历来流行一种说法,认为十将军委员会设有首席将军一职,首席将军居于十将军之首,大权掌握在他的手中。② 据晏绍祥的分析,这种说法纯粹是一种误解。他在"雅典首席将军考辨"一文中写道:"雅典十将军的产生,是克利斯提尼部落制度改革的必然结果……克利斯提尼改革的基本目的是打击贵族势力,增强雅典国家的统一,因此不大可能在这10名将军中产生一个首席将军,引起不同部落之间的竞争。"③由于有了这10名将军轮流担任总指挥和每人任期一年的规定,总指挥一

---

① 参看库蕾:《古希腊的交流》,邓丽丹译,广西师范大学出版社,2005年,第103页。
② 参看晏绍祥:"雅典首席将军考辨",载《历史研究》2002年第2期,第119页。
③ 同上书,第121页。

职只是短期的职务。这也说明,"10 名将军的权力是平等的"①。晏绍祥在分析了有关雅典首席将军的误解之后,得出了这样的结论:"雅典国家的最高权力掌握在公民大会手中,国家所有重大的事务,都必须经过公民大会讨论和决定,并在公民大会和议事会的监督下执行。"②军事上的最高决策权不可能例外。克利斯提尼也不可能让雅典的军事最高指挥权落到所谓首席将军的掌握之中。

4. 陶片放逐法

克利斯提尼为了保证雅典城邦的安全和稳定,让公民大会有权以投票方式决定是否把被认为危及雅典城邦安全的人放逐国外。亚里士多德指出,这表明克利斯提尼宪法"比梭伦宪法要民主得多"③。把政治上的反对派逐出雅典,是历来雅典城邦领导人常用的手段,正是克利斯提尼首次采取公民投票(既不是领导人自行决定,也不是用公众集会上鼓噪或喝彩的方式做出决定)来实行放逐。这应当被看成是雅典城邦的一个进步:公民大会增加了公民投票决定对某个人放逐的权力,使雅典的民主政治得到了法律的保证。

这种做法被称为陶片放逐法。④ 公民的表决是用写在陶器碎片上的意见秘密进行的。当时雅典的公民人数大约是 30,000 人,

---

① 参看晏绍祥:"雅典首席将军考辨",载《历史研究》2002 年第 2 期,第 121 页。
② 同上书,第 130 页。
③ 亚里士多德:《雅典政制》,日知、力野译,商务印书馆,2009 年,第 29 页。
④ 陶片放逐法一译"贝壳放逐法"。孙道天在所著《古希腊历史遗产》一书(上海辞书出版社,2004 年,第 63 页)中指出"贝壳放逐法"一词翻译不确,应译为陶片放逐法。

一人一票。但出席公民大会的人数不可能那么多。出席公民大会的决定放逐某人的法定投票人数应是6,000人。只要有过半数的陶片同意放逐,就获通过。流放期为10年,10年之后才准许回国。

放逐于国外是一种很重的处罚,但放逐并不包括没收财产的处罚:"在这个时期,他仍然是自己土地的所有者,并拥有其收获。"①这并不是绝对的。放逐可以同没收个人财产并处,被没收的财产由国家出售,也有人敢买。希罗多德曾经举过一个例子。他写道:"在佩西司特拉托斯从雅典被放逐之后国家拍卖他的财产时,在雅典人当中只有卡里亚斯是敢于买佩西司特拉托斯的财产的。"②

尽管实施了陶片放逐法,但雅典公民大会并未滥用此项权力。"第一个被用于陶片流放法赶走的人是他(指克利斯提尼)的亲戚……赶走这个人的要求,本来就是克利斯提尼制定这种法律的主要动机。"③据说,这个人是以前僭主的朋友,现在又成了以前僭主支持者的首领,所以放逐这个人有助于雅典社会的稳定。④

从克利斯提尼制定并实施陶片放逐法之时起,到它被废除为止,共存在了90年。这90年内,仅有10人被逐出雅典。⑤可见,雅典城邦对陶片放逐法的运用是相当谨慎的。即使如此,

---

① 黄洋:《古代希腊土地制度研究》,复旦大学出版社,1995年,第129页。
② 希罗多德:《历史》下册,王以铸译,商务印书馆,2007年,第453页。
③ 亚里士多德:《雅典政制》,日知、力野译,商务印书馆,2009年,第30页。
④ 参看同上。
⑤ 参看杜兰:《世界文明史》第2卷《希腊的生活》,幼狮文化公司译,东方出版社,1998年,第91页。

陶片放逐法是雅典城邦的一种巨大的威慑力量，它"对那些不受群众欢迎的头面人物（往往是贵族）构成很大的威胁，不失为民主政治的一个重大工具"①。

三、对克利斯提尼改革的评价

在雅典城邦制度调整过程中，克利斯提尼是继梭伦和庇西特拉图之后的又一个重要代表人物。梭伦执政开始于公元前594年，到克利斯提尼改革事业达到顶峰时期（公元前5世纪最初年份）大约有100年之久，这段时间内虽然也经历了一些波折，但大体上仍是顺利的。制度调整不断取得进展，雅典经济发展了，国力充实了，社会矛盾缓解了，公民们的法律意识和国家观念也都增强了。这就为几年之后波斯侵入希腊的战争准备了应战的条件。

克利斯提尼的改革离不开他的前人所开辟的道路以及他们所奠定的基础，但由于整个雅典的形势已比梭伦和庇西特拉图执政时期有了很大的变化，所以克利斯提尼能够采取更加大胆、更加坚决的方式来推进改革。具体地说，当梭伦着手推行改革之时，氏族和部落制度仍有很大的影响，氏族贵族们在经济、政治、社会等方面仍有很牢固的基础，他们势力大，在人们心目中的形象好，支持他们的人不少。梭伦正是在如此艰难的条件下启动雅典城邦的改革的。他不得不采取平衡策略，既照顾了贵族们的利益，又让平民得到了实惠。他是在协调方针的指引下使制度调整逐步取得进展的。万事开头难，梭伦是使雅典从氏

---

① 吴晓群：《希腊思想与文化》，上海社会科学院出版社，2009年，第59页。

族血缘关系和部落传统的束缚中摆脱出来的第一人。这是后人必须承认的。

庇西特拉图沿着梭伦所开辟的道路继续走下去。尽管他建立的僭主政治破坏了城邦以公民为主体的民主原则,但他毕竟巩固了梭伦改革的成果。在此基础上,他使得雅典社会稳定了,经济发展了,而社会稳定和经济繁荣正是进一步改革的前提。庇西特拉图死后的政局混乱是暂时的,雅典很快就迎来了克利斯提尼的改革,而正是克利斯提尼的改革,导致雅典城邦通过制度调整的深化,在民主政治道路上迈出了一大步。

克利斯提尼的选区重新划分和公民登记、以五百人会议代替仍然保留部落制因素的四百人会议、五十人团发挥执行公民大会决议的职能、十将军制、陶片放逐法的实施,所有这些具有重大意义和深远影响的改革措施,使得氏族贵族的特殊地位赖以存在的基础解体了。这是在将近一百年前梭伦开始改革时简直无法想象的事情,通过几代改革者的努力终于实现了。

在克利斯提尼的改革中,值得一提的是他对任命方式的变更,即用抽签制或拈阄制代替了选举制。以抽签或拈阄来任命公民大会常设机构的成员,当然不是没有缺陷的,因为这种方式可能把最佳候选人埋没了,把比较合格的人选漏掉了,却让能力较差、品质较差的人,甚至能力和品质最差的人抽中了,但这却让每一个公民都有同等的机会,使他们在一生中总有机会担任公民大会常设机构的成员。而且,一个公民如果抽中了,至多也只能担任两届成员(一届为一年)。据说,采取这种抽签办法之后,雅典的公民"至少三分之一在其一生中也至少有一次享受最高权力机构成员的机会"①。可以说,"世界上从没有这样普及政权的制度"②。

关于抽签制的意义,可以归结为一点,即开创了"公民轮流执政"的先例。正如黄洋在"民主政治诞生 2500 周年?——当代西方雅典民主政治研究"一文中所指出的:"从根本上说,希腊民主的核心是全体公民直接参与国家的管理,在实践上通过抽签的手段轮流执政。"③这种直接民主的形式是雅典特有的。直接民主的弊病也不少,本书第六、第七、第八章都会就此进行分析。在这里需要说明的是,抽签或拈阄制之所以能在雅典被采用,这与古代希腊人的一种理念有关:"对古代希腊人来说,民主政治的标志是抽签,选举则是贵族政治的象征。"④为什么会产生这样一种理念? 从雅典人的经验来看,这很可能是在部落、部落联盟时期他们从历次选举实践中总结出这样一点,即长老会议的成员尽管是由部落全体大会推举出来的,但那只不过是一种形式,提名的人选是氏族贵族们内定的,再由部落全体大会鼓噪通过,结果长老会议成员全由贵族担任。抽签或拈阄的做法原来存在于民间,大家都认为这才是公平合理的,这才是民主。理念就此形成,从而成为雅典人信奉的准则。因此,雅典人崇尚抽签制而不相信选举制:"在雅典民主政治中,选举并不是常用的手段,只有像将军和司库这类需要专门技能的官员是选

---

① 杜兰:《世界文明史》第 2 卷《希腊的生活》,幼狮文化公司译,东方出版社,1998 年,第 91 页。

② 同上。

③ 黄洋:"民主政治诞生 2500 周年?——当代西方雅典民主政治研究",载《历史研究》2002 年第 6 期,第 127 页。

④ 同上。

举产生的,绝大部分的公职都是通过抽签的方式任命的。"①

克利斯提尼"为雅典政治制度所奠定的基础一直维持到雅典国家终止其独立存在之日"②。这是对克利斯提尼的中肯的评价,也是对克利斯提尼改革的最大肯定。

有一个问题需要在这里讨论一下,这就是:梭伦是贵族,庇西特拉图是贵族,克利斯提尼也是贵族,这些贵族世家的子弟为什么要推进旨在动摇和瓦解氏族制度的改革? 氏族制度解体,贵族赖以存在并获取权力的基础不也就消失了吗? 不能用他们代表了雅典工商业者的利益,或者说,他们主要代表了雅典大商人集团的利益来解释他们为什么竭力推行这些改革,这种看法是片面的。毫无疑问,雅典工商业者甚至大商人的利益也在他们考虑之中,因为他们认识到雅典城邦的繁荣和强盛同雅典工商业的兴旺密切相关,雅典社会的稳定同就业的增长和低收入者收入的上升密切相关,所以只有振兴工商业才能实现这一切。更重要的是,梭伦、庇西特拉图和克利斯提尼都是政治家,他们最关注的是雅典城邦制度,他们认识到雅典城邦制度必须调整,只有制度调整才能使制度趋于完善,才能使雅典社会稳定和经济发展。这就是制度调整的使命,因为制度调整所着重的是如何使雅典的制度趋于完善,如何在协调的大环境中使不同地区、不同职业、不同财产的公民作为整体而受益,其中既包括平民和贵族,也包括工商业者,而不管这些工商业者是平民出身还是贵

---

① 黄洋:"民主政治诞生2500周年?——当代西方雅典民主政治研究",载《历史研究》2002年第6期,第127页。
② 摩尔根:《古代社会》上册,杨东莼、马雍、马巨译,商务印书馆,1997年,第268—269页。

族出身。通过几代人的努力,渐进式的改革到了克利斯提尼时期,终于使以氏族血缘关系为基础的组织体系瓦解了,"代替它们的是一种全新的组织"①,于是"有决定意义的已不是血缘关系的族籍,而只是经常居住的地区了"②。到这时,在雅典,任何一个仍想凭借氏族血缘关系而控制全社会的贵族,随着氏族血缘作用的消失而失去了夺权的依据。不仅如此,从克利斯提尼时期以后,富人虽然仍然拥有较多的地产和较多的钱财,但富人对公众的社会责任加大了,用于捐献的支出也增多了。比如说:

在雅典,在祭祀神灵方面,富人"必须贡献许多份很丰盛的祭品"③,否则,相信"神和人都会和你找麻烦"④;

富人"必须很大方地招待很多外来的客人"⑤;

富人"必须经常宴请市民并对他们有所资助,否则你就要失掉你的追随者"⑥;

以上都是一些平时的开支,此外,国家还强制富人支付几笔很大的捐款:"你必须养马,支付合唱队和体育竞赛的开支,接受(各种协会)会长的职位"⑦;

在战争时期,富人的负担就更重了。战争发生后,富人要

---

① 恩格斯:《家庭、私有制和国家的起源》,载《马克思恩格斯选集》第4卷,中共中央编译局编,人民出版社,1972年,第113页。

② 同上。

③ 色诺芬:《经济论》,载色诺芬:《经济论 雅典的收入》,张伯健、陆大年译,商务印书馆,2009年,第7页。

④ 同上。

⑤ 同上。

⑥ 同上。

⑦ 同上。

"维持一条船的开支,并且让你缴纳几乎可以使你破产的税款"①;

以上这些摊派或捐献几乎都是强制性的。对富人来说,"只要你一露出不能满足他们对你的希望的样子,那些雅典人一定会惩罚你,就好像他们发觉了你在抢劫他们似的"②。

雅典城邦的制度调整从总体上说是在平衡各方力量和协调各方利益的轨道上推行的。由于梭伦、庇西特拉图、克利斯提尼等制度调整的领导人在思想上都很明确,在制度调整过程中要逐步消除贵族垄断权力和照顾平民利益等,所以平衡策略的运用时总是有倾向性的:在平衡贵族和平民的利益和要求时总是倾向于平民这一方,在平衡富人和穷人的利益和要求时总是倾向于穷人这一方。这样,在抵制了平民极端派提出的重新分配土地和没收富人财产等主张的同时,最终选择了让贵族和穷人机会平等,以及让贵族和富人多尽社会责任,多为公益事业捐献等做法。这可能是当时雅典城邦可行的渐进式制度调整的最佳选择。

总之,雅典城邦的制度调整,历时将近一百年之后,通过克利斯提尼改革而完成了从氏族社会向城邦社会的转变,氏族统治结束了,区域组织建立了,从此,"地方政区作为整个区域的下属部分和在城邦里一切权利和义务的基础"③。这一变化的结果必然是:雅典城邦的性质改变了,人们"不再把城邦看作是

---

① 色诺芬:《经济论》,载色诺芬:《经济论 雅典的收入》,张伯健、陆大年译,商务印书馆,2009年,第7页。
② 同上。
③ 韦伯:《经济与社会》下卷,林荣远译,商务印书馆,2006年,第662页。

一种军事防御团体和望族团体的结义,而是作为一个强制机构的区域团体来看待"①。也就是说:城邦真正成为一个以公民为主体的、在一定区域内实行民主政体的城市国家。

在希腊世界中,雅典和斯巴达是两个最有实力的城邦,研究希腊古代史时常常把雅典和斯巴达相提并论,并对这两个城邦进行多方面的比较。作为城邦,雅典和斯巴达有一些相同之处,即二者都以公民为主体,公民通过城邦的政治权力体系行使着自己的权利,公民的代表行使着公民大会赋予的权力。但二者的政治体制不同,经济体制也不同。各自的政治体制和经济体制既有各自形成的历史条件,也有本城邦公民这些年来自己做出的选择,但二者都符合本城邦公众认可的民主政治的规则和秩序。从这个角度来看,不可能评断出谁优谁劣,谁进步谁保守,因为决策权都掌握在各自的最高权力机构公民大会手中。只有雅典人和斯巴达人自己才有资格做出评判。

那种认为斯巴达注重平等而雅典注重自由的说法,实际上是片面的。关于斯巴达的情况,本书第四章已做了说明。斯巴达对公民个人的自由的确规定了许多限制,而斯巴达对于公民的平等,迄至本书第七章所要讨论的伯罗奔尼撒战争结束以前,一直是关注的,而且实际生活中一直存在着斯巴达式的平等。直到伯罗奔尼撒战争结束后情况才有所变化。关于这种变化,本书第十一章会进行论述。所以这里只讨论雅典的公民自由和平等问题。

---

① 韦伯:《经济与社会》下卷,林荣远译,商务印书馆,2006年,第662—663页。

雅典人崇尚自由,经过制度调整,雅典城邦当局也越来越尊重雅典公民的自由。雅典人愿意经商就经商,愿意从事手工业就从事手工业,愿意研究学问就研究学问,愿意出国旅行就出国旅行,城邦不予干涉,其他人也不过问。大家都承认这是公民的权利。但雅典人同样崇尚平等。同斯巴达人不一样,雅典人注重的是公民在政治上的平等、政治权利的平等,而不是像斯巴达人那样强调社会的平等,即人人受同样的军事教育,人人在公共食堂内用餐,人人穿着一样,谁都不许拥有奢侈品,等等。"雅典的制度是将政治的平等置于社会的不平等之上。"①在雅典,一切公民,"自最低阶级到最高阶级,在国民大会中都有发言权和选举权,这种国民大会就是最后的威权"②。这就是雅典人的政治平等。"对于各种行政位置,人人皆有资格为之;在法庭当中,人人均要顺序做一次陪审官。"③这也是雅典人的政治平等。因此不能认为只有斯巴达注重平等而雅典人不注重平等。后来的研究者中有人指出,雅典人的平等也许过头了,在抽签制或拈阄制之下,不问人们在才干上的差别,担任公职的机会却一样多。其实,抽签制或拈阄制的好坏在于后果而不在于出发点,因为人人的出发点一样,大家都站在一条起跑线上:"虽然各人的能力有差别,但在实际位置上也是要平等的。"④

总之,雅典城邦所实行的平等原则,所着重的是政治上的平

---

① 狄金森:《希腊的生活观》,彭基相译,华东师范大学出版社,2006年,第91页。
② 同上书,第90页。
③ 同上。
④ 同上。

等,也就是公民权利的平等、公民义务的平等、公民任职资格的平等和公民在司法方面的平等,等等。这和前一章所谈到的斯巴达城邦所实行的平等是不一样的。斯巴达所着重的平等,当然也包括政治上的平等在内,例如在斯巴达公民大会上通过的决议,所有公民都必须遵守,公民大会通过以前公民可以自由地表述自己的意见。但斯巴达更加侧重的似乎是生活的平等,包括公民都穿简单朴素的衣服,都到公民食堂就膳;男性成年公民都过一样的生活,不得特殊化;男性未成年人都一律受军训,严格要求,谁都不得例外;人人都远离商业交易活动;收入上不得有差别,等等。这种生活上的平等、平均、公平,被当时和以后的人们所关注,相形之下,雅典的政治平等就被淡化了,甚至被曲解了。雅典很容易被说成是只图享受而不顾贫富差别扩大的城邦,只有斯巴达才是平等的典范。这种说法是不正确的,至少是不完整的。

以上所谈到的雅典城邦的制度调整,也就是从梭伦到克利斯提尼几代人所推进的政治体制改革和经济体制改革,都只是自由民社会的事情,与奴隶无关。前面已经说明,本书不采用"奴隶制社会"这种说法,而只分析作为雅典城邦的多种经济成分之一的奴隶制经济。雅典实行城邦制度,建立城邦以后,雅典的社会就开始从氏族社会或氏族—部落社会向城邦社会过渡。到克利斯提尼改革时期,这一过渡已基本完成。雅典社会可以称为城邦社会。在城邦社会中,公民是社会的主体,小生产所有制是基本的经济成分。奴隶制经济存在着,但无论是雅典的贵族还是平民,富裕的公民还是贫穷的公民,都把奴隶视为异类,谈不到民主政治和公民权利之类的问题。

克利斯提尼改革完成之际,雅典或希腊各个城邦面临的严峻挑战是外来的侵略,因为波斯帝国兴起了,强大了,威胁着整个希腊世界,雅典首当其冲。这是关系到包括雅典在内的希腊各城邦生死存亡的紧急关头。前面已经提出,雅典的十将军制大约建立于公元前501—前500年之间。相隔11年之后,在公元前490年,马拉松战役发生了。雅典面临着波斯军队的进犯。雅典的形势会发生什么样的变化,希腊世界会发生什么样的变化,下一章将予以阐释。

第六章 希波战争和希腊境内形势的变化

第一节 波斯帝国的兴起

一、波斯帝国兴起前小亚细亚历史概述

与希腊本土隔海相望的小亚细亚自古就是多民族混居之地。希腊城邦相继建立后,不少希腊人移民到小亚细亚西海岸和南海岸,建立了若干移民城市,其中有些成为独立的城邦,有些则是希腊城邦的殖民地,希腊人在那里修筑城堡、港口、道路、仓库等,开展贸易活动。但是希腊人并未深入到小亚细亚腹地。当时小亚细亚腹地基本上仍是一些游牧部落栖息的区域,他们大多数臣服于近东的君主国家,名义上受后者的保护,并定期或不定期地向后者缴纳贡赋。

在希腊人来到小亚细亚西海岸和南海岸之前,这里很早就有了土著居民。后来,来自黑海周围地区的部落,来自两河流域的部落,以及来自伊朗高原的部落,也都到过小亚细亚沿地中海海岸的土地上,他们以游牧为主,并无固定的居所,也不曾在这里建立过统一的政权。当希腊移民来到这一带之后,比较容易

地就建立了自己的定居点,后来发展为一个个城邦。

从历史上看,统一了两河流域的阿卡德王国奠立者、闪族人萨尔贡一世(约公元前2371—前2316年),曾派军队进入小亚细亚,直达地中海东岸,把小亚细亚纳入阿卡德王国的版图。这是很遥远的事情了。从时间上说,大约相当于希腊传说中的克里特岛米诺斯王朝的中期。米诺斯人是否到过小亚细亚沿岸,现在还不清楚。但可以肯定,米诺斯人除了在克里特岛上进行过统治以外,似乎也曾涉足于爱琴海的某些岛屿,距小亚细亚西海岸和南海岸不远。

再往后,原先生活在两河流域以东的库提人侵入了两河流域,代替阿卡德王国统治了这一广阔的地区。库提人统治这块地区的时间不久,他们又被闪族人乌尔恩古尔赶走。乌尔恩古尔在这里建立了乌尔王国。乌尔王国日益强盛。在第二代国王邓吉(约公元前2095—前2048年)统治时期,小亚细亚归乌尔王国管辖。

大约在公元前2006年,乌尔王国受到来自东面的依蓝人和来自西面的阿摩里特人的夹击,国亡,其末代国王伊比斯被俘虏,两河流域归依蓝人和阿摩里特人统治。但这时的两河流域一带已不再是一个统一的国家了,而是分裂为好几个国家,分裂状态长达二百多年。这一时期的小亚细亚似乎处于不受某一国家管辖的无序情况下,由当地的游牧部落自行统治。

巴比伦在这期间逐渐崛起。大约在公元前1792年,巴比伦国王汉谟拉比着手西亚的统一事业,经过多年战争,终于统一了两河流域。巴比伦强盛时,其势力可能达到了小亚细亚境内,但并未建立起真正有效的统治,当地的部落仍是强悍的、不服从节制的。这一时期大体上相当于希腊传说中的从中期米诺斯文化向晚期米诺斯文化的过渡阶段。

巴比伦国王汉谟拉比死后,其子继位。不久,两河流域又陷入混乱与分裂状态,巴比伦的国力大大削弱了。于是原来居住在小亚细亚的赫梯人乘机南下。赫梯人是非闪族人,他们起初是小亚细亚的土著居民,可能后来同居住于小亚细亚的其他土著居民混血,形成了一个混血后的赫梯民族。赫梯王国就是混血后的赫梯民族在部落和部落联盟基础上建立的。这也许是小亚细亚本土人在这里建立的最早的国家。赫梯人强悍好战,建国后竭力扩大版图,乘巴比伦衰落之际,于公元前1595年前后占领并大肆掠夺了巴比伦。这时大约相当于希腊传说中的米诺斯文化晚期。

公元前15世纪末到公元前13世纪初,赫梯王国达到鼎盛阶段。它在已管辖小亚细亚和两河流域的基础上同埃及争夺西亚的霸权。赫梯人在战争中获胜,占领了叙利亚,迫使埃及退出西亚。但从公元前13世纪末开始,因赫梯王国的版图过大,国王难以控制这样广大的被征服地区,而且境内许多部落不满国王的专横,不服从国王的命令。这些部落既相互攻战,又联合起来对抗赫梯王国。混战多年的结果是,赫梯分裂为若干小国。

在赫梯王国走向衰落和分裂的过程中,小亚细亚境内先后出现了两个新国家:先是弗里吉亚,后是吕底亚。弗里吉亚由弗里吉亚人所建,吕底亚由吕底亚人所建,这两个民族都属于印欧系统,都来自欧洲。

弗里吉亚人建国在先。弗里吉亚王国一度在小亚细亚称雄,但时间不久,即被另一支来自欧洲的吕底亚人所击败。吕底亚王国定都于萨尔迪斯。弗里吉亚人可能同希腊商人有过接触，但可以肯定的是，吕底亚人同希腊商人的往来比较多。这同吕底亚王国重视商业、重视发展经济有关。① 吕底亚王国曾发行金银铸币，据资料看，吕底亚王国所铸造的金币银币也许是西方世界最早出现并使用的政府铸币。② 吕底亚铸币此后在地中海东海岸一带的贸易活动中通用。

再往后，米底王国兴起了（关于米底王国的兴起过程，下面会有阐述），实力较强，控制了小亚细亚大部分地区，并攻打过吕底亚王国，但吕底亚王国顽强抵抗，双方相持不下，只好罢兵休战。在小亚细亚大部分地区实际上形成了米底王国和吕底亚王国两雄并立的局面。

下面再看看两河流域一带形势的变化。自从赫梯王国分裂为若干小国后，到公元前8世纪被亚述帝国所灭。亚述本来是西亚一个城市的名字，位于底格里斯河西岸，处在由小亚细亚经叙利亚通往埃及的交通要道上。亚述历史悠久，原是巴比伦的领地，后来乘巴比伦衰落而独立，但又沦为米坦尼的藩属。公元前1400年左右，赫梯击败了米坦尼，亚述才重新兴起。亚述重新兴起后，经过多年经营和战争，终于成为西亚的强国。③

公元前13—前12世纪，亚述乘赫梯王国衰落和分裂之际，夺取了巴比伦，并占领了小亚细亚东部、亚美尼亚等地，直达黑

---

① 参看希罗多德：《历史》上册，王以铸译，商务印书馆，2007年，第49—50页。
② 参看同上书，第49页。
③ 参看奥姆斯特德：《波斯帝国史》，李铁匠、顾国梅译，上海三联书店，2010年，第18页。

海东南岸。亚述还向西扩张,侵占了叙利亚。一个名副其实的西亚霸主——亚述帝国形成了。"亚述的崛起,标志着附属国治理的新时代。先前的统治者满足于最多只派遣一名'驻扎官'和少量士兵就能控制的附属国。亚述把被征服地区降为省,其行政官通过公文往来和中央政府保持密切的联系。"[1]这种局势维持到公元前11世纪后期,亚述帝国才衰落下去,其广阔的疆土分裂为若干小国。

这时,乌拉尔图开始崛起。乌拉尔图人,或称亚美尼亚人,原来以游牧为生,生活于小亚细亚东部的凡湖周边地区。公元前1000年左右,凡湖周围形成了一些小国,乌拉尔图就是小国之一。公元前9世纪初,乌拉尔图逐渐强盛起来,兼并了几个小国,向东扩张,占领了南高加索地区。

不久,亚述又东山再起。亚述国王亚述那西尔帕三世(公元前883—前859年)击败了乌拉尔图王国,在西亚地区保持强势。在国王提格拉特·帕拉沙尔二世(公元前745—前727年)在位期间,使版图扩大到东自南高加索,西至尼罗河岸,南到波斯湾,北至小亚细亚边境的广大地区。公元前729年,他并吞了巴比伦,自称巴比伦之王。到了国王萨尔贡二世(公元前722—前705年),他北上击溃了乌拉尔图,把小亚细亚东部地区也纳入了亚述帝国版图。

亚述帝国再度兴盛的时间并不很长,因为国内一直不安宁,叛乱不止,主要原因在于被亚述征服的地区往往遭到亚述军队

---

[1] 奥姆斯特德:《波斯帝国史》,李铁匠、顾国梅译,上海三联书店,2010年,第18—19页。

的血残屠杀,被俘兵士一律以酷刑处死,被征服地区的人们稍有不满也被杀害,更不必说反叛被俘后的遭遇了,断肢、挖眼、割耳、割鼻、割舌后再处死的受难者难以估计人数。这样,不可避免激起被征服地区各族人民的强烈反抗。内战连年不绝,亚述国力大减。公元前7世纪中叶,埃及摆脱了亚述的统治,获得独立。巴比伦也动荡不止,反抗不绝,虽然屡遭亚述的残酷镇压,但在公元前626年,巴比伦的迦勒底人和伊朗境内的米底人组成联军,进攻亚述,并于公元前612—前605年灭掉亚述。亚述的疆土被米底人的米底王国和迦勒底人的新巴比伦王国所瓜分。

大体上,亚述的北部疆土归米底王国,南部疆土归新巴比伦王国。曾经被亚述控制的小亚细亚大部分地区和两河流域的北部,归米底王国;两河流域南部、叙利亚、巴勒斯坦、阿拉伯半岛北部地区归新巴比伦王国。前面曾经提到,米底王国想并吞位于小亚细亚西部的吕底亚王国,未果,于是小亚细亚大部分地区形成了米底王国和吕底亚王国两雄并立的格局。

以上就是波斯帝国兴起之前小亚细亚历史的概况。从这些变化中可以了解到,在波斯帝国兴起前,一直到亚述帝国灭亡,米底人分得亚述帝国北部疆土(其中包括小亚细亚大部分地区和两河流域北部),建立了米底王国之时为止,其间尽管小亚细亚土地数易其手,但无论是吕底亚人还是米底人都算不上是小亚细亚的原住民,同希腊世界的关系都不大。亚述帝国的灭亡和米底王国的兴起,是公元前7世纪晚期的事情。这时希腊城邦时期刚开始不久,希腊商人较早来到小亚细亚经商,希腊移民也开始在小亚细亚西海岸和南海岸一带建立移民点或城邦了,但并没有同米底王国发生直接的冲突,同吕底亚王国的接触也不多，同样没有大的冲突。一来是因为无论是米底人还是吕底亚人对希腊本土的情况不了解，对希腊人也不了解；二是因为无论是米底王国政府还是吕底亚王国政府都不曾有越过达达尼尔海峡或博斯普鲁斯海峡西进的打算。

从希腊人这方面来看，本章一开始就提到，希腊人即使来到了小亚细亚，主要活动是在小亚细亚的西海岸和南海岸，那里远离小亚细亚的腹地。希腊移民和希腊商人都不了解小亚细亚腹地的情况。比如说，"希腊人一向把波斯人和他们的近亲米底人弄混淆"①，也就是把波斯人当作米底人。"实际上，米底人和波斯人是相当不同的，他们之间有着完全不同的习俗。"②希腊人把波斯人和米底人混为一谈的情况保持很久，以致在公元前490年希波战争开始以后，希腊人并不把这场战争称作"波斯战争"，而一直称之为"米底人事件"。③

其实，这种情况是可以理解的，因为希腊人同波斯人几乎不曾有过直接的交往。何况，在亚述人的记载中，米底人和波斯人经常同时被提到。④ 而且，这两支部落从公元前9世纪中叶到公元前8世纪中叶都处于继续迁移的过程中，他们的世界经常变动，又都受到亚述帝国的控制。⑤ 再加上，米底人使用的是他们自己的伊朗方言。⑥ 所有这些情况都使得对米底人和波斯人

---

① 卡特利奇：《斯巴达人：一部英雄的史诗》，梁建东、章颜译，上海三联书店，2010年，第55页。
② 同上。
③ 参看同上书，第86—87页。
④ 参看奥姆斯特德：《波斯帝国史》，李铁匠、顾国梅译，上海三联书店，2010年，第30页。
⑤ 参看同上书，第31页。
⑥ 参看同上书，第40页。

都不了解的希腊人把他们混淆在一起了。

相对于米底人而言,吕底亚人同来到小亚细亚西海岸和南海岸的希腊商人、希腊移民的交往要多一些,希腊人对吕底亚人的了解也要多一些,因为吕底亚王国是重视商业的,吕底亚王国铸造的金币、银币在地中海东岸是通用的。关于这一点,前面已经提到。

二、波斯帝国兴起前伊朗高原上的部落和小国

伊朗高原是位于兴都库什山脉(在今阿富汗境内)和扎格罗斯山脉(在今伊朗和伊拉克境内)之间的一大片台地,北临里海和大高加索山脉,南濒波斯湾和阿拉伯海。在伊朗高原上,自古就有一些游牧部落在这里生活。他们或者是本地区土生土长的,或者来自中亚细亚,或者来自里海北岸。在相当长的时间内,这些游牧民仍停留在部落阶段,既没有形成较大的部落联盟,更没有形成国家。这时还谈不上部落的统一或合并问题。

在伊朗高原上最早建立国家的,可能是来自黑海北岸的斯基泰人。斯基泰人很早就在黑海北岸的南俄罗斯草原上过游牧生活,他们也许最初来自西西伯利亚。"斯基泰人在公元前7至3世纪期间如同以往一样仍是俄罗斯草原上的主人。"[①]其中,有一部分斯基泰人较早离开了黑海北岸,或向东进入了中亚细亚,或朝东南方向进入了伊朗高原。他们在不同的地区同亚述人、波斯人、印度人和希腊人有过接触,从而得到了不同的名称。亚述人把他们称为阿息库兹人(Ashkuz),波斯人和印度人

---

① 格鲁塞:《草原帝国》,蓝琪译,项英杰校,商务印书馆,2004年,第27页。

把他们称作萨迦人(Saka)(萨迦人有时也被称作塞人)。希腊人则把他们称作斯基泰人(Scyths, Skythai)。① 希腊人把斯基泰人作为奴隶使用,究竟是购买来的还是俘虏来的,都未可知,也许两种途径并存。前面还提到,雅典城邦中的骑警是由斯基泰人出身的奴隶担任的。②

进入小亚细亚和由小亚细亚进入伊朗高原的斯基泰人,在小亚细亚境内曾经同当时控制小亚细亚的亚述人和乌拉尔图人(亚美尼亚人)进行过战争。这时,斯基泰人可能还处于部落或部落联盟阶段。斯基泰人终于穿越亚述人和乌拉尔图人的封锁而进入了伊朗高原。斯基泰人的国家很可能是在他们进入伊朗高原之后形成的。

伊朗高原的面积很大。斯基泰人建立的王国只是这块辽阔土地上的小国之一而已。伊朗高原上古老的土著居民是依蓝人。他们很早就生活在伊朗高原西部,也以放牧为生,而且居无定所,常在这一带流动。后来,他们开始强盛起来。前面也曾提到,很早以前据有两河流域和小亚细亚的乌尔王国,就是被来自东面的依蓝人和来自西面的阿摩里特人夹击而灭亡的。从此,依蓝人建立了自己的依蓝王国。与斯基泰人建立的王国不同,依蓝王国可说是伊朗高原上土著居民最早建立的国家。很可能依蓝王国的形成与斯基泰人王国建立的时间相隔不远,甚至比斯基泰人的王国建立的时间还早一些。

依蓝王国曾经一度在伊朗高原西部,也包括两河流域一部

---

① 格鲁塞:《草原帝国》,蓝琪译,项英杰校,商务印书馆,2004年,第25页。
② 参看高尔德纳:《希腊世界:社会学分析》,哈泼和劳出版公司,纽约,1965年,第136页。

分地区在内,行使过有效的统治,直到公元前 639 年被亚述灭掉。

伊朗高原上曾经存在过的另一个国家,就是前面一再提到过的米底王国。据说,米底人是后来的阿塞拜疆人的祖先。[①]他们同波斯人之间既有语言上相似之处,又有习俗上的巨大区别。他们本来是游牧民族,原先生活在里海周边地区,到处流动,寻找丰盛的草原,最后定居在伊朗高原西部,并在这里建立了米底王国,首都设在埃克巴塔纳(可能就是今伊朗境内的哈马丹)。米底王国的第一代国王戴奥塞斯,是他使米底王国逐渐强大。米底王国最盛时期是在国王库阿克撒勒斯统治时(公元前 625—前 585 年)。他同斯基泰王国议和,友好相处;又同新巴比伦王国结盟,联手消灭了亚述,占领了巴比伦和大部分小亚细亚,成为西亚的新的霸主。[②] 接着,公元前 6 世纪初,它又征服了伊朗部落的南支帕尔苏亚部落,这些部落居住在伊朗高原西南,古波斯语称为"帕尔萨","波斯"一词可能同"帕尔苏亚"、"帕尔萨"等词有关。[③]

前面还提到,米底王国和吕底亚王国成为小亚细亚并立的两雄。但这种情况并未维持多久。从伊朗高原到两河流域、小亚细亚和西亚的地中海沿岸,形势发生了重大的变化。阿黑门尼德王朝兴起了,波斯帝国成了控制这一块地区的霸主。

[①] 参看伊凡诺夫:《伊朗史纲》,李希泌、孙伟、汪德全译,三联书店,1973 年,第 8 页。

[②] 参看 T. R. 马丁:《古代希腊:从史前到希腊化时期》,耶鲁大学出版社,1996 年,第 97 页。

[③] 参看伊凡诺夫:《伊朗史纲》,李希泌、孙伟、汪德全译,三联书店,1973 年,第 9 页。

三、阿黑门尼德王朝的建立和扩张

波斯阿黑门尼德王朝的创立者是居鲁士。他和他的部落世代居住于伊朗高原,归附于米底王国。阿黑门尼德家族是波斯人部落中最有势力的家族,居鲁士为人谦和,又能干,所以本部落中的其他家族对他十分钦佩,居鲁士逐渐成了波斯人部落中的中心人物。

波斯人属于印欧系统,自称是雅利安人的后裔。据说,雅利安(Ariana)和伊朗(lran)是同义词。①

阿黑门尼德家族所在的部落本来归附于米底王国,但实际上仍是松散的关系,因为米底人统治着伊朗高原的北部、两河流域的北部和小亚细亚,而阿黑门尼德家族所在的部落住在伊朗高原的南部,居鲁士从米底王国得到了地方总督一职,统治着本部落所在的区域。②

米底王国的鼎盛时期,随着国王库阿克撒勒斯于公元前585年去世就结束了。其子阿斯提亚格继位(公元前584—前550年),他暴虐无道,恣意奢侈享乐,终于在公元前553年国内大乱,各地纷纷叛变。米底王国重臣哈巴古斯遭到迫害,投奔居鲁士。居鲁士乘米底内乱之际,带兵攻打米底王国,于公元前550年灭掉了米底王国,尽夺米底的金银宝藏。③ 米底王国的首

---

① 参看杜兰:《世界文明史》第1卷《东方的遗产》,幼狮文化公司译,东方出版社,1998年,第241页。
② 参看卡特利奇:《斯巴达人:一部英雄的史诗》,梁建东、章颜译,上海三联书店,2010年,第55页。
③ 参看奥姆斯特德:《波斯帝国史》,李铁匠、顾国梅译,上海三联书店,2010年,第49页。

都埃克巴塔纳成为居鲁士创立的波斯帝国阿黑门尼德王朝的首都。米底也成了波斯帝国的一个省。此时距米底王朝鼎盛时期,即国王库阿克撒勒斯在位时间不过三四十年。

正因为居鲁士人把波斯人从米底王国统治下解放出来,因此赢得了波斯人的拥戴。大流士一世后来在推崇居鲁士的功绩时就说过:"我们的自由是从什么地方来的,是谁赐与的——是民众,是寡头,还是一个单独的统治者?"①大流士一世毫不犹豫地认为,这就是"单独的统治者"居鲁士。他接着说:"既然一个人的统治能给我们自由,那末我们便应保留这种统治方法。"②这一方面说明当时波斯人是拥护居鲁士执政,拥护阿黑门尼德家族执政的;另一方面也表示,波斯帝国之所以能创立,能扩张,能巩固政权,同居鲁士所实行的个人独裁有关,大流士一世既为居鲁士辩护,也为他本人对居鲁士"单独的统治"的继承寻找理论根据。③

居鲁士在灭掉米底王国后,对米底人是友善的。有的米底人被任命为高层官员,或担任了军事统帅。④ 波斯人以前缺乏治理经验,人才不足,而米底王国的统治范围很大,北到小亚细亚,南到两河流域注入波斯湾之处,所以居鲁士要控制这些地方,必须依靠米底人。

这时,立国于小亚细亚西部的吕底亚王国十分惊慌。当波

---

① 希罗多德:《历史》上册,王以铸译,商务印书馆,2007年,第233页。
② 参看同上书,第234页。
③ 参看同上书,第233—234页。
④ 参看奥姆斯特德:《波斯帝国史》,李铁匠、顾国梅译,上海三联书店,2010年,第49页。

斯帝国代替米底人而进占了小亚细亚大部分地区之后，吕底亚王国急忙准备联合波斯帝国以南的新巴比伦和埃及对抗居鲁士，因为新巴比伦和埃及都感到威胁。吕底亚王国还联合小亚细亚西海岸的希腊移民城邦，共同应付居鲁士的西进，甚至打算先发制人，先向波斯军队发动进攻。① 米利都是距离吕底亚王国较近的希腊移民城邦，所以吕底亚国王派人到米利都去求神灵的指示，以判断神是否同意他进攻波斯。② 吕底亚国王克里萨斯（公元前570—前546年）自恃府库充实，王室又拥有大量金银财宝，而且兵力不会弱于波斯，所以决心一战。

居鲁士闻讯后，出兵迎击吕底亚军队。居鲁士行军迅速，于公元前546年击败吕底亚王国，攻占吕底亚首都撒尔迪斯，吕底亚国王投降，吕底亚亡。据说，"照当时惯例，克里萨斯得自带火葬木材，携妻子儿女及诸王公大臣请死于居鲁士之前。木材已经架好，火把已经点着"③，这时，"居鲁士忽大发善心，令人把火扑灭，将他从火焰中救出，并带他到波斯，将他尊为上宾"④。吕底亚亡国后，小亚细亚沿海的希腊移民城邦也相继屈服于波斯帝国的压力之下。⑤

公元538年，居鲁士率军南进，攻抵巴比伦城下，巴比伦人打开城门投降，新巴比伦王国亡。

这时，居鲁士打算继续扩大疆土，准备先东征中亚细亚，再

---

① 参看王治来：《中亚史纲》，湖南教育出版社，1986年，第36页。
② 参看希罗多德：《历史》上册，王以铸译，商务印书馆，2007年，第21页。
③ 杜兰：《世界文明史》第1卷《东方的遗产》，幼狮文化公司译，东方出版社，1998年，第200页。
④ 同上。
⑤ 参看王治来：《中亚史纲》，湖南教育出版社，1986年，第36—37页。

转而进攻埃及。在波斯军队向东进军过程中,他占领了巴克特利亚(今阿富汗境内、伊朗东北部和塔吉克斯坦南部)、粟特、花剌子模。公元前529年,居鲁士再向北进攻,在中亚细亚北部草原上(今哈萨克斯坦境内)同当地的玛撒该塔伊人遭遇。"玛撒该塔伊人据说是一个勇武善战的强大民族,他们住在东边日出的方向,住在阿拉克赛斯河对岸和伊赛多涅斯人相对的地方。有一些人说他们是斯基泰的一个民族"①,即斯基泰人的一支。阿拉克赛斯河据说就是阿姆河的支流乌兹得依河。居鲁士在率军渡河作战时,被强悍的玛撒该塔伊人所杀,波斯军队惨败。②

居鲁士死后,其长子冈比西斯继位(公元前529—前522年)。冈比西斯一登上大位,便处死与其竞争王位的弟弟斯梅尔迪斯,大权独揽,继续奉行居鲁士的扩张政策,并于公元前527年进兵巴勒斯坦,把该地纳入波斯帝国版图。

当时,埃及国王是阿美斯二世。他自公元前568年登上王位,那时已经已在位40年以上了,他同埃及贵族和祭司之间的矛盾不断激化,国内不稳。冈比西斯得到这一消息,决定拉拢阿拉伯半岛上的一些游牧部落,准备进攻埃及。③ 公元前525年,在位43年的埃及国王阿美斯二世去世,其子萨美提克三世继位。波斯军队早已屯兵边境,一看进攻埃及的机会已到,便大举攻击,在边境击溃埃及军队后,直驱首都孟菲斯,国王萨美提克

---

① 希罗多德:《历史》上册,王以铸译,商务印书馆,2007年,第101页。
② 参看王治来:《中亚史纲》,湖南教育出版社,1986年,第38页。
③ 参看乌特琴科主编:《世界通史》第2卷上册,北京编译社译,三联书店,1960年,第8—9页。

三世及其家人被俘,埃及第 26 王朝灭亡。① 萨美提克三世被俘后,受到较好的待遇,但他心有不甘,逃走后想反击冈比西斯,不幸再度被俘,自杀身亡。②

但冈比西斯并不以此为满足,又派军队向南进攻努比亚,向西想穿越利比亚进攻迦太基,不过都遭到失利。埃及人乘机想赶走波斯人,虽然起义被镇压下去,但波斯境内的形势又趋紧张,因为米底人掀起暴动,而且国内谣传冈比西斯已在埃及去世,国内展开了争夺王位的斗争。冈比西斯匆忙从埃及赶回波斯。他在途中听说国内已立新君并且甚得民心,无奈于公元前522 年 7 月"在某种暧昧情况下死去"③。他成了波斯内乱和争夺王位斗争的又一牺牲品。

这里所说的波斯已立的新君,是指祭司高墨达,他自称是冈比西斯的另一个弟弟巴尔狄亚,所以得到波斯人的拥护。其实,真正的巴尔狄亚已被冈比西斯秘密地由埃及押解到波斯国内处死了。假冒巴尔狄亚之名登位的高墨达,原是一个祭司,他冒名登上王位后,宣布要摧毁波斯的国教——袄教,并着手推行这一政策,朝野大哗,他的冒名行为也被揭穿。于是在七名贵族的领导下,掀起了反对高墨达的斗争,最终杀死了高墨达,夺得王位。这七名贵族中,起领导作用的是出身于阿黑门尼德家族旁系的大流士。在七名贵族讨论王位继承问题时,鉴于贵族中有人主

---

① 参看乌特琴科主编:《世界通史》第 2 卷上册,北京编译社译,三联书店,1960 年,第 9 页。

② 参看费克里:《埃及古代史》,高望之等译,科学出版社,1959 年,第 105 页。

③ 乌特琴科主编:《世界通史》第 2 卷上册,北京编译社译,三联书店,1960 年,第 11 页。

张"使每个波斯人具有平等权利",或用"抽签",或由"波斯人民选他们愿意选的人"任国王,①大流士提出了自己的主张,他说:"不应当废除我们父祖的优良法制"②,即主张仍保留居鲁士开创的"单独的统治"的体制,并说服了其他贵族,从而被拥戴为国王,继承阿黑门尼德王朝,称大流士一世(公元前521—前485年)。

实际上,大流士是在军队支持下夺得国王宝座的。加上他并非阿黑门尼德家族的嫡系,而只是旁系,所以被历史学家称作"篡位者大流士"③。大流士也知道这一点,登位之后,为了证明自己继承王位的合法性,请一位代笔者为他写了大流士自传。"自传每个段落都是以'大流士说'开始。"④据说自传中谎言不少。尽管如此,大流士作为波斯的国王,却致力于国内的治理,积极整顿军备,从事对外扩张,并确有成效。⑤ 阿黑门尼德王朝被认为在大流士一世临朝期间步入了一个新的阶段。

高墨达篡位后,波斯国内局势动荡,而波斯所控制的许多地方都发生叛乱,力图乘机挣脱波斯的统治,包括埃及独立了,吕底亚王国复国了,米底人起义了,巴比伦人和依蓝人也举行起事。大流士一世毫不手软,对这些地方的"叛变"予以镇压,很短的时间内使波斯帝国又回到内乱前的状况,也就是恢复了当初的版图。

---

① 希罗多德:《历史》上册,王以铸译,商务印书馆,2007年,第234页。
② 同上。
③ 奥姆斯特德:《波斯帝国史》,李铁匠、顾国梅译,上海三联书店,2010年,第136页。
④ 同上。
⑤ 参看同上书,第150页。

大流士一世仍不满足。他接着开始向东、向西、向北进军。向东,他派兵远征印度河流域,占领了印度河两岸地区(今巴基斯坦境内的西部地区);向西,他占领了利比亚,并在西印度和利比亚分别建立了行省。① 在东方,为了替居鲁士报仇,他攻占了中亚细亚北部的草原,因为当年居鲁士就是在这里败给斯基泰人的一支——玛撒该塔伊人,并被杀害的。向北,大流士一世把自己的版图扩大到黑海北岸的草原地区。这一版图大大超过了居鲁士在位时的版图。

大流士一世统治时期,波斯彻底成了一个中央集权的东方专制国家。国王自称"诸王之王",首都由埃克巴塔纳迁到苏撒。② 全国共分为20个行政区,埃及、巴比伦各是一个行政区,小亚细亚则分为四个行政区。每个行政区"一般都和(被波斯帝国征服前的)旧日国家的版图相合"③。行政区设总督,由国王任命,所以行政区又称总督区,统揽区内行政、经济、司法大权,而军队的指挥权则由国王独揽。

军队是阿黑门尼德王朝的支柱。在军队内,"以波斯人为效忠于王朝的核心。除波斯人的部队外,军队中还有由被征服地区的居民编成的部队。但是波斯人一向尽量使驻扎于这一或那一行政区的军队里不用本地人当兵"④。意图是明显的,即防止他们在本地人的支持下发动叛变,或被本地的割据势力所利用。

---

① 奥姆斯特德:《波斯帝国史》,李铁匠、顾国梅译,上海三联书店,2010年,第177、180页。
② 参看伊凡诺夫:《伊朗史纲》,李希泌、孙伟、汪德全译,三联书店,1973年,第13页。
③ 同上。
④ 参看同上书,第14页。

第六章 希波战争和希腊境内形势的变化

波斯实行全国皆兵的制度,国家有事,全国所有15岁至50岁的男子必须服兵役,逃避兵役,会被判处死刑。据说,大流士时代,一位有三个儿子的父亲,请求准许让他的一个儿子免服兵役,结果三个儿子全被处死。① 由于全国皆兵,所以波斯全国可以组织一支人数多达180万人的强大军队。②

波斯在财力上也是相当雄厚的。财政收入除了依靠征税以外,还靠被征服地区的进贡。进贡的物品中,包括白银、谷物、家畜、奴隶等等。进贡的责任落在各行政区的总督身上。总督是不从国王那里领取薪俸的,他们还要向国王进贡,而他们的生活又十分阔绰,享受极其奢侈。③ 这反映了两点:第一,波斯帝国控制的行政区是富饶的,如埃及、巴比伦、印度西部这些地方,每年进贡的数额都很巨大;第二,波斯帝国辖下各行政区对民间的搜刮很严重,否则不仅难以满足地方和中央的财政支出要求,而且更难满足从国王到总督,再到下面各级官员的私欲。

大流士一世为了控制地方各级官员(包括行政区总督在内),实行严厉的监察制度。每个行政区设一名监察官,负责监督总督和将军的言行,将所见所闻直接呈递给国王。除了派遣驻在行政区的监察官而外,国王还把自己身边的亲信派到各地去,只要发现官员失职或违背国王意志行事,随时可以打报告。④ 大流士就依靠这些耳目让各级官员就范。

---

① 参看杜兰:《世界文明史》第1卷《东方的遗产》,幼狮文化公司译,东方出版社,1998年,第246页。
② 参看同上书,第247页。
③ 参看同上书,第248页。
④ 参看同上。

有了高度集权的中央政府机制,有了一支强大的军队,有了充足的财力物力,再加上有了一批听命于国王、效忠于国王、决不敢违背国王意志的地方官员队伍,大流士认为自己称霸的时机已经成熟。他的下一个目标就是希腊本土。

四、波斯帝国成为希腊最可怕的敌人

大流士一世攻入小亚细亚,再度把在波斯内乱期间复国的吕底亚王国纳入波斯帝国的版图之后,于公元前512年,渡过了博斯普鲁斯海峡。当时,他主要是为了驱赶对波斯帝国北部边境进行骚扰和劫掠财物、人口、牲畜的斯基泰人。大流士一世进而占领了色雷斯和马其顿。色雷斯人和马其顿人在那个时候还称不上是希腊人,希腊人也不承认他们是希腊人,而认为他们是未开化或半开化的野蛮人。

大流士一世对希腊本土的各个城邦的情况是不了解的。他接触过的希腊人,是在小亚细亚西海岸一些希腊移民城市的居民,尤其是米利都人。由于米利都僭主在大流士远征黑海沿岸时帮助过大流士的军队,所以大流士一世特别召见了米利都僭主,以示友好。[①] 但这不等于说波斯人对希腊本土有所了解。据说,公元前510年,即在波斯人侵占色雷斯和马其顿之后不久,大流士曾经向别人提过一个问题:"雅典人是些什么样的人?"[②]

[①] 参看奥姆斯特德:《波斯帝国史》,李铁匠、顾国梅译,上海三联书店,2010年,第186页。

[②] 杜兰:《世界文明史》第2卷《希腊的生活》,幼狮文化公司译,东方出版社,1998年,第172页。

第六章　希波战争和希腊境内形势的变化

从基本情绪上看,波斯人不仅不了解希腊人,甚至还厌恶希腊人。波斯人认为,在波斯人侵入欧洲之前,希腊人就率领着一支军队入寇亚洲了。[①] 波斯人还指责希腊人在亚洲干尽坏事,如劫掠妇女等,因为"在波斯人眼里看来亚细亚和在这个地方居住的所有异邦民族都是隶属于自己的"[②]。所以希腊人向小亚细亚移民并在那里建立移民城市,就被波斯人认为是对波斯帝国领土的侵犯。

现在,既然波斯国力强盛了,大流士一世对希腊本土还有什么顾忌呢?雅典已不再是一个可望而不可即的攻击目标,收拾小亚细亚的希腊移民城市只是早晚的事情,何必担心希腊人不服?[③] 也就是在公元前510年,雅典政局发生了一次大的变动,即僭主庇西特拉图的儿子希庇亚斯因统治无方,杀害对政局不满的人士,被公众赶下了台,并被放逐国外。雅典的贵族派和平民派之间的冲突加剧了,贵族们把自己推出的代表人物伊萨哥拉斯选为首席执政官,选举中遭失败的克利斯提尼在军队和平民的支持下起来夺权,他们掀起暴动,推翻了伊萨哥拉斯,克利斯提尼执掌了雅典政权。被放逐国外的希庇亚斯逃到了波斯的萨迪斯,大约在公元前506年,他请求波斯人帮助他重返雅典执政,并许诺在此愿望实现之后把阿提卡半岛交给波斯帝国管辖。[④]

[①] 参看希罗多德:《历史》上册,王以铸译,商务印书馆,2007年,第2页。
[②] 同上书,第3页。
[③] 参看奥姆斯特德:《波斯帝国史》,李铁匠、顾国梅译,上海三联书店,2010年,第186页。
[④] 参看杜兰:《世界文明史》第2卷《希腊的生活》,幼狮文化公司译,东方出版社,1998年,第172页。

有了希庇亚斯这样一个雅典的叛国者、奸细,波斯帝国对希腊情况有了较多的了解。公元前505年,流亡在外的希庇亚斯在波斯庇护之下,要求在雅典恢复自己的统治,否则波斯军队将开进雅典。雅典此时由克利斯提尼执政,当然拒绝了波斯人的无理要求。于是希波战争迫在眉睫。①

希腊同波斯之间的紧张关系因小亚细亚希腊移民城市"米利都事件"的发生而大大加剧了。这里所说的"米利都事件"是指:②在波斯帝国占领了吕底亚王国之后,把小亚细亚的一些希腊移民城市也纳入了自己的管理范围。公元前500年,以米利都为首的这些希腊移民城市罢黜了波斯任命的地方长官,宣布独立。为了防止波斯帝国的报复,米利都派出使者,向雅典、斯巴达等城邦求援。斯巴达拒绝了,雅典则同意给以援助。雅典派遣了一支由20艘舰船组成的援军驶向小亚细亚西海岸。

为什么雅典愿意支持小亚细亚沿岸的希腊移民城邦对抗波斯帝国呢?主要出于三方面的考虑:

第一,这些移民城邦的移民绝大多数是希腊人中的爱奥尼亚人,而雅典原来的居民中就有不少是爱奥尼亚人;

第二,雅典人考虑到,如果波斯帝国攻占了这些新宣布独立的小亚细亚西海岸的希腊移民城市,爱琴海东部又将被波斯帝国所控制,这对雅典的海上贸易极为不利,而且,波斯帝国的海军主要由腓尼基人充当士兵和水手(这时腓尼基人的居住地区

---

① 参看奥姆斯特德:《波斯帝国史》,李铁匠、顾国梅译,上海三联书店,2010年,第187页。
② 参看杜兰:《世界文明史》第2卷《希腊的生活》,幼狮文化公司译,东方出版社,1998年,第172—173页。

早已被波斯帝国占领),腓尼基人一向是雅典人的海上竞争对手和商业竞争对手,所以雅典人为商业利益着想,一定要夺回爱琴海的制海权;

第三,雅典的粮食是不能自给自足的,它有必要进口粮食,而黑海沿岸地区是雅典粮食供给的重要来源,自从波斯帝国控制博斯普鲁斯海峡以后,雅典的粮食供给大受影响,因此,既为了商业利益,又为了保证雅典的粮食供应,雅典只有与波斯一战。

此外,应当注意到,这时雅典的实力已经比过去大大加强了,原因在于雅典通过一系列政治体制改革和经济体制改革,已把人们的积极性调动起来。正如希罗多德所说:"当雅典人是在僭主的统治下的时候,雅典人在战争中并不比他们的任何邻人高明,可是一旦他们摆脱了僭主的桎梏,他们就远远地超越了他们的邻人。"[1]在希罗多德看来,这不仅是由于内乱已经平息下来,准备内乱的一方已失去了号召力,更因为当雅典人受压迫时,"就好像为主人做工的人们一样,他们是宁肯做个怯懦鬼的,但是当他们被解放的时候,每一个人就都尽心竭力地为自己做事情了"[2]。

雅典对米利都等希腊移民城邦的支援是有成效的。在雅典的援助下,米利都军队攻下了波斯帝国在小亚细亚的重镇萨迪斯,并把它夷为平地。但当时小亚细亚西海岸的各个希腊移民城邦在如何保卫领土和抗击波斯入侵问题上却各有自己的打

---

[1] 希罗多德:《历史》下册,王以铸译,商务印书馆,2007年,第379页。
[2] 同上。

算,它们各有军队,各自为战,既缺乏统一的指挥,又互不服气,难以协调。① 在海战中,有些希腊移民城邦的舰队竟同波斯帝国暗中勾结,有秘密协议,擅自撤回舰队。结果,波斯海军大胜。波斯军队攻下了米利都。该城所有男子均被屠杀,妇女和儿童变卖为奴。"于是,米利都地方的米利都人便被一扫而光了。"②

大流士一世在彻底摧毁米利都城邦的基础上,决心乘胜进攻雅典,再进一步征服希腊本土。一场关系到希腊命运的希波战争已难以避免。

希腊是必须抵抗的,它不能在强敌面前屈服。希腊人认为自己的城邦制度不能就此毁灭,希腊人的自由也不能就此丧失。连小亚细亚的希腊移民城市的保卫战,雅典都义无反顾给予支援,何况现在波斯大军即将入侵希腊本土,所有的希腊城邦都面临着生死决战的选择,他们还有什么可犹豫的呢?

"小亚细亚希腊城邦地位重要,它们对希腊政治、经济的发展有举足轻重的作用。由于波斯侵占了这些城市,掐断了希腊的生命线。"③希腊人为米利都的命运而担忧。但最终,米利都人被波斯军队屠杀,被波斯人卖作奴隶,希腊人为此悲痛不已。"普律尼科司写了一个题名为《米利都的陷落》的剧本,结果全体观众都哭了起来。"④现在,灾难已经不限于小亚细亚的米利都,而变成所有希腊人所面临的灾难了。希腊人唯有誓死抗击

---

① 参看希罗多德:《历史》下册,王以铸译,商务印书馆,2007年,第408页。
② 同上书,第410页。
③ 史继忠:《地中海——世界文化的漩涡》,当代中国出版社,2004年,第105页。
④ 希罗多德:《历史》下册,王以铸译,商务印书馆,2007年,第410页。

入侵者,才能转危为安。于是希腊本土所有的城邦空前团结一致。斯巴达的态度也转变了。它把同雅典的争霸问题暂时搁置一边,投入了这场关系希腊人命运的反对波斯帝国的战争。

第二节 希波战争第一阶段

一、本土战场

希腊战争可以分为两个阶段。第一阶段是从公元前492年到公元前479年。第二阶段是从公元前479年到公元前449年。两个阶段合并计算,战争从公元前492年到公元前449年,一共持续了43年。

公元前492年,正是以小亚细亚的米利都为首的希腊移民城邦罢黜波斯帝国派出的地方长官(公元前500年)之后的第8年,波斯的庞大舰队据说由600艘舰船组成,载有10万名(一说20万名)波斯士兵,从萨摩斯岛出发,攻占了优卑亚岛,隔一海湾就是雅典城邦的辖区了。据说这条行军路线和具体登陆地点的信息是希庇亚斯向波斯提供的,因为希庇亚斯认为这一带是平原,适宜于波斯骑兵作战。①

波斯军队很快就渡过了海湾,在距雅典城区不很远的马拉松扎营,准备随时发起进攻。据说波斯军队至少有10万人。在此紧急关头,雅典军事指挥官米太亚德下令释放所有的奴隶,让

---

① 参看杜兰:《世界文明史》第2卷《希腊的生活》,幼狮文化公司译,东方出版社,1998年,第173页。

他们和自由民一起编入军队，奔赴战场。希腊有些城邦也派出了军队，同雅典军队一起，大约有20,000人。这是一场兵力悬殊的战斗。希腊人英勇作战，大败波斯军队，击退了波斯人这次陆上的进攻。波斯人撤退时丢下了许多物资，成为希腊军队的战利品。这就是著名的马拉松战役。斯巴达军队来晚了，当他们赶到战场时，战事已因希腊一方的胜利而结束。

马拉松战役之后不久，雅典的领导方发生人事变动。指挥雅典军队在马拉松战役中获胜的米太亚德因其他过错而被免职，不久去世，由阿里斯蒂底斯执政。阿里斯蒂底斯是克利斯提尼的好友，但他在政治见解方面同克利斯提尼有分歧。阿里斯蒂底斯认为，在克利斯提尼执政时期所推行的扩大公民权利的措施中，有些过头了，平民们拥有的权力过大有可能导致社会混乱。因此阿里斯蒂底斯遭到平民派和某些拥护扩大民主制的贵族共同的不满。他们利用克利斯提尼创立并实施的"陶片放逐法"，通过公民投票，把阿里斯蒂底斯放逐到国外，把特米斯托克利推举为新的执政。

在波斯大军压境，雅典虽然获取了马拉松战役的胜利，但波斯人的威胁依然存在的关键时刻，雅典政坛上撤换领导人和推举新领导人是有极大风险的。幸亏雅典通过多年的改革，公民们的民主意识增强了，他们拥护已经确立的民主体制，一切都按法定的规则和秩序行事，所以国内没有发生动乱。加之，阿里斯蒂底斯和特米斯托克利两人的人品是高尚的，他们都能为雅典的大局着想，为雅典城邦的命运着想。这是非常难能可贵的。

阿里斯蒂底斯得知雅典公民大会根据"陶片放逐法"进行

公民拉票,决定赶他下台并把他放逐国外的决定后,表示服从,交出政权,并表示以后不再过问政治。

特米斯托克利被以平民派为主的支持者推上领导位置后,全心全意地筹划如何才能击败波斯帝国,使雅典从危难中解脱出来。他认为波斯帝国决不会因马拉松战役的失利而罢手,因此雅典必须扩军备战。他用雅典的银矿收入扩建海军;建造大型战舰,并征集第四等级的公民当任水手。按照过去的规定,银矿收入是要分配给雅典公民的,如果用银矿收入来建造大型战舰,公民的收入就减少了。他劝公民们以国家利益为重,宁肯少得些收入也要把舰队扩大。结果,在雅典公民的支持下,雅典终于用这笔收入建造了100艘三层桨座的大型战舰,这些战舰以后在同波斯军队作战时起了重要作用。[1]

在雅典领导层发生重大人事变动的同时,波斯帝国也发生了重大人事变动,而且这一变动更大,因为波斯国王大流士一世在公元前485年去世了。大流士一世自从马拉松战役失败后,一直在准备新的战役。他派使者到波斯境内各个城市,要求"每一个城市提供远比以前为多的船只、马匹、粮饷和运输船。由于这些通告,亚细亚忙乱了整整三年"[2],即公元前489年到公元前487年。到了第四年,波斯占领下的埃及反叛了。这次埃及叛乱同在埃及的希腊移民有一定的关系。要知道,在波斯国王冈比西斯征服埃及之前,在埃及境内已有不少希腊人,他们主要从事商业活动,也有从事农垦的或充当雇佣兵的。冈比西

---

[1] 参看杜兰:《世界文明史》第2卷《希腊的生活》,幼狮文化公司译,东方出版社,1998年,第174页。
[2] 希罗多德:《历史》下册,王以铸译,商务印书馆,2007年,第463页。

斯征服埃及后,希腊人依然经商或充当雇佣兵。① 其中有一些希腊人在波斯人进攻埃及时就同波斯人相勾结,因此成为冈比西斯征服埃及后的有功之臣,得到重用。② 现在,形势变了,因为波斯人侵入希腊本土,在埃及的希腊人不再支持波斯人,而是同埃及人一起掀起了反对波斯统治者的暴动。③ 大流士一世偏偏在这个时候死去。希腊战场、埃及叛乱同波斯国内王位继承问题相比,王位继承问题显然更加紧迫。

"根据波斯法律,当国王在对外战争中有生命危险时,就必须任命继承人。"④大流士一世于公元前521年登上波斯国王宝座,他登位后东征西讨,一直处于战争状态。公元前512年,他越过了博斯普鲁斯海峡,占领了色雷斯和马其顿,接着产生了征服希腊的念头,于是公元前507年就立长子阿托巴扎尼斯为继承人。⑤ 大流士一世于公元前485年去世时,阿托巴扎尼斯作为储君已经22年了,照理说应由他继位。然而,阿托巴扎尼斯虽然是大流士一世的长子,他的母亲却是平民,而大流士一世的次子薛西斯之母却出身于王族之家。一场宫廷斗争开始了。"当两位王位继承人在后宫的支持者发生激烈争吵之后,出身高贵的妻子所生的次子最终被定为继承人。"⑥次子登位称薛西斯一世。薛西斯一世先平定了埃及的反叛行动,然后准备了四

---

① 参看费克里:《埃及古代史》,高望之等译,科学出版社,1956年,第105—106页。
② 参看同上。
③ 参看同上书,第107页。
④ 奥姆斯特德:《波斯帝国史》,李铁匠、顾国梅译,上海三联书店,2010年,第263页。
⑤ 参看同上。
⑥ 同上书,第264页。

年(公元前484年至公元前481年),组织了一支庞大的军队去征讨希腊。

薛西斯一世在出征时,"是扬言打算进攻雅典的,但他进攻的目的实际上却是整个希腊"①。这支波斯大军成分复杂,除了波斯人以外,还有被波斯帝国征服的各个不同国家和地区的人,如米底人、巴比伦人、亚述人、亚美尼亚人、叙利亚人、阿拉伯人、埃及人、阿富汗人、印度人等,还有移民小亚细亚的希腊人,他们装束各异,配备的武器也各不相同。② 军中除了步兵、骑兵、战车以外,还有战象。海军的舰船在1,200艘以上。据说,在波斯军营内逮住了几名希腊间谍,波斯军官要处死他们,但薛西斯一世并不杀害他们,而是放他们回去,让他们把自己所看到的波斯军队的军备和装备告诉本国同胞,速速投降。③

这次波斯行军路线也不同于马拉松战役那一次。波斯军队采取的是先北上,再西进,再南下的路线。公元前480年,波斯大军用了七天七夜的时间,渡过达达尼尔海峡,穿过色雷斯,进入希腊境内的北部地区。④ 波斯军队所到之处,沿途有些城邦开门投降,也有少数城邦阻击入侵者,但力量微弱,根本挡不住波斯军队的南下。

很快,波斯军队顺利地到达雅典附近。与此同时,波斯舰队则沿着海岸线南下,一来可以避开风暴,二来可以随时登陆,帮助南下的陆军,作为策应。雅典、科林斯、斯巴达等城邦决心捍

---

① 希罗多德:《历史》下册,王以铸译,商务印书馆,2007年,第517页。
② 参看同上书,第493页。
③ 参看同上书,第522页。
④ 参看同上书,第491页。

卫独立,组成联军抗击,由斯巴达指挥,雅典实际上是联军的组织者。

在雅典以北的温泉关,由斯巴达军布防强守,经过激战,斯巴达守军300人全部壮烈牺牲。这就是著名的温泉关战役。"正是这一历史事件而不是其他塑造了一个永久的'斯巴达神话'或传说。"[1]

波斯军队越过温泉关后,直扑雅典。雅典人拒不投降,有的入伍参加战斗,有的全家逃往外地。据说,"当一个雅典人在公众集会上劝说大家投降时,大家立即将他杀死,然后又由一群妇女,奔到他的家里,用石头把他的妻子和儿女击毙。由此可以想见,当时人们情绪的激动和感情的强烈"[2]。

雅典城区的居民在波斯军队攻进城之前已经全部撤离了。薛西斯进入雅典后发现这是一座空城,下令劫掠一空再放火焚毁。当波斯人把军队攻占雅典的消息快速传递到波斯帝国首都苏撒时,"国内的波斯人欢欣非常,以致他们把桃金娘树枝撒到所有道路上,他们焚香,而且他们自己还沉醉在牺牲奉献式和各种欢乐的事情上"[3]。

雅典、科林斯、斯巴达等城邦的联军退守科林斯地峡,阻止波斯军队南下。雅典执政官特米斯托克利决心在海战中战胜波斯人,以挽回局势。他设计引诱波斯舰队进入雅典以南、科林斯

---

[1] 卡特利奇:《斯巴达人:一部英雄的史诗》,梁建东、章颜译,上海三联书店,2010年,第87页。
[2] 杜兰:《世界文明史》第2卷《希腊的生活》,幼狮文化公司译,东方出版社,1998年,第177页。
[3] 希罗多德:《历史》下册,王以铸译,商务印书馆,2007年,第599页。

以东的萨拉米斯湾。虽然波斯舰队庞大,舰船数量大大超过了希腊的舰船,但波斯海军官兵组成复杂,相互言语不通,又缺乏统一指挥,抵挡不住希腊人的攻击,结果波斯舰队大败,残余舰船不得不逃回达达尼尔海峡。希腊人在萨拉米斯湾大败波斯海岸的消息也很快传到了波斯帝国的首都苏撒。当波斯人听到这个坏消息之后,大为沮丧:"他们竟把自己的衣服撕碎,继续不断地哭叫哀号。"[1]从波斯军队攻占雅典到波斯海军在萨拉米斯湾惨败,这两件事相距竟是如此短暂,完全出于波斯朝野的意料之外。

萨拉米斯湾失利之后,薛西斯一世无意再留在希腊本土,他留下少数陆军,自己率领大队人马从希腊本土撤回小亚细亚的萨迪斯,沿途不少人染上瘟疫死亡。留在希腊本土的波斯军队,斗志尽失,无心作战,于公元前479年,被斯巴达率领的联军击败。与此同时,希腊舰队北上,在海上歼灭了波斯舰队,夺回了对达达尼尔海峡和博斯普鲁斯海峡的控制权。小亚细亚西海岸的希腊移民城市也相继摆脱了波斯帝国的统治,恢复了独立。

二、海外战场

这里所说的希波战争中的海外战场,是指地中海西部地区希腊人同迦太基之间交战的战场。

本书第二章已经指出,在希腊城邦建立后的大移民时期,一部分希腊人离开希腊本土,向意大利半岛南端和西西里岛迁移,并在那里建立了一些希腊移民城邦,其中有的移民城邦具有较

---

[1] 希罗多德:《历史》下册,王以铸译,商务印书馆,2007年,第599页。

大的影响。

当时地中海西部地区的霸主是迦太基。迦太基人和腓尼基人是同一个民族，正是较早时候来自西亚的腓尼基人来到地中海西部地区，并在今突尼斯这块地方定居下来，建立了迦太基国。腓尼基人擅长航海和经商，也从事海上劫掠活动，历来就和希腊人有怨，因为他们是多年的竞争对手。波斯帝国在占领西亚之后，腓尼基人归波斯帝国统治。由于腓尼基人擅长航海和经商，所以往往得到波斯帝国的重用，波斯帝国的庞大舰队就是主要依靠腓尼基人建立起来的。迦太基之所以同希腊人不和，除了商业利益冲突而外，正由于希腊移民在西西里岛东部建立了一些移民城市。由于迦太基来到地中海西部地区的时间较早，并且已经在西西里岛西部建立了一些城市，所以它一直把西西里全岛视为自己的领土，怎能容许希腊人把西西里岛东部据为己有？

公元前480年9月，几乎与波斯舰队和希腊舰队在萨拉米湾展开决战的同一时间，迦太基军队在统帅哈米尔卡的率领下，以3,000艘舰船和30万军队之众，在西西里岛北岸巴勒摩附近登陆，包围了希腊移民城邦希梅拉。迦太基人出兵攻打希腊人的时间是否事先通过腓尼基人同波斯帝国领导人约定的，不得而知。可能时间上纯属巧合。[①] 但迦太基国作为波斯帝国共同对付希腊人的盟友，则是确实可信的。

西西里岛上的希腊移民城市知道希腊本土上希腊人正同波

---

① 参看杜兰：《世界文明史》第2卷《希腊的生活》，幼狮文化公司译，东方出版社，1998年，第177页。

斯人激战,母邦抽不出力量西征来支援子邦。于是它们自己组织起来,包括希梅拉在内,成立了同盟,以叙拉古城邦为首,对抗迦太基人的攻击。叙拉古这时正是僭主盖龙执政时期(公元前485—前478年)。僭主政治在希腊本土是不得人心的,因为希腊人认为僭主政体就是个人独裁政体,是违背希腊政治准则的。但盖龙不计较这些,甚至连叙拉古城邦以前在对抗迦太基人的过程中从未得到希腊各城邦的有力支援这件事也不计较,决心击败波斯的盟友迦太基。①

盖龙率领的联军很快就打败了入侵的迦太基军队,拯救了希梅拉。迦太基统帅哈米尔卡兵败自焚身亡。迦太基不得已向叙拉古赔款求和。正是盖龙在西西里岛击败了迦太基军队,希腊人在本土的萨拉米斯湾击败了波斯的海军,海外战场和希腊本土战争的两大胜利,迫使波斯军队匆忙撤退回国。②

三、第一阶段结束

公元前480年,无论是希腊本土战场还是海外的西西里战场,都以希腊人的胜利而告终。希波战争第一阶段也于公元前479年结束。

形势转而十分有利于希腊,特别是有利于雅典。在这一场持续多年的希波战争第一阶段,雅典出力最多,雅典的损失最大,单是雅典城区被焚毁的损失就难以估算。从而,雅典在希腊各个城邦中的威信大大提高了,雅典在希腊人(包括本土的和

---

① 参看希罗多德:《历史》下册,王以铸译,商务印书馆,2007年,第528页。
② 参看同上书,第531页。

海外移民的)中的声望也大大提高了。这是雅典最大的收获。

从实际兵力的角度看,雅典海军自从在萨拉米斯湾击溃了波斯舰队,以及乘胜北上收回了对达达尼尔海峡和博斯普鲁斯海峡的控制权之后,雅典舰队在爱琴海上已所向无敌。这为雅典对外扩张和开展海外贸易提供了非常有利的条件。加之,小亚细亚西海岸希腊移民城市独立地位的恢复,以及希腊人在西西里岛上的地位的巩固,不仅使雅典感到希腊世界的势力和影响都在扩大,更使得雅典产生了要当西方世界霸主的迫切愿望。

与此同时,波斯帝国自从公元前480年在希腊萨拉米斯湾惨败之后,国王薛西斯一世无可奈何地返回国内。他原本是一个从小在宫廷内长大,不熟悉军事、政治和经济的王子,大流士一世死后,他作为王次子,因其母出身高贵而被奉为国王,但始终不能成大器。据说,他是"一位虚有其表的花花公子……他的精神完全在于应付女人方面……除好玩女人外一无建树"[①]。希波战争中波斯的失败,再加上国内原来就存在的独裁、腐败和治理无方,国内反叛随之接连发生。首先,巴比伦于公元前480年,即薛西斯一世兵败萨拉米斯湾的当年,起兵叛乱,准备独立。尽管这次叛乱并未成功,但反映了国内统治的不稳。叙利亚、埃及和小亚细亚等地也屡有骚乱。毫无疑问,此时的波斯帝国已由大流士一世的鼎盛时期转向衰落。

雅典认为这是自己扩张的最好时机。希波战争第一阶段结束后,雅典立即由防御转变为进攻。所以紧接着就开始了希波

[①] 杜兰:《世界文明史》第1卷《东方的遗产》,幼狮文化公司译,东方出版社,1998年,第262页。

战争的第二阶段。

第三节　希波战争第二阶段

一、提洛同盟

公元前479年这一年,既是希波战争第一阶段结束的年份,又是希波战争第二阶段开始的年份。雅典在战争中扮演的角色转变了,它已从防御者转为进攻者。雅典积极扩军备战,准备在进攻中获取更大的胜利。

公元前478年,以雅典海军为主力的希腊各城邦联合舰队,拔掉了黑海沿岸的波斯帝国重镇塞斯托斯,以利于希腊商人在这里购买粮食和向这里输出手工业品,雅典达到了这个目的。"在希腊历史上,塞斯托斯之役是远不如萨拉米斯湾之役那样著名的。但是对于雅典今后的发展,这一役的意义却不在萨拉米斯湾一役之下。"[1]这是因为,从萨拉米斯湾到塞斯托斯,"是雅典从防御转向进攻。没有塞斯托斯的胜利,雅典的海上扩张会依旧逃不了波斯的窒息"[2]。

为了对付波斯帝国的反扑和继续夺取波斯帝国在爱琴海上一些据点,雅典建议希腊各城邦组成一个同盟,由雅典领导,负责统一对波斯帝国作战。斯巴达认为自己没有海外利益,加之又不愿受雅典领导,受这个同盟的约束,所以不加入同盟。这是

---

[1]　吴于廑:《古代的希腊和罗马》,三联书店,2008年,第45页。
[2]　同上。

斯巴达和雅典之间产生隔阂的一个重要的转折点。

这个同盟建立于公元前478年或前477年,会址和金库设在爱琴海上的提洛岛上,因此被称作提洛同盟。根据提洛同盟的规定,凡加入同盟的希腊城邦(后来,加入提洛同盟的希腊城邦多达二百多个)都必须承担军事义务。它与早些时候成立的以斯巴达为首的伯罗奔尼撒同盟的最大不同之处是:伯罗奔尼撒同盟在组织上相对于提洛同盟而言,是比较松散的,它只规定加盟的各个城邦互相承诺和尊重各自的边界,在一个城邦遭受进攻时,同盟有共同防御的责任,以保护领土的完整。它不要求加盟的城邦提供军事装备和支付金钱。而提洛同盟却是一个严密的城邦共同组织:"提洛被指定为金融首都,雅典决定每个盟国都要有所贡献:或者拿出装备好的船只,或者交纳钱款以帮助建立一支舰队。"[1]具体的做法是:较大的城邦提供舰船,小城邦没有战舰,则交纳造船费用,军队和舰船的指挥权均由雅典掌握。雅典海军在提洛同盟军事力量中占据绝对优势,雅典舰船总数相当于同盟中其他加盟城邦舰船的总和。雅典掌握了提洛同盟军队的指挥权,这样,"雅典成了从中获益的唯一国家"[2]。

根据提洛同盟的规定,同盟有一个理事会作为常设机构,这也是提洛同盟不同于伯罗奔尼撒同盟之处。[3] 在提洛同盟中,加盟的各个城邦各有一票表决权,雅典也不例外。同盟的重大事务和决策都要经同盟会议表决。但这逐渐成为一种形式,因

---

[1] 库薈:《古希腊的交流》,邓丽丹译,广西师范大学出版社,2005年,第154页。
[2] 同上。
[3] 参看同上。

为实际上最终决定权仍由雅典说了算,其他各邦是无法反对的。

提洛同盟最初是自愿参加的,到后来同盟的性质改变了。凡是已经加入了同盟的城邦,就不容许再退出,否则就被视为叛变,要受到雅典的讨伐。

加盟各邦交纳的盟费,后来大部分被雅典挪用,例如被用于雅典的公共设施建筑。

同盟的会址和金库起初都设在提洛岛。从公元前454年起,也就是提洛同盟成立二十多年后,金库迁移到雅典,同盟会议也不再召开。对提洛同盟的金库由提洛岛迁移到雅典的解释是:第一,这次迁移是"从一个人们主要是为了宗教目的才会前往的小岛迁移到了人们为了任何目的都乐于前往的城市(雅典)"[1];第二,"同盟的财产在雅典会更安全"[2]。实际上,迁移的目的是雅典可以控制金库,进而对加盟的城邦进行控制。

要知道,在当时的雅典,要维持一支强大的军队的经费是很庞大的,尤其是要组建一支舰队以及供给这支舰队,是十分昂贵的。如果这一大笔钱完全靠公共资金来提供,而指挥权又属于雅典,那么这支舰队也就变成了雅典的财产。[3]

在公元前5世纪,雅典在对海军和舰船的控制方面有两个重要变化。一是,把雅典现有的海军资源完全由政府部门所控制,从而实现了对海上武装使用的垄断,二是通过限制雅典的竞

---

[1] 基托:《希腊人》,徐卫翔、黄韬译,上海人民出版社,2006年,第110页。
[2] 同上。
[3] 参看加布里埃尔森:"希腊时代的战争和国家",载萨宾、威斯、维特比编:《剑桥希腊罗马战争史》第1卷《希腊、希腊化世界和罗马的兴起》,剑桥大学出版社,2007年,第254页。

争对手,以雅典舰船显示雅典的特权。① 这样一来,政府对海军和舰船的垄断几乎立即把海军部门同现有的军事机构中分离出来了,海军部门成为一个特殊的部门。②

由此可见,提洛同盟对于雅典的重要性,不仅在于战争期间提洛同盟成员国要向雅典提供舰船,交给雅典统一调度和指挥,使雅典麾下的海军提高了战斗力,而且还在于提洛同盟金库对雅典海军建设提供了充足的财力,使雅典海军部门在雅典军事力量中占有特殊的地位,形成特殊的部门,从而有利于雅典进一步对外扩张。

提洛同盟的性质彻底改变了。现在变成了众多加盟城邦不得不听从雅典的指挥和命令的附庸,而且雅典也把加盟各个城邦视为自己的附庸。雅典同加盟各邦的关系不可避免地越来越紧张。

二、雅典和斯巴达、科林斯的矛盾

斯巴达不是提洛同盟的成员。尽管在希波战争第一阶段,斯巴达的陆军英勇善战,在击败波斯帝国的战斗中立功显著,但斯巴达人一直对希腊存有戒心,唯恐雅典势力更强之后会对自己下手。因此,希波战争第二阶段一开始,斯巴达就不愿意再卷入,也不派军参加攻击波斯帝国的行动。斯巴达周边有一些小邦,他们在历史上是一贯听受斯巴达的,他们也不参加提洛同

---

① 参看加布里埃尔森:"希腊时代的战争和国家",载萨宾、威斯、维特比编:《剑桥希腊罗马战争史》第 1 卷《希腊、希腊化世界和罗马的兴起》,剑桥大学出版社,2007 年,第 254 页。

② 参看同上。

盟,与斯巴达保持一致。可以说,希波战争第一阶段,波斯帝国是入侵者,希腊本土是受到侵略的,所以几乎所有的希腊城邦,无论是大邦还是小邦,都齐心参战,为保卫自己的家园而战斗。希腊由此得到拯救。但到了希波战争第二阶段,雅典是进攻者,跟随雅典一起同波斯帝国作战的希腊城邦,只是一部分,它们就是提洛同盟的成员国。至于斯巴达和跟随斯巴达的那些城邦,态度是中立的,至少在希波战争第二阶段开始后一段时间内是采取了中立立场,到了后来,它们同雅典之间的矛盾越来越尖锐,对雅典的疑虑、戒备也越来越重,甚至暗地里不希望雅典战胜波斯帝国。尽管在这种情况下它们还不想同雅典撕破脸面,但它们心理上已不再保持中立了。这就为希波战争第二阶段结束后不久就爆发的雅典—斯巴达战争(伯罗奔尼撒战争)埋下了伏笔。

但雅典这时处于自我陶醉、自我膨胀状态,它察觉不到这些问题。雅典自认为海军力量强大,又有提洛同盟各加盟城邦的帮助,因此并不介意斯巴达的态度。在雅典看来,只要重创了波斯帝国,波斯帝国就会解体,届时,波斯帝国统治范围内的许多被波斯武力征服的国家就会挣脱出来,这样,它们或者会转而投入雅典的怀抱,或者在独立之后同雅典保持友好的贸易关系。因此,雅典依然把关注的重点放在同波斯帝国的作战方面。

换言之,在希波战争还没有完全结束之前,雅典和斯巴达的矛盾还不至于激化到双方刀兵相见的程度。双方都心中有数,也都有所克制,但都在暗中盘算或策划希波战争结束之后该怎么办。

这里再考察一下雅典和科林斯之间的关系。科林斯也是一个大邦,经济发展较好,兵力也强,而且地理位置重要,扼住由希腊中部通向伯罗奔尼撒半岛的要道。在希波战争第一阶段,在抗击波斯军队入侵的过程中,科林斯派出自己的陆军,同斯巴达和雅典的军队一起作战。科林斯的舰队也在战争中发挥作用。但科林斯在希波战争的第二阶段却采取观望态度,它不参加提洛同盟,这主要是不愿意追随雅典进行海外扩张,不愿意充当雅典的附庸。科林斯对雅典的戒惧可能还大于斯巴达对雅典的戒惧,因为科林斯距雅典很近,不像斯巴达远在伯罗奔尼撒半岛上;而且科林斯重视商业,同雅典之间存在着海外市场的竞争关系,不像斯巴达那样以农为本和远离商业。当然,雅典和科林斯关系的破裂还是希波战争完全结束之后的事情。这一时期内,双方仍没有发生直接的、公开的冲突。

其实,不仅是雅典、斯巴达、科林斯之间有难解的矛盾,希腊城邦之间(包括提洛同盟各成员国之间和伯罗奔尼撒同盟各成员国之间)也都矛盾重重。"希腊人的独立天性使他们彼此存有戒心,互不信任。只有在波斯人入侵的巨大威胁面前,希腊人才不得不走到一起。"[1]希波战争第一阶段就是如此,但这仅仅是短时间的一致行动而已。波斯人的威胁一解除,一切又同过去一样:各个城邦各自为政,互相猜忌、拆台。"一个希腊合众国的梦想终成泡影。"[2]

三、波斯帝国的衰落

希波战争转入第二阶段后,以雅典为首的提洛同盟军队连

---

[1] 汉密尔顿:《希腊的回声》,曹博译,华夏出版社,2008年,第17页。
[2] 同上书,第18页。

续采取攻势,使波斯帝国不断遭到重创。继公元前478年波斯军队被逐出黑海沿岸地区之后,公元前475年又被逐出色雷斯,至此,波斯势力退出了欧洲。公元前468年,一支希腊舰队在雅典指挥官西门的率领下,在小亚细亚南部将波斯海军和陆军彻底击败,波斯帝国元气大伤。

公元前465年,波斯国王薛西斯一世去世,他在位20年,对波斯帝国毫无建树,只知享乐、揽权、贪财和苛待臣民。他是在宫廷政变中被谋杀的。谋杀薛西斯一世的人就是大臣阿尔塔巴努斯。从此波斯宫廷中的谋杀和篡位不绝。阿尔塔巴努斯不久又被谋杀。到了公元前460年,薛西斯一世之子薛西斯二世即位。但薛西斯二世只统治了45天,也被谋杀了。[1] 此后较长时间内波斯国王的宝座仍像走马灯似的换人,朝政大乱,根本顾不上对抗希腊人的进攻,也阻挡不了被波斯征服地区的人民起义。

据说,公元前460年的埃及人的起义"得到了希腊的一支舰队的帮助。这支舰队经过地中海,进入尼罗河以后,到达孟菲斯"[2]。尽管埃及人久攻孟菲斯不下,被迫撤退,但埃及境内反波斯人的战事仍继续进行。

波斯国内的宫廷斗争并未止息。薛西斯二世在位仅45天即被谋杀,谋杀者是他的弟弟奥格迪亚努斯,但后者统治不到半年,又被杀害了。到了公元前449年,波斯帝国内外交困,同希腊之间的战争无法再进行下去了,不得不同希腊议和,波斯正式承认小亚细亚各个希腊移民城邦的独立,声明放弃争夺爱琴海

---

[1] 参看奥姆斯特德:《波斯帝国史》,李铁匠、顾国梅译,上海三联书店,2010年,第430页。

[2] 费克里:《埃及古代史》,高望之等译,科学出版社,1956年,第108页。

上的霸权。雅典这时也不想继续打下去,主要是因为雅典已经在希波战争第二阶段获得了不少好处,实现了当时雅典想控制小亚细亚和黑海沿岸地区的目标:现在,"恢复了小亚细亚希腊城邦,打通了进入黑海的通道"①,既然雅典感到自己的初步目标已经达到,何不"见好就收"呢?加之,雅典同提洛同盟各个加盟城邦之间的关系越来越紧张了,雅典同斯巴达、科林斯这些非提洛同盟成员之间的矛盾也越来越激化了,雅典不得不在对待波斯的战争方面有所收敛,把希腊内部的问题放在重要的议事日程上。

这样,希波战争第二阶段(公元前479—前449年)宣告结束。通过这一阶段长达30年的战争,一方面,雅典强大了,它成为地中海东部海域唯一的霸主,另一方面,煊赫一时的波斯帝国阿黑门尼德王朝从此衰落下去,此后,它苟延残喘地延续了大约100年的时间。

回顾希波战争,正如依迪丝·汉密尔顿在《希腊的回声》一书中所评论的:在当时,"希腊与东方,就像一个侏儒与一个巨人,但是,这个侏儒打败了巨人"。这是旷古未有的事情,因为自古以来,西亚的大国,从赫梯、巴比伦到亚述,全都是被西亚人自己打败的、灭亡的,还从来没有被欧洲小国打败的例子。希腊人击败波斯人,"每个希腊人都知道,这是希腊英雄主义所创造的奇迹"②。波斯拥有强大的陆军和舰队,终于溃散逃窜。这被认为是希腊人精神力量的表现,因为"在那个时代的希腊人看

---

① 汉密尔顿:《希腊的回声》,曹博译,华夏出版社,2008年,第3页。
② 同上。

来,最珍贵的财富是自由,这是东西方之间的唯一差异"①。也就是说,在爱琴海的这一边,是自由的公民、独立的城邦和为自由、独立战斗的公民组成的军队;在爱琴海的那一边,是专制制度下的臣民,是被征服地区召集来的壮丁,他们为波斯帝国而战,为波斯国王及其家族的利益而战,胜败显然可知。

然而,希腊人也懂得,即使在这一次战争中他们战胜了波斯的陆军和海军,把波斯人从黑海沿岸地区和小亚细亚的西海岸赶走了,但在他们的心目中,"波斯国王尽管遭受失败,还是最受承认的强权"②。以后,在希腊各城邦卷入伯罗奔尼撒战争后,希腊人还要看波斯国王的眼色,"斯巴达求助于他,在他的认可下把国王的和平(安塔尔基达斯和约)强加给希腊地区"③。虽然这是半个世纪以后的事情,但波斯帝国依然是西亚的唯一强国。

四、希腊城邦分裂为两派

希波战争第二阶段一结束,照理说,以应对波斯帝国的战争为目标的提洛同盟就已经失去其存在的理由,但雅典却要继续利用提洛同盟作为自己手中掌握的工具。因此,雅典不仅没有解散提洛同盟,反而加强了对提洛同盟的控制,使提洛同盟加盟各邦继续成为雅典的附庸。

---

① 汉密尔顿:《希腊的回声》,曹博译,华夏出版社,2008年,第4页。
② 韦伯:《经济与社会》上卷,林荣远译,商务印书馆,2006年,第229页。
③ 同上。"安塔尔基达斯(约卒于公元前367年),斯巴达将领和外交家,公元前387—前386年与波斯国王达成媾和,史称安塔尔基达斯和约"。(同上书,第229页注)

公元前443年,即希腊战争第二阶段结束后的第6年,雅典把加入提洛同盟的各个城邦分成五个纳贡区。并在加盟各邦强制推行雅典的法律、币制和度量衡制。雅典还向加盟各邦推行军事移民政策,即派遣雅典公民以重装甲步兵身份移民加盟城邦,并在当地领取一块份地。雅典之所以这样做,主要怀有两个目的:第一,缓解了雅典国内失地贫民的生活问题,因为他们可以在加盟城邦领到一块份地,靠此为生;第二,雅典利用军事移民,渗入加盟城邦,从而加强了雅典对加盟各邦的控制。一旦当地发生对抗雅典的事件,这些重装甲步兵身份的移民就是雅典的先遣军。

要知道,雅典是一个丘陵地区,耕地面积不多,土质也不算肥沃,人口却相当稠密,粮食供给一直紧张。雅典力图在扩张中得到更多的土地,得到更多的粮食供应。在雅典看来,南北各有一个大粮仓。南是埃及,主要是尼罗河三角洲地区。北方的粮仓就是黑海沿岸地区,主要是多瑙河三角洲地区。通过希波战争第二阶段,波斯帝国的军队被赶出了黑海地区,雅典重新控制了博斯普鲁斯海峡和达达尼尔海峡,雅典的商站、粮栈、港口、码头也都重建了。然而,雅典向南扩张却未能如愿。在希波战争第二阶段,虽然埃及发动了摆脱波斯帝国统治的起义,并且得到希腊舰队的帮助,但埃及仍未摆脱波斯帝国的统治,希腊舰队也不得不撤回。雅典始终没有忘记埃及这个大粮仓。雅典人继续把提洛同盟当作受自己利用的工具,未尝没有在适当时候再度南下埃及的打算。

雅典即使在埃及方面未能如愿,但毕竟在塞浦路斯方面实现了自己的打算。地中海东部海域中的塞浦路斯岛,地势十分重要。由此向东,可以在西亚登陆,甚至可以对波斯人继续占领的西亚沿岸进行封锁。由此向南,就是埃及。塞浦路斯岛被看作攻打埃及的前哨和基地。雅典的扩张费用,正是用提洛同盟提供的贡赋支付的。

在希波战争第二阶段结束后,雅典还进行了一些海外扩张活动。例如,公元前443年,雅典派出一支舰队,于意大利半岛登陆,为筹建新的殖民地做准备,为运送大批希腊人到那里去开垦定居。又如,雅典还向黑海西岸今保加利亚一带进行扩张,在那里实行垦殖活动。所有这些经费也都由提洛同盟加盟各邦分摊。可以说,"这时的雅典已非昔日的单一城邦,它已发展为希腊世界的超级强国,因而也被称为'雅典帝国'"①。乍看起来,这似乎是一种矛盾的现象,即雅典对内实行民主政治,对外推行强权政治②。其实这并不矛盾,那种"内行民主,外行强权"的国家的例子,从古到今难道还少吗?

雅典作为一个霸权国家,它同提洛同盟各个成员国之间的关系必然越来越紧张。当初加入提洛同盟的希腊城邦,后悔已经来不及了。它们敢怒而不敢言,心中的积怨日益增加。有些甚至表面上听从雅典,实际上却同斯巴达、科林斯保持联系,因为斯巴达和科林斯是反对雅典的霸权和扩张政策的。

总的说来,在希波战争第二阶段结束以后,希腊城邦大体上分为两派:

一派是以雅典为核心并受雅典控制的城邦所组成的集团。

---

① 孙道天:《古希腊历史遗产》,上海辞书出版社,2004年,第76页。
② 参看同上书,第77页。

参加这一集团的,首先是参加提洛同盟的城邦,而不管它们是否对雅典不满或是否同斯巴达、科林斯暗中保持联系。此外,这一集团还包括一些虽未正式加入提洛同盟,但出于各种考虑而采取亲雅典政策的城邦。

另一派是以斯巴达为核心并受斯巴达控制的城邦所组成的集团。参加这一集团的,主要是早就成立的伯罗奔尼撒同盟的成员国。科林斯既不是伯罗奔尼撒同盟的成员,也不是提洛同盟的成员,但在希波战争第二阶段结束后的希腊境内两派斗争中,科林斯是亲斯巴达而反对雅典的。

还有一些城邦在两大集团之间摇摆不定。麦加腊就是一例。它原先是亲斯巴达的,后来又转为亲雅典,不久又在科林斯支持下,再度转而亲斯巴达。再如波提底亚,它本来是科林斯的移民城邦,但又是提洛同盟的成员之一。科林斯对它施加影响,让它退出提洛同盟,雅典则要求它断绝同科林斯的关系。最终,波提底亚拒绝了雅典的要求,并联合了附近的城邦一起退出提洛同盟。

以上所说的这些,都是引发日后雅典和斯巴达开战的原因。但这时希波战争刚刚结束,雅典和斯巴达的矛盾虽然日趋尖锐,但还没有达到非战不可的地步。双方都在积聚力量,等待合适的时机。雅典和斯巴达在密云不雨的大环境中,订立了三十年和约。一场影响希腊世界命运的大战推迟了。

大战的推迟在一定程度上也同两国国内形势的变化有关。

在雅典,平民派和贵族派之间的斗争又有激化的趋势,主张继续推进改革的政治家的影响不断增大,贵族派则聚集力量准备反扑,雅典国内政局因此而动荡不安。在这种情况下,雅典必须把主要注意力放在国内的改革方面。

在斯巴达,由于黑劳士一直遭到政治压迫和剥削,他们不再像希波战争以前那样驯服听话了,斯巴达不得不花费力量来应付被认为不安分的黑劳士。皮里阿西人,即所谓的边民,地位也发生了变化。到了公元前464年,在皮里阿西人的强烈要求下,曾经参加过反对波斯人战争的皮里阿里人得到解放,他们从此同斯巴达人一样,被称为拉塞达蒙人,不再是二等公民了。[1] 但他们仍然可以从事工商业。[2] 对斯巴达来说,这些都是国内政治中的新问题,它必须先着手处理国内问题。

雅典和斯巴达之间暂时不公开冲突,并不意味着双方矛盾已缓解。双方的大战拖延到公元前431年终于爆发,这时距希波战争第二阶段结束(公元前449年)才18年。

第四节 雅典的伯里克利改革

一、雅典改革深化的背景

上一章已经指出,希波战争分为两个阶段,希波战争第一阶段是波斯大军压境,占领希腊北部和爱琴海上一些岛屿,后来攻陷雅典。雅典军民撤离后,继续抗击入侵者。这是雅典城邦生死存亡的关键时刻,雅典内部贵族和平民之间的冲突在大敌当

---

[1] 参看卡特利奇:《斯巴达人:一部英雄的史诗》,梁建东、章颜译,上海三联书店,2010年,第52页。
[2] 参看同上书,第53页。

前的形势下缓解了,连奴隶都被释放,应召入伍,一起抵抗波斯军队。因此在希波战争第一阶段,再争论雅典是否需要进一步体制改革,以及应当如何改革,已经没有现实意义。从高层领导到普通平民,大家都希望维持原状,谁都不讨论改革深化问题。

希腊战争转入第二阶段后,雅典采取攻势,不仅陆续攻占了原来属于希腊世界而后被波斯帝国征服的地区,包括黑海沿岸地区和爱琴海上的一些岛屿,而且小亚细亚的原来的希腊移民城邦也一一恢复了独立。雅典还成为提洛同盟的霸主。而雅典的国内政治形势也已经不同于希波战争第一阶段,贵族和平民之间的矛盾又趋于激化。无论是贵族还是平民,都对雅典社会政治现状不满,进一步改革的要求一再被提出:平民派认为贵族的权力仍然没有受到实质性的限制,而贵族们则认为平民的权力也就是公民大会及其常设机构的权力几乎不受任何制约,这样对雅典城邦的前途是极其不利的。

在这里需要从希波战争第一阶段的几件具体的事件谈起。

希波战争第一阶段开始时,雅典执政官阿里斯蒂底斯统率雅典军民抵抗波斯军队入侵。在公元前491年的马拉松战役中,他把军事指挥权交给了米太亚德,以劣势兵力战胜了波斯大军,赢得了马拉松战役的胜利。阿里斯蒂底斯和他所信任的米太亚德都是有功的。但是,通过了自梭伦时期就已开始的雅典城邦政治体制改革,尤其是克利斯提尼的一系列改革,公民大会及其常设机构的权力不断增大,而且赏罚分明。马拉松战役结束后,米太亚德率雅典舰队攻打派路斯岛,因为该岛的希腊人依附了波斯帝国。所以米太亚德带领舰队到达派路斯岛以后,勒令该岛居民缴纳巨额赔偿金,否则将屠城。这一决定是米太亚德擅自做出的,不符合雅典的精神,未经过公民大会及其常设机构的讨论,于是公民大会罢免了他,并责令他交纳价值相当于他下令让派路斯岛居民集体缴纳的巨额赔款的一半。米太亚德被免职后不久就去世了。米太亚德应交的罚款由他的儿子西门代缴。米太亚德及其儿子西门都是雅典贵族派的代表人物,这件事引起了贵族们的强烈不满,进而引起他们对以往政治体制改革的不满,他们认为平民派几乎不受任何制约,置雅典的城邦利益于不顾,而雅典的现任领导人只知道迁就平民们的意愿,把贵族们的看法置于一旁,毫不在意。平民派则认为,既然公民大会被赋予监督一切官员的使命,那么不管是谁都应遵守公民大会及其常设机构的决定,不得例外。

要知道,雅典经过"若干次改制之后,氏族是等于没有了,剩下的只是许多个别的家族"①。家族,有贵族世家,也有平民家族,"世袭贵族的家族可能大些,平民的大概是很小的"②。因此,在雅典的贵族和平民之间的斗争中,双方都在一定程度上依靠自己家族的力量,这一特点在希波战争之前就已经相当突出。

问题不限于此。支持和信任米太亚德的阿里斯蒂底斯当时依然是雅典的执政。他在处理希波战争期间雅典的行政事务方面也受到好评,许多人都称他人品端正,有才干。然而,他却对前一阶段克利斯提尼的故事发表了不同意见。他认为,在雅典,民主已经足够了,如果再增大公民大会及其常设机构的权力,就

---

① 潘光旦:恩格斯著《家族、私产与国家的起源》一书中的译注,载《潘光旦文集》第13卷,北京大学出版社,2000年,第344页。

② 同上。

有导致行政腐败和社会紊乱的危险。[①] 这一评论引起平民派的非议,因为他作为执政是不应该否定雅典公民大会领导下的改革的。平民派选举特米斯托克斯为执政,阿里斯蒂底斯不仅被免去职务,而且于公元前482年,即希波战争第一阶段结束(公元前479年)的前三年,被雅典公民大会利用陶片放逐法放逐到海外。关于这一事件,本书第五章中已经提到。平民派使阿里斯蒂底斯本人受到流亡海外的放逐处分,雅典的贵族派愤愤不平。只是此时希波战争尚未结束,所以未酿成雅典政局的大动荡。

平民派支持下的特米斯托克利于公元前480年指挥雅典海军在萨拉米斯湾击溃了波斯舰队,为希波战争第一阶段的希腊胜利奠定了基础。

希波战争第二阶段开始后,雅典贵族和平民之间的斗争日益加剧。这段时间内,斯巴达内政已发生动荡。斯巴达认为,希波战争第二阶段是雅典扩张政策所引起的,所以斯巴达不参与这场战争。斯巴达的领导人是保塞尼亚斯。保塞尼亚斯在希波战争第一阶段结束之前,曾率领斯巴达陆军击败波斯帝国仍然逗留于希腊本土境内的陆军,是有战功的。但在斯巴达内部却因派系斗争而遭到一些人的嫉恨。斯巴达方面查到保塞尼亚斯同雅典执政官特米斯托克利的私人通信,通信中涉及拟同波斯帝国议和问题。斯巴达认为整倒保塞尼亚斯的时机来到了,便在这一事件上大做文章。

[①] 参看杜兰:《世界文明史》第2卷《希腊的生活》,幼狮文化公司译,东方出版社,1998年,第174页。

斯巴达立即以叛国罪逮捕了保塞尼亚斯,保塞尼亚斯最终死于狱中。① 斯巴达随即把特米斯托克利同保塞尼亚斯之间的信件在雅典公布,引起雅典大哗,雅典立即下令逮捕特米斯托克利。显然,这一事件并非那么简单,这里既有斯巴达的盘算,也涉及雅典内部贵族派和平民派之间的斗争。

斯巴达这时已经把雅典看成是希波战争之后自己未来最大的敌手了,只要能制造雅典内部的纷争,对斯巴达总是有利的。何况,斯巴达十分担心特米斯托克利这个雅典执政官会对伯罗奔尼撒半岛的政局进行干预。据说,"在希腊人把波斯入侵者驱逐出去后,特米斯托克利就开始在伯罗奔尼撒人中间煽动不和与冲突,以此来对抗斯巴达"②。所以斯巴达一直通过雅典内部的亲斯巴达的贵族派来逼迫特米斯托克利下台。斯巴达更希望代表平民派的特米斯托克利下台,由亲斯巴达的贵族派人士在雅典执政。他们寄希望的这个人就是已故雅典领导人(后来被免职的)米太亚德之子西门。③

特米斯托克利在获得雅典要逮捕他的消息后出逃了。雅典对他进行了缺席审判,判以死刑(公元前470年)。特米斯托克利辗转逃到波斯帝国,被收容下来。据说,波斯帝国念特米斯托克利当初率雅典舰队在萨拉米斯湾击溃波斯舰队后并未乘胜直

---

① 参看杜兰:《世界文明史》第2卷《希腊的生活》,幼狮文化公司译,东方出版社,1998年,第184页。
② 卡特利奇:《斯巴达人:一部英雄的史诗》,梁建东、章颜译,上海三联书店,2010年,第128页。
③ 参看同上。

追波斯人,收容了他。① 特米斯托克利从此留在波斯帝国,于公元前449年死于此地。

雅典大权落入了贵族派领袖西门手中。西门在希波战争中也是有功之臣。他曾率军在小亚细亚南部击败波斯军队,赢得声誉,所以借此巩固了自己的执政地位。他被认为是亲斯巴达的。这时,斯巴达内部正发生黑劳士的暴动,而且规模越来越大。加之,斯巴达于公元前5世纪60年代内发生了大地震,给斯巴达带来巨大损失。据记载,"斯巴达的伤亡人数非常巨大,达到了20,000人"②。卡特利奇认为"这个数字可能有点夸张"③,但无论如何,大批斯巴达人在地震中死亡确是事实。这对黑劳士的暴动是有影响的,因为"黑劳士认为地震简直就是上天赐予他们的良机,是神让他们去发动一场大规模的而且持续了很长时间的暴动"④。正是在这个时候,斯巴达向雅典求援,西门这时"正处于其政治生涯的顶峰"⑤,决定派军队去帮助斯巴达。这一决定引起雅典人的不满。更有意思的是:西门率军进入斯巴达后,雅典军人看到斯巴达人对黑劳士的虐待、歧视、杀戮等行为,竟产生了同情黑劳士的想法,雅典军人认为这些受奴役的黑劳士并不是野蛮人,为什么要受斯巴达人如此欺压和剥削呢?又引起斯巴达对西门及其军队的不信任和不

---

① 参看杜兰:《世界文明史》第2卷《希腊的生活》,幼狮文化公司译,东方出版社,1998年,第184页。

② 卡特利奇:《斯巴达人:一部英雄的史诗》,梁建东、章颜译,上海三联书店,2010年,第126页。

③ 同上。

④ 同上。

⑤ 参看同上书,第128页。

满,使西门蒙受羞辱,只得狼狈地返回雅典。西门"这个帮助斯巴达的决定也断送了他自己的政治前途"①。

公元前461年,雅典平民派选举厄菲阿尔特为执政官,并以西门勾结斯巴达为名,把西门放逐于国外,雅典贵族派在斗争中失败,平民派又重新掌握政权。后来,平民派撤销了对西门的放逐令,西门才得以重返雅典,在军队中供职。最后,在塞浦路斯的一次海战中为国捐躯。

雅典在这段时间内的政局动荡都同贵族和平民两派的斗争有关。西门下台和厄菲阿尔特执政,表明平民派终于在这场斗争中取得了胜利。这时,希波战争第二阶段已进行多年,雅典海陆军都占据上风。波斯帝国只能招架,无力还手。于是厄菲阿尔特感到,雅典要稳定社会,发展经济,必须推进改革。他认为现在在雅典实现进一步改革,正是大好时机。

二、伯里克利执政

平民派特米斯托克利执政时期,倾向于平民们利益的政治体制改革并未停止下来。尽管他后来被赶下台,被缺席审判判处死刑,最终逃往波斯,但他仍在雅典留下好名。亚里士多德评论他时写道:特米斯托克利的"公正超过与他同时代的人"②。这是很高的评价。他执政时,于公元前487年做出规定:雅典的执政官由贵族会议成员中抽签产生,而不由贵族会议推举人选。由抽签产生执政官这一变动,对贵族会议中的贵族子弟是不利

---

① 卡特利奇:《斯巴达人:一部英雄的史诗》,梁建东、章颜译,上海三联书店,2010年,第128页。

② 亚里士多德:《雅典政制》,日知、力野译,商务印书馆,2009年,第32页。

的,因为按照规定,凡任期已满的执政官照例进入贵族会议,其中就可能有非贵族出身的人,使那些非贵族出身的人又有可能通过抽签而再被任命为执政官。

厄菲阿尔特作为平民派领袖执政时,继续推进改革。他被认为"在政治生活上享有清廉正直的声誉"[1]。他的主要改革措施有两项:

一是:雅典公民大会不再受贵族会议的干预和监督,以及贵族会议原有的审判公职人员渎职罪的权力也被取消了。

二是:对贵族控制的最高法院制度进行了改革。贵族派曾提出要把他们控制的最高法院变为国家的最高权力机构,厄菲阿尔特认为这是决不允许的,因为公民们从未承认过最高法院拥有这种权力。所以说,"厄菲阿尔特改革的最重要成果,就是建立了这样一种法庭审判制度,法庭由30岁以上的男性公民的陪审团组成,这些人由抽签产生,服务期一年"[2]。以抽签方式产生陪审团,这样就改变了由贵族把持各级审判的惯例,从而被现代一些研究者称作公元前5世纪中期雅典的"激进式"民主的体现。[3]

此外,厄菲阿尔特还弹劾某些贵族会议成员的渎职行为,处分了一些人,其中有的被判死刑。贵族派异常痛恨厄菲阿尔特,于公元前461年派人暗杀了他。他执政的时间只有一年。

厄菲阿尔特被暗杀了。平民派急需推举出一位新的领袖

---

[1] 亚里士多德:《雅典政制》,日知、力野译,商务印书馆,2009年,第33页。
[2] T. R. 马丁:《古代希腊:从史前到希腊化时期》,耶鲁大学出版社,1996年,第110页。
[3] 参看同上书,第113页。

来继承改革事业。他们先把伯里克利推选为自己的领袖,领导平民派的活动;后来,又把伯里克利推举为雅典的最高领导人。伯里克利执政时期长达30年,这30年可以分为两个阶段:"在前15年(公元前461—前446年),雅典人在陆地上和海上同时进行着反对波斯与希腊人的英勇而无效的斗争,后面的15年(公元前446—前431年),是完成和平时代的光荣任务的十五年。"①雅典在伯里克利执政期间达到了它历史上的鼎盛时期。

伯里克利的父亲是海军军官,参加过希波战争第一阶段的萨拉米斯湾的战斗,立下战功,并且也是克利斯提尼执政时期建立的五百人会议的一个成员。伯里克利的母亲出身于贵族世家,是克利斯提尼的侄女。② 肯定地说,伯里克利受到家庭的深刻影响,也受到克利斯提尼改革事业的深刻影响。他在年轻时就投身于民主活动,在贵族派和平民派的斗争中一直站在平民派一边。伯里克利担任公职期间,始终廉洁自律,名声极佳。

伯里克利是依靠平民派的支持上台执政的。他的前任厄菲阿尔特被贵族指使人暗杀这一事件,给雅典的平民派和伯里克利本人都留下了这样一种印象,即务必推进改革,决不能就此止步,更不能倒退回去。只有继续改革,才能抑制贵族势力,使公民权利平等。尽管改革仍有阻力,但既然已经推进到了这一地步,就必须前进,否则雅典政局无法稳定下来。也就是说,雅典

---

① 弗格森:《希腊帝国主义》,晏绍祥译,上海三联书店,2005年,第22页。
② 参看T. R. 马丁:《古代希腊:从史前到希腊化时期》,耶鲁大学出版社,1996年,第113页。

城邦很像一艘航船，从梭伦改革开始，既已启动了改革，就好比航船已经离港远驶，回头已不可能，停步也不可能，唯有乘风前进，以政府的权威来稳定大局，战胜风浪，避开礁石，才能保证安全，驶抵目的地。

伯里克利不负众望，雅典的进一步改革启动了。

三、伯里克利改革的要点

（一）打破担任执政官和公职人员的财产资格限制

在伯里克利以前，尽管雅典的改革从梭伦时期算起，已经一百四十多年了，但执政官和公职人员的任职仍有财产资格的限制。

雅典公民按财产多少分成四个等级：第一等级和第二等级的人员有资格担任执政官和高级公职，第三等级的人员可以担任较低职位的公职，第四等级是财产很少和没有财产的穷人，他们再有才干和智慧也没有资格担任公职，更不必说担任执政官了。伯里克利对这一自梭伦改革以来历经一百四十多年的规定做了重大的、实质性的修改。

按照伯里克利时期的新规定，第三等级的人员可以担任执政官和高级公职，至于第四等级的人，如果用虚报收入的方式表明自己拥有和第三等级一样多的财产，那么其担任公职的权利就和第三等级一样，即可以担任执政官和高级公职，而政府对于他们虚报的收入，不闻不问，不核不查，一切听之任之。这样，雅典的一切公职都向所有的公民开放了，财产资格限制也就没有意义了，实际上是取消了。从此，"任官资格已不再是一种对平民担任官职的制约,官员候选人的范围比之以往有了空前的扩大"①。

在伯里克利时期,担任公职的财产资格限制虽然不再存在了,但还有一条限制,据说这是伯里克利新加进去的,内容是:只有雅典籍父母所生的后代才有资格担任官员;如果父母双方中有一方是非雅典公民,那就失去这种担任公职的资格。为什么要增加这一限制?据说,伯里克利的本意是阻止雅典公民同外国人通婚,同时也有减少私生子的意图。② 又据说伯里克利后来曾为这一建议被采纳而感到后悔。③

(二)给陪审员发放政府津贴

建立陪审员是自梭伦改革以来雅典一直实行的制度,但陪审员是没有报酬的。这样,贫穷的公民即使被选为陪审员,但由于没有报酬,他们很少出席法庭的陪审工作,而富人却不在乎当陪审员有没有报酬,所以几乎由富人包揽了陪审工作。

伯里克利认为这是不合理的,不仅有碍于富人和穷人之间实质上的权利平等,而且有碍于司法公正。于是雅典在公元前451年规定,任何人担任了陪审员并出席了陪审会议,都应给予其政府津贴:参加陪审会议一天就给一天的政府津贴。这一规定很得人心。亚里士多德后来就此评论道:让更多的公民参加审判活动是一件好事,"因为少数人总比多数人更容易受金钱

---

① 魏凤莲:《古希腊民主制研究的历史考察(近现代)》,山东大学出版社,2008年,第6页。

② 参看杜兰:《世界文明史》第2卷《希腊的生活》,幼狮文化公司译,东方出版社,1998年,第186页。

③ 参看同上。

或权势的影响而腐化"①。也就是说,要收买或威胁多数人总要比收买或威胁少数人困难得多。

要知道,在当时的雅典,公民参加陪审员队伍以后,工作是异常繁忙的。"法庭每年平均开庭的时间是175天至225天不等,许多诉讼案在同时审理。"②有些陪审员家住在很远,要参加陪审会议,必须赶来。而且,他们一旦当上了陪审员,在长达一年的任期内必须经常上班工作。③ 所以伯里克利坚持必须给陪审员以政府津贴,这对穷人多少是一种补助。

然而,雅典社会对此存在争议。反对给陪审员发政府津贴的人认为,如果这样做,必定会使雅典人为公共利益献身的精神丧失,使雅典人的道德水准下降,使雅典人的品格贬低等等。伯里克利在坚持给陪审员以政府津贴的前提下,不得不做一些让步,这就是:给陪审员的报酬很少,参加一天陪审会议,陪审员所得到的一天报酬数额大体上相当于雅典普通人挣得的一天报酬的一半,后来稍稍提高了一些,大约也仅仅相当于雅典普通人一天报酬数额的四分之三。

(三)给服兵役者以报酬

雅典一直实行的是公民义务兵役制。服兵役者没有薪酬。伯里克利提出,有必要给服兵役者以薪酬,理由是:穷人家里一个青壮年劳动力服兵役了,家里就少了一个干活的、挣收入的,穷人家就更贫穷了。现在,既然给陪审员以政府津贴,那么也应

---

① 亚里士多德:《雅典政制》,日知、力野译,商务印书馆,2009年,第52页。
② 库蕾:《古希腊的交流》,邓丽丹译,广西师范大学出版社,2005年,第105页。
③ 参看同上。

该给服兵役者以薪酬。但同样招来不少批评,批评者认为,这样一来,雅典公民服兵役的性质就改变了,甚至会导致军队的腐败。尽管如此,伯里克利仍坚持自己的主张,而发给服兵役者的报酬或津贴数额同样是很少的。

对伯里克利给服兵役者发薪酬的做法,后来的研究者们的争论也没有停息过。研究者们争论的问题之一是:这一措施是否意味着雅典军制的改变,是否表明雅典的雇佣兵制度的开始。郭小凌在所撰"希腊军制的变革与城邦危机"一文中阐明了他对这个问题的看法。在他看来,"公民兵与城邦的关系是个人与集体的关系,历史的、经济的、政治的、思想意识的因素把他与城邦紧密联系在一起"[1]。不仅如此,"城邦军队的成员主要是中小土地所有者,浓厚的乡土观念伴生着他们强烈的爱国主义精神"[2],应当说,也就是公民兵的特征。从这个角度来看,伯里克利给雅典的服兵役者发薪酬,并未改变公民兵的性质,而可以看成是对于服兵役的贫穷公民最为有利的一种做法。

那么,雇佣兵又是什么性质的呢?在这以前,雇佣兵在希腊境内就存在了。希腊人有到小亚细亚等地充当雇佣兵的。希腊有些城邦(大多是山区的城邦和贫穷落后的城邦)有专门输出雇佣兵的,他们同受雇的城邦只有雇佣关系,而不像公民兵那样有乡土情结和土地所有制方面的依存关系。换言之,这种雇佣兵,"是脱离母邦,专为外国雇主打仗的军人,这是一种特殊形

---

[1] 郭小凌:"希腊军制的变革与城邦危机",载《世界历史》1994年第6期,第68页。

[2] 同上书,第69页。

式的雇佣劳动"①。雇佣兵的招募和带领者,往往是一些职业军人(以前当过兵或当过军官),也是一些专门靠两头欺诈(一头是雇佣他们的城邦,另一头是被招募来的士兵)、两头盘剥的兵痞。雇佣的城邦和被雇佣的士兵之间的关系"受金钱的支配,因此雇主的敌人就是他们的敌人,即便对方是自己的手足同胞"②。

由此看来,不能把伯里克利给服兵役者以薪酬这件事说成是雅典雇佣兵制度的开始。③ 包括雅典在内的希腊世界,城邦雇佣兵的盛行是在伯罗奔尼撒战争期间和这以后,而且雇佣兵的来源不是本城邦的公民,他们来自希腊境内的不发达地区和落后的城邦。④

当然,伯里克利给服兵役者以薪酬的做法也不是没有消极作用的。士兵薪酬制,即使所发给的薪酬很少,但一旦实现,就可能使公民特别是使穷苦公民对服兵役一事不像过去那样受"为城邦献身"的精神支配了,即认为"服兵役不再是单纯的义务,而且还可能成为谋生的手段。"⑤公民同城邦之间的关系也就不像过去那样单一了。

此外还应当指出,伯里克利对于水兵的报酬是特殊的,其用意可能同当时雅典急需扩大海军,鼓励公民从事水上作战有关。这种特殊报酬在于:容许水兵除了得到工资而外,还容许他们得

---

① 郭小凌:"希腊军制的变革与城邦危机",载《世界历史》1994年第6期,第68页。
② 同上。
③ 参看同上书,第66—68页。
④ 参看同上书,第66页。
⑤ 参看同上书,第70页。

到战利品,"首先是海战战利品"①。韦伯在评论这一规定时说:这是社会"下层的真正'不劳而获'"②。为什么伯里克利要这么做?因为这"恰恰是人民能轻而易举地被争取去参加战争"③。于是对社会下层来说,"这些失去社会地位的公民在经济上脱得开身,而且一无所有,无所丧失"④,他们去当兵,尤其是当水兵,便是最佳选择。

从社会变迁的角度来考察,公元前5世纪中叶,在雅典实现了对担任公职的公民和服兵役的公民发放政府津贴或薪酬的做法,这"标志着同传统的急剧断裂:这使得那些并未富到足以自己承担服务的费用的人们在公民生活中起着积极的作用,并且等于正式承认政治和战争不再是有闲阶级所独占的领域"⑤。这就是伯里克利的功绩。但也应当看到,在那个时期,雅典即使给服兵役者以薪酬,但重步兵队和骑兵队的成长在很长时间内依然由雅典的富人担任。⑥重步兵和骑兵的装备是富人自己提供的,只有他们才有此财力,而对重步兵和骑兵的称赞表明了这两支部队战斗力的强大,以及它们在雅典参加战争时所发挥的有力作用。这从另一个角度也反映了在雅典,"有闲的重步兵——公民的理想依然牢牢地存在着"⑦。

但情况继续发生变化。"在公元前431年,雅典拥有总数

---

① 韦伯:《经济与社会》下卷,林荣远译,商务印书馆,2006年,第698页。
② 同上。
③ 同上。
④ 同上。
⑤ 威斯:"希腊时代的战争和社会",载萨宾、威斯、维特比编:《剑桥希腊罗马战争史》第1卷《希腊、希腊化世界和罗马的兴起》,剑桥大学出版社,2007年,第276页。
⑥ 参看同上。
⑦ 同上书,第277页。

为30,000名重步兵和骑兵,他们中的多数人显然一定来自有闲阶级以外的人,而且其中有数以千计的人根本不是公民,而是没有政治权利的居住于雅典的外国人。"[1]如果不靠薪酬来吸引他们,雅典能有这样多的重步兵和骑兵吗?这样,久而久之,雅典的军队渐渐失去了以前一贯的"公民兵"的性质而越来越成为雇佣兵了。

(四)公民大会的经常化

在伯里克利的改革中,给出席公民大会及其常设机构的人发放津贴是一项重要的措施,正是这一措施使雅典的公民大会制度经常化了。

在雅典,通过克利斯提尼改革,公民大会常设机构是五百人会议。前面已经提到,五百人会议的代表由十个新选区各选50人组成。五百人会议的权力很大,它作为公民大会的常设机构,不仅为公民大会准备议案,而且还执行公民大会的决议。但五百人会议设置之后,公民大会作为雅典的最高权力机构仍不经常开会。伯里克利认为,公民大会之所以不经常开会可能同公民大会不给参加者发津贴有关,因为参加者中不少是贫穷的公民,他们很可能为了谋生,怕耽误工作而不得不缺席。

于是伯里克利做出了如下的规定,要给公民大会及其常设机构的参加者发放津贴。这样,公民大会就有条件经常开会了。按照规定,公民大会大约每隔10天就召开一次会议,讨论议案,表决议案。公民大会的闭会期间就缩短了,五百人会议在缩短

---

[1] 威斯:"希腊时代的战争和社会",载萨宾、威斯、维特比编:《剑桥希腊罗马战争史》第1卷《希腊、希腊化世界和罗马的兴起》,剑桥大学出版社,2007年,第277页。

了的公民大会闭会期间发挥作用。

给出席会议的人发放津贴,还有对出席者身份进行检查验证的作用:"这种做法意味着要对出席者进行系统检查。持有公民名单的检查员验证并分发筹码,凭此筹码便可以领到补贴。"①

(五)政府鼓励公民参加城邦文化活动

这是一项有关扩大雅典文化事业并使之更具有广泛性的改革措施。

伯里克利认为,一年之内雅典有多次公共庆典和祭祀活动,还有一些大型的体育竞赛和戏剧演出,应当让雅典公民尽可能参加这些活动,这既有助于宣扬雅典文化和雅典精神,扩大雅典的文化事业,而且更重要的,是有助于提高雅典公民的爱国意识,增加雅典公民对公共事业的关心。

然而实际情况却是,雅典的贫穷公民通常为生活所累,不能参加这些活动。所以伯里克利主张由政府发放津贴来鼓励贫穷公民参加诸如公共庆典和其他大型活动,以及观看体育竞赛、戏剧演出等。伯里克利这一做法也引起了批评。批评者认为这使得政府过于慷慨大方,浪费了钱财,并且这也不符合雅典精神,因为雅典精神重在参加公共活动者的自觉,而不能靠津贴来诱导人们参加公共活动。

四、伯里克利振兴经济的措施

除了上述改革措施而外,伯里克利执政期间还大力发展雅

---

① 库蕾:《古希腊的交流》,邓丽丹译,广西师范大学出版社,2005年,第94页。

典经济。在振兴经济方面,他采取了如下这些措施:

(一)兴办大型公共工程

其中,较著名的大型公共工程有雅典的海上长墙,使雅典同比利埃夫斯港和法勒伦相连。这项工程有国防上的重要意义,使雅典城和所属的港口便于防守,而雅典的舰队和商船队却可以自由进出,同时还安排了大量就业。

又如,伯里克利修复了希波战争第一阶段被波斯军队毁坏的庙宇、卫城和古迹。这样,既可以增加就业,又能使雅典变得更加辉煌,以提高雅典作为希腊世界文化中心的地位。

(二)扶植工矿企业

伯里克利十分重视雅典工矿企业的发展。在他执政期间,政府对工矿企业生产采取积极的态度。其中,有些企业是政府投资兴办的,如制造舰船和武器的工场。有些企业是私人投资兴办的,并得到政府的鼓励,包括陶器、金银首饰和器皿、炊具、家具、刀具、服装、酿酒、油料加工等工场和作坊。船只、刀剑、盾牌等生产,私人企业也可从事。

此外,雅典的家庭作坊在伯里克利执政期间增加很多。家庭作坊的兴盛使雅典的市场、街道都显得很有人气。

矿场有官办的,也有官办私人承包经营的,还有私人投资经营的。伯里克利本人就拥有一所工场。[1]

所有这些工矿企业和作坊所雇佣的工人中,有自由民,也有外国人和奴隶。小作坊中的干活的,不少就是业主的家庭成员。

---

[1] 参看杜兰:《世界文明史》第2卷《希腊的生活》,幼狮文化公司译,东方出版社,1998年,第199页。

(三)大力发展商业,尤其是对外贸易

伯里克利认识到,雅典的稳定和繁荣除了要依靠一支强大的舰队以外,还必须依靠对外贸易的开展。雅典粮食供给不足,矿产资源也不足,需要从海外输入粮食和矿石,而雅典的手工业产品则需要出口,开拓海外市场。可以说,商业尤其是对外贸易的兴衰关系到雅典的兴衰。为了大力发展商业、对外贸易,伯里克利推行的依然是一百多年来历届雅典政府一贯奉行的建立强大海军和占领海外殖民地(包括建立移民城市和增设商站)的政策。

伯里克利同他的历届前政府领导人所不同的是:一方面,雅典的海军力量更强大了,雅典拥有空前庞大的舰队和商船队,雅典的港口设施大大改善了,另一方面,伯里克利花费很大的精力着手整顿市场秩序,发展金融,为商人和手工业工场、作坊提供金融服务。

伯里克利在比利埃夫斯港设立了谷物市场,让商人们聚集在这里,洽谈生意,订货,成交,使市场逐渐走上有序经营的轨道。

伯里克利还允许设立私营的借贷机构,由它们向商人和手工业者发放贷款,利率由双方商定。实际上这些就是西方世界最早的银行。融资渠道开通以后,雅典的手工业生产和商业、对外贸易也就进一步活跃了。

伯里克利认为陆路的商业和运输条件必须同海上运输一样受到重视。海港的建设虽然加强了,并且设施逐渐完善,但如果陆路的商业和运输条件依然很差,那么商业不会长此兴旺。要知道,由于"希腊被分割成许多小城邦,他们没有足够的经济手段养路"①,所以道路状况不符合发展市场的要求。这是希腊既不同于同时代的波斯,又不同于后来的罗马之处。希腊境内各城邦之间的陆上交通依靠小道通行,而且因山区多,小道运输货物十分不便。伯里克利所做到的,是把雅典境内的道路拓宽,修好,而一出雅典边境,道路就难以行走,更不必说运送货物了:运输货物只能依靠牲畜驮运或肩挑背负。

(四)市场管理

伯里克利为了管理好市场,增设了不少官员,从事与管理市场有关的工作。雅典的官职与官员人数如下:

首先是将军,负责军务和政务;

其次是10名市政官,专管治安;

10名市场管理官,负责雅典城中和比利埃夫斯港的市场管理;

15名谷物监察官,监督谷物交易;

15名度量衡管理官,掌管度量衡;

10名司库官;

10名出纳;

11名行刑官。②

此外,雅典的地方单位(如各个区)也设有一些官员,其中有些是同维持地方秩序(包括市场秩序)有关的。官员人数这

---

① 库蕾:《古希腊的交流》,邓丽丹译,广西师范大学出版社,2005年,第132页。

② 参看古朗士:《古代城市:希腊罗马宗教、法律及制度研究》,吴晓群译,上海人民出版社,2006年,第345页;参看李玄伯译本,中国政法大学出版社,2005年,第272页。

样多,以至于"在城里或乡下,几乎每走一步都会遇见官员"①。重要的是,所有这些官都从公民中选举产生,而且"都是一年一选的,所以每个人都有希望担任一次官职"②。

五、对伯里克利改革的评价

总的说来,通过伯里克利的改革措施和振兴经济的措施,雅典的社会趋于稳定,因为贵族和平民之间的矛盾已有所缓解。同时,雅典经济不仅恢复了希波战争时期所遭受的破坏,而且有所发展,日趋繁荣。

伯里克利改革是梭伦改革的延续,雅典的民主政体进一步完善了。正如亚里士多德所评论的:"当伯里克利成了人民领袖的时候,宪法就变得更加民主了。"③

然而,从性质上说,伯里克利同他前任的历届改革者们一样,都是在维持雅典城邦制度,力求继续保存自由民对雅典社会全面控制的制度框架,他们所从事的都是雅典城邦社会的制度调整:城邦制度框架不变,性质不变,但体制是可以改进的、完善的,体制的转换正是为了使城邦制度得以保存下来,使有碍于城邦制度充分发挥作用的体制方面的障碍逐渐消除。这就是对伯里克利改革,也就是对自从一百多年前梭伦改革以来的一系列改革的评价。

---

① 参看古朗士:《古代城市:希腊罗马宗教、法律及制度研究》,吴晓群译,上海人民出版社,2006年,第345页;参看李玄伯译本,中国政法大学出版社,2005年,第272页。
② 同上书,吴晓群译本,第345页;参看李玄伯译本,第272页。
③ 亚里士多德:《雅典政制》,日知、力野译,商务印书馆,2009年,第35页。

从雅典城邦建立起,经过梭伦改革,到伯里克利改革,这一长时期内,大体上可以把雅典城邦制度分为三个阶段:

第一阶段:从雅典城邦建立之时起,到梭伦改革开始时为止,这是雅典城邦制度前期。这一阶段可以称为雅典城邦的寡头政治阶段,主要特征是贵族集团通过部落制传承下来的惯例、规定和程序,产生了由少数寡头把持政权的体制,实行的是贵族寡头政体。贵族寡头体制不同于个人独裁体制,后者被称为"僭主政治",因为它不符合社会形成并承认的惯例、规定和程序。在雅典城邦制度前期,贵族和平民之间的矛盾虽已出现,但制度调整的条件尚未成熟,所以制度调整并没有大的举措。

第二阶段:从梭伦改革,历经克利斯提尼改革、特米斯托克利改革、厄菲阿尔特改革,直到伯里克利改革。这是雅典城邦制度的中期。这一阶段可以称为雅典城邦从寡头政治向民主政治过渡的阶段,也是雅典城邦社会进行渐进式的政治体制改革的时期。雅典城邦的制度调整终于带来了如下的结果:贵族寡头政治一步步退出了历史舞台,公民权利趋向于平等,平民同贵族在政治权利方面的差距缩小了。正如前面已经提到的,制度调整不止一次,而是多次,但总的趋势是渐进性的,每进行一次改革,雅典的城邦制度就完善一些,制度调整的成果也就巩固下来。然后在这个新起点之上再酝酿下一次改革。

第三阶段,从伯里克利改革以后,这是雅典城邦制度的后期。这一阶段可以称为雅典城邦的民主政治阶段,主要是指平民的政治权利进一步扩大了,贵族的政治权利已同平民相近,由于平民人数众多,所以贵族在参政方面已无优势或特殊地位可言。在这一体制之下,"人人都能出人头地并领导人民"①,但地位的变更却是迅速的;权力、地位、辉煌等等,通过努力,"很快就能争取到手,又很快从手中被夺走"②。政治家们几上几下,几起几落是常见的,但都按民主程序进行。

希腊的城邦制度就是如此。希腊的城邦制度调整大体上也是如此。雅典的城邦制度和城邦制度调整是其中最典型的。

正如前面一再提到的,雅典城邦是自由民的城邦,公民是城邦的主体,民主政治与奴隶无缘。在雅典城邦建立之初,奴隶就已经存在,但当时奴隶人数不多,奴隶人数在雅典总人口中所占比例不大。一方面,这是因为雅典城邦的建立具有自身的特殊性,雅典并不是通过征服另一个部落或部落联盟而建成的,而是四个部落通过协商,合并而成的。因此在雅典,不存在作为征服者的部落把被征服的部落成员集体变为奴隶或依附者的过程。同时,雅典城邦建立之初,实力还不够强大,土地也比较贫瘠,居民人数较多,这样,只出现雅典人不断向外移民,移民到爱琴海一些岛屿,或跨越爱琴海,移民到小亚细亚海岸等地的情况,而没有发生雅典去征服另一个国家并把当地居民集体变为奴隶或依附者的情形。即使通过国际市场上的奴隶市场,雅典人买到了一些外邦人奴隶,但数量当时也不会很多。而且使用奴隶这件事本身并未改变雅典城邦社会的性质,即城邦社会依然是城邦社会。

另一方面,由部落联合而组成城邦以后,贵族和平民之间的

---

① 贡斯当:《古代人的自由与现代人的自由》,闫克文、刘满贵译,冯克利校,商务印书馆,1999年,第297页。

② 同上。

斗争便成为雅典城邦内部政治方面的主要事件。平民希望能够实现自己的公民权利,贵族则想继续把持权力不放,继续操纵城邦政务。无论贵族还是公民,都把城邦的政治体制问题放在主要位置,奴隶问题不在他们主要关注的范围内。他们关心的与奴隶使用有关的问题之一,就是不容许把希腊自由民因欠债而变为奴隶。但这不涉及外邦人作为奴隶被购买,被使用,被卖掉。在希波战争中,当波斯大军兵临雅典城下时,雅典把现有的奴隶都释放了,让他们拿起武器同雅典公民一起抗击波斯入侵者。

在这里,特别要提及雅典司法公正问题。这是自从雅典城邦建立以来一直被广大平民所关注的迫切问题。司法的不公正表现于贵族把持了审判权,平民对贵族把持审判权和判决的不公正十分痛恨。通过多年来的改革,到了伯里克利执政时期,情况终于发生了实质性的变化。如果说雅典城邦的政治改革中最使平民们感到满意的,就是审判权的改革,这是因为,"现在,行政长官不能再用自己的权力来判断案情或判处刑罚了,他的权力仅限于安排一个陪审团来进行审判"[①]。但陪审团不止一个,而是有十个之多。在十个陪审团中,"行政长官究竟应当找其中哪一个来进行审判,这是用抽签的办法来决定的。所以,谁也不能预先知道哪一个陪审团要审判哪一件讼案"[②]。在当时,这确实是最得民心,也就是最有助于缓解平民不满情绪的重要措施。

---

① 格罗特:《〈希腊史〉选》,郭圣铭译,商务印书馆,1964年,第12页。
② 同上。

然而,雅典城邦的制度调整走到这一步,已经表明改革再也不可能倒退回去。制度调整是完善雅典城邦制度所必需的,它让平民得到了实惠,这样,就只能沿着这条路走下去,谁也不可能宣布撤销已经做出的决定,否则雅典社会就会大动荡,就会内乱,甚至会给平民极端派一个借口,乘此机会进行极端的行动,如杀戮贵族、没收和重新分配富人的财产等等。贵族不得不承认现实,接受制度调整的结果,而不敢违背民主政体已规定的决策程序,使改革逆转。这就是制度调整不可逆性的反映。

然而,作为从梭伦改革到伯里克利改革的成果的雅典陪审制度,不是没有缺陷的。格罗特在所著《希腊史》一书中就指出了它的缺陷。格罗特写道:雅典的陪审员,"都是代表当时当地的普通人。诚然,他们不受金钱贿赂,不受他人恫吓,而只是按照他们所认为公平合理的原则作判断,或按照某些真正以公正、仁慈、宗教信仰、爱国爱民为怀的感情来判断"①,这些都是难能可贵的。可是,感情色彩不可避免地在审判中起了很大作用,有时竟会使非正义变为正义,使正义变为非正义,原因在于:陪审员们"有种种感情上的好恶和偏见。对于这些,他们常常并不意识到其存在,甚至还以为非如此不足以表示其直率的善意"②。

雅典陪审制度作为制度调整的产物,尽管有其值得称道之处,但上述缺陷依然是明显存在的。问题恰恰就在于:即使他们做出了不公正的判决,"他们就好像从来不曾作过不公正的判

---

① 格罗特:《〈希腊史〉选》,郭圣铭译,商务印书馆,1964年,第40—41页。
② 同上书,第41页。

决一样"①。他们是按照根据法定程序而制定的规章制度行事的,他们尽职了,他们自认无愧于心,他们不会自责,也从未自责过,他们不需要考虑这种陪审制度有什么不合理之处。他们有什么可内疚的呢?如果真的在判决中出了问题,那是制度的责任,又不是他们作为陪审员的个人责任。

至于用抽签方式决定公职人员的做法,尽管有公平无私的优点,但却有不一定把最适合的人摆到最适合的岗位之弊,甚至会演变为一种形式,不符合从优选拔人才的原则。然而这在雅典当时的情况下是符合打破贵族揽权传统的要求的。何况,这种做法并非伯里克利首创,而是在伯里克利之前就已经实行了。

此外还有必要指出,经过一系列改革,在雅典,当一名公民实际上很辛苦。公民必须参加各种会议,包括"每月他要出席公民大会三次,不允许缺席,会议很长。他不能只是为了投票才去,从早上开会时起,他一直待到很晚,聆听演说者的演讲。他只有从一开始就到场,听完所有的演讲才能投票"②。

除此以外,当轮到他时,他必须担任官员,尽管一年一选,但被选上后是推不掉的。而且,"每三年他必须出任陪审员一次,整整一年他都必须在法庭上听取案件的审理,并执法"③。虽然如此辛苦,但雅典公民认为这是义务,正如服兵役一样,他们愿意尽职,因为这些都是民主政治的要求。值得注意的是:公民不

---

① 格罗特:《〈希腊史〉选》,郭圣铭译,商务印书馆,1964年,第41页。
② 古朗士:《古代城市:希腊罗马宗教、法律及制度研究》,吴晓群译,上海人民出版社,2006年,第349页;参看李玄伯译本,中国政法大学出版社,2005年,第275—276页。
③ 同上书,吴晓群译本,第349页;参看李玄伯译本,第276页。

辞辛苦地担任公职,是同公民的政治热情联系在一起的。一旦公民对城邦制度失望了,公民的政治热情减退了,消失了,雅典的民主政治就再也维持不下去了。关于这一点,本书第八章将结合希腊城邦制度的危机进行分析。

总之,对雅典城邦所实行的一系列改革,从梭伦改革到伯里克利改革,是应当给予肯定的。改革中的缺陷,不能忽视;改革中的某些措施的考虑欠周或简单化,应当指出。但无论从哪个角度来看,雅典城邦的制度调整把城邦体制完善化了。平民想打破贵族垄断公职,以及想废除氏族社会传承下来的血缘制、世袭制的种种措施,是顺应雅典社会发展潮流的。到了伯里克利时期,在雅典,贵族寡头政治已经失去了大多数人的信奉,"使人们不再信任寡头制的整体观念,反倒加强了雅典人对民主政治的忠诚"[1]。不仅如此,从伯里克利以后,"雅典的政治家不再倡导寡头制,'寡头制'也成为人们对暴力行为的蔑称"[2]。

对伯里克利本人,历史学界对他的评价都是很高的。例如,格罗特在所著《希腊史》中写道:"通常那些维护贫民的政治利益来与富人进行斗争的人,总会玩弄一些沽名钓誉的花招。但伯里克利却丝毫没有那种卑劣的作风。"[3]这是对伯里克利人品的高度称赞。伯里克利"孜孜不倦,专心致志于国家大事,但却深居简出,不用哗众取宠的方法来迎合舆情"[4]。不仅如此,格

---

[1] 魏凤莲:《古希腊民主制研究的历史考察(近现代)》,山东大学出版社,2008年,第7页。
[2] 同上。
[3] 格罗特:《〈希腊史〉选》,郭圣铭译,商务印书馆,1964年,第19页。
[4] 同上。

罗特还赞扬伯里克利,说"他廉洁、坚定、勤奋、公正……极少贪图军功;他爱惜公民的生命,反对任何轻率的或劳师远征的军事行动,这是人所共知的"①。格罗特还认为伯里克利"可敬可佩地把各种美德都集于一身"②,他是一位挽救雅典于危难之中的杰出的民主派领导人物。

正是通过伯里克利的努力,雅典政治转入了一个较稳定的阶段,雅典经济和社会也进入历史上的"黄金时期"。

第五节 雅典的"黄金时期"

伯里克利执政时期,雅典进入它的"黄金时期"。具体地说,雅典的"黄金时期"是在伯罗奔尼撒战争(公元前431年到公元前404年)之前的几十年内。③ 时间并不很长,但确实是一个"雅典辉煌"的时期。这也是伯罗奔尼撒战争结束之后,雅典人最怀念的一个时期。

在希腊世界,雅典在许多方面不同于其他城邦。比如说,雅典城邦并不是通过征服和被征服的途径,而是通过合并运动形成的。更重要的是,"它的组织机构以完全独特的方式发展演变,并往往成为其他城市的典范,这种组织机构尤其在公元前4世纪已闻名遐迩"④。这一切都应当归功于自梭伦到伯里克利

---

① 格罗特:《〈希腊史〉选》,郭圣铭译,商务印书馆,1964年,第20页。
② 同上。
③ 参看T. R. 马丁:《古代希腊:从史前到希腊化时期》,耶鲁大学出版社,1996年,第116页。
④ 库蕾:《古希腊的交流》,邓丽丹译,广西师范大学出版社,2005年,第93页。

的长时期的改革,这些改革在希腊世界是找不到第二个堪与雅典相提并论的例子的。

在雅典的"黄金时期",雅典城邦领土约为2,500平方公里。① "在伯里克利统治时期,雅典城内大约有45,000名成年男性公民,50,000名外侨,大约还有100,000名奴隶。女人和儿童也有100,000人。"②

然而,这只是雅典城的概况。要了解当时雅典的全貌,必须对所谓雅典帝国进行考察。雅典帝国,除了它的中心雅典城以外,"大约由五个地区组成:色雷斯、赫勒斯滂、英苏拉、爱奥尼亚、卡里亚"③。雅典帝国的总人口可能达到200万,它由一系列的岛屿、半岛和海湾组成,"最远端离雅典200或250英里,帝国的主要通道是由陆地包围的海峡和湖泊,它们组成了爱琴海及其岛屿。在正常情况下,最远的航程大约为连续八天"④。

这就是进入"黄金时期"的雅典及雅典帝国的概况。

一、手工业的发展

首先应谈到雅典的采矿业。采矿业分为官办的矿场和私营的矿场两大类。

矿产对雅典财政收入有重要意义。矿权属于城邦,无论是官办的矿场还是私营的矿场,都对雅典财政收入做出重要贡献,

---

① 参看帕克:《城邦——从古希腊到当代》,石衡潭译,山东画报出版社,2007年,第15页。
② 阿克罗伊德:《古代希腊》,冷杉、冷枞译,三联书店,2007年,第78页。
③ 弗格森:《希腊帝国主义》,晏绍祥译,上海三联书店,2005年,第23页。
④ 参看杜兰:《世界文明史》第2卷《希腊的生活》,幼狮文化公司译,东方出版社,1998年,第199页。

尤其是私营矿场,在开采前就需要由矿场经营者向政府申请采矿权和矿场经营权,矿场的土地是私营矿场经营者向政府租来的,每年要付一大笔租金。私营矿场在开采矿石时要交采矿税,采矿税按矿石采量计算,约占产量的 1/24。[1] 对有的私营矿场,政府采取参股的方式,按参股多少分享利润。

雅典本土最著名的是劳里昂银矿。"劳里昂银矿是属于雅典国家的;国家把它租出去经营,而把收入分配给市民。"[2]劳里昂银矿也成为雅典财政的重要来源。希波战争期间,雅典政府正是利用这座银矿的巨额收入,建造了一支庞大的舰队,并在同波斯的海战中获胜。这支雅典舰队"就是靠了市民放弃他们若干年应分得的现银而建立起来的"[3]。

在矿场和采石场中使用了大量奴隶。当时雅典流行两句话:只有公民才能租到矿场和采石场,只有奴隶才适合于从事采矿采石工作。采矿采石的奴隶来自何处? 由于希波战争最终以希腊的胜利而告结束,而雅典通过这场战争成为爱琴海上的霸主,征服了海外一些地区,因此奴隶数量激增。奴隶中,有被雅典俘获而未被对方赎回的战俘,有被掠夺来的外邦人、蛮族,有被贩运到雅典来出卖的奴隶,也有雅典商人到海外买来的奴隶,等等。

在雅典,采石业也很兴旺。雅典本土石料丰富,而且质量上乘。希波战争结束后,百废待兴,各区都在建设,包括建筑一些公共设施和国防工事,对石料的需求量是上升的。

---

[1] 参看杜兰:《世界文明史》第 2 卷《希腊的生活》,幼狮文化公司译,东方出版社,1998 年,第 199 页。
[2] 韦伯:《世界经济通史》,姚曾廙译,上海译文出版社,1981 年,第 153 页。
[3] 同上书,第 153—154 页。

第六章 希波战争和希腊境内形势的变化

雅典的采矿业、采石业和一般的手工业中盛行着租用奴隶的方式。这是指,私人可以把自己拥有的和买来的奴隶出租给需要劳动力的矿场、采石场、大型手工工场和一般手工业作坊使用。租用奴隶的一方向出租奴隶的一方支付租金,并订立租用期为若干年的合同。由于租用期是双方约定的,所以租用奴隶的一方对租来的奴隶尽量剥削,以便从这些奴隶身上榨取到更多的产量,创造更多的利润。

奴隶供应源源不断。希波战争结束后,从事奴隶贸易的外邦商人看准了雅典急需劳动力的现状,把他们从西亚、埃及、埃及以南的非洲内地掠来或在爱琴海一些岛屿的奴隶市场中买来的奴隶,供应雅典市场。爱琴海上的提洛岛的奴隶市场是当时希腊最大的奴隶市场,据说这里一天卖掉一千名奴隶是常见的。[①] 雅典商人也有从事奴隶买卖的,不过主要的奴隶商人仍是外邦人。雅典一些从事对外贸易的商人,从海外返回雅典时,经常会捎带一些奴隶返回,有利可图时就在雅典卖掉。[②]

雅典的手工业中一个重要的产业是造船业。这是一个兴盛的产业。舰船一般都是木制的,使用风帆,遇到逆风或无风时则使用桨手划船,桨手主要由奴隶担任。希波战争期间,最大的舰船可以装载好几百人。雅典制造的运货商船的最大装载量估计在250—300吨左右。造船工场有大有小,大型造船工场制造大型船舰,小型造船工场则制造小型货船和渔船。这些船只的销路都不错。

[①] 参看杜兰:《世界文明史》第2卷《希腊的生活》,幼狮文化公司译,东方出版社,1998年,第204页。

[②] 参看同上。

当时雅典已经能造出大型的三层桨的战舰，它们"效率大，轻便，快速：在三排桨手的划行下，船速可以达到7节，使其成为古典时期性能最好的船"[1]。三层桨船主要用于海战，是当时海战中最好的战船，战争中还可以运送军队和马匹，或者递送信件、公文。它们也被用于商业，即"为商船护航，以防备敌人或海盗的袭击"[2]。但是，这样的大型舰船是不适合运送货物的。这是因为，它们缺少空间，船身极轻，所以装不了多少货物。[3] 运送货物使用的，是独帆大型运输船，平均装载量约80吨，或者更轻一些。前面已经提到，最大的运货船是可以装载250吨到300吨左右的，但这些超大型的运货船并不多。

在一般手工业生产方面，雅典有各种各样的手工工场和手工作坊，从生产日常生活用品的到制造各种工具、农具、建筑材料的，应有尽有。但直到公元前4世纪，在雅典，"一般说来，这时的工商业企业仍是较小规模的。有时，被单独一个人拥有的不同作坊依旧单独经营，并未融合为一个单独的大公司"[4]。不少手工作坊，虽然是父子传承技艺，靠家庭成员劳动，但也有少数雇工，甚至有的还使用奴隶，但雇工和奴隶只是帮手，主要技艺靠主人，并且技艺是家传。有些作坊还带学徒。帮工和学徒如果得到主人（师傅）的喜欢，也被传授有特长的技术和手艺。在雅典，作坊主人、有自由民身份的帮工和学徒，可以一起在作

---

[1] 库蕾：《古希腊的交流》，邓丽丹译，广西师范大学出版社，2005年，第132—133页。
[2] 同上书，第133页。
[3] 参看同上。
[4] 奥斯汀和维达尔-纳奎：《古希腊经济和社会史导论》，英译本，奥斯汀译，加利福尼亚大学出版社，1977年，第151页。

坊里或在工地上劳动,这反映了雅典自氏族社会就保留下的传统,只是"奴隶和自由人不能参加同一种宗教仪式"①,宗教仪式是严格封闭式的。

手工工场和手工作坊每天劳动时间很长,从日出到日落,没有休息时间,只是在雅典宗教节日才放假,因为这是公共节假日,一年大约有60个这样的宗教节日。总的说来,在雅典,"公元前4世纪的真正的新情况并不是那种植根于思想和价值方面深刻变化的任何经济革命。看来似乎矛盾的是,可以说,真正的新情况在于返回到在希腊历史较早时期已被取代的古老模式"②。换句话说,尽管雅典手工业生产有很大发展,但看不出有什么经济变革,人们都按照习惯的方式经营作坊。

当然,这并不是绝对的。在雅典,当时也可以看到经济活动中一种新情况,即"由于占有一种原料而出现的联合的萌芽"③。韦伯在所著《经济与社会》一书中谈到这种新情况时,举例道:狄摩西尼的父亲是一个出身于阿提卡的商人家庭的象牙进口商,他出售象牙,同时还有一家制造刀具的工场,"而且不得不从一个没有支付能力的制造家具的木匠那里接受其小工场,也就是说,基本上也接受在其中工作的奴隶"④。这表明,他除了做象牙生意而外,还"用财产联合了一个制刀工场和一个木工工场"⑤。

---

① 韦伯:《世界经济通史》,姚曾廙译,上海译文出版社,1981年,第118页。
② 奥斯汀和维达尔-纳奎:《古希腊经济和社会史导论》,英译本,奥斯汀译,加利福尼亚大学出版社,1977年,第151页。
③ 韦伯:《经济与社会》上卷,林荣远译,商务印书馆,2006年,第432页。
④ 同上。
⑤ 同上。

如果说雅典自从历次改革以来政治形势对手工业发展(以及商业、农业的发展)有什么积极影响的话,那么首先要指出的是在公民权利逐步趋向平等的前提下,从事工商业经营的个人的积极性的增长。雅典城邦不限制竞争,这就是对个人经营的鼓励。"雅典人相信竞争,在所有可以设想的职业中,雅典人都安排和决定是否优秀的公开竞赛,鼓励人们进取。"[1]工匠技艺竞争就是一例。"从墓志铭上看到的,当时有陶工之间的竞赛,一个不知名的人发誓,他曾经被授予阿提卡第一陶工的称号。"[2]这里谈到的显然是一名经营陶器作坊的陶工师傅,而不可能只是一名普通的帮工。技艺的熟练是作坊主们竞争的基础,这在雅典是习以为常的。假定不存在容许自由开业经营的条件,市场就不会红火,人们也不会那样关心技艺的竞赛。

在雅典的"黄金时期"内,尽管农业有很大的发展,特别是手工业发展迅速,使雅典的手工业品有广阔的海外市场,但雅典经济的前景也就到此为止了。这是因为,传统的农业和传统的手工业是不可能把雅典带进工业社会的。手工业不可能把雅典变成工业化城邦。从手工业时期到工业化,还有很长的路要走,要有一系列制度条件和技术条件,在城邦制度下的雅典是不具备这些条件的。[3] 这正如传统工业如今绝不可能把现代国家带进信息化一样。

在中世纪西欧城市中普遍存在的手工业行会组织,在雅典

---

[1] 弗格森:《希腊帝国主义》,晏绍祥译,上海三联书店,2005年,第31页。
[2] 同上。
[3] 参看厉以宁:《工业化和制度调整——西欧经济史研究》,商务印书馆,2010年,第26—28页。

是不存在的。不仅雅典没有行会组织,而且,"在与行会民主背道而驰的古典民主制中,完全没有行会的观念"①。为什么会这样?因为中世纪西欧城市中的手工业行会是在特定条件下产生的。② 雅典城邦的情况则完全不同。据韦伯的分析,雅典城邦是在氏族社会和农业经济占优势的环境中形成的,手工业虽有初步发展,当时经营手工业作坊的都是自由民,而通过多次改革后,手工业者的权利在不断扩大,他们对城邦政治事务的参与程度也越来越上升,他们有什么必要组织自己的行会呢?这对他们毫无意义。③ 手工业行会是限制竞争的,雅典城邦不限制竞争;手工业行会对手工作坊的规模、雇工工资标准、营业和工作时间等等都有严格规定,雅典城邦则倡导自由经营,尊重每一个公民的权利。因此雅典手工业作坊主是不会接受行会之类的组织对自己生意的干预的。

到雅典城邦不按原先的部落划区,而改按地域划区后,就更没有建立行会组织的必要与可能了。在地方组织按区域划分之后,在行政区域统治下,"'民主的'城市不是按照行会来划分"④,而是"按照地方的、而且(形式上)主要按照农村地区的区域划分。这就是它的特征"⑤。因此韦伯认为,像雅典这样的希腊古代城市"缺乏行会的任何痕迹"⑥,正是它们同中世纪西

---

① 韦伯:《世界经济通史》,姚曾廙译,上海译文出版社,1981年,第118页。
② 参看厉以宁:《资本主义的起源——比较经济史研究》,商务印书馆,2003年,第112—113页。
③ 韦伯:《世界经济通史》,姚曾廙译,上海译文出版社,1981年,第118页。
④ 韦伯:《经济与社会》下卷,林荣远译,商务印书馆,2006年,第691页。
⑤ 同上。
⑥ 同上。

欧城市的明显区别。①

在雅典,尽管不存在手工业行会组织,但手工作坊的业主和帮工之间的关系还比较正常,因为业主通常还具有师傅这样一重身份。加上,业主家庭成员也一起参加劳动,这多多少少也增进了作坊内部人际关系的融洽。此外,帮工们之间还有一种带有宗教性质的互助共济的团体,如接济贫病的同行。他们有自己的守护神,定期有祭拜活动,从而具有一定的神秘性。这种互助共济性的组织,可能有悠久的历史传统,它们在部落合并为城邦之前也许就已存在。

但是,手工工场与手工作坊的业主—雇工关系不一样,即使同是手工作坊,这种关系的差异也比较大。总有一些自由民身份的雇工的生活困难,常有怨气,认为社会分配不公。这正是雅典城邦内平民极端派共同的思想基础。所以有一些雇工参加了平民极端派的活动,提出了重新分配土地、均贫富的主张。在伯里克利执政时期,这种情况还不明显;公元前4世纪以后,则越来越突出了。

在这里,还需要说明一下手工业者在雅典民主政体下的社会地位问题。中世纪西欧城市中有手工业行会组织,手工业者的地位一下子就提升了,这些行会组织同商人的行会一起,成为中世纪西欧城市中的决策机构。② 而在雅典,没有单独的手工业者的组织,雅典所重视的是土地所有权和商人的财产权,土地

---

① 韦伯:《经济与社会》下卷,林荣远译,商务印书馆,2006年,第691—692页。

② 参看厉以宁:《资本主义的起源——比较经济史研究》,商务印书馆,2003年,第157页。

所有者(包括拥有大片土地的大地主和只有小块土地的小农)和商人才受城邦的重视,他们的社会地位比手工业者高得多,尽管通过历次改革,公民的权利是平等的。韦伯就此写道:"在重步兵军队控制的、早期民主的古代城市中,居住在城市的、不拥有田产的、在经济上(没有)军事防御能力的手工业者,在政治上不起任何作用。"[1]在雅典城邦,政府制定的政策,只顾及公民权利是否实现,只着重于保护私人财产不受侵犯,而从未认真考虑过手工业从业人员的社会地位,除非他们是兼有大商人的身份,是大型工场的主人。不仅雅典如此,其他希腊城邦也一样:"在古代偶尔也有些鼓励特别重要的出口生产的措施。但是首先根本不是手工业行业的生产部门。"[2]这种情况从另一个侧面反映出城邦政治后期手工业者(尤其是帮工)参加平民极端派活动的原因。

二、商业的繁荣

要让一个城邦的商业兴旺,通常需要以下几个条件:

一是要有对商品的市场需求和相应的商品供给。

在雅典,随着希波战争以雅典获得胜利而告结束,雅典在海外的扩张取得较大的进展,以及伯里克利旨在缓解平民与贵族之间矛盾的改革措施的推行,雅典政治局势稳定了,手工业生产发展了,农业生产恢复了,海外市场开拓了,这样,既增加了对商品的市场需求,又增加了商品的供给。商品需求推动了商品供

---

[1] 韦伯:《经济与社会》下卷,林荣远译,商务印书馆,2006年,第694页。
[2] 同上书,第699页。

给,商品供给的增加又进一步扩大了商品需求。

二是要有良好的、便利的商品运输条件。比如说,在陆上,要有较完善的道路系统,便于车载马驮;要有良好的、比较安全的陆路通行的治安情况,商人来往无虑,货物妥善运抵目的地。在海上,要有良好的港口设施,有便于运送货物的商船,而且海上运输要安全可靠,保证人货平安。

在雅典,希波战争结束后,无论海上运输还是陆上运输都通畅了。北到黑海沿岸,西到意大利半岛和西西里岛,南到埃及,东到小亚细亚、西亚沿岸,商路都通达,安全状况也比过去好多了。雅典的商船多年以来一直是私人拥有和经营的。[1] 但私有船舶要按政府的规定进行运输,例如,"在雅典,船舶所有主必须把粮食作为回程货运回本城"[2]。这是为了保证雅典粮食供应,私有船舶在对外贸易中必须遵守的条件。

除了雅典商人,从事雅典进出口生意的,还有不少外邦商人,有些人常住于雅典。在雅典经济繁荣的年代内,对外邦人的政策是相当宽松的。例如,外邦人不仅可以在雅典定居、购买、建房、工作、经商,还可以从军。[3] 色诺芬对此持有不同看法。他认为,让外邦人参加雅典军队这项政策未免过于宽松,对雅典来说弊大于利。色诺芬写道:可以让外邦人工作和经商,"因为一方面维持他们自己的生活,一方面也给他们所寄居的国家提

---

[1] 参看韦伯:《世界经济通史》,姚曾廙译,上海译文出版社,1981年,第172页。
[2] 同上书,第173页。
[3] 参看色诺芬:《雅典的收入》,载色诺芬:《经济论 雅典的收入》,张伯健、陆大年译,商务印书馆,2009年,第75页。

供很大的利益；他们不向公家领取津贴，却缴纳外国人应该担负的捐税"①。至于让外国人参加军队，那就是另外一回事了。色诺芬指出，外国人参加雅典的军队是不妥的，因为军队中混杂外国人，在战争中会对雅典人不利；而且，不让外国人参加军队还有另外一个好处："让人看到雅典人在战场上只依赖自己而不信赖外国人，这也是国家的一种荣誉。"②

三是要有可以作为交易中介的、健全的货币系统。"货币应用是希腊城邦制度留下的最早的经济遗产；也是奉行商业经济的'中间阶层'得以存在的一个主要原因。"③当时，尽管交易时只用金银铜铸造的钱币，甚至用金块、银块、铜块，但如果成色不佳，或出现假币，加上兑换不方便，都会影响国内外贸易的发展。

在爱琴海区域，"货币首次以铸币的形式出现在公元前7世纪。最早的造币厂位于吕底亚，或许是在沿海一带，它们是由于吕底亚王和希腊殖民者的合作而产生的"④。希腊人后来把铸币应用于商业往来，并且他们自己也开始铸造钱币。在希腊各个城邦中，雅典铸造的钱币信誉最好，这是自梭伦改革以来，这么多年在希腊城邦之间的商业活动中就已被商人们公认的事实，因为希腊其他城邦的铸币常常降低成色，信誉很差，以至于有的外邦商人在把货物运到某一城邦准备出售时，因当地用作

---

① 色诺芬：《雅典的收入》，载色诺芬：《经济论 雅典的收入》，张伯健、陆大年译，商务印书馆，2009年，第75页。
② 同上。
③ 希克斯：《经济史理论》，厉以平译，商务印书馆，1987年，第63页。
④ 韦伯：《世界经济通史》，姚曾廙译，上海译文出版社，1981年，第205年。

交易中介的钱币不可信,不被售货的商人接受,最后,售货的外邦商人只好把货物又运回去。

雅典铸造的钱币上铸有女神雅典娜头像与猫头鹰像,所以这种钱币被通称为"猫头鹰币",它们在整个地中海区域都是受欢迎的,而且有取代爱琴海地区其他希腊城邦发行的钱币的趋势。[1] 雅典"猫头鹰币"在爱琴海地区流行的时间伴随着雅典海上霸权的始末,伯罗奔尼撒战争结束后,雅典的海上霸权丧失了,雅典"猫头鹰币"的优越地位也随之减弱,以至于最终消失。[2] 但在雅典海上霸权存在的时期,雅典的商人、手工业者、政府官员和农民,由于有了雅典自己铸造的并得到国外公众信得过的钱币,所以都感到很方便,更不必说经营国外贸易的商人了,因为他们运到国外销售的商品在交易中不必担心因钱币的贬值而受损失,手中保留的钱币也不必担心因成色不足而被拒绝购买商品。当时,雅典的商人只要带着"猫头鹰币"就可以在整个地中海区域四处销售商品和采购商品,不怕被人们拒收,更不会贬值。雅典钱币之所以如此畅通无阻,一个重要的原因无疑"出于神赐",即雅典有丰富的银矿。[3] 雅典银矿开采历史悠久,据色诺芬所述,"银矿在远古时代已被采掘,这是众所周知的事实;因为的确没有人试图指出银矿是什么时候开始的"[4]。而且,在希腊本土,银矿几乎是雅典独有的。在希腊本土,"虽

---

[1] 参看杜丹:《古代世界经济生活》,志扬译,商务印书馆,1963年,第71页。
[2] 参看同上。
[3] 参看色诺芬:《雅典的收入》,载色诺芬:《经济论 雅典的收入》,张伯健、陆大年译,商务印书馆,2009年,第74页。
[4] 同上书,第78页。

然有许多国家,从陆路或海路来说,都处在邻近,可是即使是最细小的银矿脉也没有延伸到其中任何一个国家"①。丰富的银矿,既为雅典提供了充足的收入,又使雅典有铸造优质银币的条件。

四是要有方便的融资渠道。虽然雅典货币价值稳定有助于工商业的发展,但还必须有方便的融资渠道才能使手工业者和商人开展业务。在雅典,长时间内庙宇、神殿被人们当作储存钱财的场所,庙宇、神殿设有专门的金库,既吸收人们的存款,也贷款给政府和私人,包括工商业者和一般居民。庙宇、神殿的贷款利率通常低于民间借贷利率,所以它们的借贷活动能持久存在。

在当时的希腊世界,在借贷业方面能同雅典一争高下的是科林斯。而且据研究者评论,科林斯的借贷业似乎比雅典发展得更早些,也更发达些。这是因为,科林斯商人从事国外贸易的时间早于雅典,科林斯很早就在海外建立大的商站,有些后来发展为移民城邦,科林斯私人经营的钱庄或信贷商号在国际上的名气更大。雅典直到希波战争第一阶段结束后,才奋起直追。在伯里克利发展经济的措施中,就有鼓励私人经营信贷业务的措施。此后,雅典的私人借贷机构相继成立,发展很快,并出现了类似后来的私人银行家那样的信贷经营商。"至少在雅典,最初的银行家似乎就是换钱的人;他们原来坐在市场中,把他们的小柜台和钱桌子放在面前。"②后来,随着他们业务的开展,除了经营贷款业务而外,还经营存款业务、代客户支付、帮客户订

---

① 色诺芬:《雅典的收入》,载色诺芬:《经济论 雅典的收入》,张伯健、陆大年译,商务印书馆,2009 年,第 74 页。

② 杜丹:《古代世界经济生活》,志扬译,商务印书馆,1963 年,第 73 页。

立契约和代为保管契约、开信用证便于客户赴外地开展业务等活动。① 甚至他们还借钱给城市。②

私人借贷业的发展对于矿场、采石场、手工工场和手工作坊以及商人等等都是有利的。融资的方便促进了商品的增产和销售地区的扩大,特别是促进了投资周期较长的对外贸易的发展。

这里需专门提及海上运输的融资情况。海上运输需要较多的资金投入,而且风险很大,商人和运输经营者都有必要向资金雄厚的贷款人借钱。贷款人往往通过贷款方式控制了运货售货的船主和商人。例如,贷款者规定了"船舶所有主的航行路线和期间以及推销货物的地点"③。这样,贷款者就可以由此得到额外的赢利。又如,为了减少海上运输的风险,"贷款人还常常派一个奴隶随同货物出海,这是贸易对货币势力的依附关系的另一个象征"④。此外,贷款人"为了分散风险,对于一艘船的贷款照例是有若干贷款人参加的"⑤。至于贷款的利率随运输距离的远近而异。例如,从雅典到小亚细亚西岸的赫勒斯湾,借款利率为12.5%,而对于较长的航程,利率提高到30%。⑥ 上述海商借贷的做法流行了很久,"直到查士丁尼视为高利贷而予以禁止时"⑦。

---

① 参看杜丹:《古代世界经济生活》,志扬译,商务印书馆,1963年,第73—74页。
② 参看同上书,第74页。
③ 韦伯:《世界经济通史》,姚曾廙译,上海译文出版社,1981年,第174页。
④ 同上。
⑤ 同上。
⑥ 参看杜丹:《古代世界经济生活》,志扬译,商务印书馆,1963年,第72—73页。
⑦ 韦伯:《世界经济通史》,姚曾廙译,上海译文出版社,1981年,第174页。

第六章 希波战争和希腊境内形势的变化

罗斯托夫采夫在论及古典希腊时期尤其是论及雅典这样的国际商业中心的借贷业时,使用了"银行家"这个名词。对于当时的"银行家",罗斯托夫采夫做了如下的解释:这些"银行家"大多是货币兑换商出身的。当时,不同国家的商人们纷纷来到雅典,他们之间货币兑换业务繁忙,于是从很早起就出现了一批熟练的、有经验的货币兑换商,这就是早期的银行家。① 这些人在街头和市场所在地摆一个小桌子,坐在桌子后面,从事货币兑换业务,在当时雅典城邦经济生活中起着重要作用。② 罗斯托夫采夫指出,这些人很有钱,业务熟练,并且深有信誉,他们不仅从事货币的兑换,还代为保管客户的钱财,或作为客户的合作伙伴,一起经营,或者为客户充当中介、经纪等角色,业务范围拓宽了。③

然而,有的研究者不同意罗斯托夫采夫的说法,他们认为罗斯托夫采夫似乎夸大了这些货币兑换商的作用。他们认为,"银行"这个词在被后人使用时可能被误导。即使在雅典的"黄金时期",使用"银行"一词也必须十分谨慎。这是因为,"一家现代银行和一家雅典的银行之间有巨大的差异。一家现代银行主要是一家旨在促进经济活动的信贷机构。与此相反,雅典的银行只是小规模运作:它们主要是货币兑换组织和典当机构。已经存在的许多货币财富从未进入它们手中,而在大部分时间

---

① 参看罗斯托夫采夫:《希腊化世界社会经济史》第 2 卷,史莱伦顿出版公司,牛津,1941 年,第 1278 页。
② 参看同上。
③ 参看同上。

内依然被储藏起来而未投入生产用途"①。这表明,"一家现代银行的基本特征在古典时期的希腊是看不到的"②。对雅典私人借贷业的这一说明看来更为可信。本书是同意奥斯汀和维达尔-纳奎的上述看法的。

五是要有对市场的监督和管理。雅典经过多次体制上的改革,对市场实行了较为严格的整治,形成了较为民主的市场管理制度。在雅典,"市场监督亦由抽签选举,比利埃夫斯港五人,城市五人。法律指定他们监督一切商品,防止售卖掺杂的和伪造的货物"③。

为了使交易公平、公正,雅典对度量衡也进行监督、管理。"度量衡监督十人亦由抽签任用,城市五人,比利埃夫斯港五人,他们监督一切量器和衡器,为的是使卖者使用公正的量衡。"④总的说来,雅典对市场的监督、管理是相当细致的,保证粮食供给是市政当局的大事,监管人员最初为十人,港口出五人,城市出五人,同样由抽签产生。后来,粮食监管人数有所增加,因为任务加重了。他们的任务,"首先是监视未经磨制的谷物在市场上售价是否公平,其次是磨坊出售大麦粉之价是否符合大麦之价,以及烘面包妇女出售面包之价,是否符合小麦之价,其重量是否符合官方的规定——因为法律命令面包应合标准重量"⑤。负责港口监督的人员,"其责任是监视港口市场,并

---

① 奥斯汀和维达尔-纳奎:《古希腊经济和社会史导论》,英译本,奥斯汀译,加利福尼亚大学出版社,1977年,第149页。
② 同上。
③ 亚里士多德:《雅典政制》,日知、力野译,商务印书馆,2009年,第61页。
④ 同上。
⑤ 同上书,第62页。

命令商人要将到达粮市的海外谷物的三分之二运往城内"①。

由于雅典的商业十分繁荣,雅典同外邦的交往也逐渐增多了。一方面,"成千上万来自盟邦的人移民雅典,虽不能逃避军事或经济义务,也无法获得雅典公民权,但他们受到热情欢迎,而且充分享受了这个世界性大都市带来的各种工商业方面的好处"②。另一方面,由于雅典阿提卡半岛上的土地容易遭到敌人舰队的攻击,所以那里的雅典人尤其是阿提卡半岛上的农民,经常迁居于盟邦的土地,并进行投资,"他对外国不动产的所有权是由商业条约保证的"③。

这种情况反映了另一个问题,即雅典对市场的监督管理不仅仅局限于对市场交易活动的监督和管理,而且也包括对市场投资活动的监督和管理,具体地说,这里既有外国人在雅典的投资活动,也有雅典人在国外的投资活动。雅典政府部门对两类投资活动都采取鼓励的方针:对于来雅典投资的外国人和到国外去投资的雅典人,都给予支持,并按照雅典的法律来处理。这样,在雅典的军事优势下产生了如下的结果:"海外的雅典人常常是警察,而在雅典的盟邦人,常常是人质。"④这是雅典强盛时特有的现象。

三、农业状况

经过自梭伦执政以来历时一百多年的改革,到希波战争结

---

① 亚里士多德:《雅典政制》,日知、力野译,商务印书馆,2009年,第62页。
② 弗格森:《希腊帝国主义》,晏绍祥译,上海三联书店,2005年,第38页。
③ 同上。
④ 同上。

束后,雅典的土地已经私有化了,部落制和氏族社会保留下来的份地分配制度完全退出了历史舞台。

按照雅典的法律规定,只有雅典的公民才能拥有土地,雅典的农民都是后来雅典城邦的各个部落的成员,因此都有公民权,都领有土地。但当初在土地分配方面是根据氏族社会的传统实行的,即每个成员都领有一块份地,土地公有,并定期分配。

正如前面已经一再提到的,份地制经过这么多年的演变,已经变了质,份地已被世代传承,也可以转让给具有公民权的雅典人,土地实际上变为私有、世袭了。到希波战争结束后,雅典农村已是小土地所有者为主,而不问这些拥有土地的农民是不是原来的氏族成员、部落成员。他们在乡村生产、生活,服兵役,有权出席公民大会,参加选举,还有机会被抽签选中成为公民大会常设机构的成员和当上各类官员。

根据希腊铭文资料,在公元前4—3世纪时,土地抵押、土地买卖、土地出租等情况都是常见的。以土地抵押来说,大体上存在两种形式:一是直接抵押;二是附有一定出售条件的抵押,这是指:"债务人将自己的财产作为偿还债务的保证,以相等于债务的现金卖给债权人,但同时保留赎回它的权力。债权人虽形式上是这种特殊抵押物的所有者,但在债款偿还期未到之前,他并无自由处理该抵押物的权力。"[1]从这个意义上说,"此种抵押形式的借贷类似于典当"[2]。

关于土地买卖,铭文中提到条例,谈到一个人除了以一定的

---

[1] 巫宝三主编:《古代希腊、罗马经济思想资料选辑》,商务印书馆,1990年,第229页,注⑤。

[2] 同上。

现款把自己的土地卖给别人,也一起卖掉了山羊,连同一名牧奴,卖掉了两套骡马,还卖掉了他的手工匠人。① 这似乎表明,土地是连同依附于土地的人一起出卖的。这里所说的牧奴,显然是依附于土地之上的;被一起卖掉的手工匠人,可能也同主人有某种依附关系。

关于土地出租,有一份铭文中记载着出租土地的人的姓名,承租人的姓名,年租金数额,租期若干年,上面还记载着:如果承租人未能按时支付租金,出租人"有权取该地收成及欠租人其他财产作为抵押"②。除此以外,铭文中还载明,在若干年的租期届满之前,出租人"不可将土地出卖或出租给任何别人"③。双方契约中还规定了战争期间所发生的特殊情况:"若敌人把承租人赶离(该地)或毁损了什么东西,则(该出租人)取该地收成之一半。"④

以上有关土地抵押、土地买卖、土地出租的记载,适合于希腊许多地方,雅典看来也不例外。

总的说来,雅典的土地是比较贫瘠的,雨量不多,经常发生干旱,谷场的产量较低,因此雅典粮食供给不足。这对于雅典农业结构的调整是有促进作用的。雅典的农民为了增加收入,在自己的土地上大量种植葡萄树、橄榄树和蔬菜。其中,种植橄榄树尤其重要,这是雅典农民增收的主要依靠。当时橄榄油的用

---

① 巫宝三主编:《古代希腊、罗马经济思想资料选辑》,商务印书馆,1990年,第231页。
② 参看同上书,第226页。
③ 同上。
④ 同上书,第226—227页。

途很广,被人们用做食用油、照明用油、燃料以及房屋和家具的涂料,市场需求很大,所以给农民带来不少收入。加之,橄榄油和盛橄榄或橄榄油的陶罐,一直是雅典向外输出的产品,远销至黑海沿岸地区和地中海沿岸各地。

葡萄酒是雅典农民增收的另一来源。农民多半是自家酿造葡萄酒,既供家人饮用,也销往城区,并由商人收购后输往国外。随着城区居民的生活趋于安定和收入逐步上升,城区对葡萄酒的需求不断增多。

雅典农村的生产条件,相对于希波战争以前而言,这时已有较大改善。这主要是因为道路状况好了,便于农民用马车运送农产品进城。城市人口增加,对外贸易设施的改进,国内国外对雅典农产品的需求量都在扩大。所以雅典农民有些依靠种植蔬菜和饲养家畜为生。农民养猪,也是家人食肉与向市场出售兼顾。雅典农民一般只是在节日时家人才吃猪肉,所以农民总是把猪肉腌制起来,慢慢食用。[1] 农民养羊,也有多种考虑。养绵羊,是为了取得羊毛,经过妇女加工,织成纺织品,做衣料,或带到市场去销售。养山羊,主要是为了食奶、食羊肉,并制造奶油、乳酪,既供家人食用,也可出售。[2] 农民食用的副食品主要是鱼、蔬菜和鸡蛋。鱼通常是自己捕捞的,也有购入的,鱼一般也是腌制后才食用的。[3] 由此可见,当时,即使是"黄金时期",雅典农村基本上仍是自给性的经济,同市场虽有一定联系,但并不

---

[1] 参看杜兰:《世界文明史》第 2 卷《希腊的生活》,幼狮文化公司译,东方出版社,1998 年,第 198 页。

[2] 参看同上。

[3] 参看同上。

紧密。农民们总是先满足家庭需求,把自家吃不完的蔬菜、猪肉、鸡蛋、奶制品和加过工的醃肉、醃鱼带到市场上去出售。此外,农村中养蜂比较普遍,蜂蜜是家中不可缺少的食物,也可去市场销售。"谷物做的食品有粥、薄面包或糕饼,时常掺些蜂蜜。"①主食中,粥是自家煮制的,面包和糕饼,则以购入为主,大多由妇女小贩叫卖。

还有一点可以说明当时雅典农村(实际上城乡都一样)要依赖市场,这就是对食盐的需求必须靠市场供应。盐在雅典,尤其是农村,相当珍贵。沿海地区才产盐,所以盐是国内市场的重要商品。在有些地方,人们还用盐作为交易的中介,以替代货币。甚至在奴隶市场上还可以用盐来购买奴隶。"便宜的奴隶被称为'一撮盐',价钱高的奴隶是'值多盐'。"②当然,在内陆地区,盐尤其被人们珍惜、重视,因为运输食盐仍是相当不便的。

在公元前4世纪,尽管雅典的资本供给比较充裕,但资本依旧很少投入农村和农业。农民的融资还是比较困难。给农村的贷款利率并不高:当时,用于海上贸易的贷款利率,由于风险大,利率大约从10%到18%不等,③而贷给农村的利率要低得多,但农民仍是很难借到钱,农村的资本供给是短缺的。④"土地世界"与"海上贸易世界",成为两个分开的世界,有两种不同的价

---

① 杜兰:《世界文明史》第2卷《希腊的生活》,幼狮文化公司译,东方出版社,1998年,第198页。
② 同上。
③ 参看奥斯汀和维达尔-纳奎:《古希腊经济和社会史导论》,英译本,奥斯汀译,加利福尼亚大学出版社,1977年,第150页。
④ 参看同上。

值体系。① 私人借贷机构宁愿冒较大的贷款风险,也愿意贷款给海上贸易的运货人(船主)和货物主人(商人),而不愿在农村中开展私人借贷业务。

农村中的居民也需要贷款,但这种贷款同生产性投资无关,而主要用于置办女儿的嫁妆,或由新郎付给岳父的一笔保险金等等。虽然公元前4世纪内土地常常易手,但土地的易手并未成为用于经济目的的真正有销路的商品。② 也就是说,土地并未真正进入具有商业意义的交易市场。

四、教育和文化

雅典自从希波战争结束和伯里克利执政以后,随着生产的发展、社会的稳定和经济的繁荣,社会对教育和文化事业也越来越重视。一个重要的问题是:希腊人"建立了一个传统,把教育看成是'自由的',是以'自由艺术'为基础的。所谓'自由艺术'就是对于那班有奴隶侍候的而且有余暇的自由人而设的那些学科和训练"③。雅典重视教育,实际上只是重视公民的基础知识教育,以便将来可以处世,可以担任公职,可以行使公民权利。"假使一种特别的研究,带有一些实用的意味,它就失去它的自由性了:因为这种特别研究,只有奴隶才配去做。"④换言之,在希腊人那里,"工业放在教育范围以外"⑤。只有将来从事

---

① 参看奥斯汀和维达尔-纳奎:《古希腊经济和社会史导论》,英译本,奥斯汀译,加利福尼亚大学出版社,1977年,第150页。
② 参看同上。
③ 鲁滨孙:《新史学》,齐思和等译,商务印书馆,1964年,第92页。
④ 同上。
⑤ 同上书,第93页。

手工工业的人,只有奴隶,才去学手艺,而且不是在学校中学手艺,是在工作场所去学。

雅典的学校都是私人创办的。这是自城邦建立以来的传统。雅典没有公立学校,家长们都把孩子送到私立学校上学,从6岁开始,到14—16岁为止。没有寄宿制学校,学生下课就回家。学校设置的课程包括三个方面,即语文课、音乐课、体育课。学生要学会正确使用希腊文的阅读和写作,要学会弹奏七弦琴,还要学会摔跤、射箭和游泳等。算术也是学习的内容,但并非单独列为一门课程,而是在语文课中学习。因此后人认为,雅典学校中的语文课,实际上就是知识课,包括语文、算术和历史、地理知识。以前只有男童才进学校学习,女童在家中学习家务。伯里克利执政时期的一个重要变化是让女童也受教育,女童要学习阅读和写作。

由于雅典的学校都是私立的,学生上学要交学费。如果家境贫寒,年纪较大的一些学生,可以半工半读,白天上课,晚上找一些零工去做。

虽然雅典不像斯巴达那样让孩子从小就受到严格的军事训练,但在雅典,满16岁的男童也必须接受军事训练的准备工作,即为将来服兵役作准备,如训练跑步、摔跤、驾马车、掷标枪等。男子年满18岁,表明进入青年阶段,就要"在父母和朋友陪伴下到神庙中祭拜,在肃穆的仪式上,他们庄严地立下誓言"[1]。对每一个18岁雅典青年来说,宣誓是神圣的。誓言的内容是:"我发誓,决不让手中的武器蒙羞,决不背叛同伴。我发誓,为

---

[1] 汉密尔顿:《希腊的回声》,曹博译,华夏出版社,2008年,第35页。

了国家的强大,为了祖先的薪火不绝,我将战斗不息。我发誓,哪怕只剩一个人,我也要捍卫宪法,决不容许任何人去违背或践踏它。我要为祖先建立的神庙与信仰增添荣耀。"①年满18岁的男子,开始接受正式的军事训练。按照规定,他们要集中受训,参加青年组织,穿上统一的制服。一年以后,他们负有保卫雅典城区、维持治安和派到地区执行驻防、巡逻的任务。一直到21岁,军事训练结束,这些雅典青年从此成为雅典城邦的正式公民。

军训阶段同时也是学习阶段。雅典青年在这段时间内学习什么呢? 首先是学习如何使用武器和受格斗训练,除此以外,还要上一些高一级的课程,如文学、修辞学、哲学、历史、几何学等。也就是说,真正的教育是从青年时代才开始的。②

在公元前4世纪的雅典,雅典有一些由著名的学者私人创办的学校,其中最著名的有柏拉图的雅典学园、亚里士多德的吕刻昂学园以及伊索克拉底的学校。这些学校中,有对重大哲学问题的探讨,有对政治体制和治国方略的研究,也有对修辞学和演讲术的训练。这一类型的私立学校,"如雨后春笋般地建立起来,雅典充斥着教育热"③。教师不仅受人尊重,而且简直成了"时代骄子"。④

从文化方面说,发展也是很明显的。"雅典全盛时期文化生活的民主性,表现在各个方面。最显著的是有广泛自由公民

---

① 汉密尔顿:《希腊的回声》,曹博译,华夏出版社,2008年,第35—36页。
② 参看同上书,第35页。
③ 同上。
④ 参看同上。

群众参与的祀神庆典和戏剧活动。"①这同雅典人或者说全体希腊人的虔诚的宗教信仰和传统的宗教观念之间有密切的联系,而且也同荷马史诗时代沿袭下来对诸神的传统崇敬直接有关。神灵是多种多样的,人们对神灵的信仰是多元的,"在希腊,不论是什么神,没有一个像古代东方的神具有那样高不可仰的地位。希腊在政治上不曾出现过君临一切的专制皇帝,在宗教上也不曾出现过代表最高道义的宇宙主宰"②。这是雅典人宗教信仰的特色,但这与雅典城邦全民性的各种祭祀庆祝活动的狂热并不抵触。在雅典,各种形式的祭神活动都是全城邦公民的盛大娱乐活动,他们全身心投入,把这看成是城邦文化的骄傲和城邦制度的民主性的表现。

戏剧演出同祭祀活动一样,体现了雅典公民的热情。人人谈剧作,人人评论演出的好坏,几乎人人都是戏剧评论家。"这种娱乐和荷马史诗所描写的贵族宫廷的宴饮已经大不相同。在社会意义上,它是雅典国家的一种全民的活动。"③

这里需要指出,既然雅典公民对戏剧的爱好是全民性的,所以雅典城邦政府便要满足公民的这种爱好。"为了使贫穷的公民也能看戏,雅典政府还发给一种观剧津贴"④,其目的无非是让贫穷的公民同有钱的公民一样,都有娱乐,都能观剧,并且都可以在观剧中既得到启发,又了解现实社会问题,尤其是观看悲剧的演出。这是因为,悲剧所反映出来的社会不平等状况和社

---

① 吴于廑:《古代的希腊和罗马》,三联书店,2008年,第57页。
② 同上。
③ 同上书,第58页。
④ 同上。

会矛盾,"正是人们处于一个急遽社会变化中的内心矛盾的反映"①,它们促使人们考虑造成这种矛盾的深层次原因和寻找解决问题的途径。因此,悲剧作家们"在当时历史上所起的作用是巨大的。他们深刻地反映了公元前5世纪雅典人解放个人自由意志的要求,同时也使这个要求更加激化"②。

宏伟的公共建筑群,固然反映了雅典文化的辉煌;狂热的群众性宗教庆典和祭祀活动,固然表现了雅典人的激情,但在雅典文化的发展中具有更深刻意义的,不能不认为是雅典戏剧创作和演出所起到的唤醒人们对社会问题日益关注的作用。

五、家庭生活和妇女地位

关于雅典这一时期农村的家庭生活,前面在谈到农业状况时已经指出,雅典农村依然具有较大的自给经济性质。农民生产的产品,包括粮食、葡萄酒、橄榄油、肉、禽、蛋、蔬菜、蜂蜜、毛纺织品等等,都是先满足自己家庭的需要,剩下的部分才投入市场销售。只有大的农场以市场为产品的出路,但大农场为数不多。一般说来,如果没有大的自然灾害,没有发生战争,雅典农民的生活还是过得不错的。土地兼并的情况,主要发生在灾荒年份,或主要因为农民家庭遭遇天灾人祸,无法偿债而被迫卖掉土地。

雅典城区居民的家庭生活同农民家庭生活有很大不同。比如说,橄榄油的使用在城区要比在农村普遍得多,这主要同城乡

---

① 吴于廑:《古代的希腊和罗马》,三联书店,2008年,第59页。
② 同上书,第61页。

居民收入差距以及由此养成的生活习惯有关。橄榄油一般用于烹调,农民家庭饮食比较简单,城区居民对烹调用油的需求量比农村大得多。橄榄油也是夜间照明的用油,农民家庭一般较早就休息了,省油,而城区有钱家庭夜间照明时间久,不仅用油灯,甚至用橄榄油的火炬照明。希腊人甚至用橄榄油来洗澡和浴后擦身,这也是有钱人家的爱好。[1]

无论城区还是农村,居民一般不食用黄油,也不喝牛奶,他们愿意喝水,喝葡萄酒,而且往往把水和葡萄酒混合在一起当饮料,[2]所以葡萄酒的需求量很大。

希波战争结束后,雅典生产发展了,经济繁荣了,社会也趋于稳定,奢侈之风日益扩散。这对城区居民的家庭生活产生很大影响,尤其反映于城市妇女的生活上。也正是从这个时候起,一种类似于妇女解放运动的妇女争取与男子平等享受城市生活乐趣的行动渐渐普及于城市社会生活。要知道,自从雅典城邦建立以来,在相当长的时间内,雅典城区的家庭妇女依然保持着过去部落阶段的氏族社会的传统,深居简出,不过问家族以外的事情,只从事家务劳动,很少参加公共活动。而且在法律上,妇女的地位远远低于男性公民。妇女不参加政治活动,这是十分突出的,这表明妇女对城邦社会的贡献被男性所忽视。[3] 在家庭中,妇女必须服从丈夫的权威。丈夫去世后,妻子不能继承他的财产。已婚妇女如果要外出观看戏剧演出,除了需要家人陪

---

[1] 参看阿克罗伊德:《古代希腊》,冷杉、冷枞译,三联书店,2007年,第86页。
[2] 参看同上。
[3] 参看T. R. 马丁:《古代希腊:从史前到希腊化时期》,耶鲁大学出版社,1996年,第135页。

伴以外,还要带上面纱。在男人访客同她的丈夫谈事时,妻子必须逗留于内室,不得出来同客人相见,也不准从窗口探望客人。

雅典妇女地位的变化,发生于公元前5世纪末年,也就是伯里克利时期结束之后。从这时起,雅典剧作家创作了有关家庭生活尤其是反映妇女受歧视、男女不平等的作品。无论是悲剧还是喜剧,其中都有涉及妇女地位等社会问题的内容。戏剧的影响是巨大的,它们引起了社会的共鸣。妇女在戏剧中的地位日趋重要,"显示出妇女们慢慢从她们往日的孤寂中解脱出来"①。

尽管剧作家们为雅典妇女的解放出了不少力,②但雅典妇女地位的提高仍是一个漫长的过程。城乡妇女地位的差距越来越大。城区妇女参加社交活动的机会增多了,城区妇女受教育的人数也增多了,但这并不包括农村妇女,而且即使是城区妇女也仅限于中上层家庭的妇女。在法庭上,妇女被控告时,她可以在法庭上陈述并为自己辩护,但农村妇女则极少愿意在法庭上陈述和辩护的。男子可以纳妾的传统并没有改变,虽然正式的妻子所生的子女才是合法的,妾所生的子女不被承认,但纳妾的陋习仍保留下来了。家庭继承权归于男性继承人而与妇女无关的情况同样没有变化。这些依然轻视妇女的习惯在雅典一直保存下来。很可能这是由于雅典同西亚的交往日益频繁,受到东

---

① 杜兰:《世界文明史》第2卷《希腊的生活》,幼狮文化公司译,东方出版社,1998年,第223页。
② 参看T.R.马丁:《古代希腊:从史前到希腊化时期》,耶鲁大学出版社,1996年,第135页。

方文化的影响所致。①

妇女地位的改变是逐渐的。妇女终于争取到在丈夫有过失时妻子可以提出离婚的要求。法律同意了妇女如有正当理由可以提出离婚。即使如此,判决依然偏向于男方。比如说,丈夫同别人通奸,妻子提出离婚,法院也判定双方离婚,但二人所生子女却判归男方抚养。尽管社会舆论认为这是不公平的,然而只好如此。② 相比之下,男方要提出离婚,则简单得多,"他可以随时将她遣走而不必说明原因,没有生育即为休妻的充分理由,因为结婚的目的在于传宗接代"③。

妇女取得胜利的一个重要方面,是争取到拥有财产权。这被认为是雅典实行民主制度的一个成果。④ 妇女过去是不能支配财产的,通过改革,妇女的财产地位发生了变化。她们可以继承包括土地在内的财产,她们对于嫁妆也拥有支配权。⑤

在雅典城邦建立后的很长时间内,由于经济发展比较缓慢和城区居民收入有限,住宅是拥挤的,不宽敞,即使是贵族之家也如此。有钱人家往往住在临街的住宅里,一楼没有窗子,楼上才有窗子,院子里通常没有花园,室内也谈不上什么装饰。到了公元前5世纪,尤其是雅典在希波战争中取得最终胜利之后,有钱人家渐渐多起来了。特别是一些商人从海外赚取巨额利润,

---

① 参看杜兰:《世界文明史》第2卷《希腊的生活》,幼狮文化公司译,东方出版社,1998年,第222页。
② 参看同上。
③ 同上。
④ 参看T.R.马丁:《古代希腊:从史前到希腊化时期》,耶鲁大学出版社,1996年,第135页。
⑤ 参看同上。

奢侈之风在雅典社会散播开来。贵族之家为了表现自己门第之高贵和祖上的显赫经历或战功,更为了不甘落后于暴发的富商,因此相继翻修旧宅和建造新宅,大肆铺张。从这时起,雅典出现了一批豪宅。这些有钱人家的豪宅,不仅宽敞,有大花园、大厅堂、大院子和高墙,而且都以大理石为材料,室内有挂毯,有壁画,天花板和墙上还有精致的图案。所使用的家具都是精工制成的,有些还镶以贵金属或玳瑁、象牙、珍珠宝石。餐桌的盘碟都换成银制品。室内室外还选用了华丽的灯饰。

有钱人家的膳食也越来越讲究。他们经常举办宴席,宴席也十分奢侈,餐前或餐后有歌女演唱,有舞女舞蹈,有时还有艺人表演助兴。这种奢侈、铺张和相互攀比之风一经传开,就难以遏止,有人为此炫耀,认为非如此不足以表现雅典鼎盛时期的富庶,也有不少人对此进行谴责,因为在雅典城邦中还存在一些穷苦人家。还有人叹息道,希波战争以前以及希波战争第一阶段雅典那种生活简朴的社会风气,在雅典城区已经再也看不到了,所以这种社会风气还存在的话,那也仅仅存在于农村,存在于大多数农民和城市平民家中。

六、平民中的极端派

亚里士多德在讨论希腊城邦政治时,曾经提出这样一个问题:为什么在城邦中,要么是贵族寡头政体,要么是平民政体,结果,或者是贵族寡头派掌权,或者是平民派掌权,而没有其他形式呢?① 亚里士多德对这个问题,从三方面做了分析,他的看法

---

① 参看亚里士多德:《政治学》,吴寿彭译,商务印书馆,1997年,第207—208页。

是：

第一，"在大多数的城邦中,中产阶级一般是人数不多的"①;在他看来,"中产阶级"应当是贵族寡头派和平民派之间的中间势力,如果"中产阶级"人数足够多,就可以形成三方均衡的格局了。

第二,"平民群众和财富阶级之间时时发生党争;不管取得胜利的是谁,那占了上风的一方总不肯以公共利益和平等原则为依归来组织中间形式的政体"②;换言之,在贵族寡头和平民两派相争的情况下,任何一派掌权都不愿意产生一个中间性的政府,因为这等于拱手让出本应只属于自己的政权。

第三,"应归咎于希腊两个称霸的大邦(雅典和斯巴达)。两邦都坚持自己的政体:一个往往指使它所领导的各邦组织平民政体,另一则就其势力所及而树立寡头政体"③。既然两个领头的、强大的城邦在希腊世界有如此巨大的影响,那么在其他任何一个城邦都只能非此即彼,不倾向于雅典就倾向于斯巴达,也就是说,不仿效雅典采取平民政体,就仿效斯巴达采取贵族寡头政体。

应当说,亚里士多德的上述分析是符合当时雅典和其他希腊城邦的实际情况的。但是,只有贵族寡头政体和平民政体这两种政体可供选择,并且贵族寡头派和平民派的两派之争无穷无尽地延续下去,会产生什么结果呢?平民派中就有一部分人认为这样拖延下去是不会有什么好结果的,于是平民极端派便

---

① 参看亚里士多德:《政治学》,吴寿彭译,商务印书馆,1997年,第208页。
② 同上。
③ 同上。

逐渐形成了。走极端路线，被这些人看成是最好的结局。平民中极端派的形成，使雅典的政治斗争进入了一个新阶段。其实，雅典政局的变化只不过是一个典型。稍晚，斯巴达和其他一些城邦也出现了平民极端派。关于这一点，本书下编第十一章将会有所论述。

在雅典，平民中的极端派不一定都是平民出身，其中有些人出身于贵族家庭，甚至家世还相当显赫。这些人中，有些是因为同情平民的处境和遭遇而同平民中的极端分子一起活动，有些是因为观点偏激而成为平民中的极端派一员，但不排除有一些人是因为贵族界中受排挤，愤而想通过平民极端派的活动而在政治舞台上一显身手。这些就是所谓的政治野心家。

平民中的极端派渐渐发展为一个单独的政治派别。在某些场合，它同平民派站在一起，观点和政策主张相近，而在另一些场合，它却认为平民派过于软弱，过于妥协，于是单独行动，以显示自己比平民派更有斗争精神，更了解穷苦公民的心情和愿望。平民中的极端派的基本观点是：自从梭伦改革以来，一百多年内雅典城邦的执政当局虽然屡次更换，但一直没有触动土地重新分配和没收富人财产等重大问题。伯里克利改革仍然具有这种局限性。在平民中的极端派看来，土地私有化早已成为雅典社会的现实，但这绝不是平民中的极端派的目标，相反地，他们认为土地私有化把氏族社会最后一点残存物全都抛弃了。这里所说的氏族社会最后的残存物，是指土地归氏族共有，份地定期重新分配。至于均贫富，即没收富人财产，分配给穷人，也是平民中的极端派的主张。几乎雅典每次改革前和改革过程中，平民中极端派的代表人物都提出过土地重新分配和没收富人财产这两项主张,但都未被执政当局所采纳。

梭伦改革以后的一百多年内,虽然倾向于平民的改革者始终以缓解平民与贵族之间的矛盾为首要目标。他们改革的重点是扩大公民的权力,让平民在权利的实现方面与贵族一样。执政的改革者认为,只有扩大公民权利,贵族垄断政治决策的传统才能被打破,贵族把持政坛的行为才会被抑制。历次改革中都不曾提出重新分配土地和没收富人财产等方案,因为在倾向于平民派的执政者看来,氏族社会早已不存在,现实中也不存在恢复氏族社会平分土地和土地公有等传统的可行性。更重要的是,没收富人财产只会引起内乱,社会分裂,经济也必定衰落,这对于雅典城邦是极其有害的,因此历届政府都摒弃了这类建议。

毫无疑问,平民中的极端派对此十分不满。他们认为包括伯里克利在内的改革者都是保守的、脱离公民群众的。而富人们对伯里克利也不满意,他们认为正是伯里克利纵容了平民中的极端派,对后者的主张未明确表态,听任这些言论和主张四处传播,蛊惑人心,使社会不得安宁。何况,伯里克利改革已经使贵族和富人的利益受损了,所以他们决不能容忍平民中的极端派的"胡作非为"。由于平民中的极端派势力的抬头,雅典城邦中的社会冲突又加剧了。

本书下一章将会提及和讨论影响古典希腊世界的伯罗奔尼撒战争。这场实质上是雅典和斯巴达争夺霸权的战争开始于公元前431年,到公元前404年才告结束。在战争期间,伯里克利执政结束了,接着雅典内部发生了重大政治事件,即一些贵族寡头勾结斯巴达,里应外合,推翻了雅典政府,重新恢复贵族寡头执政地位。这次贵族寡头执政在公元前411年产生。"这场由主张寡头政治的人发动的革命,最先得到了雅典重装甲步兵的响应,但是,由最穷困和最具有民主意识的雅典人掌控的舰队却仍然坚决地反对这场革命。"①两派的对峙是明显的:陆军主力听命于贵族寡头政府,海军主力则反对贵族寡头掌权。斯巴达支持雅典的贵族寡头政权,但雅典平民派则全力支持被推翻的政府,终于把贵族寡头赶下了台。逆潮流而动的复辟活动被平息了。雅典平民中的极端派这时又提出了自己的一贯主张,主张对贵族严厉镇压,并要处死一批贵族,但雅典政府也平息了平民中的极端派的骚乱,使雅典社会恢复平静。

应当指出,即使是雅典平民中的极端派,他们在提出恢复氏族社会公有制和均贫富时,也从未把释放奴隶和给奴隶以自由与土地作为自己的政治主张。这是因为,在雅典平民中,人们都认为奴隶是蛮族人,是外邦人,理应处于最底层,受剥削,没有人身自由。平民中的极端派的氏族土地公有制主张中,从来不把奴隶包括在共享土地的行列之内。何况在手工场和手工作坊中,有雅典自由民身份的工人还把奴隶视为竞争者,认为正是这些外邦来的奴隶夺走了自己的饭碗。他们也绝对不愿意给奴隶以人身自由。

平民中的极端派夺权,在公元前4—3世纪的希腊其他城邦有过夺得政权的例子,并且还曾杀死贵族,驱逐富人,没收贵族和富人的财产。但雅典只发生过平民中极端派的骚乱,大体上还是保持社会稳定的。这很可能与梭伦改革以来的一百多年内

---

① 卡特利奇:《斯巴达人:一部英雄的史诗》,梁建东、章颜译,上海三联书店,2010年,第172页。

雅典一直致力于扩大公民大会及其常设机构的权力,并以抽签方式让平民也能成为公民大会常设机构成员和政府官员的改革有关。雅典的经济发展也为社会创造了较多的就业机会。农村中的小土地所有者、活跃于城乡的小商人、各行各业的手工业者等人,只想社会安定,生活得以改善,他们是不愿跟着平民中的极端派走的。至于大地产主、大商人、大工场主和作坊主,他们最不愿意平民中的极端派夺取政权。所以雅典得以维持稳定,是有社会基础的。这时,尽管如亚里士多德所说,雅典尚未形成一个足以同贵族和平民相抗衡的"中产阶级"或"第三种势力",但不可否认的是,中产者人数已在逐渐增多,雅典不可能从已经取得的改革成果的现状倒退回去,也不可能听任平民中的极端派的主张实现。雅典自伯里克利执政之后,最好的结果就是维持从梭伦改革到伯里克利改革所形成的现状。历史不可能倒转,这就是公元前4世纪末雅典实际情况的写照。

第六节　雅典奴隶的处境和反抗,被释奴隶

雅典确实存在着奴隶制经济,它是雅典多种经济成分中的一种。本书不使用"奴隶制社会"一词,这在前面已经说过了。在这里,需要进一步说明的是:雅典人究竟对现实生活中的奴隶有什么看法?

普遍的情况是,雅典人并不认为使用奴隶是不人道的、非正义的、应受谴责的。他们认为这些奴隶是蛮族人、外邦人、战俘,或者是自己花钱从奴隶市场购买来的。自己买了奴隶,理所当然地成为所购入的奴隶的主人,自己就有权使用奴隶,指使他们

劳动,帮助自己赚钱,要奴隶听话,听使唤。即使是学界人士,也就是当时希腊人所说的"智者",也认为可以使用奴隶。当然,在一些"智者"的内心里不是没有矛盾的,但他们也有自我解脱的思路。亚里士多德就是一例。熊彼特在所著《经济分析史》中写道:"亚里士多德试图解决这个问题。他设想了一条原则,既能作为解释,又可作为一种辩护。"①具体地说,熊彼特把亚里士多德的分析归结如下:

在亚里士多德看来,"人类'自然的'不平等是一个无可置疑的事实:由于先天的品质,有些人注定被统治,有些人注定统治人"②。这样似乎就解释了希腊现实中的情况,即前一种人是奴隶,后一种人是奴隶的主人。但这种"人统治人"的情况是否合理呢？熊彼特说,亚里士多德转而采取了这样的分析方法,即"他承认有'非自然的'和'非正义的'奴隶制现象,例如把(希腊的)战俘一律贬为奴隶时发生的情况,他通过这种方法消除了上述困难"③。

亚里士多德对奴隶制存在的解释,以及对现实生活中奴隶悲惨遭遇是"非自然的"和"非正义的"说明,实际上反映了当时社会上知识界的一般看法。正如熊彼特所指出的:"我们大多数人可以在这个理论中看出一个意识形态偏见和辩解意图(我们知道这两个东西并不是一回事)相配合的最好例证。"④

---

① 熊彼特:《经济分析史》第1卷,朱泱、孙鸿敞、李宏、陈锡龄译,商务印书馆,1991年,第96页。
② 同上。
③ 同上。
④ 同上。

这就是当时希腊世界对奴隶的使用和悲惨遭遇的主流观点。

一、奴隶的人数

雅典究竟有多少奴隶？奴隶在雅典总人口中的比例究竟有多大？这两个问题在学术界是有争议的。争议的产生，主要是因为年代不一，因此所估计的数字相差很大。比如说，希波战争以前和希波战争结束以后的估计数肯定不一致。希波战争以前，奴隶制经济在雅典就已经存在，并且也有一定的发展，但由于奴隶的供给有限，奴隶人数并不很多。而在希腊战争第二阶段结束以后，雅典的海上霸权确立了，雅典的海外贸易扩大了，奴隶的供给大大增加，雅典人通过奴隶市场而买进的奴隶相应地增加很多。其实，在雅典，奴隶使用的最高峰还不是希波战争第二阶段结束后不久的公元前5世纪晚期，而是公元前4世纪的初期和中期，因为当时西亚、北非国家正处于内乱或相互攻战时期，或处于衰败时期，从那里输出的奴隶人数不断上升，奴隶供给来源充足，奴隶价格相对较低，所以雅典所使用的奴隶人数也就大大增多。

此外，统计口径的不一致同样造成了雅典奴隶人数估计数的差距。比如说，是仅仅看雅典工商业（包括采矿业、采石业）和政府公共工程中所使用的奴隶，还是把雅典家庭（包括有钱人家和一般人家）中所使用的奴隶也计算在内。至于政府机关中所用的从事文书工作、记账工作和警察工作的奴隶是否包含在内，出入是相当大的。这就是统计口径不一致所造成的差距。再说，是仅仅估计雅典社会实际使用的奴隶，还是把雅典奴隶市场上供出售的奴隶也包含在内？奴隶所生的子女，已参加劳动的，是不是包含在内，未成年的或尚未参加劳动的，是否列入估计数？被释奴隶是不是被分开计算，还是同奴隶混在一起计算？这些都会影响统计的口径。

可见，雅典在其"黄金时期"究竟有多少奴隶，至今仍然没有定论。

在周一良、吴于廑主编的《世界通史》（上古部分）一书中有这样一段记述："德国学者伯罗克认为公元前431年的雅典公民约有11万—14万人，奴隶约7万人。法国学者格劳兹认为雅典公民及其家属约有13.5万—14万人，奴隶则有20万—21万人。据英国学者哈孟德的估计，公元前431年雅典总人口约40万，其中公民人数16.8万，外邦人数3.2万，奴隶数20万。"[①]公元前431年是一个什么样的年份？是希波战争第二阶段结束（公元前449年）之后的第18年，是雅典伯里克利执政结束（公元前430年）之前一年，也是伯罗奔尼撒战争开始的那一年。周一良、吴于廑书中所引述的德、法、英三位学者的估计数中，关于雅典公民人数的差距不太大，即在11万—14万人、13.5万—14万人、16.8万人之间，而对雅典的奴隶人数的估计的差距则大得多，从7万人到21万人，这样，就难以判断雅典在公元前431年的公民与奴隶的比例了。

在杜兰的《世界文明史》第2卷《希腊的生活》中，关于雅典奴隶人数有如下的说明。在伯里克利时期，雅典有11.5万

---

① 周一良、吴于廑主编：《世界通史（上古部分）》，人民出版社，1980年，第213页注②。

名奴隶。① 杜兰的这个数字依据的是戈姆所做的统计,但杜兰认为"实际数字可能要大得多"②。杜兰还引用了其他来源的数字,比如说,"苏达斯根据可能由希彼雷德斯于公元前338年发表之演说,断定单是成年男性奴隶即达15万人"③。如果把女奴隶及奴隶所生子女合在一起,奴隶可能达到30万人之多。当然这可能是公元前4世纪中期的情况,根据前面所说过的,公元前4世纪初期和中期的奴隶人数多于公元前5世纪后期。杜兰还指出:"依照公元2世纪希腊哲学家兼演说家阿特乌斯不可靠的资料,德米特里乌斯·法勒纽斯于公元前317年所作之雅典人口调查:公民2.1万,侨民与被解放的自由人1万及奴隶40万。"④这里所说的"不可靠",也许把雅典于公元前317年的公民人数、侨民人数与被解放的自由人人数缩小很多;至于奴隶人数40万人,即使被高估了,但也不会高出太多。

在雅典奴隶总数统计口径不一的情况下,上引各种数字都只能供参考而不能作为定论。然而有一点是可以肯定的,即希波战争第二阶段结束后,雅典的奴隶人数日益增多,而且进入公元前4世纪后增加得更多。为什么公民人数这么少?可能是只计算成年男性中拥有雅典公民权的人,而没有把公民家中的妇女和未成年的人计算在内。但即使公民及其家属都统计在内,仍可以看出,在公元前5世纪后期和公元前4世纪前期和中期,

---

① 参看杜兰:《世界文明史》第2卷《希腊的生活》,幼狮文化公司译,东方出版社,1998年,第204页。
② 同上书,第204页注。
③ 同上。
④ 同上。

雅典的奴隶人数还是多于公民及其家属的人数。

二、奴隶的处境

在雅典,所使用的奴隶越来越多,这是事实。从经济上分析,在当时的希腊,不仅限于雅典,使用奴隶被普遍认为是一种有利可图的事情。使用奴隶的成本低是原因之一,同时还由于"奴隶主在订立奴隶契约时权利无限而责任却有限"[1],于是在奴隶主权利与责任极不对称的前提下,通过分散财富来使用奴隶从事多种经营,"这就至少可能达到今天通过有限责任的种种不同形式所达到的效果"[2],这对奴隶主是非常有利的。毫无疑问,这是以社会承担镇压奴隶反抗的成本为条件的。如果国家的实力下降了,财力减弱了,政府再也承受不了镇压奴隶反抗的成本支出了,而让每一个奴隶主自身承担镇压奴隶反抗的责任和成本,则另当别论。否则将如何解释公元前3世纪以后雅典会大批释放奴隶,并用被释奴隶来充当劳动力,或干脆把被释奴隶作为佃户来耕种一块块细分的农田?

奴隶遭到非人待遇,但这同奴隶的工作场所、工作性质、主人的态度有关。按奴隶的处境,大体上可以分为四种情况:

1. 处境最悲惨的是采矿场、采石场和大型建筑工地所使用的奴隶。

这里的劳动条件最恶劣,奴隶的劳动最沉重,奴隶受到的管制最严,活动的限制也最多。有些单位使用的奴隶量很大,例如

---

[1] 韦伯:《经济与社会》下卷,林荣远译,商务印书馆,2006年,第67页。
[2] 同上。

在雅典的劳里昂银矿,所使用的奴隶超过 10,000 人。在采矿场和采石场,奴隶的工具极其简陋,只有锄头、铁锹和铁锤,他们在矿坑和采石坑中不能直立,只能匍匐劳动,连续工作十几个小时才换班。采矿和采石料的是青壮年奴隶,运送矿石和石料的是未成年奴隶,洗矿、选矿和选石料的则是女奴和老年奴隶。奴隶被认为有偷懒、怠工、违犯和反抗行为的,轻则受体罚,重则受酷刑,直到被处死。

2. 在手工作坊、商店和农场中所使用的奴隶,他们的处境比采矿场、采石场和大型建筑工地上使用的奴隶稍好一些。

在雅典手工作坊中使用奴隶是常见的。苏格拉底在同别人的一次谈话中曾经提到,有人"单凭做面包就养活了他的全家,而且生活得丰丰足足"[1],还有一些人凭着制造斗篷,制造绒线上衣,制造背心,"也都生活得很好"[2]。这里所说的都是手工作坊主。为什么能这样?别人对苏格拉底说,因为他们使用了奴隶,"可以任意强迫他们做他们所欢喜的事,而和我在一起的却是些自由人和亲属"[3]。苏格拉底随即指出,即使经营手工业的是自由人,但他们和他们的亲属也是干活的:"你以为他们就应该无所事事而只是吃吃睡睡吗?"[4]这反映了当时手工作坊主,通常也在作坊中干活,带领奴隶一样干活,而不是游手好闲、无所事事的。

由于在手工作坊中劳动的条件好一些,特别是在小手工作

---

[1] 色诺芬:《回忆苏格拉底》,吴永泉译,商务印书馆,2009 年,第 75 页。
[2] 同上书,第 75—76 页。
[3] 同上书,第 76 页。
[4] 同上。

坊中作坊主和家属也参加劳动，主人还把手艺传授给帮工、学徒和奴隶，所以奴隶较少受到虐待。雅典农村中的农户也使用奴隶从事田间劳动和饲养家禽家畜。奴隶在这里的处境同在小手工作坊中的处境相似，他们是主人的帮手，往往同主人一起生活，一起劳动。

在工商业中，奴隶可以由主人租赁出去，替别人干活。色诺芬在《雅典的收入》中有这样两段话：

一是："尼塞拉图斯的儿子尼西阿斯保有在银矿中使用的奴隶一千人，出租给色雷斯地方的索西阿斯，条件是每人每日收取租费一奥波尔（不扣除一切费用）；而且尼西阿斯从不减少出赁奴隶的数目。"[1]

二是："希波尼可斯也以同样的收费率出租奴隶六百名，这使他每天能够得到一个麦纳的净收入；菲列摩尼出租三百名奴隶，每天得到半麦纳的收入。"[2]

可见，奴隶的主人出租奴隶是一项丰裕的收入来源。而向奴隶的主人租赁奴隶的人，也是有利可图的，因为后者使用租来的廉价奴隶劳力，肯定会给他带来赢利。

3. 家庭中使用的奴隶和从事自由职业的奴隶，处境似乎又要好一些。

---

[1] 色诺芬：《雅典的收入》，载色诺芬：《经济论　雅典的收入》，张伯健、陆大年译，商务印书馆，2009年，第80页。奥波尔是古希腊货币单位、一种小银币。按照雅典的标准，6个奥波尔等于1个德拉克玛。参看王同亿主编译：《英汉辞海》下，国防工业出版社，1987年，第1558页。

[2] 同上书，第80页。麦纳是希腊古代的货币单位，1个麦纳"约值英币4镑"。（同上书，第77页，译者注）1个奥波尔，"约值英币1便士半"。（同上书，第77页，译者注）

当奴隶供给不断增大以后,雅典居民家庭中使用的奴隶也多起来了。"即使是最穷的公民也有一两名奴隶;雅典演说家艾施尼斯为证明他穷,诉苦他家里只有7名奴隶;有钱人家多达50名。"①家庭中使用的奴隶通常从事家务劳动,包括炊事、清扫、庭院花草栽培、照看儿童、服侍老人和病人、看家护院、私人保镖等等。有些富人家中还蓄养了一些奴隶演奏乐器、唱歌跳舞、玩杂技,这被认为是有社会地位的象征。雅典的富人"家中都有织工、雕工和制造武器的工匠,而所有的工匠皆为奴隶"②。奴隶的使用十分普遍,"即使是自由职业也几乎都不许公民学习。医生常常是奴隶,他为其主人的利益而为人治病;银行职员、建筑师、造船师和国家的低级官员都是奴隶"③。

雅典居民家庭所使用的奴隶处境的好坏,也同主人的性格和情绪有较大的关系,不可一概而论。但这些奴隶同手工作坊中使用的奴隶相比,对主人的影响是不一样。手工作坊中,主人是技术能手,他们往往带领奴隶干活并传授给奴隶以技艺。而家庭中使用了奴隶,甚至连医生也是奴隶,这样一来,"公民很少就业,很少工作;而缺乏工作,不久就使他们变得懒惰,因为当他们看见只有奴隶在工作时,于是便开始轻视工作"④。古朗士针对上述情形,作了如下的评论:"奴隶制度是自由社会也深受

---

① 杜兰:《世界文明史》第2卷《希腊的生活》,幼狮文化公司译,东方出版社,1998年,第204页。
② 古朗士:《古代城市:希腊罗马宗教、法律及制度研究》,吴晓群译,上海人民出版社,2006年,第352页;参看李玄伯译本,中国政法大学出版社,2005年,第278页。
③ 同上。
④ 同上。

其害的一种灾难。"①

4. 处境相对说来更好一些的,是替政府部门工作的奴隶,如充当文书、杂役、小公务员、警察的奴隶。

这些奴隶多数识字,有一定文化,并且在工作中表现出忠诚、听话、有能力。特别是政府使用的充当记账员之类工作的奴隶,他们"必须会读会写,因为他们的作用就是整理国家的账簿"②。政府使用的奴隶中有不少人可以按月领到"工资",即使报酬数额很低,但已经比其他地方劳动的奴隶好多了。他们之中,有些人还得到工作服,这也是优厚的待遇。此外,他们的居住比较自由,可以自己选择居住地点,选择房东。与此相似的是那些在商业部门、信贷机构里充当文书、资料员、行政管理人员之类工作的奴隶,他们的处境也比较好。其实,最好的待遇始终是获得释放的机会,因为释放之后就不再是奴隶了。所以有些奴隶认为自己从主人那儿得到的好处主要是主人教他们识字和书写,尽管这种情况并不是普遍的,③但却大大增加了被挑选去从事文书、记账员、资料员等工作的机会,从而增加了被释放的可能。

以上谈到了四类奴隶的不同处境。他们的处境虽然有很大的不同,但身份却是一样的,即全都是奴隶,处于社会最底层,没有人身自由。奴隶如果被自由民殴打,不得还手。奴隶不需纳

---

① 古朗士:《古代城市:希腊罗马宗教、法律及制度研究》,吴晓群译,上海人民出版社,2006年,第352页;参看李玄伯译本,中国政法大学出版社,2005年,第278页。

② 库蕾:《古希腊的交流》,邓丽丹译,广西师范大学出版社,2005年,第80页。

③ 参看同上书,第80—81页。

税,也不服兵役,因为纳税是公民和自由民的义务,服兵役是雅典公民的权利。奴隶一般是不准结婚成家的,除非主人特许,这被视为主人的莫大恩典。奴隶可以随时被主人卖掉或租出去,因为从性质上说,奴隶是被当作牲口一样看待的。

关于奴隶的处境,希克斯曾从经济学的角度作了如下的分析,他指出:"就是奴隶也不能不生活;可以从一个奴隶那里榨取的总是其经济产品的一部分而非全部。确实,如果榨取过多,生产力便要下降,或者奴隶人口在较长时期里不能进行自身的再生产。"[1]因此,在前面提到的四类奴隶中,除了在采矿场、采石场和大型建筑工程工地所使用的奴隶而外,其他三类奴隶的处境要好一些。这是因为,在采矿场、采石场和大型建筑工程工地上的奴隶,主人通常以奴隶可以无限供给为前提,而在其他场合,奴隶的主人为了找到一种均衡状态,就必须为奴隶或"纳贡者"留下足够的东西以便他们生存和继续从事生产。

奴隶还可以作为继续创造利润的工具,如出租奴隶,或强制劳动,或让他们生育,所以即使在战乱时期,一个拥有奴隶的雅典自由人同一个不拥有奴隶的雅典自由人相比,在色诺芬笔下,日子要好过得多。换句话说,对一个雅典自由人来说,拥有了奴隶就有了生财之道,就能"积蓄更多的钱。"[2]正因为如此,所以拥有奴隶的主人不会平白无故地杀死自己的奴隶,也不会使他们残废,否则他对奴隶只有支出而不再有奴隶为主人提供的利润。这也是一般情况下对奴隶的剥削不能过度的理由。此外,

---

[1] 希克斯:《经济史理论》,厉以平译,商务印书馆,1987年,第18页。
[2] 参看色诺芬:《回忆苏格拉底》,吴永泉译,商务印书馆,2009年,第74页。

雅典是一个靠海上优势逞强称霸的国家,它拥有强大的舰队,舰船的桨手是由奴隶充当的,雅典海军中不能没有大批奴隶,否则哪里有这么多的苦劳力?桨手坐在舰船底里,拼命划桨,劳累不堪,那里空气严重污浊,劳动条件之恶劣令人难以恶受。[①] 如果这些充当桨手的奴隶大量减员,雅典舰队的战斗力将大大削弱。[②] 因此,雅典必须给这些奴隶供应足够的膳食,否则如何保持舰船的航速?

三、奴隶的反抗

根据文献资料,相对于斯巴达经常发生黑劳士起义或暴动而言,雅典的奴隶起义或暴动并不多见,这主要因为雅典和斯巴达不同:斯巴达靠征服而把这一地区的土著人民变成供剥削和压榨的黑劳士,而雅典是由四个部落通过协商、合并而建立城邦的,四个部落的成员都成为雅典城邦的公民。雅典所使用的奴隶,无非是后来作战、扩张时所得到的战俘、掠夺来的外邦人以及从奴隶市场上购买到的外邦人奴隶。这些外来的奴隶没有本地的根,他们的根在海外。不仅距离故土遥远,而且在雅典确立海上霸权之后,他们几乎不可能逃回故土。加之,雅典的奴隶不像斯巴达的黑劳士那样聚村而居,从而也不像斯巴达那样有聚

[①] 参看威斯:"希腊时代的战争和社会",载萨宾、威斯、维特比编:《剑桥希腊罗马战争史》第1卷《希腊、希腊化世界和罗马的兴起》,剑桥大学出版社,2007年,第295页。

[②] 雅典舰队中的水手是从公民中招募的。庞大的舰队需要众多水手,如果把雅典的舰船全都动用,"需要另外征集五千名水手,即使动用所有的公民,雅典也无法应付如此数量的要求。"(弗格森:《希腊帝国主义》,晏绍祥译,上海三联书店,2005年,第36页)如果奴隶再减少,谁来当桨手?

众起义或暴动的条件。雅典城区的手工作坊和商店中虽然使用奴隶作为劳动力，但他们分属于不同的主人，生活和工作是各自与主人在一起，这就缺少了聚众起义或暴动的条件。雅典农村中，小农户有时也使用奴隶劳动，但人数不多，而且也是分散于各个农户家中的，他们往往还同主人及其家庭成员一起生活，一起下地干活，这样，聚众起义或暴动的可能性也不大。至于在采矿场、采石场和大型建筑工程工地上被强制劳动的奴隶，通常受到严密的监督，有时甚至戴着脚镣劳动，聚众起义或暴动的可能较少。

在雅典，奴隶反抗的主要形式是逃亡，包括个别逃亡或集体逃亡。奴隶逃亡现象在雅典进行希波战争第一阶段时期经常发生，因为战事紧张，主人及全家也忙于逃往他处避难，对奴隶的防范松弛了。正因为如此，所以在波斯军队兵临雅典城下时，雅典决定释放所有的奴隶，让他们拿起武器同波斯军队作战。

非战争期间，雅典奴隶如果因受到残暴殴打和虐待，可以逃到庙宇内躲避。按照雅典传统，任何人不得进入庙宇抓捕人，奴隶在庙宇内躲避是被允许的，主人也不得进去抓奴隶，在这种情况下，主人只有把这个逃亡奴隶卖给别人，新主人可以领走奴隶。

奴隶也有朝雅典以西或雅典以北的偏远地带逃亡的。由于雅典的奴隶主要来自海外，他们是外邦人，他们越往雅典以西或以北逃亡，离海岸就越远，回家的希望就越少，所以非到不得已时，他们是不愿意逃到内陆偏远地带的山地或丛林中去的。在雅典，规定任何人不准收容来路不明的外邦人，而个别的逃亡奴隶都来自外邦，他们逃亡后留在城区而不被抓获的希望极为渺茫。除非是战争期间尤其是战败后，才有大规模奴隶逃亡的事件。

奴隶反抗的另一种较为常见的形式，就是消极怠工。如果在采矿场、采石场、大型建筑工程工地上奴隶采取消极怠工这种反抗形式，被主人或监工发现后，就会遭到各种处罚，甚至被毒打致死。而在小手工作坊和家庭中，一般很少发生消极怠工的情况，因为这里的劳动条件和奴隶的生活状况稍好一些。

四、被释奴隶

希波战争第一阶段雅典在危急时释放所有的奴隶并让他们同雅典公民一起抗击波斯入侵者，是罕见的。这只是特殊情况下才发生的事情。在雅典，奴隶被释放通常有以下三种方式：

第一，赎买

赎买又分为两种，一是他人代为赎买，二是自身赎买。

他人代为赎买是指：当某人的亲戚朋友获悉此人因战争被俘或被掳掠、拐卖到雅典沦为奴隶后，可以交钱赎出，重获自由。这一类赎人者多半为外邦人或外邦在雅典经商的人。或者，某个奴隶在雅典工作和生活了一段时间后，在雅典有了熟人、朋友，他们愿意筹钱为此人赎身，使之成为自由人。

自身赎买是指：有些奴隶在雅典工作时是有"工资收入"的，他们积蓄了一些钱，替自己赎身。这些自身赎买的奴隶，多半是在雅典手工作坊中工作的，在小农户的家庭农场中劳动的，在主人家中服务的，在政府部门或商业机构中从事文职工作的奴隶，他们比较容易攒钱，从而易于赎身。此外，在雅典，也有一些奴隶被主人派出去做小生意，按照协议，他们赚取的收入或者上缴固定数额的钱归主人,余下的归自己;或者按照一定的比例同主人分成,这样也比较容易攒钱赎身。

第二,主人的恩典

这种方式以家庭中使用的奴隶为主,但在工商业部门工作的奴隶有时也被主人释放。

根据雅典的规定,凡居民家中使用的奴隶,如果年老了,不能继续劳动了,或者体弱多病,主人应当继续把他留在家中,不得赶出门去,任其乞讨为生或倒毙街头,因为那将有损市容并成为社会问题。因此,在一些家庭看来,不如乘家中奴隶将老未老之际,释放他们,让他们自谋生路,自寻归宿之地,这样,既能赢得家中其他奴隶的好感,并使他们忠诚、驯服、听使唤,又可减少此后经济负担,一举两得。

主人时常认为,对自己忠诚可靠的奴隶,对那些曾为主人及其家庭出过力,有过贡献的奴隶,可以早日释放他们为自由人,这可以对其他奴隶起示范作用。有时,主人在释放奴隶的同时还赠给他们一些钱,让他们去谋生。

主人临终时,经常释放自己喜欢的奴隶,并吩咐分一些遗产给他们,以表示对他们的能干和忠心的奖赏。[①]

第三,政府对奴隶的释放

前面提到的雅典城邦在波斯人军兵临雅典城下时曾释放所有的奴隶,让他们同雅典公民一起抗击波斯军队。这种释放,特别是全体释放,显然是特殊状况下的一种例外。而在平时,雅典

[①] 参看杜兰:《世界文明史》第2卷《希腊的生活》,幼狮文化公司译,东方出版社,1998年,第204页。

政府有权释放个别被认为能够为雅典做出贡献的有能力的奴隶，或被认为已经为雅典做过贡献的奴隶，其中包括在替政府服务期间表现突出的，显示其才干的，有特长的奴隶。这些被释放的奴隶一般都留在政府部门，继续为政府工作，而且有时被用来管理奴隶，因为他们曾经是奴隶，懂得奴隶的心理，也知道怎样才能使奴隶更加卖力工作。

雅典的被释奴隶是自由人，地位同外国侨民一样。他们可以开作坊，可以经商，可以积累财富，最终甚至会成为工商界的大老板。他们也可以从事文职雇员，如以自由人身份充当文书、记账员、管家、行政管理人员等。由于他们不是雅典公民，所以不能拥有土地和经营自己的农场。

五、雅典公民对斯巴达黑劳士的态度

在雅典国内，尽管广泛使用奴隶，并认为奴隶的使用是理所当然的，但对于斯巴达剥削、压迫黑劳士的情形却纷纷斥责，甚至还有过帮助黑劳士的行动。原因究竟在哪里？

要知道，正如前面已经提到的，雅典人所使用的奴隶都是外邦人，都是"蛮族"，希腊人是不应当作为奴隶而被奴役的。雅典人活动一般都在希腊中部、希腊北部、小亚细亚、黑海地区，在希腊战争以前雅典人很少到伯罗奔尼撒半岛活动，对于斯巴达人奴役黑劳士的情况是不了解的。经历了希波战争，雅典人对斯巴达的情况的了解比过去多了，特别是希腊军队（其中包括了雅典军队）在伯罗奔尼撒半岛驻防和作战，斯巴达人奴役下的黑劳士的悲惨处境也被雅典士兵目睹了。他们忘不了这样的情景：作为希腊人的斯巴达人多年以来一直奴役、压迫同样作为

希腊人的黑劳士。这使雅典人感到非常意外,甚至震惊不已,因为"斯巴达人的黑劳士'奴隶'不但不是野蛮人,而是与他们有着同样令人自豪的文化传统的希腊人,于是这些雅典人开始变得越来越同情黑劳士起来"①。

雅典人这种同情黑劳士,进而厌恶斯巴达的情绪不断有所表现,雅典士兵更是如此。这显然引起了斯巴达人的反感,因为在斯巴达人看来,把当地土著居民保留下来,让他们有土地耕种,有村落居住,这已经是宽大了,他们的义务只是缴纳粮食作为贡赋,这有什么不妥呢?何况,这是斯巴达人祖辈留下来的惯例,又有什么不对呢?"斯巴达人对雅典士兵的这种态度转变有点反应过度,他们认为雅典想要'彻底改革'斯巴达的政制。"②于是问题归结为两个城邦之间的对立,即斯巴达人认为雅典在这个问题有政治上的野心和阴谋:"他们认为雅典人正在斯巴达制造某种社会或政治上的动乱。"③

公元前460年之前几年,斯巴达的黑劳士发生了大规模的暴动,当时,斯巴达要求雅典和其他城邦出兵相助,但斯巴达发现雅典士兵同情黑劳士的情况后,便毫不犹豫地要求雅典撤兵,"雅典是所有援助国中唯一被要求撤军的城邦"④。斯巴达和雅典这两个城邦之间的关系恶化了。

这场黑劳士的大规模暴动终于被斯巴达军队镇压下去了。

---

① 卡特利奇:《斯巴达人:一部英雄的史诗》,梁建东、章颜译,上海三联书店,2010年,第129页。
② 同上。
③ 同上。
④ 同上。

参加暴动和同情暴动者的人除了被杀戮的,纷纷逃亡。"雅典人把参加暴动并躲在伊托美山的黑劳士中的幸存者安置到一个新的避难所——纳帕克塔斯,位置就在科林斯海湾的北部海滨,这简直就是在斯巴达伤口上撒盐。"①

希波战争结束以后雅典和斯巴达之间关系日趋紧张的原因很多,本书下一章(第七章)将就此进行论述。但雅典人对黑劳士的同情以及斯巴达对雅典人的反感,未尝不是原因之一。②

---

① 卡特利奇:《斯巴达人:一部英雄的史诗》,梁建东、章颜译,上海三联书店,2010年,第129页。
② 参看同上。

第七章　雅典和斯巴达之间的长期战争——伯罗奔尼撒战争

第一节　雅典和斯巴达之间矛盾的再度激化

一、矛盾再度激化的背景

斯巴达和雅典在希腊世界争霸的格局,在希波战争以前就已经形成了。从军事实力方面看,双方各有优势。斯巴达的陆军训练有素,战士几乎全是装甲步兵,即重步兵。他们的装备是战士们自己靠地产和地产收入提供的。斯巴达陆军装备好,战斗力强,而且士兵守纪律,勇敢善战。[1] 而雅典的军事优势则在海上作战方面,雅典的海军是强大的,有精良的舰船,并有足够的财力不断造出舰船,以充实海军力量。在这种形势下,尽管两个城邦之间的矛盾在激化,但军事上大体仍处于势均力敌的态势,小冲突不断,但大战还打不起来。

希波战争发生后,在战争的第一阶段,由于波斯帝国的军队

---

[1]　参看阿希莱:《马其顿帝国:菲利普二世和亚历山大大帝的战争年代,公元前359—前323年》,麦克法兰出版公司,伦敦,1998年,第68—69页。

大肆进入希腊境内,大有吞没希腊世界之势,雅典固然首当其冲,面临被攻陷的危险,斯巴达受到的威胁同样巨大。斯巴达明显地感到,雅典一旦灭亡,波斯大军必定乘胜穿越科林斯地峡,直下伯罗奔尼撒半岛,斯巴达同样会被波斯帝国灭掉。处在这一紧急关头,雅典和斯巴达双方都以大局为重,置城邦命运于首位,组成联军,共同抗击波斯军队。在雅典和斯巴达的努力下,联军取得胜利,不仅把波斯军队赶出了希腊中部和北部,而且还恢复了小亚细亚西海岸一些希腊移民城邦的独立地位。至此,希波战争第一阶段结束,雅典和斯巴达的"蜜月期"也告一段落。

前面已经提到,希波战争第二阶段是以雅典采取主动向波斯帝国进攻的态势开始的。斯巴达认为这不符合自己的利益,便退出了战争,而雅典凭仗海军优势,大肆扩张,先后攻占了爱琴海上一些原来不受雅典控制的岛屿,还把黑海北岸地区纳入了自己的疆域。从此,整个爱琴海成了雅典称雄称霸的海域,雅典也就成为东地中海区域的海上帝国。[①] 波斯帝国这时已被迫退缩,雅典的军舰和商船横行于东地中海和黑海地区,商业利益滚滚而来,而且这还形成了军力和财力相互推动的格局:军力越强,控制范围越广,财政收入越多,政府又能建造更多更精良的舰船,便于进一步扩张。

斯巴达眼看着雅典的横行和扩张,心有不甘,却无可奈何。斯巴达尤其不能容忍的,是雅典通过提洛同盟的组建和对提洛

[①] 参看弗格森:《希腊帝国主义》,晏绍祥译,上海三联书店,2005年,第23页。

同盟入盟各邦的控制,并由此得到大笔收入。雅典的势力也通过提洛同盟而扩张到基本上除伯罗奔尼撒半岛以外的希腊世界各地。雅典的实力因有提洛同盟的帮助而大大加强了,这无疑对斯巴达构成了新的威胁。

二、矛盾再度激化的深层次原因

雅典在海上称霸以及由此赢得的巨额商业利润和财政收入,只是导致斯巴达和雅典之间矛盾再度激化的重要原因之一。如果从更深层次进行分析,两个城邦的政治体制不同及其对邻近城邦的政治影响,可能是另一个重要原因,甚至其重要性还大于雅典的海上称霸。

斯巴达以征服者的身份占领了土著居民的领土,把土著居民变成了供斯巴达奴役的黑劳士,并在此基础上建立了城邦。这一点,在本书第四章中已经谈到。第四章中还指出,斯巴达城邦的政治体制是独特的:国王只在战争时期统领军队,平时权力归长老会议;长老会议成员虽然由公民大会以鼓噪方式通过,但那仅仅是一种形式,实际上选举由贵族操纵,长老会议成员全都是贵族。监察官也由公民大会选举产生,同样由贵族担任。监察官起初只负有监督国王的责任,后来演变为权力极大的执政官一样的最高长官。总的说来,斯巴达的政治体制基本上沿袭了氏族社会的传统、部落制度的惯例。从斯巴达建立之时起,到希波战争结束,其间大约有三四百年之久,斯巴达的政治体制一如既往,没有什么重大变革。简要地说,斯巴达的体制是一种贵族掌权的体制,但这种政治体制既不同于僭主政体,也不同于公民大会的民主制度。斯巴达不是任何一个人(如国王、监察官)

说了算数的城邦,不是个人独裁的政治体制,一切都按程序办,不得违背传统,不得破坏惯例。斯巴达是一个在贵族中,通过公民大会和长老会议,少数贵族服从多数贵族的城邦。

雅典则不一样。尽管雅典也是依照氏族社会和部落制度的传统、惯例建立城邦的,从而建立了实际上由贵族执掌实权的体制,长老会议就是贵族会议,公民大会只不过是形式而已。但梭伦改革以后,历经克利斯提尼等人的改革,再到伯里克利改革,大约有一百多年之久,雅典的政治体制已经发生了重大变化。贵族的特殊地位和他们凌驾于平民之上的权力一再受到抑制,平民的公民权利被充分行使,公民大会有了常设机构并发挥其应有的作用,执政官制度也公开化了,程序化了。特别是公民以拈阄或抽签的方式担任官员的做法,使人人都有机会走进政治生活和充当管理城邦大事的角色。这是那些依然是贵族掌握实权的城邦所不敢设想的。对后者来说,改革后的雅典城邦的存在本身就是一种莫大的威胁。斯巴达害怕雅典的政体对伯罗奔尼撒半岛上的城邦发生影响。

还需要指出的是,斯巴达从来就是一个农业城邦,商业不发达,手工业也不发达。斯巴达公民被禁止从事工商业,从事工商业的是所谓"边民",即皮里阿西人,他们对斯巴达处于依附地位。斯巴达也远离货币关系,禁止金银作为货币。而雅典却重视商业和手工业,手工业者人数多,商人人数也多。商人之中有些已成为富商,他们或者是贵族家庭出身,转而成为富商的,也有不少是平民家庭出身,靠自己经营,积累财富而跻身于富商之列的。即使是小手工业者(小手工作坊主)和小商人,虽然还称不上富裕,但生活过得不错。他们关心政治,关心政策走向,关心改革。他们力求雅典政局保持稳定和社会有序。他们是绝对不愿意退回到氏族社会那种贵族掌权的体制的。

随着斯巴达在希腊南部的势力膨胀,斯巴达的影响扩大了。南部多数城邦倾向于斯巴达的政治体制,因为在斯巴达政治体制之下贵族可以掌握实权,贵族地位巩固,而南部各个城邦多数是贵族拥有财富和权力的。至于希腊北部和中部一些城邦,相对于希腊南部而言,商业和手工业是比较发达的,或者同雅典的往来较多,对雅典多年来进行的改革比较关注,因为这些改革逐步削弱了贵族的权力,使得平民的公民权利得到保证,工商业也有进一步发展的机会。希腊北部和中部有一些经济不发达和较为贫困的城邦,它们从雅典自梭伦改革以后经济不断发展,城邦财力不断增强的事实中得到启示,认为仿效雅典的改革和政治体制也能富裕起来。可见,斯巴达对于雅典的影响力既嫉妒,又有很大的戒心,特别是在斯巴达掌握实权的贵族寡头们十分担心雅典改革和政治体制对伯罗奔尼撒半岛的影响,包括对斯巴达境内的平民、"边民"、黑劳士的影响的扩大,从而会影响斯巴达政治上的稳定。

总之,可以归结为:斯巴达和雅典之间矛盾在希波战争结束后的再度激化是必然的,两个城邦之间的一场大战也是难以避免的,因为两个城邦之间的利益冲突,到了公元前5世纪中期已经无法调和了。[1] 甚至可以说,斯巴达的担心已经到了无法消除的程度,斯巴达害怕雅典的扩张,这个问题被认为只有通过战

---

[1] 参看福莱斯特:《斯巴达史》,第3版,布里斯托古典丛书出版社,伦敦,1995年,第108页。

争来解决。①

三、矛盾为什么难以缓解

如果斯巴达和雅典之间的矛盾仅限于海上陆上的争霸和商业利益的争夺,那么只要在双方实力大体上相等的条件下双方有一个瓜分海外市场的协议或默契,或者在陆地上有一个相互承认对方利益范围的协议或默契,那么双方的紧张关系就有可能暂时缓和,不至于立即破坏均势,战争也一下子爆发不起来。但是,如果问题涉及双方政治体制不同,涉及各自城邦内倾向于增加贵族权力,贵族派上台执政,还是倾向于扩大平民的权利,平民派上台执政,从而损害贵族利益的两派之间的斗争,那么矛盾就难以缓解。斯巴达内部似乎还没有形成强大的亲雅典势力,只有少数倾向于平民或改革的人,而雅典内部则有一批亲斯巴达的人,他们主要是一批时刻想恢复贵族权势的人。这些人希望在希波战争结束之后雅典能和斯巴达继续合作,由雅典和斯巴达共同主宰地中海东部地区,把波斯势力从小亚细亚赶走。② 其中,特别是雅典内部贵族派中的极端保守分子,是一直向往斯巴达的,他们在反对雅典平民派时总是勾结斯巴达人,力求得到斯巴达的帮助。特别是在希波战争结束后的较长时间内,雅典强大的舰队是掌握在平民派将领手中的,平民派在军事

---

① 参看福莱斯特:《斯巴达史》,第3版,布里斯托古典丛书出版社,伦敦,1995年,第108页。
② 参看T. R. 马丁:《古代希腊:从史前到希腊化时期》,耶鲁大学出版社,1996年,第105页。

上和政治上的重要性日益增大①。鉴于这种情况,雅典贵族派中的极端保守分子更加紧了同斯巴达的勾结,以便夺回自己失去的地位、权力和优势。应当承认,雅典贵族中的亲斯巴达势力是一支不容忽视的政治力量。它使雅典和斯巴达之间的斗争已经不再局限于经济利益范围,也不局限于希腊本土的势力范围的划分问题,而关系到雅典城邦制度今后朝着哪一个方向或实行哪一种模式的大局。这是无法调和的大事。雅典自梭伦改革以来,已经在制度调整方面采取了许多措施,贵族特权受到了不少限制,直接民主也得到平民们的欢迎,难道雅典的体制会倒转吗?这是平民们绝对不会答允的。斯巴达的意图起初可能局限于打击雅典的霸主地位,使雅典不再像希波战争结束后那样跋扈,恣意扩张,但雅典贵族中的亲斯巴达派却不是这样想的。他们认为当务之急是恢复过去的雅典体制,恢复贵族们的特权和社会地位。他们又何尝不想扩张、称霸?但那是以后的事情,目前可以放在一边。正因为有了雅典贵族中的亲斯巴达分子的种种活动,雅典和斯巴达之间的战争看来难以避免。在这些人看来,将来战争结束后,只要斯巴达胜利了,自己无疑是最大受益者。

在伯罗奔尼撒半岛上,斯巴达的盟邦中也有一些欢迎或主张进行政治体制改革的人,他们同样寻求雅典的支持、帮助。这更加激起了斯巴达对雅典的不满,使已经存在的斯巴达同雅典之间的矛盾只会加剧而不会缓解。

---

① 参看T. R. 马丁:《古代希腊:从史前到希腊化时期》,耶鲁大学出版社,1996年,第109页。

不妨再做进一步分析。斯巴达同雅典之间的矛盾还和希腊人中两大系统有关。前面已经提到,斯巴达位于伯罗奔尼撒半岛南部平原上,它是由来自希腊西部地区的多利亚人进入伯罗奔尼撒半岛后,在征服了土著居民并使他们沦为黑劳士的基础上建立的城邦。雅典则是来自希腊北部的爱奥尼亚人和一部分来自南部的阿卡亚人进入阿提卡半岛后,在同当地的土著居民融合的基础上建立的城邦。尽管多利亚人和爱奥尼亚人都是希腊人,后来也确实被统称为希腊人,但实际上是希腊人中两个不同系统,历来就有隔阂。多利亚人和爱奥尼亚人这两支希腊人的不和从祖先一直传承到斯巴达和雅典先后成为希腊境内两大势均力敌的城邦之后。

斯巴达和雅典之间的武装冲突其实早在公元前510年前就已达到尖锐的程度了。在这之前,雅典由僭主庇西特拉图长期执政,虽然这是僭主当政,但雅典的经济发展了,社会也较为稳定。梭伦改革的成果不仅没有被庇西特拉图废除,反而在庇西特拉图当政时期有所扩大。公元前527年,庇西特拉图因病去世,传位于其子希庇亚斯和希帕恰斯,弟兄二人胡作非为,雅典政治陷于混乱。弟弟希帕恰斯在一次集会中被杀,哥哥希庇亚斯为了复仇而处死和放逐了一些人,于是雅典社会动荡,为雅典贵族派重夺政权准备了条件。雅典国内的贵族和亡命于斯巴达的贵族联手,并得到斯巴达的支持,率军进攻雅典。庇西特拉图家族统统告终,希庇亚斯逃往国外。这形式上是内战,实际上可以看成是雅典和斯巴达之间的一次较量。

继庇西特拉图家族而掌权的雅典统治者是斯巴达扶植的伊萨哥拉斯,不得民心,被起来暴动的雅典民众所推翻,克利斯提尼上台。斯巴达为了把被推翻的伊萨哥拉斯再次扶上执政官之位,出兵进攻雅典,被克利斯提尼击败,不得不撤军。这是雅典和斯巴达之间再次较量。①

但雅典贵族派中的极端保守分子从未死心,他们一有机会,就想在雅典制造事端,挑起社会动乱,以便乘机复辟,而每次闹事时,他们总能得到斯巴达的支持。这表明,斯巴达和雅典之间的历史积怨越积越多,矛盾不可能缓解是可想而知的。

不仅如此,在雅典、斯巴达两强争霸的年代里,雅典人和斯巴达人四处活动,打击对方,削弱对方,鼓动对方的盟邦闹事,也就是说,"雅典人到处破坏寡头城邦;斯巴达人则到处压制平民城邦"②。这一系列活动是对希腊世界的安定的极大破坏。亚里士多德曾对这种现象进行评论,他写道:"各城邦如果其近邻所施行的是一种敌对政体,或施行相反政体的城邦虽然相隔很远而恰好是个强敌,它的力量足以达到远方,它们就都难以保持固有的政体。"③

还应当补充一点:在雅典和斯巴达之间的战争看来已经不可避免的公元前5世纪40年代,雅典的对外扩张活动一直没有停止,雅典显然以不可战胜的强国姿态出现于希腊世界。从而雅典和斯巴达之间的利益冲突不是缓解了,而是加剧了。例如,雅典在公元前444年通过向希腊北部的移民而控制了色雷斯和黑海沿岸,从此获得了爱琴海北部地区和黑海沿岸的木材、粮食

---

① 参看本书,第五章第四至第五节。
② 亚里士多德:《政治学》,吴寿彭译,商务印书馆,1997年,第264页。
③ 同上。

和金属。① 又如,在公元前443年,雅典在意大利半岛南部建立了新的移民区,同西西里岛上受科林斯影响很大的叙拉古城邦发生了商业利益的冲突。② 在斯巴达看来,这些都是对自己的新的威胁。

正如修昔底德所论述的:"自从波斯战争终结,到伯罗奔尼撒战争开始,中间虽然有些和平的时期,但是就整个情况说来,这两个强国不是彼此间发生战争,就是镇压它们同盟者的暴动。"③雅典和斯巴达之间的大战一触即发,只等待导火索什么时候点燃。谁都无法揣断导火索。导火索也许只是一次小冲突、小事件,但一旦导火索点燃了,事情就到了非摊牌不可的地步,大战就开始了。大战的导火线就是雅典和科林斯之间的冲突。

第二节 伯罗奔尼撒战争

一、雅典和科林斯的冲突及其扩大

科林斯城邦位于雅典和斯巴达之间的科林斯地峡上,它同斯巴达一样,都是多利亚人由希腊西部迁入后建立的。它同雅典相似之处是:科林斯也重视发展工商业,并拥有一支庞大的舰

---

① 参看卢伯克:"从第一次伯罗奔尼撒战争到第二次伯罗奔尼撒战争",载斯特兰编:《古代希腊的贡献》,浩特、莱恩哈特和温斯顿出版公司,纽约,1971年,第164—165页。

② 参看同上。

③ 修昔底德:《伯罗奔尼撒战争史》上册,谢德风译,商务印书馆,2007年,第17页。

队和商船队。科林斯在海外有自己的移民城邦,商业利润甚丰。然而,正因为科林斯处于雅典和斯巴达两强之间,它为了不得罪其中任何一方,经常采取妥协、折中的态度。

由于斯巴达强盛在先,雅典兴起较晚,又加上科林斯人和斯巴达人全都属于多利亚人这一系,所以科林斯同斯巴达的关系建立较早,关系也比较紧密。同时,由于科林斯和雅典之间在商业上的竞争随着雅典的强盛而逐渐激化,它们在爱琴海地区甚至在西地中海沿岸地区都有利益冲突,这样,科林斯同雅典之间的关系一直不融洽。只有在希波战争第一阶段,由于波斯大军已经威胁到希腊全境的安危,特别是已经逼近科林斯,科林斯才同雅典、斯巴达联手,组成联军,抗击波斯。到了希波战争第二阶段,同斯巴达一样,科林斯不再参加对波斯帝国的进攻,也不加入雅典牵头的提洛同盟。科林斯同斯巴达因为对雅典的扩张野心都有戒惧,关系更紧密了。

希波战争第二阶段于公元前449年结束。波斯和雅典签约议和,雅典居于上风。但雅典控制的提洛同盟并未解散,而且继续由雅典一手操纵,把入盟各城邦当作自己的附庸。同时,为了不至于同斯巴达发生正面的冲突,雅典于公元前446年,即希波战争结束后的第三年,同斯巴达签订了三十年和约,约定互不侵犯,保持和平。雅典的主要目的是先稳住斯巴达,集中力量对雅典周围的、未参加提洛同盟的、倾向于斯巴达的各个城邦施加压力,以孤立斯巴达,扩大自己的势力范围。科林斯距离雅典较近,雅典便把科林斯作为自己准备首先打击和控制的目标。

伯罗奔尼撒战争的导火索就是科林斯的附庸城邦麦加腊、

柯西拉和波提底亚。

1. 麦加腊事件

麦加腊是一个小城邦。位于雅典以西,工商业也比较发达。麦加腊原来加入过斯巴达领导下的伯罗奔尼撒同盟,后来由于麦加腊城邦领导层的变动,以及看到雅典的势力日益强大,便宣布退出伯罗奔尼撒同盟,倒向雅典一边。但不久,麦加腊又背离雅典,重新加入伯罗奔尼撒同盟。麦加腊的反复无常,引起了雅典的极度不满,随时想教训一下麦加腊。

公元前432年,雅典此时的领导人仍是伯里克利,他以麦加腊收容雅典逃亡奴隶为借口,对麦加腊实行经济封锁,禁止麦加腊船只进入雅典和提洛同盟各邦的港口。科林斯位于麦加腊以西偏南,距麦加腊较近,公开支持麦加腊。雅典准备派兵进攻麦加腊,科林斯决心出兵支持麦加腊,共同抗击雅典的入侵。同年,以斯巴达为首的伯罗奔尼撒同盟做出决定,派兵声援麦加腊和科林斯。第二年,即公元前431年,斯巴达和雅典之间的战争爆发。

2. 柯西拉事件

科林斯和雅典之间的冲突,不限于麦加腊一地。另一件有影响的冲突事件发生于柯西拉。从时间上说,这一事件略早于麦加腊事件。

柯西拉本来是科林斯的附庸,一切听命于科林斯。起初,柯西拉有一个殖民地名叫伊庇丹努城,位于科林斯以西,临近伊奥尼亚湾入口处附近,原是科林斯人建立的。"依照旧日的风俗,城邦的建立者是由母国请来的。殖民地中有些是科林斯人,也有些其他多利亚人。"①伊庇丹努城后来政局混乱,贵族派和民主派争权,民主派赶走了贵族派,贵族派投奔蛮族部落,攻击伊庇丹努城。民主派向柯西拉城邦求援,请求柯西拉出面调停自己内部的派别斗争,柯西拉不愿接待伊庇丹努城派来的使者。无奈之下,伊庇丹努城转而投靠科林斯。科林斯同意援助伊庇丹努城,因为科林斯认为"他们(指伊庇丹努人)同柯西拉人一样,可以把这个殖民地当做他们自己的"②。加之,在科林斯看来,柯西拉作为科林斯的附庸,一点也不尊重科林斯:"柯西拉人对科林斯没有表示一个殖民地对母国应有的尊敬。"③科林斯把对柯西拉的不满,借伊庇丹努城的请求支援发泄出来了。于是科林斯乘机出兵伊庇丹努,接管了该城。柯西拉大为愤慨。

公元前435年,柯西拉宣布脱离科林斯而独立,并投向雅典。科林斯派出一支舰队前去镇压柯西拉的反叛,雅典在柯西拉当权的平民派政府的请求下,也派出一支舰队去支援柯西拉。这样,科林斯和雅典双方的舰队便在海上交锋,实力强大的雅典舰队逼迫科林斯撤退。这场冲突加深了科林斯对雅典的仇视,也促使科林斯更加投靠斯巴达。

3. 波提底亚事件

波提底亚事件发生于上述柯西拉事件和麦加腊事件之间,它略晚于柯西拉事件,又略早于麦加腊事件。

波提底亚城邦位于希腊境内东北部的卡尔息地半岛上,原

---

① 修昔底德:《伯罗奔尼撒战争史》上册,谢德风译,商务印书馆,2007年,第23页。
② 同上书,第24页。
③ 同上。

是科林斯的移民城邦,但它同雅典关系较好,加入了以雅典为首的提洛同盟。后来,科林斯唆使波提底亚退出提洛同盟,而雅典则要求波提底亚断绝同科林斯的关系,并驱逐科林斯派到波提底亚的官员。

公元前432年,波提底亚拒绝了雅典的要求,同科林斯的关系更紧密了。雅典以出兵进攻为要挟。这时,波提底亚城邦和科林斯城邦一起派出代表前往斯巴达,请求斯巴达支援。斯巴达的答复是:"如果雅典人进攻波提底亚,斯巴达人就侵入阿提卡。"①雅典果然出兵了,雅典军队包围了波提底亚城,但久攻不下。

由此看来,在麦加腊事件之前不久所发生的柯西拉事件和波提底亚事件可以看成是伯罗奔尼撒战争的前奏,而紧接着发生的麦加腊事件则可以看成是伯罗奔尼撒战争的导火索。导火索既已点燃,斯巴达和雅典双方的大战就再也无法避免了。

二、伯罗奔尼撒战争第一阶段

伯罗奔尼撒战争开始于公元前431年。战争分为两个阶段。第一阶段从公元前431年到公元前421年,这又被称为第一次伯罗奔尼撒战争。② 第二阶段从公元前416年到公元前404年,这又被称作第二次伯罗奔尼撒战争。③

---

① 修昔底德:《伯罗奔尼撒战争史》上册,谢德风译,商务印书馆,2007年,第47页。
② 参看卢伯克:"从第一次伯罗奔尼撒战争到第二次伯罗奔尼撒战争",载斯特兰编:《古代希腊的贡献》,浩特、莱恩哈特和温斯顿出版公司,纽约,1971年,第168、170页。
③ 参看同上。在卢伯克看来,伯罗奔尼撒战争第二阶段被认为正式开始于公元前415年。

第七章 雅典和斯巴达之间的长期战争——伯罗奔尼撒战争

战争开始时,双方仍然各自保持原来的军事优势。斯巴达拥有一支强大的装甲步兵,战斗力很强,而雅典则拥有一支强大的舰队,大约有300艘大型的三层桨座战舰。[1] 然而,陆军毕竟是主要的。雅典参战的陆军兵力是:骑兵1,200名,装甲步兵13,000名,步兵弓箭手1,600名,警卫部队战士16,000名。[2] 尽管雅典海军强大,但从陆军兵力来说,雅典在当时依旧是一个二等的陆上强国。[3]

这场战争是一场名副其实的浩劫,是希腊世界的自毁。[4] 几乎所有希腊城邦,不管是希腊本土的城邦还是希腊本土以外的希腊移民城邦,都卷入了这场战争:要么站在斯巴达一方,要么站在雅典一方。只有极少数希腊城邦置身这场战争之外。站在斯巴达一方的,有除了阿果斯以外的伯罗奔尼撒半岛上的全部城邦,以及位于科林斯地峡上的城邦科林斯、位于科林斯东北方的城邦麦加腊等。当雅典和科林斯因麦加腊事件发生战事后,斯巴达遵守自己对科林斯的承诺,下令伯罗奔尼撒同盟的所有入盟城邦,在指定时间内把军队集合于科林斯地峡一带,准备开战。按照斯巴达的规定,"每个国家派出了三分之二的兵力"[5]。斯巴达还派出使者前去雅典,"探询雅典看见了大军压

---

[1] 参看阿希莱,《马其顿帝国:菲利普二世和亚历山大大帝的战争年代,公元前359—前323年》,麦克法兰出版公司,伦敦,1998年,第15页。
[2] 参看同上。
[3] 参看同上。
[4] 参看杜兰:《世界文明史》第2卷《希腊的生活》,幼狮文化公司译,东方出版社,1998年,第320页。
[5] 修昔底德:《伯罗奔尼撒战争史》上册,谢德风译,商务印书馆,2007年,第127页。

境,是不是有接受谈判的可能"①。

雅典不允许斯巴达的使者进入,决心应战。于是斯巴达及其盟国的军队攻进阿提卡半岛。站在雅典一方的,主要是提洛同盟的入盟各邦,包括黑海沿岸的一些城邦。双方作战的主力部队仍是斯巴达和雅典的军队。无论是站在斯巴达一方的城邦还是站在雅典一方的城邦,尽管表了态,甚至还动员了军队,但在战争初期基本上仍处于观望状态,它们要看战争的进展状况再决定投入战争与否或参战的积极程度。

前面已经指出,斯巴达的陆军有优势,所以战争开始后,斯巴达陆军就推进到雅典近郊,雅典统帅伯里克利下令把雅典村镇居民全部撤入城区,协助军队坚守雅典城。据修昔底德估计,当时雅典守城的兵力大约有4万人。② 这是开战之初的数字,可能保守了一点。③ 斯巴达军队在雅典乡间大肆破坏,包括毁坏耕地、住房和庄稼。要知道,雅典的粮食本来就是严重短缺的。据估计,阿提卡的土地种大麦,"最多只能养活75,000人,而阿提卡当时的人口大约在25万到30万之间。这多出来的20万人生活所需要的粮食都是通过进口得来的"④。现在雅典的乡村被斯巴达军队占领了,耕地、房屋和庄稼被破坏了,雅典的粮食更紧张了。但雅典军队仍然固守城区,同时雅典舰队进行反击,进攻伯罗奔尼撒半岛沿岸一带,也给斯巴达及其盟国以

---

① 修昔底德:《伯罗奔尼撒战争史》上册,谢德风译,商务印书馆,2007年,第129页。
② 参看同上书,第132—133页。
③ 参看同上书,第133页注。
④ 卡特利奇:《斯巴达人:一部英雄的史诗》,梁建东、章颜译,上海三联书店,2010年,第156页。

第七章 雅典和斯巴达之间的长期战争——伯罗奔尼撒战争

重大损失。

正在雅典为自己的生死存亡而抵御斯巴达军队进犯时,一场大瘟疫在雅典城区发生了。瘟疫最早发生于公元前430年,即伯罗奔尼撒战争的第二年。患病者高烧不退,往往因忍受不了而跳入冷水中。高烧七天或八天后,可能死亡,即使侥幸不死,身体也已极度虚弱。[①] 所以后来的研究者估计这是患上了疟疾或者是斑疹伤寒。死者不计其数,据说约占雅典人口的四分之一到三分之一。[②] 这场大瘟疫大概延续了三年之久。

与此同时,"使雅典人的情况更加恶劣的一个因素是他们把乡村居民迁移到城市里来"[③]。实际上,这是雅典城邦的两难处境。由于斯巴达军队已占领了雅典乡村,到处焚烧、破坏,如果不把农民和居住在村镇的居民迁入城区,他们既没有房屋可住,也没有生活来源,疾病传染很快,他们不病死也会饿死;而把他们迁进城区,不仅他们的生活条件依然恶劣,而且也使城里人的生活大受影响:粮食紧张、住房紧张、就业也紧张。正是在艰难的选择之下,雅典领导人伯里克利才下令让村镇中的雅典人进城避难,但城区居民埋怨伯里克利的不在少数。更令当时雅典人不解的是,这场瘟疫"正是在伯罗奔尼撒人侵入阿提卡之后发生的。而且对于伯罗奔尼撒人完全没有影响,或者不严重"。[④]

[①] 参看修昔底德:《伯罗奔尼撒战争史》上册,谢德风译,商务印书馆,2007年,第157页。

[②] 参看阿克罗伊德:《古代希腊》,冷杉、冷枞译,三联书店,2007年,第93页。

[③] 参看修昔底德:《伯罗奔尼撒战争史》上册,谢德风译,商务印书馆,2007年,第159页。

[④] 同上书,第163页。

各种苦难交集在一起,雅典人对领导人伯里克利的不满加重了。他们开始谴责伯里克利,说他不应当把他们拖入战争,因此雅典人所遭受的一切灾难都应当由伯里克利负责。伯里克利无法阻止和平息雅典人对他的指责。雅典人越来越不满,还控诉他擅自动用公款。结果,伯里克利被判有罪,既被撤职,又被判罚款。然而,伯里克利被撤职后,在雅典实在找不到适当的人来接替伯里克利,于是只好又让他复职。伯里克利复职后不久因病去世。①

瘟疫肆虐,雅典村镇难民大批涌入城区,居民生活困难,再加上雅典经济和人力资源遭到巨大的损失,使雅典人感到悲观失望,而伯里克利被撤职和复职以后不久去世,更使雅典人心理上备受打击,不仅他们的自信心丧失了,连社会和宗教的规范也受到了损害。② 雅典人急于从绝望的心态中走出来,他们急需一个能把他们带出困境的领导人,不管是谁都行,只要他能带领雅典人摆脱目前这种困境。这样,不少野心家都在伺机准备上台,接管雅典城邦。

好在这时雅典寄以希望获胜的海军还有较强实力,并没有受到什么损失,所以雅典还能继续作战。继伯里克利之后执掌大权的是平民派领导人克里昂,他是皮革商人出身,口才很好,演说有煽动性,从而在公民大会上起着实际操纵人们倾向性的作用,以至于公民大会做出了冒险的、强硬的和不负责任的决

---

① 参看修昔底德:《伯罗奔尼撒战争史》上册,谢德风译,商务印书馆,2007年,第169页。
② 参看T.R.马丁:《古代希腊:从史前到希腊化时期》,耶鲁大学出版社,1996年,第154页。

第七章 雅典和斯巴达之间的长期战争——伯罗奔尼撒战争

定。公民大会以极端民主形式和在集体名义下施行的暴力在伯罗奔尼撒战争时期表现无遗。[①] 以民主的形式推行实际上不民主的决策,在集体名义下实施暴力,这是对雅典政制的莫大讽刺,也是对雅典改革成果的讽刺。

公元前425年,雅典海军把斯巴达陆军围困在地中海的岛屿上,斯巴达陆军失去了同本国的联系,雅典军队发动强攻,迫使斯巴达军队大批投降。斯巴达不得已提出和平建议,以求换回斯巴达俘虏。雅典政府中有些人主张就此停战,见好就收。但克里昂坚持要彻底打垮斯巴达,他以煽动性的语言说服雅典公民大会通过决议拒绝斯巴达的停战要求。理由是:只要雅典继续打下去,一定能够战胜斯巴达,从此以后,雅典就能控制希腊全境,雅典的公民们就不必再纳税了,而由依附于雅典的各个城邦向雅典进贡就行了。雅典公民大会做出了继续作战的决定,这被后人认为是雅典领导人缺乏智慧所导致的重大失策。[②] 公民大会的决定是以民主的形式集体做出的,谁来具体承担责任呢?

战事继续进行。斯巴达统帅布拉西达斯以优势的陆军在希腊境内到处攻击雅典的同盟国。布拉西达斯出身于非正统王室的家庭,伯罗奔尼撒战争开始之时他担任斯巴达五个监察官之一,后来担任了斯巴达军事指挥官。他属于斯巴达的"鹰派","所谓'鹰派'就是雅典人在斯巴达的死对头,正是他们在最初

[①] 参看基托:《希腊人》,徐卫翔、黄韬译,上海人民出版社,2006年,第135、138页。

[②] 参看T. R. 马丁:《古代希腊:从史前到希腊化时期》,耶鲁大学出版社,1996年,第156页。

要求立即向雅典开战"①。换言之,布拉西达斯是一个主战的死硬分子,他"在后来的所作所为,据我们所知,都证明了他的这一不为人知的一面"②。布拉西达斯在希腊的中部和北部接连攻下了依附于雅典的城邦,甚至连北部通向马其顿的道路都被他截断了。战线拉长了,兵力显得不够了,"为了补充伯罗奔尼撒盟军重甲步兵的兵源,布拉西达斯获得了大量金钱去招募雇佣兵"③。虽然在希腊早期战争中已经有过雇佣兵,但雇佣兵在希腊城邦的军队中起重要的作用,正是由此开始的。布拉西达斯还招了一批黑劳士组成军队,并被配备重装甲,他们在战争中幸存下来之后获得解放,成为正式的斯巴达兵士。④ 这些措施都被认为是布拉西达斯的绝招。

雅典急于想恢复自己在希腊北部和中部的控制权,克里昂亲率军队开往色雷斯地区的安菲波里斯城。安菲波里斯是雅典在希波战争之后刚建立的新的移民城,地势险要,"此处既可扼守通往爱琴海北部沿岸地区的陆上通道,同时也是往雅典运送木材和金属的必经之地,这些资源对于海军来说至关重要"⑤。于是由克里昂率领的雅典军队同以布拉西达斯率领的斯巴达军队在安菲波里斯展开决战。战斗十分激烈。公元前422年,克里昂和布拉西达斯在这场战争中都阵亡了。这样,由于两位主战的统帅都已去世,雅典和斯巴达才有了议和休战的意思。

---

① 卡特利奇:《斯巴达人:一部英雄的史诗》,梁建东、章颜译,上海三联书店,2010年,第160页。
② 同上。
③ 同上书,第161页。
④ 参看同上书,第161—162页。
⑤ 参看同上书,第162页。

第七章 雅典和斯巴达之间的长期战争——伯罗奔尼撒战争

公元前421年,双方订立尼西亚斯和约。为什么和约之前被人们加上尼西亚斯的名字,"因为在雅典方面促成签署这项协议的最主要的人物是尼西亚斯"①。和约上载明:"在雅典人(连同他们的同盟者)和斯巴达人(连同他们的同盟者)间,本条约的有效时间是五十年,无论在陆地上或海上不得有尔虞我诈或给予以损害的事情。"②和约上还载明:"假如斯巴达人和他们的同盟者或雅典人和他们的同盟者有运用武力,企图对于对方加以损失的行为,无论采用何种方法或手段,其行为都是非法的。"③和约还规定双方在今后的争执中应采取协商方式:"如果双方发生争执,其争执应该依照双方所同意的办法,采取宣誓或法律手段解决之。"④

根据尼西亚斯和约,雅典和斯巴达都应将一些占领的土地交还给对方。这项工作是有难度的,交还对方土地的工作进行迟缓,尤其是雅典在某些地方不按照和约的规定实行,终于留下后患。还应当指出,尼西亚斯和约不仅是一项和平条约,还包括了双方联手镇压奴隶反叛的条文。这里所提到的"奴隶",是指实际上具有农奴身份的斯巴达黑劳士。和约规定:"如果奴隶们起来暴动,雅典人应按照他们的资源情况,给予斯巴达的充分的援助。"⑤

---

① 卡特列奇:《斯巴达人:一部英雄的史诗》,梁建东、章颜译,上海三联书店,2010年,第165页。
② 修昔底德:《伯罗奔尼撒战争史》下册,谢德风译,商务印书馆,2007年,第412页。
③ 同上书,第413页。
④ 同上。
⑤ 参看同上书,第417页。

从公元前431年伯罗奔尼撒战争开始,到公元前421年双方缔结尼西亚斯和约为止,战争已经打了整整10年。为什么斯巴达想议和?主要是因为这场大战使斯巴达耗费巨大,损失惨重,国内政局不稳,男性公民都出征了,或驻防境内各地,黑劳士暴动时有发生,所以希望与雅典言和。比如说,公元前425年,即尼西亚斯和约缔结前4年,雅典夺取了伯罗奔尼撒半岛西海岸的一个港口,兵临斯巴达国土时,斯巴达就极其担心这块土地将成为斯巴达控制的美塞尼亚黑劳士扩大叛乱的地区,于是开始考虑缔结和约的问题。[①] 以至于后来在尼西亚斯和约中斯巴达专门提议要加上一项内容,即如果斯巴达的黑劳士发生叛变,雅典应尽可能地给斯巴达以支持。[②]

那么,雅典为什么也想议和?除了同斯巴达一样因战争耗费巨大、损失惨重和经济陷入困境而外,还因为"后院起火"了,这是指:自从伯罗奔尼撒战争爆发以来,依附于雅典的一些城邦是不愿意听从雅典的意志而参战的,雅典用威胁的手段来逼迫它们出人出钱,它们出于无奈而不得不奉命,但内心是想早日议和的。雅典担心战争越拖延下去,这些城邦的向心力就越小,离心力就越大。加之,雅典国内的派别斗争加剧了,平民派主战,贵族派主和。平民派领导人克里昂阵亡后,贵族派乘机扩大自己的影响。在这种形势下,雅典只好同斯巴达之间缔结和约。

伯罗奔尼撒战事第一阶段结束了。

[①] 参看高尔德纳:《希腊世界:社会学分析》,哈泼和劳出版公司,纽约,1965年,第146页。
[②] 参看同上。

三、伯罗奔尼撒战争第二阶段重启战争的原因

尼西亚斯和约规定有效期为50年,但刚过了5年,即在公元前416年,双方又开战了。尼西亚斯和约只不过是废纸一张,尽管在理论上它还继续有效。[①]

正如历史学界在评论伯罗奔尼撒战争时所说,雅典失去了一个最好的机会,这就是在公元前418年就应当使战争真正告一结束。[②] 但雅典做不到这一点。尽管尼西亚斯和约于公元前421年缔结,雅典却不急于从它所占领的斯巴达及其盟国的土地上撤军,战事仍未停息,以致公元前416年又开战了。这不能不同当时雅典人的整个情绪有关。政治家们的缺乏远见和智慧无疑是导致战事重开的重要因素,但不能否认雅典公众的情绪在这方面所起的作用。"虽然伯罗奔尼撒战争带来的破坏促成了较长的和平,但和平并不被看成是人们的理想,而是被看成是有利于自己的事情。"[③]雅典人总是把尼西亚斯和约的缔结看成是下一次战争的契机,一旦条件成熟了,他们就会乘胜前进。这种情绪从未停止过。哪怕战争再艰苦,"许多雅典人仍然相信战争胜利会保证他们的繁荣和他们力量的增加"[④]。

这是一种危险的情绪,但又是普遍的情绪。而且,这种情绪是相互感染的。从众心理使这种情绪很快扩散了。当社会上大

---

① 参看T.R.马丁:《古代希腊:从史前到希腊化时期》,耶鲁大学出版社,1996年,第157页。
② 参看卡甘:《雅典帝国的衰落》,康奈尔大学出版社,1987年,第426页。
③ 高尔德纳:《希腊世界:社会学分析》,哈泼和劳出版公司,纽约,1965年,第144页。
④ 同上。

多数人认为雅典必胜而主张赶紧同斯巴达决战时,社会上即使有少数人对战争的重启还有所疑虑,但他们不敢说,不敢表示自己主张和平的念头,因为一旦说出来了,别人会怎样看呢?到处是斥责的声音:胆小鬼,自私自利者,卖国贼等等污水朝自己泼来。谁能抵挡社会上大多数人的谴责?于是只好沉默,只好附和,只好跟着大家一起走。正是这种非理智的情绪,使雅典人再度卷入战争。

雅典同斯巴达之间的战事随时会重新发生。对斯巴达而言,霸权比和约更重要,也更值得关注。[①] 斯巴达人同雅典人一样,都把重开战争看成是彻底摧毁对方的手段。所以说,尼西亚斯和约的签订绝不等于战争之火的熄灭。

第二阶段的伯罗奔尼撒战争,很可能是雅典方面首先挑起的。这时,雅典的政局发生变动,挑起战争的是雅典平民派领导人。

要知道,伯罗奔尼撒战争第一阶段内,雅典基本上是平民派掌权,而贵族派是主张同斯巴达和解的。在雅典主战的平民派领导人克里昂阵亡后,大权落入尼西亚斯手中。尼西亚斯主张加大贵族的权力以制约平民派的好战情绪,而力主议和,所以和约就以尼西亚斯命名。平民派不甘心,他们始终认为斯巴达一心想支持雅典的贵族派复辟,而雅典的贵族派则一心想投靠斯巴达作为东山再起的外应。

这时,在雅典政坛上新出现了一个平民派领军人物,他就是

---

① 参看福莱斯特:《斯巴达史》,第3版,布里斯托古典丛书出版社,伦敦,1995年,第109页。

阿尔西比亚德。阿尔西比亚德的父亲是雅典的一名富商,在战争中阵亡。阿尔西比亚德的母亲是伯里克利的近亲。由于阿尔西比亚德的父亲阵亡,他的母亲就把他寄养在伯里克利家中。公元前431年伯罗奔尼撒战争开始时,阿尔西比亚德20岁,参加军队作战。到尼西亚斯和约签订时(公元前421年),阿尔西比亚德刚好30岁。在从军期间,他认识了雅典哲学家苏格拉底,曾受到苏格拉底的教导。但阿尔西比亚德却是一个政治野心家,为了达到目的,不讲信义,不择手段,善于做作。比如说,在雅典,凡是政府举行募集捐款活动时,他的捐款总是比别人多。他自称是苏格拉底的学生,自称受到苏格拉底的教诲,苏格拉底使他热泪盈眶,但他也会背弃苏格拉底,使苏格拉底对他大为不满。① 为了哗众取宠,他在同朋友打赌后,在大街上打了雅典最富有最有权势的人之一希波尼库斯的耳光,第二天早上又到这位心有余悸的地方显要家中,脱去自己的衣服,向后者请罪,这件事使后者深为感动,竟把自己的女儿嫁给阿尔西比亚德,并赠以丰厚的嫁妆。② 所有这些与常人不同的做法,使他声名大振,博得人们对他另眼相看。③ 公元前420年,即尼西亚斯和约签订后一年,他竟当上了雅典十将军委员会成员之一,他便暗中策划再次挑起雅典和斯巴达之间的战争。④

在当时的雅典,要再次同斯巴达作战是得民心的。伯罗奔

---

① 参看杜兰:《世界文明史》第2卷《希腊的生活》,幼狮文化公司译,东方出版社,1998年,第325页。
② 参看同上。
③ 参看同上。
④ 参看同上书,第326页。

尼撒战争第一阶段内,斯巴达军队对雅典城区的围攻,以及对雅典农村的大肆破坏,使雅典人记忆犹新。他们忘不了斯巴达给他们带来的种种苦难,更忘不了斯巴达军队居然在希腊北部和中部地区对雅典势力的打击,以至于尼西亚斯主持签订了雅典同斯巴达签订50年的和约,这无异是给雅典有史以来的最大的羞辱。所以雅典人急需一位能领导自己重启战争的领导人。阿尔西比亚德便成为最合适的人选。

雅典挑起了第二阶段的伯罗奔尼撒战争决不是偶然的。这还同雅典公民们的战争观念密切有关。"古典时期的思想家有时提醒他们的同时代人:财富的占用同武装冲突相联系乃是一种正常的和完全正当的行为。"[1]他们还灌输这样的理念,即"战争是一种天生的获取的方法"[2],从而使得雅典人认为因战争而增加国家财产并不是什么可以谴责的事情。[3] 阿尔西比亚德之所以能够煽动雅典公民狂热地支持伯罗奔尼撒战争重开,固然由于他个人想捞到好处,也由于雅典公民早在雅典城邦建立后不久就已经形成了如上的战争观念。一旦战争重新爆发,公民们的情绪更被激发出来了。公民们不怕冒险,不怕作出牺牲,他们很容易陷入带有盲目性的战争冲动之中。[4] 雅典从此再度被引入灾难之中。像阿尔西比亚德这样的个人野心家、伪君子固然要为此负责,狂热地支持重启战争的雅典公民同样也要为此

---

[1] 加布里埃尔森:"希腊时代的战争和国家",载萨宾、威斯、维特比编:《剑桥希腊罗马战争史》第1卷《希腊、希腊化世界和罗马的兴起》,剑桥大学出版社,2007年,第250页。

[2] 同上书,第255页。

[3] 参看同上。

[4] 参看卡甘:《雅典帝国的衰落》,康奈尔大学出版社,1987年,第426页。

负责。

四、伯罗奔尼撒战争第二阶段

战争一旦重启,就不依雅典平民派领导人和雅典公民们的意志为转移了。

与第一阶段的结局不同。第一阶段内,雅典和斯巴达势均力敌,打了个平手,实际上难分胜负。雅典此时依然保留了强大的海军。雅典自身在三年瘟疫过去以后,经济逐渐恢复过来了。阿尔西比亚德掌握了大权,认为要打赢同斯巴达的战争,必须依靠海军,而且要主动出击。那么,主攻方向在哪里呢?阿尔西比亚德提出主攻方向应当在意大利半岛南部和西西里,那里土地肥沃,物产丰富,既可以满足雅典自身的粮食需要,又可以把雅典的势力范围扩大到地中海西部,还可以打击多利亚人在这一带建立的、倾向于斯巴达的希腊移民城邦,等于从背后插了斯巴达一刀。因此,伯罗奔尼撒战争第二阶段的主战场就定在西西里岛。

要知道,当时的西西里岛分为东西两部分。西部是迦太基人控制区,东部是希腊人控制区。东部建立了一些希腊移民城邦,其中,有些城邦是多利亚人建立的,有些城邦是爱奥尼亚人建立的。多利亚人的城邦,由于血缘关系,倾向于斯巴达一方;爱奥尼亚人的城邦,由于血缘关系,倾向于雅典一方。在希波战争期间,波斯与占领西西里岛西部的迦太基结成联盟,迦太基准备借此地把西西里岛东部置于自己的控制之下。而希腊移民城邦,不管是多利亚人建立的还是爱奥尼亚人建立的,都联合起来了,共同对付波斯人和迦太基人。公元前480年,西西里岛战役中迦太基战败,向希腊移民城邦赔款求和。在这一战役中起着领导作用的希腊移民城邦,就是多利亚人建立的叙拉古。叙拉古在这场战役之后发展很快,商业兴隆,兵力增强,居民生活也日益舒适。但迦太基不甘心自己的失败,到伯罗奔尼撒战争第一阶段开始时,已经过去50年之久,迦太基人仍一心想复仇。

伯罗奔尼撒战争爆发后,西西里岛上的多利亚人建立的城邦以叙拉古为首,爱奥尼亚人建立的城邦以里翁梯尼为首,前者站在斯巴达一边,后者站在雅典一边。叙拉古同科林斯关系密切,科林斯自称是叙拉古的母邦,因为科林斯是多利亚人建立的城邦,移民于叙拉古的移民中不少来自科林斯。何况,科林斯与斯巴达早在公元前525—前524年就建立了同盟关系,所以在雅典和斯巴达开战后,科林斯、斯巴达、叙拉古都是一条战线上的盟邦。① 伯罗奔尼撒战争的第一阶段内,西西里岛对立的双方也交战了。叙拉古实力雄厚,里翁梯尼不敌,急忙向雅典求援。这时的雅典正处于被斯巴达军队围攻之中,无力西顾,所以叙拉古在西西里战场上尽占优势。

尼西亚斯和约签订后,雅典和斯巴达停战了,双方也承认互不派兵攻击对手。但西西里岛上的两派希腊移民城市的敌对情绪丝毫没有缓解。公元前416年,即尼西亚斯和约签订后的第五年,里翁梯尼再次向雅典求援,说叙拉古正计划征服爱奥尼亚人的地区,让多利亚人在全岛实行统治,并将向斯巴达缴纳货币和输送粮食,以增强斯巴达的力量。雅典城邦领导人阿尔西比

---

① 参看萨尔蒙:《富裕的科林斯:公元前338年以前的城市史》,克莱伦顿出版公司,牛津,1984年,第240页。

亚德趁此机会向雅典公民大会进言,说这是扩大雅典在地中海西部建立霸权的最好时机,以雅典的海军力量击败叙拉古城邦并非难事,机会绝对不可以丧失。阿尔西比亚德不仅说服了雅典公民大会大多数参加者,而且把雅典人的扩张情绪煽动起来了。雅典决心向叙拉古宣战,派出庞大的舰队西征,舰队指挥官由阿尔西比亚德和尼西亚斯两人担任。

伯罗奔尼撒战争第二阶段一开始,雅典决定派兵西征西西里岛,在雅典的狂热者看来,这只不过是雅典帝国大胆扩张的第一步。[1] 在这帮人看来,先攻打叙拉古,再占领西西里全岛,进而征服意大利,一步一步扩张。这种打算不仅出于雅典公民的贪欲,而且具有更深刻的原因,即雅典指望通过扩张而缓解国内的阶级冲突。[2] 此外,雅典实行的是民主政体,斯巴达实行的是贵族寡头政体,雅典不愿意西西里岛上的希腊移民城邦受斯巴达控制,改行贵族寡头政体,所以决定派兵攻打叙拉古。[3]

这里提到的雅典公民出于贪欲而西征西西里岛一事,是可信的,因为当时有大批雅典人和雅典士兵都认为他们可以马上得到钱,而且还可以增加权力,这又是今后获得金钱的源泉。[4] 西征还同某些人的个人经营打算结合在一起。例如,领导这次西西里远征的雅典统帅之一阿尔西比亚德就有借此恢复自己产

---

[1] 参看高尔德纳:《希腊世界:社会学分析》,哈泼和劳出版公司,纽约,1965年,第147页。

[2] 参看同上书,第148页。

[3] 参加同上。

[4] 参看米莱特:"战争、经济和古典雅典的民主",载里奇和谢普莱编:《希腊世界的战争和社会》,鲁特莱奇出版公司,伦敦,1993年,第189页。

业的意图,①他想在被征服的西西里岛上建立自己的葡萄种植园,从事葡萄酒生产等。②

对雅典来说,派舰队远征西西里是一项重大的战略决策。雅典既然已经实行民主政制,这项战略决策必须由公民大会做出。然而在雅典的"直接民主"形式,由公民们按照情绪而做出的远征决定却不能不认为是草率的、缺乏深谋远虑的。阿尔西比亚德的煽动固然极其不负责任,而由于雅典在这以前已经实施了的公民兵薪酬制也起了诱导作用。公民兵的薪酬"在公元前5世纪的雅典是每日一德拉克玛,这对富裕的公民微不足道,但对大多数公民却是一笔诱人的收入"③。正是这笔薪酬,起了不小的作用:"雅典公民大会所以轻率通过远征西西里的决议,主因正是这一德拉克玛薪金的诱惑。"④

公元前415年,雅典庞大的西征舰队正准备起航之时,雅典城内发生了一桩毁损神像的事件,在雅典公众心目中,这事件十分严重。经调查人员发现,这是阿尔西比亚德和他的朋友们醉酒后干的,领头的人正是阿尔西比亚德本人,但证据还不确凿。阿尔西比亚德声称自己无辜,于是雅典舰队出发了。几天以后,为此事件而被逮捕的犯罪嫌疑人中有人供出了真相,阿尔西比亚德犯罪证据落实了。雅典公众群情激奋,迫使公民大会紧急召回阿尔西比亚德受审。"他们派遣萨拉明尼亚战舰往西西里

---

① 参看米莱特:"战争、经济和古典雅典的民主",载里奇和谢普莱编:《希腊世界的战争和社会》,鲁特莱奇出版公司,伦敦,1993年,第189页。

② 参看同上。

③ 郭小凌:"希腊军制的变革与城邦危机",载《世界历史》1994年第6期,第70页。

④ 同上。

第七章 雅典和斯巴达之间的长期战争——伯罗奔尼撒战争

去提取他和其他一些根据情报有嫌疑的人。他们的命令是要他回来,在法庭上自辩,而不是逮捕他。"①阿尔西比亚德和同伴们在被押解回国途中逃掉了,并躲了起来,因为他考虑到"国内对于他们有很大的成见,他们害怕回去受审"②。阿尔西比亚德逃亡到了伯罗奔尼撒半岛,通过科林斯的帮助,投奔斯巴达。"雅典人就缺席裁判,宣布他和他的同伴们的死刑。"③阿尔西比亚德决心效力于斯巴达,出了不少攻击雅典的建议,例如占领雅典的劳里昂银矿,以断绝雅典政府的财源;④又如在雅典建立贵族政权等等。在斯巴达,他竭尽所能向斯巴达人讨好,他说道:"虽然过去我有热爱祖国的美名,而现在我尽力帮助它的死敌进攻它……我的被放逐是由于那些放逐我的人的邪恶;但是不能免除我帮助你们的能力,只要你们听我的话。"⑤阿尔西比亚德的投机者面目至此已暴露无遗。

雅典远征西西里岛的舰队原来有两个统帅:一是阿尔西比亚德,另一是尼西亚斯。现在,阿尔西比亚德在押解回国途中逃跑了,并投靠了斯巴达,剩下的统帅就是尼西亚斯。他率军攻打叙拉古。这时,绝大多数西西里希腊移民城邦都来援救叙拉古,尼西亚斯久攻叙拉古不克。雅典人的舰队还无法直接到达叙拉古的港口,而只得绕行其他地方才能将粮草运输到陆军驻地。雅典陆军也曾攻入叙拉古城内,但都被叙拉古人赶出来了。斯

---

① 修昔底德:《伯罗奔尼撒战争史》下册,谢德风译,商务印书馆,2007年,第523—524页。
② 同上书,第524页。
③ 同上。
④ 参看同上书,第549页。
⑤ 同上。

巴达决定派出舰队支援叙拉古,叙拉古舰队守住叙拉古海边,斯巴达舰队从外面包围了雅典舰队,终于将雅典舰队封锁在叙拉古海湾内,切断其粮食供应。尼西亚斯陷入困境之中,被迫应战,海战陆战都失利,可谓全军覆没,雅典兵士被俘的总数不少于7,000人。① 少数支持雅典的西西里岛上的希腊移民城邦都向叙拉古投降了。② 尼西亚斯投降后被杀。被俘的雅典士兵被押到西西里岛上的矿场强制劳动,直到死亡。③

西西里岛战役结束后不久,斯巴达军队攻入雅典。这时,原来依附于雅典的各个城邦,见雅典在西西里岛大败后大势已去,不再向雅典纳贡,转而倒向斯巴达。雅典城区人心惶惶,西西里岛惨败之后,雅典士兵或者战死,或者沦为战俘,被押至西西里的矿场强制劳动,雅典几乎半数家庭只剩下孤儿寡母,停战议和的呼声又抬头了。对雅典的求和,斯巴达加以拒绝。公元前413年,斯巴达宣称尼西亚斯和约是雅典人首先破坏的,所以继续进攻雅典,并封锁通向雅典的水陆通道。尤其重要的是雅典劳里昂银矿陷入瘫痪状态:劳里昂银矿通往雅典的通道被截断了,雅典失去了银矿收入,而劳里昂银矿中的两万名奴隶逃走了。④

雅典在如此不利的条件下只好坚守城市,抵御斯巴达的进攻。这样又相持了八年多。

---

① 参看修昔底德:《伯罗奔尼撒战争史》下册,谢德风译,商务印书馆,2007年,第633页。
② 参看同上书,第629页。
③ 参看T. R. 马丁:《古代希腊:从史前到希腊化时期》,耶鲁大学出版社,1996年,第159页。
④ 一说这两万名奴隶逃走后都投到斯巴达一边。参看杜兰:《世界文明史》第2卷《希腊的生活》,幼狮文化公司译,东方出版社,1998年,第327页。

五、伯罗奔尼撒战争的结局

在雅典于西西里岛大败和斯巴达围攻雅典城区的时间内，尽管战争仍在继续进行，雅典内部却发生了较大的变动，即政权执掌者变更了：平民派失势，贵族派掌权。

当雅典人刚听到远征西西里岛惨败消息时，他们很久还不肯相信这是真的，总以为这只是一种误传。"当他们知道确是事实的时候，他们攻击那些赞成远征的演说家，好像他们自己没有表决赞成似的。"① 最遭攻击的是当初煽动雅典人最厉害而如今却成为投靠斯巴达，并为斯巴达出主意进攻和占领劳里昂银矿的阿尔西比亚德。至于同阿尔西比亚德站在一起的雅典平民派的头头，也是雅典人群起而攻之的对象。原来同雅典结盟的希腊城邦，在这种形势下，也都相继动摇、背离，那里的贵族派纷纷转而投靠斯巴达，贵族派和平民派的斗争越来越尖锐。还有的城邦公开反叛，脱离雅典，转到了斯巴达一边。② 这种情况直接影响雅典国内的政局。

公元前413年，雅典政府（这时仍是由平民派掌权）为了保卫雅典城，正在筹建一支新的舰队，力求先恢复海军的作战能力。正在这个紧要关头，雅典的贵族派夺得了政权，并于公元前411年成立了新的"四百人会议"，大权由贵族派独揽，不少倾向于平民派的雅典政要遭到暗杀。新上台的贵族派派人同斯巴达谈判，秘密商定由雅典贵族派作为内应，欢迎斯巴达军队进入雅

---

① 修昔底德：《伯罗奔尼撒战争史》下册，谢德风译，商务印书馆，2007年，第637页。
② 参看同上书，第646页。

典城。加之,雅典海军一向是平民派掌权的,所以贵族派上台后,为了夺取海军的领导权,剥夺了海军中许多官兵的公民权。这种在海军中实行清洗平民派的举措,使雅典海军上下极为愤怒,强烈要求恢复民主政制。雅典贵族派迫切等待斯巴达军队攻进雅典城,可能是由于斯巴达认为雅典局势还不明朗,所以迟迟没有发动进攻。结果,雅典平民派在海军支持下重新执掌大权,短命的雅典贵族派政府垮台。这是可以理解的,"因为雅典人在驱逐暴君之后大约一百年(公元前510—前411年)的整个时期中,他们不惯于受别人的统治"①。换言之,100年以来,雅典的平民们既然已经过惯了民主生活,所以"要剥夺这样一个民族的自由,确实不是一件容易的事"②。

前面已经提到,在远征西西里岛时因涉及毁损神像一案的雅典平民派领导人阿尔西比亚德在被押解回国受审途中,逃到了斯巴达,为斯巴达进攻雅典出谋划策。但他又同斯巴达领导人不和,就从斯巴达逃往波斯帝国。在雅典平民派依靠海军力量重新执掌大权后,颁布了特赦令,召阿尔西比亚德回国。其实,这时的阿尔西比亚德已经是一个十足的政治投机分子和野心家了。在雅典贵族派和平民派争斗日益加剧的日子里,他"曾秘密支持寡头派的革命,希望借此为自己返回雅典铺路"③。平民派重新上台后之所以特赦他,召他回雅典,或许是不知道他

---

① 修昔底德:《伯罗奔尼撒战争史》下册,谢德风译,商务印书馆,2007年,第685页。
② 同上。
③ 杜兰:《世界文明史》第2卷《希腊的生活》,幼狮文化公司译,东方出版社,1998年,第328页。

的阴谋。① 阿尔西比亚德得到雅典给予特赦并召他回国的消息后,决定先不回国,要在境外一显身手。他先得到雅典舰队的指挥权,公元前410年他率领舰队在海上遭遇了斯巴达舰队,一举将其摧毁,然后北上夺回了博斯普鲁斯海峡沿岸地区,重新占领了希腊移民城邦拜占庭等地,使雅典恢复了来自黑海地区的粮食供应。这样,阿尔西比亚德成为雅典公众心目中的英雄。公元前407年他返回雅典,受到全城民众的欢迎。

然而,雅典政府没有向阿尔西比亚德的舰队官兵支付饷银。这使得阿尔西比亚德心中十分怨恨,他认为雅典政府不该如此对待为雅典立下功劳的舰队官兵。阿尔西比亚德把所率领的舰队驶往小亚细亚西海岸的希腊移民城邦以弗所附近的港湾,自己则带着少数舰船在爱琴海的一些岛屿上掠夺财富,发给舰队作为饷银。同年(公元前407年),斯巴达海军乘停泊于以弗所附近港湾的雅典舰队不备,进行突袭,击沉和俘获大多数雅典舰只。雅典政府获悉后,仓促做出决定,谴责阿尔西比亚德不该擅自离开舰队,以致使雅典遭受如此巨大的损失,从而撤去他对舰队的指挥官之职。阿尔西比亚德既不能容于雅典,愤而逃往希腊其他地方,躲藏起来。

雅典决定再建一支舰队。为了筹措造舰费用,雅典政府下令把卫城上的金银雕像全部熔化。为了扩充兵源,雅典政府下令使那些愿意为雅典作战的奴隶成为自由人,使外邦人得到雅典的公民权。

---

① 参看杜兰:《世界文明史》第2卷《希腊的生活》,幼狮文化公司译,东方出版社,1998年,第328页。

公元前406年,新建的雅典舰队在爱琴海上击溃了一支斯巴达舰队,雅典自己也损失了一些舰船。不管怎么说,雅典人兴高采烈,因为新建的舰队终于获胜了。"雅典人再度为胜利而欢腾。但是当议会(公民大会)获悉雅典舰队的将领竟让25艘被敌人击沉的战船之官兵溺毙于怒海中,群情激愤。"[1]于是公民大会谴责海军指挥官不负责任,因为他们既没有抢救溺水的官兵,又没有把尸体打捞出来安葬。公民大会做出决定,把八名有功的海军将领处以死刑。这样的决定是十分草率的,又引起海军官兵不服。"几天之后,议会(公民大会)后悔,又将主张处死这些将领的人判处死刑。"[2]这件事前前后后使许多雅典人对公民大会失去信心。雅典海军换了指挥官,而现在担任海军指挥官的只是些第二流的人才,[3]因为第一流的人才被处死了;新担任的雅典海军指挥官既缺乏指挥能力,又缺乏海上作战经验,雅典海军被斯巴达海军彻底打败的命运已经决定。

正在这时,斯巴达同波斯帝国又勾结到一起了。公元前405年,斯巴达的杰出将领吕山德被任命为爱琴海战区实际上的海军指挥官,波斯王子小居鲁士是他的密友,所以得到了小居鲁士提供的资金援助。[4] 在波斯的资助下,斯巴达海军进行整顿,北上驶向达达尼尔海峡,准备在那里同雅典舰队决战。雅典舰队布阵于兰普萨库斯附近迎战。这是一场决定雅典命运的大

---

[1] 杜兰:《世界文明史》第2卷《希腊的生活》,幼狮文化公司译,东方出版社,1998年,第328—329页。
[2] 同上书,第329页。
[3] 参看同上。
[4] 参看卡特利奇:《斯巴达人:一部英雄的史诗》,梁建东、章颜译,上海三联书店,2010年,第175页。

第七章 雅典和斯巴达之间的长期战争——伯罗奔尼撒战争

战,也是促成伯罗奔尼撒战争结束的大战。结果,雅典舰队全军覆没,雅典全部舰船有208艘,最后只剩下8艘,雅典士兵被俘虏的有3,000人之多,被斯巴达全部处死。[①]

阿尔西比亚德此时正隐藏于希腊北部山区,他目睹了雅典舰队的惨败,便又想投靠波斯帝国。阿尔西比亚德这时已经学会了波斯语,他穿上了波斯服装,以讨好波斯,并获得赏赐,但斯巴达坚决反对波斯对阿尔西比亚德的宠信,要求波斯国王帮它除掉阿尔西比亚德这个反复无常的投机分子,否则就要废除同波斯之间的盟约。于是波斯国王派人刺杀了他。[②]

斯巴达在消灭雅典海军主力后,由希腊北部南下,一路扫清希腊境内支持雅典的城邦,并对雅典通向外界的海陆两路实行封锁,雅典粮食供给断绝,雅典人不想再战了,只得求和。公元前404年,雅典和斯巴达订立和约,双方罢战。和约上的条件是苛刻的:雅典城防被撤除,只准保留12艘舰只,解散提洛同盟,并保证以后当斯巴达同外邦作战时雅典给予支援。

伯罗奔尼撒战争结束了,斯巴达终于实现了多年的宿愿:独霸于希腊世界。

关于雅典的失败,修昔底德在《伯罗奔尼撒战争史》中曾做了如下的评论:他认为雅典的民主政制在这场战争中起了恶劣的作用,从而导致了雅典的失败。修昔底德写道:"伯里克利曾经说过,如果雅典等待时机,并且注意它的海军的话,如果在战

[①] 参看杜兰:《世界文明史》第2卷《希腊的生活》,幼狮文化公司译,东方出版社,1998年,第329页。
[②] 参看奥姆斯特德:《波斯帝国史》,李铁匠、顾国梅译,上海三联书店,2010年,第450—451页。

争过程中它不再扩张帝国的领土的话,如果它不使雅典城市本身发生危险的话,雅典将来会获得胜利的。"① 然而在战争第一阶段期间,伯里克利就去世了。"他的继承人所作的,正和这些指示相反;在其他和战争显然无关的事务中,私人野心和私人利益引起了一些对于雅典人自己和对于他们的同盟国都不利的政策。这些政策,如果成功了的话,只会使个人得到名誉和权利;如果失败了的话,这会使整个雅典作战的力量受到损失。"② 最明显的例子就是西西里远征,雅典遭到惨败。③ 然而,伯里克利的后继者之所以能争取到公民大会对他们的支持而做出错误的决策,这就不能不追溯到公民大会参加者的情绪是极易受到煽动的。被煽动起来的公民情绪没有任何人可以制止,公民的激情往往不受制约,政治智慧被搁到一边去了,远见不再存在,以公民大会的名义可以让政治野心家、投机者和冒险分子为所欲为。谁能蛊惑公众,谁就被赋以重任,独揽大权。这正是雅典民主政体的悲哀。

修昔底德评论了雅典民主政体的得失。他指出:"虽然雅典在名义上是民主政治,但事实上权力是在第一公民手中。"④ 他认为伯里克利是贤明和廉洁的,这是幸事,"但是他的继承人,彼此都是平等的,而每个人都想要居于首要地位,所以他们采取笼络群众的手段,结果他们丧失了对公众事务的实际

---

① 修昔底德:《伯罗奔尼撒战争史》上册,谢德风译,商务印书馆,2007年,第169页。
② 同上书,第169—170页。
③ 参看同上书,第170页注①。
④ 参看同上书,第170页。

第七章 雅典和斯巴达之间的长期战争——伯罗奔尼撒战争

领导权"[①]。用今天的眼光来看,修昔底德评论的局限性显而易见。雅典民主政体的好坏并不在于"第一公民"是否贤明和廉洁,也不在于伯里克利下台以后雅典领导人之间的不和与斗争。关键在于直接民主之下公众的决策容易情绪化,结果往往造成煽动者的得势和野心家的得逞。政治应当冷静而不应当冲动。但在情绪化的公众中间,谁能冷静下来?谁能高瞻远瞩,为城邦的长远利益着想,结果往往走入极端。假定存在着制衡机制、纠偏机制,情况可能好一些,因为毕竟有缓冲的可能性。但这往往不易做到,没有人敢于冒这个风险,舍身而出拦住狂奔的马车。"修昔底德生活的时代,正是希腊的极盛时代——伯里克利统治时期。"[②]他头脑依然是清醒的,他能指出雅典民主政体的不足,已经很不错了。不能对他有过多的要求。很多有关直接民主的弊病,需要历史做出总结。修昔底德无法摆脱时代的局限性,这是完全可以理解的。[③]

雅典的民主不断被扭曲,不断被"集体的暴力"所取代。这种情况正如吴晓群所分析的:"作为一种直接民主的产物,雅典的政治实际上是没有重心的,民意随波逐流,政策朝令夕改,结果的好坏很大程度上依靠的是偶然选举出来的最高领袖的天才。"[④]然而,像伯里克利这样的政治家毕竟是少见的,于是,"在这种直接民主制度下,没有人尊重权威,事实上也不存在任何权

[①] 修昔底德:《伯罗奔尼撒战争史》上册,谢德风译,商务印书馆,2007年,第170页。
[②] 王晴佳:"伟大的古希腊史学家修昔底德",载郭圣铭、王晴佳主编:《西方著名史学家评介》,华东师范大学出版社,1988年,第8页。
[③] 参看同上书,第12页。
[④] 吴晓群:《希腊思想与文化》,上海社会科学院出版社,2009年,第105页。

威,每一个人都为了自己,没有人顾及别人的安危"①。这种缺陷,也就是直接民主的缺陷,在伯罗奔尼撒战争中最充分地暴露出来了。由此得出的一个结论是:"那些习惯于短期行为的雅典政治家,根本就不是经过严格挑选与培养出来的斯巴达军事家的对手。"②

第三节 伯罗奔尼撒战争结束后的希腊形势

一、雅典地位的急剧下降

在长期的伯罗奔尼撒战争中,受损失最大的是雅典。这是把战争开始前的雅典同战争最终结束时的雅典进行对比所得出的结论。

雅典当初的强盛,主要依靠以下四个条件:

一是通过一百多年的历次制度调整,城邦制度终于摆脱了以往的氏族社会和部落的体制,日益走向完善。贵族独揽大权的格局改变了,贵族权力削弱了,平民的权利扩大了,平民和贵族之间的斗争有所缓解,从而导致了社会比较稳定。

二是雅典历届领导人,尤其是伯里克利,在执政期间一方面着重改革,另一方面关注经济的发展,二者实际上是并重的。结果,雅典不仅社会比较稳定,而且经济发展得相当快,商业、手工业发达,城邦财力雄厚,公共工程建设保持一定的规模,国内就

---

① 吴晓群:《希腊思想与文化》,上海社会科学院出版社,2009年,第105页。
② 同上。

业问题也因此缓解了。雅典逐渐成为国际商业中心,雅典商人扩大了雅典产品的国外市场,并把雅典短缺的商品源源不断地运抵国内,并在这一过程中发财致富。虽然这段时间内雅典国内因未拥有土地而失去公民资格的人数增多了,①但这并没有影响雅典的繁荣和继续强盛。这段时间内很少发生平民极端派聚众闹事的事件。要知道,在希腊其他城邦,这时拥有土地的公民在公民总数中的比例仍然是较高的。② 这可以看成是雅典不同于希腊其他城邦的特点之一。

三是依靠一支强大的军队。雅典尽管不是一个陆军战斗力最强的国家,在当时的希腊世界只算是二等陆上强国,但雅典的公民兵制度仍能为它提供一支有较强战斗力的装甲步兵和骑兵部队。而雅典的海军则无疑是第一流的。它拥有庞大的舰队,舰只装备精良,水手一般训练有素,在爱琴海上横行无阻。强大的海军保证了来自黑海沿岸地区和北非对雅典的粮食供应,也令希腊世界滨海的一些较小的城邦闻而生畏。

四是依靠那些追随雅典的提洛同盟入盟各邦。它们依附于雅典,听从雅典的号令,有钱出钱(向雅典缴纳贡赋),有力出力(在战争期间各自派出自己的陆军和海军,协助雅典参战)。这样,北到黑海沿岸地区和色雷斯,东到小亚细亚西海岸的各个希腊移民城邦,南到爱琴海南部的一些岛屿,西到意大利半岛南部和西西里岛上一些爱奥尼亚人的城邦,都是受雅典影响并同雅典关系密切的地方。更重要的是,雅典势力在这广大区域的影

---

① 参看奥斯汀和维达尔-纳奎:《古希腊经济和社会史导论》,英译本,奥斯汀译,加利福尼亚大学出版社,1977年,第97页。

② 参看同上。

响还不仅限于雅典军力的强大，而在于雅典自从梭伦、庇西特拉图、克利斯提尼直到伯里克利的一系列改革措施和发展经济的措施使雅典实力增强了，以及他们大力推广和促进文化发展的措施，使雅典文化的影响扩大了。① 但在雅典利用了这些改革家创造的机会之后，雅典由于没有对社会分层体系进行激进性的改革，也就不可能再向前推进。② 已经形成的雅典政体，使得那些希望成为有闲暇的、得到国家支持的公民中的精英获得了利益。如果再做进一步的改革，比如说把奴隶融入雅典社会之中，使奴隶不再是奴隶；又如把外邦人变成雅典的公民，使外邦人不再被排除在雅典公民权之外，那么雅典的公民们的利益岂不是受到损失？公民们怎么会同意这么做？③ 雅典改革、经济发展和文化影响扩大之路就此走到了尽头，雅典在希腊世界中的势力的扩张也到此止步。也可以说，雅典对希腊世界中那些受到自己影响的城邦的依靠也就以此为限了。

伯罗奔尼撒战争的结局是雅典惨败，元气大伤。雅典作为一个城邦，总算还保存下来，但已今非昔比。雅典所凭借的上述四个条件，或者说，雅典在伯罗奔尼撒战争之前所具有的四方面的优势都已不再存在。接着，让我们阐述一下雅典惨败后的状况：

1. 雅典社会稳定局面的丧失

在伯里克利执政时期，雅典内部贵族派和平民派之间的矛

---

① 参看高尔德纳：《希腊世界：社会学分析》，哈泼和劳出版公司，纽约，1965年，第152页。

② 参看同上。

③ 参看同上。

第七章 雅典和斯巴达之间的长期战争——伯罗奔尼撒战争 417

盾虽然有所缓解,但并未消失。伯罗奔尼撒战争开始之后,尤其是伯里克利去世后,随着战争的进展和雅典胜负消息的传开,雅典的政坛也起伏不定。平民派领导人指挥下的战事失利了,斯巴达得势了,国内政坛上,贵族派马上就由守势转为攻势,大肆攻击平民派,竭力想把平民派赶下台,自己出来执政。如果有机可乘,贵族派就同斯巴达勾结起来,希望斯巴达帮忙,进入雅典城,自己愿为内应。平民派当然不会退缩,于是就重新聚集力量,夺回大权。这样反复多次,贵族和平民两派的斗争越来越激烈,社会稳定的局面就这样丧失了。

在战争期间,雅典一般公民的生活是十分艰苦的。战乱、斯巴达军队对雅典乡村和集镇的焚烧和破坏、瘟疫,再加上迁居避难,都让一般公民无法过正常生活,贫者更贫。然而富人们财富并未受到大的损失,因为他们经营商业,财产主要在城区。这从他们战争结束后又资助建造战舰,在神庙中捐献雕像的举动可以看出来,这种捐献都可以使他们成为社会名流。[①] 雅典政界的知名人士也懂得自己是离不开财产的,所以有些人就靠经营工商业而积累财富。[②] 相形之下,一般公民的生活状况就十分糟糕了。在色诺芬的《回忆苏格拉底》一书中曾有一段关于雅典一个公民同苏格拉底的对话。那个名叫阿里斯托哈斯的人向苏格拉底诉苦,他说道:

"我有很人的困苦,自从城里发生革命以来,许多人都逃到裴拉伊阿去了。我幸存的姊妹、侄女、表兄弟等很多人都逃到我

---

① 参看斯特劳斯:《伯罗奔尼撒战争后的雅典》,克罗姆·赫尔姆出版公司,伦敦,1986年,第12页。

② 参看同上。

这里来了,现在我家里单是自由人就有十四个,同时,我们从田地里毫无所得,因为都被敌人霸占去了。房子也拿不到租金,因为城里的居民已寥寥无几了,没有人肯买我们的家具,任何地方也借不到钱。"①最后,那个人说:"让自己的亲人死去,对我来说是很痛苦的,但在这种情形下,想要维持这么许多人的生活,我又不可能。"②这两段话可能确实反映了当时雅典一般公民的生活水准比战争以前已大为降低,而生活水准的大大降低,是引起社会动荡的重要原因。

不仅如此,雅典国内之所以政治上比较稳定,一直是靠多年来的改革而建立的民主政制赢得了本国公民的信任和希腊世界其他城邦的推崇的。然而,雅典在民主政治的名义下却发生了不少冤案,使政界精英和有功人士蒙受冤屈,遭到清洗,使不少人对"直接民主"这种形式提出质疑。连罗马共和时代的思想家西塞罗都以雅典的民主政治为戒。西塞罗指出:"雅典人反复无常地并残酷地对待其最卓越的公民的例子确实不少。"③他甚至认为:"雅典人民的绝对权力……变成暴民的狂暴和为所欲为。"④西塞罗笔下的雅典民主政制的情况,实际上描述了伯罗奔尼撒战争期间的真相,这也是雅典许多人已经察觉到的极端民主政制的弊端。

2. 伯里克利执政时期所积蓄的财力已经耗尽

---

① 色诺芬:《回忆苏格拉底》,吴永泉译,商务印书馆,2009 年,第 74 页。
② 同上。
③ 西塞罗:《国家篇》,载西塞罗:《国家篇 法律篇》,沈叔平、苏力译,商务印书馆,2002 年,第 14 页。
④ 同上书,第 37 页。

第七章 雅典和斯巴达之间的长期战争——伯罗奔尼撒战争

正如前面在谈到雅典的"黄金时期"时已经指出的,在伯里克利执政期间,由于改革的推进和经济的发展,手工业、农业和商业都有较明显的增长,雅典的公共财政基础扎实了,税收增加了,赚了钱的富户们捐献的钱财也增多了。雅典政府积蓄的财力达到了空前未有的程度。然而伯罗奔尼撒战争开始后,一切情况都变了。首先,斯巴达在陆军占优势的条件下攻入雅典境内,包围了雅典城区,同时在雅典乡村和集镇大肆破坏,毁庄稼,烧房屋,破坏农田,逼迫乡镇村镇居民大批逃入城区,雅典财产受到极大损失。接着,瘟疫在雅典流行,死者众多,连伯里克利本人也在这场瘟疫中死去。随后,雅典海军先后在西西里战役中和爱琴海海战中惨败,几乎全军覆没,雅典政府不得不一而再、再而三地拨出巨款来重建舰队,甚至雅典城区的金银雕像都拿出来熔化,供重建舰队之用。雅典财政收入的重要来源劳里昂银矿停产了,奴隶大批逃亡。至此,伯里克利执政时期所积蓄的财力已经耗尽。

要知道,雅典在很长时间内,"财政制度的非民用部分主要致力于维持这样一种平衡,即海上力量的'国家目标的财政需求'和家庭的、私人的财富所承受的负担之间的平衡"[1]。这种平衡既有充实军事力量,又有维持社会稳定的任务,因此它是雅典财政部门的目标。然而经过了伯罗奔尼撒战争,这一历来被雅典政府奉行的平衡被打破了。随着雅典的惨败和财源的丧失,雅典的海军组织以及战时战争整个体系都经受着一系列基

---

[1] 加布里埃尔森:"希腊时代的战争和国家",载萨宾、威斯、维特比编:《剑桥希腊罗马战争史》第1卷《希腊、希腊化世界和罗马的兴起》,剑桥大学出版社,2007年,第264页。

本的调整。① 国外提供的财源已经断绝,国内提供的财源也枯竭了,硬通货异常短缺,雅典再也不可能维持一支强大的军队,包括海军和陆军在内。②

这同雅典本身的经济在伯罗奔尼撒战争期间所发生的重大变化有密切关系。简要地说,雅典的财富不再依靠海外,而主要依靠国内;在国内,又主要不再依靠银矿收入和土地,而主要依靠手工业和国内市场,"这种变化在伯罗奔尼撒战争初期就已经开始了"③。自从伯里克利死后,雅典人的财富一般由使用奴隶劳动的手工作坊所组成。这一趋势在公元前4世纪仍继续进行。富裕的雅典公民的财产并非建立在地产之上,而是部分地或整个地依靠着这样一些手工作坊。④

这一变化是逐渐明显的。怎样解释上述情况的发生?不能认为伯罗奔尼撒战争结束以后希腊社会制度已经变更了。希腊依然是城邦制度,雅典同样是城邦制度。但正如本书下一章所要讨论的,城邦制度在整个希腊世界都已陷入危机阶段,只不过危机有深有浅,有重有轻而已。也不能认为希腊经济在性质上已经变得"近代化"了,似乎已经到了以工业(尽管是手工业)为主的"近代阶段"了,因为手工业是不可能把传统经济带入"近代经济"的。同样不能认为这意味着针对经济活动的旧价值判

---

① 参看加布里埃尔森:"希腊时代的战争和国家",载萨宾、威斯、维特比编:《剑桥希腊罗马战争史》第1卷《希腊、希腊化世界和罗马的兴起》,剑桥大学出版社,2007年,第264页。
② 参看同上书,第265页。
③ 奥斯汀和维达尔-纳奎:《古希腊经济和社会史导论》,英译本,奥斯汀译,加利福尼亚大学出版社,1977年,第148页。
④ 参看同上。

断已处于没落之中,而被新的和严格的经济价值的兴起所战胜。应当既看到雅典经济生活中出现了新的情况,又要弄清楚它的限度。①

必须看到,这个时期雅典的势力已经衰落了。这加剧了雅典的粮食供应问题。雅典不得不采取措施来鼓励商人把粮食从境外运入雅典,同时还对外国商人进行保护。② 不仅如此,雅典由于国内经济遭到严重破坏,几乎没有什么能够占领国外市场的出口商品,包括葡萄酒、橄榄油、陶器和其他日常用品等,这样也就交换不到雅典需要的粮食和原材料。③ 此外,劳动力的短缺也是导致雅典经济衰败的原因之一。伯罗奔尼撒战争期间,不仅雅典农业劳动力逃亡,矿山奴隶逃亡,甚至到后来连熟练的工匠也逃亡了。④ 熟练工匠逃往他处的结果,使得雅典难以再生产出可以销往境内外的各种手工制品。⑤ 雅典的金融业虽然还比较兴盛,但大金融业者中不少已是外国人,如腓尼基人等。⑥

财政越来越困难了。伯罗奔尼撒战争正是在雅典财政日益紧张之际继续进行的。早在伯罗奔尼撒战争结束之前9年,即

---

① 参看奥斯汀和维达尔-纳奎:《古希腊经济和社会史导论》,英译本,奥斯汀译,加利福尼亚大学出版社,1977年,第149页。
② 参看同上。
③ 参看罗斯托夫采夫:《希腊化世界社会经济史》第1卷,克莱伦顿出版公司,牛津,1941年,第90—92页。
④ 参看斯特劳斯:《伯罗奔尼撒战争后的雅典》,克罗姆·赫尔姆出版公司,伦敦,1986年,第47页。
⑤ 参看同上书,第47—48页。
⑥ 参看奥姆斯特德:《波斯帝国史》,李铁匠、顾国梅译,上海三联书店,2010年,第479页。

公元前413年,雅典为了增加财政收入,对一切经过雅典控制海港的商业往来开征5%的贸易税。[1] 可是到了再晚一些时候,小亚细亚的希腊移民城市本来是可以向雅典提供税收的,却成了波斯帝国的税源之一。[2] 这使得波斯帝国重新得到了贸易机会,这是失败和衰落的雅典让给波斯帝国的大好机会。[3]

3. 雅典既已丧失海军优势,毫无疑问地也就失去了在希腊世界的称霸资格

海军对雅典是至关重要的。从求生存和自保的角度看,如果雅典没有一支强大的舰队,来自黑海沿岸地区和北非的粮食供应是无法保证的;雅典同小亚细亚希腊移民城市和地中海其他地区的贸易往来也会受制于其他国家。而从扩张的角度来看,扩张,尤其是海外的扩张,必须有强大的舰队作为依靠,否则雅典只能局限于阿提卡半岛一带。因此,把海军优势视为雅典生命线的卫士这一说法,绝对不是夸大其辞。

然而,伯罗奔尼撒战争后雅典地位一落千丈。根据和约规定,雅典只准保留12艘舰只,雅典还不得不追随斯巴达行事。雅典什么都缺,缺钱财,缺劳动力,缺兵源,缺船只。[4] 但同样短缺的是领导人才,包括军事方面的领导人才和政治方面的领导人才。伯罗奔尼撒战争第二阶段,雅典领导人才的损失格外严重。西西里岛战役的惨败,使雅典损失了一些最有作战经验和

---

[1] 参看奥斯汀和维达尔-纳奎:《古希腊经济和社会史导论》,英译本,奥斯汀译,加利福尼亚大学出版社,1977年,第122页。

[2] 参看奥姆斯特德:《波斯帝国史》,李铁匠、顾国梅译,上海三联书店,2010年,第480页。

[3] 参看同上。

[4] 参看卡甘:《雅典帝国的衰落》,康奈尔大学出版社,1987年,第4页。

第七章 雅典和斯巴达之间的长期战争——伯罗奔尼撒战争

最有才干的将军:有的被俘虏了,有的战死在疆场,有的陷于冤案而被判死刑,有的被放逐。雅典也没有可以带领雅典人走出困境的并再现辉煌的政治领袖人物。① 这或许是最具有关键意义的一点。

4. 曾经跟随雅典的希腊世界的盟友相继离雅典而去,雅典成了孤零零的一个城邦

在雅典极盛时期,希腊境内境外大约有二百多个城邦加入了雅典领导并牢牢控制的提洛同盟。伯罗奔尼撒战争期间,斯巴达几度出兵横扫希腊北部和中部,不少原来依附雅典的城邦,背叛雅典,转而投靠斯巴达。到伯罗奔尼撒战争结束,和约规定解散提洛同盟之时,雅典实际上已经没有盟邦了。同雅典关系一度十分密切并且加入过提洛同盟的拜占庭城邦,在经历伯罗奔尼撒战争之后,两度举行过反对雅典的起义,终于脱离了雅典,这就是一个例证。②

雅典战争后,斯巴达对雅典多少留有余地,它承认雅典依然是一个独立城邦,允许雅典继续存在,"只是剥夺了雅典的海外属地,削弱了雅典的舰队,一切到此为止"③。但雅典从这时起,即使城邦被保留了,至多也不过是二流城邦而已。何况在和约中还规定,今后如果斯巴达同外邦交战,雅典应当给斯巴达以支持,这就等于把雅典拴在斯巴达战车的后面了。这一切印证了

---

① 参看卡甘:《雅典帝国的衰落》,康奈尔大学出版社,1987年,第4页。
② 参看乌特琴科主编:《世界通史》第2卷上册,北京编译社译,三联书店,1960年,第75页。
③ 汉密尔顿:《希腊的回声》,曹博译,华夏出版社,2008年,第24页。

一句外交箴言:"无永久之友,亦无永久之敌。"①

解散提洛同盟这件事,即使只从雅典财政的角来分析,对雅典的打击也是非常沉重的。"在提洛同盟时期,雅典国家财政收入的主要来源,从而给予雅典公民各种福利的主要来源,都来自雅典同盟城邦缴纳的年贡。这笔年贡最初固定为460塔伦特,公元前453年前后,积存的剩余大约有3,000塔伦特之多。"②伯罗奔尼撒战争中,雅典失败了,雅典多年积累下来财政积余花光了,提洛同盟不再存在了,提洛同盟成员国的年贡取消了,于是雅典国家财政收入只好依靠税收的增加。③ 税收增加的结果,既引起雅典富人的不满,也加重了雅典穷人的负担,尤其是因为富人总是设法把税负转嫁给穷人,从而使得贫富之间的紧张关系更为突出。④ 这正是导致雅典政局动荡和社会冲突加剧的重要原因之一。

从以上的分析可以清楚地看到,伯罗奔尼撒战争结束和提洛同盟解散之后,雅典怎能不丢掉昔日的霸主地位呢?当年的辉煌不可能再出现了,这就是雅典自毁自辱的结果。

二、斯巴达并非真正的赢家

从伯罗奔尼撒战争的结局来看,雅典既已失去了原来的海上帝国的地位,斯巴达成了希腊世界的霸主,所以在斯巴达人看

---

① 孙道天:《古希腊历史遗产》,上海辞书出版社,2004年,第123页。
② 高尔德纳:《希腊世界:社会学分析》,哈泼和劳出版公司,纽约,1965年,第142页。塔伦特是希腊古代的一种价值单位,1个塔伦特等于6,000个德拉克玛。(参看王同亿主编译:《英汉辞海》下,国防工业出版社,1987年,第5378页)
③ 参看同上。
④ 参看同上书,第142—143页。

第七章 雅典和斯巴达之间的长期战争——伯罗奔尼撒战争

来,称霸地中海的宿愿达到了。据说,当时的斯巴达充满了希望,以为自己从此就是希腊世界的统治者了。① 果真如此吗? 斯巴达真的成为唯一的赢家吗? 未必如此。历史是无情的,历史证明了斯巴达的衰落接踵而来。伯罗奔尼撒战争导致斯巴达社会经济加速变化,远不是当初为战争胜利而欢呼的斯巴达人所能料到的。②

伯罗奔尼撒战争中没有真正的赢家。这不仅是雅典的自毁,而且是整个希腊世界的自毁,其中包括斯巴达。战后,从表面上看,"斯巴达代雅典而取得希腊霸主的地位。但是斯巴达的霸权是不能持久的。不论在经济、政治和文化上,它都不能领导希腊"③。为什么会这样? 因为斯巴达的政治体制、经济体制以及它所执行的高压政策,是强加于希腊各个城邦的,许多城邦不服,不满,随时准备摆脱斯巴达的控制。④

从斯巴达的国内形势分析,伯罗奔尼撒战争期间,斯巴达为了确保这场战争的胜利,竭力扩充军队,新建舰队,于是需要筹集军费。筹集军费的主要途径有二:一是在攻占原来依附于雅典的各个城邦时,肆意劫掠财产,洗劫居民区,绑架人质,等待对方家属交付赎金来赎回人身;二是增加了对农民的征敛,对"边民"及其经营的手工业和商业加重了税负,而对于黑劳士则更加扩大了压榨范围。结果,一方面,斯巴达同所占领的城邦的对立情绪一直无法缓解,斯巴达在那里的统治基础极不稳固;另一

---

① 参看卡甘:《雅典帝国的衰落》,康奈尔大学出版社,1987年,第11页。
② 参看同上。
③ 吴于廑:《古代的希腊和罗马》,三联书店,2008年,第70页。
④ 参看同上书,第70—71页。

方面,斯巴达国内的社会矛盾激化了,农民不满,"边民"不满,黑劳士反抗更为激烈。有的村落,黑劳士暴动,斯巴达不得不派军队去镇压反叛者,这又引起黑劳士逃亡,斯巴达军队到处搜捕逃亡者,耗费巨大,收效并不显著。

特别要指出的是,斯巴达"把已经过了时的寡头贵族政治强加在许多希腊城邦的头上"[1]。在这些被占领的城邦中,无论是富人还是穷人对斯巴达的怨恨都有增无减。除了少数勾结斯巴达的贵族甘心充当帮凶或傀儡而外,大多数人慑于斯巴达的暴力,一时还不敢公开反抗,但都是伺机而动,只要外界形势发生变化了,他们就会响应,直接抗拒斯巴达军队的占领。

斯巴达国内能够参军作战的成年男性公民人数本来就不多,伯罗奔尼撒战争爆发后,斯巴达已经明显感到兵力不足。"公元前425年,斯巴达重步兵的60%左右的成员并不是有完全公民权利的成员所组成,而是由公民权利大大受限制的边远社区的居民即皮里阿西人组成。"[2]除"边民"参军而外,"斯巴达人也把数以千计的自己的农奴用做重步兵,他们使这些人最后成为'新公民',但仍然只有有限的政治权利"[3]。这里所说的"农奴"就是黑劳士,所谓"新公民"也就是解放了的黑劳士。[4]

除此以外,正如前面已经指出的,伯罗奔尼撒战争时期斯巴达招募了雇佣军作战。

---

[1] 吴于廑:《古代的希腊和罗马》,三联书店,2008年,第70页。
[2] 威斯:"希腊时代的战争和社会",载萨宾、威斯、维特比编:《剑桥希腊罗马战争史》第1卷《希腊、希腊化世界和罗马的兴起》,剑桥大学出版社,2007年,第277页。
[3] 同上。
[4] 参看同上书,附录,第539页。

第七章 雅典和斯巴达之间的长期战争——伯罗奔尼撒战争

正因为斯巴达兵力不足,当它占领了不少希腊城邦时,自己无法直接统治,最后不得不把所占领的城邦转交给当地亲斯巴达的贵族来治理,斯巴达只留下少数军队,负监督之责。所以只要当地反斯巴达的势力增大了,斯巴达军队就撤走了,当地亲斯巴达的贵族也逃亡了,斯巴达一度占领的城邦立即恢复独立。

伯罗奔尼撒战争期间,斯巴达国内土地兼并加速进行,失去土地的农民人数越来越多,土地私有化过程已明朗化,斯巴达历来实行的氏族土地共有和按户分配份地的制度难以继续存在。这使得斯巴达社会上贵族和平民在土地问题上的分歧扩大了。平民要求重新分配份地,贵族主张保留现状,但贵族又不敢公开提出"保留现状"的方案,因为平民人多,贵族控制下的兵力不足,所以问题就一直僵持着、内耗着。斯巴达国力的衰落正是从伯罗奔尼撒战争开始的,[①]一个重要原因就是斯巴达人力资源枯竭了。[②] 前面曾提到,斯巴达军队过去之所以具有战斗力,除了重视青少年军事训练而外,还因为这个农业城邦一直把兵农合一当作坚持不渝的政策。现在,拥有土地的农民人数减少了,兵士和份地之间的联系不紧密了,为氏族土地共有和自己那一块份地而战的精神消失了,斯巴达军队强盛的基础何在呢?很难有准确的答案。那么,斯巴达作为霸主的地位又能维持多久呢?

雇佣兵在斯巴达的地位越来越重要。如果缺少了雇佣兵,斯巴达军队显然不够应用。这些雇佣兵来自希腊其他城邦,他

[①] 参看霍金森:"战争、财富和斯巴达社会的危机",载里奇和谢普莱编:《希腊世界的战争和社会》,鲁特莱奇出版公司,伦敦,1993年,第146页。

[②] 参看同上书,第148—149页。

们为薪酬而来为斯巴达效力。① 由于他们以当兵打仗为职业，斯巴达看中这些雇佣兵，无非是看中他们擅长打仗，有较高的军事技能。② 但他们同斯巴达的土地是没有联系的。他们会像斯巴达的公民军队那样不顾性命而战斗吗？在形势不利时，能保证他们不愿倒戈吗？甚至是在雇佣兵首领带领下集体倒戈吗？谁也没有把握。伯罗奔尼撒战争结束以后，斯巴达在对外战争中一再失利，与雇佣兵在战争中的作用越来越大不是没有关系的。③

雇佣兵的使用和雇佣兵在斯巴达对外战争中的作用越来越大，对斯巴达社会风气变坏的影响不可低估。斯巴达人清楚地看到，既然打仗是靠那些为获得薪酬而效力卖命的来自外邦的雇佣兵进行的，斯巴达公民参军又有什么光荣之处呢？公民们难道要向雇佣兵学习吗？对社会风气败坏的另一个影响是斯巴达对所占领的希腊北部和中部其他城邦的控制。这些城邦的领导人大多数是当地亲斯巴达的贵族，他们或者慑于斯巴达的威势，或者为了巴结斯巴达的驻军将领，无不向斯巴达朝中官员和派驻当地的监督者、将领、军官等行贿送礼。这种贪污受贿的官场习惯，大大破坏了斯巴达的传统，也使斯巴达社会风气发生了转变：由简朴的社会风气渐渐转变为奢靡和追求生活享受，很少人愿意再过从去那种刻板的、纪律严格的、朴素的生活了。斯巴

---

① 参看伦东："希腊化世界和罗马共和国时代的战争和社会"，载萨宾、威斯、维特比编：《剑桥希腊罗马战争史》第1卷《希腊、希腊化世界和罗马的兴起》，剑桥大学出版社，2007年，第503页。

② 参看同上。

③ 参看同上。

达原来规定只准使用铁币,禁止金银输入,后来这些规定都被废止。① 斯巴达人现在也知道金银的价值了,他们变得和希腊其他城邦一模一样。但铁币仍在民间使用,大概一直延续到亚历山大时代。② 其实,即使在只准使用铁币的时期,斯巴达的一些富人就知道采取各种方式来避开法律规定,比如储存外国钱币,放在其他希腊城邦。③

在斯巴达国内,土地兼并行为越来越普遍,大田庄的规模越来越大,而失去土地的小农不仅生活没有着落,或流落他乡,或充当大地主的雇工,而且连公民权也丢掉了。这是因为,自从斯巴达城邦建立以来,尽管到了伯罗奔尼撒战争结束后,氏族社会的传统和习惯有些已经变化了,但有一条规定一直未变,这就是:只有公民才能拥有土地,凡是失去土地的人就不再被承认是公民了。

在这里,还应当补充的是,即在斯巴达获得对雅典的决定性胜利之后,大量黄金和白银流进了斯巴达,从而对斯巴达的社会和经济发生了重大影响。④ 这些金银流进斯巴达之后,不仅使斯巴达从此可以大批使用雇佣军,使斯巴达公民军队不再像过去那样在作战中起主要作用,而且也使斯巴达的官员和富人从

---

① 参看乌特琴科主编:《世界通史》第2卷上册,北京编译社译,三联书店,1960年,第72页。

② 参看茹贵:《亚历山大大帝和希腊化世界》,英译本,道比译,阿里斯出版公司,芝加哥,1985年,第197页。

③ 同上。

④ 参看霍金森:"战争、财富和斯巴达社会的危机",载里奇和谢普莱编:《希腊世界的战争和社会》,鲁特莱奇出版公司,伦敦,1993年,第150页。

国外购买各种奢侈品。① 斯巴达传统的节俭风气消失了。斯巴达的军事指挥官们把搜括战利品视为自己致富和过上享乐生活的一条门路,于是他们更加热衷于对外战争。②

在希腊世界,伯罗奔尼撒战争之后,雅典既已衰落,斯巴达自认已无对手,实际上也如此,因为没有一个希腊城邦能够同斯巴达平起平坐。但在希腊世界之外,波斯帝国始终不愿意放弃控制希腊本土的野心,它总在等待时机,卷土重来。在伯罗奔尼撒战争的晚期,尽管雅典大势已去,但海军还保持一定实力,波斯乘此机会帮助斯巴达建立一支可以同雅典舰队一决胜负的舰队。斯巴达舰队终于在爱琴海海战中击败了雅典舰队,使雅典受到重创。斯巴达海军进而封锁了雅典的海上通道,断绝了雅典的粮食供给,迫使雅典乞和。波斯帝国原来准备在雅典战败后乘势再做进一步侵入希腊本土的布置。但公元前401年,即伯罗奔尼撒战争结束后不久,波斯帝国发生内乱。

按照色诺芬在《长征记》一书中所述,公元前405年,波斯国王阿尔塔薛西斯二世因听信谗言,认为其弟小居鲁士反对自己,便予以拘禁,甚至还想处死他,"但是母后为他说情,便又把他派回原省。小居鲁士这样遭受屈辱,回去之后便开始盘算不再受他哥哥的权力控制,在可能时就取王位而代之"③。另有一种说法,即小居鲁士本来指望其父王会指定他为王位继承人,一是因为他是王后的宠儿,二是因为他是父王即位后出生的,于是

---

① 参看霍金森:"战争、财富和斯巴达社会的危机",载里奇和谢普莱编:《希腊世界的战争和社会》,鲁特莱奇出版公司,伦敦,1993年,第150页。
② 参看同上书,第151—152页。
③ 色诺芬:《长征记》,崔金戎译,商务印书馆,2009年,第1页。

早就有夺位的念头。① 不管小居鲁士出于何种动机,他终于在公元前403年举兵反叛。这时,斯巴达错估了波斯国内政治形势,认为小居鲁士会胜利,便支持小居鲁士夺权,并为他在小亚细亚等地的希腊人中招募了一支军队,供小居鲁士使用。这支希腊人雇佣军大约有13,000人,他们都是因伯罗奔尼撒战争结束后被遣散而失去薪酬的冒险之徒。② 斯巴达看好小居鲁士并援助他,也不是没有根据的。据色诺芬在《经济论》中所述:"如果居鲁士还活着,他似乎一定会成为一个杰出的统治者。"③ 证据之一是:在小居鲁士带领手下的兵士"去和他的兄长争夺王位的路途中,据说没有一个人从他那里跑到国王那里去,而却有成千上万的人从国王那里跑到他这边来"④。从当时的形势来看,优势仍在国王阿尔塔薛西斯二世一边,这是因为,对波斯人而言,"小居鲁士就是一个最无耻的卖国贼。他和宿敌希腊人一起进攻帝国,而且是在帝国极端困难之时发动了进攻"⑤。结果,居鲁士兵败被杀,他的头和右手被砍掉。⑥ 小居鲁士的军队溃败,波斯国王的军队掠到了大量财物,小居鲁士的一名侍妾也被俘虏,但她逃脱了,希腊雇佣军解救了她。⑦ 希腊雇佣军在已

---

① 参看布朗森:色诺芬著《长征记》一书英译本序言,载色诺芬:《长征记》,崔金戎译,商务印书馆,2009年,第2页。
② 参看奥姆斯特德:《波斯帝国史》,李铁匠、顾国梅译,上海三联书店,2010年,第451页。
③ 色诺芬:《经济论》,载色诺芬:《经济论 雅典的收入》,张伯健、陆大年译,商务印书馆,2009年,第16页。
④ 同上。
⑤ 奥姆斯特德:《波斯帝国史》,李铁匠、顾国梅译,上海三联书店,2010年,第451页。
⑥ 参看色诺芬:《长征记》,崔金戎译,商务印书馆,2009年,第30、34页。
⑦ 参看同上书,第34页。

获胜的国王军队攻击下,转而向巴比伦内地进军,接着又辗转到小亚细亚和亚美尼亚山区,最终转移到黑海南岸,这支军队一路上轻而易举地击败比他们多几倍的波斯军,终于安全回师。①

这支希腊雇佣军安全回师的消息被斯巴达新国王阿格西劳斯获悉后,他认为波斯帝国军队并不像想象中那么强大,以为可以乘波斯国王阿尔塔薛西斯二世刚平定小居鲁士叛乱之际,扩大自己在小亚细亚的势力范围。公元前396年,他获得了政府授予的亚洲最高指挥权。一场对波斯帝国的进攻开始了。② 波斯国王阿尔塔薛西斯二世认为,斯巴达支持过小居鲁士叛变,旧恨未清,现在又主动攻击波斯在小亚细亚的驻军,旧账新账一起算,于是立刻派使者带着黄金前往雅典和底比斯两个城邦,请它们同波斯帝国一起同斯巴达作战。雅典由于伯罗奔尼撒战争中遭斯巴达击败,一直受斯巴达的欺压,心中不甘,认为波斯帝国的主动示好是一个复仇的良机。底比斯也因斯巴达横扫希腊北部和中部之后受斯巴达军队占领,接着斯巴达扶植底比斯贵族派上台,所以平民派想借波斯帝国的力量把斯巴达人赶走,把亲斯巴达的贵族派赶下台。这样,波斯—雅典—底比斯的同盟形成了。

雅典这时尤其积极。它撕毁了公元前404年被迫同斯巴

---

① 色诺芬《长征记》一书的英译者布朗芬认为,色诺芬对这支希腊雇佣军的记述对后来亚历山大东征起了鼓励作用,因为这表明波斯军队是可以战胜的,波斯帝国内部是空虚的。(参看色诺芬:《长征记》,崔金戎译,商务印书馆,2009年,英译本序言,第4页)

② 参看卡特利奇:《斯巴达人:一部英雄的史诗》,梁建东、章颜译,上海三联书店,2010年,第188页。

达签订的带屈辱性的和约,而同波斯帝国恢复了正常关系。①雅典在底比斯和波斯帝国的协助下,同斯巴达再度开战。斯巴达国王阿格西劳斯匆忙把派往亚洲的海陆军召回,应付雅典的攻击,但在海战中,雅典和波斯帝国的联合舰队大败斯巴达舰队,斯巴达海军元气大伤,从而结束了斯巴达保持了仅有10年的海上霸权。雅典在波斯帝国的资助下,重新修造了雅典的"长墙",以巩固雅典的城防。小亚细亚的希腊移民城邦一看形势大变,纷纷摆脱了对斯巴达的依赖,倒向雅典一边,于是"雅典的帝国梦又开始复活了"②。

雅典不可能忘却昔日的辉煌,力图恢复伯罗奔尼撒战争之前的"雅典帝国"。于是雅典又大肆扩充军队,使雅典的海军又恢复过去的战斗力。雅典终于再度成为希腊一些亲雅典或惧怕雅典的城邦的领导者,以雅典为首的城邦同盟也再度形成,共同的目标就是同斯巴达对抗。③ 雅典国际地位的变化,导致了所谓"第二雅典帝国"的说法。④ 实际上"第二雅典帝国"是不存在的。当时地中海东岸地区和南岸的东部地区,波斯帝国依然是一个庞大的国家,它是不会听任雅典继续壮大和扩张的。所谓"第二雅典帝国"至多只是一些雅典人的自我陶醉而已。最重要的是,雅典的经济始终没有恢复到伯罗奔尼撒战争之前的状况,雅典的公共财富已经耗尽了。⑤ 雅典有什么财力可以使

---

① 参看奥姆斯特德:《波斯帝国史》,李铁匠、顾国梅译,上海三联书店,2010年,第465—466页。
② 同上书,第466页。
③ 参看卡甘:《雅典帝国的衰落》,康奈尔大学出版社,1987年,第413页。
④ 参看同上。
⑤ 参看同上书,第415页。

自己再度成为一个"帝国"呢?

不管怎么说,斯巴达从此一直在走下坡路。当时有人曾打过一个比喻:斯巴达人像一群马蜂,斯巴达本身是一个大马蜂窝,当这些马蜂飞离马蜂窝,到处乱飞时,人们很难对付这些会攻击人的带翅膀的动物。怎么办呢? 只有在马蜂离开其家乡之前就把火烧到马蜂窝上去,端掉马蜂窝。① 现在,斯巴达人被打败了,他们从各地撤回斯巴达本土,看来战火已烧近他们的马蜂窝了。斯巴达不得不派出使者前往波斯,要求修好,并主动提出要把希腊在小亚细亚的移民城市割让给波斯,请求波斯帮助维持希腊本土的和平,也就是保持现状,制止雅典、底比斯军队侵入伯罗奔尼撒半岛。斯巴达向波斯提出的这一屈辱性的请求是在估计到自己军事力量已经衰落的条件下做出的。"斯巴达立场这种180度的大转变,彻底暴露了它以前宣扬'解放'小亚细亚城市的伪善。"②小亚细亚的希腊移民城市在斯巴达海军大败后,已经倒向雅典一边,现在又被斯巴达割让给波斯帝国了,雅典对此无可奈何,正如当时的雅典人所说的:"雅典还没有强大到足以用其自己的资源赢回以前的帝国。"③

公元前386年年初,在波斯国王阿尔塔薛西斯二世策划下,希腊各个城邦的代表聚集在萨迪斯岛,宣谈了和约。这个和约通常被称作"国王的和约",它是口授的。口授的内容如下:"阿

---

① 参看弗格森:《希腊帝国主义》,晏绍祥译,上海三联书店,2005年,第50—51页。

② 奥姆斯特德:《波斯帝国史》,李铁匠、顾国梅译,上海三联书店,2010年,第466页。

③ 参看同上书,第467页。

第七章 雅典和斯巴达之间的长期战争——伯罗奔尼撒战争

尔塔薛西斯王认为,所有亚细亚的城市,连同塞浦路斯和克拉佐曼纳属于阿尔塔薛西斯是合乎正义的。希腊其他城市,除利姆诺斯、伊姆布罗斯岛、希罗斯像昔时一样由雅典统治之外,无论大小一律自治。凡不接受该和约者,朕将与朕的支持者一起,从陆路和海路,以舰队和金钱进攻他们。"[1]雅典只好接受了这个和约,不仅国内抗议不绝,而且在国外"也蒙上了不好的名声,因为它为了一己的私利,破坏了自治的普遍原则"[2]。

从这个意义上说,伯罗奔尼撒战争的结果,正如所谓的"国王的和约"所表明的,雅典是输家,斯巴达也不是真正的赢家,"实际上是两败俱伤"[3]。对斯巴达来说,损兵折将,占领的土地尽丢失了,这还不算。更为严重的是:由于黑劳士暴动不止,斯巴达穷于应付,到了"公元前370年或前369年,黑劳士最终通过起义得到了政治上和人身上的完全自由"[4]。黑劳士在斯巴达处境的好转,主要是黑劳士自己多年奋斗而争取实现的。波斯希腊战争期间、伯罗奔尼撒战争期间,黑劳士应召入伍,以鲜血和生命换得了解放。这是斯巴达不得不许诺给黑劳士以自由的前提。黑劳士在公元前4世纪的坚持自由的斗争,迫使斯巴达兑现上述承诺。此外,其他城邦,尤其是雅典,对黑劳士的同情也给斯巴达巨大压力。他们全都认为,既然黑劳士不是蛮族,而是希腊人,那么斯巴达为什么要奴役他们呢?在这种情况下,

---

[1] 奥姆斯特德:《波斯帝国史》,李铁匠、顾国梅译,上海三联书店,2010年,第473页。
[2] 同上书,第474页。
[3] 陈志强:《巴尔干古代史》,中华书局,2007年,第71页。
[4] 卡特利奇:《斯巴达人:一部英雄的史诗》,梁建东、章颜译,上海三联书店,2010年,第52页。

斯巴达已经不可能像过去那样对待黑劳士了,黑劳士的处境才有了转机。

至于最早卷入这场战争的科林斯,同样没有得到实际的利益。科林斯在战争中也遭受重大损失。科林斯人经历了苦难,到后来,大多数科林斯人都渴望和平。① 加之,在战争期间,科林斯日益受到兵力强大的斯巴达的控制,科林斯人对这种情况越来越不满,他们不愿依附于斯巴达,对科林斯城邦当局不顾民意和独断独行的愤怒加剧了,他们要求在科林斯建立民主政体。② 因此,在伯罗奔尼撒战争结束后不久,科林斯发生了革命,也就是科林斯平民派同亲斯巴达的贵族寡头派之间的战争,自此以后,政局动荡不已。③

那么,伯罗奔尼撒战争使谁得到的好处最多,是波斯帝国。伯罗奔尼撒战争开始之前不久,希波战争第二阶段刚结束,波斯帝国受到重创。但是,"仅仅一代的时光,马拉松的光荣已完全消逝了;希腊大陆的城邦在名义上保持了自由,但是事实上是在波斯王国的势力控制之下。所有希腊城邦均将斯巴达视为叛徒,盼望着他国将它消灭"④。

三、底比斯的短暂兴盛和迅速衰落

底比斯位于雅典以北的希腊中部地区,也是爱奥尼亚人所

---

① 参看萨尔蒙:《富裕的科林斯:公元前338年以前的城市史》,克莱伦顿出版公司,牛津,1984年,第354页。
② 参看同上书,第355页。
③ 参看同上书,第356—357页。
④ 杜兰:《世界文明史》第2卷《希腊的生活》,幼狮文化公司译,东方出版社,1998年,第339页。

第七章 雅典和斯巴达之间的长期战争——伯罗奔尼撒战争

建的城邦。但长期以来,除了地势险要,一直是陆路通往希腊北部道路上的要点,此外,就没有什么特别的地方,也没有什么名气。由于底比斯和雅典都由爱奥尼亚人所建,所以两个城邦的关系总的说来,还算融洽,只是底比斯看到自梭伦以后雅典日益强大,心有戒惧,所以也同斯巴达保持较好的关系。

底比斯城邦内部,同希腊大多数城邦一样,多年内形成了平民派和贵族派相争的格局。平民派更多地倾向雅典,贵族派更多地倾向斯巴达,但无论哪一个派别,都以底比斯的利益为重。伯罗奔尼撒战争爆发以后,斯巴达攻势凌厉,围攻雅典城邦,并直驱希腊中部和北部,控制了当地一些城邦,雅典势力大减,采取守势。在这种态势之下,底比斯"过去因怕南邻雅典强大,所以在伯罗奔尼撒战争中积极帮助斯巴达,现在雅典的威胁已不存在,反倒换来了斯巴达的欺压"[①],于是大多数底比斯人忿忿不平,准备反抗。只是因为伯罗奔尼撒战争后期和战争结束之后,斯巴达成了希腊世界的最强大城邦,底比斯想挣脱斯巴达控制的愿望难以实现。何况底比斯城邦这时的领导人都是一批亲斯巴达的本地贵族,他们在斯巴达的庇护下采取压制平民的政策,斯巴达在底比斯还有驻军,大多数底比斯人不敢大肆反抗,只有等待时机再动。

时机果然很快就来了。正如本章上一节已经提到的,斯巴达对波斯帝国宫廷之争中树立叛旗的王子小居鲁士的支持,以及斯巴达在小亚细亚的扩张行径引起了波斯国王阿尔塔薛西斯二世的愤怒,波斯决心惩罚斯巴达而联合雅典和底比斯一起同

---

① 孙道天:《古希腊历史遗产》,上海辞书出版社,2004年,第123页。

斯巴达开战,斯巴达的海军被击溃了,陆军退缩于伯罗奔尼撒半岛。底比斯人推翻了本国亲斯巴达的贵族政府。底比斯决心向斯巴达进行进一步的报复。

公元前386年,波斯国王强加于希腊各个城邦的"国王的和约"被希腊各个城邦接受了,斯巴达以为这样一来不会受到雅典的攻击了。雅典慑于波斯帝国的压力,还不敢公然侵入斯巴达。但底比斯在推翻亲斯巴达的贵族政权之后新当选(公元前379年)的彼洛比达斯领导下,却始终准备进攻斯巴达。底比斯和斯巴达之间的决战已不可避免。斯巴达尽管被雅典和波斯的联军击败了,但"国王的和约"不是被希腊各个城邦接受了吗?一旦底比斯动手攻打斯巴达,波斯帝国会撒手不管吗?何况战事可能在伯罗奔尼撒半岛进行,地理形势不是正有利于斯巴达而不利于底比斯吗?希腊其他城邦都幸灾乐祸地处于观战状态,它们相信斯巴达会赢得战争,认为将目睹底比斯战败,从而分裂为若干村庄,或从希腊城邦的名单中被抹掉。[1] 然而,事情的发展出乎这些希腊城邦的预料:底比斯大获全胜,斯巴达失败了。

这同底比斯涌现出来的杰出统帅伊巴密浓达有关。伊巴密浓达出身于底比斯一个曾经显赫而后来衰落的贵族世家。他先协助彼洛比达斯训练军队,后来率军作战。在他的训练之下,底比斯军队成为一支精良的、勇敢善战的军队。底比斯这支军队,被称为"圣队",[2]它创建于公元前378年,其中300人的骨干是精心挑选出来的,整日进行专职训练,而且两人结成一对,一起

---

[1] 参看伯里和梅吉斯:《希腊史(到亚历山大大帝去世)》,第4版(修订版),圣马丁出版社,纽约,1975年,第367页。
[2] 参看戴维斯:《民主和古典希腊》,斯坦福大学出版社,1978年,第200页。

第七章 雅典和斯巴达之间的长期战争——伯罗奔尼撒战争

行动,使他们具有像秘密团体那样的凝聚力。[①] 正是凭着这些情绪化的士兵,底比斯军队的战斗力大大提高了。[②] 以方阵列队是它作战的特色。公元前371年,伊巴密浓达率新组成的方阵军,同斯巴达军队开战。底比斯军以少胜多,大败斯巴达。这次战役,是斯巴达军队先挑起的。斯巴达国王克列欧姆布洛托斯亲自率兵,在留克特拉发起攻击,底比斯军迎战。史称留克特拉战役。

留克特拉战役中,斯巴达国王克列欧姆布洛托斯战死疆场,死亡的公民战士达400人之多,而当时"斯巴达的成年公民人数总共已经不到1000名了"[③],兵源严重短缺之下竟有公民400人阵亡,所以"这次战败对斯巴达人的士气、民心造成了巨大的冲击"[④],以至于斯巴达无法再对"那些在留克特拉战役中临阵脱逃或表现胆怯的斯巴达人施行通常的惩罚"[⑤]。

留克特拉战役后,底比斯军队乘胜进入伯罗奔尼撒半岛,占领了不少地方,并支持某些城邦脱离斯巴达。公元前362年,伊巴密浓达在斯巴达境内再一次大败斯巴达军队,并引发了斯巴达境内的黑劳士大规模暴动。黑劳士以前曾多次举行过反斯巴达的暴动,但从来没有像这一次那么浩大的规模,因为这一次是底比斯人攻入了斯巴达境内,横穿斯巴达的城镇。斯巴达这次

[①] 参看戴维斯:《民主和古典希腊》,斯坦福大学出版社,1978年,第200页。
[②] 参看同上。
[③] 卡特利奇:《斯巴达人:一部英雄的史诗》,梁建东、章颜译,上海三联书店,2010年,第204页。
[④] 同上。
[⑤] 同上。

"十分耻辱的失败标志着斯巴达繁荣昌盛时期的结束"①。这是黑劳士摆脱斯巴达人奴役的最好机会,黑劳士"抓住这个良机揭竿而起,反对他们可恨的主人,并在底比斯人的保护下建立了一个独立的城邦"②。

在底比斯军队两次击败斯巴达军队之后,成立已多年的、由斯巴达领导的伯罗奔尼撒同盟也终于解散。斯巴达的霸主地位再也不可能恢复了。希腊其他城邦都高兴地看到斯巴达霸主地位的丧失,因为它们始终不肯原谅斯巴达对波斯帝国的屈从并以"国王的和约"使希腊人移民城市成为奉献波斯帝国的贡礼而蒙羞的历史事实。

底比斯军队不愿长期停留在伯罗奔尼撒半岛上。伊巴密浓达考虑到伯罗奔尼撒半岛的政治格局已经发生了翻天覆地的变化:有的城邦,如阿果斯加入了底比斯一方,并同斯巴达作过战;③又如科林斯,宁愿保持中立,实际上不愿得罪底比斯。④ 再有,斯巴达军以往一直凭勇敢和纪律作战,而不懂得军队作战方式的创新和适应性,它两次败给底比斯都不是偶然的。⑤ 这表明斯巴达很难恢复以往的战斗力了,底比斯有什么可担心呢?

更重要的是,伊巴密浓达认为底比斯军队已足够强大,斯巴达既已衰落和退缩,他把下一步进攻的重点转移到雅典。只要

---

① 阿克罗伊德:《古代希腊》,冷杉、冷枞译,三联书店,2007年,第97页。
② 同上。
③ 参看伯里和梅吉斯:《希腊史(到亚历山大大帝去世)》,第4版(修订版),圣马丁出版社,纽约,1975年,第375页。
④ 参看同上。
⑤ 参看阿希莱:《马其顿帝国:菲利普二世和亚历山大大帝的战争年代,公元前359—前323年》,麦克法兰出版公司,伦敦,1998年,第67页。

战胜雅典,底比斯就可以成为号令希腊世界的新霸主和唯一的霸主了。① 这正是伊巴密浓达的真正想法。

然而,底比斯的政治经济基础是脆弱的。"底比斯根本不是一个经济发展的城邦,它的民主派没有像雅典那样富有的工商阶层做支柱。"②换言之,"在社会基础上,伊巴密浓达所领导的民主派是薄弱的。虽然在初起的时候,它有一支由农民组织的斗志旺盛的陆军,但这个军事力量并不能持久"③。这显然使得底比斯没有实力代替雅典成为希腊的领袖。

希腊本土的形势变化莫测。形势的变化并不符合底比斯称霸希腊世界的意图,反而更有利于雅典。要知道,就在底比斯人在本城邦赶走斯巴达军队,从亲斯巴达的贵族派手中夺回政权,并选举彼洛比达斯为领袖的后一年,即公元前378年,希腊北部和中部的一些城邦,由于痛恨斯巴达投靠波斯帝国,出卖希腊利益,欺压希腊其他城邦,所以它们暗中串通,联合起来,请求雅典再度带头,成立了第二次海上同盟。这时距离提洛同盟的解散已经二三十年了。雅典汲取了提洛同盟解体的教训,加入第二次海上同盟的希腊各个城邦也懂得同盟成员国应当立足于自由、平等和独立的基础上才能持久,所以第二次海上同盟与提洛同盟的最大区别就在于它规定了各个入盟城邦都是平等的,不受雅典一家控制和发号施令。第二次海上同盟明确宣称这是独立和自由的各个希腊城邦的结合,带有互助互保的性质。雅典

---

① 参看伯里和梅吉斯:《希腊史(到亚历山大大帝去世)》,第4版(修订版),圣马丁出版社,纽约,1975年,第375页。
② 吴于廑:《古代的希腊和罗马》,三联书店,2008年,第72页。
③ 同上。

在汲取以往经验教训的基础上从团结入盟各邦的目的出发,把驱逐斯巴达在希腊北部和中部的势力以及清除斯巴达的影响放在首位。总之,由于形势的变化,与其说第二次海上同盟仍然被一些人看来具有雅典借此扩张的性质,不如说第二次海上同盟是一个在雅典势力大不如前的情况下雅典赖以自卫的组织。

尽管自伯罗奔尼撒战争爆发以来雅典的国力大为削弱了,但到了底比斯人击败斯巴达和进入伯罗奔尼撒半岛以后的公元前4世纪60年代初,雅典的经济总算有了一些恢复。农业仍然不振,但手工业发展起来了,爱琴海上的商业往来也增多了。雅典军队经过这些年的休整,有了一定的作战能力。当底比斯想乘战胜斯巴达的余威,把攻击的矛头转向雅典,想一举击败雅典的时候,雅典并不是没有抵抗力量的。何况,这时已被底比斯击败的斯巴达特别痛恨底比斯,竭力向雅典示好,愿意同雅典一起抗击新兴强国底比斯。①

底比斯决心同雅典和斯巴达的军队开战。公元前362年,作战的双方在曼丁尼亚激战,底比斯军队获胜,但底比斯统帅伊巴密浓达却被一个斯巴达青年用长矛刺杀身亡。② 底比斯撤军回国,战争以雅典和斯巴达胜利告一段落。底比斯从此衰落。③

底比斯从兴盛到衰落是短暂的。为什么会这么短暂?除了前面已经提到的底比斯经济实力薄弱和缺乏支持民主派或平民

---

① 参看伯里和梅吉斯:《希腊史(到亚历山大大帝去世)》,第4版(修订版),圣马丁出版社,纽约,1975年,第379—380页。

② 参看卡特利奇:《斯巴达人:一部英雄的史诗》,梁建东、章颜译,上海三联书店,2010年,第213页。

③ 参看伯里和梅吉斯:《希腊史(到亚历山大大帝去世)》,第4版(修订版),圣马丁出版社,纽约,1975年,第383页。

派的工商业基础而外,还有一个重要原因是:伊巴密浓达虽然是一位优秀的将领,能带兵打仗,但却是一个缺乏战略眼光的军事家,更说不上是一个了解希腊本土实际情况的政治家。由于他一心想取斯巴达和雅典而代之,称霸于希腊世界,结果树敌太多,没有真正支持自己的希腊城邦,终于变成孤家寡人,使自己陷入困境。

底比斯的迅速衰落表明这样一点,在希腊本土,任何一个城邦想要统一希腊境内,绝对不是一件容易的事情:雅典如此,斯巴达如此,底比斯同样如此。

四、西西里岛形势的变化

伯罗奔尼撒战争使西西里岛上多利亚人建立的城邦叙拉古成为最大的受益者。在斯巴达人的支持下,叙拉古粉碎了雅典海军对西西里的封锁,并同斯巴达一起消灭了雅典西征军,大获全胜。在此基础上,叙拉古乘机牢固地控制了西西里岛上由爱奥尼亚人建立的亲雅典的希腊城邦。这时,除了西西里岛西部仍被迦太基帝国占领而外,西西里岛上的东部,即希腊移民所建立的希腊人地区,已在叙拉古掌握之中。伯罗奔尼撒战争结束后,叙拉古已经成为西西里岛上一个足以同迦太基帝国一争高下的军事强国。

叙拉古的野心不止于此。把迦太基势力赶出西西里岛只是实现叙拉古帝国梦的第一步。叙拉古的商业和手工业发展很快,城邦财力越来越强大。富裕起来的叙拉古城邦不仅想在军事上称雄于地中海西部地区,也想成为一个经济强国。鼓励工商业兴盛只是手段,因为叙拉古城邦领导者懂得,没有工商业的兴盛,就没有金钱,而没有金钱就没有精良的军事装备,也养不起能够拼死效力的雇佣军。为了改进军事装备,叙拉古不惜花费巨资从希腊本土聘请能工巧匠,为自己修建牢固的防御工事,制造武器,设计并制成能够抛石的机械,还建立了一支庞大的舰队。而且,在希腊本土的以往战争中,双方都以步兵为主,几乎没有使用过骑兵。希波战争期间,波斯骑兵的威力使希腊人惊叹不已,希腊各个城邦唯有以加固城防或延长城墙来抵御,但这些城邦都未能建立一支精干强悍的骑兵部队。叙拉古在伯罗奔尼撒战争结束以后,决心建立自己的骑兵部队,并很快实现了这一目标,使叙拉古人信心倍增。

公元前398年,也就是伯罗奔尼撒战争结束后的第6年,叙拉古国王狄奥尼西一世认为叙拉古同迦太基彻底摊牌的机会已到,便派出使臣前往迦太基,要求迦太基撤出西西里岛西部地区,理由是:西西里岛西部地区最早是来自希腊本土的移民开发的。

要知道,在西西里东部希腊移民城邦中,不管是多利亚人还是爱奥尼亚人,只要是希腊人都痛恨迦太基人,把迦太基看成是宿敌。迦太基对于叙拉古要它撤出西西里岛西部地区的要求断然拒绝。于是叙拉古公民大会通过了向迦太基宣战的决定,目的在于把迦太基人从西西里岛西部赶出去。

叙拉古和希腊其他移民城邦同迦太基开战,不仅由于二者之间多年来存有积怨,也可能同迦太基政权日益腐败有关。尽管迦太基是腓尼基人在北非建立的移民城邦,但据亚里士多德论述,迦太基当初的体制和斯巴达、克里特的体制相似,而且要比斯巴达、克里特的体制优越。具体地说,迦太基也有监察官,他们并不是根据出身,而是根据候选人的优点选举出来的;迦太基也有国王和长老,他们并非产生于一个家族。[1] 这意味着迦太基的体制是一种贵族掌权的体制,这种体制已维持了很多年。到了后来,迦太基的体制虽然总体上未变,然而贵族集体专政逐渐演变为贵族寡头专政,从而使得迦太基的政治越来越腐败,例如,要依据财富选举官员,财富的重要性超过了品德。这种风气影响了迦太基全社会,全国上下都追求金钱,唯利是图:"花钱买到官职的人当然要在任期上捞钱。"[2]叙拉古很可能看到迦太基的贵族寡头专政既已失去民心,于是就打算乘此机会发动对迦太基的进攻。

战争一开始,西西里岛东部的希腊各城邦都自发地追随叙拉古国王狄奥尼西一世,驱逐、杀戮自己境内的迦太基人。这场战争从公元前398年断断续续地打了30年之久,直到公元前367年。这段漫长的时间内,双方有胜有负,基本上打成平手,希腊人仍然未能实现把迦太基逐出西西里岛的愿望。在这场战争结束时,全西西里岛大约仍有三分之一的土地由迦太基占领,全都在岛的西部。[3]

为什么实力强大的叙拉古及追随它的西西里岛上的希腊移民城邦最终仍未把迦太基赶走呢?这固然同迦太基人的顽强抗击有关,另一方面则是由于叙拉古国王狄奥尼西一世的野心太

---

[1] 参看汪子嵩、范明生、陈村富、姚介厚:《希腊哲学史》第3卷下,人民出版社,2003年,第1071页。

[2] 参看同上书,第1073页。

[3] 参看乌特琴科主编:《世界通史》第2卷上册,北京编译社译,三联书店,1960年,第137页。

大:他除了想把迦太基人逐出西西里岛以外,同时还想把希腊人在意大利半岛南部的移民城邦全都纳入自己的管辖之内。① 他实现了这一目标,当然也耗费了不少精力。问题还不限于此。在狄奥尼西一世控制了意大利半岛南部的希腊移民城邦之后不久,到公元前386年,在波斯帝国的压力和斯巴达的帮助推动下,希腊城邦被迫同波斯订立了和约,即"国王的和约"。关于这一点,前面已经提及。狄奥尼西一世本来想自己充当希腊世界的救世主,使叙拉古成为希腊世界的新领导者,这样一来,他大为失望,因为按照"国王的和约",希腊各城邦不但同意把小亚细亚的希腊移民城邦割让给波斯帝国,而且同意它们自己再不相互攻击,听任波斯帝国统率一切,狄奥尼西一世十分不满,他俨然认为只有自己才能代表希腊,态度傲慢,不顾希腊城邦当时的处境困难,自行自断,听不得不同意见。这样,他不但得不到这些希腊城邦的认可,甚至激起了它们的反感。这是因为,如果希腊本土城邦跟着狄奥尼西一世走,波斯帝国兵力强大,结果受灾受难的还是这些首先面临波斯大军攻击的希腊本土城邦,而狄奥尼西一世远在西西里,并非首当其冲。所以它们只好疏远叙拉古。

虽然狄奥尼西一世专横跋扈,盛气凌人,但就叙拉古国内治理来说,他却能把远离希腊本土的西西里岛东部地区治理得井井有条。狄奥尼西一世是一个僭主,然而叙拉古并不计较这一点,他们认为谁能把叙拉古治理好,使叙拉古人民富庶和国家强

---

① 参看伯里和梅吉斯:《希腊史(到亚历山大大帝去世)》,第4版(修订版),圣马丁出版社,纽约,1975年,第400—401页。

盛,他们就拥护谁。可以说,"在西方,叙拉古的僭主狄奥尼西一世是一个前兆:他作为一名先驱者,指出了通向新王朝的道路"①。正是狄奥尼西一世,使一些希腊人懂得了一个"道理":如果以民主方式选出的城邦领导人不能使城邦民富国强,而一位僭主当政后却能做到这一点,那么僭主有什么不好呢?这实际上就为以后的马其顿国王菲利普二世和亚历山大建立新王朝指出了一条道路。② 这也同样是公元前4世纪中期某些希腊人把叙拉古看成是可以统一希腊和拯救希腊的救星的重要理由。③

狄奥尼西一世在位38年。他的确是一个独裁者,叙拉古公民大会的选择只不过是一种形式。④ 但他治国有方,治家也严,这是他能在叙拉古统治这么长久的主要原因。狄奥尼西一世作为一个独裁者,是容不得不同政见者的。在他统治期间,由于有些人的政见不同,所以叙拉古也发生过叛乱,但叛乱都被一一平息。狄奥尼西一世对于叛乱的领袖是比较宽容的,主要是把他们放逐到国外,后来有的被放逐者又回来了,也未受到惩罚。⑤

狄奥尼西一世一生的辉煌事业在他去世的那一年(公元前367年)就告一段落。但即使在他生前,他也未能实现统一希腊世界的目标,他至多只成为 统西西里岛东部地区和意大利半

---

① 贝恩斯:《希腊化文明和东罗马》,牛津大学出版社,1946年,第10页。
② 参看同上书,第10—11页。
③ 参看本书,第八章。
④ 参看伯里和梅吉斯:《希腊史(到亚历山大大帝去世)》,第4版(修订版),圣马丁出版社,纽约,1975年,第392页。
⑤ 参看同上书,第393页。

岛南部地区希腊移民城邦的雄主。不可否认的是,僭主政治毕竟使狄奥尼西一世的统一希腊世界的事业遭到阻力。狄奥尼西一世自己也知道希腊人一般是不喜欢僭主政治的。[①] 无论是贵族政体还是民主政体,希腊人几百年来已经习惯了按规则、按程序选举城邦领导人,这在希腊本土已经形成了传统,狄奥尼西一世终于明白了僭主政治无法赢得希腊本土各城邦公民的真诚拥护,但这时他已经老了,也不久于人世了。

狄奥尼西一世去世后,他的儿子狄奥尼西二世继位。他同样是一个僭主,但又是一个好酒色的暴君。大臣狄温多次进谏,"除了规劝他努力求学,还百般恳求当时首屈一指的哲学家柏拉图前来访问西西里"[②]。柏拉图来到叙拉古讲学,在狄温看来,既可以提高叙拉古的声誉,向希腊世界表明叙拉古是崇尚文明和尊重学者的,又可以让狄奥尼西二世受到教诲。但狄温本人的谏言无效,柏拉图的讲学也改变不了狄奥尼西二世的顽劣本性。狄温的政敌不断对他中伤,以至于狄奥尼西二世竟把狄温流放国外,主要罪状是勾结迦太基人,想同迦太基联手对付叙拉古。[③] 同时,狄奥尼西二世以礼遇柏拉图为假象,实际上派卫兵守在柏拉图身边,"免得他去追随狄温,将僭主的不当行为公诸于世"[④]。显然,柏拉图被欺骗了,被利

---

① 参看伯里和梅吉斯:《希腊史(到亚历山大大帝去世)》,第4版(修订版),圣马丁出版社,纽约,1975年,第405页。
② 普鲁塔克:《希腊罗马名人传》第3卷,席代岳译,吉林出版集团有限责任公司,2009年,第1718页。
③ 参看同上书,第1721页。
④ 同上书,第1722页。

第七章 雅典和斯巴达之间的长期战争——伯罗奔尼撒战争

用了。①

狄温流放到国外去了。公元前357年,他潜回西西里岛,并带回一支人数不多的志愿军。受到叙拉古公众的欢迎,一战而击败了狄奥尼西二世的军队,狄奥尼西二世逃往意大利半岛。狄温回国夺权多半是得到科林斯支持的,②因为科林斯是移民城邦叙拉古的母邦。

狄温迅速赶走了狄奥尼西二世,这一事件表明叙拉古盼望改革,盼望安定和发展。怎么改呢?要知道,叙拉古以前建立的城邦政治体制是斯巴达式的,即国王虽地位很高,但权力有限,要受到长老会议(贵族会议)的制约。后来,这种斯巴达式的体制被僭主政治所代替。狄温夺得政权后,叙拉古的政体如何改革?大体上分为两派:一派主张恢复曾经实行过的斯巴达体制,也就是贵族集体议论和决策下的贵族体制,另一派主张仿效雅典的体制,即减少贵族的权力,扩大平民的权利,通过选举而产生领导人的体制。看来狄温本人是倾向于雅典体制的,因为他在被流放期间就在雅典生活,并以此作为自己的总部。③ 但叙拉古的两派继续斗争,而且越来越激烈。狄温不得不在两派之间采取调和的立场,处处妥协,最终自己又成了叙拉古的僭主。④

---

① 柏拉图的理想的社会改革,"不仅被仁慈的专制君主利用作欺骗人民的工具,而且成了谋求私利的政客们横行霸道的掩护。"(罗尔:《经济思想史》,陆元诚译,商务印书馆,1981年,第29页)
② 参看萨尔蒙:《富裕的科林斯:公元前338年以前的城市史》,克莱伦顿出版公司,牛津,1984年,第389页。
③ 参看伯里和梅吉斯:《希腊史(到亚历山大大帝去世)》,第4版(修订版),圣马丁出版社,纽约,1975年,第407页。
④ 参看同上书,第409页。

公元前354年,狄温被对手卡尔里普斯雇人刺杀身亡。卡尔里普斯上台执政,仅仅一年时间,又被推翻,这时,原来逃亡在外的狄奥尼西一世另外两个儿子,即希帕里努斯和尼萨攸斯,回到叙拉古,继任国王。这两人全都是无能之辈,酗酒,荒淫无度。① 公元前353年,希帕里努斯在酒醉后被谋杀,尼萨攸斯依旧掌握政权。在政局连续变动的日子里,狄奥尼西一世的儿子(曾经继位,后又被狄温赶走),即狄奥尼西二世,从意大利半岛回到了叙拉古。其弟尼萨攸斯下台,出逃。② 狄奥尼西二世为了报复,在叙拉古大肆镇压。而就在这个时候,"迦太基人实力强大的水师出现在西西里的海面,寻找最适当的地点和时机对这个岛屿发动一次袭击"③。叙拉古又处于危急状态,不得不向希腊本土求援。

科林斯作为叙拉古这个希腊移民城邦的母邦,闻讯后,"市民大会一致表决通过同意给予支援"④。公元前344年,科林斯组织了一支军队,由梯莫雷温率领,渡海远征西西里。梯莫雷温出身于科林斯一个贵族世家,他率领10艘战舰,少数由科林斯公民组成的队伍,以及大约1,000名雇佣军,驶往西西里。这时迦太基已乘叙拉古内部混乱之际,派兵进驻叙拉古。⑤ 在迦太基知道科林斯军队即将赶来支援叙拉古之后,下令迦太基舰队

---

① 参看伯里和梅吉斯:《希腊史(到亚历山大大帝去世)》,第4版(修订版),圣马丁出版社,纽约,1975年,第409页。
② 参看同上。
③ 普鲁塔克:《希腊罗马名人传》第1卷,席代岳译,吉林出版集团有限责任公司,2009年,第445页。
④ 同上。
⑤ 参看同上书,第467页。

第七章 雅典和斯巴达之间的长期战争——伯罗奔尼撒战争 451

在海上拦截科林斯舰队,迫使它返航。梯莫雷温率军在叙拉古城以北的哈德拉姆努登陆,在当地一部分居民支持下,击败了驻扎在当地的狄奥尼西二世的军队,然后同已攻占叙拉古的迦太基军队激战。据说,在这次战斗中,迦太基军队死亡惨重,仅从军的迦太基公民死去的就有3,000人之多。[1] 迦太基军队中还有大量利比亚人、西班牙人和努米底亚人,他们也都战死了。[2] 迦太基急忙撤兵。

在梯莫雷温控制了全局之后,狄奥尼西二世只好投降,但以保留私人财产和平安地回到科林斯为条件。梯莫雷温同意了这些条件,让狄奥尼西二世在科林斯养老,善终。[3]

至于对付在西西里岛上长期为非作歹的叛乱分子希西提斯,梯莫雷温则毫不留情,派兵剿灭,生俘希西提斯,以暴君和叛徒的罪名将他处死。[4] 叙拉古公民们认为,当初狄温被刺杀身亡后,正是这个希西提斯把狄温的妻子、妹妹、未成年的儿子"全部活生生丢在海中淹死"[5],所以也"将希西提斯的妻儿子女交付审判,定罪以后宣布死刑"[6],作为报复。

经过努力,梯莫雷温在叙拉古恢复了秩序,建立了扩大平民

---

[1] 参看普鲁塔克:《希腊罗马名人传》第1卷,席代岳译,吉林出版集团有限责任公司,2009年,第467页。
[2] 参看同上。
[3] 参看伯里和梅吉斯:《希腊史(到亚历山大大帝去世)》,第4版(修订版),圣马丁出版社,纽约,1975年,第410页。
[4] 参看普鲁塔克:《希腊罗马名人传》第1卷,席代岳译,吉林出版集团有限责任公司,2009年,第469—470页。
[5] 同上书,第470页。
[6] 同上。

权利的政治体制,使西西里岛上有较长时期的和平与繁荣。①公元前334年,梯莫雷温去世,全西西里的希腊人都悲痛不已。"数以千计的男女老幼戴着花冠,穿起白色的丧服,恸哭和眼泪混合着对死者的赞颂。"②叙拉古公民大会还做出特别的规定,以后"每年举行盛大的赛会,包括音乐、体育和赛车等各种表演和竞赛的项目,用来纪念他的丰功伟业,诸如推翻暴政、击退蛮族、充实人口、繁荣城镇,为西西里人制定法律和赋予自由的权利"③。

总之,公元前4世纪,甚至在整个希腊史上,叙拉古的历史是特殊的,这里有长期统治的、也是最著名的僭主政权。狄奥尼西一世在公元前406—前405年取得政权,一直维持到公元前366年。他的治理是有效的,而且疆土扩展了,除西西里岛大部分土地外,还把统治地区扩大到意大利半岛南部。但实际上,在叙拉古,实行民主政治只有60年左右,即从公元前466年到公元前406年。为什么叙拉古的僭主统治会维持这么长时间?通常用"迦太基的威胁"来解释。这是指:由于存在着迦太基的威胁,叙拉古只有靠强人来统治才能保证国家的安全。也许这种说法有些道理,但只是理由之一而已。实际情况是:叙拉古和迦太基在西西里岛上各自统治一块领土的事实已经存在几百年

---

① 参看普鲁塔克:《希腊罗马名人传》第1卷,席代岳译,吉林出版集团有限责任公司,2009年,第472、475页。当时西西里岛上除叙拉古城邦外,还有一些希腊移民城邦也是僭主专政,梯莫雷温劝说它们归顺叙拉古,一致对付迦太基。(参看伯里和梅吉斯:《希腊史(到亚历山大大帝去世)》,第4版(修订版),圣马丁出版社,纽约,1975年,第411页)

② 普鲁塔克:《希腊罗马名人传》第1卷,席代岳译,吉林出版集团有限公司,2009年,第475页。

③ 同上。

了,它们之间并非经常有战争,而在长时间内却维持着和平。① 况且,大多数武装冲突中,希腊人是挑衅者。② 因此,叙拉古之所以会有僭主政体,主要原因是叙拉古为了维持城邦安全和社会稳定的需要才选择了僭主政体。③ 从这个意义上说,僭主政体在希腊本土一向被认为是不可接受的,希腊本土的城邦居民不愿接受它,而在希腊本土以外的希腊移民城邦,包括西西里岛上的希腊移民城邦和例如小亚细亚的希腊移民城邦,却不像希腊本土的城邦那样对僭主政体持有反感。又如,在叙拉古,公民们接受治绩好的僭主,抵制和驱逐昏庸残暴的僭主、腐败和胡作非为的僭主。这是不是意味着希腊海外移民们同希腊本土城邦公民们在是否死守祖训方面已经有所不同?他们是不是更多地考虑实际,而不一定墨守成规呢?

五、"三十僭主政治"之后雅典政局的动荡

伯罗奔尼撒战争中,雅典失败了,不得已屈服于斯巴达的统治之下,雅典政权也由亲斯巴达的贵族派掌握,平民派和贵族派之间的矛盾加剧。平民派连同中间派一再要求恢复梭伦改革所开创的"祖制",继续推行民主政治。④ 贵族派反对恢复伯罗奔尼撒战争以前的那种体制,认为那种民主体制只可能把雅典引向平民极端派的专政,不符合雅典大多数公民的利益。在贵族

---

① 参看奥斯汀和维达尔-纳奎:《古希腊经济和社会史导论》,英译本,奥斯汀译,加利福尼亚大学出版社,1977年,第143页。
② 参看同上。
③ 参看同上。
④ 参看亚里士多德:《雅典政制》,日知、力野译,商务印书馆,2009年,第45页。

派和平民派斗争过程中,雅典政局混乱不堪。

公元前404年,在雅典形成了"三十人寡头政权",又称"三十僭主政治"。这是在斯巴达支持并操纵下建立的贵族寡头政府。"他们既成为国家的主人,便不顾大部分曾经通过的和宪法有关的法令,从预选的一千人里面委派五百个议员和其他官职……这样就把国家掌握在他们自己手里。"①

"三十僭主"当政后,大肆迫害平民派和中间派人士,大开杀戒,而且还将雅典城区内的平民驱逐到港区和其他郊区,以免他们在城区内同政府作对。② 结果民怨沸腾,流亡在国外的一些主张恢复雅典民主政治的人士在特拉希布罗的率领下,得到底比斯城邦的帮助,打回雅典,"三十僭主"的政权仅仅维持了一年,于公元前403年便被推翻了。雅典的元气本来经过伯罗奔尼撒战争已经大伤,现在经过这一番折腾又进一步削弱了。

然而,恢复了民主政体的雅典依旧是一个对外讲信用的城邦,尽管这时百废待兴,财政困难,仍"用公款归还三十人僭主为战争而从斯巴达人借来的钱"③。

雅典经历了伯罗奔尼撒战争的失败和"三十僭主"的折腾,照理说在"三十僭主"统治结束以后应当认真总结教训,寻求改进之路,但雅典并没有这么做。要知道,"雅典的失败有很大部分来自它内在的缺陷,来自它作为一个社会的某些最基本的特

---

① 参看亚里士多德:《雅典政制》,日知、力野译,商务印书馆,2009年,第45页。
② 参看亚里士多德:《政治学》,吴寿彭译,商务印书馆,1997年,第280页。
③ 亚里士多德:《雅典政制》,日知、力野译,商务印书馆,2009年,第51页。

性,以及来自它所坚持的社会构想"①。这种内在的缺陷可能并非雅典所独有的,其他一些希腊城邦同样存在,不过雅典更为突出,或更具有典型意义。具体地说,这种内在的缺陷就是:雅典是一个有排他性倾向的城邦,它总想称霸于希腊世界,它为了把自己的社会构想强加于希腊世界,力图称霸,称霸除了可以获得商业利益和财政利益而外,还有推广自己的城邦体制的用意。然而,雅典的社会构想是排斥多元性的,这就使雅典的目标难以实现。换一种说法,雅典的社会构想过于狭窄,过于排他;即使在雅典境内,雅典排斥那些非公民的居民,给那些能够成为公民的人留下的空间太小了。②

由于雅典的排他性太强烈,而为了推广自己的社会构想却又异常执着,这样就不可能把大多数希腊城邦联合起来,它既没有这种理念,又没有这种能力。③ 表面上,它成了聚合不少希腊城邦的同盟的领导者,但它的排他性使它没有真正的盟友,而它过于看重一己之利,又使得跟着它的希腊城邦始终保持戒心,不可能同它一条心。甚至可以说,雅典不愿意以授予公民权的方式把它和盟国之间的友谊进一步加强,它太珍惜自己的公民身份特权了。④

"三十僭主政治"结束后,雅典又开始继续推广自己的社会构想的活动,前提仍是发展经济和充实军力,先恢复雅典作为海

---

① 高尔德纳:《希腊世界:社会学分析》,哈泼和劳出版公司,纽约,1965年,第151页。
② 参看同上。
③ 参看同上书,第147页。
④ 参看同上。

军强国的地位,再重建雅典帝国。但这方面困难重重。自从伯罗奔尼撒战争爆发后,雅典经济状况和人民生活状况急剧恶化了。大批男性公民在战争中死去,留下许多孤儿寡母。他们的房屋在战争中被焚烧,被摧毁,他们的耕地被破坏,他们中不少人靠救济为生。妇女们纷纷外出或乞讨为生,或再嫁,或到处寻找工作,以便养家糊口,有的当雇工,有的当女佣。这种情况是过去不曾有过的。[1] 还有的妇女留在家中,或开小店,做个小商人谋生,甚至在葡萄园里辛勤劳动为生。这也是以前罕见的。[2] 不管留在农村还是进了城,只要妇女工作了,她们的见识就广了,对外面情况的了解就多了,新的工作环境和生活环境使更多的雅典妇女参与了公共生活,对社会情况也比过去熟悉了。[3] 如果说过去雅典的妇女是封闭的,或基本上是封闭的,而进入公元前4世纪,雅典的妇女要开放得多。她们参与公共生活,对雅典的社会变化进程起了一定的作用。

伯罗奔尼撒战争对雅典农业的巨大破坏,不是靠短期的努力就能恢复原状的,何况农村成年男性公民大大减少,而灌溉设施和道路的修复需要大笔投资,钱从何处来? 离开农村原住地的农民越多,土地兼并状况就越严重。雅典城邦社会由此失去了小农作为农村支柱这一社会基础。这就给雅典引以为荣的城邦社会构想大大打了折扣:今后,雅典凭什么来宣扬自己的城邦模式的优越性呢?

---

[1] 参看 T. R. 马丁:《古代希腊:从史前到希腊化时期》,耶鲁大学出版社,1996年,第 163 页。

[2] 参看同上书,第 163 页、167 页。

[3] 参看同上书,第 163 页。

第七章 雅典和斯巴达之间的长期战争——伯罗奔尼撒战争

农业的衰败还使得雅典可供出口的商品大为减少。雅典再也不能像过去那样以葡萄酒、橄榄油、蔬菜等供应国外而换取粮食、木材、各种原材料进口了。这是直接影响雅典安全的大事。① 雅典理应重新思考伯罗奔尼撒战争结束后的维持生存和发展的战略,但它并没有这么做。它总想等再度称霸后这些问题会自行解决:有了庞大的舰队,过去归雅典统治的地区又重属雅典帝国,还怕没有粮食供应吗？有了附属国家的进贡,还怕没有充裕的财力来改善农业生产条件吗？一心想再度称雄于希腊世界,这就是雅典一贯的战略,公元前4世纪前期依然如此。

雅典在上述这种战略的指引下,不可能使国内的农业有较大的恢复,更不可能使社会矛盾有所缓解。土地兼并严重,贫富差距扩大,政局也随着平民派和贵族派斗争的加剧而动荡不定。强加于雅典的"国王的和约"使雅典再度称雄称霸的愿望无法实现。无论是哪一个政治派别当权,都使公民们感到失望,因为他们做不出什么新的许诺,即使有承诺也实现不了。雅典的城邦体制至此已走到了尽头。② 实际上,当时希腊世界的任何一个城邦,包括雅典和斯巴达在内,都已失去了统治其他城邦的能力和资格。③ 至此,大体上已维持300年的希腊政治格局大为改观。④

可以明确地说,伯罗奔尼撒战争对希腊城邦制度的打击和

---

① 参看福克斯哈尔:"古代希腊的农耕和作战",载里奇和谢普莱编:《希腊世界的战争和社会》,鲁特莱奇出版公司,伦敦,1993年,第134—135页。
② 参看同上书,第142页。
③ 参看戴维斯:《民主和古典希腊》,斯坦福大学出版社,1978年,第165页。
④ 参看同上。

损害是难以估量的。整个公元前 4 世纪前半期,直到公元前 330 年,希腊世界进入了动荡时期,雅典和斯巴达都是典型的例证。① 或者说,"这场战争是希腊城邦史的转折点,实质上是城邦制度的终结"②。

雅典的领导人一再更换,目的是为了使自己能在政坛上站稳,购入奴隶,开采白银,以应付各种急需的财政支出。白银产量增加,白银进入市场,物价不断上涨,穷人的日子更加不好过,靠庙宇和政府接济为生的人越来越多,失去财产的人越来越多。在雅典,"没有财产的投票人数目在公元前 431 年时约占选民的 45%;而在公元 355 年时已激增至 57%"③。这就为平民极端派创造了滋生和活动的条件,也就是为社会动荡扩大了社会基础。

这已经是公元前 4 世纪后半期的事情。就在这个时候,决定今后希腊世界命运包括雅典命运的大事正在发生,这就是本书下编一开始将要论述的,在希腊以北,马其顿王国悄悄地兴起了,称霸了。希腊城邦制度寿终正寝的日子就此来到。

---

① 参看戴维斯:《民主和古典希腊》,斯坦福大学出版社,1978 年,第 165 页。
② 陈志强:《巴尔干古代史》,中华书局,2007 年,第 71 页。
③ 杜兰:《世界文明史》第 2 卷《希腊的生活》,幼狮文化公司译,东方出版社,1998 年,第 340 页。

第八章 希腊城邦制度危机和社会危机的交织

第一节 城邦制度及其危机的含义

一、城邦制度的含义

正如本书第三章已经指出的,城邦制度就是这样一种制度,即同一个氏族的不同部落或部落联盟各自建立了若干个小国,这些小国的政治体制和经济体制大体上相同,但也有某种差异。然而,每一个小国都是独立自主的,享有充分主权的,它们各有自己的政府机构、自己的法律、自己的军队,这样的制度通常就被称作城邦制度。城和邦的关系是:有部落聚居在先,城是后建的,邦也是后建的;有城不一定就是邦,有邦必定有城,尽管在某些地方,城只是较多的人聚居的中心,但建邦之时,城有大有小,小的不过是大村落而已。

这种一般性的解释可以用来说明希腊城邦的一般特征,但还不能说明希腊城邦同希腊世界以外的其他小国(城邦)的相异之处。那么,这种相异之处究竟何在?

从历史上看,世界上所有的国家最初都经历过原始的氏族社会阶段,在原始的氏族社会阶段,土地是氏族全体成员共有共享的,氏族的领导人(不管采取什么样的称呼,如称之为酋长、长老、头人、甚至"王")一开始都是氏族成员推举出来的。但为什么过了一段时间之后它们都形成了统一的、专制的国家,而不像希腊那样把氏族社会的传统一直保持到城邦的建立,并且在城邦建立之后长期延续下来,这些城邦依旧各自独立,而没有形成一个统一的、专制的"希腊国"呢? 如果说,希腊以外各地的部落或部落联盟是因为商业逐渐发达和市场逐渐发展而统一起来的话,为什么希腊却是例外呢? 要知道,"希腊城邦都是'小国寡民',然而却不是'鸡犬相闻,人至老死不相往来'的僵硬模式,而是拥抱大海,商业繁荣的群体"[1]。可见,商业发达、扩大,并未使希腊本土上的小国(城邦)成为统一的国家。

还可以说,由于大敌当前,邻国入侵,小国难以自保,希腊以外某些地方的部落或部落联盟,甚至已经建立了政府组织的小国就统一起来了,这样的例子历史上并不罕见。但希腊的情况却不然。希波战争爆发后,希腊面临强大的波斯帝国大军的进攻,形势十分危急,希腊各个城邦联合起来抗击入侵者,直到取得胜利。但在这个过程中,希腊各个城邦并没有统一为一个"希腊国"的打算,从开战直到希波战争结束,小邦照常存在,一切同战前一样。这又怎么解释呢?

再说,如果小国之间组成了某种军事性质的同盟,同盟总会有一个较强大的牵头者,其他小国则是追随者,久而久之,这种

---

[1] 史继忠:《地中海——世界文化的漩涡》,当代中国出版社,2004年,第149页。

军事性质的同盟就成为统一国家的雏形。在希腊以外某些地方就发生过这种情况。但希腊本土上却看不到类似的现象。在伯罗奔尼撒半岛，斯巴达牵头组成了伯罗奔尼撒同盟；以雅典为中心组成了提洛同盟；但无论是斯巴达还是雅典，都没有把自己所掌控的同盟变成一个统一国家的打算，它们只是把入盟的城邦当成是依附者、追随者，但这些入盟的城邦依然是独立的城邦，而没有朝统一的"斯巴达国"或统一的"雅典国"的方向演变。这又如何解释？

由此看来，对于希腊城邦制度，还需要从希腊人自己对城邦认识的角度进行分析。这也许可以说明希腊城邦之所以区别于希腊以外地方历史上曾经存在过的小国的原因。

希腊本土无数个城邦能一直保存下来，希腊统一一直未能实现，很可能同希腊人最早的信念有关。"希腊人记得神与人来自同样的出身，都从同一个大地母亲那里获得生命，人决不由神主宰，希腊人无所畏惧，站起来就迈出了古代。希腊人是自由人。"[1]这一段概述是很有意思的。从这里可以了解到，希腊人既然认为人不由神主宰，那么希腊人作为自由人也就不受人的支配，所有的希腊人都没有理由凌驾于其他希腊人之上，去摆布其他的希腊人。推而论之，一个城邦实行什么样的城邦体制，这是那个城邦的公民自己选择的，另一个城邦有什么理由去消灭那个城邦，去吞并那个城邦？强加于其他城邦的吞并或统一都是违背希腊人的理念的。即使是再小的城邦，也应当让它存在而不能消灭它。

---

[1] 筱敏："圣火"，载《随笔》2008年第2期，第48页。

在希腊城邦时代,"希腊人将人视为一个整体,是精神和肉体、现世和来世的统一。早期城邦是建筑在共同血统基础上的"①。这样,出自同一个祖先的血缘关系,就产生了城邦的凝聚力。仅有血缘关系还不够,城邦的成员们还建立在共同宗教信仰的基础上,"这种血缘共同体同时也是宗教共同体,血缘关系被赋予宗教意义"②。于是城邦的凝聚力就更加不可动摇了。在希腊人的观念中,"有形的社会共同体与无形的另一个世界的共同体是重合的、连续的,并没有分离对立。公民的肉体与灵魂、生与死,都属于城邦或家庭"③。可见,血缘关系和共同的宗教信仰结合在一起,城邦的凝聚力和公民对城邦的认同感也同样结合在一起了。任何公民都不会容许自己的城邦被合并到另一个城邦。甚至连公民死后都葬在城邦的墓地,"死后不准葬在城邦墓地是对公民的一种严重处罚"④。

血缘关系和共同宗教信仰的结合,不仅使希腊人对自己的城邦有了认同感,使城邦有了凝聚力,而且还培育了一批甘心服务于城邦的热心人士,以及养成了希腊人遵守传统和惯例,服从希腊式民主的精神。在希腊人的观念中,由于把神和人看成是同质的,神和人都有同样的出身,因此任何领袖都是普普通通的人,而不是神或神的化身、神的儿子。领袖应当来自大众的推举,按照既定的规则和程度产生,谁都不能违背,谁都不应破坏城邦的传统。"希腊人认为专断的政府是对人的冒犯,而城邦

---

① 丛日云:《在上帝与恺撒之间》,三联书店,2003 年,第 40 页。
② 同上。
③ 同上。
④ 同上书,第 40 页注④。

的事务是公共事务。希腊人在广场上自己管自己的事情。"[1]从城市建立以来,几百年内这一传统一直保存下来。正因为如此,希腊人都重视自己的公民身份,公民身份表明了他们是自己城邦的主人,既有应享有的公民权利,又有应承担的公民义务,这就是认同。也正因为如此,希腊的城邦,比如雅典,公民不愿把自己的公民权扩大给外邦人。[2] 城邦的排他性由此产生。排他性首先来自公民对自己城邦的热爱,他们认为外人同城邦没有血缘关系,没有共同的宗教信仰,他们怎么可能忠诚于城邦呢?要他们认同城邦,这是没有社会基础的,从而也是不可能的事情。当然,到了后来,比如城邦繁荣了,富裕了,公民权又同特权结合在一起,公民权中包含了政治利益和经济利益。[3] 于是像雅典这样的城邦把公民权仅仅赋予真正的雅典公民而不让外邦人享有同特权联系在一起的各种利益。这种排斥性,越到后来就越突出。在雅典,"直到公元前5世纪中叶,一个人只要是某个雅典人父亲所生就可以是公民,而在公元前451年则规定,如果一个人要成为公民,他的父母都必须是雅典人"[4]。

其实,不仅雅典一个城邦是这样,也不仅实行民主政制的城邦如此,所有的希腊城邦都一样,各种形式的城邦政府也都珍惜自己的公民权赋予问题。这是因为,非如此不足以增强本城邦的凝聚力,不足以巩固公民对城邦的认同感。也非如此不足以

---

[1] 筱敏:"圣火",载《随笔》2008年第2期,第48页。
[2] 参看高尔德纳:《希腊世界:社会学分析》,哈泼和劳出版公司,纽约,1965年,第138页。
[3] 参看同上。
[4] 同上。

维持城邦的继续存在和发展。这可以被看成是希腊城邦制度的一个特征。① 在希腊以外的其他地方的小国,没有发生过像希腊城邦这样不愿同其他小国(城邦)合并的情况。

换一个角度看,上述这些情况表明了希腊人是把公民权和城邦视为一体的。取消了公民权,就不再是城邦;同样的道理,离开了城邦,也就使公民身份失去了意义。希腊人重视选举,他们认为选举城邦领导人是每一个公民不可剥夺的权利。合乎规则和程序的选举,其结果才被公民所认可。不合乎规则和程序以及不经过合乎规则和程序的选举而登上城邦领导人位置的被认定为僭主,不仅不被公民承认,而且还留下骂名。哪怕僭主治理有方,使公民生活变好了,使城邦兴旺了,他依然是一个僭主。至于僭主把位置传给儿子,那就更加激怒了公民们,世袭继位者迟早会被赶下台。

也就是说,在希腊城邦,"'主权在民',政权属于所有的公民。在他们心中,'国家'与'公民'具有同等重要的意义,离开了公民就无所谓国家"②。由于希腊的城邦都是小国,所以公民参政这个问题特别重要,因此小国尤其需要本国人对自己的忠诚。在希腊,公民的确认同了城邦,忠诚于城邦,城邦坚持下来了,"而这大概是大国所缺乏的"③。

正如本书第三章曾经强调的,希腊人的理念是:即使城邦的

---

① 参看高尔德纳:《希腊世界:社会学分析》,哈泼和劳出版公司,纽约,1965年,第138页。
② 史继忠:《地中海——世界文化的漩涡》,当代中国出版社,2004年,第149页。
③ 帕克:《城邦——从古希腊到当代》,石衡潭译,山东画报出版社,2007年,第16页。

领导人是公众推举出来的,他也一定要遵守规则和程序,规则和程序是任何人都不可以违背的。如果规则不合理或程序不合理,那就需要修改,但修改规则和程序同样需要依照相关的规则和程序,有的必须经过公民大会的讨论才能进行修改。如果公众认为推举出来的领导人毫不称职,可以通过规则和程序来罢免他,甚至可以用暴力把他赶下台,但仍然需要按照既定的规则和程序把另一个人推举出来代替那个被赶走的人。僭主始终是不得人心的。

由此可见,希腊城邦和希腊以外的那些小国之间在体制上的最大区别,就是希腊城邦不仅建立在氏族社会保留下来的民主传统的基础上(这种情况在希腊以外的小国都存在过)并坚持不变,而且在于希腊城邦把这种传统制度化,使之具有法律的依据。也就是说,希腊城邦所依据的法律是在公民参与之下制定的:法律一经制定,谁也不能违背。在希腊城邦制度之下,僭主之所以被视为异类,主要不在于僭主个人生活腐化或政绩恶劣,而在于他们破坏了希腊城邦的法律,破坏了人人应当遵守的规则和程序。所以希腊城邦制度留给后人的遗产就是法制化,就是一切按法律办事的精神。[1] 这就是希腊城邦不同于希腊以外其他小国的主要区别。那种把希腊城邦制度仅仅理解为小国政治的观点,并没有抓住希腊城邦制度的核心。也正因为如此,所以我们可以把希腊各个城邦的社会称为城邦社会,这在人类历史上是找不到第二个例子的。

---

[1] 参看希克斯:《经济史理论》,厉以平译,商务印书馆,1987年,第63页。

二、城邦制度危机的出现

城邦制度形成后,在希腊本土各地和在希腊本土以外的希腊移民城邦中,这一制度延续了几百年之久,在这几百年内,政治体制因地(邦)而异:有贵族长期执政并把持选举,使民主选举成为形式的;有贵族和平民两派之间不断斗争,从而形成轮流上台执政局面的,还有平民派通过选举掌握政权,并不断削减贵族权力,扩大公民政治权利的;此外,在一些城邦还出现过僭主政治,其中有的只是短期内僭主执政,有的则长达数十年,并传给儿子、孙子。政治体制的不同,并不影响城邦制度在希腊世界的持续存在,僭主当权只不过是一些插曲而已。

城邦制度不可避免地处在调整过程中,但调整速度相当缓慢。而且调整并不是连续进行的,它往往同城邦领导人的政治倾向有关系。最明显的例子就是在雅典,自从梭伦改革以后,历次改革者上台,就会有一些重大的改革措施,这也正如前面曾一再提到过的,改革就是制度调整,即城邦制度的完善化。

除了城邦领导人的个人因素而外,对城邦制度的调整有重要影响的,主要是两大因素,即经济发展和战争。现分别阐述如下。

(一)经济发展的影响

总的说来,经济发展和手工业、商业兴旺后,氏族社会所保留下来的一些传统和惯例受到了冲击,公民们逐渐意识到这些传统和惯例已经成为城邦经济进一步发展的阻碍,需要加以调整,甚至公民们还会认为这些传统和惯例是妨碍个人致富的绊脚石,或者不理会它们,采取绕道而行的做法,或者竭力要求予以改革,并通过公民大会按规则和程序进行。

氏族社会保留下来、在城邦建立之初一直奉行的土地共有、份地定期分配给农户使用的制度,就是一例。城邦经济发展后,随着手工业和商业的兴旺,进城的农民转而经营手工业和商业了,氏族社会的土地共有和份地重新分配的惯例难以继续推行。加之,农户之间因各户劳动力人数不同,劳动力技术水平不同,所种植的作物不同,以及牲畜和农具的数量不同、质量不同等等,农户之间的贫富差别出现了,而且这种差别有继续扩大的趋势,土地的转让已成为不可避免的事实。土地逐渐成为私有的、世代相传的,谁也无法阻挡这一潮流。土地私有化在不同的城邦只是实现有早有晚而已。雅典早一些,斯巴达晚一些,但大势则是相同的。原有的份地变成了私有的耕地,土地兼并之风日益盛行,贵族和富人以各种方式扩大私有土地的面积,大田庄出现了,少地农民、失地农民人数不断增多。由于在城邦制度之下,公民身份同土地之间存在紧密的联系,所以失地农民的增多意味着有公民权的人数的减少。这是难免的。

上述变化尽管是渐进的、历时长久的,但这些变化无疑动摇了城邦制度的基础。

在经济发展和手工业、商业兴旺的过程中,以及随着农村的种植业、养殖业同市场之间的联系日益密切,于城邦社会中逐渐产生了一批富裕之家,包括富裕的手工业作坊主、工场主、商人,以及农村中收入较多的农户。他们被认为是城邦社会的中产者。他们都希望社会安定,希望经济能够更加繁荣。在政治上,一方面,他们不愿意恢复氏族社会的种种限制个人发家致富的做法,希望城邦制度不断有所调整,另一方面,他们也不赞同平民极端派提出的政策主张,包括没收富人财产,重新分配土地等,他们认为平民极端派的政策主张无助于经济的发展和社会的稳定,而只能使社会混乱无序,使政局越发动荡。中产者人数的增加,以及他们对社会的影响越来越大,是城邦制度得以持续存在的重要因素。

这就进一步表明,城邦制度的调整不仅得到包括手工业作坊主、工场主、商人和比较富裕的农业经营者的支持,而且这些人也是通过制度调整或改革而起着瓦解氏族社会传统、消除氏族社会残余的作用。

在这里还应当强调这样一点,即土地私有化的推进,还动摇了希腊城邦制度赖以维持的公民军队组织。按照公共产品学说,防卫是一种公共产品,由政府提供,然后由纳税人缴纳的税款来充作经费。纳税人之所以纳税,一是政府有权威,二是纳税人为受益者,他们享受了防卫这一公共产品。[①] 希腊城邦时期公民军队的组成,是公共产品的另一种形式,或特殊形式,即公民是防卫这一公共产品的受益者,同时又是防卫这一公共产品的提供者。但这种特殊形式必须有一个前提,即土地公有,人人领到一份土地。土地一旦变为私有,而且贫富分化后,各人的土地数量不等,有些贫民甚至已无土地,城邦的公民军队的基础必然动摇,以致解体。

因此,到了后来,希腊城邦中的公民已经不再像过去那样使用公共土地和占有份地了,城邦政府也不再重新分配份地,

[①] 参看诺思和托马斯:《西方世界的兴起》,厉以平、蔡磊译,华夏出版社,1989年,第7页。

份地陆续成了私有土地并集中于富人手中,希腊公民军队组成的基础便消失了。加之,依据城邦的规定,失去土地的人越多,服兵役的男性公民就越少,取代公民军队的是那些来自外邦的、为薪酬而当兵打仗的、听命于雇佣军领队的雇佣兵队伍。雇佣兵的逐渐增多是城邦制度危机的反映之一。当然,希腊青壮年男子不在本城邦服兵役而外出充当雇佣兵(有些是因为他们不符合本城邦规定的条件,如没有公民身份或没有份地,有些则是因为贪图较多的薪酬),从很多年以前就已开始,例如,他们被近东的统治者雇佣,尤其被波斯帝国雇佣,都是常见的。[①] 雅典海军在兴盛时期也雇佣桨手,不过被雇佣的桨手不是海军的主要作战人员,而只起补充人力的作用。[②] 雇佣兵被普遍使用则是公元前4世纪初以后的事情,公元前4世纪60年代,连一直以公民军队强悍善战为标榜的斯巴达也使用雇佣兵作战了;到了公元前4世纪50年代,几乎每一个希腊城邦都把雇佣兵作为陆地作战人员的主力。[③] 这也同希腊城邦份地私有化和小农制度的解体、公民军队兵源的不足有直接的关系。

(二)战争的影响

战争对希腊城邦制度的影响是深远的。每经历一次大的战争,尤其是像希波战争和伯罗奔尼撒战争这样的长期战争,都是对希腊城邦制度巨大的冲击。

为什么战争对希腊城邦制度会有巨大的冲突,不妨从以下

---

① 参看戴维斯:《民主和古典希腊》,斯坦福大学出版社,1978年,第198页。
② 参看同上。
③ 同上书,第198—199页。

四个不同的角度进行分析。可以认为战争对希腊城邦制度的影响决不亚于经济发展对希腊城邦制度的影响。至少这两方面的影响是同等重要的。

战争的影响是:

第一,战争对社会经济带来了破坏并使公众蒙受了灾难。

如果战争是在希腊城邦境内进行的,战争期间,城邦的社会经济遭到了严重破坏,有些人流离失所,饥寒交加,甚至非正常死亡;有些村镇,房屋被烧,农田被毁,家破人亡;特别是成年男性公民作为军人,有战死的、伤残的、被俘的,留下孤儿寡母。如果战争是在本城邦以外的区域进行,军人的死伤是免不了的,而庞大的财政开支使得公众的赋税加重,生活困难。这一切除了引起人们的悲痛和怨恨以外,还使他们深思:这场给城邦和人们带来灾难的战争是怎样发生的,有必要打这场战争么?难道就没有办法避免这场战争么?

如果是本城邦受到了外邦、蛮族的入侵而发生的,战争对本城邦具有自卫的性质,那么本城邦人可以理解这场战争的原因,为了免受入侵者的奴役,他们会支持自卫抗击行动,包括为自卫而献身。但如果战争是由本城邦挑起的,而仅仅是为城邦争夺地盘、扩张势力、掠夺财富而引发的,那么人们就会产生疑惑:战争的受益者是谁?受损失者又是谁?城邦领导人该负什么责任?这样的领导人是怎样上台的?他们上台后的所作所为是否违背了当初的承诺?公民大会在这里起了什么样的作用?公民们当初是不是对战争的发动也起了推波助澜的作用?假定城邦的领导人是公民推选出来的,那么这种民主选举方式就一定能够把最符合公民意愿的人、最适合治理城邦的人选举上台吗?

特别是战争失败后,割地、赔款、削军、利益丧失等后果更加激发了公民们的埋怨和思考,自己作为公民,投票权是不是被误导了,误用了?如果公民大会做出的决议事后被证明是错误的,难道就没有纠错的机制?

这些思考最终必定导向对城邦制度的不信任和怀疑。

第二,战争还引起公民们对城邦兵制的思考,而兵制正是城邦制度得以维持的支柱。

无论战争的结果是胜还是负,都涉及兵制问题。尽管胜和败都会引起人们的思考,但战胜时人们主要沉醉于战胜的欢呼和喜悦之中,对战争取胜的原因考虑得不是很多,而一旦战败了,人们于悲伤之余更多地考虑战败的直接原因,而对兵制的反思则又往往是反思的重点。

按照氏族社会的传统和惯例,也就是后来形成的希腊各个城邦的规定,军事统帅即最高军事指挥官是民选的。如果被推举出来的军事统帅是有军事才干的人,他可能使战争由本方的劣势转变为本方的优势,使小优势转变为大优势。即使如此,在雅典或斯巴达的战争实践中可以看到,有才干的军事统帅所受到的牵制是很多的,他往往受到公民大会常设机构的制约(如在雅典),或受到监察官的制约(如在斯巴达),以至于军事指挥权不时受到干扰,有才干的军事统帅难以正常发挥作用,以至于把本方的优势变成了劣势,把小劣势变成了大劣势。如果被推举出来的军事统帅只是徒有虚名,缺乏军事指挥的才能,甚至人品极差,那就会给军队带来灾难,给城邦带来无穷的后患。这一切,势必会引起公民们的思考:民选军事统帅的制度未必是最符合实际的制度,进而论之,氏族社会保留下来的传统未必是最适应现实的传统,城邦制度也未必是最有利于增进本城邦利益的制度。

前面已经提到,与土地直接联系的公民军队制度后来逐渐出现兵源不足问题,雇佣兵的使用已成为不可避免的事情。公民军队兵源不足,这显然是城邦作为一个小国的局限性的反映。以雅典为例,"到公元前5世纪末期,雅典能够自备武器服兵役的公民人数只有5,000人"[①]。斯巴达同样如此,甚至比雅典还要少。兵源之所以不足,因为"已出现土地集中的现象。领有完全份地的公民人数减少了,拥有现有制度的社会基础正在一天一天地削弱"[②]。

所以说,在希腊城邦中,"公民即士兵"的制度已经衰败,频繁的战争使公民作为士兵的减员的结果,才使得雇佣兵制度盛行,等到雇佣兵不仅在陆地上,而且在城邦的海军中的服役也成为主力时,公民军队便毫无疑问地成为多余的人。这时谁还会想到要使用公民兵呢?[③]

马克斯·韦伯曾说过一句很形象的话,即在城邦兴盛时期,"城邦就是一种军人的行会",因为"公民即士兵";而到了城邦制度晚期,当"公民即士兵"的传统再也支撑不下去时,在公民人数有限时,城邦不得不转而依靠雇佣兵来保卫自己,城邦的命运在相当程度上依赖于雇佣兵对城邦的忠诚与否,这样,城邦制度也就无可自拔地陷入危机之中。[④]

[①] 吴于廑:《古代的希腊和罗马》,三联书店,2008年,第72页。
[②] 同上书,第73页。
[③] 参看韦伯:《经济与社会》下卷,林荣远译,商务印书馆,2006年,第709页。
[④] 参看同上书,第709—710页。

不仅如此,还应当指出的是,在城邦建立以后,各个城邦的公民军队都是自备武器的,而要装备一名重步兵,需要耗资很多,只有富裕的公民才置办得起重步兵的装备。穷人服兵役,由于买不起重步兵所需的装备,只能充当轻步兵,轻步兵的装备要便宜得多。"轻步兵手持轻盾,这种轻盾是用柳条或皮条制成的。"①轻步兵在战场上死伤的可能性比重步兵要大。使用雇佣兵以替代公民兵之后,一开始时,雇佣兵也自备武器和装备,他们连同自备的武器和装备为雇佣他们的城邦效力。② 雇佣兵中既有重步兵,也有轻步兵,但通常是重步兵居多数。③ 轻重步兵的武器和装备既由雇佣兵自备,置办的费用就计算在给雇佣兵的薪酬之中。但雇佣这批雇佣兵的薪酬越来越成为城邦的沉重负担,以至于到了后来,雇佣兵中的重步兵所占比例越来越小了。④

城邦越是依靠雇佣兵来打仗,城邦的命运就越是依赖于雇佣兵的忠诚程度;而为了维持雇佣兵的忠诚,城邦政府的财政支出就越多,这些渐渐形成了一个恶性循环,城邦制度也就必然在这个恶性循环中沉溺下去,一直拖到城邦制度的解体。

第三,战争期间,城邦内部的派别斗争加剧了。

从氏族社会保留下来的贵族和平民之间的斗争,贯穿着希

---

① 萨宾、威斯、维特比编:《剑桥希腊罗马战争史》第1卷《希腊、希腊化世界和罗马的兴起》,附录,剑桥大学出版社,2007年,第539页。
② 参看塞孔达:"希腊化世界和罗马共和国时代的军事力量:陆军",载萨宾、威斯、维特比编:《剑桥希腊罗马战争史》第1卷《希腊、希腊化世界和罗马的兴起》,剑桥大学出版社,2007年,第325页。
③ 参看同上。
④ 参看同上。

腊城邦形成后的全部历史。① 这一斗争虽然有时紧张,有时缓和,但斗争却从来没有停止过。

贵族和平民之间的斗争通常因战争的发生和战争引发的社会动荡而加剧。不同的城邦有不同的体制,经济发展状况也各不相同,但战争所引发的贵族和平民之间斗争的加剧,则大体上是一样的。

在斯巴达,虽然自从城邦建立以来一直保留了贵族执掌大权的传统,平民的权利也一直受到限制,但由于贵族执掌大权符合氏族社会的传统,而且是通过公民大会而得到公众认同的,这不同于僭主政治,因此在斯巴达平民中并未引起争议。然而当伯罗奔尼撒战争结束后,情况却发生了变化。一是土地兼并的结果,使斯巴达的失地农民越来越多,于是平民中出现了不满土地兼并行为的、仇视富人和同情失地农民的人,他们积极活动,要求改变现状。二是斯巴达乘战胜的时机控制了一些原来依附于雅典的希腊城邦,在那里派驻官员,监督当地的城邦政府,并借此机会敲诈勒索,中饱私囊,明显腐化享乐,这引起了平民的不满,他们认为斯巴达社会长期存在的崇尚朴素的风气在斯巴达获胜以后被舍弃了,代之而起的则是奢侈、受贿、腐败。不少斯巴达人对所谓"斯巴达式的公平"能否继续存在感到怀疑,并把这一点提升到斯巴达城邦生死存亡的高度来评价。斯巴达的贵族政治体制受到了来自城邦内部的平民派的严峻的挑战。

---

① 本书一再阐明作者的基本观点:本书不采用"奴隶制社会"这一说法,而认为"奴隶制经济"是存在于希腊古典时期的经济成分,但那只是城邦社会中多种经济成分中的一种经济成分。因此,本书指出,贵族和平民之间的斗争贯穿着希腊城邦形成后的全部历史。

第八章 希腊城邦制度危机和社会危机的交织

以雅典来说,雅典城邦内部贵族和平民之间的斗争要比斯巴达突出,而且派别的形成比斯巴达早得多。雅典的贵族派认为自己凭借氏族社会的传统应当拥有更多的权力,而雅典的历次改革或制度调整却使贵族享有的权力日益减少,平民派在城邦政治生活中的地位越来越重要,公民大会及其常设机构变得越来越掌握实权,而不再是一种形式了。从公元前5世纪以后,平民派通过规则和程序完全有可能把自己所信任的人推举到执政者的位置上,这是完全合法的,贵族派对此无可奈何。但贵族派同样利用既定的规则和程序,在战争期间和社会上发生骚动时,乘机煽动一部分对现实感到不满的人(包括贵族和一部分平民),在选举的形式下,把贵族派的代表人士推上执政者的位置。这也符合程序,从而无可非议。这正是雅典民主政治的特色。

然而,到了伯罗奔尼撒战争结束后,情况发生了巨大的变化,因为自恃强大的雅典遭到惨败,不得不屈辱性地签订和约。雅典的公民在思考雅典为什么落得如此下场时,开始认识到雅典城邦的选举制度和抽签产生官员的做法是存在问题的,可能把并不适合担任某种职务的人推到了某个岗位上,贻误了国家大事,特别是,战场上指挥官的变动在很大程度上同政坛上的派别斗争的激化有关,以致导致溃败,远征西西里岛的全过程,从决策到失败,就是明显的例子。由此推论,所谓"雅典式的民主"是不是一种最佳选择是值得质疑的,这种民主政治能否继续存在也是值得思考的。

前面已经提到,在伯罗奔尼撒战争结束后,雅典的亲斯巴达的贵族派在斯巴达支持下建立了贵族寡头政权,由于动乱不止,又经过一段僭主统治,雅典最终表面上恢复了民主政制。这些都表明雅典城邦制度经历了深刻的危机。但是,重建的民主政制又是什么样的民主政制呢？只不过是变了形的民主政制而已。"实际上是上层分子党争不断,各自为了小团体的利益而争斗不止,广大民众的参政热情降低,城邦政治生活中的极端个人主义与极端民主的方式滋长。"①这样的民主同梭伦改革以来雅典标榜的和引以自豪的民主已经不是一回事了。雅典的民主精神是以公众的政治热情为支撑的,然而派别斗争的加剧,却导致了如下的后果:"公民责任感消退,公民共同体意识淡化,城邦统一的公共生活开始瓦解,城邦正逐步丧失其凝聚力。"②凝聚力既已丧失,城邦制度必定不可挽回地走向解体。

最后的结局是可想而知的:雅典的"民主制度受到来自多方面的质疑、破坏而开始蜕变成一种暴民政治,国家的内政外交、重大决策要么是为一时冲动的民意所左右,要么是被某些另有用心党派人士所操纵"③。雅典的民主政治变质了,民主政治终于演变为一种所谓的"集体僭主"。什么是"集体僭主"？实际上就是说,"这种专制的权力通过公民大会被放大了数倍,它渗透到了社会生活的每一个角落,可以调动一切能够调动的力量,在需要的时候,它以绝对真理的面目向少数派和少数意见呼啸着压过去,轰然一声,连呻吟都一并埋在尘土之中"④。

那么,究竟是什么样的人才能以民主的面目在公元前 4 世

---

① 吴晓群:《希腊思想与文化》,上海社会科学院出版社,2009 年,第 106 页。
② 同上。
③ 同上。
④ 同上书,第 322 页。

第八章 希腊城邦制度危机和社会危机的交织

纪内的雅典执政呢?是富人,是煽动者,是野心家。

他们必须是富人,因为只有富人才有可能为公益事业或振兴国防而捐献巨资,才有可能因此博得雅典公民的喝彩,赢得慈善家或爱国者的好名声,为日后的执政铺路。至于他们的钱财是怎样得到的、怎样积蓄起来的,公民们是不去追究的。[①]

他们还必须是煽动者,也就是演说家。他们口齿伶俐,擅长演说,善于打动人心,能够引起听众的激情。这既是他们上升之路,也是他们得以战胜对手和取代对手之策。他们的演说才能同他们的行政管理才能和理财才能同样重要。[②] 但应知道,这些政坛上活跃分子的演说才能和演说技巧都是空洞的。靠演说成功而成为执政者的人之所以日后被公众所抛弃,正在于他们经不起治理政务的实践的检验。可是,煽动者靠煽动人心上台这件事,已经给城邦造成了损失,这是谁也改变不了的。作为递补者而被推举上台的,可能依旧是一个擅长演说的煽动者。

无论是靠家中富有而上台还是靠演说才能而上台,这些人全都是野心家,因为他们是抱着某种野心而争取公众的支持的。所用非人,城邦的民主政治既已变质到如此地步,谁有回天之力,谁又能改变这一走向?在公元前4世纪的雅典,雅典的城邦制度已到了无药可治的地步。

第四,战争期间和战后的社会动荡期间,社会上拉帮结伙的现象十分普遍。

城邦内部,贵族派和平民派两大政治派别的斗争趋于尖锐

[①] 参看斯特劳斯:《伯罗奔尼撒战争后的雅典》,克罗姆·赫尔姆出版公司,伦敦,1986年,第13页。

[②] 参看同上书,第14页。

化,关于这一点,前面已经做了说明。但无论在贵族派还是在平民派之中,又都形成了一些小团伙,两大政治派别之外社会上也出现了拉帮结伙的情况。这些小团伙、小帮派彼此斗争不止。如果说贵族派和平民派多多少少还是有自己的政治倾向和政治目标的派别的话,那么这些小团伙、小帮派,却都是为了争权夺利而结成的组织,纯粹是它们为了自己的私利而产生的。正如有人后来评论道:这同19世纪以后英国和西方其他国家的政党在性质上是完全不同的,在雅典根本不存在近代意义上的政党。① 雅典当时出现的拉帮结伙现象,只是给政治生活添乱,使政治更加无序化。所有的团伙、帮派,都有领头人。"领袖走了,这个团体就散伙了。"②这表明这些团伙是不能持久的,但这不影响团伙、帮派又会产生。新产生的团伙同样是不稳定的和组织性很差的,并且同样是一伙人跟随一个领头人,后者一走,这个团伙也就跟着散伙了。③

这种拉帮结伙的现象尽管还没有严重到足以导致希腊城邦制度瓦解的地步,至多只能使个别领袖人物暂时得势,但小团伙、小帮派的出现或一再出现,确实加剧了政局的混乱。④

三、城邦制度的结局

本节所讨论的希腊城邦制度危机和下一节所要讨论的希腊

---

① 参看斯特劳斯:《伯罗奔尼撒战争后的雅典》,克罗姆·赫尔姆出版公司,伦敦,1986年,第15页。

② 同上。

③ 参看同上。

④ 参看同上书,第27—28页。

社会危机是两个不同的概念,不能混为一谈。但两种危机之间却有着密切的联系,这也是不容忽视的。

城邦制度的危机是指:城邦制度之所以能够维持这么长的时候,主要是因为城邦制度建立在公民对城邦的认同和对城邦制度的信任的基础上。他们认同城邦,于是产生了城邦的凝聚力;他们信任城邦制度,于是就赋予城邦制度以生命力,他们维护城邦制度的激情也就产生了。而城邦制度危机则主要指公民对城邦建立以来所形成的城邦制度感到怀疑,包括对城邦历年来进行制度调整感到失望,甚至绝望:他们或者认为这种城邦制度未能实现城邦建立时所确立的公平原则,或者认为它未能实现城邦建立时所确立的民主原则,或者说,"人民(无论富人还是穷人)参加政治生活的劲头也减退了"[①]。既然城邦制度形成后,特别是历经多次制度调整后,城邦制度未能保证公平原则、民主原则的实现,既然到后来公民们不再认同城邦,不再信任城邦制度,那么城邦制度的生命就到了终点,公民就着手探讨新路、新制度,作为替代物。但城邦制度危机并不等同于城邦危机终结。即使城邦制度已陷入困境之中,但替代物在哪里?人们并不清楚。对新路和新制度的思考、探讨,并不等同于人们可以接受的新路、新制度会很容易地替代危机重重的城邦制度。何况,在没有人们可以接受的新路和新制度,而且有一批体制外的异己分子在为新路和新制度的实现而坚持斗争并取得胜利之前,危机四伏的城邦制度仍会不死不活地拖延下去。换句话说,城邦制度尽管陷入危机之中,但不可能

---

① 格罗特:《〈希腊史〉选》,郭圣铭译,商务印书馆,1964年,第35页。

自行了结。①

城邦制度的终结还有待于社会危机的加深。城邦制度危机和社会危机的交织,才能把城邦制度埋葬掉。

郭小凌在著作中采用了"城邦危机"一词,他的解释是:"城邦危机是希腊城邦全面危机的总称。"②他列举了希腊城邦危机的不同层面,城邦危机包括:"经济危机(古典所有制危机)、政治危机(公民集体最高政权机构公民大会作用的丧失、城邦内部斗争和晚期僭主制的出现)、军事危机(公民兵的衰亡和雇佣兵的兴盛)、思想意识危机(爱国主义精神的丧失和传统宗教意识的崩溃)等。"③郭小凌的上述分析是有根据的。据我的理解,这实际上和我在本书中所说的"希腊城邦制度危机和社会危机的交织"是一个意思,只是表述方式不同而已。

郭小凌认为,在城邦危机的不同层面中,"经济危机则是根源"④。这个观点也有依据。份地制度曾经是希腊城邦赖以生存和发展的基础。没有份地制度,既不能使公民认同城邦制度,又不能产生城邦的凝聚力和公民对城邦制度的维护。但经济危机则反映了份地制度不再存在之后出现的越来越多的问题。例如,城邦不再像过去那样为公民提供生活保障了,也不再像过去那样为城邦提供足够的公民战士了。贫民人数越来越多,以至

---

① 这是本书作者在所著《资本主义的起源——比较经济史研究》(商务印书馆,2003年)一书中反复强调的观点。
② 郭小凌:"希腊军制的变革与城邦危机",载《世界历史》1994年第6期,第70页。
③ 同上。
④ 同上。

第八章 希腊城邦制度危机和社会危机的交织

于他们对城邦制度的公平原则产生怀疑,使城邦的凝聚力大大削弱了。

在雅典,这些问题可能更为突出,而更为突出的主要原因与雅典实行的"直接民主"有一定的关系。在"直接民主"之下,"民主政治"可能产生的恶果最充分地表现出来了。这是因为,在城邦建立的初期,虽然已经出现了"民主政治",但"'平民'以人数之优势取得政权"①这种情况还受到制约,当时还不可能完全以人数的多少而做出重大决策。随着时间的推移,这种恶果越来越暴露。"平民政治"逐渐演变为"暴民政治",即在"民主"的旗帜下行"反民主"之实:公民大会单纯以赞成与反对的人数多少就做出了对某些人实行抄家、没收财产、放逐国外甚至处死的决定。"暴民政治"演变为"恐怖政治",政界精英们谁都无法预料公民大会会对自己做出什么样的判决,也无法掌握自己的命运,他们在"集体僭主"的统治下惶惶不可终日。这与城邦制度建立时的初衷相距太大了,"公平"、"自由"、"民主"这些名词被任意解释,对此失望的人越来越多,但没有人敢站出来反对这种政治气氛,更谈不上纠正它。

以上所说的这些事实,归根到底都说明了一个问题:如果政府连所有权都无法保护,连公民的生命都无法保护,谁还会相信这样的制度和这样的政府呢?②

---

① 陈思贤:《西洋政治思想史·古典世界篇》,吉林出版集团有限责任公司,2008年,第125页。
② 参看诺思和托马斯:《西方世界的兴起》,厉以平、蔡磊译,华夏出版社,1989年,第8页。

第二节 社会危机

一、雅典的社会危机

伯罗奔尼撒战争以雅典的惨败告终。从这时起,雅典便开始陷入深刻的社会危机战争中,雅典农民的家园被毁,收成无望,留在农村连维持生计都成问题。他们纷纷背井离乡,或逃入雅典城区避难,或外出谋生,流离失所。不少农民把土地卖掉,收购这些土地的都是富裕之家,他们成为大地主,使用奴隶来耕种这些土地。阿提卡半岛上过去作为雅典城邦在乡村中的社会基础的小农土地所有制现在已被大土地所有制和奴隶劳动所代替。这成为伯罗奔尼撒战争结束后雅典最大的问题。

雅典城区的经济状况也不令人乐观:手工业凋敝,商业衰落,市场萧条,谋生日益困难。矿场中奴隶大量逃亡,所以对富人来说,兼并土地和经营奴隶耕种的种植园比经营采矿业较为有利。① 战争期间物价大幅度上涨,主要原因是供给不足,商品短缺。雅典城区的一般居民和受雇于手工业作坊、商店的雇工等人,他们是靠微薄的工资养家糊口的,物价连续上涨使他们的生活更加困难。伯罗奔尼撒战争结束后,雅典经济在逐渐恢复,但物价上涨问题并没有大的缓解。主要原因有以下三点:

第一,虽然阿提卡半岛上兴起了一些使用奴隶耕作的大种

---

① 参看斯特劳斯:《伯罗奔尼撒战争后的雅典》,克罗姆·赫尔姆出版公司,伦敦,1986年,第46页。

植园,农产品产量有所回升,但种植园主人考虑到,把生产出来的农产品用于出口更加赚钱,所以国内市场的供给依然是不足的,物价上涨的势头未减。

第二,战争结束后,银矿恢复了生产,又增购了奴隶以代替战争期间大量逃亡的奴隶。白银产量增加了,但商品的供给量并未大量增加,结果,流通中的货币量多了,又推动了物价的上升。

第三,战后重建的工程量是巨大的。这里包括城区防卫工事的加固、修复,房屋的重建,某些公共设施的修缮,再加上道路的修筑和为了重整海军而对造船造舰的大量支出,这一切都加大了对建筑石料和木材的需求量,物价的上涨是不可避免的。

物价上涨使雅典穷人的生活更加困难。特别是,正如前面已经指出的,尽管雅典在伯罗奔尼撒战争中遭到惨败,但雅典的"帝国梦"依然存在,它随时准备东山再起。雅典先是同波斯帝国勾结,打败了斯巴达的舰队,为重建海上强国准备了条件。后来,底比斯军队击溃了斯巴达军队,攻入了伯罗奔尼撒半岛,紧接着底比斯军队把矛头直指雅典,企图成为希腊世界新霸主。这时,雅典和斯巴达又联合起来打败了底比斯军队。雅典被一些希腊城邦推崇为"第二雅典帝国"。雅典似乎被胜利冲昏了头脑,继续扩充军备,而不顾国内社会危机的深重。雅典的这一野心直到波斯国王强加给希腊各个城邦的"国王的和约"时,才暂时有所收敛。[①]

从伯罗奔尼撒战争结束到"国王的和约"被雅典和其他希

---

① 参看本书,第434—435页。

腊城邦接受的这段时间内,雅典的贫富差别比以往任何时期都要大,社会矛盾比以往任何时期都要尖锐。这时的新情况是:某些富人已经下降为小富,而中等阶级的人则下降为穷人了。[1] 新出现的穷人比以前更多,他们也比以前的穷人更急于想从有钱人那里得到帮助,但有钱人由于自身的经济状况已经不如过去,所以比以前更难满足穷人的需求。[2] 久而久之,穷人对富人的怨恨、对社会的怨恨越积越多。这就是社会危机的激化。

雅典的穷人们把求助之手伸向城邦政府。根据雅典城邦制度建立以来的传统,有选举权但没有财产和收入来源的公民要靠政府发给生活津贴,否则他们将无法出席各种公民会议,雅典的民主政治也就残缺不全了。但伯罗奔尼撒战争期间和战争结束后,政府的财力已经耗尽,政府没有那么多资源来接济更多的穷人,怎能不使穷人们更加失望呢?一个社会,最担心的是穷人处于绝望之中。他们由一再失望而陷入绝望后,便会使得他们对富人的仇视增加,对政府的不信任加剧,社会的动乱就会扩大。

这正是雅典在公元前4世纪中叶所遇到的难题。谁来缓解这一难题?政府领导人,不管是贵族派人士还是平民派人士,全都束手无策。以前,雅典的中产者人数较多的时候,中产者从维护社会安定的角度出发,还多多少少以公益人士或慈善家的身份向社会捐赠,帮助穷人。然而由于战乱不已,中产者在协调贫富之间关系上的作用大大减弱了。一方面,雅典的中产者向来

---

[1] 参看斯特劳斯:《伯罗奔尼撒战争后的雅典》,克罗姆·赫尔姆出版公司,伦敦,1986年,第171—172页。

[2] 参看同上书,第172页。

是由生活上比较富裕的一般工商业户和较为富有的自耕农所组成,但屡经战乱,他们的财产缩水了,收入下降了,有些也降为穷人了,他们没有财力来救济穷人。另一方面,在雅典,少数富豪家庭依然存在,他们的财产在增长,他们的势力在膨胀,他们的钱财除了用于过奢侈生活和继续投资增值而外,主要用于政治活动,以便进入政坛,获得更多的权力、更多的财富。他们有时为了沽名钓誉,也捐献一些用于公益事业,但不过是为了政治上的需要。中产者是依附于这些富豪和权要的,他们难以有更多的作为,如果不慎而引起富豪的嫉妒,反而会引来祸患。

在雅典贫富差别扩大和政坛无序现象加剧的过程中,希腊,包括雅典在内,涌现了一批又一批的演说家或修辞家。以前社会上就有这样一些人,只不过到公元前4世纪时,这样的人更多了。演说家之类的名称"实际上往往用之于同一个人,只是从不同的角度来衡量他罢了"[1]。这些人几乎各个城邦都有,但他们全都"向往着雅典,以之作为进行活动和显身扬名的中心"[2]。

重要的是,这些人既是雅典民主政体的产儿,又是雅典民主政体的损害者。他们的争辩在活跃了雅典民主活动的同时,却起着破坏雅典民主活动的作用。他们渐渐被冠上"诡辩家"的称号。格罗特在其名著《希腊史》中,曾有这样一段十分生动的比喻:"当每一个公民都可以在陪审法庭上为自己辩护的时期,他们却把一种使用普通武器的特技传授给有钱能买得起的人,恍如在一群没有经过训练的决斗者中,他们就是耍刀弄枪的教

---

[1] 格罗特:《〈希腊史〉选》,郭圣铭译,商务印书馆,1964年,第45页。
[2] 同上。

师爷或职业性的剑客。"①这一类诡辩家虽然不是直接操纵着雅典的政坛,但从其影响和间接作用来看,他们所扮演的不光彩角色却不可以忽视,他们对雅典民主政体的损害性也不可以低估。正是由于有了这样一些人在发生作用,雅典贵族派和民主派之间的斗争激化了,雅典的民主政治变质了,雅典的政治运行方式被扭曲了,不少人对雅典的政治制度大大误解了。诡辩术的传授使雅典蒙受了"金钱政治"、"金钱审判"等恶名。结果,不仅拥护雅典民主政体的人对诡辩家们产生反感,甚至连僭主也讨厌他们,以至于在雅典,"三十僭主所采取的第一批措施,其中有一项就是明令禁止讲授雄辩术"②。但诡辩家之所以能到处受欢迎,是有其背景的,这就是政治生活已无序可循,诡辩家们既在政治生活无序的环境中滋生和受欢迎,他们又适应政治生活无序条件下人们的需要,这岂是一纸禁令禁止得了的?

与此同时,贿赂公行也成为公元前4世纪以来雅典社会危机的特征之一。在雅典城邦建立后,直到伯里克利执政期间,雅典对官员贪污受贿事情的处理是严厉的,法律规定受贿的官员应判死刑,虽然在判决与执行时不一定都严格按法律处置,即不一定判死刑,但给予处罚则是惯例。在公众心目中,行贿和受贿都被认定为耻辱,受到雅典人的蔑视。但到了公元前4世纪中叶,贿赂已公开化,受贿者不以为耻,行贿者也不以为羞。社会风气败坏到如此地步,这同样是社会危机深刻化的反映。

以前,当雅典城邦还处于兴盛阶段时,缓解社会矛盾的一个

---

① 格罗特:《〈希腊史〉选》,郭圣铭译,商务印书馆,1964年,第46页。
② 同上书,第47页。

有效途径就是向海外移民,开拓土地,建立希腊人的移民城邦或移民区,把国内的穷人和一切愿意到海外求发展的公民输送到那里去。实际上,"约在公元前6世纪中叶,殖民化潮流中断了"①。从那以后,希腊本土仍有人走向海外,除了投亲靠友谋生之外,主要是经商者,或者就是外出学习和讲学的人。② 到了公元前4世纪中叶,可供希腊人外出的地域已大为缩小。往东,希腊在小亚细亚的移民城邦已归属波斯帝国,连塞浦路斯也归波斯帝国统治了;往西,迦太基的势力一直存在,而且还相当强大,不容希腊人越过西西里岛上的分界线;往北,马其顿王国已经崛起,正等待时机南下;往南,埃及又受波斯帝国的管辖了,希腊人没有多大的活动空间。雅典人连外出经商都已感到困难,哪里才能找到可供移民安身的土地呢?哪里会有可供缓解雅典国内社会矛盾的安全阀门呢?

社会危机的加剧不可避免地在雅典政坛上有显著的反映。穷人积怨日深,不管是贵族派执政还是平民派掌权,在大多数穷人看来,他们都不可能真正为穷人的利益着想。穷人们寻找一条可以实现"均贫富"的理想的途径。于是平民极端派成了他们的代表,平民极端派也以穷人利益的代表自居。可以说,是平民极端派操纵的人群,打着为穷人、为平等、为生活的旗号,聚集了力量,夺取了公民大会的控制权,再通过公民大会的决议,实行了极端的政策,如没收富人财产,归入国库,然后分配给低收入家庭等等。甚至采取恐怖、暴力的手段,如先抓人,再抄家,或

---

① 库蕾:《古希腊的交流》,邓丽丹译,广西师范大学出版社,2005年,第163页。

② 同上。

者先流放,再没收其财产。这正是"直接民主"所导致的恶果之一,因为"大多数人的投票可以通过将富人财产充公的条令,希腊人并不认为这是不合法或不公正的"①。

不仅如此,在平民极端派操纵之下,公民大会还下令全国有不动产的公民都要自动申报不动产数额,并按规定缴税,此外还要公民"自动捐献",于是引起全国所有拥有不动产的公民的惊慌,瞒报、少报、不报的事件到处发生。政府就出动警力,查处隐瞒财产和少报或不报收入的人,以及逃税不缴的人,认为该抓的抓,该抄家的抄家,该流放的流放,该处死刑的处死刑,全国一片混乱,稍有积蓄的公民惶恐不已,能逃的逃,能躲的躲,国内几乎已无安身之地。在这种局势之下,"民主政制变成了什么?它们不对这些过激行为和罪行负责,它们乃是首先为其所害的"②。民主政治已经变成了暴政、集体名义下的暴政;民主社会已经变成了恐怖社会、以"民主"为幌子的恐怖社会。"实际上,真正的民主政制已不再存在。"③

政局的动荡、社会秩序的破坏、平民极端分子的横行,对雅典和其他一些城邦来说,受打击最严重的是刚刚形成的中产阶级,或刚刚成长中的社会第三种力量。在亚里士多德的心目中,中产者或中间阶层被寄以很大的希望,他认为这一阶层是可以使社会保持平衡的政治力量。④ 亚里士多德的愿望落空了。刚

---

① 古朗士:《古代城市:希腊罗马宗教、法律及制度研究》,吴晓群译,上海人民出版社,2006年,第353页。参看李玄伯译本,中国政法大学出版社,2005年,第279页。
② 同上书,第280页。
③ 同上书,吴晓群译本,第355页。参看李玄伯译本,第280页。
④ 参看本书,第514—515页。

第八章 希腊城邦制度危机和社会危机的交织

刚形成的中产阶级又萎缩了,第三种力量又消失了,社会依旧处于贵族和平民之间的激烈冲突之中。从梭伦改革到伯里克利改革这段时间的制度调整成果几乎全部丧失。雅典社会陷入前所未有的困境。暴民政治葬送了雅典境内几乎绝大多数希望日子过得越来越好的公民们的美好愿望和前景。

暴民政治的横行归根到底仍然起源于"直接民主",而"直接民主"却又与城邦制度的多年调整有关。但为什么城邦制度最终会演变为恐怖社会呢?这又不能不归因于贫富收入差距的扩大和社会危机的日益严重。前面已经指出,一个社会最担心的是出现越来越多的绝望者,平民极端派在社会危机日益严重的条件下,把大批绝望者聚合到一起,形成了一股势力,使雅典变成了暴政统治的社会、一个名副其实的恐怖社会。那么,究竟是什么葬送了已实行数百年之久的城邦制度呢?是城邦制度危机和社会危机的交织。而城邦制度危机和社会危机又是怎样交织在一起的?直接原因无非是一场希腊城邦的长期战争——伯罗奔尼撒战争。从这个角度看,伯罗奔尼撒战争既是希腊人自残的战争,又是把希腊城邦制度推入绝境的战争。[①]

希腊城邦内部平民极端派的掌权不可能持久。斗争仍在进行之中,反反复复,并没有确定的结果,不过是在继续大伤元气,使大家都搞得筋疲力尽而已。有识之士这时也认识到不能再这样下去了,城邦制度需要再调整。但时机已经丧失。马其顿王国已崛起,时刻准备南下。希腊本土的城邦已危在旦夕。

给濒临死亡的希腊城邦制度的最后一击即将开始。

---

① 参看罗尔:《经济思想史》,陆元诚译,商务印书馆,1981年,第26页。

二、斯巴达的社会危机

斯巴达被底比斯击败后,斯巴达在伯罗奔尼撒半岛的控制权立即丧失,半岛上原来一些臣服斯巴达的城邦乘机摆脱了斯巴达的控制。这种情况并未因底比斯的迅速衰落而改变。底比斯衰落后,斯巴达未能恢复它曾经有过的伯罗奔尼撒半岛霸主的地位。

这同斯巴达的军事力量的丧失有关。斯巴达自从建立城邦以来,经济从未有大的发展。它一直是一个农业城邦。作为农业城邦,它依靠享有公民权利的小农提供自身需要的农产品,并依靠公民战士组成了一支勇敢善战的陆军。此外,它还依靠受着农奴一样待遇的黑劳士及其村庄提供税赋和农产品,依靠"边民"(即皮里阿西人)经营手工业和商业,并相应地缴纳税收。这种状况维持了好几百年。

随着伯罗奔尼撒战争的结束,尤其是随着底比斯城邦的强盛并在战场上击败了斯巴达军队,斯巴达的形势大为改变。土地关系的变化最为明显。氏族社会保留下来的土地共有和份地制度不再存在,"所有土地都集中在少数人手中,而穷人既无手工业也无商业,富人使用奴隶来耕种他们广阔的土地"[1]。失地农民越来越多,斯巴达的社会矛盾空前加深了。这时的斯巴达不再是过去那样以"公平"、"平等"等原则作为标榜的城邦了,它已经变质,成了"一方面,少数人拥有一切,另一方面,绝大多

---

[1] 古朗士:《古代城市:希腊罗马宗教、法律及制度研究》,吴晓群译,上海人民出版社,2006年,第361页。参看李玄伯译本,中国政法大学出版社,2005年,第286页。

第八章 希腊城邦制度危机和社会危机的交织

数一无所有"的社会。①

土地兼并和集中的结果是,斯巴达的兵源严重不足,公民军队已维持不下去,雇佣兵取代了公民战士,这样,斯巴达城邦不再依靠公民战士来保卫城邦,而把城邦的安危系于为薪酬而效力、卖命的雇佣兵身上,这些雇佣兵由外邦人组成,他们同斯巴达既没有氏族社会传承下来的血缘关系,也没有共同的宗教信仰。斯巴达同这些雇佣兵只是雇主和受雇者的关系而已。兵制的变化,使得一向以公民军队英勇善战自豪的斯巴达失去了城邦制度赖以维持的军事基础,而失地农民人数的剧增和贫富差距的扩大,导致斯巴达城邦的社会基础越来越脆弱。再加上斯巴达城邦控制力的削弱,黑劳士的反抗不断,并在斯巴达败于底比斯的同时通过起义、逃亡等形式而获得了实际上的人身自由。(在这之前,"边民"已经摆脱了依附地位)斯巴达已经没有力量再恢复其兴盛时期的局势了。

但问题并不到此为止。斯巴达贫富之间差距的扩大,使得斯巴达政坛上贵族派和平民派之间的斗争加剧了,由此引发了社会动荡。破产的公民、失地农民逐渐聚集在一起,号召人们团结起来,推翻在斯巴达执政多年的贵族寡头政府。这些密谋被斯巴达城邦政府获悉,及时予以镇压。但社会矛盾未缓解,社会依旧陷入危机之中。

与雅典社会相比,斯巴达社会有一个明显的特点,即斯巴达一直是一个工商业不发达的农业城邦,氏族社会保留下来的传

---

① 古朗士:《古代城市:希腊罗马宗教、法律及制度研究》,吴晓群译,上海人民出版社,2006 年,第 361 页。参看李玄伯译本,中国政法大学出版社,2005 年,第 286 页。

统和惯例长期内几乎原封不动地存在,城邦标榜公平和平等,它也历来靠公民纪律来维持公民团结一致对外的精神状态。斯巴达旺盛的士气建立在公平原则的贯彻之中,士气对斯巴达而言显得特别重要。任何公民不许特殊化,不许凌驾于其他公民之上,这是士气旺盛的基础。而雅典则不同,雅典从城邦建立之后就把经济发展放在重要位置,雅典公民长期以来就已经习惯于商业繁荣给予社会的影响。雅典人认为,经商是自由的,人人都有权利进入市场,通过经商致富,即使小农也不例外。既然每个雅典公民都有经商致富的机会,于是他们就不在意商业发展所带来的收入的不平等和财产的不平等。他们所反对的是后来所形成的商业方面的各种垄断行为、官商勾结行为,因为这被认为破坏了商业机会均等的原则。

斯巴达人对公民之间的财产差距和收入差距的看法同雅典人不同。正如前面所说,斯巴达人不仅认为通过经商活动而形成的公民间的财产差距和收入差距是不合理的(因斯巴达城邦规定斯巴达公民不得从事工商业活动,只有"边民"才能从事工商业),而且认为农业经营收入的差距扩大也是不合理的,因为在土地共有和实行份地制度的前提下,公民作为小土地的持有者不可能收入大大高于其他经营农业生产的公民。斯巴达人认为,重农轻商是斯巴达的传统,公平和平等是支撑斯巴达城邦的原则。一旦贫富收入扩大了,社会就不稳定了;一旦人人都可以经商致富了,斯巴达赖以维持城邦的存在和公民凝聚的精神支柱很快就坍塌了,过去那种全体公民为集体而战,为城邦传统而战的意志涣散了,消失了,因此,社会危机对斯巴达的影响实际上大大超过社会危机对雅典的影响。也就是说,在雅典,由于人们多年来一直致力于发展工商业，人们已经适应了通过经营工商业甚至经营农业而致富的事实，氏族社会保留下来的传统也已经逐渐淡化，因此在陷入社会危机之后，尽管政局动荡，社会走向无序化，但只要不是社会冲突过于尖锐，导致平民极端派上台执政，社会一般来说还是能承受的。斯巴达则不然，一旦出现了社会危机，人们普遍会感到城邦的精神支柱坍塌了，从而整个社会出现茫茫然不知所措的情况。正是从这个意义上说，斯巴达的社会危机比雅典的社会危机更为深刻。

三、其他希腊城邦的社会危机

在公元前4世纪中叶的希腊本土，不仅雅典和斯巴达陷入了社会危机，其他城邦也遇到同样的问题，因为伯罗奔尼撒战争使所有的希腊城邦都卷入了，没有一个希腊城邦能置身其外。这样，其他城邦都受到这场在希腊世界没有赢家、只有输家的战争的打击。伯罗奔尼撒战争结束后，其他希腊城邦先是受到斯巴达的控制，稍后又受到底比斯的威胁，最后生存于波斯帝国强加于希腊城邦的"国王的和约"的阴影之下，生存于极其艰难的国际环境之中。经济的不振、农业的衰败、贫富差距的加剧、社会冲突的尖锐化、政局动荡的不绝，这些都成为其他希腊城邦的共同之处。实际上，这一时期其他城邦社会秩序的混乱和社会危机的严重都超过了雅典。

在雅典，尽管贵族派和平民派之间反复较量，斗争十分激烈，尽管平民极端派曾操纵公民大会，做出了实行极端政策的决议，拘捕富人和反对者，流放，没收家产，以致处死之类的事件不绝，但一方面，雅典并没有发生真正意义上的内战，它是当时

"希腊城市中唯一一个没有在城中发生穷人与富人之间这种残酷战争的城市"①。这可以说是不幸中的大幸。另一方面,"雅典的经济状况比其他城市较好些,与希腊其他地方相比没有出现太多的暴力事件"②。当然,这是相对而言的,因为在雅典出现的平民极端派掌权期间,暴政并不少,乱捕乱杀乱抄家事件也不在少数,但主要区别在于:在雅典,这些暴力事件、恐怖事件是在平民极端派操纵之下由公民大会做出决议而实行的。最坏的政府也比无政府好:而希腊其他城邦出现的暴力事件、恐怖事件,则多数是在无政府状态下发生的。

例如,公元前373年,距伯罗奔尼撒战争结束(公元前404年)不过30年左右,位于伯罗奔尼撒半岛上的阿果斯城邦,因贫富差距扩大,积怨很深的穷人在平民派领导下发动了针对富人的暴动,他们手持棍棒铁器,到处攻击富人,抢劫神庙。他们在公元前370年这一年,一下子就杀死1,200名富人,使整个希腊世界为此惊愕不已。又如在米蒂利尼城邦,负债人以饥饿而难以活下去为理由,竟把债权人全部杀掉。这些事件充分说明希腊社会已经陷入了无法无序之中。这些事实也清楚地表明希腊某些城邦的情况比雅典坏得多。

罗素曾做了归纳。他写道:"有两种东西摧毁了希腊的政治体系:第一是每个城邦要求绝对的主权,第二是绝大多数城邦

---

① 古朗士:《古代城市:希腊罗马宗教、法律及制度研究》,吴晓群译,上海人民出版社,2006年,第355页注。
② 同上。

第八章　希腊城邦制度危机和社会危机的交织

内部贫富之间残酷的流血斗争。"①这种分析是符合希腊城邦的实际的。由于每个城邦都要求绝对主权,谁也不服谁,于是城邦之间战争频起,伯罗奔尼撒战争就是最明显的"自毁"例证。由于贫富悬殊,国内政局不得安宁,社会冲突激化,结果社会陷入深刻的危机之中。社会激烈动荡和贵族、平民两派相继掌握和相继下台,"都以大肆屠杀或流放最优秀的公民为务"②。社会精英的被抓、被逐、被杀带来的后果十分严重,而且会影响数代人,这"对希腊是极端有害的"③。影响正在于:人才流失了,逃亡了,而且逃亡者积下了仇恨,总是设法回来复仇。④

公元前4世纪许多希腊城邦因社会动荡加剧而转向僭主政体。为什么会发生这种情形?"一般说来,主要原因之一是富人和穷人之间对立的加剧。"⑤于是社会上有人希望出一位强人来收拾残局。僭主通常是军事领袖,他们正是利用国内社会和政治失衡的局势,不顾法律、传统、惯例,发动政变而取得了政权。⑥

至于像科林斯这样的经济比较发达而又有一定军事实力的城邦,在公元前4世纪内也同样因贵族派和平民派之间斗争的加剧而陷入社会危机之中。

---

① 罗素:《西方哲学史》上卷,何兆武、李约瑟译,商务印书馆,2002年,第344页。

② 罗斯托夫采夫:《罗马帝国社会经济史》上册,马雍、厉以宁译,商务印书馆,1985年,第17页。

③ 同上。

④ 参看同上。

⑤ 奥斯汀和维达尔-纳奎:《古希腊经济和社会史导论》,英译本,奥斯汀译,加利福尼亚大学出版社,1977年,第142页。

⑥ 参看同上。

前面多次指出，科林斯位于连接希腊中部和南部的科林斯地峡上，地势险要，但交通十分便利，工商业兴旺，海外往来多，同雅典之间在海外扩张和商业利益上存在许多矛盾。科林斯除了希波战争第一阶段内曾与雅典、斯巴达一起抗击过波斯帝国军队而外，在其他战争中却经常与斯巴达采取一致行动。在科林斯，由于工商业发展很快和同样存在着土地兼并行为，所以富人和穷人之间的关系日趋紧张，平民派不满贵族派同大商人勾结，实行贵族寡头统治，不断掀起暴动。暴乱一再遭到镇压，但社会动荡如故，以至于公元前4世纪前期，不少科林斯公民外迁到意大利半岛南部和西西里岛东部，以逃避国内的乱局。

于是就会回到以前已经提到的一个老问题，即众多分散的希腊城邦，特别是那些较小的城邦，在各自遇到困难的时候，为什么不能联合起来一致图强呢？如果说在这些城邦都兴盛、繁荣的日子里，它们全都认为现在的日子很好过，又没有遇到什么棘手的问题，没有必要在联合、统一等问题上花费诸多时间和精力，那么在社会危机严重时，为什么不想到依靠集体的力量，运用集体的智慧，来使这些城邦共同摆脱困境呢？实际上，这种设想也是不可能实现的。这不仅因为"古希腊人没有能力联合起来，没有能力采取一个共同的政策，并在城市间建立稳定的联系"[1]，更重要的是因为希腊人只有城邦概念，每个城邦的公民只认同自己的城邦，而不认同其他城邦，他们从来没有大一统的国家概念，他们不像罗马人，更不像古代东方各国的人。他们信

---

[1] 库蕾：《古希腊的交流》，邓丽丹译，广西师范大学出版社，2005年，第187页。

奉城邦的传统和惯例,信奉自由、平等、民主和宪制,始终把"僭主政治"看作异类。他们甚至根本不曾想过联合或统一之类的问题。"只有诸如竞技运动会或宗教节日这样重大的国际性活动才能把他们聚集在一起。"[1]这样,即使各个城邦都陷入社会危机之中,但没有哪一个城邦愿意主动去找其他城邦商量统一、合并等大事。于是,城邦分立和各自为政的形势是无法扭转的。分散的希腊城邦无法摆脱各自被征服的命运,"最终被亚历山大及其继任者从中渔利"[2]。

这一切正如威廉·弗格森所评论的:"希腊城邦是一个有着独特内在构造的单细胞有机体,除非进行再分割,否则无法发展,它可以无限制复制同类。但这些细胞,无论新旧,都无法联合起来,形成一个强大的民族国家。"[3]希腊的各个城邦就这样注定了要一个个单独地存在下去,直到细胞死去,也就是城邦的消失。希腊城邦处于社会危机之中了,谁能挽救城邦?外人是没有能力的,全靠希腊城邦自身。那么,谁能挽救希腊呢?要挽救希腊,"恰当的补救不是像柏拉图和亚里士多德教导的那样改变城邦内部的政体,而是要改变细胞壁的结构,以使他们可以紧密地相互联结起来"[4]。但问题在于:在希腊世界,在为数众多的智者和政客之中,谁能设计出改变城邦的"细胞壁的结构"方案?找不出这样的人。即使有了这样的方案,谁又有能力亲

---

[1] 库蕾:《古希腊的交流》,邓丽丹译,广西师范大学出版社,2005年,第187页。
[2] 同上。
[3] 弗格森:《希腊帝国主义》,晏绍祥译,上海三联书店,2005年,第1页。
[4] 同上。

掌"手术刀",动这"大手术"呢？同样不可能有任何人。

希腊不同于罗马。古典时期的希腊,以城邦始,也以城邦终,众多的、分散的希腊城邦从未组成一个统一的国家。而罗马人则不同,开始时,罗马境内不止是一个城邦,但却联合了,统一了。为什么希腊各个城邦不能像罗马人那样形成一个统一的国家呢？蒙森在所著《罗马史》一书中做了如下的分析。他认为,关键在于希腊人很早就建立了民主政体,很早就崇尚民主。[①]希腊人把公民大会的决议视为至高无上,一切都要按规则和程序办,僭主是受鄙视的。然而,希腊各个城邦要统一,就不能违背规则,不能违背程序,不能让僭主来主宰这一切。难就难在谁都无法改变希腊人的民主原则和民主精神。"希腊民族如不同时把自己的政体改为专制政体,便不能民族统一进入政治统一。"[②]蒙森指出,这正是希腊人不如罗马人之处。[③]

第三节　希腊因城邦制度危机和社会危机交织而陷入意识形态困境

一、学术界的争论

在希腊本土,从氏族社会到部落制,再到城邦制度的形成,是一个渐进的、漫长的过程。当初生活在希腊境内的一些部落

---

① 参看蒙森:《罗马史》第 1 卷,李稼年译,李澍泖校,商务印书馆,2004 年,第 27 页。
② 参看同上。
③ 参看同上。

在建立各自的城邦时,把氏族社会的惯例作为一种传统保留下来了,并把它们作为城邦建立后管理的依据。大家都遵守这些规则和程序,把它们视为不可违背、不可逾越的界限。当时还没有形成所谓学术界,因此根本谈不上什么学术界对希腊城邦制度的形成起过作用。那时,哲学家是不受社会重视的。没有多少人对某个哲学家提出的论点特别感兴趣。所谓哲学家,其实不过是些教师而已,包括在学校中教课的,或私人开馆授徒的。[1]

在城邦刚建立阶段,贵族和平民之间的矛盾就已经开始出现,但当时平民的力量很小,而且土地仍然是共有的,份地制度也在实行,所以在贵族把持大权的同时,考虑到要稳定城邦社会,通常把有争议的事情拿到公民大会上去表决,以显示自己是遵守传统和惯例的。当时没有人认为贵族和平民之争日后会发展为城邦制度中的障碍,更没有被认为是城邦今后的一个隐患。传统和惯例一直维持着。

越往后,随着城邦的发展和经济的逐渐兴旺,人们才把宪制看得越来越重要,因为没有宪制,没有公民们集体制定并认可的规章制度,城邦生活还能有序不乱吗?城邦生活的无序,是公民们都不愿看到的,所以不管什么样的城邦,都需要依靠宪制来维持城邦的安定。斯巴达是农业城邦,需要有宪制,使小农生活正常运行。雅典和科林斯强调发展工商业,也需要有宪制,使工商业进一步昌盛。宪制保证城邦公民的权利,公民们特别是平民出身的公民,总希望能扩大自己的公民权利。贵族也感觉到,如

---

[1] 参看戴维斯:《民主和古典希腊》,斯坦福大学出版社,1978年,第188页。

果平民的要求完全得不到满足,城邦的稳定是难以保障的,所以只要在扩大平民权利的同时使自己仍然能享有较多的利益就行了。于是在某些城邦,尤其是在雅典,改革开始了。前面已经指出,改革就是城邦制度的调整。制度调整是在尊重宪制、遵循宪制的前提下逐步推进的。制度调整的结果,宪制趋于完善,从而继续被公民认可。

学术界参与城邦事务的讨论,对制度调整做出评价或提出有针对性的意见,也正是在制度调整中出现的。而当城邦制度遇到了危机,以及城邦陷入社会危机之后,学术界议论城邦制度的声音大大增加,不同见解的争辩也越来越多,学者日益受到社会的重视。这大体上是公元前5世纪以后的事情,距当初城邦制度的建立至少已有一两百年的历史。

(一)苏格拉底

在学术界所关注的政治事件中,首先要提到雅典的苏格拉底(公元前427—前347年)及其被审判、被处死的事件。当时的雅典,或者说,当时希腊的所有城邦,什么是政治?政治就是"两党阶级斗争。双方都认为,城市应受该市公民的治理。但是在公民范围方面却有分歧。公民范围要像在寡头政体下那么有限制,还是像在民主政体下那么普及化?"[1]这就是当时争论的焦点所在。苏格拉底本人是什么立场呢?应当说,在两党或两派中,"苏格拉底不是寡头派,也不是民主派。他对两者都保持着距离"[2]。苏格拉底实际上是超脱于两党或两派之外的。

---

[1] 斯东:《苏格拉底的审判》,董乐山译,三联书店,1998年,第11页。
[2] 同上书,第12页。

他所宣传的则是"'智者统治,别人服从'的极端蔑视民主和自治的学说"①。这种反对民主和反对自由的学说,无论贵族寡头派还是民主派(平民派)都是不能容忍的,这也是"大多数苏格拉底同时代人对苏格拉底的看法"②。

从这个意义上说,苏格拉底反对的是雅典的城邦政治。要知道,根据雅典城邦领导人梭伦直到伯里克利所立下的标准,凡是公民都有参加城邦公共事务的义务,而苏格拉底作为一个雅典公民"在有生的70年中居然能做到几乎绝不参与城市的事务,这是十分不正常的"③。这既可能出于他对雅典城邦政治的不信任,也可能由于他已经对雅典城邦制度绝望了。

苏格拉底是忠于自己的信念的。像他这样一位不参与政治活动的学者之所以被判处死刑,主要来自两项指控:一是说他不尊敬城邦所信奉的诸神,而且还引进了新神,二是说他把青年们带坏了。这两项指控,无论是苏格拉底本人还是为苏格拉底抱不平的知识界人士都予以否认。那么,苏格拉底究竟在什么问题上得罪了雅典的权要呢?"我们这里抛开苏格拉底被判死刑这一事情本身的复杂的历史原因,而去直观苏格拉底对于雅典及希腊诸城邦的挑战,这就是,他提出了何谓希腊人的'德性'?"④

要知道,在以前很长的时间内,"德性"同希腊人的身份有

---

① 董乐山:《苏格拉底的审判》译序,载斯东:《苏格拉底的审判》,董乐山译,三联书店,1998年,第6页。
② 斯东:《苏格拉底的审判》,董乐山译,三联书店,1998年,第11页。
③ 同上书,第117页。
④ 石敏敏:《希腊人文主义》,上海人民出版社,2003年,第142页。

关,社会正是依靠社会成员的身份得以维持秩序的。到了苏格拉底时代,靠旧的身份所维持的秩序已被突破,从而"德性"和身份之间的关系也就随之解体了,于是"苏格拉底试图提供一种关于德性的新的回答,即德性的标准不是人的自然性,而是智性力量;不是身体的存在,而是灵魂的高贵与否"①。多年以来,雅典城邦的秩序是靠身份和道德规范维持的,现在,随着客观形势的变化,苏格拉底向传统的身份观念和道德观念进行挑战,这被看成是蛊惑人心,误导青年,动摇城邦统治的基础,从而导致了对他的不公正的判决。

对苏格拉底的判决反映了他那个时代城邦社会的动荡和社会冲突的加剧。但在苏格拉底仍有机会以认错和认罪的方式而得到从宽处理时,他拒绝这样做,在苏格拉底仍有机会出逃时,他又拒绝这样做。苏格拉底为什么一再拒绝那些愿意帮助他的人的好意呢?特别是拒绝越狱逃走呢?他是这样考虑的:如果越狱逃走,"就会使原先的不公正审判反而成了公正的认定,他将不再是希腊同胞中最不应该受惩罚的人,而且是罪行最重的人"②。这样,苏格拉底始终忠于自己的信念而殉道了,这"使他成了一个非宗教的圣徒"③。

苏格拉底之死无疑是一个悲剧,但这一事件深刻地反映了雅典政治体制的根本性缺陷。这就是:在民主和法制的旗帜下完全有可能做出违背民主精神和法制原意的事情来。苏格拉底从被捕入狱,到审判,到处死,整个过程都是以民主和法制的名

---

① 石敏敏:《希腊人文主义》,上海人民出版社,2003年,第142页。
② 同上书,第143页。
③ 斯东:《苏格拉底的审判》,董乐山译,三联书店,1998年,第267页。

义进行的,法官依据的是公民认可的法律,苏格拉底不愿出逃是对法制的恪守。结果呢?审判是不公正的,死刑的宣布和执行是不合理的。但诉讼事件一旦进入了法律程序就无法挽回了。程序一步一步往前移动,苏格拉底就这样成为牺牲品。时间隔得越久,这一事件让希腊人思考得越多,也越发感到不解:难道雅典的政治体制真的那么完美吗?难道雅典人注定要在这种政治体制之下世世代代生活下去吗?对城邦制度的反思引起了更多的争议。一个与当初通过法律程序让雅典公民获得直接民主理念恰恰相反的结果出现了,这就是:"在雅典,权力最终使民众丧失了理智,他们用全民公决的方式处死了苏格拉底。"[1]但是,雅典公民似乎都处于一种朦胧状态,他们"始终无法真正地反思为什么他们的民主会导向反民主,为什么对于法律的尊崇反而构成对法治的最大践踏和曲解"[2]。

　　熊彼特在所著《经济分析史》一书中就这些问题做了进一步的分析。他写道,希腊人仍是善于思考的,不过他们有自己的思考方式:"希腊人的思想即使在最抽象的地方也总是围绕人类生活的具体问题而展开的。"[3]他们进而讨论或反思了城邦制度所面临的日常社会现象:为什么社会上的穷人越来越多了?为什么贫富之间的差距越来越大了?为什么农民会失去土地,手工业作坊会破产倒闭?寻找源头,很自然地联系城邦的政策,

---

[1] 吴晓群:《希腊思想与文化》,上海社会科学院出版社,2009年,第322—323页。
[2] 同上书,第323页。
[3] 熊彼特:《经济分析史》第1卷,朱泱、孙鸿敞、李宏、陈锡龄译,商务印书馆,1991年,第88页。

而城邦的政策又是同城邦制度结合在一起的,所以这一切"又总是集中体现在希腊城邦观念上,因为对希腊人来说,城邦是文明生活存在的唯一可能的形式"①。

学术界的进一步争论正是由此展开的。相应地,哲学家受重视了,他们被崇拜,被尊敬,也被追随。这是公元前4世纪初所开始的社会风气。②

(二)柏拉图

苏格拉底之后,最有代表性的思想家是柏拉图(公元前427—前347年)和柏拉图的学生亚里士多德(公元前384—前322年)。

柏拉图原来从政,有短暂的从政经历,但他感到失望。"政治领袖们在道德和智力上的低能给柏拉图短暂的从政经历留下了最深刻和最痛苦的记忆。党派争斗、利益角逐以及无休止的政治动荡使普通民众怨声载道。"③在这种情况下,柏拉图只得弃政从教,尽管这一选择是无奈的。"但柏拉图越加确信,雅典需要一个好领袖。他当下的目标就是通过正规的教育来开发学生的才能,从中遴选具备领袖禀赋的青年人。他寄望于雅典学园来拯救雅典。"④

雅典学园是柏拉图创建的,这是苏格拉底被处死后十一年的事情。雅典学园的校址坐落在雅典郊外的一座幽静的小山顶

---

① 熊彼特:《经济分析史》第1卷,朱泱、孙鸿敞、李宏、陈锡龄译,商务印书馆,1991年,第88页。
② 参看戴维斯:《民主和古典希腊》,斯坦福大学出版社,1978年,第189页。
③ 汉密尔顿:《希腊的回声》,曹博译,华夏出版社,2008年,第58页。
④ 同上。

上,柏拉图和他的学生们仿佛隐居在山林之间,远离雅典政治。但柏拉图的内心并非如此,他寄希望于通过办教育来造就一批未来可以在雅典政治舞台发挥引领作用的领袖人才。

从经济思想来看,柏拉图认为农业是最重要的产业,相应地,农民也是最重要的社会力量,所以土地应当公有,由城邦分配给农民耕种。他写道:农业之所以最重要,因为"最重要的是粮食,有了它才能生存"[1]。手工业的重要性被认为次于农业,居于第二位、第三位。理由是,除了人们的生存首先需要粮食而外,"第二是住房,第三是衣服"[2],于是手工业者,如泥瓦匠、纺织工、鞋匠等等就居于农民之下,是第二重要、第三重要的。由此他再谈到商业和商人。他写道,为了让农民和工匠"在适当的时候干适合他性格的工作,放弃其他的事情,专搞一行,这样就会每种东西都生产得又多又好"[3],所以农民生产出粮食,工匠生产出物品,需要交换,本国生产不了的就要向外国购买,这样就会有商业和商人,"那些常住在市场上做买卖的人,我们叫他店老板,或者小商人。那些往来于城邦之间做买卖的人,我们称之为大商人"[4]。所以商人在社会上的地位或重要程度就应当次于农民和手工业者。这表明,在柏拉图的经济思想中,氏族社会保留下来的传统、惯例和观点依然占据重要位置。柏拉图并不认为雅典城邦的多次改革有利于经济的发展和社会的稳定。恰恰相反,正是多次改革之后,在经济发展过程中,雅典的

---

[1]　柏拉图:《理想国》,郭斌和、张竹明译,商务印书馆,2009年,第58页。
[2]　同上书,第59页。
[3]　同上书,第60页。
[4]　同上书,第62页。

农业衰落了,小农失去土地而离开农村了,商人的地位大大提高了,柏拉图认为这是不利于城邦的。

在政治体制方面,柏拉图同样是反对雅典的民主政治的。弗格森在所著《希腊帝国主义》一书把柏拉图对雅典政治体制的评价做了如下的归纳:"柏拉图认为,雅典人推行的个人自由理论,在经济领域导致穷人被富人剥削,在政治领域,导致富人被穷人剥削。"①这里所说的"富人被穷人剥削"是什么意思?这是指,在雅典社会上,富人毕竟是少数,穷人毕竟是多数,而在公民大会这样的民主形式下,穷人作为多数会使公民大会通过各种剥夺富人、压制少数的决议,这样就歪曲民主政治的本意了。因此,"柏拉图完全抛弃了个人自由理论,支配他的,是一种总体的生活观:人类的自然本能和欲求是有害的"②。他之所以强调教育,强调"通过教育拯救人类的原则"③,来源于他对现行雅典政治体制的失望。

尽管柏拉图是苏格拉底的学生,尽管他和他的老师苏格拉底一样都对雅典政治体制不满和失望,但两人考察问题的角度却很不一样。苏格拉底的"着眼点在于个人德性教育上,关注个人灵魂如何摆脱各种形式的恶的束缚,把生活伦理视为人文主义最突出的话题"④。换句话说,在苏格拉底心目中,个人的道德修养和灵魂的净化是最重要的。而柏拉图则不然,"他关

---

① 弗格森:《希腊帝国主义》,晏绍祥译,上海三联书店,2005年,第54页。
② 同上。
③ 同上。
④ 石敏敏:《希腊人文主义》,上海人民出版社,2003年,第174页。

注的是城邦的秩序和正义(德性)"①。在柏拉图的心目中,"个体的德性是城邦的正义的一部分,个体是身处城邦(共同体)关系中的个性"②。因此,苏格拉底从来不提他心目中的理想城邦,而柏拉图则有他自己的理想城邦的构想。柏拉图理想的城邦显然不是雅典,而是斯巴达。

柏拉图认为,理想城邦的国民理应分为三个等级:第一等是治理国家的贤哲,第二等是保卫国家的武士,第三等是农民、手工业者、商人。然而,在柏拉图看来,雅典政体的弊端在于把上述等级关系全打乱了,让普通人同治国的贤哲和卫国的武士一样享有同等的权利,甚至本来应该居于等级的后位的商人被抬得很高,这怎么能使国家井井有条呢?柏拉图十分不满民主体制,他认为,"一个民主的城邦由于渴望自由,有可能让一些坏分子当上了领导人"③。在他看来,雅典城邦就是一个例证。在雅典这样的民主政体之下,"如果正派的领导人想要稍加约束,不是过分放任纵容,这个社会就要起来指控他们,叫他们寡头分子,要求惩办他们"④,于是是非就被颠倒了,国家怎能不乱呢?生活在这样的城邦里,民众还有什么幸福可言呢?柏拉图进而指出,这种民主政治是很容易演变为僭主政治的,而僭主政治则是最糟糕的一种政体,在这种政体制下,一个国家的"最优秀最理性的部分受着奴役,而一小部分,即那个最恶的和最狂暴的部

---

① 石敏敏:《希腊人文主义》,上海人民出版社,2003年,第174页。
② 同上。
③ 柏拉图:《理想国》,郭斌和、张竹明译,商务印书馆,2009年,第340页。
④ 同上。

分则扮演着暴君的角色"①。

相形之下,斯巴达的政治体制被柏拉图认为是最好的,是"受到广泛赞扬的"②。在柏拉图的心目中,正是斯巴体的政治体制使当地的公民远离了私有制的困扰。在那里,"个人离开了国家的财产而有其自己的财产,那是不堪容忍的。私有财产之于公共财产是不相容的,所以必须废除。个人决不得有物质的资产,亦不得为他们的什么家庭之一员。这自然包含着产业公有、妇女公有和儿童出世便归公有"③。这就是柏拉图的"理想国"。柏拉图尽管提出"理想国"的蓝图,但他并不认为自己找到了真理。在他看来,人好像处在洞穴之中,人只能面对洞底,无法转身朝外;人背向的洞口,是光线,也就是真理的来源。④ 可见人是受束缚的,唯有挣脱束缚,置身于洞穴之外,才能看到真正的光明世界,才能发现真理。⑤

柏拉图的《理想国》一书是对雅典和其他实行民主政治的希腊城邦的严峻挑战。他沉醉于氏族社会的传统之中,把氏族社会理想化了。他之所以不受雅典等城邦的欢迎,是完全可以理解的:哪一个实行民主政治的希腊城邦还愿意回到城邦建立之前或城邦建立之初的那种状态去呢?即使想回,那也回不去

---

① 柏拉图:《理想国》,郭斌和、张竹明译,商务印书馆,2009年,第361页。
② 同上书,第313页。
③ 斯塔斯:《批评的希腊哲学史》,庆泽彭译,华东师范大学出版社,2006年,第178—179页。
④ 参看陈启云:"文化传统与现代认知:历史主义诠释",载《中国大学学术讲演录》,广西师范大学出版社,2001年,第194页。
⑤ 参看同上。

了。至于柏拉图竭力推崇的斯巴达的政治政体,①那是指斯巴达从城邦建立一直保留到希波战争结束时的政治体制,当时斯巴达还严格遵守氏族社会的传统,强调公平和平等,土地共有,小农领取份地,平时安心耕作,战时应召入伍,英勇作战,贵族掌握公民大会,国家大权有民主的形式,但实际上由贵族们操纵。但自从伯罗奔尼撒战争发生后,尤其是在伯罗奔尼撒战争结束后,斯巴达的情况发生了巨大的变化。柏拉图所反对的各种现象全都在斯巴达发生了,例如,斯巴达的执政者和派驻希腊其他城邦负责监督当地政府的官员,贪图享受,收取贿赂,专横跋扈,一心为私,哪里是什么贤哲呢?又如,斯巴达军队中,公民战士渐渐被为了薪酬而应募来的雇佣兵所替代,那么究竟谁是卫国的武士呢?更突出的是,斯巴达的土地已经走向私有化了,土地兼并严重,大批失地农民流离失所,生活无着,失地的农民不再享有公民权,公民的人数也就越来越少了。这哪里像柏拉图所描述的"理想国"呢?

熊彼特对柏拉图经济思想的评论是中肯的。他认为:"柏拉图的目的完全不是分析而是一种理想城邦的超经验的想象,或者可以说是一种作为艺术创作的城邦。"②柏拉图的理想城邦构想的确是脱离现实的,只能说是一种乌托邦而已。③ 但熊彼

---

① 关于这一点,埃里克·罗尔在所著《经济思想史》一书中对柏拉图有如下的看法:"柏拉图也是一个名利场中的人物,除了由于遭受到难以避免的政治上的失意因而几度中止活动以外,他经常卷入政治舞台。"(罗尔:《经济思想史》,陆元诚译,商务印书馆,1981年,第27页)

② 熊彼特:《经济分析史》第1卷,朱泱、孙鸿敞、李宏、陈锡龄译,商务印书馆,1991年,第89页。

③ 参看同上。

特的评论中,有一点是不一定正确的,即他认为柏拉图的"理想国"没有什么实际意义。① 对这个问题,需要从希腊各个城邦的城邦制度危机和社会危机相交织的角度来分析。由于柏拉图通过理想城邦的构想而揭露了雅典城邦制度存在的种种弊病,指出了雅典社会危机之所以发生的体制方面的原因,因此使当时有更多的人认识到事实的真相,这就是柏拉图理想城邦的实际意义,正如莫尔撰写《乌托邦》一书在他那个时代具有实际意义一样。② 柏拉图"所绘制的理想社会的蓝图未必只是一个乌托邦而已;有迹象说明,它也许是有其直接的政治用意的"③。

(三)亚里士多德

亚里士多德的学说同他的老师柏拉图的学说相比,既有相同之处,也存在区别。一般认为,在思考问题的角度方面,在分析方面,亚里士多德受到柏拉图的影响较大,相同之处也较多。但毕竟二人年龄相差四十多岁,当亚里士多德走进雅典学园聆听柏拉图教诲时,亚里士多德才17岁,而柏拉图已经接近60岁了。毫无疑问,"在与亚里士多德相处的日子里,柏拉图从不以师道自恃,他的伟大心灵潜移默化地影响着亚里士多德"④。但由于二人后来的经历不同,环境变化对各人的影响不同,或者说天性、禀赋也不同,"亚里士多德走上了一条与柏拉图迥然不同的道路"⑤。

---

① 参看熊彼特:《经济分析史》第1卷,朱泱、孙鸿敞、李宏、陈锡龄译,商务印书馆,1991年,第89页。
② 参看罗尔:《经济思想史》,陆元诚译,商务印书馆,1981年,第27页。
③ 同上。
④ 汉密尔顿:《希腊的回声》,曹博译,华夏出版社,2008年,第71页。
⑤ 同上。

第八章　希腊城邦制度危机和社会危机的交织

值得注意的是,在柏拉图去世后,亚里士多德才离开雅典学园,他们在一起有20年之久,私人关系不可谓不密切。柏拉图去世后不久,亚里士多德在一篇颂辞中流露出他对柏拉图的深情与敬慕。① 然而,柏拉图又是怎样评价这位学生的呢?"很少有人知道柏拉图对亚里士多德的评价。柏拉图任何著作中都从未提及亚里士多德的名字。人们颇感惊异,雅典学园在开始选拔新领袖时,柏拉图竟然会把亚里士多德忽略了。"②这确实是令人费解的,除非两人在观点上存在着重大分歧。或者,"这说明,柏拉图与亚里士多德的关系即使不是决裂至少也是一种疏离"③。

吴恩裕认为亚里士多德和柏拉图的观点分歧在于抽象演绎方法与具体归纳方法之争。吴恩裕写道:"柏拉图用的是抽象的演绎方法,他所建立的是一种玄想的政治哲学体系。亚里士多德用的是对具体事实的观察、分析和比较的归纳方法;他的努力是针对着当时阶级、或者毋宁说是奴隶主阶级中的各阶层之间的力量对比,提出一个如何使政权巩固的原则和具体方案。"④吴恩裕的上述评论虽然有些道理,但还不足以说明为什么后来柏拉图并不赞赏亚里士多德,而同亚里士多德疏远了。我想,两人之间的主要分歧恐怕不限于抽象与具体之争、演绎与归纳之争,而很可能在于治国理念之争、政策主张之争。吴恩裕

---

① 参看汉密尔顿:《希腊的回声》,曹博译,华夏出版社,2008年,第68页。
② 同上。
③ 同上。
④ 吴恩裕:亚里士多德著《雅典政制》中译本序言,载亚里士多德:《雅典政制》,日知、力野译,商务印书馆,2009年,第1页。

注意到这个问题了,但却没有展开论述,更没有提到首要位置来加以分析。

柏拉图成年后,雅典社会已经处于城邦制度危机和社会危机相交织的困境之中,而亚里士多德一出生就生活在这两种危机交织在一起的时期。他们两人都被这两种危机困扰,想摆脱城邦制度危机的影响或摆脱社会危机的影响,是不可能的。作为思想家,他们都必须面对这些问题,并寻找对策。这就涉及治国理念之争和政策主张之争。

从治国理念之争来说,柏拉图的治国理念是:国民必须有道德,有良知,然后城邦才有秩序,城邦内部的等级关系才能协调,各司其职,各负其责。柏拉图提出理想城邦的构想,要把这样的城邦作为范本,让大家朝这个方向去努力。亚里士多德则不是这样,他不认为斯巴达的贵族执政模式是完全正确的和那么值得仿效的;他也不认为雅典的民主政治体制不可取,反而认为雅典政治体制和所进行的改革都应当予以肯定。在治国理念中,亚里士多德强调的是"适度",即无论是斯巴达模式还是雅典模式,都是既有优点,也有缺点,要择其优者而用之。他写道:"寡头和平民政体两者虽然都偏离了理想的优良政体,总之还不失为可以施行的政体。"[1]但他认为一切都应适度而不能过头:"两者如果各把自己的偏颇主张尽量过度推进,这就会使一个政体逐渐发生畸形的变化而终于完全不成其为一个政体。"[2]

当然,尽管亚里士多德在治国理念上采取了折中的、中庸的

---

[1] 亚里士多德:《政治学》,吴寿彭译,商务印书馆,1997年,第273—274页。
[2] 同上书,第274页。

方式,但从整个政治体制的倾向上说,与柏拉图不同的是,亚里士多德依然较多地偏向雅典的民主体制而不是斯巴达的贵族寡头体制。他认为民主制是多数人统治,而寡头制是少数人统治。[1] 多数人统治要比少数人统治好,亚里士多德的这个基本出发点不应当被忽略。同时亚里士多德还强调,多数人统治和少数人统治相比,"最根本的还是贫富的差别,民主制是由占城邦多数的穷人当政,寡头制是由少数富人掌握政权"[2]。由此出发,亚里士多德进一步指出,贫富差别也应适度而绝不能过头,因为人们可以在民主政体下通过贸易和放债致富,"以致富者越富,穷者越穷,这是社会动乱、变革和战争的最根本原因"[3]。

在政策主张方面,柏拉图既然以理想城邦的构想作为自己的目标,对于现实中所存在的社会矛盾和社会冲突并没有提出具体的政策主张。他认为教育是根本之道,而教育又是为了培育出未来可以为社会造福的领袖人才,具体的政策由他们来拟定。令柏拉图无比失望的是:"柏拉图将毕生精力献给了(雅典)学园,但是,在雅典,各类学校的相继败落已是不争的事实。"[4]柏拉图一生都在教导学生要坚定信心,但"这些学校从来没有尊奉和阐释柏拉图的信仰"[5]。原因正在于:柏拉图的政策主张太空泛,太不切实际。亚里士多德从自己的治国理念出发,

---

[1] 参看汪子嵩、范明生、陈村富、姚介厚:《希腊哲学史》第3卷下,人民出版社,2003年,第1149页。

[2] 同上。

[3] 同上。

[4] 汉密尔顿:《希腊的回声》,曹博译,华夏出版社,2008年,第65页。

[5] 同上。

他的政策主张要具体得多,实际得多。亚里士多德分析道:不管什么政体,只要执政者追求的是全体公民的利益而非执政者的利益,那个政体就是好的,否则,即使是由所谓贤哲组成的政府也是不好的。再说,亚里士多德指出,在民主政治中,多数人做出的判断总比一个人做出的判断要正确些,而且由于人多,腐败的机会就会少些。这又是同柏拉图对民主政治的异议不一样的。

然而,亚里士多德不主张完全由穷人执政,因为穷人们仇视一切有钱的人,这样,社会就会不讲法制,没有秩序,结果会导致社会自杀性的混乱。亚里士多德的政策主张是:最好是让人人有财产,这既对富人有利,也对穷人有利。于是兼容贫富,成为亚里士多德的基本政策主张。他写道:"如果不兼容富户和穷人,这两种体制(寡头政体和平民政体)都不能存在或不能继续存在。"[1]亚里士多德不主张实行过激的政策;过激的政策只能使政府垮台。这是因为,无论是寡头政体还是平民政体,"要是实施平均财产的制度,这两个体系都会消失而另成一个不同的新政体;过激的法律往往企图消灭富户或排除平民群众,然而以贫富共存为基础的旧政体从此也必然与之一起消失了"[2]。这就是一种"中庸之道"[3]。

在政策主张方面,亚里士多德另一个重要的观点是发展中产者或中间阶层。吴恩裕认为亚里士多德学说的核心在于使"富有的自由民和贫苦的自由民都不致各走极端,他把中等阶

---

[1] 亚里士多德:《政治学》,吴寿彭译,商务印书馆,1997年,第274页。
[2] 同上。
[3] 同上书,第274页注①。

层当做一个平衡的力量"①。吴恩裕还指出,亚里士多德之所以对梭伦改革有肯定的评价,是因为梭伦的立法"抑制最富有的阶层,扶植最贫困的阶层,而强化中等阶层"②。这种分析再一次说明了亚里士多德对"中庸之道"的坚持。

培育和扶植城邦中的"中等阶层"确实是亚里士多德所有有关城邦的政策主张的最重要一条。在亚里士多德的学说中,是用"中等阶层"来代表多数,而由富人和贵族来代表少数的,二者分享权力,并且互相制衡。③ 也就是说,亚里士多德的政策主张,实际上是要建立"混合政体",而这种"混合政体"的稳定性是靠"中等阶层"来维持的,"中等阶层"一旦出现在政治舞台上,过去所存在的左右"摆荡"的现象就可以从根本上消失了。④ 为什么政坛会稳定下来,而不会动荡呢? 在亚里士多德看来,这是因为中等阶层都是有产者,他们虽不列为富人,但至少生活无忧无虑,既有财产,又思进取,还向往自由,这就是亚里士多德所希望形成的社会稳定力量。⑤

但亚里士多德提出这一政策主张的时机不合适,或者说,太晚了。这已经接近公元前4世纪的中叶,希腊本土各个城邦普遍陷入深刻的城邦制度危机和社会危机交织的困境之中,城邦秩序混乱,政坛更替频繁,无论是贵族派、平民派还是平民极端

---

① 吴恩裕:亚里士多德著《雅典政制》中译本序言,载亚里士多德:《雅典政制》,日知、力野译,商务印书馆,2009年,第3页。
② 同上。
③ 参看陈思贤:《西洋政治思想史·古典世界篇》,吉林出版集团有限责任公司,2008年,第129页。
④ 参看同上书,第128—129页。
⑤ 参看同上书,第130—131页。

派,都忙于争权夺利,谁还有心思来认真考虑亚里士多德提出的治国理念和政策主张呢?即使注意到了他的治国理念和政策主张,谁又有能力在政府的推动下使之实现呢?希腊城邦依旧朝着混乱无序的方向,循着原来的道路走下去,直到城邦制度的崩溃。

柏拉图和亚里士多德政治学说的分歧,给后人在研究中提供了可供继续辩论的素材,但对公元前4世纪的希腊各个城邦已经没有现实意义了。历史的进程和马其顿王国军队的南下无情地告诉希腊人:柏拉图或亚里士多德这样的哲学家所想象的城邦已经走到了终点,有数百年历史的希腊城邦制度即将被国王专权的准东方模式所取代。[①] 这既不能归咎于天意,又不能归因于偶然,而只能说这是希腊城邦制度从建立以来贵族与平民两派长期斗争的必然归宿。

总的说来,亚里士多德的政治学说和柏拉图的政治学说一样,它们所影响的主要不是它们产生时的希腊城邦社会,而是希腊城邦制度解体以后的希腊化世界。[②] 后代人对柏拉图学说和亚里士多德学说的兴趣远大于柏拉图和亚里士多德的同时代人。在亚里士多德学说影响下,在希腊化世界出现了新柏拉图主义:"可以说新柏拉图主义是柏拉图和亚里士多德学说的结合。"[③]甚至过了三百多年,到了罗马帝国时期,尽管希腊化各个王朝都已先后纳入了罗马的版图,但柏拉图学说和亚里士多德

[①] 参看帕克:《城邦——从古希腊到当代》,石衡潭译,山东画报出版社,2007年,第26页。

[②] 参看汪子嵩、范明生、陈村富、姚介厚:《希腊哲学史》第3卷上,人民出版社,2003年,第42—43页。

[③] 同上书,第43页。

学说的结合依然在发挥自己深远的影响,影响着社会精英中的一部分人。① 而且柏拉图的影响似乎大于亚里士多德的影响。② 甚至早期的基督教神学体系中也明显地包含了柏拉图和亚里士多德学说的因素。③ 这些都是公元前 4 世纪的希腊人所预料不到的。

柏拉图和亚里士多德政治学说的影响长期存在。虽然罗马帝国的首都由罗马迁到了君士坦丁堡,尽管罗马帝国终于分裂为东西两部分,尽管基督教终于成为罗马帝国的国教,尽管西罗马帝国被日耳曼人灭掉了,但雅典始终是带有异端色彩的学术中心和教育中心,雅典学园依然起着传播希腊人文主义的作用。这种情况一直延续到公元 529 年拜占庭皇帝查士丁尼一世关闭包括雅典学园在内的所有非基督教学校为止。④ 至此,柏拉图和亚里士多德学说在罗马境内的传播才算告一段落。但柏拉图和亚里士多德学说的影响,则一直存在于西欧,亚里士多德还成为公元 13 世纪西欧经院哲学家们的偶像。⑤

二、思想的混乱

(一)两种社会思潮:禁欲主义和自然主义

有关希腊城邦制度危机和社会危机的原因和对策的争论,

---

① 参看鲁滨孙:《新史学》,齐思和等译,商务印书馆,1964 年,第 77 页。
② 参看同上。
③ 参看汪子嵩、范明生、陈村富、姚介厚:《希腊哲学史》第 3 卷上,人民出版社,2003 年,第 44 页。
④ 参看同上书,第 45 页。
⑤ 参看鲁滨孙:《新史学》,齐思和等译,商务印书馆,1964 年,第 77 页。鲁滨孙指出:柏拉图对 13 世纪西欧经院哲学复兴的影响也不可忽视。托马斯·阿奎那"同柏拉图之间的连续性,还是十分明显的。"(同上书,第 80 页)

以及有关希腊今后政治体制的不同学术见解,只是公元前4世纪希腊意识形态困境的部分反映。当时希腊社会上思想的混乱,更重要的是社会上出现了形形色色的有关人生的看法,这些看法对希腊人,包括贵族和平民、富人和穷人,产生了各种各样的影响,从而使人们的思想更加混乱。

当时,有两种表面上对立、实质上却又相互联系的思潮在希腊境内广泛传播。其中,一是禁欲主义思潮,另一是自然主义思潮。自然主义思潮的极端形式就是放纵主义。

禁欲主义的核心思想是:人出生以后,就不断地受到外界声色名利的引诱,肉体的、物质的、精神的诱惑时时刻刻把人引向邪路;因此,任何一个人都要自觉地抵制这些来自外界的诱惑,这样才能保持人的纯真的天性。人之所以要克制自己、禁欲,就是要在内心上为自己构筑一道屏障,以抵御外界的诱惑。从这个意义上说,禁欲主义作为一种思潮,如果说对人们有正面影响的话,那就是告诉人们,要加强自律,恪守传统文化的守法准则,不断地用道德规范来约束自己,至少为人做事不越过道德底线,等等。然而在公元前4世纪中叶,在社会激烈动摇和政局持续不稳的大环境中,在希腊普通人连身家性命都难以自保的条件下,禁欲主义思潮逐渐成了不少人逃避现实、逃避人祸的一种依据,他们宁肯过着隐姓埋名、隐世独居的生活,而不愿再生活在喧闹的城邦社会之中。

自然主义思潮的核心思想是:人的行为应当以人的天性为准,一切顺其自然,不要做任何违背人的天性的事情。既然要尊重人的天性,那么道德说教和道德规范的约束都是不符合人的自然发展的,而法律约束或行政强制手段也都是违背自然的,因此，遵守道德和法律规范违背了人的天性，自律、克制自己都是使人们掩藏天性的行为，是对人的天性的扭曲。自然主义思潮之所以在公元前4世纪中叶的希腊本土盛行，同当时希腊城邦社会的混乱、无序有直接的关系。人们已经对城邦制度失去了信心，对城邦政坛的反复无常失去了耐心。但他们无可奈何，离不开自己的家乡，却又改变不了大局。即使离开了自己的城邦，又能到哪里去？还是又到了另一个城邦。出国？离开希腊本土？谈何容易！而且即使逃往国外，生活和处境又能改善多少！于是人们只好留在故土，那就解脱一下自己吧！放任一下自己吧！自然主义思潮很容易对希腊人产生了影响：一切顺其自然。自然主义走向极端，就转化为放纵主义。放纵自己，就是摆脱一切拘束，包括自律、自我约束，也包括社会的约束、道德的约束、法律和制度的约束。在公元前4世纪中叶的大环境中，放纵是人们麻醉自己和玩世不恭的情绪的反映，甚至是一种对自己的摧残。人们厌世，自毁又算得了什么，不也是自我解脱之路么？

表面上看起来，禁欲主义思潮和自然主义思潮甚至放纵主义、颓废厌世的思潮是对立的，但从深层次考察，这些思潮却是有分有合的，它们有相互渗透之处。一方面，这些思潮所表达的都是对希腊城邦政治的极度不满而个人又无可奈何的情绪，它也同样把数百年来希腊人视为最重要、最神圣的公民权利、责任和义务抛在脑后，使人们一个个变成了不关心城邦政治、城邦命运和社会整体的化外之民，也就是远离现实世界、逃避或躲避现实世界的人。禁欲是一种表现形式，放纵、颓废、厌世只不过是另一种表现形式而已。另一方面，禁欲主义和自然主义、放纵主义既然是建立在同一个基础之上的，也就是建立在绝对个人中心的基础之上的,那么在同一个人身上就不是绝对不可以相互转化的,甚至是可以并存的。禁欲有可能转化为顺其自然,然后再转化为放纵、颓废和厌世,或者反过来说,放纵、颓废、厌世转化为禁欲、克制,也完全是可能的。这是因为,禁欲主义思潮和自然主义思潮本来就有内在沟通的渠道,禁欲无非是想达到超脱世俗社会的地步,而放纵、颓废、厌世也以超脱世俗社会为目标。这就为在同一个人身上两种思潮的相互渗透和相互转化创造了条件。

前面已经对盛行于公元前4世纪中叶的禁欲主义思潮和自然主义思潮做了分析。同样地,在公元前4世纪后期,在希腊世界也流行着哲学界的三个学派——伊壁鸠鲁学派、斯多噶学派、犬儒学派,它们同社会上两大思潮的盛行有密切的关系。从学术渊源上说,三个哲学学派的形成都与苏格拉底之死有某种联系,因为苏格拉底被处死之后,他的弟子们纷纷逃散,这些弟子并不能全部领会苏格拉底学说的要义,"每个弟子只执着师说之合于他自己学说性质的一部分,以一不完全的观念,自成一家言,一若这一部分就可以代表全体"[①]。

(二)伊壁鸠鲁学派

伊壁鸠鲁(公元前341—前270年)是伊壁鸠鲁学派的创始人,生于萨摩斯岛,后来在雅典生活和从事艺术研究,创立了自己的学派。这一学派的先驱就是苏格拉底的弟子亚里斯提波所建立的昔兰尼学派。昔兰尼学派主张人性至上,一切听其自然,

---

[①] 斯塔斯:《批评的希腊哲学史》,庆泽彭译,华东师范大学出版社,2006年,第122页。

"快乐是人生的独一无二的目的,任何从外强施的道德律都是不能够动摇它的绝对要求的。凡所以满足个人的快乐的饥渴的,无所谓罪恶,无所谓不善"[1]。应当指出,昔兰尼学派上述有关快乐的解释,反映了当时在希腊人中间所存在的对希腊城邦制度的不信任感和无可奈何的心理状态,反映了他们寻找自我安慰、寄托和逃避现实的情绪。伊壁鸠鲁继承了昔兰尼学派的哲学思想,但又超越了昔兰尼学派,因为伊壁鸠鲁把快乐视为人生应当追求的,而不是仅仅将快乐作为一种人的天性来看待。他认为"快乐本身是一个目的,它便是唯一的善,痛苦是唯一的恶"[2]。要知道,符合还是不符合人的天性是一个问题,符合还是不符合道德规范是另一个问题,这两个问题不能混为一谈。把追求快乐视为人的本性的流露,同把快乐视为一种善或唯一的善,也不能混为一谈。昔兰尼学派把快乐视为人生目的时,主要是从人的本性的角度出发,而当伊壁鸠鲁把快乐作为唯一的善和把痛苦作为唯一的恶时,快乐已经成为衡量人世间善与恶的分界线或尺度了,问题已进入道德标准的探讨之中。[3] 这就是伊壁鸠鲁对昔兰尼学派哲学思想的突破。

在对快乐内涵的分析方面,伊壁鸠鲁的看法是:有精神上的快乐和肉体的快乐之分,而且"精神上和心理上的快乐,其重要远甚于肉体的快乐"[4]。这一观点是十分重要的,因为这就把伊

---

[1] 斯塔斯:《批评的希腊哲学史》,庆泽彭译,华东师范大学出版社,2006年,第126页。
[2] 同上书,第284页。
[3] 参看本书,第1003—1004页。
[4] 斯塔斯:《批评的希腊哲学史》,庆泽彭译,华东师范大学出版社,2006年,第284页。

壁鸠鲁的学说同民间流行的自然主义思潮中的极端形式——放纵主义、享乐主义,区分开来了。也就是说,按照伊壁鸠鲁的观点,"道德便是产生快乐的活动。德并非因其自身之故而有什么价值,它的价值乃是从偕之俱来的快乐而得"①。可见伊壁鸠鲁有关"快乐"和"幸福"的学说不能被曲解为享乐至上。

(三)斯多噶学派

斯多噶学派的创始人是芝诺(公元前330—前261年,但这是若干说法中的一种)。他出生于塞浦路斯岛,早年在雅典生活和学习。斯多噶一词的原意是柱廊。由于芝诺曾在雅典市场北部的柱廊讲过学,学派因此得名。

芝诺吸收了苏格拉底及其门人的一些思想,后来在此基础上做了进一步的发挥。这一学派对人生和道德有自己独到的解释,有很多地方是同伊壁鸠鲁学派是不一样的,甚至对立的。例如,斯多噶学派强调理性,认为理性至上,这就同伊壁鸠鲁学派强调人的天性,认为天性至上的看法截然不同。那么什么是德呢?按照斯多噶学派的解释,"所谓德就是顺从理性的生活。道德便只是合理的行为"②。这样,善和恶的界限就清清楚楚了,善与恶同人的快乐与痛苦的感受并无内在的联系:"唯有德是善,唯有罪是恶,其余一切都绝对于人无关轻重。"③在当时的社会思潮中,斯多噶学派是偏向于禁欲主义思潮的。这是因为,在斯多噶学派看来,"快乐并非是善,人是用不着去求它的。德

---

① 斯塔斯:《批评的希腊哲学史》,庆泽彭译,华东师范大学出版社,2006年,第284页。
② 同上书,第276页。
③ 同上书,第277页。

才是唯一的快乐"①。根据德是需要自律的,以及理性重在克制自己的学说,再加上德建立在理性之上的阐释,所以人必须有理性,必须抑制自身天性中某些不符合德的标准的行为,这样,人也就必须摒弃自然主义的倾向,进而走向禁欲主义。这才同斯多噶学派的学说要义相吻合。

斯多噶学派之所以偏向禁欲主义思潮,这是不是同其创始人芝诺的出身有关? 一种解释是:芝诺是塞浦路斯土著,他常被称作腓尼基人,有时被称为埃及人,但几乎一定是希腊人与闪族的混血儿。② 禁欲主义思潮对斯多噶学派的学说有影响,可能就同东方的某种哲学思想对芝诺本人思想形成的影响有关。另有一种说法是:芝诺本人的经历富有传奇性,据说他初到雅典时很富裕,稍后经过一次覆舟的海难,财产尽失,一贫如洗,后来才发奋学习,沉醉于哲学思考之中。这些挫折使他领悟人生,走向禁欲主义。③ 但不管哪一种说法更符合实际,有一点是可以肯定的,即斯多噶学派形成于希腊城邦制度解体之时,芝诺亲眼目睹了公元前4世纪晚期希腊城邦制度危机与社会危机交织带来的政局动荡和社会无序,希腊人处于绝望之中的种种情形,他才会产生理性至上和人必须有理性的思想,以劝导希腊人走上"道德便是产生快乐的活动"的解脱自身的道路。

在政治方面,斯多噶学派是不同意雅典式的城邦民主政

---

① 斯塔斯:《批评的希腊哲学史》,庆泽彭译,华东师范大学出版社,2006年,第277页。
② 参看杜兰:《世界文明史》第2卷《希腊的生活》,幼狮文化公司译,东方出版社,1998年,第478页。
③ 参看同上书,第478—479页。

体的。① 它在政治上强调世界国家的普遍意义,贬低单个的、特殊的城邦政体。② 对于现实政治,"斯多噶派常常支持王政,或者充任帝王之师"③。这同样反映了生活在希腊城邦制度崩溃之后不少希腊人对城邦政治的失望情绪。

斯多噶学派对于希腊城邦中存在的奴隶制的看法则是自相矛盾的。一方面,斯多噶学派认为对待奴隶不应当不人道,例如芝诺曾力劝奴隶主要人道地对待自己的奴隶,另一方面,斯多噶学派从未攻击过奴隶制本身。④ 但应当注意到,并非斯多噶学派一个学派如此,当时的其他学派也对奴隶制持有类似的自相矛盾的态度。⑤ 这是因为,在希腊城邦时期,公民们一般接受使用奴隶的制度,他们把奴隶看成是主人财产的一部分,是替主人干活的工具。这种看法是到处存在的。⑥

(四)犬儒学派

犬儒学派的创始人是安提斯梯尼(公元前445—前360年)。他是苏格拉底的学生,也从苏格拉底的学说中找到一些根据,并由此引申出自己对人生和道德的论点。犬儒学派就是以安提斯梯尼为首的一批学生和追随者所形成的。这一学派认为,苏格拉底之所以伟大,不在于苏格拉底本人的学识多么丰富或学术造诣有多深,而在于他对待人生的基本态度的正确,在于

---

① 参看晏绍祥:"民主还是暴政——希腊化时代与罗马时代思想史中的雅典民主问题",载《世界历史》2004年第1期,第51页。

② 参看同上。

③ 同上。

④ 参看伊文斯:《希腊化时期的日常生活:从亚历山大到克娄巴特拉》,格林渥德出版社,美国康涅狄格州韦斯特波特,2008年,第57页。

⑤ 参看同上书,第57—58页。

⑥ 参看同上书,第58页。

他愿意为追求真理而献身的精神。他们所崇敬的,是苏格拉底一生不求富贵和不慕名声的人格力量,以及苏格拉底一生超然于世俗欲望、享受与追求之外的朴素生活。

于是,犬儒学派把"超然于一切物欲之外的态度自身当做生命的目的。他们对德的定义事实上就是,舍弃一切于寻常人有之则生活才值得生活的东西"①。结果,在实践中必然是绝对的禁欲主义苦行,"消灭一切欲望,超脱一切欲望,超脱一切需求,不为一切势利逸乐所纷扰"②。

然而,犬儒学派依然有自己的理想社会。他们为实现自己的理想社会而孜孜不倦地奔走。"这样的哲学学派不仅在古希腊、罗马,乃至古代世界也是独一无二的。"③什么是犬儒学派心目中的理想社会?那就是:"没有阶级,没有贪欲,没有争斗,人人平等互助,依据自然共同生活,和谐相处。"④在这样的"理想社会"中,"或有管理,但无阶级之别;这里或有分工,但无职业地位高下;或有约成俗成的'法律'、'规定',但那不是限制人们的行动,而是为了保证更大的自由、更好的生活;或有交换,但不是利益的赚取,而是互通有无,即使使用货币,它也是手段而非目的"⑤。显而易见,犬儒学派所追寻的这一切,"都是对现实社会的超越"⑥。这些无疑是希腊城邦制度解体时期和解体之后

---

① 斯塔斯:《批评的希腊哲学史》,庆泽彭译,华东师范大学出版社,2006年,第124页。
② 同上。
③ 杨巨平:《古希腊罗马犬儒现象研究》,人民出版社,2002年,第233页。
④ 同上。
⑤ 同上。
⑥ 同上。

希腊人的一种失望情绪的反映,社会在城邦制度消失之后是不可能进入这样的"理想社会"的。与其说这是纯粹的空想,不如说这是处于绝望中的一部分希腊人的一种寄托。不能简单地把犬儒学派说成是禁欲主义思潮下的产物,也不能说犬儒学派是在自然主义思潮影响下一批以顺乎天性、顺乎自然为原则的人的聚合。应当说,它是同禁欲主义和自然主义两种社会思潮既有一定关系但又有重大区别的一个哲学学派,因为它不仅是逃避现实的一种消极和厌恶世俗世界的思想的体现,而且在消极思想中还会有积极的因素,这就是它有争取"理想社会"实现的愿望。

在现实中,犬儒学派的影响不可低估。在城邦制度解体的环境中,有些犬儒学派学说的信奉者在雅典郊外过着非常简陋的生活,自搭窝棚居住,有的甚至露宿街头,沿街行乞为生,但却互相戏称为像一只"快乐的犬"。[1] 犬儒学派之名可能由此而来。[2] 但"像快乐的狗一样地生活"仅仅是传说中的一种而已。[3] 有的富人愿意舍弃财产,同犬儒学派成员一起,在街头过着流浪生活,靠乞讨维持生活,[4]这不能不认为是人们对希腊城邦制度解体后的一种值得探讨的独特现象。

犬儒学派既然有了自己的"理想社会"目标,所以对现实中

---

[1] 参看史继忠:《地中海——世界文化的漩涡》,当代中国出版社,2004年,第194页。

[2] 参看同上。

[3] 参看杨巨平:《古希腊罗马犬儒现象研究》,人民出版社,2002年,第3—5页。

[4] 参看史继忠:《地中海——世界文化的漩涡》,当代中国出版社,2004年,第195页。

的政体是持否定态度的。在犬儒学派的著作中,"固然不乏对君主政治的批判,但他们对民主政治的批判似乎更加彻底"①。犬儒学派对雅典的民主制度几乎是全盘否定的,在他们看来,"经过选举产生的领袖,根本没有任何专业知识,只不过是一些名利之徒、窃国大盗"②。从这里更可以了解到,犬儒学派无疑是当时的一种异端,它肯定不可能被希腊城邦制度解体后的希腊化世界所容纳,它逐渐走向秘密社团的方向和成为神秘主义的派别,只是迟早的事情。

(五)走向神秘主义

从犬儒学派的出现到它后来的演变,向后代的研究者提出了一系列可供思考的课题。比如说,在公元前4世纪中叶的希腊本土所流行的两大社会思潮——禁欲主义思潮和自然主义思潮中,犬儒学派的学说究竟更偏向于哪一种社会思潮呢?关于这个问题,让我们先摘引吴晓群在《希腊思想与文化》一书中的一段话,他写道:"与古典时代相比,希腊化时代的思想表现为两种倾向同时存在:一种仍以理性作为解决人类问题的关键,其主要代表有斯多噶主义和伊壁鸠鲁主义;另一种则倾向于怀疑主义和神秘主义,否认依靠理性能够最终认识真理,这在哲学流派上主要是怀疑论派和犬儒学派,在宗教上则表现为秘教和秘仪的盛行,以及新的信仰的出现。"③

据我的理解,这段文字主要表明了三个基本观点:

---

① 魏凤莲:《古希腊民主制研究的历史考察(近现代)》,山东大学出版社,2008年,第12页。
② 同上。
③ 吴晓群:《希腊思想与文化》,上海社会科学院出版社,2009年,第312页。

第一,伊壁鸠鲁学派、斯多噶学派和犬儒学派虽然产生于公元前4世纪中叶以后的希腊城邦制度的解体时期,但盛行于公元前3世纪以后,即希腊化时期,甚至远至罗马统治时期。这是事实,它有力地说明了希腊城邦制度解体时期产生的这些哲学学派具有顽强的生命力,能一直流行二三百年,甚至更久。这必定有原因,扼要地说,它们符合希腊化世界的多元化现实,以及希腊化时期的文化多样性的现实。每一个哲学学派之所以能存留下去,总是因为社会上有一部分人同意这个哲学学派的代表人物过去所宣传的观点或目前仍坚持的原则。

第二,从上面摘引的这段文字中可以了解到,伊壁鸠鲁学派的观点尽管同斯多噶学派的观点是对立的,即前者主张顺其自然,任其天性,后者主张自我克制和接受道德的约束,但两个学派都"以理性作为解决人类问题的关键",即前者的顺其自然、任其天性的学说是以人具有理性,能做出善恶的判断,并沿着向善去恶的道路前进为前提的,而后者的克制自己、接受道德的约束的学说也以人具有理性,以符合德性的行为作为判断标准,并沿着以道德为目标、以道德约束为善恶界限的道路前进为先决条件的。区别主要在快乐本身是不是善,以及快乐是不是要有道德上的是非为标准。这就是伊壁鸠鲁学派和斯多噶学派的异同。

第三,从上面摘引的这段文字中还可以了解到,犬儒学派同伊壁鸠鲁学派、斯多噶学派是不一样的。虽说犬儒学派出现的时间比伊壁鸠鲁学派和斯多噶学派较早一些,斯多噶学派创始人芝诺早年曾经追随过犬儒学派,学习过犬儒学派的学说,但犬儒学派的要义却是"否认依靠理性能够最终认识真理",犬儒学派认为悟性比理性更加重要,悟到了,悟透了,就自然而然地进入自我解脱的境地。这样,犬儒学派在实质上就步入对德性的领悟,并最终走向神秘主义领域。斯多噶学派崇尚禁欲,这里可能具有东方哲学的色彩,但仍有强烈的希腊人文主义的特色,即强调人的理性。而犬儒学派与此相比,禁欲主义的影响更浓厚,但带有更多的东方神秘主义的因素,即更强调人的悟性。这是不可忽视的。

在本书下编的第十四章,即本书的最后一章,在讨论希腊化世界的思想状况时,将再次对伊壁鸠鲁学派、斯多噶学派和犬儒学派的学说进行阐释。

三、希腊人的困惑

在严重的城邦制度危机和社会危机相交织的情况下,所有希腊本土的城邦的居民都被生活和社会治安两大问题的持续恶化所困扰。他们留恋过去,叹息现在,而对于未来则普遍感到茫然,不知路在何方。对"社会革命"和治安恶化的恐惧,使得希腊城邦的一般居民(更不必说比较富裕的居民了)惶惶不可终日,他们害怕某一天自己会失去一切,甚至自己和家人的性命都难保。可以说,从公元前4世纪中叶到公元前3世纪的大多数日子都是这种情况,以至于"科林斯同盟曾在公元前335年组织了一个联合机构来防止社会革命。在克里特的伊塔诺斯城的市民宣誓中曾列入禁止重新分配土地和取消债务这一项,这件事足可说明公元前3世纪及稍后的时期中的希腊形势"[1]。

---

[1] 罗斯托夫采夫:《罗马帝国社会经济史》上册,马雍、厉以宁译,商务印书馆,1985年,第16—17页。关于"科林斯同盟"及其决定,请参看本书,第九章第二节,三、"科林斯会议"。

在危机交织时期,希腊学术界对于希腊城邦制度的利弊得失和功过是非争论不休,对解决社会面临的困难有不同的解决设想,但这些始终是学术界的事情,对普通的希腊人没有什么影响,大多数希腊人甚至不知道学术界有些什么样的争论或提出过哪些建议。即使有些人听说过,至多也是一知半解,有的说好,有的说坏,谁也不认真看待学术界的建议中有哪些会成为医治社会痼疾的良方,被城邦当局采纳后会带来什么样的结果。学术界的争论丝毫不曾减少普通希腊人的困惑,也许还会加深他们的困惑。

思想的混乱同样会加深希腊人的困惑。禁欲主义思潮也好,自然主义思潮也好,可能会符合这一部分人或另一部分人的想法,使他们由此得到某种启发,找到自求心理平衡之路,但却无助于普通希腊人摆脱眼下的困境,更谈不上帮助他们解除对希腊前景的种种困惑。在社会思潮影响下的各个哲学学派,这时仍处于刚刚形成的阶段,信奉这一学派或信奉其他学派的人数还很少,何况这些哲学思想对普通希腊人的影响是靠不断的累积而增加的。这依旧不能说明希腊城邦的出路究竟何在。普通希腊人照样陷入困惑之中。

社会动乱的继续和生活中不确定性的加大,使希腊城邦中的一般人增加了对死亡的恐惧。[1] 于是希腊人的宗教虔诚程度也相应地加深了。他们既然对人间的事情已经感到不可预测,那么作为一个虔诚的宗教信奉者,可以在死后的世界里得到宽慰,

---

[1] 参看高尔德纳:《希腊世界:社会学分析》,哈泼和劳出版公司,纽约,1965年,第115页。

第八章 希腊城邦制度危机和社会危机的交织

因为在那里,有权势者和无权势者、富人和穷人都是一样的。①

事实也正是如此。正是这个时期,希腊境内的宗教力量膨胀了,人们对神殿、庙宇、圣迹的崇敬大大增强。到这时为止,希腊人还一直信仰多神教。有各种各样的神祇供人们崇拜,而且在宗教活动中,神秘因素比过去多了,气氛比过去浓了,祭祀仪式也比过去更繁琐了。当希腊人感到城邦制度为自己带来安定和幸福时,他们祭神拜神求的是国泰民安,风调雨顺,幸福日子延续,而在希腊各个城邦陷入了城邦制度危机和社会危机交织的困境之后,希腊人祭神拜神的次数更多了,目的首先是为了祈求神的保佑,使自己和家人平安无事,免遭灾祸,免遭杀戮,免被剥夺生路。他们把自己还能活下去的一线希望寄托于神灵的显现。

问题还不仅限于此。过去长时间内,希腊人的传统宗教信仰体现了希腊人的爱国主义精神、高度英雄主义思想、为城邦集体的尊严和荣誉而牺牲的斗志,所以他们对希腊诸神、神庙、圣迹的崇拜,是同公民的集体主义思想结合在一起的。② 而到了希腊城邦制度危机和社会危机交织的阶段,希腊人又兴起了祭神拜神的风尚,但基本上已经同爱国主义、英雄主义、集体主义、对城邦的尊重和责任感等等无关了。这种风尚、这种仪式,只不过是失望甚至绝望中的普通希腊人心灵的寄托,因个人和家庭的平安向神的一种祈求而已。这时,对普通希腊人来说,城邦的

---

① 参看高尔德纳:《希腊世界:社会学分析》,哈泼和劳出版公司,纽约,1965年,第117页。
② 参看郭小凌:"希腊军制的变革与城邦危机",载《世界历史》1994年第6期,第69页。

安危和前景都变得遥远了,他们更关心的是自己一家的命运,是大祸何年何月会降临,自己和家人能否躲过这一劫。于是他们更加信神,更勤快地拜神,实际上是在祈求躲过灾难,免遭灾祸。至于民间流行的禁欲或放纵的生活方式,那至多只是少数人的自我解脱方式,大多数普通希腊人则认为祈求诸神的保佑才是当务之急,于是宗教实际上成了"维系他们的政治的绳索"①。在危机时期,希腊的社会不论多么混乱,希腊的经济不论多么衰败,希腊还是继续存留下来了,因为宗教信仰成了人们的一种寄托、一种安慰,使希腊人在危难中"离开了怀疑和惧怕的领域"②。

从公元前4世纪中叶起,希腊人日益加深的困惑还充分反映于家庭观念的变化。城邦建立后的很长时间内,希腊人都是重家庭的。尽管存在着男尊女卑的现象,但这并不等于男女中的任何一方不重视家庭。即使在希波战争第一阶段那样艰苦的岁月里,希腊人的家庭一直是一个重礼仪、重亲情、重儿童教育的单位。尽管有钱的男子会有情妇,会纳妾;已婚男女之间也发生过种种破坏家庭伦理的行为,但社会对于这类事件还是从正统的家庭伦理出发,对此采取谴责的态度。在希腊舞台上演出的戏剧中,对这些都有讽刺,有贬斥。

然而从公元前5世纪末开始,尤其是进入公元前4世纪中叶后,在社会动荡不已的大背景下,希腊人的家庭观念也发生了变化。单身汉多了,他们不想结婚成家,不想要孩子,以免增加负担,添了累赘。与此同时,像在雅典、科林斯这样的商人聚居

---

① 狄金森:《希腊的生活观》,彭基相译,华东师范大学出版社,2006年,第10页。

② 同上书,第8页。

的城邦,妓院多了,妓女也多了。社会上两性关系趋于紊乱,非婚生子的数目在上升。这些情况至少可以说明,由于人们对城邦命运和社会前景的担心,认为个人的未来情况难以预测,所以宁肯不要妻子儿女,怕他们将来跟自己一起过着颠沛流离的不幸生活。这反映了人们对希腊未来的悲观情绪。这是一种病态的、被扭曲了的社会心理。

在社会动乱加剧而政坛更迭频繁的情况下,社会风气的变坏还反映于当时告密成风。告密在雅典可以说已达到肆无忌惮的地步,人人害怕成为别人告密对象,不得不谨小慎微,害怕惹是生非。[①] 虽然人人都痛恨告密成风的现象,却又对之无可奈何,于是人们的困惑加深了。这被认为是雅典政治体制的不可避免的弊端。[②]

普通希腊人的困惑是相互感染的。病态的、扭曲的社会心理,从城区扩散到乡村,从平原扩散到山地,从希腊本土扩散到海外的希腊移民城邦,扩散速度虽然不是很快,但却是悄悄地持续进行着。这种困惑,从某种意义上说,实际上形成了一股势力,一股寻找出路的势力。总得有个出路吧! 希腊社会不可能这样没完没了地拖延下去,等待灭亡。

出路究竟何在? 这依然是摆在所有希腊人面前的难题。

四、出路何在

寻找出路,用不着找出什么大道理,最简单的理由就是:为

[①] 参看库蕾:《古希腊的交流》,邓丽丹译,广西师范大学出版社,2005年,第122—123页。

[②] 参看同上书,第122页。

了活下去。由困惑引起的悲观情绪已经压倒一切。"对世运悲观、对人事消极的态度导致了对政治的冷漠,于是乎'隐遁哲学'代替了'淑世'的热忱,'独善其身'的愿望超过了'兼善天下'的抱负。"①回顾当年,在城邦的盛期,对公民来说,"城邦是一个小宇宙",而这时却演变为"个人是一个小宇宙"。② 这种变化虽然表明城邦制度已经丧失了赖以存在的政治理念,但这并不意味着城邦制度就有了解救之道。"出路何在"这一问题依旧没有答案。

希腊本土面积不大,却分成了许多城邦,各自独立,这种情况是历史形成的,并存在好几百年了。要想恢复兴盛阶段的城邦政治,已经绝无可能。那么能不能走联合、统一的道路呢?这也只是一种愿望。困难在于每一个城邦都要捍卫自己的主权、自治权,没有一个城邦愿意放弃自己的独立性,除非出现某个更强大的国家的统治。③ 但这个更强大的国家是谁呢?不会出现在希腊本土,因为雅典尝试过,斯巴达尝试过,底比斯也尝试过,全都没有成功。东方的波斯帝国也许可能统一希腊本土各个城邦。但在希腊人心目中,波斯帝国不仅是一个"蛮族国家",而且是一个独裁专制的国家。小亚细亚西海岸的一些希腊移民城邦一度被波斯帝国征服过,希腊人被杀戮,被掠卖为奴。公元前386年,波斯帝国又把小亚细亚的希腊移民城邦抢走了,这是波

---

① 陈思贤:《西洋政治思想史·古典世界篇》,吉林出版集团有限责任公司,2008年,第146页。
② 同上。
③ 参看高尔德纳:《希腊世界:社会学分析》,哈泼和劳出版公司,纽约,1965年,第147页。

斯强加给希腊人的"国王的和约"中明文规定的,希腊人屈服于波斯的压力,不得不接受了这一和约。可见,希腊人连"国王的和约"都无法从内心接受,怎么会甘心让波斯国王做希腊本土的国王,把希腊本土交给他统治呢?①

朝西看,还有另外两个"蛮族"国家。一是迦太基,为腓尼基移民所建,他们是希腊人的世仇,在希波战争中帮助过波斯,同西西里岛上的希腊移民城邦为争夺西西里岛上的土地打过多年的仗。希腊当然不会容许迦太基来统一希腊本土。另一个国家就是罗马。他们是拉丁人的国家,与希腊人不是同一种族。当时罗马刚兴起不久,统治地区仅限于意大利半岛中部波河流域一带。此时罗马力量有限,还谈不到它来统一希腊各城邦的问题,希腊人也没有把罗马放在眼里。

寻找统一之路的一些希腊人,找来找去,还是认为只有在希腊城邦中产生一个领袖城邦,希腊世界的统一才有希望。泛希腊主义概念正是在这种形势下出现的。扼要地说,泛希腊主义的宗旨是为希腊城邦的前途寻找出路,也就是寻找一种强大得足以统一希腊,并领导希腊人对付东方强敌的政治力量。②

据说,泛希腊主义这个主题可能是在公元前408年前后在一次奥林匹克运动会上首次提出的。③ 公元前384年,即波斯国王强加于希腊各城邦的"国王的和约"公布后的第二年,希腊

---

① 参看高尔德纳:《希腊世界:社会学分析》,哈泼和劳出版公司,纽约,1965年,第155—156页。

② 参看同上书,第155页。

③ 参看同上。

人再度提出泛希腊主义的主张。① 于是泛希腊主义成为不少希腊人的共同心愿。

当时,泛希腊主义的最著名代表人物是伊索克拉底。伊索克拉底在雅典长期从事讲学工作,他办的学校也很有名气。但在政治上,他预见到波斯帝国是希腊最大的敌人,如果希腊各个城邦继续处于内战之中,力量相互削弱,那么希腊人谁都难逃脱沦为波斯帝国的奴隶的命运。"国王的和约"强加给希腊人后,"伊索克拉底第一个清醒地指出了时局的真相。他公然抨击这个和约"②。他要求希腊人拒绝承认这个和约,抵制波斯帝国。为了实现自己的愿望,伊索克拉底成了"希腊统一的热心鼓吹者。他把这条路看做是希腊乃至雅典自由与独立的保障。在当时,这不仅是一个难能可贵的观点,同时也是独一无二的"③。

在希腊本土的城邦中,他发现没有一个城邦有这种力量来统一希腊各个城邦,他并不灰心失望,他想在希腊核心以外去寻找可以领导希腊人的强者,其中就包括了西西里岛上叙拉古城邦的狄奥尼西一世,最后还有马其顿王国的菲利普二世。④ 伊索克拉底认为当时的国际形势对泛希腊主义是有利的,因为波斯帝国的藩属正在纷纷起义,波斯帝国的领土正在被其他敌国所侵占。⑤

---

① 参看高尔德纳:《希腊世界:社会学分析》,哈泼和劳出版公司,纽约,1965年,第155—156页。
② 汉密尔顿:《希腊的回声》,曹博译,华夏出版社,2008年,第47页。
③ 同上书,第48页。
④ 参看高尔德纳:《希腊世界:社会学分析》,哈泼和劳出版公司,纽约,1965年,第156页。
⑤ 参看同上。

稍后,伊索克拉底认为更有可能成为希腊城邦统一者的,不是叙拉古的狄奥尼西一世,而是马其顿的菲利普二世。① 这是因为,叙拉古的政治形势很快发生了变化,狄奥尼西一世去世后叙拉古境内就发生动荡,民众起来推翻了狄奥尼西一世的儿子狄奥尼西二世,后者被驱逐到意大利半岛南部。政局的不稳使得由叙拉古来主导希腊城邦统一的事业无法进行。②

这样,伊索克拉底把统一的希望转到了希腊本土以北的马其顿国王菲利普二世的身上。关于马其顿王国的情况,本书下编一开始就会有较详细的阐释,这里只简单地提示一下。

在希腊人的眼里,最早的"蛮族"概念是指血统上不是希腊人种所形成的部落和国家,波斯帝国被看成是"蛮族"国家,迦太基帝国无疑也是"蛮族"国家,巴尔干半岛上的一些部落或王国全都属于"蛮族"之列。马其顿人这时显然被列入"蛮族"。后来,希腊人又强调文化的一致性,凡是不属于希腊文化体系的,都是"蛮族"。再往后,"蛮族"概念又延伸到政治领域内:不实行希腊式的城邦自治制度的,统统是"蛮族",即使是希腊移民所建立的海外城邦,如果那里实行的是僭主政体,由僭主独裁统治,也被算作"蛮族"国家。③ 所以马其顿王国是被希腊本土的城邦当作"蛮族"国家看待的。尽管马其顿人的语言和文化

---

① 参看 T. R. 马丁:《古代希腊:从史前到希腊化时期》,耶鲁大学出版社,1996年,第187页。

② 参看高尔德纳:《希腊世界:社会学分析》,哈泼和劳出版公司,纽约,1965年,第157页。

③ 参看格林:"蛮族的变质:变动世界中的雅典泛希腊主义",载华莱士和哈里斯编:《转向帝国:纪念巴廷的希腊罗马历史论文集(公元前360—前146年)》,俄克拉荷马大学出版社,1996年,第6—11页。

上同希腊的语言和文化比较接近,但希腊人仍把马其顿人视为"蛮族",视为"化外之民"。

到了公元前4世纪中叶,由于波斯帝国对希腊本土的威胁又日趋严重,希腊本土承受的来自波斯帝国的压力越来越大,希腊人对马其顿的看法逐渐发生变化,泛希腊主义概念相应地随之调整。也就是说,随着马其顿王国的崛起,希腊本土出现了一些亲马其顿的人士,他们认为可能靠马其顿来领导希腊本土各个城邦,共同对付希腊人和马其顿人的共同敌人——波斯帝国。[1] 于是,马其顿人逐渐不被看成是"蛮族",马其顿王国似乎成了泛希腊主义概念中的希腊人国家。泛希腊主义者之所以会欢迎马其顿国王菲利普二世率军南下,正是出于这种考虑。[2]

伊索克拉底的动机是好的,他关心的是希腊这样一来就可以免受波斯帝国的奴役了。"一个统一的希腊是他的夙志"。[3] 历史的进程超出了伊索克拉底最初的美好设想。被马其顿统一了的希腊世界最后会给希腊人带来哪些苦难,希腊世界又是怎样一步步走向东方化、专制化和世界化的,更是鼓吹泛希腊主义的伊索克拉底意料不到的。亚历山大大帝是亚历山大大帝,伊索克拉底是伊索克拉底,两人是在不同层次上思考同一问题的。伊索克拉底从来没有东方化、专制化的政治理念,他也从来没有"希腊人要征服世界"的奢望:"他只想拯救他的城邦,因为雅典

---

[1] 参看格林:"蛮族的变质:变动世界中的雅典泛希腊主义",载华莱士和哈里斯编:《转向帝国:纪念巴廷的希腊罗马历史论文集(公元前360—前146年)》,俄克拉荷马大学出版社,1996年,第11页。
[2] 参看同上书,第6页。
[3] 汉密尔顿:《希腊的回声》,曹博译,华夏出版社,2008年,第48页。

是希腊的心脏。"①

在当时的希腊本土,并不是只有以伊索克拉底为代表的泛希腊主义这样一种声音。同时存在另一种声音,这就是以狄摩西尼为代表的反马其顿王国的声音。狄摩西尼是一位执业于雅典的律师,以代写诉讼状而闻名。他既擅长文字,又能言善辩,但他最关心的不是替人打官司,而是希腊城邦的命运。他指责雅典依赖于雇佣兵,认为应该建立一支由公民服役的更精良的军队以保卫雅典。"他也认为希腊不须统一;他警告说这种统一乃是用以掩饰希腊为一个人所征服。"②这里所说的"一个人",就指马其顿国王菲利普二世。狄摩西尼自称是真正的爱国者,雅典不必害怕波斯帝国,只要雅典人振奋精神,恢复祖辈的军人美德,是会战胜一切入侵者的。他反对伊索克拉底的泛希腊主义,"他早已看出菲利普的野心,并呼吁雅典人起而奋战,以保有在北方的盟邦及殖民地"③。总之,在对待马其顿的关系上,狄摩西尼是彻底的主战派。④

公元前338年,为了抵抗马其顿军队的南下,雅典联合底比斯组织联军,在马其顿军队即将侵入希腊时,在希腊北部地区迎战,结果溃败逃散,狄摩西尼随之逃走。从此马其顿王国统一希腊的计划逐步实现。

狄摩西尼当然是失望透顶。伊索克拉底呢?他也是非常失

---

① 汉密尔顿:《希腊的回声》,曹博译,华夏出版社,2008年,第48页。
② 杜兰:《世界文明史》第2卷《希腊的生活》,幼狮文化公司译,东方出版社,1998年,第350页。
③ 同上。
④ 参看同上。

望的,因为他原来设想的由马其顿所统一的希腊将是一个保留了城邦民主和社会公正的国家,没有想到实际上却是一个专制集权的、背离希腊城邦传统的国家。但这一切都已成为事实。伊索克拉底除了失望、痛苦之外,还能得到什么?

然而,谁又能预料到,在马其顿国王菲利普二世特别是在他的儿子亚历山大统治下,希腊被带进了东方,希腊人在亚历山大征服的东方这块广阔的土地上活跃起来。希腊人的历史也被带进了一个新的阶段。在这个新阶段,希腊人从似乎已走投无路的困境中找到了发挥自己所长和施展自己才能的场所,希腊文化逐步演变为希腊化文化。希腊人并没有像公元前3世纪中叶某些智者所设想的会长期沉沦于悲观失望之中。这个新阶段——希腊化时期——竟长达300年之久。

关于这些,本书将在下编中阐述。

希腊古代经济史

（下 编）

厉以宁 著

商务印书馆
The Commercial Press
2013年·北京

下编

希腊化时期

第九章　马其顿的崛起和逐步希腊化

本书上编的最后一章(第八章)已经分析了希腊城邦制度危机和社会危机相交织的困境,指出了公元前4世纪中叶希腊城邦在危机重重的时刻根本找不到出路,希腊城邦制度已趋于崩溃而没有任何方案可以拯救它。人们等待的是给予这一制度以最后一击,最后一击来自希腊北部的马其顿王国国王菲利普二世。

马其顿国王菲利普二世征服希腊本土后,希腊城邦时期结束了,从此历史开始转向希腊化时期。稍后,菲利普二世之子亚历山大继位,除了继续巩固自己在希腊本土的统治以外,还率领马其顿人和希腊人组成的大军东征,先后占领了小亚细亚、叙利亚、两河流域、伊朗高原、阿富汗、中亚细亚一部分地区、印度河流域、巴勒斯坦、埃及等地,建立了亚历山大帝国,希腊化世界由此形成。

亚历山大不久去世。为了争夺帝国所留下的大片领土,于是亚历山大的部将们开始了激烈的继位战争,最终出现了三个王国相峙的格局,这三个王国就是:以马其顿和希腊本土为基地的安提柯王国,以西亚、伊朗高原和两河流域为基地的塞琉古王国,以及以北非为基地的托勒密王国。此外还有一些独立或半独立的小王国。这些国家被称为希腊化王国。它们一直延续到陆续被后来兴起的罗马共和国所吞并。等到罗马共和国灭掉最后一个希腊化王国——托勒密王国——之后不久,罗马共和国也被罗马帝国所替代。

希腊化时期结束了,希腊化世界不再存在了,希腊化王国一一消失了。从时间上说,从公元前336年亚历山大继位到公元前30年托勒密王国灭亡为止,一共是306年。这段时间就是本书下编所要考察的时间范围。具体地说,就是亚历山大帝国是如何形成和解体的,安提柯王国、塞琉古王国、托勒密王国是如何建立和如何灭亡的。本书将论述这段时间内希腊半岛、西亚、北非地区的政治体制和经济体制的变迁,以及社会的稳定和动乱的交替。本书将尽可能提供一个比较清晰的说明:希腊化世界究竟是一个什么样的世界。①

希腊化时期结束了,但希腊化文化却继续存在,即希腊化文化不仅存在于希腊化时期和希腊化王国,而且还存在于罗马帝国统治时期和罗马帝国的东部地区。在长达数百年甚至更长的时间内,希腊化文化自身也处于不断变化、不断调整、不断适应新的环境以及不断同其他文化融合的过程中。这同样是本书下编所要探讨的问题。②

---

① 在国内出版物中,值得一读的是陈恒所著《希腊化研究》(商务印书馆,2006年),它在吸收了当代西方研究者成果的基础上,提出了自己的一些富有启发性的见解。

② 详见本书最后一章(第十四章):"从希腊化文化到拜占庭文化"。

第一节 马其顿的崛起

一、希腊化的含义

"'希腊化'一词是19世纪内才创造出来的,用以说明从亚历山大大帝公元前323年去世,到公元前30年最后一位马其顿籍埃及统治者克娄巴特拉七世去世这段时间内希腊和近东的历史时期。"[①]在希腊化时期,出现了一种新的王权形式,即由马其顿传统和近东传统综合而成的王权形式,它成为亚历山大死后地中海东部地区的占统治地位的政治结构。[②]

陈恒在《希腊化研究》一书中,对希腊化与亚历山大时代之间的关系,做了如下的阐释。他写道:"亚历山大时代有广、狭两种含义。广义的亚历山大时代就是指希腊化时代(公元前323年——公元前30年),汤因比就采用这种说法;狭义的亚历山大时代就是指亚历山大大帝在位统治的年代(公元前336年——公元前323年)。"[③]陈恒指出,他的这本《希腊化研究》中关于亚历山大时代是狭义的,即仅指亚历山大继位到去世这段时间。[④]

本书同意陈恒采取的狭义的亚历山大时代的表述。本书不

---

① T.R.马丁:《古代希腊:从史前到希腊化时期》,耶鲁大学出版社,1996年,第198页。
② 参看同上。
③ 陈恒:《希腊化研究》,商务印书馆,2006年,第3页注①。
④ 参看同上。

同意汤因比有关广义的亚历山大时代等同于希腊化时代的意见。这是因为,自从亚历山大去世到安提柯、塞琉古、托勒密三个王国的建立,继位战争不停,形势与亚历山大大帝统治时已有较大的差异。后来,安提柯、塞琉古、托勒密三个王朝各自传承了若干代,到它们先后被罗马灭掉之前,同亚历山大大帝当初统治时建立的体制又有了很大的变化。所以用亚历山大时代来表示希腊化时代,是不准确的。

本书有关希腊化的时间范围,在前面已经说明,是从公元前336年亚历山大继位算起,而不是一般所说的从公元前323年亚历山大去世时算起,结束之时则没有差别,都以公元前30年托勒密王国被灭为终点。为什么本书以亚历山大继位算起,主要考虑的是:既然是讨论希腊化时期的开始,那就应当把马其顿王国的希腊化也包括在内,因为如果没有马其顿王国的希腊化,那就谈不到亚历山大从进入小亚细亚以后就一直不懈地推进希腊化的政策,也更谈不到把希腊化在西亚和北非的不断推进的事实。所以把亚历山大去世作为希腊化时期开始的说法,在本书看来是有缺陷的。

既然强调马其顿王国本身先希腊化,然后才有亚历山大所征服的西亚、北非地区的希腊化,那么为什么希腊化时期的起点不从菲利普二世继位开始而从亚历山大继位开始呢?本书主要考虑的是:一方面,远征西亚、北非的作战部署是亚历山大继位后制定的,也是由亚历山大率领大军实现的;另一方面,是亚历山大继位后,希腊本土才由马其顿人牢牢地控制,而没有再发生像菲利普二世死亡后希腊城邦又纷纷宣告独立,试图恢复马其顿人南下前的政治格局,特别是,亚历山大采取了把希腊人组织到远征西亚、北非的军队中去,从这时起,亚历山大军队才成为一支由马其顿人—希腊人组成的军队,亚历山大依靠这些军队建立了他的帝国。也就是说,希腊化事业的创造,开始于亚历山大继位之时(公元前336年),而不是开始于亚历山大去世之日(公元前323年)。

本书的上述看法,只是一家之言,谨供研究者们参考。

希腊化一词的含义是多方面的,它理应包括政治、经济、社会、文化等领域。本书在讨论希腊化各王国时,都以它们各自的政治体制、经济体制和社会变迁为主要内容,其中包括了这些体制的性质和社会的性质,它们在哪些方面受到希腊城邦体制的影响,哪些方面受到东方国家原有的体制的影响,这些影响反映于哪些方面,最终又演变成什么样的混合体制,即希腊化的政治体制、经济体制,以及希腊化社会究竟是一个什么样的社会。

毫无疑问,希腊化一词还包括了文化上的意义,即在地中海东部地区,希腊的社会文化生活传统同本地的社会文化生活传统融合在一起了。这一地区的各个希腊化王国,尤其是塞琉古王国和托勒密王国,那里的国王们都是原籍马其顿人,他们把希腊人大量引进到自己所统治的地区,依靠希腊人,利用希腊人,并且按照希腊方式新建了城市,希腊文化逐渐对本地的城市居民发生影响。[1] 直到两百多年后,当罗马人吞并了这些地区时,希腊文化的影响一直存在。[2] 至于安提柯王国,由于它原来就是在马其顿和希腊本土建立的希腊化国家,它自然会保留更多

---

[1] 参看T. R. 马丁:《古代希腊:从史前到希腊化时期》,耶鲁大学出版社,1996年,第198—199页。

[2] 参看同上。

的希腊文化,但同时也吸收了东方文化的因素,因为随亚历山大出征西亚、北非的马其顿人和希腊人,后来回到了马其顿和希腊本土,把东方文化的影响带回到安提柯王国。因此,在考察希腊化时,文化是一个重要的、不可忽略的领域。

下面,让我们从马其顿的历史谈起。

二、早期的马其顿王国

马其顿不在希腊本土境内,而是位于希腊以北的地区。希腊人很早就知道这块地方,尤其是他们很早就同马其顿沿海岸的一些城镇有过贸易往来,通过商人同当地居民的交往而对马其顿有所了解。[1] 但当时的马其顿,除了宫廷中使用希腊语以外,民间是不使用希腊语的,希腊文化也没有渗入这块荒野的土地上。[2] 在希腊人的眼里,马其顿大部分地区还是一块蛮荒之地,野兽出没无常,没有什么文化,土著居民也没有什么教养。希腊人感到,马其顿人是粗鲁的、强悍的,山地居民住在树林里和峡谷中,喜欢在密林间追捕熊和狼,或者搏杀野猪。[3] 总之,希腊人从不把马其顿人看成是希腊人。

的确,马其顿人是另一个民族,但又同希腊人有一定的血缘联系。尽管马其顿一直"被希腊人视为蛮荒之地,从而被排除在希腊世界之外,实际上,马其顿人是希腊人的近亲,应该属于

---

[1] 参看马哈菲:《亚历山大帝国希腊文化的发展》,芝加哥大学出版社,1905年,第32页。

[2] 参看同上。

[3] 参看同上书,第35页。

多利亚人"①。马其顿人有他们自己的语言,这种语言也同希腊语有某种相近之处。② 有趣的是,马其顿却从不小看自己,"他们称自己的祖先是希腊人"③。

但不管怎么说,在马其顿王国崛起以前的很长时间内,它是孤立于希腊世界之外的。这可能也同马其顿地位偏僻有关,希腊人无论当初是南下还是东进,都把马其顿撇在一边了。在希腊城邦建立以后的大移民过程中,包括雅典在内的一些希腊城邦的移民,曾经向北移民,但主要是通过博斯普鲁斯海峡,进入黑海沿岸地区,建立移民城邦或移民区,而没有在马其顿停留。

公元前7—6世纪,当希腊城邦经济有较大发展时,马其顿由于多山与丘陵,所以仍是以牧业为主,兼事农业,经济落后。马其顿王国大约是在公元前6世纪中叶以后建立的。国王由各个部落共同推举出一位军事统帅而产生。这里也不曾像希腊本土那样建立城邦和形成城邦制度。马其顿国王采取世袭制。国王在形式上是由贵族们协商推举出来的,实际上,由国王和一些强大的贵族家族一起组成了统治集团,这个统治集团的成员同国王之间的关系是"个人之间的依附与忠诚关系"④。大臣、幕僚和军事指挥官由国王任命,他们统称为"同僚","而且不同的国王会选择不同的'同僚'"⑤。相应地,以国王为中心的统治

---

① 吴晓群:《希腊思想与文化》,上海社会科学院出版社,2009年,第300页。
② 参看T. R. 马丁:《古代希腊:从史前到希腊化时期》,耶鲁大学出版社,1996年,第188页。
③ 吴晓群:《希腊思想与文化》,上海社会科学院出版社,2009年,第300页。
④ 黄洋:《古代希腊土地制度研究》,复旦大学出版社,1995年,第183页。
⑤ 同上。

集团成员们也获得国王的丰厚赏赐,包括土地等。① 如果说国王的权力多少也受到贵族家族的限制的话,那么受限制的程度将因国王本人的威信、权力和士兵对国王的忠诚程度而定。②

即使马其顿王国建立了,但它依然不是希腊人的国家,"马其顿从来就没有被当做是希腊的一部分"③。而从生活上看,这时的马其顿仍同过去一样,未摆脱未开化状态,或者至多只能说处于半开化状态。比如说,马其顿人和色雷斯人一样,都还保留了蛮荒人的祭礼,他们的"酒神的女祭司吃的是生山羊肉"④。在这种祭礼后的生山羊肉的盛宴上,崇拜者在吃了生山羊肉后,就以为"可以分享神的生命"⑤。所以当时的人认为把生山羊肉吃掉"是一种令神高兴的献祭活动"⑥。

又据亚里士多德记述:"在马其顿,曾经设置过一条专律,凡尚未杀过一个敌人的男子,腰间只可束络〔不得佩带〕。"⑦这就是未开化部落的风俗习惯。亚里士多德同马其顿人有过较多的接触,他又做过马其顿国王菲利普二世之子亚历山大的教师,所以他对于马其顿人风俗习惯的记述应是可信的。

那么,马其顿文化中为什么会有希腊文化的成分? 一种可能是:马其顿王国与希腊本土相距不远,希腊文化毕竟是当时的

---

① 参看黄洋:《古代希腊土地制度研究》,复旦大学出版社,1995年,第183页。

② 参看同上书,第184页。

③ 基托:《希腊人》,徐卫翔、黄韬译,上海人民出版社,2006年,第148页。

④ 赫丽生:《古希腊宗教的社会起源》,谢世坚译,广西师范大学出版社,2004年,第114页。

⑤ 同上。

⑥ 同上。

⑦ 亚里士多德:《政治学》,吴寿彭译,商务印书馆,1997年,第346页。

先进文化,马其顿王国的宫廷人士和贵族阶层喜欢希腊的文化和时尚,因此多多少少受到了希腊文化的影响。[1] 同时也应当注意到,受希腊文化影响的人在马其顿人口中并不占多数。"马其顿的平原是国王的统治最牢固的地方,居住在此的人说希腊语。"[2]他们之中就包括了宫廷人士和贵族家庭。但马其顿的山地居民则不然。"上马其顿则是山峦起伏的地区,它是操各种语言〔都不是希腊语〕的各个武士部落的家乡"[3],他们很少受到希腊文化的影响,甚至有些人根本没有受到这种影响。

马其顿王国产生后,由于位置偏远,又不在希腊本土通往黑海沿岸地区和小亚细亚的陆地通道上,所以不被当时西亚强国波斯帝国所注意。大约在公元前510年,波斯帝国的军队从小亚细亚北上,占领了爱琴海北部沿海岸线一带,距离马其顿已经很近了。马其顿国王阿梅恩塔斯一世向波斯帝国投降,波斯接受了。[4] 但马其顿王国臣服于波斯帝国的时间不长,公元前492年左右,马其顿人乘着小亚细亚希腊人反抗波斯统治之际,摆脱了波斯的统治。[5] 紧接着爆发了希波战争,波斯军队侵入希腊境内。由于波斯军力强大,这时马其顿王国又向波斯人屈服了,但它只是"表面上投降波斯人,暗中支持希腊人"[6]。

希波战争初期,波斯军队攻势凌厉,他们越过博斯普鲁斯海

---

[1] 参看沃格林:《希腊化、罗马和早期基督教》,谢华育译,华东师范大学出版社,2007年,第110页。
[2] 阿克罗伊德:《古代希腊》,冷杉、冷枞译,三联书店,2007年,第107页。
[3] 同上。
[4] 参看扎尔恩特:"马其顿背景",载赫克尔和特里特尔编:《亚历山大大帝:新历史》,维莱—布莱克维尔出版公司,英国西苏塞克斯,2009年,第8页。
[5] 参看同上。
[6] 陈志强:《巴尔干古代史》,中华书局,2007年,第71页。

峡进入色雷斯,也可能经过马其顿境内一路南下,不过没有在马其顿停留。到希波战争第一阶段末期,希腊军队反攻时,希腊军队陆续收复了色雷斯和黑海沿岸地区,但也没有进入马其顿境内。这段时间,对马其顿来说,正是发展经济的好时机。也正是"从公元前5世纪起,它已经加入了希腊诸国的贸易圈,接受先进的生产技术和文化"[①]。当然,这段时间更利于马其顿积蓄力量,伺机南下,因为南下是马其顿王国从国王、贵族、将军到士兵的多年夙愿。

马其顿的一部分贵族对南下最为积极。他们"渴望更完全地成为希腊世界的一部分"[②]。在这以前,他们在生活上已经接受了希腊人的生活方式,也就是说,"他们已经接受了相当程度的希腊影响,他们的儿女常常拥有希腊家庭教师并且在雅典和其它希腊城市生活度日"[③]。但希波战争没有完全结束之前,不是马其顿南下的最佳时机。何况,这时海军力量还相当强大的雅典仍拥有爱琴海上的霸权,如果马其顿陆军(当时马其顿还只有陆军)能胜利攻入希腊本土,而雅典的舰队却北上在马其顿附近登陆,马其顿岂不是老巢尽失,背腹受敌?所以马其顿这时只好静观形势变化。

马其顿在这种形势下,继续抓住商机,同雅典扩大贸易往来。公元前5世纪,雅典为了增加自己的海军作战能力,需要建造大批舰船,于是从马其顿购买造船所用的优质木材。这项交

[①] 吴于廑:《古代的希腊和罗马》,三联书店,2008年,第73页。
[②] 帕克:《城邦——从古希腊到当代》,石衡潭译,山东画报出版社,2007年,第27页。
[③] 同上。

易,"既要求硬通货,也要求善用外交手段"①。木材生意对马其顿和雅典双方都是有利的。于是雅典从公元前5世纪下半期开始,同马其顿之间建立了较好的政治关系,马其顿成了雅典的优质木材的供应商。②

马其顿对外扩张的机会终于来了。伯罗奔尼撒战争的爆发和持续进行,几乎把所有的希腊城邦都卷进去了:不是站在雅典一边,就是站在斯巴达一边。包括雅典和斯巴达在内的各个希腊城市,凡是卷入战争的,都是在自毁。

在伯罗奔尼撒战争开始后,马其顿因为过去一直担心雅典强大,所以一度帮助过斯巴达。③但稍后看到战争形势对雅典越来越不利,马其顿反而又趋于中立,为的是准备南下。以前马其顿对于扩张的路线有所考虑:先南下,还是先东进或西进?西进,强敌不少,困难重重,而且会得不偿失。④东进,比如说,夺取黑海沿岸地区,那就会同雅典直接发生冲突,因为这里是雅典粮食供应的生命线,雅典是不甘心丢掉粮食的。⑤现在雅典在伯罗奔尼撒战争中惨败,不仅陆军遭到严重损失,而且海军几乎全军覆没,无论南下或东进的障碍都消失了。于是马其顿决定采取先南下、再东进的战略。

公元前413年,马其顿国王阿奇拉当政(公元前413—前

---

① 加布里埃尔森:"希腊时代的战争和国家",载萨宾、威斯、维特比编:《剑桥希腊罗马战争史》第1卷《希腊、希腊化世界和罗马的兴起》,剑桥大学出版社,2007年,第256页。

② 参看同上。

③ 参看孙道天:《古希腊历史遗产》,上海辞书出版社,2004年,第127页。

④ 参看斯托巴特:《希腊曾经辉煌》,第4版,普莱格出版公司,纽约,1964年,第220页。

⑤ 参看同上。

399年)。他在希腊战乱时期加紧扩充实力,并将都城从内地迁到靠近海岸的培拉。由于战乱中希腊文化界人士难以在希腊本土有所作为,所以阿奇拉国王尽量吸引他们前来培拉城,以便加速对希腊文化的吸收。到公元前4世纪初,马其顿已经成了一个拥有强大军队的王国了。总之,"马其顿乃后起之邦,它没有希腊各邦所积累的种种社会矛盾,也不像希腊人经历了那么多的内战、外战,它是以一种新的力量态势走上巴尔干的历史舞台的"①。

三、菲利普二世

阿奇拉被认为是一个注重文治的马其顿国王。② 但阿奇拉国王始终没有放弃南下的意图。阿奇拉在位时,由于贵族势力很大,对国王有牵制作用,所以马其顿内部王权与贵族世家之间的斗争相当激烈。这也影响了马其顿军队南下计划的推行。情况到公元前4世纪中叶发生变化,强人菲利普二世于公元前359年登上了国王宝座。他就是后来称霸于欧、亚、非三大洲的亚历山大大帝的父亲,也被称为"亚历山大之前勇者之中的最勇者"③。他勇于作战,以致在战场上被打瞎一只眼睛,折了一条肩膀,一条腿也瘫痪了。

菲利普二世在继位前,曾在底比斯生活过,对希腊文化比较了解,他本人也勤于学习希腊文化。他作为马其顿国王,决心一

---

① 孙道天:《古希腊历史遗产》,上海辞书出版社,2004年,第127—128页。
② 参看杜兰:《世界文明史》第2卷《希腊的生活》,幼狮文化公司译,东方出版社,1998年,第348页。
③ 同上。

手加强集权制,并大力扩充军备,一手加快引进希腊文化,促进马其顿早日摆脱"半开化"状态。

在政治方面,为了加强国王的实权,他大大抑制贵族世家的势力,打击那些不顺从国王意志的大族大家,笼络一批拥戴他的贵族,建立了把军队大权集中于国王手中的专制体制,从此结束了马其顿王国建立后数百年存在的实际上由国王与贵族世家共治的氏族社会传统。

在文化方面,菲利普二世以身作则,自己努力学习希腊文化,而且号召贵族要起表率作用,要改掉不文明的陋习。在菲利普二世的努力下,马其顿同希腊城邦之间的文化差距缩小了。这个成绩是不容忽视的。

菲利普二世对马其顿王国的最大贡献是他对军队的整顿和重组。要知道,希腊各个城邦在陆地作战时一向依靠步兵,而波斯帝国则拥有一支强悍的骑兵,所以在希波战争第一阶段,希腊步兵同波斯骑兵在雅典周围交战时,波斯军队始终占据优势。菲利普二世汲取了希波战争的经验教训,决心建立一支马其顿骑兵。菲利普二世很可能着眼于伯罗奔尼撒战争以后的希腊周边的新形势,他认为,今后马其顿王国最大的对手已经不是包括雅典、斯巴达在内的希腊城邦了,因为这些城邦经过伯罗奔尼撒战争之后兵力都已削弱;最大的对手也不是波斯帝国,因为波斯帝国兵力虽然强大,但已不如希波战争以前,何况,目前波斯帝国主要想称霸于希腊本土,它唯恐希腊各个城邦联合起来,所以一心挑拨离间,对希腊城邦实施半拉拢、半恐吓的做法,"国王的和约"就是这样通过威吓和欺骗而强加给希腊各个城邦的。马其顿王国地处偏远,此时尚不在波斯国王的视界之内。那么,马其顿王国此时的最大对手是谁,谁对马其顿王国的威胁最大?这就是出没于巴尔干半岛北部的蛮族人,他们一直想从巴尔干半岛南下,马其顿首当其冲。所以菲利普二世重组军队和建立骑兵的首要目标还是为了消除来自北方的蛮族的威胁。[1] 当然,这并不排除另一个目标,即同波斯人对抗。马其顿的骑兵由两部分人组成:一部分是从农民中招募来的,另一部分则是雇佣兵。

对于步兵,菲利普二世在他所熟悉的底比斯军队作战方式的基础上做了很大的改进。步兵采取密集型的阵式,称作"马其顿方阵",即"士兵排成16列,将矛头举过前列兵的头部或是放在前列兵的肩上,使每一方阵形成铁墙"[2]。同时,步兵都配备了长矛、铜盔和甲胄,并握有盾牌。作战时,步兵和骑兵互相配合,骑兵充当步兵方阵的前锋并在两翼掩护,步兵列成方阵前进,步兵方阵的后面是弓箭手,箭从前列兵的头顶上掠过,射向前面的敌人。这样一支步骑配合的马其顿军队,其战斗力远远超过了当时任何一个希腊城邦的军队。[3]

菲利普二世麾下的马其顿军队,人数并不多。"公元前358年,菲利普二世约拥有10,000名步兵和600名骑兵"。[4] 公元前358年,是菲利普二世继位后的第二年。后来,菲利普二世不

---

[1] 参看T. R. 马丁:《古代希腊:从史前到希腊化时期》,耶鲁大学出版社,1996年,第174页。
[2] 杜兰:《世界文明史》第2卷《希腊的生活》,幼狮文化公司译,东方出版社,1998年,第348页。
[3] "马其顿长矛是一种令人生畏的兵器,其长度是希腊长矛的二倍。"(阿克罗伊德:《古代希腊》,冷杉、冷枞译,三联书店,2007年,第108页)
[4] 塞孔达:"希腊化世界和罗马共和国时代的军事力量:陆军",载萨宾、威斯、维特比编:《剑桥希腊罗马战争史》第1卷《希腊、希腊化世界和罗马的兴起》,剑桥大学出版社,2007年,第325页。

断扩充兵力,主要依靠雇佣兵的招募。在当时的希腊一些地方,许多年轻人苦于没有出路,充当雇佣兵被看成是一种很好的职业。① 虽然充当雇佣兵的薪酬不多,但有另外的酬报,如分享战利品,或从新城市得到所授予的一块土地。② 这对希腊的年轻人很有吸引力。而菲利普二世对待加入马其顿军队的雇佣兵采取高薪的做法,即从菲利普二世控制的菲利比附近的金矿得到的黄金作为犒赏分给他手下的雇佣兵。③ 这对希腊年轻人就更有吸引力了。这些雇佣兵悍勇善战,愿意效忠于马其顿国王。菲利普二世为了得到更多的兵力,除了使用雇佣兵外,还在"马其顿方阵"中补充了加盟国家的分遣队。④ 例如,其中有来自巴尔干半岛上一些国家的投掷手,还有来自克里特岛的弓箭手。⑤

菲利普二世还利用重组军队的机会来削弱马其顿王国内部贵族的权力。多年以来,马其顿国内的贵族世家一直不受国王控制,历届国王对他们无可奈何。菲利普二世在仿照底比斯方式在步兵中建立"马其顿方阵"和另建骑兵的同时,"把素来骄横难制的贵族编入受国王统率的骑兵"⑥。另外,马其顿境内还有一些不服从国王的部落,菲利普二世亲率军队予以平定,从而

---

① 参看伊义斯:《希腊化时期的日常生活:从亚历山大到克娄巴特拉》,格林渥德出版社,美国康涅狄格州韦斯特波特,2008年,第80页。
② 参看同上。
③ 参看同上。
④ 参看塞孔达:"希腊化世界和罗马共和国时代的军事力量:陆军",载萨宾、威斯、维特比编:《剑桥希腊罗马战争史》第1卷《希腊、希腊化世界和罗马的兴起》,剑桥大学出版社,2007年,第329页。
⑤ 参看同上。
⑥ 吴于廑:《古代的希腊和罗马》,三联书店,2008年,第73—74页。

扩大了王权直接控制的范围。①

至此,菲利普二世认为南下的时机已经成熟,决定实现自己的南下计划。从战略上考虑,"他懂得,无论出于何种理由,有一个希腊同盟者是至关重要的。他唯一的策略就是首先征服希腊以建立他的可靠后方"②。下一步目标,就是以希腊为基地,挥兵东进,先把波斯军队赶出小亚细亚,解放被波斯帝国统治的小亚细亚西海岸的希腊移民城市,然后征服西亚大片地区。"他断言,对亚洲的征服是完全可行的,亚洲的富庶像神话一样诱人,征服者的荣耀、数不清的财宝在等着他们。"③

需要补充的是:尽管马其顿境内有优质的木材资源,包括雅典在内的一些希腊城邦都向马其顿购买优质木材,建造舰船,但菲利普二世不重视海军,也没有建立舰队的打算。④ 这是为什么？这可能是因为,菲利普二世认为要南下征服希腊,有一支精锐的陆军作战部队已足敷应用,用不着花费大笔资源去建造舰队。如果征服希腊本土之后再跨海东征波斯帝国,那时就可以利用希腊的舰队而不必自己再来建立海军。⑤

四、希腊境内的亲马其顿派和反马其顿派

马其顿王国崛起之时,希腊境内正处于城邦制度危机和社

---

① 吴于廑:《古代的希腊和罗马》,三联书店,2008年,第74页。
② 汉密尔顿:《希腊的回声》,曹博译,华夏出版社,2008年,第95页。
③ 同上。
④ 参看舒扎:"希腊化世界和罗马共和国时代的军事力量:海军",载萨宾、威斯、维特比编:《剑桥希腊罗马战争史》第1卷《希腊、希腊化世界和罗马的兴起》,剑桥大学出版社,2007年,第361页。
⑤ 参看同上。

会危机交织的困难境地。正如本书上编最后一章(第八章)中已经概括的,当时希腊各个城邦经济衰败,社会动荡,思想混乱,人心不稳,茫茫然不知出路何在。希腊各个城邦自进入公元前4世纪之日起,就已处于群龙无首的状态,没有一个城邦有力量能把其他城邦(哪怕只是一部分城邦)再聚集在一起,形成一股较强大的力量,那样的时代已经一去不复返了。以雅典来说,经济虽然有所回升,但实力已大不如前,手工业和商业都难以恢复到过去极盛时期的状况,更不必说农业生产了。银矿恢复开采,产量却再也没有恢复到过去的水平。① 雅典的财政支出浩大,财政收入却剧减,日子很不好过。

应当指出,在马其顿军队南下之前的几十年间(公元前4世纪前期),希腊一些城邦仍在筹建各种各样的同盟,只是这些同盟都不巩固,时常发生变动。② 甚至以雅典为首的同盟也是如此,根本无法与过去的提洛同盟相比。谁来牵头统一希腊世界呢？马其顿在争夺希腊世界霸主地位的竞争中,显然是一匹"黑马"。③ 这个评语是恰当的,因为当时谁也不曾料到正是马其顿把希腊世界统一起来并成为希腊世界的真正的霸主。

菲利普二世建立了强大的陆军并准备南下的消息不久就传到了希腊各个城邦。有人高兴,认为希腊世界从此可以摆脱困境了;有人发愁,不知所措,惊呼希腊城邦的末日来临了。在雅

---

① 参看 T. R. 马丁:《古代希腊:从史前到希腊化时期》,耶鲁大学出版社,1996年,第175页。
② 参看同上。
③ 参看哈里斯:"马其顿早期帝国史导论,公元前360年—约公元前300年",载华莱士和哈里斯编:《转向帝国:纪念巴廷的希腊罗马历史论文集(公元前360—前146年)》,俄克拉荷马大学出版社,1996年,第1页。

典,这两种情绪并存,因为雅典无论从哪个角度来看都是马其顿大军南下的首要目标,有人认为是福,有人认为是祸,于是很快在雅典形成了亲马其顿派和反马其顿派。① 两派的领袖人物都是雅典知识界的名人,他们就是前面提及的:亲马其顿派的领袖人物是伊索克拉底,反马其顿派的领袖人物是狄摩西尼。②

关于伊索克拉底和狄摩西尼的言行,前面已经提及,这里根据他们对当时希腊形势的评论,再做一些补充。

伊索克拉底的看法是:在希腊各个城邦已经危机四起而又没有一个城邦能够把大家聚集在一起时,马其顿国王菲利普二世的南下不正是一件好事么? 否则希腊人怎能摆脱被波斯帝国所控制的命运呢? 这就是泛希腊主义的论点。伊索克拉底认为,马其顿是全体希腊人的希望所在,它会"把雅典从'流浪分子'的骚动中拯救出来"③。伊索克拉底甚至指望菲利普二世能够领导全希腊去攻打波斯,用掠夺东方的财富来解救希腊各个城邦。④ 这种扩张主义的言论岂不是有悖于公元前4世纪希腊人普遍谴责扩张主义的言论么? 对这个问题应做如下的分析:要知道,在公元前4世纪,由于希腊各个城邦都经历了伯罗奔尼撒战争并深受其害,所以希腊人都斥责城邦的对外扩张,但这种批评是针对那种以损害其他希腊城邦的利益和以牺牲其他城邦

---

① 孙道天在所著《古希腊历史遗产》一书中,认为亲马其顿派姑且可以称为"连横派",反马其顿派姑且可以称为"合纵派"。(上海辞书出版社,2004年,第129页)
② 参看本书,第八章第三节。
③ 吴于廑:《古代的希腊和罗马》,三联书店,2008年,第74页。
④ 参看同上。

第九章 马其顿的崛起和逐步希腊化

的希腊人为代价的对外扩张。[1] 至于把"蛮族"统治之下的地区纳入希腊世界,尤其是对波斯帝国及其统治下的地区进行攻击,那就不在受谴责之列,因为这是完全正当的行动。[2] 这样,亲马其顿派很自然地把欢迎菲利普二世率军南下并带领希腊人向亚洲扩张视为使希腊摆脱自身社会危机的手段。[3] 也就是伊索克拉底在演说中所说,要"把菲利普二世的领导当作对波斯长期存在的威胁的一种平衡力量来加以欢迎"[4]。

狄摩西尼作为反马其顿派领袖人物,却有完全不同的看法。在这一派看来,马其顿本是蛮荒之地的一个蛮族国家,在那里,一方面没有经历过希腊所经历过的城邦政治阶段,从来不懂得什么是民主,什么是宪制,而是一个地地道道的中央集权、国王独揽大政的独裁国家;另一方面,马其顿人没有受过希腊文化的熏陶,没有教养,粗野成性,只知道打打杀杀,而且菲利普二世本人就是一个在习惯上和气质上同希腊传统格格不入的野蛮人。[5] 如果让这样的人带领军队来统治希腊,那绝对不是拯救希腊,而是把希腊推到了绝地,希腊文化也就从此消失了。因此,狄摩西尼在演说中,要"向众人警告有领土野土的马其顿国

---

[1] 参看奥斯汀和维达尔·纳奎:《古希腊经济和社会史导论》,英译本,奥斯汀译,加利福尼亚大学出版社,1977年,第152页。
[2] 参看同上。
[3] 参看同上。
[4] 帕克:《城邦——从古希腊到当代》,石衡潭译,山东画报出版社,2007年,第28页。
[5] 参看哈里斯:"马其顿早期帝国史导论,公元前360年—公元前300年",载华莱士和哈里斯编:《转向帝国:纪念巴廷的希腊罗马历史论文集(公元前360—前146年)》,俄克拉荷马大学出版社,1996年,第2页。

王对希腊世界的威胁"①。可以这样概括：反马其顿派同亲马其顿派的重要区别在于前者对马其顿的绝不信任。②

以上是从知识界精英的观点所做的分析。社会上各个阶层和职业的人士对马其顿南下这件事的看法，要比知识界精英分子的观点复杂得多、现实得多。这是因为，无论是欢迎马其顿南下还是反对马其顿南下，都涉及各自的利益问题，即利益是减少了，受损害了，被剥夺了，还是利益不变，甚至利益还有所增长。这里排除个别人的利益，只谈集团或阶层利益，如贵族利益、平民利益、农民利益、商人利益等。

贵族关心的问题：对希腊各个城邦的贵族阶层来说，欢迎还是反对马其顿南下，主要取决于马其顿控制希腊各个城邦以后对待当地贵族的政策。如果马其顿依靠当地的贵族进行统治，任用当地贵族为各级官员，并让贵族继续保留原来的社会地位和财产，那么贵族不反对马其顿南下，否则他们就对马其顿南下持反对态度。这是完全可以理解的。

平民关心的问题：希腊各个城邦的平民对马其顿南下的心情相当矛盾，平民们最大的愿望，一是能够安居乐业，虽然不一定能变得很富裕，但至少也应无忧无虑地生活下去，同时致富的途径不应被封死，只要个人努力，致富的可能性是始终存在的；二是公民已经获得的政治权力不应被取消，特别是在雅典这样的通过历次制度调整公民已取得不少政治权利的城邦，平民更加关心这些政治权利在马其顿南下后还能否保留下来（如参与

---

① 帕克：《城邦——从古希腊到当代》，石衡潭译，山东画报出版社，2007年，第28页。
② 参看孙道天：《古希腊历史遗产》，上海辞书出版社，2004年，第130页。

选举城邦领导人的权利、监督和罢免政府官员的权利等)。结果,平民们心情是矛盾的,因为一方面,他们认为马其顿南下后定会恢复城乡秩序,公众的生活有可能安定下来,治安也会改善,而另一方面,马其顿王国如果按照既定的中央集权体制来统治希腊城邦,平民已经争取得到的政治权利即使未被完全取消,但无疑会大大削减,这是他们最担心的事情。可见,希腊城邦的平民们普遍怀着这种矛盾的心情来看待马其顿的南下。他们拿不准究竟是欢迎马其顿南下还是反对马其顿南下。一切根据马其顿来到以后实行的具体政策而定。

农民关心的问题:希腊农民最关心的是土地问题。公元前4世纪前期,希腊各城邦的土地兼并问题越来越严重,甚至连斯巴达这样历来以公平为准则的城邦,也因小农纷纷失去土地而陷入社会危机之中,其他城邦土地集中现象的加剧更不必说了。所以希腊本土上,农民对马其顿南下的土地政策最为关心。他们在思考,如果马其顿王国一旦控制了希腊各个城邦,它会不会重新分配土地,照顾无地、失地的农民?会不会让希腊的农民重新成为小土地所有者?或者,马其顿王国会不会采取相反的做法,放任马其顿贵族夺取希腊农民的土地,建立大种植园、大牧场?如果马其顿采取重新分配土地的政策,农民将拥护马其顿入主希腊本土;如果马其顿贵族夺取希腊农民的土地,农民会奋起反抗,不会退缩不问。所以这一切都将由马其顿南下后的政策措施决定。

商人关心的问题:商人们考虑得较多的是,马其顿王国统一希腊本土之后,商路是不是更加通畅了?经营自由的局面能不能继续保持下去?商人的发财致富的门径会不会被马其顿的贵族和商人所垄断而不让希腊本土的商人得到好处？还有，如果马其顿王国在控制之后又收回了被波斯帝国强占的小亚细亚希腊移民城市，或者进而击败波斯帝国，攻占了西亚、北非，那么对希腊商人来说，岂不是扩大了市场，这能不能让希腊商人受惠？因此，希腊商人同样处于观望的状态。商人们是讲实际的，他们不像希腊的知识界精英那样从政治制度上或从文化上考察，而更加关心的是本身的利益变化。

最后，马其顿王国控制希腊本土后会怎样对待蓄养和使用奴隶的希腊家庭和希腊的工商业企业，似乎并未引起当时希腊人的关注。这可能由于他们知道，马其顿王国也是一个使用奴隶劳动的国家，奴隶制经济作为一种经济成分也在马其顿境内流行，所以不担心马其顿控制希腊本土之后会下令禁止买卖奴隶和役使奴隶。另一个原因，则可能是由于：在希腊社会危机加剧以前，不少生活较为安定的一般希腊居民家庭也都使用少数奴隶从事家务活动，一般小手工作坊因为生意还不错，也使用了少数奴隶作为劳动力；[1]后来，希腊社会危机加深了，为了减轻负担，原来使用奴隶的家庭和小手工作坊释放了一些奴隶；[2]甚至有些男子因生活状况不佳，找不到妻子，便同女奴结婚，同时释放了她们。[3] 这样，一般居民家庭和小手工作坊因为已经不

---

[1] 当时，"谁要是不得不在生活中不用任何奴隶，那么无论如何是一个无产者（在古代的意义上）。"（韦伯：《经济与社会》下卷，林荣远译，商务印书馆，2006年，第690页）

[2] 也可能采取这样一种方式，即先允许奴隶到外面去自己经营手工业或商业，等他们积累了一些钱财后再回来赎身。（参看同上书下卷，第707页）

[3] 在古代，"释放自由可能大多数服务于有效的缔结婚姻，即通过赎买婚姻的候补者促成的"。（参看同上书下卷，第706页）

役使奴隶了,他们也就不关注马其顿南下后有关使用奴隶的政策了。

第二节 马其顿对希腊的征服

一、菲利普二世南下

菲利普二世的南下,对希腊人有深远的影响。也就是说,"自从马其顿人进入历史舞台,巴尔干半岛作为一个整体的历史才真正开始"①。这是因为,在菲利普二世南下之前,尽管马其顿王国已存在两三百年了,但希腊人仅以马其顿和色雷斯以南的地区为活动范围,更确切地说,他们"基本是以爱琴海和东地中海为主要活动区域,其文化影响尚未深入巴尔干半岛北部山区,或者说巴尔干半岛北部山区的伊利里亚人、色雷斯人和达吉亚人还没有全面卷入古希腊人的活动"②。这一格局是菲利普二世打破的:一方面,他"从军事战略安全的角度,将巴尔干半岛北部地区纳入关注的视线"③,即要南下应先关注北部,抗御"蛮族"从北方威胁马其顿本身;另一方面,他南下后,以强大的兵力把希腊全境变成了自己管辖的范围,把希腊文化带进了马其顿,并由此扩大到巴尔干半岛北部。

在率军南下之前,菲利普二世对希腊各个城邦及其居民的心态是很了解的,不断有人向他汇报希腊各个城邦的举措和动

---

① 陈志强:《巴尔干古代史》,中华书局,2007年,第72页。
② 同上。
③ 同上。

向。他知道有人赞成马其顿南下，有人反对马其顿南下，但还有不少人处于观望之中。菲利普二世南下决心已定，不管反马其顿的力量会有多大，他不打算更改南下的意愿。由于希腊各个城邦难以聚合在一起，所以菲利普二世采取各个击破的方针。

公元前357年，菲利普二世突破了马其顿和希腊的边界线，占领了安菲波利斯，第二年又攻占了佩德纳和波提达亚，又隔了一年，他攻占了梅索奈。连续三年的进攻，菲利普二世终于把希腊最北部和爱琴海西北岸纳入马其顿的版图。尽管他本人在作战时负了伤，失去了一只眼睛，但取得的胜利使他受到鼓舞。色雷斯既已归他占领，当地的金矿收入就足以保证今后的军费开支。

在这段时间内，雅典屡次提出抗议，谴责菲利普二世入侵希腊，但仅仅是抗议而已。雅典的那些反马其顿派人士忙于同希腊城邦中的反马其顿派串联，商讨应付马其顿王国进一步扩张的对策，包括联合出兵阻击等，但没有什么效果。雅典政府这时顾不上出兵抗拒马其顿的原因可能是战场距离雅典还远，雅典不愿意由自己牵头来反对马其顿入侵者。更重要的原因可能是由于雅典城邦这时遇到了两个麻烦。一个麻烦是：雅典国内贵族派和平民派的斗争已十分尖锐，国内政局不稳，雅典认为派不出军队进行北征。另一个麻烦是：雅典同希腊其他城邦之间的关系正因达尔菲财宝被劫事件而相当紧张。达尔菲财宝是希腊人认为应当属于全体希腊人的圣物，任何人都不应当心存贪欲，把财宝攫为己有，但福息斯城邦却不顾这些，公然劫掠了财物，引起希腊其他城邦的愤怒，于是发生了长达10年（公元前

356—前346年)的城邦间的战争。[1] 雅典不顾其他城邦的反对,支持福息斯。[2] 这就把雅典推向了希腊一些城邦的对立面。斯巴达这时也同雅典一起,支持福息斯。[3] 所以雅典已没有把希腊城邦聚集在一起对抗菲利普二世南下的号召力。

菲利普二世看到这是有利于马其顿南下并控制希腊中部和南部的绝佳时机。在雅典和斯巴达的帮助下,福息斯转危为安。而联合攻打福息斯的那些希腊城邦则转而投靠菲利普二世,希望后者率军继续南下,愿做内应。菲利普二世抓住这个机会,迅速穿过希腊中部,于公元前346年击溃了福息斯人。雅典和斯巴达都退缩了。这样一来,马其顿在某些希腊城邦的心目中成为解放者、拯救者,即把它们从雅典和斯巴达的威胁下解放出来了。菲利普二世"被拥为达尔菲之太阳神圣坛的保护者,并在特尔斐竞技大会担任主持人"[4]。

至此,菲利普二世的南下目标已完成了一半。

二、雅典的屈服

菲利普二世击败了福息斯,成为某些希腊城邦共同推崇的解放者,但这还不等于真正成为希腊本土的主人。摆在马其顿面前的还有雅典和斯巴达这两个对手。

---

[1] 参看杜兰:《世界文明史》第2卷《希腊的生活》,幼狮文化公司译,东方出版社,1998年,第349页。

[2] 参看同上。

[3] 参看卡特利奇:《斯巴达人:一部英雄的史诗》,梁建东、章颜译,上海三联书店,2010年,第209—210页。

[4] 杜兰:《世界文明史》第2卷《希腊的生活》,幼狮文化公司译,东方出版社,1998年,第349页。

在菲利普二世看来，尽管斯巴达有过昔日的辉煌，但在经过底比斯的攻击以后，已是强弩之末，没有多大的战斗力了，何况伯罗奔尼撒半岛上的城邦也已四分五裂，不可能再聚集在斯巴达的旗帜下对抗马其顿了。马其顿要征服希腊全境，剩下的唯一主要对手只是雅典。

菲利普二世认为，雅典的实力虽然大不如前，但经过近些年的经营，它的海军仍有较大的作战能力，而且雅典的商人集团既拥有财富，又有很大的海外影响，加之，雅典城邦经过多次改革，平民派的基础仍是比较巩固的，他们崇尚民主和宪制，不会轻易丢掉已获得的政治权利而听任马其顿的专制政体对自己进行统治。反复思考的结果，菲利普二世决定采取拉拢、安抚的策略来对付雅典。因此，蒙森在评论这一段历史时写道："菲利普不把希腊各共和国并入他的帝国，实有其正当理由。"[1]也就是说，菲利普二世准备在满足雅典和其他希腊城邦的某些要求的前提下，不仅利用军队，而且还利用政治和外交手段来安抚归顺者，菲利普二世本人被认为是精于此道的。[2] 在安抚雅典之前，他已经用政治和外交手段把希腊北部、中部的一些城邦纳入自己的管辖范围，对雅典也准备采取军事、政治并用的手段。[3]

然而，雅典究竟是战斗还是归顺，仍在犹豫之中。雅典内部分为主战和主和两派。主战派认为，希腊多年来已经形成了城

---

[1] 蒙森：《罗马史》第2卷，李稼年译，李澍泖校，商务印书馆，2004年，第133页。

[2] 参看考克维尔："希腊自由的终结"，载华莱士和哈里斯编：《转向帝国：纪念巴廷的希腊罗马历史论文集（公元前360—前146年）》，俄克拉荷马大学出版社，1996年，第105页。

[3] 参看同上书，第106—107页。

邦分治的格局,城邦自主独立已成惯例,不必勉强统一,更不应统一于中央集权的马其顿王国之下,如果那样的话,城邦制度从此不再存在了,所以雅典要顶住菲利普二世的压力。主和派则认为,希腊最可怕的敌人是波斯帝国而不是马其顿,一旦希腊城邦同马其顿相互杀戮,得益者只能是波斯帝国,希腊人的命运就会同波斯其他殖民地人民的命运一样,受奴役和压榨;而菲利普二世毕竟接受了希腊文化,马其顿人也开始希腊化了,所以雅典应转到马其顿一边,谋取包括马其顿人在内的所有希腊人的共同利益。当然,无论是雅典的主战派还是主和派都不能不关注的一个重要问题是:马其顿军事力量强大,决不是任何一个希腊城邦所能抵抗得住的。[1]

雅典的主战派和主和派相持不下,相互指责。主和派指责主战派接受了波斯帝国的贿赂;主战派指责主和派接受了马其顿王国的贿赂。最后,主战派占了上风,雅典决心同菲利普二世一战。雅典组成了反马其顿联军,斯巴达拒绝出兵,底比斯感到马其顿即将进入底比斯境内,派出军队协同雅典作战。但在公元前338年的喀罗尼亚战役中,雅典军队和底比斯军队都挡不住马其顿骑兵的冲锋和"马其顿方阵"的挺进,全军溃败,主战派人物随即逃亡。后来一些历史研究者都承认喀罗尼亚战役是决定性的,独立希腊城邦的丧钟敲响了。[2] 从这以后,希腊城邦

---

[1] 参看考克维尔:"希腊自由的终结",载华莱士和哈里斯编:《转向帝国:纪念巴廷的希腊罗马历史论文集(公元前360—前146年)》,俄克拉荷马大学出版社,1996年,第108页。

[2] 参看帕克:《城邦——从古希腊到当代》,石衡潭译,山东画报出版社,2007年,第28页。

作为国际政治活动独立主体的时期已经结束;在对外政策上,希腊城邦必须考虑马其顿的意愿。① 希腊城邦今后只能作为希腊世界的基本经济和社会单位而保留自己的重要性。②

菲利普二世作为胜利者,对待底比斯和雅典采取了不同的策略。

对待底比斯,菲利普二世采取高压政策,处决了一批反马其顿派的领袖,扶植亲马其顿的人士上台,建立完全由马其顿当局控制的贵族寡头政府。

对待雅典,菲利普二世采取安抚政策,释放了2,000名雅典俘虏,并派出使者同雅典城邦政府会谈,条件是:只要雅典承认菲利普二世是全希腊的统帅,雅典同意在他的领导下一起抗击波斯帝国和其他敌人,其余一切照旧。这一条件大大出乎雅典意料之外,雅典同意了,归顺了。

如果说底比斯城邦制度在喀罗尼亚战役之后已寿终正寝,那么雅典城邦制度即使还保留着,但也步入最后阶段,离最终的灭亡已不很远。这是因为,雅典的民主政治始终是以雅典这样一个独立的城邦为载体的。喀罗尼亚战役之后,雅典作为独立城邦已经不再存在,所保留的是公民选举领导人的程序或形式,城邦自治已经失去原来的意义。大约又经过将近一百年,到亚历山大去世后很久,在安提柯王朝成为希腊世界的统治者之时,不仅雅典,而且希腊世界其他城邦,一概屈从于君主制之下,于

---

① 参看T. R. 马丁:《古代希腊:从史前到希腊化时期》,耶鲁大学出版社,1996年,第190页。

② 参看同上。

是城邦自治体制最终结束。①

希腊各个城邦是怎样丧失独立的？雅典是怎样衰败和最终屈从于马其顿统治者的？这是一个值得总结的问题。本书第八章在讨论希腊城邦制度危机和社会危机相交织时,实际上已经说明了包括雅典在内的希腊各城邦没落的主要原因,即贵族和平民两派的长期斗争,以及平民中的极端派利用直接民主形式,使政治冲突变得越来越血腥,统治的手段变得越来越恐怖,以致国力耗尽,人心丧尽,终于马其顿人乘虚而入,逐个击破。那种认为雅典的"社会制度和政治制度所赖以建立的阶级对立,已经不再是贵族和平民之间的对立,而是奴隶和自由民之间的对立,被保护民和公民之间的对立"②的观点,并不能反映有关雅典在伯罗奔尼撒战争结束后到喀罗尼亚战役之间六七十年的实际情况；而那种认为导致雅典灭亡的"是排斥自由公民劳动的奴隶制"③的说法,并没有抓住雅典社会危机的实质。正如本书上编所一再强调的,贵族和民主之间的矛盾始终贯穿包括雅典在内的希腊城邦社会的全过程,这就是希腊城邦社会的主要矛盾。城邦制度的历次制度调整,旨在缓解贵族和平民之间的矛盾,它们曾经有效过,所以随着贵族和平民之间矛盾的几度缓解,城邦经济得以发展,社会安定得以实现。但这一矛盾的根源未消除,当矛盾一而再、再而三地重新爆发时,矛盾反而越来越

---

① 参看魏风莲:《古希腊民主制研究的历史考察(近现代)》,山东大学出版社,2008年,第8页。

② 恩格斯:《家庭、私有制和国家的起源》,载《马克思恩格斯选集》第4卷,中共中央编译局编,人民出版社,1972年,第115页。

③ 同上。

尖锐了。到平民极端派登上政治舞台,成为执政力量后,这一矛盾达到了无可收拾的地步,终于断送了希腊城邦制度。

三、科林斯会议

喀罗尼亚战役后的第二年,即公元前337年,菲利普二世在科林斯召开了希腊城邦会议,除了斯巴达以外,其他城邦都参加了。这次会议对此后希腊的政治、社会和经济都十分重要。

科林斯会议的结果,被认为从此形成了一个所谓的"科林斯同盟"。实际上,这是后来的希腊史研究者所使用的名称,当时并没有这种说法,"同时代人所知道的是'菲利普和希腊人'"[①]。这只是因为他们一起在科林斯开了会。当然,如果要说"科林斯同盟"形成了,这种说法也不是没有一点道理的,因为菲利普二世(后来还有他的儿子亚历山大)成为霸主,领导参加会议的各国,这同以前希腊境内有过的城邦同盟并没有什么不同。[②] 重要的不在于有没有组织形式,而在于科林斯会议上做出了什么样的决定。

政治方面:科林斯会议做出以下重要决定,一是希腊各个城邦承认马其顿的领导地位,承认菲利普二世为希腊的军事统帅;二是希腊各个城邦保持自治地位,各个城邦之间不得进行战争,任何一个希腊城邦都不得控制另一个城邦;三是各个城邦原来的体制不变,仍按过去已有的程序和规则实施行政管理。

---

① 参看哈尔:"希腊时代的国际关系",载萨宾、威斯、维特比编:《剑桥希腊罗马战争史》第1卷《希腊、希腊化世界和罗马的兴起》,剑桥大学出版社,2007年,第104页。

② 参看同上。

社会方面:科林斯会议做出以下重要决定,一是希腊各个城邦都应在科林斯会议决定的基础上保证社会秩序的恢复,维护社会的安定,不得实行报复,不得清算历史旧账;二是取缔任何极端的社会改革活动,包括重新分配土地、废除债务、强行释放奴隶等。

经济方面:根据科林斯会议的精神,决定在经济上保留原来的既成事实,尊重私有财产权。手工业、商业和农业都按现状继续生产和经营。

科林斯会议使得菲利普二世成为最大的受益者,因为这样一来,"以菲利普二世为首的军事王国的统治,正式取代过时的各自独立的城邦"①。不仅如此,"有了科林斯同盟,菲利普为他在希腊的领导权创造了一个合法的根据,从而使马其顿的称霸得以在国际法之下实现"②。

科林斯会议也使得希腊各方面人士都感到满意。希腊城邦中原来的亲马其顿派,即主和派,显然十分满意,他们鼓吹多年的以马其顿为首的"大希腊"设想得以实现。至于希腊城邦(尤其是雅典)中原来的反马其顿派,即主战派,也对科林斯会议的决定感到可以接受,因为他们认为,菲利普二世承认希腊城邦的自治地位和自治权,而且科林斯会议禁止清算历史旧账,不准报复,这表明他是一个"讲理的征服者"③,由他来统治希腊

---

① 吴于廑:《古代的希腊和罗马》,三联书店,2008年,第74页。
② 扎尔恩特:"马其顿背景",载赫克尔和特里特尔编:《亚历山大大帝:新历史》,维莱-布莱克维尔出版公司,英国西苏塞克斯,2009年,第25页。
③ 参看杜兰:《世界文明史》第2卷《希腊的生活》,幼狮文化公司译,东方出版社,1998年,第351页。

"是幸运"。① 可见,在当时的情况下,科林斯会议的决定竟被大家看成是一个"和平条约",保证了希腊境内的和平,这是对科林斯会议评价的基本出发点。②

希腊城邦中的公众,除了平民中的极端派而外,包括手工业者、商人和农民在内,公民和自由人都认为可以接受菲利普二世的统治。这样,菲利普二世"以不过分施加政治压力的形式,既可缓和希腊人的反抗情绪,又无可争议地成了希腊的实际统治者,这是继军事之后的外交上的重大胜利"③。

但是,希腊(尤其是雅典)知识者的精英分子同一般公众的看法不同,甚至同政界的主战派和主和派人士也持有不同的看法。他们有自己的政治理念,有较深刻的思考。他们之中,无论是原来亲马其顿的泛希腊主义者,还是原来反马其顿的、持孤立主义观点的人士,全都认为科林斯会议葬送了希腊城邦的政治体制,从而牺牲了希腊城邦的自由、民主和人文主义传统。当初积极倡导泛希腊主义的伊索克拉底的理想落空了。他曾经欢迎菲利普二世南下,认为无论菲利普"过去曾对希腊城邦做过什么,但也许不会剥夺雅典的自由"④。结果,雅典失去了民主政治,也就失去了自由。而当初竭力反对马其顿南下的狄摩西尼,更加感到失望。他抱怨雅典那些只顾个人眼前利益而宁肯屈从于菲利普二世的政界人士,认为正是这些人

---

① 参看杜兰:《世界文明史》第2卷《希腊的生活》,幼狮文化公司译,东方出版社,1998年,第351页。
② 参看扎尔恩特:"马其顿背景",载赫克尔和特里特尔编:《亚历山大大帝:新历史》,维莱—布莱克维尔出版公司,英国西苏塞克斯,2009年,第25页。
③ 孙道天:《古希腊历史遗产》,上海辞书出版社,2004年,第132页。
④ 汉密尔顿:《希腊的回声》,曹博译,华夏出版社,2008年,第56页。

断送了雅典的政治生命。他不甘心失败,仍想寻找合适的机会赶走马其顿人。尽管狄摩西尼再次失败(第一次是在喀罗尼亚战役中失败并逃走),但逃不过马其顿军队的缉捕,"雅典最终被迫把狄摩西尼交给了马其顿人"①。他为了不愿屈辱求生而自杀。智者毕竟是智者,他们考虑得更多的是雅典的民主政体和宪制。

斯巴达是不愿意同马其顿合作的,它拒绝参加科林斯会议。菲利普二世暂时不理睬斯巴达,因为他认为斯巴达已经衰落,伯罗奔尼撒半岛上的希腊城邦已经不再听命于斯巴达了。而且从内政的角度来看,斯巴达这时政局动荡不定,财政力量空虚,国库已无力支付军费支出。这时的斯巴达国王是阿基达马斯三世(公元前360—前338年),他是阿吉西劳斯二世(公元前399—前360年)之子,登基后一直忙于保住斯巴达在海外殖民地的战争,率军赴斯巴达在意大利半岛的移民城邦塔兰托参战,并在当地阵亡。② 他的儿子阿吉斯三世(公元前338—前331年)继位。正是他,拒绝向马其顿国王菲利普二世妥协,使斯巴达成为唯一没有参加科林斯会议的重要城邦。③ 不仅如此,他还用"各种方式不断反抗着马其顿人,给亚历山大的后方制造麻烦。公元前331年,在一次军事行动中,军队发生了分裂,并被敌军打败,阿吉斯(三世)阵亡"④。

---

① 汉密尔顿:《希腊的回声》,曹博译,华夏出版社,2008年,第87页。
② 参看卡特利奇:《斯巴达人:一部英雄的史诗》,梁建东、章颜译,上海三联书店,2010年,第291页。
③ 参看同上。
④ 同上书,第292页。

关于马其顿征服希腊本土的这一段历史，可以总结为希腊民主、自由、宪制陆续丧失的历史。其中，希腊自由的丧失是最重要的，所有的希腊城邦，不管形式上或名义上还保留了多少所谓的自治权，但实质上都已经丧失了自由。归根到底，这一方面是由于马其顿军力的强大，另一方面则是由于希腊的分裂，各个城邦各行其是，只考虑本身的利益。[1] 正是从这种意义上说，希腊城邦制度的结束是不可避免的。[2]

对希腊各个城邦而言，"雅典式的自治城邦与民族统一的大帝国之间存在着根本的矛盾。城邦的根本原则是自治、自给，主权在民。每个城邦都拥有完全的主权和完全的独立"[3]。这正是马其顿王国的统治和希腊城邦政治从本质上无可相容之处。[4] 菲利普二世通过科林斯会议赢得了希腊各个城邦（除斯巴达以外）对马其顿的臣服，这是事实，但这种情况究竟能维持多久呢？如何巩固这种格局？如何让希腊人更加自觉地站在马其顿一边，真的把马其顿看成是希腊人自己的国家呢？菲利普二世认识到，唯一能拢住希腊人的办法，就是带领希腊人去同希腊人的宿敌波斯帝国开战，这样，马其顿人在希腊人心目中的信任度就大大提高了。一旦击败了波斯，科林斯会议所希望建立的"新的世界秩序"也就成为事实，希腊人也就会认同

---

[1] 参看考克维尔："希腊自由的终结"，载华莱士和哈里斯编：《转向帝国：纪念巴廷的希腊罗马论文集（公元前360—前146年）》，俄克拉荷马大学出版社，1996年，第115页。

[2] 参看同上。

[3] 王晓朝：《罗马帝国文化转型论》，社会科学文献出版社，2002年，第39页。

[4] 参看同上。

马其顿了。①

不管出于何种考虑,菲利普决心出征波斯,并让希腊人一起参加这场"神圣的战争"。

四、亚历山大继位

当初,希腊城邦中那些欢迎菲利普二世南下的人,就把在马其顿领头的条件下聚集希腊城邦一起抗击波斯帝国的侵犯作为目标。现在,科林斯会议开过了,再不动手进攻波斯,岂不是会引起希腊人对菲利普二世的失望甚至不信任?因此菲利普二世必须下此决心。但对付一个庞大的波斯帝国,却比马其顿在喀罗尼亚战役中击败雅典—底比斯联军要艰难得多。菲利普二世还不敢贸然出兵,而只是试探性地发动小的攻击。"10,000名马其顿人在一支舰队的支持下出现在(小)亚细亚,并且宣布他们受命'解放'波斯人统治之下的所有希腊城市。"②这是公元前336年初的事情。

也正在这个时候,即公元前336年,菲利普二世在他女儿的婚礼宴会上被暗杀身亡。关于事件的真相,始终不明。有一种说法是:菲利普二世的王后奥林匹亚斯为了使她的儿子亚历山大能够继位而筹划了这场暗杀。③ 尤其是菲利普二世的最后一

---

① 参看哈尔:"希腊时代的国际关系",载萨宾、威斯、维特比编:《剑桥希腊罗马战争史》第1卷《希腊、希腊化世界和罗马的兴起》,剑桥大学出版社,2007年,第104页。

② 奥姆斯特德:《波斯帝国史》,李铁匠、顾国梅译,上海三联书店,2010年,第591页。

③ 参看阿克罗伊德:《古代希腊》,冷杉、冷枞译,三联书店,2007年,第109页。

个妻子和她所生的婴儿一起被害,似乎奥林匹亚斯就是谋杀的指使人。[①] 然而也有不同的看法:"没有任何史料、任何推断能够提出无可辩驳的证据,特别是无法看出亚历山大从刺杀中到底得到了什么,因为菲利普不一直是将亚历山大作为其继承人的吗?"[②]亚历山大则将暗杀菲利普二世一事归咎于波斯国王大流士三世的代理人,据说有截获的许多资料可以证明这一点。[③]不管是不是夸大了被截获的这些信件的作用,也不管这些信件里的说法是真是假,马其顿国内的阴谋者"的确寻求过波斯的庇护"[④]。对亚历山大来说,有了被截获的信件,使他增添了一个可以动员马其顿人和希腊人进军西亚的理由。历史旧账和新账一起算,马其顿—希腊大军东征不应再拖延了。

菲利普二世对马其顿王国的功绩是显著的。"功绩在于他巩固了马其顿王朝,并使希腊处于相对和平的状态,这就为亚历山大的远征奠定了稳定的基础。"[⑤]即使从亚历山大远征本身来看,菲利普二世可称得上是未来这支远征军的真正奠基者,因为参与亚历山大远征的一批能干的将领们都是菲利普二世培育和提擢的。[⑥] 亚历山大是这次远征的组织者和指挥者,但如果没有菲利普二世的奠基作用,远征不能进行得这样顺利和取得这

[①] 参看卡奈:"亚历山大和他的'可怕的母亲'",载赫克尔和特里特尔编:《亚历山大大帝:新历史》,维莱—布莱克维尔出版公司,英国西苏塞克斯,2009年,第198页。

[②] 布里昂:《亚历山大大帝》,陆亚东译,商务印书馆,1995年,第6页。

[③] 参看奥姆斯特德:《波斯帝国史》,李铁匠、顾国梅译,上海三联书店,2010年,第592页。

[④] 同上。

[⑤] 陈恒:《希腊化研究》,商务印书馆,2006年,第63页。

[⑥] 参看同上。

样大的成绩。

菲利普二世被暗杀身亡后,亚历山大很快被军队拥戴为新的马其顿国王和军队统帅,称亚历山大三世。① 这是因为,在他即位国王之前,马其顿王国曾有过两位名为亚历山大的国王:亚历山大一世(公元前498—前454年在位);亚历山大二世(公元前369年登位,不到一年,于公元前369—前368年冬季在内乱中被杀)。② 那两位名为亚历山大的马其顿国王都没有什么名气,因为马其顿王国获得盛名,实际上始于菲利普二世。亚历山大三世,后来也不常被人们提出,而被尊称为亚历山大大帝,那是由于他远征的功勋卓著的缘故。

亚历山大在马其顿宫廷中曾受业于亚里士多德。据记载,亚里士多德的父亲担任过菲利普二世的父亲阿明塔斯二世的御医,所以菲利普二世在即位前可能在宫廷中就认识了亚里士多德。这显然是在亚里士多德的父亲把亚里士多德送到柏拉图的雅典学园学习之前的事情。③ 公元前343年,这时菲利普二世担任马其顿国王已经16年了,他的儿子也已13岁了。为了教育好这个儿子,菲利普二世特地聘请亚里士多德来到宫中,请他担任王子亚历山大的教师。这时是公元前343年,是柏拉图去世(公元前347年)后的第4年。④ 亚历山大受教于亚里士多德达4年之久,在这段时间内,亚历山大被认为从一个"13岁的野

---

① 参看扎尔恩特:"马其顿背景",载赫克尔和特里特尔编:《亚历山大大帝:新历史》,维莱—布莱克维尔出版公司,英国西苏塞克斯,2009年,年表和第11页。
② 参看同上。
③ 参看杜兰:《世界文明史》第2卷《希腊的生活》,幼狮文化公司译,东方出版社,1998年,第383页。
④ 参看同上书,第384页。

孩子",成长为一个有教养的少年。① 亚历山大的人品、知识甚至政治见解,可能在一定程度上受到亚里士多德的影响,但不能过分夸大。应当注意到,"现代学者往往过高地估价了亚里士多德对亚历山大的影响,实际上要想确定这种影响是十分困难的"②。虽然可以认为亚里士多德使亚历山大直接接触了希腊文化,然而使马其顿接触希腊文化是马其顿多年以来的传统做法,而并非开始于亚历山大。③

亚历山大作为军事指挥官,已有好几年经历。公元前338年,亚历山大18岁,在马其顿军队南下同雅典—底比斯联军于喀罗尼亚作战时,任马其顿骑兵指挥官,击溃了雅典—底比斯联军,深受马其顿军队爱戴。因此,公元前336年菲利普二世被暗杀身亡后由亚历山大继任,在大部分军官和士兵心目中认为是理所当然的。毫无疑问,亚历山大后来的功绩首先应当归功于他的父亲菲利普二世。没有菲利普二世对亚历山大的培养和大胆任用,亚历山大的军事才能就不会这么早显现出来;没有菲利普二世生前的一系列成就,也就不可能有亚历山大后来的胜利。④ 具体地说,正是菲利普二世扩大了马其顿王国的疆土,北面抵御了蛮族对马其顿的攻击,南面又控制了希腊本土,此外还

---

① 参看杜兰:《世界文明史》第2卷《希腊的生活》,幼狮文化公司译,东方出版社,1998年,第383页。亚里士多德担任亚历山大的教师之后,菲利普二世又任命亚里士多德担任马其顿境内一些城市重建指导工作和法律制定工作。公元前334年,即菲利普二世去世(公元前336年)之后两年,亚里士多德才重返雅典。
② 布里昂:《亚历山大大帝》,陆亚东译,商务印书馆,1995年,第4页。
③ 参看同上书,第5页。
④ 参看扎尔恩特:"马其顿背景",载赫克尔和特里特尔编:《亚历山大大帝:新历史》,维莱—布莱克维尔出版公司,英国西苏塞克斯,2009年,第7页。

第九章 马其顿的崛起和逐步希腊化

建立了一支准备进攻的军队和一支能干、忠诚的官员团体,[1]这都是亚历山大日后远征取得胜利的必不可少的条件。

亚历山大被以后有些历史著作称作半马其顿人、半希腊人,从血缘关系上看是有根据的。他的父亲菲利普二世是地道的马其顿人,是马其顿部落贵族世家的后裔。他的母亲奥林匹亚斯自称是荷马史诗《伊利亚特》中英雄人物阿喀琉斯的后裔,来自希腊西北部一个小王国,所以也被人们称作希腊的公主,亚历山大因此而自豪。尽管有人把奥林匹亚斯称作"可怕的母亲",认为亚历山大得不到母爱,[2]但这种说法也遭到另一些历史研究者的质疑,理由是:由于马其顿宫廷历来内讧不已,常有谋杀事件,镇压叛乱的手段十分残酷,所以,如果要说谁"可怕"的话,那么菲利普二世、他的皇后奥林匹亚斯以及他们的儿子亚历山大全都是"可怕的"。况且,即使奥林匹亚斯对她的儿子亚历山大非常严厉,这也符合当时马其顿和希腊社会的传统,并没有什么不当之处。[3] 当然,历史研究者也承认奥林匹亚斯个人有政治野心,对马其顿政府心怀不满,这可能因菲利普二世在同她结婚以后又娶了两位妻子而产生了怨恨,此外,她还同自己娘家的兄弟有密切接触,特别是在亚历山大死后,她亲自参与了部将们夺取继位权的战争,这些都是以后的历史学家对她产生怀疑的

---

[1] 参看扎尔恩特:"马其顿背景",载赫克尔和特里特尔编:《亚历山大大帝:新历史》,维莱—布莱克维尔出版公司,英国西苏塞克斯,2009 年,第 7 页。
[2] 参看卡奈:"亚历山大和他的'可怕的母亲'",载赫克尔和特里特尔编:《亚历山大大帝:新历史》,维莱—布莱克维尔出版公司,英国西苏塞克斯,2009 年,第 189 页。
[3] 参看同上。

由来。①

不管怎么说,亚历山大毕竟有浓厚的希腊情结。稍后,当亚历山大率军东征,跨过达达尼尔海峡时,他随身携带了史诗《伊利亚特》,自称是在完成祖先留下的未完成的事业——征服小亚细亚,重建特洛伊城。

但亚历山大继位后,还不可能立即率军东征,因为菲利普二世被暗杀身亡后,曾被马其顿征服的一些希腊城邦的反叛不断发生。有的地方干脆把马其顿驻守在当地的军队赶走。当菲利普二世去世的消息传到雅典时,已经屈服于马其顿的雅典城区内的主战派欣喜欲狂,举行宴席庆祝。马其顿北部边境线的一些游牧部落和蛮族人,本来就伺机待动,他们一听到这个消息便乘机南下,以为亚历山大已难立足,不如乘此良机夺取马其顿的领土。马其顿境内也有一些密谋夺取王位的贵族准备暗杀亚历山大,推翻现在的马其顿政府。

亚历山大在这一艰难时刻,决心荡平叛乱。他率军逮捕了马其顿内部企图暗杀自己和夺取王位的主谋,斩首示众,同时平定了希腊境内掀起暴乱的地区,镇压了为首者。接着,他带兵进入伯罗奔尼撒半岛,因为菲利普二世在世时,当地的希腊人曾答应菲利普二世,表示顺从,如果将来出征波斯时,当地的希腊人将帮助马其顿军队。现在,既然菲利普二世已死,当地的希腊人便起来反抗马其顿,过去的承诺也就不算数了。亚历山大为此出征伯罗奔尼撒半岛。"亚历山大大军一到,他们就都垮台了,

---

① 参看卡奈:"亚历山大和他的'可怕的母亲'",载赫克尔和特里特尔编:《亚历山大大帝:新历史》,维莱—布莱克维尔出版公司,英国西苏塞克斯,2009年,第190—191页。

还答应给他比原先给予菲利普二世更加崇高的地位。"①解除了希腊人的叛乱威胁之后,亚历山大转而北上。

亚历山大率军北上,是为了解除来自北方蛮族部落的威胁。他渡过多瑙河,在多瑙河北岸攻击这些游牧部落的老巢,以免他们日后威胁亚历山大的后方——马其顿境内。这些蛮族中,主要是凯尔特人,他们成为亚历山大的主要追击对象。战争虽然激烈,马其顿军队终于取得胜利。"凯尔特人傲慢自大,但都表示了要和亚历山大修好的愿望。"②亚历山大一心想早日结束北方之战,便"宣布他们是他的朋友,跟他们结了盟"③。至此,亚历山大认为可以启动对波斯帝国的战争了。

不想正在这时,一个谣言突然传到底比斯,说亚历山大在讨伐北方蛮族时已经阵亡。④ 底比斯派出使者,联合雅典和其他希腊城邦再次宣布起义,底比斯城内许多人都信以为真,附和者很多。⑤ 本来,亚历山大在率军北上攻打蛮族部落时就担心希腊城邦会乘机反叛,特地"在底比斯卫城中驻扎了一支军队,因为底比斯叛离的倾向最明显"⑥。现在,底比斯果然首先发难了,而且兵力不弱。⑦ 亚历山大一听到这个消息,立刻"用几乎

---

① 阿里安:《亚历山大远征记》,李活译,商务印书馆,2007年,第12页。
② 参看同上书,第17页。
③ 参看同上书,第18页。
④ 参看同上书,第22页。
⑤ 参看同上。
⑥ 弗格森:《希腊帝国主义》,晏绍祥译,上海三联书店,2005年,第67页。
⑦ 据说,底比斯组织了一支有7,000名装甲步兵防守城外的工事,有12,000名被释奴隶、难民和外邦人组成的警卫部队防守城区,此外还有一些骑兵作为前哨。(参看阿希莱:《马其顿帝国:菲利普二世和亚历山大大帝的战争年代,公元前359—前323年》,麦克法兰出版公司,伦敦,1998年,第177页)

难以置信的秘密和灵巧赶到底比斯,攻陷城池,将其居民卖为奴隶,并将城市夷为平地"①。亚历山大的镇压手段是残酷的,显然是为了在远征波斯时消除后顾之忧。这一事实使希腊人大为惊恐:一方面,"底比斯的被毁预示着在马其顿世界的新秩序中,城邦的独立是有限的"②;另一方面,凡是同底比斯站在一起参与起义的其他希腊城邦纷纷屈服,并承认自己是听信了"亚历山大已经阵亡"的谣言才参与底比斯的反叛活动的。③

亚历山大在毁灭底比斯的同时,赦免了那些参与底比斯反叛的其他希腊城邦,以表明他"对希腊文明的尊重"④。这一招果然有效,希腊各地为了向亚历山大表明忠诚,纷纷采取行动:有的地方,"那些离开家乡去支援底比斯的人就把原先教唆他们干这件事的人都判了死刑"⑤;有的地方,"接回了他们的逃亡者,这些人原先是因为和亚历山大要好才逃亡的"⑥。雅典人听到底比斯被彻底摧毁的消息,惊慌失措。他们"在底比斯出事的时候正在举行大规模宗教庆祝仪式,突然有难民从底比斯战地飞驰而回。他们在惊惶中急忙中止了庆祝活动"⑦,并立即召开大会,"在全体市民中选派了十个著名的、跟亚历山大关系最好的人当使者见他,庆贺他从(北方)……安全归来和对底比斯

---

① 弗格森:《希腊帝国主义》,晏绍祥译,上海三联书店,2005年,第67页。
② 帕克:《城邦——从古希腊到当代》,石衡潭译,山东画报出版社,2007年,第29页。
③ 参看阿希莱:《马其顿帝国:菲利普二世和亚历山大大帝的战争年代,公元前359—前323年》,麦克法兰出版公司,伦敦,1998年,第180页。
④ 弗格森:《希腊帝国主义》,晏绍祥译,上海三联书店,2005年,第67页。
⑤ 阿里安:《亚历山大远征记》,李活译,商务印书馆,2007年,第27页。
⑥ 同上。
⑦ 同上。

叛乱镇压的成功"①。这表明雅典的屈从,亚历山大因此也不再计较了。希腊境内大体上平静下来后,亚历山大便准备进行东征。

雅典的脸面丢尽了,雅典还剩下什么? 只剩下了亚历山大允许保留的有限的自治权。而雅典财政的困境使得这种恩赐的有限自治权不断受到限制。"公元前338年以后,财政独立的追求开始丧失了它的正当理由。"②科林斯会议以后雅典已失去独立地位,亚历山大对底比斯的摧毁吓得雅典不敢再幻想独立自主。这时的雅典已经不像自城邦建立以来过去任何一个时期的雅典。"雅典作为一个霸权国家的地位随着喀罗尼亚战役而几乎消失了。海上力量稍稍延续了一段时间,但它也在公元前323—前322年迅速凋零。"③

五、马其顿的希腊化

前面已经提到,马其顿原是希腊本土以北的一个王国。尽管它距离希腊本土很近,但历来被希腊人看成是蛮荒之地,马其顿人则被希腊人看成是化外之人、野蛮人,至多是半开化的族群。

马其顿经历了希腊化过程,这一过程开始得较早,可能从希腊和波斯之间发生战争时就开始了。到了菲利普二世时期,希

---

① 阿里安:《亚历山大远征记》,李活译,商务印书馆,2007年,第27页。
② 加布里埃尔森:"希腊时代的战争和国家",载萨宾、威斯、维特比编:《剑桥希腊罗马战争史》第1卷《希腊、希腊化世界和罗马的兴起》,剑桥大学出版社,2007年,第272页。
③ 同上。

腊化过程加快了。亚历山大继位后,马其顿的希腊化过程大体上已经完成。

马其顿的希腊化有四方面的内容:

第一,马其顿王国作为一个政治实体,以前是不被看成是希腊的一部分的,也是被希腊各个城邦排斥在希腊世界以外的。在菲利普二世的策划和军事、外交的努力下,先把希腊最北部的色雷斯纳入了马其顿王国版图,接着又陆续吞并了由马其顿通向雅典和伯罗奔尼撒半岛的道路上的一些城邦。等到喀罗尼亚战役和科林斯会议之后,马其顿终于被承认为希腊世界的一员,菲利普二世作为马其顿国王被推举为希腊各个城邦的最高统帅。菲利普二世去世后,亚历山大用武力摧毁了进行反抗的底比斯,从而使雅典等希腊城邦彻底服输,亚历山大对希腊的统治巩固下来了。

第二,马其顿的土地制度同希腊本土各城邦的土地制度逐渐趋于一致。从历史上看,希腊各个城邦在建立初期,仍然保留了部落时期的土地公有制,即土地归于部落,部落成员分到份地,定期重分。久而久之,这些份地演变为私有财产,可以继承、买卖,或被兼并,土地公有制不再存在。马其顿也是这样,只不过演变较晚,过程同希腊城邦的土地制度演变过程一样,即"土地由个人占有,同时个人享有买卖或转让土地的权利"①。区别在于:由于马其顿实行的是国王统治,而不像希腊各个城邦实行城邦制度,所以马其顿经过演变而最终形成的土地私有制,"可以说是一种有限的土地私有制,土地的最终所有权属于国王,而

---

① 黄洋:《古代希腊土地制度研究》,复旦大学出版社,1995年,第189页。

第九章 马其顿的崛起和逐步希腊化

这正是它的独特性"①。

第三,马其顿逐渐接受了希腊文化。在菲利普二世以前,接受希腊文化的仅限于马其顿宫廷和贵族世家。菲利普二世由于率军南下,征服了希腊本土各个城邦,所以随军南下的不少马其顿人也逐渐接受了希腊文化,至少是由于直接接触希腊的社会各界人士,受到了希腊文化的影响。亚历山大继位后,希腊文化对马其顿人的影响大为增加。特别是,在亚历山大的资助下,亚里士多德在雅典开办了一个教学设备齐全的讲授修辞学与哲学的学校,校内不仅有宽敞的教学楼,还设有图书馆、博物馆等,足见亚历山大对希腊式教育的重视。据说,亚历山大既擅长领兵作战,也擅长诗歌、写作、音乐。他在行军途中还同希腊的学者通信,交流学习心得。亚历山大从一个血缘关系方面的半希腊人,在雅典工作期间变成了一个文化修养方面的真正希腊人了。

第四,在亚历山大亲自带动下,马其顿人,特别是跟随马其顿军队南下的那些马其顿人,不仅学习希腊文化,而且连言谈、生活习惯和人际关系也逐渐同希腊人相近了。据说,亚历山大在同马其顿官员谈话时,时常插上几句希腊的神话、故事或希腊名人的名句,使得那些不学习希腊文化的人感到难堪。亚历山大认为,自己在西亚如果建立了帝国,就应当把希腊文化输入到那里去,那里应当有希腊的移民、希腊式的城镇,包括希腊式的公共建筑、希腊式的学校,生活方式和生活习惯也应当是希腊式的。在不知不觉间,马其顿人的思考方式和生活习惯也就和希

---

① 黄洋:《古代希腊土地制度研究》,复旦大学出版社,1995年,第189页。

腊人没有太大的区别了,半开化的马其顿人也就成了接受希腊文化的马其顿—希腊人。

希腊人(当然不是指所有的希腊人)接受亚历山大也是渐进的。首先是国王的身份和头衔问题。这是因为,在希腊人心目中,只有像波斯那样的蛮族王国才有国王,而在希腊各个城邦,也许是在很古老的传说时期才有国王,所以希腊人对国王是陌生的、不愿接受的。① 在希腊人这里,出现过僭主,但僭主被看作异类,僭主不是希腊人愿意看到的统治者。虽然斯巴达保留了国王,并且国王家族实行世袭制,然而希腊人认为斯巴达的实权并非掌握在国王手中,而是掌握在监察官手中。② 尽管如此,希腊人最终还是接受了亚历山大。为什么会这样?这一方面是由于亚历山大接受了希腊文化,并且使马其顿希腊化了,另一方面是由于亚历山大把传播希腊文化作为东征的使命之一,东征过程实际上就是希腊文化的传播过程,不仅马其顿希腊化了,亚历山大所征服的西亚、北非地区也希腊化了。此后二三百年内,希腊人越来越认同亚历山大,他们的思想已经转变:希腊城邦制度虽然消失,但希腊文化继续存在并推广了。

最后,在本章结束之时还需要补充说明一点:亚历山大本人的希腊化和亚历山大在多大程度上接受了亚里士多德的政治学说,是两个不同的问题,不应把它们混为一谈。

要知道,亚里士多德担任过亚历山大的教师,前后达4年之

---

① 参看马哈菲:《希腊的生活和思想:从亚历山大时代到罗马的征服》,阿尔诺出版公司,纽约,1887年初版,1976年重印,第20页。

② 参看同上。

久(从亚历山大 13 岁到 17 岁)。亚历山大从亚里士多德那里受到希腊文化的熏陶和学到科学文化知识,这是没有疑问的。但亚历山大在多大程度上接受了亚里士多德的政治学说,则很难说。这是因为,亚历山大是菲利普二世的儿子、继承人,后来又继任马其顿国王。马其顿王室传统对亚历山大政治主张的影响肯定会大于亚里士多德政治学说对他的影响。亚里士多德作为一位思想家、哲学家、政治学理论大师,"他主张让多数人轮流执政,每个公民都担任统治者又当被统治者"①,也就是说,"他是明显倾向民主制的,他认为民主制的基本原则是自由和平等,平等就是轮流担任统治者和被统治者,每个公民都有这种权利,是人人平等的"②。这显然和亚历山大的治国方针和所遵循的政治理念不一致。因此,在亚历山大担任了马其顿国王和残酷镇压底比斯起义之后,亚里士多德无疑陷入了十分尴尬的境地。

为什么亚里士多德对上述事件不表态呢?为什么他对马其顿称霸于希腊本土的政策沉默不语呢?这件事不是没有人注意的。③ 也许,在当时某些希腊人看来,希腊的那种城邦分立的制度既然已经维持不下去了,各个城邦由马其顿王国来统一、联合、牵头,不失为一种出路。这就是泛希腊主义的观点、亲马其顿派的主张。但亚里士多德对此持什么看法呢?他却始终一言

---

① 参看汪子嵩、范明生、陈树富、姚介厚:《希腊哲学史》第 3 卷下,人民出版社,2003 年,第 1151 页。
② 同上。
③ 参看同上书,第 1151—1152 页。

不发，似乎他仍在坚持自己的政治学说。① 当然，也可能作出另一种解释，即"由于他和马其顿王国以及亚历山大大帝的特殊关系……（所以）对当时最大的政治——马其顿征服全希腊以及亚历山大大帝的远征避而不谈"②。

可以有各种各样的猜测，但不应该忽略的是：沉默也是一种武器、一种手段、一种在特殊环境中可以使用的策略。沉默，意味着反对或拒绝。作为一个智者，可以选择不同的做法。亚里士多德选择的是沉默。沉默可能引起某些人的指斥、误解，甚至中伤。怎么办？不一定要辩解，可以继续一言不发。

亚里士多德的晚年是很不幸的。"他在雅典早已不受欢迎"③，人们嘲笑他，讽刺他，厌恶他。反马其顿派把他视为亲马其顿派的首领，④而亲马其顿派则认为他是对手，说他根本不是什么亲马其顿分子，而是令人讨厌的批评家。⑤ 公元前323年亚历山大于战功辉煌之际突然病逝于巴比伦。雅典随即发生政局变化，亲马其顿派下台，反马其顿派执掌政权，他们掀起了"绝大的反动，凡是沾到马其顿的东西，都被激烈排斥"⑥。他们把亚里士多德告上法庭，罪名是不敬神，散布异端邪说，无非是因他们仇视马其顿而拿亚里士多德出气。亚里士多德这时已经

---

① 参看汪子嵩、范明生、陈村富、姚介厚：《希腊哲学史》第3卷下，人民出版社，2003年，第1152页。
② 同上。
③ 杜兰：《世界文明史》第2卷《希腊的生活》，幼狮文化公司译，东方出版社，1998年，第404页。
④ 参看同上。
⑤ 参看同上。
⑥ 斯塔斯：《批评的希腊哲学史》，庆泽彭译，华东师范大学出版社，2006年，第196页。

62岁了,他匆匆逃出雅典,回到他母亲的老家优卑亚岛上的卡尔塞斯,几个月之后,即公元前322年,病死于卡尔塞斯。有人说是胃病恶化,也有人说是服毒自尽。①

---

① 参看杜兰:《世界文明史》第2卷《希腊的生活》,幼狮文化公司译,东方出版社,1998年,第404页。

第十章 马其顿帝国的急剧扩张和迅速崩溃

马其顿帝国是学术界对亚历山大征服波斯帝国后所建立的庞大国家的习惯称法。包括亚历山大在内的当时人并没有马其顿帝国这种说法。"从历史的发展来看,希腊人确实没有帝国的概念。现代学术界经常提到的所谓雅典帝国,意思不过是雅典的统治、霸权。后来的斯巴达帝国和马其顿帝国,也更多的是霸权。"[①]

因此,本章所谈到的马其顿帝国的急剧扩张和迅速崩溃,也是承袭了学术界有关马其顿的统治、霸权的说法,而并非表示马其顿王国在政体上已经演变为帝国。

第一节 亚历山大——征服者

马其顿的兴起以及对希腊本土的控制、亚历山大东征以及对西亚、北非广大地区的征服,开辟了古代地中海东部历史的新时期,罗素曾这样概述了这一通行古希腊语的世界历史的三个

---

① 晏绍祥:弗格森著《希腊帝国主义》译后记,载弗格森:《希腊帝国主义》,晏绍祥译,上海三联书店,2005年,第139页。

时期：

第一个时期，自由城邦时期，它因亚历山大的统治而告终。"第一个时期的特点是自由与混乱。"①

第二个时期，希腊化国家时期，它以罗马吞并埃及而告终。"第二个时期的特点是屈服与混乱。"②

第三个时期：罗马帝国时期。"这一时期的特点是屈服与秩序。"③

上述第一个时期，本书的上编和下编第九章已做了阐述。上述第二个时期，本书第九章和以下各章将予以讨论。罗素提到的第三个时期不在本书考察范围内，读者可参看本书作者所著《罗马—拜占庭经济史》一书。④

为了便于分析上述第二个时期，让我们从波斯的灭亡开始。

一、波斯的灭亡

亚历山大的东征开始于他平定希腊境内的叛乱，严惩了起兵反抗马其顿的底比斯，并再一次宽恕了协助底比斯起兵的雅典之后。当亚历山大率军来到雅典时，希腊各个城邦又信誓旦旦地向他效忠，表示愿意出钱出力，支持对波斯帝国的讨伐。

亚历山大由雅典返回马其顿后，决定立即出兵东征。他率

---

① 罗素：《西方哲学史》上卷，何兆武、李约瑟译，商务印书馆，2002年，第279页。
② 同上。
③ 同上。
④ 参看厉以宁：《罗马—拜占庭经济史》下编，商务印书馆，2006年。

领的马其顿军队人数不多,据说,"他带去的步兵有轻装部队和弓箭手,总共30,000多,还有骑兵5,000多"①。另据现代研究著作所载,亚历山大东征时的兵力是32,000人,其中包括马其顿方阵兵12,000人,骑兵5,000人。② 这些部队渡过海峡时,用了160艘战船和一大批货船。③ 马其顿自己的海军力量较小,其中大部分舰船要留守爱琴海西岸,以控制希腊本土,只有少量船只驶往拜占庭,参加亚历山大东征。④ 亚历山大东征所使用的舰船主要来自希腊各个城邦,它们帮助亚历山大大军渡过海峡,在小亚细亚登陆。幸好波斯的舰队没有及时赶到,所以亚历山大大军渡海是顺利的。⑤

亚历山大本来可以带更多的马其顿军队前去小亚细亚,但由于他不放心希腊本土的反马其顿势力会不会乘亚历山大东征之际再掀起叛乱,所以给留守马其顿和负责监视希腊各个城邦的部将安提帕特留下12,000名步兵和1,500名骑兵。⑥ 除了亚历山大留下的舰船以外,安提帕特还新建了一支舰队。在公元前323—前322年间,他拥有110艘三层桨座战船,稍后又增

---

① 阿里安:《亚历山大远征记》,李活译,商务印书馆,2007年,第29页。
② 参看塞孔达:"希腊化世界和罗马共和国时代的军事力量:陆军",载萨宾、威斯、维特比编:《剑桥希腊罗马战争史》第1卷《希腊、希腊化世界和罗马的兴起》,剑桥大学出版社,2007年,第325页。
③ 参看阿里安:《亚历山大远征记》,李活译,商务印书馆,2007年,第29页。
④ 参看阿希莱:《马其顿帝国:菲利普二世和亚历山大大帝的战争年代,公元前359—前323年》,麦克法兰出版公司,伦敦,1998年,第91页。
⑤ 参看同上。
⑥ 参看塞孔达:"希腊化世界和罗马共和国时代的军事力量:陆军",载萨宾、威斯、维特比编:《剑桥希腊罗马战争史》第1卷《希腊、希腊化世界和罗马的兴起》,剑桥大学出版社,2007年,第325页。

加到130艘。① 这支陆军和海军可起到控制希腊本土的作用。

亚历山大在远征波斯之前,从色诺芬的著作中得到启发。本书第七章曾提到,公元前401年,当波斯发生内乱时,有一支希腊人的雇佣军(色诺芬就在这支军队中)在小亚细亚帮助夺取波斯王位的王弟小居鲁士,小居鲁士身亡后,这一万多人的希腊雇佣军击败了波斯国王军队的重重阻截,终于回到黑海南岸的希腊移民地区。"万人大军的长征向希腊人显示了波斯的软弱"②,也鼓舞了后来亚历山大对波斯的征伐。③ 阿里安在《亚历山大远征记》一书中记述道:在同波斯大军作战前,亚历山大把军官召集起来,"间接地提到色诺芬和他那一万人,数量比他们现在少得多,威望比他们低得多,也没有骑兵……远远不如他们现在强;而且色诺芬既无弓箭手又无使用投石器的人"④,结果,却一路打败波斯军队。据说,亚历山大讲完后,"将领们把他围起来,紧紧地握住国王的手,向他高声欢呼,要他率领他们前进"⑤。亚历山大军队士气之高昂,由此可见。

公元前334年春季,亚历山大率军登陆小亚细亚后,在希腊人的圣地特洛伊停留。"他向众神献上祭品以表达对这一圣地的敬意,还全身涂油,绕着据称是阿喀琉斯的坟墓裸奔——涂油

---

① 参看舒扎:"希腊化世界和罗马共和国时代的军事力量:海军",载萨宾、威斯、维特比编:《剑桥希腊罗马战争史》第1卷《希腊、希腊化世界和罗马的兴起》,剑桥大学出版社,2007年,第362页。
② 布朗森:色诺芬著《长征记》一书英译本序言,载色诺芬:《长征记》,崔金戎译,商务印书馆,2009年,第4页。
③ 参看同上。
④ 阿里安:《亚历山大远征记》,李活译,商务印书馆,2007年,第65页。
⑤ 同上书,第66页。

裸奔是在希腊显贵的葬礼上所举行的运动会中的一个通常的项目。"①这意味着亚历山大要表明自己不仅是以马其顿国王的身份东征的:他代表的是全体希腊人。

亚历山大在小亚细亚登陆后迅速击溃波斯驻军。波斯国王大流士三世的军队是由多个不同民族所组成的,其中包括一支强悍的希腊雇佣军。② 他们人数约在20,000人左右。③ 大流士三世偏爱这支雇佣军,他认为这支希腊雇佣军都是外国人,他们不会背叛自己的雇主。④ 在公元前333年11月的伊苏斯战役中,这支希腊雇佣军得不到他们两翼的波斯军队的支持,因此被亚历山大击败;⑤其中大部分人被马其顿人俘虏。⑥ 据说,亚历山大对待所俘虏的希腊雇佣兵的手段是残酷的。亚历山大及其麾下的官兵都认为,"他们是希腊化事业的叛徒,因为他们违背了希腊人反对蛮族的共同愿望,帮助蛮族与希腊人作战"⑦。被俘的希腊雇佣兵乞求宽恕无效,"十分之九的人被杀死了。剩下的2,000人在马其顿的地产上作为奴隶来赎罪"⑧。这被认

---

① 布朗主编:《失落的文明:爱琴海沿岸的奇异王国》,李旭影译,华夏出版社、广西人民出版社,2002年,第10页。
② 参看伊文斯:《希腊化时期的日常生活:从亚历山大到克娄巴特拉》,格林渥德出版社,美国康涅狄格州韦斯特波特,2008年,第81页。
③ 参看阿希莱:《马其顿帝国:菲利普二世和亚历山大大帝的战争年代,公元前359—前323年》,麦克法兰出版公司,伦敦,1998年,第61页。
④ 参看同上。
⑤ 参看同上。
⑥ 参看同上。
⑦ 奥姆斯特德:《波斯帝国史》,李铁匠、顾国梅译,上海三联书店,2010年,第599页。
⑧ 同上。

为是对那些受雇于外国的希腊雇佣兵的警告。[1]

小亚细亚的希腊移民城市已在波斯帝国统治下生活多年，那里的希腊人盼望马其顿军队前来解救他们，所以有些希腊移民城市自动打开城门，欢迎亚历山大。亚历山大授予它们自治权，建立城市自治政府。至于那些站在波斯帝国一边抗拒亚历山大的希腊移民城市，亚历山大则予以严惩："在征服小亚细亚期间，亚历山大对希腊各城邦的政策很大程度上是由各城邦对他的态度所决定的。"[2]

比较特殊的一个例子是黑海南岸小亚细亚境内的希腊移民城邦赫拉克利亚。从公元前6世纪中叶以来，它一直是一个独立的城邦、一个繁华的商业中心。在波斯帝国强盛时，它为了保持自己的自主地位，不得不归顺波斯帝国，缴纳较轻的贡赋，并获得波斯帝国的恩准，得以保留自己的法律、制度和防卫力量，免于受到波斯帝国官员的干预。[3] 后来，雅典强盛时，赫拉克利亚不愿改变原先亲波斯的传统政策，拒绝向雅典缴纳贡赋。[4] 到了亚历山大东征并于公元前334年春天侵入小亚细亚安那托利亚时，赫拉克利亚作为一个希腊移民城邦，仍然维持同波斯王室的传统效忠关系。[5]甚至在亚历山大击溃波斯军队，波斯军队退至小亚细亚腹地并且实力大为削弱之后，赫拉克利亚仍不

---

[1] 奥姆斯特德:《波斯帝国史》，李铁匠、顾国梅译，上海三联书店，2010年，第599页。

[2] 布里昂:《亚历山大大帝》，陆亚东译，商务印书馆，1995年，第53页。

[3] 参看伯尔斯坦:《希腊文化的前哨：黑海岸边赫拉克利亚的兴起》，加利福尼亚大学出版社，1976年，第27页。

[4] 参看同上书，第33页。

[5] 参看同上书，第72页。

改变一贯政策,依旧倾向于波斯。马其顿军队这时已经顾不上赫拉克利亚了。亚历山大继续南下,以叙利亚和美索不达米亚等地为进攻目标。小亚细亚西部的其他希腊移民城市纷纷投向马其顿一方。①

到了公元前331年,即亚历山大对波斯的战争明显地将要获得最终胜利之际,赫拉克利亚国内一些反对亲波斯政权的被放逐人士决心投靠亚历山大,希望借助马其顿的势力返回赫拉克利亚,推翻赫拉克利亚的当权派。亚历山大这时也认为,黑海南岸地区如果继续被亲波斯的势力所控制,对自己是不利的,于是表态支持赫拉克利亚的被放逐人士,但亚历山大并未出兵攻打赫拉克利亚。② 赫拉克利亚亲波斯的政府在这种形势下,见势不妙,决心转而投靠被亚历山大留在马其顿负责留守和监视希腊本土的亚历山大部将安提帕特以及亚历山大的姐姐克娄巴特拉,赫拉克利亚的政局才稳定下来。③

公元前324年,亚历山大从印度返回巴比伦。这时,赫拉克利亚被放逐人士再次请求亚历山大以实际行动支持他们回到赫拉克利亚执掌政权。然而亚历山大治理亚洲的思路已经不同于当初刚战胜波斯帝国的时候了。亚历山大很可能已经把自己当作是波斯阿黑门尼德王朝的继承者,决定以稳定西亚的政局为重。亚历山大的姐姐克娄巴特拉在这里可能起了一定的作用,因为她替已经投靠安提帕特的赫拉克利亚当权派说情,劝亚历

---

① 参看伯尔斯坦:《希腊文化的前哨:黑海岸边赫拉克利亚的兴起》,加利福尼亚大学出版社,1976年,第73页。
② 参看同上书,第73—74页。
③ 参看同上书,第74页。

第十章 马其顿帝国的急剧扩张和迅速崩溃

山大不要采取措施让赫拉克利亚被放逐人士立即返回赫拉克利亚。到了公元前323年,亚历山大就去世了,对赫拉克利亚原来亲波斯、后来才投靠安提帕特的政府的威胁也就解除了。①

赫拉克利亚事件的始末,从一个侧面反映了从公元前324年到公元前323年这段时间内亚历山大对待波斯帝国及其管辖地区的态度的明显变化。

让我们再回到亚历山大在小亚细亚获胜后南下攻击波斯军队的公元前333年。波斯国王大流士三世继位于公元前336年,这时刚任国王不久。"在打仗上,大流士基本上是一个软弱无能的人。"②当然,也不能认为他是一个暴君,因为"在其他方面,还未发现他有什么暴虐行为,也许他还没有机会干这样的事"③。公元前333年,当亚历山大率军一路受到希腊移民欢迎进入叙利亚时,大流士三世也亲自领兵迎战。马其顿依旧以骑兵冲锋在前,步兵方阵在后,一举击败了大流士三世率领的波斯大军。波斯军队大败,可能与大流士三世轻敌有关,因为他认为用不着调集伊朗高原北部各省的军队就足以赢得胜利。④ 结果,大流士三世只身逃走。他的母亲、妻子、两个女儿等家人均被俘虏,财物也大量落入马其顿人手中。⑤

在击溃波斯大军之后,亚历山大为了进一步笼络希腊人,

---

① 参看伯尔斯坦:《希腊文化的前哨:黑海岸边赫拉克利亚的兴起》,加利福尼亚大学出版社,1976年,第74—75页。
② 阿里安:《亚历山大远征记》,李活译,商务印书馆,2007年,第121页。
③ 同上。
④ 参看赫克尔:"亚历山大对亚洲的征服",载赫克尔和特里特尔编:《亚历山大大帝:新历史》,维莱—布莱克维尔出版公司,英国西苏塞克斯,2009年,第33页。
⑤ 参看阿里安:《亚历山大远征记》,李活译,商务印书馆,2007年,第71页。

"他送回去一部分战利品,特别把 300 面盾牌赠予雅典人,在所有的战利品上面都刻上铭文:'菲利普之子亚历山大和全体希腊人,取自居于亚洲的蛮族'"①。

亚历山大获胜后,"他在蛮族的面前表现出傲慢的姿态,好像他确信自己具有天神后裔的身份,然而他在希腊人中间就比较谦虚,很少摆出神圣不可侵犯的模样"②。亚历山大了解到,如果没有希腊人的支持,他是难以征服波斯帝国和今后治理好这块广阔的土地的。但亚历山大在颁赐战利品给希腊人的文告中,郑重地写上"斯巴达人除外"③。这"显然是对斯巴达人的一种处心积虑的侮辱。亚历山大用这种公开羞辱的方式提醒斯巴达人,他们并不是他所领导的反击波斯的希腊东征军的一员"④。需要弄清楚的是:为什么亚历山大会如此羞辱斯巴达?主要是因为斯巴达拒绝顺从亚历山大。在科林斯会议上,斯巴达是唯一缺席的主要希腊城邦。在亚历山大摧毁底比斯后,雅典和其他希腊城邦都认错并向亚历山大表示忠诚,斯巴达又是唯一不肯向亚历山大妥协的城邦。当时的斯巴达国王阿吉斯三世(公元前 338—前 331 年)用各种方式不停地反抗马其顿,给亚历山大东征时的后方一再制造麻烦。⑤

波斯军队溃败后,亚历山大乘势进驻大马士革,接着又开进

---

① 普鲁塔克:《希腊罗马名人传》第 2 卷,席代岳译,吉林出版集团有限责任公司,2009 年,第 1211 页。
② 同上书,第 1223 页。
③ 参看卡特利奇:《斯巴达人:一部英雄的史诗》,梁建东、章颜译,上海三联书店,2010 年,第 210 页。
④ 同上书,第 210—211 页。
⑤ 参看同上书,第 291—292 页。

第十章 马其顿帝国的急剧扩张和迅速崩溃

古代腓尼基人的城市西顿。这两座城市由于未进行抵抗,所以亚历山大善待了他们,以此作为榜样,告知其他城市。在亚历山大继续南下过程中,地中海东岸港口城市提尔顽强抵抗,战斗十分激烈。亚历山大破城后,"连提尔人带外籍人,被俘后卖出去当奴隶的共约有30,000人"①。随后,亚历山大进攻加沙城,这是由叙利亚从陆路进入埃及的最后一站。加沙城抵抗甚烈,亚历山大军队攻入城内后,"加沙市民还是抱成一团顽抗。每个人都在自己的岗位上战斗到底,结果全部被歼。亚历山大把他们的妇孺都贩卖为奴,把附近部族招来在城内定居,利用这个城市作为战争中的要塞"②。

埃及的大门敞开了。这时的埃及仍处于波斯帝国统治之下。波斯占领埃及的历史很久。自从公元前525年波斯国王冈比西斯征服埃及后,埃及人一直抵抗波斯占领当局,暴动不绝。公元前410年,埃及人的起义进入高潮,经过6年的战争,埃及全境终于在公元前404年解放。起义领袖阿门赫尔成为埃及第28王朝的国王。但第28王朝存在的时间很短,只有5年。接下来,可能发生了两次政变,政权仍在埃及人手中。③ 这就是埃及第29王朝(公元前398—前378年)和第30王朝(公元前378—前341年)。到了公元前343年,波斯国王又率军进攻埃及。虽经埃及军队(由埃及人、利比亚人和希腊人组成的军队)奋力抗击,但因与进攻者相比实力相差甚大,埃及第30王朝被

---

① 阿里安:《亚历山大远征记》,李活译,商务印书馆,2007年,第89页。
② 参看同上书,第92页。
③ 参看费克里:《埃及古代史》,高望之等译,科学出版社,1956年,第109页。

灭。① 这是波斯帝国第二次对埃及的征服。

波斯对埃及的第二次统治时间不到9年。公元前332年,亚历山大率军由西亚进入埃及,波斯军队溃败、投降。② 亚历山大在埃及受到当地民众的欢迎,"埃及人视其为解放者,把他们从可恨的波斯压迫者手中解放出来了"③。亚历山大为了博得埃及人的信任,以便在埃及长期统治,便笼络埃及的祭司,设法把自己装扮为埃及主神阿蒙的儿子,亲自到神庙去祭祀,声称自己是受了神的嘱托,到埃及来解救埃及人的,亚历山大还被授予法老的称号。④ 亚历山大的这一做法具有重要意义,因为这是他的东方化政策的一个明显的信号。⑤ 从此埃及较为平稳地转归马其顿统治。

公元前331年,亚历山大决定向波斯帝国的核心地带两河流域和伊朗高原发起攻击。波斯国王大流士三世为扭转战局,把他统治区域内各个不同种族、部落的壮丁全都征集到一起,人数众多,准备同亚历山大决一死战。双方在底格里斯河东岸的高加米拉摆开阵势。亚历山大兵员虽少,但精悍善战,波斯军队一遇到马其顿骑兵冲锋和步兵方阵挺进,不知所措,惊慌逃散,结果大流士三世弃部队而去,他在逃亡途中被部下认定为懦夫而遭杀害,死时约50岁。⑥"亚历山大命令把大流士的尸体送

---

① 参看费克里:《埃及古代史》,高望之等译,科学出版社,1956年,第111页。
② 参看同上。
③ 同上书,第111—112页。
④ 参看赫克尔:"亚历山大对亚洲的征服",载赫克尔和特里特尔编:《亚历山大大帝:新历史》,维莱—布莱克维尔出版公司,英国西苏塞克斯,2009年,第36页。
⑤ 参看同上书,第44页。
⑥ 参看阿里安:《亚历山大远征记》,李活译,商务印书馆,2007年,第122页。

第十章　马其顿帝国的急剧扩张和迅速崩溃　603

到波斯波利斯,埋葬在皇陵里,跟大流士以前的帝王埋在一起。"①

亚历山大追击波斯败军,直逼巴比伦城下,巴比伦城投降。据说有星相师告诫亚历山大不要进入巴比伦城,否则会死亡。亚历山大信了星相师的话,就扎营于巴比伦城外。后来,有哲学家对亚历山大说,不要相信星相师,亚历山大这才进入巴比伦城内。② 巴比伦城把大流士三世储藏在该城的巨额财富奉献给亚历山大,亚历山大用这一大笔财富的一部分来犒赏马其顿官兵,一部分用于慰问曾经抗击过波斯侵略而后来被波斯征服的各国居民,并宣布他们从此摆脱了波斯的奴役。亚历山大看中了巴比伦城,准备在这里建立都城,修建港口,还打算改善幼发拉底河的灌溉系统,甚至想打通里海和地中海。③ 由于亚历山大很快去世,这些宏愿都未实现。

亚历山大继续追击波斯残存部队,攻下了波斯帝国的首都苏撒。立国三百多年、一度十分强大的波斯阿黑门尼德王朝亡。对于亡国之君大流士三世本人,后来的历史研究者评价不一。一种评价是:大流士被描述为软弱和缺乏进取心的国王,无法应对马其顿军队的进攻;④另一种评价则是:大流士三世"作为一

---

① 阿里安:《亚历山大远征记》,李活译,商务印书馆,2007年,第121页。
② 参见 D. B. 马丁:"希腊人的迷信",载巴尔德、恩贝格-彼得森、汉纳斯塔德、查勒编:《希腊化时期希腊人的传统价值》,阿鲁斯大学出版社,1997年,第123页。
③ 参看彭树智主编:《中东国家通史》伊拉克卷,黄民兴著,商务印书馆,2002年,第52页。
④ 参看布里昂:"大流士三世帝国的透视",载赫克尔和特里特尔编:《亚历山大大帝:新历史》,维莱—布莱克维尔出版公司,英国西苏塞克斯,2009年,第142页。

个国王,因其美德和各种很好的品质而受到赞扬,但却遇到一个如此强大的敌人,他没有机会战胜对手"①。然而,应当指出的是,不管大流士三世个人品质如何,阿黑门尼德王朝这时已经衰败,地方势力膨胀,不受中央节制,军纪松弛,没有战斗力,因此在同马其顿军队作战时一败而无法收拾,换言之,波斯阿黑门尼德王朝的气数已尽了。

亚历山大在进军苏撒途中,看到一大批沦为俘虏和奴隶的希腊人,他们被截去手脚或挖去眼珠,心中大怒,决心报复。他攻下苏撒后,把波斯王宫洗劫一空,苏撒城被焚为废墟。他还放纵士兵奸淫妇女,杀戮男丁,抢劫民宅,以便彻底摧毁波斯帝国。那么,战后怎样治理这一大片土地呢? 亚历山大着手建立自己的行政管理体系,他认为有必要更换过去波斯帝国的行政官员。新授予军事职衔并统领驻军的都是马其顿人和希腊人;②至于地方的行政官员,则是新任命的希腊人,他们常常是希腊平民而不是马其顿官员。③ 一种可能的解释是:亚历山大这样做是为了防止地方行政长官的专横跋扈,所以有意削减官员的权力,并设法制约高级官员的行为。④ 至于低层官员,则通常任命西亚本地人担任。

---

① 参看布里昂:"大流士三世帝国的透视",载赫克尔和特里特尔编:《亚历山大大帝:新历史》,维莱—布莱克维尔出版公司,英国西苏塞克斯,2009年,第142页。
② 参看赫克尔:"不信任的政治:亚历山大和他的后继者们",载奥格登编:《希腊化世界:新观察》,威尔斯古典出版社和杜克渥斯出版公司,伦敦,2002年,第85页。
③ 参看同上。
④ 参看同上。

二、印度河战役

亚历山大灭了波斯阿黑门尼德王朝后,决心扫平波斯帝国在东部的残余势力。

他已在巴比伦城住下。在这里,亚历山大受到了更多的东方文化的影响。对波斯的征服,"是亚历山大在希腊文化的名义下完成的"[1],他一直认为自己既然成了希腊世界的领袖,就必然是希腊文化的传播者。他还懂得希腊式的领袖的含义:领袖无非是公民集体中的一员,尽管他并没有按照这个教导去做。但当他越来越深入东方国家之后,他却感到东方文化中的许多内容似乎更适合于他的统治。例如,在埃及,他被授予法老的称号,自称为神的儿子;在攻下波斯首都苏撒时,他滥杀平民作为波斯人对待希腊俘虏的残酷行为的报复,等等。这样,"每一次离希腊更远一步,亚历山大就越来越不像是个希腊人,倒是越来越像是个野蛮民族的国王了"[2]。

亚历山大在征讨波斯东部地区时,报复之心有增无减。途中,有一个波斯人村庄的村民曾经参加过对小亚细亚希腊移民城邦米利都的神庙的洗劫,把掠夺到的财宝献给当时的波斯国王。那已经是150年以前的事情了,现在的村民已经是当初劫掠神庙的人的第五代后裔。亚历山大下令把全村村民统统杀死。[3]

---

[1] 帕克:《城邦——从古希腊到当代》,石衡潭译,山东画报出版社,2007年,第29页。
[2] 杜兰:《世界文明史》第2卷《希腊的生活》,幼狮文化公司译,东方出版社,1998年,第399页。
[3] 参看同上。

又如,亚历山大军队进入波斯东部今阿富汗境内的布哈拉时,抓到了杀死波斯国王大流士三世的波斯官员比苏斯。亚历山大认为,臣下杀死国王是大逆不道的,于是他自称要替已故波斯国王复仇,以酷刑折磨比苏斯,再以分尸的方式处死这个背叛国王的人。① 这一切都表明亚历山大越来越像一个东方的专制君主。

亚历山大进入中亚细亚,遇到的全是游牧部落。这些游牧民到处流动,随时随地攻击马其顿军队。虽然马其顿军队占领了巴克特利亚等地,但始终免不了受到游牧民的攻击,所以在亚历山大看来,占领这些地方没有多大用处。于是亚历山大的"征服中亚的政策有了转变。其主要点在从单纯的镇压变为拉拢利用当地的贵族上层,并采用当地的制度和风俗习惯,以争取当地民族的归附"②。

公元前327年,亚历山大决定进攻印度。首当其冲的是位于印度西北部的印度河流域。印度河流域当时已经有一些城市,居民来自世界各地,有若干年前从欧洲迁来的,还有自蒙古迁来的。③ 后来主要是雅利安人在这里居住。印度河流域的雅利安人多半来自伊朗。④ 这些城市一个个都是独立的,可能分别由不同的部落居住,并同当地的土著融合。⑤ 印度的孔雀王朝是在公元前321年才建立的。

---

① 参看杜兰:《世界文明史》第2卷《希腊的生活》,幼狮文化公司译,东方出版社,1998年,第399页。
② 王治来:《中亚史纲》,湖南教育出版社,1986年,第62页。
③ 参看巴沙姆主编:《印度文化史》,闵光沛、陶笑虹、庄万友、周柏青等译,涂厚善校,商务印书馆,1999年,第21页。
④ 参看同上书,第27页。
⑤ 参看同上书,第34—35页。

亚历山大命令部队"带着3,500名骑兵和10,000名步兵留守巴克特利亚,他自己率部向印度进军"①。但亚历山大遇到的困难也越来越多。印度人的抵抗十分激烈,例如在阿瑞伽亚斯,印度人即使战败了,也放火烧毁城市后逃跑,"亚历山大进去之后才发现是一座空城"②。亚历山大再向前挺进,发现印度军队"营地的烟火比马其顿营地的烟火多得多"③。这不是虚张声势,确实是印度军队人数众多。马其顿军队虽然仍在前进,但"战利品在减少,更为严重的是,他们正进入一个完全陌生的环境……按照亚历山大的地理概念,进入印度,跨过印度河已经离世界的尽头不远了"④。

这时,马其顿军官和士兵都已厌烦长途行军作战,而且他们还认为远征印度师出无名。在他们看来,波斯是希腊的宿敌,灭掉波斯是有理由的;叙利亚和埃及都是被波斯征服和奴役的国家,把它们从波斯统治下解救出来,也有理由;而印度则是一个遥远的国家,同希腊距离很远,同希腊人交往也少,有什么必要兴师动众去攻打印度呢?军官们劝亚历山大放弃这一计划,兵士们则拖延行军时间,东行进展缓慢:"他们告诉亚历山大,他们不想再这样无休止地征战了,他们要回家。"⑤亚历山大无法说服官兵,就采取身先士卒的方式,以激励全军。作战时,他冲锋在前;攻城时,他最先攀上城墙,以致中箭受伤,军中还一度盛

---

① 阿里安:《亚历山大远征记》,李活译,商务印书馆,2007年,第165页。
② 同上书,第168页。
③ 同上书,第169页。
④ 汉密尔顿:《希腊的回声》,曹博译,华夏出版社,2008年,第99页。
⑤ 同上。

传亚历山大因伤重不治而去世。① "消息传开后,全军先是一阵恸哭。哀伤过后,随即想到全军统帅今后谁属的问题,就又陷入悲观失望之中。"②军心日益不稳,不知下一步该做什么。"当大家想到怎样才能安全回到自己家乡的问题时,也感到忧心忡忡。因为全军正处在众多好战的部族重重的包围之中。"③直到军队得到了亚历山大只是受伤而并未去世,并且伤势正在好转的消息之后,士气才振作起来,继续东进。

总的说来,亚历山大的印度河战役是不成功的。印度军队抵抗激烈,马其顿军队伤亡很多,加上他们不服水土,染上疾病,而所占领的土地仍遭袭击,未必能守住。所以马其顿军队渡过印度河,进入河东地区后,就奉命停止前进了。跨过印度河可算是亚历山大东征事业的顶峰。亚历山大从印度河流域折返,他的事业开始走下坡路了。

三、马其顿帝国极盛时期的消逝

亚历山大率军东征之初,他"坚定地相信希腊文化的绝对优越性,而且终生坚守这种信仰。他认为,他征服的主要目的之一,是在整个亚洲树立希腊文化"④。一路上,亚历山大委派希腊人担任所征服地区的地方官员,建立希腊式的城市,鼓励希腊人移民西亚,这些都是他推行希腊化的有力措施。尤其是他建立希腊式城市这件事,更具有深远意义。这是因为,大批希腊式

---

① 参看阿里安:《亚历山大远征记》,李活译,商务印书馆,2007年,第230页。
② 同上。
③ 同上书,第231页。
④ 弗格森:《希腊帝国主义》,晏绍祥译,上海三联书店,2005年,第72页。

城市的建立(包括希腊式的学校、神庙、公共性建筑和希腊式民居的建设),在传播希腊文化方面起了积极的作用。除此以外,建立希腊式城市还具有另一个目的,即"通过建立城市,亚历山大减轻了进行军事和行政管理的困难,因为每个城市都为他承担了城市领土上部分维持秩序、征收赋税、管理司法的任务"[1]。

亚历山大率军由印度河流域返回巴比伦城时,已是公元前325年。此时距他渡过达达尼尔海峡,登陆小亚细亚(公元前334年),整整9年。不停的战争、拼杀,使亚历山大从身体到心理都已疲惫不堪。他打算安顿下来,决定让希腊—马其顿人娶波斯女子为妻。他本人在征服波斯后就娶了两位波斯公主为妃:一是巴克特利亚公主罗克姗娜,另一是大流士三世之女斯塔提拉。为了鼓励军官和士兵娶当地女子为妻,亚历山大给每个娶当地女子为妻的军官一笔厚重的聘礼,还给每个准备结婚的士兵一笔结婚费用。据说他还为娶波斯女子为妻的马其顿军官们举办了集体婚宴。"不过没有一名马其顿或希腊女子嫁给波斯人。"[2]至少当时如此。

希腊文化,包括希腊人的生活方式和风俗习惯,推广了。不仅叙利亚、埃及受到了希腊文化的影响,甚至远到波斯帝国东部地区也一样。[3] 考古学为此不断提供新的证据。"考古学家们甚至在塔吉克斯坦和阿富汗交界的一个叫阿伊卡努姆的地方发掘出了一座体育馆,它距离希腊大约有4800公里之遥。这里最

---

[1] 弗格森:《希腊帝国主义》,晏绍祥译,上海三联书店,2005年,第72页。
[2] 陈恒:《希腊化研究》,商务印书馆,2006年,第451页。
[3] 参看阿克罗伊德:《古代希腊》,冷杉、冷枞译,三联书店,2007年,第129页。

初是亚历山大建立的城市,名叫亚历山大里亚奥克西亚纳,是希腊文明最偏远的前哨站之一。"①

然而,从实质上说,亚历山大自己却越来越东方化了。"亚历山大也许没有意识到,他用以更好地传播希腊生活和思想的外国制度,恰好对它们希望保护的精神具有毁灭性。"②一种比较合理的解释是:亚历山大不相信他的人数不多的军队能够长久统治东方的被征服地区,同时他还认为,"东方除了君主神圣的政府形式而外,是不习惯于任何别的政府形式的"③。加之,在亚历山大征服波斯后,他的军队中不少马其顿士兵即将退役,人数大约10,000名步兵,另有1,500名骑兵。④ 这样一来,在他的军队中,本地士兵要占到一半以上。⑤ 为此,亚历山大决心给自己披上东方君主的外衣,以东方式的统治来管理这一块被征服的土地,让本地老百姓顺从,让本地籍士兵忠诚于亚历山大本人。"亚历山大觉得他自己很适于扮演这样一个角色。"⑥于是在亚历山大所造就的希腊化世界中,很明显地形成了一条中轴线,这条中轴线"是沿着希腊人与波斯人范围之间的断裂带延伸的"⑦。大体上说,从小亚细亚北部(黑海南岸希腊移民地

---

① 阿克罗伊德:《古代希腊》,冷杉、冷枞译,三联书店,2007年,第129页。
② 弗格森:《希腊帝国主义》,晏绍祥译,上海三联书店,2005年,第73页。
③ 罗素:《西方哲学史》上卷,何兆武、李约瑟译,商务印书馆,2002年,第280页。
④ 参看波斯渥斯:《征服和帝国:亚历山大大帝王朝》,剑桥大学出版社,1988年,第161页。
⑤ 参看同上。
⑥ 罗素:《西方哲学史》上卷,何兆武、李约瑟译,商务印书馆,2002年,第280页。
⑦ 帕克:《城邦——从古希腊到当代》,石衡潭译,山东画报出版社,2007年,第33页。

区)往南,把小亚细亚西海岸、叙利亚西海岸都包括在内,构成了这条中轴线的西部,这是希腊文明为主的区域,这条中轴线以东,希腊文明的影响越往东越小,而东方统治方式和生活方式的影响也就越大。

亚历山大越来越喜欢臣民把他视为神或神的化身。他于公元前324年向希腊各个城邦郑重宣告,自己是神的儿子。亚历山大希望希腊各城邦认同这一点。这是因为,"从亚历山大的立场看,当他被列入得到各个城市承认的众神之中时,他的统治就合法了"[1],所以他执意要这样做。果然,"亚历山大是神"的说法,大多数希腊城邦都同意了,连斯巴达也同意了,因为在希腊的宗教观念中,神和人之间本来就不存在不可逾越的界限,即使亚历山大自命为神、神的化身、神的儿子,也没有什么与常人不同之处。比如说,神是不需要睡觉的,人是要睡觉的,难道亚历山大从不睡觉?神是不会出血的,人受伤后要流血,难道亚历山大受伤后不流血?其实亚历山大自己心里也很明白。据说,"有一次他为箭矢所伤,觉得非常痛苦的时候,曾对身旁的人说道:'我的朋友,这里流出真正的鲜血。'"[2]意思是告诉朋友,"他是人而不是神"[3]。

因此,希腊人并不把神化亚历山大这件事当真,他愿意当神就当吧,认为这只不过是亚历山大便于统治东方的一种策略而已。希腊人可能是出于无奈,也可能是不了解神化统治者所造

---

[1] 弗格森:《希腊帝国主义》,晏绍祥译,上海三联书店,2005年,第79页。
[2] 普鲁塔克:《希腊罗马名人传》第2卷,席代岳译,吉林出版集团有限责任公司,2009年,第1223页。
[3] 同上。

成的恶果:"对统治者的神化,代表了城市的屈服。"①希腊世界就这样不知不觉地屈从于神化的国王统治之下了。

实际上,亚历山大神化前也好,神化后也好,他"并没有什么前后一致的政治观念体系"②。尽管他早年受到希腊式的教育,对希腊文化有所了解,后来在东征途中又采纳了东方文化中的许多成分,但人们还是不知道"他想赋予他的帝国什么样的形态"③。似乎他的目的就是征服,征服压倒一切,"因为在他死的时候,他的军事征服仍在继续进展,这种军事征服的目的越来越不明确"④。

马其顿军官们对亚历山大的看法不同于希腊对他的看法。希腊人远在希腊本土,根本见不到亚历山大本人。希腊人即使来到东方,也无法见到亚历山大。而马其顿军官们,过去在军营中,在战场上,在胜利后的行军途中,同亚历山大一起打仗,一起行军,经常接触,觉得彼此相距很近;而现在,亚历山大住在巴比伦城的宫殿中,"他穿上了华丽的波斯长袍——年轻而帅气——仿效波斯君主的奢华"⑤,被一群贴身侍从护卫着,俨然是一位高高在上的神或神的化身。特别是他很少在公开场合露面,军官们再也不那么容易见到他了。希腊士兵是不喜欢亚历山大采用的东方国家仪式的,他们也不习惯对国家领袖的膜拜。他们心目中的领袖应当是产生于民间的杰出人才。这是因为,

---

① 弗格森:《希腊帝国主义》,晏绍祥译,上海三联书店,2005年,第79页。
② 沃格林:《希腊化、罗马和早期基督教》,谢华育译,华东师范大学出版社,2007年,第113页。
③ 同上。
④ 同上。
⑤ 汉密尔顿:《希腊的回声》,曹博译,华夏出版社,2008年,第101页。

"在士兵们看来,希腊的习俗是再好不过的"①。于是亚历山大同希腊士兵之间的距离一下子拉开了很多。

不仅如此,自从亚历山大从印度河岸回来以后,他的心情一直很坏,时常发脾气,动不动就训斥部属,甚至无缘无故地杀死自己的部属,军中的人都怕他,不敢惹他生气,担心发生不测。而当亚历山大称神的消息传到希腊本土以后,较多的人不予理睬,不予评论,只是内心产生反感。据说,"只有斯巴达人说:'既然亚历山大想成为神,那就让他成为神吧。'"②。

当然,在马其顿军官中并不都是亚历山大的忠实追随者,正如菲利普二世达到顶峰时部下仍然有企图暗杀他的军官一样。不忠实于亚历山大的军官中,有各种各样的人,包括当初迫于大势而顺从亚历山大的贵族家族出身的军官,也包括亚历山大东方化政策的反对者,他们不愿意像崇拜东方专制君主那样来崇拜亚历山大,甚至"他们觉得必须依他现在要求的方式来接近国王是一件可耻的事"③。亚历山大似乎过于自信,不相信手下的军官会不忠实于他。

亚历山大在开始进攻波斯帝国时,对自己的生活是有节制的,但当他从印度河岸回到巴比伦城定居下来后,越来越沉溺于酒宴。他认为自己的功绩大大超过了父亲菲利普二世,希腊历史上任何一个杰出人物都无法同自己相比,他还有什么理由不

---

① 汉密尔顿:《希腊的回声》,曹博译,华夏出版社,2008年,第102页。
② D. B. 马丁:"希腊人的迷信",载巴尔德、恩贝格-彼得森、汉纳斯塔德、查勒编:《希腊化时期希腊人的传统价值》,阿鲁斯大学出版社,1997年,第123页。
③ 杜兰:《世界文明史》第2卷《希腊的生活》,幼狮文化公司译,东方出版社,1998年,第402页。

过一过欢乐的生活呢?据说他饮酒无度,身体大受影响。他已经患病了,但他自己不认为如此。有人预测,在亚历山大回到巴比伦城之后,各种征兆都预示着他将死亡。事实真的如此,亚历山大不久就去世了。[1] 这未必仅仅是星相师的凭空猜测,也许从亚历山大的身体、举止、气色来看确有一种他已患有重病的征兆。

这时的亚历山大还很年轻。他继位时才20岁,征战9年,回到巴比伦城不足3年,公元前323年他去世了,这一年他将近33岁。"据阿瑞斯托布拉斯记载,亚历山大一共活了32年又8个月,在位12年零8个月。"[2]

亚历山大怎么死的?一种说法来自罗马人,说他"是由于本国人的谋害而丧生于异域"[3]。这种说法似乎有根有据。[4]但比较可信的说法是,亚历山大是病死的。得的什么病?可能同酗酒过度有关,更可能是由于长期酗酒过度,身体虚弱,再染上感冒,高烧不退,一病不起。他死时还很年轻,所以根本没有考虑接班人问题。他留下一个庞大的国家,但它已经度过了极盛时期,矛盾重重,危机四伏。亚历山大留下了一大堆待处理的难题,包括马其顿同希腊城邦之间的关系、马其顿如何治理被征服的西亚和北非地区、留在波斯本土和巴比伦区域的马其顿军

---

[1] 参看 D. B. 马丁:"希腊人的迷信",载巴尔德、恩贝格-彼得森、汉纳斯塔德、查勒编:《希腊化时期希腊人的传统价值》,阿鲁斯大学出版社,1997年,第123页。

[2] 阿里安:《亚历山大远征记》,李活译,商务印书馆,2007年,第290页。

[3] 塔西佗:《编年史》上册,王以铸、崔妙因译,商务印书馆,2002年,第123页。

[4] 参看同上书,第123页注②。

队的去向等等。马其顿帝国的极盛期消逝得过快,留下这一堆难题如何处理?可惜从这时起,再也没有一个马其顿将领能够担此重任。

又比如说,亚历山大在所征服的波斯帝国东部、中亚细亚游牧部落地区、阿富汗和印度河流域建立了一些希腊式城市,那里"最初也被赋予了希腊式建制并且有希腊移民定居。希腊生活方式与其神殿、图书馆、剧院、室内体育场在远离希腊的地方得以延续"①,然而,在这里"居住的人们与希腊人几乎毫无共同之处"②。随着马其顿军队的先后分批撤离,这些希腊式城市就再也不被人们提起,并最后被遗忘了。但不能忘记,当年"无论其规模多小,也无论其位置多偏,它们都以细小的方式为人性的进步做出了贡献,并为更长远的发展提供了前提"③。

亚历山大去世了。他是带着未实现的理想或规划而离开人世的。除了没有留下他心目中的或指定的接班人而外,还留下了有待于实现的理想或规划,这不能不被看成是亚历山大的两大遗憾。

亚历山大还打算征服何处?一种说法是:他打算攻占阿拉伯半岛。④ 据说,他计划在征服阿拉伯半岛之后,在半岛沿岸建立希腊移民区,然后开辟一条商路,东通印度,西达埃及。⑤ 亚

---

① 帕克:《城邦——从古希腊到当代》,石衡潭译,山东画报出版社,2007年,第35页。
② 同上。
③ 同上书,第36页。
④ 参看阿希莱:《马其顿帝国:菲利普二世和亚历山大大帝的战争年代,公元前359—前323年》,麦克法兰出版公司,伦敦,1998年,第357页。
⑤ 参看同上。

历山大为此还专门派人进行调查,他从调查结果了解到阿拉伯半岛的富庶,懂得占领阿拉伯半岛的重要意义,以及懂得商路开通之后可以使他的帝国更加富裕。①

亚历山大生前在征服西亚、北非之后曾经计划由他自己亲率大军和舰队攻下意大利半岛。一种说法是:"这是因为罗马的声名远扬,使他难于忍受。"②另一种说法是:亚历山大决定西征,一是为了保护意大利半岛南部希腊移民城邦塔兰托,以免遭受罗马人侵犯,二是为了肃清地中海西部的海盗,保证希腊商船在地中海西部海域安全航行。③ 此外,希腊人一直把迦太基视为竞争对手,亚历山大攻占西亚腓尼基人的城市后,很可能这时就有了攻占迦太基的想法。④ 而意大利境内的各种反罗马的势力也都欢迎亚历山大率军在意大利半岛登陆,它们派遣使者到巴比伦城,向亚历山大提供当地的情况。⑤

总之,亚历山大返回巴比伦城以后,的确有过远征的想法。据说,亚历山大在从印度河流域班师回到巴比伦后,他最后一次重要活动就是巡视底格里斯河下游和海岸线。⑥ 在这之前,他在印度河战役后,也曾在那里考察海岸线,眺望大海。⑦ 亚历山

---

① 参看阿希莱:《马其顿帝国:菲利普二世和亚历山大大帝的战争年代,公元前359—前323年》,麦克法兰出版公司,伦敦,1998年,第357页。
② 阿里安:《亚历山大远征记》,李活译,商务印书馆,2007年,第255页。
③ 参看蒙森:《罗马史》第2卷,李稼年译,李澍泖校,商务印书馆,2004年,第131页。
④ 参看同上书,第131—132页。
⑤ 参看同上书,第131页。
⑥ 参看波斯渥斯:《征服和帝国:亚历山大大帝王朝》,剑桥大学出版社,1988年,第158页。
⑦ 参看同上。

第十章 马其顿帝国的急剧扩张和迅速崩溃 617

大究竟下一步想征服何处,只能凭后人的猜测。同时,亚历山大在印度河一带发现当地盛产松木、枞木、杉木,于是他开始建造船只,所建造的虽然是一些用于运输的船只,①但未必没有造舰船的打算。亚历山大回到巴比伦之后,曾计划建造战舰,以便用于远征,然而他本人不久即去世。②

对于亚历山大返回巴比伦之后的意图,阿里安评论道:"究竟亚历山大心里是怎么想的,我猜不准,因为我没有根据,而且我也不想猜。但有一点我是可以断言的:亚历山大雄心勃勃,决不会满足于已占有的一切。"③由此看来,征服阿拉伯半岛,征服罗马,征服迦太基,可能都被亚历山大考虑过。阿里安甚至说:"即便是在亚洲之外再加上欧洲,把不列颠诸岛也并入欧洲,他还是不会满足。"④阿里安认为这一切都同亚历山大个人性格有关:"他永远要胜过对手。实在没有对手时,他还要胜过他自己。"⑤

最后还要提到,亚历山大在进军波斯途中和征服波斯全境后,夺取了波斯帝国的巨额金银财宝,他是怎样处置这一大笔财富的?大体上有以下用途。一是,他"分配了很大的数目给他军队中老兵,他们是要回马其顿的老家去的。他的将士在远征途中所借的债,他也代为偿还了"⑥。二是,花钱用于公共工程

---

① 参看舒扎:"希腊化世界和罗马共和国时代的军事力量:海军",载萨宾、威斯、维特比编:《剑桥希腊罗马战争史》第1卷《希腊、希腊化世界和罗马的兴起》,剑桥大学出版社,2007年,第361页。
② 参看同上。
③ 阿里安:《亚历山大远征记》,李活译,商务印书馆,2007年,第255页。
④ 参看同上。
⑤ 参看同上。
⑥ 杜丹:《古代世界经济生活》,志扬译,商务印书馆,1963年,第88页。

建设,如在征服地区建立新的城市,修筑水渠,还帮许多城市修复破坏了的庙宇。① 亚历山大肯定还保留了不少财富,但具体数字不得而知,否则他死后不会发生多起为争夺波斯财宝而引发的战争。应该说,亚历山大用于分配和建设的资金总额是巨大的,这对于马其顿、希腊和亚洲被征服地区的经济有重要影响,因为在波斯帝国时期,这些财富是深藏于宫中的,亚历山大把其中一部分投入了流通领域。② 流通领域中货币流通量的增多究竟对经济发生什么影响,留待本书第十一、第十二、第十三章中再讨论。

第二节 马其顿帝国的迅速崩溃

一、动乱

亚历山大患病期间,仍亲自过问军队的大事。他绝对没有想到还不到33岁就会病故。但病情发展很快。到了病危阶段,马其顿的将军问他把帝国交给谁时,他只说了一句话:"交给最强的人"③。这等于什么也没有说,可能是他死得太快了,太突然了,所以对身后的事没有安排。④ 这是符合当时实际情况的。一种说法是:由于"没有直接的继承人,从一开始,驻于巴比伦

---

① 杜丹:《古代世界经济生活》,志扬译,商务印书馆,1963年,第88页。
② 参看同上。
③ 杜兰:《世界文明史》第2卷《希腊的生活》,幼狮文化公司译,东方出版社,1998年,第403页。
④ 参看T. R. 马丁:《古代希腊:从史前到希腊化时期》,耶鲁大学出版社,1996年,第197页。

第十章 马其顿帝国的急剧扩张和迅速崩溃 619

的将军们就没有打算把权力授予一位真正的国王"①。还有一种说法是:亚历山大去世时,他新娶的王后、波斯公主罗克姗娜已经怀孕了,所以巴比伦城的将军们都正等待这个孩子的出生,再做决定。② 但谁又能保证这个待出生的孩子一定是个男孩呢? 也只有等待,到时候再定。即使罗克姗娜生下的是个男孩,那么谁来摄政呢? 于是又回到谁是"最强的人"这个难题上来。③

究竟谁是"最强的人"? 在马其顿军中是不可能找到答案的。将军们都跟随亚历山大走出马其顿,进入希腊本土,又渡海来到小亚细亚,然后分别在叙利亚、巴勒斯坦、埃及、两河流域、伊朗高原、阿富汗、中亚细亚和印度河岸立过战功。他们或者在亚历山大身边,或者奉命率军驻守一地。亚历山大在世时,他们全都恭敬从命,显得十分忠诚。士兵也是如此。亚历山大在世时,最忠于他个人的是色雷斯士兵,其忠诚程度甚至超过马其顿士兵。④ 亚历山大去世后,这些将领、军官和士兵是否依然忠于亚历山大的接班人,是否依然忠于马其顿王国,那就很难说了,因为形势在迅速变化。对将军们来说,没有亚历山大临终前指定的接班人,谁都不会承认另一个资历同自己相似,战功同自己不相上下,拥有的实力同自己相差无几的同僚是"最强的人",是众望所归的最合适的接班人。军官听将领的,士兵听军官的,

---

① 波斯渥斯:《征服和帝国:亚历山大大帝王朝》,剑桥大学出版社,1988 年,第 174 页。
② 参看同上。
③ 参看同上书,第 174—175 页。
④ 参看韦尔斯:《亚历山大和希腊化世界》,哈克特出版公司,多伦多,1970 年,第 49 页。

基本上谁也改变不了这样的格局。

要知道,亚历山大本人是信任自己的"征服中的伙伴"的。他们彼此之间的关系,以及他们各自同国王之间的关系,在亚历山大征服东方的一些著名事件中提供了引人入胜的内幕情节,①但这些往往易于被人们所忽略。这里主要有两个同马其顿政治—军事体制有关的、便于我们了解亚历山大与将领们以及将领们相互关系的问题。一是,这些将领和他手下的军队来自哪些地区;②二是自从菲利普二世以后的马其顿国王都采用如下的办法来笼络不同地区的将领,即把他们的儿子提拔到宫中服务,使他们忠诚而又有竞争性、有领导才能而又听话顺从。③ 亚历山大正是这样使他的将领们对自己忠贞不贰,以保证在亚历山大死后政局不乱。

然而,问题也就出在亚历山大的"征服中的伙伴"不止一人,成为亚历山大亲信的将领有若干人之多。谁能说得上谁是最受宠信的?这个问题早在亚历山大东征伤势严重时就暴露出来了,当时军中已经传出亚历山大即将去世的消息了,"在全军心目中,很多将领的威望都不相上下"④,谁最有希望接班,没有人知道。在亚历山大举丧时,谁也不敢先表露出准备接班的架势,因为这无异最先把自己摆到了众矢之的的位置上。于是将领们都僵持着,都在静观待变。

---

① 参看赫克尔:"国王和他的军队",载赫克尔和特里特尔编:《亚历山大大帝:新历史》,维莱—布莱克维尔出版公司,英国西苏塞克斯,2009 年,第 70 页。
② 参看同上。
③ 参看同上书,第 71 页。
④ 阿里安:《亚历山大远征记》,李活译,商务印书馆,2007 年,第 231 页。

第十章 马其顿帝国的急剧扩张和迅速崩溃

此外,还有一支难以捉摸的力量,就是亚历山大军队中的雇佣兵。他们加在一起大约有 60,000 人之多,其中包括希腊人、小亚细亚安那托利亚人、亚洲人。他们主要担任守备任务,只对给他们发薪酬的军官忠诚。① 另一支难以捉摸的力量是伊朗人充任的兵士,他们同样人数众多,大多数驻防于巴比伦和原波斯帝国各省。他们可能忠于亚洲的君王。在亚历山大死后的权力斗争中,他们处于观望状态。②

帝国的形势急转直下。首先是军心不稳,来自马其顿的军官和士兵都想回家,不愿再留在东方打仗了。无论巴比伦城或新建的亚历山大里亚是多么繁荣、壮观和重要,马其顿毕竟是他们的真正故乡。③ 即使是那些有可能成为亚历山大事业继承者的将领们,也都留恋自己的老家,④更不必说普通的军官和士兵了。但更为严重的则是希腊本土的形势的剧变。当亚历山大去世的消息传到希腊各个城邦的时候,有人欢呼,有人则为希腊的前景担忧。

欢呼者认为,希腊城邦从此可以摆脱马其顿的控制了。他们把马其顿驻军看成是外来的侵略者,是硬加在希腊城邦之上、剥夺了希腊城邦独立地位的势力。⑤ 与此同时,驻防于巴克特

---

① 参看韦尔斯:《亚历山大和希腊化世界》,哈克特出版公司,多伦多,1970年,第 51 页。
② 参看同上。
③ 参看马哈菲:《亚历山大帝国希腊文化的发展》,芝加哥大学出版社,1905年,第 41 页。
④ 参看同上。
⑤ 参看惠特莱:"亚历山大的继承者",载赫克尔和特里特尔编:《亚历山大大帝:新历史》,维莱—布莱克维尔出版公司,英国西苏塞克斯,2009 年,第 53 页。

利亚的希腊雇佣军也试图开拔,返回欧洲。①

尽管从菲利普二世到亚历山大都以希腊城邦效忠为条件而给予这些城邦以自治权,但希腊人心有不甘,他们始终把这看成是一种恩赐、一种羞辱。从生活上看,在亚历山大统治期间,希腊各个城邦远离战火,生活上比较安定,一部分希腊人跟着东征的大军前去西亚、北非了。而且亚历山大俘获波斯帝国财宝后,还恩赐给雅典等希腊城邦不少财物,这是东征期间希腊人得到的礼物。② 同时,希腊的粮食供应问题也缓解了。黑海北岸的粮食不断输入雅典等地。北非的昔兰尼也在向希腊城邦源源供应粮食。③ 但这些并不等于希腊人放弃了原来的追求自由和民主的理想。现在,亚历山大去世了,欢呼的希腊人认为这意味着希腊自由时代的来临。表现最积极的城邦是底比斯,因为菲利普二世和亚历山大在平定底比斯和雅典反马其顿的军事行动时,两度宽恕了雅典,却两度严惩了底比斯。于是逃亡到雅典的底比斯人立即组成了志愿军,围攻马其顿的驻军。雅典人则纷纷走上街头,兴高采烈,欢呼庆贺,说什么"亚历山大早就该死了",这不仅仅是一种情绪发泄,更重要的是他们以为希腊城邦会因此回到马其顿南下之前的时代。

因亚历山大之死而担忧的其他希腊人(也包括一些雅典人)则认为,尽管马其顿南下后希腊各个城邦头顶上多了一个

---

① 参看惠特莱:"亚历山大的继承者",载赫克尔和特里特尔编:《亚历山大大帝:新历史》,维莱—布莱克莱维尔出版公司,英国西苏塞克斯,2009年,第53页。

② 参看哈丁编译:《从伯罗奔尼撒战争结束到伊普索战役》,剑桥大学出版社,1985年,第147—148页。

③ 参看同上书,第143—144页。

发号施令的国王,但不管怎么说,希腊城邦之间的冲突渐渐淡化了,希腊城邦内的平民极端派不可能再强行推行那种"均贫富"、"驱逐、殴打、屠杀贵族和富人"的政策了,希腊人毕竟赢得了10年左右的恢复经济和稳定社会的时间。尤其是,这10年间,希腊商人在亚历山大东征之后得到了不少商机,他们在扩大了的西亚、北非市场上赚了钱,或者返回希腊置业,或者携带家人移居新建的希腊移民城市。希腊本土的手工业者、自由职业者和善于经营的农场主们,也向往着西亚、北非的新生活。现在,亚历山大死了,西亚、北非也许不再是希腊移民的乐土了,甚至在希腊本土,过去10年的好日子还会维持多久,会不会再度陷入社会无序的境地呢?这些在亚历山大刚去世的日子时已经出现了征兆,长此下去怎么得了呢?

希腊人高兴也罢,担心也罢,但他们全都看清了这样一点:一个时代——亚历山大时代——已经结束。

亚历山大死后留下的是一种最高权力真空的状态。将领们争夺地盘的斗争开始了,形势变化在加速,这是谁也无法阻挡的事实。[1] 当然,从另一个角度看,希腊人也许可以欣慰的是,亚里士多德那种把希腊城邦政治和希腊文化推广于希腊世界以外的夙愿也许可以实现了。[2] 这是因为,无论在亚历山大生前还是死后,希腊人毕竟成了西亚、北非新征服的土地上的新主人,希腊式的城市毕竟在这些新征服的土地上纷纷建立了,而大多

---

[1] 参看惠特莱:"亚历山大的继承者",载赫克尔和特里特尔编:《亚历山大大帝:新历史》,维莱—布莱克维尔出版公司,英国西苏塞克斯,2009年,第59页。
[2] 参看奥斯汀和维达尔-纳奎:《古希腊经济和社会史导论》,英译本,奥斯汀译,加利福尼亚大学出版社,1977年,第152页。

数劳动力则由东方被奴役的土著居民经常提供。[1] 可以预料，将来无论是谁执掌政权，也无论是哪些将领分割了亚历山大创建的帝国，他们全都会依靠希腊人，任用希腊人。希腊文化在西亚、北非的传播会比亚历山大在世时更快，范围更广。

与此同时，在希腊世界的周围也出现了对亚历山大死后的马其顿政权的威胁。多瑙河以北的游牧部落，主要是早期的斯拉夫人部落和日耳曼人部落，渐渐由分散到聚合，由弱势转向强势，他们时刻伺机南下，马其顿正处于他们南下希腊本土必经的道路上。亚历山大去世后，将领们忙于争夺继承权和扩大自己的地盘，无暇关注北方边境的危险。西方，在意大利半岛中部，正值罗马共和国早期，罗马人已经开始强盛了，他们击退了高卢人的南侵，并把意大利半岛中部一些地方纳入版图，正准备把半岛南部也纳入。这就威胁到那里的希腊移民城邦的安全。这些希腊移民城邦原本想求助于西西里岛上的希腊移民城邦叙拉古，但这时的叙拉古发生内乱，它没有力量来支援意大利半岛南部的希腊人了。[2] 他们求助于科林斯和斯巴达，因为这是他们的母邦，但都无济于事。[3] 无奈之下，这里的希腊人只好向马其顿亚历山大大帝的叔叔摩洛西亚的亚历山大求救。后者认为这是一个向西扩张的机会。这时亚历山大大帝仍在东方，无暇西顾。于是摩洛西亚的亚历山大便乘此机会，亲率一支军队渡海

---

[1] 参看奥斯汀和维达尔-纳奎：《古希腊经济和社会史导论》，英译本，奥斯汀译，加利福尼亚大学出版社，1977年，第152页。

[2] 参看伯里和梅吉斯：《希腊史(到亚历山大大帝去世)》，第4版(修订版)，圣马丁出版社，纽约，1975年，第413页。

[3] 参看同上。

第十章 马其顿帝国的急剧扩张和迅速崩溃 625

进入意大利半岛南部作战,并取得胜利,罗马被迫议和。① 这很可能是罗马慑于亚历山大大帝的权势和声望所致。意大利半岛南部的希腊移民城邦从此同马其顿紧密地结合在一起。现在亚历山大大帝去世了,谁还有力量来挡住罗马人向希腊移民城邦的进犯呢?

西西里岛的情况也不妙。摩洛西亚的亚历山大渡海进入意大利半岛南部同罗马人作战时,他可能也把计划中的保护范围扩大到西西里岛。② 现在,亚历山大大帝去世了,西西里的希腊移民城邦的命运也岌岌可危,一方面,迦太基始终没有放弃统一西西里岛和消灭当地希腊城邦的打算,另一方面,罗马人同样垂涎于西西里。谁来保护西西里岛上的希腊人呢?

再看东方。小亚细亚不平静,因为那里的希腊移民城市虽然被亚历山大从波斯帝国手中解放出来了,并且还保留自治地位,但只要亚历山大还在世,这里的希腊人还有所顾忌,不敢树起独立的旗帜。现在,亚历山大已死,他们想摆脱马其顿的控制,恢复到波斯帝国占领前的独立自主状态。至于两河流域、伊朗高原直到中亚细亚和印度河流域,那里就更不平静。当地的居民,包括一部分移民到这里的希腊人,总想自主为王,割据一方。

动荡最严重的仍然是希腊本土。就在亚历山大去世后的最初两三年内,在马其顿帝国没有人接替亚历山大而出现的"权力真空"状态的条件下,雅典认为自己独立的时间到了,于是联

---

① 参看伯里和梅吉斯:《希腊史(到亚历山大大帝去世)》,第4版(修订版),圣马丁出版社,纽约,1975年,第413页。
② 参看同上。

合了一些城邦,驱逐马其顿驻军。这就是公元前323—前322年的反马其顿战争,又称"希腊战争"。① 战争初期,希腊城邦联军获胜,马其顿军队向北撤退,小亚细亚的马其顿军队起来支援。在公元前322年的拉米亚城的会战中,希腊城邦联军被击败,所以这场战争又称"拉米亚战争"②。"希腊人失败的关键是:每个希腊国家现在只顾自己的安全"③,于是军事力量分散了。

马其顿军队的统帅是安提帕特,他是亚历山大东征时奉命留守马其顿并负责监视希腊本土的将领。为了防止再次发生叛乱,"安提帕特下令叫最没有生活保障的雅典公民迁至色雷斯,分给他们土地。拥有2,000德克拉姆以上的雅典人才能享受政治权利"④。然而只过了3年,安提帕特于公元前319年去世,争夺安提帕特权位之争立即开始。争夺安提帕特权位的马其顿将军为了得到希腊人的支持,又允许希腊各个城邦恢复民主制度,当初反对马其顿的被放逐的希腊人也可以回到故土。⑤ 但由于希腊本土以北地区的战乱未停,黑海沿岸港口向希腊运送粮食的船路受阻,希腊的粮食供应又紧张起来,社会因此动荡不安。希腊不得不从北非的昔兰尼进口大量粮食,以安定人心。⑥

---

① 参看哈丁编译:《从伯罗奔尼撒战争结束到伊普索战役》,剑桥大学出版社,1985年,第152—153页。
② 参看同上。
③ 乌特琴科主编:《世界通史》第2卷上册,北京编译社译,三联书店,1960年,第303页。
④ 参看同上。
⑤ 参看同上书,第303—304页。
⑥ 参看巴格纳尔、提罗编:《希腊化时期:史料译丛》,第2版,布莱克维尔出版公司,牛津,2004年,第3页。

二、分治的必然性

分治是分裂的结果,分裂之后才能分治。分治是一种妥协,妥协的最佳方式就是分治。亚历山大死后马其顿帝国的解体是最好的例证之一。

亚历山大生前就对一些拥有重兵而又担任某一地区行政长官的将领心有戒惧,唯恐他们拥兵自重,割地称雄。① 一个例子是亚历山大对待前面提到的安提帕特的态度。安提帕特追随菲利普二世多年,是一位老将。亚历山大东征时,任命安提帕特为驻守马其顿的军事统帅兼地方行政长官。但亚历山大对他不放心,又任命梅姆农为色雷斯的主管军政的大员,以制约安提帕特。② 安提帕特受到牵制后,便对梅姆农不满,两人关系恶化,以至于公元前331年,即亚历山大东征后的第三年,梅姆农不听安提帕特的调遣,而且还向亚历山大报告安提帕特的行径。这件事可以表明亚历山大并未对梅姆农不服从安提帕特调遣的做法有反感。③

既然马其顿帝国的解体已成定局,大一统局面的恢复无望,而社会秩序需要恢复,战乱需要平息,政府的权威需要重新确立,分治是不可避免的。问题在于:这么大的马其顿帝国会分裂为多少块?由几家来分治?难道会像一只瓷盘被摔碎之后分裂

---

① 参看赫克尔:"不信任的政治:亚历山大和他的后继者们",载奥格登编:《希腊化世界:新观察》,威尔斯古典出版社和杜克渥斯出版公司,伦敦,2002年,第84页。

② 参看同上。

③ 参看同上。

为无数碎片那样吗？这是不可能的,因为真正掌权、势力相当而又能维持一方安宁的马其顿将领人数并不多。

由于亚历山大东征时,在原波斯帝国领土上进展很快,所以在所占领地区"首先保留了阿黑门尼德王朝的大部分管理机构,尤其是各省份的边界,除了个别例外,几乎未作什么改变"①。只是考虑到有的省面积过大,就把省份划小,例如叙利亚省可能就是在公元前329年从腓尼基省划出来的。② 军权一直牢牢地掌握在马其顿将领手中。东部有的省的省长是本地人,军事统帅则是马其顿人,省长的任务主要是征税。③

亚历山大死后的分治,起初是按照马其顿军队驻防的地区划分的,面积比省大得多。分治初期,马其顿军队的一些将领各自把防区变为实际管辖的区域,管辖区域内各省的省长当然听命于驻军的将领,有些被认为不顺从的被撤换了。但将领们谁都没有建立国家,名义上仍是以马其顿的名义来治理的。建国,或建立王朝,是以后的事情。

分治之初,较大的军事冲突不多见,较小的军事冲突则不断。军事冲突主要表现在两个方面。一是实力强大的将领,把实力较小的将领打败了或逼走了,把后者的地盘吞并了,这样,保留下来的是少数几个实力强大的将领,由于实力不相上下,暂时相安无事,各方都把精力主要用于稳定现有地盘上的秩序。二是为了不至于兵力过于分散,所以分治一方的将领有必要对防区和管辖范围进行一些调整,在调整过程中会发生一些冲突,

---

① 参看布里昂:《亚历山大大帝》,陆亚东译,商务印书馆,1995年,第66页。
② 参看同上。
③ 参看同上书,第67页。

但冲突一般不至于激化。

三、分治区的形成

亚历山大于公元前323年去世,亚历山大的将领们稍后在亚历山大宫殿所在地巴比伦城开会,决定先由亚历山大的异母弟阿里狄俄继承马其顿王位,称菲利普三世;同时考虑到罗克姗娜所怀的亚历山大遗腹子大约在两个月后出生,决定称之为亚历山大四世,马其顿实行菲利普三世和亚历山大四世共治。又过了一段时间,菲利普三世和亚历山大四世都由巴比伦城迁回到马其顿境内居住。激烈的继承权争夺战由此拉开序幕。这是马其顿将领之间一场互不相让的战争。安提帕特这时(公元前323年)被将领们推举为摄政或监国,以辅佐两位幼主。[①]

将领们争夺继承权的战争,简称继承战争。由于不同的记载有些出入,它的年代(发生的年份和结束的年份)也有差异,[②]所以只能大体上加以叙述。继承战争共有三次,其上限(发生年份)分别是:

第一次继承战争,发生于公元前321年或公元前320年;

第二次继承战争,发生于公元前317—前316年冬季,或公元前316—前315年冬季;

第三次继承战争,发生于公元前312年春季和夏季,或公元

---

① 参看陈恒:《希腊化研究》,商务印书馆,2006年,第36页;孙道天:《古希腊历史遗产》,上海辞书出版社,2004年,第272页。

② 参看惠特莱:"亚历山大的继承者",载赫克尔和特里特尔编:《亚历山大大帝:新历史》,维莱—布莱克维尔出版公司,英国西苏塞克斯,2009年,第54、66页。

前312年秋季,或公元前311年春季。①

第三次继承战争的下限(结束年份)至少有三种说法:

第一种说法:第三次继承战争结束于公元前312年秋季(加扎战役结束);

第二种说法:第三次继承战争结束于公元前311年春季(塞琉古返回巴比伦城);

第三种说法:第三次继承战争结束于公元前311年2月22日(托勒密控制腓尼基和巴勒斯坦之时)。②

无论采取哪一种有关继承战争的开始时间和结束时间的看法,可以认为继承战争大约持续了10—11年之久。③

继承战争结束后,基本上形成了五个分治区或总督区的格局。这五个分治区或总督区是:

1. 安提帕特管辖的地区

前面已经提到,安提帕特是菲利普二世的宿将,亚历山大东征时留守马其顿并负责监视希腊本土。亚历山大去世后,他平息了雅典和其他一些希腊城邦联合举兵反马其顿的战争,并在两位幼主(菲利普三世和亚历山大四世)共治期间担任摄政或监国之职。由于他年事已高,而且忠于菲利普二世,④所以亚历山大东征后曾想换掉他。亚历山大命令另一个将领克拉特罗斯

---

① 参看惠特莱:"亚历山大的继承者",载赫克尔和特里特尔编:《亚历山大大帝:新历史》,维莱—布莱克维尔出版公司,英国西苏塞克斯,2009年,第66—67页。
② 参看同上书,第67页。
③ 参看同上。
④ 参看陈恒:《希腊化研究》,商务印书馆,2006年,第36页。参看马哈菲:《希腊的生活和思想:从亚历山大时代到罗马的征服》,阿尔诺出版公司,纽约,1887年初版,1976年重印,第40页。

率领退伍还乡的10,000名马其顿士兵去替代安提帕特,但克拉特罗斯心存疑虑,不敢贸然行事,恰好在行军途中亚历山大去世了,安提帕特乘机拉拢他,给克拉特罗斯一个虚衔:"护国者",把他拉到自己这一边。这样,马其顿和希腊本土依旧由安提帕特统治。①

2. 安提柯管辖的地区

亚历山大在世时,安提柯是小亚细亚驻军的指挥官,主要驻守小亚细亚中部地区。他是公元前334年被亚历山大安排在这里的,并被任命为小亚细亚的弗里吉亚地区的总督。② 军政大权集于他一身,可见亚历山大对他是信任的。亚历山大去世后,巴比伦城的官员们尽管对安提柯不放心,但没有正当的理由把他调往别处,只得让他留任。③ 于是安提柯有实力成为亚历山大的继任者之一。

3. 塞琉古管辖的地区

塞琉古也是深受亚历山大信任的将领。亚历山大在世时,他驻防于两河流域、小亚细亚的一部分地区以及叙利亚,但长期驻于巴比伦城,担任马其顿中央政府的骑兵司令官。这个职务在亚历山大临朝时期十分重要,因为相当于国王的代表,但亚历山大去世后,可能只有纯军事性质了。④ 不管怎样,塞琉古担任的职务重要,又握有兵权,使他有条件分治一方。

---

① 参看欧林登:《希腊化世界史:公元前323—前30年》,布莱克维尔出版公司,牛津,2008年,第14—15页。
② 参看同上书,第14页。
③ 参看同上。
④ 参看同上书,第13—14页。

4. 托勒密管辖的地区

托勒密在亚历山大临朝时期奉命率军驻防于埃及和巴勒斯坦。亚历山大认为埃及和巴勒斯坦的地理位置十分重要,这是今后向西扩张的基地,又是粮仓,所以同时任命克列奥梅纳为主管地方行政的总督,作为自己的正式代表。① 尽管在埃及和巴勒斯坦,军权和地方行政管理权是分开的,但军权更为重要,而在亚历山大去世后,当地的实权就落到了托勒密一人手中。②

5. 莱西马库斯管辖的地区

在分治的各个将领中,莱西马库斯是实力最弱的一个。他驻防于色雷斯。这里需要指出,色雷斯未被列入希腊世界,那里居住的是色雷斯人,后者被希腊人视为未开化或半开化的部落,较早就被菲利普二世占领。亚历山大死后,莱西马库斯就把色雷斯及其附近海峡地区作为自己的管理范围,独立行事。但由于他的实力较差,所以总是同这个或另一个分治一方的将领合作,避免被兼并。③

以上就是五个分治区的基本情况。关于莱西马库斯,还有三个由他分治的地方需要提到。一是赫拉克利亚,二是帕加马,三是本都。

赫拉克利亚原是一个独立的希腊移民城邦,位于黑海南岸,亚历山大东征时予以特殊照顾,让它保留自治权。关于这一点,

---

① 参看欧林登:《希腊化世界史:公元前323—前30年》,布莱克维尔出版公司,牛津,2008年,第13页。
② 参看同上。
③ 参看同上书,第29、39页。

本章第一节已经有所阐述。① 从公元前323年亚历山大去世到公元前305年这18年间,赫拉克利亚一直保持安定和繁荣的局面,它同爱琴海沿岸城市之间的商业往来持续进行。② 公元前305年,赫拉克利亚掌权者狄奥尼修斯国王(公元前337—前305年)去世了。而这时,亚历山大死后的分治格局已经形成。莱西马库斯看中了赫拉克利亚,他乘狄奥尼修斯去世和国内形势混乱之机,进兵安那托利亚西北部,直逼赫拉克利亚边境。在这种形势下,狄奥尼修斯的遗孀阿玛斯特里斯王后同莱西马库斯结婚并结成同盟,莱西马库斯认为这将有利于自己控制博斯普鲁斯海峡,于是派兵进驻赫拉克利亚。③ 赫拉克利亚因此也避免了战乱,继续保持境内安定。公元前300年,阿玛斯特里斯与狄奥尼修斯所生的长子克利尔库斯已成年,掌握了赫拉克利亚大权,但在其母的影响下,此后17年内赫拉克利亚依旧经济繁荣。④ 公元前284年,阿玛斯特里斯去世,谣传她被儿子谋杀,赫拉克利亚内部不稳。尽管在这以前莱西马库斯已同阿玛斯特里斯离异,但他不愿放弃这个吞并赫拉克利亚的机会。于是他以帮助克利尔库斯镇压反对派为名,率领军队开进赫拉克利亚。然后,莱西马库斯再以谋杀罪把克利尔库斯及其亲信逮捕,审判后定罪处死。至此,赫拉克利亚并入莱西马库斯的领地。

---

① 参看欧林登:《希腊化世界史:公元前323—前30年》,布莱克维尔出版公司,牛津,2008年,第929—932页。
② 参看伯尔斯坦:《希腊文化的前哨:黑海岸边赫拉克利亚的兴起》,加利福尼亚大学出版社,1976年,第78页。
③ 参看同上书,第81页。
④ 参看同上书,第84页。

莱西马库斯长期以来同塞琉古保持良好的关系,双方相互支持,以色雷斯为基地的莱西马库斯才能在小亚细亚西部站稳脚跟。但不久他同塞琉古之间的关系恶化了,这主要由于莱西马库斯竭力在小亚细亚扩张,并掠夺到较多的财富、宝藏,①塞琉古认为这损害了自己的利益,于是双方发生战争,公元前281年,莱西马库斯在赫尔斯滂战争中丧命。② 他死后,其侄子欧迈尼斯在小亚细亚西部成立了一个独立的希腊人国家,这就是帕加马王国。关于帕加马,本书第十二章另有阐述。③

在小亚细亚卡帕多西亚,大约于公元前301年前后,在分治争夺地盘的战争中,崛起了一个小国,这就是本都。公元前281年,米特里达特一世在本都称王。它最强的时候,征服了小亚细亚西部和中部的大片地区,还占领了黑海的北岸。这些地方过去是受莱西马库斯影响的,莱西马库斯兵败身亡后,他的侄子欧迈尼斯只继承了一小块领土,建立了帕加马王国,而小亚细亚大部分领土则陆续成了本都的管辖地区。本都的强盛成为正在扩张中的罗马的威胁。在罗马的进攻下,本都被灭,其领土并入罗马的加拉太—卡帕多西亚行省。

现在,可以对亚历山大死后陆续形成了五个分治区做一小结。五个分治区中,莱西马库斯所管辖的地区的演变,已如上述。接下来,让我们对另外四个分治区的变化做一说明。

---

① 参看舍拉梯:"希腊化世界和罗马共和国时代的战争和国家",载萨宾、威斯、维持比编:《剑桥希腊罗马战争史》第1卷《希腊、希腊化世界和罗马的兴起》,剑桥大学出版社,2007年,第468页。

② 参看马哈菲:《希腊的生活和思想:从亚历山大时代到罗马的征服》,阿尔诺出版公司,纽约,1887年初版,1976年重印,第36—37页。

③ 参看本书,第827页。

四、安提柯、塞琉古、托勒密三个王朝的建立

首先要从安提帕特谈起。安提帕特于公元前319年去世。他所管辖的分治区由其子卡桑德同安提帕特的部属争夺统治权。据说,卡桑德在这以前从未显示过他有统治整个帝国的野心,在他父亲去世前他已取得了马其顿驻希腊的卫戍部队的指挥权,从而在其父死后坚持自己有继承其父地位的权利。① 毕竟安提帕特担任实际上马其顿领导人一职已有15年之久(从公元前334—前319年),所以卡桑德受到一部分马其顿军官的拥护。加之,卡桑德又同安提柯、托勒密等将领往来密切,他还娶了托勒密的姐妹为妻,他在马其顿的地位似乎更巩固了。这时,由于安提柯一心想同塞琉古争夺小亚细亚和西亚的霸权,而托勒密的心思全放在埃及,无暇北顾,于是卡桑德就能够专门对付同他争夺安提帕特权位的各个部属。②

在马其顿,亚历山大同父异母弟这时已被捧上国王位置,称菲利普三世。卡桑德立即移师北上马其顿,受到马其顿人欢迎,并控制了菲利普三世。而安提帕特的部将波利帕奇翁则把马其顿另一位国王即亚历山大遗腹子亚历山大四世及其母罗克姗娜带到了伯罗奔尼撒半岛,另立王旗。亚历山大之母奥林匹亚斯站在其孙子亚历山大四世一边。于是交战双方阵线分明:一方是亚历山大四世,背后是波利帕奇翁;另一方是菲利普三世,背

---

① 参看格兰格尔:《亚历山大大帝的失败:马其顿帝国的瓦解》,汉勒尔顿丛书出版中心,伦敦,2007年,第103—104页。
② 参看同上书,第104—105页。

后是卡桑德。① 年老的奥林匹亚斯本来是不愿意看到这场战争的,但她已身不由己,卷入战争之中。战争的结果是:菲利普三世于公元前317年被杀害,亚历山大四世于公元前310年被杀害(时年13岁),亚历山大之母奥林匹亚斯被卡桑德处死,波斯公主罗克姗娜(亚历山大遗腹子亚历山大四世之母)也被杀害了。"亚历山大的亲戚中没有一个人有机会掌握统治大权"②,亚历山大的母亲、妻子、儿子和同父异母弟弟相继被害身亡。卡桑德登上了马其顿国王的宝座。

卡桑德及其家族的命运又如何呢? 同样是不幸的。

安提柯作为分治者之一,领兵驻守于小亚细亚。他的野心很大,一方面想西进,攻占马其顿,再控制希腊本土,另一方面又想夺取两河流域,同塞琉古共享两河流域的利益。结果,塞琉古和托勒密联合起来,在公元前301年的伊普索战役中将安提柯击败,安提柯被杀,年已81岁(公元前382—前301年)。③ 塞琉古从安提柯手中夺取了后者所占据的小亚细亚地区。④ 安提柯之子德米特里自知不敌塞琉古的军队,乘着伊普索战役后塞琉古同托勒密为瓜分战果而争吵不休的机会,率领余部西进,也算是继承了其父安提柯的遗愿。⑤ 卡桑德受到进攻,赶快向莱西

---

① 参看格兰格尔:《亚历山大大帝的失败:马其顿帝国的瓦解》,汉勒尔顿丛书出版中心,伦敦,2007年,第106—107页。

② 阿克罗伊德:《古代希腊》,冷杉、冷枞译,三联书店,2007年,第123页。

③ 参看哈丁编译:《从伯罗奔尼撒战争结束到伊普索战役》,剑桥大学出版社,1985年,第176页。

④ 参看马哈菲:《希腊的生活和思想:从亚历山大时代到罗马的征服》,阿尔诺出版公司,纽约,1887年初版,1976年重印,第41页。

⑤ 参看科克、阿德柯克、查尔斯渥斯编:《剑桥古代史》第7卷《希腊化的君主国和罗马的兴起》,剑桥大学出版社,1928年,第76页。

马库斯和塞琉古求助,三方联手终于逼使德米特里暂时无法直接进攻马其顿。但德米特里仍然在希腊境内扩大自己的势力。①

公元前297年,卡桑德突然病故,其长子菲利普继位,四个月后也死去。马其顿留下"权力真空"。卡桑德还有两个儿子,但都无法填补空缺的王位,因为卡桑德的遗孀偏向于幼子亚历山德罗斯,中子安提帕特罗斯谋杀了其母,弟兄之间发生了内战。这两人年轻,毫无政治经验,德米特里便利用这一混乱状态,以"恢复民主"和"解放希腊人"为号召,进攻马其顿,一年后马其顿落入德米特里手中。② 安提帕特和其子卡桑德统治马其顿的时代结束了。

这样,争雄的分治区还剩下三个,即托勒密的分治区、塞琉古的分治区以及安提柯之子德米特里的分治区。这三个分治区中,最早建立国家和独立称王并建立王朝的是托勒密和塞琉古。他们分别于公元前4世纪末建立托勒密王朝和塞琉古王朝。托勒密是托勒密王朝的建立者,自称托勒密一世。塞琉古王朝的建立者是塞琉古,他自称塞琉古一世。

那么,安提柯王朝是什么时候建立的呢?前面已经指出,公元前302—前301年,塞琉古和托勒密联合起来同安提柯作战,在伊普索战役中将安提柯击败,安提柯身亡,其子德米特里西进

---

① 参看格兰格尔:《亚历山大大帝的失败:马其顿帝国的瓦解》,汉勒尔顿丛书出版中心,伦敦,2007年,第132—133页。

② 参看欧林登:《希腊化世界史:公元前323—前30年》,布莱克维尔出版公司,牛津,2008年,第53—54页。

马其顿和希腊本土。① 因此,伊普索战役被看成是亚历山大继承者争夺权位的战争中一次关键性的战役,决定了托勒密、塞琉古、安提柯三个王朝并立格局的形成。② 但争夺马其顿的战争仍在继续,托勒密和塞琉古不甘心马其顿落到德米特里手中。公元前288年,德米特里被迫撤出马其顿。

德米特里自知实力不如托勒密和塞琉古,决心利用希腊本土重整军备,于是大规模地建造舰船,以加强海上力量。③ 他还在雅典、科林斯等地建立了大型造船厂,打算造船500艘,这样将来才能在爱琴海争霸。④ 公元前282年,德米特里去世,但他为未来的安提柯王朝打下了较扎实的基础。德米特里的儿子安提柯·贡那特执掌大权。公元前276年,安提柯·贡那特出兵占领了马其顿,建都塔拉城,自任马其顿国王。⑤ 安提柯王朝由此建立,安提柯·贡那特称安提柯二世,其祖父安提柯则被称为安提柯一世。

至此,在亚历山大建立的马其顿帝国的广阔疆土上最终形成了三个独立的希腊化国家,或者说,产生了三个希腊化王朝:托勒密王朝、塞琉古王朝和安提柯王朝。这些希腊化国家或希腊化王朝的最大特点是什么?就是希腊化。不仅它们全都使用

---

① 参看本书,第636—637页。
② 参看斯塔尔:"希腊化文化",载斯特兰编:《古代希腊的贡献》,浩特、莱恩哈特和温斯顿出版公司,纽约,1971年,第265页。
③ 参看舒扎:"希腊化世界和罗马共和国时代的军事力量:海军",载萨宾、威斯、维特比编:《剑桥希腊罗马战争史》第1卷《希腊、希腊化世界和罗马的兴起》,剑桥大学出版社,2007年,第362页。
④ 参看同上。
⑤ 参看欧林登:《希腊化世界史:公元前323—前30年》,布莱克维尔出版公司,牛津,2008年,第79页。

第十章 马其顿帝国的急剧扩张和迅速崩溃

希腊语,接受希腊文化,而且它们全都认为马其顿是它们的发源地。"在希腊化国家的君主和他们的上层军人与官员之间的关系中,一般马其顿人的认同感和继承感可能也成为影响他们的因素。他们全都追溯到菲利普二世、亚历山大大帝和亚历山大继承者们的光荣年代,并且足以表明他们的财富作为马其顿人伟大的两代遗产而具有正当性。"[1]这三个王朝之间虽然战争时有发生,但联姻也是不断的。这种联姻的过程,"意味着在希腊化时代的中期,这些王朝甚至能在一定程度上引以自豪"[2],因为他们全都自认为来自"相同的皇家和英雄的祖先"[3]。他们之所以会落到如今这样的三个国家或三个王朝并立的局面,正是由于亚历山大与手下将领互不信任以及将领之间互不信任所致。[4] 这正是悲剧的根源。

三个王朝各自控制一块地盘,各自与当地的文化交融,各自有本地区的特点。而从社会的角度分析,三个王朝仍存在着社会的融合,而且融合的形式是不一样的。[5] 从个人的层次来看,一方面出现了个人地位远较过去增加的流动性,公民活动边界的可渗透性也扩大了。[6] 这种融合还表现于许多方面,例如,一

---

[1] 参看比罗斯:"希腊化世界和罗马共和国时代的国际关系",载萨宾、威斯、维特比编:《剑桥希腊罗马战争史》第1卷《希腊、希腊化世界和罗马的兴起》,剑桥大学出版社,2007年,第304页。

[2] 参看同上书,第305页。

[3] 参看同上。

[4] 参看赫克尔:"不信任的政治:亚历山大和他的后继者们",载奥格登编:《希腊化世界:新观察》,威尔斯古典出版社和杜克渥斯出版公司,伦敦,2002年,第92页。

[5] 参看戴维斯:"希腊化主权国家的相互渗透关系",载奥格登编:《希腊化世界:新观察》,威尔斯古典出版社和杜克渥斯出版公司,伦敦,2002年,第8页。

[6] 参看同上。

个公民可以有双重公民身份,可以购买公民身份,可以被授予荣誉公民权,还有,限制性的公民权继承制瓦解了,等等。①

这就是希腊化世界的特色。

五、马其顿帝国迅速崩溃的原因

希克斯在所著《经济史理论》一书中,对马其顿帝国迅速崩溃一事进行了分析。他指出,在专制君主制之下,"危急时共同体实际上已成为一支军队;然而时机一旦来临,就必须把军队改造成为国民政府的工具。许多事例证实,这是一个非常困难的阶段;帝国可能不批准它,以致中央政府……只得解散"②。希克斯认为,"一个明显的例子是亚历山大死后马其顿帝国的崩溃"③。这一分析是可信的。

亚历山大只活了33岁,从20岁即位到33岁去世,13年间他建立了一个东起印度河流域、西到意大利半岛南部和西西里岛的庞大帝国。但亚历山大一死,这个大帝国怎么一下子就瓦解了呢? 不能归因于亚历山大的希腊化政策,也不能归因于他的东方化倾向。希腊化和东方化都不是导致马其顿帝国迅速崩溃的原因。

要知道,所谓希腊化实际上包括了两方面的内容。一个内容是,把希腊城邦一贯奉行的民主和宪制推广于希腊以外的地区。也就是说,不管希腊城邦实行的贵族寡头政体还是民主政

---

① 参看戴维斯:"希腊化主权国家的相互渗透关系",载奥格登编:《希腊化世界:新观察》,威尔斯古典出版社和杜克渥斯出版公司,伦敦,2002年,第8—9页。
② 希克斯:《经济史理论》,厉以平译,商务印书馆,1987年,第16—17页。
③ 参看同上书,第17页注。

治,不管是国王体制还是平民和贵族通过选举而执政的体制,全都应当根据法律、惯例和程序,"僭主政治"不管治理得多么好,总是被当作异类,迟早要被赶下台。另一个内容,是把希腊文化传播和推广于希腊以外的地区。也就是说,在希腊以外的地区,推行希腊语,推行希腊式的城市建设,使希腊人的宗教信仰、生活方式、思维方式,甚至人们交往的方式传播开来。两方面的内容结合在一起,这才叫真正的希腊化。

但是,亚历山大东征以后在所征服的西亚、北非土地上所推行的希腊化仅仅是第二方面的内容。亚历山大对于被他从波斯帝国统治下解救出来的小亚细亚希腊移民城市,虽然保留了它们的自治地位,但却以服从亚历山大为前提,实际上这些希腊移民城市的自治权是有限的。亚历山大在东征途中所兴建的新城市,尽管从城市的建筑风格和公共设施方面看是希腊式的,但这只是外形而已。希腊城邦的体制并没有被引入西亚和北非。

由此看来,马其顿帝国的迅速崩溃,同亚历山大的希腊化政策并没有多大的关系。

至于东方化,可以说,亚历山大在占领巴比伦城和由此再向伊朗高原挺进的过程中,东方政治体制和东方文化对他的影响的确越来越大,所以说他有东方化的倾向,符合实际情况。何况,亚历山大的根基在马其顿,马其顿的国王专制和中央集权体制,使他有可能对东方政治体制并不陌生,对东方文化也比较容易接受。为了巩固自己在西亚和北非的统治,亚历山大越来越倾向于把自己扮演为神、神的化身和神的儿子,并要求别人崇拜他,这表明他的东方化倾向已经同政治利益结合在一起了。然而,这也不能解释马其顿帝国会在他去世之后很快就解体了。

这是因为，东方化的专制国家并不是没有巩固自己的手段的。波斯帝国几度兴衰，维持了300年以上，如果不是遭到亚历山大强大军队的快速进攻和追击，波斯帝国阿黑门尼德王朝还是会延续下去的。

亚历山大的马其顿帝国迅速崩溃可能另有深层次的原因。亚历山大统治区的周围没有强大得足以一下子灭掉马其顿帝国的对手，在亚历山大所征服的土地上并未发生大规模的奴隶暴动、农民起义或土著居民的叛乱，马其顿王族内部也没有出现有实力能同亚历山大抗衡或夺取王位的兄弟、叔伯、子侄。那么，亚历山大一死，马其顿帝国迅速崩溃的原因究竟何在？关键可能在于：亚历山大渡过海峡进入小亚细亚之后，一心想早日消灭波斯帝国，行军的速度快，战果也很辉煌，一直打到印度河流域，而没有认真思考过被征服地区的治理问题。这是一个单纯靠军事征服方式，硬把不同国家、不同民族、不同体制、不同文化的居民统一在一起，却没有一套有效的行政管理制度与之配合的帝国。实际上，亚历山大的马其顿帝国只是一个中央集权的军事集团组织而已。亚历山大所依靠的只是跟随他出征或奉命留守的高级将领们，但这些高级将领只知道领兵打仗，也都没有治理庞大的被征服地区的思想准备和长期规划。他们甚至不想考虑这些问题，因为他们知道亚历山大对他们是不放心的，多思考这些问题，反会引起亚历山大的猜忌，对自己有什么好处？他们服从亚历山大，效忠于他，一切奉命办事，才能继续得到亚历山大的信任和重用。而亚历山大死得太突然，在33岁这个正是年轻有为的青壮年时期就过世了，他本人既没有考虑谁来接班，更没有考虑自己离开人世后如何治理这块新征服的土地，实现长治久安。这样一个中央集权的军事集团组织在失去最高统帅而又缺乏一套有效的维护统治的制度和策略的情况下,不分裂分治是不可能的。

亚历山大不是欢迎希腊人随着东征的大军一起来到被征服的土地上么？从实际情况看,的确有大量希腊商人、希腊手工业者、希腊居民来到了西亚、北非,他们在那里住了下来,尤其是在新建的希腊式城市中定居了。他们对发展商业和手工业是有帮助的,他们也把希腊人的观念、宗教信仰和生活方式带到了那里,有些希腊人还担任了行政管理人员。但他们没有进入高层领导队伍。高层军政领导仍是马其顿人。也许两代、三代以后,他们的后裔可能成为治理这块土地的有决策能力的人才,但那是好几十年以后的事情,无补于亚历山大去世后马其顿帝国的迅速解体。

希腊人也有在亚历山大军队中当兵的。其中不少是雇佣兵。但亚历山大越来越不相信希腊士兵,包括雇佣兵。雇佣兵只是为了获取薪酬而当兵,只相信招募他们的雇佣兵头目。亚历山大知道利用他们,但不相信他们。亚历山大深信,"相互倾轧、纪律涣散的希腊人是靠不住的"[1]。他决定把波斯青年吸收到自己的军队中来,用他们替换希腊士兵,"让希腊士兵回家,首先遣返的是伤兵。看来,亚历山大已经决定依靠波斯人而不是希腊人"[2]。亚历山大高高在上,他起用波斯士兵,波斯士兵却只服从具体指挥他们的军官,而不管军官是马其顿人、希腊人

---

[1] 汉密尔顿:《希腊的回声》,曹博译,华夏出版社,2008年,第104页。
[2] 同上。

还是波斯人。亚历山大离波斯士兵太远了,波斯士兵只知道亚历山大伟大,但并不从内心拥护他。所以亚历山大一死,他们就服服帖帖地听命于各自的将军了。而被遣送回乡的希腊士兵(包括雇佣兵,也包括希腊军官),心情是复杂的。能够返回希腊本土,免得战死异乡,这是一件好事;遣返时能得一笔安抚费,生活上还算过得去,这也是一件好事;然而较多的被遣返的希腊军官和士兵却对亚历山大不满,认为亚历山大亏待了他们,断送他们的军事前程。① 亚历山大在世时,他们的这种情绪没有表现出来,亚历山大去世的消息传到希腊本土后,他们就把这种反对马其顿和反对亚历山大的情绪表露出来了。其中不少人为亚历山大之死而欢呼,一部分人参加了希腊人反对马其顿的起义。② 当然,留守马其顿和希腊本土的马其顿兵力仍然强大,在安提帕特统领下,马其顿军各个击破了起义的希腊人。③

至于亚历山大生前没有指定接班人这一点,固然也是马其顿帝国迅速崩溃的原因之一,但相对于亚历山大没有为马其顿帝国设置一套有效的行政管理制度而言,则次要得多。在当时,即使亚历山大指定了自己的接班人,军权在握并领兵驻守一方的马其顿将领们能认同并效忠亚历山大指定的接班人吗?即使他们不公开树起独立的旗帜,但割据和混乱的形势能避免吗?可见,制度建设比指定接班人要重要得多。一个缺少制度建设

---

① 参看特里特尔:"亚历山大和希腊人:艺术家和士兵,朋友和敌人",载赫克尔和特里特尔编:《亚历山大大帝:新历史》,维莱—布莱克维尔出版公司,英国西苏塞克斯,2009年,第129—130页。

② 参看同上。

③ 参看同上书,第139页。

的国家不可能不出现领导人死后的无序状态。

六、对亚历山大的评价

对亚历山大的评价,必须根据亚历山大在世界历史进程中所起的作用来分析。历史学家常以"征服者"称号来评论他,但这并不能作为评论亚历山大的作用的主要根据,因为他建立的马其顿帝国的时间太短了。不管怎样,"亚历山大的征服是古代史上最重大的转折点之一"①。这一评论是中肯的。不妨从以下五个方面来加以阐释。

第一,希腊本土自公元前4世纪中叶起已经陷入城邦制度危机和社会危机相交织的困境。希腊人普遍茫茫然不知所措,更不知道前途是什么,出路何在。正是这个时候,亚历山大继承了他父亲菲利普二世的位置,拓展了马其顿的疆土,灭掉了希腊的宿敌——波斯帝国,为希腊人向西亚、北非的移民和经商活动打开了通道。

即使在希腊本土,菲利普二世南下之前的数百年内一直小邦林立,各自为政,城邦与城邦之间时有冲突,严重时互为敌国,兵戎相见。除了商人为了获利而在城邦之间贩运货物而外,普通的希腊人不可能到其他城邦自由旅行和度假休闲,希腊实际上是十分闭塞的。② 自从亚历山大继位并对西亚、北非进行扩张之后,希腊人无论在本土还是在亚历山大新征服的地区,活动

---

① 斯塔尔:"希腊化文化",载斯特兰编:《古代希腊的贡献》,浩特、莱恩哈特和温斯顿出版公司,纽约,1971年,第271页。
② 参看马哈菲:《希腊的生活和思想:从亚历山大时代到罗马的征服》,阿尔诺出版公司,纽约,1887年初版,1976年重印,第102页。

范围大为拓展,他们的眼界也开阔多了,他们谋生、发财和施展一技之长的机会也增多了。亚历山大使得希腊已存在多年的闭塞年代一去不复返。①

从上述情况看,无论是亲马其顿派还是反马其顿派,都从亚历山大的事业中受到启示,一扫公元前4世纪中叶那种迷漫于希腊社会的困惑情绪。

亲马其顿派认为,亚历山大总的说来没有辜负希腊人对他的厚望,希腊人被他从困惑中引领出来,活跃在前波斯帝国的土地上,而且商业往来使希腊的社会危机有所缓解。社会秩序从无序转向有序;即使是专制的政府,也比无政府好。随意抄家,随意放逐和逮捕,随意瓜分私人财产,以及随意杀戮等平民极端派的行为消失了,不再像公元前4世纪中叶那样到处横行无阻了。

而反马其顿派则认为,希腊城邦之所以能长期立足,全在于希腊的民主和宪制理念深入人心,并在历史实践中接受了检验;亚历山大不管东征取得了多大战果,都不能被看成是希腊文化的胜利、希腊精神的胜利,因为马其顿的统治恰恰是违反希腊的民主和宪制理念的。马其顿帝国迅速崩溃这一事实,证实了当初反马其顿派对专制主义的谴责是有先见之明的,这也证实了希腊民主制度的正确性和生命力。反马其顿派由此得到鼓舞,决心继续为捍卫希腊式民主原则和希腊精神而努力。

第二,亚历山大在建立庞大的马其顿帝国的过程中,促进了

---

① 参看马哈菲:《希腊的生活和思想:从亚历山大时代到罗马的征服》,阿尔诺出版公司,纽约,1887年初版,1976年重印,第103—104页。

希腊文化的推广,也促进了东方和西方文化的交流。除了希腊商人和希腊移民陆续涌入西亚、北非等地而外,随着亚历山大东进的,还有一批随军的文化人,包括画家、乐师、诗人、演员、魔术师、剧作家和运动员,他们是作为亚历山大的朋友或客人来到西亚、北非的。① 这些人来自希腊境内各个城邦,也有来自西西里岛上和意大利半岛南部的希腊移民城邦,他们总人数约为数千人。② 他们参加各种庆典活动,包括公元前324年在苏撒举行的马其顿—希腊人同本地女子的盛大婚礼,他们各自显示才能。③ 这样也就把希腊文化传播到波斯帝国曾经统治过的土地上。亚历山大死后,这些随军而来的文化人中,有些返回希腊本土,有些则留在东方。

尽管亚历山大死后马其顿帝国迅速崩溃,但随之在西亚兴起的塞琉古王朝和在埃及兴起的托勒密王朝,在公元前3世纪以后的长时间内一直是希腊化世界的繁荣地带,是希腊化文化的中心,说得更确切些,"所谓希腊化文化,是东西方历史在这一时代相互汇合下的文化"④。没有亚历山大,就不可能形成希腊化文化和希腊化世界。

最重要的是,"因亚历山大的武功而被希腊化了的东方,对

---

① 参看特里特尔:"亚历山大和希腊人:艺术家和士兵,朋友和敌人",载赫克尔和特里特尔编:《亚历山大大帝:新历史》,维莱—布莱克维尔出版公司,英国西苏塞克斯,2009年,第122—123页。
② 参看同上书,第123—126页,129页。
③ 参看同上书,第123、126、127页。
④ 吴于廑:"东西历史汇合下的希腊化文化",载吴于廑:《古代的希腊和罗马》,附录,三联书店,2008年,第175页。

希腊精神发生新的影响"①。这里所说的"对希腊精神发生新的影响",主要不是指亚历山大吸收了东方文化中专制主义的内容,也不是指亚历山大采纳了东方惯有的对帝王崇拜的传统,而是指:"从东方供给它的神话的表现以及纯粹实用或纯粹魔术的实践的混乱的一堆中,希腊的天才往日曾引申出科学和哲学的理性作品。"②希腊精神由此增添了新的成分。此后,"依旧是东方思想那种跳跃不定的火焰,点燃了它最后的光辉"③。

第三,从经济方面看,亚历山大对西亚、北非大片地区的征服为希腊经济的恢复以及西亚、北非经济的进一步繁荣增添了活力。在菲利普二世南下和亚历山大继位前后,希腊各个城邦实际上处于经济衰微状态,城乡经济都凋敝不堪。④ 在这些城邦,由于社会矛盾尖锐,境内动荡不安,财富集中在少数人手中,希腊手工业品无论在国内市场上还是在国外市场上,销路已日益萎缩。⑤ 而希腊人口过剩现象的不断加剧、手工业生产的逐年下降以及商业活动的相应衰退,使希腊的政治、经济、社会危机也更加突出了。⑥ 这实际上是一个恶性循环:经济越是停滞、衰退,社会问题就越严重;而社会问题越严重,工商业生产环境就越糟,有钱人纷纷逃离城邦,经济也就更加衰退了。

出路何在?希腊人自己几乎找不到摆脱困境之路。他们只

---

① 罗斑:《希腊思想和科学精神的起源》(节选),陈修斋译,载葛雷、齐彦芬编:《西方文化概论》,中国文化书院,1987年,第234页。
② 同上书,第235页。
③ 同上。
④ 参看罗斯托夫采夫:《希腊化世界社会经济史》第2卷,克莱伦顿出版公司,牛津,1941年,第1026页。
⑤ 参看同上。
⑥ 参看同上。

能从更换城邦领导人和重组政府方面着手,但这依然未能恢复社会秩序和振兴经济。在这种困难形势下,亚历山大东征为希腊人指明了出路,不管希腊人愿意不愿意,希腊商品的新市场毕竟打开了,希腊的对外移民也就有了发财致富和安居的绝好机会。总之,亚历山大的征服活动帮助了希腊经济的恢复,并且引导希腊人进入一个发展商业活动和振兴经济的新时期。①

虽然亚历山大过早去世和亚历山大死后发生了亚历山大手下将领们争夺继承者地位的长期战争,打乱了希腊经济的复兴行动,但在托勒密王朝、塞琉古王朝、安提柯王朝相继建立后,三家分治的大局稳定下来了,希腊人继续在希腊化世界中找到新的发展空间。②

在讨论亚历山大东征对希腊经济的影响时,也不应该忽略下述事实,即波斯帝国大量金银财宝落入亚历山大手中之后,亚历山大把其中一部分投入市场,而从亚洲回到马其顿和希腊后,又把他们带来的金银(一部分作为战利品带回,另一部分作为奖赏或安抚费带回)陆续投入市场,于是市场上的金银数量一下子增加了很多,就如同16—17世纪西班牙把在美洲掠夺到的金银运回欧洲,造成"价格革命",引起欧洲市场上的物价急剧上升一样,这也使得马其顿、希腊和亚历山大新征服的地区的物价大幅度上涨。③ 普通的希腊人在大掠夺中并没有得到什么好

---

① 参看罗斯托夫采夫:《希腊化世界社会经济史》第2卷,克莱伦顿出版公司,牛津,1941年,第1026页。

② 参看同上书,第1026—1027页。

③ 参看马哈菲:《希腊的生活和思想:从亚历山大时代到罗马的征服》,阿尔诺出版公司,纽约,1887年初版,1976年重印,第105页。

处,但纷纷成为物价上涨的受害者。① 他们抱怨不已,这是可以理解的。②

第四,亚历山大在占领西亚、北非并且从印度河返回定居于巴比伦城之后,他不仅传播了希腊文化,而且他本人以及他的将军们都在不同程度上受到了东方文化的影响或接受了东方文化。从政治理念上说,希腊人同东方国家的君主与臣民是很不一样的。正如前面一再指出的,希腊人从城邦制度建立后,民主和宪制深入人心,连斯巴达都不例外,更不必说雅典等城邦了。在普通希腊人心中,领袖无非是公民中的一员,甚至神和人也没有什么不同,神虽然众多,但神和人却是相通的。领袖不是神,也不是神的化身或神的儿子。自从亚历山大征服东方以后,希腊人被带进了希腊化时期。在此后所建立的希腊化王国内,希腊的城邦在王权面前已算不了什么:"城邦已不重要,它不再激起那种坚信它能够满足公民们需要的理念:在那些人类的救世主和大恩人、即希腊化王国的统治者面前,城邦的保护神显得苍白无力,只有王国的统治者能够毫无疑问地拯救和帮助他们的朋友"③。这正是东方的观念,因为在东方,君主被尊为神或神的化身,高高在上,神的旨意是通过君主而传达给人间的。

这意味着,尽管亚历山大灭掉了波斯帝国,推翻了西亚当地

---

① 参看马哈菲:《希腊的生活和思想:从亚历山大时代到罗马的征服》,阿尔诺出版公司,纽约,1887年初版,1976年重印,第4—5页。

② 在需求拉动型通货膨胀中,主要是投资需求拉动的通货膨胀,或者是投资需求、消费需求混合拉动的通货膨胀,纯粹消费需求的通货膨胀在历史上并不多见。在西方经济史上,亚历山大大帝死后在希腊化世界发生的通货膨胀,就是纯粹消费需求拉动的通货膨胀之一例,物价大幅上涨的时间,长达100年之久。16—17世纪的西欧"价格革命",又是一例,时间竟长达200年以上。

③ 贝恩斯:《希腊化文明和东罗马》,牛津大学出版社,1946年,第11页。

人原有的政治制度,使希腊文化扩大到近东一带,这是他的功绩,①但在亚历山大的统治下,东方化的要点全都体现在亚历山大的政策措施之中,即东方的上述政治理念制度化了。于是就逐渐形成了希腊化世界的专制政体,也就是实现了多少还带有部落制度传统的马其顿国王体制向东方专制政体的过渡。

亚历山大在巴比伦城定居后,东方化的影响越来越大,他成了一位保留了希腊文化教养的东方式的最高统治者。他为什么不想回到马其顿或希腊本土去看看?可能他太忙,也可能他更留恋东方。至少可以表明亚历山大变了:他已经不是刚渡过海峡进入小亚细亚时的亚历山大了。"亚历山大死的时候还是个青年,但不再是一个希腊青年,而是沉溺于穷奢极欲、腐败和恣睢暴戾中不可自拔的年轻人。"②他征服了波斯,但"被征服的波斯已然俘虏了征服她的人"③。

亚历山大的言行和神化自己的行为,影响了他手下的马其顿将领们。托勒密、塞琉古、安提柯之所以都把东方当作自己的新领地,愿意分治,在很大程度上是他们被东方肥沃富饶的土地所吸引的结果。他们热衷于在分治的土地上建立东方的专制体制,而不满足于他们的故乡马其顿王国的体制。他们和他们各自的继承者全都东方化了。安提柯的儿子德米特里和孙子安提柯·贡那特后来之所以率军返回马其顿和希腊本土,是在安提柯争夺两河流域的战争中兵败身亡并丢掉了小亚细亚的情形下

---

① 参看斯塔尔:"希腊化文化",载斯特兰编:《古代希腊的贡献》,浩特、莱恩哈特和温斯顿出版公司,纽约,1971年,第271页。
② 汉密尔顿:《希腊的回声》,曹博译,华夏出版社,2008年,第107页。
③ 同上。

不得已做出的选择。即使如此,安提柯王朝建立后依然念念不忘西亚肥沃的土地。

第五,亚历山大建立的庞大的马其顿帝国,尽管存在的时间很短,但却大大促进了东西方的经济文化交流。

从文化交流看,东方和西方人员接触的增加和交流的频繁,使得希腊人对印度的了解,特别是通过印度和中亚细亚对中国的了解,就是从这一时期开始的。① 希腊人对佛教的了解,以及佛教思想对希腊化时期希腊哲学的影响,也开始于亚历山大进军印度河流域以后。②

从经济交流看,东西方贸易的开展和双方产品的输入输出,虽然在波斯帝国时期就已存在,但亚历山大东征以后规模显著扩大了。特别是,西方同远东的商道的开辟,那是亚历山大东征以后的事情。③ 商路就是财源,商路开辟意味着财富的即将获得。有这样一种说法:"亚历山大大帝东征的动机一部分也是经济的,就是说,要打破波斯对西方商业的障碍,要消除欧洲和远东间的中间商人。"④亚历山大这方面是成功的。结果,"由于波斯的覆亡,希腊和叙利亚人获得了大利,同时,东方奢侈品的价格,在地中海区域城市的市场上也跌落了"⑤。

亚历山大死后,将领们的主要争夺地区就是西亚,不正是由

---

① 参看陈恒:《希腊化研究》,商务印书馆,2006年,第442、444页。
② 参看同上书,第447页。
③ 参看茹贲:《亚历山大大帝和希腊化世界》,英译本,道比译,阿里斯出版公司,芝加哥,1985年,第172—173页。
④ J. W.汤普逊:《中世纪经济社会史》上册,耿淡如译,商务印书馆,1984年,第27页。
⑤ 同上。

于这一带不仅土地肥沃,而且也是通向印度和远东的商路必经之道吗?财富和权力是不可分的,要征服他国,要扩大权力,必须先有财富,而东方就是巨大的财源。① 这就是古代的重商主义。这种古代的重商主义被认为可以同近代初期欧洲兴起的重商主义相比拟:"东方国家对希腊贸易的开放相当于美洲和印度的发现。"②

在这里还要指出,亚历山大东征和对西亚、北非的控制对于货币标准化所起的重要作用是不可忽视的。在亚历山大继位之前,在马其顿和希腊城邦通行着各种不同的货币,成色也不一;在亚历山大征服西亚、北非之前,在波斯帝国境内通行着不同年代、不同区域发行的货币,标准也不一样。这样,给商业和投资活动带来诸多不便。亚历山大很重视这个问题,他"是文明世界统一思想的主要的积极推动者。这一思想指引着他的货币政策。他打算在他的帝国内建立一种通货,这种通货因其丰富、可靠和成本低廉,并有一定政治措施的帮助,将结束此前盛行的货币混乱和无序状态"③。货币的标准化,正是亚历山大东征以后竭力想实现的结果之一。"亚历山大的努力取得了成功。他的货币压倒一切而成为帝国的通货。"④这就是当时的标准货币。亚历山大死后,他的后继者们效法他,在各自的国家中都铸造自

---

① J. W. 汤普逊:《中世纪经济社会史》上册,耿淡如译,商务印书馆,1984年,第173页。
② 茹贵:《亚历山大大帝和希腊化世界》,英译本,道比译,阿里斯出版公司,芝加哥,1985年,第173页。
③ 罗斯托夫采夫:《希腊化世界社会经济史》第2卷,克莱伦顿出版公司,牛津,1941年,第1291页。
④ 参看同上。

己的货币,供市场流通。① "这些钱币不论是在造型上还是在风格上都和亚历山大的钱币相似。事实上,塞琉古一世所铸造的钱币和亚历山大的钱币一模一样,只是王冠的名称改变了而已。"②

亚历山大铸造的标准货币是银币,"它起源于先前流行于地中海世界希腊语地区的阿提卡标准德拉克玛货币。结果,亚历山大币制在历史上成为流行最广泛,也最为人们乐意模仿的币制"③。亚历山大钱币可以肯定地说是一种通行的国际性货币。④ 这些结果都是亚历山大本人始料未及的。

七、一个时代的结束和另一个时代的开始

亚历山大给后人留下了什么?是盖世的军事征服?是扩大的疆土?是东方被征服地区新建的希腊式城市?也许可以这么说。但更准确地说,应当是希腊文化和东方文化融合后所产生的希腊化世界和希腊化文化。

亚历山大的去世,使一个时代结束了,又使另一个时代开始了。怎样理解"一个时代的结束"?所结束的是亚历山大作为征服者的时代。也就是说,马其顿扩张的时代结束了,亚历山大建立的马其顿帝国统治的时代结束了。怎样理解"另一个时代的开始"?所开始的是希腊文化和东方文化相融合,从而形成

---

① 罗斯托夫采夫:《希腊化世界社会经济史》第2卷,克莱伦顿出版公司,牛津,1941年,第1291页。
② 陈恒:《希腊化研究》,商务印书馆,2006年,第469页。
③ 参看同上书,第468页。
④ 参看同上书,第469页。

希腊化世界和希腊化文化的时代。也就是说,托勒密王朝、塞琉古王朝和安提柯王朝开始了,它们相继登上了历史舞台,各自为希腊化文化的发展做出了自己的贡献。

这一由亚历山大开创的希腊文化和东方文化相融合的时代,一直延续下来,"在这个希腊化世界内,如此众多的隔离墙倒塌了:这是一个广泛相互交流的时代"[1]。这显然要首先归功于亚历山大,因为正是亚历山大最早把地中海东部地区合并为一个单一的帝国。[2] 这个单一的帝国尽管存在的时间十分短暂,但亚历山大的后继者们把东西文化广泛交流的格局延续下去了。

再往后,罗马在灭掉安提柯王朝之后,又相继灭掉了塞琉古王朝和托勒密王朝。但罗马对希腊化世界的统治并没有改变希腊文化和东方文化继续交融的趋势。"重建随着亚历山大大帝被埋葬的单一帝国的任务交给了罗马。在罗马和平的极大权威之下,罗马道路把一个城市又一个城市、一个行省又一个行省捆绑在一起,使罗马世界在交流相互的日常生活中连成一片。"[3] 虽然罗马为了做到这一点,付出了巨大的代价,但无可否认,"这就是罗马对地中海整体主义所做的贡献"[4]。从这个意义上说,罗马才是亚历山大的继承者,罗马完成了亚历山大未能完成的事业。

再往后,罗马灭掉了托勒密王朝,结束了希腊化世界各个王

---

[1] 贝恩斯:《希腊化文明和东罗马》,牛津大学出版社,1946年,第18页。
[2] 参看同上。
[3] 参看同上书,第19页。
[4] 参看同上。

国独立的岁月,从亚历山大去世算起,大约过了300年。这300年间,亚历山大相对于热衷于东方化的塞琉古王朝和托勒密王朝来说,只不过是一个象征而已。① 尽管希腊化世界被统一于罗马之后,武功卓越的罗马皇帝图拉真在巴比伦祭奠了亚历山大大帝;图拉真还自觉地模仿亚历山大,也沿着幼发拉底河航行到海上,并声称他走得比那位马其顿国王更远;②但这一切只不过表明亚历山大依旧作为一种象征或符号留在马罗皇帝的心中,表明希腊文化和东方文化的融合依旧是罗马帝国的一个目标,至少罗马帝国东部是这样。

---

① 参看波斯渥斯:《征服和帝国:亚历山大大帝王朝》,剑桥大学出版社,1988年,第181页。
② 参看同上。

第十一章 安提柯王朝

第一节 安提柯王朝的政治体制

一、安提柯二世

上一章已经谈到,安提柯王朝是亚历山大的将领安提柯的孙子安提柯·贡那特于公元前276年建立的,又称马其顿王国,建都培拉城。安提柯·贡那特称安提柯二世。

安提柯二世的父亲是德米特里,母亲是安提帕特之女菲拉。由于安提帕特是菲利普二世的宿将,亚历山大东征时奉命留守马其顿,并负责监视希腊,所以安提帕特家族在马其顿和希腊一直拥有很大势力。① 现在,安提柯二世继承其父德米特里的权位,他作为安提帕特的外孙,对马其顿和希腊进行统治,是有合法依据的。这正是他所建立的安提柯王朝得以巩固下来的一个重要原因。②

然而,即使有这样的家族背景,又有德米特里麾下的精悍的

---

① 参看科克、阿德柯克、查尔斯渥斯编:《剑桥古代史》第7卷《希腊化的君主国和罗马的兴起》,剑桥大学出版社,1928年,第80、94页。
② 参看同上书,第93—95页。

军队作为实力基础,安提柯二世建立新王朝也不是一帆风顺的。这是因为,马其顿既然是菲利普二世和亚历山大的老家,亚历山大的将领们又都是从马其顿随着菲利普二世和亚历山大本人一路建立战功而提升上来的,加之,历来争夺马其顿王位又是那么激烈,所以安提柯要建立新王朝的困难不容低估。① 所有的亚历山大事业的继承者都看中马其顿,这里是他们共同的故土,他们都曾指出,要保证继承者在马其顿平稳交替,其办法就是老国王去世前就从诸子中指定并任命其中一人作为"共同执政者",让被选中的接班人获得信任并积累经验,使老国王能够放心,也使得每一个人能够适应未来的变化。② 德米特里正是这样把权力移交给自己的儿子安提柯·贡那特的。他希望安提柯·贡那特能够使家族的事业延续下去。③ 但安提柯·贡那特懂得,仅有父亲德米特里的信任还不够,更重要的是,马其顿和希腊这一大片土地经过多年的战乱已遭到严重破坏,人口不断外流到西亚和北非,兵源也已不足,打仗不得不依赖雇佣军,比如说依靠由希腊人和蛮族加拉太人组成的雇佣军。④ 他还必须建立新的政治体制,这一政治体制,既要体现马其顿王国国王专制的传统,又要考虑到希腊城邦的稳定对于安提柯王朝兴衰的重要性,即既要在一定程度上是官僚化的,又能在遭到入侵时让城市显

---

① 参看格兰格尔:《亚历山大大帝的失败:马其顿帝国的瓦解》,汉勃尔顿丛书出版中心,伦敦,2007年,第173页。
② 参看同上。
③ 参看同上。
④ 参看同上书,第179页。

示出自信力,并以此作为依托。①

因此,尽管德米特里为安提柯王朝的建立准备了很好的条件,但安提柯·贡那特建立新王朝并成为马其顿国王安提柯二世后,必须着手解决以下三个政治方面的迫切问题:

1. 巩固北部边境的安全,防止蛮族南侵;

2. 协调自己同希腊各个城邦之间的关系,使安提柯王朝得以在希腊人的支持下稳定和发展;

3. 处理好同塞琉古王朝和托勒密王朝的关系,这样才能保存安提柯王朝的国力,才能在爱琴海两岸立足,在爱琴海上保证商路的通畅。

安提柯二世是一个有作为的国王,通过他的努力,基本上做到了这些。

二、北部边境的安全

马其顿北部边境以外的巴尔干半岛北部地区和多瑙河流域,散居着日耳曼人和斯拉夫人的游牧部落。他们羡慕和嫉妒希腊本土的富庶,总想乘机南侵,马其顿处于这些游牧部落南侵希腊本土的必经之路上。何况,马其顿在富裕程度上虽然比不上希腊本土,但相对于巴尔干半岛北部地区和多瑙河流域而言,仍算是富庶的,所以也是蛮族游牧部落的劫掠对象。公元前4世纪后期,马其顿国王们就一再被北部游牧部落的侵袭所困扰。亚历山大继位后,先率师北上抗击蛮族,是有道理的。

---

① 参看格兰格尔:《亚历山大大帝的失败:马其顿帝国的瓦解》,汉勃尔顿丛书出版中心,伦敦,2007年,第173—174页。

公元前280年,正值德米特里死后的第三年,安提柯·贡那特已继位,马其顿和希腊本土遭到了来自意大利北部和巴尔干半岛北部的高卢人与其他游牧部落的侵袭,他们专为劫掠财物而来,见男人就杀,见妇女就奸淫,见财物就抢,见房屋就烧,抢了就跑,安提柯·贡那特为此十分头痛。这些侵袭之所以难以应付,很可能有希腊奸细引路。安提柯·贡那特用了很大精力,使用雇佣军的力量,才于公元前277年把高卢人和其他部落赶到小亚细亚,马其顿和希腊本土才安定下来。隔了一年,安提柯·贡那特才建立安提柯王朝。

北部边境的安全还包括对色雷斯人的安抚。色雷斯人是一个老问题了。色雷斯人居住的地区,既不属于马其顿王国,也不属于希腊本土。马其顿王国只是在自己势力强大时,让色雷斯人归顺,但并不把色雷斯划入王国领土。实际上,从马其顿建国到安提柯王朝建立,甚至直到罗马人征服希腊全境之时,色雷斯人一直没有真正服从过中央政权。这些部落居民,"在山区中过着野蛮的生活,并且是十分桀骜不驯的"[1]。他们不受节制,不服从军事征集,不愿奉命迁移到其他地方,而且反抗向他们征税。"他们手里有武器,有年轻力壮的战士,有不自由毋宁死的决心。"[2]他们的特长是外出当雇佣兵,亚历山大当初就用丰厚的薪酬和奖赏使他们成为一支善战的军队。安提柯王朝为了使北部边境安全,继续对色雷斯人采取安抚政策,而不干预他们的

---

[1] 塔西佗:《编年史》上册,王以铸、崔妙因译,商务印书馆,2002年,第237页。

[2] 同上。

内部事务。甚至后来罗马人也如此。①

三、协调与希腊城邦之间的关系

协调马其顿与希腊城邦之间的关系这个问题,最早是由安提柯二世之父德米特里提出来的。正如上一章所指出,伊普索之战中,德米特里之父安提柯兵败身亡,德米特里率领余部西进。他认识到今后在马其顿同希腊城邦之间的关系上,必须改变马其顿过去一贯的做法,应以友好态度对待希腊人,这样才能巩固自己的统治。② 如果缺少了希腊人的支持,马其顿自身的资源甚至人力资源都是不足的。③ 很可能是由于在菲利普二世和亚历山大临朝期间,马其顿就已经汲干了马其顿国内的人力,大批成年男性从此离开了故土就再也没有回来。④ 亚历山大的马其顿军队的一大部分在亚历山大死后从未复员回乡。⑤ 相反地,留在东方的马其顿军队有时还从马其顿补充新兵,他们又离开了马其顿;其中许多人以及他们在服役期间所生的孩子都作为移居者而留在东方。⑥ 这样,马其顿的人力就更为短缺了。到安提柯二世建立安提柯王朝时,或再过一段时间,距离亚历山

---

① 塔西佗:《编年史》上册,王以铸、崔妙因译,商务印书馆,2002年,第238—239页。
② 参看马哈菲:《希腊的生活和思想:从亚历山大时代到罗马的征服》,阿尔诺出版公司,纽约,1887年初版,1976年重印,第42—43页。
③ 参看波斯渥斯:《征服和帝国:亚历山大大帝王朝》,剑桥大学出版社,1988年,第117页。
④ 参看罗斯托夫采夫:《希腊化世界社会经济史》第2卷,克莱伦顿出版公司,牛津,1941年,第1136页。
⑤ 参看同上。
⑥ 参看同上。

大东征时已过去六七十年了,马其顿的人力可能渐渐恢复到亚历山大以前的水平,但仍然是经受不了战争的打击的。因此,安提柯二世一上台就把马其顿与希腊之间关系的调整放在重要的位置上。

安提柯二世处理马其顿与希腊之间关系的基本思路是:允许希腊城邦自治,只要它们不采取公开反叛的行动,就不干预城邦的自主权,社会矛盾由城邦自己按照根据程序和规则制定的法律处理,即使社会上和学术界有反马其顿的言论,也听之任之,不予置理。安提柯王朝实行的依然是中央集权的体制,国王的地位不能动摇,在这个前提下,对希腊城邦采取了适当宽松的政策。这是一种有限的二元政治体制:一方面,维持中央集权的国王体制,另一方面,给予希腊城邦较多的自治权。但这种二元政治体制中,中央集权的国王体制仍是主要的。比如说,只要某一个城邦公开反叛,马其顿国王可以下令予以镇压。

换一种说法,在中央集权的国王体制之下,城邦归顺国王是主要的,是前提。因此,这种有限的二元政治体制不等于希腊城邦的民主政治的延续。城邦民主自治一词,"在推行君主制的过程中,渐渐失去了原来的含义,甚至被人滥用"[1]。雅典如此,甚至原来在实行城邦制方面比雅典毫不逊色的罗得斯,"在安提柯王朝时期也成了王国政府统治下仅有民主政治形式的自治城市"[2]。

---

[1] 魏凤莲:《古希腊民主制研究的历史考察(近现代)》,山东大学出版社,2008年,第8页。

[2] 参看同上。

二元政治体制,更确切地说,有限的二元政治体制,是从属于安提柯王朝的,马其顿王国是这种二元政治体制的主要部分。那么,安提柯王朝是什么性质的王朝?马其顿王国是什么性质的王国?可以简要地说:安提柯王朝是一个中央集权的封建王朝,马其顿王国是一个专制的封建王国。安提柯王朝统治下的社会是封建社会。尽管在马其顿境内还保留了部落联盟时期传承下来的贵族参政议政的惯例,尽管在希腊本土境内的城市还保留了一定程度的城邦自治制度,但这些都不妨碍安提柯王朝是一个封建王朝。奴隶制经济只是多种经济成分中的一种,而且是依附其他所有制之上的。

安提柯二世尤其看重的是要处理好马其顿和雅典之间的关系。他"虽然在雅典附近的比利埃夫斯港驻扎了一支警卫部队,但他并不侵蚀雅典的政治权利和自治"[1];马其顿警卫部队驻扎于该港的目的也在于他"希望控制这个重要的港口"[2],他想"尽可能使它成为自己的商业中心、自己的结算中心,成为罗得斯和提洛(它们是托勒密王朝的大市场)的竞争对手,也成为米利都和以弗所的竞争对手(托勒密王朝和塞琉古王朝反复地争夺对它们的控制权)"[3]。可见,安提柯二世对雅典是非常重视的。他之所以对雅典采取宽容的态度也出于同托勒密王朝和塞琉古王朝斗争的考虑。[4]

---

[1] 罗斯托夫采夫:《希腊化世界社会经济史》第1卷,克莱伦顿出版公司,牛津,1941年,第215页。
[2] 同上。
[3] 同上书,第216页。
[4] 参看同上书,第216—217页。

这里还需要提到,安提柯二世是斯多噶学说的信奉者,他同斯多噶学派的创立者芝诺的关系很好,芝诺也把安提柯二世当成自己的朋友。① 这对于安提柯二世协调马其顿和希腊城邦之间的关系方面起着良好的作用。②

四、处理好与塞琉古王朝、托勒密王朝的关系

安提柯二世根据公元前3世纪前期的国际形势,懂得在同托勒密王朝、塞琉古王朝相比时,安提柯王朝的力量要弱得多,③因此不能同这两个王朝硬拼,而必须采取灵活的外交政策,该妥协时就妥协。马其顿人力资源不足问题在这一外交决策时同样起着重要作用。比如说,在马其顿人力不足的条件下,安提柯王朝要扩大军队编制,只有依赖雇佣军,而雇佣军的费用很大,安提柯王朝财政收入有限,不敢扩充。④

相比之下,托勒密王朝和塞琉古王朝控制的疆土要比安提柯王朝(马其顿加上希腊本土)大得多,财力和人力都大大超过安提柯王朝。例如,塞琉古王朝就招募了伊朗人充任骑兵,这是安提柯王朝远远不如的。⑤ 不仅如此,托勒密王朝和塞琉古王朝都吸引马其顿人和希腊人前去工作和移居,安提柯王朝成了

---

① 参看科克、阿德柯克、查尔斯渥斯编:《剑桥古代史》第7卷《希腊化的君主国和罗马的兴起》,剑桥大学出版社,1928年,第95页。
② 参看同上。
③ 参看同上书,第108页。
④ 参看舍拉梯:"希腊化世界和罗马共和国时代的战争和国家",载萨宾、威斯、维特比编:《剑桥希腊罗马战争史》第1卷《希腊、希腊化世界和罗马的兴起》,剑桥大学出版社,2007年,第477页。
⑤ 参看格兰格尔:《亚历山大大帝的失败:马其顿帝国的瓦解》,汉勃尔顿丛书出版中心,伦敦,2007年,第176页。

人口输出国,这更是安提柯二世所担心的。① 考虑到这些情况,安提柯二世决定把自己的抱负局限于对马其顿和希腊本土的控制,不像自己的祖父和父亲那样总想同托勒密和塞琉古争夺小亚细亚、西亚和北非。②

安提柯王朝之所以不再同托勒密王朝和塞琉古王朝争霸于小亚细亚、西亚和北非,除了自身实力不如它们以外,还有一个重要原因,这就是:尽管安提柯二世实行了二元政治体制,对希腊城邦较为宽松,让它们在服从中央政府的前提下有较大的自治权,但希腊城邦的反马其顿倾向始终未能消除,甚至在马其顿也发生了反对安提柯二世统治的暴动。

在马其顿,当北方的蛮族侵入马其顿境内时,公元前279年发生了阿波洛多鲁斯领导的贫民暴动。据说暴动分子与入侵的高卢人有勾结,并充当内应,③至少是乘马其顿军队同入侵的蛮族交战而无力顾及国内治安之机发生暴动的。暴动者抢夺财宝,杀戮富人,洗劫商铺。④ 结果,马其顿军队既驱逐了入侵的蛮族游牧部落,也无情地镇压了暴动分子。

在雅典,从公元前266年起,开始了由克列摩尼德斯率领的反马其顿起义。这实际上是已延续了数十年的反马其顿派活动的再次爆发,所不同于以往的是这次持续时间长,前后5年,到公元前261年才结束。另一个特点是:这次反马其顿起义得到

---

① 参看格兰格尔:《亚历山大大帝的失败:马其顿帝国的瓦解》,汉勒尔顿丛书出版中心,伦敦,2007年,第177页。
② 参看同上书,第176页。
③ 参看杜兰:《世界文明史》第2卷《希腊的生活》,幼狮文化公司译,东方出版社,1998年,第411页。
④ 参看同上。

托勒密王朝的支持,声势浩大,一度占领了雅典,赶走了马其顿驻军。安提柯二世不得不亲自率军南下平乱,于公元前262年重新占领雅典,公元前261年最终平定起义。安提柯二世对待雅典的政策仍是宽厚的。[1] 他只是留下了马其顿驻军,禁止雅典以后参加与外国或希腊其他城邦的同盟,也不准它卷入任何战争;而雅典依然是一个自治城邦,它的自治权被保留下来了。[2]

斯巴达也不平静。尽管在菲利普二世南下后,斯巴达一直不顺从马其顿,但由于斯巴达已经衰落,实力大不如前。到安提柯·贡那特统治马其顿和希腊本土时,斯巴达仍不服气,要求独立,结果于公元前280年爆发了反安提柯·贡那特的战争。[3] 但希腊一些城邦都站在安提柯·贡那特一边,斯巴达是孤立的,所以它未能如愿成为独立主权国家,更谈不上称霸于伯罗奔尼撒半岛了。[4]

正因为安提柯王朝对马其顿和希腊本土的不安定都有顾虑,所以它对外部的托勒密王朝和塞琉古王朝采取妥协的政策是必然的。

五、安提柯王朝的东方化程度

在亚历山大的马其顿帝国分治而成的三个王朝中,安提

---

[1] 参看杜兰:《世界文明史》第2卷《希腊的生活》,幼狮文化公司译,东方出版社,1998年,第412页。
[2] 参看同上。
[3] 参看韦尔斯:《亚历山大和希腊化世界》,哈克特出版公司,多伦多,1970年,第75页。
[4] 参看同上书,第75—76页。

柯王朝是受希腊文明的影响最大,从而也是东方化程度最低的一个王朝。"对统治者的崇拜尽管在叙利亚被人尊崇,但在马其顿自己的国土上却没有发生。"①虽然三个王朝的国王们同样"既不是希腊人,也不是东方人,他们是马其顿人"②,但安提柯王朝的基地是在马其顿而不是在西亚或北非,而且安提柯王朝所管辖或控制的范围是希腊本土,这里住的都是希腊人,而不是西亚或北非那样的多民族居住的地区,所以安提柯王朝的国王不需要像托勒密王朝或塞琉古王朝的国王那样沿袭亚历山大的做法,用神、神的化身或神的儿子来装扮自己。

比如说,"在希腊化各王朝中,只有安提柯王朝的国王是作为人,而不是作为可以为所欲为的神进行统治"③。当然,当安提柯·贡那特之父德米特里最初率军队占领马其顿时,也不是没有仿效亚历山大来神化自己的想法。但他认识到这在马其顿是行不通的,马其顿人依然具有传统的对国王的信任,但并不把后者当作神,否则就会"毫无必要地得罪了这个民族最强烈的感情"④,甚至会使臣民抛弃了他。⑤ 至于希腊本土,那就更加行不通了,因为这里深受希腊文化、希腊人文主义思想的影响,效法东方对君主的神化和膜拜,只能激起他们更大的反抗情绪。

---

① 沃格林:《希腊化、罗马和早期基督教》,谢华育译,华东师范大学出版社,2007年,第129页。
② 参看同上。
③ 弗格森:《希腊帝国主义》,晏绍祥译,上海三联书店,2005年,第115页。
④ 同上书,第118页。
⑤ 参看同上。

又如,安提柯王朝和托勒密王朝、塞琉古王朝不一样之处还在于:在托勒密王朝和塞琉古王朝,国王选择大臣、部将和亲信时,都重在国王同他们的私交,"常有浓厚的个人感情色彩"①。而安提柯王朝,则根据传统,根据马其顿王国祖传习俗,"国王在军事机构的辅助下施展他们的权威,军事机构由当地的贵族构成,这些贵族的意见通常会得到认真考虑以维持马其顿人的强大和繁荣"②。这意味着马其顿王国的传统统治方式在安提柯王朝基本上保留下来了。

再如,无论是托勒密王朝还是塞琉古王朝,在高度中央集权的前提下,由国王派遣总督统治国内各个地区,总督虽有治理地方的权力,但大权是国王独揽的,这正是东方专制体制的体现。而在安提柯王朝,"马其顿本身就是个联盟,至少是一个联盟集团"③。也就是说,安提柯王朝更像是一个联邦制国家;马其顿是盟主,希腊各个城邦等于是承认马其顿为盟主的加盟者。弗格森在所著《希腊帝国主义》一书中做了一个形象化的比喻:马其顿同希腊城邦的关系好像是德国统一以前普鲁士同德国其他各邦之间的关系。④ 这是同东方专制国家中央和地方的关系截然不同的。

---

① 陈恒:《希腊化研究》,商务印书馆,2006年,第76页。
② 同上。
③ 弗格森:《希腊帝国主义》,晏绍祥译,上海三联书店,2005年,第121页。
④ 参看同上书,第115页。

第二节　安提柯王朝的经济和社会概况

一、安提柯王朝的城市化

将近一百年前,菲利普二世由马其顿率军南下,到了公元前3世纪前期,安提柯二世建立了安提柯王朝,把马其顿和希腊本土结合在一起了。但这时的马其顿同100年前相比,并没有很大的变化,马其顿同希腊本土远远没达到融为一体的地步。

这时的马其顿依然是一个以农牧业为主的地区。"从社会上和经济上看,马其顿仍同过去一样,是一个由部落构成的、而且几乎是分封结构的国家。"①安提柯王朝的国王们在马其顿拥有大片领地以及所征服的广大地区。马其顿的贵族同国王本人一样,也拥有大块地产,他们形成了国王的近臣群体,而小地主则构成国家的中坚分子。②"国王们有时把土地作为'礼物'分赠给他们的朋友,但这些土地并不是作为接受者的绝对财产,而是作为可以撤销的赏赐。"③可以看出,对安提柯王朝时期的马其顿而言,土地的重要性是明显的。城市化的进程相当缓慢。在亚历山大登位之前,马其顿已经有了一些城市,亚历山大登位后直到亚历山大去世后,马其顿境内又出现了一些新建的城市。这些城市在安提柯二世和他的继承人统治期间,一直存在着,并

---

① 罗斯托夫采夫:《希腊化世界社会经济史》第1卷,克莱伦顿出版公司,牛津,1941年,第250页。
② 参看同上。
③ 同上书,第251页。

逐渐走向希腊化。① 不过，总的说来，这并未改变马其顿仍是一个以农牧业为主的社会的性质。

在安提柯王朝，马其顿同希腊世界仍然是两块不同的土地。希腊本土，即众多希腊城邦所在地区，城市是经济活动中心，农业虽然也重要，但由于土地兼并严重，农村人口外流，战乱又不断，农田荒废的情况常见，所以农业已不像城邦兴盛阶段那样受到重视。安提柯王朝的国王们无疑是希望加快马其顿城市化的速度。这是因为，马其顿城市化的加快意味着马其顿和希腊本土融为一体的速度的加快，这样，"一个统一的希腊会比马其顿强大，但希腊一定不要联合起来反对马其顿"②，这就是安提柯王朝的理念。然而，加快马其顿的城市化，以及使马其顿的城市希腊化，都不是一件容易的事情。要知道，马其顿人是比较富裕的，不仅因为这里有大片土地、森林、草场，适合于大小土地所有者经营农业、牧业、伐木业，也不仅因为这里有矿藏，而且商业也很兴旺。更重要的是，从菲利普二世时期开始（甚至比这更早一些），直到亚历山大死后，这里产生了许多将军和官员，还涌现了大批士兵，他们服务期满后回乡，带回了资产，包括国王的赏赐、薪俸和其他财产，他们一般把这些用于本地的地产投资，并建造住宅。③ 他们不像安提柯王朝那样热衷于城市化，他们认为像现在这样安居于农村，生活很舒适，城市化的快慢同他们

---

① 参看罗斯托夫采夫：《希腊化世界社会经济史》第1卷，克莱伦顿出版公司，牛津，1941年，第251页。

② 科克、阿德柯克、查尔斯渥斯编：《剑桥古代史》第7卷《希腊化的君主国和罗马的兴起》，剑桥大学出版社，1928年，第205页。

③ 参看罗斯托夫采夫：《希腊化世界社会经济史》第1卷，克莱伦顿出版公司，牛津，1941年，第251—252页。

有什么关系,为什么一定要加快马其顿的城市化呢?

再以希腊本土的城市化来说,应当注意到,在伯罗奔尼撒战争以前,希腊本土的城市发展已经达到了鼎盛阶段。从那时以后,由于长期战乱不止,伯罗奔尼撒战争祸及的区域又广,希腊北部、中部和南部的许多城市遭到严重破坏,加上公元前4世纪前期一些城邦又有激烈的内部动乱,经济衰退,社会秩序破坏,城市中的富人或被抓被杀,或举家外逃。直到亚历山大登位并进行东征,希腊本土的城市经济才逐渐恢复,但与此同时,手工业者、商人、自由职业者等等移民西亚、北非的,也越来越多。这种移民的趋势在安提柯王朝建立后也没有停止。所以说,安提柯二世及其继承人统治期间,希腊本土的城市化至多只是恢复到过去曾经达到的水平,而很难说有什么大的进展。

以大城市来说,在托勒密王朝统治下的埃及,有新建的亚历山大里亚,在塞琉古王朝统治下的西亚,有安条克这样的大城市,但从来没有听说在安提柯王朝统治区域内有什么能够同亚历山大里亚和安条克媲美的、有影响的大城市,[1]无论是新建的,还是扩建的,统统没有。其中一个原因就是:在希腊本土,如果经济恢复到伯罗奔尼撒战争之前,那么恢复到原有的城市规模就够了,不需要建立新的大城市或扩建原有的城市;而在马其顿,那里的贵族、大户习惯住在乡间而不愿住在城市里,他们不屑于经商,也对城市的娱乐活动不感兴趣。[2]

---

[1] 参看马哈菲:《亚历山大帝国希腊文化的发展》,芝加哥大学出版社,1905年,第60页。
[2] 参看同上。

二、安提柯王朝时期的雅典经济

本书第八章已经谈到,公元前4世纪中叶马其顿人尚未南下时,雅典和当时希腊其他城邦一样正处于城邦制度危机和社会危机相交织的困境中,包括雅典人在内的许多希腊人都对城邦的命运担忧,都在寻找出路。于是在希腊政界形成了亲马其顿派和反马其顿派的激烈争论,雅典一直是这两派势力争论的中心。从菲利普二世率领南下,到亚历山大登位、亚历山大东征、亚历山大去世,直到马其顿帝国解体和安提柯王朝的建立,在这长达数十年的时间内,雅典反马其顿派的活动始终没有停止,但历次行动都失败了。因此,雅典的港区一直驻守着马其顿军队,安提柯二世认为雅典的战略地位太重要了,①这可说是对雅典不同于对待希腊其他城邦的特殊待遇。② 但也正如前面所提及的,安提柯二世对雅典的政策仍比较宽容,他允许只要不再反对马其顿,就继续保留雅典城邦的自治权。对雅典的最严厉的惩罚,也不过是禁止雅典同外国或同希腊其他城邦结盟,也禁止雅典参加任何城邦组成的同盟。这样,雅典只好专心致志于工商业活动,至多只能关注本城邦的公共事务,而有关希腊其他城邦的问题和各个城邦之间的关系,雅典一律不准参与。从某种意义上说,这对雅典并不是一件坏事,因为这时的雅典急需发展经济,它反而在安提柯王朝时期度过了一段和平发展的岁

---

① 参看伊文斯:《希腊化时期的日常生活:从亚历山大到克娄巴特拉》,格林渥德出版社,美国康涅狄格州韦斯特波特,2008年,第17页。
② 参看同上。

月。① 雅典继续作为希腊文化中心发挥作用;雅典作为经济中心,本来地位已经下降,爱琴海上的提洛和罗得斯、希腊本土上的科林斯、小亚细亚的希腊移民城市米利都和以弗所都成为雅典在商业方面的竞争对手,有些还超过了雅典。② 雅典必须奋起直追,才能恢复昔日的辉煌。这也正是安提柯王朝对雅典的希望。

但雅典毕竟是雅典,不能认为雅典这样的老城市退化了。说雅典已经退化,"这是一个值得审核的命题。在有些方面,它是错误的"③。雅典在安提柯王朝统治之下,不仅在文化上依然有新的建树(参看本书第十四章),在经济上同样也是有成就的。下面分别从手工业、商业、农业、社会政策和社会结构等方面加以阐述。

1. 手工业

这一时期,雅典的手工业有较大的发展。一方面,随着希腊本土社会治安逐渐好转,市场日益恢复并且扩大,另一方面,塞琉古王朝和托勒密王朝在西亚和北非的统治已巩固下来,市场上对雅典手工业品的需求量上升了。雅典的手工业品一直以工艺精良著称,销往西亚、北非的数量不断增多。

但这一时期的主要问题是雅典的手工业劳动力的供给不足。雅典的不少能工巧匠移民到西亚、北非去了,即使干粗活的工人也找不到。于是雅典手工业中所使用的奴隶人数急剧上

---

① 参看陈恒:《希腊化研究》,商务印书馆,2006年,第102页。
② 参看科克、阿德柯克、查尔斯渥斯编:《剑桥古代史》第7卷《希腊化的君主国和罗马的兴起》,剑桥大学出版社,1928年,第212页。
③ 斯托巴特:《希腊曾经辉煌》,第4版,普莱格出版公司,纽约,1964年,第219页。

升。被释奴隶的增多,也有助于劳动力供给的改善。还应当指出,到了公元前3世纪末,家庭中的孩子人数普遍减少,极少见到一个家庭有四个或五个孩子,通常一个家庭只有一个孩子。① 这显然促使被释奴隶的增加和奴隶使用人数的扩大。

那么,大量奴隶来自何处?来自这些年内战争中俘虏的增多。奴隶贩子通常跟随军队一起行动。军队在战场上俘获了大批败军士兵,甚至把支持败军一方的城乡居民也掳走;如果没有亲属来赎取,就以较低价格卖给奴隶贩子。奴隶贩子把购来的奴隶运到爱琴海上的提洛和罗得斯,那里有兴旺的奴隶市场,雅典等城邦的奴隶商从奴隶市场买进奴隶,运回雅典等地销售。希腊人,不管家境如何困难,总是珍视自由的。他们被俘虏后,唯恐被变卖为奴隶,所以家人即使卖掉家产或向亲戚朋友借钱,也要交付赎金。② 这样,势必使家中有人在战争中被俘的家庭变得更加穷困。

2. 商业

安提柯王朝时期,雅典商业日趋活跃。需要指出的是以下四点不同于过去的新情况。

第一,市场扩大了。埃及同雅典之间的贸易往来比过去增加许多,两河流域、阿拉伯半岛,甚至远至印度,都有雅典商人在活动,输出希腊本土的商品,输入托勒密王朝和塞流古王朝管辖地区的商品。

---

① 参看科克、阿德柯克、查尔斯渥斯编:《剑桥古代史》第7卷《希腊化的君主国和罗马的兴起》,剑桥大学出版社,1928年,第212页。
② 参看罗斯托夫采夫:《希腊化世界社会经济史》第1卷,克莱伦顿出版公司,牛津,1941年,第203—204页。

第二,竞争对手增多了。雅典商人在海外贸易中所遇到的新的竞争对手,不仅有希腊其他城邦的商人,而且还有这些年来移民于西亚、北非的希腊人。尽管如此,只要市场在扩大,商路继续畅通,对雅典的影响不大。

第三,同贸易联系在一起的海运业有了很大发展。过去长时间内,冬季船只不出海,"几乎是每一个船主的戒律"[1],这就大大限制了雅典海运业的发展。但从公元前4世纪末开始,"冬季航海已习以为常。商业发展的要求,终于消除了航海业的传统淡季"[2]。

第四,对付海盗成为海外贸易一大难题。安提柯王朝建立前后,海盗横行是"希腊世界生活的一个公认的特征"[3]。过去的海盗主要来自外国,如意大利、伊利里亚和黑海沿岸地区。安提柯王朝时期的海盗则主要不是外国人。这是因为,来自意大利中部的蒂勒尼亚海盗在安提柯二世之父德米特里当政以后已经从爱琴海上匿迹了,伊利里亚人只在他们的海域内进行海上劫掠,而黑海的海盗则从不越过海峡南下。[4] 这样,活跃于爱琴海的海盗都是本地人,他们地势熟悉,又就近抢劫,逃逸也快,因此"爱琴海处于本地海盗的掌握之中"[5]。这些本地的海盗都是有组织的,他们或者被托勒密王朝利用,以损害安提柯王朝的利

---

[1] 吴于廑:"东西历史汇合下的希腊化文化",载吴于廑:《古代的希腊和罗马》,附录,三联书店,2008年,第176页。
[2] 同上。
[3] 罗斯托夫采夫:《希腊化世界社会经济史》第1卷,克莱伦顿出版公司,牛津,1941年,第195—196页。
[4] 参看同上书,第196页。
[5] 同上。

益,或者被安提柯王朝利用,以增加自己的收入。① 从而这些有组织并且还有一定支持者的海盗不易对付。他们的根据地有多处,不限于克里特岛一地,而且港口的防守严密。特别是,当他们的船只满载着劫来的财物出现在商业港口时,却受到所有商业港口的欢迎。②

爱琴海甚至说整个地中海的海盗,要再过 200 年左右,到罗马共和国晚期,才被肃清。

在阐述雅典商业的发展时,还需要提到雅典的金融业状况。雅典当时是一个国际性的商业城市,它的金融业相当兴盛。在伯罗奔尼撒战争以前的雅典繁荣时期,在雅典市场上就有了以货币兑换为业务的商人,他们甚至被称为"银行家",因为他们兼营放贷业务。关于这些,本书上编已经谈过。③ 一个货币兑换商或贷款人,只要拥有一个摊位或一张桌子就可以开展业务了,所以在希腊语中,"银行"和"桌子"是同义的。④ 到了希腊化时期,市场的规模扩大了,以柱廊来划分区域,顾客可以在这里躲雨,买卖双方就在这里谈生意。这成为有较好规划的希腊化城市的一个特色。⑤ 正是在这样的市场中,由货币兑换商或贷款人形成的"银行家"在这里办理存款贷款业务。⑥

在金融业务方面,雅典正日益遭到提洛和罗得斯的竞争威

---

① 罗斯托夫采夫:《希腊化世界社会经济史》第 1 卷,克莱伦顿出版公司,牛津,1941 年,第 196 页。
② 参看同上。
③ 参看本书,第 335—336 页。
④ 参看伊文斯:《希腊化时期的日常生活:从亚历山大到克娄巴特拉》,格林渥德出版社,美国康涅狄格州韦斯特波特,2008 年,第 52 页。
⑤ 参看同上。
⑥ 参看同上书,第 53 页。

胁,它的优势逐渐减少。但雅典依然有重要地位,不可忽视。第一,雅典的银币是优质的,希腊化世界都使用雅典的银币。① 同时,使用雅典银币被看成是该种钱币发行地的地位的清晰反映,还令人勾起对昔日的留恋和崇敬。② 第二,雅典仍有广大市场,中部希腊的市场依旧存在,巴尔干半岛北部仍是雅典手工业品的销售区域。③

3. 农业

自从伯罗奔尼撒战争期间雅典农村遭到极大破坏以后,雅典过去以生产橄榄和葡萄为主的种植业,以及从事橄榄油制作和葡萄酒酿造为主的农产品加工业,都受到摧残。更严重的是农田毁损了,水利设施被破坏了,树木被大量砍伐,连草场都荡然无存。这首先同斯巴达军队的蓄意破坏有关,但也同暴雨、洪水的一再冲刷,表层土壤不断流失有密切关系。农产品歉收,粮价波动剧烈。因此,"碑铭上经常载有某人在供应城市食粮方面的功绩。这种供应在当时往往仰赖统治者的慈悲或当地富户的慈善工作"④。农业的凋敝、农民的逃生和粮食短缺所引起的粮价波动,加剧了公元前4世纪前期的社会危机。

亚历山大统治时期,这里没有大的战争。到安提柯王朝建立后,雅典经济逐渐恢复,并有所发展,农村中的种植业和养殖业,包括橄榄油制作和葡萄酒酿造,也恢复了。雅典农村趋于稳

---

① 参看罗斯托夫采夫:《希腊化世界社会经济史》第2卷,克莱伦顿出版公司,牛津,1941年,第743页。
② 参看同上书,第755页。
③ 参看同上书,第743页。
④ 乌特琴科主编:《世界通史》第2卷上册,北京编译社译,三联书店,1960年,第357页。

定。但农村人口外流现象并未减少,他们或者迁徙到西亚、北非,那里土地多而且肥沃,易于生活,[1]或者迁移到那里改作手工业者,生活状况也不错。到雅典城区工商业中找工作,也被认为是比留在农村务农更好的选择,因为雅典城区的居民也向外西亚、北非迁移,留下了职位空缺。雅典农村劳动力的短缺和人口的外流,进一步促进了土地的集中。而且并非雅典一地如此,希腊境内其他地方也是如此。[2]

于是,在安提柯王朝时期,在土地集中的情况下,使用奴隶耕作的大型农场或种植园比过去多了。在农业中,奴隶制作为一种经济成分,也超过了以往任何时期。奴隶制的农业经营需要采取监工制度。由于有了监工,地主通常住在城区,他们很少具体过问农业经营。

4. 社会政策

雅典城邦仍保留了自治权。它大体上仍然是一个有活力的大社区,同以前一样热情地投身于自己的事务之中。[3] 虽然雅典从政治上不得不服从安提柯王朝的统治,但雅典仍在表面上奉行一种自主的政策,并依靠周旋于各个统治者之间而维持着政策的自主。[4] 这就是二元政治体制的体现。

雅典对自己的公民权依然是有严格限制的。保留公民权的人数不多了,可能不到 10,000 人,而外国侨民的数字与此不相

---

[1] 参看杜丹:《古代世界经济生活》,志扬译,商务印书馆,1963 年,第 112 页。
[2] 参看同上书,第 111 页。
[3] 参看斯托巴特:《希腊曾经辉煌》,第 4 版,普莱格出版公司,纽约,1964 年,第 224 页。
[4] 参看同上。

上下，甚至还多一些。奴隶人数更多，准确数字说不准。一种说法是：当时雅典的奴隶多达 40 万人。杜兰在《世界文明史》中指出："这项数字不足采信，但亦无其他可以据以反驳的资料。"[①]

雅典城邦政府这一时期的主要任务，一是维持治安，二是救济穷人。这两项任务是关联的。这是因为，社会上穷人越多，治安越不容易保持良好的状态，甚至平民极端派还会重新煽动仇视富人，抢劫富人，甚至杀害富人，导致社会秩序混乱等事件。

雅典城邦政府认识到，穷人人数增加和穷人对社会不满的一个直接原因是物价上涨过快。物价上涨不仅由于劳动力供给不足而引起的成本上涨，而且同波斯帝国灭亡后大量被劫夺的金银财宝相继投入市场，造成货币流通量过大，形成货币追逐商品的状况有关，关于这一点，前面已经提到了。[②] 物价上涨，对雅典城区领取工资为生的手工业工人和商店雇员打击最大。例如，雅典手工业工人所挣得的工资收入只够维持一个人的生活。工人还不得不勤勉工作，否则奴隶劳动力就会挤掉工人的职位。物价上涨使得独身者人数增多，因为结婚和抚养子女成了沉重负担。加上，公元前 3 世纪以后，希腊人向海外移民已不像以前那么容易，穷人的出路狭窄了。[③]

雅典城邦政府按照城邦制度建立以来救济穷人的惯例，直

---

① 杜兰：《世界文明史》第 2 卷《希腊的生活》，幼狮文化公司译，东方出版社，1998 年，第 413 页。
② 参看本书，第 649—650 页。
③ 参看斯塔尔："希腊化文化"，载斯特兰编：《古代希腊的贡献》，浩特、莱恩哈特和温斯顿出版公司，纽约，1971 年，第 271 页。

接发放粮食给穷人。然而,政府财力有限。银矿经过多年采掘,资源已经枯竭。雅典再也不像伯罗奔尼撒战争之前那样可以依靠庞大舰队,获得海外资源来施舍给穷人了。但不管怎样,雅典仍然竭尽自己的力量,救济穷人,稳定社会,这已经很不错了。

为了保证雅典有充裕的粮食供应,雅典城邦政府也竭力去做。这同样是雅典社会政策的内容之一。安提柯王朝时期,希腊的粮食主要来自黑海北岸地区。商船尽管已习惯于冬季也照常出船,但商船既小又慢,平均载货量大约 80 吨,风浪大,海上运输风险大。① 当时所用的水手通常是奴隶,有时连船长本人也是奴隶。② 然而雅典仍要依靠从黑海沿岸运粮进口,政府一直给予帮助。这是因为,雅典人的主食是小麦面包,本地由于土壤不够好,缺水,所以不生产小麦,只得从黑海沿岸进口。如果在本地种谷物的话,比较适合种大麦,而大麦则可用来做大麦片粥,供奴隶食用,或供救济穷人所需。③

5. 社会结构

安提柯王朝时期,雅典的社会结构如何?罗斯托夫采夫曾对此进行剖析。他指出,历经公元前 4 世纪中叶的社会混乱和战争,到了安提柯王朝建立和在希腊全境恢复社会秩序,并使经济有所恢复和发展之后,雅典的中产阶级在一段时间内有较大成长。"对希腊财富逐渐下降起作用的一般原因自然而然地影响了居民的各个阶级。少数十分富有的居民所受到的损失可能

---

① 参看伊文斯:《希腊化时期的日常生活:从亚历山大到克娄巴特拉》,格林渥德出版社,美国康涅狄格州韦斯特波特,2008 年,第 12 页。

② 参看同上。

③ 参看同上。

小于其他人。但一切与公元前4世纪和3世纪的希腊有关的证据都表明,希腊政治、社会和经济生活的坚实基础不在少数有巨额财产的人,而在中产阶级、资产者,他们主要是土地所有者。"①罗斯托夫采夫认为,不仅雅典如此,希腊所有城市(即使不是全部城市)也一样。然而,这段时间只保持了几十年。正是这样一个中产阶级,他们承受着大部分赋税,以及强加给他们的公共服务和职位,沉重的负担,再加上战乱,中产阶级在公元前3世纪后期和公元前2世纪前期,几乎完全消失了。②

结果是可以预料的:"财富,尤其是地产,逐渐集中到少数人手中。一些至今仍然小康的家庭降到了无产者的地位。"③这就是雅典社会和经济日益衰败的主要原因,因为"那些没有财产或只有很少财产的人,以及靠每天从事艰苦劳动才能糊口度日的人的数目日益增多,这本身就是危险的源泉"④。罗斯托夫采夫这里所说的中产阶级,主要是指工商业者和农村的小土地所有者。这些人经济地位的下降,甚至贫穷破产,使雅典经济失去了活力和希望。

罗斯托夫采夫接着分析道:由此造成了另一种结果,即社会普遍贫困,靠做工为生的贫民人数增多,从而使得劳动生产率本来就低的奴隶不受重视,自由民雇工代替了奴隶。⑤ 不仅如此,由于社会上的中产阶级人数的减少和无产者人数的增加,导致

---

① 罗斯托夫采夫:《希腊化世界社会经济史》第1卷,克莱伦顿出版公司,牛津,1941年,第206页。
② 参看同上书,第206—207页。
③ 同上书,第206页。
④ 同上书,第207页。
⑤ 参看同上。

社会购买力降低,进而使得手工业产品在市场上的销售量也不断下降。① 要知道,雅典经济一直依靠本地手工业产品行销而兴盛,手工业作坊和工场使用了大量奴隶。现在,手工业因产品销路不佳而衰落,再加上自由民雇工取代了奴隶,所以雅典的奴隶人数可能是减少的。②

公元前3世纪以后,雅典仍然有许多外国人。"但他们是作为游客和学生前来的,而不是作为企业家和商人来到雅典的。"③相对于希腊境内其他一些港口城市,雅典的商业已经相对落后了。雅典还剩下什么?"它依旧是一个美丽的城市,一个娱乐、艺术和文化生活的中心。但本地生产的食品虽然质量还是良好的,却较为稀少,食物的短缺是经常的困扰。"④总之,"毫无疑问,雅典不再是过去的雅典了"⑤。

对雅典的衰败最感失望的,不仅是雅典人,而且是全体希腊人。雅典最大的损失在于它的自由民主思想的消亡。这是因为,雅典作为一个历史悠久、民主和自由底蕴深厚的城邦,"曾经是世界上唯一的福地、这个世界上最自由和最骄傲的城市"⑥,然而几经折腾,终于屈从于专制政体,雅典人失望了,全体希腊人也失望了:雅典"曾经是他们的家园,他们安全的、整

---

① 参看罗斯托夫采夫:《希腊化世界社会经济史》第1卷,克莱伦顿出版公司,牛津,1941年,第207页。
② 参看同上。
③ 同上书,第211页。
④ 同上。
⑤ 同上。
⑥ 汉密尔顿:《希腊的回声》,曹博译,华夏出版社,2008年,第129页。

洁的、美丽的家园。而今,星辰已经坠落,家园已然荒芜,他们看不到前程在哪里"①。这就是安提柯王朝晚期的雅典的写照。

三、安提柯王朝时期的斯巴达经济

前面已经指出,伯罗奔尼撒战争结束后斯巴达到了鼎盛阶段。但底比斯与斯巴达之战,斯巴达大败,伯罗奔尼撒同盟各城邦相继离开了斯巴达,斯巴达衰落了,孤立了。马其顿人南下并控制希腊本土后,斯巴达同希腊其他城邦一样受马其顿的管辖,但斯巴达有意抵制菲利普二世,菲利普二世也有意排斥斯巴达。亚历山大东征时期有意冷落斯巴达,羞辱斯巴达,斯巴达被排除于希腊世界之外,它什么也插不上手,怎么也抬不起头。②关于这些,前面都已提及。

亚历山大死后,在各个将领争夺地盘的长期战争中,"斯巴达只是一个微不足道的小卒子,在大多数时间里,它只能在幕后等待着上场的机会,与主要的战事或历史事件都没有什么关系"③。安提柯王朝建立后,希腊全境都受到安提柯二世的控制,但希腊各个城邦,无论是过去跟着斯巴达跑的还是过去反对斯巴达称霸的,全都不理睬斯巴达,好像没有这么一个城邦似的。安提柯王朝也不重视斯巴达,只是让它继续保留自治权。

斯巴达这个时期已完全顾不上其他城邦如何看待它,如何

---

① 汉密尔顿:《希腊的回声》,曹博译,华夏出版社,2008年,第130页。
② 参看卡特利奇:《斯巴达人:一部英雄的史诗》,梁建东、章颜译,上海三联书店,2010年,第210、217页。
③ 同上书,第217页。

冷落它，因为斯巴达的内部问题日益严重，迫使斯巴达贵族统治集团忙于应付，寻求变革之路。斯巴达终于把改革问题提上了议事日程。这比雅典大约晚了二百多年，比希腊其他城邦至少也晚了一百年。

1. 斯巴达的制度危机

自古以来，斯巴达一直以农立国，土地共有，农民领有份地，并有服兵役的义务。斯巴达保留了较多的氏族社会共同生活的传统，强调公民之间的平等，生活一律，禁止奢侈，公民一致对付境内的黑劳士，即沦为农奴的原住民。斯巴达强调"公民即战士"，全体成年男性公民都是战士，效忠城邦，作战时视死如归，所以形成了强大的战斗力。

然而经过这么多年，特别是经历了伯罗奔尼撒战争之后，国内形势已经发生了很大的变化，土地共有制解体了，份地分配制度行不通了，土地都变成了私产，公民一律平等的基础已经消失。贵族、高官、将领们敛财成风，霸占土地，过着奢侈的生活。贵族的土地变成了雇工耕种的大农场，而原来的小农则陆续沦为失地、无地的佃户或雇工。[1] 这样一来，斯巴达长期赖以生存和强大的公民兵役制也就无法继续下去了。

据说，领有完全份地的公民，在传说中的莱库古时期的斯巴达共有9,000人。到公元前5世纪，据希罗多德提供的数字，这时的公民共有8,000人。[2] 而到了公元前3世纪，即安提柯王

---

[1] 参看科克、阿德柯克、查尔斯渥斯编：《剑桥古代史》第7卷《希腊化的君主国和罗马的兴起》，剑桥大学出版社，1928年，第740页。

[2] 参看茹贵：《亚历山大大帝和希腊化世界》，英译本，道比译，阿里斯出版公司，芝加哥，1985年，第198页。

朝时期,只剩下700人了。① 因为按照斯巴达的法律规定,无地即无公民权。并且,拥有土地的少数人中还有许多妇女,她们不服兵役。② 而根据斯巴达特有的法律,男女平等,妇女是有继承权的。③

那么,斯巴达的军队是靠什么人组成的?黑劳士在这以前已经解放了,他们可以从军。更主要的是靠雇佣兵,包括在伯罗奔尼撒半岛其他城邦招募来的雇佣兵。④ 雇佣兵成了安提柯王朝时期斯巴达军队的主力,这表明斯巴达城邦制度危机的严重程度。

不仅如此,斯巴达的传统继承制度也出现了危机。在斯巴达,历来都实行长子继承制;父亲死后,份地完全归长子,幼子们都担心自己会变得穷困并因此被逐出公民社会,⑤以至于发生这样的事情:三兄弟只好共娶一个妻子,从而次子和幼子都可以留在家中了。⑥

斯巴达公民人数的不断减少,已被近年来的田野发掘和考古资料所证实,即在公元前4世纪和公元前3世纪时,斯巴达深

---

① 参看茹贵:《亚历山大大帝和希腊化世界》,英译本,道比译,阿里斯出版公司,芝加哥,1985年,第198页。
② 参看罗斯托夫采夫:《希腊化世界社会经济史》第1卷,克莱伦顿出版公司,牛津,1941年,第208页。
③ 参看谢普莱:"隐藏的风景:希腊田野调查资料和希腊化历史",载奥格登编:《希腊化世界:新观察》,威尔斯古典出版社和杜克渥斯出版公司,伦敦,2002年,第188页。
④ 参看卡特利奇:《斯巴达人:一部英雄的史诗》,梁建东、章颜译,上海三联书店,2010年,第217页。
⑤ 参看茹贵:《亚历山大大帝和希腊化世界》,英译本,道比译,阿里斯出版公司,芝加哥,1985年,第196—197页。
⑥ 参看同上。

受耕地缺乏劳动力之苦。① 斯巴达境内虽然有些小农户失去了土地,更常见的却是在远离斯巴达中心的地区,小农只是放弃了自己的土地而外出,而不是出现了大地产。斯巴达社会上层人士对这些土地兴趣不大,因为那里主要是斯巴达东部和东北部的丘陵地带,土地质量很差。② 而农民之所以弃地外流,正是出于低产和经营亏损的考虑。③

为了使斯巴达那些被农民抛弃而荒芜的土地重新得到耕种,斯巴达可能把一些黑劳士迁移到那里去,成为新农民。④ 但看来效果是不明显的,因为在斯巴达,农业劳动力不足的问题一直存在,农村居民点(村落)仍在消失。其实,不仅只有斯巴达一地出现上述现象。在安提柯王朝前期希腊南部许多地方都有土地荒芜、农民外出、村落消失的情况。⑤

2. 公元前3世纪中叶斯巴达的改革:第一阶段

从公元前3世纪中叶起,斯巴达国内要求加快改革的呼声日益高涨,看来这已经是阻挡不了的趋势。⑥ 形势对执政的贵族集团造成了巨大压力。

从这时起,斯巴达的改革循着本国的特色进行,即改革的倡导者和推动者是国王本人。按照斯巴达城邦建立时所制定的法

---

① 参看谢普莱:"隐藏的风景:希腊田野调查资料和希腊化历史",载奥格登编:《希腊化世界:新观察》,威尔斯古典出版社和杜克渥斯出版公司,伦敦,2002年,第188页。
② 参看同上书,第189页。
③ 参看同上。
④ 参看同上书,第189—190页。
⑤ 参看同上书,第190页。
⑥ 参看斯托巴特:《希腊曾经辉煌》,第4版,普莱格出版公司,纽约,1964年,第219页。

律,斯巴达设国王二人,分别由两个王族产生。国王受长老会议制约,一切重大事务由包括国王在内的长老会议成员决定。长老会议成员虽然由公民大会选出,但实际上全由贵族担任。

改革由国王阿吉斯四世开始,他于公元前245—前241年当政。同时担任国王的是莱昂尼达斯。起初,他们两人都主张取消债务和重新分配土地。这是久已植根于希腊其他城邦平民派的改良或革命的主张,不料现在被斯巴达的改革者捡了起来。① 而且,斯多噶学派的影响逐渐增大,它强调人与人之间平等,这一思想是斯巴达这次改革的因素之一。② 改革的主张得到斯巴达一批人的拥护,因为他们在了解斯巴达实际情况后都认识到,社会对现状的不满在加剧,只有取消债务,才能赢得民心;只有重新分配土地,才能增加公民人数,使政权稳固。阿吉斯四世本人、他的家属和朋友都带头支持改革,他们"献出自己的财产和土地,交给国家分配"③。

取消债务的措施遇到的阻力较小,因为贵族中也有欠债的,或把财产抵押出去的,他们认为取消债务可行。所以这项改革就实现了。④ 至于重新分配土地的措施则难以推行:一方面,这涉及拥有大片土地的贵族世家的切身利益;另一方面,不少人认

---

① 参看罗斯托夫采夫:《希腊化世界社会经济史》第1卷,克莱伦顿出版公司,牛津,1941年,第208页。
② 参看波梅罗依:"家庭的价值:对过去的利用",载巴尔德、恩贝格-彼得森、汉纳斯塔德、查勒编:《希腊化时期希腊人的传统价值》,阿鲁斯大学出版社,1997年,第216页。
③ 乌特琴科主编:《世界通史》第2卷上册,北京编译社译,三联书店,1960年,第359页。
④ 参看罗斯托夫采夫:《希腊化世界社会经济史》第1卷,克莱伦顿出版公司,牛津,1941年,第209页。

为阿吉斯重新分配土地的方案不可行。这个方案是:在斯巴达领土上,划出4,500块份地分给无地的斯巴达人,再划出15,000块份地给皮阿西里人,即所谓的"边民"。① 结果,这一改革未能实施。两位国王之一莱昂尼达斯出走国外。

公元前241年,斯巴达国内反对派乘阿吉斯四世率军出战时夺取了王位,并将阿吉斯四世处死,他的母亲、祖母也一同被害。许多支持阿吉斯四世的人被放逐。② 莱昂尼达斯回国主政。

当初在推行改革时,阿吉斯四世和莱昂尼达斯之间已有隔阂,两人政见不一,阿吉斯四世似乎更激进一些,他认为斯巴达首先应当实现平等。③ 这一主张得到年轻公民的响应,而年长的公民却显得保守,因为他们不愿放弃原来的生活方式。④ 莱昂尼达斯则担心阿吉斯四世献出自己的财产给国家的行动所带来的后果:他知道,这样一来,"他和他的朋友难免要破财消灾,所有的荣誉和情面都让阿吉斯攫走"⑤。两个国王在改革方面的分歧终于越来越大,这就导致了莱昂尼达斯出走。

3. 公元前3世纪中叶斯巴达的改革:第二阶段

公元前235年,即阿吉斯四世被害后的第6年,莱昂尼达斯去世了。他的儿子克利奥米尼三世当了斯巴达国王(约公元前

---

① 参看科克、阿德柯克、查尔斯渥斯编:《剑桥古代史》第7卷《希腊化的君主国和罗马的兴起》,剑桥大学出版社,1928年,第742—743页。
② 参看同上书,第743页。
③ 参看普鲁塔克:《希腊罗马名人传》第3卷,席代岳译,吉林出版集团有限公司,2009年,第1427页。
④ 参看同上。
⑤ 同上书,第1430页。

235—前 221 年)。公元前 3 世纪中叶斯巴达的改革由此进入第二阶段。

克利奥米尼三世既是莱昂尼达斯的儿子,又娶了阿吉斯四世的遗孀为妻。据说,阿吉斯四世的遗孀阿基阿蒂斯"曾千方百计地想报杀夫之仇,并且她比自己的丈夫还要急于实行改革的方案,她的丈夫当初正是因为这个原因才遭人谋害的"①。克利奥米尼三世娶了她之后,她便"促使自己的第二任丈夫克利奥米尼三世转变成了一位改革者"②。这种说法可能有一定道理,但也不应当忽略克利奥米尼三世本人也是一位对斯巴达社会十分不满的人,据说,他"看到所有的市民过着放荡腐败的生活,有钱人把公益丢在脑后热衷于私利的享受,穷人只有在家中过着无以为生的日子,他们失去斯巴达人献身战争的精神和重视训练的抱负"③。于是克利奥米尼三世继任国王后决心推进改革。

斯巴达按法律规定应有两位国王。克利奥米尼三世为了推行自己的改革计划,决定召回逃往国外的阿吉斯四世的弟弟阿契达穆斯继任另一位国王。但阿契达穆斯的继位引起了斯巴达国内保守派的恐慌,他们又迅速谋杀了他。④ 要知道,阿吉斯四世家族和克利奥米尼家族都是斯巴达最富有的大地主

---

① 卡特利奇:《斯巴达人:一部英雄的史诗》,梁建东、章颜译,上海三联书店,2010 年,第 224 页。
② 同上。
③ 普鲁塔克:《希腊罗马名人传》第 3 卷,席代岳译,吉林出版集团有限责任公司,2009 年,第 1441 页。
④ 参看同上书,第 1444 页。

家族,①阿吉斯四世当初的改革重点放在重新分配土地方面,而现在克利奥米尼三世要推动的改革也正是重新分配土地,②所以引起斯巴达贵族保守派的激烈反对是必然的,因为重新分配土地意味着要没收大地产,拿出土地来参与分配;同时还要释放奴隶,因为大地产是靠奴隶耕种的。③

阿契达穆斯国王被谋杀后,克利奥米尼三世严厉镇压了贵族保守派,杀了一批,放逐一批,土地的重新分配被强制推行。斯巴达的公民份地恢复为4,000份,并使服兵役的4,500名皮里阿西人成为拥有份地的公民。这项改革的推行受到斯巴达人的拥护,这反映了斯巴达人的精神力量并未突然终结。④

由于斯巴达两位国王之一阿契达穆斯被害,克利奥米尼三世让自己的兄弟优克莱达斯登上国王之位,成为共同治理斯巴达的伙伴。⑤ 这打破了斯巴达两个王族世系各出一个国王的传统。⑥"同一个世系出现两个国王,这在斯巴达是仅有的

---

① 参看波梅罗依:"家庭的价值:对过去的利用",载巴尔德、恩贝格-彼得森、汉纳斯塔德、查勒编:《希腊化时期希腊人的传统价值》,阿鲁斯大学出版社,1997年,第215页。

② 参看茹贵:《亚历山大大帝和希腊化世界》,英译本,道比译,阿里斯出版公司,芝加哥,1985年,第203页。

③ 参看罗斯托夫采夫:《希腊化世界社会经济史》第1卷,克莱伦顿出版公司,牛津,1941年,第208页。

④ 参看斯托巴特:《希腊曾经辉煌》,第4版,普莱格出版公司,纽约,1964年,第219页。

⑤ 参看卡特利奇:《斯巴达人:一部英雄的史诗》,梁建东、章颜译,上海三联书店,2010年,第226—227页。

⑥ 卡特利奇认为这实际上是废除了斯巴达传统的双王制。(参看同上书,第227页)

一次。"①

　　克利奥米尼三世的改革,尤其是重新分配土地的措施使伯罗奔尼撒半岛上的其他希腊城邦大为震惊,那里的平民不仅希望在本城邦也实行土地的重新分配,而且欢迎克利奥米尼率军队前去,解救他们。这样,改革后的斯巴达在伯罗奔尼撒半岛上的形象大大拔高了,克利奥米尼三世被人们当成解放者了。克利奥米尼三世还真的攻下了一些城邦,甚至一度占领了科林斯。② 希腊中部和南部一些城邦领导者在这种形势下必须做出选择,即欢迎斯巴达人前来呢,还是继续同马其顿站在一起,随着安提柯王朝去攻打斯巴达?③ 他们选择了后者。

　　公元前221年,安提柯三世亲自率领马其顿和希腊一些城市组成的联军击败了斯巴达军队,克利奥米尼三世逃到埃及。④ 统治埃及的托勒密王朝不愿得罪安提柯王朝,拒绝支持逃亡者克利奥米尼三世,后来又以克利奥米尼三世煽动埃及人反叛为借口,把他逮捕下狱。克利奥米尼三世从监狱中出逃,试图发动起义,但又被抓回监狱。⑤ 克利奥米尼三世是怎么死的?有三种说法。一种说法是:克利奥米尼三世在监狱中度过余生。⑥

---

　　① 普鲁塔克:《希腊罗马名人传》第3卷,席代岳译,吉林出版集团有限责任公司,2009年,第1448—1449页。
　　② 参看杜兰:《世界文明史》第2卷《希腊的生活》,幼狮文化公司译,东方出版社,1998年,第418—419页。
　　③ 参看茹贵:《亚历山大大帝和希腊化世界》,英译本,道比译,阿里斯出版公司,芝加哥,1985年,第205页。
　　④ 参看同上书,第206页。
　　⑤ 参看卡特利奇:《斯巴达人:一部英雄的史诗》,梁建东、章颜译,上海三联书店,2010年,第294页。
　　⑥ 参看同上。

另一种说法是:他在兵败后绝望自杀。① 至于随他一起逃往埃及的,有他的母亲、子女和一些侍女,也全部被埃及处决。② 第三种说法则是:克利奥米尼和他的十二个朋友曾在他死的前夜一齐举行最后的晚餐。他被出卖给他的敌人,于是他吩咐他的朋友们停止他们那毫无希望的战斗。他的尸体被钉在十字架上。③ 他被处决之后,在亚历山大里亚的居民中,他的事迹被传开了,称他是一个"英雄和神子"。④ 人们把一个死亡的领袖崇拜为神,后来又盼望他奇迹般地复活。⑤ 由于在亚历山大里亚不仅有许多希腊人,还有许多犹太人,所以这个故事也很快传到了犹太人中间。这时距耶稣的出生相隔了二百多年,是否同耶稣蒙难的传说有某种联系,只能凭猜测而没有确凿的证据。⑥

安提柯三世使斯巴达恢复了社会秩序,并再次成为斯巴达的主人、希腊的主人。⑦ "一般认为,斯巴达王族世系可以克利奥米尼三世作为终点。"⑧以后斯巴达虽然仍有国王,但已经不再属于传统的王族世系了。

---

① 参看杜兰:《世界文明史》第2卷《希腊的生活》,幼狮文化公司译,东方出版社,1998年,第419页。
② 参看普鲁塔克:《希腊罗马名人传》第3卷,席代岳译,吉林出版集团有限公司,2009年,第1469页。
③ 参看罗伯逊:《基督教的起源》,宋桂煌译,载葛雷、齐彦芬编:《西方文化概论》,中国文化书院,1987年,第199页。
④ 参看同上。
⑤ 参看同上。
⑥ 参看同上书,第200页。
⑦ 参看茹贵:《亚历山大大帝和希腊化世界》,英译本,道比译,阿里斯出版公司,芝加哥,1985年,第206页。
⑧ 卡特利奇:《斯巴达人:一部英雄的史诗》,梁建东、章颜译,上海三联书店,2010年,第295页。

值得注意的是,无论是阿吉斯四世还是克利奥米尼三世,"都不承认这是革命,皆宣称是以古代立法者莱库古的名义要恢复古代习俗"①。很可能是为了稳定人心,减少阻力。在当时的斯巴达,如果空喊什么革命或改革,都不会引起人们的兴趣,而只会增加他们的反感。所以只有号召恢复古制,才能使人们感到放心。人们已厌倦了贵族派和平民派的长期斗争,听腻了自主、民主、平等之类的口号,甚至人们还厌恶作为斯巴达政治体制特色的监察官制度。克利奥米尼三世在镇压反对派时就把五名监察官全部杀死,"大胆地取消了这种为国王和民众所厌恶的官职"。② 因此,在当时的形势下,打出国王领导恢复古代体制的旗帜可能最符合民众的心理。③

4. 斯巴达的动乱和纳比斯执政

克利奥米尼三世去世和安提柯王朝重新控制斯巴达与受到斯巴达影响的希腊城邦之后,斯巴达国内并未平静下来。斯巴达改革以前的财产分配状况和旧体制相继恢复了。斯巴达平民不服,一再发生暴动,社会陷入混乱之中。最终,纳比斯被拥立执政,建立了长达15年的僭主政治(公元前207—前192年)。

根据传统,斯巴达在历史上"反对任何形式的僭主政治,但在公元前3世纪末,阿吉斯和莱昂尼达斯的改革失败之后,这是斯巴达社会矛盾日益激化而产生的专制政体,纳比斯是这方面

---

① 古朗士:《古代城市:希腊罗马宗教、法律及制度研究》,吴晓群译,上海人民出版社,2006年,第362页;参看李玄伯译本,中国政法大学出版社,2005年,第287页。

② 参看同上。

③ 参看同上书,吴晓群译本,第362页;李玄伯译本,第287页。

的代表人物"①。纳比斯不是希腊人,而是叙利亚的闪族人,作战被俘后卖到斯巴达为奴隶。他是依靠雇佣兵的拥戴而成僭主的。

纳比斯作为僭主而执掌斯巴达大权后,推行了比克利奥米尼三世更加激进的改革措施,一是镇压贵族地主,把他们处死,并没收其财产,分配给穷人,二是释放斯巴达国内的奴隶,并把继续受剥削和处于农奴地位的黑劳士解放出来。关于黑劳士在斯巴达的命运,不妨在这里再做一些简单的回顾。早在伯罗奔尼撒战争期间,斯巴达由于兵源不足,曾招募了一些黑劳士从军参战,后来按照他们的忠诚和勇敢程度,给他们以份地,获得自由人身份。此后,又陆续解放了一些黑劳士。阿吉斯四世推行改革过程中,曾设想借重新分配土地的机会,给黑劳士以自由。公元前227年,克利奥米尼三世在拉哥尼亚开始土地重新分配,"在很多方面同阿吉斯的方案是相似的"②。克利奥米尼三世的改革方案的受益对象较广,即"不仅涵盖了贫穷的斯巴达人,也照顾到了贫穷的'边民'。另外,他还释放了6,000名余下的拉哥尼亚黑劳士;这些黑劳士现在可以用现金来向斯巴达换取自己的自由"③。也就是说,克利奥米尼三世采取的是让拉哥尼亚黑劳士用金钱赎买人身自由的做法。所支付的赎金,是黑劳士自筹的,这表明同过去相比,斯巴达的经济体制已经发生了一些变化,否则黑劳士们怎能有积累,或者怎能设法筹集到钱?通过

---

① 孙道天:《古希腊历史遗产》,上海辞书出版社,2004年,第278页。
② 卡特利奇:《斯巴达人:一部英雄的史诗》,梁建东、章颜译,上海三联书店,2010年,第227页。
③ 同上。

赎买而获得人身自由的黑劳士"大概因此就成为土地的所有者"①。

现在,纳比斯推行的改革大大超过了克利奥米尼三世推行的改革。纳比斯不但给黑劳士以自由,还使他们成为斯巴达公民。② 从理念上说,纳比斯同克利奥米尼三世也是不同的。克利奥米尼三世"内心并没有认识到结束黑劳士制度会造成什么样的长期社会影响"③,而纳比斯则把解放黑劳士当作一项确定的政策来加以实施,并把它作为实现自己改变斯巴达状况的一揽子计划的一部分。④

纳比斯的比克利奥米尼三世激进得多的改革,使希腊中部和南部的城邦转向罗马求救,因为这时罗马的势力已渗入希腊。公元前195年,罗马"不再虚伪地保持中立立场,并向斯巴达正式宣战"⑤。纳比斯被迫割让出一部分所控制的地区。公元前193年,纳比斯试图夺回失去的土地时,又被罗马和一些希腊城邦的联军击败。公元前192年,纳比斯被暗杀。斯巴达改革尽废。

斯巴达的改革为什么会一再失败?敌人太强了,先有马其顿,后有罗马,而且无论是马其顿还是罗马,都有一些希腊城邦跟它们在一起,出兵出钱。阿吉斯四世、克利奥米尼三世和纳比斯全都不是它们的对手,怎能不失败呢?

---

① 卡特利奇:《斯巴达人:一部英雄的史诗》,梁建东、章颜译,上海三联书店,2010年,第227页。
② 参看同上书,第229页。
③ 同上书,第230页。
④ 同上。
⑤ 同上书,第230—231页。

如何看待公元前3世纪晚期到公元前2世纪初的斯巴达的改革？19世纪末年和20世纪的西方历史学家中有人认为这是一场激进的"社会主义"改革。[①] 这种类比是不合适的。应当说，改革仍是斯巴达式的、符合斯巴达传统的。[②] 改革的目的是试图恢复斯巴达历史上曾经存在的土地分配模式，以缓解社会矛盾。然而，那时已经到了公元前3世纪中叶以后，任何人想要恢复公元前6世纪时的氏族社会的土地制度都只是空想，根本无法实现。

四、安提柯王朝时期的提洛经济

在爱琴海上，有两个城邦明显得到亚历山大东征后马其顿帝国版图扩大的好处，它们是提洛和罗得斯，都是岛国。

当波斯帝国还占领着小亚细亚、叙利亚、巴勒斯坦和埃及之时，爱琴海一直是雅典和波斯长期争夺的海域，战争不断发生，海盗（有腓尼基人、克里特人，甚至希腊西部城邦的人参与）横行无忌。即使在雅典一度击败波斯而成为爱琴海上的霸主后，雅典舰队也只是在爱琴海上巡弋，雅典依旧控制不了西亚和北非的陆地，商路并不通畅，所以提洛和罗得斯的经济并未有大的起色。这种情况直到亚历山大东征并消灭了波斯阿黑门尼德王朝之后才彻底改观。

先谈提洛的情况。提洛从历史上说，从来都不是一个政治中心，"没有宪法，没有自己的军队，而且土地非常贫瘠，没有什

[①] 参看福莱斯特：《斯巴达史》，第3版，布里斯托古典丛书出版社，伦敦，1995年，第144页。

[②] 参看同上。

么矿产资源"①。这里"人口混杂,由雅典官员、神庙祭司、各色商人、艺术家等构成"②。那么,提洛是怎样繁荣起来的呢？一靠奴隶贸易,二靠阿波罗神庙。

在奴隶贸易方面,如前面所说,爱琴海上长期海盗横行,海盗向提洛供应奴隶,而且什么地区的奴隶都有,所以提洛的奴隶市场十分兴盛。

在神庙经济方面,这里有著名的阿波罗神庙,远近的希腊人,包括富人和生活上还过得去的信徒,纷纷到这里祭拜,并向神庙捐献,神庙富起来了,它拥有庞大的地产和房产,有巨额的地产和房产收入。③ 神庙还成为放贷的金融机构,罗斯托夫采夫为此使用了"神庙银行"一词。④ 提洛的"神庙银行"当时被认为不仅非常富有,而且十分有名。⑤

亚历山大去世后,马其顿帝国分裂为三个王朝,提洛和罗德斯归安提柯王朝管辖,塞琉古王朝和托勒密王朝分别统治西亚和北非。这反而促成了提洛的进一步繁荣,因为来到西亚和北非的希腊商人和希腊移民的人数越来越多,提洛作为地中海东部地区的商业中心的地位更加突出了。罗马商人、意大利半岛上各地的商人也纷纷来到提洛,他们除了经商而外,有些还长住于岛上。⑥ 虽然塞琉古王朝、托勒密王朝和安提柯王朝之间的

---

① 陈恒:《希腊化研究》,商务印书馆,2006年,第108页。
② 同上。
③ 参看同上书,第109页。
④ 参看罗斯托夫采夫:《希腊化世界社会经济史》第2卷,克莱伦顿出版公司,牛津,1941年,第1279—1280页。
⑤ 参看同上。
⑥ 参看韦尔斯:《亚历山大和希腊化世界》,哈克特出版公司,多伦多,1970年,第161页。

冲突不断，但没有出现过为争夺提洛而发生的大规模军事冲突。大家都想利用提洛的交通位置和良好港口，谁都不愿破坏这里的商业环境。塞琉古王朝同安提柯王朝之间有过多次战争，但这些战争不在爱琴海海域进行，主要战场在小亚细亚陆地上。塞琉古军队和托勒密军队的战争主要在叙利亚南部和巴勒斯坦一带，也不妨碍爱琴海海上的贸易往来。从西亚输往希腊本土的奴隶人数，在公元前2世纪时期不断增多。这些奴隶主要来自海盗的劫掠和当地部落交战时抓获的俘虏，提洛依然是兴旺的奴隶市场所在地。[1] 因此，提洛在公元前2世纪后仍继续繁荣，财富继续增长。[2]

提洛距雅典较近，历史上的交往很多，例如雅典兴盛时以雅典为核心并由雅典一手操纵的提洛同盟就设在提洛岛上。在安提柯王朝时期，雅典由于多次反抗马其顿，战火危及雅典，雅典的居民和资金纷纷流入提洛，提洛的经济繁荣也使雅典人受益，认为这里是远离战火的乡土。雅典商人在提洛的人数很多，这里生活安定、舒适、赚钱机会也多，雅典商人在这里主要从事希腊本土同西亚、北非之间的贸易。一些较穷的雅典人移居提洛以后，能得到一块土地，还能得到住房。其中有些人由于把自己的房屋和土地出租或出售给外国人而富裕起来。[3] 较为有钱的雅典人可能积极参与国际贸易，特别是参与了对提洛的投资而

---

[1] 参看乌特琴科主编：《世界通史》第2卷上册，北京编译社译，三联书店，1960年，第418页。

[2] 参看陈恒：《希腊化研究》，商务印书馆，2006年，第109页。

[3] 参看罗斯托夫采夫：《希腊化世界社会经济史》第2卷，克莱伦顿出版公司，牛津，1941年，第741—742页。

继续发财。① 即使是雅典本地的农业,也受惠于提洛的经济发展,因为雅典的农产品和农产品加工制品(尤其是橄榄油和蜂蜜)在提洛有很好的销路。② 此外,雅典的艺术家也纷纷来到提洛,谋求发展。③ 这些都说明了雅典人因提洛的繁荣而找到了发展的机会。

虽然雅典人因提洛繁荣而受益,但很难说雅典城邦是否由此而富裕了,因为它无法从提洛的关税和港口停泊费得到什么收入。④

还应当指出香料贸易的发展对提洛的繁荣所起的作用。香料作为一种调味品(尤其是胡椒),原产于印度,它通过两条路径输入希腊化世界:一条是陆路,通过印度河流域,经波斯帝国原疆土,输往西亚、北非和希腊本土;另一条是海路,即由印度从海上经波斯湾,或绕阿拉伯半岛南部运来。提洛成为香料贸易的中心之一。其实,香料不仅销往西亚、北非和爱琴海沿岸,而且同其他东方商品一起,还销往意大利半岛、西西里等地。⑤ 另一种来自印度并运往西亚、北非和欧洲的商品是烟香,这是供祭祀仪式上用的。⑥ 提洛也是集散地。

在提洛岛上居住了不少外国人,以商人为主,包括他们的家属、助手、仆役。这里有很多外国商栈、外国人住宅和外来宗教

---

① 参看罗斯托夫采夫:《希腊化世界社会经济史》第2卷,克莱伦顿出版公司,牛津,1941年,第742页。
② 参看同上。
③ 参看同上。
④ 参看韦尔斯:《亚历山大和希腊化世界》,哈克特出版公司,多伦多,1970年,第161—162页。
⑤ 参看同上书,第162页。
⑥ 参看同上书,第161—162页。

庙宇。在公元前146年罗马人攻占和焚烧科林斯之前,提洛已经是一个繁华的港湾城市。科林斯被马罗人焚烧一空之后,提洛代替了科林斯,进一步兴旺。罗马有意把提洛开辟为自由港,而不像罗得斯那样是征税的商港。于是提洛变成了地中海东部最繁忙的商业运输中心。① 提洛的居民大约有20,000人到30,000人之多。② 这里还有数以百计的店铺和作坊,以及几百座私人住宅,其中有些装饰得富丽堂皇,表明主人十分富有。③ 然而,提洛贫富悬殊,下层阶级生活困难,而且奴隶人数众多,提洛一直有一个古代世界的主要奴隶市场。④ 近年来在提洛的考古发掘表明,当时提洛沿街都是小商店,商店铺面虽然很小,但紧密地排列相依。十字路口是小市场,四面八方都有面包房,而且越靠近市场,没有窗子的作坊越多。市中心有大市场,中有祭坛,四边有宽敞的长廊,长廊中有成行成列的店铺。⑤ 这表明提洛已经有古代世界大城市的样子。

五、安提柯王朝时期的罗得斯经济

罗得斯城邦面积较大,人口众多。它不仅港湾良好,港口设施齐全,而且位于爱琴海上南北商路的交汇点,距西亚、北非又近,所以能够逐渐替代希腊本土的一些港口城市,成为除提洛以外的又一个贸易中心。

---

① 参看杜丹:《古代世界经济生活》,志扬译,商务印书馆,1963年,第143页。
② 参看罗斯托夫采夫:《希腊化世界社会经济史》第2卷,克莱伦顿出版公司,牛津,1941年,第798页。
③ 参看同上。
④ 参看同上书,第798—799页。
⑤ 参看杜丹:《古代世界经济生活》,志扬译,商务印书馆,1963年,第151页。

罗得斯城邦的领导者深知单凭自己的力量是难以独立支撑的,只有见机行事,谁强大就投靠谁,依赖谁。它先后投靠过波斯帝国、雅典、斯巴达、马其顿。后来,罗马兴盛了,罗得斯又投靠罗马,这样它就维持下来了。

值得一提的是,罗得斯城邦的治理井井有条,政局稳定,经济繁荣。罗得斯水手的技术水平是公认的。[1] 由它本国公民组成的陆军和海军都英勇善战。罗得斯的舰队肃清了附近海域的海盗,保护了过往商船的安全。[2]

罗得斯同周围的国家的关系融洽。例如,公元前225年罗得斯发生了一场大地震,受到很大损失,房屋、桥梁、城墙都被震坍,连有名的阿波罗神像也倾倒了。同罗得斯平时有交往的希腊城邦全都前来援助。托勒密王朝和塞琉古王朝都捐赠了钱财、粮食和各种物资。甚至远在西西里的叙拉古也慷慨解囊,尽管这时已是第一次布匿战争结束以后,西西里已成为罗马的一个行省,但叙拉古作为希腊移民城市被保留下来,所以仍保持着同罗得斯的商业往来。各国和希腊各个城邦援助罗得斯的灾后恢复重建一事,可以证明罗得斯在地中海贸易中的重要地位,以及各个国家同罗得斯商业往来的频繁。

公元前205年,正值罗马发动的第一次马其顿战争的后期,安提柯王朝衰落了,罗得斯乘机宣布中立,不听从安提柯王朝的摆布。罗得斯宣布中立,符合罗马的利益,因此受到罗马的欢迎;同时,这也得到托勒密王朝和塞琉古王朝的认可,因为它们

---

[1] 参看科克、阿德柯克、查尔斯渥斯编:《剑桥古代史》第7卷《希腊化的君主国和罗马的兴起》,剑桥大学出版社,1928年,第207页。

[2] 参看同上。

全都认为,在爱琴海海域能有一个中立的城邦,对大家都有好处,对爱琴海的贸易有利,商路也不至于被切断。

罗得斯一直同罗马的宿敌迦太基保持密切的商业往来,双方关系友好。① 即使在公元前168年罗马灭掉安提柯王朝后,罗得斯仍同迦太基有商业往来。② 罗得斯之所以如此,很可能纯粹出于商业利益的考虑。但罗得斯作为一个岛国,不得不考虑政治大局,它不可能同迦太基在政治上亲近,因为它不愿得罪罗马。

罗得斯也是当时国际金融中心之一。这里的富人通过自己建立的私人银行,把大笔款项借给各个城市。③ 同提洛一样,这里也有"神庙银行",但私人银行可能比"神庙银行"更为重要,放贷对象的范围也更为广泛,私人银行的金融业务同商业之间的联系也更多一些。④

罗得斯同黑海沿岸地区有密切的商业往来。早在马其顿人南下希腊本土之前,希腊移民就在黑海周边建立了自己的居住区,有些还发展为城市,但后者同希腊本土的城邦之间一般没有直接的隶属关系,只有贸易上的往来。亚历山大东征时越过了海峡,经小亚细亚南下,没有顾及黑海沿岸,更没有顾及黑海北岸的希腊移民城市和非希腊人的国家。⑤ 黑海北岸的希腊移民

---

① 参看罗斯托夫采夫:《希腊化世界社会经济史》第2卷,克莱伦顿出版公司,牛津,1941年,第776页。
② 参看同上。
③ 参看同上书,第1280—1281页。
④ 参看同上。
⑤ 参看布朗德:"大草原和海:公元前一世纪以前黑海地区的希腊化北方",载奥格登编:《希腊化世界:新观察》,威尔斯古典出版社和杜克渥斯出版公司,伦敦,2002年,第199页。

城市为了生存,不得不向周围那些强大的游牧部落、部落联盟或国家缴纳贡赋,从而相对地保持了和平。[1] 亚历山大死后的各个分治者争夺继承权的战争期间,黑海北岸的希腊移民城市既没有卷入这场战争,也从未明确地支持哪一方,它们依然同过去一样,专心从事贸易,贸易的主要商品除了农牧业产品而外,还包括奴隶,奴隶主要是蛮族人。直到罗得斯强盛和富裕之后,情况才发生变化。

罗得斯对黑海北岸地区十分关注。这里有丰富的资源,却没有强大的对手。于是罗得斯充当了黑海与地中海之间重要的贸易中介人。[2] 当时,对黑海北岸感兴趣的还有位于博斯普鲁斯海峡西岸的希腊移民城市拜占庭。但经营黑海贸易的希腊人并不支持拜占庭,因为拜占庭对黑海贸易征收重税,以便用来维持拜占庭的财政开支,包括向黑海北岸内陆地区的部落、部落联盟或国家支付贡金,从而使外来的希腊人不满。[3] 罗得斯和拜占庭在黑海贸易中的矛盾一直存在,所以罗得斯不通过拜占庭而同黑海北岸地区直接发生联系。罗得斯的强盛使它有可能做到这一点。公元前2世纪后半期,在黑海北岸的克里米亚可以明显地感到罗得斯在这里的影响,罗得斯在这里主要从事粮食贸易,把这里的粮食运往爱琴海地区。[4] 除粮食以外,罗得斯商

---

[1] 参看布朗德:"大草原和海:公元前一世纪以前黑海地区的希腊化北方",载奥格登编:《希腊化世界:新观察》,威尔斯古典出版社和杜克渥斯出版公司,伦敦,2002年,第199—200页。

[2] 参看同上书,第208页。

[3] 参看同上书,第207页。

[4] 参看罗斯托夫采夫:《希腊化世界社会经济史》第2卷,克莱伦顿出版公司,牛津,1941年,第776—777页。

人还从黑海北岸地区向爱琴海地区输出牲畜、蜂蜜、蜡、干鱼等产品和奴隶。① 而输往黑海北岸的,除了希腊化国家制造的手工业品外,还有橄榄油等食品,因为那里的气候不适合种植橄榄树。② 罗得斯人一直在这一贸易中起着重要作用。

罗得斯同小亚细亚境内的帕加马王国之间也有密切的商业联系。关于帕加马王国,本书下一章将会提及。在这里只提一下帕加马王国经济比较繁荣,文化相当发达,但却是一个缺少粮食的国家。罗得斯不仅向它供应来自黑海北岸地区的粮食,有时甚至向它赠送粮食,以表示善意。③ 帕加马王国自身也生产一些农产品和手工业产品,它也很可能想借助于罗得斯把自己的农产品和手工业产品推销出去并找到一个贸易结算中心。④

公元前2世纪,罗得斯达到了极盛阶段,它被认为是希腊城市中最适合人们居住和最符合商人经营发展的城市,简单地说,它继续既自由,又富庶。⑤ 各国的商人都把年轻人派到那里去学习做生意。⑥ 当时,有人说罗得斯的财富来自转运贸易,进出口的货物都要缴纳关税,⑦罗得斯对此做了辩解,说它所征的不是关税,也不是一种城镇出入税,而是向停泊在港口的船只征收

---

① 参看伊文斯:《希腊化时期的日常生活:从亚历山大到克娄巴特拉》,格林渥德出版社,美国康涅狄格州韦斯特波特,2008年,第75页。
② 参看同上书,第76页。
③ 参看罗斯托夫采夫:《希腊化世界社会经济史》第2卷,克莱伦顿出版公司,牛津,1941年,第777页。
④ 参看同上。
⑤ 参看斯托巴特:《希腊曾经辉煌》,第4版,普莱格出版公司,纽约,1964年,第224页。
⑥ 参看马哈菲:《希腊的生活和思想:从亚历山大时代到罗马的征服》,阿尔诺出版公司,纽约,1887年初版,1976年重印,第333—334页。
⑦ 参看杜丹:《古代世界经济生活》,志扬译,商务印书馆,1963年,第143页。

的船舶停靠税。① 正因为转运的货物多,停靠港口的船泊多,所以税收甚丰。

罗德斯还制定了一部海上法,处理海上纠纷有法可依,从而被各国商人认可。

第三节 安提柯王朝走向衰亡

在安提柯王朝统治之下,希腊境内一些城邦纷纷组成同盟,这既反映了马期顿征服希腊本土以前的希腊传统,也是城邦之间相互渗透的表现。② 因此,要了解安提柯王朝是如何统治希腊本土的,有必要先了解希腊城邦在这段时间内所组成的同盟。而要了解希腊境内一些城邦如何力争摆脱马其顿统治,使安提柯王朝逐渐丧失控制力,并如何逐步走向衰亡的,也必须先了解希腊本土所组成的城邦同盟。

当时,希腊城邦组成的同盟,最重要的是埃陀利亚同盟和阿卡亚同盟。除这两个同盟以外,还有伊奥尼亚同盟、卢奇亚同盟、克里索利亚同盟等。③ 它们全都是一种利益的结合。

下面,首先谈谈埃陀利亚同盟。

一、埃陀利亚同盟

埃陀利亚人一向住在希腊西北的山区,同马其顿人过去一

---

① 参看杜丹:《古代世界经济生活》,志扬译,商务印书馆,1963年,第156页。
② 参看戴维斯:"希腊化主权国家的相互渗透关系",载奥格登编:《希腊化世界:新观察》,威尔斯古典出版社和杜克渥斯出版公司,伦敦,2002年,第9页。
③ 参看同上。

样，被认为是一个半开化的部落，他们都是些村民和山里人。①埃陀利亚人从未被希腊其他城邦征服过，这多半是由于他们居住的地区山峦重叠、林木繁密、道路崎岖所致。② 在历史上，他们对希腊是有功的，因为骁勇善战，曾抗击过高卢人南下，拯救了希腊。③

埃陀利亚人是在马其顿王国建立以后才逐渐融入希腊社会的，埃陀利亚人建立自己的城邦可能是在公元前4世纪中后期。从这以后，埃陀利亚经济虽然有所发展，但仍未摆脱以畜牧业为主的格局。年轻的埃陀利亚人外出充任雇佣兵的，不在少数。④

安提柯二世继位前不久，埃陀利亚已逐渐强盛。他们信奉的是太阳神。信奉太阳神的，不仅有埃陀利亚人，还有居住在希腊西北部的一些城邦的居民。大约在公元前279年前后，以埃陀利亚为中心，联合了附近共同信仰太阳神的城邦一起组成了埃陀利亚同盟。从时间上说，埃陀利亚同盟成立略早于安提柯王朝的建立（安提柯王朝建立于公元前276年）。

埃陀利亚同盟规定，所有入盟的城邦完全平等，对内保持独立地位，对外一律统一口径，采取一致行动。同盟设置全盟公民大会，所有入盟城邦的公民均可参加全盟公民大会，选举同盟领导人。埃陀利亚同盟究竟采取什么样的议事规则和组织形式，

---

① 参看韦尔斯：《亚历山大和希腊化世界》，哈克特出版公司，多伦多，1970年，第77页。
② 参看科克、阿德柯克、查尔斯渥斯编：《剑桥古代史》第7卷《希腊化的君主国和罗马的兴起》，剑桥大学出版社，1928年，第208页。
③ 参看同上。
④ 参看同上。

并没有具体的记载,但很可能是由入盟城邦选举代表的体制,[1]而不是按照以前曾经在希腊实行过的办法,即根据入盟各部人口所占比例产生代表,因为那样一来,就使得"地区而不是城市成为组成单位"[2],从而"较小的城市会觉得自己受到歧视,倾向于反对联合在一起"[3]。

埃陀利亚同盟刚建立之时,只是互助互保性质的城邦联合。当初,不仅看不出埃陀利亚同盟是针对马其顿的,也看不出是旨在驱逐马其顿人的。甚至在某些场合它还是同马其顿人合作的。比如说,埃陀利亚和后来同它一起建立埃陀利亚同盟的城邦,在公元前4世纪末曾同安提柯家族一起对付安提帕特的儿子卡桑德,[4]公元前3世纪初期又同安提柯家族一起抗击过高卢人的南侵。[5]

埃陀利亚人很早就进行海上劫掠活动,这是他们惯常的职业之一,为此,他们还同"希腊海上掠夺中心——克里特岛建立起联系"[6]。即使埃陀利亚人的海上劫掠活动也损害了马其顿人的利益,但安提柯二世并没有对埃陀利亚人或埃陀利亚同盟采取过报复行动。安提柯二世认为,只要埃陀利亚同盟尊重马其顿王国的至尊地位就行了。

---

[1] 参看弗格森:《希腊帝国主义》,晏绍祥译,上海二联书店,2005年,第125—126页。

[2] 同上书,第126页。

[3] 同上。

[4] 参看韦尔斯:《亚历山大和希腊化世界》,哈克特出版公司,多伦多,1970年,第79页。

[5] 参看同上书,第76页。

[6] 乌特琴科主编:《世界通史》第2卷上册,北京编译社译,三联书店,1960年,第353页。

在安提柯王朝基本上不干预的情况下,埃陀利亚同盟继续扩展,加入这一同盟的城邦增多了。希腊中部的一些城邦,甚至伯罗奔尼撒半岛上的依利斯城邦也参加了埃陀利亚同盟。不仅如此,埃陀利亚同盟的活动范围也有所变化,它已经不再限于军事上对外一致行动(如某个加盟城邦受到同盟以外的敌人攻击时,有共同出兵作战,统一指挥的规定),而且还扩大到经济方面,如采取共同的度量衡制度和采取统一的通用货币,以便于商业往来。为了取得更多的希腊城邦的平民支持,埃陀利亚还经常支持希腊城邦中的民主派。[①] 埃陀利亚的野心随之滋长,它感到自己的力量已经足够强大,决心推行独立的政策而不再受马其顿的节制。[②] 与此同时,埃陀利亚人的海上劫掠活动更加放肆,它的海上劫掠范围已不限于海上,甚至攻击爱琴海一些岛屿上的城市和希腊本土沿岸的城市。它同克里特人的关系更加密切了,它"利用克里特的一些港湾作为集合点和可以处置俘虏的场所"[③]。有些希腊城邦甚至同埃陀利亚订立和平协定,以保证今后不再受到埃陀利亚人的袭击。[④] 可以说,在整个公元前3世纪内,埃陀利亚人始终是爱琴海上横行无阻的海上劫掠者。[⑤]

这一切显然引起了安提柯王朝的不满,也引起了爱琴海沿

---

① 参看乌特琴科主编:《世界通史》第2卷上册,北京编译社译,三联书店,1960年,第354页。

② 参看科克、阿德柯克、查尔斯渥斯编:《剑桥古代史》第7卷《希腊化的君主国和罗马的兴起》,剑桥大学出版社,1928年,第210页。

③ 罗斯托夫采夫:《希腊化世界社会经济史》第1卷,克莱伦顿出版公司,牛津,1941年,第199页。

④ 参看同上书,第198页。

⑤ 参看同上。

岸希腊城邦的痛恨。

二、阿卡亚同盟

阿卡亚是希腊南部的一个地区,位于伯罗奔尼撒半岛北部。阿卡亚同盟就是阿卡亚城邦和伯罗奔尼撒半岛上一些希腊城邦组成的。它和埃陀利亚同盟一样,很可能也遵循着"一城一票"的原则。[①] 各入盟城邦一律平等。

从建立的时间上说,阿卡亚同盟大约建立于公元前3世纪中期,略晚于埃陀利亚同盟。建立阿卡亚同盟的目的,同埃陀利亚同盟相同,即对内保持独立,对外一致行动。具体地说,军事上,对外作战时,入盟各城邦出兵,选出一位统帅,指挥同盟军队;经济上,也实行统一的度量衡制度,采用通用的货币。此外,阿卡亚同盟也召开全盟公民大会,所有入盟城邦的公民都可参加。

最早参加阿卡亚同盟的主要是农业城邦,城邦居民以从事种植业、畜牧业、葡萄业为主。后来,科林斯、麦加腊等工商业比较发达的城邦也加入了阿卡亚同盟。科林斯的情况比较特殊,需要单独予以说明。

科林斯在伯罗奔尼撒战争之后,乘雅典衰落在先、斯巴达衰落在后的有利时机,使经济有较大发展。在马其顿王国南下和亚历山大东征之际,科林斯又获得了两个机遇,一是马其顿军队毕竟维持着希腊本土的秩序,工商业活动毕竟有了和平的环境;

[①] 参看弗格森:《希腊帝国主义》,晏绍祥译,上海三联书店,2005年,第126页。

二是亚历山大东征把西亚和北非纳入了统治范围,商机增加很多。科林斯抓住这些机遇,成为受益较多的一个希腊城邦。加之,科林斯地理位置良好,它处于科林斯地峡上,可以"把船舶从一个海拖到另一个海"①,这条拖道一直被使用,使科林斯成了不亚于提洛和罗得斯的贸易中心。

安提柯王朝建立后,科林斯总是"脚踩两只船":一方面,它服从安提柯王朝,绝不反对安提柯王朝;另一方面,它同当时已建立的阿卡亚同盟保持良好的关系,却一直不愿加入阿卡亚同盟。它这样做,无非是为了既不得罪安提柯王朝和阿卡亚同盟,又不至于牺牲自己的商业利益。但情况后来发生了变化。阿卡亚同盟中的西库昂城邦领导人阿拉图斯通过政变上台,并于公元前245年被选为阿卡亚同盟的军事统帅,那时他可能还不到30岁。以后他连任此职,直到公元前235年。② 他原来就有反对马其顿王国驻兵科林斯地峡的想法,于是他鼓动阿卡亚同盟各城邦出兵攻占科林斯,并逼迫驻守科林斯地峡的马其顿军队撤走。这样,科林斯加入了阿卡亚同盟,紧接着,麦加腊也加入阿卡亚同盟。③ 阿卡亚同盟至此进入全盛时期,安提柯王朝虽然对阿卡亚同盟不满,但也无可奈何。安提柯王朝认为,如果对阿卡亚同盟采取强硬措施,结果将引发一场希腊全境的内战,对安提柯王朝是不利的。而阿卡亚同盟为了巩固自己的地位,一

---

① 杜丹:《古代世界经济生活》,志扬译,商务印书馆,1963年,第142页。
② 参看科克、阿德柯克、查尔斯渥斯编:《剑桥古代史》第7卷《希腊化的君主国和罗马的兴起》,剑桥大学出版社,1928年,第733页。
③ 参看乌特琴科主编:《世界通史》第2卷上册,北京编译社译,三联书店,1960年,第354—355页。

方面同埃陀利亚同盟接近,以便相互支援(尽管这只是暂时性的),另一方面则同托勒密王朝结盟,以便取得后者的帮助。①

这样,阿卡亚同盟的影响增大了。要知道,希腊本土过去两大主要城邦雅典和斯巴达都被排斥在阿卡亚同盟和埃陀利亚同盟之外:安提柯王朝禁止雅典参加任何同盟,斯巴达则被阿卡亚同盟拒绝,埃陀利亚同盟也对斯巴达冷淡,不愿同它在一起。斯巴达这时内部矛盾激烈,国王和贵族们都为土地制度改革以及由此引起的社会动荡着急,斯巴达也无意加入任何同盟。② 特别是斯巴达绝对不愿意同阿卡亚城邦站在一起,更不用说尊奉阿卡亚城邦为首的同盟了,因为斯巴达和阿卡亚城邦是宿敌,现在斯巴达怎么可能承认阿卡亚城邦的主导地位呢?③ 然而事情的进展不依斯巴达的意志为转移,公元前192年,阿卡亚城邦强迫斯巴达加入阿卡亚同盟。"对斯巴达人来说,这是他们从未经历过的耻辱和打击。曾经,而且就在不久以前,斯巴达至少在伯罗奔尼撒的政治活动中,仍然还算得上是一个有分量的角色,可现在,其地位竟然与阿卡亚同盟中其他最低贱的小城邦没有什么两样了。"④

从阿卡亚同盟和埃陀利亚同盟的建立和发展的过程,可以清楚地看到安提柯王朝的二元政治体制的特色。安提柯王朝尽管高踞于希腊境内各个城邦之上,它可以对希腊各邦发号施令,

---

① 参看乌特琴科主编:《世界通史》第2卷上册,北京编译社译,三联书店,1960年,第355页。

② 参看卡特利奇:《斯巴达人:一部英雄的史诗》,梁建东、章颜译,上海三联书店,2010年,第225—227页。

③ 参看同上书,第231页。

④ 同上书,第232页。

必要时可以出动军队来肃清一切反马其顿的势力,以维护自己的统治,但另一方面,安提柯王朝不仅让希腊城邦保留一定自治权,容许像雅典、提洛、罗得斯这样的城邦放手发展,而且还容许建立埃陀利亚同盟、阿卡亚同盟等带有摆脱马其顿控制权性质的同盟。实际上,这仍然是因为安提柯王朝的实力还没有强大到足以在希腊本土推行东方式的中央集权制度的地步,所以在许多场合,安提柯王朝是包容的、忍让的。

从根本上说,阿卡亚同盟对马其顿是有意疏远的,因为"在阿卡亚人的制度中也表现了对君主制的不信任和对'僭主政治'的反感,而安提柯的希腊帝国,正建立在僭主政治的基础上"[①]。在阿卡亚同盟看来,民主是传统,传统不可违背,而"一个由僭主统治的城市,与它在同盟中的盟员资格不可并存"[②]。从这个意义上说,阿卡亚同盟是由一些抛弃了亲马其顿政策并反对僭主政治的城邦所组成的城邦同盟。[③]

安提柯王朝,如果说在阿卡亚同盟刚建立时还不很了解阿卡亚城邦和参加阿卡亚同盟的那些城邦的反马其顿的倾向,但后来,尤其是在阿卡亚同盟军队攻入科林斯,迫使科林斯加入该同盟,并逼迫马其顿军队撤出科林斯地峡之时,安提柯王朝终于明白了阿卡亚同盟是把安提柯王朝当做对手来看待的。但安提柯王朝又有什么办法呢?安提柯王朝知道驻军于科林斯地峡的军事政治意义,因为只要地峡由马其顿军队驻防,希腊南部和中

---

① 弗格森:《希腊帝国主义》,晏绍祥译,上海三联书店,2005年,第127页。
② 同上。
③ 参看巴格纳尔、提罗编:《希腊化时期:史料译丛》,第2版,布莱克维尔出版公司,牛津,2004年,第62页。

部、北部的城邦就不可能统一起来。① 安提柯王朝曾经准备尽一切可能来保卫科林斯和科林斯地峡,这实际上意味着保卫马其顿自身。② 但反复思量之后,安提柯王朝还是容忍下来了,因为它不愿意同阿卡亚同盟的冲突升级,关系破裂,它总想在今后同阿卡亚同盟打交道时留有余地。

三、罗马共和国和马其顿之间关系的变化

根据以上所述,埃陀利亚同盟和阿卡亚同盟的建立和存在是安提柯王朝二元政治体制的反映。这从另一个角度说明了,即使在安提柯王朝的兴盛时期,由于实力仍不如塞琉古王朝和托勒密王朝,所以不仅不可能同这两个王朝争夺地中海东部地区的霸权,甚至不敢同希腊境内的城邦把关系弄僵,这就形成了安提柯王朝在对待埃陀利亚同盟和阿卡亚同盟时一再容忍,以维持大局稳定的政策。③ 换句话说,在安提柯王朝统治时期,它对待希腊城邦时,已主要不是同雅典和斯巴达打交道,而是同埃陀利亚同盟和阿卡亚同盟打交道了。④

然而,不久就出现了一个新的情况,即罗马共和国兴起了,强盛了,罗马不断进逼希腊本土,使罗马和马其顿之间的关系越来越紧张,也使安提柯王朝同埃陀利亚同盟、阿卡亚同盟之间的

---

① 参看科克、阿德柯克、查尔斯渥斯编:《剑桥古代史》第7卷《希腊化的君主国和罗马的兴起》,剑桥大学出版社,1928年,第205页。
② 参看同上。
③ 参看弗格森:《希腊帝国主义》,晏绍祥译,上海三联书店,2005年,第124页。
④ 参看斯塔尔:"希腊化文化",载斯特兰编:《古代希腊的贡献》,浩特、莱恩浩特和温斯顿出版公司,纽约,1971年,第266页。

关系发生变化。为了说明这一点,让我们先从伊庇鲁斯国王皮洛士谈起。

1. 伊庇鲁斯国王皮洛士

早在安提柯二世于公元前276年登上王位并建立安提柯王朝之前4年,即公元前280年,罗马在进攻意大利半岛南部希腊移民城邦塔兰托时,塔兰托深受威胁,便向巴尔干半岛上的伊庇鲁斯王国(今阿尔巴尼亚南部)国王皮洛士求救。伊庇鲁斯人原来都是些山民,国王皮洛士自称是《荷马史诗》中的英雄人物阿喀琉斯的后裔。伊庇鲁斯不在希腊城邦之列,但伊庇鲁斯人却自称是希腊人的代表,因为他们曾经追随亚历山大远征东方,包括远征印度。塔兰托人向皮洛士求救,被皮洛士看成是一个可以显示自己军事实力和提升自己声望的机会,于是率领骑兵、步兵和从印度带回的大象,渡海到意大利半岛去迎战罗马军队。[1]

皮洛士自信自己是有力量击败罗马人的,因为在这之前,即公元前289年他曾击败马其顿军队,据说俘虏达5,000人之多。[2] 这件事引起安提柯王朝和希腊本土各城邦的震惊,甚至当时有人吹捧皮洛士的武功可以同亚历山大大帝媲美。[3]

---

[1] 参看杜兰:《世界文明史》第2卷《希腊的生活》,幼狮文化公司译,东方出版社,1998年,第486页。
[2] 参看普鲁塔克:《希腊罗马名人传》第2卷,席代岳译,吉林出版集团有限责任公司,2009年,第710页。
[3] 参看同上。

但皮洛士与罗马人之战注定是一场伊庇鲁斯失败的战争。罗马是倾全国之力来进行这场统一意大利半岛的战争,而伊庇鲁斯王国却得不到希腊各城邦的真心真意的援助,皮洛士率领的只是一支雇佣军,而罗马使用的则是民兵,所以,这是罗马民兵和皮洛士的雇佣军之间的战斗,皮洛士必败无疑。①

战争开始时,皮洛士率军在意大利半岛登陆,虽然击败了罗马人,但皮洛士也损失惨重,据说皮洛士当时就惊呼,再有这样一次胜利他就完了。② 由于西西里岛上的希腊移民城邦叙拉古正受到迦太基人的攻击,也向皮洛士求救。皮洛士便于公元前278年率主力驰援叙拉古,只留下少数军队防守塔兰托。就在这时,皮洛士横加干涉塔兰托和叙拉古两个城邦的政务,并恣意征收税赋,引起两地希腊移民的不满,最终不得不先撤出西西里,再撤出意大利半岛。③ 皮洛士在意大利作战6年,不仅没有挽救塔兰托的命运,反而得罪了罗马,伊庇鲁斯的军力也受到损失。皮洛士在同罗马人作战时,曾寄希望于从安提柯王朝那里得到帮助,但安提柯王朝不愿同罗马人交战,拒绝出兵支援,皮洛士深为不满,竟于公元前274年带兵攻打马其顿,占领了马其顿大部分领土,安提柯二世逃到帖萨罗尼卡。皮洛士留下自己的儿子来管辖马其顿。过了两年,即公元前272年夏天,安提柯

---

① 参看蒙森:《罗马史》第2卷,李稼年译,李澍泖校,商务印书馆,2004年,第134页。

② 参看杜兰:《世界文明史》第2卷《希腊的生活》,幼狮文化公司译,东方出版社,1998年,第486页。

③ 参看乌特琴科主编:《世界通史》第2卷上册,北京编译社译,三联书店,1960年,第391—392页。

二世才依靠雇佣军收复了大部分失地。①

皮洛士从意大利半岛和西西里岛撤军回来后,不甘心自己的失利,仍想在希腊本土称雄称霸。他最担心的是希腊各城邦同马其顿站在一起,那样一来,伊庇鲁斯就下降到第二流国家的地位。② 于是他决定出兵进攻希腊,并把重点放在伯罗奔尼撒半岛。公元前272年,皮洛士在伯罗奔尼撒半岛同马其顿和希腊城邦的联军作战时,路过一个村镇,被一个老妇人在屋顶上用瓦片击中头部,晕倒在地。③ 在他恢复知觉之前,被联军的一个来自伊利里亚的雇佣兵认出来了,于是砍下了他的头颅。④ 皮洛士死后,伊庇鲁斯军队匆匆逃散。这场战争也就此告终。

2. 罗马和安提柯王朝的正面冲突

公元前239年,安提柯二世在执政37年之后去世。德米特里二世继位,在位10年(公元前239—前229年)。接着任马其顿国王的是安提柯三世(公元前229—前221年)和菲利普五世(公元前221—前179年)。由于罗马共和国已日益强大,马其顿西部的国际形势发生了重大变化。

要知道,罗马和希腊世界的接触很早就有了。除了商业往

---

① 参看科克、阿德柯克、查尔斯渥斯编:《剑桥古代史》第7卷《希腊化的君主国和罗马的兴起》,剑桥大学出版社,1928年,第213页。
② 参看茹贵:《亚历山大大帝和希腊化世界》,英译本,道比译,阿里斯出版公司,芝加哥,1985年,第181页。
③ 参看科克、阿德柯克、查尔斯渥斯编:《剑桥古代史》第7卷《希腊化的君主国和罗马的兴起》,剑桥大学出版社,1928年,第215页。
④ 参看同上。

来以及前往意大利半岛南部的希腊移民同罗马人有接触之外，从政治上说，据说早在公元前4世纪后期亚历山大大帝在位时，曾派过使臣前去罗马；[1]而在亚历山大大帝病逝前几个月，罗马的使臣也拜见了当时住在巴比伦城的亚历山大大帝。[2] 但从那以后，随着亚历山大去世和马其顿帝国分裂、分治，希腊世界同罗马的往来就停止了。安提柯王朝建立前后，发生过前面已提到的伊庇鲁斯国王皮洛士同罗马人的战争，不过皮洛士不能代表安提柯王朝。安提柯二世本人是不愿介入同罗马的战争的。

到了安提柯二世执政后期，罗马的地位大大增强。罗马不仅占领了意大利半岛的南部，使当地的希腊移民城市归属自己，而且在第一次布匿战争（公元前264—前241年）中击败了迦太基，整个西西里划归了罗马，岛上的迦太基人被赶走了，岛东部的希腊移民城市也都归顺罗马。接着，罗马又占领了地中海上的撒丁岛和科西嘉岛。安提柯二世去世后，罗马一方面继续把迦太基当作今后作战的主要目标，以便独霸地中海西部，另一方面开始把希腊本土和马其顿作为另一个进攻目标，以便控制地中海东部。罗马进攻希腊本土还有一个原因，就是要报皮洛士率军登陆意大利半岛同罗马人作战之仇。

在安提柯王朝，这时明显地存在三股势力，一是安提柯王朝的基地马其顿，二是埃陀利亚同盟，三是阿卡亚同盟。在马其顿看来，只有联合埃陀利亚同盟和阿卡亚同盟，再加上未参加这两

---

[1] 参看比罗斯："希腊化世界和罗马共和国时代的国际关系"，载萨宾、威斯、维特比编：《剑桥希腊罗马战争史》第1卷《希腊、希腊化世界和罗马的兴起》，剑桥大学出版社，2007年，第319页。

[2] 参看同上。

个同盟的其他希腊城邦,才能与罗马共和国抗衡。而埃陀利亚同盟和阿卡亚同盟则不然。在罗马人咄咄逼人的形势下,埃陀利亚同盟和阿卡亚同盟感觉到,虽然马其顿的控制使希腊人难以接受,如果换成罗马人的统治,他们也会感到同样难以接受。但假设罗马不对希腊城邦进行直接的统治,而是保护希腊各个城邦的利益,甚至使希腊各个城邦的安全得到保障,自治权得以维持,那么希腊各个城邦是愿意同罗马站在一起,反对马其顿王国的。也就是说,埃陀利亚同盟和阿卡亚同盟在罗马与马其顿的冲突中,实际上处于观望状态,一切以罗马对希腊人的态度和政策为转移。

公元前230年,亚得里亚海和地中海东部海盗猖獗,这些海盗同伊利里亚王国(今阿尔巴尼亚北部)勾结在一起。罗马为了肃清海盗,保障商路通畅,专派使者到伊利里亚王国去,要求国王下令臣民停止对海盗的支持,停止坐地分赃的勾当,不料伊利里亚国王竟杀害了罗马使者。罗马出兵消灭了伊利里亚王国,把它变为附庸。罗马的行动得到了埃陀利亚同盟、阿卡亚同盟和雅典等城邦的支持,它们拥护罗马占领伊利里亚这一蛮族国家和打击海盗的举措,它们甚至把罗马看成是解救者,而不考虑罗马在紧挨着希腊本土的伊利里亚建立了一个随时可以南下的据点。尽管"对罗马人的威胁,希腊的有识之士呼吁停止内战,注意'西方升起的乌云',然而,为了在内战中占得先机,一些希腊城邦请求罗马人帮助"[1],这就为罗马的入侵希腊本土提

---

① 陈志强:《巴尔干古代史》,中华书局,2007年,第75页。

供了条件。

第一次布匿战争以后,罗马的主要精力仍用来对付迦太基,因为迦太基虽然失去了西西里岛,但无论陆军还是海军实力都很强大,罗马不敢掉以轻心。恰恰在这个时候,马其顿王国意识到罗马的继续扩张对马其顿王国带来的威胁已经超过了迦太基的存在所带来的威胁,于是改变策略,转而同迦太基结盟,与迦太基一起对付罗马。这样,罗马与马其顿之间产生了正面冲突,这一正面冲突加速了安提柯王朝的衰亡。

3. 第一次和第二次马其顿战争的爆发及其结果

公元前219年,罗马与迦太基之间发生了第二次布匿战争。战争初期,迦太基军队在汉尼拔率领下从阿尔卑斯山南下,进入意大利境内并大败罗马军队。在安提柯王朝,国王菲利普五世于公元前221年继位,他同汉尼拔约定夹击罗马军队于意大利半岛,于是马其顿军队登陆意大利,进攻罗马城。

埃陀利亚同盟在这种形势下是不是支持马其顿呢?它犹豫不决:一方面,它看到了罗马的强大的确是未来希腊城邦的威胁,另一方面,它又害怕马其顿战胜以后对希腊本土统治的加强。稍后,菲利普五世同迦太基签订的密约内容被泄露出来,原来双方约定,迦太基承认菲利普五世在出兵进攻罗马后,有权重新控制希腊全境。这样,埃陀利亚同盟马上就转变了立场,拒绝与迦太基站在一起,拒绝派军队协同马其顿作战。菲利普五世只能得到阿卡亚同盟的帮助,而埃陀利亚同盟则站到罗马一边,并获得罗马的支持。①

罗马痛恨马其顿王国在紧要关头同迦太基结盟出兵意大利。在意大利战局渐趋稳定后,公元前215年,罗马决定向马其顿开战,这就是第一次马其顿战争。在战争期间,埃陀利亚同盟成为罗马的盟友。② 战争在希腊境内进行;由于第二次布匿战争此时尚未结束,罗马的主要精力依然放在同迦太基作战的战场上,无意于在希腊境内把同马其顿的战争拖延下去,于是第一次马其顿战争于公元前204年结束。第一次马其顿战争结束前,阿卡亚同盟的立场也转变了,它不再相信马其顿会操胜算,也不相信马其顿会任凭希腊城邦保持自治,于是转到了倾向于罗马一方的立场。第一次马其顿战争结束后,尽管马其顿还控制了希腊一些城邦,但却"失去了在欧洲希腊部分建立统一国家的最后机会"③。而对罗马来说,"通过一次又一次的马其顿战争,罗马人第一次带有决定意义地干预了东方世界"④。

公元前201年,第二次布匿战争以迦太基惨败而告结束,迦太基失去了在西班牙的殖民地,势力仅限于北非一角。迦太基只被允许保留10艘战舰,其余全部销毁。从这以后,罗马在地中海西部的霸权已经确立,于是罗马把进攻的目标转移到马其顿。第二次布匿战争结束后仅隔一年,即公元前200年,罗马便

---

① 参看茹贵:《亚历山大大帝和希腊化世界》,英译本,道比译,阿里斯出版公司,芝加哥,1985年,第221页。

② 参看巴格纳尔、提罗编:《希腊化时期:史料译丛》,第2版,布莱克维尔出版公司,牛津,2004年,第68—69页。

③ 弗格森:《希腊帝国主义》,晏绍祥译,上海三联书店,2005年,第131页。

④ 茹贵:《亚历山大大帝和希腊化世界》,英译本,道比译,阿里斯出版公司,芝加哥,1985年,第175页。

发动了第二次马其顿战争,历时4年,到公元前197年结束。罗马的军事优势十分明显,拥有较多的舰船,海军人数也较多。[1] 罗马的海军士兵供给充足,意大利沿海地区都是罗马海军士兵的补充来源。[2] 此外,罗马社会上有一些最底层的普通罗马公民,还有一些被释奴隶,愿意进入海军服役。[3] 罗马军队之所以能跨海作战,是同它海军的强大有关的。而罗马陆军的军团方阵,已被布匿战争证实其作战能力。因此,安提柯王朝的菲利普五世不得不在惨败之后求和。议和的条件是苛刻的:马其顿向罗马赔款,马其顿军队撤出希腊本土,退回马其顿,船只全部交出。

在第二次马其顿战争中,埃陀利亚同盟和阿卡亚同盟都是罗马的盟友,站在罗马一边。

四、安提柯王朝的结束

第二次马其顿战争被认为是罗马征服希腊本土的战争的开始,也是征服希腊化世界的整个战争的开始。[4] 为了彻底粉碎菲利普五世东山再起的图谋,罗马元老院做出如下的规定,宣布希腊完全自由,不受罗马约束,不受马其顿约束,不进贡,甚至不

---

[1] 参看舒扎:"希腊化世界和罗马共和国时代的军事力量:海军",载萨宾、威斯、维特比编:《剑桥希腊罗马战争史》第1卷《希腊、希腊化世界和罗马的兴起》,剑桥大学出版社,2007年,第363页。

[2] 参看同上书,第364页。

[3] 参看同上书,第364—365页。

[4] 参看马哈菲:《希腊的生活和思想:从亚历山大时代到罗马的征服》,阿尔诺出版公司,纽约,1887年初版,1976年重印,第435页。

被驻军。① 以后的实际情况证明,所谓希腊不受罗马约束只是一句空话,但在当时,这一承诺却大大减少了罗马消灭安提柯王朝的阻力。

那么,罗马为什么不乘第二次马其顿战争胜利之势,一举而灭掉安提柯王朝呢？它主要考虑到以下两点：

第一,在罗马看来,马其顿边境以北,有不少蛮族游牧部落一直在伺机南下,这些游牧部落剽悍善战,流动而无定所,通常寻找边境上最薄弱的环节突破,然后烧杀抢劫,抢了就跑,不易对付。现在,幸亏有马其顿王国置身于北部边境第一线,挡住了蛮族游牧部落南侵之道。如果这时罗马一举灭掉了马其顿王国,岂不是把火引到了罗马人自己身上？所以不如暂时保留安提柯王朝,让它替罗马看守北边的门户。

第二,罗马担心西亚的塞琉古王朝会倾力援助安提柯王朝,因为这时塞琉古王朝正值安条克三世执政(公元前223—前187年),国力很强,而且同安提柯王朝有结盟关系,并自称是"亲希腊派"。如果罗马继续追击马其顿军队,可能导致塞琉古王朝出兵进入希腊,局势可能变得不利于罗马。因此,罗马暂时保留安提柯王朝,从战略上看是可取的。

实际上,上述第二个考虑与后来事态的发展恰恰相反。这是因为,塞琉古王朝并不因罗马还保存马其顿王国而放松对罗马入侵者的警惕,也不认为罗马会从此满足于已订立的和约。安条克三世决心以西征的方式来援助菲利普五世,于是就开始

---

① 参看杜兰:《世界文明史》第3卷《恺撒与基督》,幼狮文化公司译,东方出版社,1998年,第68页。

了长达4年的塞琉古王朝同罗马的战争(公元前192—前188年)。

安条克三世自恃军力强大,有轻敌思想,于公元前192年渡海攻入希腊境内。埃陀利亚同盟本来是倒向罗马人一边,反对马其顿王国的,一看形势变化,塞琉古王朝的军队既已进入希腊本土,便转而支持塞琉古王朝。菲利普五世则乘此机会,同塞琉古军队一起,向罗马人进攻。罗马急忙从意大利调来大军。埃陀利亚同盟虽然扼守亚得里亚海东岸,但苦于没有什么大型舰只,缺乏一支可以阻击罗马军队登陆希腊本土的舰队,[1]所以挡不住罗马增援部队的来到。结果,公元前189年,罗马军队同塞琉古军队在小亚细亚的马格尼西亚进行会战,塞琉古军队大败,退回本国。罗马军队还乘势击退了骚扰小亚细亚的北方游牧部落,赢得了小亚细亚境内希腊移民城市的好感。[2] 小亚细亚本来是归塞琉古王朝管辖的区域,这时它看到安条克三世战败,也就宣布脱离塞琉古王朝,倒向罗马一边。公元前188年,塞琉古王朝与罗马议和,罗马提出的条件是:塞琉古王朝撤出它所占领的色雷斯,放弃小亚细亚的主权。安条克三世答允了。隔了一年,即公元前187年,安条克三世去世。塞琉古四世继任塞琉古王朝的国王。他不敢再向马其顿派出援兵,因为他已经领教了罗马的强大。

---

[1] 参看舒扎:"希腊化世界和罗马共和国时代的军事力量:海军",载萨宾、威斯、维特比编:《剑桥希腊罗马战争史》第1卷《希腊、希腊化世界和罗马的兴起》,剑桥大学出版社,2007年,第363页。
[2] 参看杜兰:《世界文明史》第3卷《恺撒与基督》,幼狮文化公司译,东方出版社,1998年,第69页。

第二次马其顿战争的失败和塞琉古王朝援军的撤回,已经使安提柯王朝处于极端困难的境地。战争耗尽了国库,安提柯王朝难以再进行同罗马的战争。菲利普五世于公元前179年去世,其子珀修斯继位,他是安提柯王朝的末代国王、亡国之君。珀修斯为了使安提柯王朝摆脱困境,采取了各种措施:一是派出使者到迦太基,向迦太基保证,只要两国联合打败了罗马,他一定同迦太基长期友好共处;二是向塞琉古王朝新国王塞琉古四世示好,娶塞琉古四世的女儿为妻,以便得到塞琉古王朝的支持;三是拉拢希腊城邦,要它们同马其顿站在一起,共同对抗罗马,因为那些在第二次马其顿战争中和在塞琉古王朝同罗马的战争中受到罗马军队掠夺的希腊城邦是痛恨罗马入侵者的。一时间珀修斯竟成了不少希腊人敬重的英雄人物,认为他担任了希腊世界新阶段的领导人角色。

但这只是普通希腊人的看法,而不是希腊城邦的看法,因为希腊城邦对于派兵参加抗击罗马的战争始终是心有畏惧的。在出兵方面支持珀修斯最为积极的,是希腊西北部两个过去被罗马严惩的国家,即伊利里亚王国和伊庇鲁斯王国。

罗马得知珀修斯准备向罗马反击的消息后,决定灭掉马其顿王国。公元前171年,罗马发动了第三次马其顿战争,历时4年,至公元前168年结束。这是马其顿同罗马之间的最后较量。马其顿动员全国力量,将29,000人投入战场,"比完成征服亚洲的安排时,亚历山大麾下的士兵还要多2,000人"[①]。然而罗马军队多达10万人。结果,罗马大军歼灭了马其顿军队,据说马

[①] 弗格森:《希腊帝国主义》,晏绍祥译,上海三联书店,2005年,第116页。

其顿适合服役的男人有一半阵亡了。① 罗马还破坏了马其顿境内的几十座城镇。国王珀修斯被俘,押解到意大利,他在那里备受虐待,两年后在幽禁中死于意大利,珀修斯的儿子流落于意大利,后来在一个小镇当了一名小办事员,收入微薄,勉强度生。②安提柯王朝灭亡。

罗马下令把马其顿划分为四个自治区。虽然自治区有自治权,但都必须向罗马纳贡。四个自治区之间禁止贸易往来。马其顿最后一个国王珀修斯被俘虏后,他的私人文件和书信都被查抄,罗马军队按文件和书信的记载,搜捕一切被认为有反罗马言行的马其顿官员,他们全被押解到意大利,长期关押,其中大部分被关押者死于意大利。马基顿境内一切有身份的人、贵族、官员都被驱逐出境。罗马认为,当整个国家没有上层阶级时,他们的影响也就消失了。③

伊利里亚和伊庇鲁斯这两个王国支持马其顿人最为积极,因此遭到罗马的报复也最严厉。两国大批被俘兵士和民众被卖为奴隶。仅伊庇鲁斯一国被变卖为奴隶的就有15万人之多,④以致意大利境内的奴隶价格大跌。劫后的伊庇鲁斯大片土地空无一人,原有的希腊文化荡然无存。⑤

埃陀利亚同盟和阿卡亚同盟的各个城邦也遭到报复和惩

---

① 参看弗格森:《希腊帝国主义》,晏绍祥译,上海三联书店,2005年,第116页。
② 参看马哈菲:《希腊的生活和思想:从亚历山大时代到罗马的征服》,阿尔诺出版公司,纽约,1887年初版,1976年重印,第562页。
③ 参看同上书,第558页。
④ 参看同上。
⑤ 参看同上书,第558—559页。

罚,因为在罗马看来,它们总是摇摆不定,一会儿亲罗马,反马其顿,一会儿又亲马其顿,反罗马。特别是在珀修斯继位后,这两个同盟都支持马其顿,所以罗马决定予以严惩。埃陀利亚同盟和阿卡亚同盟被强制解散,阿卡亚的全部贵族也被强迫移民,安置于意大利各地。① 此后,罗马严禁希腊城邦再结成同盟。

公元前168年,即罗马消灭安提柯王朝这一年,罗马占领希腊这件事对希腊全境的影响是深远的。在这以前,希腊作为一个整体处于地中海东部,希腊的注意力主要在东方,它不属于欧洲。当时的欧洲是指地中海西部而言,希腊一直置身于欧洲以外。但从这时起,希腊归罗马统治了,希腊也就第一次感觉到自己是欧洲的一部分。② 而且,从这时起,不仅罗马驻军于希腊,大批意大利商人也在罗马驻军保护下陆续来到希腊和希腊化世界,其中不少人还移居于希腊城市,从事商业工作。这同样对希腊经济发生有力的影响。③

也正是从公元前168年以后,罗马把自己的下一个征服对象放到塞琉古王朝和托勒密王朝。当时的塞琉古王朝的国王是安条克四世,托勒密王朝的国王是托勒密六世,他们二人正在进行战争,旨在各自扩大疆土,根本顾不上安提柯王朝的生死存亡。战争中,塞琉古军队获胜,大军进入埃及境内,包围了托勒密王朝的首都亚历山大里亚。托勒密王朝向罗马求救,罗马的

---

① 参看马哈菲:《希腊的生活和思想:从亚历山大时代到罗马的征服》,阿尔诺出版公司,纽约,1887年初版,1976年重印,第562页。
② 参看欧林登:《希腊化世界史:公元前323—前30年》,布莱克维尔出版公司,牛津,2008年,第247页。
③ 参看同上。

意图是明显的:在这两个希腊化国家的争斗中,它不希望偏袒哪一方,更不愿意双方停止冲突,联合起来共同对付罗马。而在两国之中,罗马又不愿意看到哪一个变得更强大,哪一方变得衰弱。① 因此,罗马采取的方针是尽可能协调两国的冲突,罗马派出由元老院议员组成的使团进行调停。② 塞琉古国王安条克四世欢迎罗马使团的到来,并同使团会谈。结果,安条克四世自知军力不如罗马,同意从埃及撤军。从此,罗马的扩张越过了希腊本土,延伸到了西亚和北非。

公元前 149 年,马其顿人安德里斯克自称是安提柯王朝末代国王珀修斯的儿子(这时珀修斯去世已经 17 年了),领导了反罗马的斗争。第二年,即公元前 148 年,希腊南部又发生了暴动。这些暴动都遭到罗马的镇压。从此,马其顿的自治地位被取消,变为罗马的一个行省,希腊本土也并入马其顿行省。希腊城邦分治状态到此结束。

五、对安提柯王朝的总的评价

安提柯王朝从公元前 276 年建立时算起,到公元前 168 年被罗马共和国灭掉为止,一共存在了 108 年。如果把安提柯二世的祖父和父亲的统治时间也计算在内,至多也不过 150 年。对安提柯家族这些年的统治,总的评价如何? 下面做一些分析。

首先应当指出,在亚历山大死后他的将领们为争夺继承权

---

① 参看比罗斯:"希腊化世界和罗马共和国时代的国际关系",载萨宾、威斯、维特比编:《剑桥希腊罗马战争史》第 1 卷《希腊、希腊化世界和罗马的兴起》,剑桥大学出版社,2007 年,第 324 页。

② 参看同上。

而进行的长期战争中,无论对西亚、小亚细亚、色雷斯、马其顿还是希腊本土都破坏严重,人员损失很大,生产力呈倒退之势。安提柯和他的儿子德米特里作为分治的一方之主,经过多年的战争,终于把马其顿和希腊本土平定下来,取代安提帕特势力,使马其顿和希腊本土从无序转入有序状态,使农业恢复生产,使商路变得通畅,也使城市逐渐繁荣。时间虽然不太长,但至少也有半个世纪之上(从公元前276年安提柯王朝建立到公元前3世纪末年),这对于马其顿和希腊本土是难能可贵的。如前所述,马其顿的城市化加快了,马其顿对希腊文化的接受程度比过去提高了,而希腊本土的大多数城邦,尤其是雅典、科林斯、提洛、罗得斯,经济发展迅速,又成为工商业、海运业兴旺的地区。这些事实是不容忽略的。这就是安提柯王朝的功绩。还应当注意到,安提柯王朝对待希腊人对外移民的政策是宽松的。随着塞琉古王朝在西亚站住了脚跟和托勒密王朝在北非的基础巩固了,希腊人,包括手工业者、商人、知识界人士、农民还有雇佣兵,纷纷来到西亚、北非,他们的移居促进了西亚、北非的希腊化。要知道,亚历山大东征和随军而来到西亚、北非的希腊人,只是这一被征服地区的希腊人移居的开始,希腊化事业的推进有赖于安提柯王朝建立后大批希腊人的到来。这与安提柯王朝的宽松的移民政策是分不开的。

其次,二元政治体制是安提柯王朝的特色,在塞琉古王朝和托勒密王朝都不存在类似的二元政治体制,而都实行统一的中央集权体制。为什么安提柯王朝同那两个王朝不同?主要原因是:希腊本土城邦政治制度的影响长期存在。前面也多次提到,当初菲利普二世南下建立了他对希腊本土的控制地位以后,希腊城邦顺从了马其顿王国,但菲利普二世一去世,希腊城邦又相继暴动,以至于亚历山大继位后出兵镇压了暴动,希腊城邦才又归顺了马其顿。亚历山大东征时,希腊人认为东征是摧毁希腊宿敌波斯帝国的战争,所以支持东征,亚历山大也把战利品回赠给除斯巴达以外(因斯巴达不合作)的希腊城邦。但亚历山大一死,希腊城邦仍照常起义,争取独立。亚历山大留驻马其顿的将领安提帕特率军平息了希腊人的起义。由此可见,民主和主权是希腊人历经数百年的传统,马其顿以强大兵力只能控制希腊于一时,只要中央的力量有所削弱,希腊城邦总会摆脱马其顿的统治。这一点已被公元前4世纪中期以来的希腊本土的历史所证实。

安提柯二世建立王朝以后,采取了二元政治体制。这就是:马其顿是安提柯王朝的基地,首都设在这里,实行直属于安提柯王朝的中央集权体制,国王大权独揽,官员由国王任命;而对希腊城邦,则实行受中央节制的分权自治的体制。只要城邦不公开违抗中央,不树立独立的旗帜,不举兵反叛,安提柯王朝就不予干涉。比如,雅典曾经起义,安提柯王朝平息了起义,驻军于港区,并给予一定的惩罚,即不准雅典参加任何城邦同盟。

对于城邦同盟,如埃陀利亚同盟和阿卡亚同盟,安提柯王朝实际上是睁一只眼、闭一只眼。它逐渐发现这两个同盟有摆脱马其顿控制的倾向,但从大局出发,一直不做反应。它总打算息事宁人,维持二元政治体制不变,直到马其顿与罗马之间爆发战争。

安提柯王朝之所以这样做,固然与安提柯王朝本身实力不够强大有关,但有一点是明确的,即它懂得希腊人的理想、追求和愿望,要让希腊城邦在马其顿节制下实现一定自主权,才能以较小的代价换得希腊本土的宁静。二元政治体制从安提柯王朝建立一直维持到它的灭亡。罗马人自恃军力强大，终于取消了希腊本土的城邦自治制度。

再次，虽然安提柯王朝、塞琉古王朝和托勒密王朝都是希腊化的王朝，都受到东方化的影响，但相形之下，安提柯王朝是三个王朝中东方化程度最低的一个。这主要表现于以下三点：

1. 自亚历山大东征以后，他所推行的东方化表现于对君主的神化，即认为君主是神，是神的化身、神的儿子，让臣民像尊奉神一样地尊奉亚历山大本人。然而，在安提柯王朝，仍然依照亚历山大东征以前的马其顿王国传统和惯例，并不把国王尊奉为神。国王是人不是神，这是安提柯王朝的特色，也是它不同于塞琉古王朝、托勒密王朝之处。

2. 亚历山大东征后所推行的东方化还表现于他搬用了东方的君主绝对专政的中央集权体制，君主的旨意就是法律，臣民必须服从，不容许违抗，也不容许怀疑或议论。塞琉古王朝和托勒密王朝都是如此，安提柯王朝则不然。不能说安提柯王朝在这方面没有受到东方化影响，而是说，安提柯王朝更多地是受到马其顿自身的中央集权制的影响，国王虽有最高权威，但他是贵族集团中的一员，他是靠贵族集团的拥戴而登上王位的。贵族集团拥戴安提柯家族世代执政，是因为他们感到安提柯家族代表了马其顿贵族集团的整体利益。

3. 亚历山大东征后所推行的东方化也表现于他采纳了东方宫廷的一整套仪式，这些仪式带有深厚的东方神秘主义色彩，使臣民感到君主的威严，感到君主有高不可攀的地位，从而必须俯首听命。这些仪式被塞琉古王朝和托勒密王朝承袭了。安提柯王朝仍坚持亚历山大东征前马其顿王国的传统和惯例：虽然中央集权，但不采取东方的仪式；虽然国王掌握大权，但没有给国王添上一层神秘的色彩。

为什么安提柯王朝在三个希腊化王朝中的东方化程度最低？主要原因在于安提柯王朝统治地区是在马其顿本土和希腊本土，而不是像塞琉古王朝那样以西亚（甚至中亚）为统治地区，也不像托勒密王朝那样以埃及为统治地区。在安提柯王朝的统治地区中，马其顿受希腊文化的影响已经多年，而希腊本土则更是希腊文化的发源地，希腊各个城邦不管它们选择的是平民派掌权的政府还是贵族派掌权的政府，全都坚持希腊的民主政治的传统、规则和程序，抵制僭主政治，这些都使安提柯王朝只能沿着菲利普二世所开辟的道路走下去。

最后，在对安提柯王朝做总的评价时，不能忽视安提柯王朝对希腊文化的传承所起的作用。这同安提柯王朝采取的文化宽容政策是有密切关系的。比如说，安提柯王朝统治时期，即使在它兴盛阶段（安提柯二世临朝时），它不仅不干预雅典等城邦的繁荣学术和文化的活动，而且对于学术界人士的讲学、授徒等活动还予以提倡，它认为这是使这些希腊城邦安定和归顺的好办法。希腊历来的宗教活动、祭祀仪式、民众对传统节日的庆典，一直保存下来。学者有机会跨地区讲学，喜爱哲学、艺术和科学技术的人可以四处寻师求教。其结果，雅典依然是希腊文化中心，雅典是出思想家和出学者的基地。塞琉古王朝和托勒密王朝也都把雅典视为希腊文化的发源地，从这里邀请学者到他们那里去讲学。关于这些，本书第十四章中将会有专门的论述。

那么,对于安提柯王朝的衰亡,应该怎样看待呢?

可以这样说,安提柯王朝的敌人罗马共和国太强大了,罗马的陆军和海军比马其顿强大得多。而安提柯王朝后来的几个国王,尤其是菲利普五世错误地估计形势,外交上有重大失误,加速了安提柯王朝衰亡。安提柯王朝外交上最大的失误就是同罗马共和国的宿敌迦太基结成联盟,企图东西夹击罗马,特别是乘汉尼拔率迦太基军队进入意大利境内,直逼罗马城之际,马其顿军队也渡海进入意大利。罗马与迦太基的第二次布匿战争以迦太基惨败告终。罗马下决心非征服马其顿不可。于是马其顿一步步被罗马军队摧毁。当然,按照罗马元老院的设计,罗马共和国的向东扩张是不可避免的,安提柯王朝又首当其冲,即使马其顿不同迦太基结盟,而始终保持中立地位,最终仍难免被罗马征服,但也许安提柯王朝的灭亡可能拖延一些年,而且结局可能不至于那么悲惨。包括雅典、科林斯在内的希腊城邦最终也难免被罗马统治,但同样不一定会落得后来那样的下场:希腊城邦自治制度最终烟消云散。

六、罗马占领后的希腊本土经济

历史是不能假设的。马其顿的大多数城镇被罗马军队摧毁了,马其顿的贵族、官员、知名人士被押送到意大利境内居住,安提柯王朝的末代国王珀修斯在意大利幽禁中死去,其家人流落于意大利小城镇。关于这一点,前面已经提到。关于马其顿的经济和社会状况,这里有必要做一些补充。

罗马统治马其顿并成立马其顿行省后,马其顿的青壮年已大量死亡,马其顿成了劳动力严重不足的地区,而罗马的各种征调又使马其顿的经济遭到极大破坏。① 不仅如此,在马其顿北部边境不断发生蛮族侵扰事件。公元前2世纪后期和公元前1世纪初期,蛮族经常越过马其顿北部边界,对马其顿的乡村和农民大肆劫掠。② 只有马其顿沿海城市情况才稍好一些。

罗马马其顿行省的省会设在帖萨罗尼卡,这里的破坏较少,人口较多,同外地的贸易开展得也比较顺利,一部分贸易掌握在某些有影响力的意大利商人手中。③ 意大利商人涌入马其顿城市后,有助于马其顿从战争创伤中逐渐恢复过来,也有利于巩固罗马在马其顿的统治。

下面再谈谈希腊本土的情况。

罗马占领希腊,把希腊本土并入马其顿行省后,为了装饰门面,象征性地保留了雅典、斯巴达、特尔菲三个城市的自治权,实际上这些城市的自治权非常有限,一切大事都必须听命于罗马直接任命的马其顿行省的行政长官,它们绝对不是原来意义上的希腊城邦,甚至连安提柯王朝下的希腊城邦都远远不及。这是因为,城市所辖地区划入罗马设置的行省之后,不仅失去了自己的宪法、法律和自治权,而且税收也直接缴付给罗马,其中包括农民缴纳的地租或土地税等等。④ 此外,罗马当局还有权以任何方式处置土地,包括把原来属于城邦或个人的土地拿去赏赐给罗马当局所看中的人。⑤ 要知道,希腊各个城邦自建立之

---

① 参看罗斯托夫采夫:《希腊化世界社会经济史》第2卷,克莱伦顿出版公司,牛津,1941年,第758页。
② 参看同上书,第759页。
③ 参看同上。
④ 参看同上书,第748—749页。
⑤ 参看同上。

日起,就十分珍视城邦对于本城邦城乡土地的处置权,即本城邦的土地归本城邦的公民拥有,任何官员都不得动用属于公民的地,也不得把某一公民的土地授予他人。这一传统或惯例在罗马建立行省之后消失得干干净净。

罗马行省的行政长官就是省内各个城市的主宰,他们"有权染指希腊的所有事务"[①]。希腊中上层阶级人士,只要他们听从罗马行政当局的命令,经商、经营手工业的个人自由还是有保证的,因为罗马不愿看到一个萧条的希腊本土经济,那对罗马没有任何好处。然而希腊下层社会的遭遇则大不相同了。在过去,不管希腊城邦内部贵族派和平民派斗争得多么激烈,但下层社会的大众仍有机会表达自己的诉求,甚至有可能取代贵族派而实行平民派的执政,让穷人多少改善自己的处境。但罗马占领后,情况变了,"无产者不再被看成是一支政治力量,从而被时代的主人所忽视"[②]。同时,由于廉价奴隶劳动力的供给越来越多,穷人寻找工作的困难也越来越大了。廉价奴隶劳动力供给的增加则同海盗的再度猖獗和提洛岛奴隶贩运业的兴盛有关。虽然奴隶的主要销售地是意大利,因为意大利利用奴隶种植的大地产比希腊多,大地产的面积比希腊大,更重要的是,意大利的企业主比希腊的企业主富裕得多。但不管怎样,总有一些奴隶是销往希腊本土的,这就促成了希腊劳动力供给增加。[③]公元前134—前133年和公元前104—前100年,在希腊的阿提

---

① 汉密尔顿:《希腊的回声》,曹博译,华夏出版社,2008年,第157页。
② 罗斯托夫采夫:《希腊化世界社会经济史》第2卷,克莱伦顿出版公司,牛津,1941年,第756页。
③ 参看同上。

卡就发生过两次奴隶暴动,这可以看成是奴隶劳动条件和生活状况的普遍恶化所导致的。[1]

下面,再分区域谈一下罗马占领后安提柯王朝原来统治的希腊各地的社会经济状况。

雅典:总的说来,罗马占领后,雅典城邦自治结束了,虽然罗马还给了雅典有限的自治权,但正如前面所说,那只是象征性的形式而已。从经济上说,雅典仍然是繁荣的。一方面,在罗马的统治下,商路是通畅的,城区的社会秩序也逐渐正常了,意大利商人、西亚和北非的商人都来到雅典,寻找发财的机会。来到雅典(和其他一些希腊本土城市)的,除意大利的商人而外,还有意大利的农民或经营农业的企业主。他们以较低的价格买下土地,经营葡萄园、橄榄园和菜园,生产葡萄酒、橄榄油和蔬菜,运往意大利和小亚细亚等地。另一方面,罗马送给雅典一件"礼物",就是把提洛岛划归雅典管辖,提洛由于实行免关税制度,奴隶贸易又很兴旺,所以提洛划归雅典管辖,雅典和提洛都受益。[2] 加之,由于科林斯遭到罗马摧毁,雅典少了一个有力的商业竞争对手,所以雅典得以维持较长时期的商业繁荣。[3] 对雅典商人来说,政治上的自由比过去少多了,但只要有生意可做,有钱可赚,他们也就满足了。

斯巴达:与亚历山大对斯巴达的态度不同,在亚历山大统治

---

[1] 参看罗斯托夫采夫:《希腊化世界社会经济史》第 2 卷,克莱伦顿出版公司,牛津,1941 年,第 756—757 页。

[2] 参看欧林登:《希腊化世界史:公元前 323—前 30 年》,布莱克维尔出版公司,牛津,2008 年,第 253 页。

[3] 参看同上。

时期,它一直把斯巴达看成是有可能对它产生威胁的潜在对手,所以排斥斯巴达,打击斯巴达。安提柯王朝基本上同亚历山大时期一样,冷落斯巴达,而看重阿卡亚和阿卡亚同盟。罗马占领伯罗奔尼撒半岛后,同原阿卡亚同盟的各城邦之间的关系相当紧张,因为阿卡亚同盟时而亲马其顿,时而反马其顿,最后则同马其顿末代国王柏修斯站在一起反对罗马。罗马俘获了珀修斯,押送他到意大利之后,着手严惩阿卡亚等城邦,解散阿卡亚同盟,相形之下却宽待斯巴达人,因为在马其顿战争中,斯巴达一直持中立态度。[1]

此后,罗马决定把斯巴达作为一个旅游观光的城市,以显示斯巴达文化的特色。[2] 斯巴达依然同过去相似,是一个农业城邦,经济落后,工商业不发达,但经过自从公元前4世纪晚期以来的多年折腾,包括改革的尝试和改革的失败,阿卡亚同盟军队的入侵和斯巴达的自卫反击,斯巴达的社会结构改变了。皮里阿西人(即边民)的城镇再也看不到了,连斯巴达平原上也不再有任何黑劳士了,他们全都获得解放。[3] 斯巴达只是一个普通的城市,"严格地说,这里已经是罗马人的斯巴达了"[4]。

科林斯:作为一个工商业城邦,科林斯在第三次马其顿战争以前的较长时间内同罗马保持较好的关系,这对双方都有好处。对科林斯来说,同罗马保持良好的贸易关系,有利于开拓地中海

---

[1] 参看卡特利奇:《斯巴达人:一部英雄的史诗》,梁建东、章颜译,上海三联书店,2010年,第232—233页。
[2] 参看同上书,第233页。
[3] 参看同上书,第234页。
[4] 同上。

西部的市场;对罗马来说,通过科林斯商人的中介,可以得到东方的商品。当公元前229年罗马为肃清地中海上的海盗而征服海盗的同伙伊利里亚王国时,科林斯是为此而欢呼的,它称罗马是"解放者",因为罗马维护了海上的安全,保护了进行东西方贸易的商人。

科林斯和罗马之间关系的恶化是在第三次马其顿战争之后。这时,安提柯王朝已摇摇欲坠,马其顿末代国王珀修斯居于劣势,仍想恢复其祖辈的事业,联合希腊城邦,反击罗马入侵者。科林斯居于连接希腊南北的险要地带,罗马和马其顿都希望科林斯站在自己一边,科林斯举棋不定。公元前171年,罗马发动第三次马其顿战争,于公元前168年大败马其顿联军,珀修斯被俘,安提柯王朝亡。阿卡亚同盟因对珀修斯公开支持,其领导人或被逮捕,或被流放。科林斯此时是阿卡亚同盟的成员之一,处于惊恐之中。

公元前149年,马其顿反罗马统治的战争失利,成为罗马的一个行省,希腊各城邦直接受到罗马行政长官的统治。科林斯内部分为两派:一派代表上层,主张亲罗马,顺从罗马统治当局;另一派代表平民,主张反罗马,拒绝服从罗马统治当局。公元前148年,科林斯政局变动,反罗马的、带有极端主义情绪的平民派上台,[①]实行废除债务,释放负债人出狱,令富户捐钱充实国库,重新分配土地,释放奴隶等措施,城市中主张亲罗马的人纷纷外逃。罗马极其愤怒,出兵攻占了科林斯,并对全城大肆抢

---

① 据说,并非科林斯一城如此,原阿卡亚同盟各城邦都这样。参看杜兰:《世界文明史》第3卷《恺撒与基督》,幼狮文化公司译,东方出版社,1998年,第69页。

劫,店铺被洗劫一空,城市也被焚毁。被俘的科林斯人中,男子全被杀害,妇女儿童全被变卖为奴,所有的财富和艺术品一律运回罗马。①

罗马为什么只摧毁了科林斯而没有对原阿卡亚同盟的其他城邦下手,显然具有警告性质,即以后再有哪个城邦效法科林斯,就会遭到同样的惩罚。从此,劫后的科林斯的繁华中断了一百多年,直到罗马皇帝奥古斯都临朝才使科林斯的经济有所恢复,又过了一段时期,科林斯又成了兴旺的商港和货物集散地。②

在爱琴海的各个岛屿上,除了提洛和罗得斯等少数岛屿经济繁荣如旧外,许多岛屿都衰落了,它们大多数人烟稀少,经济萧条,"变成了一片荒凉的山岩"③。

叙拉古:叙拉古不在希腊本土,而是由希腊移民在西西里岛东部建立的一个城邦。但它的兴衰同希腊本土有密切的关系。

安提柯王朝建立之初,国力较强,除了控制希腊本土各个城邦以外,叙拉古也归顺了安提柯王朝。这是因为,西西里岛的西部由迦太基管辖,迦太基一直想占领西西里全岛,赶走东部的希腊人,叙拉古在这种形势下必须寻找一个保护人。由于叙拉古城邦的母邦是科林斯,所以安提柯王朝便充当了希腊化时期叙拉古的后盾的角色。

---

① 参看杜兰:《世界文明史》第3卷《恺撒与基督》,幼狮文化公司译,东方出版社,1998年,第69页。
② 参看杜丹:《古代世界经济生活》,志扬译,商务印书馆,1963年,第142页。
③ J.W.汤普逊:《中世纪经济社会史》上册,耿淡如译,商务印书馆,1984年,第21页。

叙拉古国王海厄洛二世即位于公元前270年,死于公元前216年,执政54年。他虽是一个独裁者,但在他执政期间经济比较繁荣,社会也比较稳定,因为他一方面依靠安提柯王朝,另一方面又交好于罗马,同罗马一起抵抗迦太基,而且当时安提柯王朝与罗马共和国之间的关系还算不错,彼此相安无事。

第一次布匿战争于公元前241年结束,迦太基失败,退出了西西里岛。罗马占领了全部西西里,并把西西里变为罗马的一个行省。但罗马仍然允许包括叙拉古在内的希腊移民城邦有自治权:只要它们遵守约定,不支持迦太基,不反对罗马,就一直享有自治地位。叙拉古商人照常在海运和商业方面十分活跃。

情况的变化发生于公元前221年马其顿国王菲利普五世继位之时,他担心罗马势力会进一步扩张,便同迦太基结盟,东西夹击罗马。叙拉古国王海厄洛二世在公元前216年去世之前,曾有意放弃独裁政体,恢复民主政治。其女儿不愿意,海厄洛二世只好传给外孙海厄洛尼姆斯。海厄洛尼姆斯继位后,抛弃了其父亲一贯奉行的亲罗马政策,同迦太基结好,甚至想让叙拉古归附于迦太基人,于是触怒了罗马。

第二次布匿战争于公元前202年结束,迦太基惨败。罗马人为了报复,紧接着于公元前200年发动了第二次马其顿战争,菲利普五世战败乞和,放弃了除马其顿本土以外的全部地区。罗马人也就顺势取消了叙拉古的自治权,没收了叙拉古的土地,它的大部分地区并入了西西里行省。[1]

---

[1] 参看欧林登:《希腊化世界史:公元前323—前30年》,布莱克维尔出版公司,牛津,2008年,第164页。

罗马占领叙拉古以后,开始时仍保留希腊文化,包括希腊语的使用,大约过了一百多年才加速推行罗马化。[1] 严格地说,拉丁语的使用和推广开始于奥古斯都在西西里建立罗马人移民区以后。罗马人向西西里的移民引起当地居民结构的改变。从此,罗马文化在西西里的影响增大了,拉丁语的使用范围也渐渐扩大了。[2] 然而,由于希腊移民城邦在西西里的建立到奥古斯都时期已经六七百年甚至更久,这一罗马化过程依然是缓慢的,在公元一世纪时,在西西里仍普遍使用希腊语。[3] 至今发现的罗马时期叙拉古的碑铭中,极大部分仍是希腊文的,不过一些荣誉性的铭文和建筑物上的铭文则主要是拉丁文的。[4] 到了罗马帝国晚期,叙拉古地区的碑铭主要还是希腊文的。可是希腊文化对叙拉古的影响不可忽视。[5]

安提柯王朝亡了,马其顿王国消失了,马其顿和希腊各个城邦屈从于罗马共和国的政治了,这既使得马其顿人、希腊人感到沮丧,也使得罗马人感到骄傲。

希腊人之所以感到沮丧,是因为他们看到了希腊人引以自

---

[1] 参看科洛能:"罗马叙拉古希腊语与拉丁语地位不相等的三个案例",载奥斯顿费尔德编:《希腊的罗马人和罗马的希腊人:文化相互作用研究》,阿鲁斯大学出版社,2002年,第70—71页。

[2] 参看同上书,第70页。

[3] 参看奥斯顿费尔德编:《希腊的罗马人和罗马的希腊人:文化相互作用研究》,导言,阿鲁斯大学出版社,2002年,第11页。

[4] 参看科洛能:"罗马叙拉古希腊语与拉丁语地位不相等的三个案例",载奥斯顿费尔德编:《希腊的罗马人和罗马的希腊人:文化相互作用研究》,阿鲁斯大学出版社,2002年,第75页。

[5] 参看同上。

豪的城邦制度终于宣告结束,他们不愿回顾这一过程,因为往事只会引起失望和绝望。城邦之间的攻战,彼此削弱,社会矛盾尖锐,人心逐渐涣散,这就造成了伯罗奔尼撒战争以后不堪回首的局面。从菲利普二世南下,到亚历山大东征,亚历山大去世后的混乱,再到安提柯王朝的建立,最后到罗马人的占领,城邦自治制度最终退出历史舞台。为什么希腊人不能统一起来建立一个强大的国家,称雄于地中海世界？为什么民主政体本来是一有生气、有活力、得到公民支持的政体,却最后导致了派系倾轧,社会动荡,对外则一再失败,国破家亡？"战场上的较量,让战争的双方把胜负与自己政治制度联系在一起。"[1]菲利普二世和亚历山大的政治制度击败了希腊城邦制度、希腊民主政体,就是一个明显的例证,但这已经是往事了。罗马共和国的政治制度不仅战胜了马其顿王国,而且连希腊城邦自治的政体也被一扫而空。罗马人认为"民主政治意味着极端的无政府主义"[2],希腊人自身也感到民主政治尤其是平民极端派的执政值得反思。从此,希腊人中很少再有人提起当年民主政治的成就和功绩了。

罗马人之所以感到骄傲,是因为他们认为自己的大一统造成了军事上的优势和所向无敌的作战能力,也认为自己的共和制造成了国内的团结和社会稳定,这些都是同时代的其他国家所无法相比的。罗马统一了意大利半岛,击败了北方蛮族的入侵,消灭了宿敌迦太基,占领了马其顿和希腊各个城邦,还把前哨阵地伸进了小亚细亚。罗马趾高气扬,不可一世。把至今仍

---

[1] 魏凤莲:《古希腊民主制研究的历史考察(近现代)》,山东大学出版社,2008年,第13页。

[2] 同上。

盘踞于西亚的塞琉古王朝和统治埃及的托勒密王朝视为必取的目标。在罗马人把马其顿的王室成员和贵族、官员、名流押解到意大利半岛居住时,谁能想到一百年以后罗马共和制就被取代,罗马帝国登上了历史舞台呢?更没有人会想到罗马帝国过了三百多年以后会分裂,罗马军队不堪来自北方的蛮族的攻击,而让帝国的西部地区变成蛮族的天下呢?

骄傲,只是暂时的。引以自豪的东西并不能永远存在。罗马人在灭掉安提柯王朝时还不可能懂得这个道理。

第十二章　塞琉古王朝

第一节　塞琉古王朝的兴起

一、塞琉古王朝的特色

塞琉古王朝是这样一个王朝：

第一，它是亚历山大死后马其顿帝国分裂、分治的产物。如果没有亚历山大对西亚的征服和波斯帝国的灭亡，没有马其顿帝国的解体和群雄的征战，就不可能有后来的塞琉古王朝。塞琉古王朝所占的面积最大，最为富庶，而且民族构成最复杂。

第二，它是马其顿人—希腊人统治的国家、一个希腊化的王国。它的创建者塞琉古原是亚历山大手下的大将，亚历山大去世时担任巴比伦总督，率领重兵驻防于巴比伦一带。塞琉古就是马其顿人。朝中的高级军政人员都是当初跟随亚历山大东征的马其顿人和希腊人。如果没有这样一批追随者，塞琉古王朝不仅不可能建立，而且在建立之后不可能维持二百多年。与安提柯王朝有一个显著的不同，这就是：在安提柯王朝，由于马其顿王国的根据地是马其顿本土，希腊各个城邦是从属于马其顿王国的，要受到马其顿政府的管辖，所以希腊人同马其顿人之间总是存在着某些隔阂,希腊人往往并不认同安提柯王朝。塞琉古王朝不存在这种情况。马其顿人和希腊人身处西亚,这里到处都是西亚居民,马其顿人少,希腊人较多,他们同说希腊语,文化相近,所以紧密地站在一起了。也只能如此,马其顿人—希腊人才不至于孤独无援。无怪乎塞琉古王朝历代国王"都自称是'亲希腊派',并且在政策与军事需要所能允许的范围之内与旧希腊的城市保持着友好"①。

第三,它是一个以希腊文化为主,但又吸纳了较多东方文化的国家,是一个希腊文化与东方文化相交融的社会。马其顿帝国解体后陆续建立的三个希腊化国家或王朝中,前面已经提到,安提柯王朝的东方化程度最低。相形之下,塞琉古王朝的东方化程度最高,托勒密王朝居中,并另有自身的特色。值得注意的是,塞琉古王朝的东方化程度之所以最高,一是由于这里原是波斯帝国直接统治的核心地区,塞琉古王朝正是在波斯帝国废墟上建立起来的,二是东方文化更适合于国王专政和中央集权政体的建立,塞琉古王朝为了巩固自己的统治,有必要更多地采纳东方的政治制度。但这并不否定在城市建设和治理方面塞琉古王朝保留了许多希腊式城市的风格,以至于"叙利亚北部作为塞琉古王国的中心地区,几乎成为第二个马其顿"②。此外,这里也可以说是亚历山大帝国中希腊化程度最高的地区,人们普

---

① 罗素:《西方哲学史》上卷,何兆武、李约瑟译,商务印书馆,2002年,第288页。

② 彭树智主编:《中东国家通史》叙利亚和黎巴嫩卷,王新刚著,商务印书馆,2003年,第55页。

遍使用希腊语,新建的建筑物一律是希腊式的。① 希腊化的叙利亚人全都忠于塞琉古王室,这里从未发生过反对塞琉古王朝的行动。②

第四,在亚历山大后继者开创的三个希腊化王朝中,塞琉古王朝可能是马其顿人同当地土著妇女结婚人数最多的一个王朝。要知道,留在塞琉古王朝的马其顿军人并不很多。亚历山大死后留在亚洲的马其顿兵士不会超过 25,000 人。③ 其中一部分兵士稍后返回马其顿,投入安提帕特等将领的麾下。④ 从公元前 321 年以后,马其顿移民来到亚洲的很少,马其顿妇女更少。因此,塞琉古王朝建立后就让这些马其顿人早日与亚洲女子结婚成家,以便让他们安心留在塞琉古王朝服役。⑤ 此后二百多年内,在塞琉古王朝服役的马其顿兵士实际上都是混血儿和混血儿的后代。⑥ 其实,在塞琉古王朝,不仅马其顿兵士如此,连王室本身也这样。塞琉古王室都有同波斯女子通婚的惯例:不仅塞琉古一世有波斯籍的妻子,而且后来的塞琉古王族也都有波斯籍的王族系统的妻子。⑦ 于是塞琉古王族就有了半波斯血统,这被认为是有利于土著的归顺的做法。⑧ 在安提柯王

---

① 参看马哈菲:《亚历山大帝国希腊文化的发展》,芝加哥大学出版社,1905年,第97页。
② 参看同上。
③ 参看韦尔斯:《亚历山大和希腊化世界》,哈克特出版公司,多伦多,1970年,第154页。
④ 参看同上。
⑤ 参看同上。
⑥ 参看同上。
⑦ 参看同上书,第87页。
⑧ 参看同上。

朝和托勒密王朝都看不到类似的情况。

第五，在塞琉古王朝有效管辖的地区，上层社会和下层社会之间的界限是明显的，或者说，城市和乡村之间的区别很突出。希腊文化主要流行于上层社会和城市，东方文化的影响主要在下层社会，以及农村、内地、边远地区特别是原波斯帝国的东部一带。两种文化的融合，则主要反映于中层社会，以及城乡结合部。应当指出，这里所说的希腊文化和东方文化的影响，不仅反映于所使用的语言文字，也反映于学校教育、宗教信仰、生活方式、消费习惯等方面。不过在塞琉古王朝各地仍可以发现上述这些方面两种文化交融的现象。这应被看成是亚历山大的功绩，因为是他开了先例。[①] 在马其顿人、希腊人、西亚土著居民共存的环境中，尽管塞琉古国王和他周围的显贵、地方上有权势的官员、上层社会的重要人物都是马其顿人、希腊人，基层的官员则多半由西亚本地人担任，下层社会大众几乎全是西亚本地人，但在塞琉古王朝的法律上并没有对不同族群的歧视。[②] 这样，在塞琉古王朝的统治地区，逐渐形成了一种新的社会秩序；这种新的社会秩序是由希腊文化和东方文化融合而形成的，以前它从未出现于东方世界，也从未出现于希腊世界。从这个角度来分析，在马其顿帝国解体后所形成的三个希腊化王朝中，塞琉古王朝最具有典型意义，因为安提柯王朝保留了较多的古典希腊晚期的特征，东方文化的影响较少，而托勒密王朝（正如本

---

① 参看斯托巴特：《希腊曾经辉煌》，第4版，普莱格出版公司，纽约，1964年，第224页。
② 参看罗斯托夫采夫：《希腊化世界社会经济史》第2卷，克莱伦顿出版公司，牛津，1941年，第1070页。

书下一章所要论述的)还保留了较浓厚的古代埃及文化和传统,塞琉古王朝则是希腊文化和以波斯文化、巴比伦文化为代表的古代东方文化并存并且相互渗透的例子。

二、塞琉古王朝的建立

塞琉古王朝究竟建立于什么时候,学术界一直是有争议的。一种说法是公元前312年,即创立者塞琉古(后称塞琉古一世)返回巴比伦城,以此作为驻节地之时,这就是塞琉古王朝确立的年份。[1] 另一种说法是在公元前302—前301年,即塞琉古和托勒密联手在伊普索战役中击败安提柯,夺取了小亚细亚,巩固了在西亚的统治的年份。[2] 还有一种说法:塞琉古王朝建立于公元前305年,因为塞琉古自公元前311年到前305年任总督,自公元前305年起任国王,称塞琉古一世。[3]

不管学者们在塞琉古王朝建立的年代上有什么分歧,但大家都确认公元前302—前301年的伊普索战役是"一次关键性的战役,决定了托勒密、塞琉古、安提柯三个王朝并立格局的形成"[4]。但弗格森在所著《希腊帝国主义》一书中写道:"塞琉古诸王把他们王朝建立的时间定在塞琉古返回巴比伦的公元前312年。"[5] 他还认为,"关于他们的帝国是在伊普索之役后才建

---

[1] 参看弗格森:《希腊帝国主义》,晏绍祥译,上海三联书店,2005年,第100页。
[2] 参看同上。
[3] 参看陈恒:《希腊化研究》,商务印书馆,2006年,第523页。
[4] 参看本书,第637—638页。
[5] 弗格森:《希腊帝国主义》,晏绍祥译,上海三联书店,2005年,第100页。

立的看法,仍有许多需要讨论之处"①。

关于弗格森的说法,可以做一些探讨。假定以公元前312年为塞琉古王朝建立之时,那么塞琉古王朝初建时的领土是不大的,因为当时塞琉古作为总督,主要占据两河流域以东和巴比伦城一带。地中海东岸的叙利亚地区,是塞琉古同托勒密争夺不已的战场。安提柯既想争夺叙利亚,更想从他所控制的小亚细亚南下,夺取巴比伦。关于小亚细亚的情况,这里可以做些说明。小亚细亚的西海岸和南海岸,很早就有希腊移民城邦和希腊殖民地。小亚细亚北部,即黑海南岸地区,也很早就有希腊移民城邦和希腊殖民地了。但所有这些希腊移民和他们的后代,从没有移民于小亚细亚腹地。他们或者根本没有这种打算,或者他们还不具备这种能力,这样,在远离黑海海岸和地中海海岸的小亚细亚腹地,始终由非希腊人居住。② 这一大片被称为小亚细亚腹地的地区,长时期内归波斯帝国统治。在亚历山大灭掉波斯帝国之后,亚历山大只是名义上替代波斯帝国接管这块土地,并没有提出具体的治理方法,更没有实施过有效的统治。③ 亚历山大死后的继承战争中,小亚细亚(包括地中海沿岸地区、黑海沿岸地区和腹地)都是将领们争夺之地,但谁都没有解决腹地的管理问题。④ 毫无疑问,这是一个难题。马其顿帝国解体后一度统治过小亚细亚的莱西马库斯和安提柯,也都无

---

① 弗格森:《希腊帝国主义》,晏绍祥译,上海三联书店,2005年,第100页。
② 参看米列塔:"国王和他的土地:关于希腊化小亚细亚王室土地的若干看法",载奥格登编:《希腊化世界:新观察》,威尔斯古典出版社和杜克渥斯出版公司,伦敦,2002年,第157页。
③ 参看同上。
④ 参看同上。

法解决。这里没有城市,没有希腊化,依然保存着过去的社会结构。① 无论怎么说,伊普索战役中安提柯的失败,使小亚细亚的大部分土地,包括小亚细亚腹地,转到了塞琉古王朝手中。至于如何治理小亚细亚腹地,依旧是一个难题。

重要的是,伊普索战役之后,叙利亚终于归属塞琉古王朝。塞琉古王朝对巴比伦一带的统治也就巩固下来。因此弗格森的意见,即把公元前312年视为塞琉古王朝建立的年份,未免太早了。可以说,塞琉古称国王是公元前305年,而公元前302—前301年,则是塞琉古王朝疆域大致上确定的年代,也就是塞琉古王朝强盛时期开始的年份。真正的塞琉古王朝的有效统治,还是应当从伊普索战役(公元前302—前301年)以后算起。

三、塞琉古王朝的强盛

伊普索战役之后,塞琉古王朝转入巩固和强盛阶段,因为安提柯余部渡过博斯普鲁斯海峡,进入马其顿和希腊本土,托勒密虽然也是胜利的一方,但担心战线太长,战场距埃及过远,也有收兵之意。西亚便成为塞琉古王朝独霸的领土。

塞琉古王朝的创建者塞琉古称塞琉古一世。在他执政期间,国力最强,版图最大。这时归塞琉古王朝管辖的疆土,北抵黑海海边,西达地中海东岸,东到印度河流域。小亚细亚、叙利亚、两河流域、伊朗高原、阿富汗、中亚细亚南部地区,都在塞琉古王朝管辖领域之内。博斯普鲁斯海峡西面的拜占庭,也归塞

---

① 参看米列塔:"国王和他的土地:关于希腊化小亚细亚王室土地的若干看法",载奥格登:《希腊化世界:新观察》,威尔斯古典出版社和杜克渥斯出版公司,伦敦,2002年,第158页。

琉古王朝统治。后来,塞琉古王朝为了收缩战线,同印度孔雀王朝媾和,退出了印度河地区,把东部边界线巩固在今伊朗和阿富汗境内。中亚细亚南部地区仍在塞琉古王朝管辖之中,只不过中央的管理比较松弛。

塞琉古一世仿效亚历山大,在塞琉古王朝境内大建城市。他的目的同亚历山大一样,新建城市一是为了弘扬希腊文化,二是为了巩固自己在西亚的统治。第二个目的更加重要,因为可以在新建城市内或周围常驻卫戍部队,以保一方安宁。① 这一做法后来也被罗马人仿效,他们也在新征服的地区建立移民城市。②

塞琉古一世建了多少城市? 没有精确的统计。据说,他建立了 16 座以他父亲安条克命名的城市,5 座以他的母亲拉奥迪西亚命名的城市,9 座以他自己名字命名的城市塞琉西亚,4 座以他的后妃命名的城市。③ 他还新建了其他一些以希腊城市或马其顿命名的城市。④ 所有这些新建的城市,从公共建筑、城市规划到学校的课程,都同希腊的城市一样,这都是为了维持希腊的文化传统。⑤

在选择地方各省的总督时,亚历山大一贯的做法是以是否忠诚于他本人为标准,所以除了考虑马其顿人、希腊人以外,波

---

① 参看波斯渥斯:《征服和帝国:亚历山大大帝王朝》,剑桥大学出版社,1988年,第 245 页。
② 参看同上。
③ 参看伊文斯:《希腊化时期的日常生活:从亚历山大到克娄巴特拉》,格林渥斯出版社,美国康涅狄格州韦斯特波特,2008 年,第 16 页。
④ 参看同上。
⑤ 参看同上。

斯贵族也在考虑之列。① 塞琉古王朝承袭了这一用人原则,而且越往东走,越要考虑波斯帝国的旧官员,以便统治该地区。②

新建的希腊式城市是否采取希腊传统的自治制度,塞琉古一世是有考虑的。他认为,既然这些新建的希腊式城市将来要成为巩固塞琉古王朝统治的基地,所以不能仅仅赋予它们以希腊城市的外观,而应当使它们成为传播希腊文化的中心,那就容许它们自治。但另一方面,所有这些新建的希腊式城市都必须听命于塞琉古王朝,而不能演变为反塞琉古王朝的势力的聚集点和活动中心,它们的自治权需要有一定的限度。塞琉古王朝正是这么做的。在原有的希腊移民城邦的自治权方面,塞琉古王朝也想给予限制,甚至一度想取消这种民主权利。一个突出的例子就是拜占庭。要知道,小亚细亚西部和北部沿海地区,很早就存在希腊移民城邦,它们都是自治的。拜占庭虽然处于博斯普鲁斯海峡以西,但也属于小亚细亚希腊自治城邦之列。塞琉古王朝本来想取消包括拜占庭在内的小亚细亚西海岸和北海岸的希腊移民城邦的自治权,正在这时,即公元前278年,即塞琉古一世死后不久,北方的蛮族加拉太人侵入拜占庭境内,大肆掠夺,拜占庭不能不到处求援。接着,加拉太人试图跨过博斯普鲁斯海峡进入小亚细亚,给塞琉古王朝很大威胁。③ 新国王是塞琉古王朝创建人塞琉古一世之子安条克一世,他为了安抚小

---

① 参看波斯渥斯:《征服和帝国:亚历山大大帝王朝》,剑桥大学出版社,1988年,第237—238页。
② 参看同上书,第238、276—277页。
③ 参看伯尔斯坦编译:《希腊化时代:从伊普索战役到克娄巴特拉七世去世》,剑桥大学出版社,1985年,第21—22页。

亚细亚的民众，改变了原来预定的取消小亚细亚一些城市自治权的计划。也就是说，对小亚细亚的希腊移民城邦来说，加拉太人的入侵却产生了意想不到的结果。[1]

一般认为，塞琉古王朝先后有两个都城：先是在塞琉西亚，后是在安条克。这种说法不一定准确。安条克后来成为首都，这是对的。但早期的首都不止一处：塞琉西亚和阿克巴特那都是都城，而且苏撒的原波斯王宫和那里的行政设施也继续得到利用。[2] 无论是塞琉西亚还是安条克，都是以希腊移民为主的新建城市，都是繁华的商业中心。这里所说的塞琉西亚位于幼发拉底河和底格里斯河交汇点附近，距离巴比伦城不远，距离后来的巴格达城也不远。从地理位置上看，它很适宜于商业的发展，因为它的航运条件好，顺河流南下波斯湾，便于同外国通商。这里所说的安条克位于奥龙特斯河上，离河口不远，是通往叙利亚北部和直下地中海的商路中心。后来的塞琉古国王们都住在安条克。所以中国史书上把塞琉古王朝及其首都安条克称为条支。[3]

塞琉西亚和安条克是当时世界各国商人的聚居地，也是当时西亚最繁华的两座城市。各有几十万人口。城内建有宫殿、神庙、广场、剧院、竞技场、公园和林荫大道。希腊文化色彩浓厚，希腊本土的手工业者向往这两个城市，前来定居、开业，希腊

---

[1] 参看伯尔斯坦编译：《希腊化时代：从伊普索战役到克娄巴特拉七世去世》，剑桥大学出版社，1985年，第22页。
[2] 参看彭树智主编：《中东国家通史》伊拉克卷，黄民兴著，商务印书馆，2002年，第53页。
[3] 参看张星烺编注：《中西交通史料汇编》，朱杰勤校订，第二册，中华书局，1977年，第119—123页。

本土的学者也乐意在此讲学、研究。

塞琉古一世于公元前281年遭人暗杀身亡,其子继位,称安条克一世(公元前280—前261年)。安条克一世的母亲是原波斯帝国贵族斯皮塔米尼斯的女儿阿帕美,她和塞琉古是在亚历山大主持的马其顿军人同波斯女子的盛大婚礼上成亲的。[1] 所以安条克一世是一个混血儿。安条克一世以后的一些国王继续尊重这一传统,同波斯王族成员联姻,"从而加强了政治合法性"[2]。

安条克一世不是一个治国之君,[3]他酗酒成性,不理朝政,宫廷阴谋不绝,一部分领土被外国占领。以后的三位国王,即安条克二世(公元前261—前247年)、塞琉古二世(公元前247—前226年)、塞琉古三世(公元前226—前223年),也都是平庸之辈,没有什么大的作为。这段时间发生的几件大事是:

其一,安条克二世去世后,小亚细亚的形势发生变化,小亚细亚腹地实际上独立了,塞琉古王朝失去了对小亚细亚的统治。[4]

其二,正如本书第十二章第三节将会提到的,塞琉古王朝在中亚细亚南部和伊朗高原北部的一些地方割据形势已经形成,塞琉古王朝对此无可奈何,只得任其存在。

---

[1] 参看布里昂:《亚历山大大帝》,陆亚东译,商务印书馆,1995年,第117页。
[2] 彭树智主编:《中东国家通史》伊拉克卷,黄民兴著,商务印书馆,2002年。
[3] 塞琉古一世在位时,安条克在其父领导下工作相当出色,如在王国东部地区和小亚细亚新建希腊式城市。(参看弗格森:《希腊帝国主义》,晏绍祥译,上海三联书店,2005年,第105页)
[4] 参看弗格森:《希腊帝国主义》,晏绍祥译,上海三联书店,2005年,第105页。

第三,也是最重要的,塞琉古王朝、托勒密王朝、安提柯王朝之间为争夺地中海东部地区的海上霸权,以及为了争夺叙利亚,连续发生了五次叙利亚战争。这是影响塞琉古国运的一件大事。

第一次叙利亚战争发生于公元前276—前272年。这时,安条克一世刚登位不久。战争起因是托勒密王朝的军队乘塞琉古王朝忙于巩固在小亚细亚的统治之机,侵占了叙利亚南部和地中海东海岸部分地区。安条克一世为夺回失地,便同托勒密王朝开战。但托勒密王朝在军事上占优势,塞琉古军队未能如愿。

第二次叙利亚战争发生于公元前261—前255年。这时安条克一世已去世,安条克二世刚登位。为了报第一次叙利亚战争期间塞琉古军队被击败之仇,塞琉古新国王安条克二世便联合安提柯王朝共同对托勒密王朝作战。海上,安提柯王朝的舰队击败了托勒密王朝的舰队,取得了爱琴海的海上霸权。陆上,塞琉古王朝的军队终于收复了失去的爱琴海东岸的一些领土。但由于后方空虚,小亚细亚内陆地区摆脱了塞琉古王朝的控制,实际上成为独立的政治单位。

第三次叙利亚战争发生于公元前246—前241年。这时安条克二世已去世,塞琉古二世继位。塞琉古二世继位后,因宫廷斗争不止,有些企图夺取王位的人便充当托勒密王朝的内应,所以战争初期塞琉古军队节节败退,托勒密军队不仅占领了叙利亚,而且还进入两河流域。稍后塞琉古二世率军反攻,击退了托勒密军队。但安提柯王朝则乘此机会在小亚细亚沿岸和爱琴海上击败塞琉古军队。塞琉古王朝依然处于困境之中。

第四次叙利亚战争发生于公元前221—前217年。这时,塞琉古二世去世不久,塞琉古三世继位才四年又被安条克三世夺走王位(公元前223—前187年)。安条克三世是塞琉古王朝一位有作为的国王,在他执政期间,塞琉古王朝又强盛了。他先同托勒密王朝交战,在第四次叙利亚战争中获胜。同时他念念不忘希腊世界,他用兵伯罗奔尼撒半岛,同安提柯王朝争夺对希腊的控制权。

第五次叙利亚战争发生于公元前201—前195年。这仍然是安条克三世在位期间。塞琉古王朝依旧取得胜利,陆续收回自塞琉古一世后历年所丧失的领土。

此外,在第四次叙利亚战争与第五次叙利亚战争之间,即公元前208年,安条克三世为了重振塞琉古王朝,仿效亚历山大大帝实行东征,带兵攻打中亚细亚和印度,取得胜利。到公元前2世纪初年,塞琉古王朝又成为西亚的强国。

为什么争夺叙利亚及其周边地区的战争多次发生?这是有深刻的政治原因和经济原因的。从政治上说,叙利亚及其周边地区是战略要地,谁控制了这些地方,北可以直通小亚细亚,抵达黑海沿岸,由此转向西部,渡过博斯普鲁斯海峡,可以进入色雷斯和马其顿;南可以到达巴勒斯坦,进入埃及,并可以通过埃及,把利比亚、迦太基列入控制在内;向东,则两河流域、伊朗高原、中亚细亚和印度都是通向的目标。叙利亚处于地中海东岸,只要占领了叙利亚沿岸,并拥有一支强大的舰队,不仅可以称雄于爱琴海上,还可以控制希腊本土,再向西抵达意大利半岛和西西里岛。所以,塞琉古王朝必须牢牢保住叙利亚及其周边地区,而托勒密王朝和安提柯王朝也看中了这块地方,它们认为,塞琉古作为亚历山大手下的将领,亚历山大临终时,本来只担任巴比伦的总督,能拥有两河流域及其以东的伊朗高原就应该心满意足了,为什么要扩张到叙利亚沿岸地区呢？塞琉古王朝有波斯湾作为海上通道就够了,凭什么还要插足于地中海一带呢？这就是三个王朝为夺取叙利亚及其周边地区而一再爆发战争的政治方面的重要原因。

更重要的是经济原因。这一地区是地中海航线的起始点或终点,谁夺得这一地区就可以控制商路,把北通黑海,南到尼罗河入海口,西到希腊本土各个港口,再往西直达罗马、迦太基沿岸都包括在内,从而可以获取巨大的商业利益。[①] 不仅如此,谁夺得这一地区,谁就有可能控制希腊本土各个城邦,于是可以在人力资源方面得到充足的供应,包括从希腊本土招到雇佣兵(无论是希腊本土的中部、北部和西部,还是伯罗奔尼撒半岛,二三百年来都是强悍善战的雇佣兵的故土),以及吸收能工巧匠前去,甚至可以在引进的希腊移民中得到希腊籍的行政管理人员,[②]这些都是塞琉古王朝和托勒密王朝所急需补充的。各国正是从经济上考虑,终于使得争夺叙利亚及其周边地区之战不可避免。

安条克三世在位长达36年,从公元前223年到公元前187年。在他执政期间,塞琉古王朝再度强盛了。但也是在他执政时,由于外交政策的重大失误,导致塞琉古王朝同罗马共和国的宿敌迦太基结盟,从而同罗马共和国发生正面冲突,导致塞琉古

---

① 参看斯塔尔:"希腊化文化",载斯特兰编:《古代希腊的贡献》,浩特、莱恩哈特和温斯顿出版公司,纽约,1971年,第266页。
② 参看同上。

王朝大败,塞琉古王朝从此由盛转衰。这是公元前 190 年的事情,留在本章第三节"塞琉古王朝的衰亡"中再加以评述。

四、塞琉古王朝的中央集权体制

从政治体制上分析,塞琉古王朝无疑是一个东方色彩十分浓厚的中央集权的专制国家,国王高高在上,独揽大权,并且在宫廷仪式中吸收了原波斯帝国的许多做法,国王的权力被认为来自神授,国王本人就是神的化身、神的传人。国王绝对专制,不受任何民选代表的制约,而且也根本不存在任何民选的机构。塞琉古王朝之所以实行中央集权的专制制度同所处的环境有关。在亚历山大东征以前的千百年来,这里一直由东方式的巴比伦、赫梯、吕底亚、新巴比伦等国家统治,它们全都是国王绝对专制的国家。尤其是波斯帝国阿黑门尼德王朝建立以后,后者把专制制度推进到一个新的阶段,首先是使自己神化。例如,当阿黑门尼德王朝创建者居鲁士进入巴比伦后,就公布了以巴比伦语写成的致巴比伦人的告示,上面写道:"我是居鲁士、宇宙之王、伟大的王、强有力的王、巴比伦王、苏美尔王、阿卡德王、天下四方之王……"[1]接着,告示中写出了他是神派来治理人间的:"他的统治为贝勒(神)与那波(神)喜爱,他的权力为他们衷心喜爱。"[2]塞琉古一世建立自己的王朝后,为了巩固统治,很自然地继承了这一古老的东方政治传统。

然而,塞琉古一世毕竟不是西亚人,他周围的将领和高官也

---

[1] 奥姆斯特德:《波斯帝国史》,李铁匠、顾国梅译,上海三联书店,2010 年,第 61 页。
[2] 同上。

不是西亚人，而是马其顿人，追随他的还有很多希腊人。在东方专制帝国的西亚要建立一个有效的、并能长久存在的国家，仅靠"神的意志"或"神的指示"是远远不够的。因此，塞琉古一世除了完善亚历山大时期修建的希腊式城市之外，还新建了数十座希腊式城市。正如前面已经谈到的，这些老的、新的希腊式城市不仅有传播希腊文化的功能，更重要的是具有凝聚马其顿人、希腊人，巩固塞琉古王朝统治的作用。这些都是在塞琉古王朝中央集权的专制体制下的希腊式城市，不同于安提柯王朝二元政治体制下的希腊本土各城邦的体制。区别在于：在安提柯王朝的二元政治体制之下，希腊本土城邦既被赋予了自治权，同时还拥有较大的自主性，这些城邦以不违背安提柯王朝的命令和不摆脱安提柯王朝而谋求独立为前提，否则就会遭到安提柯王朝的镇压。希腊城邦可以组成同盟（如埃伦利亚同盟、阿卡亚同盟等），可以有自己的军队，并服从城邦的命令（如阿卡亚同盟的联军攻打斯巴达，以及占领过科林斯）。更值得注意的是，希腊各个城邦实际上并不认同马其顿，不认同安提柯王朝。可以用"若即若离"四个字来形容希腊各个城邦同马其顿王国之间的关系。

然而塞琉古王朝的希腊式城市的情况却不一样。塞琉古王朝的希腊式城市处于西亚，有的甚至远到中亚细亚，它们好像一座座孤岛那样处于当地土著居民的海洋之中。塞琉古王朝帮助这些希腊式城市，也给予它们一定的自治权。尽管它们的自治权和自主性都是有限的，但它们认同塞琉古王朝，它们首先想到的是：它们是希腊人的集居地，是希腊文化的中心，它们不认同塞琉古王朝还能认同谁？塞琉古王朝需要这些希腊式城市，这些希腊式城市也需要塞琉古王朝。因此,在塞琉古王朝不存在像安提柯王朝那样的二元政治体制,它存在的是中央集权体制,希腊式城市是从属于塞琉古王朝中央政府的。

塞琉古王朝在中央集权体制之下之所以还保存了若干座希腊式城市并给予一定自治权,正是由塞琉古王朝所处的西亚特殊环境所造成的。东方式的中央集权体制是从原波斯帝国那里承袭下来的,马其顿人、希腊人既然来到西亚,成为塞琉古社会的上层人士或同上层紧密连结在一起的人士,那么他们就难以摆脱社会上东方文化和东方行政管理方式的影响。[1] 而塞琉古王朝的中央集权制度之下之所以还保留了若干座希腊式城市,也不是偶然的,主要是因为塞琉古王朝建立之初,它所面临的政治上的困难要比托勒密王朝在埃及、安提柯王朝在马其顿和希腊所面临的困难大得多。[2]

塞琉古王朝不采取分封制而采取行省制,也不是偶然的。居鲁士确立波斯帝国之后,曾把波斯全境划分成20个行省,后来有的行省合并,行省总数减少,但依然是行省制。[3] 波斯帝国之所以采取行省制,正是为了加强中央集权统治,防止帝国的分裂。[4] 在波斯帝国统治期间,行省是直属中央政府的,行省的总督由中央任命,主要是国王信得过的波斯人。行省对中央政府

---

[1] 参看科克、阿德柯克、查尔斯渥斯编:《剑桥古代史》第7卷《希腊化的君主国和罗马的兴起》,剑桥大学出版社,1928年,第157页。

[2] 参看同上书,第156—157页。

[3] 参看奥姆斯特德:《波斯帝国史》,李铁匠、顾国梅译,上海三联书店,2010年,第354页。

[4] 居鲁士攻占吕底亚王国后在这里建立行省,行省管理机构当时还处于实验阶段。后来征服其他国家,都相继建立行省。(参看同上书,第52、66、68页)

的主要任务是缴纳贡赋,贡赋总额是纳入各册的,有金银、牲畜、饲料等。有的行省还规定当地部落每5年要奉献童男童女各若干名。① 这表明波斯帝国对行省的控制是有效的。这些贡赋是加在当地的巨大负担,行省往往不堪重负,所以只要中央的控制减弱了,地方的分离主义倾向便会滋长,这正是波斯帝国最担心的事情之一。塞琉古王朝在西亚、中亚细亚等确立统治之后,仍然承袭东方专制主义传统,维持行省制度,不愿让出中央对全国各地的直接管辖权。

关于塞琉古王朝的地方行政体制,下面将有进一步的分析。这里仍继续讨论中央的体制。在塞琉古王朝,王室成员、王亲、贵族、有功将领等,并没有自己的世袭封地,也没有属于自己的军队,但他们和他们的子弟只要忠诚于国王本人,就有机会担任文武官员。其中,最受国王信赖和宠爱的人得到一个特殊的头衔——"国王之友"。② 这些人几乎都是马其顿人、希腊人。至于本地人,即使尽力而为并忠于职守,但很少有人获得"国王之友"头衔的荣幸。③ 塞琉古王朝的宫廷完全是东方式的,有宦官,有众多的嫔妃。拜见国王的仪式,也是东方式的,而且具有神秘主义色彩,以显示国王不同于凡人。连宫廷服饰都是东方式的,据说只有内衣才是希腊式的。④ 官员和宫廷侍卫都身穿

---

① 参看奥姆斯特德:《波斯帝国史》,李铁匠、顾国梅译,上海三联书店,2010年,第355页。
② 参看T. R. 马丁:《古代希腊:从史前到希腊化时期》,耶鲁大学出版社,1996年,第203页。
③ 参看同上。
④ 参看杜兰:《世界文明史》第2卷《希腊的生活》,幼狮文化公司译,东方出版社,1998年,第424页。

制服,以显示庄重。宫廷内烟香散发出特殊的气味,再加上音乐声,更令人感到国王的崇高和臣下的渺小,以至于有人认为这简直跟旧波斯帝国宫中没有什么区别。

五、塞琉古王朝的地方行政体制

在塞琉古王朝中央集权体制之下,行省制和城市自治制是并存的。这是塞琉古王朝地方行政体制的独特之处。

塞琉古全国分为二十多个行省。行省设省长、将军、财务使等高级职务,均由国王任命。而在东部一些行省和小亚细亚一些行省,由于其重要性,省长和将军两个职务由一个人担任,称为总督,即统军,又治民。① 总督也是国王任命的。财务使由中央派遣,掌握该省财政大权,兼管王家地产。② 财务使在某种程度上受省长或总督指挥。③

塞琉古王朝在划分行省时,充分考察了原波斯帝国的体制和行省的划分,特别是考虑大流士一世和他的继承者以及亚历山大大帝定下的体制。④ 由于塞琉古国家"由许多民族和许多地区所构成,所以不得不划分为一些单独的行政单位。这种划分是自然的、历史的而不是人造的,整个说来,仍同波斯人和亚历山大统治下一模一样"⑤。

比较特殊的是塞琉古王朝下的城市:一是西亚本来就已存

---

① 参看科克、阿德柯克、查尔斯渥斯编:《剑桥古代史》第7卷《希腊化的君主国和罗马的兴起》,剑桥大学出版社,1928年,第166页。
② 参看同上。
③ 参看同上书,第167页。
④ 参看同上书,第166页。
⑤ 参看同上。

在的神庙城市,二是原来就存在于小亚细亚沿岸地区的老的希腊移民城市,三是亚历山大统治时期新建的和塞琉古王朝建立后新建的希腊式城市,或称新希腊移民城市。三类城市的差别是历史形成的。

(一)神庙城市

波斯帝国时期西亚地区就有一些神庙城市。与希腊移民城市不同,"那里的首领是祭司,他们不仅负责主持仪式,指导改宗者,而且管理着神庙的奴隶,他们耕种周围的土地,供养他们自己以及神庙人员"①。神庙城市,也就是"地方组织的这种宗教形式,是由波斯人精心培育的"②,目的无非是为了巩固波斯的统治。塞琉古王朝建立后,在引入希腊式城市制度的同时,如何处理历史遗留下来的神庙城市是一个难题,因为神庙一般是地方商业中心、定期集市、庙会所在地。"因此,对塞琉古王朝来说,有可能给它提供一个城市组织:一个人民大会,一个议事会以及官员,这样,新的城市国家创建起来。"③换言之,这就是搬用希腊人的做法,把本来已存在的神庙城市重新改装了。

在塞琉古王朝期间,原有的西亚神庙城市增添了一些希腊式的内容,得到了改造。"除某些限制外,城市无例外地控制着圣地。"④具体地说,是在神庙周围把原来的集市、庙会纳入了城市范围,"是让大祭司和神职人员服从邻近的城市当局"⑤。如

---

① 弗格森:《希腊帝国主义》,晏绍祥译,上海三联书店,2005年,第106页。
② 同上书。
③ 同上书,第107页。
④ 同上。
⑤ 同上。

果神庙不服从,就强制没收神庙的土地。①

同希腊化时期其他王国一样,在塞琉古王朝境内,神庙,尤其是那些著名的神庙,也是财富的集中地。这些财富除地产外,主要是金银或铸币的蓄积,它们或者来自信徒捐献,或者是信徒谢罪的奉献。② 神庙拥有大量财富,就用于经营工商业和放贷,并以放贷为主。③ 久而久之,"神庙逐渐发展为正规的银行"④。当然,罗斯托夫采夫在这里所提到的希腊化时期的"银行",同以前他提到的古典希腊时期雅典的"银行"一样,远不是近代意义上的银行。⑤ 但无论如何它们是塞琉古王朝所看重的金融机构,所以平时决不放松对它们的监视,以便控制它们。

(二)小亚细亚沿岸的旧希腊移民城市

当塞琉古王朝控制小亚细亚时,如何对待已存在数百年之久的小亚细亚沿岸的希腊移民城市也是一个重要问题。从战略上考虑,这些希腊移民城市处于爱琴海东岸,海港很早就被开发,商路通畅,对塞琉古王朝十分重要。加之,这些城市当初都是来自希腊的移民所建,一直是希腊文化传播的中心,虽然几次被波斯帝国征服过,但仍坚持希腊精神、希腊人文思想。因此,塞琉古王朝认为有必要继续保持这些希腊移民城市的自治权。

问题在于:在塞琉古王朝统治下,小亚细亚这些原有的希腊

---

① 参看弗格森:《希腊帝国主义》,晏绍祥译,上海三联书店,2005年,第107页。
② 参看罗斯托夫采夫:《希腊化世界社会经济史》第2卷,克莱伦顿出版公司,牛津,1941年,第1278页。
③ 参看同上。
④ 同上。
⑤ 参看本书,第335—336页。

移民城市会不会忠诚于塞琉古王朝,还是会转而倾向于安提柯王朝或托勒密王朝？因此,塞琉古王朝决定对这些希腊移民城市维持宽松的政策,即维持亚历山大的政策不变,如给予它们特权,给予它们相当多的自由,允许它们有自己选出的政府和自己制定法律,只要它们尊奉塞琉古国王,服从塞琉古王朝的最高权威就行了。① 从这种角度看,小亚细亚原来的希腊移民城市所受到的政治待遇,是塞琉古王朝各类城市中的一个例外。

正因为塞琉古王朝对这些小亚细亚希腊移民城市采取了宽松的政策,所以在塞琉古王朝仍能控制小亚细亚的情况下,它从这些希腊移民城市得到了不少好处。例如,这些城市起着联系希腊本土各城邦的作用,塞琉古王朝可以通过它们加强同希腊本土的联系,以免使塞琉古王朝在政治上和文化上处于同希腊本土隔绝的状态。② 又如,小亚细亚的希腊移民城市历来是提供熟练工匠和雇佣兵的地方,塞琉古王朝可以从这些地方得到所需要的人才和雇佣兵,它可以由此得到充足的人力储备。③ 再如,这些希腊移民城市经济兴旺,财政收入丰裕,塞琉古王朝既能从这里获取丰裕的财政收入,还可以在紧急的场合从这里得到资金的支持。④

(三) 塞琉古王朝新建的西亚城市

前面已经提到,从亚历山大东征时开始,到塞琉古王朝最初

---

① 参看罗斯托夫采夫:《希腊化世界社会经济史》第 1 卷,克莱伦顿出版公司,牛津,1941 年,第 525 页。

② 参看同上书,第 524 页。

③ 参看同上。

④ 参看同上书,第 525 页。

几个国王执政时期,在西亚境内新建了好几十座希腊式的城市。这些新建的城市从外观上看全是希腊建筑风格的,规划、布局也都是希腊式的,有希腊本土城市中常见的公共设施,包括广场、祭坛、柱廊、议事厅等等,还有希腊式的学校、剧场、集市等。那么,西亚的这些新建希腊式城市的政治地位如何?这倒是一个值得探讨的问题。

这些新建城市的主要居民是马其顿人和希腊人,以及他们的后裔。他们把自己所熟悉的希腊城市中的生活方式带进塞琉古王朝所控制的西亚地区,这是很自然的事情。然而,引进的希腊城市生活方式并不等于希腊城邦制度的移植。要知道,长期以来,甚至直到马其顿王国统治希腊本土以后,希腊的每一个城邦都是一个政治实体,也就是一个独立的主权国家,尽管面积都不大,人口也不多,但却拥有主权。即使在菲利普二世南下,希腊本土顺从马其顿王国之后,希腊城邦的主权受到了限制,但城邦自治制度依旧保存下来。塞琉古王朝对于西亚境内新建的城市所采取的基本政策,既不同于西亚境内的"神庙城市",又不同于历史上早已存在的小亚细亚希腊移民城市,塞琉古王朝实行的是如下的政策:

一方面,国王的绝对权威和至高无上的领导权、统治权必须维护。国王们绝对不允许这些新建城市利用自治权来对抗中央的权威,更不容许出现分离或独立的倾向。也就是说,塞琉古王朝是在中央集权体制之下才准许新建的希腊城市有一定的自治权。

另一方面,塞琉古王朝之所以鼓励马其顿人、希腊人来到西亚地区移民,是从巩固王朝在西亚的统治着眼的。在西亚,处处都是西亚当地人,马其顿人建立的王朝如果没有马其顿人和希腊人的支持,在西亚难以长期立足。因此,塞琉古王朝有必要在这些新建的希腊式城市中给予移民前来的马其顿人一定的自治权。换言之,一定要从塞琉古王朝本身生存这一头等重要的问题来理解它容许希腊式城市保留一定自治权这件事。陈恒在所著《希腊化研究》一书中有这样的论点:"与马其顿单一人口不同的是——甚至和埃及不同的是:在埃及除了希腊人外,当地的土著是比较单纯的——而塞琉古那些具有不同文化传统的复杂民族成分则使这个王朝具有不同的社会心态。"[1]塞琉古王朝为了巩固自己的统治,既要依靠国王的专制体制和军事力量,还要依靠希腊人的城市结构,即"对希腊城市自由的认可是施加塞琉古王朝影响最有效的办法"[2]。这就是塞琉古王朝西亚境内希腊式城市得以长期存在并保留一定自治权的依据。说得更确切些,在塞琉古这样一个多民族而且东方文化影响很大的专制国家中,"少数马其顿—希腊人的统治权力随时都有可能失去依靠对象和政治基础。如果马其顿—希腊人消失在伊朗人、闪米特人和安那托利亚人的汪洋大海之中,只能意味着这个希腊化王国在东方消失"[3]。一个个新建的西亚境内的希腊式城市,就好像嵌入这一大片西亚土著居民居住区内的基石,它们保障了塞琉古王国的持久统治。

还应当指出,这些新建的希腊式城市是塞琉古王朝驻军的

---

[1] 陈恒:《希腊化研究》,商务印书馆,2006年,第80页。
[2] 同上书,第81页。
[3] 黄天海:《希腊化时期的犹太思想》,上海人民出版社,1999年,第45—46页。

城市。这又从另一个角度反映了这些新建的希腊式城市对塞琉古王朝统治的重要性。这是因为,塞琉古王朝一直想使得分散的、遍布西亚各地的希腊式城市联合起来,形成一股足以控制西亚全境的亲塞琉古的力量。但是,为了维护中央集权体制,塞琉古的国王们不愿在自己的王国内重演古典希腊时期的城市同盟的历史(如以雅典为首的提洛同盟或以斯巴达为首的伯罗奔尼撒同盟),也不愿意看到在塞琉古王朝下出现像安提柯王朝下希腊本土所组成的城市同盟(如埃陀利亚同盟和阿卡亚同盟),因为这样的同盟逐渐成为反中央控制、反马其顿王国的力量。于是,塞琉古王朝设计了以国王派驻希腊式城市的军队联成一个防务链条的模式,"通过国王的军队将经济和社会状况相异的各片领土结合起来,形成集中的军事化的希腊马其顿殖民城市"[1]。这样一来,塞琉古王朝在这些希腊式城市的驻军起着双重作用:一是使这些希腊式城市听命于国王,顺从国王的意志,防止任何城市出现分离主义倾向;二是通过城市这一交通枢纽,把广大的西亚领土置于国王的控制之下,而在这个过程中,希腊式城市中的主要居民——希腊人和马其顿人也就被调动起来了,他们在必要时会支持国王的军队,共同对付西亚土著居民中的不稳分子。于是塞琉古王朝创立者塞琉古一世所希望建立的"一个政治上统 的马其顿—希腊人统治的希腊化帝国"[2]也就建成并巩固下来了。

西亚境内希腊式城市的建立,使这块土地上的居民显然划

---

[1] 黄天海:《希腊化时期的犹太思想》,上海人民出版社,1999年,第46页。
[2] 参看同上。

分为两个阶层:一是本地居民,二是在本地居民之上产生的希腊—马其顿人阶层。① 后一个阶层同国王紧密地连结在一起,他们无疑享有多多少少的特权,并且要比原来的居民有较高的社会地位。② 在这个希腊—马其顿人组成的阶层的最上层就是塞琉古王朝的新贵族,他们是同王室和宫廷连在一起的显贵们,其次就是高级官员,他们也都是巨富,拥有大量财产。③ 大商业城市中富商也可以包括在新贵族之内。再次,应当提到驻防于首都和重要城市的卫戍部队的军官和士兵、各级官员、财产评估人和收税人等。④ 其中大多数人都从国王那里得到土地,而这些土地是从本地人那里取得的。⑤ 总之,一个人数众多的希腊—马其顿人的阶层形成了。这就是塞琉古王朝新建城市中社会经济生活的写照。

在这些新建的希腊式城市中,也居住着一些当地居民。总的说来,当地居民处于希腊—马其顿人之下,无形之中成为二等公民。⑥ 至于当地居民中以前的上层分子内,"一部分与征服者合作获得信任,担任中下级官吏"⑦。这是因为,"希腊—马其顿统治者深知,仅靠一时的军威不足以长治久安,尚须借重原有的统治者"⑧。这种做法与亚历山大征服波斯帝国之后所采取的

---

① 参看罗斯托夫采夫:《希腊化世界社会经济史》第1卷,克莱伦顿出版公司,牛津,1941年,第517页。
② 参看同上。
③ 参看同上。
④ 参看同上书,第518页。
⑤ 参看同上。
⑥ 参看陈恒:《希腊化研究》,商务印书馆,2006年,第452页。
⑦ 同上书,第453页。
⑧ 同上。

做法是一致的。

至于在西亚境内所建立的这些希腊式城市同中央政府之间的经济关系,一般说来,城市自治权的取得同它们缴纳贡金和税收是联系在一起的,但国王也把收到的贡金的一部分返还给这些城市,用于宗教活动等开支。[1] 可以这样说:"国王越弱,他就越需要得到希腊式城市的支持和认同,他就越有可能克制对这些城市内部事务和自治的干预,以及降低或放弃自己对贡金和税收的要求。"[2]而在国王势力强大之时,"国王的意愿就是最高的法律,国王的命令毫不理睬人民的任何决定"[3]。这完全符合中央集权的专制国家的情况,塞琉古王朝并非例外。

那么,塞琉古王朝是什么性质的王朝? 可以说,它同安提柯王朝和托勒密王朝一样,都是中央集权的封建王朝。塞琉古王朝统治下的西亚社会,是封建社会。只不过这三个希腊化王朝各有特点而已。从以上所分析过的中央集权体制和地方行政体制,以及存在于塞琉古王朝境内希腊式城市制度来看,在国王独揽大权方面,塞琉古王朝要比安提柯王朝更为突出。而从下面(本章第二节)有关塞琉古王朝的土地关系的分析中可以进一步了解到,塞琉古王朝统治下西亚境内的土地制度,以及王室土地同佃户之间的关系更能说明塞琉古社会是典型的封建社会。[4]

---

[1] 参看科克、阿德柯克、查尔斯渥斯编:《剑桥古代史》第7卷《希腊化的君主国和罗马的兴起》,剑桥大学出版社,1928年,第179页。
[2] 参看同上书,第178页。
[3] 同上。
[4] 不言而喻,把塞琉古王朝说成是奴隶制的希腊化王朝的观点,是不符合实际情况的。

从这里还可以看出,从公元前2世纪初年起,随着塞琉古王朝由盛转衰,塞琉古王朝统治范围内,不仅土著居民所聚居的地区先后出现了叛离中央的地方割据和独立,而且在新建的希腊人聚居的城市中,也有分离主义的趋势。这意味着庞大的塞琉古封建王朝从这时起已进入走向衰亡的阶段,或者说,塞琉古封建王朝的解体过程已经开始了。

第二节 塞琉古王朝的经济

一、土地关系

塞琉古王朝统治期间,土地的最终所有权属于国王。土地分为王室土地、神庙土地、城市土地、军屯土地几大类。塞琉古的国王在土地政策方面,充分考虑了原波斯帝国的土地占有状况,一般不做大的变更。"国王们的土地政策是谨慎而富有远见的。他们需要小心地处理那巨大的领地,因为他们收入中最有价值、最稳定的部分就来源于此。"[①]

1. 王室土地

王室土地的前身多半是原波斯帝国的王家土地或名义上归国家所有,实际上由国王掌握和有权处置的土地。塞琉古王朝继承了这一传统,并接管了原波斯帝国的庞大的土地遗产。

塞琉古王朝的王室土地,由国王亲自掌握,其中,有专供王室享有的农田、牧场、林场、水塘、尚未开垦的土地等。国王常把

---

① 弗格森:《希腊帝国主义》,晏绍祥译,上海三联书店,2005年,第108页。

王室土地赏赐给受宠的或有功的贵族、将领和大地主。实际上，国王所赏赐的并不是这些土地的所有权，而是这些土地的收益权。如果这些土地原来由王室的农户耕种，在直接由国王掌握时，租赋归于王室；如果国王把某一块王室土地赏赐给某一个贵族占有，那么王室的农户就把租赋缴纳给受赏赐的贵族。如果因某种原因该受赐土地的贵族犯了罪或不受国王宠信了，国王可以收回所赐予的王室土地。

以前波斯帝国阿黑门尼德王朝的王公贵族的土地，一律被没收为塞琉古王朝的王室土地。其中，归顺塞琉古王朝的那些王公贵族，可以在获得国王恩准后保留原来的土地，收取租赋，但这些土地依然是属于塞琉古国王的土地，而并非受恩准的原波斯帝国的王公贵族私有财产。

2. 神庙土地

神庙土地名义上也属于塞琉古国王，它们也是经国王恩准后归神庙占有和使用的。这些土地的租赋归神庙所有。有些神庙的历史悠久，神庙在过去漫长的年代内因种种原因就拥有地产，比如，地产来自信徒的捐赠，来自附近受神庙庇护的农民的奉献（作为依附于神庙的条件）等；其中也有在天灾人祸时期神庙并购的土地，或者神庙自己开垦出来的耕地。这些土地，"由高级祭司来领有，或以神的名义由祭司团体来领有，而这些地产常常是很大的"[1]。

还应当注意到这样一种情况，即在很早以前，西亚本地居民习惯于把土地看成是神的财产，神庙祭司不仅在地方的宗教生

---

[1] 杜丹：《古代世界经济生活》，志扬译，商务印书馆，1963年，第106页。

活中,而且在地方的社会、行政、司法和经济生活中起着十分重要的作用。这样,西亚各个神庙附近的村民虔信祭司,尊敬神庙,把自己的土地奉献给神庙,是有道理的。塞琉古王朝建立后,为了稳定地方秩序,神庙自有的土地维持原状。

在西亚,不仅有本地的神庙,也有新建的希腊神庙,后者是陆续来到西亚的希腊人、马其顿人建立的。这些希腊神庙多半建立在新建的希腊式城市的辖区,它们同西亚本地人的神庙之间没有什么联系。① 新建的神庙经过国王批准,可以得到国王新赏赐的土地。

无论是本地的神庙还是希腊移民建立的神庙,都有自己的土地,地产收入照例归神庙所有,实际上归祭司们所有。某些地方,"在某些例行的仪式中,其祭司长头戴冠冕,被认为是国中仅次于国王的大人物"②。

塞琉古王朝对神庙和神庙财产的政策维持了大约一个世纪稍长一些。自从公元前190年塞琉古军队被罗马军队击败以后,塞琉古王朝从此由盛转衰,它对神庙尤其是西亚本地人的神庙的态度发生了变化。"很可能随着塞琉古王朝被逐出小亚细亚,国王多多少少修改了他们对东方神庙的态度。"③具体地说,这反映于有关安条克三世及其继承人洗劫一些东方神庙的事件。④ 为什么会这样? 一种解释是:可能是由于塞琉古王朝在

---

① 参看罗斯托夫采夫:《希腊化世界社会经济史》第1卷,克莱伦顿出版公司,牛津,1941年,第503—504页。
② 杜丹:《古代世界经济生活》,志扬译,商务印书馆,1963年,第107页。
③ 科克、阿德柯克、查尔斯渥斯编:《剑桥古代史》第7卷《希腊化的君主国和罗马的兴起》,剑桥大学出版社,1928年,第163页。
④ 参看同上。

战场上遭到惨败,缺钱用;另一种解释是,为了巩固自己的统治,防止地方分离主义抬头,国王们就以这种对待东方神庙的方式来强调自己对神庙产业的至高无上的权利。① 其实,效果恰恰相反,塞琉古王朝越是这样做,当地的非希腊居民对塞琉古王朝的抵触情绪就越大,塞琉古王朝在西亚的统治的维持就越困难,进而塞琉古王朝不得不更加依靠马其顿人和希腊人。②

在王室土地和神庙土地上耕种的农民,是佃户。他们的人身是自由的,但世世代代被束缚在这块土地上,子承父业,不得离去。因此可以被认为是世袭的农奴。

为了管理村庄,管理好王室的土地,塞琉古王朝的措施是"把整片土地,连同村庄、村民和所有其他财产,一并赐予……马其顿人或希腊人封臣,他们当然要为应交给国王的费用负责"③。由于担心这些封臣比村民更不听话,所以"塞琉古王朝拒绝给予那些他们赐予王室领地的人一个明确的封号"④,以便随时可以收回这些桀骜不驯的封臣的领地。从这个意义上说,塞琉古王朝的土地关系是一种封建的土地关系,即在国内存在着国王颁赐的领地,领地的主人实际上行使着统治的权力。⑤只要受赏赐的领地的主人顺从国王的旨意,不违抗国王,他们就可以一直统治下去,尽管所赐的领地最终仍属于国王。与此同时,在塞琉古王朝管辖的很大范围内,"还包括了这样一些地

---

① 参看科克、阿德柯克、查尔斯渥斯编:《剑桥古代史》第7卷《希腊化的君主国和罗马的兴起》,剑桥大学出版社,1928年,第163页。
② 参看同上书,第164页。
③ 弗格森:《希腊帝国主义》,晏绍祥译,上海三联书店,2005年,第109页。
④ 同上。
⑤ 参看韦伯:《经济与社会》下卷,林荣远译,商务印书馆,2006年,第333页。

区:它们的居民被视为君主土地的依附者或者个人的隶农,并按领地的方式由他的家族进行管理"①。

3. 城市土地

城市土地是国王批准拨给每一个拥有自治权的城市的土地。城市土地名义上依然隶属于国王,但城市对这些土地具有使用权和处置权,不过都必须经过一定的程序才能用于建设。

在有自治权的城市管辖范围内,存在着一些农业经营主体。关于土地的所有权和使用权,根据现有资料还不能确定。有一种可能性是:这些土地是希腊移民个人占有的,是私有土地,它们被用于经营农业和饲养业。来自希腊的移民把葡萄种植技术带到了两河流域和西亚沿海区域,如果这些土地不归经营者个人占有和使用,他们不会有这么大的种植葡萄树的积极性,因为只有在产权明确的条件下希腊移民才愿意推广葡萄树的种植。后来,葡萄种植业在西亚特别发达与希腊移民的创业不无关系。②

除了种植葡萄树以外,在西亚,橄榄树和蔬菜的种植,以及小麦、大麦的大面积播种也是希腊移民来到这里以后所出现的新情况。这可能同土地占有和收成除纳税外主要归种植者、经营者自己所有有关。当然,这也有赖于灌溉工程的进展,而两河流域灌溉工程的建设同样应当归功于希腊移民。希腊工人比当地"原有的工人数目众多,积极而聪明,这对于水利工程的修复与维护发生了有利的影响"③。从这一点可以推论,如果灌溉工

---

① 参看韦伯:《经济与社会》下卷,林荣远译,商务印书馆,2006年,第333页。
② 杜丹:《古代世界经济生活》,志扬译,商务印书馆,1963年,第95页。
③ 同上书,第96页。

程建成或完善后受益的土地的产权和未来的收成在产权方面不确定的话,希腊移民会有这么大的积极性么?

4. 军屯土地

军屯土地的存在同塞琉古王朝推行的屯田制有关。在塞琉古王朝的疆域内,除西部濒临地中海而外,东、南、北三部分都有陆上边境,而且这些地区的闲置土地较多,人口又相对稀少,所以塞琉古王朝决定,凡是戍边的兵士,以及退役的老兵都领有份地,没有战事时就地耕种,这样,既可供应粮食,供军队食用,又有利于边境地区安定,老兵还可以在这里安家。

在军屯地区,由于聚居的人渐渐多了,包括下级军官的家属、退役老兵的家属以及前来经营手工业作坊和商店的各色人等,就形成了军屯城镇。[1] 有些地方在马其顿人来到以前已有村落,军屯以后这些村落仍继续存在。[2]

从历史上看,塞琉古王朝的军屯政策可以追溯到亚历山大本人,因为亚历山大在征服波斯帝国以后曾把许多雇佣兵安置于近东各地。[3] 塞琉古王朝的国王们继续实施这一做法,把大片土地授予退伍军人和以前的雇佣兵,把他们安置下来。[4] 由于塞琉古军队的主力是希腊士兵,这些希腊士兵到达一定年龄后就以屯垦土地为业。他们对塞琉古王朝有强烈的认同感,而

---

[1] 参看科克、阿德柯克、查尔斯渥斯编:《剑桥古代史》第7卷《希腊化的君主国和罗马的兴起》,剑桥大学出版社,1928年,第179页。

[2] 参看同上。

[3] 参看舍拉梯:"希腊化世界和罗马共和国时代的战争和国家",载萨宾、威斯、维特比编:《剑桥希腊罗马战争史》第1卷《希腊、希腊化世界和罗马的兴起》,剑桥大学出版社,2007年,第475页。

[4] 参看同上。

且对希腊的城市自治制度有好感,所以凡是以希腊士兵为主的军屯社会都是希腊化程度较高的社会。希腊城市自治制度的特征,以及希腊本土本来就存在并起过作用的社会组织、宗教组织、政治组织都被他们保持下来了。① 在军屯地区形成的军屯城镇和军屯村庄,也都实行希腊人的自治制度。这是塞琉古王朝的又一显著特色。

军屯的土地是属于塞琉古国王的,但久而久之,那些老兵都把国王所授予的份地变成自己的了。这情况恰如当初希腊部落把份地分配给部落成员,土地从原来的部落共有逐渐变成部落成员私有一样。关键在于实行份地制的家庭继承制。② 随着时间的推移,家庭继承份地成了一种惯例,大家都这么做,就变成一种制度了。③ 妇女是有份地继承权的,"继承成为惯例,似乎从刚开始起,妇女就包括在内"④。其结果,"塞琉古王朝这些从事军屯的士兵变得更像很富裕的土地所有者,而不像部队的主要兵源"⑤。

军屯工作是希腊士兵的事情,一般同本地土著居民无关,因为塞琉古王朝历来很少使用土著居民作为兵士。主要原因有二,一是语言隔阂,不便指挥,二是担心他们可能兵变。⑥ 土著

---

① 参看舍拉梯:"希腊化世界和罗马共和国时代的战争和国家",载萨宾、威斯、维特比编:《剑桥希腊罗马战争史》第1卷《希腊、希腊化世界和罗马的兴起》,剑桥大学出版社,2007年,第475页。

② 参看同上。

③ 参看同上。

④ 同上书,第476页。

⑤ 同上。

⑥ 参看斯塔尔:"希腊化文化",载斯特兰编:《古代希腊的贡献》,浩特、莱恩哈特和温斯顿出版公司,纽约,1971年,第268页。

居民即使有当兵的,至多只是参加辅助部门工作,或充当杂役等。如果塞琉古王朝兵力不足,它宁肯花钱到爱琴海各岛屿去招募雇佣军。[①] 这些雇佣军士兵同样是希腊人。他们对希腊化的王朝——塞琉古王朝——也是认同的。

总的说来,在塞琉古王朝时期,农业的情况是较好的。虽然塞琉古王朝多次与托勒密王朝作战,但战事时开时停,和平时期仍长于战争时期,而且大部分战事在边境进行。塞琉古王朝也同安提柯王朝多次发生战争,但战争的年份仍然少于和平的年份,战争主要在小亚细亚、希腊本土和爱琴海上进行。塞琉古王朝的农业地区大部分在两河流域和叙利亚,畜牧业地区大部分在小亚细亚腹地和伊朗高原,受上述战争的影响不大。

在这一时期小亚细亚许多城市铸币上的图案和肖像可以看出各地所产谷物和酒类的重要性。这是因为,"它们常用农业女神像、麦穗,或酒神像、葡萄串、酒杯、酒瓶作钱币上的图样"[②]。塞琉古王朝对农业的重要性的认识还反映于它对灌溉工程的修复和建设的重视。前面已经指出,城市和城市辖区的农业经营者为灌溉工程的修建出了许多力,但也不能忽视塞琉古王朝作为一个中央集权政体仍遵循原波斯帝国的传统,调集民工参与大规模的灌溉工程建设。这使城市生活和农业生产都受益。例如,"当叙利亚的国王们轻视巴比伦城而喜欢底格里斯河畔的塞琉西亚城时,由该王朝的首领所建筑的这座新城,受

---

① 参看斯塔尔:"希腊化文化",载斯特兰编:《古代希腊的贡献》,浩特、莱恩哈特和温斯顿出版公司,纽约,1971年,第268页。
② 杜丹:《古代世界经济生活》,志扬译,商务印书馆,1963年,第97页。

到了这一切水利工程的恩惠,所采用的方法则没有任何改变"①。

两河流域的土地一向是很肥沃的,依靠灌溉工程,产量很高。当地农民尽管都依附于土地的主人,并被束缚在村庄里,不得自由迁移,但生活一般还过得去,所以没有发生大批因饥饿而逃离本村的情况。塞琉古王朝生产的粮食,自给之外还有富裕,向外国出口。只是到了塞琉古王朝后期,农民负担的徭役大大增加了。"国家和国王用一大套义务来束缚他们的臣民,而徭役就变成了这套义务中的一个新添的正规项目。"②沉重的徭役是加在土著居民尤其是农民身上的。至于希腊移民,他们不承担徭役。不仅如此,他们还经常充当徭役监督人等角色。③

二、手工业和商业

西亚的城市在波斯帝国阿黑门尼德王朝时期就以手工业闻名远近。不仅小亚细亚沿岸的希腊移民城市早以精致的纺织品著称,而且巴比伦城和叙利亚的城市也生产纺织品,行销各地。除纺织品外,金属制品、兵器、首饰、陶器、玻璃器皿、酿酒、船舶等,都是塞琉古王朝吸引外国商人的产品。尤其是染料,更是驰名国内外市场的产品。要知道,"'腓尼基'原是紫红色的意思,它起源于本地出产的一种紫红色染料,这种染料是人们潜入海

---

① 杜丹:《古代世界经济生活》,志扬译,商务印书馆,1963年,第101页。
② 罗斯托夫采夫:《罗马帝国社会经济史》上册,马雍、厉以宁译,商务印书馆,1985年,第19页。
③ 参看同上。

底捕捞一种海螺,从中提取出一种可作染料的紫红色颜料"①。

小型手工作坊的主人大多数是本地人。本地工匠担任作坊主,参加劳动并传艺给学徒、帮手。他们有时也雇用少量工人,其中有本地人,也有外国人。小型手工作坊中也有使用奴隶劳动的。而大型工场(如冶炼、造船、制陶、纺织和酿酒工场)中则普遍使用奴隶,波斯帝国时期就已如此,塞琉古王朝时期仍维持原状。

在这里需要指出,在塞琉古王朝统治范围内,矿产资源是丰富的。铁矿、铜矿、银矿的开采和冶炼成为塞琉古王朝的重要产业,其产品供应国内外。塞琉古王朝的铸币业也很发达。在一些城市中设有市政当局所辖的铸币工场,生产铸币。货币的使用日益广泛,并逐步取代了塞琉古王朝境内某些地方的实物交换方式。②

塞琉古王朝境内矿产资源之丰富使希腊移民大吃一惊。例如,"希腊人在亚述、巴比伦尼亚和苏细亚那所新认识的物产中,甚至有石油,不过当时不叫做石油,而叫做土沥青液或石脑油"③。在巴比伦尼亚有石油井,在苏细亚那石油开采更多一些,采出来的石油代替橄榄油,用于点灯照明。④ 塞琉古王朝辖境内还有丰富的硝石和盐,包括岩盐和池盐。硝被用于去污和

---

① 彭树智主编:《中东国家通史》叙利亚和黎巴嫩卷,王新刚著,商务印书馆,2003年,第35页。
② 参看同上书,第57页。
③ 杜丹:《古代世界经济生活》,志扬译,商务印书馆,1963年,第118—119页。
④ 参看同上书,第119页。

漂布。① 还值得一提的是玻璃的制造。腓尼基生产的玻璃制品在当时十分有名,据说,只有埃及生产的玻璃制品胜过腓尼基的玻璃制品,因为埃及玻璃制品比腓尼基生产出来的玻璃制品更有艺术性。② 而希腊人过去是不知道玻璃的生产的,他们来到东方以后才学会制造玻璃和玻璃制品的手艺。③

塞琉古王朝的手工业虽然发达,但它的国内市场始终有限。当地的广大农民都被束缚在村庄内,束缚在土地上。由于土地肥沃,农业生产较好,农民的生活一般说来还过得去,但对手工业品的购买量却不多,他们在市场上所购买的仅限于日常生活用品、农具和农民住房的建筑材料。塞琉古王朝境内城市手工作坊生产的产品中,有相当一部分具有奢侈品性质,如金银器皿、首饰、香水、高级纺织品、精美家具、艺术品、高档服饰等,购买者或者是宫廷和王公贵族,或者是城市中的富人。此外,市场上供应的还有兵器、甲胄、马鞍、舰船等,购买者是政府和军队,与一般居民无缘。因此,塞琉古王朝的手工业发展是受到居民购买力限制的。其实,这种情况早在波斯帝国时期已经出现了。

在这种情况下,对塞琉古王朝来说,开展对外贸易就显得格外重要。塞琉古的国王们都采取鼓励对外贸易发展的政策,疏通河流通往海上的航道,扩大港口建设,完善港口设施,欢迎外国商人和商船到塞琉古王朝的城市来经商或居住,就是国王们的愿望。手工业产品是塞琉古王朝出口商品中的重要部分。塞琉西亚、安条克和其他一些城市都是经营出口贸易的大港,商品

---

① 参看杜丹:《古代世界经济生活》,志扬译,商务印书馆,1963年,第118页。
② 参看同上书,第124页。
③ 参看同上书,第123页。

从这里装船运往希腊本土、爱琴海上各个岛屿、黑海沿岸、印度、阿拉伯半岛、埃及和地中海西部地区。经营出口贸易的,不仅有来自希腊的商人,还有来自印度、阿拉伯、埃及、迦太基和罗马的商人。① 除了通过海上航道进行的对外贸易而外,陆上也有一些著名的商道。主要的有四条商道:一是由两河流域向东,经伊朗,到达中亚细亚,再进入中国的商路,或经伊朗,越过印度河,进入印度的商道;二是由两河流域、叙利亚、巴勒斯坦,向南进入阿拉伯半岛或向西进入埃及的商道;三是由伊朗或小亚细亚,经过里海沿岸或黑海沿岸,进入俄罗斯草原,甚至到达波罗的海沿岸的商道;四是由小亚细亚,越过博斯普鲁斯海峡,进入色雷斯、马其顿,再进入巴尔干半岛,由此向西或向北通往西欧、中欧的商道。尽管这些陆上的商道在战争期间遭阻,但和平的年份多于战争的年份,所以陆上贸易是不受大的影响的。后来,塞琉古王朝被罗马灭掉,但上述这些由西亚通往四方的商道仍是被商队利用的。②

塞琉古王朝不仅向国外输出产品,也从印度、中亚细亚、黑海沿岸、西欧、中欧、东欧、阿拉伯半岛、埃及、意大利半岛等地进口当地的特产。甚至中国的产品也有可能循着商道而进入西亚。

由于对外贸易的发展,钱币使用问题引起塞琉古王朝的关注。在亚历山大东征前的很长时间内,波斯帝国阿黑门尼德王

---

① 这应归功于罗马共和国在地中海肃清海盗的努力。塞琉古王朝是受益者之一。

② 这些商道一般较宽,可通行马车,其中许多道路是波斯帝国阿黑门尼德王朝建成的。

朝铸造的钱币,以及吕底亚王国铸造的钱币,在西亚一带信誉良好,商人喜欢使用。亚历山大征服西亚地区,按照希腊标准铸造了钱币,成色好,同样受到商人们的欢迎。塞琉古王朝刚建立时,也仿照亚历山大的做法,严格遵守亚历山大按希腊标准铸币的方针来铸造自己的钱币,力求钱币的稳定、可靠和优质。①

塞琉古王朝的钱币以三种金属铸成:金币、银币、铜币。金币直到公元前3世纪后半期为止,一直常规地铸造,公元前3世纪以后才停止铸造。只是在特殊情况下由晚期塞琉古王朝的国王们间或恢复铸造。② 据罗斯托夫采夫分析,这可能是由于近东一带黄金稀缺所致。塞琉古王朝铸造金币所需要的黄金可能主要来自巴尔干半岛北部和中东一带,但由于塞琉古王朝中央政府的控制力削弱了,中东一带产金地区因巴克特利亚独立和帕提亚王国崛起,使得塞琉古王朝得不到足够的黄金,于是晚期塞琉古王朝的国王们不再常规地铸造金币。③

塞琉古王朝的主要货币是银币。小亚细亚有丰富的银矿,塞琉古王朝前期由于控制了小亚细亚,所以并不缺少白银,足够铸造银币所需。到了安条克三世临朝晚期,公元前190年马格尼西亚战役被罗马军队大败后,小亚细亚丢掉了,铸造银币所需要的白银也稀缺了。④ 塞琉古王朝铸造银币面临困难。

至于铜币,则主要用作辅币,或在地方交易中使用。铜币的

---

① 参看罗斯托夫采夫:《希腊化世界社会经济史》第1卷,克莱伦顿出版公司,牛津,1941年,第446页。
② 参看同上。
③ 参看同上书,第447页。
④ 参看同上。

流通范围是十分有限的。①

铸币权一直牢牢地掌握在塞琉古国王手中。尤其是金币和银币的铸造权,国王绝对不容许境内任何希腊式城市的竞争,由国王垄断。只有在特殊的政治形势下,国王才偶尔有所让步,让个别城市有权铸币,但这只是例外而已。② 最后应指出,尽管塞琉古王朝一直遵守亚历山大的铸币政策,但日久天长,塞琉古钱币仍然逐渐地(虽然不是完全地)取代了亚历山大的钱币。③

由于币值稳定和货币信誉良好,商人的融资活动能够正常进行。前面已经提到,西亚境内的神庙积蓄了庞大财富,所以神庙实际上是重要的金融机构,商人们经常通过神庙融到资金,神庙的利息收入也是可观的。塞琉古王朝的一些重要的希腊式城市中,也有所谓的"银行"或其分支机构,它们也进行借贷业务。

塞琉古王朝的商业发展还得益于东方国家早已存在的对合同有效性确认的技术手段和法律规定。据说,商业上的证书制度早在巴比伦汉谟拉比王朝就已通行。④ 证书上开列的是所有者的姓名,清清楚楚。⑤ 为了使证书有效,"证书技术由两种罗马人所没有的制度所掌握:法院裁判员和公证员"⑥。换言之,罗马法上并没有这种证书制度,"罗马法根本不知它为何物"⑦。罗马在共和国晚期灭掉塞琉古王朝;罗马帝国建立以后,罗马接

---

① 参看罗斯托夫采夫:《希腊化世界社会经济史》第1卷,克莱伦顿出版公司,牛津,1941年,第448页。

② 参看同上书,第447页。

③ 参看同上书,第449页。

④ 参看韦伯:《经济与社会》下卷,林荣远译,商务印书馆,2006年,第37页。

⑤ 参看同上。

⑥ 同上。

⑦ 同上。

受了这套做法:"公证员制度是从(罗马)帝国的东部传播到西方的。"[①]

关于塞琉古王朝时期的工商业组织情况,根据现有资料,后人了解得不多。可以说明的是:中央政府和希腊式城市当局都没有强行组织工商业行业组织的做法,工商业中尚未存在以后在罗马帝国时期越来越表现为官方控制性组织的工商业行业协会。手工业者看起来仍有一定的组织,商人也有类似的组织,但这些组织具有民间性质,由业主们自行组织,带有互助性,也互相约束。这可能是早已存在于西亚的一种惯例。

希腊来的商人所采取的集体行动比西亚本地的商人多。这是因为,在希腊来的商人的心目中,塞琉古王朝的管辖地区毕竟是异地他乡,希腊来的商人无依无靠,只有靠塞琉古王朝中央政府的政策,靠同是希腊移民建立的城邦当局的照顾,因此,他们除了遵守当地的法律规定和结成与中央政府官员的友好关系,以及同希腊式城市当局办事人员的友好关系而外,唯有依靠希腊来的商人们自己的相互帮助。他们的组织更带有互助会、同乡会的性质。他们低调经商,不炫富,不越轨,这样才能在西亚站稳脚跟。

三、奴隶的使用

在波斯帝国阿黑门尼德王朝建立以前,西亚地区就已经普遍使用奴隶了。波斯帝国统治西亚后,继续普遍使用奴隶,而且奴隶的来源更多了;有把被俘虏的敌军士兵沦为奴隶的,有把反

[①] 参看韦伯:《经济与社会》下卷,林荣远译,商务印书馆,2006年,第37页。

对波斯帝国统治的原其他国家的贵族、官员和不愿归顺的人本人及其家属变为奴隶的,有因犯罪而又无法赎身的人被卖为奴隶的,还有一些欠债未还而被判为奴的。此外,北方的一些部落和海上一些劫匪也把俘获的人卖作奴隶。有钱人家里,特别是贵族、官员家里,都使用众多的奴隶。一些庞大的建筑工程、矿山、大型工场和其他艰苦的劳动,都使用奴隶。在小型的工场和作坊中也使用奴隶,这被看成是"一种生利息的财富的投入形式"①。

亚历山大灭掉波斯帝国后,成为西亚土地的主人。他释放了沦为奴隶的希腊人和因反抗波斯帝国统治而被变卖为奴的人,同时又把一些反抗马其顿军队而成为战俘的人变成奴隶。至于那些归顺亚历山大的原波斯帝国的王公贵族、达官贵人,仍然使用自己的奴隶。亚历山大从未颁布过废奴的法令。

塞琉古一世自称是亚历山大的继承者。他建立塞琉古王朝后,在境内仍然使用奴隶,其情况如同古代巴比伦、原波斯帝国和雅典一模一样。② 但在塞琉古王朝前期(其实不仅是塞琉古王朝的前期,而且是所有各个希腊化王朝的前期),奴隶的供给都是不足的。③ 这是因为,当时各个希腊化王朝刚建立,为了保护自己的臣民,也就是为了稳定自己的统治,从而禁止或限制奴隶贩子到自己管辖的地区内收购奴隶。④ 这种情况到后来才有

---

① 韦伯:《经济与社会》下卷,林荣远译,商务印书馆,2006年,第49页。
② 参看同上。
③ 参看韦尔斯:《亚历山大和希腊化世界》,哈克特出版公司,多伦多,1970年,第168页。
④ 参看同上。

所改变。

塞琉古王朝境内的奴隶以外国人为主,并且大部分奴隶从事采矿业、建筑业和大型工场中的艰苦劳动。一般手工作坊中,奴隶和自由民雇工兼用,因为这些手工作坊中的劳动很多带有手工技艺的性质,自由民雇工可能更适合此类工作。

农业中使用的奴隶不多。在塞琉古王朝境内,无论是王室土地还是神庙土地,所使用的都是束缚在土地上、世代耕种、不得自由离开土地的农民。他们不是奴隶。他们可以有自己的家庭,有自己的生产资料,包括农具、耕畜和车辆。他们必须按规定缴纳租赋,但也有权利把剩余的农产品和饲养的家禽家畜拿到市场上去销售。但这些情况并不排斥奴隶的存在。王室土地上有奴隶,这种奴隶是隶属于王室的,听从主人的使唤,充当管理人员的帮手,或从事杂役、搬运工等。神庙也大量使用奴隶。这些人称为"神庙奴隶"[1],在小亚细亚、巴比伦、巴勒斯坦等地区都存在。他们奉神庙祭司之命从事各项工作:"祭司既是神庙的主人,也是神庙奴隶的主人。"[2]有的神庙的奴隶多达数千人,其中有男有女,年轻的女奴隶都是"神庙妓女"。[3]

城市土地中用于农业的部分,主要由小农自己经营,他们种植葡萄树、橄榄树、蔬菜、果树或饲养家禽家畜,他们一般不使用奴隶,有时雇用自由民身份的长工、短工。

比较特殊的是巴比伦和腓尼基等地。由于这些地方早在塞琉古王朝建立以前地主们就已习惯于在农业中使用奴隶作为劳

---

[1] 弗格森:《希腊帝国主义》,晏绍祥译,上海三联书店,2005年,第106页。
[2] 同上。
[3] 参看同上。

动力,所以这种现象继续存在。① 只是使用奴隶作为农业劳动力要缴纳一种特别税。②

塞琉古王朝时期奴隶价格的变动可以反映当时社会经济的一些情况。在这一时期,食物价格显然是波动的,即丰收年份粮价下跌,歉收年份粮价上升,这种波动属于正常现象。但奴隶价格则不然,它呈下降趋势,并且大幅度低于原波斯帝国统治时期的奴隶价格。③ 女奴隶的价格则高于男奴隶的价格。④

为什么会出现上述情况?可以从两方面进行分析。

第一,从供求关系上看,可能是由于奴隶的供给一直超过了对奴隶的需求。这与前面提到的奴隶供给来源多样化有关。至于女奴隶价格高于男奴隶的原因,则可能是因为所出售的奴隶中,女奴隶相对稀少。

第二,很可能同希腊本土使用奴隶劳动的状况变化有关。进入马其顿王国统治阶段(自菲利普二世率军南下和后来安提柯王朝建立以后),希腊本土经济中减少奴隶使用人数已是惯见的现象。原因在于:奴隶使用的效率低,成本又高,所以释放奴隶是常见的。移居西亚的希腊人,自亚历山大征服波斯帝国后越来越多,他们根据希腊本土的经验,懂得了使用奴隶无效率,使用自由民雇工效率较高的道理,所以在经营农业、手工业和商业时,宁肯雇用自由民工人而不愿使用奴隶。

---

① 参看罗斯托夫采夫:《希腊化世界社会经济史》第2卷,克莱伦顿出版公司,牛津,1941年,第1261页。

② 参看同上。

③ 参看罗斯托夫采夫:《希腊化世界社会经济史》第1卷,克莱伦顿出版公司,牛津,1941年,第537页。

④ 参看同上。

有时,他们还把农场、作坊、商店承包给其他自由民经营。当然,这种情况在希腊移民较多的城市中较为常见,而本地居民经营的工商业企业仍同过去一样使用奴隶,他们对奴隶仍有一定的需求。

有关释放奴隶的记载很多。释放的奴隶主要是为家庭服务的奴隶和在工商业中所使用的奴隶。被释奴隶中,很多人是女奴隶。在塞琉西亚,被释的奴隶全都是女奴隶。[①]

在塞琉古王朝时期,奴隶暴动有时也发生,但主要在内陆地区,而且往往同该地区被征服、被统治的民族叛乱有关。这些地区原来就是波斯帝国征服和统治的地区,后来被亚历山大接管,最后又被塞琉古王朝接手过来。那里民族矛盾尖锐,时常发生动荡。在中央集权势力削弱时常常发生民族叛乱,于是同一民族的沦为奴隶的人也就随之暴动。

在塞琉古王朝时期,奴隶制经济仍然作为经济成分之一而存在。这种情况同古典时期的希腊城邦和安提柯王朝统治下的马其顿、希腊本土一样。社会的经济成分是多元的,奴隶制经济是经济成分之一。与奴隶制经济成分并存的,有小农经济、农奴制经济(主要体现于王室土地和神庙土地的经营上)、国有经济以及私营工商业中的小生产者经济和雇佣经济等经济成分。奴隶制经济很难被判断为当时经济中的最重要的经济成分,而且它通常依附于其他某种经济成分。

---

① 参看罗斯托夫采夫:《希腊化世界社会经济史》第1卷,克莱伦顿出版公司,牛津,1941年,第538页。

四、城市生活

(一)城市生活的一般特征

前面已经指出,塞琉古王朝新建的希腊式城市在中央集权体制之下还被允许保留一定程度的城市自治权。至于原来就存在于小亚细亚的希腊移民城市,由于历史悠久和情况相对特殊,所保留的城市自治权相对多一些。最能反映塞琉古王朝城市生活的,应该是新建立的希腊式城市和原有的小亚细亚希腊移民城市。

无论是原有的希腊移民城市还是新建的希腊式城市,都是繁华富庶的城市,塞琉古王朝正是靠这样一些城市的发展而繁荣昌盛的。罗马作家塔西佗在其《编年史》中曾描述了塞琉古王朝的城市概况,他记述道:"塞琉西亚这个有城墙围绕的强大城市,虽然风行谄媚,但仍谨守建城者塞琉古的遗教,没有堕落成为野蛮之邦。"[1]这是一座浸透希腊文化的城市、商业兴旺的城市,而从制度上说,又是一座希腊人自治的城市。从地理位置上说,它位于底格里斯河西岸,是交通的枢纽,过往的商人和旅客很多,所以它还起着希腊文化和希腊城市自治制度的示范作用。塔西佗写道,这座按照希腊城市治理方式来治理的大城市,"以其财产或智慧而被选拔出来的三百名成员组成了元老院。人民则有他们自己的特权"[2]。塞琉古王朝的创建人来自马其顿,塞琉西亚的城市居民来自马其顿和希腊本土。在马其顿帝

---

[1] 塔西佗:《编年史》上册,王以铸、崔妙因译,商务印书馆,2002年,第307页。

[2] 同上。

国分裂和分治之后,他们已经不再同马其顿和希腊本土在领土上连接一起了,但他们仍念念不忘故土马其顿和希腊。他们想从安提柯王朝手中以武力夺回马其顿和希腊的愿望,看来难以实现。[①] 这样,唯一可以实现的,就是在塞琉古王朝的管辖范围内再造一个马其顿——新马其顿,再造一个希腊——新希腊。这个愿望最后落实在新建的希腊式城市之中。[②]

要知道,塔西佗记述这段事情之时,塞琉古王朝已被罗马征服多年,但他的记述仍能反映出塞琉古王朝统治下的城市概况,而且还表明塞琉西亚等希腊式城市在塞琉古王朝灭亡之后未经大的破坏,依然繁华如初。

在塞琉古王朝时期,原有的希腊移民城市和新建的希腊式城市中,除了主要是希腊人而外,还住了一些西亚本地人,其中既有当地的上层社会成员,也有一些经营工商业的中层人士,还有一些充当雇工的人。但他们既然来到这些城市,同希腊人生活在一个城市中,也就在不同程度上受到希腊式城市生活的影响。尤其是当地的上层社会成员,受城市希腊化的影响更为明显。不少杰出的本地人家庭还接受了希腊式教育和希腊生活方式。[③] 他们和他们的家庭逐渐希腊化了。这是一个自然进行的过程,并没有城市的强制因素。在西顿,一些出名的腓尼基人取了希腊姓名,按希腊人习惯过日子,结果,他们不仅在本城的事

[①] 参看罗斯托夫采夫:《希腊化世界社会经济史》第1卷,克莱伦顿出版公司,牛津,1941年,第479页。

[②] 参看弗格森:《希腊帝国主义》,晏绍祥译,上海三联书店,2005年,第105页。

[③] 参看罗斯托夫采夫:《希腊化世界社会经济史》第2卷,克莱伦顿出版公司,牛津,1941年,第1071页。

务中起着重要作用,而且还在外国(如在托勒密王朝)的事务中起着重要作用。①

在两河流域和波斯湾沿岸一带,存在着若干原来就已存在的当地人的城市。塞琉古王朝建立后,这些当地人的城市继续保留下来。虽然它们的主要居民是当地人,其中,有上层社会人士,也有中下层居民,但希腊人从亚历山大统治该地区后就已来到这里,塞琉古王朝建立后,由于欢迎希腊人前来,所以希腊人渐渐多起来,希腊人在这些城市中多多少少有些特权。塞琉古王朝认为,这些原先归波斯帝国管辖的、而且是以当地人为主的城市,如果没有希腊人搬去居住,很可能引起社会上的分离主义倾向滋长,于是有必要对希腊居民采取保护政策,让他们安心住下,经商致富,并成为支持塞琉古王朝的基础。

过了一段时间之后,这些城市中的当地上层社会成员(他们原来在这些城市的政治事务中扮演着重要角色②),同希腊上层家庭的来往增多了,通婚的也越来越多,这表明希腊上层社会和本地人上层社会已开始融合,并进而走向合作。③ 本地上层家庭和希腊人上层家族通婚的一个结果是:塞琉古王朝早期担任城市政府官员的,都是希腊人和马其顿人;后来在一些城市中,由居民的上层阶级出任政府官员的似乎是混血出身的。④ 有的城市里,"妇女大多数有一个闪族的名字,其中有些可能是

---

① 参看罗斯托夫采夫:《希腊化世界社会经济史》第2卷,克莱伦顿出版公司,牛津,1941年,第1071页。
② 参看罗斯托夫采夫:《希腊化世界社会经济史》第1卷,克莱伦顿出版公司,牛津,1941年,第519页。
③ 参看同上。
④ 参看同上书,第523页。

闪族出身。而男子大多数保留了他们祖先的马其顿名字或希腊名字,但却穿着东方的服饰,崇拜东方的神"①。这可能意味着,在塞琉古王朝的一些城市中,希腊上层社会妇女较少,移民到东方城市来的希腊人中男子占大多数,所以希腊女子不愁找不到希腊男性配偶,而希腊上层社会的男子因结婚难,所以就找了本地上层妇女为妻。这还意味着,在这些东方城市中,城市生活的希腊化趋势和东方化趋势是并存的,否则,有些城市中的男子为什么既保留了他们祖先的马其顿或希腊的名字却又穿着东方的服饰,崇拜东方的神呢?为什么本地的家庭,尤其是同希腊人接触较多的本地上层社会的家庭会逐渐接受希腊人的生活方式甚至政治理念呢?

这方面的一个典型例子就是:在腓尼基的一些城市和巴勒斯坦的一些城市,城市居民以本地人为主,但那里的上层阶级已经在很大程度上希腊化了。塞琉古王朝指定希腊语为官方语言,这些城市里的上层阶级接受了这一点。然而,上层阶级以外的本地居民仍旧使用本民族的语言进行交流。②

前面提到,在塞琉古王朝境内还有一些神庙城市,主要在两河流域一带。神庙城市的保留是塞琉古王朝政治、社会、经济生活的一大特色。通常是先有神庙,再有城市。过程大体上是这样的:神庙内先聚集了一批僧侣,神庙周围增添一些为信徒、朝圣者服务的商店、手工作坊、餐饮店、旅舍,还有摊贩。城镇的框架就这样初步形成了。为了便于管理,神庙及其周围地区就采

---

① 参看罗斯托夫采夫:《希腊化世界社会经济史》第1卷,克莱伦顿出版公司,牛津,1941年,第523页。

② 参看同上书,第519、522页。

取了城市管理方式。这些神庙城市历史悠久,塞琉古王朝只不过承袭了传统而已。

塞琉古王朝尊重神庙城市的原有管理方式,保留了以神庙为管理机构、以祭司为管理者的自治原则,但仍须听命于国王和国王派遣的地方官员。神庙附近有驻军,以保护神庙及其财产,所以被国王派遣的地方官员有时可能就是王家军队的指挥官。①

实际上,所有的塞琉古王朝的城市,包括小亚细亚的希腊移民城市、塞琉古国王们新建的希腊式城市、神庙城市,还包括在这块土地上继续存在的以东方人为主的原有城市,都是具有双重地位的,即它们既是国王管辖的城市,必须服从国王的命令,不得违背塞琉古王朝制定的法律,又可以享有程度不等的城市自治地位、自治权。也就是说,上述双重地位反映于:"它们的公民不仅要服从他们自己通过的法律,而且要服从国王发布的诏令。"②二者冲突时,国王的诏令是最高权威。

但也应当看到,正是城市的这种双重地位造成了塞琉古王朝的致命弱点。这是因为,在塞琉古王朝统治下,城市居民的"忠诚"是有顺序的:由于他们长年生活在城市中,工作在城市中,他们更直接地认为自己的命运和前景、家人的幸福和子女的前程都同城市息息相关,因此"人们忠诚的对象,首先是他们的

---

① 参看弗格森:《希腊帝国主义》,晏绍祥译,上海三联书店,2005年,第111页。

② 参看同上。

城市"①。城市居民不背叛自己的城市,这是"第一忠诚";不背叛王朝,这是"第二忠诚",顺序不会颠倒,于是"无论出现什么情况,城市考虑的总是:如果放弃塞琉古王朝,把它们的忠诚转移到塞琉古王朝的敌人或者某一其他国王,它们到底是得是失"②。也正因为如此,所以塞琉古王朝处于两难境地:如果不给予已有的、新建的城市以一定的自治地位和自治权,王国的经济不可能发展,王国的实力不会增强,甚至城市地区就会动荡不宁;如果给了它们自治地位和自治权,这些城市居民将首先忠于本城市,在利益方面会倾向于本城市,结果不利于塞琉古王朝。

(二)城市居民的构成

塞琉古王朝的城市中,既有希腊人,又有本地人,还有外国人。外国人这里可以略去不计,即以希腊人和本地人同居一个城市而言,塞琉古王朝的城市几乎都是不同族群混合居住的城市,只是希腊人在城市居民中的比例有多有少而已。

塞琉古王朝的首都后来定在安条克,它就是一个混合型城市,各种各样的人都来到这里居住,但仍以希腊人和本地人为主。最初,安条克城分成两个居民区:第一区的居民是希腊人和马其顿人,因为对西亚这块土地上的本地人来说,马其顿人作为征服者来到这里,而希腊人是跟随征服者马其顿人一起过来的。第二区的居民是本地人。这里所说的本地人是指西亚地区的居民,包括波斯人、巴比伦人、腓尼基人以及受波斯帝国统治多年的西亚其他地方的居民。安条克不断发展、扩大,前来居住的人

---

① 弗格森:《希腊帝国主义》,晏绍祥译,上海三联书店,2005年,第112—113页。

② 同上书,第113页。

越来越多,后来又增加了两个居民区。这两个新增的居民区都是各个不同民族混合居住的。新居民区中可能有按街道居住的区别,即希腊人、马其顿人集中居住在某些街道,本地人集中居住在另一些街道,但都在一个居民区内。

在塞琉古王朝的城市中,居民人数一般要多于希腊城邦时期的城市人口。[1] 此外,由于人口混杂,希腊文化和东方文化是并存的。[2] 城市居民中的希腊人,形形色色,有为塞琉古王朝服务的官员,有富商,也有军官及其家属,还有驻防的兵士,但更多的是普通人,有一般商人、手工业者、自由职业者(如教员、医生、学者、艺术家、演员等),还有冒险家、流浪汉、妓女和乞丐。而且,来到西亚的不仅有希腊本土、爱琴海各岛屿上的希腊人,还有远至意大利半岛和西西里岛上的希腊人。前面已经说过,前来塞琉古王朝管辖地区的希腊人男多于女,希腊男子娶不到妻子,只有选择本地妇女结婚成家。这种情况可能长期没有改变,于是希腊人和本地人所生的混血儿越来越多。混血儿本身就是希腊文化和东方文化交融的产物。

值得注意的是,不管在哪一类型的塞琉古城市中,都可以看到中产阶级的普遍存在,其中有希腊人,也有非希腊人。因城市情况的差异,各自的中产阶级人数多少不一。但是,"无论他们人数的多少,他们都构成希腊化城市中的中坚分子"[3]。按职业划分,他们有的是专家、官员、教师、医生、律师,有的是店主、作

---

[1] 参看陈恒:《希腊化研究》,商务印书馆,2006年,第49页。
[2] 参看同上书,第48页。
[3] 罗斯托夫采夫:《希腊化世界社会经济史》第2卷,克莱伦顿出版公司,牛津,1941年,第1119页。

坊主、放债人、船主，还有的是土地所有者。有一点是共同的，即他们都比较富裕，至少也是小康之家。他们的收入可能来自投资所得、经营所得、地产收益，也可能来自薪酬。其中有些人还可能使用奴隶干活，或出租奴隶供他人使用，由此取得收入。[1]但所有这些人都是生活在城市中，为希腊化的城市工作，并在塞琉古王朝的城市生活中发挥重要的作用。[2] 此外还应看到，在塞琉古王朝的一些城市，本地人中从事上述工作的，也应被列入城市中产阶级之列，[3]他们中有些人已同希腊中产阶级融合了。[4]

城市中的中层社会家庭为城市带来了希腊的宗教信仰、宗教仪式、风俗习惯和日常礼仪，也包括希腊式的饮食、穿着打扮和生活方式。一个明显的表现就是重视孩童和青少年的教育。在塞琉古王朝各城市所有的希腊人居住区都设立了希腊私立初等学校。[5] 希腊式的健身房也到处都有，并且成为希腊城市生活的基本设施。[6] 这种情况和埃及等其他希腊化国家一样。[7]

以宗教信仰来说，希腊人来到西亚地区以后，"一定程度上改变了当地居民的文化、宗教观念"[8]。这主要指西亚的城市而

---

[1] 罗斯托夫采夫：《希腊化世界社会经济史》第2卷，克莱伦顿出版公司，牛津，1941年，第1116页。
[2] 参看同上书，第1123—1124页。
[3] 参看同上书，第1156页。
[4] 参看同上。
[5] 参看同上书，第1047页。
[6] 参看同上。
[7] 参看同上。
[8] 彭树智主编：《中东国家通史》叙利亚和黎巴嫩卷，王新刚著，商务印书馆，2003年，第55页。

言。例如,当地人的"主神巴勒神转变为宙斯奥林庇亚神。安条克南部的宗教圣地被命名为达弗尼女神圣地。安条克阿波罗神殿成为来自各地叙利亚香客定期朝拜的圣地"①。至于西亚的广大农村和边远地区的居民所信仰的仍是当地人原来的宗教、原来的神。

在塞琉古王朝的一些城市,街头竖立了希腊雕塑家设计的神和人的塑像;街道、街道两侧的公共建筑和店铺的式样,小巷内居民住宅的样式,基本上都是希腊式的。在较大的城市中,希腊各派哲学思想都有信奉者、研究者,演讲活跃,争辩也激烈。市内还有剧场、音乐厅,上演希腊剧作家和音乐家的作品。值得指出的是:这些学术演讲和戏剧的上演,以及音乐会的举行,在同时代的希腊本土大多数城市已经衰落,在某些城市已经不再时尚,然而在塞琉古王朝所辖西亚的希腊式城市中却正处于欣欣向荣的阶段。于是就吸引了更多的希腊人前来定居或游览。这是希腊化时期塞琉古王朝和安提柯王朝在文化方面的主要区别之一。

这两个王朝在文化方面的另一个重要区别是居民们对马其顿的看法的不一致。在塞琉古王朝管辖范围内,希腊人之中大多数有如下的看法:尽管他们认为马其顿国王菲利普二世率军南下后,希腊本土的各个城邦不得不作为依附者而受到马其顿这个半开化的民族的统治,但另一方面,马其顿的亚历山大毕竟率领马其顿大军东征,灭掉了希腊的宿敌波斯帝国,把小亚细

---

① 彭树智主编:《中东国家通史》叙利亚和黎巴嫩卷,王新刚著,商务印书馆,2003年,第55页。

亚、西亚、两河流域、伊朗高原，直到中亚细亚的一部分和印度河地区纳入了统一帝国的版图，塞琉古王朝正是在这个基础建立的。亚历山大的东征和塞琉古王朝的建立不仅使希腊人扬眉吐气，一雪前耻，而且为大批在希腊本土找不到出路的希腊人找到了发展和致富的机会。特别是，塞琉古王朝建立后长达一百年的时间内是繁荣昌盛的、社会稳定的，塞琉古国王们在西亚广大地区建立了数十座甚至更多的希腊式城市，这些新建的希腊式城市恢复了希腊本土城市的活力，而且在许多方面还超过了希腊本土的城市。这样，希腊人感到在塞琉古王朝统治下生活和工作，是一种比留在希腊本土更好的选择。

在西亚城市兴旺、发展的过程中，马其顿人接受了希腊文化，认同了希腊人文精神，而来到西亚的希腊人则接受了塞琉古王朝的统治，也认同了马其顿人所开创的希腊化世界。在新建的塞琉古王朝的首都安条克，希腊人和马其顿人被划在同一个居民区内而同西亚本地人分开居住，就是马其顿人和希腊人相互认同的一个例证。

相形之下，在同一时期的希腊本土，即在安提柯王朝管辖下的地区内，希腊人对马其顿人（从国王、官员、军人到普通百姓）却始终是心存芥蒂的。希腊人把马其顿人看成是半开化的部落成员，是不懂希腊文化的化外之民，把马其顿商人看成是竞争者，甚至是靠官方势力庇护的、有特殊权利的竞争者，更把马其顿国王和他手下的驻军看成是外来统治者，是强加于希腊人头上的异己力量。在安提柯王朝之下，处处看不到希腊人和马其顿人的相互认同，他们之间在情绪上是对立的。这也许是由于马其顿军队几次击败了希腊城邦的联军，破坏过一些希腊城市，使希腊人不仅有屈辱感,而且不少希腊人有国破家亡之恨,更重要的是这里不像塞琉古王朝那样,马其顿人和希腊人的周围全是西亚本地人。处于西亚本地人的汪洋大海中,塞琉古国王们所建立的数十座希腊式城市就像是几十个小岛,马其顿人和希腊人不抱成团,不相互认同,怎能平安地生活下去呢?

西亚本地人人数众多,他们之中有些人(主要是城市居民,尤其是希腊式城市中的居民)受到希腊文化的影响较大,但更多得多的本地人并非如此。从地中海的东岸,越往东走,或越往内地走,城市中的东方文化的色彩越浓郁。这里的城市大多是原有的,新建的不多。在这些以本地人为主的城市中,虽然也可以看到一些希腊商人,或有少数希腊人定居下来,但丝毫不改变这些城市的本地生活方式、本地风俗习惯和东方的宗教信仰。就连巴比伦城这样古老的、一度成为政治中心的著名城市,希腊人、马其顿人虽说不少,但很难认为它变成了希腊式城市。

塞琉古王朝管辖范围内的原有城市,大体上可以概括为具有下述三个文化特征:

第一,这些城市的居民主要是本地人,他们是东方宗教的虔诚的信徒。东方式的宗教信仰不仅体现在众多信徒的宗教意识方面,而且还体现在神庙活动之中。神庙是本地人经常光临的场所,他们重仪式,重祭祀,在神与人的关系上,神居于无上崇高的位置,人则是受神庇护,受神指使,听受神的旨意的渺小生灵。国王被认为是神的化身、神的传人。

第二,妇女的地位是低下的。这与希腊式城市中妇女的地位截然不同。在这些希腊式城市中,妇女,尤其是上层社会的妇女,可以参加公共生活,可以担任公职;尽管城市事务的大权仍由男性掌握,但妇女的自由仍是有保证的。但一般家庭的妇女,包括希腊式城市中一般家庭的妇女,却受到东方文化和社会惯例的束缚。她们在家庭中没有地位,可以出来做工,但这丝毫不改变她们受到父亲或丈夫的约束,她们无法摆脱附属于父亲和丈夫的地位。① 还有,抛弃女婴的现象在塞琉古王朝的城市中是普遍的,即使是有钱人家也抛弃女婴。②

第三,在塞琉古王朝的原有的城市中,希腊语的使用不普遍。希腊语只通行于上层社会的一部分人,中下层社会之间全使用本地的语言,日常交易中也使用本地的语言。甚至人们的生活习惯,穿着的服装也全是东方式的。

当然,对于塞琉古王朝的希腊化程度可以归结为:上层社会的希腊化程度大大超过中下层社会,希腊式城市的希腊化程度大大超过原有的以本地居民为主的城市;同时,所有城市的希腊化程度又大大超过农村。

罗斯托夫采夫在论述塞琉古王朝的移民政策时,曾这样写道:"当我们讨论希腊化时,我们实际上在使用一个现代的、而不是古代的概念。"③也就是说,当时人们并未使用希腊化这个概念,后者是现代研究者强加给历史和历史人物的。罗斯托夫采夫接着写道:"希腊人在他们的长期历史中从未试图使任何

---

① 参看 T. R. 马丁:《古代希腊:从史前到希腊化时期》,耶鲁大学出版社,1996年,第207—208页。
② 参看同上书,第407—408页。
③ 罗斯托夫采夫:《希腊化世界社会经济史》第1卷,克莱伦顿出版公司,牛津,1941年,第502页。

人希腊化。"①这句话表明：希腊化是一个漫长的过程,它是自然而然地形成的,而不是希腊化王国中的任何一个王国实施某种政策的产物。日常生活方面尤其如此。

而且,即使在某些场合不能否认塞琉古王朝的政策的作用（例如塞琉古王朝建立希腊式城市,或鼓励希腊移民来到西亚,或规定希腊语为官方语言,等等）,但也不能忽略,塞琉古王朝既在促使本地人希腊化,又在促使希腊人本地化、东方化。② 如果说希腊化是政策影响之一的话,那么,是不是也应当承认东方化也是政策影响之一呢？例子是很多的。比如说,"希腊移民逐渐成为本地诸神的崇拜者,他们用希腊名字来称呼本地诸神"③。这就是明显的东方化。又如,有的原来只祭祀希腊神的神庙后来逐渐变成了也祭祀东方神的神庙。④ 可见,文化的渗透力远强于政策的影响力。

五、犹太人

在塞琉古王朝统治时期的社会经济中,犹太人扮演着重要角色,塞琉古王朝的兴盛和衰落都同犹太人有一定关系：兴,在于塞琉古王朝采取宽容政策,既有利于塞琉古王朝的社会稳定,又有利于塞琉古王朝经济的发展；衰,在于塞琉古王朝后来对待犹太人的政策的转变,变为排斥犹太人,打击犹太人,从而引发

---

① 参看罗斯托夫采夫：《希腊化世界社会经济史》第1卷,克莱伦顿出版公司,牛津,1941年,第502页。
② 参看同上。
③ 同上书,第522页。
④ 参看同上书,第523页。

犹太人的起义,大大损害了塞琉古王朝的国力。

关于塞琉古王朝统治下犹太人问题的由来,有必要从亚历山大东征谈起。亚历山大东征时,先占领小亚细亚,然后沿地中海东岸南下,一路击败波斯帝国军队,进入叙利亚,大马士革城向马其顿人投降。同时,腓尼基人的首府西顿也归顺了马其顿。接着,亚历山大率军继续南下,以征服埃及为目标。途中,腓尼基南部海港提尔城,驻扎军队,港口还有一支强大的腓尼基舰队。腓尼基人在提尔城抵御马其顿军队,经过激战,亚历山大攻占提尔城,大肆屠杀,把俘虏全部变卖为奴隶。腓尼基以南是巴勒斯坦,是犹太人的聚居地区。巴勒斯坦北部城市耶路撒冷向亚历山大投降,亚历山大采取了宽容政策。"根据犹太教资料,亚历山大进入耶路撒冷后准许犹太人继续信仰先前的传统,奉行犹太教律法,并免征该年的赋税。"[1]不仅亚历山大善待耶路撒冷的犹太人,而且"犹太人要求亚历山大也同样对待在巴比伦的教友,他也同意了"[2]。

归顺亚历山大的犹太人得到了亚历山大善待的结果是,当地的犹太人对亚历山大产生好感,[3]也对他们接受希腊文化具有积极作用。[4]

但犹太人聚居地区如果抵抗亚历山大军队,那么亚历山大依旧会毫不容情地予以严惩。例如,耶路撒冷以南的城市加沙

---

[1] 陈恒:《希腊化研究》,商务印书馆,2006年,第443页。
[2] 同上。
[3] 参看同上。
[4] 参看马哈菲:《亚历山大帝国希腊文化的发展》,芝加哥大学出版社,1905年,第103页。

抵抗激烈,被马其顿军队攻下后,居民惨遭杀戮。

巴勒斯坦被亚历山大占领后,从西亚通往埃及的陆路畅通了,马其顿军队由此进入埃及。

亚历山大去世后,他的庞大帝国分裂、分治,巴勒斯坦成为塞琉古王朝、托勒密王朝和安提柯王朝长期争夺的地区。塞琉古王朝统治了西亚,包括两河流域、巴比伦、叙利亚、腓尼基、巴勒斯坦,以及两河流域以东的伊朗高原、小亚细亚南部和印度河畔。这一大片土地是亚历山大帝国的最富饶地区,三个王朝都想夺取,而叙利亚和巴勒斯坦地处要害,是西亚进入埃及的必经之道,争夺尤为激烈。后来,塞琉古一世和托勒密一世联手击败了安提柯一世,安提柯一世的势力才被逐出西亚和小亚细亚,转入马其顿和希腊本土。此后,叙利亚和巴勒斯坦的争夺战便在塞琉古王朝和托勒密王朝之间进行。这就是前面已提到的五次叙利亚战争。五次叙利亚战争,断断续续,从公元前276年一直延续到公元前195年,长达81年之久。在叙利亚战争过程中,巴勒斯坦成为拉锯的战略要地,时而归托勒密王朝统治,时而归塞琉古王朝统治,相对而言,托勒密王朝占领巴勒斯坦的时间较多。直到第五次叙利亚战争结束,巴勒斯坦才最终被纳入塞琉古王朝版图,埃及丧失了对地中海东海岸的控制权。

犹太人长期居住在巴勒斯坦。在亚历山大去世的争夺继承权的战争中,"巴勒斯坦的犹太人在托勒密和塞琉古两大力量对峙的夹缝中生存"[①]。长期的战争,使巴勒斯坦的犹太人生活

---

① 黄天海:《希腊化时期的犹太思想》,上海人民出版社,1999年,第29页。

动荡,家园屡遭破坏,其中不少人离开巴勒斯坦,进入塞琉古王朝境内的其他城市避难、谋生。在当时的希腊化国家中,人们通常按照古典时期希腊城邦居民们惯用的标准,把会讲希腊语的人和不会讲希腊语的人清楚地划分为两类:会讲希腊语的人被视为希腊人,不会讲希腊语的人则被视为"蛮族"。[1] 由于亚历山大对于归顺的西亚人(包括犹太人在内)采取宽容的政策,希腊文化自从亚历山大征服西亚以后已经传播开来,成为文化变迁的主流,[2]所以进入塞琉古王朝境内其他城市的犹太人不仅学习讲希腊语,而且也逐渐接受了希腊文化,他们还给自己起了个希腊名字。这样,进入其他城市的犹太人的生活比较安定,他们和希腊人之间相安无事,没有发生大规模的冲突。至于仍然留在巴勒斯坦的犹太人,则多数采取顺从占领者的态度:塞琉古军队占领巴勒斯坦时服从塞琉古王朝;托勒密军队占领巴勒斯坦时服从托勒密王朝。

进入塞琉古王朝各个城市的犹太人内部是有很大凝聚力的。不仅犹太教信仰和犹太民族独特的生活方式,使他们常常紧抱成团,而且离乡背井的遭遇也迫使他们必须互助互信,这才使他们找到谋生之道,平安地生活在异乡。犹太人虽然渐渐学会了希腊语,但他们内部仍通行犹太人的民族语言。除了工作上、业务上和需要而同非犹太人来往而外,平时他们很少同非犹太人来往。

犹太人在塞琉古王朝的城市中,有担任公职的,开手工业作

---

[1] 参看卡尔德利斯:《拜占庭的希腊文化》,剑桥大学出版社,2007年,第20、24页。

[2] 参看同上书,第25页。

坊的,从事自由职业的,也有经商的。要知道,这个时期的犹太人还不是一个以经商或经营货币业务为最重要谋生手段的民族,所以从商的并不多,而且主要是开设小商店或从事城市之间、城乡之间的贩运。塞琉古王朝这时仍奉行对待犹太人的宽容政策,并不歧视犹太人,允许他们有自己的宗教信仰、自己的教堂和神职人员。犹太人作为离乡背井的谋生者,处事很谨慎,也很低调,所以他们同叙利亚人、波斯人、巴比伦人等相处也比较融洽。犹太人在塞琉古王朝境内受歧视和受打击,并被视为异教徒,是在公元前168年安条克四世宣布犹太人为非法之后。关于这一点,本章下一节将会分析。

其实,在安条克三世为国王时,塞琉古王朝对待犹太人比以前任何时期都要好一些。这主要是因为,在安条克三世击败托勒密军队,占领耶路撒冷后,耶路撒冷的犹太人帮助塞琉古军队肃清了暗藏在耶路撒冷的埃及士兵,从而得到了安条克三世的嘉奖。安条克三世"颁发诏书,宣布对犹太人的优惠政策,包括对城市及圣殿建设的经济援助,免除祭司及圣殿神职人员的税务,免除耶路撒冷居民三年的税务并减税三分之一"[1]。在政治上,安条克三世也宽待犹太人,如允许犹太人"可以继续享有在波斯及托勒密时期享有的一些特权,并按自己的传统与宗教而生活等等"[2]。

为什么安条克三世采取如此优惠犹太人的政策?"也许不

---

[1] 黄天海:《希腊化时期的犹太思想》,上海人民出版社,1999年,第31页。
[2] 同上。

仅仅是为了答谢犹太人的善意和仿效波斯人的宽容。"①可能安条克三世有更深刻的政治态度。罗马共和国这时已经崛起,它已在地中海西部地区确立了自己的霸权,正伺机东侵。塞琉古王国在这种背景下意识到自己处境的危急,竭力想调整政策:"塞琉古王国需要一个稳定的联邦王国"②,一方面要安抚犹太人,另一方面要准备迎战日益强大的罗马共和国。优待犹太人,从属于塞琉古王朝绥靖内部的需要。此外,安条克三世还想笼络托勒密国王,他把女儿嫁给了托勒密五世。③

犹太人在塞琉古王朝境内各个城市逐渐成为散居的民族。散居就是指一个民族散居于各地。犹太人最早不是散居的,他们集中居住于巴勒斯坦。"散居是希腊化世界的特征。"④马其顿人、希腊人来到西亚后,都是散居的,犹太人也渐渐变成散居。塞琉古王朝对多元文化的宽容,"为犹太人在异教城市定居提供了有利的法律、政治和文化保障"⑤。由此产生的一个重要后果是:"伴随着犹太人的散居,希腊文化和希伯来文化相遇,有所交融。"⑥

在塞琉古王朝首都安条克,有许多犹太人,其处境同本书下一章(第十三章)将会提到的托勒密王朝首都亚历山大里亚

---

① 参看黄天海:《希腊化时期的犹太思想》,上海人民出版社,1999年,第31页。
② 同上。
③ 参看同上。
④ 姚介厚、李鹏程、杨深:《西欧文明》上册,中国社会科学出版社,2002年,第109页。
⑤ 同上书,第109—110页。
⑥ 同上书,第110页。

的犹太人一样,享有特权,①也就是与希腊人相同的权利。② 犹太人的政治待遇和社会地位显然是高于本地人的。这很可能是塞琉古王朝和城市当局出于稳定社会和繁荣经济的考虑,决定对散居的犹太人实行优待的政策。③

尽管犹太人在塞琉古王朝各个城市中不受歧视,但为什么他们仍然采取很少同外界来往的生活方式,并且常常住在同一个街区呢?这可能主要是因为参加宗教活动的需要。犹太人都信奉犹太教,一个犹太教堂和教堂前的广场,便是犹太人聚集和交流的地方。同时,依照犹太人的传统,规定犹太人不得与非犹太人通婚,犹太人也不准独身,所以他们在塞琉古王朝的城市中常住在同一个街区,是有道理的。

一般的犹太人在城市中,生活简朴,远离奢侈的生活,甚至禁酒,禁止到歌舞场去寻乐。塞琉古王朝前期,这种传统一直被坚持,后来才有所松弛。变化是从犹太人学习希腊语开始的。前面已经指出,由于政府官员和城市上层人士之间通行希腊语,过的是希腊式的生活,所以不少犹太人,包括犹太人的上层社会人士、准备从事公职的人士,或是在政治上有抱负的犹太人,都忙于学习希腊语,以便有朝一日能进入希腊上层社会的社交圈。他们为了达到这一目标,还勤于学习希腊人的礼仪,过希腊式的生活,花钱大手大脚。④ 当然,这不是犹太社会的主流。

---

① 参看茹贵:《亚历山大大帝和希腊化世界》,英译本,道比译,阿里斯出版公司,芝加哥,1985年,第368页。
② 参看同上。
③ 参看同上书,第377页。
④ 参看马哈菲:《亚历山大帝国希腊文化的发展》,芝加哥大学出版社,1905年,第104页。

犹太社会的主流是什么？依然是遵循本民族的传统、坚持自己的宗教信仰和过着简朴的生活，并且有钱而不外露。关于犹太人对希腊生活和文化的向往，犹太教徒中的虔诚者，"对此感到恐怖"①，他们不适应外部环境的变化，更不能同意本民族的成员越来越希腊化了，从而他们"在崇拜皇帝方面后退，农民则对所有外国的事物摇头"②。这种情绪在犹太人中间滋长，显然不合塞琉古国王的心意。加之，犹太教的神庙里积蓄了很多金银财宝，引起塞琉古国王的注意，总想找个机会把它们攫为己有。③关于这一点，下面会有较详细的记述。

第三节 塞琉古王朝的衰亡

一、马格尼西亚战役：塞琉古王朝由盛到衰的转折点

前面已经提到，在安条克三世任塞琉古国王以后，通过第四次叙利亚战争和第五次叙利亚战争，两度击败托勒密王朝的军队，使塞琉古王朝又恢复了军事强国的地位。但安条克三世最大的失误是错误估计了地中海西部地区的国际形势，同迦太基结盟，跟罗马共和国直接发生冲突。也就是说，安条克三世低估了罗马的军事实力，低估了罗马元老院摧毁迦太基的决心。④

---

① 弗格森：《希腊帝国主义》，晏绍祥译，上海三联书店，2005年，第113页。
② 同上。
③ 参看马哈菲：《亚历山大帝国希腊文化的发展》，芝加哥大学出版社，1905年，第104页。
④ 参看弗格森：《希腊帝国主义》，晏绍祥译，上海三联书店，2005年，第102页。

结果，公元前190年，在小亚细亚的马格尼西亚一役中，塞琉古军队被罗马军队击溃。塞琉古军队不得不退出色雷斯和希腊中部。但罗马元老院不依不饶，准备乘势南进。公元前188年，塞琉古王朝被迫与罗马订立屈辱性的和约，永远放弃小亚细亚。这对于塞琉古王朝此后的影响极大："小亚细亚从此丧失。陆上通往希腊本土和通往小亚细亚希腊港口的道路永远被切断了。"[①]从经济上看，马格尼西亚战役之后，对塞琉古王朝打击最沉重的是地中海地区贸易优势的失去。小亚细亚既然已经丢掉，小亚细亚西海岸的一些港口城市也受到罗马的控制。色雷斯丢失了，由塞琉古境内通往黑海周边地区和进入巴尔干半岛的商路也被截断。"叙利亚商人变得依赖于罗得斯岛和提洛岛的善意的协助，而后者已越来越成为罗马的港口了。"[②]塞琉古王朝为了避免罗马军队进一步进攻，还不得不派出王子到罗马做人质。[③]

公元前190年的马格尼西亚战役是塞琉古王朝走向衰亡的开始。

安条克三世于公元前187年因病去世。其子塞琉古四世继位。据说，塞琉古四世渴望和平，以节俭和智慧治理国家，[④]不幸于公元前175年遇刺身亡。塞琉古四世的长子德米特里本来

[①] 科克、阿德柯克、查尔斯渥斯编：《剑桥古代史》第7卷《希腊化的君主国和罗马的兴起》，剑桥大学出版社，1928年，第159页。

[②] 同上。

[③] 参看马哈菲：《希腊的生活和思想：从亚历山大时代到罗马的征服》，阿尔诺出版公司，纽约，1887年初版，1976年重印，第460页。

[④] 参看杜兰：《世界文明史》第2卷《希腊的生活》，幼狮文化公司译，东方出版社，1998年，第422页。

可以正式继承他父亲的王位,但他正作为人质留在罗马,无法脱身回国。① 于是塞琉古四世的弟弟在帕加马王国的帮助下,匆匆返回首都安条克,登上王位,称安条克四世。②

安条克四世是一个昏君,他听任官员腐败,不问不管。无论是中央政府官员还是地方官员,在他的纵容包庇下,都恣意搜括民财,滥用刑罚,以致怨声载道。他甚至赐给自己的情妇管辖三个城市的权力。③ 他还不顾国力已衰的事实,仍花费大笔钱财,以振兴希腊文化为名,重修神庙,新建剧院、体育馆、竞技场,并把血腥的角斗竞技引入塞琉古王朝境内。④

安条克四世还十分好战,于公元前169年试图征服埃及,率军攻入埃及,对首都亚历山大里亚呈包围之势,只是由于罗马出面干涉,才不得不撤兵。他由于挥霍无度,财力空虚,竟下令洗劫耶路撒冷的犹太神庙,掠夺金银财宝,激起犹太人的愤怒和反抗,他又于公元前168年宣布犹太教为非法,使犹太人的敌对情绪大为增加。⑤ 最为荒唐的是,在塞琉古王朝已经衰微的情况下,他竟仿照亚历山大开创马其顿帝国时的东征活动以及安条克三世东征印度的事迹,准备率兵再一次东征。公元前164年,在东征期间,"以癫痫、疯狂或其他疾病死于前往波斯的途

---

① 参看欧林登:《希腊化世界史:公元前323—前30年》,布莱克维尔出版公司,牛津,2008年,第272页。
② 参看同上。
③ 参看杜兰:《世界文明史》第2卷《希腊的生活》,幼狮文化公司译,东方出版社,1998年,第422页。
④ 参见同上书,第422—423页。
⑤ 详见本节的第四部分"犹太起义"。

中"①。

正如历史学家所评论的:塞琉古王朝的衰亡正是从安条克四世执政时期开始的。② 马格尼西亚战役的失败只是拉开了塞琉古王朝由盛转衰的序幕。如果塞琉古四世不被暗杀,致力于整顿朝政,休养生息,恢复国力,也许还可以使塞琉古王朝转危为安,因为当时罗马共和国的主要精力正在全力对付安提柯王朝,"罗马元老院在处理叙利亚问题时,所关心的只有一个:让塞琉古王朝无害于罗马"③。

历史是不能假设的。安条克四世在位的11年间,塞琉古王朝终于一步步走向崩溃和灭亡。

二、地方割据和独立

(一) 向心力和离心力的冲突

前面在谈到塞琉古王朝的中央集权体制时已经指出,大权由国王独揽,军队由国王统帅,国王任命和派遣分掌各个行省要害部门的行政长官,不实行分封制。虽然城市被允许有一定的自治权,但城市必须听从国王的旨意,不得有分离倾向。这样一种中央集权的专制体制之所以能够维持下来,关键在于中央政府是不是拥有足够的军事实力和财力,国王本人有没有足够的威望。国王是神,是神的化身或神的传人,这种政治理念尽管有

---

① 杜兰:《世界文明史》第2卷《希腊的生活》,幼狮文化公司译,东方出版社,1998年,第423页。
② 参看欧林登:《希腊化世界史:公元前323—前30年》,布莱克维尔出版公司,牛津,2008年,第272页。
③ 弗格森:《希腊帝国主义》,晏绍祥译,上海三联书店,2005年,第102—103页。

一定的作用,但国王掌握的实力依然是核心问题。塞琉古王朝前期,由于中央政府的实力强大,是能够维持这种中央集权的专制体制的。

如果再做进一步的分析,那么就会发现,在塞琉古王朝始终存在着向心力和离心力两种力量的斗争。对塞琉古的国王来说,在这一大片原波斯帝国的领土上,向心力本来就是不强的。这里的居民,除了少数跟随亚历山大东征的和后来陆续移民西亚的马其顿人和希腊人而外,其他都是被亚历山大征服的当地居民,他们怎么可能向心于出身于马其顿的塞琉古国王家族呢?希腊文化的影响可能有助于向心力的增长,但在被征服的中亚地区,"没有一个全盘接受希腊文化"[1];至于在小亚细亚、叙利亚、黑海沿岸地区,"乡村里的人民大众也从来没有受过希腊文明的影响,他们墨守着自己的风俗习惯和自己传统的宗教信仰"[2]。这就谈不上向心力的存在和增强了。那么,在塞琉古王朝前期,这些缺少向心力的地区为什么仍由国王统治而没有发生大规模的叛离中央的行动?主要有两个原因:

第一,由于当时中央政府有强大的军队作为支柱,在各个行省驻扎军队,维护稳定。地方稍有叛离迹象就会遭到镇压,支持叛乱的当地居民,或遭到杀戮,或全村人口被变卖为奴隶;而且塞琉古王朝当时军队的主力是"公民方阵",即由希腊人组成的

---

[1] 罗斯托夫采夫:《罗马帝国社会经济史》上册,马雍、厉以宁译,商务印书馆,1985年,第20页。
[2] 同上书,第21页。

方阵,①战斗力强。虽然当时也有外邦人组成的雇佣军,但平时经常分散使用于各地的警备队,②有时也作为轻步兵、弓箭手等。③ 塞琉古王朝一般不用本地人为兵士,以免他们叛离中央。

第二,由于塞琉古一世制定了比较宽容的政策,包括民族政策、宗教政策、税收政策等。在民族政策方面,塞琉古一世虽然重视马其顿人和希腊人,但并不歧视西亚当地人,他们可以迁移进城,可以从事工商业和自由职业,也可以担任公职(中层公职较少,基层公职较多),只有王室土地上的农民需要定居在农村。在宗教政策方面,塞琉古一世容许境内各种不同的宗教存在,当地的神庙依然是地方宗教中心,祭司的权力和社会地位都受到尊重。希腊人信奉希腊的宗教,有自己的神庙、自己的祭司、自己的祭祀活动,但并不凌驾于其他宗教之上。塞琉古王朝没有国教,没有某种宗教独尊的现象。在税收政策方面,塞琉古王朝前期财力充实,税收并不很重,民众的生活还过得去。同时,国王还让军队进行屯垦,不仅可以安定军心,使兵士和退伍老兵各有一块耕地,防止扰民,而且也减轻了财政的负担,使地方经济得以发展。

以上这些措施可以起着减弱离心力的作用。但一个像塞琉古王朝这样的多民族的中央集权体制是经不起对外战争的大败的,也是经不起财力的削弱的。对外战争的大败,必然使军力削

---

① 参看塞孔达:"希腊化世界和罗马共和国时代的军事力量:陆军",载萨宾、威斯、维特比编:《剑桥希腊罗马战争史》第1卷《希腊、希腊化世界和罗马的兴起》,剑桥大学出版社,2007年,第343页。

② 参看同上。

③ 参看同上。

弱,中央政府控制境内各地的能力就骤然下降,离心倾向便会滋长,导致地方割据甚至独立。而财力的削弱又必然使税赋加重,地方负担加重,这也会激起地方的反抗。在离心倾向增大的情况下,塞琉古王朝的大一统局面就会消失。正如一幢大楼一样,基础动摇了,支柱垮掉了,大楼的解体和倒塌将是不可避免的事情。

其实,早在公元前190年马格尼西亚战役之前,塞琉古王朝统治地区就已发生了地方分离和割据的例子。

印度河流域和中亚细亚腹地,是最早脱离塞琉古王朝管辖的地区。在亚历山大东征过程中,中亚细亚腹地很晚才被马其顿人占领,而且是在遭遇激烈抵抗后才进驻的。这些地方即使在波斯帝国时期,也谈不上是波斯的疆土,所以亚历山大占领和塞琉古王朝继承后,它们对塞琉古王朝只有离心力而没有向心力。印度河流域同样如此,亚历山大费了很大的力气才得以占领,占领以后印度河流域仍不平静,不断发生反对马其顿人的战争。塞琉古王朝接受亚历山大帝国的遗产,但无论是中亚细亚腹地还是印度河流域都只是名义上归塞琉古国王统治,实际上却归属于当地的王公贵族或部落领袖。塞琉古王朝终于认识到,这已经成为一个沉重的包袱了,只得撤回驻军,放弃该地。

公元前3世纪中叶起,塞琉古王朝和托勒密王朝之间发生了多次叙利亚战争。这就为巴克特利亚、亚美尼亚、帕提亚摆脱塞琉古王朝统治创造了条件。

(二)巴克特利亚

巴克特利亚位于原波斯帝国的东北部边境一带,包括中亚细亚阿姆河和锡尔河下游(这两条河流都注入咸海),相当于现在的哈萨克共和国南部、乌兹别克共和国、塔吉克斯坦共和国的大部分地区,里海东部地区的一些游牧部落经常在这里活动。这里文化闭塞,经济落后,民众剽悍。直到亚历山大东征时,这里还保留着这样一种陋习,即病人和老人被扔给守候在一旁的狗吃掉,这种狗在巴克特利亚语中称作"丧葬狗"。[1] 是亚历山大最早给这块野蛮土地带来了文明——希腊文明。

亚历山大统治时期,在这一带留下了若干总督,进行地方的统治。[2] 亚历山大去世后,塞琉古王朝接管了巴克特利亚地区,辟为一个行省,由国王派出总督管辖。由于当地水草丰盛,土地肥沃,所以吸引了一些希腊移民,并且建立了希腊式的城市和集镇。公元前250年左右,塞琉古王朝巴克特利亚总督狄奥多特乘塞流古王朝和托勒密王朝为争夺叙利亚而战争不休的机会,割据称王。他脱离了塞琉古王朝的统治,但这时还依附于塞琉古王朝。[3] 塞琉古国王塞琉古二世承认狄奥多特的巴克特利亚的半独立地位,并且很可能还把自己姐妹中的一人嫁给狄奥多特,以便争取狄奥多特依旧承认塞琉古王朝的主权。[4] 但这只是一种形式,实际上这一片中亚土地已经不再归属塞琉古王朝了。[5] 狄奥多特死于公元前230年左右,其子继位,称狄奥多特

---

[1] 参看奥姆斯特德:《波斯帝国史》,李铁匠、顾国梅译,上海三联书店,2010年,第25页。

[2] 参看巴沙姆主编:《印度文化史》,闵光沛、陶笑虹、庄万友、周柏青等译,涂厚善校,商务印书馆,1999年,第63页。

[3] 参看王治来:《中亚史纲》,湖南教育出版社,1986年,第72—73页。

[4] 参看罗斯托夫采夫:《希腊化世界社会经济史》第1卷,克莱伦顿出版公司,牛津,1941年,第542页。

[5] 参看乌特琴科主编:《世界通史》第2卷上册,北京编译社译,三联书店,1960年,第602页。

二世。为了摆脱塞琉古王朝势力的威胁,狄奥多特争取到新独立不久的帕提亚王国国王提里台特的支持,继续对抗塞琉古王朝的中央政府。①

公元前3世纪末,塞琉古王朝粟特行省(位于今土库曼斯坦共和国的东部)总督欧提德姆攻占了巴克特利亚,杀死了狄奥多特二世,于是粟特和巴克特利亚两个行省合并为一,称巴克特利亚王国,完全脱离了塞琉古王朝。巴克特利亚就是中国史书中所称的大夏国。② 无论是狄奥多特还是欧提德姆,都是希腊人。他们首先依靠希腊人组成的军队的支持,否则是难以摆脱塞琉古王朝的统治的。③ 欧提德姆是巴克特利亚这一希腊化王国的真正创立者。④

新建立的巴克特利亚不仅国王是希腊人,而且军官和地方高级官员也都是希腊人。他们把自己同本地人即"蛮族"严格地区分开来。他们一直不同意"混入到蛮族人中间去"的想法,⑤尽管也使用本地人或西亚其他地方的人作为基层官员和士兵。在巴克特利亚和粟特两省,以前就有一些希腊式城市,它们中的大多数还是亚历山大时期建立的,并且是军事要塞,至少

---

① 参看罗斯托夫采夫:《希腊化世界社会经济史》第1卷,克莱伦顿出版公司,牛津,1941年,第542页。

② 参看张星烺编注:《中西交通史料汇编》,朱杰勤校订,第四册,中华书局,1978年,第11—15页。

③ 参看乌特琴科主编:《世界通史》第2卷上册,北京编译社译,三联书店,1960年,第603页。

④ 参看罗斯托夫采夫:《希腊化世界社会经济史》第1卷,克莱伦顿出版公司,牛津,1941年,第542页。

⑤ 参看布里昂:《亚历山大大帝》,陆亚东译,商务印书馆,1995年,第127页。

一部分居民是希腊人。① 塞琉古王朝建立后,在境内按希腊风格又建立了不少希腊式城市,其中包括了在巴克特利亚建立的城市,这些城市以后一直保存下来。② 可见,希腊人领导的巴克特利亚王国的建立,实际上是塞琉古王朝统治集团内部争权夺利斗争激化的反映,也是在中央政府权力削弱条件下,地方实力派高层人士乘机割据的产物。

然而,当时的塞琉古王朝尽管卷入了同托勒密王朝的长期战争,但毕竟处于强盛阶段,它是不能容忍像巴克特利亚王国这种割据势力得逞的。公元前208年,塞琉古国王安条克三世出兵击败了巴克特利亚国王欧提德姆的军队,双方议和,约定巴克特利亚王国继续存在,但其领土限定为以前的巴克特利亚和粟特两省,不得扩大;欧提德姆仍为国王,但必须承认是塞琉古王朝的属国,有义务向塞琉古王朝提供军需给养和战象。

为什么安条克三世在战胜巴克特利亚军队之际还承认欧提德姆继续任巴克特利亚国王,并让巴克特利亚王国继续存在呢?一来是因为安条克三世的重点放在同托勒密王朝争夺叙利亚的战争上,不想分散军力来对付巴克特利亚军队,更重要的可能是:从塞琉古王朝的总体利益来考虑,保留一个作为属国的希腊化王国——巴克特利亚王国——是有利于塞琉古王朝东部安全的,因为"巴克特利亚是希腊文明的前哨"③,巴克特利亚挡住了

---

① 参看罗斯托夫采夫:《希腊化世界社会经济史》第1卷,克莱伦顿出版公司,牛津,1941年,第547页。

② 参看斯塔尔:"希腊化文化",载斯特兰编:《古代希腊的贡献》,浩特、莱恩哈特和温斯顿出版公司,纽约,1971年,第269页。

③ 王治来:《中亚史纲》,湖南教育出版社,1986年,第76页。

中亚细亚腹地游牧部落的侵犯,在这种情况下,"如果削弱巴克特利亚国,这对希腊人将是致命的打击"①。这样,塞琉古王朝于公元前206年承认巴克特利亚国王的国王称号,一个重要条件是"后者应当负责保卫北部边境,免遭萨迦游牧人的进攻"②。

当然,这只不过是双方的暂时妥协,国际环境正处于急剧变化之中,因为罗马共和国已经兴起,正竭力向地中海东岸地区扩张其势力。但不管怎样,从经济上看,巴克特利亚的发展是有很大潜力的,只要给它以时间,它会越来越富庶。这是因为,塞琉古王朝过去管辖的巴克特利亚行省和粟特行省都是水草丰盛和土地肥沃之地,尤其是粟特行省,资源十分丰富,农业和畜牧业都很兴旺,所生产的马匹远近驰名,只要有和平发展的环境,它会富裕起来,所以欧提德姆承认自己是塞琉古王朝的属国,正是为了赢得发展的时间。他着手巩固自己统治的地盘,静待形势的变化。③

此外,欧提德姆所占据的地盘,处于由印度通往两河流域和叙利亚的通道上,境内有一些著名城市和集镇,印度的特产(如象牙、香料等)、叙利亚的特产(如玻璃等手工业品)都由商队运输过境,并部分在此地交易。由此向北,商路进入西伯利亚和南俄罗斯,也是通畅的。商业的繁荣和财政收入的增加,有助于欧提德姆巩固自己的统治。④

---

① 王治来:《中亚史纲》,湖南教育出版社,1986年,第76页。
② 同上。
③ 参看罗斯托夫采夫:《希腊化世界社会经济史》第1卷,克莱伦顿出版公司,牛津,1941年,第545页。
④ 参看同上。

第十二章 塞琉古王朝

公元前201—前195年,塞琉古王朝和托勒密王朝之间的第五次叙利亚战争爆发,安条克三世获胜,进入埃及境内,包围了托勒密王朝首都亚历山大里亚,埃及向罗马求援,安条克三世在罗马的压力之下不得不撤出埃及。接着安条克三世为了支持安提柯王朝同罗马发生正面冲突。公元前190年,在小亚细亚的马格尼西亚战役中被罗马军队大败,丢失了小亚细亚。巴克特利亚王国的政局也发生了变化,欧提德姆国王大约于公元前190年去世,其子德米特里继位(约公元前190—前160年)。德米特里乘塞琉古王朝在马格尼西亚战役中大败之机,不久就宣布不再受当初欧提德姆和安条克三世所订和约的束缚,不再把疆土局限于原巴克特利亚和粟特两省,派兵占领了伊朗高原东部、阿富汗和印度西北部。"德米特里在征服了印度西北部的大片土地以后,就长期驻在那里,不返回巴克特利亚,奢羯罗成了他的政治中心。"①

就在德米特里逗留于印度西北部不归的同时,大约在公元前174年,在巴克特利亚发生了政变,欧克拉提德斯夺位称王,"此人似与塞琉古王朝皇室有亲族关系,故完全依附于塞琉古王朝"②。他同样是希腊人,而且更进一步推广希腊化。③ 为了巩固政权,他率军攻打德米特里,并进入印度西北部,德米特里大约在公元前160年被杀或被废。④ 但来自中亚细亚腹地的游牧民族仍不断地向巴克特利亚王国进攻,直到把它逐出中亚细

---

① 王治来:《中亚史纲》,湖南教育出版社,1986年,第78页。
② 同上。
③ 参看同上书,第77—79页。
④ 参看同上书,第79页。

亚,退居印度西北部。① 最后,巴克特利亚王国可能被自中亚细亚南下的大月氏人所灭。② 大月氏各部落后来在这一带建立了贵霜王国。

(三)亚美尼亚

在黑海和里海之间以及黑海东南沿岸一带居住着亚美尼亚人。大约公元前10世纪甚至更早以前,亚美尼亚人就是一个与西亚人操着不同的语言的民族,在这里活动,以游牧为生。③ 波斯阿黑门尼德王朝时期,亚美尼亚一度归米底王国统治,居鲁士征服了米底王国,从而把米底人控制的两河流域、叙利亚、小亚细亚腹地和亚美尼亚一并纳入自己的版图,稍后亚美尼亚又成为波斯帝国的一个行省——亚米纳行省。④ 公元前4世纪晚期,亚历山大率军东征时,他的军队可能到过亚美尼亚人居住的地区,但亚历山大本人并未去过。而在波斯军队中,则有亚美尼亚人。他们的服饰是典型的波斯服饰。⑤ 这是不奇怪的,因为亚美尼亚人受波斯帝国统治,不仅每年需要向波斯帝国纳税,而且还要向波斯国王进贡马匹。⑥ 亚美尼亚人当兵为波斯帝国出战,也是他们应尽的义务。亚历山大灭掉波斯帝国后,亚美尼亚

---

① "公元前2世纪,巴克特利亚的希腊人在(印度)西北部定居下来。对我们来说,幸运的是这些国王都热衷于铸造钱币。主要是依靠古钱学的证据,它们的历史面貌才得到部分的恢复。"(巴沙姆主编:《印度文化史》,闵光沛、陶笑虹、庄万友、周柏青等译,涂厚善校,商务印书馆,1999年,第63页)

② 参看张星烺编注:《中西交通史料汇编》,朱杰勤校订,第一册,中华书局,1977年,第18页。

③ 参看奥姆斯特德:《波斯帝国史》,李铁匠、顾国梅译,上海三联书店,2010年,第8页。

④ 参看同上书,第49、51页。

⑤ 参看同上书,第294页。

⑥ 参看同上书,第355页。

人居住的地区也就归亚历山大所管辖,亚历山大派遣在萨迪斯开门投降的波斯官员密特里尼斯为亚美尼亚总督,"但他似乎从未有效地控制过亚美尼亚"[1]。这意味着在亚历山大统治西亚时期,亚美尼亚实际上处于独立状态。原波斯帝国太大了,谁顾得上亚美尼亚人居住的偏远地区呢?

亚历山大死后,西亚地区落入塞琉古王朝手中。亚美尼亚人居住的西部地区,即被称为小亚美尼亚的地区,处于塞琉古王朝统治之下,有向塞琉古国王纳贡的义务,它实际上仍是独立的。亚美尼亚人居住的东部地区,即被称为大亚美尼亚的地区,表面上归顺了塞琉古王朝,但由本地的世袭领主按自己的治理方式治理,归顺塞琉古王朝只是表面上的承诺而已。但塞琉古王朝这时是强盛的,黑海南岸地区和里海沿岸一带仍归塞琉古王朝管辖,所以大亚美尼亚和小亚美尼亚始终未能合并、统一。[2]

这种情况一直维持到公元前2世纪初年。公元前190年,塞琉古军队在马格尼西亚战役中被罗马击败后,塞琉古王朝不得不放弃小亚细亚。于是亚美尼亚人乘机摆脱了塞琉古王朝的统治,并形成了一些小国。这就是"最早的完全独立的亚美尼亚国家"[3]。由于大亚美尼亚地区和小亚美尼亚地区尽管实际上都是独立的,但形式上仍尊奉塞琉古国王为最高权威,而塞琉

---

[1] 参看奥姆斯特德:《波斯帝国史》,李铁匠、顾国梅译,上海三联书店,2010年,第625页。

[2] 参看乌特琴科主编:《世界通史》第2卷上册,北京编译社译,三联书店,1960年,第592页。

[3] 同上书,第593页。

古王朝又推行希腊化政策,官方语言是希腊语,这些都激起亚美尼亚人的反感,因此,一些亚美尼亚人国家的形成"与当地居民的反希腊化运动有一定程度的关系"①。

大约在公元前1世纪初,这些亚美尼亚人的小国合并为一个统一的强国。这时塞琉古王朝已经越来越衰弱了,它已经没有实力抗拒亚美尼亚人的西征和南下了。统一的亚美尼亚国家的军队侵占了塞琉古王朝所控制的底格里斯河以北的大片土地,还一度攻下叙利亚和腓尼基的一些富裕的商业城市。② 塞琉古王朝的命运岌岌可危。至于小亚美尼亚和大亚美尼亚归属于罗马,则是在罗马消灭塞琉古王朝以后很多年。罗马皇帝尼禄临朝时期取消了小亚美尼亚的半独立地位;韦斯巴蒂安临朝时期,把这里辟为一个行省;到了图拉真临朝时期,又占领了大亚美尼亚,也设立了一个行省。③

(四)帕提亚

帕勒—达依人居住在黑海东南沿岸一带,包括现代伊朗的东北部和土库曼斯坦共和国的南部,他们的语言属于印欧语系伊朗语族。这一带原来是波斯帝国的领土,亚历山大灭掉波斯帝国后,统治这一带。亚历山大死后,这一带又归塞琉古王朝管辖。

帕勒—达依人一直反抗塞琉古王朝的统治。公元前3世纪

---

① 乌特琴科主编:《世界通史》第2卷上册,北京编译社译,三联书店,1960年,第593页。

② 参看同上书,第596页。

③ 参看J.W.汤普逊:《中世纪经济社会史》上册,耿淡如译,商务印书馆,1984年,第28页。

中期,他们发动起义,部落首领阿尔息斯建立帕提亚王国,自称国王,这就是帕提亚阿尔息斯王朝的开始。中国史书上把帕提亚阿尔息斯王朝称为安息。①

据阿尔息斯王朝自称,其家族的祖辈做过塞琉古王朝帕提亚省的省长。② 再往上推,可能与波斯帝国阿黑门尼德王朝的王族有关。③ 这也许同阿尔息斯家族为了巩固政权而攀上王族血缘关系,以证明自己领导伊朗人执政的合法性有关。④ 跟随阿尔息斯家族一起来到伊朗东北部和土库曼斯坦南部的,还有中亚细亚的游牧民族萨迦人,阿尔息斯把萨迦人编入骑兵并成为帕提亚王国骑兵的主要成分,战斗力很强。⑤ 阿尔息斯还赏赐他们大块土地,以获取他们的忠诚。⑥ 这样,帕提亚境内的萨迦人也就与当地的农民混合了,信仰同伊朗人一样的宗教,成为地道的伊朗人。⑦

帕提亚王国与另一个产生于中亚地区南部和伊朗东部的巴克特利亚王国不同。前面已经提到,巴克特利亚王国的国王和高层官员都是希腊人,推行希腊化政策,崇尚希腊文化,而帕提亚王国的国王和高层官员都是伊朗人,还有后来融入伊朗人社会的中亚细亚游牧民萨迦人,他们有自己的语言,自己的宗教信

---

① 参看张星烺编注:《中西交通史料汇编》,朱杰勤校订,第一册,中华书局,1977年,第15、38—43页。
② 参看彭树智主编:《中东国家通史》伊拉克卷,黄民兴著,商务印书馆,2002年,第56页。
③ 参看同上。
④ 参看王治来:《中亚史纲》,湖南教育出版社,1986年,第74页。
⑤ 参看同上书,第75页。
⑥ 参看同上书,第74页。
⑦ 参看同上书,第75页。

仰,自己的风俗习惯。但这不排除在它们两国初创阶段的结盟,以便对付共同的对手塞琉古王朝。

但应当注意到,虽然帕提亚王国把希腊化的塞琉古王朝视为压迫者和敌人,帕提亚王国在建国初期却热衷于学习希腊化国家的制度、文化和城市治理方式。"安息统治者在早期竟宣称自己是'希腊迷',仰慕希腊文化,采用希腊的语言和艺术。"①这很可能是帕提亚王国在建国之初由于缺乏治国经验所致。随着帕提亚王国的政局逐渐趋于稳定,"统治者便抛弃希腊化的政策,提倡帕提亚(即伊朗)民族主义"②。

公元前190年塞琉古王朝军队在马格尼西亚战役中被罗马军队击败,元气大伤,接着塞琉古国王安条克三世于公元前187年去世。帕提亚王国乘机加剧了反对塞琉古王朝在西亚统治的斗争,由东向西扩展自己的版图。此时的帕提亚国王密特里达提一世(公元前171—前138年)的兵力日益强大,成为塞琉古王朝东方的劲敌,伊朗高原西部和幼发拉底河以东地区都被帕提亚军队攻占。塞琉古王朝退到幼发拉底河西岸,防御帕提亚军队续续西进。公元前2世纪中叶,帕提亚军队攻占了底格里斯河和幼发拉底河的下游地区,美索不达米亚的最重要的希腊式城市塞琉西亚也落入帕提亚王国之手。塞琉古王朝根本抵挡不住帕提亚军队的西进,因为"当地的居民常常欢迎帕提亚人的到来,他们把帕提亚人看成是他们摆脱希腊—马其顿的压迫

---

① 王治来:《中亚史纲》,湖南教育出版社,1986年,第74页。
② 参看同上书。

的救星"①。这是很自然的,在伊朗人看来,波斯帝国阿黑门尼德王朝灭亡已经将近二百年了,希腊—马其顿人统治这一带这么久了,应该赶走希腊—马其顿人。他们坚信恢复伊朗人自己的帝国的时候已经来临。

然而,正在这个时候,帕提亚王国的战略有所调整,它认为自己后方的巩固是最重要的,后方就是帕提亚的东部地区。巴克特利亚王国此时已经衰败,并处于四分五裂的状态。来自中亚细亚腹地和阿富汗的游牧民族正陆续南下,他们不会以占领巴克特利亚的大部分领土为满足,他们会威胁帕提亚王国东部边境的安全。于是公元前2世纪末年,帕提亚王国把战略重心转向东方,把伊朗高原东部、阿富汗和印度西北部收入版图,并把阿姆河作为帕提亚王国的国界。② 在这期间,塞琉古王朝暂时得到了一个喘息的机会。但塞琉古王朝心有不甘,它不自量力,企图乘帕提亚王国把注意力放在巩固后方之机收复两河流域,结果大败。帕提亚王国也不敢对塞琉古王朝掉以轻心,东部边境既已巩固,它的战略重心又移到了西部。③

此时塞琉古王朝的形势已十分危急。它处于西有罗马、东有帕提亚的两面夹击之中。幸亏这时亚美尼亚已经成为另一个强国,它既想夺得两河流域这块肥沃的土地,又想扩大在小亚细亚的地盘,还想把西部繁荣地带的叙利亚攫为己有,于是亚美尼亚同塞琉古王朝、罗马共和国、帕提亚王国三方都有正面的冲

---

① 乌特琴科主编:《世界通史》第2卷上册,北京编译社译,三联书店,1960年,第610页。

② 参看同上书,第613页。

③ 参看同上。

突,相互牵制。这样,塞琉古王朝总算还能在夹缝中又生存了几十年。

此外,在帕提亚王国和叙利亚之间,在叙利亚的沙漠地带,还有一支继续过着独立生活的阿拉伯人。这些阿拉伯部落中,有些紧挨着某些重要的马其顿军事移民区,并建立了它们对一些希腊—马其顿城市的控制。① 这是除罗马、帕提亚和亚美尼亚以外的另一支威胁塞琉古王朝的力量。这些阿拉伯部落是从哪里迁徙到叙利亚的? 可能他们原来住在叙利亚以东的地区,是遭到帕提亚军队西进的影响而迁移来的。特别是在帕提亚王国统治了美索不达米亚以后,他们就迁移到了叙利亚。② 可见,即使塞琉古王朝已经退缩到叙利亚了,这里同样不安定。

叙利亚境内有一些希腊式城市,它们或者是亚历山大东征时期建立的,或者是塞琉古王朝前期建立的。塞琉古王朝实行中央集权体制,只赋予这些城市有限的自治地位和自治权。尽管它们要求更多的自治,但塞琉古王朝在国力强盛时仍坚持中央集权体制不变。现在,塞琉古王朝衰败了,已退缩到叙利亚一带。这里的城市几乎全都要求获得自由,国王只得恩准。③ 这意味着这些城市几乎完全政治独立了。比如说,它们有权铸造钱币,有权同外国签订协议等。④ 可见,塞琉古王朝的有效管辖范围越来越狭小。等待着它的,只是王朝的覆灭。

---

① 参看罗斯托夫采夫:《希腊化世界社会经济史》第 2 卷,克莱伦顿出版公司,牛津,1941 年,第 842 页。

② 参看同上。

③ 参看同上书,第 843 页。

④ 参看同上。

三、帕加马王国并入罗马

帕加马王国的情况比较特殊。它脱离塞琉古王朝的过程,完全不同于前面提到的巴克特利亚王国、亚美尼亚王国、帕提亚王国由割据走向独立的过程。

帕加马位于小亚细亚西北部、爱琴海东岸。它原是古典时期的希腊移民城邦,多年以来一直比较安定和繁荣,它致力于发展农业,经营对外贸易。亚历山大东征后,制定了对待小亚细亚各个希腊移民城邦的政策,这些希腊移民城市都继续保持自治权。这种权利是作为同波斯帝国战争的产物而被正式宣布。[①] 但这种自治权仅限于希腊人享有而不得给予蛮族臣民。[②] 帕加马城邦就是因亚历山大的上述优惠政策而继续安定、繁荣。

亚历山大去世后,在部将们争夺继承权的过程中,帕加马也是争夺对象之一。公元前301年,帕加马归莱西马库斯统治。当时,争夺小亚细亚的主要作战方,一是安提柯一世,另一是塞琉古一世,莱西马库斯支持塞琉古一世,双方合力击败安提柯,夺得小亚细亚西部地区,莱西马库斯率军驻守帕加马,名义上隶属于塞琉古一世,实际上由莱西马库斯控制。莱西马库斯后来让他的侄子欧迈尼斯接班。

公元前284年,欧迈尼斯宣布独立,建立帕加马王国,自称国王,即欧迈尼斯一世。这是一个希腊人的国家。当时,希腊化王国当中,除了安提柯、托勒密和塞琉古以外,再往下数,就算是

[①] 参看波斯渥斯:《征服和帝国:亚历山大大帝王朝》,剑桥大学出版社,1988年,第250页。

[②] 参看同上。

帕加马王国了。① 但帕加马建国后,处境仍是相当艰难的:小亚细亚西海岸常受到托勒密舰队的骚扰,而小亚细亚腹地又归塞琉古王朝统治,帕加马的北面还时常受到蛮族游牧部落的侵袭,它不得不在夹缝中求生存。② 帕加马位于小亚细亚西北部,它不想向小亚细亚的中部、南部和东部扩张,因为那里是塞琉古王朝控制地带,而且即使在小亚细亚西部,除帕加马以外,还存在着几个小王国,如比塞尼亚、本都等。③ 欧迈尼斯一世作为帕加马国王,只想巩固自己的地盘,为此,他十分注意经济的发展。与此同时,它招募雇佣军,以壮大军力,使其他国家不敢来犯。④

在帕加马王国,奴隶劳动力被广泛使用。贩运奴隶是国内最有利可图的行业之一。⑤ 除了农业中使用奴隶而外,城市中也有大量奴隶。奴隶可能被派往矿山劳动,这些矿山或属于国王,或属于私人。⑥

帕加马王国手工业较发达,手工业中较普遍地使用奴隶干活。一个公民如果有点钱,他就可以投资兴办一家手工作坊,雇

---

① 参看马哈菲:《希腊的生活和思想:从亚历山大时代到罗马的征服》,阿尔诺出版公司,纽约,1887年初版,1976年重印,第154页。

② 参看同上。

③ 参看米列塔:"国王和他的土地:关于希腊化小亚细亚王室土地的若干看法",载奥格登编:《希腊化世界:新观察》,威尔斯古典出版社和杜克渥斯出版公司,伦敦,2002年,第165页。

④ 参看巴格纳尔、提罗编:《希腊化时期:史料译丛》,第2版,布莱克维尔出版公司,牛津,2004年,第46—47页。

⑤ 参看罗斯托夫采夫:《希腊化世界社会经济史》第2卷,克莱伦顿出版公司,牛津,1941年,第806页。

⑥ 参看同上。

一个监工,再用上几个奴隶,就行了。① 这在希腊化国家是常见的事情,帕加马王国也一样。帕加马国内大多数手工作坊都是小型的,通常都是一个工匠带领少数奴隶在家里干活,生产手工业品。② 当然,帕加马王国也有一些大型的纺织工场,生产供外销的羊毛织品,那里使用了大批奴隶。③

在帕加马王国,王室的土地、牧场、矿山、森林和作坊、工场中都使用奴隶。④ 政府机构中同样使用奴隶。奴隶有时还担任一定的职务,从事管理工作。与托勒密王朝和塞琉古王朝农业的情况不同,在那里,农业中使用奴隶的情况很少,而在帕加马王国,农业中使用奴隶的情况很多,有男奴隶,也有女奴隶,他们被用于大地产的耕种、经营和管理。⑤ 这很可能是帕加马王国从母邦希腊一些城市采纳过来的。⑥ 还有一种可能性,即帕加马原来是小亚细亚西北部的一个希腊移民城邦,这里的手工业和商业向来比较发达,从希腊母邦一些城市移民到这里的,务农者比较少,从事其他职业的比较多。加之,小亚细亚西北部地广人稀,适合于大地产经营,当地没有那么多农民可作为佃户或雇工,所以就使用奴隶作为主要劳动力。

帕加马王国是富庶的,但财富也相当集中,大部分财富都集

---

① 参看伊文斯:《希腊化时期的日常生活:从业历山大到克娄巴特拉》,格林渥德出版社,美国康涅狄格州韦斯特波特,2008年,第61页。

② 参看同上书,第62页。

③ 参看同上。

④ 参看乌特琴科主编:《世界通史》第2卷上册,北京编译社译,三联书店,1960年,第347页。

⑤ 参看罗斯托夫采夫:《希腊化世界社会经济史》第2卷,克莱伦顿出版公司,牛津,1941年,第1261页。

⑥ 参看同上书,第1159页。

中在国王手中。① 至于财富在国内各个居民群体中的分配情况,则同托勒密王朝和塞琉古王朝相似,即国王周围的近臣们都是富人,城市中的一些富裕公民是靠国王的赏赐而增加财富的。② 如果说帕加马王国财富分配状况有什么特色的话,那就是巨大的财富迅速地在城市中产阶级手中积累起来,国内较富庶的地区更是如此。③

公元前241—前197年,帕加马国王阿塔罗斯一世执政期间,曾击退了由色雷斯渡海而侵入小亚细亚的高卢人,解除了小亚细亚的恐慌,声名大振。他还同托勒密王朝结盟,共同对抗塞琉古王朝。阿塔罗斯一世武功显赫,在帕加马曾建立雅典娜圣殿以庆祝自己的胜利。④

帕加马王国的经济从这以后进一步发展,因为北方蛮族入侵的威胁解除了,商路畅通了,帕加马王国的威望也提高了。帕加马在手工业方面有一远近驰名的特产,即羊皮纸。帕加马的羊皮纸与埃及的草纸并称为当时西方世界的特种商品,都行销各国。由于羊皮纸昂贵而草纸价廉,所以帕加马致力于改进羊皮纸的生产工艺,不仅使羊皮纸的质量改善,而且制造成本也大大降低,进而推动了帕加马羊皮纸制造业的发展。⑤ 此外,帕加马后来致力农业发展,转而盛产粮食,自给有余,大量出口。当

---

① 参看罗斯托夫采夫:《希腊化世界社会经济史》第2卷,克莱伦顿出版公司,牛津,1941年,第1157页。
② 参看同上。
③ 参看同上书,第1157—1158页。
④ 参看伯尔斯坦编译:《希腊化时代:从伊普索斯战役到克娄巴特拉七世去世》,剑桥大学出版社,1985年,第108—109页。
⑤ 参看杜丹:《古代世界经济生活》,志扬译,商务印书馆,1963年,第124—125页。

时,埃及是东地中海地区的粮仓,"帕加马的谷物输出仅次于埃及"①。

帕加马作为一个希腊化国家,力求在传播希腊文化方面发挥重要作用,它甚至想把帕加马城建设成为可以同埃及的亚历山大里亚媲美的希腊文化中心。当时,帕加马城有宫殿、公共广场、神庙、祭坛、剧院、竞技场和浴室等,全是希腊式建筑。尤其是帕加马图书馆,藏书十分丰富,在当时的西方世界其藏书仅次于埃及的亚历山大图书馆,以至于托勒密王朝为了担心帕加马图书馆会超过埃及的亚历山大图书馆而禁止草纸出口。② 西方的历史学家认为,在希腊化世界有几个希腊文化中心,排在前列的除亚历山大里亚外,就是帕加马城了。③ 帕加马在保存和发展希腊人文主义方面,其重要性超过了安条克等著名的希腊化城市。④

帕加马国王阿塔罗斯一世去世后,其长子欧迈尼斯二世继位(公元前197—前160年)。由于帕加马王国在马格尼西亚战役中是站在罗马共和国一边的,所以在马格尼西亚战役结束后,它一直面临塞琉古王朝报复的威胁,便主动与罗马结盟。其实,罗马的当务之急是先彻底摧毁迦太基,统一地中海西部地区,同时要征服马其顿,消灭安提柯王朝,因为安提柯王朝同迦太基一

---

① 吴于廑:"东西历史汇合下的希腊化文化",载吴于廑:《古代的希腊和罗马》,附录,三联书店,2008年,第176页。
② 参看杜丹:《古代世界经济生活》,志扬译,商务印书馆,1963年,第124—125页。
③ 参看马哈菲:《希腊的生活和思想:从亚历山大时代到罗马的征服》,阿尔诺出版公司,纽约,1887年初版,1976年重印,第152页。
④ 参看同上。

起反对罗马。罗马这时并没有占领或合并帕加马王国的打算。① 罗马对小亚细亚和西亚地区的战略主要是稳住塞琉古王朝,使它不敢再向罗马挑衅,以维持权力的平衡。② 而帕加马的意图则在于自保,防止塞琉古王朝乘罗马把军队进攻的方向放在地中海西部地区和希腊本土、马其顿之时攻打帕加马。帕加马还有一个想法,这就是作为罗马的盟友,可以同罗马分享战利品。这是有先例的,例如,希腊城邦纳比斯在安提柯王朝国王菲利普五世同意下,于公元前197年占领了阿果斯,帕加马那时就同罗马一起战胜了纳比斯,并分享了战利品。③ 当时,纳比斯归斯巴达控制,帕加马对纳比斯的进攻就是对斯巴达的进攻。④ 帕加马在罗马的支持下,认为后台硬了,不怕得罪斯巴达。这个例子告诉人们,帕加马结交罗马的战略由来已久。

但帕加马王国的亲罗马政策使希腊人感到震惊。⑤ 有些人把帕加马视为希腊世界的叛徒。帕加马则认为,同塞琉古王朝相比,帕加马是一个小国,既然面临塞琉古王朝复仇的威胁,除了投靠罗马以外,还有什么办法呢?加之,在欧迈尼斯二世和其弟阿塔罗斯二世(公元前160—前138年)在位期间,高卢人再次肆虐于小亚细亚,这两位帕加马国王不得不忙于应付高卢

---

① 参看罗斯托夫采夫:《希腊化世界社会经济史》第2卷,克莱伦顿出版公司,牛津,1941年,第803页。

② 参看同上。

③ 参看伯尔斯坦编译:《希腊化时代:从伊普索战役到克娄巴特拉七世去世》,剑桥大学出版社,1985年,第109—110页。

④ 参看巴格纳尔、提罗编:《希腊化时期:史料译丛》,第2版,布莱克维尔出版公司,牛津,2004年,第74—75页。

⑤ 参看杜兰:《世界文明史》第2卷《希腊的生活》,幼狮文化公司译,东方出版社,1998年,第426页。

人的攻击。① 这也可能是帕加马王国急于想结盟罗马的原因之一。

帕加马王国的亲罗马政策使它得到了进一步发展经济的机会。到公元前2世纪中叶,帕加马王国的以弗所城发展很快,已成为它的第二首都。这里港口设施良好,商业兴旺,成了成长中的贸易中心。② 帕加马王国更加富足了,帕加马城和以弗所城都列为当时希腊化世界最华丽的都城。帕加马王国的丰富的资源依旧由国王掌握。它的岁入同以往一样来自王国的税收,来自神庙、下属城市和依附于王国的各部落的贡赋。③

在这种形势下,帕加马乘塞琉古王朝势力退出小亚细亚之机,不断进入小亚细亚腹地。帕加马国王阿塔罗斯二世在未继承其兄欧迈尼斯二世的王位之前(即公元前160年之前),作为王弟,曾经奉欧迈尼斯二世之命负责管理小亚细亚腹地,这里新开辟了大片王室土地,也由他负责经营。④ 阿塔罗斯二世继位后,根据自己经营管理小亚细亚腹地的经验,把开放和开垦作为重点,在小亚细亚腹地变为国王个人直属的王室地产的基础上,大力发展农业,建立村庄,并着手向这里移民。⑤ 这一政策既有助于增加农产数量,扩大粮食出口,又便于希腊人在这块新开垦

---

① 参看巴格纳尔、提罗编:《希腊化时期:史料译丛》,第2版,布莱克维尔出版公司,牛津,2004年,第91—92页。
② 参看罗斯托夫采夫:《希腊化世界社会经济史》第2卷,克莱伦顿出版公司,牛津,1941年,第804页。
③ 参看同上。
④ 参看米列塔:"国王和他的土地:关于希腊化小亚细亚王室土地的若干看法",载奥格登编:《希腊化世界:新观察》,威尔斯古典出版社和杜克渥斯出版公司,伦敦,2002年,第166页。
⑤ 参看同上。

的地区巩固自己的统治。当然,小亚细亚腹地的面积很大,帕加马王国所控制的只是小亚细亚腹地的一部分。但阿塔罗斯二世的做法同当初亚历山大设计的使小亚细亚腹地希腊化的方针相符。①

阿塔罗斯二世任帕加马国王 22 年。他一方面继续保持帕加马的社会稳定和经济繁荣,另一方面又致力于开发小亚细亚的腹地,并在那里推行希腊化。与此同时,他关心自己身后的帕加马王位继承人问题。他把兄弟欧迈尼斯二世之子,即后来的阿塔罗斯三世,立为王储。他要王储的老师对这位年轻人多方教育,以应付将会面临的新形势。② 在他临终前,他认为即将继承王位的阿塔罗斯三世没有能力治理好这个国家,没有能力维护帕加马王国的安全,于是立下遗嘱,吩咐后者把帕加马王国转交给罗马共和国,由罗马人来管理。这是一个大胆的举措,不少人对此举大为不解,但阿塔罗斯二世就这么走了,因为他认为这是"最明智的办法"③。在他看来,既然"一个藩侯,一个受奴役的国王,没有足够的力量保护国土来应付小亚细亚那日高一日的混乱局面……(倒不如)把他的王国遗赠给罗马元老院和罗马民族"④。

阿塔罗斯二世于公元前 138 年去世,同年阿塔罗斯三世即

---

① 参看米列塔:"国王和他的土地:关于希腊化小亚细亚王室土地的若干看法",载奥格登编:《希腊化世界:新观察》,威尔斯古典出版社和杜克渥斯出版公司,伦敦,2002 年,第 166—167 页。
② 参看伯尔斯坦编译:《希腊化时代:从伊普索战役到克娄巴特拉七世去世》,剑桥大学出版社,1985 年,第 115 页。
③ 罗斯托夫采夫:《罗马帝国社会经济史》上册,马雍、厉以宁译,商务印书馆,1985 年,第 23 页。
④ 同上。

位。他遵照先王遗嘱,于公元前133年把帕加马交给了罗马。①帕加马王国,从欧迈尼斯一世建国称王算起,存在了151年,即从公元前284年到公元前133年。罗马得到帕加马之后,设置了亚细亚行省,并赋予帕加马以自由城市地位。② 所以说,罗马在以武力消灭了安提柯王朝之后,是以和平的方式、接收的方式吞并帕加马这个希腊化王国的。③

阿塔罗斯二世和阿塔罗斯三世的上述举措,被同时代的昔兰尼统治者所仿效,后者也采取了同样的做法。④ 所不同的是:帕加马此前并未发生内战,而昔兰尼则是在内战之后做出把领土赠给罗马的决定的。此外,帕加马交出的是一个国家,而昔兰尼交出的则是分裂后的托勒密王朝的一个分治地区。

昔兰尼的情况是这样的:公元前2世纪60年代,托勒密王朝内战不已,实行了两个托勒密国王分治的做法,即托勒密六世管辖埃及本土和塞浦路斯岛,托勒密七世管辖昔兰尼。分治昔兰尼的托勒密七世在公元前155年就有把昔兰尼交给罗马的愿望。⑤ 但当时因种种原因,这个愿望并未实现。到了公元前96年,分治昔兰尼的最后一个国王托勒密·阿皮雍遵守先王的遗愿,"于自己临死时将这块土地遗赠给罗马人,当时(罗马的)元

---

① 参看伯尔斯坦编译:《希腊化时代:从伊普索战役到克娄巴特拉七世去世》,剑桥大学出版社,1985年,第115—116页。

② 参看同上书,第116页。

③ 参看特雷得戈德:《拜占庭国家和社会史》,斯坦福大学出版社,1977年,第4页。

④ 参看罗斯托夫采夫:《罗马帝国社会经济史》上册,马雍、厉以宁译,商务印书馆,1985年,第23页。

⑤ 参看伯尔斯坦编译:《希腊化时代:从伊普索战役到克娄巴特拉七世去世》,剑桥大学出版社,1985年,第134—135页。

老院承认这里的希腊城市为自由的盟友"[1]。后来,由于昔兰尼的内乱继续,公元前74年,昔兰尼终于成为罗马的一个行省,[2]而罗马法令明确规定昔兰尼为行省,则在罗马帝国成立之后(公元67年)。[3] 再说,昔兰尼与帕加马是不能相比的:帕加马是一个经济繁荣,商业和手工业都很发达,而且居民富裕的国家,昔兰尼则是并不繁华富足的分治的城市。[4]

四、犹太起义

前面在谈到塞琉古王朝统治时期的犹太人时曾经指出,直到国王塞琉古四世于公元前175年遇刺身亡以前,犹太人在塞琉古王朝境内的处境还是不错的。其弟安条克四世继位后,出兵攻打埃及,深入埃及本土,对托勒密王朝首都呈包围之势。在罗马干预之下撤回军队,途经巴勒斯坦时因贪图耶路撒冷犹太神庙的财宝,大肆掠夺,激起了犹太人的反抗。[5] 这一事件最后酿成犹太人的暴动,他们赶走了驻在耶路撒冷的塞琉古军队。[6]

安条克四世大为震怒,他认为犹太教徒是一神论者,是对塞琉古王朝国王权威的侵犯。[7] 公元前168年,安条克四世下令

---

[1] 罗斯托夫采夫:《罗马帝国社会经济史》下册,马雍、厉以宁译,商务印书馆,1985年,第438页。
[2] 参看同上。
[3] 参看同上。
[4] 参看同上。
[5] 参看本书,第810页。
[6] 据记载,塞琉古军队不仅掠走金银祭祀用具和圣坛,还把圣殿墙壁上的金子刮走,把圣殿中的财宝洗劫一空。(参看黄天海:《希腊化时期的犹太思想》,上海人民出版社,1999年,第33页)
[7] 参看弗格森:《希腊帝国主义》,晏绍祥译,上海三联书店,2005年,第113页。

宣布犹太教为非法，予以取缔。他命令境内的犹太人接受希腊人的宗教信仰，改变自己的风俗习惯，否则视为叛逆。① 在耶路撒冷，数以千计的犹太人逃往山区，塞琉古军队进剿山区，犹太人被认定为叛民而遭杀害。但塞琉古军队越是屠杀犹太人，犹太人就越是反抗，也越是坚持自己的信仰。公元前166年的犹太起义，正是在这种形势下爆发的。

这次犹太起义的领导者是犹大·马卡比。据说，犹大是他的名字，马卡比是他的绰号，意为锤子。起义军出没于巴勒斯坦的山区，四处袭击塞琉古驻军，并杀死那些顺从塞琉古王朝而改变宗教信仰和风俗习惯的犹太人，烧毁希腊人的神庙，作为报复。安条克四世派遣大军前去清剿，甚至随军带着一些奴隶贩子，准备把俘获的犹太人卖给他们，在当地公开标价出售，②或运往外地出售。公元前165年，犹太起义军击溃了安条克四世派来征剿的军队，占领了耶路撒冷，希腊人的神庙均被拆除，重建了犹太教的神庙。起义军这一过激的行动改变了塞琉古王朝境内犹太人的命运。如上所述，在公元前168年以前，一部分犹太人已经走向同希腊人共处、交融的道路，他们或者完全接受了作为主流文化的希腊文化，甚至不再是犹太人了，③或者已经希腊化了。另有少数犹太教的狂热分子学习、研究希伯来文，竭力

---

① 安条克四世甚至下令"把自己作为奥林匹亚的宙斯的偶像摆进（犹太）圣地的圣所"。（弗格森:《希腊帝国主义》，晏绍祥译，上海三联书店，2005年，第113页）

② 参看杜兰:《世界文明史》第2卷《希腊的生活》，幼狮文化公司译，东方出版社，1998年，第429页。

③ 参看卡尔德利斯:《拜占庭的希腊文化》，剑桥大学出版社，2007年，第27页。

保持犹太人的传统文化,以免受到外国风俗习惯的侵蚀。① 这两种犹太人各处一端,其余大部分犹太人处于中间状态。② 公元前168年安条克四世对犹太人的压制和对犹太教的取缔,以及由此激起的马卡比领导的犹太起义,使局势完全改变。犹太人和希腊人陷于严重敌对状态,相互仇视,族群关系极度恶化,二者和平共处已无可能。

公元前164年,安条克四世病死。其子继位,称安条克五世,他还是一个孩子。这时,塞琉古四世的长子德米特里仍在罗马当人质,过着俘虏一样的生活。公元前162年,德米特里冒险逃出意大利,在塞琉古王朝卫戍部队的拥戴下,在首都夺取了王位,称德米特里一世。③ 在位不到两年的安条克五世被害。④

德米特里一世执政(公元前162—前150年)以后,他知道罗马人一定不会放过他,因为他是从意大利逃跑出来的,所以把对付罗马东侵放在首要位置。他希望塞琉古王朝能同犹太起义军和解,于是向犹大·马卡比提出条件:犹太起义军放下武器,塞琉古王朝恢复犹太人的宗教信仰自由。犹大·马卡比则提出,犹太人不仅应享有信教自由,还应当享有政治上的自主权。谈判不成,塞琉古军队大举进攻。为了报复,犹大·马卡比下令在耶路撒冷和其他被犹太起义军占领的城市搜捕希腊人。⑤ 两

---

① 参看卡尔德利斯:《拜占庭的希腊文化》,剑桥大学出版社,2007年,第27页。
② 参看同上。
③ 参看欧林登:《希腊化世界史:公元前323—前30年》,布莱克维尔出版公司,牛津,2008年,第272页。
④ 参看同上。
⑤ 参看杜兰:《世界文明史》第2卷《希腊的生活》,幼狮文化公司译,东方出版社,1998年,第429页。

个民族之间的敌对情绪和仇恨越来越加深了。同时,为了对付德米特里一世,犹大·马卡比与罗马订立了盟约:规定如果罗马及其盟邦发生战争,犹太人要和罗马共同作战,并且不向敌人供应粮食、武器、货币、船舶等;如果犹太人的国家发生战争,罗马也要和犹太人站在一起,同样不向敌人供应粮食、武器、货币、船舶等,以表示双方相互支持。① 罗马人和犹太人双方都信誓旦旦地表明忠于盟约,决不食言。②

公元前161年,犹太起义军击败了塞琉古军队。也正在这一年,犹大·马卡比战死,其弟约纳桑领导起义军,继续同塞琉古军队作战。到了公元前143年,约纳桑也在战争中被杀。犹大·马卡比的另一个弟弟西门接着担任起义军主帅。在罗马的帮助下,终于赢得了这场战争。公元前142年,塞琉古王朝承认犹太的独立。西门成为世袭的犹太国哈斯蒙尼王朝的开国君主。

犹大·马卡比起义历时二十多年,对此后犹太政治局势的发展具有重要意义,因为一方面,这"在政治上挽救了犹太民族被异教文化所同化的危机";③另一方面,从长远来看,巴勒斯坦犹太人的民族主义情绪、极端主义情绪被大大激发了,这又未必给犹太民族带来幸福。比如说,哈斯蒙尼王朝是在犹太起义领导人同罗马结盟条件下,击败塞琉古军队之后建立的。但罗马未必同意哈斯蒙尼王朝的继续扩张,更不能容忍罗马消灭塞琉古王朝之后犹太国哈斯蒙尼王朝独霸巴勒斯坦的事实。罗马时

---

① 参看伯尔斯坦编译:《希腊化时代:从伊普索战役到克娄巴特拉七世去世》,剑桥大学出版社,1985年,第44—45页。

② 参看同上。

③ 黄天海:《希腊化时期的犹太思想》,上海人民出版社,1999年,第51页。

代犹太人无数次反对罗马统治的行动,以及罗马当局对犹太人的严厉镇压,就是明显的例证。①

从另一个角度看,犹太人今后的遭遇是悲惨的。尽管在犹太起义战争进行过程中,犹太起义领导人同罗马当局信誓旦旦结为盟友,但罗马占领叙利亚以后,希腊人顺从了罗马,腓尼基人也顺从了罗马,只有犹太人不愿意仿效希腊人和腓尼基人,以至于最后在罗马人的镇压和强制统治下,犹太亡国了,犹太人被迫离开故土,流浪他乡。

其实,从公元前168年以前塞琉古王朝同犹太人的关系来考察,犹太人和希腊人不是不可能友好相处的。即使哈斯蒙尼王朝建立了,犹太人向希腊文化学习、借鉴的路并非从此走到了尽头。② 哈斯蒙尼王朝在此后一段时间还继续学习并仿效希腊化国家的王权制和治理的方式、风格。③ 犹太起义军所采取的极端主义措施,实际上是安条克四世逼出来的。这并不符合犹太民族的最大利益。

事态的发展果然是:罗马在攻占叙利亚之后,把哈斯蒙尼王朝,把犹太国,也就是把巴勒斯坦视为进攻的下一个目标。这是因为,罗马一心想消灭最后一个希腊化王朝——托勒密王朝。陆路的进军路线必须通过巴勒斯坦,在这里,独立的犹太国便是一个必须扫除的障碍。罗马占领叙利亚、塞琉古王朝灭亡之时,

---

① 参看黄天海:《希腊化时期的犹太思想》,上海人民出版社,1999年,第51—52页。

② 参看卡尔德利斯:《拜占庭的希腊文化》,剑桥大学出版社,2007年,第29页。

③ 参看同上。

正值哈斯蒙尼王朝发生内乱,两位王子为争夺王位而发动了继承之战。公元前63年,犹太国两个王子都派人向驻扎在叙利亚的罗马军队求援,并请求罗马承认。罗马统帅庞培决定支持王子希尔卡努斯二世。另一个王子阿里斯托布鲁二世坚守耶路撒冷城抵抗。罗马军队攻陷了耶路撒冷城,大肆屠杀,死者无数。希尔卡努斯二世名义上仍保留了犹太教最高祭司职位和犹太国王的称谓,但实际权力已被剥夺,一切大事均须服从罗马驻军长官的命令。巴勒斯坦则归罗马的叙利亚行省管辖。

五、塞琉古王朝的结束

塞琉古王朝同犹太起义军的多年战争,使国力大受损失,从而使东面的帕提亚王国和西面的罗马共和国有机会不断蚕食塞琉古王朝的领土。公元前138年塞琉古王朝的安条克七世登上王位,他决心收复失地,一路出兵攻打耶路撒冷,另一路出兵攻打帕提亚王国。攻打耶路撒冷的一路取得胜利,公元前131年重新占领了耶路撒冷,迫使犹太国哈斯蒙尼王朝退守山区,但攻打帕提亚的一路却被帕提亚军队打得大败,几乎全军覆没,两河流域尽失。安条克七世也在这场战争中死去(公元前129年)。这时,塞琉古王朝只剩下叙利亚和腓尼基等一小块领土。

塞琉古王朝内部争夺王位的斗争却没有因此而停止。德米特里二世继位,只做了很短一段时间的国王,就被杀害。公元前124年,安条克八世登上王位,不久,安条克九世又声称自己才是真正的塞琉古国王,两人为争得正统地位,内讧不止。最终于公元前109—前108年,相持不下的两位国王采取分治的妥协办法,剩下的国土面积已经有限的塞琉古王朝形成了两位国王分治的局面,安条克八世被多数人尊奉为正统。①

这种情况一直延续公元前96—前95年,因为安条克八世于公元前96年去世,安条克九世于公元前95年去世。② 安条克八世去世后,留下至少五个儿子,他们又争夺王位,并一个接一个死去。③ 最后死去的那个儿子名为菲利普,死于公元前84年,也就是塞琉古王朝灭亡之前20年。④ 这个菲利普的儿子也名叫菲利普,由于得到阿拉伯人的支持,所以仍拥兵割据一方。⑤ 至于安条克九世去世后,其子继位,称安条克十世。安条克十世娶其父亲的遗孀塞伦为妻,以巩固自己的王位,于是塞伦掌握了实权。⑥ 但叙利亚内战始终未停止。⑦

这时,亚美尼亚王国的势力日益扩张,亚美尼亚国王底格朗尼斯在帕提亚庇护下攻入叙利亚,占领了一部分土地。塞琉古王朝实际统治的地区只剩下叙利亚的一部分地区了。公元前75年,面临亚美尼亚军队的攻击,塞伦只得向罗马求援。⑧ 但亚美尼亚军队攻势未减,塞伦被俘,不久被杀害(公元前69年)。⑨

亚美尼亚国王底格朗尼斯对塞琉古王朝所控制地区的攻击行径,引起邻国不满,使他陷于孤立状态。结果,亚美尼亚军队

---

① 参看欧林登:《希腊化世界史:公元前323—前30年》,布莱克维尔出版公司,牛津,2008年,第267—268页。
② 参看同上。
③ 参看同上书,第277页。
④ 参看同上。
⑤ 参看同上。
⑥ 参看同上。
⑦ 参看同上。
⑧ 参看同上。
⑨ 参看同上。

不得不撤出叙利亚。这时,滞留于罗马统治下的小亚细亚境内的塞伦之子安条克回到叙利亚,于公元前69年登上王位,这就是塞琉古王朝的末代国王安条克十三世。罗马是他的靠山。① 与安条克十三世争夺正统地位的,是安条克八世的孙子菲利普,后者靠阿拉伯人的支撑而继续存在。与当年安条克八世和安条克九世之争不同的是,正统还是非正统的位置颠倒过来了:当年是安条克八世居于正统地位,现在则安条克九世之孙末代国王安条克十三世这一系居于正统了。②

因此,塞琉古王朝覆灭的直接原因在于王族内部的夺位斗争,它把本来已衰弱不堪的塞琉古王朝分裂为两块领土,攻战不已。安条克八世是德米特里的儿子(名为格里普斯),安条克九世是安条克七世的儿子(名为昔芝塞诺斯)。③ 他们两人是堂兄弟,又是同母异父的兄弟,因为他们的母亲是一人,即克娄巴特拉·泰娅。④ 从安条克八世登上王位之时(公元前124年)算起,直到塞琉古王朝末代国王安条克十三世去世(公元前65年)为止,长达59年的时间内,塞琉古王朝的内战就没有停止过。塞琉古王朝怎能不亡?⑤

---

① 参看欧林登:《希腊化世界史:公元前323—前30年》,布莱克维尔出版公司,牛津,2008年,第277页。
② 参看同上。茹贵在所著《亚历山大大帝和希腊化世界》(英译本,道比译,阿里斯出版公司,芝加哥,1985年,第101、402页)称安条克十三世为安条克十二世。
③ 参看巴格纳尔、提罗编:《希腊化时期:史料译丛》,第2版,布莱克维尔出版公司,牛津,2004年,第101页。
④ 参看同上。
⑤ 参看茹贵:《亚历山大大帝和希腊化世界》,英译本,道比译,阿里斯出版公司,芝加哥,1985年,第101、402页。

末代国王安条克十三世一死,国内没有人能够接下这个烂摊子。公元前64年,罗马军队在庞培的指挥下攻占了叙利亚境内尚属于塞琉古王朝管辖的地区,塞琉古王朝亡。

庞培本来可以早一些动手灭掉塞琉古王朝的,为什么迟到公元前64年才做出这个决定呢?一方面,这与罗马内部的派别斗争的激化有关,在这样一个关键时刻,主要政界人士都把注意力放在国内的斗争上,谁都不愿把精力放在国外,否则会因小失大。另一方面,罗马的元老院原来是想乘消灭安提柯王朝之机,一举而攻占西亚和北非,顺势灭掉塞琉古王朝和托勒密王朝的,但考虑到在公元前2世纪中期,这两个希腊化王朝还有一定的军事实力,如果要硬打,所付出的代价肯定是沉重的,不如先放一放,等它们内乱、内战而力量削弱之后再动手。到了公元前1世纪60年代,罗马认为攻占叙利亚,最终消灭塞琉古王朝的时机已经成熟,所以庞培才做出决定。

除此以外,还有两个新情况也是罗马当局考虑到的。一是,罗马商人这时已比过去活跃多了,他们越来越关心西亚这个大市场,认为这里存在着巨大的商机。而要顺利打开罗马的西亚市场,则不仅要肃清地中海东部海域的猖獗的海盗,还要直接占领叙利亚,控制叙利亚沿海的港口城市。这是经济上的考虑,虽然也很重要,但毕竟是处于第二位的。[1] 二是,庞培作为罗马军队的统帅,眼看着帕提亚王国对于恢复原波斯帝国的疆土有极大的野心,它已经攻占了两河流域,正竭力向西推进,大有先取

---

[1] 参看罗斯托夫采夫:《希腊化世界社会经济史》第2卷,克莱伦顿出版公司,牛津,1941年,第870页。

叙利亚、腓尼基,再进入埃及之势,因此这些地方正是亚历山大从原波斯帝国手中夺过来的。叙利亚内战的最大受益者,竟变成了帕提亚王国。这是罗马不甘心的。庞培意识到,帕提亚王国完全有可能变成罗马国家今后最大的竞争对手,罗马和帕提亚之间的大战看来不可避免,而且可能最近就会发生,因此乘早占领叙利亚对罗马是有利的,也是必要的。①

在庞培的这一决策之下,塞琉古王朝在苟延残喘几十年之后终于被灭掉。

从此,叙利亚成为罗马又一个行省。庞培对叙利亚的政策是相当宽松的,因为这里是罗马即将从陆路进攻埃及的基地,有必要从这里向罗马军队提供各种军需物资。在罗马的叙利亚行省中,安条克城享有自治城市的优惠,即可以保留自己的法律和传统做法,并免于向罗马进贡。②

塞琉古王朝灭亡后,它最强盛时期的疆域分成三大块,分别由三个国家管辖。

第一块是帕提亚王国的管辖地区,包括黑海东岸、南岸和西岸,伊朗高原全境,阿富汗,印度河流域、两河流域、波斯湾北岸等地③。原来在伊朗高原东部、阿富汗和印度河流域存在着希

---

① 参看罗斯托夫采夫:《希腊化世界社会经济史》第2卷,克莱伦顿出版公司,牛津,1941年,第870页。
② 参看欧林登:《希腊化世界史:公元前323—前30年》,布莱克维尔出版公司,牛津,2008年,第277页。
③ 据记载,班超在担任东汉西域都护时,曾派甘英出使大秦(罗马),到达波斯湾,因受到波斯人的劝阻而未能再往西进。这是公元97年之事。塞琉古王朝已灭亡多年,西亚地区分别归大秦(罗马)和安息(帕提亚)统治。帕提亚阻隔了东方从陆上通往罗马的通道。(参看何芳川:《中外文明的交汇》,香港城市大学出版社,2003年,第4页)

腊化的巴克特利亚王国,它曾一度强大,同样是从塞琉古王朝领土上分离出来的,但在帕提亚王国日益强盛和向东扩张之时,巴克特利亚王国已分裂,大部分领土归属于帕提亚王国了。①

第二块是亚美尼亚王国的管辖地区,包括黑海东岸地区、小亚细亚东部和中部地区,以及美索不达米亚平原的一部分。它也是从塞琉古王朝分离出来的,起初疆土面积不大,但乘着塞琉古王朝内乱之际扩大了许多。

第三块是罗马共和国的管辖地区。它们最初只包括小亚细亚西海岸,后来又把小亚细亚腹地、叙利亚北部包括在内,在灭掉塞琉古王朝之后,把叙利亚、两河流域西部、腓尼基、巴勒斯坦也包括在内。罗马和帕提亚王国管辖的分界线大体上在幼发拉底河,河的东岸归帕提亚,河的西岸归罗马。

罗马在东方的最大敌人不出庞培之所料,果然是帕提亚王国。直到将近二百年后,帕提亚王国因发生内乱而被推翻,兴起的是强大的萨珊王朝。同帕提亚王国一样,萨珊王朝也是伊朗人的国家,它一直是罗马的劲敌、拜占庭的劲敌。亚美尼亚的疆土的大部分陆续被帕提亚王国和萨珊王朝所夺走。萨珊王朝存在了四百多年,最后被阿拉伯人灭掉。

六、对塞琉古王朝总的评价

前面已经指出,在亚历山大去世的继承战争中形成的希腊

---

① 巴克特利亚最后一位国王是赫尔迈乌斯,在位于公元前75—前55年。(参看陈恒:《希腊化研究》,商务印书馆,2006年,第528页)巴克特利亚作为一个希腊人的王国,其最终灭亡的时间在塞琉古王朝灭亡之后,略早于托勒密王朝的亡国。(参看本书,第819—820页)

化国家中,塞琉古王朝是面积最大和居民成分最多元化的国家。希腊人在原波斯帝国长期统治的这一大片土地,人数很少,因此要维持这样一个希腊化国家,而且还是中央集权、国王独揽大权的专制国家,是很不容易的。

塞琉古王朝的前期,做到了这一点。它起到了维护社会安定和经济繁荣的作用,在文化方面它也有所建树,包括在新建的和扩建的希腊式城市中不仅建筑了许多希腊风格的公共设施,传播了希腊文化,推行了希腊式的教育,而且还保留了一定的城市自治权。塞琉古王朝最初的几个国王,在制度的设计、行政管理的方式方法,以及在使本地居民也享有宗教信仰的自由等方面,做出了一些成绩,从而在大体上维持了一百年左右的安定局势。

然而,也正如前面一再提及的,塞琉古王朝最担心的事情是中央政权削弱而地方分离主义抬头,而中央政权削弱或者来自对外战争失败,或者来自王室内部争权夺利的斗争激化,从而没有力量控制地方割据势力。这种情况在公元前3世纪末和2世纪初都已出现。马格尼西亚战役中,塞琉古军队被罗马军队击败,小亚细亚丢失了,东部的地方割据势力抬头了。而多次的叙利亚战争,又使得塞琉古王朝和托勒密王朝双方受到损害,使得罗马共和国和帕提亚王国坐收其利,形成向塞琉古王朝东西夹击的局面。

经过一系列战争,塞琉古军队的军队结构已发生实质性的变化。过去塞琉古王朝引以自豪的"希腊方阵"消失了,由于希腊人兵源不足,西亚本地人成为塞琉古军队的重要组成部分,他们的战斗力已大不如前。现在的方阵不再是有战斗力的"希腊方阵",而变成了多民族混合方阵,①难以阻挡罗马军队和帕提亚军队的攻击。塞琉古军队优势的丧失,使中央政权控制的地盘越来越狭小。再加上犹太起义,塞琉古王朝陷入了空前的困境。

塞琉古王朝的困境在很大程度上是自找的。在国王独揽大权的体制下,出现了安条克四世这样下令洗劫犹太教神庙和宣布犹太教为非法的昏君、暴君。有什么制衡国王专制的办法?没有。接着,在中央集权的体制下,出现了安条克八世和安条克九世这样的宫廷斗争和两位国王分治疆土、内战长期不止的局面时,有什么纠正和制止这场混乱的办法?没有。塞琉古王朝的晚期,就像一辆失控的载人载货马车从山坡上向下奔跑,没有任何人有能力挽救这辆马车,只得由它坠入深渊,车毁人亡。塞琉古王朝的国王独裁制度决定了它自己的命运。

在塞琉古王朝初建之时,它确实给自己管辖区域内的居民带来了安定的生活。从军屯制度的推行还可以了解到,它既让士兵和退伍的老兵及其家属生活无虑,又减轻了境内纳税人的负担。然而随着岁月的推移,居民们的和平安定的生活环境不再存在。地方的割据,边境的烽火,再加上连年内乱,无休止的战争成为希腊化世界的一场真正的大灾难。② 对塞琉古王朝来说,国家的财政收入几乎完全用在军备支出上,而为了解决日益

---

① 参看塞孔达:"希腊化世界和罗马共和国时代的军事力量:陆军",载萨宾、威斯、维特比编:《剑桥希腊罗马战争史》第1卷《希腊、希腊化世界和罗马的兴起》,剑桥大学出版社,2007年,第335页。

② 参看罗斯托夫采夫:《罗马帝国社会经济史》上册,马雍、厉以宁译,商务印书馆,1985年,第18页。

严重的财政困难,国家对经济生活的干预和对经济活动实行管制的措施日益严重。"这种制度,初行虽有利于国家,但逐渐造成官吏方面进行欺诈和不法行为,同时又使国民方面在个人能力上的自由活动和竞争几乎完全趋于消灭。"①从此,塞琉古王朝再也不是可以吸引希腊移民前来,吸引西亚本地居民搬进城市和创业谋生的去处了。

塞琉古王朝在前期是富庶的。它经过前几位国王们的努力,积蓄了大量财富,这可以从新建希腊式城市的豪华和壮丽而得到证明。到了后来,又如何呢?罗马的军队日益逼近,但是,"积累起来的物资并没有用于反抗罗马的斗争,而用于它们彼此之间的内部战争"②。罗马对于东方的希腊化国家,就是采取帮助小国、攻击大国的做法,以便各个击破。罗马帮助帕加马,打击塞琉古王朝,是一个例子。罗马支持较弱的托勒密王朝,逼使塞琉古军队撤出埃及,退回叙利亚,又是一个例子。总之,"在这些战争中,那些较小的国家反倒受罗马的保护和援助而致力于耗损那些较大的国家的力量"③。塞琉古王朝就这样在实力逐渐耗尽之后被罗马灭掉了。

对于塞琉古王国来说,后期的战略思想是可以反思的:在塞琉古王朝的东部地区先后出现两个地方割据势力,即巴克特利亚王国(希腊人的国家)和帕提亚王国(波斯人的国家)的时候,塞琉古国王为什么不扶植、帮助一下巴克特利亚王国而遏制帕

---

① 参看罗斯托夫采夫:《罗马帝国社会经济史》上册,马雍、厉以宁译,商务印书馆,1985年,第19页。
② 参看同上书,第21页。
③ 同上。

提亚王国呢？当罗马军队攻入小亚细亚西部时，塞琉古王朝为什么不拉拢帕加马王国（希腊人的国家），同它化解前嫌，而共同对付罗马共和国呢？特别是，在罗马已经灭掉安提柯王朝，把塞琉古王朝和托勒密王朝都列为下一阶段的进攻目标时，塞琉古王朝为什么还要同托勒密王朝进行大规模的战争，甚至派遣大军攻进埃及，包围托勒密王朝的首都亚历山大里亚，把托勒密王朝逼到罗马一边去呢？这一切只能从塞琉古王朝后期国王们缺乏远见，单纯从自身的短期利益出发而采取的下下之策来解释。

庞大的、一度强盛的塞琉古王朝终于解体了，覆灭了。大臣们、高级将领们、城市的领导者们，只顾自身的利益，而把国家的前途置之脑后，最后导致了国家的灭亡。

七、罗马占领后希腊人在西亚的处境

塞琉古王朝是亚历山大的将领塞琉古（即后来的开国君主塞琉古一世）建立的，他是马其顿人。希腊人和马其顿人一起，担任了塞琉古王朝的中央政府或地方政府的高级官员。大量希腊移民在塞琉古王朝的鼓励下来到西亚各地，或经商，或从事自由职业，或为各级政府服务，生活舒适，收入丰裕。罗马占领塞琉古王朝的领土后，认为希腊人、马其顿人同犹太人、波斯人、西亚其他各族居民是不一样的。不一样之处在于：只要希腊人和马其顿人不反对罗马人，不企图复辟塞琉古王朝，罗马人要统治西亚，还必须依靠他们提供服务；罗马人要发展西亚经济，繁荣西亚的城市，希腊商人是可以继续做出贡献的。在罗马统治者看来，希腊人的问题主要在希腊本土而不在叙利亚。这是因为，希腊本土是希腊各个城邦的故土,几百年的希腊城邦历史使这里成为希腊人政治理念和人文精神的产生和发展之地,那里的人追求自主,追求独立,向往民主政治。他们从内心就不服从马其顿人的统治,菲利普二世被刺和亚历山大去世后这里都发生过大规模的骚乱,即使安提柯王朝建立了,雅典、斯巴达和由一些希腊城邦组成的埃陀利亚同盟、阿卡亚同盟仍然同安提柯王朝保持"若即若离"的关系,而从未真正站在一起。因此罗马人必须对付希腊本土的居民所采取的反罗马的行动,而且在某些情况下采取镇压的手段。公元前146年罗马对科林斯的严惩就是一例。罗马当局认为非采取如此严厉的手段不足以警告被罗马统治的希腊其他各个城邦。

然而,罗马认为塞琉古王朝被消灭后,留在西亚的希腊人同希腊本土上的希腊人是不同的。塞琉古王朝是在原波斯帝国的亚洲领土上建立起来的希腊化王朝,到处都是西亚人,即原波斯帝国的臣民,希腊移民主要住在亚历山大时期建立的和塞琉古最初几个国王新建的希腊式城市中,而这些希腊式城市不像希腊本土的城邦那样是独立的主体,它们是塞琉古王朝中央专制、集权体制下被赋予一定自治权的、以国王旨意为最高权威的城市。何况,这些城市像被包围在西亚人乡村海洋中的一些孤岛,在罗马控制叙利亚、幼发拉底河西岸之后,能掀起多大风浪?罗马决定继续采取宽容政策来安抚希腊人,只要他们愿意同罗马当局合作就行了。罗马不担心这里的希腊人会起来造反。罗马认定了这些希腊人犹如一棵棵树木一样,在罗马统治区域中可以继续生长,但他们不会像一大片茂密的森林那样,能挡得住罗马以军队为后盾所刮起的暴风的袭击。

犹太人则不一样了。他们虽然在被罗马征服过程中屡遭清洗、驱逐和杀害,但犹太人的宗教信仰和独有的风俗习惯却始终把他们凝聚在一起。犹太人无时无刻不想恢复自己的哈斯蒙尼王朝。即使哈斯蒙尼王朝已亡,但巴勒斯坦仍然生活着一大批犹太居民,一有风吹草动,他们就想重建哈斯蒙尼王朝,他们认为这是先人的遗愿,不可违背。事实果真如此,公元前43年,即塞琉古王朝灭亡21年后,当帕提亚王国的军队从两河流域向西推进之际,正值罗马领导层内讧,叙利亚南部防务松懈,帕提亚军队进入耶路撒冷,把哈斯蒙尼家族一位王室成员推上了犹太国王宝座,使他成了帕提亚王国的傀儡。① 这件事惊动了罗马,于是罗马派兵逐走了帕提亚军队,重新占领耶路撒冷。帕提亚人扶植的那个哈斯蒙尼家族成员的傀儡国王被捕处死。所有支持帕提亚王国和支持这个傀儡国王的犹太人领袖,也一律处死,另有30,000名犹太人被卖为奴隶。② 为了便于统治巴勒斯坦,罗马人选择了一个听命于罗马当局的犹太人希律(他的父亲协助过罗马军队)为新的犹太国国王。③

希律被任命为新的犹太国国王之后,他效忠于罗马,以至于罗马认为让他治理一个小国未免大材小用了,就把过去哈斯蒙尼王朝统治过的巴勒斯坦各个地区统统归他管辖。他逮捕一切有反罗马言行的人,连自己的亲生儿子也不放过。④ 他担任国

---

① 参看杜兰:《世界文明史》第3卷《恺撒与基督》,幼狮文化公司译,东方出版社,1998年,第394页。
② 参看同上。
③ 参看同上书,第395页。
④ 参看同上书,第397页。

王长达33年(公元前37—前4年)。公元前4年,他因病死去。他被犹太人痛恨,有人说他"窃取王位像一只狐狸,统治像一只老虎,死时像一只狗"[1]。希律死后,他的犹太国由多个儿子中仅存的三个儿子分治。犹太人的反抗再度掀起,罗马决定彻底摧毁犹太人的反叛行径,由罗马驻叙利亚的总督派兵进入巴勒斯坦,大开杀戒,毁掉了大批城镇,废除犹太国,改为罗马的二级行省,其省长受叙利亚行省总督管辖(公元6年)。[2] 可见,犹太人始终是不受罗马信任的,其待遇与希腊人不同。

对于波斯人(包括后来的帕提亚人),罗马同样是极不放心的。罗马灭掉塞琉古王朝之时,帕提亚王国已经占领了东起印度河流域,包括阿富汗、伊朗高原,西抵幼发拉底河东岸的广大地区,意在恢复原波斯帝国的疆域。西亚的波斯人本来就不满意希腊人、马其顿人的东侵,现在罗马人代替希腊人和马其顿人占领了叙利亚等地,同样引起西亚的波斯人的不满。而从罗马这方面来看,它认为今后东方的主要对手是帕提亚王国,而西亚境内的当地人尤其是波斯人,都是罗马管辖区域内的不稳定分子,帕提亚王国进攻时他们是希望帕提亚获胜的。这是罗马当局不信任波斯人的主要原因。当时,罗马只顾得上叙利亚境内的平静,只关心叙利亚以南通往埃及必经之地巴勒斯坦的安全与否,而顾不上两河流域以东的昔日塞琉古王朝广大领土的整顿与治理,而是听任一些自称王公的小邦的存在,罗马军队没有

---

[1] 参看杜兰:《世界文明史》第3卷《恺撒与基督》,幼狮文化公司译,东方出版社,1998年,第397页。

[2] 参看同上书,第403页。

渡过幼发拉底河东进,没有到达这些地方。① 帕提亚军队则有时进入这些区域,有时又撤回原地。这些地区可以称作"三不管"的地区。罗马有意保留这块"三不管"之地,作为阻碍帕提亚王朝向西扩张的缓冲地带,防止叙利亚的西亚本地人的不稳。直到罗马灭掉塞琉古王朝之后100年,即罗马帝国第二个王朝弗拉维王朝的韦斯巴蒂安皇帝临朝期间(公元69—79年),才发挥罗马军队戍边的作用,使罗马东部模糊不清的边界线确定下来。②

与犹太人、波斯人和西亚其他的本地人相比,希腊人(包括马其顿人)在罗马统治下的西亚地区的日子要好过得多。他们的生活状况并未发生多大变化,他们成为罗马人的合作者,为罗马当局服务。希腊本土的学者和自由职业人士,依旧把西亚看成是生活舒适而安全的地区,纷纷前来讲学、工作或定居。希腊商人,不管是希腊本土的还是爱琴海各个岛屿上的,也陆续来到叙利亚,同原来就在塞琉古王朝境内各城市经营的希腊商人一起,既合作又竞争,使地中海东部地区的商业比过去更兴旺。罗马舰队在这一带肃清海盗的行动取得胜利,商路通畅无阻,罗马商人、希腊商人全都受益。但罗马人则是最大的受益者,因为罗马人的受益不仅反映于商路的通畅和市场的扩大方面,更重要的反映于大量资本源源不断地从西亚流进了意大利半岛,流进了地中海西部地区。

流进意大利半岛和地中海西部地区的,有赃物、战利品、赔

---

① 参看威廉姆斯:《罗马的来临:公元1—5世纪罗马帝国边疆史》,康斯达伯尔出版公司,伦敦,1996年,第16页。

② 参看同上。

偿、赎金等等,它们落到罗马统治阶层和富人手中,而这些都是塞琉古王朝的城市和乡村多年累积下来的财富。① 然而,通过罗马人作为占领下的西亚地区的新移民,又使这些资本部分地回到了东方,使得"患贫血症的"和"被打乱了的"东方经济"重新得到活力和再度组织起来"。② 叙利亚的经济有所复苏,即使还没有恢复到昔日的繁华,但毕竟大大胜过塞琉古王朝晚期的状况。③ 对于经营工商业和靠垦殖土地发家的希腊人来说,还有什么不满意的呢?

再以黑海沿岸为例。即使在塞琉古王朝最强盛的时期,即最初几个国王执政时期,它控制了小亚细亚,但势力仅仅达到黑海南岸。后来,塞琉古王朝的国力减弱了,它的影响实际上只限于小亚细亚的西部。再往后,塞琉古王朝在马格尼西亚战役中被罗马军队击败,塞琉古王朝不得已放弃了小亚细亚,罗马把黑海两岸和南岸都纳入自己的版图。再往后,帕加马王国也并入了罗马。在塞琉古王朝时期经营黑海沿岸贸易的希腊商人十分失望,因为他们的黑海沿岸贸易大大缩减了。恺撒曾经有过把黑海变成罗马内湖的梦想。④ 但是这个梦想难以实现,原因在于黑海东岸和东南海岸始终控制在亚美尼亚人手中,罗马人奈何不了他们。⑤ 罗马的东部边疆,在小亚细亚地区,最远到达黑

---

① 参看罗斯托夫采夫:《希腊化世界社会经济史》第2卷,克莱伦顿出版公司,牛津,1941年,第1030页。
② 参看同上。
③ 参看同上。
④ 参看威廉姆斯:《罗马的来临:公元1—5世纪罗马帝国边疆史》,康斯达伯尔出版公司,伦敦,1996年,第22—23页。
⑤ 参看同上书,第23页。

海南岸的希腊移民城市特拉布松。① 至于黑海北岸的希腊移民所建的城邦和殖民地,在安提柯王朝和塞琉古王朝相继灭亡之后,都归顺了罗马,希腊商人照常同俄罗斯草原上的游牧部落进行贸易,向地中海沿岸贩运。② 与过去不同的是,安提柯王朝和塞琉古王朝保护不了希腊商人,而现在,希腊商人在罗马的保护下,重新占领和扩大了黑海沿岸的广阔市场,又从这里输出粮食、木材等商品,并把叙利亚和小亚细亚西部希腊城市的手工业品输往黑海沿岸地区。因此,谁是黑海沿岸广阔市场的重新开辟的最大受益者?除了罗马政府和罗马商人,还有原塞琉古王朝境内的希腊商人。

此外,在塞琉古王朝还存在的时候,小亚细亚经常遭到来自北方的"蛮族"游牧部落的袭击,他们抢劫城市,掠走财物,屠杀平民,把一些男女老幼掳走为奴隶,塞琉古王朝尤其是位于小亚细亚的帕加马王国,不得不花费巨大的人力、财力来阻击这些游牧部落的南下。罗马占领了马其顿、色雷斯、小亚细亚和叙利亚之后,把阻击北方游牧部落的任务承担下来了。是罗马军队在保卫罗马的北部边疆,使北部边境地区能安定下来。这正如罗马在攻占叙利亚之后决心肃清地中海东部地区的海盗,使商路畅通一样。罗马人是受益者,希腊人同样受益。③

罗马消灭了塞琉古王朝,并把叙利亚变成罗马的一个行省

---

① 参看威廉姆斯:《罗马的来临:公元1—5世纪罗马帝国边疆史》,康斯达伯尔出版公司,伦敦,1996年,第23页。

② 参看J.W.汤普逊:《中世纪经济社会史》上册,耿淡如译,商务印书馆,1984年,第21页。

③ 参看罗斯托夫采夫:《罗马帝国社会经济史》上册,马雍、厉以宁译,商务印书馆,1985年,第22—23页。

后,这里的希腊式城市或半希腊式城市依然保存下去,城市里的希腊人照常生活,而且生活方式和习惯同过去一样。这里还出现了少数新的半希腊式的城市,这里指"乡村居民中有一些人迁居到城市里去了"①。至于塞琉古王朝的东部地区,"在罗马统治下一如往昔。都会化运动没有产生显著的进步,这个地方也没有希腊化"②。这是因为,从叙利亚越往东走,西亚的本地色彩就越浓,乡村尤其如此。在这些地方,"大多数居民仍按照旧方式生活,致力于他们自己的神祇和祠庙、自己的田地和畜群"③。不仅如此,他们敌视外来人(包括希腊人和后来的罗马人)和城里人的情绪始终没有消失。"他们一有机会就想把城里人杀掉,再恢复由土著祭司—国王和酋长统治的那种农民生活和牧民生活。"④这又从另一个角度说明了罗马在灭掉塞琉古王朝之后一定要善待希腊人,同他们合作,共同对付罗马人和希腊人的对手西亚本地人的理由。

同塞琉古王朝时期的情况一样,希腊人主要生活在城市里,工作也在城市里。这里有希腊式的街道和公共设施,有希腊式的学校、文化娱乐和体育场所,也有希腊人自己的神庙。以生活方式和风俗习惯来说,这里同希腊本土的城市没有什么不同,只是街头政治少多了,这里的希腊人更关心的是生活舒适和收入丰厚,而不像希腊本土的不少城市居民那样关心政治,关心自己

---

① 罗斯托夫采夫:《罗马帝国社会经济史》下册,马雍、厉以宁译,商务印书馆,1985年,第389—390页。
② 同上书,第389页。
③ 同上书,第390页。
④ 同上。

的民主权利,或动不动就上街游行、示威,甚至引发城市骚乱。

在塞琉古王朝前期,城市中希腊妇女的社会地位和在家庭中的地位仍与古典时期希腊妇女的地位相似:妇女是可以在亲戚面前露面的,但妇女并不习惯于伴随自己的丈夫出席主餐,妇女单独吃饭,这是限制妇女活动的一项惯例。[1] 到了塞琉古王朝后朝,妇女的处境有所变化:希腊妇女能够自由参加社会活动了。这是妇女社会地位和在家庭中地位提高的一种表现。[2] 而在罗马消灭塞琉古王朝,占领叙利亚之后,希腊人的家庭生活受到罗马人生活方式和风俗习惯的影响,妇女在家庭生活中所受的限制进一步减少。这是因为,在罗马,妇女是可以参加各种社会活动而不受限制的。[3] 据记载,从公元前1世纪到公元1世纪,叙利亚等地的希腊人家庭中,妇女生活在罗马人的影响下发生了迅速的变化,甚至连希腊人住宅的结构和内部的布置都越来越接近罗马人的家庭,以便扩大家庭社交活动的空间,用以接待宾客等。[4] 这表明,罗马占领以后,希腊人的家庭,尤其是较富裕的希腊人家庭,正在实现走向"罗马化"的转变。

但有一点是没有变化的,即在希腊式的城市中,希腊语仍是希腊人之间通行的语言,也是希腊式城市中常用的语言。

---

[1] 参看奈维特:"罗马统治下希腊人家庭的继续和变化:妇女在家务中的作用",载奥斯顿费尔德编:《希腊的罗马人和罗马的希腊人:文化相互作用研究》,阿鲁斯大学出版社,2002年,第82页。
[2] 参看同上书,第82—83页。
[3] 参看同上。
[4] 参看同上书,第84—85页。

第十三章 托勒密王朝

第一节 托勒密王朝的兴起

一、托勒密王朝的建立

在亚历山大东征期间所建立的马其顿帝国中,最富饶的领土就是埃及。亚历山大意识到:"将这样实力雄厚的地方置于任何人的单独统治之下,都是不安全的。"[1]这就是说,埃及归属亚历山大后,大权不能独揽于某一地方长官手中,而必须使权力分散。于是亚历山大对派驻埃及的地方长官的职权进行划分,有的管征收税赋贡金,有的管民事,有的管军队,财权、政权、军权分掌于几个长官,而这些地方长官"只能从马其顿人或希腊人之中挑选"[2]。即使是军权,也是由几个军事指挥官分管,如有人担任孟菲斯驻军司令,有人担任培琉喜阿姆(尼罗河三角洲地区)驻军司令,有人管辖希腊雇佣军。[3]

---

[1] 奥姆斯特德:《波斯帝国史》,李铁匠、顾国梅译,上海三联书店,2010年,第620页。
[2] 同上。
[3] 同上书,第620—621页。

亚历山大去世后,经过将领们多年的战争,埃及由托勒密占有。托勒密原来是亚历山大近卫军的一名军官、马其顿人。当初根据亚历山大的旨意,托勒密曾经同一位有波斯王室血统的女子结婚,但他在接受亚历山大的调令,被亚历山大派遣前往领导军队驻防后,托勒密便抛弃了那位有波斯王室血统的妻子,在埃及先后同两位马其顿的公主结婚。① 在争夺亚历山大死后继承权的战争过程中,托勒密终于站稳了,他不仅拥有埃及,而且还对巴勒斯坦、腓尼基、叙利亚感兴趣,同塞琉古、安提柯发生战争。他建立了一支强大的舰队,使埃及免于遭受来自海上的攻击,还控制了塞浦路斯、克里特、罗得斯等岛屿。② 他甚至一度控制了达达尼尔海峡,为在黑海地区争霸创造了条件。③ 同时,由于托勒密占据的领土主要是埃及,它不是亚历山大死后各个将领争夺的主要地区——马其顿、希腊本土、小亚细亚、叙利亚和两河流域,所以战争主要在塞琉古和安提柯二人之间进行,托勒密有时帮助塞琉古对付安提柯,有时帮助安提柯对付塞琉古,这样,埃及反而牢牢地掌握于托勒密之手。公元前305年,托勒密终于建立了自己的王朝,自称国王。他的国王的头衔,除了埃及之外,总是加上腓尼基、阿拉伯、叙利亚、小亚细亚、利比亚、埃塞俄比亚、基克拉泽斯群岛等地主人的称号。④ 但不管添加什

---

① 参看弗格森:《希腊帝国主义》,晏绍祥译,上海三联书店,2005年,第82页。
② 参看杜兰:《世界文明史》第2卷《希腊的生活》,幼狮文化公司译,东方出版社,1998年,第431页。
③ 参看同上。
④ 参看韦尔斯:《亚历山大和希腊化世界》,哈克特出版公司,多伦多,1970年,第83页。

么样的称号,埃及始终是托勒密王室的基地,他必须先治理好埃及。①

然而,要治理好埃及是很不容易的。埃及有深远的文化传统,可以上溯到几千年以前。埃及有固定的和系统化的文明,支配着行政管理、宗教、社会经济生活。波斯帝国两度统治这里,留下了不少痕迹。因此,在托勒密家族统治下,都必须按照新的原则来予以重组,以实现新的目的。② 这个目的就是按照希腊文化、希腊人的生活方式、希腊人高高在上的原则而又尊重埃及本地居民的习惯来治理好这个国家,使这里社会安定,经济繁荣,国家富足,人民的生活比过去有所改善。

关键在于托勒密王朝怎样进行重组?依靠谁来进行重组?重组所采取的基本方法就是希腊化、城市化和东方化,三管齐下,缺一不可。本章以下各节都将围绕着这"三化"加以阐述。实际上,托勒密王朝治理埃及的做法同塞琉古王朝治理自己管辖的西亚地区并没有太大的区别,只是塞琉古王朝的版图过于广阔,民族成分比托勒密王朝统治下的埃及复杂得多,因此推行起来所遇到的困难也比埃及所遇到的困难更大。

那么,托勒密王朝依靠谁来治理埃及?主要依靠希腊人。当时,"希腊城邦在政治上的瓦解使希腊人准备外出到任何地方去从事任何工作,并在城邦以外的环境中生活。于是他们愿意来到埃及,而埃及也准备接受他们"③。埃及大量引进希腊

---

① 参看科克、阿德柯克、查尔斯渥斯编:《剑桥古代史》第7卷《希腊化的君主国和罗马的兴起》,剑桥大学出版社,1928年,第110页。
② 参看同上。
③ 同上书。

人，以优惠的政策欢迎他们前来，其中包括商人、农民、手工业者和自由职业人士，也包括雇佣兵。

依靠源源不断前来的希腊人，托勒密王朝对埃及的统治巩固了。希腊本土各个城邦原有的、在希腊本土行之有效并受到希腊人欢迎的不少做法，移植到埃及新建的城市中。善于经营和管理的希腊人，使埃及走向稳定和繁荣，至少在托勒密王朝的前期，甚至中期，都是如此。在马其顿帝国分裂和分治而形成的三个希腊化王朝中，托勒密王朝相对而言，是最安定的，动荡最少的，地方分离主义倾向最不突出的一个王朝，也是存在时间最长的一个王朝，从公元前305年算起，一直存在到公元前30年。

由于亚历山大东征前埃及归波斯帝国统治，所以亚历山大从波斯帝国手中夺取了埃及后自认为"解放者"，许多埃及人因痛恨波斯官员的腐败、徇私和无能，也认为亚历山大解救了自己。这样，亚历山大在埃及境内的希腊人和本地人心目中都有很高的威望。托勒密作为亚历山大手下的军官，他知道要巩固在埃及的统治，必须借用亚历山大的威望。他占领埃及后，特地将亚历山大的遗体运到埃及孟菲斯城予以厚葬。实际上，托勒密违背了亚历山大的一条重要的遗训，这就是前面提到过的：不要把埃及的大权独揽于一人手中，而要实行分权制。[①] 托勒密占领埃及后，不仅独揽大权，实行国王专制，家族世袭，而且"托勒密王家把埃及视为他们征服得来的私产。他们认为埃及是他

---

① 参看本书，第859页。

们的'家业'(o ἶοχος)或私有地产"①。这一看法后来一直被罗马皇帝所继承。

托勒密王朝就在这样的背景下建立了。创立者托勒密任国王后,称托勒密一世。他统治埃及长达38年(公元前323年到公元前285年)。其间称国王20年之久,即从公元前305年到公元前285年。

二、托勒密王朝的强盛

在亚历山大征服埃及之前,埃及境内有波斯驻军,以及波斯帝国所雇佣的外籍兵士,包括腓尼基人和犹太人。犹太人是连同他们的家属一起住在埃及的,他们为波斯帝国服务,当兵,拿薪酬,还得到口粮供应。② 埃及本地人有充当海军士兵的,但很少进入陆军,因为波斯人不相信他们会效忠波斯帝国。③

托勒密王朝的强盛主要依靠希腊人、马其顿人。托勒密作为亚历山大的军官被派到埃及来时,并不是孤身一人。"他随身带着一支由希腊军人或希腊化军人组成的强大的异族军队。"④这支军队成为托勒密日后统治埃及的基本力量。除了希腊人军队而外,跟着托勒密前来的,或听说托勒密控制了埃及后而纷纷涌往埃及的,"还有一大群希腊的或希腊化的猎取名利

---

① 罗斯托夫采夫:《罗马帝国社会经济史》下册,马雍、厉以宁译,商务印书馆,1985年,第398—399页。
② 参看奥姆斯特德:《波斯帝国史》,李铁匠、顾国梅译,上海三联书店,2010年,第297页。
③ 同上书,第296页。
④ 罗斯托夫采夫:《罗马帝国社会经济史》下册,马雍、厉以宁译,商务印书馆,1985年,第395页。

者,这些人有知识,有能力,他们把埃及视为最利于表现自己才能和猎取名利的园地"①。

托勒密王朝不仅在强盛阶段,而且在衰落阶段都始终把希腊—马其顿军人视为可以信任的依靠力量。在埃及,希腊—马其顿人的军事移民区遍布全境。直到托勒密四世(公元前221—前203年),由于同塞琉古王朝作战而感到兵力不足,才逐渐扩充埃及本地人的军队。② 但土著军队依然是补充力量、辅助力量。

托勒密王朝还拥有一支强大的舰队。在公元前3世纪初,罗马的海军还比较弱,雅典的海军已经衰落。整个地中海区域,西部和东部两个海域分别由迦太基的舰队和托勒密王朝的舰队称霸。③ 可以说,当时"迦太基的商业贵族和亚历山大里亚的开明君主平分了地中海"④。有了强大的舰队,托勒密王朝的海上野心显现出来了:"拥有埃及和希腊—马其顿世界的海洋及其海洋所冲刷的海岸以及由海洋围绕的岛屿,是托勒密王朝早期对外政策的主要目标。"⑤

公元前285年,托勒密一世已经82岁,将王位传给次子,即托勒密二世。托勒密一世的长子因行为不端而被剥夺了继承权,并被放逐于边境。托勒密二世继位时,据说受到了所有埃及

---

① 罗斯托夫采夫:《罗马帝国社会经济史》下册,马雍、厉以宁译,商务印书馆,1985年,第395页。
② 参看斯塔尔:"希腊化文化",载斯特兰编:《古代希腊的贡献》,浩特、莱恩哈特和温斯顿出版公司,纽约,1971年,第268页。
③ 参看弗格森:《希腊帝国主义》,晏绍祥译,上海三联书店,2005年,第84页。
④ 同上。
⑤ 同上。

人、希腊人和马其顿人的欢迎。①

托勒密二世执政期间,对埃及的税制进行了重大的改革,即在埃及推行农业什一税制度。这一税制"不仅旨在使他得到用于军事冒险行动的经费,而且还为了使军队得到食物的供给"②。这里所说的食物,除粮食外,还包括啤酒、葡萄酒、食用油等,它们都是用农业什一税收缴上来的农产品再由王家作坊加工制成的。③ 至于农业什一税的实际征收额,则远高于农业收成的十分之一。④ 这一税制后来成为托勒密王朝的主要收入来源。⑤ 托勒密二世临朝时,埃及国库充实,境内安定,还把首都亚历山大里亚建设得富丽堂皇,国王的宫廷、卫戍部队和高级官员、大臣们都在这里生活和工作。

托勒密二世重视希腊文化。他的父亲托勒密一世在世时,从公元前290年左右开始建造亚历山大图书馆和博物馆。其宏伟壮丽在当时的西方世界让人们惊叹和佩服。托勒密二世继续完成托勒密一世开始兴建的伟大工程。此外,为了弘扬希腊文化,托勒密二世还邀请希腊学者来此讲学,给他们舒适的生活条件和良好的研究条件,这样就使亚历山大图书馆和博物馆成为

---

① 参看马哈菲:《希腊的生活和思想:从亚历山大时代到罗马的征服》,阿尔诺出版公司,纽约,1887年初版,1976年重印,第161—162、199页。
② 舍拉梯:"希腊化世界和罗马共和国时代的战争和国家",载萨宾、威斯、维特比编:《剑桥希腊罗马战争史》第1卷《希腊、希腊化世界和罗马的兴起》,剑桥大学出版社,2007年,第470页。
③ 参看同上书,第471页。
④ 同上书,第470页。关于埃及农民的税收负担,本章第二节将有进一步说明。
⑤ 参看同上书,第470页。

大批学者前来研究和讲演的希腊文化中心,以及著名的研究机构。① 托勒密王朝是一个实行对外开放政策的王朝,它在欢迎希腊人、马其顿人来到埃及的同时,并不拒绝来自东方的其他民族,如叙利亚人、小亚细亚人、犹太人等等进入埃及。②

托勒密二世在位39年,死于公元前246年。继位者是托勒密三世。托勒密二世和托勒密三世两人有相同之处,都是既注重发展经济和弘扬希腊文化,也致力于扩大疆域。他们认为托勒密王朝既然是亚历山大辉煌事业的继承者,就不应当仅限在埃及一地发展,而应效法亚历山大,把西亚放在更重要的地位。托勒密二世和托勒密三世都把塞琉古王朝看成是阻挡自己向东方挺进的障碍,因此必须首先从塞琉古手中夺取叙利亚和小亚细亚。在托勒密二世在位期间,托勒密王朝和塞琉古王朝之间发生过两次叙利亚战争:第一次叙利亚战争,公元前276—前272年;第二次叙利亚战争,公元前261—前255年。在这两次叙利亚战争中,陆上交战双方各有胜负,而海上战役则使托勒密王朝的舰队遭到大败,这主要是由于安提柯王朝的舰队帮助了塞琉古王朝,使托勒密王朝的舰队蒙受巨大损失。从此,托勒密王朝的海军独霸地中海东部地区的格局被打破了,托勒密王朝的舰队依然活跃,但再也不能像此前几十年那样在地中海东部海域称雄了。

第三次叙利亚战争(公元前246—前241年)发生于托勒密

---

① 参看科克、阿德柯克、查尔斯渥斯编:《剑桥古代史》第7卷《希腊化的君主国和罗马的兴起》,剑桥大学出版社,1928年,第111页。

② 参看同上。

三世在位期间。埃及军队曾经一度攻占叙利亚,甚至还占领了两河流域不少领土,但接着又被塞琉古军队击退,不得已撤出所占塞琉古王朝领土的大部分。需要指出的是,托勒密王朝之所以一而再、再而三地同塞琉古王朝发生战争,争夺叙利亚及其周围地区,固然同领土的扩大和实现大国的美梦有关,①但不能忽视经济上的、商业上的利益。叙利亚和腓尼基沿地中海的港口城市,是两河流域和伊朗高原,以及中亚细亚南部和远至印度河流域通向希腊本土、马其顿、意大利半岛、西西里的海上商路的起点。塞琉古王朝必须确保这些港口城市掌握在自己手中。而托勒密王朝的考虑则是:一旦这些港口城市落入塞琉古王朝手中,塞琉古王朝的经济就活了,财富就增多了,而如果这些港口城市被托勒密王朝占领,那么这里的港口城市将同地中海南岸的埃及、利比亚的港口连成一线,地中海东部的商业利益全都被托勒密王朝所垄断。因此,这场发生多次并旷日持久的叙利亚战争是不可避免的,是与塞琉古王朝和托勒密王朝的兴衰密切相关的。

　　托勒密三世于公元前221年去世,其子托勒密四世继位。为了同塞琉古王朝继续争夺西亚的控制,托勒密四世继位后,立即进行第四次叙利亚战争,从公元前221年到公元前217年。托勒密四世终于在公元前217年击败了塞琉古王朝。这是托勒密王朝的鼎盛阶段,因为托勒密四世在西亚的胜利是他的祖父和父亲都未能取得的。公元前203年,托勒密四世去世。

---

① 参看弗格森:《希腊帝国主义》,晏绍祥译,上海三联书店,2005年,第87—88页。

托勒密四世虽然战胜了塞琉古军队,但维持这一胜利成果的时间能有多长呢?很难说,因为国际形势已经发生了变化。从西面看,罗马共和国越来越强大,它对东方土地的野心已日益显现出来。从东面看,塞琉古王朝是绝对不会甘心失败的,它正在蓄积力量,准备反击,而塞琉古王朝毕竟是一个大国,它仍然是不可轻视的。公元前203年托勒密四世死去,托勒密王朝的强盛时期便告结束。根据弗格森在所著《希腊帝国主义》一书中的论述[1],托勒密王朝可以分为三个阶段:第一阶段,从托勒密一世实际控制埃及的时间(公元前323年)算起,经历四个国王(托勒密一世、二世、三世、四世),到托勒密四世去世(公元前203年)为止,共120年。这是托勒密王朝的强盛时期。第二阶段,强盛时期结束以后,到公元前80年为止,大约120年略多一些,是托勒密王朝逐渐走向衰落的阶段。公元前80年到公元前30年,即托勒密王朝灭亡的年份,共50年,这是托勒密王朝的第三阶段,即受罗马控制的阶段。在这一阶段,托勒密王朝已处于被罗马灭亡的前夕,"那时埃及不是在罗马元老院的掌心里,而是在那些把元老院拉下王位的全权将军们的手中"[2]。

关于托勒密王朝的第二阶段和第三阶段,将在本章第三节中论述。

三、托勒密王朝的政治体制

关于托勒密王朝的政治体制,可以从三个方面(政治和宗

---

[1] 参看弗格森:《希腊帝国主义》,晏绍祥译,上海三联书店,2005年,第82页。
[2] 同上。

教之间的关系,中央政府和地方政府之间的关系,中央政府和有一定自治权的城市之间的关系)来进行分析。先讨论政治和宗教之间的关系。

(一)政教合一体制

在安提柯王朝、塞琉古王朝和托勒密王朝这三个希腊化王朝的比较中可以清楚地看到,政教合一体制在托勒密王朝最为明显,最为突出,塞琉古王朝次之,而安提柯王朝则最不明显,或者可以说,在安提柯王朝实际上不存在政教合一的体制。

托勒密王朝的政教合一体制是有历史渊源的。埃及虽然文化、历史悠久,但学术不发达。"埃及人看来似乎不曾有过希腊人所谓的那种学术生活。"[1]这可能与神权长期统治有关。埃及从很古的时候起就是一个神权国家。"在埃及人的思想中,神灵一度就生活在他们中间,后来退回到神圣的居所,但留下了一个神来统治世界。当然,这个世界就是埃及。他们所有的国王,都是他的后代。"[2]因此,古代埃及的国王都被臣民尊奉为神或神的儿子。古代埃及留下的石刻、雕像和壁画都把国王雕成或画成巨神的模样,或以神鹰、神蛇的形象来形容或表现国王。也正因为如此,所以古代埃及人"苦心编制出一套很复杂的死后生存的学说"[3]。

在古代埃及,国王一直被尊称为法老,法老既是政治领袖和军事统帅,又是大祭司,即宗教领袖。或者说,"法老是唯一生

---

[1] 鲁滨孙:《新史学》,齐思和等译,商务印书馆,1964年,第75页。
[2] 弗格森:《希腊帝国主义》,晏绍祥译,上海三联书店,2005年,第88页。
[3] 鲁滨孙:《新史学》,齐思和等译,商务印书馆,1964年,第75页。

活在地球上的神,适合做人类与生活在上天及冥府众神的中介"①。在其他一些地方,比如说在希腊本土,即使后来有了部落、部落联盟和国家,但氏族组织的力量一直是强大的,氏族组织在城邦建立后的较长时间仍起着重要作用。但在埃及,由于埃及的国王力量强大,"国家不允许氏族组织的存在,所以这种组织消失得无影无踪了"②。没有氏族组织,国家如何管理社会基层呢? 国王必须依靠一个庞大的官僚系统,埃及的官僚制度由此发展起来。或者说,正是由于埃及的"皇权害怕氏族,所以鼓励官僚阶级的发展"③。

波斯帝国统治埃及期间,埃及人的宗教观念和宗教信仰都未变,他们依旧迷恋于埃及古老的神权与政治合一的制度。波斯国王在埃及实际上只是控制了主要的城市和由埃及通往西亚、利比亚和尼罗河中游等地的交通要道。广大乡村仍被埃及的基层官员控制着,只不过这些基层官员听命于波斯派驻埃及的总督而已。埃及人照常信奉他们自己的神,不把波斯国王当成神。

亚历山大东征途中,在叙利亚境内亲自指挥马其顿军队击败了波斯国王大流士三世的大军,大流士三世逃往两河流域和伊朗高原。亚历山大则分兵追击,他自己率军南下,先后攻占了腓尼基和巴勒斯坦,由陆路进入埃及。亚历山大为了笼络埃及人心,就先笼络埃及的祭司,在后者的建议和帮助下,他把自己

---

① 弗格森:《希腊帝国主义》,晏绍祥译,上海三联书店,2005年,第88页。
② 韦伯:《世界经济通史》,姚曾廙译,上海译文出版社,1981年,第41—42页。
③ 同上书,第42页。

装扮成神的儿子进入埃及境内。这样,就得到了埃及本地人的拥戴。亚历山大被埃及人尊为新的法老,埃及人相信这位新的法老是神派来拯救埃及人,使他们摆脱波斯帝国奴役的。甚至在埃及境内还流传着一个十分荒唐的传闻,说亚历山大并不是马其顿国王菲利普二世的儿子,而是神幻化为埃及的一个法老同菲利普二世的王后交配而生下的儿子。① 尽管这个传闻完全是无稽之谈,居然有人传,也有人信。正因为有了这种传闻的散布,不仅亚历山大在埃及的统治有了合法性,而且"通过这种方法,把他们国王系谱中几千年的空白接上"②。托勒密一世统治了埃及,他仿效亚历山大的做法,让埃及人也把他当作神。托勒密王朝的国王,一个个接位之后,同样如此。古老埃及的传统,被托勒密王朝继承下来了。

从亚历山大到托勒密一世,再到托勒密王朝的历代国王,在推行政教合一体制时,都利用了埃及祭司,让埃及祭司为自己造舆论,造声势,并传达"神谕"。据说,在埃及以西的利比亚锡瓦的阿蒙绿洲有一座古老的神庙,崇拜阿蒙神。不仅埃及本地人,连移民于埃及和利比亚的希腊人,甚至希腊本土的人,都相信这座神庙的"神谕"是灵验的。③ 亚历山大当初进入埃及以后,亲率军队沿着海岸来到这座神庙。"代言人使神像通过点头和手势作出了反应,并向亚历山大宣布,他就是阿蒙神之子。"④亚历

---

① 参看弗格森:《希腊帝国主义》,晏绍祥译,上海三联书店,2005年,第88页。
② 同上。
③ 参看奥姆斯特德:《波斯帝国史》,李铁匠、顾国梅译,上海三联书店,2010年,第614页。
④ 同上书,第615页。

山大曾问到"他能否成为整个人类的君王和主人。这位神回答说,这一切都将赐给他"①。可见,亚历山大通过祭司,通过祭司所传达的"神谕",在埃及奠定了自己的权力基础,神权和王权合而为一了,"王权崇拜就这样进入了希腊世界"②。

托勒密王朝的历代国王都懂得祭司的重要作用,都想依靠祭司所传达的"神谕"来体现国王的意志,以及使国王神化,使人们牢牢树立"国王即神"的观念。在具体做法上,首先是把已经去世的亚历山大神化,厚葬他,祭拜他,并宣布"死去的亚历山大现在是托勒密王室的镇邪之宝"③。托勒密王朝从刚建立之时起,就把亚历山大奉为神,并由托勒密一世亲自指定祭祀亚历山大神的祭司。④ 其次,托勒密二世继位后,下令把已死的国王托勒密一世尊为神,以后代代如此,直到托勒密王朝末年都一直保留这一惯例。⑤

这还不够。既然祭司的作用如此重要,祭司可以传达体现国王旨意的"神谕",所以托勒密王朝对埃及传统的祭司制度进行重大的改动,这就是:祭司的收入和神庙的收入不再由埃及本地人尤其是本地的农民供给,而由王室提供,由国库开销。这样,"托勒密国王使农民同寺庙和祭司之间的关系有重大的变化,即切断了农民和祭司之间的直接联系:从此以后,农民不把

---

① 奥姆斯特德:《波斯帝国史》,李铁匠、顾国梅译,上海三联书店,2010年,第615页。
② 同上书,第616页。
③ 波斯渥斯:《征服和帝国:亚历山大大帝王朝》,剑桥大学出版社,1988年,第180页。
④ 参看弗格森:《希腊帝国主义》,晏绍祥译,上海三联书店,2005年,第89页。
⑤ 参看同上。

租赋交给祭司,而是交给国王的官员,国家则保证供给每个寺庙和它的祭祀活动的需要"[1]。这一变动的目的,无非是为了削弱埃及农民同寺庙、祭司的相互依存的关系,以加强王室的权威性,使祭司服从国王的旨意。类似的改变也体现于对葡萄栽培者的一项特别税的征收上:过去这笔税收是归于寺庙的,现在也归属政府了。[2] 这同样有助于使祭司和神庙更加顺从国王。

(二)中央政府和地方政府的关系

在中央与地方的关系方面,托勒密王朝保留了古代埃及的国王独揽大权的中央集权体制,同时又采纳了波斯帝国在其本土和在统治埃及期间所实行的行省制。也就是说,"托勒密王家的确从来不曾致力于使埃及彻底希腊化"[3]。这里所说的"彻底希腊化",是指在政治体制上推行希腊城邦固有的"公民大会—议事机构—通过规则和程序而产生的政府"这样一套民主政体。托勒密王朝继承的是亚历山大创建的马其顿帝国的一部分领土:同亚历山大一样,希腊文化可以推广,希腊人可以得到重用,但希腊城邦的体制同亚历山大的帝国是不能相容的。托勒密王朝同样如此。

在托勒密王朝,中央集权不可动摇:国王具有最高权威,国王的旨意就是法律,各级官员都必须服从国王的意志,听从国王的命令。从地方治理的角度看,全埃及分为上下两部分,简称上

---

[1] 科克、阿德柯克、查尔斯渥斯编:《剑桥古代史》第 7 卷《希腊化的君主国和罗马的兴起》,剑桥大学出版社,1928 年,第 137—138 页。

[2] 参看同上书,第 138 页。

[3] 罗斯托夫采夫:《罗马帝国社会经济史》下册,马雍、厉以宁译,商务印书馆,1985 年,第 405 页。

埃及和下埃及。上埃及泛指尼罗河中上游地区,下埃及泛指尼罗河下游地区。上埃及和下埃及都设置若干省(州),省(州)以下设县。省县两级地方行政官员都由国王任命。为了集权于中央,托勒密王朝不分封王公贵族,他们有领地,只是靠田庄取得收入,不管地方行政,也没有军队指挥权。托勒密王朝中央和地方各级官员等级分明,通常按照国王的信任程度和同国王私人关系的密切程度决定任免和升降。这样,国王周边的内侍的权力实际上是很大的。财政官员和税务官员被认为是最重要的和最肥的文官职位,都靠同国王和宫廷的密切程度而被任命。

埃及人似乎是根据其出生地而划入当地的行政区域的。[①] 托勒密王朝刚建立时,地方行政机构大体上分为两个层次:省(州)级的地方长官主要由希腊人、马其顿人担任,他们既管民政,又是地方部队的指挥官;县级是基层地方机构,在那里工作的官员最初由埃及本地人担任,他们的主要任务是为国家收税。最底层的行政机构是村庄,但它们不是严格意义上的行政机构,而是带有村民自治组织性质的。村庄由本地人管理。[②]

但随着托勒密王朝政权的巩固,直到公元前2世纪前,已经看不到埃及本地人担任基层地方官员的情况。地方行政完全由希腊—马其顿人军事移民区的军官担任,他们既指挥军队,还维护地方治安。[③] 这可能出于两种考虑:一是不放心埃及本地人,由于他们同地方上的不满分子有各种各样的联系,万一他们串

[①] 参看茹贵:《亚历山大大帝和希腊化世界》,英译本,道比译,阿里斯出版公司,芝加哥,1985年,第300页。
[②] 参看同上书,第300—301页。
[③] 同上书,第301、324页。

通起来,会滋长地方分离主义倾向;二是由于希腊—马其顿人出身的军官需要做些安排,军队中和中央政府机构中哪有那么多职位,所以就把原来由埃及本地人充当的地方官员职务让给希腊—马其顿人担任了。

托勒密王朝时期埃及的审判制度具有自己的特色。埃及的最高法庭由30名成员组成,这些成员由底比斯、孟菲斯和赫里奥波里斯的宗教社团中推选出来。[①] 埃及审判制度的宗教性质十分明显,因为从高层来说,国王、官员和祭司是结合在一起的;而从群众的角度看,这样的法庭判决既是合法的,也是合乎神的意愿的。这再次说明托勒密王朝统治的神权性质。

(三)中央政府和自治城市之间的关系

托勒密王朝境内的城市是实行自治的,尽管这种自治是有限的城市自治。同塞琉古王朝一样,托勒密王朝的城市自治制度从希腊本土引进,但必须听从国王的旨意,城市要遵守国王的法令,不能越轨。

托勒密王朝的自治城市和塞琉古王朝的自治城市相比,可以得出两点看法:第一,自治城市在托勒密王朝所起的作用要比在塞琉古王朝所起的作用小得多。[②] 也就是说,自治城市在托勒密王朝下对政治的影响力大大小于自治城市在塞琉古王朝下对政治的影响力;从历史上看,在塞琉古王朝走向衰落时,可以发现某些希腊式城市有摆脱国王控制的分离主义倾向,而在托

[①] 参看马哈菲:《希腊的生活和思想:从亚历山大时代到罗马的征服》,阿尔诺出版公司,纽约,1887年初版,1976年重印,第169页。

[②] 参看乌特琴科主编:《世界通史》第2卷上册,北京编译社译,三联书店,1960年,第319页。

勒密王朝走向衰落时,这种分离主义倾向不突出。第二,托勒密王朝期间,埃及城市的管理效率较高,城市的富裕程度一般要高于塞琉古王朝下的城市。

关于托勒密王朝自治城市的情况,本章第二节将会有较详细的阐述。

四、希腊人在埃及政治中的地位

在亚历山大征服埃及以前的几百年内,希腊人就陆陆续续来到北非建立移民城市和商站,其中最出名的和最有影响的是在尼罗河三角洲所建立的瑙克拉梯斯城。埃及的国王(法老)欢迎希腊人前来,优待这些希腊移民,希望他们对埃及的经济发展作出贡献。希腊本土和当时的埃及之间主要靠海上通道,即由希腊的一些港口用木船把人和货物渡过地中海并在埃及北岸登陆。陆路是被波斯帝国隔断的,因为波斯帝国控制了叙利亚及其以南的一些地方。这一时期来到埃及的希腊人,除了建立并居住在沿海的希腊移民城市而外,有些希腊人还深入埃及内地,如孟菲斯、底比斯等较大的埃及城市。①

波斯帝国在公元前525年进兵攻占埃及,并把埃及划为波斯帝国的一个行省,由波斯国王派遣总督治理。从这时起,希腊人便不再受到埃及新统治者的欢迎。原因是:这时的波斯帝国,既然已经夺取了西亚、北非和小亚细亚一部分地区,很自然地把希腊本土作为下一阶段的攻击目标,所以它不想让更多的希腊

---

① 参看科克、阿德柯克、查尔斯渥斯编:《剑桥古代史》第7卷《希腊化的君主国和罗马的兴起》,剑桥大学出版社,1928年,第112页。

人来到埃及。加之,在波斯帝国统治埃及期间,进入埃及境内的小亚细亚人、叙利亚人、犹太人日益增多,他们是波斯帝国的臣民,来到埃及后受波斯帝国的信任程度大于希腊人,他们担任了官员、士兵、包税人等职务。① 于是埃及境内的希腊人受冷落、受排斥。因此,当200年后亚历山大率军于公元前332年进入埃及,赶走波斯人时,希腊人在埃及政治生活中已不起作用,而在埃及经济生活中也已不起重要作用了。

亚历山大认为希腊人是可以重用的,尤其是在西亚、北非这样一些以本地人为主的社会中,希腊人只要被赋以职务,就会尽力帮助马其顿人管理好这块土地。亚历山大随军就带来了一批希腊人,其中一部分留在埃及,一部分留在西亚、两河流域和更东的地区。托勒密一世建立王朝后,为了能巩固自己的政权,以及为了加快经济和文化的发展,所以格外重用希腊人,特别是任命希腊人担任高级官员,参与中央政府和地方政府的管理。本地人中的统治阶级成员也有留在政府工作的,但他们完全从属于他们的这些新主人。② 这不仅因为希腊人比埃及本地人更令托勒密国王放心,而且也同希腊人有卓越的才能有关。③ 在这样的条件下,希腊人来到埃及的越来越多了。据说在托勒密王

---

① 参看科克、阿德柯克、查尔斯渥斯编:《剑桥古代史》第7卷《希腊化的君主国和罗马的兴起》,剑桥大学出版社,1928年,第112页。

② 参看劳埃德:"早期托勒密时期的埃及精英:若干象形文字的证据",载奥格登编:《希腊化世界:新观察》,威尔斯古典出版社和杜克渥斯出版公司,伦敦,2002年,第117页。

③ 参看茹贵:《亚历山大大帝和希腊化世界》,英译本,道比译,阿里斯出版公司,芝加哥,1985年,第324页。

朝的盛期,埃及各级政府为希腊人提供了10万个职位。① 如果连同他们抚养的家属一起计算,埃及各级政府养活了几十万名希腊人(当然,正如后面会提到的,由于希腊人前来埃及的,女少男多,所以有些希腊男子娶本地女子为妻)。

在托勒密王朝期间,官员和军人是不必缴纳人头税的,此外人人都要缴纳人头税。② 由于官员都是希腊人(包括马其顿人),在托勒密王朝前期,士兵也主要是希腊人,所以免缴人头税是对希腊人的恩惠。

在埃及,军人是最受国王重视的。军事服役世代相传,年轻一代的军人子弟通常先到卫戍部队受训,等待有空缺时才成为正式军人。③ 由于托勒密王朝的军队本质上是一支付酬的武装力量,所以队伍很稳定,不会出现逃兵等现象。"军人被赐予一块土地"④,可以养家,也可以保证后代无忧无虑地生活。⑤ 军队除了负有作战任务而外,历来还被用于维护地方治安,即执行警察的职能。⑥ 托勒密王朝不仅供养一支军队,而且需要军队对国王效忠,最好的办法就是要建立军队对王室的崇拜:宗教在这方面起着重要作用,认定国王即神的代表,也就是宗教领袖。

---

① 参看杜兰:《世界文明史》第2卷《希腊的生活》,幼狮文化公司译,东方出版社,1998年,第435页。
② 参看科克、阿德柯克、查尔斯渥斯编:《剑桥古代史》第7卷《希腊化的君主国和罗马的兴起》,剑桥大学出版社,1928年,第139页。
③ 同上书,第117页。
④ 韦伯:《经济与社会》下卷,林荣远译,商务印书馆,2006年,第370页。
⑤ 这意味着,一名军人的儿子实际上继承他父亲的两重身份:一是军人,二是份地的主人。(参看科克、阿德柯克、查尔斯渥斯编:《剑桥古代史》第7卷《希腊化的君主国和罗马的兴起》,剑桥大学出版社,1928年,第113页)
⑥ 参看韦伯:《经济与社会》下卷,林荣远译,商务印书馆,2006年,第370页。

可以归结为:"这支军队的忠诚主要建立在两个支撑点上,一是对国王的经济上的依赖性,二是在国王所赋予军人的在国内生活中的特权地位。"①而军队对国王的崇拜和盲信,以及国家所采取的政教合一体制,又对国王同这支希腊人军队之间的关系起着特殊的维系作用。

托勒密王朝的军队人数有多少?有各种不同的估计。弗格森在所著《希腊帝国主义》一书中写道:"更可信的估计是:托勒密二世时代,埃及陆军为八万多人。"②这时的埃及军人全都是希腊人。"在托勒密四世时代,(埃及的陆军人数)低于四万九千多人"③,而且这里不包括埃及本地人的士兵,当时埃及土著军队有二万六千人。④ 前面已经说过,由于埃及兵源不足,即希腊人兵源不足,所以从托勒密四世起招募埃及本地人当兵,这一举措的影响是深远的。尽管当时埃及中央政府认为这是必要的改变,但这只不过是"一次有着危险后果的试验"⑤;尽管托勒密四世的确依靠土著军队在第四次叙利亚战争中取得了胜利,但此后紧随着的却是一系列因埃及人被武装起来后所掀起的暴动。⑥ 具体地说,以前,当埃及本地人不准当兵时,希腊人认为天下太平,无可忧虑。这是因为,埃及土著居民"被彻底解除武

---

① 科克、阿德柯克、查尔斯渥斯编:《剑桥古代史》第7卷《希腊化的君王国和罗马的兴起》,剑桥大学出版社,1928年,第113页。
② 弗格森:《希腊帝国主义》,晏绍祥译,上海三联书店,2005年,第90页。
③ 同上。
④ 参看同上。
⑤ 塞孔达:"希腊化世界和罗马共和国时代的军事力量:陆军",载萨宾、威斯、维特比编:《剑桥希腊罗马战争史》第1卷《希腊、希腊化世界和罗马共和国的兴起》,剑桥大学出版社,2007年,第335页。
⑥ 参看同上。

装,使得(希腊人)对他们的统治成为一桩简单的任务"①,高压政策就足够了。那时埃及土著居民至多只是"在服徭役时由于食不裹腹而燃起的反抗,大约只能采取桀骜不逊或罢工的形式"②。现在,埃及本地人成为托勒密军队的兵士,掌握武器了,他们的不满就会以武装暴动的形式表现出来。关于这一点,将在本章第三节中论述。

在公元前2世纪以前,希腊人在埃及一直是最受国王信任的。他们高居于埃及当地人之上。正因为如此,所以在埃及的希腊人便感到"他们自己是主子,是统治者,他们从来不会想到让受轻视的土著来分享靠征服获得和靠强力维持的特权"③。他们围绕着国王,宫内宫外,军内军外,全都是希腊人。他们异口同声地说埃及本地人是不可靠的,是迟早想把国王赶下台的。如果国王想重用埃及本地人,想让埃及本地人建立武装力量,"国王中的希腊人就会认为这是通敌卖友的行为,是犯罪,是侵犯他们在埃及的神圣权利"④。然而,自从托勒密四世建立埃及土著军队以后,形势发生了变化。本来由希腊人独霸军队(包括陆军作战部队、卫戍部队、国王卫队等)时,希腊人瞧不起埃及当地人,埃及当地人也无法同希腊人竞争,这时希腊人和埃及当地人反而大体上还相处得可以,没有发生大的冲突。用埃及的希腊人的话来说,希腊人是主子,埃及本地人是下等人,主子

---

① 韦伯:《经济与社会》下卷,林荣远译,商务印书馆,2006年,第370页。
② 同上。
③ 罗斯托夫采夫:《罗马帝国社会经济史》下册,马雍、厉以宁译,商务印书馆,1985年,第398页。
④ 同上。

犯不着同下等人计较。公元前2世纪以后,情况变了,在托勒密王朝境内,希腊人和埃及本地人之间的冲突渐渐多起来了。正如本章第三节在谈到"托勒密王朝晚期的埃及本土化"时将会讨论的:到了托勒密王朝晚期,埃及本土化加速了,希腊人对托勒密王朝的忠诚度也相应地下降了。托勒密王朝最后的几代国王面临着来自内部日益严峻的双重威胁:一是来自埃及本土化过程中埃及本地人的威胁,二是对埃及本土化越来越不满的希腊人信心下降和忠诚度减退的威胁。

五、托勒密王朝的法律体系

托勒密王朝建立后,多方鼓励希腊人前来埃及工作、经商和定居。希腊人涌入埃及,把希腊城邦制定的法律也带到了埃及。

在埃及,远在波斯帝国统治埃及以前,埃及就存在古代流传下来的法律法规。前面在谈到古老埃及的审判规则时已经指出,埃及一直是一个神权国家,所以审判中要由祭司们按照所谓神的意志进行裁定。审判的结果之所以能够被当事人和公众接受、认可,因为神的意志是谁都无法违背的。

托勒密王朝建立后,希腊城邦制定的法律被引入埃及。希腊城邦法律实际上有两个体系。一是以斯巴达为代表的法律体系,重视氏族社会的平等原则,同时强调公民的自律,强调集体遵循的习惯和约定以及对公民行为的限制。另一是以雅典为代表的法律体系,重视公民的自由和权利,强调对个人财产的保护,对土地投资、工商业投资、财富积累和雇工经营的积极性的调动。斯巴达的法律体系和雅典的法律体系在希腊本土的不同城邦被采纳并施行,这与各个城邦的经济发展实际情况有关。

托勒密王朝在引进希腊城邦法律的过程中,考虑到斯巴达法律体系和雅典法律体系虽然在所侧重的方面有所不同但对法律原则和审判程序的严格遵守却是一致的。而从推行法律的效果来说,无论是斯巴达法律体系还是雅典法律体系,根据不同城邦的情况,它们既有利于维护社会的安定,又有利于促进经济的发展和繁荣。这就是托勒密王朝在埃及看重希腊城邦法律的理由。

由于托勒密王朝所统治的埃及毕竟是一个有古老文明的神权国家,当地的传统必须尊重,包括传统的由祭司们参与并在审判员队伍中占主要位置的法庭审判。托勒密王朝懂得,在本地人为主的地区,在祭司们被看成是"神谕"的传达者而享有极大权威的乡村,不沿用古代埃及就存在的法律体系,是难以统治这些地区和乡村的。于是托勒密王朝把希腊城邦法律和埃及古代法律传统结合在一起,施行于埃及境内。

在希腊人聚居的城市,主要遵循与希腊城邦法律相符的法律。比如说,在这些城市中,希腊人在司法方面享有一定程度的自治权。[1] 这就是希腊城邦法律的应用范围。除亚历山大里亚以外,其他各个希腊人聚居的城市,援引希腊城邦法律,市民可以选举市长、市议员和法官。尽管托勒密王朝的希腊人聚居城市已经不再是希腊式的城邦了,但希腊城邦法律仍然在这些城市中被遵循。亚历山大里亚作为首都,或者说,作为"希腊籍国王的一个希腊式的驻跸之所"[2],在刚建立之时,即亚历山大统

---

[1] 参看茹贵:《亚历山大大帝和希腊化世界》,英译本,道比译,阿里斯出版公司,芝加哥,1985年,第305页。

[2] 罗斯托夫采夫:《罗马帝国社会经济史》下册,马雍、厉以宁译,商务印书馆,1985年,第405页。

治时期,享有较多的城市自治权,但托勒密王朝建立并成为王宫所在地之后,自治权大受限制,目的是不要让城市自治地位使国王权力有所削弱。结果,亚历山大里亚的"自治组织被裁削的程度已经使它与埃及其他行政区域的中心毫无差异,只不过它在城市建设方面较为美丽壮观罢了"[1]。

至于在埃及本地人聚居的地区,包括乡村和集镇在内,埃及传统的法律、惯例和神庙祭司的作用则占据主要地位。在埃及,祭司的地位历来最高,审判也由他们主持。各个神庙都有祭司,全由国王任命埃及本地人担任。"虽然祭司并没有形成一个严密排外的阶层,但他们组成一个多少有所选择的团体,不会轻易容外人搀入其列。"[2]法老时代如此,托勒密王朝依然如此。后来,甚至到了罗马时代仍保留埃及这一古老的传统。[3]

由此可见,在托勒密王朝,希腊城邦法律体系和埃及古老传统、惯例一直并存。

六、希腊人和马其顿人在埃及的融合

在安提柯王朝,希腊人和马其顿人是有很大隔阂的,希腊人不认同马其顿王国,不认同马其顿王国建立的安提柯王朝。因此,在安提柯王朝存在的一百多年时间内谈不上希腊人和马其顿人的融合问题。

在塞琉古王朝,希腊人和马其顿人的关系要好得多。这是

---

[1] 罗斯托夫采夫:《罗马帝国社会经济史》下册,马雍、厉以宁译,商务印书馆,1985年,第405页。

[2] 同上书,第392页。

[3] 参看同上。

因为，在塞琉古王朝的统治地区内，西亚本地人占绝大多数，希腊人和马其顿人主要居住于希腊式城市内，它们好比是一些小岛，散落于西亚人的汪洋大海之中。希腊人和马其顿人只有凝聚在一起，才能形成力量，生存下来。但塞琉古王朝的国王们对马其顿人最为信任，因为国王们自身是马其顿人。塞琉古王朝派驻各个行省的总督，几乎全来自马其顿。希腊人虽然也得到重用，但最重要的军事指挥权却在国王的亲信手中，而国王的亲信大多是马其顿人，他们是跟随亚历山大军队一起渡过海峡，进入小亚细亚和西亚的将领或将领们的子弟，也正是这样一些马其顿军官及其子弟在亚历山大去世后拥戴塞琉古当上国王的。因此，在塞琉古王朝，希腊人和马其顿人之间多多少少仍存在隔阂，否则怎能理解塞琉古王朝境内一些希腊式城市总是等待机会想摆脱国王的统治，走向自主独立呢？

在托勒密王朝统治下的埃及，希腊人和马其顿人之间的关系最为融洽。他们说同一种语言，用同一种文字，希腊人涌入埃及的人数越来越多，马其顿人少，所以二者在埃及都被称作希腊人。在埃及，到处都可以看到希腊人，其中包括了马其顿人，因为他们在经历一段时间后就没有什么差别了。不仅马其顿人融入了希腊人之中，甚至像色雷斯人、帖撒利亚人、克里特人等希腊本土边境上的居民，来到埃及后也都同希腊本土来的人融合了。这与托勒密王朝的政策的特点有一定的关系：第一，托勒密王朝不像塞琉古王朝那样只着重引进希腊本土的商人，而是既引进商人，也引进希腊本土的学者和文化界人士，同时更着重引进希腊文化。正是希腊文化的引进，促进了"大希腊"的居民的认同，并导致希腊人和马其顿人的融合。第二，托勒密王朝的主要统治区域是埃及,而不像塞琉古王朝在兴盛时版图过大,民族成分复杂,尤其是伊朗高原以东地区更是如此。正是由于塞琉古王朝要巩固疆域,防止地方的割据、分裂,所以一定要紧紧把握住兵权,让马其顿人出身的将领统率各地的驻军,所以在希腊人看来,自己虽然也担任一定的公职,但由于中央和地方大权都掌握在马其顿人手中,自己不过是替马其顿人服务的。这就阻碍了他们同马其顿人的融合。托勒密王朝不是这样,希腊人和马其顿人一起,对外同塞琉古王朝或安提柯王朝的军队作战,对内共同对付埃及本地人,这就行了。于是,马其顿人融入希腊人之中,可能更有利于托勒密王朝的治理。

最后,还应当指出,托勒密王朝更加注重发展经济,托勒密的前几任国王都想把埃及建设得更富裕,更能显示希腊化王朝的成就。引进希腊人才一直是托勒密王朝的重要决策。除充实中央政府和地方政府的官员队伍,建立一支可信赖的军队而外,"托勒密国王们需要资本和商人,这和建立部队同样重要"[1]。还有,这时的埃及需要众多的承包商和包税人,国王的工场需要工程师,需要开发和利用本地资源的能人,需要农业专家,需要管理金融机构和理财的专家,这样的人才非从希腊本土引进不可。尤其是理财事务,托勒密国王们认为这是很难信得过埃及本地人的。[2] 尽管犹太人也可以从事上述工作,但在托勒密王朝看来,最受关照的仍是希腊人。[3] 对希腊人的重视、重用,也

---

[1] 茹贵:《亚历山大大帝和希腊化世界》,英译本,道比译,阿里斯出版公司,芝加哥,1985年,第326页。

[2] 参看同上书,第326—327页。

[3] 参看同上书,第327页。

在促进希腊人和马其顿人融合方面起了积极的作用。

七、埃及境内的本地居民

埃及本地人毕竟是托勒密王朝境内的主要居民。托勒密王朝被埃及本地人看成是外来的统治者,所以国王们只有依靠宗教势力,由祭司传达"神谕",以"国王即神"来指引埃及本地人把国王看成是"解救者",但这只能暂时起作用。埃及本地人同托勒密王朝领导层之间的关系没有大的改善。对埃及本地人,托勒密国王们既轻视他们,认为他们不文明,未接受希腊文化,又不信任他们,认为他们一有机会就会反抗国王政权,恢复过去,甚至回到很多年前的法老时代。所以在托勒密王朝建立以后政权已经巩固下来的时候,政府的高级官员和地方政府的负责人全部由希腊人来担任,而不再任用埃及本地人了。

在社会上,希腊人和埃及本地人之间的隔阂也是长期存在的。他们可以在一个单位共事,可以在生意上有交往,甚至还有合作,但这谈不上什么友谊,因为希腊人自视甚高,不愿别人说自己同埃及本地人混在一起。根据托勒密王朝的法律,希腊人是禁止同埃及本地人结婚的。[1] 这种禁令可能长期保持。但实际上却是行不通的。这不仅由于来到埃及的希腊人中男多女少,还由于他们的居住区在许多地方是同埃及本地人混杂的。比如说,在托勒密王朝境内不像塞琉古王朝境内那样建立那么多希腊式城市,所以这里的不少希腊人不一定住在希腊式城市

---

[1] 参看弗格森:《希腊帝国主义》,晏绍祥译,上海三联书店,2005年,第91页。

里,即使住在城市里也不一定有专门归希腊人居住的特定街区。在托勒密王朝时期,如果希腊人住在城市里,可能同一个街区也有埃及本地人,彼此是混居的。还有不少希腊人住在乡村内,那更是同埃及本地人混居在一起了。① 而且,只有少数希腊男子娶希腊女子为妻,大多数希腊男子只得娶埃及女子成家,只不过女方婚后也说希腊语,按希腊方式生活。②

到了托勒密王朝晚期,由于国王们加速了埃及本土化,埃及本地人的社会地位上升了,希腊人和埃及本地人通婚的现象也增多了。禁止通婚的法律即使没有被废止,但人们已不再理会它。"结果出现了相当大一群混血和双语人口。"③据说,这些"混血和双语人口","外表上是希腊人,性格和文化则是土著"。④

最后,还可以用托勒密王朝在塞浦路斯岛的统治为例,因为塞浦路斯岛不属于希腊本土,塞浦路斯人不被看成是希腊人,他们是土著居民。

塞浦路斯是托勒密王朝最重要的海外领地之一。⑤ 托勒密国王占领塞浦路斯岛以后,认为这既是保卫埃及的前哨阵地,又是托勒密王朝的海军和陆军可以向小亚细亚、黑海沿岸地区和马其顿进攻的基地。因此,他把管理埃及和对待埃及本地人的

---

① 参看韦尔斯:《亚历山大和希腊化世界》,哈克特出版公司,多伦多,1970年,第158页。
② 参看同上。
③ 弗格森:《希腊帝国主义》,晏绍祥译,上海三联书店,2005年,第97页。
④ 同上。
⑤ 参看科克、阿德柯克、查尔斯渥斯编:《剑桥古代史》第7卷《希腊化的君主国和罗马的兴起》,剑桥大学出版社,1928年,第126页。

一套做法搬到了塞浦路斯岛。"从碑铭上可以了解到,塞浦路斯处于一个负有军事使命的总督管辖之下,他统领驻扎在塞浦路斯各城市数量可观的军队,并且是按埃及的方式组织管理的,这支军队来自国王的埃及正规军。"①这就是说,从总督到正规军士兵都是希腊人,塞浦路斯总督等于是托勒密王朝派驻该岛既管军、又管民的边疆大臣。

在公元前2世纪时,塞浦路斯总督还拥有自己的舰队,它可能由塞浦路斯沿海岸大城镇提供给养和装备。② 实际上,这笔由当地居民承受的负担是相当沉重的。如何对待塞浦路斯岛上的本地人? 托勒密王朝把在埃及实行的那一套神权与王权合一的体制搬过来了:考虑到大而富庶的寺庙在塞浦路斯岛上所起的经济和政治作用,所以塞浦路斯总督又拥有塞浦路斯寺庙总祭司的头衔。③ 总祭司无疑就是塞浦路斯的宗教领袖,本地的各个祭司都听命于他。

塞浦路斯矿藏丰富,采矿收入是一项主要收入。为此,托勒密王朝赋予塞浦路斯总督以军事权威机构的名义把一切有开采价值的矿山统管起来,矿山属于国家,并由国家经营,托勒密王朝由此获得巨额收入。④

至于塞浦路斯岛上的城市,则从未享受过希腊式的自治权。⑤ 这也是可以想象得到的,因为这些城市是过去就有的,居

---

① 科克、阿德柯克、查尔斯渥斯编:《剑桥古代史》第7卷《希腊化的君主国和罗马的兴起》,剑桥大学出版社,1928年,第126页。
② 参看同上。
③ 参看同上。
④ 参看同上。
⑤ 参看同上。

民主要是塞浦路斯本地人。

托勒密王朝对塞浦路斯的管理方式就是它对埃及境内本地人聚居地区的管理方式的缩影。

第二节 托勒密王朝的经济

希罗多德曾对波斯帝国统治下的埃及等级划分状况做过如下的记述,他写道:"埃及人分成七个阶级:他们各自的头衔是祭司、武士、牧羊人、牧猪人、商贩、通译和舵手。有这样多的阶级,每一个阶级都是以它自己的职业命名。"①大体上可以判断出:祭司的社会地位最高,武士次之,下面依次是农牧民、商贩、有一技之长的人,如会两种和两种以上语言的翻译、会驾船使舵的水手。这里所谈到的处于第二等级的武士,专指这样一种人,他们"不能从事其他职业而只能打仗,打仗是他们的世袭职业"②。处于最低等级的,是指有一技之长的人,工匠大约也包括在内,这些"从事一种职能的人,是不如其他人那样受尊重的"③。工匠的社会地位低于农牧民,可以理解,因为这是农牧业社会常见的现象。他们的社会地位低于商贩,则是不同于其他地区的,这可能由于商业在当时的埃及境内已有一定程度的发展,人们对市场的作用已有初步认识所致。

到了托勒密王朝时期,上述这种社会等级划分不可能有很大变化。祭司肯定处于首位,武士也会处于其次。至于农牧民、

---

① 希罗多德:《历史》上册,王以铸译,商务印书馆,2007年,第184页。
② 同上书,第185页。
③ 同上。

商贩和工匠的社会地位可能基本上处于原状。这势必会对埃及经济继续发生影响。下面,让我们从土地关系、手工业和商业、奴隶的使用、城市生活等方面,对托勒密王朝的经济状况做一些论述。

一、土地关系

按照土地归属和使用的不同,可以对国有土地或王室土地、神庙土地、私有土地、军人份地、未开垦土地分别讨论。

(一)国有土地或王室土地

总的说来,"托勒密王朝的新经济制度本质上是东方的,但被强烈地希腊化了"[1]。土地制度就是如此。这里所说的"强烈地希腊化"的主要表现,并不是指托勒密王朝采纳了希腊城邦的土地制度,而是对各部门的实际管理依靠严格的成文法律、规章和细致的指令,而这种成文的文件在近东君主国家是前所未有的。[2] 虽然托勒密王朝的某些财政和经济立法可以追溯到古代东方的原型,但这些规则就其精神、逻辑和连贯性而言,则是严格希腊式的。[3]

对国有土地或王室土地的规定,就是明显的例证。

同埃及古代传统一致,托勒密王朝境内的土地归国家所有,也就是归国王所有。国家土地就是王室土地。王室土地由财政大臣掌管,土地由国王颁授给农民耕种。历史上,这些由国王颁

---

[1] 罗斯托夫采夫:《希腊化世界社会经济史》第 1 卷,克莱伦顿出版公司,牛津,1941 年,第 273 页。

[2] 参看同上。

[3] 参看同上。

授土地的农民通称"王田农夫"。从身份上说,他们不是奴隶,而是自由人,是佃户。他们除了替王室耕种外,自己也可以得到国家颁授的一块土地,世代耕种。从此,他们也就被束缚在所颁授的份地上,未经政府许可不得离开自己的份地和所耕种的王室土地(至少在播种和收割季节是如此),不得迁往他处(除非短期离开)。①

托勒密王朝在王室土地的归属和使用上,沿袭埃及古代的制度。这时的"王田农民"和以前的"王田农夫"并没有什么区别。②

作为佃户的王田农民,除了有依附土地、不得迁移的义务外,还有沉重的纳税义务。前面已经指出,农民要缴纳农业什一税,税率为收成的10%,实际上要比10%多得多③:"托勒密国王们和农民之间的关系在理论上是互惠的,在那里,农民提供种子和必要的农具,收获时农民被要求把固定数额的粮食上交,按照其他古代和中世纪的什一税制度的标准来看,这一固定数额的粮食上缴量则是过大的,有时竟多达60%,必然难以承担。"④也就是说,什一税不过是税的名称而已,它并不意味着税率的多少。

政府下面有庞大的工作队伍,核定农田的产量,征收什一

---

① 参看弗格森:《希腊帝国主义》,晏绍祥译,上海三联书店,2005年,第91页。
② 参看吴于廑:"东西历史汇合下的希腊化文化",载吴于廑:《古代的希腊和罗马》,附录,三联书店,2008年,第177页。
③ 参看本书,第865页。
④ 舍拉梯:"希腊化世界和罗马共和国时代的战争和国家",载萨宾、威斯、维特比编:《剑桥希腊罗马战争史》第1卷《希腊、希腊化世界和罗马的兴起》,剑桥大学出版社,2007年,第470—471页。

税,有时还管粮食的运输。①

　　托勒密王朝建立后,原来波斯帝国王公贵族和官员的土地,以及在波斯帝国时期同波斯当局关系较好的埃及上层人士的土地,都陆续被托勒密王朝收归国有,并利用这些土地建立了大型的国王庄园,即王家农庄,交给有自由人身份的农民耕种,他们是佃户。这些王家农庄土地的耕种、收割和粮食交售都由政府派遣的官员负责,收获的粮食经过严格的检查、过秤、登记验收后,运入国家粮仓。

　　国有土地的佃户除了纳税以外,还要服劳役,如修路、修水渠,此外"他们还有众多与测量、灌溉、运输、邮政以及与此相关的诸如此类的义务需要履行"②。可见劳役是沉重的。有时,佃户们"还可能被集体迁移或者强制去开垦和耕种他们房屋附近的旱地和沼泽地"③。这些也是加在佃户身上的负担。

　　(二) 神庙土地

　　神庙有自己的土地。尽管这些土地是国王拨给神庙的,但名义上仍属于国王。换言之,"神田都被认为是从王室领地分离出来的"④。例如,托勒密王朝曾在密利斯湖进行排水工程,排水后所得到的土地中,一部分拨归神庙作为神庙土地了。这些新增加的土地,在理论上"当然属于国王,而拨给神庙的地产

---

① 舍拉梯:"希腊化世界和罗马共和国时代的战争和国家",载萨宾、威斯、维特比编:《剑桥希腊罗马战争史》第1卷《希腊、希腊化世界和罗马的兴起》,剑桥大学出版社,2007年,第470页。
② 弗格森:《希腊帝国主义》,晏绍祥译,上海三联书店,2005年,第91页。
③ 同上。
④ 杜丹:《古代世界经济生活》,志扬译,商务印书馆,1963年,第109页。

权只是些让与"①。

土地划拨给神庙后,归神庙世代所有。这些土地由当地农民耕种,向神庙交租,他们是神庙的佃户。那么,神庙是否要向国家纳税呢?埃及一直存在着神庙土地不交租、不纳税的惯例,而且是经过国王同意的,目的是"出于敬神和为获得祭司的好感"②。

神庙是很有钱的。它们收入的主要来源是地产收入,即佃户们向神庙交纳的地租,而神庙自身又不必向国家交租纳税。神庙的另一项重要收入是信徒的捐献。神庙的香火越旺盛,名气越大,这方面的收入也就越多。

国王也时常对神庙有恩赐,包括恩赐土地、各种物品等。对神庙的恩赐还有如下的"礼物":国王的佃户如果有葡萄园或橄榄园,"需要把其中的六分之一交给国王指定的神庙当局"③。

(三)私有土地

在托勒密王朝境内,也有一些地方是归私人所有的。拥有这些私有土地的,主要是官员、军官和国王的宠幸。为了笼络这些官员和宠幸,让他们听话,顺从,对国工更加忠诚可靠,或者作为对朝中有功之人的奖赏,国王有时把大块土地,甚至连同土地上的村庄,送给上述这些人作为"礼物"。"朝臣们这样得到的土地是免租、免税的。"④这些得到国王赏赐土地的主人,"是不

---

① 杜丹:《古代世界经济生活》,志扬译,商务印书馆,1963年,第109页。
② 同上。
③ 弗格森:《希腊帝国主义》,晏绍祥译,上海三联书店,2005年,第91页。
④ 同上书,第93页。

在地主,依靠埃及佃户缴纳的租金,住在首都奢华的房屋中"①。

这些由国王赏赐而得到土地的人,的确成了私有土地的所有者。但这同希腊城邦时代的私有土地主人是不一样的。第一,希腊城邦的土地制度实质上是城邦通过法律而承认并加以保护的私有财产制度,城邦对私人经济活动的自由运作和私有者的积极性很少直接干预;②而在托勒密王朝,土地所有权牢牢地掌握在国家手中,国王是最终所有者,政府对私人经济活动的干预和限制始终存在,只是有时紧一些,有时松一些而已。③ 第二,在希腊城邦时代,私有土地一般是不能被政府没收的,一切都要依法处理,除非法律规定对证据确凿的叛国者的私有财产可以充公,但也要经过一定的程序才能这样做;但在托勒密王朝,国王既可以把土地赐给他所宠幸的朝臣,但也可以在国王对受赐者的宠幸程度消失时收回所赐给的土地,这并没有法定的程序可遵守,一切取决于国王个人的好恶,具有很大的随意性。

私有土地还包括了托勒密王朝境内的城市居民的土地。城市是可以拥有土地的,这些土地主要用于建设城市的公共设施,但也可以出售给私人,用于建设私人住宅和私人庭园。希腊人,或者通过购买城市的土地置了私产,或者通过其他居民的转让而买到私人住宅和私人庭园。这在托勒密王朝的城市中被认为是正常的个人经济行为。那么,城市的土地是怎样获得的呢?仍然是靠国王拨给的。没有国王的恩准,城市不可能有土地,更

---

① 弗格森:《希腊帝国主义》,晏绍祥译,上海三联书店,2005年,第93页。
② 参看罗斯托夫采夫:《希腊化世界社会经济史》第1卷,克莱伦顿出版公司,牛津,1941年,第273页。
③ 参看同上书,第273—274页。

谈不到把城市土地卖给私人建立私人住宅和私人庭园。

希腊人买地建房,建私人庭园,甚至在城郊建立私人别墅,经营园圃,这些活动的意义是深远的:

一方面,"希腊人既与土地发生了联系,就不再是暂时寄寓此邦的人而成为永久的定居户了"①。这是与托勒密王朝一直想吸引更多的希腊人前来埃及的愿望相符的。

另一方面,希腊人拥有了土地,不管是用于建设私人住宅、私人庭园,还是用于经营园圃,都意味着埃及的土地所有权概念发生了重大变化。要知道,在托勒密王朝以前或托勒密王朝刚建立时,"事实上,在埃及仅仅有过两种形式的土地所有者——国王和神。现在,希腊异族人也变成了地主而不是种地人,与国王和神庙并列而三了"②。这意味着,凡人也能拥有土地作为私产,并且可以世代相传,这就出现了一种新型的土地所有制。

当然,希腊人作为托勒密王朝的城市居民,他们在土地所有权方面是不能和国王和神庙并列的,这是因为,他们的地产"仅限于房屋和园圃的土地"③,而且仅限于城市区域之内,包括城市的郊区。何况,"就是对这种地产也还加以若干限制,那就是说,所有权只是一种暂时的特权,是可以被政府取消的"④。

可见,希腊人的土地所有权,是东方式的,而绝对不是希腊城邦式的。但一切按既定的程序办,仍体现了希腊的规则。

---

① 罗斯托夫采夫:《罗马帝国社会经济史》上册,马雍、厉以宁译,商务印书馆,1985年,第404页。
② 同上书,第405页。
③ 同上。
④ 同上。

(四) 军人份地

这里还需要谈一下托勒密王朝授予军人的土地。前面已经提出,托勒密王朝前期,军人都是希腊人(包括马其顿人),也包括少数非希腊人又非埃及人的其他民族成员,如西亚人、利比亚人。为了防止军队不稳,所以军队不招收埃及本地人。军人作为替托勒密国王服役的战士就可以得到国王授予他们的土地(份地)。起初,这种份地是没有继承权的,而且只限于用来经营果园、葡萄园、橄榄园,所得到的收入足以养家。"如果士兵们去世或者离开军队,份地要交还国王,国王可以把这些份地补充到他的封地中,或者把它们再分配给其他士兵。"[①]

关于授予军人的份地没有继承权问题,应做如下理解:士兵如果退役,他的儿子也已成年,可以服兵役,同时也就继续领取这块份地。[②] 但是,如果退役士兵的儿子尚未成年,那么能否有份地的继承权呢?如果退役士兵的儿子不愿服役,份地是否就被政府收回呢? 这是一个与广大军人队伍及其子孙后代密切有关的重大问题,政府必须认真考虑,妥善处理。军人们不停地呼吁要明确份地的继承权,理由是:既然这些份地只限于经营果园、葡萄园和橄榄园,而这种经营都需要投入精力、资金和技艺,如果不容许父子相传,那么谁还有积极性去经营这些土地呢? 正因为这个问题十分复杂,所以从托勒密王朝建立到公元前2世纪中叶,在长达150年左右的时间内,一直拖延未决。但民间习惯已经承认军人父子相传份地的做法了。即使法律并没有承

[①] 弗格森:《希腊帝国主义》,晏绍祥译,上海三联书店,2005年,第94页。
[②] 参看同上书,第94—95页。

认这一世袭制度,人们只尊重习惯,只承认事实,不去追究这种世袭是否合法。大约又过了几十年,到了公元前1世纪,法律才认可军人份地可以世代相传。

授给军人的份地面积有多大?这是因人而异的。后来埃及人被允许当兵了,他们同样被授予份地。一个埃及士兵所得到的份地大约是5—7阿鲁拉(aroura)。① 一阿鲁拉大约是3,305平方码。② 而一个希腊步兵得到的份地是30阿鲁拉,一个骑兵军官和警卫军步兵所得到的份地则多达70—100阿鲁拉不等。③ 可见差别很大。至于国王赐给官员的庄园土地,则比给军官的份地更大得多,有上千阿鲁拉的,甚至有多达10,000阿鲁拉的。④

由此还可以看到,在托勒密王朝授予军人份地,以及军人份地实际上成为军人世代相传的私有地产的条件下,在埃及乡村中,逐渐形成了一个中产阶级,而且军人土地所有者在乡村中产阶级中居于重要地位。⑤ 他们同城市中那些经营园圃的私有土地主人一样,都是靠经营果园、葡萄园、橄榄园发家致富的。尽管已有的资料无法说明埃及境内的中产阶级中有多大的比例是希腊人,但明显的是这一中产阶级在埃及经济生活中起着日益

---

① 参看茹贵:《亚历山大大帝和希腊化世界》,英译本,道比译,阿里斯出版公司,芝加哥,1985年,第329页。

② 参看同上书,第328页注②。另据《英汉辞海》,"阿鲁拉,古代埃及土地面积单位,一阿鲁拉等于0.677英亩。"(王同亿主编译:《英汉辞海》上,国防工业出版社,1987年,第277页)

③ 参看同上书,第329页。

④ 参看同上。

⑤ 参看罗斯托夫采夫:《希腊化世界社会经济史》第2卷,克莱伦顿出版公司,牛津,1941年,第887页。

重要的作用。政府官员中有不少人是从中产阶级补充的,他们之中还提供了为王家收税的包税人,并为政府所有的或控制的工商业企业提供承包人等等。①

在这里,可以再分析一下私有土地(包括城市居民的私营园圃和逐渐世袭的军人份地)在托勒密王朝农业发展中的作用。粮食是王室土地上靠广大埃及本地人佃户生产出来的,而像葡萄树、橄榄树的栽培则是私人园圃和军人份地的贡献。在埃及,葡萄园的大片开辟,是希腊人的功绩,而希腊人之所以运用自己的经验和技术,精心培植葡萄树,改进葡萄的质量,并促进埃及葡萄酒业的发展,正因为葡萄园是私有土地上的,产权明确,可以父子传承。② 橄榄园的开辟提供了相同的经验,必须确定土地产权的归属,橄榄树的培育者才有积极性。也许是由于其他原因,埃及的橄榄油的质量始终上不去,停留于二流水平。③

对托勒密王朝来说,一个比较棘手的问题是用材林的匮乏。埃及没有大片森林,亚历山大里亚等城市的建设和船舰建造都感到木材短缺。木材只有依靠进口,但进口木材又耗资过多。托勒密王朝认为,要鼓励种树,就应当明确产权,否则谁愿意为此投资和培育树木呢?在土地产权确定的条件下,居民根据埃及的自然状况,大种椰枣树。椰枣树的树干是可用之材,而且它

---

① 参看罗斯托夫采夫:《希腊化世界社会经济史》第2卷,克莱伦顿出版公司,牛津,1941年,第888页。

② 参看科克、阿德柯克、查尔斯渥斯编:《剑桥古代史》第7卷《希腊化的君主国和罗马的兴起》,剑桥大学出版社,1928年,第131—132页。

③ 参看同上书,第132页。

的枝叶也极有价值,可用于编织筐篓,制作席垫和绳索。①

(五)未开垦土地

埃及境内有大片未开垦土地,但这些宝贵的土地资源自古就未得到利用。自从波斯帝国征服埃及后,由于波斯国王和官员的恣意掠夺和专横跋扈,不仅开发不了未开垦的土地,甚至连原来的已开发土地都被农民遗弃而四处逃难。灾情不断,兵祸连年,严重损害了埃及的经济组织,埃及的农业是衰落的。② 埃及自古因尼罗河定期泛滥,使埃及农业受益,现在成了一句空话,因为埃及农民弃地外逃,农业怎么会保持良好状态?

埃及变成地中海世界真正意义上的粮仓,是在托勒密王朝时期。③ 托勒密王朝为了巩固边防和整治国内秩序,使托勒密王朝建立前后的重要战争都在埃及以外的战场进行。这显然是使埃及农业得以恢复的重要原因。除此以外,对未开垦土地的开发和利用,也大大促进了农业的增产。

开垦这些荒地的主要是什么人? 大多数垦荒者是"不在服现役而在服后备役期间"的军人。④ 托勒密王朝让他们开垦土地并把这些土地分配给他们。这样做的好处之一在于:如果把现有的耕地从土著居民那里划拨出来,分给军人去耕种,就会减少王室的税赋(因为这些土地由土著居民耕种时,他们须向王室纳税和服劳役);如果让军人们开垦荒地,并让他们在开垦出

---

① 参看科克、阿德柯克、查尔斯渥斯编:《剑桥古代史》第7卷《希腊化的君主国和罗马的兴起》,剑桥大学出版社,1928年,第131—132页。
② 参看杜丹:《古代世界经济生活》,志扬译,商务印书馆,1963年,第103页。
③ 参看同上。
④ 罗斯托夫采夫:《罗马帝国社会经济史》下册,马雍、厉以宁译,商务印书馆,1985年,第403页。

来的土地上耕种并获得收成,国家却可以省去给他们发薪饷了。① 此外,被开垦出来的土地固然可以种植粮食,从而充实国家的粮库,但"在大多数情况下不太适宜于种谷物,而极宜于开成葡萄园或橄榄林"②,而前来开垦的军人来自希腊本土或小亚细亚,他们在老家就已熟悉如何种植葡萄树和橄榄树,这样,他们既有把荒地开辟为葡萄园或橄榄林的积极性,又可以增加市场上酒和油的供应量,岂不是对托勒密王朝更加有利? 正如前面已经提到的,容许军人土地(包括新开垦出来的军人土地)有继承权,即子承父业,对于加速土地开垦进程和精耕细作,是起到有力的推动作用的。但应当注意到,由于军人家庭世代传承土地,这样,军人身份也随之而发生实质性的变化。具体地说,这种变化如下:

尽管长时期以内这些被军人开垦出来的土地,像埃及其他任何地方的土地一样,在理论上都属于国王,军人作为开垦者,无权出售它们,抵押它们,或遗赠给亲属,并且在开垦者本人去世后便宣告中止垦殖权,③实际上,垦户的土地逐渐演变为个人终身所有并传给子孙。虽然后代仍像其祖辈那样以相同的身份服兵役,但不少垦户的身份改变了。他们被认为更像是有土地的乡绅,而不像一名士兵,一直到他们的年龄超过了适合服务的

---

① 参看罗斯托夫采夫:《罗马帝国社会经济史》下册,马雍、厉以宁译,商务印书馆,1985年,第404页。
② 同上。
③ 参看舍拉梯:"希腊化世界和罗马共和国时代的战争和国家",载萨宾、威斯、维特比编:《剑桥希腊罗马战争史》第1卷《希腊、希腊化世界和罗马的兴起》,剑桥大学出版社,2007年,第374页。

界限却依旧把持着这块土地。① 情况继续变化。到了公元前2世纪中叶,军人垦户的土地已经被垦户买卖。到了公元前1世纪,发现妇女也继承垦殖的土地。"这意味着军事服役同土地的授予已不再内在地联系在一起了。"②

由于被开垦的土地主要位于尼罗河三角洲一带,所以无论从农业丰收的角度看,还是从保障尼罗河下游和尼罗河三角洲一带城市和居民的安全的角度看,水利工程设施的建设和维修都是非常重要的。自古以来,水利工程设施的建设和维护都由埃及的中央政府负责。托勒密王朝遵循这一古老的传统。它从希腊聘来一些水利工程建设和维修的技术人员,改造了老式的灌溉器械,水渠的灌溉效率和排水效率大大提高了。它在水利方面的投入为经济的昌盛提供了有力的支持。

从托勒密王朝建立直到它被罗马灭掉期间,埃及农业中使用的奴隶很少,未开垦土地的开发同样很少使用奴隶。在埃及农业中,耕种土地的是本地农民;在垦殖的土地上从事劳动的,除了移民、军人外,也包括后者所使用的雇工。③ 为了鼓励移民、军人到尼罗河三角洲一带开垦土地,托勒密王朝还实行了一种由国家担保的贷款制度,包括购买种子的贷款、雇用工人费用的贷款,以鼓励移民和军人等的个人垦殖活动,这也是有利于国

---

① 参看舍拉梯:"希腊化世界和罗马共和国时代的战争和国家",载萨宾、威斯、维特比编:《剑桥希腊罗马战争史》第1卷《希腊、希腊化世界和罗马的兴起》,剑桥大学出版社,2007年,第374页。
② 同上。
③ 参看罗斯托夫采夫:《罗马帝国社会经济史》下册,马雍、厉以宁译,商务印书馆,1985年,第390—391页。

家的。①

(六)村庄的管理和赋税的征收

在对村庄的管理和赋税的征收方面,托勒密王朝的做法和塞琉古王朝的做法是有区别的。在授予军人土地,包括军人垦殖的土地的管理方面,两个王朝同样存在着差别。

先谈一般村庄的管理。本书第十二章已经指出,塞琉古国王们把一大片一大片土地连同村庄和村民都授予国王所信任的官员管理,他们有权代表国王来治理这块地方,并对上缴给国王的赋税负责。而在托勒密王朝统治下的埃及,则由国王挑选出埃及农村中的长老这样的人,让他们负责收取村民的税收,并且从事管理中的一般工作。"这些人与其说是官员,不如说是人质,由中央政府而不是村民任命。"②

托勒密王朝农村不同于塞琉古王朝农村的另一个特点是:埃及对本地农民的管理更严格、更死板。"对埃及的土著来说,从来不存在什么自治或参预任何国家事务(除非他们的本业)的观念。"③不仅如此,埃及的农民,同埃及的工匠、作坊工人、渔民、水手、赶牲口者一样,都要参加一个同业团体,农民是他们自己的那个同业团体的成员。农民同业团体及其成员,"在国家所指定的头目以及一系列国家官吏的领导下必须完成国家交给他们的任务,这些任务就是耕种土地、制造橄榄油和衣料或其他

---

① 参看茹贵:《亚历山大大帝和希腊化世界》,英译本,道比译,阿里斯出版公司,芝加哥,1985年,第331页。
② 弗格森:《希腊帝国主义》,晏绍祥译,上海三联书店,2005年,第109页。
③ 罗斯托夫采夫:《罗马帝国社会经济史》下册,马雍、厉以宁译,商务印书馆,1985年,第391页。

工作"①。因此,在托勒密王朝建立后,甚至早在托勒密王朝建立以前,埃及的村庄居民都处于对国王政府的依附关系中,这种关系反映于他们全体所承担的劳役义务之上,反映于"村庄对所负义务的连带责任上"②,即埃及农民"不但被束缚在土地上,而且还被束缚在他所在的村庄上,一个农民如不能证明他的户籍,事实上就是一个歹徒"③。

在军人土地(包括军人垦殖土地)的管理方面,托勒密王朝与塞琉古王朝也是不同的。前面已经提到,塞琉古王朝也授予军人以土地,让他们在所授予的土地上种植,让他们在未开垦的土地上开垦,但它是整村整村授予的,在那里形成一个个军屯社会。而托勒密王朝个别授予的方式,授予的对象是个人而不是屯垦区的组织,从而在接受所授予的土地(包括未开垦的土地)之后,军人一个个移居到所授予的土地上。④ 在这种情况下,托勒密王朝境内的军人对自己被授予的和开垦出来的土地有更大程度的关注和更大的主动性、积极性,也较少受到屯垦区内的组织的制约。

在这里,还需要对托勒密王朝所实行的包税制做一些说明。在税收制度上,向来只有两方,即一方是纳税人,另一方是收税人。在托勒密王朝境内,引入了第三方,即包税人。包税人处于

---

① 罗斯托夫采夫:《罗马帝国社会经济史》下册,马雍、厉以宁译,商务印书馆,1985年,第391页。
② 韦伯:《世界经济通史》,姚曾廙译,上海译文出版社,1981年,第50页。
③ 同上。
④ 参看舍拉梯:"希腊化世界和罗马共和国时代的战争和国家",载萨宾、威斯、维特比编:《剑桥希腊罗马战争史》第1卷《希腊、希腊化世界和罗马的兴起》,剑桥大学出版社,2007年,第375页。

纳税人和收税人之间,具有中间人的性质。① 包税制很可能是原来就已存在于东方某些国家的一种简便的税制,被托勒密王朝采纳了。这种税制下,包税人可以是个人,也可以是协会,他们在托勒密王朝的王家税收中起着特殊的作用。② 这种税制同希腊原有的税制是不同的:"在希腊,这种中间人就是岁收的实际收税人。他们向国家支付一次总付的税款,从而有权从纳税人那里收到一些特殊的收入。"③而托勒密王朝在埃及所实行的包税制则不一样。在埃及,"岁收的实际征集是国家官员的任务,他们把征集到的款项和实物转送到王家银行或仓库。埃及的包税人对实际征集额不可能有什么变更;但他们在这里有诱人的利益,并在监视岁收的生产者和收税人双方的过程中起着积极的作用"④。这是因为,他们同国王之间订立了合同,只要他们替国王征收到全部征集额,他们可以拿到一定数额的货币或实物。⑤ 如果他们所收到的税或实物超过他们应当征集到的数额,即有了多余部分,那就成了他们的利润。不仅如此,"他们还得到政府给予的红利或薪酬"⑥。

在这里,还应当补充一段:在将近300年的时间内(从托勒密一世控制埃及到托勒密王朝灭亡),托勒密王朝的农业生产技术是有较大进步的。一个例子是出现了扬水车。扬水车有较

---

① 参看罗斯托夫采夫:《希腊化世界社会经济史》第1卷,克莱伦顿出版公司,牛津,1941年,第328页。
② 参看同上。
③ 同上。
④ 同上。
⑤ 参看同上。
⑥ 同上书,第329页。

复杂的装置,即有一根可以转动的直轴,轴上安装几个齿轮,齿轮上拴上吊斗。当直轴转动时,吊斗就舀着水,把水灌到位处较高地方的田里。直轴由牲口牵引。① 另一个例子是:农民实行了较科学的轮作制,豆科植物在轮作中起了很大作用。②

二、手工业和商业

托勒密王朝时期的埃及,不仅因农业的发展而成为粮仓,而且也是手工业兴旺、商业繁荣的国家。

(一)手工业

在手工业方面,埃及的手工业品是远近闻名的,其名声不下于塞琉古王朝叙利亚地区生产的手工业品。首先是纺织业,这是埃及的传统产业。埃及的纺织业包括三大部门,即毛纺织业、亚麻纺织业和大麻纺织业。③ 其中,亚麻纺品很早就有盛名,其次是毛纺织品。至于大麻纺织品,则主要用于制造船具,如绳索、网等等。由于亚麻布行销很广,又同广大群众的需求有关,所以受到政府的管制。④ 对亚麻布的管制是相当严格的,其管制方式可能与下面将会提到的对食用油的管制方式相似。⑤ 毛纺织业是一个古老的行业,在托勒密王朝时期依旧兴盛,尤其是在亚历山大里亚,毛纺织业十分发达。不过,在那里,"很少制

---

① 参看乌特琴科主编:《世界通史》第2卷上册,北京编译社译,三联书店,1960年,第320页。
② 参看同上。
③ 参看罗斯托夫采夫:《希腊化世界社会经济史》第1卷,克莱伦顿出版公司,牛津,1941年,第305页。
④ 参看同上书,第306页。
⑤ 参看同上。

造普通的毛织品,多半制造以神秘景物作装饰的毛织品"①。此外,在亚历山大里亚还有用金线织的毛织品,以及丝织品,丝线可能是从中亚细亚和远东输入的。②

造纸业是埃及最享有盛誉的手工业。埃及生产的草纸(正式译名为纸莎草),历史悠久,距今已经有 4,000—5,000 年了。"纸莎草的原料现在只有在尼罗河上游才有。这种原料和芦苇差不多。造纸时,先把纸莎草的干割开,切平,沿着纤维纵向摊平成条状,然而把多条纸莎草并在一起,再上下挤压,等水分挤干,纤维就粘结在一起,形成一个纤维平面。"③上面就可以写字、作画。"所以严格讲,纸莎草并不是纸,只是一个纤维平面。"④但不管怎么说,埃及的草纸毕竟是世界上最早的、被称为"纸"的东西。⑤

埃及生产的草纸与同时期塞琉古王朝境内生产的羊皮纸一样,受到西亚和希腊本土的欢迎。只是"羊皮纸太贵,似乎只留作贵重书卷之用,从来没有像草纸那样普及"⑥。当时,尼罗河一带,包括尼罗河三角洲,都生产这种纸的原料,它成为埃及的重要出口商品之一。"埃及人除用纸草造纸外,还用它作许多别的东西,例如小船、帆布、衣服、地毯、草鞋、筛子和绳子。"⑦不过这些产品都是埃及人自用的。

① 杜丹:《古代世界经济生活》,志扬译,商务印书馆,1963 年,第 121 页。
② 参看同上。
③ 葛剑雄:"纸的起源与传播",载上海《文汇报》,2011 年 8 月 15 日。
④ 同上。
⑤ 参看同上。
⑥ 杜丹:《古代世界经济生活》,志扬译,商务印书馆,1963 年,第 125 页。
⑦ 同上。

埃及的另一个出色的手工业行业是生产各种珠宝、首饰、装饰品和艺术性较高的玻璃制品的制造业。西亚、北非、意大利半岛、西西里以及希腊本土的一些城市,都是埃及珠宝首饰业和装饰品制造业的行销地。

埃及的造船业也很发达。造船技术在托勒密王朝时期有所突破。例如,托勒密二世曾下令建造四十桨的大型战舰,足见造船技术已超过希腊古典时期的水平。

此外,托勒密王朝时期埃及的铁器生产也有较大进步,铁犁开始广泛使用,农业生产率提高了。① 其他手工业,如木器、马车、染料、家庭生活用品的制造都有发展。

重要的是,埃及的工匠是根据某种合同而为托勒密国王工作的。② 工匠们的人身自由也因此受到限制,主要反映于工匠们不能自由择业,强加给这些工匠的还有某些附带的义务。③ 关于托勒密王朝对手工业和商业的管制情况,下面将有较详细的分析。

(二)商业

在托勒密王朝时期,商业的发展是很不平衡的。在乡村地区,尤其在上埃及,仍保持着古代的交易方式,即以物易物。对乡村中的佃户们,有这样的规定:由于佃户是王室土地上的佃户,他们"购买啤酒、油、鱼、蜂蜜、布匹、苏打、砖、木料、纸张以及日常生活所需的几乎所有其他物品时,只能从国王那里购买,

---

① 参看陈恒:《希腊化研究》,商务印书馆,2006年,第112页。
② 参看罗斯托夫采夫:《希腊化世界社会经济史》第2卷,克莱伦顿出版公司,牛津,1941年,第1101页。
③ 参看同上。

因为国王是唯一的生产者和卖主"①。那么,佃户们会不会从私商那里购买这些物品呢?他们是可以从私商那里购买的,问题在于:"为了取得执照,私商要缴纳的费用很多,以致他们产品的价格不可能比国王低。"②

埃及城市中的商业是发达的。除了有各类商店销售商品,以及各类手工作坊可以自产自销而外,出售商品的其他人(如家庭农场主等)还可以通过经纪人代办买卖业务。尼罗河及其支流上的货运,有私人的船只,但王家船队占优势。王家的货船在尼罗河上来往不绝,它们把王室土地和王家作坊的产品销往各地,再卖给私商和居民。"所以,埃及国王是世界上最大的商人和工场主。"③

农业和手工业的发展使埃及的对外经济交往的规模扩大了。埃及出口的有粮食和各种工业品;埃及进口的商品,有木材、矿产品、宝石、象牙、珍珠、香料等,有些来自黑海沿岸和小亚细亚,有些来自印度、阿拉伯半岛和地中海西部地区。据说,进口的还有来自中国生产的丝绸,它们可能是通过印度或塞琉古王朝领土转运到埃及的。为了便于海上航行,在亚历山大里亚海岸修建了巨型灯塔。

在谈到托勒密王朝时期埃及的国内贸易和对外贸易的兴旺时,不可忽视埃及政府和埃及城市的经济观念的转变,而希腊人的涌入以及他们的实践在经济观念转变中起了积极的作用。传统的埃及经济是一个基本上物物交换和自给自足的经济。托勒

---

① 弗格森:《希腊帝国主义》,晏绍祥译,上海三联书店,2005年,第91页。
② 同上。
③ 同上。

密王朝时期的经济观念的转变,首先由于市场的扩大和以货币作为交易中介,希腊人把雅典、科林斯、提洛和罗得斯等城市的市场观念引进了埃及。比如说,"货币,特别是外国货币,作为交换手段,这是亚历山大以前的埃及所不知道的"①。自古以来,埃及就有金有银,但金银只被看成财富的象征,作为宝藏,"这个国家的大量金银归神庙所有和归私人所有"②,不进入市场。埃及的法老们不知道把金银当作交换手段来使用,当时"埃及的商业基本上在以货易货的基础上进行而不是在货币基础上进行"③。托勒密王朝建立后希腊人纷纷涌入,经济观念逐渐变化,国王也懂得要利用金银作为交换手段,便强制地改变了以前的交易惯例,金银投入流通的数量不断增加。托勒密王朝还欢迎外国商人前来购货销货,因为这些外国商人既懂得货币经济,也懂得地中海世界的商业制度。④

希腊人涌入埃及后所带来的另一个有关经济观念的变化,发生于私人投资和私人应拥有产权方面。这对于古老的埃及传统而言是另一项重大的突破。托勒密王朝为了发展经济,需要希腊人前来投资,前来经营,因为只有希腊人才有资本可供投入,也只有希腊人才有经营的才干。但怎样才能调动希腊人的主动性、积极性和持久性呢?唯有承认希腊人对投资后经营的商店、作坊、工场、公司和农场有产权,希腊人才愿意投资和经

---

① 罗斯托夫采夫:《希腊化世界社会经济史》第1卷,克莱伦顿出版公司,牛津,1941年,第263页。

② 同上。

③ 同上。

④ 参看同上书,第263—264页。

营。以农业为例,希腊人可以在城市范围内拥有土地,经营园圃,出售自己生产的农产品;希腊人也可以在尼罗河三角洲开垦荒地,从事农贸经营。这些荒地是国有的,通过开发而变成了投资人的私产。但有一点却是不可违背的,即希腊人不准到村庄去购买土地或开垦那里的荒地,以免同当地的埃及人发生冲突或动摇了托勒密王朝在乡村统治的基础。希腊投资者被限制在城市范围内活动,或被限制在尼罗河三角洲的国有荒地上活动,这对他们来说,也就满意了,因为这些地方有很大的发展空间,何必到土著居民的村庄去同他们争地并引起冲突呢?

结果,在城市周围,尤其是在尼罗河三角洲一带,新迁入的希腊移民数以千计,他们"以灌园、种植葡萄和橄榄,或以科学方法饲养家禽为生,这些住户好像是在埃及国有化经济的沙漠中出现了一些私人资本主义经济的绿洲,其中有些家业日趋兴旺"[1]。他们是靠出售自己种植或养殖的产品而发家致富,他们是市场发展的受益者,也是产权确定的受益者。

(三)货币

商业发展了,市场扩大了,同外国之间的经济交往增多了,对货币的需求量也日益增加。托勒密的国王除了把神庙储藏的金银调动出来,使之进入市场而外,还大力发展金银的开采业。但埃及境内的金属矿藏不多,所以"四种基本金属——铁、铜、银和金必须进口,至少部分进口"[2]。托勒密王朝开展对外贸易

---

[1] 罗斯托夫采夫:《罗马帝国社会经济史》上册,马雍、厉以宁译,商务印书馆,1985年,第406页。

[2] 罗斯托夫采夫:《希腊化世界社会经济史》第1卷,克莱伦顿出版公司,牛津,1941年,第381页。

的目的之一,就在于保证境内所需要的金属的输入:铁来自梅洛埃,铜来自塞浦路斯,银来自西亚一些地区和塞浦路斯,金来自梅洛埃、阿比西尼亚和努比亚等地。① 埃及自身生产黄金,除了东部沿红海的一些地方有金矿而外,埃及南部的努比亚沙漠也盛产黄金。②

但金矿开采后,运输是一个大问题。开采金矿的地区处于沙漠地带,而且当地和运输途中土匪横行,处于敌对状态的部落也时常来抢劫,安全堪虑。③ 加之,在这些地区采掘金矿异常艰苦,一般劳动力不愿到那里去工作,所以托勒密王朝使用了大量囚犯和战俘作为采矿苦力:"为国王工作的矿工都是带着锁链的犯人,由士兵监视着他们。"④金矿区由一支强大的军队进行保护,以防土匪和部落攻击、抢劫。⑤

托勒密王朝在开采黄金、保障金矿石的运输以及积极从国外进口金银的努力收到了成效,铸造货币(尤其是铸造金币)的资源充足了,于是托勒密王朝着手调整自己的铸币制度。托勒密王朝建立之初,沿袭的不是希腊本土各城邦早期使用的一城一币制,而是采用亚历山大时期的统一币制,即按照雅典城邦的标准铸造通用的货币(金币和银币),这种情况与亚历山大去世后其他希腊化国家一样。⑥ 后来,可能为了突出托勒密王朝的

---

① 参看罗斯托夫采夫:《希腊化世界社会经济史》第1卷,克莱伦顿出版公司,牛津,1941年,第381页。
② 参看同上书,第382页。
③ 参看同上。
④ 杜丹:《古代世界经济生活》,志扬译,商务印书馆,1963年,第129页。
⑤ 参看罗斯托夫采夫:《希腊化世界社会经济史》第1卷,克莱伦顿出版公司,牛津,1941年,第382页。
⑥ 同上书,第398—399页。

自主性，显示自己的实力，便另定不同于希腊本土城邦和当时其他希腊化国家的钱币标准，铸造托勒密王国钱币，这种钱币一直用到托勒密王朝终结。[①] 由于努比亚生产的黄金质量上乘，埃及在有了自己的铸币制度后，便按自己的标准铸造出成色好的金币，在市场上深受欢迎。这对于开展埃及的对外贸易十分有利。在埃及的对外贸易中，同地中海西部地区的贸易是重要组成部分，迦太基是埃及的主要贸易伙伴。[②] 埃及的金币在那里是通用的，信誉很好。

(四)政府对工商业的管制和征税

托勒密王朝对于手工业和商业的管制相当严格和细密。这既符合于古代埃及的传统，但托勒密王朝又在此基础上有进一步发展，以至于罗斯托夫采夫把托勒密王朝的经济描述为一种"计划经济"，把工匠们的人身自由受限制以及强加给他们的各种义务说成是这种"计划经济"的必要的组成部分。[③] 杜兰在所著《世界文明史》第2卷《希腊的生活》中，竟用了这样一个标题："托勒密王朝的社会主义"(第六章第二节)。[④]

工匠的身份是世袭的。像铁匠、石匠、木匠等行业和手工工匠，自古就是子承父业："每一个从事一种行业的埃及人，都要从他父亲学来(手艺)而依次教给他的儿子，他们用这种方法来

---

① 参看罗斯托夫采夫：《希腊化世界社会经济史》第1卷，克莱伦顿出版公司，牛津，1941年，第399页。
② 参看同上。
③ 参看同上书，第2卷，第1101页。
④ 参看杜兰：《世界文明史》第2卷《希腊的生活》，幼狮文化公司译，东方出版社，1998年，第433页。

保存职业上的传统。"①这些工匠中,有些是生来自由的,也有一些是被释放的奴隶,②但子承父业却是所有工匠家庭的惯例。

矿场属于国王,有的租赁出去,有的由政府直接经营。一些大型手工工场也是政府所有和政府经营的。比如说,生产食用油的榨油作坊或工场是王室专营的,然后以官方规定的价格销售给零售商,再卖给消费者,同时政府实行高关税率以限制外国生产的食用油输入。政府专营的食用油利润率高达70%到300%不等。③ 至于在王室专营的榨油作坊或工场中工作的榨油工,"和过去一样,仍然是传统的、受官方严格管制却又具有自由身份的劳作者"④。又如,食盐、纸草甚至烟香的生产和销售,也都掌握在政府手中。私人可以建立手工作坊,但限于小型的,要领取执照,手续繁多,并且要缴纳执照费用,这种费用起初还是较少的,后来越来越多。

手工作坊主按规定要加入同业公会组织。商人们也有自己的行业组织。这些组织全都受到政府的监督。某些行业的手工工匠被限定世世代代从事某一产品的制造,不准生产限定以外的产品。某些村庄居民也被容许生产某种手工业品,但同样是世代制造该种产品,不得越过规定。

甚至最低等行业的从业者,也必须先缴钱取得执照后才能从事该行业的工作,如搬运夫、泥瓦匠、修鞋匠等都如此。只是

---

① 杜丹:《古代世界经济生活》,志扬译,商务印书馆,1963年,第128页。
② 参看同上书,第129—130页。
③ 参看杜兰:《世界文明史》第2卷《希腊的生活》,幼狮文化公司译,东方出版社,1998年,第434页。
④ 吴于廑:"东西历史汇合下的希腊化文化,"载吴于廑:《古代的希腊和罗马》,附录,三联书店,2008年,第177页。

所缴费用多少,则因行业而异。① 征收这种费用的理由似乎是:"假定每个手工业者和每个土地耕作者一样,都是从国王取得营业权利以谋生计的,于是便认为国王是工业生产和土地的最后主人。"②这种征收工商业者营业执照费的做法,在以前的希腊城邦中是没有的。③

这里还需要说明一下埃及乡村中的手工工匠的处境。一个埃及本地土著的手工业者,既是他所在村庄中的一员,同时又是某一个古代同业组织的一员。④ 作为所在村庄中的一员,他在这里登记入籍,不得随意离开村庄外出;作为古代同业组织的一员,他要服从这个同业组织,受到它的规定的制约。这些存在于埃及乡村中的古代同业组织,在托勒密王朝时期虽然也有自己的希腊名称,但同希腊人的协会和俱乐部之类的组织有严格的区别,⑤即它们的经营活动并不像希腊人的同业组织那样自由,而要受到很大限制。

托勒密王朝对于商业贩运活动也有不少限制性的规定。例如,商船通过尼罗河运送货物时,除了作为交易者的商人要缴纳销售税而外,另要缴纳过境税,尼罗河上有两个税卡,负责向过往商船征税。如果商人经营的是对外贸易,那么在商品出境或入境时,还要按货物缴纳关税。最令人不解的是,如果是国内贸易中的商品贩运,"在城镇甚至乡村的城门口,过境货物也要缴

---

① 参看杜丹:《古代世界经济生活》,志扬译,商务印书馆,1963年,第132页。
② 同上。
③ 参看同上。
④ 参看科克、阿德柯克、查尔斯渥斯编:《剑桥古代史》第7卷《希腊化的君主国和罗马的兴起》,剑桥大学出版社,1928年,第150页。
⑤ 参看同上。

纳进口税或出口税"①。

对工商业者经营活动的限制和名目繁多的税和费,已经使工商业者感到既受限制而又负担沉重。但托勒密王朝时期最使工商业者不满的,不是税率的高低,而是包税制。关于包税制,前面已有说明,这里再做一些补充。要知道,实行包税制时要公开拍卖收税权,申请者中标后才能成为包税人。"包税人是当地的居民,但这些税并不是在地方上拍卖,而是在亚历山大里亚拍卖。"②这种征税方式使托勒密王朝获得了大笔收入。地方上的包税人在托勒密王朝官员的经常控制下进行收税工作,而官员则是有军队作为依靠的。③ 实际上,从收税权的拍卖到包税人的经营,存在着一个网络,包括密谋、贿赂、说情等等勾当。④

一般情况下,托勒密王朝总是把税款的征收承包给同政府之间有良好关系的人,而为了使他们能够征收到足额的税款,政府规定了财产抵扣制,这是指:如果纳税人未能按期如数交齐税款,包税人可以在政府帮助下扣押纳税人的不动产和动产(包括货物),抵充税款。这种制度引起广大纳税人的不满,纠纷不断。纳税人的不满,有各种形式:有的逃往他地;有的纠集群众,殴打包税人;有的集体抗税拒交;有些情形甚至酿成同军队对抗的流血事件。

只要托勒密王朝仍处于兴盛阶段,经济繁荣,商路通畅,纳

---

① 杜丹:《古代世界经济生活》,志扬译,商务印书馆,1963年,第154页。
② 科克、阿德柯克、查尔斯渥斯编:《剑桥古代史》第7卷《希腊化的君主国和罗马的兴起》,剑桥大学出版社,1928年,第129页。
③ 参看同上书,第130页。
④ 参看同上。

税人收入较多，能够按时足额缴足税款，包税制的弊端还不突出。但到了托勒密王朝后期，政府控制力下降，内乱纷起，商路受阻，生意不像过去那样好做了，纳税人不能按时缴足税款，于是包税制的弊病便暴露无遗。

（五）金融业

托勒密王朝建立后，随着手工业的发展和国内国外贸易的开展，金融业也兴起了。托勒密王朝时期埃及的金融业既承袭了希腊本土一些城邦金融业的经验和通常做法，又有自身的新的创造。

银行体系的建立是一大特点。关于银行一词，本书上编在谈到古典时期雅典等城邦经济时已经说明，即不能用近代意义上的银行来理解当时的银行，当时的银行不过是供融资的机构而已。按照罗斯托夫采夫的观点，托勒密王朝的银行制度的"主要创新之处就是银行业的集中"①。这是指：在托勒密王朝境内："创建了一个设在亚历山大里亚的中央国家银行，并在各州的首府设立分行，在所有比较重要的乡镇设立支行。"②这样，从中央到地方，一个庞大的国家银行体系就建立起来了。这家银行被称为皇家银行。③ 这在古典时期的希腊是见不到的。

在托勒密王朝时期的埃及境内，也有私人办的银行，不过规模都比较小，活动范围有限，而且没有遍设分支机构的情况，它

---

① 罗斯托夫采夫：《希腊化世界社会经济史》第2卷，克莱伦顿出版公司，牛津，1941年，第1282页。

② 同上书，第1283页。

③ 参看同上。

们"在这个国家的经济生活中起着次要的作用"①。当然,即使是次要作用,私人银行在民间融资方面的作用也不应忽视。

为什么托勒密王朝要建立皇家银行及其分支机构体系呢?为什么它能做到这一点呢?这与托勒密王朝把土地、矿山、大型手工工场的所有权都集中于王室有关,也与托勒密王朝牢牢控制私人经济活动的体制有关。正因为如此,"国王是钱财的拥有者。自很早以来,托勒密王朝就向埃及境内外的人贷款。纸草文献也表明办理借贷钱款事项是由亚历山大里亚的皇家银行实施的"②。为了保证皇家银行效忠于托勒密王室,账目务必清清楚楚,银行工作人员都要宣誓对国王效忠,以免王室财产受损。③

前面已经提到托勒密王朝实行了自己的铸币制度。托勒密金币和银币在境内的流通是垄断性的。不管什么标准的外国铸币,在埃及自己的铸币通行后,一律不准携带入境,更不准在埃及境内流动。④ 如果外国商人或本国商人把外国铸币带到了埃及,必须交出,以便重新铸造并转换为托勒密铸币,这样才能在埃及境内使用。⑤ 这样,外国商人和一般本国商人感到很不方便,他们也难以从埃及的正式金融业机构那得到贷款,而不得不求助于高利贷。高利贷的利率很高。据公元前3世纪中期的资

---

① 罗斯托夫采夫:《希腊化世界社会经济史》第2卷,克莱伦顿出版公司,牛津,1941年,第1283页。
② 陈恒:《希腊化研究》,商务印书馆,2006年,第121页。
③ 参看巴格纳尔、提罗编:《希腊化时期:史料译丛》,第2版,布莱克维尔出版公司,牛津,2004年,第145—146页。
④ 参看罗斯托夫采夫:《希腊化世界社会经济史》第2卷,克莱伦顿出版公司,牛津,1941年,第1294页。
⑤ 参看同上书,第1295页。

料,有一个借债人抱怨道,他借了70德拉克玛的钱的债,月息6%,10个月以后,共欠债达115德拉克玛。① 而法定的最高利率当时大约是年利率24%。②

那么,托勒密王朝的正式金融机构皇家银行及其分支机构体系主要从事什么业务呢?吸收存款和经营一些贷款的业务,仍然是有的,但正如前面所说,一般人很难贷到。皇家银行实际上是托勒密王室的理财中心,保存王家收入,代理王室办理结算、转账等业务。同时,应当注意的是,皇家银行业务的开展同托勒密王朝税收的货币化是结合在一起的。虽然托勒密王朝的赋税制度实际上是二元的,③即一方面采取货币税,另一方面对所辖民众依然采取实物征收和劳役的做法,而且这还同户籍制度结合在一起,居民要"受其原籍约束",不得离开本乡本土,④从而居民的负担并不因货币税的推行而有丝毫减轻,⑤但由于货币税的采用,使王室的"行政管理理性化"了。⑥

如上所述,由于皇家银行的主要任务是替托勒密王室理财,而民间借贷利率很高,所以在托勒密王朝时期的社会经济生活中,神庙仍同过去一样起着融资的作用。尤其是在农村和小城镇,缺钱的人照常向神庙借债。神庙收入丰裕,放债收入正是收入的重要来源之一。

---

① 参看巴格纳尔、提罗编:《希腊化时期:史料译丛》,第2版,布莱克维尔出版公司,牛津,2004年,第212—213页。
② 参看同上书,第213页注。
③ 参看韦伯:《经济与社会》下卷,林荣远译,商务印书馆,2006年,第370页。
④ 参看同上。
⑤ 参看同上。
⑥ 参看同上。

三、奴隶的使用

在亚历山大征服埃及以前,埃及早已使用奴隶。奴隶主要来自战俘和被征服地区的居民,有利比亚人、努比亚人、巴勒斯坦人等等。奴隶的子孙世代为奴。波斯帝国占领埃及时期,情况也是如此。亚历山大征服埃及后,对埃及本地人来说,是一种解放,因为埃及本地人不再受波斯王公贵族的压迫了,但亚历山大并未改变埃及境内历来存在的使用外族奴隶的传统。

托勒密王朝建立后,沿袭亚历山大的做法,把使用外国人作为奴隶的惯例延续下来了。外国人作为奴隶,有三个基本的来源,一是战俘,二是被征服地区的居民,三是海盗掳掠的人口在奴隶市场(主要在提洛岛、罗得斯岛)上出售而被买进的。埃及本地人被强制在矿山等地劳动的,是囚犯,而不是奴隶,尽管他们的劳动的艰苦和生活状况的恶劣和奴隶不相上下。奴隶来自外国,"纸草文书中有不少关于奴隶的资料,从宫廷诗人所描述的日常街头对话,也可以看出此时埃及有操外方语言的奴隶"[①]。来自外国的奴隶,大多数是从叙利亚和巴勒斯坦输入的。[②]

输入的奴隶除了在家庭中从事家务劳动(包括生活服务、园艺、驾车、饲养家畜、保镖,甚至歌舞和使用乐器等)而外,不少人用于工商业中,尽管没有准确的数字,但从托勒密王朝的文

[①] 吴于廑:"东西历史汇合下的希腊化文化",载吴于廑:《古代的希腊和罗马》,附录,三联书店,2008年,第176—177页。

[②] 参看科克、阿德柯克、查尔斯渥斯编:《剑桥古代史》第7卷《希腊化的君主国和罗马的兴起》,剑桥大学出版社,1928年,第135页。

献记载中可以了解到,在亚历山大里亚的工商业中普遍使用奴隶。[1] 有的企业经营者还专门从西亚购入奴隶,并运往自己在孟菲斯的纺织工场做工。[2]

神庙也使用奴隶。这些奴隶都是埃及本地人。他们是怎样成为神庙奴隶的,说法不一:或者是欠债未还的,或者是犯了过失和罪行的,或者是为了赎罪而投入神庙为奴的,等等。在埃及的希腊人使用的奴隶,主要是进口的。希腊人的企业和家庭一般很少使用埃及本地人为奴隶。[3]

在托勒密王朝的矿场和采石场中,大量使用奴隶,这里的奴隶属于王室,也就是国有奴隶。他们在极其恶劣的条件下从事艰苦的劳动,死亡率很高。私人经营的手工作坊中,除雇用人身自由的工人外,也使用购买来的奴隶。奴隶在私人手工作坊的工作条件和生活条件都要比在矿山等地方劳动的国有奴隶好一些,主要原因在于:私人手工作坊中的奴隶是私人花钱买来的。如果奴隶病倒了而无法工作,就被主人看成是一种损失;如果奴隶累死了,或认为工作条件、生活条件太差而逃跑了,将被主人看成是更大的损失。因此,主人宁肯让奴隶吃饱睡好,以便替主人多干活,多挣钱。到奴隶老了,干不动活时,主人宁肯释放他们,让他们去自谋生路,以减少自己的负担。

家庭中使用的奴隶,无论劳动强度、工作条件还是生活待

---

[1] 参看罗斯托夫采夫:《希腊化世界社会经济史》第1卷,克莱伦顿出版公司,牛津,1941年,第321—322页。

[2] 参看科克、阿德柯克、查尔斯渥斯编:《剑桥古代史》第7卷《希腊化的君主国和罗马的兴起》,剑桥大学出版社,1928年,第135页。

[3] 参看罗斯托夫采夫:《希腊化世界社会经济史》第1卷,克莱伦顿出版公司,牛津,1941年,第321页。

遇,都比在私人手工作坊中工作的奴隶好一些。但普通的家庭一般是养不起奴隶,也用不起奴隶的。① 只有比较富裕的家庭才普遍使用奴隶。这里所说的比较富裕的家庭,是指官员、军人、希腊工商业者,以及希腊化了的埃及本地中产者。②

此外,在托勒密王朝时期的一些重大工程建设中,如修建大型水渠和灌溉工程,挖掘尼罗河通往红海的运河(尽管由于流沙阻塞而没有修成),修建国王陵墓(包括亚历山大陵墓和托勒密王朝的国王陵墓)等,除了有征调而来的民工(服劳役的农民)而外,也使用了奴隶,但某些专业性较强的工作则是由工匠来完成的。

按照托勒密王朝的规定,凡是殴打奴隶,或在奴隶身上烙印,都是违法的。③ 托勒密王朝还禁止私人到埃及以外的地方去贩运奴隶,把奴隶买进,这是为了强调埃及的奴隶贸易皆由国家垄断。④

为了抑制奴隶进口,托勒密王朝除了由国家垄断奴隶贸易外,还对使用奴隶者课以重税。埃及农业中或某些领域内,几乎禁止使用奴隶。这是因为,为了保持国内的安定,托勒密的国王们不希望看到外国来的奴隶同埃及本地的劳动力争夺劳动岗位,从而使本地的劳动力就业困难。

---

① 参看罗斯托夫采夫:《希腊化世界社会经济史》第 1 卷,克莱伦顿出版公司,牛津,1941 年,第 321 页。
② 参看同上。
③ 参看陈恒:《希腊化研究》,商务印书馆,2006 年,第 144 页。
④ 参看同上。

四、城市生活

前面已经指出,托勒密王朝在政教合一、国王专制、中央集权的基础上,在城市中实行希腊式的城市自治制度。这一制度的要点,是市长和市议员由城市中的公民选举产生,城市法院的法官也由城市中的公民或公民代表选举产生。但城市必须听从托勒密国王们的旨意,不得有任何违背国王及其代表中央政府高官的行为。尽管如此,来自希腊的移民和他们的后裔已经很满足了,他们知道已经不可能再恢复希腊本土的城邦制度,能够保留城市自治制度已经相当不错。何况,在当时的国际形势下,即使在埃及境内建立一个个独立自主的城邦,又能维持多久?结果还不是先后遭到塞琉古王朝或安提柯王朝的吞并,或陷入广大埃及本地人的围攻而最终被消灭。所以希腊移民及其后裔宁肯有一个希腊人的中央集权的托勒密王朝,这样他们才能在埃及安居下来,发展经济,振兴文化,致富,并享受城市的舒适生活。希腊人全都是托勒密王朝的支持者,没有人留恋公元前4世纪中叶马其顿国王菲利普二世率军南下以前的那种希腊本土的城邦生活。移居埃及的希腊人都是十足的讲究实际的人。

托勒密王朝时期,城市有自己的土地,它们由国王赐给。"赐予这些新城市的土地,被认为是从王家领地中分出来的。"[①]这体现了东方的特点,因为在希腊本土从来不曾有过城邦土地被最高统治者赐予的情形。托勒密王朝的城市在得到国王赐给的土地后,"再把土地分配给各个市民,而这些份地就变成受领

---

① 杜丹:《古代世界经济生活》,志扬译,商务印书馆,1963年,第107页。

者的私有财产了"①。这又体现了希腊的特点。在托勒密王朝的城市中,东方特点和希腊特点是结合在一起的,比如说,即使市民领取了土地,但"保有土地要尽几种义务,例如服兵役和纳租税。这些义务正好使我们想到在理论上的国家的权利,即国王的权利"②。

托勒密王朝时期,城市的法律是比较完善的,几乎是雅典法律体系中大部分规定的照搬。城市中有大量私人拥有并经营的作坊、商店、小商小贩,生意兴隆。城市中还设有私人开办并经营的货币兑换店和私人的金融机构,虽说利率较高,但资金的融通比较顺利。城市和城市之间的交通运输状况良好,陆路有马车可以通行的大道,但货运主要靠航道。尼罗河上来往的货船和客船都很多。国家对海上运输控制严格,而对于内河航运控制较少,私人的船只载人载货,收费盈利,只需照章纳税(尽管税收名目繁多)就行了。当时也存在类似于航运公司的组织。

城市是经济中心。在托勒密王朝前期的社会经济发展过程中,一个希腊人的中产阶级不仅成长起来,而且在社会经济生活中日益起着重要作用。他们之中大多数人拥有不动产:房屋、葡萄园、花园、土地。他们有储蓄,并且渴望把拥有的货币投资于盈利的工商业部门。③ 官员,包括退休官员,还有军人,也都可以包括在希腊人中产阶级之内。托勒密王朝知道这些人对维持埃及社会稳定和促进经济发展有积极作用,因此总是维护他们

---

① 杜丹:《古代世界经济生活》,志扬译,商务印书馆,1963年,第107页。
② 同上。
③ 参看罗斯托夫采夫:《希腊化世界社会经济史》第1卷,克莱伦顿出版公司,牛津,1941年,第330页。

的利益。

在城市中,比上述这些人低一个层次的,是希腊人中的小商人、零售店主,他们人数较多,但他们不是城市小商人、零售店主中的多数,占多数的仍是埃及本地的小商人、零售店主。①

来到埃及的希腊人中还有一些小作坊主,他们属于中产阶级的下层。但应当注意到,在托勒密王朝时期,埃及的手工业一部分掌握在政府手中,还有很大一部分是埃及本地人经营的。②

城市还是文化中心。城市文化同样反映了托勒密王朝兼容希腊文化和东方文化的特色。在城市文化中,以希腊文化为主,但又保存了许多古埃及文化的痕迹,还允许外族人(包括犹太人、叙利亚人、腓尼基人、巴比伦人、波斯人、利比亚人)在城市内居住,听任他们遵循本民族的传统和风俗习惯。他们自己的节日活动、宗教活动和祭祀仪式,照常举行。他们可以设立本民族的教堂、祭坛、学校和互助团体。因此,在托勒密王朝前期,城市一般是稳定的、繁荣的。城市中没有发生不同民族、不同宗教信奉者之间的剧烈冲突。这种情况基本上维持到托勒密王朝的中期。

关于托勒密王朝时期的妇女地位,值得单独叙述一下。埃及的情况同希腊本土、波斯帝国和犹太人聚居的巴勒斯坦的情况不一样。在埃及,妇女在法律上是独立的和自由的。③ 这可

---

① 参看罗斯托夫采夫:《希腊化世界社会经济史》第1卷,克莱伦顿出版公司,牛津,1941年,第330页。
② 同上书,第331页。
③ 参看马哈菲:《希腊的生活和思想:从亚历山大时代到罗马的征服》,阿尔诺出版公司,纽约,1887年初版,1976年重印,第173页。

能同古代埃及的传统有关。比如说,埃及的妇女,即使在结婚以后,可以以自己的名义同别人订立合约,可以持有财产,一切合法的行动都不需要经过丈夫的同意。事实上,埃及的情况是:一对夫妇可以各自对外签约,他们也经常这样做。① 希腊人刚来到埃及时,感到埃及人这种做法是不可思议的、荒唐的。所以在亚历山大征服埃及以及希腊人移居埃及后,他们认为自己必须有同埃及人分开的、单独的法律和单独的地方行政长官,因为在希腊人看来,妇女不是独立的人,而是由她们的父亲、兄弟、丈夫甚至儿子来代表的人。但时间久了,在埃及的希腊人逐渐接受了埃及人的传统和惯例。公元前3世纪的一项由托勒密国王颁布的法令,要求丈夫同意妻子的一切合法的行为,即从法律上承认了妻子与丈夫同等的法律地位。② 从此,埃及人历来尊重妇女地位的传统不仅在法律上被认可了,而且还影响了在埃及的希腊人及其后代。这也是希腊人的埃及本土化的一种表现。

在托勒密王朝时期的城市中,希腊人的生活方式被完全移植过来了。希腊的建筑风格、希腊人的服装和打扮、希腊人的饮食习惯、希腊人的礼仪、希腊人的娱乐休闲方式,甚至希腊人对教育的重视和对民主的珍惜,在埃及的城市中几乎同雅典一模一样。说得更确切些,埃及的城市风貌和希腊居民的生活更接近于雅典的盛期。③ 尽管托勒密王朝时期的自治城市在体制上

---

① 参看马哈菲:《希腊的生活和思想:从亚历山大时代到罗马的征服》,阿尔诺出版公司,纽约,1887年初版,1976年重印,第173页。

② 同上书,第174页。

③ 与同时期塞琉古王朝的希腊式城市相比,托勒密王朝的希腊式城市的希腊化程度更高一些。

迥然不同于雅典城邦,但希腊居民在行使自己被赋予的民主权利方面始终是专心致志的,其热情不亚于盛期的雅典。

城市中通用希腊语。从宫廷到民间,托勒密王朝时期的中上层社会都讲希腊语,官方文书也用希腊文。埃及本地人为了同希腊人交往,特别是为了同希腊人做生意,也都学习希腊语,尤其是埃及本地上层社会人士,几乎全都通晓希腊语和希腊文,并在公开的、正式的场合中以希腊语交流为荣。其实,不仅埃及的城市成了希腊语的天下,连希腊人居住的乡间,希腊人经营的葡萄园、果园、农场等地区,也同样如此。

希腊人在埃及这块土地上繁衍成长。希腊移民的后代同他们的祖辈一样,既然来到埃及,这里的城市又充满了希腊情调,所以他们就把这里当成了家乡,附着在这块土地上。[1] 当然,埃及同叙利亚、两河流域还有一个区别,即埃及距离希腊本土较远,要越过大海才到达希腊本土,从陆路去希腊本土要绕经西亚和小亚细亚,于是托勒密王朝境内的希腊移民和塞琉古王朝境内的希腊移民相比,他们返回故土的愿望要小得多,而把新移居地区真正当作家乡的愿望则要大得多。

五、首都亚历山大里亚

亚历山大东征以后,在地中海沿岸和西亚地区,"仅以'亚历山大'命名的城市就有70多个"[2]。托勒密王朝的首都亚历

---

[1] 参看茹贵:《亚历山大大帝和希腊化世界》,英译本,道比译,阿里斯出版公司,芝加哥,1985年,第327—328页。
[2] 史继忠:《地中海——世界文化的漩涡》,当代中国出版社,2004年,第183页。

山大里亚是当时最大的一个以亚历山大命名的城市。

亚历山大里亚是一座新建的希腊式的城市。什么时候开始建设？说法不一。但都同亚历山大有关，也同托勒密王朝的建立和兴起有关。比较流行的一种说法是：亚历山大征服埃及后，他"看见这个地方，灵机一动，觉得在这里修建一座城市非常理想，这城将必繁荣兴旺。于是他满腔热情地就要动工兴建，亲自把城市草图标划出来：什么地方修建市场，盖多少庙，供什么神——有些是希腊神，还有埃及的埃西斯（埃及神话中司繁殖的女神）等等，以及四周的城墙修在何处"①。亚历山大为了表示自己的诚意，"还向神明献祭，得到的启示很好"②。亚历山大还允许在这里按照雅典的方式实行城市自治制度。③ 但由于他急于继续东征，继续开拓疆土，所以并没有抓具体的城市建设工作。

到了公元前305年，即托勒密正式建国（自任国王，称托勒密一世）的那一年，才开始大规模建设。建设这座城市究竟花费了多少时间，也有不同的说法。大体上可以这么说，经过20年，到了公元前285年，托勒密一世传位给次子托勒密二世（两年后托勒密一世去世），托勒密二世加冕时，亚历山大里亚已有相当规模，其宏伟与华丽都在西方世界首屈一指，成为"新雅典"。托勒密二世和以后的几位国王，相继在原有的基础上继续扩充、修建。

亚历山大里亚的人口总数大约有40万—50万人。街道整

---

① 阿里安：《亚历山大远征记》，李活译，商务印书馆，2007年，第94页。
② 同上。
③ 参看帕克：《城邦——从古希腊到当代》，石衡潭译，山东画报出版社，2007年，第34页。

齐、宽敞,路的两旁有树木遮阴,晚上灯火通明。城市内有王宫,还有国王的陵墓。亚历山大的棺椁安放在城市西区,托勒密王朝历代国王的陵墓也建在那里。城内建筑中有当时世界最大的国家图书馆。要知道,"希腊古典时代既没有国家图书馆,更没有受官方俸给的学者"①。而亚历山大里亚的图书馆则是国家图书馆,里面的研究人员、工作人员都是领取政府薪酬的。"学术在古典希腊城邦是出自私门,东方的希腊化国家则是受庇于王室。这一区别的意义是历史性的。"②城市内还有其他文化设施,如博物馆、剧院、竞技场、角斗场、跑马场、体育馆等。所有这些与希腊城市生活配套的公共文化设施,都是希腊人的领域并按希腊方式管理。③

居住在亚历山大里亚的,以希腊人为主,此外还有埃及本地人、犹太人、外国人以及来自埃及南面的黑人,还有大量奴隶。在亚历山大里亚,主要的族群分区居住,"如希腊人住在港口的皇家区域,埃及人住在西部,犹太人住在东部"④。族群分开居住的好处,是为了"保持各自文化的整体性"⑤。亚历山大里亚的商业,甚至整个托勒密王朝的商业,实际上由犹太人和希腊人把持,他们之间为了商业而竞争不已。⑥

---

① 吴于廑:"东西历史汇合下的希腊化文化",载吴于廑:《古代的希腊和罗马》,附录,三联书店,2008年,第178页。
② 同上。
③ 参看马哈菲:《亚历山大帝国希腊文化的发展》,芝加哥大学出版社,1905年,第68页。
④ 陈恒:《希腊化研究》,商务印书馆,2006年,第135页。
⑤ 同上。
⑥ 参看马哈菲:《亚历山大帝国希腊文化的发展》,芝加哥大学出版社,1905年,第68页。

亚历山大里亚是一个名副其实的国际性城市,并且是当时地中海沿岸和周边地区最大的城市,超过了希腊的雅典、意大利的罗马、迦太基首都迦太基城和塞琉古王朝的首都安条克。在亚历山大里亚的居民中,希腊人约占一半或略少一些,①犹太人约占五分之一。② 到了公元前60年,也就是托勒密王朝末年,尽管埃及内忧外患严重,社会动荡不已,据说亚历山大里亚仍有30万以上的自由人,奴隶另有登记。③

托勒密王朝兴起后,随着希腊人的纷纷涌入,在亚历山大里亚很快就形成了一个由希腊富人组成的富豪阶层:"亚历山大里亚的商人和出口商,同国王本人、王家成员以及宫廷成员等一道,形成了埃及最富有的阶级。"④他们财富的来源,不外是经商、办企业、搞运输、收地租和包税。但更重要的是从事对外贸易业务:"他们掌握船只和货栈,他们都是亚历山大里亚有势力的船主协会和货栈主协会的会员。"⑤在托勒密王朝境内,国王是否直接控制海上贸易的商船队,还没有足够资料证明这一点。现有的资料表明,在亚历山大里亚的外国商人很多,他们用金银铸币采购埃及商品,他们不一定雇佣托勒密王朝的船队运货,而

---

① 参看罗斯托夫采夫:《希腊化世界社会经济史》第2卷,克莱伦顿出版公司,牛津,1941年,第1139—1140页。
② 参看杜兰:《世界文明史》第2卷《希腊的生活》,幼狮文化公司译,东方出版社,1998年,第436页。
③ 参看罗斯托夫采夫:《希腊化世界社会经济史》第2卷,克莱伦顿出版公司,牛津,1941年,第1138页。
④ 罗斯托夫采夫:《罗马帝国社会经济史》上册,马雍、厉以宁译,商务印书馆,1985年,第400页。
⑤ 同上书,第403页。

拥有自己的船队。① 但毫无疑问,亚历山大里亚存在着船主协会和货栈主协会,这表明托勒密王朝境内私人船舶是进行海上运输的,而且没有理由认为这些协会不存在于托勒密王朝早期。②

在亚历山大里亚,不仅有船主协会和货栈主协会这样的富人们的组织,也有工人组成的同业团体,例如磨谷碾谷的工人和码头搬运工就建立了自己的组织。③ 由于亚历山大里亚不断扩建,后来把周围的乡村也包括进来了,原来住在这些村庄中的埃及本地农民也纳入了亚历山大里亚。他们是亚历山大里亚居民中地位最低和最贫穷的人群。④

亚历山大里亚是妇女们最自由的城市。妇女在街上无拘无束地行走,散步,闲逛,购物,参加娱乐活动。上层社会的妇女竞相打扮,在街上炫耀自己。有些妇女和男子在街上拥抱、亲热,她们并不是妓女,而是男人的情侣、女友。但妓女确实存在,而且人数不在少数。据说,"亚历山大里亚城市中最好的私人宅第属于妓女"⑤。亚历山大里亚的这种风气常使初次来到这里的外国人吃惊不已。

与此同时,亚历山大里亚也是托勒密王朝的科学技术中心,许多科学家、研究人员在这里居住、工作,许多发明创造都产生

---

① 参看罗斯托夫采夫:《希腊化世界社会经济史》第1卷,克莱伦顿出版公司,牛津,1941年,第397页。
② 参看同上书,第397—398页。
③ 参看杜丹:《古代世界经济生活》,志扬译,商务印书馆,1963年,第130页。
④ 参看马哈菲:《亚历山大帝国希腊文化的发展》,芝加哥大学出版社,1905年,第67页。
⑤ 杜兰:《世界文明史》第2卷《希腊的生活》,幼狮文化公司译,东方出版社,1998年,第436页。

于这个城市中,其中包括计时水钟、多种以空气制动的机械、螺旋扬水器、水车等。① 托勒密二世临朝时,亚历山大里亚所制造的大型战船,无论从战船的长度、宽度、高度,还是装载人数方面,都超过了雅典所达到的水平。②

亚历山大里亚之所以能够这样兴旺、这样繁荣、这样开放,主要有以下五个原因:

第一,托勒密王朝境内资源丰富,财力雄厚,有条件连续投入大量资金来建造像亚历山大里亚这样的大城市。加之,托勒密王朝又有廉价劳动力可供使用,包括奴隶和征调来的埃及民工。

第二,托勒密王朝所采取的吸引希腊移民前来的政策,以及善待外国人、外族人的政策起了有力的作用。迁入亚历山大里亚的希腊人、外国人、外族人不仅贡献出自己的商业才能、管理经验、手工技艺,而且还把资本带进来了。亚历山大里亚的商业(包括对外贸易)就掌握在本地居民和外国商人二者手中。③ 托勒密的国王们对商业发展一直采取鼓励的政策,尽管征收的进口税和出口税的税率都较高,间或对某些商品的运销采取保护主义措施,如对葡萄酒和橄榄油进行管制并课以重税,④但总的说来生意还是好做的。此外,在托勒密王朝的鼓励和支持下,这里的研究人员多,技术人员多,研究成果也多,甚至还"产生了

---

① 参看吴于廑:"东西历史汇合下的希腊化文化",载吴于廑:《古代的希腊和罗马》,附录,三联书店,2008年,第179页。
② 参看同上。
③ 参看科克、阿德柯克、查尔斯渥斯编:《剑桥古代史》第7卷《希腊化的君主国和罗马的兴起》,剑桥大学出版社,1928年,第134页。
④ 参看同上书,第139页。

新的科学,例如比较植物学(生态学)和气候学"[1]。

第三,亚历山大里亚的地理位置适中,港口设施良好,有巨大的灯塔,便于夜间海上航行。过往船舶和客商从亚历山大里亚出发,西可航行到迦太基、罗马和西西里岛上各城邦,北可以到达希腊本土、爱琴海各岛屿、叙利亚、小亚细亚,直到黑海沿岸。向东走,可以水路陆路并用,到红海边,由此前往波斯湾或印度洋。正由于亚历山大里亚是水路、陆路的商业枢纽,所以它能够长久繁荣不衰,它在当时的各国商人看来是"世界之都"[2],用同时代的一位作家所说,其他城市同亚历山大里亚相比不过只是村庄而已。[3] 据说,亚历山大里亚还同中国之间有贸易往来,很可能这是通过印度循海路开展的贸易,也可能是通过伊朗高原、塞琉古王朝境内而开展的陆路贸易。在《汉书·西域传》中提到的"犁轩",可能就是指亚历山大里亚。[4]

第四,托勒密王朝在土地使用方面还赋予亚历山大里亚一项特权,即免除缴纳土地税。这不仅给亚历山大里亚减轻了税负,有利于工商业者前来投资,而且还降低了成本,有利于工商业的长期发展。"完全免除义务的特权似乎曾给与过某些城市;我们知道至少埃及的亚历山大里亚就是一个例子,一直到公元后第四世纪,该城的居民对于土地还有完全的所有权而免纳土地税。"[5]

---

[1] 贝恩斯:《希腊化文明和东罗马》,牛津大学出版社,1946年,第12页。
[2] 参看科克、阿德柯克、查尔斯渥斯编:《剑桥古代史》第7卷《希腊化的君主国和罗马的兴起》,剑桥大学出版社,1928年,第142页。
[3] 参看同上书,第142—143页。
[4] 参看何芳川:《中外文明的交汇》,香港城市大学出版社,2003年,第4页。
[5] 杜丹:《古代世界经济生活》,志扬译,商务印书馆,1963年,第107页。

第五,亚历山大里亚还是托勒密王朝的金融中心。国王在这里设立皇家银行,从事外国货币的各种业务,同时它也是国王的中央金库。它与财政主管机构下属的金库并存但又有所区别。①皇家银行的分支机构遍布全国,城乡都有。这些银行分支机构也是与财政机构并存的。财政部门征收来的款项由银行运用。② 凡是雅典的银行经营的各种业务,埃及的皇家银行都经营,③因此可以说,"托勒密王朝是按照希腊的方式组织(银行)的"④。甚至连术语、结算方法、运作方式也都是希腊式的。⑤正如前面已经谈过的,⑥托勒密王朝的皇家银行是国有银行,而在古典时期的希腊本土,银行主要是私人的。某些希腊城市也有城邦银行,但其规模与托勒密的皇家银行无法比拟。银行业高度集中于国家银行,是托勒密王朝的一大特征。⑦ 亚历山大里亚商业的繁荣,在较大程度上得力于商人的融资条件较好。

六、埃及的犹太人

亚历山大当初率军进入埃及,赶走波斯军队时,曾对境内的犹太人许下承诺,即要让埃及的犹太人不再受到歧视,享受与希腊人同等的待遇,拥有与希腊移民一样的权利。于是西亚的犹

---

① 参看罗斯托夫米夫:《希腊化世界社会经济史》第1卷,克莱伦顿出版公司,牛津,1941年,第404页。
② 参看同上书,第405页。
③ 参看同上。
④ 同上书,第2卷,第1283页。
⑤ 参看同上。
⑥ 参看本书,第916—917页。
⑦ 参看罗斯托夫采夫:《希腊化世界社会经济史》第1卷,克莱伦顿出版公司,牛津,1941年,第1287页。

太人纷纷来到埃及。这些犹太人当初是作为亚历山大的客人被邀请到埃及来的。[1]

托勒密王朝建立后,仍采取亚历山大当年制定的宽待犹太人的政策。当托勒密一世攻占耶路撒冷时,战争中曾俘虏数以千计的犹太人。托勒密一世把他们带回埃及,后来都被托勒密二世释放了,其中不少人就定居在亚历山大里亚。

犹太人不管是原先就住在埃及的还是亚历山大统治埃及后陆续移居于埃及的,甚至包括托勒密王朝占领巴勒斯坦后定居在巴勒斯坦的,的确未遭到歧视。他们有的被任命为官员。[2]犹太人在埃及城市中生活和经商的,被容许按本民族的法律处理日常事务,还被容许设立自己的法庭,选举自己的法官,并且依据本民族的法律判案。

在埃及军队中,除希腊人当兵以外,犹太人也可以当兵。"托勒密军队中的犹太雇佣军成为最先被希腊化的犹太人。"[3]这些犹太兵士都会说希腊语,但他们仍坚持信仰犹太教,他们在所驻防的地区设立自己的圣殿,并同巴勒斯坦老家保持密切联系。[4] 相形之下,托勒密王朝中期以前,托勒密军队中是不招收埃及本地人的。

前面已经提到,亚历山大里亚人口中犹太人约占五分之一,并且专门开辟一个犹太人居住区,让犹太人安家。犹太人在这

---

[1] 参看马哈菲:《亚历山大帝国希腊文化的发展》,芝加哥大学出版社,1905年,第67页。
[2] 参看韦尔斯:《亚历山大和希腊化世界》,哈克特出版公司,多伦多,1970年,第84页。
[3] 黄天海:《希腊化时期的犹太思想》,上海人民出版社,1999年,第36页。
[4] 参看同上。

里经商，开作坊，做医生，当教师，或给别人打工。犹太人在亚历山大里亚并不限于居住在犹太人居住区内，他们在亚历山大里亚有迁移住处的自由、选择居住地点的自由，除了限定托勒密王朝官员居住的那个区以外（因为托勒密王朝规定那里不允许非政府官员迁入），都可移住。据说，亚历山大里亚城区也有一支犹太雇佣军，他们甚至被称为犹太"马其顿人"。①

犹太人在埃及城市中依旧信奉自己的传统宗教，有神庙、祭坛，有犹太教祭司主持宗教仪式、节日庆典。有些神庙兼有学校性质，或者说，政府容许犹太人把自己的学校设在神庙内。到了托勒密五世时（公元前203—前181年），距托勒密一世建国已经一百年以上，埃及境内有些犹太人还会讲希伯来语，尽管人数已不多，但他们都已看不懂希伯来文。② 大多数犹太人会说希腊语，甚至在亚历山大里亚犹太人居住区内也是这种情形。③ 只有设在神庙内的学校才教授希伯来文，讲解犹太民族和国家的历史，并以希伯来语阐释犹太教的经典，从而增加犹太人的认同感和凝聚力。犹太人坚持这种神庙与学校合一的做法，但却增加了希腊人和埃及本地人对犹太人的不满，也引起托勒密王朝的猜疑。

希腊人和埃及本地人对犹太人的不满是逐渐加大的，除了文化上的隔阂而外，还有经济和政治方面的对立情绪。

---

① 参看黄天海：《希腊化时期的犹太思想》，上海人民出版社，1999年，第37页。

② 参看伊文斯：《希腊化时期的日常生活：从亚历山大到克娄巴特拉》，格林渥德出版社，美国康涅狄格州韦斯特波特，2008年，第77页。

③ 参看同上。

从政治上说,希腊人和埃及本地人都承认托勒密王朝统治下的埃及是一个政教合一的国家,他们都把国王奉为神。然而,犹太人有自己信仰的犹太教和犹太教的神,他们并不相信托勒密王朝的国王是神的化身,这样,在希腊人看来,犹太人在托勒密王朝的埃及是不是另外有国,神外有神,从而形成了另一种神权和政权的合一? 希腊人和埃及本地人对犹太人的猜忌加深了,托勒密王朝对犹太人也越来越不信任了。

从经济上说,犹太人在埃及的国内贸易和对外贸易中不断扩大自己的势力,他们的事业不断取得成就,这也使希腊人嫉妒不已,认为犹太商人抢了他们的生意,占了他们原来的地盘,而埃及本地人则更是仇视犹太人,认为犹太企业只雇用犹太人,排斥本地人,断了本地人生路,夺了本地人的饭碗。

加之,犹太人历来奉行的是不与外族通婚的惯例。希腊人和埃及本地人是可以通婚的,但犹太人既不与希腊人结亲,更不与埃及本地人联姻。犹太人封闭性的婚姻制度被看成是不让外族染指于犹太人的技艺,维持技艺不外传的传统,更被看成是不让外族人有机会参与犹太人的经商活动,以免财富的外流、利益的分享。加之,犹太教有禁止独身的规定,所以托勒密王朝城市中犹太人繁殖很快,这越发引起希腊人和埃及本地人的担忧。[1] 埃及的历史学家则传播几百年以前犹太人因患麻风病等恶疾而曾被逐出埃及的故事,更加扩大了埃及本地人对犹太人仇恨的对立情绪。[2]

---

[1] 参看杜兰:《世界文明史》第 2 卷《希腊的生活》,幼狮文化公司译,东方出版社,1998 年,第 437 页。

[2] 参看同上。

另一个同政治经济都有关的新情况是：罗马共和国已日益强大,它在击败迦太基之后成为地中海西部地区的霸主,而且在击败安提柯王朝之后正准备向地中海东部地区扩张。鉴于国际形势的变化,托勒密王朝认定罗马下一个攻击目标将是埃及。托勒密王朝境内的希腊人和埃及本地人都把罗马看成是最危险的敌国。罗马的粮食生产是不敷国内需求的,歉收年份更有求于从国外进口粮食。埃及是著名的粮仓,希腊商人和埃及本地商人为了国家利益和国家安全,都不愿从事对罗马的粮食出口生意。当罗马向托勒密王朝购买粮食时,正是亚历山大里亚的犹太商人接下了这一大笔生意,并由他们负责把粮食运到意大利半岛。犹太商人这种只图赚钱而不顾托勒密王朝命运的行为,遭到希腊人和埃及本地人的唾骂。

上述这些都为托勒密王朝晚期犹太人在埃及的地位的变化产生了较大影响。犹太人越来越成为埃及境内令人厌恶的族群了。

第三节 托勒密王朝的衰亡

一、罗马的威胁

前一章(第十二章)在谈到塞琉古王朝由盛转衰的转折点时,曾指出马格尼西亚战役是一个分界线。这是指：公元前197年,罗马军队在第二次马其顿战争中击败了安提柯王朝国王菲利普五世的军队,控制了希腊,塞琉古国王安条克三世闻讯,派兵进入小亚细亚,准备渡过海峡,在色雷斯和马其顿对抗罗马军队,以支持安提柯王朝。位于小亚细亚西北部的帕加马王国,原来隶属于塞琉古王朝,后来摆脱了塞琉古王朝,宣布独立。它害怕塞琉古王朝的军队重来,在这紧要关头,倒向罗马一边。公元前189年,罗马军队在帕加马王国境内马格尼西亚的战役中重创塞琉古军队,塞琉古军队不得已撤出小亚细亚,退守叙利亚北部。从此,塞琉古王朝元气大伤,由盛而衰,一蹶不振。

托勒密王朝由盛转衰的时间比塞琉古王朝晚了好几十年。托勒密王朝当时的国王是托勒密五世(公元前203—前181年)。他看到塞琉古军队被罗马军队击溃的事实,了解到厄运即将降临在自己头上,因此向罗马派出使者,以屈辱的方式向罗马表示,自己不会为罗马征服希腊本土而同罗马对立。而罗马则认为,这时还是以安抚托勒密王朝为好,因为罗马还有比同托勒密开战更重要的事情:一是,尽管罗马已经击败了迦太基,但还没有灭掉迦太基,而只有消灭迦太基,罗马在地中海西部地区的霸权才能确立;二是,尽管罗马已经击败了安提柯王朝,但从马其顿到希腊本土,到处都有反罗马的势力,罗马也必须消灭安提柯王朝,把希腊本土牢牢地置于自己的直接控制之下,然后才能以此为基地,向西亚、北非扩张;三是,罗马无论是为了安定意大利境内,还是为了应付此后的征服塞琉古王朝的战争,粮食的充足供应都是必须保证的。埃及是意大利的主要粮仓,所以罗马有必要维持托勒密王朝现状,这样对罗马更为有利。正是在这些考虑之下,罗马安抚托勒密王朝,告诉托勒密的国王们,罗马同托勒密王朝是友好的,托勒密王朝如果受到其他方面的威胁,罗马将伸出援助之手。

马格尼西亚战役结束之后又过了半个世纪,到了公元前

146年,地中海地区的国际形势发生了重大变化。在西部,罗马不仅灭掉了迦太基,而且把首都迦太基城彻底摧毁,把还活着的迦太基人全部变成奴隶;在东部,罗马在灭掉安提柯王朝后,控制了马其顿和希腊本土,对希腊本土的反罗马的科林斯城邦也采取了毁灭性的镇压,全城被付之一炬,男子全遭杀害,妇女和小孩全体被变卖为奴。从这时起,托勒密王朝才真正感到大难即将临头。罗马下一个目标肯定是塞琉古王朝和托勒密王朝。塞琉古王朝这时已经四分五裂,绝对不是罗马的对手。托勒密王朝同样抵挡不住罗马军队的进攻。如果抵抗罗马军队的进攻,迦太基和科林斯的悲惨遭遇将在埃及重演。于是托勒密王朝君臣们抵抗罗马入侵者的意志已经基本动摇。谁都不敢得罪罗马人,生怕挑起事端,使罗马找到攻入埃及的借口。

正是在这种形势下,托勒密王朝内部发生了地方分离势力抬头的严重问题。地方分离主义并不是从这时才开始出现的,而是从托勒密王朝建立之初就有了。由于中央政府和地方政府的主要官员全是由希腊人(包括马其顿人)担任的,埃及本地人只能充任低层办事人员,一切都得从命于希腊人上级,所以他们不服。埃及历来就有一些精英家族,势力很大,对托勒密王朝以前的历代统治者都有巨大影响。即使埃及曾被外国入侵者占领过,但他们仍有同过去一样顽强的政治欲望。[1] 这些精英家族在法老时期都是当地的世袭领主,他们的权力、地位和荣誉世代传承。他们还担任祭司职务,这一职务既有地位,又有经济利

---

[1] 参看劳埃德:"早期托勒密时期的埃及精英:若干象形文字的证据",载奥格登编:《希腊化世界:新观察》,威尔斯古典出版社和杜克渥斯出版公司,伦敦,2002年,第118页。

益,还能在地方上产生很大影响。[①] 当托勒密王朝强盛时,以这些精英家庭为代表的地方分离主义暂时不动声色,处于隐蔽状态。而当托勒密王朝的军事力量削弱之后,地方分离主义便公开活动了,本地的精英家族也随之纷纷由后台转到前台。上埃及的情况正是如此,甚至连尼罗河三角洲也日益被地方分离主义所笼罩。特别到了托勒密王朝中期以后,托勒密王朝由于兵源不足,开始招募埃及本地人在军队中服役,土著军队人数不断增加,这又进一步加速了埃及地方分离势力的滋长。[②] 它从内部销蚀了托勒密王朝的力量。

二、埃及本地人的逃亡和起义

前面已经指出,托勒密王朝建立后,由于不信任埃及本地人,所以中央政府和地方政府的主要官员全都是希腊人,而为了稳住埃及本地人,试图通过宗教政策把托勒密国家同埃及本地人连接起来,即传播这样一种思想:托勒密国王就是神的化身、神的代表,他既是政治领袖,又是宗教领袖,埃及本地人服从国王旨意就是对神谕的服从。尽管托勒密历代国王在这方面做了大量工作,"但在埃及人心中,从未把他们和真正的法老视为同一,也从未承认亚历山大里亚是埃及真正的首都"[③]。

在埃及本地人看来,托勒密王朝是希腊—马其顿人的王朝,

[①] 参看劳埃德:"早期托勒密时期的埃及精英:若干象形文字的证据",载奥格登编:《希腊化世界:新观察》,威尔斯古典出版社和杜克渥斯出版公司,伦敦,2002年,第120—121页。

[②] 参看同上书,第121页。

[③] 科克、阿德柯克、查尔斯渥斯编:《剑桥古代史》第7卷《希腊化的君主国和罗马的兴起》,剑桥大学出版社,1928年,第115页。

埃及本地人是被征服者,如同波斯帝国统治时期一样。"他们一直把托勒密家族看成是外国人,并始终梦想将来有一位本族的国王,把孟菲斯作为他的首都。"①这几乎是难以改变的事实。

托勒密王朝的创立者托勒密一世和他的继承者们都懂得这一点。好在当时托勒密王朝实力强大,不怕埃及本地人造反,所以让希腊人掌握地方实权,同时对埃及本地人采取安抚政策。比如说,建设重大工程时要征调本地农民来从事劳动。虽然本地农民是在服劳役的名义下被征调来的,但政府给以报酬,工作条件也较好,不允许虐待他们。对于广大农民,无论他们是在王室土地上耕种,还是在神庙土地上耕种,或者从事垦殖荒地工作,都是自由人身份,或者划给他们一块份地,或者采取分成制,可以养家糊口,只是不得随意离弃土地而已。在司法方面,大体上能够依照法律处理,并没有对埃及本地人实行歧视。尽管如此,埃及本地人心里仍然牢记着他们祖先生活过的法老时代,牢记着法老时代的传统,这种认识上的差距并不是托勒密王朝推行的安抚政策就可以消除的。② 但不管怎样,由于托勒密王朝还相当强盛,所以从总体上说,埃及社会安定了将近一百年之久。

地方分离主义主要滋生于埃及乡村。城市中的情况要好一些。在城市中,埃及本地人或经商,或经营手工作坊,或做小商小贩,或佣雇工,或从事自由职业,一切待遇都正常,没有受到歧视。埃及本地人在托勒密王朝前期的城市经济发展中得到了好

---

① 科克、阿德柯克、查尔斯渥斯编:《剑桥古代史》第7卷《希腊化的君主国和罗马的兴起》,剑桥大学出版社,1928年,第115页。

② 参看同上书。

处，生活有所改善。埃及本地人从自己的记忆中，是能够做出对比的：这比在波斯帝国统治时期要好得多。虽然他们对希腊人在城市中所得到的更大的好处，感到嫉妒，心有不满，但也无可奈何，只好忍耐。所以城市中希腊人和埃及本地人之间大致上相安无事，只是埃及本地人心存芥蒂，久久未消而已。

从托勒密四世、五世起，托勒密王朝前期的盛世已告结束。而从这以后的国王们比托勒密四世、五世更加昏庸无能。他们只图享乐，家族内部争权夺利，任用佞臣、贪官，把持朝政，搜括民财，民怨载道。埃及本地人的负担加重了很多，而谋生之路因经济的停滞而越来越窄了。埃及本地人从来都是最相信本族祭司的，祭司们常说，在波斯人和希腊人统治埃及之前的长时期内，古代埃及法老治理埃及时期国运昌盛，经济繁荣，人民富庶，而现在希腊人的统治却同波斯帝国统治埃及时一样，埃及人受欺压，受盘剥，所以只有反抗才有出路。埃及的社会形势从此急转直下。①

农民逃亡是最常见的反抗形式。埃及农民的逃亡始于公元前3世纪末年，原因主要是农民负担的租税和劳役越来越重，一些农民欠债累累，于是逃离了乡村。不少王室土地荒废了。这样形成了一种恶性循环，即农民逃亡，使得王家土地荒废，农产量下降，国家税收减少，政府就加重税负，增加劳役天数，于是农民的负担更重了，他们只好继续逃亡。加之，在这段时间内，保留下来的土地册和其他文件表明，水利失修，灌溉系统不起作

---

① 参看茹贵：《亚历山大大帝和希腊化世界》，英译本，道比译，阿里斯出版公司，芝加哥，1985年，第334页。

第十三章 托勒密王朝

用,土地沙化严重,导致农业产量剧减,这进一步促使农民弃地外逃,以谋生计。① 进入公元前2世纪后,逃亡的农民更多,离村外逃竟成了普遍现象。② 有些村庄竟有一半土地荒废。

弃地外逃的农民逃往何处?有逃往城市的,有逃往边远地区的,有逃入神庙求庇护的,也有逃往尼罗河下流湿地,靠捕鱼和开垦土地谋生的。无论往哪里逃,都表明乡村的动荡不宁,结果都是国王的收入缩减了,埃及的粮食产量下降了。

值得注意的是,在托勒密王朝日趋衰落的过程中,连希腊地主也有弃地离去的情况。这是因为,在埃及的乡村,允许私人资本在一些荒地上或未开垦的土地上投资建立农场;③希腊移民是投资者、农场的主人,他们置地而不种地,种地的劳动力是本地人。④ 但到了后来,由于政府官员贪污、勒索、腐败,税收又不断加重,希腊农场主就加紧压榨本地劳动力,他们之间的关系恶化了。本地劳动力先离去,最后希腊投资人也不得不抛弃土地而走。"托勒密王朝早期君主所曾开辟的土地现在丧失了。那些土地大片大片地变成了庙产,或者变成荒地,荒废无主而渐趋干涸。"⑤

托勒密王朝中期以后,埃及一向著名的手工业生产也衰落了。税收加重是原因之一。官员专横跋扈,勒索成风,随意没收

---

① 参看乌特琴科主编:《世界通史》第2卷上册,北京编译社译,三联书店,1960年,第419页。
② 参看同上。
③ 参看罗斯托夫采夫:《罗马帝国社会经济史》上册,马雍、厉以宁译,商务印书馆,1985年,第406页。
④ 参看同上。
⑤ 同上书,第125页。

手工业者的财物，是导致手工业衰落的另一个原因。此外，由于托勒密王室内讧不绝，社会秩序混乱，商路阻塞，出口减少，也使得一些手工作坊停产倒闭。[①] 公元前2世纪，埃及境内的王室大型手工工场中的工人也屡有逃亡，主要是因为工资减少了，劳动强度加大了。工场中的监工为了防止工人怠工，采取了对工人体罚或其他惩戒手段，工人只好采取逃亡这种反抗形式。这种情况有时也发生在一些私营大型工场中。

手工工场中的埃及雇工在受到恶劣待遇和惩罚时，还实行集体罢工。"罢工是一种向神提诉以听候神的判决的解决办法，其具体行动就是离开他们平时的住所而躲避到一所神庙中去。"[②]这是一种古老的反抗形式，"罢工"在埃及被看成是"亡命"一词的同义语。[③] 罢工者躲在神庙里要靠神庙给以食宿，这被认为是天经地义的。而在同情罢工的人看来，这恰恰反映了埃及人始终把埃及宗教中的神当成自己的神，而不相信托勒密国王是埃及人的神。"罢工者在神庙里一直消闲度日，要等纠正了偏差或受强力压迫才肯恢复工作。"[④]

甚至连充当职员和警察的埃及本地人，也有逃离职守的。他们并不是为了税收加重而出走，也主要不是为工资菲薄而离职。他们通常是为了受歧视、受冷落而这样做的。他们受上级领导（几乎都是希腊人）的压制和不公平处理，或受希腊同事的

[①] 参看乌特琴科主编：《世界通史》第2卷上册，北京编译社译，三联书店，1960年，第420页。
[②] 罗斯托夫采夫：《罗马帝国社会经济史》下册，马雍、厉以宁译，商务印书馆，1985年，第392页。
[③] 参看同上。
[④] 同上。

排挤,对希腊人深怀不满和仇恨,于是一走了之。他们也通常逃到神庙,神庙中的祭司同情他们,愿意收留他们。

由于神庙中的祭司不仅在当地有经济实力,有威望,而且因收留逃亡者、罢工者、落难者而获得埃及人的信任,于是名声更大了。在埃及后来所发生的本地人暴动中,"这些叛乱的首领往往是土著祭司。他们的最后目的就是要把外国人,包括国王在内,一起赶走"[①]。

接着,埃及兵的兵变也发生了。正如前面已经多次提到的,在托勒密王朝建立后的长时期内,只有希腊人(还有犹太人)才有资格当兵,埃及本地人在战争期间,只能修建工事和充当挑夫、马车夫。托勒密王朝和塞琉古王朝之间一再发生战争,托勒密王朝时而失败,时而获胜,即使获胜,兵力损失仍然很大,所以从托勒密四世起,为了补充兵力之不足,开始招募埃及本地人入伍,成立了埃及本地人的军队。后来发生兵变的,就是埃及军队。

埃及军队之所以哗变,原因很多。一是由于埃及军人不管在战场上如何英勇作战,待遇都低于希腊军人,他们心中不服;二是,高级军官都是希腊人,这些希腊将领歧视埃及士兵,战功主要归于希腊士兵,从而引起埃及军人的愤怒。再加上埃及社会上对希腊人的怨恨在增加,地方分离主义在抬头,终于激起了埃及军队的一次次哗变。尽管历次哗变最终都被镇压下去,但埃及军人对希腊人的怨恨未消,总在等待机会再次哗变。此外,

---

① 罗斯托夫采夫:《罗马帝国社会经济史》上册,马雍、厉以宁译,商务印书馆,1985年,第20页。

越来越多的埃及军人转而采取消极方式来反抗,如抗命罢战,不战自退,甚至开小差。

在这种情况下,托勒密王朝不得不采取缓和矛盾的政策,"答应向土著居民让步,但这样一来,反而鼓励了他们,使他们更相信政府的力量薄弱不足以强迫执行它的要求,因此情况弄得更糟"①。

在埃及人的起义中有几次规模很大而且影响深远的事件。一次是公元前165—前164年发生于首都亚历山大里亚的埃及人起义。这次起义是多年以来埃及本地人对希腊统治者的积怨累积而爆发的。要知道,亚历山大里亚虽然是首都,是自治城市,但公民权作为国王授予的一项特惠,只授给限定的人群。② 埃及本地人虽然可以住在亚历山大里亚,但他们一直享受不到自治权这一特惠。③ 尤其是亚历山大里亚南部原有的一些村庄中的埃及农民,他们世代住在这里,务农或经营手工业为生。亚历山大里亚扩建时,把这些村庄纳入了城市地区,但他们却不是亚历山大里亚的公民。④ 这无疑使他们仇视希腊人,仇视那些得到亚历山大里亚公民权的希腊居民。

公元前165—前164年亚历山大里亚的起义由埃及上层人士、贵族世家出身的佩托沙拉匹索领导。他受到埃及军人的支持,由军队哗变开始,很快扩展为一场有埃及各阶层人士参加

---

① 罗斯托夫采夫:《罗马帝国社会经济史》上册,马雍、厉以宁译,商务印书馆,1985年,第20页。
② 参看伊文斯:《希腊化时期的日常生活:从亚历山大到克娄巴特拉》,格林渥德出版社,美国康涅狄格州韦斯特波特,2008年,第77页。
③ 参看同上。
④ 参看同上。

的、并有农民加入的大起义。不幸这场起义在当时实力依然强大的托勒密军队镇压下失败了。

此后几十年间,埃及人的起义始终不断。大约在公元前2世纪晚期,在埃及南部以底比斯为中心又发生了大起义,其规模大于公元前165—前164年亚历山大里亚的起义,而且涉及的地域范围也更广泛。托勒密国王不得不耗费大量财力和派出众多军队才把这场起义镇压下去,但托勒密王朝的元气已经大伤,它在埃及南部的统治基础已经动摇了。

需要指出,公元前2世纪中叶以后在埃及境内所发生的大规模埃及本地人的兵变和起义,都同托勒密王室内部的斗争密切地联系在一起。当时的国王是托勒密六世(公元前181—前145年),亚历山大里亚起义就是在他临朝期间发生的。也正是在托勒密六世临朝时,罗马已经占领了马其顿和希腊本土,灭掉了安提柯王朝。罗马人于公元前146年彻底摧毁科林斯,就是给所有希腊人一种警告:谁要是胆敢反抗罗马人,科林斯的毁灭就是例证。托勒密六世在惶惶不可终日的形势下死去。他死后,埃及的局势更加混乱。埃及境内的势力明显地分为两派,一派支持托勒密七世,一派支持托勒密八世,两派都有军队参加,包括希腊军人和埃及军人,也都有埃及地方势力的背景。关于这些,本章将在下文进行阐述。[①]

三、犹太人问题的产生

在托勒密王朝政府官员腐败加剧和经济状况恶化的形势

---

① 参看本书,第963—965页。

下,不仅希腊人和埃及本地人之间的关系日益紧张,而且希腊人、埃及本地人和犹太人之间的关系也越来越坏,最终形成无法共处的格局。

托勒密王朝从建立之时起,就逐渐形成了三个族群:希腊人、埃及本地人和犹太人。到了托勒密王朝中期以后,三个族群的对立把托勒密社会撕裂成三大块。托勒密名为统一的王国,表面上仍由希腊人掌握大权,实际上,三个族群各有势力范围,互不相让。希腊人的势力主要在尼罗河下游,尤其是在地中海沿岸和尼罗河三角洲的城市中。犹太人的势力也主要在城市中,侧重于商业和金融业领域。埃及本地人的势力则城乡均有,尤其是在埃及南部地区势力更大,那里几乎全是埃及本地人的地盘。如果说,希腊人的后台是托勒密王室、从中央到地方的各级行政官员,犹太人的后台是犹太教神职人员和城市中的工商界富户,那么埃及本地人的后台则是各地的祭司和世代在埃及拥有势力的"埃及精英"。

进入托勒密王朝中期以后,犹太人在埃及的处境越发困难。主要原因是,犹太人被希腊人和埃及本地人看成是只顾私利而不顾国家安全的商人,是亲罗马的败类。关于这一点,前面已经提到。犹太人自知敌不过有政府支持的希腊人和有强大地方势力支持的埃及本地人,于是有些犹太人选择了离开埃及的道路,他们把资金也带走了。这就进一步激起了希腊人和埃及本地人对犹太人的痛恨,于是殴打犹太人、抢劫犹太人财物的事件屡有发生。没有逃离埃及的犹太人不敢再住在城市内了,他们也不敢逃到乡下,因为那里埃及本地人多,他们逃到乡下无异于受到更大的迫害。犹太人只有逃往人烟稀少的边远地区。他们寄希望于罗马人,把罗马人当成是解救者,以为罗马人定会早日消灭托勒密王朝,把犹太人解救出来。

正在这时,埃及的犹太人从巴勒斯坦得到了一个好消息,即那里的犹太人在西门的领导下,并得到罗马的支持,于公元前142年赢得胜利,迫使塞琉古王国承认犹太的独立,西门成为世袭的犹太国哈斯蒙尼王朝的开国君主。① 这一消息使埃及的犹太人欢喜若狂,他们纷纷离开埃及,迁往耶路撒冷。犹太人的大批出走,使托勒密王朝的经济受到很大冲击,同时也加深了埃及境内希腊人和埃及本地人对犹太人的怨恨。他们的反映是:早就知道犹太人没有把埃及当作自己的家乡,果真如此。西门是在同罗马结盟之后击败塞琉古王朝的,这似乎又证实了犹太人都是彻头彻尾的亲罗马分子。

四、罗马在地中海东部海域霸权的确立

罗马在公元前189年的马格尼西亚战役中击败塞琉古王朝军队,占领小亚细亚,直逼叙利亚边境之后,塞琉古王朝已由盛转衰。接着,罗马又灭掉安提柯王朝,统治希腊本土和爱琴海上一些岛屿,罗马在地中海东部地区的霸权已经初步建立。剩下的只有塞琉古王朝和托勒密王朝这两个由希腊人掌权的国家了。这时的塞琉古王朝的疆土已经很小,中亚细亚、印度河流域早已不在塞琉古王朝管辖范围内,伊朗全境、巴比伦城和两河流域一部分地区也被由塞琉古王朝分离出去的帕提亚王国夺走。巴勒斯坦已隶属于新建立的犹太国。塞琉古王朝主要管辖区域

---

① 参看本书,第839页。

只限于叙利亚和两河流域的一部分地区。相比之下,托勒密王朝所统治地区大致上仍同过去差不多,因为埃及仍在托勒密国王掌控之下。但正如前面已经指出的,由于埃及地方分离主义势力抬头,埃及南部的许多地方已不听从托勒密国王的命令了。而罗马人的向东扩张仍在继续。

进入公元1世纪后,罗马共和国本身陷入长期的派别斗争之中。公元前73—前71年,意大利半岛爆发了斯巴达克领导下的奴隶起义。罗马统治集团中的贵族派和民主派两派,既忙于派别斗争,又不得不联合起来共同对付斯巴达克起义。尽管如此,罗马仍然不放弃对东方的征服。公元前67年,塞琉古王朝末代国王安条克十三世遇害,国内争夺王位的内乱加剧。公元前64年罗马消灭了塞琉古王朝。

到了公元前60年,罗马形成了"三头政治同盟",三头是指克拉苏、庞培和恺撒三人,其支持者是罗马的平民和骑士,即民主派。民主派在罗马掌权后,在国内恢复了公民会议,恢复了保民官制度,并清除了元老院中的贵族派势力。罗马内部既已安定下来,于是就想乘着托勒密王朝衰弱无力的机会,一举消灭这个唯一留下来的希腊化王国。

但这时的爱琴海和亚得里亚海已经不像过去那样平静。这里变成了海盗横行的海域。海盗不仅公开抢劫过往的商船和客商,还公然登陆攻击地中海沿岸罗马统治下的城市,绑架人质,高价勒索,如果勒索未能如愿,就杀戮人质或将其变卖为奴隶,甚至连罗马派驻的官员都被绑架。此外,由北非运往罗马的运粮船只也一再遭劫,粮商不敢再从事海上贩运粮食的生意,罗马粮价因此大涨,甚至一度有断粮的危险。

罗马认为,这不是普通的海盗掠夺事件,而是具有政治意图的阴谋。海盗以希腊本土西部和南部的城邦境内多山多峡谷的港湾为基地,目的在于把罗马人赶回意大利半岛,让亚得里亚海和爱琴海再度成为希腊人的领海。因此,庞培向罗马元老院提出肃清海盗的方案。在恺撒支持下,罗马元老院授权庞培指挥一支拥有12万5千名士兵和500艘舰船的军队,进行消灭海盗的战争。[①]

庞培担任统帅后,从陆上战争着手,先陆续占领并摧毁了海盗在希腊本土和各个岛屿上的海盗基地,断绝海盗船只的归路,然后在战争中击沉和俘获海盗船只,予以全歼。海盗首领被俘后处死。从此,地中海商路恢复通畅,粮食源源运抵罗马,罗马粮价大跌。罗马这才真正确立了在地中海东部海域的霸权。

庞培手握重兵,为什么在肃清海盗之后不一鼓作气攻下托勒密王朝的首都亚历山大里亚,消灭托勒密王朝,占领埃及全境呢?据说,他接受了托勒密王朝一大笔贿赂,所以按兵不动。但这只是一种传闻而已。根据罗马元老院的规定,将帅统兵远征国外,必须有元老院的授权。那么,元老院为什么不乘此机会授权庞培,让他统兵进攻亚历山大里亚呢?这又同元老院对庞培产生疑心有一定联系。

具体地说,很可能与下述事件有关,即庞培在肃清海盗后,急于返回罗马城,是为了给自己手下的兵士争取一份福利.他建议给这些兵士分配一份国有土地,以维持他们退休后的生活。

[①] 参看杜兰:《世界文明史》第3卷《恺撒与基督》,幼狮文化公司译,东方出版社,1998年,第109页。

这是庞培向他手下的兵士做过承诺的。然而，当庞培返回罗马时，受到人民的欢迎，这是一种极大的荣耀，但元老院却不信任他，不愿再重用他，因为元老院认为庞培个人野心太大，有独裁之意。至于他建议向手下的兵士分配国有土地的做法，也因元老院不同意而作罢。据说，在这个问题上，元老院中有人认为庞培有收买军心之嫌。

公元前59年，恺撒当选为执政，立即向元老院提出庞培曾向元老院提请讨论的把国有土地分配给士兵的议案，元老院依然刁难，但在恺撒坚持之下，元老院终于通过了。罗马军队士气大振。公元前58年，恺撒率军远征高卢，获得胜利，又进军莱茵河，横渡海峡攻入不列颠。至此，恺撒的名声达到了高峰。

此后10年，罗马内部的斗争又趋激化。一方面，恺撒同元老院之间的冲突加剧了；另一方面，恺撒和庞培之间的矛盾也尖锐起来，以至于在一段时间内恺撒的地位几乎不保。庞培手下的军队人数比恺撒的多。庞培这时已经拥有两个根据地，一是西班牙，另一是阿非利加，即原来的迦太基。但庞培的野心更大，他率军渡过亚得里亚海，进军希腊，想把希腊变为自己的第三个根据地。庞培把军队布置在这三个根据地，准备同恺撒展开决战。恺撒知道他同庞培之间的大战已不可避免，于是首先巩固了自己在意大利半岛的地位，接着攻下了西班牙和阿非利加。公元前49年，恺撒和他率领的军队渡过亚得里亚海，进入巴尔干半岛的伊庇鲁斯地区。公元前48年，恺撒以人数只及庞培一半的军队，同庞培决战，结果庞培军队大败。庞培率领残部南下，他劝部下向恺撒投降，他本人和妻子则乘船由希腊海边渡海前往埃及的亚历山大里亚。庞培所乘的船抵达亚历山大里亚港湾时,托勒密国王托勒密十二世派大臣去迎接。不料庞培刚下船就被刺客刺死,他的妻子在船上目睹了这一惨状。据说,派刺客刺杀庞培,是托勒密王朝内部某些人的预谋,策划者或者想借此向恺撒邀功,或者想使埃及免遭恺撒军队的侵入。

恺撒闻庞培被害,赶到了亚历山大里亚,厚葬了庞培,处决了刺客,随即进驻王宫。至此,尽管托勒密王朝此时仍继续存在,但已经置于罗马直接控制之下了。

五、托勒密王朝晚期的埃及本土化

前面已经提到,托勒密王朝衰落后,境内希腊人和埃及本地人之间的关系越来越紧张,埃及本地人的起义(包括埃及军队的哗变),以及埃及农民的逃亡,不断发生。埃及本地人的地方分离主义倾向日益滋长,不少地方,尤其是埃及南部地区,实际上已不再听命于托勒密国王了。在这种形势下,托勒密王朝为了保住自己的统治,采取了加速埃及本土化的措施,借此缓解埃及本地人的不满情绪。

(一)神权王权的合一趋向本土化

首先在神权王权合一方面,托勒密王朝出于笼络埃及本地人的考虑,把埃及本地人信奉的神祇同希腊人信奉的神祇置于同等重要、同等显著的地位,以表示希腊人信奉的神祇和埃及本地人信奉的神祇,都是托勒密王朝尊崇的神,托勒密王朝的神权王权合一并非只是王权同希腊人信奉的神及其代表的神权的合一,而是王权同希腊人信奉的神、埃及本地人信奉的神以及二者所代表的神权的合一。托勒密国王以为这是宽慰埃及本地人的必要措施,也是让埃及本地人认同托勒密王朝的必要措施。

这样一来,埃及祭司的地位大大提高了。国王不仅提高了付给祭司的报酬,以及增加了对他们的赏赐,而且也赋予祭司直接管理当地埃及人事务的权力,这在托勒密王朝盛期是不可想象的。这一过程从公元前2世纪初就已经开始。当时,托勒密五世刚登上王位,他就为了笼络埃及祭司而赐给他许多优惠,包括免除神庙的土地税,免除神庙历年拖欠的税款,大幅度降低神庙手工作坊所制亚麻布的税率等等。① 因此,"孟菲斯的祭司会议为了报答这些恩典,作出一项纪念托勒密五世的决定,其中列举了他的德政,并指明埃及各神庙必须对他表示崇敬"②。托勒密国王和王后还专门写信给当地的行政机构,要他们保证神庙收入,不得使他们受到侵害。③

此外,过去托勒密王朝的地方行政机构中,通常以希腊人为正职,埃及本地人为副职,村一级的由埃及本地人自行选举管理者。到了托勒密王朝中期以后,地方行政机构中,埃及人任正职的渐渐多起来了。在提高埃及祭司们的地位以后,实际上在地方行政管理系统以外又多了一个系统,即埃及人的神职系统:由各级祭司自成一系,插手地方行政事务。埃及祭司们成为当地最有权威的地方管理者。

尽管根据现有的资料还不能认为埃及祭司掌握地方管理权之后希腊人是不是加速与埃及本地人融合在一起了,但可以做

---

① 参看乌特琴科主编:《世界通史》第2卷上册,北京编译社译,三联书店,1960年,第449页。

② 同上。

③ 参看巴格纳尔、提罗编:《希腊化时期:史料译丛》,第2版,布莱克维尔出版公司,牛津,2004年,第273—274页。

出初步判断的是:埃及祭司地位的提高并对此进行了公告,意味着托勒密王朝对待埃及本地人的政策做了重大的调整。① 从总体来说,希腊人主要住在城镇中,以希腊居民为主的城镇不仅同埃及本地人聚居的村庄是分别由不同的法律来治理的,而且以希腊居民为主的城镇和以埃及本地人为主的城镇也分别处于不同的法律之下,希腊城镇居民和埃及城镇居民仍分别在不同的法律环境中生活。② 这种情况并未因托勒密王朝对埃及本地人的政策的调整而发生实质性的变化。

托勒密王朝对埃及祭司地位的提高并赋予他们管理地方行政事务的权力等措施收效如何?简要地说,收效甚微。首先是神庙财产增加了,这等于为埃及的地方分离势力提供了更多的可使用的财力。同时,"一些祭司团体有见于国王之懦弱无能,有见于自身在居民中具有影响,愈来愈表现其僭妄骄汰,不断地要求得到新的特权,诸如成立避难所、接受土地等等,而这些要求大多能如愿以偿"③。结果,托勒密王朝的利益进一步受到损害,国王在埃及境内的影响也进一步削弱了。

(二)兵制的调整

托勒密王朝的埃及本土化也反映于兵制的继续调整。要知道,托勒密王国建立后,只有希腊人才有资格当兵,兵士是招募的,有薪酬,但希腊人把服兵役当作公民的义务。而从托勒密工

---

① 参看马哈菲:《亚历山大帝国希腊文化的发展》,芝加哥大学出版社,1905年,第77页。
② 同上书,第76页。
③ 罗斯托夫采夫:《罗马帝国社会经济史》下册,马雍、厉以宁译,商务印书馆,1985年,第408页。

朝中期以后,由于同塞琉古王朝的战争频繁,兵力损失很大,兵源不足,于是招募埃及人当兵。但正如前面已经谈到的,埃及军队哗变的事件常有发生,托勒密王朝进而全部采取雇佣兵制度,即不管是希腊人、埃及本地人还是外国人,大家都以雇佣兵的身份当兵。在新的雇佣军中,埃及本地人占多数。军人的报酬形式也相应地做了调整。以前,对于招募来的服兵役的士兵,是由政府发给薪酬的,退役以后划拨一份土地给他们,使他们生活上有保障。改为雇佣兵制度后,可能是由于政府没有足够的货币,就改以土地代替货币作为酬劳。①

这种给士兵付酬的方式,起初还是临时性的,后来变成了常态。② 不仅如此,这块土地作为薪酬分配给士兵后,就成为士兵们世代相承的家庭拥有的土地了。③ 相应地,现在的埃及军人也就转变为真正的屯垦兵。④ 这对于埃及本地人尤其具有吸引力,因为埃及本地人绝大多数住在乡下,他们虽有地种,但却不是名副其实的小土地所有者,而是王室农民,即依附于王室土地之上的佃户,土地属于国王,他们只是劳作者,他们要向国王缴纳租税,还要服劳役。而且他们虽有人身自由,但受到很大限制,不能随意离开村庄,离开土地。现在,士兵改以分配土地作为薪酬,埃及本地人,尤其是生活在乡下的穷人,可以拥有自己

---

① 参看罗斯托夫采夫:《希腊化世界社会经济史》第 2 卷,克莱伦顿出版公司,牛津,1941 年,第 890 页。
② 参看同上。
③ 参看同上。
④ 参看同上。

的土地养家了,他们当兵的积极性大增。① 可是这样一来,埃及的劳动力供给又紧张起来,因为愿意当雇工的埃及本地人逐渐减少了。②

(三)风俗习惯的变化

还应当指出,在托勒密王朝后期,在风俗习惯上也出现了埃及本土化的趋势。托勒密王朝兴盛时,希腊人保持希腊本土社会的风俗习惯、礼仪和生活方式。他们瞧不起埃及本地人的风俗习惯,不愿意同埃及本地人往来。然而,一方面,由于埃及境内埃及本地人毕竟占多数,希腊人占少数,希腊人同埃及本地人的交往是避免不了的,所以埃及本地人的风俗习惯多多少少影响希腊人,而希腊人的风俗习惯也多多少少影响了埃及本地人。另一方面,除了在亚历山大里亚的希腊人数量可能多于当地的埃及人而外,在其他城市中,希腊人总是生活在占多数的埃及人中间,他们找妻子不容易,因为希腊人男多于女。尤其是希腊士兵,他们在这些地方是找不到希腊女子为妻的,他们所娶的几乎都是埃及的女子。③ 这样,生下的第一代孩子还能说希腊语,还有机会接受希腊式的儿童教育,除此以外,他们在家里已不感到自己是特权阶级一员了。④ 再往后,孩子们的性格受到埃及母亲的影响肯定大于受到父亲的影响。⑤ 这种影响不可忽视,它

---

① 参看罗斯托夫采夫:《希腊化世界社会经济史》第 2 卷,克莱伦顿出版公司,牛津,1941 年,第 892 页。

② 参看同上。

③ 参看科克、阿德柯克、查尔斯渥斯编:《剑桥古代史》第 7 卷《希腊化的君主国和罗马的兴起》,剑桥大学出版社,1928 年,第 149 页。

④ 参看同上。

⑤ 参看同上。

加速了社会习俗的埃及本土化。

由于希腊男子同埃及女子通婚的日益增多,社会对女婴的看法也逐渐发生变化。希腊家庭一直不重视女婴,抛弃女婴的现象相当普通。[1] 而埃及本地人家庭的情况却不一样,据当时的记载,埃及家庭弃女婴的现象并不多见,只要是家中生下来的孩子,全都尽可能抚养成人,所以埃及人中的男女性别比例要比希腊人好得多。[2] 希腊人和埃及人通婚后,希腊人家庭弃女婴的现象减少了,因埃及母亲根据埃及人的习俗,无论男婴女婴都不能舍弃。

另一个风俗习惯的变化是:按照埃及人古老的习俗,同胞兄弟姐妹是可以结为夫妻的。韦伯在所著《世界经济通史》中做过分析:"族内婚或兄弟姐妹结婚,是一种贵族制度,目的在于保持皇室血统的纯洁性。"[3]埃及法老时代,国王就有兄妹或姐弟通婚的。而在希腊人看来,这违背了家庭伦理,所以兄妹婚在"希腊世界并不熟悉"[4]。

托勒密王朝建立后,埃及人的这一习俗很早就影响了王族。例如,托勒密二世即位后,就娶了他的姐姐,立她为王后,她死后还被托勒密二世尊奉为神。又如,托勒密八世先娶其妹为妻,立为王后(前妻),后又娶侄女为妻,也立为王后(后妻)。[5] 再如,

---

[1] 参看 D. 汤普逊:"早期托勒密埃及的家庭",载奥格登编:《希腊化世界:新观察》,威尔斯古典出版社和杜克渥斯出版公司,伦敦,2002年,第151—152页。
[2] 同上书,第152—153页。
[3] 韦伯:《世界经济通史》,姚曾廙译,上海译文出版社,1981年,第32页。
[4] 陈恒:《希腊化研究》,商务印书馆,2006年,第136页。
[5] 参看伯尔斯坦编译:《希腊化时代:从伊普索战役到克娄巴特拉七世去世》,剑桥大学出版社,1985年,第141页。

到了托勒密王朝晚期,托勒密十一世临终时,考虑到王朝崩溃在即,便立下遗嘱要儿子托勒密十二世和女儿克娄巴特拉二人结婚,兄妹共同主政。①

其实,在东方国家,也不是都有兄妹通婚的习俗的。据希罗多德在所著《历史》中记载,在波斯帝国统治埃及期间,波斯王族本来没有国王娶自己姐妹为妻的风俗,但自从波斯王室成员冈比西斯把自己的妹妹带到埃及之后,就同她结为夫妻了。②这也许是受了埃及人旧习俗的影响。

兄弟姐妹结婚也许是埃及人风俗习惯影响希腊人的一个特例,而且主要见于王室。埃及人在婚姻方面的风俗习惯对希腊人影响较大的,则是一夫多妻制。在古典希腊的城邦,正常的婚姻是一夫一妻制。③ 而在古代东方,一夫多妻现象是常见的。托勒密王朝时期,在王室或在民间,一个希腊男子可以不止结婚一次,一夫两妻或一夫三妻并非罕见。④ 这些婚姻都是合法的。显然这不是希腊人的风俗习惯,而可能受到当地习俗的影响。也许这种做法自亚历山大东征后就开始了,例如亚历山大本人在东征期间就娶了不止一个波斯女子为妻,他还主持过马其顿—希腊军人同波斯女子的集体婚礼,这可称为开风气之先吧。⑤ 反正一夫多妻现象在原来的希腊本土是不常有的。托勒

---

① 参看杜兰:《世界文明史》第3卷《恺撒与基督》,幼狮文化公司译,东方出版社,1998年,第138页。

② 参看希罗多德:《历史》上册,王以铸译,商务印书馆,2007年,第207页。

③ 参看波梅罗依:"家庭的价值:对过去的利用",载巴尔德、恩贝格-彼得森、汉纳斯塔德、查勒编:《希腊化时期希腊人的传统价值》,阿鲁斯大学出版社,1997年,第213页。

④ 参看同上。

⑤ 参看同上。

密王室很早就开始一夫多妻制,托勒密一世就是如此。托勒密八世也如此。①

再从托勒密国王的加冕仪式的变化也可以看出托勒密王朝的本土化趋势。在公元前 2 世纪以前,托勒密王朝的国王加冕仪式仍是希腊式的。而从公元前 2 世纪以后,则几乎完全依照埃及人的传统礼节和形式进行。这似乎是给埃及本地人一种印象,现在的国王已经不是希腊人的国王,而是埃及本地人的国王了。

以上所有这些托勒密王朝加速埃及本土化的措施,如果从弥合希腊人同埃及本地人之间的隔阂,促进希腊人同埃及本地人的融合的目标来看,收效不大,埃及本地人并未因此而同希腊人和解,埃及的地方分离主义倾向也并未因此减弱。这是毫无疑义的。那么,这些加速埃及本土化的做法究竟有什么效果呢?应该说,这些措施日久天长,却造成了两个出乎托勒密王朝国王们意料之外的结果:

一个结果是,埃及本地人比过去团结了,他们的凝聚力比过去增强了。埃及本土化的措施似乎在这方面起了唤醒埃及本地人的国民意识的作用。② 这使当时密切关注托勒密王朝动态以便征服托勒密统治下的埃及的罗马人感到震惊,因为罗马人发

---

① 参看波梅罗依:"家庭的价值:对过去的利用",载巴尔德、恩贝格-彼得森、汉纳斯塔德、查勒编:《希腊化时期希腊人的传统价值》,阿鲁斯大学出版社,1997年,第 213 页。

② 参看马哈菲:《亚历山大帝国希腊文化的发展》,芝加哥大学出版社,1905年,第 77—78 页。

现埃及人中间已经存在一种强有力的国民反抗罗马入侵的情绪。[1] 埃及人认为,埃及这块土地,不再是希腊人的土地,而是埃及人的家乡,所以他们愿意保卫托勒密王朝同罗马人抗争,因为他们认为现在的托勒密王朝同建立时不一样,那时它是希腊人的王朝,如今已经是埃及人的王朝了。[2] 换言之,那种把托勒密王朝当作是希腊人的王朝,从而想把罗马人看成是解救者的情绪,已经减弱,至少已经不是埃及本地人的主流思想。

另一个结果是,随着托勒密王朝加速埃及本土化政策的推进,希腊人的自尊心也在逐渐销蚀。希腊城邦时代早已过去,亚历山大时代早已不再存在,托勒密王朝鼎盛时期的辉煌只不过是过眼烟云,这些都成为托勒密王朝晚期希腊人记忆中的东西。在罗马人日益逼近,托勒密王朝不得不向罗马屈辱性地示好,以求苟延下去的日子里,希腊人还有什么可以骄傲?生活和工作在埃及的希腊人还能像托勒密王朝建立之初那样目空一切,恣意享乐奢侈吗?随着托勒密王朝盛世的消失,"文学衰落了,创造性的艺术死亡了;公元前3世纪之后的亚历山大里亚对这两方面未曾再有任何贡献。埃及人失去了对希腊人的敬意;奇怪的是希腊人也失去了自尊心"[3]。

在埃及这样的环境中,也许希腊人在这里生活得太久了,从他们跟随亚历山大来到这里,已将近三百年,不少希腊人的后

---

[1] 参看马哈菲:《亚历山大帝国希腊文化的发展》,芝加哥大学出版社,1905年,第77—78页。
[2] 参看同上书,第78页。
[3] 杜兰:《世界文明史》第2卷《希腊的生活》,幼狮文化公司译,东方出版社,1998年,第439页。

代,后代的后代,连希腊本土是什么样子,早已没有印象,甚至也没有人再提起三百年前的往事。"他们渐渐忘记了自己的语言,讲着一种希腊语与埃及语混杂的俗话。"①希腊人至此还有什么优越感可言,自尊心可言?

六、托勒密王朝的终结

在罗马军队于公元前189年的马格尼西亚战役中重创塞琉古王朝的军队,迫使塞琉古王朝放弃小亚细亚之后,罗马对塞琉古王朝和托勒密王朝的威胁日益严重。照理说,塞琉古和托勒密这两个希腊化的王国应当尽弃前嫌,团结一致,共同对付罗马人的南进。但它们并没有这样做,而是继续争夺西亚部分地区的统治权,继续激战不已。这两个王朝始终把削弱对方、扩大地盘作为自己的目标。它们把大量财力、军力用于希腊人之间的战争中,等到各自的财力、军力消耗得差不多了,罗马人轻而易举地把它们一一消灭。关于塞琉古王朝的衰亡,本书上一章已予说明。这里谈一谈托勒密王朝是如何被灭掉的。

塞琉古国王安条克四世(公元前175—前163年)和托勒密国王托勒密六世(公元前181—前145年)争夺西亚的战争(即新的叙利亚战争)只可能造成两败俱伤的结果。这场战争可能是托勒密六世发动的。他企图乘塞琉古王朝被罗马击败之机,夺回托勒密王朝丧失的西亚某些地区,并向塞琉古王朝索取原来属于托勒密王朝、后来被塞琉古王朝夺走的另一些土地。塞

---

① 杜兰:《世界文明史》第2卷《希腊的生活》,幼狮文化公司译,东方出版社,1998年,第439页。

琉古王朝集中兵力,击败了托勒密军队,进入埃及境内,包围了托勒密首都亚历山大里亚,托勒密六世在出逃时被俘。① 亚历山大里亚的军民另立托勒密六世之弟为新国王,即托勒密七世,②但在有的史书中把亚历山大里亚平民拥立的新国王称为托勒密八世。③ 安条克四世不同新国王托勒密七世谈判,而同被俘的托勒密六世缔结和约,并把他送往孟菲斯城。这是公元前169年或168年之事。④ 稍后,塞琉古王朝只留下一部分军队驻扎在埃及境内,大队人马撤回叙利亚。这样,埃及境内就形成两个国王(托勒密六世及其弟托勒密七世)、两个首都(孟菲斯和亚历山大里亚)和两个朝廷并立的局面,它们彼此攻打,相互削弱,商路受阻,经济遭到沉重打击,埃及的财物则被塞琉古王朝劫掠一空。⑤

托勒密两个国王终于明白了塞琉古王朝旨在控制埃及、削弱埃及的隐恶用心,他们和解了,决定仍由托勒密六世任国王。公元前168年,安条克四世的军队再度围攻亚历山大里亚,托勒密王朝无奈,只得向罗马求助。这时,罗马已在希腊本土击败了安提柯王朝的军队,便干预塞琉古王朝和托勒密王朝的战事,派

---

① 参看伯尔斯坦编译:《希腊化时代:从伊普索战役到克娄巴特拉七世去世》,剑桥大学出版社,1985年,第53—54页。
② 参看乌特琴科主编:《世界通史》第2卷上册,北京编译社译,三联书店,1960年,第450页。
③ 参看巴格纳尔、提罗编:《希腊化时期:史料译丛》,第2版,布莱克维尔出版公司,牛津,2004年,第92页。
④ 参看伯尔斯坦编译:《希腊化时代:从伊普索战役到克娄巴特拉七世去世》,剑桥大学出版社,1985年,第53—54页。
⑤ 参看乌特琴科主编:《世界通史》第2卷上册,北京编译社译,三联书店,1960年,第450、455页。

出使臣逼迫安条克四世撤出埃及,并把所占领的塞浦路斯岛交出来。① 迫于罗马的压力,安条克只好照办,从此,埃及不得不依靠罗马的保护,才能生存下去。

但托勒密王室内部的斗争并未止息。塞琉古王朝在罗马压力下撤兵后,托勒密王室内乱又起。不久,托勒密六世之弟托勒密七世在一些贵族的支持下,发动政变,赶走了其兄长托勒密六世,重新登上王位。托勒密六世又向罗马求援。罗马考虑到托勒密六世及其弟托勒密七世各有军队和官员支持,不如由两个国王分治:托勒密六世管辖埃及本土和塞浦路斯岛,托勒密七世管辖昔兰尼。② 在罗马调停之下,托勒密王室内部冲突暂告一段落。

不久,托勒密六世去世,王室内斗又开始了,托勒密六世,在位时间自公元前181—前145年。公元前145年托勒密六世去世之时,罗马已经控制了希腊全境,并已彻底毁灭了科林斯,向一切不服从罗马人的希腊境内境外的希腊人发出警告:这就是反抗罗马统治的下场。托勒密王朝时刻面临罗马人的侵袭。然而,正是在这危急时刻,托勒密王室又乱了。军民分为两派,一派支持托勒密七世担任新的国王,另一派反对托勒密七世继位,支持托勒密六世的遗孀(其实她在这时已经嫁给了新国王托勒密七世)。托勒密七世得到亚历山大里亚的许多希腊人的支持,继位后称托勒密八世。③ 托勒密六世的遗孀则得到大多数

---

① 参看乌特琴科主编:《世界通史》第2卷上册,北京编译社译,三联书店,1960年,第451页。
② 参看巴格纳尔、提罗编:《希腊化时期:史料译丛》,第2版,布莱克维尔出版公司,牛津,2004年,第92—93页。
③ 参看本书,第963页。可见有的史书上称之为托勒密八世是有道理的,托勒密七世和托勒密八世是同一个人。

埃及本地人的支持,尤其是埃及祭司们的支持。两派混战不已,托勒密王室成员不少人被杀害。所以这场内战,既有宫廷斗争性质,又有以希腊人为主的一方同以埃及本地人为主的一方的斗争的性质。[1] 战争至公元前127年才告结束,结果是支持托勒密六世遗孀的一派失利,她被迫逃往叙利亚。又隔了3年,双方和解,达成共同统治的协议。但这场内战进一步削弱了托勒密王朝的力量。[2]

托勒密王朝的宫廷斗争仍在继续。王室成员继续在斗争中被杀害。公元前118年,托勒密八世颁布诏令,大赦在这之前参与宫廷斗争的所有人,不再追究其责任,以便安定人心,但为时已晚,托勒密王朝的元气已经丧尽。[3] 两年后,即公元前116年,托勒密八世去世,托勒密十世继位。王室内部再度内讧并日趋激烈。公元前107年,在反对托勒密十世的暴动四起的形势下,托勒密十世被废,他的弟弟托勒密十一世即位。托勒密十世被迫流亡国外,但得到塞浦路斯居民的支持。登上王位的托勒密十一世实际上没有权力,大权由其母后把持。直到公元前101年,其母后去世了,托勒密十一世才独立执政,据说母后是被其儿子谋杀的,但也只是一种传闻而已。托勒密十一世在位时间是公元前107—前89年,实际执政是公元前101—前89年。托勒密十一世是被亚历山大里亚的居民赶走的,死于逃亡

---

[1] 参看罗斯托夫采夫:《希腊化世界社会经济史》第2卷,克莱伦顿出版公司,牛津,1941年,第873页。

[2] 参看同上。

[3] 参看乌特琴科主编:《世界通史》第2卷上册,北京编译社译,三联书店,1960年,第455页。

途中。① 其兄托勒密十世复位。他两度任国王,第一次是公元前116—前107年,第二次是公元前88—前80年。② 托勒密十世于公元前80年去世,据说是在埃及人暴动中被杀害的。

在托勒密十一世在位期间,发生了昔兰尼归属罗马的事件。前面已经提到,在托勒密六世和托勒密七世弟兄二人分治埃及期间,托勒密七世分治的地区就在昔兰尼。托勒密六世去世后,托勒密七世继位,称托勒密八世。昔兰尼仍由托勒密王室成员治理。昔兰尼的托勒密王室成员同罗马的关系一直较好,正是因为昔兰尼之所以能分治,全靠罗马帮助的结果。③ 到了公元前96年,分治昔兰尼的最后一个国王就把这块土地赠给罗马,也就是归属罗马共和国了。关于这一过程,本书第十二章已有说明。④

托勒密十世被杀害后,继任国王的是托勒密十二世。"这时候,托勒密王国已经四分五裂,以至于罗马元老院在公元前65年讨论了消灭这个独立国家,把它归并于罗马的问题。"⑤结果,托勒密国王拿出巨款贿赂,才得到罗马元老院的承认。⑥

公元前48年,当恺撒率领罗马军队进驻亚历山大里亚时,

---

① 参看罗斯托夫采夫:《希腊化世界社会经济史》第2卷,克莱伦顿出版公司,牛津,1941年,第873页。
② 参看茹贵:《亚历山大大帝和希腊化世界》,英译本,道比译,阿里斯出版公司,芝加哥,1985年,第400、402页。
③ 参看伯尔斯坦编译:《希腊化时代:从伊普索战役到克娄巴特拉七世去世》,剑桥大学出版社,1985年,第134—135页。
④ 参看本书,第835—836页。
⑤ 乌特琴科主编:《世界通史》第2卷上册,北京编译社译,三联书店,1960年,第455页。
⑥ 参看同上。

托勒密王朝最后的命运已经注定,并且再也无法挽回了。

埃及军队不满意恺撒率军进驻亚历山大里亚,直接干预托勒密王朝内政,更不满意恺撒把克娄巴特拉作为情人,便发动兵变,企图把罗马军队连同他们的统帅一起赶走。在战斗中,"有一次埃及军队把他(指恺撒)和部下赶到海里"①。这时,"托勒密十二世以为判军已获胜,于是他就离开皇宫,加入叛军的行为,从此也就生死不明"②。但恺撒仍坚守不退,并向小亚细亚、叙利亚等地求援,等援军来到,恺撒把埃及叛军击溃。"在这危机中,克娄巴特拉一直站在恺撒一边,于是恺撒便把政权交给她和她的弟弟托勒密十三世,以示报答;从此克娄巴特拉就成为埃及的女王了。"③

恺撒把克娄巴特拉扶上王位,接着又平定了庞培支持者支持的外地叛乱。公元前47年,恺撒带着情妇埃及女王克娄巴特拉以及他们生下的男婴回到了罗马城,得到罗马元老院授予的终身执政一职。谣言随之遍传于罗马。其中一种谣言说,恺撒想当皇帝了,想立克娄巴特拉为皇后,还想把他们生下的男孩作为罗马皇位的继承人。另一种谣言说,恺撒已把东方当作自己的家乡,准备迁都于东方,等等。于是有些人准备杀死恺撒,说这是为罗马除害。公元前44年,恺撒在罗马城内遇刺身亡。

恺撒去世,安东尼接掌大权。而恺撒原来心目中的接班人是养子屋大维。罗马元老院担心安东尼的权力过大,便用屋大

---

① 杜兰:《世界文明史》第3卷《恺撒与基督》,幼狮文化公司译,东方出版社,1998年,第140页。

② 同上。

③ 同上。

维来牵制安东尼。屋大维的军队与安东尼的军队开战后,安东尼败走。屋大维让元老院提名他为执政官,元老院只得同意。屋大维立即取消了元老院宣布过的对参与杀害恺撒人的大赦,并把他们一一处死。至此,屋大维认为摆脱元老院的时机已到,便同安东尼和解,再联合当时另一位支持安东尼的将领雷必达,结成又一个"三头政治同盟",常称"后三头同盟"。

安东尼率军驻防于希腊,他被认为有亲希腊的倾向,常常去埃及的亚历山大里亚。这时克娄巴特拉依然是托勒密王朝的国王。她又成为安东尼的情妇。克娄巴特拉认为安东尼会对她百依百顺,这样,托勒密王朝就有可能继续存在。果然,安东尼为了取得克娄巴特拉的欢心,把罗马已占领的塞浦路斯、腓尼基和叙利亚中部一些地方赠给了克娄巴特拉。这一下引起罗马人的愤怒,认为这些都是罗马军队刚征服的土地,安东尼怎能擅自赠送给埃及女王呢?

但屋大维同安东尼之间的关系此时还不会恶化,更不可能就此破裂,因为屋大维还需要得到安东尼的支持,以巩固自己在罗马的地位。等到屋大维在安东尼舰队支持下彻底击败了庞培儿子的残余部队,元老院提名屋大维为终身保民官之后,便考虑对付安东尼了。这是公元前36年的事情。

安东尼这时仍在东方,一心想扩大地盘。就在公元前36年这一年,他率大军10万人进攻帕提亚王国,兵力损失一半,知难而退,但总算在回师途中,把亚美尼亚并入了罗马。他回到亚历山大里亚,大肆庆祝自己的胜利,并抛弃了自己的妻子,即屋大维的妹妹,把她送回罗马城。公元前32年,安东尼同克娄巴特拉结婚。据说,安东尼曾立下遗嘱:死后传位于他和克娄巴特拉所生的孩子。

屋大维认为消灭安东尼和结束托勒密王朝的时候来到了，于公元前32年向克娄巴特拉宣战。屋大维"向克娄巴特拉宣战（不向安东尼宣战），声称这是为争取意大利独立的神圣战争"①。屋大维的兵力同安东尼—埃及联军的兵力大致相当，双方在亚得里亚海对峙了约一年之久。公元前31年，屋大维在希腊阿克兴岬焚毁了安东尼的大多数船舰，安东尼战败，逃到亚历山大里亚。屋大维乘胜攻占了安东尼在希腊本土的基地，肃清了支持安东尼的势力。公元前30年，安东尼在埃及向屋大维求和，被屋大维拒绝，安东尼自尽。屋大维军队占领了埃及，埃及军队投降。克娄巴特拉作为托勒密王朝最后一位国王，被软禁于王宫内。当她获悉屋大维要把她押解到罗马城时，自杀了。托勒密王朝亡。拜占庭编年史家把公元前30年定为罗马人从希腊人手中接管埃及的年份。②

就在屋大维向安东尼发动大规模进攻的前一年，即公元前33年，位于北非最西端的毛里塔尼亚已完全由罗马控制。当地土著领袖波库斯把这一片地广人稀的领土馈赠给罗马元老院。③ 屋大维占领埃及后，不打算管理毛里塔尼亚，就把它给了安东尼和克娄巴特拉所生的女儿塞兰妮和她的丈夫朱巴来治理。但他们一直治理不善，这里依然是无秩序的疆土。④ 后来，

---

① 杜兰:《世界文明史》第3卷《恺撒与基督》,幼狮文化公司译,东方出版社,1998年,第152页。
② 参看特雷得戈德:《拜占庭国家和社会史》,斯坦福大学出版社,1977年,第4页。
③ 参看威廉姆斯:《罗马的来临:公元1—5世纪罗马帝国边疆史》,康斯达伯尔出版公司,伦敦,1996年,第125页。
④ 参看同上。

他们的儿子托勒密继位,继续管辖毛里塔尼亚。公元37年,罗马皇帝卡里古拉即位,邀请托勒密去罗马,托勒密在罗马被谋杀,毛里塔尼亚重新并入罗马帝国。① 这时距托勒密王朝灭亡已经67年。

七、对托勒密王朝总的评价

在亚历山大帝国崩溃后所建立的安提柯王朝、塞琉古王朝和托勒密王朝中,托勒密王朝是最后一个被罗马人灭掉的希腊化王朝,也是最具有特色的希腊化王朝。

托勒密王朝的特色至少反映在以下五个方面:

第一,从希腊化的角度来看,托勒密王朝是希腊文化、希腊式城市建设和希腊本土以外保存希腊风俗、习惯、传统最好的王朝。在埃及境内,马其顿人和希腊人已经没有什么区别,而完全融合了,都以希腊人自称并被别人视为希腊移民了。亚历山大里亚的城市风格和希腊色彩,都超过了雅典,从而被当时的西方世界认定是希腊文化中心。希腊语在托勒密王朝城市中的通用程度或被非希腊人(包括埃及本地人、犹太人和外国人)的接受程度都超过塞琉古王朝统治下的西亚城市和两河流域城市。更重要的是:亚历山大里亚的图书馆是希腊化的标志之一,它不仅远远超过了希腊本土各城邦曾经有过的图书馆,而且它还是国家图书馆,是研究中心,靠财政经费维持和发展。塞琉古王朝境内,除了帕加马图书馆可以同亚历山大里亚相提并论而外,希腊

---

① 参看威廉姆斯:《罗马的来临:公元1—5世纪罗马帝国边疆史》,康斯达伯尔出版公司,伦敦,1996年,第125页。

化世界再没有可以一提的图书馆了。何况,帕加马图书馆在规模上仍逊于亚历山大里亚图书馆,而且帕加马王国很早就脱离塞琉古王朝而独立了。

托勒密王朝的政治体制和经济体制也都在很大程度上是从希腊移植过来的,至少是沿袭亚历山大帝国的。从这些体制的存在和延续,同样可以看到托勒密王朝是一个比安提柯王朝和塞琉古王朝更接近于古典时期希腊文化的王朝。

第二,从东方化的角度来看,正如前面已经谈过的,三个希腊化王朝中,安提柯王朝的东方化程度最低,塞琉古王朝和托勒密王朝的东方化程度都是很高的,但托勒密王朝的东方化具有特点,即在托勒密王朝统治的埃及境内,神权王权的合一最为突出。这是因为,一方面,埃及早在波斯帝国征服埃及以前很久就是一个神权王权合一的国家,国王就是宗教领袖,是神的代表、神的化身、神的传人;另一方面,当亚历山大东征进入埃及境内时,就接受了埃及人的神权王权合一的传统,自称是神的儿子,是代表神的意志把埃及人从波斯帝国的压迫下解救出来的。托勒密王朝建立后,把这种神权王权合一的体制保持下来了。相形之下,在安提柯王朝统治下看不到这种情况,即使在塞琉古王朝统治地区,由于那里民族成分多,各个不同的地区有不同的民族,每一个民族又有自己的传统宗教信仰,所以不像托勒密王朝那样,除了希腊人就只有埃及本地人(其他民族人数少,可以不计),这样,神权王权的合一就比较容易实现,也比较容易产生效果。

托勒密王朝的东方化还反映于国王专制、独揽大权、不受制约的体制的建立。就这一点而言,塞琉古王朝和托勒密王朝是一样的。但由于塞琉古王朝的疆土最初要比托勒密王朝大得多,民族成分也比托勒密王朝复杂,所以塞琉古王朝尽管力图做到中央集权和大权归于国王,但在塞琉古王朝的边远地区却往往力不从心,一些地区的地方割据势力不断壮大,国王对它们无可奈何。起初,国王还能维持名义上使它们服从中央,到后来它们干脆不再听从中央的命令而自主为王了,以至于塞琉古控制的地盘越来越小,直到最终只保留了叙利亚和一部分两河流域的土地。托勒密王朝则不然,在它兴盛阶段,埃及全境都由国王控制,大权独揽于国王;即使到了托勒密王朝中期以后,地方分离主义抬头了,不像过去那样顺从国王了,但还没有一个地区敢于脱离中央而宣布独立。中央集权体制在这些地方只是削弱了,而不是消失了。这也是托勒密王朝的特点之一。

第三,从埃及本土化的角度来看,应当说,这也是托勒密王朝的特点之一。在安提柯王朝,是不存在所谓本土化问题的,这是因为,安提柯王朝由两个板块构成,一是马其顿王国的基地马其顿,二是被马其顿王国统治的希腊本土各个城邦。马其顿在希腊各城邦看来,原是蛮族或半蛮族之邦,是未开化或半开化之乡,但经过这么多年,马其顿早已希腊化了,所以不存在所谓本土化问题。至于安提柯王朝统治下的希腊本土,它们本来就是希腊文化的发源地,也没有本土化问题。至于塞琉古王朝,幅员广阔,过去属于波斯帝国的大部分土地在被亚历山大征服后,就一转而成为塞琉古王朝的疆土。所谓本土化,对塞琉古王朝而言,是很难说清楚的。本土化,是指波斯化?还是指巴比伦化?还是泛指西亚化?很难做出回答,因为塞琉古王朝统治的地区,曾由不同的民族统治过,它们都曾在这里建立过国家,也都给这里留下一定的影响。塞琉古王朝很难走本土化的道路,包括波斯化和巴比伦化。如果说塞琉古王朝要走西亚化的道路,那么这也接近于一句空话,因为什么叫作西亚化,谁也说不清楚。塞琉古王朝自始至终都坚持自己要奉行的只是希腊化的王朝,而不是波斯化、巴比伦化或西亚化的国家。

托勒密王朝与此不同。在它统治的埃及境内,除了希腊人和少数既非希腊人又非埃及人(如犹太人和其他外国人)而外,大多数都是埃及本地人。这些埃及本地人有自己的语言文字,有自己的法律和文化传统,有自己的风俗习惯和伦理观念,他们相信自己的祭司,尊奉自己的宗教信仰,崇拜自己的神祇,守护自己的神庙。城市中的埃及人,为了工作和生活,会说希腊语,但广大乡村,尤其是南部广大地区的埃及人却一直抵制希腊文化的影响。他们怀念波斯帝国征服埃及前的法老时代。这就是埃及的特色。埃及本地人的人数众多,而且他们往往凝聚在埃及祭司的周围,听从祭司所传达的神谕。这样,托勒密王朝从建立之时起,就不信任埃及本地人,例如,军队不招收埃及兵,地方政府的职务只能由希腊人任正职,埃及人任副手。

但情况逐渐发生变化。战争频繁,使托勒密王朝越来越感到兵源不足,从托勒密王朝中期起,军队开始招收埃及兵。为了安抚埃及本地人,地方政府开始任用埃及本地人任正职,埃及祭司的地位和薪酬都提高了。这还不够,连托勒密国王的加冕也采纳了埃及人的仪式。关于托勒密王国加速埃及本地化的这些措施,前面都已指出。可以了解到,托勒密王朝的埃及本土化是塞琉古王朝所不曾见到的,或至少没有类似措施。

第四,从某种意义上讲,托勒密王朝是希腊化三个王朝中相对而言最为封闭的一个王朝,也是神秘性最多、神秘色彩最浓厚的一个王朝。这也有两方面的原因。一是:法老时代的埃及本来就不被外人所了解,它被当时的人看成是一块不被外人所知的土地、一个充满着神秘色彩的土地。外人对所到过的地方或多或少有所了解,但也限于尼罗河下游和地中海南岸一带,很少外来的人到过尼罗河上游,到过南部地区。这种情况一直延续到托勒密王朝,都是这样。二是,托勒密王朝建立后,尽管鼓励希腊人前来经商、担任公职和移民垦殖,即也仅限于在首都亚历山大里亚和少数城市中,或在尼罗河三角洲的垦殖区。托勒密王朝实际上同外界的联系并不多。它和安提柯王朝统治下的希腊本土各城邦,隔着地中海,除了商人来往和学者交流以外,来的旅客不多,而且主要逗留于沿海城市,几乎没有专程到内陆地区和南部的。关于埃及南部的风土人情,外界无从得知。因此对托勒密王朝及其管辖地区的神秘感不仅没有减少,反而增加了。

托勒密王朝和塞琉古王朝都是宫廷斗争不断的王朝,特别是进入公元前2世纪以后,宫廷斗争在两个王朝都愈演愈烈。关于这方面的情况,本书第十二章和第十三章的有关章节已有阐释。这里只需补充一点,即宫廷斗争的激化更增加了外界对这两个王朝的神秘感。比如说,在埃及古代国王家族就存在兄弟姐妹通婚的习俗,托勒密王朝的国王采纳了从埃及古代流传下来的这一习俗,而塞琉古王朝似乎没有这种不合伦理的做法,于是在讨论托勒密王朝的宫廷斗争时,往往就多了一份神秘感,使后人对王室的内讧多了一些猜测。

第五,同安提柯王朝与塞琉古王朝的灭亡不一样,托勒密王朝的灭亡似乎更有戏剧性。也就是说,安提柯王朝是在同罗马军队几次激烈战争中失利而最终被罗马灭掉的。塞琉古王朝也同罗马军队发生过激烈战争,除马格西尼亚战役中塞琉古军队受到重创后一蹶不振而外,罗马军队步步进逼,最终把塞琉古王朝逼到叙利亚一小块地区,一举消灭了它。然而托勒密王朝的灭亡过程并非如此。

自从罗马在第二次布匿战争中击败迦太基之后,罗马军队就渡过亚得里亚海,进入希腊境内、马其顿境内和小亚细亚,同安提柯王朝交战,同塞琉古王朝交战,节节胜利。但罗马军队从未同托勒密王朝的军队在埃及以外的地区交战过。相反地,当罗马军队已控制了希腊本土、爱琴海上一些岛屿和小亚细亚时,托勒密王朝却同塞琉古王朝为了争夺西亚某些地区打得不可开交。塞琉古王朝的军队胜了,他们不仅夺走了西亚一些地区,还长驱直入埃及境内,包围了托勒密王朝的首都亚历山大里亚。托勒密王朝在危急之时向罗马求援,罗马介入这场战争,逼迫塞琉古国王撤军。从此托勒密王朝便成为罗马的盟友。后来,在托勒密王室内讧,出现了两个国王、两个朝廷时,又是罗马出面调停,形成两个国王分治的局面。再往后,恺撒率军队进驻亚历山大里亚,安东尼率军队进入亚历山大里亚都没有同托勒密王朝的军队发生过战争。托勒密王朝依然存在,女王克娄巴特拉照样是埃及的国王,朝廷同过去一样运转。恺撒被刺身亡,不是埃及人行刺的。安东尼自尽,也不是埃及人逼迫的。刺杀恺撒的是罗马持不同政见的政客。逼迫安东尼自尽的,是率领罗马重兵的统帅屋大维。直到屋大维率军登陆埃及后,埃及军队才同罗马军队发生战斗,但很快就被屋大维击败而投降了。从这个意义上说,托勒密王朝的灭亡大体上是平静的。难怪有的史学著作中用罗马人从托勒密王朝手中"接管"了埃及这样的说法。[①] 也正因为如此,埃及的经济没有遭到什么破坏,亚历山大里亚被罗马人控制后繁荣如故,埃及境内广大地区的生活一切如常。

此外,还需要提一下,如何评价托勒密王朝最后一位国王克娄巴特拉女王?毫无疑问,这是一个悲剧人物。她之所以同恺撒相好,恺撒被刺身亡后又同安东尼相好,更多地是逼于当时托勒密王朝已岌岌可危的形势。她一心想保存托勒密王朝,保存托勒密王室。然而,罗马国内的形势变化是她所始料不及的。她无法实现自己的愿望,最后自杀了。托勒密王朝也就结束了。

最后,对于托勒密王朝的社会性质需要做一概述。前面已经提到,安提柯王朝、塞琉古王朝、托勒密王朝这三个希腊化王朝都是中央集权的封建王朝,托勒密王朝与另外两个希腊化王朝相比,神权和王权的结合更为突出。但这并不否定托勒密王朝统治下的埃及社会是一个道道地地的封建社会。那种把使用了奴隶劳动作为托勒密社会是奴隶制社会依据的说法,同样是没有说服力的。

八、罗马占领后希腊人在埃及的处境

托勒密王朝自进入晚期以后,政府腐败无能,官员贪污成风,可以说,公元前2世纪末和公元前1世纪内,埃及并不是被国王和他的某些正直的、有良心的大臣们所统治,而是被一帮自

---

① 参看本书,第969页。

私的、贪婪的和目无法纪的官员所统治,后者形成了王国内一个新的富裕和有影响的贵族阶级。① 这帮人的劣迹数不胜数。在他们之下,还有一大批地方官、警官、财务部门代理人(税务官员、包税人等),这些人横征暴敛,敲诈勒索,中饱私囊;他们把最好的土地留给自己,既欺骗政府,又欺骗王室的佃户;他们强制居民为自己服劳役,并无偿地征用居民的船只和驮畜;他们无偿地或低价迫使工人为自己干活;他们在收租或催讨欠债时,违法没收他人的住宅、牲畜、工具等;他们还随意逮捕和关押居民,目的在于讨债或泄私愤。② 换言之,这些大大小小的官员的权力太大了,名声糟透了,国王也奈何不了他们,因为这不仅是某些官员的问题,而是整个制度所致。③

此外,还应当加上社会治安状况很坏。埃及本地人的暴动时有发生,暴动失败后,有些人不回家乡,而是沦为土匪,流窜抢劫;即使是暴动失败被俘的人,在赦免之后或从监狱里放出来之后,仍然不愿回家,而是宁肯当土匪、盗贼。④

以上这些就是托勒密王朝晚期实际情况的写照。所以不少埃及境内的希腊人和一部分埃及人认为,罗马人即将统治埃及了,这可能会带来一场大变革,这场大变革对埃及社会是祸还是福,现在还难以预料。反正大变革已是躲避不了的。

由于克娄巴特拉女王并未下令组织大规模的抵抗,所以罗

---

① 参看罗斯托夫采夫:《希腊化世界社会经济史》第2卷,克莱伦顿出版公司,牛津,1941年,第896页。
② 同上书,第893—894页。
③ 参看同上书,第895页。
④ 参看同上书,第892页。

马征服埃及时埃及所受到的破坏要比罗马人在马其顿、希腊本土、小亚细亚、叙利亚等地造成的破坏要轻。① 托勒密王朝灭亡后的第三年,即公元前27年,屋大维接受奥古斯都的称号,罗马实现了从共和国向帝国的转变。奥古斯都成为罗马帝国的第一个皇帝。

奥古斯都登基后,决心裁军,因为罗马内战已经结束,安提柯王朝、塞琉古王朝、托勒密王朝都已相继灭亡,没有必要保留那么多军队了。原来,单单是获胜者奥古斯都一方就有60个军团的兵力,奥古斯都决定保留28个军团,其余的都被遣散并且定居于移民地区。② 奥古斯都建立了西方世界最早的专业常备军,包括15万名军团士兵,另有数目相近的辅助部队。③ 奥古斯都之所以大量裁军,既为了节省开支,实际上还反映了他对军队的不信任,避免他们被野心家所利用。④

奥古斯都对埃及的管辖是特殊的。他熟悉埃及的历史,了解埃及社会的现状,所以对于如何治理埃及,他有自己的一套想法。"奥古斯都并不致力于把埃及来一个全面彻底的改组;他主要目的在于恢复这块土地的缴纳租赋的能力,如我们所知,这正是他这位罗马国家统治者的主要收入来源。"⑤奥古斯都知道托勒密王宫中积存了许多金银财宝,他和他手下的官兵都为此

---

① 参看罗斯托夫采夫:《希腊化世界社会经济史》第2卷,克莱伦顿出版公司,牛津,1941年,第912页。
② 参看威廉姆斯:《罗马的来临:公元1—5世纪罗马帝国边疆史》,康斯达伯尔出版公司,伦敦,1996年,第3页。
③ 参看同上。
④ 参看同上。
⑤ 罗斯托夫采夫:《罗马帝国社会经济史》下册,马雍、厉以宁译,商务印书馆,1985年,第409页。

惊讶不已。但他们想不通的是：为什么国王有这么多的金银财宝而不用，还拼命增加税赋，榨干人民，以致民不聊生，怨声载道？奥古斯都决心从整顿埃及着手，使埃及成为自己的财源。

以前罗马所征服的地区，一般辟为行省。例如，在征服迦太基之后建立了行省，在征服马其顿和希腊本土后建立了行省，在征服塞琉古王朝之后也建立了行省。但罗马征服埃及后，并没有把埃及变为行省，而是把它作为奥古斯都的私人领地，由奥古斯都亲自管理。"奥古斯都曾禁止任何（罗马）元老或高级骑士进入埃及，除非是得到了他的许可。"[1]他之所以采取这种特殊的治理方式，等于"封锁了埃及"，主要目的是防止任何人企图通过控制埃及"以及海上和陆上的枢纽地点而陷意大利于饥饿之地"[2]。奥古斯都去世之后，历代罗马皇帝都这样做。因此，"埃及的行政管理一直保存了家族经济的特色，而这个国家被罗马人基本上作为一个巨大的皇帝的领地来看待"[3]。这是从托勒密王朝到罗马帝国埃及经济的特征，甚至早在法老统治时期就已经如此。[4]

在奥古斯都统治下，埃及划分为三个行政区，即三角洲、特拜德、赫普塔诺米亚。三个行政区的长官都由罗马皇帝派出。行政区以下分为若干个专区，交给地方行政官员治理。亚历山大里亚不包括在三个行政区之内，这个城市直属奥古斯都。

---

[1] 塔西佗：《编年史》上册，王以铸、崔妙因译，商务印书馆，2002年，第118页。
[2] 同上。
[3] 韦伯：《经济与社会》下卷，林荣远译，商务印书馆，2006年，第333页。
[4] 参看同上书，第332—333页。

前面提到,奥古斯都征服埃及后就大批裁军。所保留的大约15万名专业常备军分驻各地。罗马帝国的版图如此广阔,北方、东方、西方的边境都有劲敌,如北方和西方要防备蛮族(包括日耳曼人等)的侵扰、袭击,东方要防备帕提亚王国的进攻,所以驻防于埃及的罗马军队不多。要防卫埃及和管理好埃及,罗马人不能没有希腊人的帮助。希腊人既善于经商,又了解埃及的情况,他们也愿意为新的统治者罗马人效劳,所以罗马占领以后希腊人的处境实际上比他们原来担心的最坏遭遇要好得多。从担任地方官员的方面来看,埃及境内三大行政区的行政长官由罗马皇帝派自己的亲信出任,他们都是罗马人。行政区以下的各级地方官员,通常由行政长官任用当地的希腊人出任。

托勒密王朝原来实行的土地制度和租税制度都维持不变,只是过去归属于托勒密国王的大片王室土地变为归罗马皇帝所有了。希腊人经营工商业的,拥有私人农场的,从事自由职业的,也一律照旧。奥古斯都认识到,罗马占领后埃及面临的最迫切问题是如何恢复经济、发展经济。只有经济恢复和发展了,埃及社会才能稳定。

希腊人终于稳定下来了,他们很快就转入发展经济的轨道。这与奥古斯都的政策有很大关系,是奥古斯都的政策使希腊人安下心来,该干什么的就干什么。

相形之下,埃及本地人的处境却大大不如在埃及生活和工作的希腊人。这些希腊人可能是若干代以前迁来埃及的希腊移民的后代。他们只是听到祖辈谈到过希腊本土的往事,但谁也没有回到希腊本土老家去看看,他们也不认识同乡、同城邦的人。现在,希腊本土的经济还不如埃及,文化也比不上埃及,原籍已和他们无关。所以他们身在埃及,就一心一意关注埃及经济的繁荣和发展。

埃及本地人则不同,埃及是他们的家乡,他们在家乡还有亲戚,有邻居,有熟人。后者的生活状况,同他们有关。他们更关心的不是埃及的经济下一步将如何发展,而是罗马人到来以后他们的处境会不会有所改善。埃及本地人看到,托勒密王朝时期埃及农民是王室土地的佃户,而现在,埃及农民却变成了罗马皇帝私人领地上的佃户,农民依附于所耕种土地之上而不得自由离去的规定未变,应当缴纳的租税数额未变,服劳役的天数也未变,他们失望了。在他们看来,埃及农民的地位在罗马人来到前与来到后只有细微的变化,埃及农村中原有的土地制被罗马人继承下来了。[1] 埃及本地人有什么为罗马的统治而高兴的呢?

再以海上贸易来说,希腊人的感受和埃及本地人的感受是不一样的。希腊商人参与埃及的对外贸易较多,但过去是同希腊本土、小亚细亚、西亚地区的贸易在埃及对外贸易中占主要地位,现在地中海西部海域的海上商路畅通了,整个海域的海盗被罗马人肃清了,埃及同意大利半岛和地中海西部的贸易变得更加重要。[2] 尽管埃及不可能独享地中海贸易的利益,因为它现在必须同叙利亚、腓尼基、帕加马、小亚细亚其他一些城市生产

---

[1] 参看罗斯托夫采夫:《希腊化世界社会经济史》第2卷,克莱伦顿出版公司,牛津,1941年,第1307页。
[2] 参看同上书,第918页。

的同类产品展开竞争,大家共享市场扩大带来的好处,①但同托勒密王朝晚期相比,在埃及的希腊商人感到生意比过去好做了。这是整个地中海市场进一步发展的结果,总的说来,这是罗马人给在埃及的希腊人带来的新机遇。② 商路不断开辟,市场不断扩大,这是托勒密王朝时期的希腊商人始料未及的。除了地中海市场以外,一条新商路是埃及和印度之间的商路。过去,两地之间难以直接通航,必须绕道波斯湾,大约自公元48年以后,由于发现了印度洋上的季节风,于是就开辟了埃及和波斯之间的定期航线。③ 另一条新商路就是南方商路。过去,商路只到赛伊尼(今埃及阿斯旺附近)。罗马占领埃及后,商路不断向南延伸,深入非洲中部,尽管那里的非洲土著"所进行的是纯粹物物交换的贸易"④,但南方市场毕竟打开了。

然而埃及农民又能从这里得到什么好处呢?好处是微乎其微的。罗马把埃及当成粮仓,粮食要源源不断地供应意大利半岛。粮食是谁生产的,主要是埃及的农民。但正如前面所说,罗马人来到埃及之后,种地的埃及农民依旧是佃户,他们照常纳租缴税和服劳役。为了增加粮食出口,对农民的催缴租税、催缴粮食的官方行为丝毫没有放松,农民又有什么理由为地中海海上贸易的兴旺而高兴呢?

---

① 参看罗斯托夫采夫:《希腊化世界社会经济史》第2卷,克莱伦顿出版公司,牛津,1941年,第918—919页。

② 参看马哈菲:《亚历山大帝国希腊文化的发展》,芝加哥大学出版社,1905年,第83页。

③ 参看J. W. 汤普逊:《中世纪经济社会史》上册,耿淡如译,商务印书馆,1984年,第25页。

④ 同上书,第25—26页。

第十三章 托勒密王朝

最后,需要补充说明一点,在托勒密王朝中期以后,国王曾经推行过加速埃及本土化的措施。当时,希腊人同埃及本地人之间的关系日趋紧张,而埃及本地人在埃及居民中占大多数,希腊人看到托勒密国王有倾向埃及本地人的意图,他们为了自保,也有埃及本土化的打算。这就是当时希腊人的一种比较普遍的想法。然而,自从罗马占领埃及后,希腊人看到自己的处境还不错,于是他们便中止了埃及本土化的做法,与此相反,埃及境内的希腊人却又开始了罗马化的过程。

对埃及境内的希腊人来说,罗马化是一个长期过程的起步。这个过程是缓慢的、渐进的。最初,仍有不少希腊人处于观望状态,他们在等待罗马政策的明朗化。当越来越多的希腊人发现,在罗马占领后的埃及,只要不反对罗马,罗马就会给他们发财致富的机会、施展才能的机会、替罗马政府效力的机会。既然托勒密王朝已经灭亡,大势已无可挽回,但只要希腊人还能信奉自己的宗教,按自己的生活方式活下去,并且是比以前更安全地活下去,埃及境内的希腊人还有什么不满足的呢?他们同罗马人打交道,就必须学习罗马的法律,必须懂得拉丁语,也必须了解罗马人的风俗习惯。这就是他们的罗马化。这样,在罗马占领下的埃及,希腊人的中产阶级保留下来了。埃及本地人的中产阶级也仿照希腊人的做法,不反对罗马,听从罗马政府的命令,经商,开作坊,为地方当局服务,舒舒服服地过日子,他们也渐渐罗马化了。有趣的是,埃及境内以希腊人为主、包括埃及本地人在内的中产阶级,在罗马占领后的埃及保留下来了:他们不是罗马建立的,也不是罗马设计出来让他们在罗马政府机构中发挥作用的。他们是希腊化的托勒密王朝的遗产。①

在埃及境内的希腊人逐渐罗马化的同时,来到埃及的罗马人也不知不觉地希腊化了。他们住在希腊式的城市中,尤其是住在亚历山大里亚这样的大城市中,感觉到自己仿佛是在雅典生活,但雅典哪会有这样宽畅的街道?雅典哪会有这样舒适的豪宅?罗马人生活在希腊化的环境中,吸收了希腊文化,懂得了希腊城市自治制度的意义和作用,并采纳了其中的一些特征。来过埃及而后来又回到罗马城的罗马人,会炫耀自己是从亚历山大里亚回来的,自认为见过大世面,还认为自己比到过希腊本土的罗马人更有希腊文化修养。

还有一批退伍的罗马军团老兵。埃及的尼罗河三角洲有大片尚未开发的土地,罗马就把这些退伍老兵安置在这些尚未开发的土地上,给他们每人一份土地,让他们成为小型家庭农场的主人。这一安置方案有三个好处:一是让退伍老兵生活安定,在新土地安家落户,生活状况也会不断改善;二是多生产粮食,供应意大利半岛的需要;三是这批退伍军人是罗马帝国的后备军事力量,对维持地方治安有利,一旦发生战争,还可以为保卫罗马帝国边疆做出贡献。由于尼罗河三角洲地广人稀,罗马退伍军人同希腊人原先在这里经营的私人农场不争地,不争水源,而粮食市场又大,所以没有直接的利益冲突。久而久之,他们也就同附近的希腊人熟悉了,有交往了。要知道,这里只有共赢共富,没有争地争水的纠纷,所以一直相安无事。而在罗马人同希

---

① 参看罗斯托夫采夫:《希腊化世界社会经济史》第 2 卷,克莱伦顿出版公司,牛津,1941 年,第 1306 页。

腊人交往的过程中,罗马退伍军人的家庭和后代也受到希腊文化、希腊生活方式、希腊风俗习惯的影响。

在罗马帝国统治下的埃及,希腊人的罗马化和罗马人的希腊化,表面上看这是两条平行的轨道,互不干扰,实际上这却酝酿着一次文化大融合。关于文化大融合,本书第十四章将有较多的论述。

那么,罗马统治之下,埃及下层社会的成员的处境又如何呢?应当说,其中大多数人的处境仍同托勒密王朝时期一样,在乡村中的依旧被束缚在土地上,缴税纳租,服劳役,不能离村外出。罗马人来到后,也同当初希腊人来时一样,既要利用埃及人作为基本劳动力,又要防备他们,怕他们起来反抗。但由于罗马人占领埃及后,对埃及本地人采取"一切同过去一样"的政策,却起到了安定人心的作用。埃及人的宗教信仰依旧,对于埃及人的神庙不加骚扰,对于埃及人所使用的自己的文字,不加干涉。① 埃及本地人安下心来,社会秩序就逐渐恢复正常,加上埃及经济状况比罗马人占领前不断好转,所以总的说来,在罗马帝国前期,埃及农民没有发生大的社会骚乱。至于罗马化过程,则同埃及下层社会成员无关,尤其与住在内陆地区乡村的广大埃及农民无关。他们过去不学希腊语,现在既不学希腊语,又不学拉丁语。他们有自己的宗教信仰,自己的神庙和祭司,有自己的一套传统的法律和规章制度。一切都同过去一样,谁都无法使他们改变。

---

① 参看 J.W.汤普逊:《中世纪经济社会史》上册,耿淡如译,商务印书馆,1984年,第24页。

这告诉我们，凡是已有本民族的悠久传统文化的东方土地上，要使这种历史文化遗产退出社会生活领域，总是异常困难。埃及就是如此。希腊化的托勒密王朝统治埃及三百年，罗马帝国统治埃及(包括东罗马帝国统治埃及)长达六百多年，在这么长的时间内，埃及本地人仍保留自己的文化，他们既没有被希腊化，又没有被罗马化，至少希腊化和罗马化对埃及上层中层社会的影响仅限于城市，广大农村未受影响。

第十四章 从希腊化文化到拜占庭文化

第一节 希腊化世界和希腊化时期

一、关于希腊化世界的进一步阐释

在本书第十章"马其顿帝国的急剧扩张和迅速崩溃"的最后一部分,用了这样一个小标题:"一个时代的结束和另一个时代的开始"。在那里,已经使用了"希腊化世界"这个名词,可以把作者的基本观点重复一下:

"亚历山大的去世,使一个时代结束了,又使另一个时代开始了。怎样理解'一个时代的结束'?所结束的是亚历山大作为征服者的时代。……怎样理解'另一个时代的开始'?所开始的是希腊文化和东方文化相融合,从而形成希腊化世界和希腊化文化的时代。"[1]

在这里,首先对希腊化世界这个名词作些说明。

希腊化世界一词是指接受希腊文化,采纳希腊式政治体制,

---

[1] 参看本书,第654—655页。

并且由希腊人治理的区域。①

亚历山大东征后所开辟的辽阔土地,无疑是希腊化世界。亚历山大去世后这块辽阔土地分裂、分治而形成的安提柯王朝、塞琉古王朝和托勒密王朝的领土,也被统称为希腊化世界。这一称谓是符合上述条件的:第一,这三个王朝都是马其顿—希腊人建立的和治理的,因为马其顿人已经希腊化了,到后来,他们都被称为希腊人而不再细分谁来自希腊本土,谁来自马其顿;第二,这三个王朝的领土全都采纳希腊文化,传承希腊的宗教信仰,使用希腊语言和文字,通行希腊的风俗习惯;第三,虽然这三个王朝采用的是国王独揽大权、中央集权和王室家族世袭的体制,但这也可以看成是马其顿王国体制的延续,或亚历山大体制的延续,但希腊的城市自治体制也被采纳,在这三个王朝的领土上,都存在原有的或新建的希腊式城市。

吴于廑在所著《古代的希腊和罗马》一书中指出:"'希腊化'这个名词是有问题的。"②他认为,问题的关键在于"希腊化"这个名词"只标示影响这个时期的希腊因素,抹煞了埃及、西亚因素③"。这是因为,亚历山大帝国囊括了马其顿、色雷斯、希腊全境、黑海沿岸、小亚细亚、西亚、北非的埃及以及地中海东部的岛屿。而"亚历山大帝国在亚洲和非洲的属土,不论在社会、经济和政治上都是基本上承袭波斯和埃及的传统;托勒密埃及和塞琉古叙利亚都不过是希腊外族王朝统治下的非希腊国

---

① 参看罗斯托夫采夫:《希腊化世界社会经济史》第1卷,序言,克莱伦顿出版公司,牛津,1941年,第5页。
② 吴于廑:《古代的希腊和罗马》,三联书店,2008年,第78页。
③ 同上书,第78—79页。

家,绝非'希腊化'一词所可概括"[①]。应当承认,吴于廑的上述观点是有见地的。[②] 但考虑到"希腊化"一词多年来已被各国学术界所采用,所以本书依然沿用这一名词,只是在书内一再强调,绝不可忽略东方文化在希腊化世界中的重要影响,以及希腊化过程中所包含的东方因素。

希腊化世界的领土最初是亚历山大所征服的土地。接着,随着三个王朝控制地盘的变化而变化。最明显的是塞琉古王朝疆土的缩小。塞琉古王朝最盛时,疆土东到印度河流域,东北到里海、咸海周边地区。后来,塞琉古王朝的领土分崩离析,印度河流域和中亚细亚都失去了,再往后,小亚细亚、黑海沿岸、伊朗高原,甚至连两河流域的一部分土地也丢失了。整个希腊化世界的面积也就缩小了很多。

希腊化世界不仅是一个文化概念,不仅以接受希腊文化与否为标志,更重要的是一个政治概念,即这一地区是否受希腊人的国家所管辖。例如,巴勒斯坦境内住了许多犹太人,他们信仰犹太教,有自己的法律和惯例,使用自己的希伯来语言文字,但这一地区长时期或者归属于塞琉古王朝,或者归属于托勒密王朝,所以一直在希腊化世界之内。到了公元前142年,犹太领袖西门在耶路撒冷建立了哈斯蒙尼王朝,控制了巴勒斯坦,从这时起,巴勒斯坦就不属于希腊化世界了。

又如,位于中亚细亚咸海南岸的巴克特利亚,原先隶属于波

[①] 吴于廑:《古代的希腊和罗马》,三联书店,2008年,第79页。
[②] 参看陈恒:《希腊化研究》,序言:"希腊化时代研究的历史与现状",商务印书馆,2006年,第1—24页。

斯帝国。公元前329年,亚历山大率军队由伊朗高原东进,越过兴都库什山,占领了巴克特利亚。这样,巴克特利亚就归属亚历山大帝国的版图。塞琉古王朝继承了亚历山大在西亚和中亚的领土,巴克特利亚成了塞琉古王朝的一个行省。过了若干年,巴克特利亚乘塞琉古王朝西部有战争的机会,总督狄奥多特(希腊人)于公元前250年左右据地称王,但名义上仍附属于塞琉古王朝。公元前230年左右,狄奥多特二世继位后,就宣布独立。尽管巴克特利亚国王是希腊人,在政治体制上却更接近波斯帝国体制,而且人口以当地人为主,所以独立后的巴克特利亚就不再被列入希腊化世界之中。

陈恒在所著《希腊化研究》一书中指出,传统的希腊史研究以雅典为中心的论点是不足取的,把马其顿征服希腊本土各城邦说成是希腊文化衰落的观点,同样没有依据。[1] 实际上,马其顿对希腊本土的控制并不表明希腊文化一蹶不振了,而是意味着,希腊文化"随着亚历山大大帝的远征而在空间上大大拓宽了,其结果造成了分享希腊文明的社会集团大大扩展了"[2]。也就是说,希腊文化中心转移了,它转移到希腊本土以外。"如果说希腊文明衰落了,那也只是它在希腊世界中失去了文化上的领导地位。"[3]正是从这个意义上说,"希腊化时代不是希腊文明的终结,而是新的高峰"[4]。

---

[1] 参看陈恒:《希腊化研究》,商务印书馆,2006年,第3页。
[2] 同上。
[3] 同上。
[4] 同上书,第3—4页。

二、关于希腊化时期的进一步阐释

希腊化时期是另一个概念。它是指希腊文化在希腊化世界范围传播和扩散其影响的时期。简单地说,希腊化世界是一个空间概念,希腊化时期是一个时间概念。也正因为如此,所以在希腊化世界陆续被罗马征服之后,希腊化的三个王朝先后消失了,但在以往希腊化世界存在的希腊文化的影响却依旧长时期存在,它并不以罗马占领了希腊本土、小亚细亚、西亚、埃及而一并消失。同样的道理,希腊化时期随着托勒密王朝的灭亡(公元前30年)而结束之后,希腊文化的影响也长时期存在于这一大片土地上,它也并不以罗马的占领而退出历史舞台。希腊文化的影响是深远的,它并不局限于希腊化时期,也不局限于希腊化世界。

应当注意到希腊人的流动性。也就是说,希腊人并不是全都固定在一个移居地。他们中有不少人总是不停地流动,把希腊文化带到他们足迹所到之处,因此有必要动态地、而不是静态地考察希腊文化的影响范围。[1] 比如说,希腊商人在传播希腊文化,推广希腊生活方式和希腊人的宗教信仰方面,始终十分活跃。他们是职业的旅行者,人数又多,总是来往于各地,从事交易活动,他们也就成为希腊文化的传播者。[2]

又如,有一些希腊学者、政客和演说家,他们来往各地是为了宣传自己的观点和从事政治活动。各个不同的城市,不分大

---

[1] 参看罗斯托夫采夫:《希腊化世界社会经济史》第2卷,克莱伦顿出版公司,牛津,1941年,第1112页。
[2] 同上书,第1113页。

小,都经常有这样一些希腊人,四处奔走,发表演讲,或同希腊化各王国的国王、政界要人讨论重要的或不那么重要的问题,或者参加这些国王所组织的庆典,或者作为调停人和仲裁人而活动。①

再如,在职业的旅行者之中,除了商人、学者、政客和演说家而外,还有许多专业人员、自由职业者,如医生、艺术家、作家等人。他们很少把自己看成是只限于在某一个地方活动的人,他们经常四处流动,而且他们并不单纯从物质方面考虑,有些人还是真诚的理想主义者,他们能够成为积极的和有用的人,准备到需要他们的地方去工作。②

总之,希腊人的流动性对于老希腊(希腊本土)和新希腊(希腊化世界)之间的政治、经济和社会的交流是起了重要作用的。这是希腊化过程中的一个有利因素。③ 这种作用并不因安提柯王朝、塞琉古王朝和托勒密王朝的相继灭亡而消失。由于有了希腊人的流动,所以在罗马人占领西亚、北非后,希腊化的过程并未就此结束。尽管希腊化世界从政治上说不存在了,希腊化时期从政治方面来看也已终结了,但希腊化过程并未到此画上句号。希腊文化的影响依旧存在,而且还从这一代人传给下一代人、再下一代人。

一个国家、一个地区,如果接受了某种文化,那么要使这种文化的影响逐渐减退,就要依靠另一种文化的力量。假定另一

---

① 参看罗斯托夫采夫:《希腊化世界社会经济史》第2卷,克莱伦顿出版公司,牛津,1941年,第1113页。

② 参看同上。

③ 参看同上。

种文化的力量强于该地区人民所接受的原有的文化,那就会出现文化的替代,尽管这种替代过程是缓慢的、长期的、渐进的。假定另一种文化的力量与原来的文化的力量相差不大,或各有所长,那么在相当长的时间内会形成两种文化并存和平行发展的现象,甚至会相互吸收,形成一种新的文化,至少原有的文化不会很快地退出历史舞台。假定另一种文化的力量不如原来的文化的力量,那么另一种文化至多只是对原来的文化造成干扰,但既不会形成平行发展的格局,更不会取代原有的文化。

那么,希腊化时期或希腊化世界的文化倾向究竟是什么?可以概括地说,这种文化倾向就是竭力想把希腊文化传播到这一世界,即所谓"新希腊"。对于希腊化的三个王朝来说,在把希腊文化提升为主流文化这一点而言,文化倾向大致上是一样的,它们全都自命为希腊文化中心或基地。可能更为重要的是:所有这些希腊化王朝都试图统一希腊化世界,成为"新希腊"的霸主。"这种统一,尽管由于政局的变动而动摇过和陷入过困境,但作为希腊化生活的有利因素却从未停止发挥作用。"[1]实际上,自从亚历山大去世后,直到罗马灭掉托勒密王朝之时为止,希腊化世界从未统一过。统一只是愿望,是设想,希腊化世界统一的理念只不过作为一种遗产转交给罗马人了。[2] 从此,地中海世界的两大部分,即东部的希腊化世界和西部的罗马世界,在罗马人手中才在政治上统一起来了。

罗马人完成了地中海东部与地中海西部的统一。"与政治

---

[1] 罗斯托夫采夫:《希腊化世界社会经济史》第2卷,克莱伦顿出版公司,牛津,1941年,第1301页。

[2] 参看同上。

统一一起,文化、社会和经济的彼此渗透也就加快了。在这个过程中,希腊化世界的'罗马化'是轻微的,而稳步扩张的拉丁世界的'希腊化'却明显得多。"①这就是历史的实际过程。其结果,"西方的社会经济结构逐渐同东方的有了惊人的相似之处"②。

这样,我们就可以对希腊化世界、希腊化时期、希腊化过程三者之间的关系有了进一步的认识:

希腊化世界是一个空间概念,它因亚历山大征服了广大领土而形成,因亚历山大去世后安提柯王朝、塞琉古王朝、托勒密王朝先后建立而确定下来,因托勒密王朝的灭亡而结束。

希腊化时期是一个时间概念,它始于亚历山大对广大领土的控制和管辖,终于托勒密王朝的消失。

而希腊化过程却不以希腊化世界和希腊化时期的结束而停止。它作为一种文化现象继续存在,罗马占领希腊化世界后这一过程一直在悄悄地进行,以至于到了后来,罗马世界的希腊化要比希腊化世界的罗马化更为突出,更为显著。③

---

① 参看罗斯托夫采夫:《希腊化世界社会经济史》第 2 卷,克莱伦顿出版公司,牛津,1941 年,第 1301 页。
② 参看同上。
③ 参看本书,第 1061—1063 页。

第二节 希腊文化的变迁

一、亚里士多德学说的命运

亚历山大是亚里士多德的学生。在古典希腊时代的最后阶段,据说亚里士多德的学说是当时希腊社会上最有影响的政治学说之一。然而,随着亚历山大的去世和马其顿帝国的分裂、分治,亚里士多德学说在希腊本土和希腊本土以外地区的影响却日益下降。

要知道,亚里士多德的政治学说的核心是有关混合体制的设想。他希望,一方面,公民都可以拥有自己的私有财产,包括私有土地,而只有公民才有服兵役的权利和投票权,另一方面,应由国家来管理公共财产、工业、婚姻、家庭、教育、道德、文化等等。他还认为,公民在职业上应当有所规定:公民不得从事手工业、商业和农田耕作,因为这些职业被认为是卑贱的,并且从事这些职业会有损于美德。亚里士多德还建议公民应到公共食堂中去用膳。

看来,亚里士多德是想把希腊城邦制度发展过程中出现的雅典模式和斯巴达模式糅合起来,既要遵奉希腊社会中民主和宪制的传统,又要吸纳斯巴达模式中强调公民纪律和公民平等重要性的做法,同时还要采取雅典模式中尊重公民私有财产的原则。尽管亚里士多德把这种混合体制作为未来城邦的改革方向,并且一度受到雅典人的重视,但到了公元前4世纪晚期,无论在雅典还是在希腊其他城邦,亚里士多德的学术影响越来小了。等到亚历山大去世后,马其顿帝国很快就分裂了,亚里士多德简直成了雅典社会上不受欢迎的人。

雅典人不欢迎亚里士多德是有理由的。一方面,雅典社会中反马其顿的倾向一直很明显,他们推崇的是雅典的民主和宪制,而马其顿代表的是专制和集权,而亚里士多德则被看成是亲马其顿的,是不爱希腊的。亚历山大在位时,人们不敢公开指责亚里士多德;亚历山大死后,马其顿帝国接着分裂了,人们的顾忌不复存在,所以亚里士多德遭雅典人唾弃是必然的。另一方面,在斯巴达已经一蹶不振而雅典难以再度复兴的形势下,在安提柯王朝牢牢控制希腊全境的环境中,亚里士多德学说既没有吸引人之处,又变得越来越脱离现实,已沦为一种纯粹的空谈。人们讥笑他,嘲弄他,甚至还控告他,说他的作品中有不信神的言词,说这是违背希腊人的传统的。亚里士多德万般无奈,只好离开雅典,回到他母亲的老家,不久去世,享年63岁。

亚里士多德在精神痛苦中死去,意味着崇信希腊城邦理念的时代的结束。再也没有人相信希腊城邦理念了。历史不可能倒退。希腊化王朝中还保留的希腊城市自治制度,已失去了希腊城邦制度的精髓,仅仅具有一种希腊式城市的形式而已。而马其顿的专制和集权体制却在各希腊化王国中继续发挥其作用。

二、平民极端派过激行动的哲学基础

在希腊城邦内部贵族派和平民派的斗争中,平民中逐渐出现了极端派。产生平民极端派的背景是希腊城邦内部贫富差距扩大,以及穷人就业机会有限。① 穷人如何谋生?乡村中土地已经私有,穷人不可能再有一块份地供养家糊口。手工业普遍采取家庭作坊形式,可以吸纳的雇工很少。② 加之,奴隶仍被使用,被释奴隶为数不少,商人和家庭作坊主如果需要劳动力的话,他们宁肯使用奴隶或雇用被释奴隶,而不愿意雇用人身自由的穷人。③ 这样,平民极端派作为一部分穷人的代言人,便以仇视社会、仇视现存秩序、仇视富人的面目出现。他们不仅主张取消债务和重新分配土地,还主张没收富人财产,用来接济穷人或充实国库。有的地方甚至采取杀害富人或没收富人财产后再把他们驱逐出境或杀害的措施。

安提柯王朝统治希腊本土期间,平民极端派的过激行动比过去多得多,规模也比过去大。而且在某些城市,平民极端派的过激行动还同奴隶暴动结合在一起。平民极端派为了壮大自己的声势,往往释放本城的奴隶,奴隶骚乱时也有平民极端派煽动下的穷人一起参加。这些情况都是过去没有发生过的。

一个明显的例子是公元前3世纪末年斯巴达人纳比斯领导的有平民极端派参加的起义,起义者一度夺取了政权,宣布所有的人为自由民,重新分配土地,取消债务。起义扩大到伯罗奔尼撒半岛其他地方,最后遭到安提柯王朝支持下的阿卡亚同盟的镇压。④

---

① 参看伊文斯:《希腊化时期的日常生活:从亚历山大到克娄巴特拉》,格林渥德出版社,美国康涅狄格州韦斯特波特,2008年,第55页。
② 参看同上。
③ 参看同上书,第55—56页。
④ 参看本书,第693—694页。

另一个明显的例子是公元前2世纪中叶,希腊全境和马其顿被罗马所占领。以科林斯为首的一些希腊城市中的平民极端派以反对罗马统治为口号,夺取了城市政权,采取了取消债务、重新分配土地以及释放奴隶等措施,结果遭到罗马的残酷杀戮,并采取了焚毁科林斯、把科林斯妇女和儿童全部变卖为奴的报复措施。①

这些都是社会矛盾加剧的结果:"财产越来越集中于少数较富裕家庭手中,而穷人失去了改善自己命运的一切希望,完全依赖于他们的雇主的恩惠。"②穷人被逼得无路可走了,终于采取了极端的做法。而科林斯的暴动又在罗马占领之后,所以平民极端派把仇恨转到了罗马统治者头上,这就酿成科林斯悲剧的发生。

在安提柯王朝统治下,希腊本土的富人是保守者,他们担心平民极端派会得势,于是从维护既得利益的立场出发,他们是亲马其顿派。罗马灭掉安提柯王朝而成为希腊本土的主人后,大多数城市中的富人转身变成了亲罗马派。这样就必然导致希腊本土的平民极端派把反对罗马的斗争同反对本地富人的斗争结合在一起。在罗马的干预下,希腊本土的富人们总算摆脱了"社会革命的幽灵",并且因罗马人对无产者实施的严厉惩罚而受到鼓励,于是他们更不准备同无产者妥协了。这些亲罗马的希腊本土富人们似乎感到自己已经是局势的主人,于是就按此

---

① 参看本书,第737—738页。
② 罗斯托夫采夫:《希腊化世界社会经济史》第2卷,克莱伦顿出版公司,牛津,1941年,第755页。

行动。①

平民极端派的过激行动在希腊本土终于在罗马的镇压下暂时消沉了,但平民极端派的思想远没有消失。很难说平民极端派的思想究竟受到哪一个学派的影响。贵族与平民的斗争在古典希腊城邦就存在过,压迫加深了,社会裂痕扩大了,平民极端派懂得了只有反抗才有出路。他们不一定需要某些哲学家的教导,他们自发地就会展开反对富人的斗争。但这并不等于说思想家们的开导不起作用。

一种说法是:芝诺和他的信徒伊安布鲁斯的思想对平民极端派的影响不可忽视。芝诺大约在公元前300年写过一本书,名为《共和国》,描述了理想社会的情况,说那里没有贫富之分,没有压迫,人人过着幸福生活。他的信徒伊安布鲁斯于公元前250年描述了印度洋上有个岛国,堪称人间乐土,大家一起工作,平分产品,轮流管理岛上公共事务,没有穷人,也没有富人。不能认为这种思想不曾对当时的希腊平民发生一定的影响。

比思想家的说教更有影响的,可能是公元前3世纪内希腊人宗教观念的变化。要知道,自从城邦制度建立以来,希腊人的宗教观念可以概括如下,无论贵族还是平民,信奉的都是多神教,即万物皆有神灵,人和神可以相互沟通、相互感应,神并非高高在上。人为什么要祭拜神灵?既是为了同神有一种交流的机会,使人可以得到神的理解和帮助,也是为了今生今世都能与神处在交流、沟通的境地。

---

① 参看罗斯托夫采夫:《希腊化世界社会经济史》第2卷,克莱伦顿出版公司,牛津,1941年,第755—756页。

自从亚历山大东征和建立庞大帝国之后,大批希腊商人、希腊移民进入西亚、北非,东方文化对希腊本土居民的影响越来越大,其中包括了东方人的宗教观念对希腊本土居民宗教观念的影响。前面提到过的对神和人之间关系的转变就是一例。

在以前的希腊,神与人是处于平等地位的。受到东方影响后,神是人的命运的主宰,国王是神的化身,神高高在上。东方的宗教也有通过各种渠道传入希腊本土的,它们成为希腊的外来宗教,并拥有一些信徒。正是在外来宗教的影响下,希腊人的宗教观念发生了变化,尽管变化是渐进的,而不是突然的。

比如说,希腊宗教观念和东方传来的宗教观念的最大区别是:根据希腊人原来的宗教观念,只有希腊公民家庭才有资格参加宗教活动,包括祭祀、朝圣、膜拜等,外国人没有这种资格,奴隶没有这种资格。而东方人的宗教观念是,信徒无国际和等级之分,不管什么人,自由民也好,奴隶也好,希腊人也好,外国人也好,只要是信徒,大家一律平等,都可以参加宗教活动和宗教庆典。由此引申出一个道理:神高高在上,神高于人,而信徒则大家一样,是平等的,大家全都听命于神,听从神的旨意,既然如此,那么为什么要有富人与穷人的差别、贵族与平民的差别呢?

"神在上,神之下人人平等"这种东方传入希腊本土的宗教观念,在希腊本土受到了底层社会群众的欢迎,它逐渐成为平民极端派成员的信仰,使他们感觉到自己的行动是符合宗教原则的。

尽管希腊本土的底层社会接受了来自东方的外来宗教的影响,但这种主张人人平等的思想既没有被社会普遍接受,也没有成为社会的大规模行为。① 这种新的思想主要是影响了一部分人的行为，并且很可能在某些城市议事时被朦胧地察觉出来。② 比如说，这种新思想从未导致有深远影响的妇女解放，但仍可能使某些妇女在若干领域内与同一层次的男性合作共事。③ 又如，这种新思想并未使奴隶的处境有任何根本性的、实质性的改变，一般说来，关于奴隶制的法律依然如故，未作改动，但也使得一些拥有奴隶的个人和一些城市在对待奴隶方面采取了某种新措施，④包括有的城市给予奴隶以法定的节假日，有的城市可能让奴隶有受教育的机会，有些私人捐赠者在一些场合组织食品分配时不对奴隶进行歧视，此外，还给奴隶以较多的经济自由，使奴隶能够积聚资金，最终能用于赎身等等。⑤ 当然，在大多数场合，对奴隶采取比较宽松的政策并非仅仅出于人道主义的考虑，其背后可能有社会经济方面的动机，而且社会经济动机还是决定性的。⑥ 但同样不能忽视的是，在希腊化时期，奴隶和主人之间变动着的关系中，是受到上述新思想的影响的。⑦

三、道德评价标准的改变

从更广泛的角度来考察，公元前3世纪以后，希腊本土居民的道德评价标准逐渐发生变化。在这里，需要着重谈一谈伊壁

---

① 参看罗斯托夫采夫：《希腊化世界社会经济史》第2卷，克莱伦顿出版公司，牛津，1941年，第1110页。
② 参看同上。
③ 参看同上书，第1111页。
④ 参看同上。
⑤ 参看同上。
⑥ 参看同上书，第1111—1112页。
⑦ 参看同上书，第1112页。

鸠鲁和这一学派的思想的影响。

本书第八章第三节中曾对伊壁鸠鲁及其学派的学说要点做过评介,①在这里,需要补充的是伊壁鸠鲁及其学派的学说对希腊化时期希腊居民所产生的影响,以及由此涉及的人们道德评价标准的改变。

公元前306年,伊壁鸠鲁在西亚讲学归来,在雅典定居。他总结了自己在西亚的所见所闻,看到亚历山大征服波斯帝国后,使希腊人接触到东方文化和东方的神秘主义,神和人之间的关系被扭曲了,因为神成了人的主宰。伊壁鸠鲁认为,这不是希腊传统。按照希腊传统,人和神应当是平等的,相互交流的。所以伊壁鸠鲁主张要摒除宗教信仰,尤其是东方宗教中的神秘主义,因为这只会使人产生恐惧感,感到人的渺小,感到人是受神支配的,受命运支配的。在伊壁鸠鲁看来,神既不能帮助人,又不能伤害人;能帮助人的主要是自己,能伤害人的仍然主要是自己。人虽然也需要依靠周围的人,但无论如何不是依靠神。

根据伊壁鸠鲁的观点,人要成为自己的主人,那就不应当相信命运。不相信命运的人才是自由的,也才是快乐的。那么,什么是快乐? 伊壁鸠鲁认为,快乐需要诚实、公正、自律。不诚实,不公正,不自律,就没有快乐可言。快乐是幸福的同义语。人生来追求快乐,也就是生来追求幸福。把追求快乐理解为追求享乐、放纵、无节制,是对伊壁鸠鲁学说的歪曲。

伊壁鸠鲁不仅贬低人们对神的崇敬,而且还告诫人们不要卷入政治。"谁都知道他的名言:'要平庸地生活'。为了了解

---

① 参看本书,第520—522页。

这种思想,应当提一下当时希腊的政治生活的情况——城邦衰落,古代民主制度退化了,内战,马其顿粗暴地干涉希腊内政。"①因此,在伊壁鸠鲁看来,政治生活是不平静的,这会给人们带来各种各样的苦恼;一个人只要投身于政治,就会贪图名利,失去友谊和真诚,并给自己带来不必要的恐惧,甚至会参与对不同政见者的迫害。这些都是违背做人原则的。"所以伊壁鸠鲁的不问政治并没有表现为对社会命运和社会问题的根本不关心态度。"②

伊壁鸠鲁在雅典过着与世隔绝的生活,教书36年,门徒众多。他生活简朴,言行一致,不介入政治纷争,待人真诚,赢得了社会的尊重。反对伊壁鸠鲁学说的,曲解他的学说的,大有人在,但伊壁鸠鲁学说仍在希腊化世界广为流传。他的学说对希腊化世界的最大影响,在于促进了希腊人道德评价标准的变化。

希腊人信奉宗教,为的是同神灵交流,以宽慰自己的心情,求得神的理解和帮助;在东方传入的外来宗教影响下,希腊化时期底层社会之所以接受了新的宗教观念,是为了解开自己心中的困惑,认为人与人之间在神的主宰下应当是平等的、不分等级的,从而鼓舞他们去重造人间的平等和正义。伊壁鸠鲁则不同,他要人们摆脱宗教观念的束缚,认为人只有摆脱了这种束缚,才能获得幸福,也只有靠自己的努力,包括诚实、公正和自律,才能体验到什么是真正的幸福。这就不可避

---

① 乌特琴科主编:《世界通史》第2卷上册,北京编译社译,三联书店,1960年,第376页。

② 同上。

免地促进道德评价标准的变化,例如对宗教活动的评价、对人际关系的评价、对生活享受的评价、对幸福含义的评价,直到对是非善恶的评价。

什么是善,什么是恶,应当争取什么,应当摒弃什么,这是希腊化时期希腊人在道德评价标准方面无法回避的问题。在古典希腊的城邦制度下,争取民主和维护宪制,历来被希腊人看成是"善";不关心城邦的政治,不关心城邦制度的命运,历来被希腊人看成是"恶"。这一传统道德评价标准在希腊本土已经好几百年了。到了希腊化时期,希腊人普遍陷入迷茫之中。而在伊壁鸠鲁的学说的启迪下,希腊人逐渐转变了看法:城邦制度一定是争取实现的目标吗?该怎么解释城邦制度之下希腊社会出现了那么不公正的、违背做人原则的现象?为什么持不同政见的人会被民主政府打成异端,被监禁,被流放,甚至被处死?可见,一个政府,不管是君主制的还是民主制的,只要尊重人,不迫害人,让人们幸福,那就是"好政府"。人们不要介入政治,因为政治离不开派别斗争,离不开尔虞我诈,也离不开争名夺利。对个人来说,一介入政治,幸福就无从谈起了,诚实、公正、自律,也都消失得无影无踪了。这就是希腊化时期的希腊人会接受伊壁鸠鲁及其信徒们传播的学说的基本原因。

正如本书第八章第三节中已经指出的,伊壁鸠鲁学说曾一再被歪曲,有人把伊壁鸠鲁思想曲解为享乐是人的本性,个人享乐至上成了人生目标,甚至认为伊壁鸠鲁主张以个人享乐作为逃避现实的避风港。这些说法都是违背伊壁鸠鲁学说的原意的。①

四、隐世思想的抬头

如上所说,伊壁鸠鲁并不主张人们避世独居,而是劝戒人们不要听从宗教的摆布,不要介入政治斗争。与此同时,在希腊化时期,出现于公元前4世纪和公元前3世纪前期的隐世思想却日益抬头,也影响了不少希腊人。隐世思想的抬头同古典希腊晚期和希腊化时期早期出现的犬儒学派和斯多噶学派的学说传播有较密切的关系。

关于犬儒学派和斯多噶学派的创始人、他们学说中的要点,以及这两派学派在当时希腊本土的影响,本书第八章第三节已经论述。② 这里需要补充的,是进入希腊化时期以后,尤其是在公元前3世纪内,它们是如何影响希腊人的,它们又是如何导致隐世思想被希腊人接受的。

犬儒学派的主要观点实际上可以概括为:嫉世,厌世,隐世。嫉世,意味着他们蔑视一切社会制度,认为现存的各种政府体制都给人间带来罪恶、苦难和相互仇视。厌世,意味着他们不愿意生活在这样的现实社会中,因为在现实社会中生活,苦难只会加重,烦恼只会越来越多。隐世,意味着他们宁肯过清贫的生活,回归自然,独立自处。

到了三个希腊化王朝建立并长期相互攻战的时期,社会的苦难比过去加深了。所以犬儒学派的追随者们比他们的创始人

---

① 参看本书,第521页。
② 参看本书,第522—527页。

走得更远。犬儒学派的创始人只是否定任何形式的政府,而犬儒学派的追随者"根本否定国家"。① 城邦制度已经瓦解了,或者说,在希腊化世界,古典希腊城邦已经不再存在了。在这种形势下,犬儒学派的信徒们"认为城市的爱国主义是一种偏见,将对城市的爱排除于道德情感之外"②。这些人"甚至都不想做一个公民"③。

古典希腊的城邦社会中固然有种种弊端,但安提柯王朝、塞琉古王朝、托勒密王朝建立以后,又给社会增添了一些苦难。犬儒学派的信徒遍布于这三个王朝管辖区域内。"他们对国家秩序、社会秩序的尖锐批评,对高傲的富人和昏庸的统治者的无情揭发,他们抱怨宙斯对生活福利的分配不公,宣传平民化,回到自然,以贫穷为光荣,——这一切在贫困和怀着不满的群众当中都得到热烈的响应。"④

希腊化时期犬儒学派信徒的行为同这一时期希腊本土某些城市的平民派极端分子的行为是不一样的。他们不相信当时的社会制度,但"他们完全不是号召人们去推翻这个制度"⑤。而希腊本土某些城市中的平民派极端分子却是打击富人的积极行动者。后者杀害富人,没收富人财产,重新分配土地等行动,犬儒学派的信徒一般是不参与的。

---

① 古朗士:《古代城市:希腊罗马宗教、法律及制度研究》,吴晓群译,上海人民出版社,2006 年,第 372 页。参看古朗士:《希腊罗马古代社会研究》,李玄伯译,中国政法大学出版社,2005 年,第 298 页。
② 同上书,第 372 页。参看李玄伯译本,第 298 页。
③ 同上。
④ 乌特琴科主编:《世界通史》第 2 卷上册,北京编译社译,三联书店,1960 年,第 379 页。
⑤ 同上。

从逃避现实这一点来看,斯多噶学派和犬儒学派的区别不明显。或者说,两派的思想有相似之处。然而,两派在对待公共事务的态度方面仍有许多区别。斯多噶学派强调的是个人良心上的自由,个人应当自律、节制和安于清贫生活,它"并不禁止人们参与公共事务,甚至希望他们参与国家事务,但却警告他们,其主要的工作应是个人的改善,无论面对何种政府,人的良心都应该是自由的"①。

毫无疑问,在公元前3世纪到公元前2世纪,在希腊本土境内那些隐世独居的人,不一定都是犬儒学派或斯多噶学派的信徒。有些人也许从来就不知道或从未听说过有一个犬儒学派或斯多噶学派。促使他们选择隐世之路的,是对希腊本土的前景的悲观失望,以及对先有马其顿统治的压力,后有罗马人侵占的威胁的担忧。关于斯多噶学派的影响,虽然不容忽视,但不可否认的是,斯多噶学派对政策的影响却是不足道的。斯多噶学派刚产生时,不曾挽救希腊城邦的衰亡的命运。在希腊化各个王朝的统治时期,也未能阻挠罗马对希腊化各个王朝的攻占。即使斯多噶学派的影响在罗马统治时期继续存在,也只可能产生类似的效果。人们不能眼睛老是盯着过去,不能老是怀旧。②"正如每一个古典学者知道的,斯多噶派的循环论曾迫使罗马的政治学家和政治家'企图重振往昔的道德和恢复旧时代的政

---

① 古朗士:《古代城市:希腊罗马宗教、法律及制度研究》,吴晓群译,上海人民出版社,2006年,第373页。参看古朗士:《希腊罗马古代社会研究》,李玄伯译,中国政法大学出版社,2005年,第299页。
② 参看 S. E. 莫里逊:"一个历史学家的信仰",载《美国历史协会主席演说集》,何新译,黄巨兴校,商务印书馆,1963年,第38页。

策来解决罗马文明中比过去复杂得多的问题,而结果终归失败'。"①

隐世思想的影响不仅反映于有人离开了喧哗的城市,到山区、海岛或偏远的乡村去生活,而且也反映于他们虽然仍住在城市中,但与别人不来往,闭门独居。此外,不结婚,不生儿育女,也是隐世思想的一种反映。这是因为,要成家和抚养子女,生活费开支浩大,而且妻儿都会在不确定的生活中度日,不如不要妻子儿女,可以减少许多烦恼。

不应当忽略来自东方的外来宗教传入希腊本土后对希腊人的影响。这种影响是多方面的,关于神与人的主从关系、神之下人人平等而无等级之分,就是东方宗教影响希腊本土社会的表现。除此以外,东方宗教也有逃避现实、不问世事等思想,这些思想被认为适用于乱世,小则可以避祸,苟全性命,大则可以减少尘世的纷争,化解个人之间、家族之间的积怨,以求得社会的宁静。接受东方宗教观念的不限于希腊人中的底层成员,还包括希腊上层社会的一些人:他们既已失去昔日的辉煌,目前又陷入困惑不解之中,于是便接受了避世、隐世的说教。

---

① 参看 S. E. 莫里逊:"一个历史学家的信仰",载《美国历史协会主席演说集》,何新译,黄巨兴校,商务印书馆,1963年,第38页。

第三节 希腊文化、东方文化和罗马文化的较量

一、希腊文化和东方文化的较量

从亚历山大东征之时起,在亚历山大征服的西亚、北非地区,希腊文化和东方文化就发生碰撞,开始交融,这种交融的结果,形成了"一种融合希腊与东方文化的独特、新型的阶段性文明"[①]。也正是从这个时候开始,希腊文化和东方文化的较量就在悄悄地进行,并经历了很长时间。

亚历山大和他的将领们虽然来自马其顿,但自从马其顿把希腊本土纳入自己的管辖范围之后,他们都希腊化了。他们率领大军东征时,带去的是希腊文化,而他们所征服的西亚、北非地区则存在着悠久的东方文化,有些文化的历史比希腊文化还悠久。

亚历山大统治的时间不久,随后安提柯王朝、塞琉古王朝和托勒密王朝相继建立,在它们各自的领土上,希腊文化和东方文化的较量一直在进行着。尽管安提柯王朝以马其顿和希腊本土为基本统治地区,但安提柯起家于小亚细亚,并且曾经统治过小亚细亚和两河流域北部一段时间,加之,东方文化也通过不同渠道传入了希腊本土,所以在安提柯王朝境内也出现了希腊文化

[①] 姚介厚、李鹏程、杨深:《西欧文明》上册,中国社会科学出版社,2002年,第80页。

和东方文化的较量。

在塞琉古王朝境内,东方文化主要是指亚述文化、赫梯文化、巴比伦文化和波斯文化。至于一度被塞琉古王朝统治过的中亚细亚、阿富汗和印度河流域,在那里也有过希腊文化和当地文化的碰撞,但由于塞琉古王朝很快就放弃了这些土地,或者这些地方被地方割据势力盘踞了,所以可以略去不计。在托勒密王朝统治地区,东方文化主要是指古埃及文化、波斯文化。此外,还有犹太文化、腓尼基文化和努比亚文化,不过它们的影响是局部性的,只限于某一个地区,对全局的影响有限。

希腊文化不等于希腊宗教或希腊人的宗教观念。固然希腊宗教或希腊人的宗教观念是希腊文化的重要组成部分,但毕竟只是希腊文化的一部分而已。从希腊的历史来看,早期城邦时期,希腊宗教的作用很大,但城邦制度发展起来以后,民主和宪制思想的作用越来越大,希腊宗教的作用相形之下减少了。而到了希腊城邦制度陷入危机后,希腊宗教的作用又开始增大。

那么,希腊的宗教究竟是什么?据狄金森在所著《希腊的生活观》一书的阐释:"这是很容易回答的,即希腊的宗教是众神的崇拜。"[1]尽管希腊人对众神的崇拜只是起源于一些神话故事,但希腊人总是把这些神话故事看成是真的,相信这是事实。[2] 实际生活也是这样,在希腊人中,"每一个种族,总是推源到一个'英雄',这些英雄又都是神的子女,将他们自己神性化

---

[1] 狄金森:《希腊的生活观》,彭基相译,华东师范大学出版社,2006年,第2页。

[2] 参看同上。

了"①。这被认为是希腊宗教和和东方宗教的重大区别。这是因为,在东方,只有国王才是神的儿子,也就是神;而在希腊本土,神和人之间没有什么隔阂,部落的祖先是英雄,英雄是神的子女,于是每一个部落成员也就成为神的子女了。在东方,人们把国王奉为神,是为了便于国王的集权独裁统治。在希腊,人人都自视为英雄的子女,即神的子女,是为了把家族和民族凝聚在一起,于是希腊宗教成了希腊城邦制度的社会基础。②

把希腊宗教、希腊人的宗教观念包括在内的希腊文化,最基本的是具有以下三个特征:个人自由,公民平等,程序与规则至上。

个人自由:在希腊城邦制度下,个人有权自由表达自己的意愿并做出选择。从理论上说,既然希腊城邦的公民人人都是神的子女,那么为什么要个人牺牲自由去服从神的唯一儿子——国王呢?

公民平等:任何一个公民都必须服从公民大会通过的决议,不得违背它;任何人都必须遵守法律,遵守社会道德规范,因为这些或者是公民大会通过的,或者是祖辈流传下来的。

程序与规则至上:程序与规则一经制定就成为共同遵守的准则,程序与规则不是任何个人所能更改的。违背程序与规则而登上领导者地位,是僭主,是异类,是不齿于希腊社会的。

在希腊城邦盛期,"当时所谓西方文明,即指当时的希

---

① 参看狄金森:《希腊的生活观》,彭基相译,华东师范大学出版社,2006年,第9页。
② 同上书,第8页。

腊"①。在地中海西部,罗马还处在刚准备统一意大利半岛的阶段,而另一个强国是迦太基,但是,"在本质上,他们的精神不属于西方,而属于东方"②。

在希腊本土,谁是希腊文化、希腊精神的传承者?照理说应当是希腊城邦的一代又一代公民。在社会贫富分化还不明显的时候,说希腊城邦一代又一代公民是希腊文化、希腊精神的传承者,是符合实际的。而当城邦内部的贫富分化日益明显之后,很难再用"公民"这一笼统的说法来表述了。贵族寡头们,不管已当政的,还是急于想夺取政权的,难道会成为希腊文化、希腊精神的代表吗?平民极端派出现后,难道他们能代表希腊文化、希腊精神吗?都不可能。按照罗斯托夫采夫的观点,作为希腊文化、希腊精神的代表的,以及可以传承希腊文化、希腊精神的,是中产者。③ 他写道:"雅典在公元前4世纪晚期是一个中产者城市。"④这主要是指一批工商业者、自由职业者、富裕农民而言。在他看来,正是这些家庭富裕,从事工商业,或拥有土地,经营农场,同时在城邦政治生活中起着积极作用的人,使希腊文化、希腊精神传承下来了。不仅雅典一个城市如此,其他希腊城市也这样。到了希腊化时期,中产者已经不是什么新的社会现象,他们已经活跃于希腊化各国,继续在希腊文化、希腊精神的传播中

---

① 汉密尔顿:《希腊的回声》,曹博译,华夏出版社,2008年,第3页。
② 同上。
③ 参看罗斯托夫采夫:《希腊化世界社会经济史》第2卷,克莱伦顿出版公司,牛津,1941年,第1115页。
④ 同上。

发挥自己的作用。①

在希腊化时期,希腊本土各城邦的中产者,由于经济停滞,工商业发展状况大不如前,所以他们纷纷把希望寄托在东方新建的塞琉古王朝和托勒密王朝境内。当地的国王们欢迎他们前来,他们自己也愿意向新地区移民。他们中有不少人认为,在新地区,有更多的机会可以发财,可以施展自己的才干。他们融入了新的社会环境。赚钱归赚钱,但一旦遇到战争,他们为了保卫这一大片新开辟的希腊人的土地,会投身军队,加入战斗,也会捐躯。这是他们的理念。他们已经把新地区当作自己的家乡了,他们是为希腊人的利益而战。这样,希腊文化、希腊精神就在新地区扎根并传承下来了。

然而,希腊移民所扎根的新地区毕竟是亚历山大东征后征服的东方,东方有东方的传统文化。希腊人在西亚、北非居住下来,希腊文化和东方文化的碰撞便开始了。"托勒密王朝和塞琉古王朝可能设想,随着时间的推移,通过希腊化而会实现融合。但它们在这方面是错误的。这样的融合并没有发生。"②

托勒密王朝和塞琉古王朝为什么会有上述判断的失误?原因之一在于:"希腊居民证实是不可能使东方的精神希腊化的。某种生活方式和管理方式的希腊化实现了;但在精神方面,新移民们却逐渐被古代东方文明所同化:他们的普遍心理在新条件下可以被看成是具有一种新的性质,即既不是纯东方的,也不是

---

① 参看罗斯托夫采夫:《希腊化世界社会经济史》第2卷,克莱伦顿出版公司,牛津,1941年,第1115页。
② 科克、阿德柯克、查尔斯渥斯编:《剑桥古代史》第7卷《希腊化的君主国和罗马的兴起》,剑桥大学出版社,1928年,第115页。

纯希腊的。"①这不等于两种文化,即希腊文化和东方文化完全融合了。这只是它们的部分的融合。两种文化的界限和各自影响的范围依然是明显的。

这仍是两种文化的较量。而且应当注意到,在希腊人的力量还强大,希腊人仍管辖着这块土地的时候,希腊人能够凝聚在一起,因为他们既有政府机构,又有军队作为依靠。他们在政治上占据优势,在城市中占据优势,在经济中也占据优势。希腊文化在这种形势下是有活力的。但东方文化依旧像过去一样顽强,在广大乡村,在腹地,尤其在下层社会中,到处都是本地人。东方文化在那里根深蒂固,希腊文化既不可能同东方文化完全融合,更不可能在西亚、北非取东方文化而代之,进而成为主流文化。同样的道理,已经进入塞琉古王朝和托勒密王朝管辖地区的希腊人,既不能被东方文化所同化,也不可能被东方文化所驱逐。

在西亚、北非地区新建的希腊式城市中,希腊人终于扎下根来了。这些城市和居住在城市中的希腊移民,成了支撑希腊化王朝的"希腊—马其顿基础"②。在国王们看来,只要城市支持王朝,忠于国王,给他们的城市一些自治权又何妨?对希腊移民来说,只要国王欢迎希腊人前来,有生意可做,有公职可以担任,生活方式、风俗习惯又同希腊本土一样,即使要顺从国王旨意,

---

① 科克、阿德柯克、查尔斯渥斯编:《剑桥古代史》第7卷《希腊化的君主国和罗马的兴起》,剑桥大学出版社,1928年,第115页。
② 斯塔尔:"希腊化文化",载斯特兰编:《古代希腊的贡献》,浩特、莱恩哈特和温斯顿出版公司,纽约,1971年,第268页。

那又何妨?① 这就是希腊文化在新地区存在的依据。

因此,在塞琉古王朝和托勒密王朝境内,自始至终都基本上没有改变希腊文化和东方文化并存和相互较量的格局。而两种文化的部分融合,则是两者并存和较量的结果。

二、希腊化文化的形成

从亚历山大东征到罗马人灭掉托勒密王朝,经历了将近三百年。在这三百年内,在希腊人所在地区,在希腊文化与东方文化并存、相互影响的环境中,逐渐形成了希腊化世界特有的文化,即希腊化文化。

希腊化文化既不完全是希腊文化,又不完全是东方文化。说得确切些,希腊化文化是在希腊化世界这块土地上掺和了部分希腊文化和部分东方文化而逐渐形成的一种文化,不能把它说成是希腊文化的东方化,也不能把它说成是东方文化的希腊化。这两种说法之所以都不正确,就在于这三百年的时间内,希腊文化处在逐渐变化的过程中,希腊化文化就是变化中的希腊文化同东方文化在希腊化世界部分融合的产物。以宗教信仰为例,希腊化各王国尽管在宗教方面不同程度地受到东方文化的影响,但基本上仍是希腊宗教的信仰者。② 区别在于:对众神的

---

① 这与古典时期晚期恰好形成鲜明的对比。在雅典,由于民主政治已日益败坏并演变为暴政,所以进入希腊化时期以来,"批判民主政治的思潮逐渐成为主流",希腊移民很少留恋过去雅典那种民主政治,反倒更愿意接受希腊化王朝建立的社会秩序。(参看晏绍祥:"民主还是暴政——希腊化时代与罗马时代思想史中的雅典民主问题",载《世界历史》2004年第1期,第50页)

② 参看戴维斯:"希腊化主权国家的相互渗透关系",载奥格登编:《希腊化世界:新观察》,威尔斯古典出版社和杜克渥斯出版公司,伦敦,2002年,第6页。

崇拜渐渐淡化了,主神的概念渐渐确立了:安提柯王朝主要崇拜的是宙斯神,塞琉古王朝主要崇拜的是阿波罗神,托勒密王朝主要崇拜的是塞拉皮斯神。①

前面已经指出,自从公元前4世纪中叶希腊城邦制度陷入深度危机之后,希腊文化随着人们对城邦制度的信心的丧失而发生了变化,这时被希腊移民带到塞琉古王朝境内和托勒密王朝境内的希腊文化已经不是希腊城邦制度鼎盛时期的希腊文化了。今日的雅典已非昔日的雅典,今日的斯巴达也非昔日的斯巴达。希腊移民懂得,往年被希腊人引以自豪的民主和宪制在希腊本土已无法实行,即使在新占领的西亚、北非土地上,至多只容许实行城市自治而无法把希腊城邦制度移植过来,所以希腊人移居到西亚、北非后,很少再有人留恋曾经存在于希腊本土的城邦制度。由此可见,希腊化世界所传承下来的希腊文化,并不是以雅典盛期和斯巴达盛期为代表的希腊文化,而是希腊城邦陷入深度危机之后逐渐变化的希腊文化。比如说,希腊人一直惯于独立思考,反对盲从;而在希腊化世界,国王却要人们顺从,认为独立思考是有害于国家,也有害于独立思考者本人的。希腊移民们怎么办? 绝大多数人在西亚、北非的土地上,不再按照祖辈教导的那样去独立思考,而顺从了国王的意愿。这就是希腊文化与希腊化文化的区别之一。

希腊本土有些城邦也实行国王制。斯巴达是一个明显的例子。斯巴达的国王是通过公民大会选举产生的,国力的权力并

---

① 参看戴维斯:"希腊化主权国家的相互渗透关系",载奥格登编:《希腊化世界:新观察》,威尔斯古典出版社和杜克渥斯出版公司,伦敦,2002年,第6页。

非神授，而是公民大会赋予的，并且国王要受到各种制约。公民大会既可以授予国王权力，例如战争期间的军事指挥权，也可以收回这种权力。斯巴达的国王不是僭主，他们必须行为合法。东方则不是这样，靠军队拥戴就能登上王位，王位父子相传是天经地义的事情。希腊化各个王国，不是希腊文化、希腊精神的体现，而是把东方文化、东方精神中的一些内容吸纳进来以后的产物。

在希腊城邦制度下，公民有义务服兵役，尽保卫国家之职。"爱国主义"在希腊—波斯战争的第一阶段最充分地表现出来。但进入希腊式城邦制度晚期，公民服兵役的现象虽然并未消失，但军队的主力已经转变为雇佣兵了，雇佣兵为金钱而作战，根本不会因"爱国主义"而战。[1] 雇佣兵中有一些人是从"蛮族"中招募来的，他们有什么"爱国主义"？[2] 在希腊化世界，情况与此相似。移居当地的希腊人虽然也有服军役以尽公民义务的想法，但军人的丰厚薪酬（包括安家的份地和退役后的屯垦土地）开始占了上风。希腊人的"爱国主义"思想早已不如过去，但由于新地区毕竟是希腊移民赖以生存的土地，所以他们仍有战斗精神，不过到了下一代或以后各代，这种战斗精神也就淡薄了。后来，希腊化王国的战争不再依靠希腊军人的勇气，而靠花钱收买对方的军事指挥官。每次战役之前的第一件大事，就是贿赂对方，给对方的雇佣军首领更高的报酬，这是最有效的战略。[3]

---

[1] 参看马哈菲：《希腊的生活和思想：从亚历山大时代到罗马的征服》，阿尔诺出版公司，纽约，1887年初版，1976年重印，第402—403页。
[2] 参看同上。
[3] 参看同上书，第403页。

这就很清楚地告诉我们,希腊化各个王朝,尤其是塞琉古王朝和托勒密王朝,在建立之初,并一直到中期以前,依然多多少少保存了一些古典希腊的精神,即公民作为军人,要为城邦而战,为保卫自己的家园、权利、城邦主权而战。这种信念是珍贵的,也是重要的。当年希波战争期间,希腊人之所以奋不顾身地在战争中拼杀,视死如归,不正依靠这种信念、这种理想、这种精神么? 这种精神在塞琉古王朝、托勒密王朝的前期,在希腊移民身上多少还能反映出来,他们也有为整个希腊人的利益而作战的信念。甚至在罗马人击败了安提柯王朝的军队,战争中消灭了马其顿王国,占领了希腊本土的公元前1世纪中叶,小小的科林斯城居民仍然拒绝罗马人的招降而坚决抵抗,直到被罗马军队毁灭,男子全部被杀,妇女儿童全部被贩卖为奴的时候,古典希腊的精神仍在科林斯反映出来,这就是一个例证。这岂是雇佣军所具有的信念? 然而,雇佣军成为希腊化王朝军队主力的大势已定,谁也无法使历史倒转。

　　既然在希腊化世界,希腊人祖祖辈辈为城邦的独立和主权而作战的精神已经消失,那么,代之而起的是什么信念,什么动力呢? 是不是追随亚历山大的遗愿,把希腊化各王国统一起来的大胆设计呢? 这同样是不可能的。① 时代不同了,人物不同了,谁还有能力把分治的各个希腊化国家统一起来呢? 谁也实现不了这一点。于是各个希腊化王朝唯有培育本国的希腊人对本王朝的忠诚,使他们成为本王朝得以巩固统治的精神上的支

---

① 参看斯塔尔:"希腊化文化",载斯特兰编:《古代希腊的贡献》,浩特、莱恩哈特和温斯顿出版公司,纽约,1971年,第268页。

撑。① 塞琉古王朝和托勒密王朝尤其如此,因为只有这样,它们才能维持下来。

东方文化中什么是最值得希腊化王国的国王们吸纳的内容呢?那就是:国王是神的化身、神的儿子的说教。由于神权和王权是统一的,国王专制和中央集权体制便顺理成章了。塞琉古王朝和托勒密王朝一直依靠把变化了的希腊文化同东方文化中适合自己掌握权力的内容掺合在一起而形成的希腊化文化,巩固自己的统治。并且,到了公元前2世纪以后,希腊化文化中的东方因素或东方成分还越来越多。在罗马人依次消灭安提柯王朝、塞琉古王朝和托勒密王朝之后,希腊化世界结束了,希腊化文化却继续存在于这三个希腊化王朝曾经统治过的土地上。

三、希腊化文化和罗马文化的较量

希腊化文化作为一种特殊的新阶段性的文化,是希腊古典文化和罗马文化的中间环节,它起着承前启后的作用。②

罗马军队消灭安提柯王朝、塞琉古王朝和托勒密王朝的时期正处于罗马共和国时期。托勒密王朝灭亡后不久,罗马转入帝国时期。这时也正是罗马文化(前期罗马文化)发展的高峰阶段。在三个希腊化王朝原来管辖的范围内,罗马文化和希腊化文化经常发生碰撞、摩擦、较量。

罗马文化和希腊文化之间有着深厚的渊源关系。它们尽管

---

① 参看斯塔尔:"希腊化文化",载斯特兰编:《古代希腊的贡献》,浩特、莱恩哈特和温斯顿出版公司,纽约,1971年,第268页。
② 参看姚介厚、李鹏程、杨深:《西欧文明》上册,中国社会科学出版社,2002年,第80页。

是不同的文化,但自古就有相通之处。罗马建国之初就从希腊人那里汲取了人本主义思想,这种人本主义思想体现于希腊人对自由和平等的崇尚,以及对民主和宪制的遵奉。此外,希腊和罗马早期,对王政的看法有不少相似之处。例如,在希腊,"王族的权力被剥夺了,但仍为人民所尊敬,他们甚至还保有王室的头衔和标识"①。罗马亦然:"人们建立了共和政体,但国王的称号并没有被看作一种耻辱,而仍然是一种尊贵的头衔。……罗马人祈祷时仍用(国王)这个词来称呼诸神。"②又如,希腊人和罗马人自古都没有废法之举:"人们的确可以立新法,但旧法仍旧保留,不过,新旧法律之间可能会有些相冲突的地方。"③在希腊,"德拉古法典并没有因梭伦所废除;"④在罗马,罗马"王法也没有为《十二铜表法》所取代。"⑤

希腊文化早于罗马文化,希腊文化传播的地区和罗马文化传播的地区相距不远,加之,希腊人很早就在意大利半岛南部移民,所以希腊文化对罗马文化的影响要大于当初罗马文化对希腊文化的影响。或者说,罗马人对希腊文化的吸收要多于希腊人对罗马文化的吸收。朱龙华在所著《罗马文化》一书中对此有专门的分析。他写道:"整个希腊文化都带有人本主义的色彩,而罗马文化对希腊文化的充分吸收,也以接受这种精神为前

---

① 古朗士:《古代城市:希腊罗马宗教、法律及制度研究》,吴晓群译,上海人民出版社,2006年,第207页。参看古朗士:《希腊罗马古代社会研究》,李玄伯译,中国政法大学出版社,2005年,第147页。
② 同上书,第207页。参看李玄伯译本,第147页。
③ 同上书,第155页。
④ 同上。
⑤ 同上。

提。"①与希腊人相比,罗马人在追求人本主义理想方面一般要比较务实,罗马共和国的历史证实了这一点。因此,"我们也可以说罗马文化的质朴务实的精神是一种理性精神,它与希腊不仅有息息相通之处,而且通过对其吸收借鉴而使罗马文化日臻成熟与完善"②。

罗马和希腊的国情是不一样的。希腊自古就只是一个地理概念;而不是一个统一国家的概念。希腊本土存在着许多城邦,一个城邦就是一个独立的小国,各自为政,各有各的疆土。"即使在鼎盛时期,希腊人也绝不可能去建立一个希腊帝国。他们确实不喜欢在一起工作;他们喜欢凭个人情趣自由行事。"③后来,在希腊本土上虽然出现了一些城邦同盟,它们被某个强大的城邦所控制,但城邦依然是城邦,城邦并未统一为一个国家。即使在希腊—波斯战争期间,希腊的城邦也没有统一过。

罗马与此不同。罗马从王政时代起就建立统一管理的体制,既便于指挥作战,抵御外敌,又便于对外扩张,因为罗马需要更多的土地、更多的劳动力。所以"在罗马人看来,群体就是力量"④。罗马人认识到,没有群体,他们无法生存和发展。⑤

从向希腊文化学习这个角度来看,可以说,即使在罗马前期,也不能认为罗马文化"完全归结为对希腊文化的模仿"⑥。罗马人确实向希腊人学了不少东西,但需要注意到,"不仅罗马

---

① 朱龙华:《罗马文化》,上海社会科学院出版社,2003年,第34页。
② 同上。
③ 汉密尔顿:《希腊的回声》,曹博译,华夏出版社,2008年,第178页。
④ 同上。
⑤ 参看同上。
⑥ 王晓朝:《罗马帝国文化转型论》,社会科学文献出版社,2002年,第47页。

共和国时期的拉丁文化和罗马帝国时期的文化不能简单地视为希腊文化的延伸或扩展,而且早期罗马城邦的发展也不能视作对希腊古典城邦文化的简单模仿"①。罗马文化和希腊文化实际上是共存的、平行发展的,并且各有创造。②

到了罗马的版图扩大到意大利半岛南部、西西里、迦太基、高卢、西班牙和部分巴尔干半岛地区之后,罗马文化与希腊文化的区别越来越突出。一个十分明显的区别在于公民权的授予。甚至可以说,希腊和希腊化世界的公民权概念同罗马的公民权概念是尖锐对立的。③ 要知道,一个罗马公民不一定生来就是公民,因为罗马的公民权是可以授予外国人的,从而这些外国人就可以拥有罗马公民的权利,包括投票权。④ 罗马有时把公民权授予某一个行省的居民,例如恺撒就这么做过。而在罗马皇帝卡腊卡拉临朝时期,罗马把公民权授给了帝国中的每一个人。⑤

然而在雅典,在亚历山大里亚,或在希腊本土和希腊化世界,却从来不曾发生过这种情况。希腊化世界的每一个城市都捍卫着自己的公民权,生怕外人得到它。⑥ 因此在希腊本土和希腊化世界的一个希腊城邦或希腊式城市中,民主范围是很狭窄的,它只是极少数人的民主。⑦ 不仅大量住在这个城市里的

---

① 王晓朝:《罗马帝国文化转型论》,社会科学文献出版社,2002年,第47页。
② 参看同上。
③ 参看伊文斯:《希腊化时期的日常生活:从亚历山大到克娄巴特拉》,格林渥德出版社,美国康涅狄格州韦斯特波特,2008年,第56页。
④ 参看同上。
⑤ 参看同上。
⑥ 参看同上。
⑦ 参看同上。

外国人得不到公民权,甚至连希腊化世界中居住在城市里的本地人,也不能成为希腊式城市的民主权利的分享者。[1] 这种情况其实早在雅典城邦制下就已如此。公民和非公民的差别是很大的。一个得不到雅典公民权的人,每年要缴一笔人头税,除非得到特许,否则在雅典不能置产,也不可能同一个雅典公民有合法的婚姻关系,等等。[2]

除了公民权问题而外,从总体上说,罗马文化和希腊文化的区别还可以归纳为:

第一,尽管罗马和希腊一样,也推崇民主和宪制,但希腊人的民主和宪制思想的出发点是公民个人至上的理念,而罗马人的民主和宪制思想的出发点则是:唯有国家统一和强盛,才能实现公民的权利;唯有对外战争胜利,公民的生活才能改善。

第二,希腊和罗马都使用奴隶,并且都废除了把欠债的本国人沦为奴隶的做法。但希腊和罗马对待被释奴隶(他们都是外国人或异族人)的态度则不一样。在希腊,被释奴隶可以被认为是侨民,但侨民并不等于希腊公民。在罗马,被释奴隶则成为罗马公民,几代之后大家都忘记了他们的祖辈曾是奴隶。[3] 为什么希腊人的做法不同于罗马人?因为在希腊人看来,奴隶必定是"蛮族",只有"蛮族人"才会变成奴隶。所以奴隶的"蛮族"出身的痕迹是抹煞不掉的。[4] 那么,谁的祖先是希腊人,谁

---

[1] 参看伊文斯:《希腊化时期的日常生活:从亚历山大到克娄巴特拉》,格林渥德出版社,美国康涅狄格州韦斯特波特,2008年,第56页。

[2] 参看同上。

[3] 参看韦尔斯:《亚历山大和希腊化世界》,哈克特出版公司,多伦多,1970年,第163页。

[4] 参看同上书,第164页。

的祖先是"蛮族"呢？这主要是一种文化概念，而不一定是血统概念。这种观念在希腊人那里是根深蒂固的。①

第三，在罗马，国家利益总是被置于公民个人利益之上。例如，在罗马共和国晚期，罗马公民们两次容忍了"三头政治同盟"，他们这样做，是为了国家利益着想，于是宁肯牺牲个人权利而容任领导人独断独行。而在希腊，公民在这方面是绝对不让步的，只要违背了公民大会制定的法律、规章制度和程序，谁上台执政都是"僭主"，是异类，是受唾弃的。希腊各城邦不允许任何人"以国家的名义"、"以人民的名义"，发号施令。但"罗马人的第一天性是服从权威和接受纪律的约束"②。这表明："希腊需要的是独立思考的公民；罗马不容忍与他们意见相左的人，他们需要逆来顺受的臣民。"③这也许是希腊文化和罗马文化的最大区别。

自从罗马占领希腊、马其顿、小亚细亚并进而灭掉塞琉古王朝和托勒密王朝之后，罗马人成了希腊化世界的统治者。在希腊化国家原来的疆土上，罗马文化同希腊化文化之间的长期较量就一直进行着，因为这时的希腊文化，从马其顿控制希腊本土之时起，已经逐渐演变为不同于古典时期希腊文化的希腊化文化了。那么，罗马文化自身是不是也在变化呢？毫无疑问，随着由罗马共和国晚期向罗马帝国的转变，罗马文化（前期罗马文化）也开始转变为罗马帝国文化（中期罗马文化），大约经过三

---

① 参看韦尔斯：《亚历山大和希腊化世界》，哈克特出版公司，多伦多，1970年，第164页。
② 汉密尔顿：《希腊的回声》，曹博译，华夏出版社，2008年，第179页。
③ 同上。

个世纪,当基督教成为罗马国教之后,罗马帝国文化又转变为罗马—基督教文化(后期罗马文化)。说到罗马文化和希腊化文化的较量,那么也大体上分三个阶段。

第一阶段是前期罗马文化同希腊化文化较量的阶段,时间大致上从罗马人开始进入巴尔干半岛起,到罗马灭掉托勒密王朝,把希腊化王国的领土全部变为罗马领土为止。

第二阶段,从时间上说,大致上从托勒密王朝灭亡,到罗马帝国皇帝君士坦丁一世接受基督教之时为止,这是中期罗马文化同希腊化文化较量的阶段。

第三阶段则是后期罗马文化同希腊化文化较量的阶段,从时间上说,大致上从基督教在罗马帝国境内传播和成为主流文化之时起,到罗马(东罗马)皇帝查士丁尼一世登位之时为止。

三个阶段一脉相承,罗马文化和希腊化文化的较量从未停止过。也就是说,从政治上说,希腊化世界在公元前30年托勒密王朝灭亡之时已告结束,但在这一片土地上,希腊化文化却仍然存在并发挥作用,它始终在同罗马帝国文化(中期罗马文化)、罗马—基督教文化(后期罗马文化)较量,直至公元6世纪形成拜占庭文化之时为止。拜占庭文化把希腊化文化、东方文化、罗马—基督教文化的主要内容全结合到一起了。

需要指出,奥古斯都所开创的罗马帝国对待所征服的西亚、北非地区的文化政策,应当说是比较宽容的。"当罗马作为征服者来到这个希腊化东方时,它忠实于它传统的自由放任做法;它进入了一个说希腊语的希腊式城市的土地,它满足于既保留希腊语,又保留希腊式城市:它不要求近东的拉丁化和罗马化。"①这就大大缓和了罗马人和希腊人之间多年以来形成的敌对情绪,便于罗马人在希腊化世界实行统治。这样,"虽然各个希腊化王国覆灭了,而希腊的思想却不受拘束地自然发展"②。很难说,这是罗马人在希腊化东方的退让还是"退中有进",或者说"退就是进"。

这也许是由于罗马人和希腊人的战争观念存在着某种区别。正如有人曾做过如下的比喻:"罗马人好比鲨鱼,而希腊人好比海豚:二者都是贪吃的食肉动物,但一个是孤僻的和专心致志的,另一个是调皮的和爱管闲事的。"③这是就两个民族的性格来说的。在对待战争方面,"在希腊世界,战争已经成为一门手艺,从而也是一种选择:可以作出其他选择,也可以运用其他的技巧。在罗马,战争是男性自尊的场地:一个罗马人的选择,或者是交战,或者是耻辱。"④这样也就决定了希腊人和罗马人对雇佣兵的不同看法:"未在军中服役的希腊人可能雇一些熟练的作战工——雇佣兵——去为他们从事战斗。而罗马人不这样做。无论是在意大利战争中,还是同外国人交战时,无论是战败还是获得胜利,'男子气概'总是使罗马军国充满生气。"⑤罗马帝国成立之后也都是这样。直到后来,罗马帝国因兵员不足,

---

① 贝恩斯:《希腊化文明和东罗马》,牛津大学出版社,1946年,第25页。
② 同上。
③ 伦克:"希腊化世界和罗马共和国时代的战争和社会",载萨宾、威斯、维特比编:《剑桥希腊罗马战争史》第1卷《希腊、希腊化世界和罗马的兴起》,剑桥大学出版社,2007年,第516页。
④ 同上。
⑤ 同上。

才使用雇佣兵作战。

因此,当罗马军队灭掉塞琉古王朝和托勒密王朝,占领西亚、北非地区时,只要敌方顺从,不反抗,就采取安抚政策,鼓励被征服地区工商业开业经营,农民照常耕种,希腊人一切如前。只有像在耶路撒冷这样的坚持反抗罗马占领的地方,才采取严厉镇压措施。这被认为就是罗马人的一贯作风:善待归顺者,打击反抗者。希腊化文化之所以继续存在和发展,同希腊人在希腊化的土地上不反抗罗马人的行为有直接关系。

罗马帝国对所占领的希腊化世界也有一种统治方式,这反映了罗马帝国充分考虑到西亚地区的特点。"公元1世纪和2世纪的罗马帝国是以城市为基地的。也就是说,帝国的地方精英都生活在一些大城市中心内。"[1]这是有利于罗马帝国统治的。正是在这些大城市的市区,罗马文化与希腊化文化不仅有碰撞,而且更重要的是并存和结合。这是因为,罗马帝国把地方精英(主要是希腊上中层社会人士)组织到市议会之中去了。于是,"皇帝就可以通过自己指派的总督而周旋于市议会议员之间,总督还把行省的情况反馈给皇帝和罗马元老院"[2]。罗马文化和希腊化文化在大城市中的并存和结合,可以说是罗马帝国的一大创造,"这种比较可靠的制度便于对如此广泛的区域进行统治"[3]。这样一来,在罗马新占领的西亚、北非的希腊化世界,罗马帝国的统治方式也就易于被希腊化王朝过去的希腊

---

[1] 萨里斯:"从君士坦丁到赫勒克留的东帝国(306—641年)",载曼戈主编:《牛津拜占庭史》,牛津大学出版社,2002年,第22页。

[2] 同上。

[3] 同上。

臣民所接受,从而减少了罗马帝国统治的阻力。

尽管从公元1世纪起罗马共和国已转变为罗马帝国了,但这时的罗马帝国并不等同于公元4世纪起的罗马帝国,这时的罗马帝国也不同于东方的帝国或希腊化的王朝。在罗马,皇帝的产生要经过元老院选举这一不可漏失的程序,并且由元老院加冕予以承认。皇帝多多少少要受元老院的制约,皇帝被认为是罗马帝国的"首席公民"或"第一公民"。加之,城市自治制度依然保存下来。这一切既被罗马公民所认可,也能被原来希腊化世界的希腊人所接受。至于原来塞琉古王朝和托勒密王朝境内的本地农民,或者说,住在乡村中的土著居民,那么依然同过去一样生活,不接受罗马的制度和文化,也很少受到罗马文化的影响。[①] 正如他们在希腊化王朝统治的三百年间很少受到希腊文化的影响一样。这种情况要到罗马—基督教文化形成和传播后才发生变化。

在过去的希腊化世界范围内,东方文化仍然是顽强的、有影响的。那么,罗马文化和希腊化文化相较量的过程中,哪一种文化更有优势? 很难说。罗马文化无疑具有政治的优势,希腊化文化则具有社会的优势,因为西亚、北非的土地毕竟被希腊人统治三百年了,希腊人在西亚、北非已扎下根来,他们在这里的城市中掌握了经济的控制权。这就使希腊化文化在同罗马文化的较量中显得有一定的优势。但政治优势同社会优势相比,政治优势更重要一些,所以罗马文化的优势往往在罗马皇帝的旨意

[①] 参看奥斯顿费尔德编:《希腊的罗马人和罗马的希腊人:文化相互作用研究》,导言,阿鲁斯大学出版社,2002年,第20页。

中流露出来。

希腊人在西亚、北非地区是讲究实际的,他们不是古典时期的雅典人和斯巴达人那样的理想主义者。到了塞琉古王朝和托勒密王朝后期,税负越来越重,希腊商人的生意不好做了,希腊人的生活大不如前了,为什么这些希腊人仍然忠于各自的希腊化王朝呢？主要是从现实利益出发,出于自身安全的考虑。有了希腊化王朝的国王们的庇护,他们本人和他们家族的利益可以维持下来,至少可以保存现状。① 到了罗马大军的日益临近,直到塞琉古王朝和托勒密王朝相继灭亡,希腊人又转而倾向罗马,以保护自己的利益。这都是可以理解的。②

于是在希腊化世界出现了如下的现象,希腊人在罗马统治之下,他们都希望能成为罗马的公民。虽然没有一个希腊式城市正式提出要求,但希腊人作为个体,"人人都努力想得到它（公民权）"③。当时,希腊人为了得到罗马公民权,甚至不择手段,"一个最容易且最快获得公民权的办法是先将自己卖给某个罗马公民为奴,然后以合法手段获得解放,便能得到公民权了"④。好在罗马对给予希腊人公民权这一点,并不吝惜,它"很愿意授予他们公民权"⑤。有了罗马公民权,希腊人还有什么必要留恋希腊式城市的自治地位呢？"终有一天,（希腊式）城市

① 参看斯塔尔:"希腊化文化",载斯特兰编:《古代希腊的贡献》,浩特、莱恩哈特和温斯顿山版公司,纽约,1971年,第269页。
② 参看同上。
③ 古朗士:《古代城市:希腊罗马宗教、法律及制度研究》,吴晓群译,上海人民出版社,2006年,第397页。参看古朗士:《希腊罗马古代社会研究》,李玄伯译,中国政法大学出版社,2005年,第319页。
④ 同上。
⑤ 同上。

仅剩下一个空壳而无实际内容了。"①这就是在罗马文化同希腊化文化的较量中，罗马文化的政治优势的表现。

但希腊化文化的社会优势并未消失，它在这场较量中仍顽强地表现出来。比如说，在经济方面，希腊化世界的金融制度被罗马继承下来了；②货币制度同样如此，即罗马一直奉行自亚历山大以来通行于希腊化世界的良好的铸币制度，保持铸币有可靠的信用和十足的币值，这样才能使罗马钱币在东方市场逐渐替代希腊化各国铸币。③ 过去罗马的工商业者在西亚、北非市场上是没有地位的，他们来到罗马新征服的这块新地区之后，遵循希腊商人和希腊金融经营者的做法，逐渐壮大了自己，终于成为希腊化世界货币市场和借贷业中的支配力量了。④ 这同样是罗马政治优势帮了罗马商人的大忙。⑤ 即使罗马商人在希腊化世界的土地上的地位日益突出，但罗马帝国当局离不开希腊人，尤其是离不开希腊人中的上中层社会的成员。例如，如何把这里的城市管理好？如何使它们继续繁荣？这些都关系到罗马帝国的利益。"城市是罗马帝国的基石。它们是人口、贸易、制造业、各种形式的文化的中心，以及行政管理的基本架构。"⑥那

---

① 古朗士：《古代城市：希腊罗马宗教、法律及制度研究》，吴晓群译，上海人民出版社，2006年，第398页。参看古朗士：《希腊罗马古代社会研究》，李玄伯译，中国政法大学出版社，2005年，第319页。
② 参看罗斯托夫采夫：《希腊化世界社会经济史》第2卷，克莱伦顿出版公司，牛津，1941年，第1290页。
③ 参看同上。
④ 参看同上。
⑤ 参看同上。
⑥ 福斯："城市和乡村的生活"，载曼戈主编：《牛津拜占庭史》，牛津大学出版社，2002年，第71页。

么,建设和管理好城市的人才来自何处?主要来自新地区的希腊式城市。还有,要建设和管理好城市,庞大的支出从何而来?这是很花钱的,例如维修街道和市场,建立和维持各种公共设施,尤其是花钱很多的公共浴室,这些费用如何筹集?这些都是迫切需要解决的问题。[①] 看来,这些费用都加在居住在这些城市中的希腊人身上。[②] 保留原来希腊化世界的希腊式自治城市本来是住在这些城市中的希腊人的愿望,而现在向城市建设和管理机构的捐献又成了他们的义务和烦恼。[③] 但希腊人还是忍受了,因为他们是现实主义者。

四、罗马—基督教文化的兴起和传播

基督教作为一种宗教,不是罗马人自己的宗教。罗马人的宗教和希腊人的宗教,都是多神教,二者之间互有沟通,罗马征服希腊化世界后,"随着两种文化的交往日深,希腊与罗马两种宗教系统渐渐揉为一体"[④]。这同基督教是不一样的,它是一神教。所以无论在希腊宗教的信奉者,还是罗马宗教的信奉者看来,基督教都是一种异教,希腊宗教、罗马宗教同基督教是不能相容的。再说,无论是希腊宗教还是罗马宗教都是产于西方世界的宗教,基督教源出犹太教,它和犹太教都属于东方世界的宗教,这种对立从基督教一产生就开始了。

[①] 参看福斯:"城市和乡村的生活",载曼戈主编:《牛津拜占庭史》,牛津大学出版社,2002年,第71页。
[②] 参看同上书,第72页。
[③] 参看同上。
[④] 王晓朝:《罗马帝国文化转型论》,社会科学文献出版社,2002年,第98页。

基督教一产生就受到多方面的迫害。犹太教容不了它,希腊宗教、罗马宗教容不了它,罗马帝国也容不了它。早期的基督教,"按罗马的标准,简直没有资格被称为宗教"①。这不仅由于它同罗马帝国境内原有的罗马宗教、希腊宗教不同,更由于"它不是全民性的,而表现为一种地下的、世界性的秘密组织"②。这种无国界的、像秘密组织一样的早期基督教,"确实也有自己的宗教仪式,但它们是在关闭了的大门背后举行的"③。这哪里像希腊罗马的宗教呢?

基督教从一开始就有跨地域、跨国界传播教义的活动,据说这同犬儒学派把原来的城邦转变为世界城邦的设想有传承的关系。④ 关于这一点,虽然有人进行过研究,但不一定有充足的证据。当然,早期的基督教信徒和传教者,有些人也过着简陋清贫的生活,甚至以行乞为生。他们既可能受到在希腊化时期传播很广的犬儒学派学说的影响,也可能与犬儒学派学说无关。⑤其实,犬儒学派尽管宣传隐世思想,但对宗教活动是采取批判、否定的态度的,犬儒学派根本不相信所谓"神谕",认为"所谓神谕,实际是祭司之谕"⑥。

基督教在越过巴勒斯坦向外传播时,已经同希伯来预言家最初的说教有很大的不同。尽管希伯来预言家们对社会存在不

---

① 曼戈:"新宗教,旧文化",载曼戈主编:《牛津拜占庭史》,牛津大学出版社,2002年,第97页。

② 同上。

③ 同上。

④ 参看沃格林:《希腊化、罗马和早期基督教》,谢华育译,华东师范大学出版社,2007年,第190页。

⑤ 参看杨巨平:《古希腊罗马犬儒现象研究》,人民出版社,2002年,第5页。

⑥ 同上。

公正提出自己的抗议,但他们"对带有集团义务的部族社会的记忆犹新。他们能够回忆过去,借助于这种社会的风俗与法律来攻击分成不同社会阶级的新社会的入侵势力"①。然而基督教在对外传播时,"在某种意义上,福音比预言家的著作更具有革命性。他们的基础更广泛,因为他们发出的呼吁不仅仅是为了被压迫阶级,而是为了全人类。他们的目标不是消灭个别的弊端,而是要完全变革人在社会中的行为"②。这正是早期基督教能吸引教徒的力量的源泉。

早期基督教终于秘密传播开来了。它先传播于西亚。教徒们为了传教,逐渐建立了教会。然后基督教进入希腊本土。"早期的基督教会面临两种选择:希腊的道路与罗马的道路。两者具有本质上的差距,彼此没有契合点。"③这里所说的"本质上的区别"在于如何对待最高政治领导人,在当时,这最高政治领导人就是罗马皇帝。但早期基督教会选择的则是希腊道路,即不拜皇帝,不信任帝国,不附和官员,而崇尚自由和平等。教会使用的语言是希腊语,"《新约全书》使用了希腊文。一些小教会——当时尚未建立统一的教会——由希腊人或者受过希腊文化熏陶的人来做主教"④。这是公元 1 世纪前期的事情。

公元 1 世纪后期,基督教传入意大利半岛。当时的信徒以穷人为主。无论在西亚、希腊还是意大利,刚传播时基督教的教义大体上是这样的:现实世界是罪恶的,人生下之后就不断陷入

---

① 罗尔:《经济思想史》,陆元诚译,商务印书馆,1981 年,第 38 页。
② 同上书,第 38—39 页。
③ 汉密尔顿:《希腊的回声》,曹博译,华夏出版社,2008 年,第 177 页。
④ 同上。

罪恶之中，只有相信救世主耶稣，人才能得救。当时，基督教对信徒的教导是要他们洁身自好，向善，互助共济；不主张反抗，而以自我牺牲为荣。基督教很快就被各地的下层群众所接受。在基督教传播过程中，基督教传教者所遇到的巨大阻力就是异教徒的干扰。异教徒对异教的信仰和对偶像的崇拜，使基督教的传播是困难的。异教徒和基督徒之间的斗争一直在进行。① 异教徒和基督教之间的斗争，谈不上是贵族和平民之间的斗争或统治者和被统治者之间的斗争，而是文化之争，皈依新宗教——基督教——的信徒中，既有穷人，也有富人，正如异教中同样有富人和穷人一样。②

基督教开始传播时，由于处于地下秘密状态，所以罗马帝国实际上并未专门处理传教者。但久而久之，基督教传播的范围扩大了，罗马帝国警觉起来，便对基督教及传教者、信教者采取了镇压措施：对他们拘捕、监禁、判刑、流放、直至以酷刑处死。基督教在传教中遇到的这一困难或阻力要比受到异教徒的干扰大得多。罗马帝国迫害基督教的主要理由是：基督教徒不拜皇帝，只拜基督，不听从官员的命令，只听从教士说教和叮嘱；不怕刑罚，只相信信教者死后能升入天堂……高压禁止不了人们信仰基督教，也阻挡不了基督教的继续传播。这种广泛传播可能同流动的手工业者四处谋生有关，"没有他们，基督教的传播是不可能的；基督教自始就是流动手艺人的宗教"③。

---

① 参看贝恩斯：《希腊化文明和东罗马》，牛津大学出版社，1946年，第27页。
② 参看罗尔：《经济思想史》，陆元诚译，商务印书馆，1981年，第39—40页。
③ 韦伯：《世界经济通史》，姚曾廙译，上海译文出版社，1981年，第118页。

这种状况大约延续了二三百年之久。连富人也信仰基督教了,连罗马皇帝周边的大臣和宫廷侍卫中也有人信仰基督教了,甚至皇族中也出现了基督教徒。有远见的罗马皇帝终于悟出了一个道理:既然基督教已无法禁止,即使明令禁止传播基督教、禁止信仰基督教仍阻止不了基督教的暗中传播和地下礼拜活动,既然迫害基督教传教者和信奉者的做法反而会把受迫害者抬到圣徒的位置,使更多的人效法他们,使基督教的影响更大,不如使基督教由非法转为合法,使传教活动由地下转到地上,使之接受罗马皇帝的指导,使基督教徒们由敌视罗马帝国的立场转为支持罗马帝国的立场。

罗马帝国对待基督教的态度的变化发生于公元4世纪初。罗马皇帝君士坦丁一世先于公元313年颁布米兰宣言,宣告对基督教的宽容,又于公元337年临终前加入了基督教。从此,基督教在罗马全境成为公开的、通行的宗教,尤其在罗马帝国东部,即过去的希腊化世界土地上,成为主流文化的标志。也正是从这个时候起,基督教的倾向性已经不同于早期基督教了。公元4世纪中期以后的基督教具有以下三个特点:

第一,早期基督教的信徒只拜基督,不拜皇帝,而从公元4世纪中期以后,由于罗马皇帝已经皈依了基督教,所以基督教徒逐渐既拜基督,又拜皇帝。这样一来,罗马帝国和基督教之间的隔阂也就逐渐化解了。在罗马皇帝们看来,全国绝大多数人信仰基督教,是新时期社会凝聚力增强的反映,因为罗马帝国在希腊化世界"是作为一个权力机构出现的,但是相应于这个庞大的结构体系却没有出现任何精神上一致的民族;说明确点,罗马帝国只是人们聚集在一起,但是并没有成为一个民族"[1]。希腊人、波斯人、埃及人、叙利亚人都没有成为罗马人。罗马人依旧是来自意大利本土的人。怎么把这些不同民族转化为罗马帝国的人呢?靠皇权是做不到的。现在有了基督教这个共同的信仰,就好办了:"如果说基督教的主要作用适应于有关政治激发活动的历史,那么这个主要作用就是创造了一个新的社群本质。"[2]大家都是基督徒了,只是分散于各个不同的族群中,但都是罗马帝国的一分子,这就行了。

第二,早期基督教的传教者们一直向信徒们灌输下述思想:现实世界是罪恶的源泉,唯有笃信基督教,才能死后得救,等等。这种思想实际上告诉信徒们,现实世界的罪恶无法消除,人对此是无能为力的。而自从基督教成为罗马帝国的合法的甚至唯一合法的宗教之后,情况发生了实质性的变化,即基督教传教者们着重宣传,只要教会和全体信徒笃信基督,共同努力,现实世界是可以改变的,结果,现实世界会逐渐好起来,会给人们带来新生活,带来幸福。

第三,起初的基督教组织是地下组织,处于秘密状态,基督教组织的活动经费和积累下来的财产是传教者垫支的或教徒们自动捐献的,而且这些都不能被罗马帝国发现,一旦被发现或被告发,经费和财产全部被没收。然而从这时起,罗马帝国政府不仅承认基督教合法,承认基督教的教会合法,而且还给予教会一些特权和赏赐,如免纳税款,可以出租土地或经营土地,可以举

---

[1] 沃格林:《希腊化、罗马和早期基督教》,谢华育译,华东师范大学出版社,2007年,第191页。

[2] 同上。

办作坊(以接济穷人和帮助失业者的名义)等,政府有时还赏赐土地给教会,用以修建教堂。信徒多了,信徒向教会的捐献多了,教会富起来了。传教士成为一种有薪酬可得的职业,他们的生活有了保障,所以他们愿意依靠政府,为政府效力。

从公元3世纪后期起,在罗马帝国尤其是在罗马帝国东部,一些异教信仰者愿意转而信仰基督教,成为基督徒。尽管有的地方曾采取强制手段,如拆毁异教神庙、祭坛,没收这些异教神庙的财产,或对拒不改信基督教的异教徒实行惩罚等,但在大多数地方,异教徒改信基督教不一定需要政府施用强制手段。他们或者受到亲戚朋友的影响,或者受到邻居、同乡、同事的影响,或者真的有所感悟,认为这是自己的观念发生了变化。这也可能同罗马帝国东部即原塞琉古王朝、托勒密王朝统治地区的希腊化文明背景有关:"异教徒和基督徒的教育都是建立在对相同的作者们著作的研究基础之上的。"[1]不仅如此,在原来的希腊化世界的土地上,异教徒和基督徒所使用的都是希腊语和希腊文字,也就是说,"异教徒和基督徒共享同一种文化"[2]。这使得异教徒易于看懂基督教的宣传品,听懂基督教传教士的说教,并能同基督徒们交流,他们从异教信仰者转为基督教的信徒不是一件难事。在这块希腊化的土地上,"异教徒接受基督教,并不是被迫放弃古代的精神财富;改变宗教信仰,并不是要陷入野蛮状态"[3]。于是在罗马帝国东部,基督教被大多数希腊人接受是一个非强制的文化转型过程。

---

[1] 贝恩斯:《希腊化文明和东罗马》,牛津大学出版社,1946年,第30页。
[2] 同上。
[3] 同上。

与此同时,基督教会也完成了它的转型。它放弃了历来所坚持的希腊道路,而自动选择了罗马道路。① 这是自觉的、而不是被迫的过程:"要是追随了希腊,基督教会怎能荣享罗马皇帝的册封呢? 罗马人把教会引向了通往至高权力的道路,这个权力将要统治天堂、地狱和人间。"②基督教传教、布教的道路从来不是一条平坦的道路。早期基督教会受尽压制,基督教传教者受尽迫害,传教者们也都历尽艰辛。从君士坦丁一世信奉基督教之后,假定基督教会继续坚持希腊道路,拒不接受罗马道路,历史也许就不这么写了,"历史也许不会留下这般可怕的记录:制造冤狱的宗教法庭、残害死囚的种种酷刑、殃及异教徒的虐杀"③。历史自有自己的安排,这是不依任何人的意志为转移的。基督教会终于自愿从希腊道路转上了罗马道路。希腊化文化在同罗马文化较量的过程中,从基督教会转型这个方面来看,最终是罗马文化占据了上风。相形之下,在异教徒转变为基督徒的方面,希腊化文化又起着积极的作用。总的说来,两种文化的较量依然是难分胜负的。也许需要几百年甚至一千多年,才能看出两种文化较量的结果。

但希腊化文化同罗马文化的较量并未到此为止,历史继续按照自己的规律向前发展。

五、希腊化文化向罗马—基督教文化的靠拢

基督教终于成为罗马帝国的国教,罗马文化变成了罗马—

---

① 参看汉密尔顿:《希腊的回声》,曹博译,华夏出版社,2008年,第179页。
② 同上。
③ 同上书,第182页。

基督教文化。基督教的礼仪也就随之官方化、模式化。基督教有了一套正式的礼仪,包括唱诗、读圣经、讲道和祈祷等公开仪式,还包括念信经、主祷文和圣餐礼等非公开仪式。[1] 基督教不再具有早期那种民间的、朴素的性质,而变得神秘化,而且越来越神秘化。这里实际上包含了一些东方文化的内容。

希腊化文化本来就是在希腊化世界的土地上,以变化了的希腊文化和原来就已存在于东方多年的东方文化部分融合而成的。在罗马—基督教文化形成以后,它逐渐成为罗马帝国文化的主流。希腊化文化有逐渐向罗马—基督教文化靠拢的趋势。当然,这也是一个漫长的和渐进的过程。

在皇权和神权相结合的基础上,"基督教教民的身份与帝国臣民的身份重合为一"[2]。作为基督徒,他们"是上帝的特造子民,是天国的公民,这构成他们人格尊严的基础"[3]。于是基督徒内心上得到了莫大的安慰:自己献身给上帝了。然而,他们作为帝国的臣民,"作为具体国家的成员,难说有什么尊严,在等级体系的网络上,人性遭受扭曲"[4]。这一切对于罗马帝国中的希腊人,意义是明显的:经过三百年的被征服,到现在,在罗马—基督教文化已经在文化中成为主流文化的时刻,希腊人不仅再也不是过去城邦社会中的希腊人了,甚至也不再是希腊化王朝时期的希腊人了。希腊人成了基督徒,成了罗马帝国皇帝

---

[1] 参看王晓朝:《罗马帝国文化转型论》,社会科学文献出版社,2002年,第238页。

[2] 丛日云:《在上帝与恺撒之间》,三联书店,2003年,第56页。

[3] 同上。

[4] 同上。

的臣民。他们受到双重约束：一方面，在皇帝和教会的约束下，他们受到基督教教义和教规的约束；另一方面，在皇帝和官员的约束下，他们受到帝国法律、法规、政策的约束。希腊化文化对他们还有多大的价值呢？罗马—基督教文化中，似乎已经把罗马文化和东方文化糅合到一起，希腊化文化尽管依然存在，它本身已经越来越向罗马—基督教文化靠拢。

在罗马—基督教文化上升为主流的形势下，希腊人，或希腊多神教的昔日信徒们，如今在放弃了希腊宗教信仰之后，随着而来的就是放弃了任何回归到希腊古典时期甚至希腊化时期的美梦。基督教的传播和基督教影响的扩大，"打破了异教与皇帝们想要恢复的联盟"①，而这种所谓的"联盟"曾经是不少希腊人在罗马帝国刚占领西亚、北非时的设想，不料现在演变成"基督教与皇帝的联盟"。罗马—基督教文化一旦成为罗马帝国的主流文化，基督教的文化威力便充分发挥出来，"基督教彻底推翻了地方祭祀，它熄灭了坛火，彻底摧毁了城市的守护神，它更进一步拒绝接受从前支配社会的那些祭祀方式"②。东方诸神、希腊诸神甚至以前罗马人在意大利半岛祀奉的罗马诸神，统统被赶下了祭坛，因为基督教已成为罗马帝国的国教，由体制外的宗教转变为体制内的宗教，而且是唯一合法的宗教。希腊人眼睁睁地目睹了这一切。其中有些人可能会说：希腊诸神被赶下了祭坛，但罗马诸神不也同样被赶下祭坛了吗？不错，事实真的

---

① 古朗士：《古代城市：希腊罗马宗教、法律及制度研究》，吴晓群译，上海人民出版社，2006年，第404页。参看古朗士：《希腊罗马古代社会研究》，李玄伯译，中国政法大学出版社，2005年，第324页。

② 同上。

如此。值得注意的是：罗马诸神被赶下了祭坛，但罗马皇帝已经成了基督教的最高主宰，基督教的大主教、主教都听从罗马皇帝的旨意，而希腊诸神被赶下祭坛之后，希腊人的"王权"在哪里呢？三百年前就已失去了。希腊人能没有失落感吗？

希腊人还剩下什么？只有希腊古典时期的文化结晶：哲学家的著作、戏剧家的作品、雕塑家的杰作、诗人的诗篇还留在世上，留在人们的记忆中。距离希腊古典时期少说也有七八百年了。难道希腊人的后代们仅靠这些来振奋精神吗？事情可能没有这样简单。希腊化文化仍在变化：它在尽量靠拢罗马—基督教文化这一罗马帝国主流文化的同时，仍在原来希腊化世界这块土地上发挥作用，影响着罗马皇帝，影响着政府官员，影响着成千上万的希腊人的后代，也包括对基督教神职人员的影响。从西方文化形成过程中，希腊文化和罗马—基督教文化的碰撞、较量与接近的过程中，可以发现后来的西方文化形成中的三个主要要素都已经具备，这三个主要要素就是：基督教精神、希腊思想、罗马机构（组织）。① 这三个主要要素的结合大约是在公元开始的最初几个世纪内，而且起着最重要作用的是基督教精神。②

然而，谁也不曾料到，一种新的文化——拜占庭文化，在罗马帝国东部地区，也就是原来希腊化世界的土地上，悄悄地形成了。不仅罗马帝国未来的皇帝和王公贵族受到这种文化的影响，连基督教本身也摆脱不了这种文化的影响。这就是文化的

---

① 参看埃杜阿尔·勒·鲁瓦：《西方文明》序言，葛雷、齐彦芬译，载葛雷、齐彦芬编：《西方文化概论》，中国文化书院，1987年，第164页。

② 参看同上。

无形的力量。让我们接着讨论罗马—基督教文化的分化：为什么会分化？分化的结果又如何？

第四节 罗马—基督教文化的分化

一、罗马帝国分裂的文化背景

虽然罗马—基督教文化成为罗马帝国的主流文化，但它本身是不稳定的。这种不稳定性，既有来自罗马帝国方面的原因，又有来自基督教本身的原因。

从罗马帝国方面来说，君士坦丁一世登上皇位之前罗马帝国的政局就很不稳定。君士坦丁一世死后，罗马帝国分裂的格局加速形成。君士坦丁一世是罗马帝国西部驻军将领君士坦修斯·契洛鲁斯的儿子，而君士坦修斯·契洛鲁斯又是罗马皇帝戴克里先的接班人加莱里乌斯最可怕的竞争对手。加莱里乌斯对君士坦修斯·契洛鲁斯存有戒心，便以欣赏他的儿子君士坦丁的才华为借口，要君士坦修斯·契洛鲁斯把儿子君士坦丁送到自己身边来工作，实际上以君士坦丁为人质。后来，君士坦丁逃离罗马东部，奔往西欧，与其父相聚，并供职军中。君士坦修斯·契洛鲁斯在军营中去世，驻防于西欧的罗马军队立即拥戴君士坦丁（当皇帝后称君士坦丁一世）为领袖，而加莱里乌斯则指定李锡尼为西欧驻军统帅。李锡尼无法掌握西欧驻军，只好仍留在罗马东部。他为了交好于君士坦丁，同意君士坦丁的米兰宣言，宽容基督徒。

君士坦丁的实力越来越强大，他的宽容基督徒的政策也越来越得人心。李锡尼心有不甘,便违背米兰宣言,着手迫害辖区内的基督徒,君士坦丁便以此为借口出兵攻打李锡尼。公元323年,李锡尼战败投降,第二年被处死。君士坦丁即罗马皇帝位。从这时起,君士坦丁和李锡尼的分裂格局结束,君士坦丁一世使罗马帝国东西部全部归自己控制。

然而,罗马帝国东西部统一的时间不长。君士坦丁一世生前已经预见到帝国可能因自己离开人世而再度分裂,并且有可能发生继承战争。于是,他决定采取世袭制,父子相传,以防止内乱。但君士坦丁一世究竟把皇位传给哪一个儿子呢?他难下决心。他本来想传位给第一个妻子所生的儿子,但又听说这个儿子不忠于自己,就把他杀害了,后来又发现自己是被流言所误,痛悔不已。他转而采取把疆土分治的做法,让几个子侄各治一方,免得将来火并。他第二个妻子生了三个儿子:长子君士坦丁二世统治高卢、西班牙、不列颠;次子君士坦修斯统治小亚细亚、叙利亚、埃及;三子君士坦斯统治意大利、阿尔及利亚、突尼斯、巴尔干半岛和首都君士坦丁堡;希腊、马其顿、亚美尼亚则交给两个侄子统治。尽管如此,君士坦丁一世死后,皇位继承之战仍然爆发了。

被分封疆土的君士坦丁二世、君士坦修斯、君士坦斯弟兄三人都拥有军队,都自称皇帝,于是罗马帝国一下子就有了三个皇帝。内战打了16年,从公元337年一直打到353年。君士坦修斯统一了帝国,同他争夺皇位的兄弟和堂兄弟都死去。君士坦修斯当了6年罗马皇帝,于公元361年因病去世。其另一堂弟和妹夫朱里安继位。朱里安从小生长在小亚细亚,在东方宗教的气氛下长大。他登上皇位后,为了巩固皇权,便寻求东方宗教的信徒的支持,同时迫害基督徒,禁止基督徒担任官员。但他只当了两年皇帝,在征讨伊朗萨珊王朝的战争中受伤,因伤重不治而亡(公元363年)。他是罗马帝国最后一位不信基督教的皇帝。他死后,罗马军队把禁卫军将领裘维安推上皇位。裘维安是一个基督徒,但他只做了一年皇帝就去世了。

从这以后,罗马帝国又出现了并立的两个皇帝,分别由罗马东部驻军和西部驻军推举出来。于是罗马帝国有了两个首都,两个元老院。西部驻军推举的皇帝驻在米兰,元老院设在罗马城;东部驻军推举的皇帝驻在君士坦丁堡,元老院也设在君士坦丁堡。首都所在地以元老院设置地点为准,皇帝驻所只是军事指挥部所在地。但无论是东部的元老院还是西部的元老院都是必要的形式,大权掌握在皇帝手中,因为皇帝才是权力执掌者,军队听命于皇帝本人。

公元395年,罗马帝国正式分裂为两个国家:东帝国和西帝国,尽管二者都以罗马帝国自居,东帝国和西帝国只是地域不同而被使用的名词。罗马帝国东部分离出来而自行治理时,希腊化文化和希腊政治传统,再加上基督教教会的影响,使罗马帝国东部的社会、经济、政治和文化同罗马帝国西部之间的区别越来越大。① 人们以后把东帝国称作拜占庭帝国,尽管那个时候从未使用过这个名称。②

罗马帝国分裂为东帝国和西帝国具有深刻的经济原因。西部地区战争不断,日耳曼人的入侵、骚扰,使土地荒芜,商路被

---

① 参看特雷得戈德:《拜占庭国家和社会史》,斯坦福大学出版社,1977年,第3页。
② 参看同上。

阻,而罗马军队的供养全赖地方,西部城市工商业者不堪重负,四处逃亡,包括有一些工商业者逃到了东部。而相形之下东部地区的战事要少一些,无论农业、手工业和商业都处于比较繁荣的状态。东部的城市仍同过去一样繁华,民间也较为富庶。西部驻军都以能离开西部地区、调防于东部为幸事。而东部驻军则不愿离开东部防区,不愿被调到西部去打仗或驻防。西方驻军之所以愿意来东部驻防,因为东部富裕、社会安定,军官和士兵的待遇较好,生活条件也较好,而且战争主要在西部战场上进行,日耳曼人南下的主要攻击目标是高卢和意大利,西部的军人比东部的军人要艰苦很多。

文化背景同样是东部和西部差异的重要原因。西部使用拉丁语,是罗马文化的发源地,东部使用希腊语,是希腊古典文化和以后的希腊化文化的发源地。在君士坦丁一世转而成为基督徒并使罗马文化逐渐转型为罗马—基督教文化以后,罗马—基督教文化在东部推广得较快,西部则相形之下推广得较慢。罗马人原来信奉的罗马宗教在东部的基础不深,很快被基督教取代了,而在西部,特别是在意大利半岛上仍有较多的信徒,他们仍保留罗马诸神的祭坛和神庙,尤其是在乡村。基督教主要在西部城市中站稳了脚;在西部乡村中,信奉基督教的人数远不如东部乡村。

罗马帝国东部和西部的文化差异不限于此。东部地区很早就是受东方文化影响的,亚历山大东征后征服了波斯帝国统治地区,在这里推行了希腊化政策,同时又吸收了不少东方文化的内容。塞琉古王朝和托勒密王朝奉行着与亚历山大一样的措施,希腊化照常推进,但东方文化也照常存在,在此基础上形成了希腊化文化，其中就包括了对东方文化的吸收，所以东方文化在这些地区继续发挥作用。在托勒密王朝统治下的埃及，在公元前2世纪以后还实行了加速本土化的政策，使东方文化的影响进一步扩大。这也使得罗马帝国东部与西部相比，希腊化文化和东方文化的影响，在东部要比在西部大得多。

东方文化的影响，从政治方面看，还可以举两个例子。

首先以元老院为例。罗马帝国东部和西部各有一个元老院。尽管无论在东部还是西部，实权都掌握在驻军统帅手中，皇帝是他们推举出来的，有时驻军统帅就被推上皇位，但罗马帝国自建立以来一直存在这样一个传统：皇帝必须由元老院通过任命，并由元老院加冕，皇帝也应尊重元老院的各项决定。但在西部，元老院成员都出身于罗马的名门贵族，他们有显赫的家世，在意大利各地有势力，有影响，他们历来受罗马文化的熏陶，动不动就谈罗马辉煌的过去，包括罗马的公民权利和对领导人的制衡，所以对皇帝多少有所牵制，以至于西部的皇帝宁肯带兵驻在米兰，平时不来罗马城：元老院平时见不到皇帝，皇帝也不理睬元老院。罗马帝国东部的情况不一样。东部的皇帝和元老院都在君士坦丁堡这座新建的首都。皇帝高高在上，俯视一切，统领一切。元老院成员中以新贵为主，有些人出身比较卑微，他们没有显赫的家世。他们有的是靠战功上升的，皇帝曾经是他们的统帅。他们有的是靠才干出众而被皇帝提拔上来的。有的还是皇帝的宠信，听话，赢得了皇帝的欢心。总的说来，东部元老院的成员不仅对皇帝顺从，而且还能帮皇帝的忙，使皇帝省心。于是，东方式的皇帝专制集权体制就在罗马帝国东部形成了，皇位世袭制也首先在东部确立下来。罗马帝国越来越同塞琉古王朝、托勒密王朝一样,皇帝同希腊化王国的国王一样;既是皇帝(或国王),又是军事统帅,还是宗教领袖,皇权(王权)与神权合一,大权独揽,不受制约,所不同的只是罗马帝国多了一个元老院而已。简要地说,在罗马帝国东部和西部文化差距的影响下,"两大事件——基督教的胜利和帝国政治中心实际上转移到希腊化的东部——标志着拜占庭时代的开始"[①]。

下面再以军队为例。罗马从共和国时期起就实行公民兵役制以及与之相配套的军人授田制和军屯制。与罗马共和国基本上同一时期的塞琉古王朝和托勒密王朝,也实行军屯制度。到了罗马帝国盛期过去以后,公民兵役制渐渐维持不下去了,因为罗马人愿意从军的越来越少,日耳曼人参加军队的则越来越多,罗马军队,主要是罗马帝国西部的驻军,在成分上发生变化:军队走向蛮族化。蛮族化的罗马军队采取雇佣兵制度,军官招募兵士,发给军饷,武器或由雇佣兵自备,或由军队提供。招募雇佣兵的军官,不管军官是罗马人还是日耳曼人,就是雇佣兵队长或雇佣兵总领队。谁招募雇佣兵,谁就按时发军饷,雇佣兵也就跟着谁。雇佣兵领队还允许雇佣兵在打了胜仗之后抢劫财物,鼓励他们卖命地作战。虽然西部军纪松弛,军人行为恶劣,有时却建立战功。但西部军队临阵倒戈的也不少。这就是帝国西部驻军的特色。

而在罗马帝国东部,军队的情况与西部有很大差别。东部仍在执行军人授田制和军屯制,当兵的主要是罗马人和希腊人,

[①] 奥斯特洛格尔斯基:《拜占庭国家史》,修订版,鲁吉斯大学出版社,1969年,第27—28页。

西亚、北非地区的土著居民也有从军的。但他们都不是北方的蛮族,不是雇佣兵,他们服役是有期限的,服役期满便解甲归田,有地可耕。东部的军队受到罗马—基督教文化的影响比西部军队大得多,受希腊化文化的影响同样大得多。

二、基督教会分裂的文化背景

基督教被正式奉为罗马帝国的国教是在公元392年。当时的罗马皇帝是西奥多西一世(公元379—395年)。他受军队拥戴,在东部称皇帝。由于西部形势危急,他率军西征,乘机重新统治西部,但仅隔一年,他就去世了。罗马帝国又分裂为东部和西部两个国家,并且这一次分裂是正式的分裂。西奥多西一世的儿子阿卡蒂乌斯做了东帝国的皇帝(公元395—408年),西奥多西一世的小儿子霍诺留成为西帝国的皇帝(公元395—423年)。罗马皇帝的帝徽本来是一只老鹰,从这时起,这只老鹰画上了两个头,一个代表东帝国,一个代表西帝国。

正由于基督教是在公元392年定为罗马帝国国教的,三年后,罗马帝国正式分裂为东帝国和西帝国了,于是就出现一个新问题:君士坦丁堡教区的主教和罗马教区的主教中,究竟哪一个代表基督教教会组织呢?这实际上涉及东部教会组织和西部教会组织的利益之争。

这时,罗马帝国境内大多数人都已经是基督徒了,其中有穷人,也有富人。穷人富人都向教会捐钱,有些富人死前立下遗嘱,死后将财产捐给教会。捐献只是教会财产增加的来源之一,另一个来源是:其他宗教已被列为异教,异教神庙的财产(包括土地和金银财宝)被政府没收,有些被政府转划为基督教会的财产。由于东部的异教神庙比西部的多,东部的异教神庙的财产也比西部的多,这样,东部的基督教会就更富裕了。东部的教会之所以不愿意同西部的教会多联系,多交往,除了教义解释存在着分歧而外,另一个重要原因是担心西部教会来分享东部教会的财产。

由于基督徒越来越多,神职人员显然不足。担任神职人员现在不仅不再冒风险,而且收入颇丰,是一项美差。加之,神职人员地位高,既为政府和教会效力,又在教徒心中有很高的声望,所以人们竞相担任神职人员。任用神职人员的权力在于主教,主教权力大,地位更高,收入更丰。君士坦丁堡教区的主教自视地位仅次于罗马皇帝,理应成为罗马帝国基督教会的首席主教或总主教。而罗马教区的主教不甘心屈居其下,他以当初被杀害的耶稣第一门徒圣彼得的传人自居,声称其在教会组织中的地位应当高于君士坦丁堡教区的主教,更不必说高于东方其他教区的主教(如耶路撒冷教区的主教和亚历山大里亚教区的主教)了。罗马教区的主教以便于就近受西帝国的管辖为理由,拒绝自己归东帝国统治,从而东部的基督教宗教会议也无法对罗马教区发号施令了。

东部基督教组织和西部基督教组织之争延续了半个世纪之久,终于在公元451年,也就是西罗马帝国灭亡之前25年,在一次举行于小亚细亚的宗教会议上,确立了君士坦丁堡教区主教在东部的地位。罗马教区主教提出抗议,但已无济于事。罗马教区主教依然自行其是,不受东部教会组织的制约。基督教分裂成了定局,无法再弥合。

由此可见,罗马帝国基督教的分裂,至少在开始分裂时不是什么教义解释之争，而是利益之争。君士坦丁堡教区和罗马教区两位主教之争，主要是地位和权力之争。教义之争和教义解释的分歧是存在的，但在教会组织正式分裂之时并不占主要地位。等到教会组织正式分裂之后，教义之争和教义解释的分歧才日益突出。这是因为，东西教会双方都想向教徒证明自己才是正宗，便在教义上大做文章。教义中的不同解释，没有权威的判断，谁也说服不了对方，这种争论就一直没完没了，双方的距离也就越来越大，以后再也合不到一起了。

罗马—基督教文化形成之后所发生的两件大事——罗马帝国的分裂和基督教会的分裂，清楚地表明罗马—基督教文化是不稳定的，并且始终处于不稳定状态。在东部，希腊化文化和东方文化则是比较稳定的。希腊化文化向罗马—基督教文化靠拢，东方文化继续发挥自己在本土的作用，这将会促进罗马—基督教文化向拜占庭文化的演变。而在西部，不稳定的罗马—基督教文化则在同蛮族文化的碰撞和相互影响的过程中发生演变，最终形成独特的中世纪西欧封建文化。关于这两种变化，本书将在以下两段分别予以说明。

三、中世纪西欧封建文化的形成

在罗马帝国西部，很多地方在公元4—5世纪被日耳曼人占领了，日耳曼人在这里建立了一些诸侯国家。这些诸侯国家不是城邦，因为罗马帝国西部的城市本来就不算多，它们都因商业衰落而衰落了。西部只有日耳曼诸侯的城堡，它们作为军事政治要点而存在着。公元476年，率军进入意大利半岛的蛮族领袖奥多亚克灭掉了西罗马帝国。在后世的历史学家看来，这意味着一个时代的结束,但在当时人看来,"这一年(476年)并没有像后来那样成为划时代的年份"①。这只是一个历史事件,表明西帝国不存在了;东帝国依然存在,罗马帝国并未消失。而且,当时的实际情况是:西帝国最后一个皇帝罗慕洛是根据奥多亚克的命令正式向元老院声明退位的,"元老院派出一个使团赴东罗马朝廷,把帝徽送给当政皇帝芝诺陛下。他们宣称,西罗马不再需要一个自己的君主,世上唯一帝足矣"②。奥多亚克担任了执政官,以东罗马帝国的名义统治着意大利半岛一部分地区,"所以在法律上西罗马帝国一点也没有灭亡,只不过是东西罗马重新合并而已"③。但不管怎样,有一点是确凿无疑的,即在罗马帝国西部,日耳曼人对这里的统治已经确立下来,他们不必要再利用西帝国的名义,也不必要树立一个以西帝国皇帝为名义的傀儡了。

然而,即使在日耳曼人的领地上,罗马—基督教文化仍然存在,并发挥影响。罗马—基督教文化中,"罗马"这个词可以省略不计了,而"基督教"这个词还保留下来,因为日耳曼人逐渐信仰了基督教,听从当地的基督教教会的说教和嘱咐。

南下进入原来西帝国境内的日耳曼人带来了自己的文化,这就是"蛮族文化"。"蛮族文化"的特征是什么?可以归纳为两个方面:

其一,南下之前的日耳曼人,居住在莱茵河和多瑙河以北,

---

① 布赖斯:《神圣罗马帝国》,孙秉莹、谢德风、赵世瑜译,赵世瑜校,商务印书馆,2000年,第24页。
② 同上书,第23页。
③ 同上书,第24页。

当时可能处于氏族社会阶段,部落联盟大体上是他们在南下途中为了作战的需要而建立的。他们不是普通的移民,从寒冷的北方移居到莱茵河和多瑙河以南。他们主要是入侵者,以部落联盟的组织形成,组成强大的军队,以骑兵为前导,大队步兵跟在后面,男子、妇女、老人和小孩全都跟着步兵,越过边境线,蜂拥而至,攻城略地,抢劫财物。部落联盟后来就成为一个个诸侯国家,最高首领就是国王。国王最初是被部落成员推举出来的,多数是勇敢善战的人。以后,国王之位变成了世袭的。

在日耳曼人那里,由于长时期内保持了氏族社会的传统,平等的色彩是突出的。内部,成员一律平等,靠自己的习惯和习俗处理内部纠纷,对外则团结一致,以求生存和发展。虽然日耳曼人在建立国家以后有了等级的划分,但他们的等级按血缘关系和功劳大小划分,而且是逐渐形成的。等级的存在并不意味着日耳曼人在王国建立之初就有了像后来那种森严的等级阶梯,日耳曼人建国初期仍然是一个内部注重平等的社会。这就是当初的"蛮族文化",与西罗马帝国国内的罗马—基督教文化是很不一样的。

其二,在日耳曼人眼里,农业和畜牧业最重要,土地最珍贵,因为当他们居住在莱茵河和多瑙河以北时,经常发生饥荒,只有依靠逃荒和四处劫掠为生。日耳曼人不从事商业经营,也不懂商业的意义和作用。他们对商业的唯一了解,就是把牛羊、兽皮、木材、矿石卖给罗马商人,换取粮食、布匹、日用手工业品和葡萄酒之类的商品。有时,他们之中有些人带些土特产来到罗马帝国的边境城市,摆摊出售。这些人亲眼目睹了罗马城市的繁华和奢侈,他们既嫉妒,又自卑,转而对罗马人产生了厌恶和仇恨。他们势力壮大和兵力强盛后,之所以对罗马城市恣意抢劫和焚烧,在很大程度上是这种厌恶和仇恨情绪的发泄。他们建立了王国,他们更愿意看到这样的国家是一个农业社会,把自己大大小小的领地变成一个个自给自足的庄园。他们释放了奴隶和俘虏,这也许与道德观念无关,而可能是认为庄园内不需要奴隶,而只需要安安心心替自己干活的佃户。久而久之,这些被征服的土地上的劳动力转化成依附于领主、同时又受到领主保护的农奴,而且世代相传。这是"蛮族文化"的另一个特征。

但日耳曼人来到帝国西部境内以后,尤其是在他们建立了王国以后,信仰基督教的人越来越多了。这同基督教当初在罗马帝国境内传播初期的情况相似。首先,信基督教的主要是穷人,因为基督教宣传要平等待人,要帮助弱者。后来,信仰基督教的富人渐渐多了,因为富人认为信仰基督教后是可以死后进天堂的。最后,王公贵族也信了基督教,国王同样信了基督教,因为在国王和贵族看来,基督教可以被用来安定民众,巩固政权,增加大家的凝聚力;终于从上到下都是基督徒了。罗马—基督教文化中的罗马帝国色彩、罗马皇帝色彩,在西部的日耳曼各个王国都被抹掉了,基督教文化则保留下来。至于保留还是不保留罗马教区的主教,则要看主教是不是同日耳曼各个王国的国王合作:合作的,就保留;不合作的,就废黜他,至少把他丢在一旁,不理不睬。

日耳曼人,从国王到普通人,当然不会信奉罗马—基督教文化中所谓罗马皇帝与上帝合而为一的说教,最后一位西罗马帝国的皇帝不是被迫退位了吗?皇帝对日耳曼人还有什么权威可言?皇帝同日耳曼人基督徒之间已经毫无关系了。日耳曼人加入基督教徒的队伍后,他们也做礼拜,也听讲道,也参加教会组织的各种活动,但他们对东西部教会的教义之争,从来不感兴趣。他们认为这种争论不影响自己对基督教的虔诚,而且这场争议同自己毫无关系。日耳曼人也有充当基督教神职人员的,有穷人,也有贵族子弟。穷人之所以愿意充当基督教神职人员,是因为这是一项待遇不错的职业,而且在教职阶梯中有逐步上升的可能。贵族子弟之所以愿意充当基督教神职人员,是因为领主家庭实行的是一子继承制,以防止领主的庄园财产和土地不断被细分,实力不断被弱化,最终被其他领主吞并。除继承了财产和土地的一子外,其他子弟需要另谋生路,或从军,或赋闲,或成为神职人员。于是基督教的神职人员逐渐日耳曼化了。随着神职人员的日耳曼化,西部的基督教会也走向日耳曼化。

在这样的背景下,在西部,罗马—基督教文化逐渐演变为"蛮族—基督教文化",也就是中世纪西欧封建文化。很难说这种"蛮族文化"中采纳了多少罗马经典作家的学说,也很难说在罗马帝国时期流行的斯多噶学派、犬儒学派和伊壁鸠鲁学派哲学思想在西罗马帝国灭亡后的西欧蛮族王国的土地上还有多少影响。[①]

西部,是罗马的发祥地,罗马文化在这里形成,罗马文化有过自己辉煌的年月,但这里只是受到亚得里亚海对岸的希腊古典文化的影响,而并未受到希腊化文化的冲击。西部从来不是希腊化世界的一部分。因此,西部的罗马—基督教文化在向"蛮族—基督教文化"即中世纪西欧封建文化的过程中,同东部

---

① 参看鲁滨孙:《新史学》,齐思和等译,商务印书馆,1964年,第78—79页。

的罗马—基督教文化的演变,完全是两条道路、两种轨迹、两个模式。

当然,在谈到罗马文化向中世纪西欧封建文化的过渡时,并没有贬低罗马文化对此后西欧文化的影响的意思。希腊文化的影响,已如上述,但是,"我们迄今为止讲的希腊思想的历史,其实毋宁说是希腊罗马的思想也许更恰当些"①。虽然,"无论在科学或在哲学上,拉丁作家都不是首创者。但想到我们对于希腊思想的知识,从卢克莱修、西塞罗、塞内卡以及其他诸人所得的裨益,我们若不承认罗马的贡献,实在不公平。"②承认罗马的贡献,并不等于抹煞中世纪西欧各国的研究者更多地崇尚希腊古典作家的人文精神这一事实。

四、走向拜占庭文化

西罗马帝国被日耳曼人灭掉后,东罗马帝国继续存在,存在了一千年左右,并且一度十分强盛。东罗马帝国的皇帝西奥多西二世临朝期间(公元408—450年),尽管西罗马帝国这时仍在勉强维持着,但西奥多西为了表示东罗马帝国不同于西罗马帝国,就强调希腊语的重要性,认为拉丁语是"野蛮的"语言,就规定官方语言一律采用希腊语。公元425年建立君士坦丁堡大学时,希腊语教师多于拉丁语教师。

东罗马帝国自己从不使用"东罗马"一语,它一直以罗马帝国自称。西罗马帝国灭亡后,它更是如此。但从公元6世纪初

---

① 罗斑:《希腊思想和科学精神的起源》(节选),陈修斋译,载葛雷、齐彦芬编:《西方文化概论》,中国文化书院,1987年,第233页。
② 同上。

开始,东罗马帝国的皇帝大多数是希腊人和希腊化的小亚细亚人,他们是军队出身,是受军人拥戴而登上皇位的。他们受希腊式教育长大,希腊文化或希腊化文化对他们的影响,远远大于罗马文化对他们的影响。他们都是基督徒,但他们也都尊奉君士坦丁堡教区主教,根本不理会罗马教区。

当时已经有了"拜占庭人"这种说法。但"拜占庭人"仅指居住在君士坦丁堡的人而已。[1] 而对于君士坦丁堡以外的东罗马居民,或者称他们为"希腊人",或者笼统地称他们为"东部人"。西部的罗马人仍习惯地把君士坦丁堡称作"新罗马",把西帝国称作"罗马"或"罗马尼亚"。[2] 西罗马帝国灭亡后,那里的罗马人多少有些怀旧的心理,把东罗马帝国称作罗马,把"拜占庭人"也称作罗马人。

公元527年,查士丁尼一世当上了东罗马帝国的皇帝。他出生于巴尔干半岛,接替他的舅父查士丁一世(公元518—527年)登上皇位。在他临朝期间,东罗马国力强盛,查士丁尼一世以恢复昔日的罗马帝国为目标,带兵西征,最盛时,他收复了意大利半岛、北非的突尼斯、西班牙南部、西地中海的三个大岛(西西里岛、撒丁岛和科西嘉岛)。为此他耗费了大量人力、物力、财力,他再也没有力量去收复高卢、西班牙北部和不列颠了。但他的功绩足以受到当时人的赞扬而无愧。

更重要的是,拜占庭文化在查士丁尼时期终于形成。希腊化文化、东方文化、罗马—基督教文化中各有一些内容被纳入拜

---

[1] 参看卡尔德利斯:《拜占庭的希腊文化》,剑桥大学出版社,2007年,第42页。

[2] 参看同上。

占庭文化之中,其中主要的是希腊化文化。拜占庭文化的形成是长时间内希腊文化和罗马文化反复较量的最终结果。从希腊化文化到拜占庭文化的转变是一个渐进的过程:即在罗马征服安提柯王朝、塞琉古王朝和托勒密王朝之后,希腊人先是成了罗马人(他们取得了罗马公民身份),随着罗马帝国的分裂和西罗马帝国的灭亡,他们又成了"东部人"或东罗马人,再随着东罗马帝国越来越希腊化,希腊人又被称为希腊人,他们自己也以希腊人自称了。然而,这时的希腊人已经不再是几百年前的希腊人,因为他们不是希腊宗教的信徒,而成为基督徒了。[1]

查士丁尼一世时期的拜占庭文化的主流是希腊化文化,但比过去任何时候都吸纳了更多的东方文化,一个明显的例子就是更加突出皇帝本人,更加神化皇帝,也更加严厉地打击异教。查士丁尼一世为了表明自己是神的化身,也就是神,所以到后来,常住在皇宫中,深居简出,平时连大臣都不容易见到他。他每说一句话,都由内侍传达到朝廷,就像神的旨意一样。他到处兴建教堂,耗费了不少钱财,为的是炫耀自己,证明自己的伟大使命在于弘扬基督教。他打击异教毫不留情。在他以前,尽管基督教早已定为罗马国教,但历代罗马皇帝还为异教和异教徒保留一小块活动余地,这就是希腊本土的雅典。不同意基督教教义的学者和他们的追随者,可以到雅典去,在那里自由讲学、自由研究和自由讨论。雅典实际上就是异教的庇护所,也成为非基督教文化的中心。查士丁尼一世不能容忍这种现象,他决

---

[1] 参看卡尔德利斯:《拜占庭的希腊文化》,剑桥大学出版社,2007年,第45页。

心根除境内异教的残余,于公元529年关闭了雅典的学院,教授们被赶走,有些人无法在国内安身,只好逃往伊朗。学院的财产也被没收了。拜占庭文化中的东方色彩比以往任何时候都浓,文化专制、意识形态的统一,在查士丁尼时期的东罗马帝国达到了极点。

这一切都表明,在拜占庭文化的背景下,希腊化文化同基督教教会结合得更紧了。① 基督教树立了至高无上的地位、东罗马专制政治树立了牢固的权威,皇帝就是二者的后台、支持者和决策者。

查士丁尼一世渐渐老了,他的性格发生变化,变得多疑,总是疑心别人在暗算他。即使是自己周围的最亲信的大臣、高级将领,他也怀疑这些人在阴谋结党谋反。尽管他收复罗马城时曾得到罗马教区主教的帮助,但他在基督教教会领导问题上决不让步。在他看来,既然西罗马帝国已经消失好几十年了,只有东罗马帝国才是唯一的罗马帝国,罗马教区有什么理由不归君士坦丁堡管辖呢?在涉及皇帝本人就是基督教最高领导者的问题上,他是寸步不让的。

查士丁尼一世甚至对君士坦丁堡的元老院也不放心。他担心元老院成员中有人反对皇帝独揽大权,甚至暗中支持反对派,所以一再对元老院成员进行排队、清洗,一些元老院成员被杀害或被投入监狱,家产被没收。从此,元老院成员对查士丁尼一世唯命是从,再没有人敢于不听从皇帝的旨意了。结果,在东罗马帝国的疆土上,"经济、社会和政治的发展使得一种新的经济和

---

① 参看贝恩斯:《希腊化文明和东罗马》,牛津大学出版社,1946年,第32页。

第十四章 从希腊化文化到拜占庭文化 1059

社会结构不可避免地出现了"①。于是拜占庭文化体现于拜占庭体制的建立:一种利用基督教的高度中央集权的皇帝专制独裁的体制在以前的希腊化世界建立了。

至此,罗马文化还剩下什么?罗马人自己的宗教变成异教了;罗马公民权已经普遍授予希腊化世界的希腊人了;罗马的权力制衡设计早在戴克里先和君士坦丁一世期间就已退出了历史舞台;对雅典学院的容忍已走到了尽头,学院被封,教授被逐;最后,连元老院这一罗马文化的最终痕迹,也消失了。从此,在西罗马帝国的废墟上,看到的是蛮族文化对罗马文化的取代,看到的是走向中世纪西欧封建文化的趋势;而在东罗马帝国的疆域内,看到的是拜占庭文化成为主流,拜占庭文化中包含了希腊化文化和东方文化,却找不到罗马文化。

基督教文化依然存在。日耳曼人成了基督徒,东罗马臣民也都是基督徒,但无论在原来罗马帝国的东部还是西部,同基督教相结合的都不是罗马文化,罗马—基督教文化成了一个历史名词。在西部,同基督教文化相结合的是蛮族文化;在东部,基督教文化已经融合在拜占庭文化之中了。何况,融合到拜占庭文化中的基督教文化,也已经不是君士坦丁一世时的基督教文化了,因为查士丁尼一世所突出的拜占庭文化中,皇权和神权已经高度合一,而且皇权被置于神权之上,从而使皇权和神权都增添了大量神秘的色彩。又过了大约500年,到公元1054年,东部教会在经历长期争吵、斗争之后,终于同西部教会最后决裂,

---

① 奥斯特洛格尔斯基:《拜占庭国家史》,修订版,鲁吉斯大学出版社,1969年,第28—29页。

东正教由此产生。①

那么,古典的希腊文化这时还剩下什么?同罗马文化一样,希腊古典文化也只留在古典作家的作品中,留在一些还记得古典时期希腊城邦历史的人的记忆中。但古典的希腊文化毕竟与罗马文化还有差别,差别在于:希腊古典文化中崇尚自由、平等、民主、宪制、公民权利等思想并没有随着城邦制度的解体而消失,它一直存在于希腊文化曾经传播的地区。凡是同希腊上述思想有相同或相似内容的罗马文化,被认为是罗马人接受了希腊文化的产物,它们也没有随着罗马共和制转向帝制而消失,只不过人们更多地认为这是希腊人文主义的留存,而不记得在罗马文化的遗产中也有人文主义的成分;至于罗马文化中为罗马共和时期所特有的内容,如权力制衡设计、对法律的尊重、公民权的普惠和公民平等、对集权的指责等等,则都随着罗马帝制的产生和发展而被淡化了,消失了。到后来,罗马文化留在人们心目中的只剩下与基督教文化相结合的罗马—基督教文化了。但正如前面已经说过的,罗马—基督教文化是不稳定的:在帝国东部,拜占庭文化代替了罗马文化,同时又把基督教文化融入其中。而在帝国西部,当日耳曼人灭掉西罗马帝国并建立了一些日耳曼王国之后,罗马—基督教文化演变为蛮族文化,基督教仍保留下来,但这已经成为蛮族文化和基督教文化的结合,最后,形成中世纪西欧封建文化。

罗马文化被人们遗忘了。虽然希腊古典文化也在人们心中淡化,但文艺复兴时期,人们首先发现的是希腊文化遗产。比如

---

① 参看乐峰:《东正教史》,中国社会科学出版社,1999年,第3、15页。

说,"以1500年为准,意大利人曾以特殊的热情学习希腊文"①。佛罗伦萨就是人们学习希腊文的中心。此外,在罗马等城市"几乎一直聘请希腊文教师"②。对古典文化首先是对希腊文化的尊崇,主要是汲取其中的人文主义因素。尽管希腊人文主义中有不少是非基督教的内容,但并不减少人们学习希腊文的热情。有的文艺复兴时期的作家力图证明人文主义和基督教是可以调和的。③ 相形之下,对罗马文化的关注却逊于对希腊古典文化的关注。也许,对罗马历史遗迹、古城建筑的兴趣对文艺复兴时期的意大利人较为突出。④ 对罗马法的研究热情可能要到17—18世纪以后才在法国、英国、德国兴起。⑤

罗马文化和希腊文化长期较量的最终结果是什么?应该说仍是希腊文化占了上风。这不是偶然的。罗马共和国确实征服了希腊本土,征服了希腊化世界,然而从另一个角度来看,又何尝不是希腊文化征服了罗马人?从这时起,"罗马人承担了把希腊文化推广于西方的使命"⑥,这种说法并不夸张。这是因为,从历史上看,"罗马文明史在公元前2世纪才开始,当时,罗马第一次被带进了同希腊的接触之中。我们处处将会看到此后希腊文化是如何渗透到罗马的各方面的。希腊向罗马提供了艺术和文学,教导罗马以哲学,覆盖和几乎摧毁了罗马本地的宗

---

① 布克哈特:《意大利文艺复兴时期的文化》,何新译,马香雪校,商务印书馆,1997年,第192页。
② 同上。
③ 参看同上书,第203页。
④ 参看同上书,第174—175页。
⑤ 参看周枏、吴文翰、谢邦宇:《罗马法》,群众出版社,1983年,第50—51页。
⑥ 斯托巴特:《希腊曾经辉煌》,第4版,普莱格出版公司,纽约,1964年,第237页。

教,甚至书写了它的历史。失去了希腊,欧洲陷入黑暗时代;重新发现希腊,欧洲各国又开始思考"①。

由此看来,希腊本土即便于公元前2世纪中期被罗马征服了,但希腊和希腊文化一直存在着。"为了起警示作用,科林斯被毁灭了,马其顿成为行省;但像雅典和斯巴达这样的城市则让它们自己管理自己,虽然外交政策仍受制于罗马当局。"②为什么对雅典和斯巴达采取这样的政策?可能在希腊历史上雅典和斯巴达都是典型的城邦,各有自己一套独特的治理方式,也都有过自己的影响,所以罗马人要保留它们,以显示罗马对希腊人的宽容。对于雅典,罗马可能有更多的考虑,即雅典历来是希腊的文化中心,罗马看中了雅典的文化价值,认为这是地中海周边城市中没有任何一个城市可以替代的。于是在罗马统治希腊化世界的时间内,"雅典继续讨论、写作和讲授。它成为某种程度上的大学城,高贵的罗马人为了学习而被送到这里来。甚至在奥古斯都统治期间,当阿卡亚被补充列入罗马行省名单之时,这并不意味着雅典不再是自由的城市。在罗马帝国时期,比较有教养的罗马皇帝,如尼禄和哈德良,喜欢把他们的时间在希腊度过,试图分享它的知识的魅力"③。

后来呢?到公元4世纪,君士坦丁一世信仰了基督教,并确立了皇位世袭制,雅典并未因此受到冷落,它继续宣传在基督教看来是异教的思想。再往后,在公元361年罗马帝国最后一位

---

① 斯托巴特:《希腊曾经辉煌》,第4版,普莱格出版公司,纽约,1964年,第237页。
② 同上书,第238页。
③ 同上。

敌视基督教和信奉异教的皇帝朱里安临朝后,他想振兴希腊哲学并借用其学说作为对付基督教的依据。① 雅典似乎又受到重视,但朱里安只当了两年皇帝。此后,基督教在罗马帝国加速传播,雅典依然是非基督教的文化中心。这就是雅典。这种情况一直维持到公元529年查士丁尼一世下令关闭雅典学院为止。② 雅典学院的关闭意味着拜占庭文化的全面胜利,尽管拜占庭文化中也有希腊化文化的成分,但罗马文化的成分却很难找到,东方文化陆续代替了罗马文化的位置。

以上所说的就是从希腊化文化、罗马—基督教文化走向拜占庭文化的全过程。

不仅文化上希腊化文化与拜占庭文化有直接的继承关系,思辨方式也如此。可以认为,"拜占庭是希腊化时期思辨方式的继承人"③。例如,从观察世界的方法上看,希腊化时期的习惯是向后看,追溯往事会使人感到欣慰,感到美好。拜占庭时期人们的眼光也一样,他们总是把眼光固定在古典时期遥远过去的光荣之上,较近一些事迹常被他们忽略不计。④ 自亚历山大死后的几百年内,希腊化文化的这一特征在西亚、北非一带一直保存下来。罗马征服这一带的希腊化王朝之后,希腊化文化的这一特征始终未变:从罗马帝国前期的一些有作为的皇帝,直到以君士坦丁堡为都城的基督教皇帝,全都如此。⑤ 这就不得不

---

① 斯托巴特:《希腊曾经辉煌》,第4版,普莱格出版公司,纽约,1964年,第238页。
② 参看同上。
③ 贝恩斯:《希腊化文明和东罗马》,牛津大学出版社,1946年,第8页。
④ 参看同上。
⑤ 参看同上书,第9页。

令后人感到惊讶:为什么在希腊化世界的土地上,希腊化文化有如此惊人的连续性、继承性？是它的源头希腊文化的影响？是东方文化的作用？还是吸收了希腊文化和东方文化二者部分内容的希腊化文化的力量？这是一个可供继续探讨的课题。

拜占庭文化形成了,中世纪西欧封建文化形成了,这是两个不同的体系。如果说它们之间多多少少存在一些联系的话,基督教可能是其中最重要的联系。但基督教已经分裂,东部教会组织和西部教会组织已经成为不可相容的两大对立组织,到后来,连教义、教规、仪式、节日、教职等等都不一样了,[1]还有什么相互沟通可言呢？甚至在语言文字方面,拜占庭文化影响下的东部和中世纪西欧封建文化影响下的西部,也是不同的。在罗马帝国的东部地区,罗马官员为了便于统治,早就使用希腊语和希腊文了,直到后来官方正式采用希腊语言文字,而把拉丁语和拉丁文字排除在外。这是一个不争的事实。[2] 而在罗马帝国西部地区,在日耳曼人占领并建立了一些日耳曼王国之后,拉丁语和拉丁文却是通用的,那里从不使用希腊语言和文字,但使用拉丁语文并不意味着日耳曼人的"蛮族文化"已经改变了。

拜占庭文化对西欧封建文化的影响主要在十字军东征以后。查丁士尼一世去世后,东罗马帝国又陆续丧失了被查丁士尼一世收回的西欧土地,而在西欧,不久就出现了法兰克王国。法兰克王国分裂了,西欧又增添了一些日耳曼王国,"拜占庭和西方之间的文化交流并未完全中断,只是在十字军东征以前,这

---

[1] 参看乐峰:《东正教史》,中国社会科学出版社,1999年,第16、52—53页。
[2] 参看卡尔德利斯:《拜占庭的希腊文化》,剑桥大学出版社,2007年,第65页。

种文化交流依然是较弱的"①。公元10世纪起,在意大利境内出现了一些城市共和国,它们同拜占庭之间有过不少商业往来,但也仅仅限于商业往来而已。如果说拜占庭文化对意大利城市共和国的影响,那是很有限的。意大利这些城市共和国的居民,对拜占庭人总是感到很可笑,感到怪怪的:他们留着长胡子,穿着几百年前式样的衣服,不会说拉丁语而只说希腊语,甚至连他们的谈吐、礼仪都是旧式的,他们祈祷和做礼拜的规矩也不同于意大利的城市共和国居民,这有什么可供借鉴和学习的呢? 即使拜占庭文化的影响到达了意大利,也只是到此为止,很少越过阿尔卑斯山往北。② 直到十字军东征以后,尤其是第四次十字军东征期间西欧贵族们一手扶植的拉丁帝国建立以后,西欧人不仅较多地了解拜占庭及其首都君士坦丁堡的历史、民俗、人情,而且更被那里的繁华所吸引了。从此,拜占庭对西欧来说不再是一种传闻,而是由黄金和珠宝堆砌起来的富裕之乡,是一个实实在在的宝库。虽然拉丁帝国是短命的,只存在几十年,但拜占庭留给西欧人的印象却是深刻的。留下深刻印象与接受拜占庭文化影响,基本上是两回事,不可混为一谈。

拜占庭文化的影响除了罗马帝国东部地区,即原来的希腊化世界而外,还包括东欧、俄罗斯等地。拜占庭被土耳其人灭掉以后,它仍然存在于奥斯曼帝国统治区域内,不过范围越来越狭小了。

这就涉及另一个问题。本章一开始曾经指出,希腊化时期

---

① 杰弗雷斯和曼戈:"走向法兰克—希腊文化",载曼戈主编:《牛津拜占庭史》,牛津大学出版社,2002年,第295页。

② 参看同上。

是一个时间概念,它随着托勒密王朝的灭亡(公元前30年)而结束。[①] 这是从政治史的角度分析的结果,因为托勒密王朝的灭亡表明希腊化王朝统治时期的结束。如果我们换一个角度来看,即从文化史的角度分析,那么能不能说土耳其人于公元1453年攻占君士坦丁堡,拜占庭最后一个王朝佩利奥洛格斯王朝灭亡了,这才是希腊化时期最后结束的年份呢?因为在这以前,希腊化文化仍然支配着拜占庭社会,是拜占庭的主流文化。这种从文化史角度的分析,是不是可以成立,也是可供进一步探讨的。至于拜占庭文化传入俄罗斯,俄罗斯也曾自命为"第三罗马",即它把自己看成是拜占庭的直接继承者,那是另一个问题,因为拜占庭文化或希腊化文化进入俄罗斯之后,就被包容在俄罗斯文化之中了。[②]

[①] 参看本书,第991页。
[②] 参看厉以宁:《罗马—拜占庭经济史》下编,商务印书馆,2006年,第876页。

引用书刊索引

（按作者姓氏汉语拼音为序）

A

阿克罗伊德：《古代希腊》，冷杉、冷枞译，三联书店，2007年。（23、27、92、93、117、151、323、349、391、440、551、556、577、609、610、636）

阿里安：《亚历山大远征记》，李活译，商务印书馆，2007年。（583、584、585、594、595、599、601、602、603、607、608、614、616、617、620、927）

阿希莱：《马其顿帝国：菲利普二世和亚历山大大帝的战争年代，公元前359—前323年》，麦克法兰出版公司，伦敦，1998年。(Ashley, J. R., *The Macedonian Empire: The Era of Warfare Unden Philip II and Alexander the Great*, 359-323 B. C., Mc Farland & Company, Inc., Publishers, London, 1998.) (375、389、440、583、584、594、596、615、616)

奥格登编：《希腊化世界：新观察》，威尔斯古典出版社和杜克渥斯出版公司，伦敦，2002年。(Ogden, D., ed., *The Hellenistic World: New Perspectives*, The Classical Press of Wales and Duckworth & Co. Ltd., London, 2002.) (604、627、639、640、685、

686、702、703、705、748、749、828、833、834、877、939、940、958、1015、1016)

奥姆斯特德:《波斯帝国史》,李铁匠、顾国梅译,上海三联书店,2010年。(253、254、256、260、261、265、266、268、269、270、276、289、411、421、422、431、433、434、435、577、578、596、597、757、759、760、815、820、821、859、863、871、872)

奥斯顿费尔德编:《希腊的罗马人和罗马的希腊人:文化相互作用研究》,阿鲁斯大学出版社,2002年。(Ostenfeld, E. N., ed., *Greek Romans and Roman Greeks: Studies in Cultural Interaction*, Aarhus University Press, 2002.)(740、858、1028)

奥斯特洛格尔斯基:《拜占庭国家史》,修订版,鲁吉斯大学出版社,1969年。(Ostrogorsky, G., *History of the Byzantine State*, Revised Edition, Rutgers University Press, 1969.)(1047、1059)

奥斯汀和维达尔-纳奎:《古希腊经济和社会史导论》,英译本,奥斯汀译,加利福尼亚大学出版社,1977年。(Austin, M. M., and Vidal-Naquet, P., *Economic and Social History of Ancient Greece: An Introduction*, English language edition, Translated by Austin, M. M., University of California Press, 1977.)(48、49、53、56、57、101、136、137、138、160、162、177、179、187、326、327、338、343、344、415、420、421、422、453、495、561、623、624)

B

巴格纳尔、提罗编:《希腊化时期:史料译丛》,第2版,布莱克维尔出版公司,牛津,2004年。(Bagnall, R. S., and Derow, P., ed., *The Hellenistic Period: Historical Sources in Translation*,

Blackwell Publishing, Oxford, 2004.)(626、712、720、828、832、833、843、917、918、954、963、964)

巴尔德、恩贝格-彼得森、汉纳斯塔德、查勒编:《希腊化时期希腊人的传统价值》,阿鲁斯大学出版社,1997年。(Bilde, P., Engberg-Pedersen, T., Hannestard, L., and Zahle, J., ed., *Conversity Value of the Hellenistic Greeks*, Aarhus University Press, 1997.)(603、613、614、687、690、959、960)

巴沙姆主编:《印度文化史》,闵光沛、陶笑虹、庄万友、周柏青等译,涂厚善校,商务印书馆,1999年。(606、815、820)

白钢:"光从东方来",载白钢主编:《希腊与东方(思想史研究第6辑)》,上海人民出版社,2009年。(43)

白钢主编:《希腊与东方(思想史研究第6辑)》,上海人民出版社,2009年。(43)

柏拉图:《理想国》,郭斌和、张竹明译,商务印书馆,2009年。(505、507、508)

贝恩斯:《希腊化文明和东罗马》,牛津大学出版社,1946年。(Baynes, N. H., *The Hellenistic Civilization and East Rome*, Oxford University Press, 1946.)(447、650、655、932、1026、1034、1037、1058、1063)

比罗斯:"希腊化世界和罗马共和国时代的国际关系",载萨宾、威斯、维特比编:《剑桥希腊罗马战争史》第1卷《希腊、希腊化世界和罗马的兴起》,剑桥大学出版社,2007年。(Billows, R., "International Relations," in Sabin, P., Wees, H. V., and Whitby, M., ed., *The Cambridge History of Greek and Roman Warfare*, Vol. 1, *Greece, the Hellenistic World and the Rise of*

Rome, Cambridge University Press, 2007.)(639、717、727)

波德曼:《前古典时期:从克里特到古风时期的希腊》,企鹅图书公司,哈蒙兹渥斯,1967 年。(Boardman, J., *Pre-Classical: From Crete to Archaic Greece*, Penguin Books Ltd., Harmondsworth, 1967.)(17、18、26、32、37)

波拉等:《古典希腊》,时代—生活丛书出版公司,亚历山大里亚,美国弗吉尼亚州,1977 年。(Bowra, C. M., and The Editors of Time-Life Books, *Classical Greece*, Time-Life Books Inc., Alexandria, Virginia, USA, 1977.)(21、22、31)

波梅罗依:"家庭的价值:对过去的利用",载巴尔德、恩贝格-彼得森、汉纳斯塔德、查勒编:《希腊化时期希腊人的传统价值》,阿鲁斯大学出版社,1997。(Pomeroy, S. B., "Family Values: The Uses of the Past," in Bilde, P., Engberg-Pedersen, T., Hannestad, L., and Zahle, J., ed., *Conventional Values of the Hellenistic Greeks*, Aarhus University Press, 1977.)(687、690、959、960)

波斯渥斯:《征服和帝国:亚历山大大帝王朝》,剑桥大学出版社,1988 年。(Bosworth, A. B., *Conquest and Empire: The Reign of Alexander the Great*, Cambridge University Press, 1988.)(610、616、619、656、661、750、751、827、872)

伯里和梅吉斯:《希腊史(到亚历山大大帝去世)》,第 4 版(修订版),圣马丁出版社,纽约,1975 年。(Bury, J. B., and Meiggs R., *A History of Greece: to the Death of Alexander the Great*, Fourth edition with revisions, St. Martin's Press, New York, 1925.)(41、80、81、92、110、111、115、116、124、127、128、129、

135、136、147、438、440、441、442、446、447、448、449、450、451、452、624、625）

伯尔斯坦:《希腊文化的前哨:黑海岸边赫拉克利亚的兴起》,加利福尼亚大学出版社,1976年。(Burstein, S. M. , *Outpost of Hellenism : The Emergence of Heraclea on the Black Sea* , University of California Press,1976.)(124、125、597、598、599、633）

伯尔斯坦编译:《希腊化时代:从伊普索战役到克娄巴特拉七世去世》,剑桥大学出版社,1985年。(Burstein, S. M. , edited and translated, *The Hellenistic Age from the Battle of Ipsus to the Death of Kleopatra Ⅶ*, Cambridge University Press, 1985.)(751、752、830、832、834、835、839、958、963、966）

博登:"装甲步兵和荷马:战争、英雄崇拜和城邦意识",载里奇和谢普莱编:《希腊世界的战争和社会》,鲁特莱奇出版公司,伦敦,1993年。(Bowden, H. , "Hoplites and Homer: Warfare, Hero Cult, and the Ideology of the Polis," in Rich, J. , and Shipley, G. , ed. , *War and Society in the Greek World*, Routledge, London, 1993.)(44、52)

雅各布·布克哈特:《意大利文艺复兴时期的文化》,何新译,马香雪校,商务印书馆,1997年。(1061)

戴尔·布朗主编:《失落的文明:爱琴海沿岸的奇异王国》,李旭影译,华夏出版社、广西人民出版社,2002年。(22、23、24、25、26、28、29、32、33、34、596)

布朗德:"大草原和海:公元前一世纪以前黑海地区的希腊化北方",载奥格登编:《希腊化世界:新观察》,载威尔斯古典出版社和杜克渥斯出版公司,伦敦,2002年。(Braund, D. ,

"Steppe and Sea: the Hellenistic North in the Black Sea Region before the First Century B. C. ," in Ogden, D. , ed. , *The Hellenistic World: New Perspectives*, The Classical Press of Wales and Duckworth & Co. , Ltd. , London, 2002.) (702、703)

布朗森:色诺芬著《长征记》一书英译本序言,载色塔芬:《长征记》,崔金戎译,商务印书馆,2009年。(431、432、595)

皮埃尔·布里昂:《亚历山大大帝》,陆亚东译,商务印书馆,1995年。(578、580、597、628、753、816)

皮埃尔·布里昂:"大流士三世帝国的透视",载赫克尔和特里特尔编:《亚历山大大帝:新历史》,维莱—布莱克维尔出版公司,英国西苏塞克斯,2009年。(Briant, Pierre, "The Empire of Darius Ⅲ in Perspective," in Heckel, W. , and Tritle, L. A. , ed. , *Alexander the Great, A New History*, Wiley-Blackwell Publishing Ltd. , West Sussex, U. K. , 2009) (603、604)

布赖斯:《神圣罗马帝国》,孙秉莹、谢德风、赵世瑜译,赵世瑜校,商务印书馆,2000年。(1051)

C

戈登·柴尔德:《欧洲文明的曙光》,陈淳、陈洪波译,上海三联书店,2008年。(20、21、25、27、34、37)

陈恒:《希腊化研究》,商务印书馆,2006年。(97、98、544、545、578、609、629、630、652、654、668、673、697、698、747、766、768、795、802、846、907、917、921、928、958、989、990)

陈恒选编:《西方历史思想经典选读》(英文版),北京大学出版社,2008年。(57)

陈启云:"文化传统与现代认知:历史主义诠释",载《中国大学学术讲演录》,广西师范大学出版社,2001年。(508)

陈思贤:《西洋政治思想史·古典世界篇》,吉林出版集团有限责任公司,2008年。(47、481、515、534)

陈志强:《巴尔干古代史》,中华书局,2007年。(21、89、435、458、551、565、718)

丛日云:《在上帝与恺撒之间》,三联书店,2003年。(102、462、1039)

D

戴维斯:《民主和古典希腊》,斯坦福大学出版社,1978年。(Daries, J., *Democracy and Classical Greece*, Stanford University Press, 1978.)(150、438、439、457、458、469、499、504)

戴维斯:"希腊化主权国家的相互渗透关系",载奥格登编:《希腊化世界:新观察》,威尔斯古典出版社和杜克渥斯出版公司,伦敦,2002年。(Davies, J., "The Interpenetration of Hellenistic Sovereignties" in Ogden, D., ed., *The Hellenistic World: New Perspectives*, The Classical Press of the Wales and Duckworth & Co. Ltd., London, 2002.)(639、640、705、1015、1016)

狄金森:《希腊的生活观》,彭基相译,华东师范大学出版社,2006年。(70、76、151、166、247、532、1010、1011)

董乐山:《苏格拉底的审判》译序,载斯东:《苏格拉底的审判》,董乐山译,三联书店,1998年。(501)

杜丹:《古代世界经济生活》,志扬译,商务印书馆,1963年。(35、99、139、179、181、204、334、335、336、617、618、678、700、

704、705、710、738、771、772、774、777、778、779、780、830、831、892、893、899、906、911、913、914、915、922、923、930、932）

杜兰:《世界文明史》第1卷《东方的遗产》,幼狮文化公司译,东方出版社,1998年。(260、262、267、282)

杜兰:《世界文明史》第2卷《希腊的生活》,幼狮文化公司译,东方出版社,1998年。(24、33、84、85、87、88、114、115、117、119、120、122、126、141、144、155、188、200、206、207、208、216、217、222、224、230、239、242、268、269、270、273、275、278、280、298、299、300、305、312、323、324、325、342、343、350、351、361、365、371、389、399、406、408、409、410、411、436、458、523、539、554、556、567、573、574、579、580、590、591、605、606、613、618、665、666、679、691、692、714、715、760、809、810、811、832、837、838、860、878、912、913、929、930、936、961、962)

杜兰:《世界文明史》第3卷《恺撒与基督》,幼狮文化公司译,东方出版社,1998年。(722、723、737、738、852、853、951、959、967、969)

E

恩格斯:《家庭、私有制和国家的起源》,载《马克思恩格斯选集》第4卷,中共中央编译局编,人民出版社,1972年。(174、175、210、211、244、571)

恩格斯:《家族、私产与国家的起源》,潘光旦译注,载《潘光旦文集》第13卷,北京大学出版社,2000年。(45、74、297)

F

阿哈默特·费克里:《埃及古代史》,高望之等译,科学出版社,

1956年。(110、264、276、289、601、602)

弗格森:《希腊帝国主义》,晏绍祥译,上海三联书店,2005年。(65、66、73、87、135、149、151、152、156、303、323、328、339、368、376、434、497、506、583、584、592、608、609、610、611、612、667、668、707、709、712、713、720、724、725、747、748、753、762、763、770、773、786、790、793、794、808、811、836、837、860、864、867、868、869、870、871、872、879、886、887、891、892、893、894、896、902、908)

弗雷泽:《金枝》,徐育新、汪培基、张泽石译,大众文艺出版社,1998年。(70、75、76、142)

福克斯哈尔:"古代希腊的农耕和作战",载里奇和谢普莱编:《希腊世界的战争和社会》,鲁特莱奇出版公司,伦敦,1993年。(Foxhall, L., "Farming and Fighting in Ancient Greece", in Rich, J., and Shipley, G., ed., *War and Society in the Greek World*, Routledge, London, 1993.) (457)

福莱斯特:《斯巴达史》,第3版,布里斯托古典丛书出版社,伦敦,1995年。(Forrest, W. G., *A History of Sparta*, third ed., Bristol Classical Press, London, 1995.) (142、146、379、380、398、696)

福斯:"城市和乡村的生活",载曼戈主编:《牛津拜占庭史》,牛津大学出版社,2002年。(Foss, C., "Life in City and Country," in Mango, C., ed., *The Oxford History of Byzantium*, Oxford University Press, 2002.) (1030、1031)

G

高尔德纳:《希腊世界:社会学分析》,哈泼和劳出版公司,纽约,1965年。(Gouldner, A. W., *The Hellenic World: A Sociological Analysis*, Harper & Row, Publishers, New York, 1965.)(69、71、73、77、207、209、210、215、258、396、397、403、416、424、455、463、464、530、531、534、535、536、537)

格兰格尔:《亚历山大大帝的失败:马其顿帝国的瓦解》,汉勃尔顿丛书出版中心,伦敦,2007年。(Grainger, J. D., *Alexander the Great Failure: The Collapse of the Macedonian Empire*, Hambledon Continuum, London, 2007.)(635、636、637、658、659、664、665)

格林:"蛮族的变质:变动世界中的雅典泛希腊主义",载华莱士和哈里斯编:《转向帝国:纪念巴廷的希腊罗马历史论文集(公元前360—前146年)》,俄克拉荷马大学出版社,诺曼,1996年。(Green, P., "The Metamorphosis of the Barbarian: Athenian Panhellenism in a Changing World," in Wallace, R. W., and Harris E. M., ed., *Transitions to Empire, Essays in Greco-Roman History, 360-146 B. C., in Honor of E. Badian*, University of Oklahoma Press, Norman, 1996.)(537、538)

格鲁塞:《草原帝国》,蓝琪译,项英杰校,商务印书馆,2004年。(257、258)

格罗特:《〈希腊史〉选》,郭圣铭译,商务印书馆,1964年。(143、318、319、320、321、322、479、485、486)

葛剑雄:"纸的起源与传播",载上海《文汇报》,2011年8月15

日。(906)

葛雷、齐彦芬编:《西方文化概论》,中国文化书院,1987年。(648、692、1041、1055)

贡斯当:《古代人的自由与现代人的自由》,闫克文、刘满贵译,冯克利校,商务印书馆,1999年。(95、317)

古朗士(中译本译为"古郎士"):《希腊罗马古代社会研究》,李玄伯译,中国政法大学出版社,2005年。(61、63、64、132、133、134、149、164、165、201、314、315、320、365、366、488、490、491、693、1006、1007、1020、1029、1030、1040)

古朗士:《古代城市:希腊罗马宗教、法律及制度研究》,吴晓群译,上海人民出版社,2006年。(61、63、64、132、133、134、149、164、165、201、314、315、320、365、366、488、490、491、494、693、1006、1007、1020、1029、1030、1040)

郭小凌:"梭伦改革辨析",载《世界历史》1989年第6期。(206、220、221)

郭小凌:"希腊军制的变革与城邦危机",载《世界历史》1994年第6期。(307、308、404、480、531)

郭小凌:"古代世界的奴隶制和近现代人的诠释",载《世界历史》1999年第6期。(189)

H

哈丁编译:《从伯罗奔尼撒战争结束到伊普索战役》,剑桥大学出版社,1985年。(Harding, P., ed. and translated, *From the End of the Peloponnesian War to the Battle of Ipsus*, Cambridge University Press, 1985.)(622、626、636)

哈里斯:"马其顿早期帝国史导论,公元前360年—公元前300年",载华莱士和哈里斯编:《转向帝国:纪念巴廷的希腊罗马历史论文集(公元前360—前146年)》,俄克拉荷马大学出版社,诺曼,1996年。(Harris, E. M., "The Early Imperial History of Macedon, 360-300 B. C.," in Wallace R. W., and Harris, E. M., ed., *Transition to Empire, Essays in Greco-Roman History, 360—146 B. C., in Honor of E. Badian*, University of Oklahoma Press, Norman, 1996.)(559、561)

哈尔:"希腊时代的国际关系",载萨宾、威斯、维特比编:《剑桥希腊罗马战争史》第1卷《希腊、希腊化世界和罗马的兴起》,剑桥大学出版社,2007年。(Hall J. M., "International Relations," in Sabin, P. Wees, H. V., and Whitby, M., ed., *The Cambridge History of Greek and Roman Warfare, Vol. 1, Greece, the Hellenistic World and the Rise of Rome*, Cambridge University Press, 2007.)(123、159、162、572、577)

依迪丝·汉密尔顿:《希腊的回声》,曹博译,华夏出版社,2008年。(211、214、215、288、290、291、345、346、423、504、510、511、513、536、538、539、558、574、575、607、612、613、643、651、682、683、734、1012、1021、1024、1033、1038)

何芳川:《中外文明的交汇》,香港城市大学出版社,2003年。(845、932)

荷马:《荷马史诗·伊利亚特》,罗念生、王焕生译,人民文学出版社,2008年。(46、51)

荷马:《荷马史诗·奥德赛》,王焕生译,人民文学出版社,2004年。(46、51、53)

赫克尔:"不信任的政治:亚历山大和他的后继者们",载奥格登编:《希腊化世界:新观察》,威尔斯古典出版社和杜克渥斯出版公司,伦敦,2002年。(Heckel, W., "The Politics of Distrust: Alexander and His Successors," in Ogden, D., ed., *The Hellenistic World: New Perspectives*, The Classical Press of Wales and Duckworth & Co. Ltd., London, 2002.)(604、627、639)

赫克尔和特里特尔编:《亚历山大大帝:新历史》,维莱—布莱克维尔出版公司,英国西苏塞克斯,2009年。(Heckel, W., and Tritle, L. A., ed., *Alexander the Great: A New History*, Wiley-Blackwell Publishing Ltd., West Sussex, U. K., 2009.)(551、573、574、578、579、580、581、582、599、602、603、604、620、621、622、623、629、630、644、647)

赫克尔:"亚历山大对亚洲的征服,"载赫克尔和特里特尔编:《亚历山大大帝:新历史》,维莱—布莱克维尔出版公司,英国西苏塞克斯,2009年。(Heckel, W., "Alexander's Conquest of Asia," in Heckel, W., and Tritle, L. A., ed., *Alexander the Great: A New History*, Wiley-Blackwell Publishing Ltd., West Sussex, U. K., 2009.)(599、602)

赫克尔:"国王和他的军队,"载赫克尔和特里特尔编:《亚历山大大帝:新历史》,维莱—布莱克维尔出版公司,英国西苏塞克斯,2009年。(Heckel, W., "A King and His Army," in Heckel, W., and Tritle, L. A., ed., *Alexander the Great: A New History*, Wiley-Blackwell Publishing Ltd., West Sussex, U. K., 2009.)(620)

赫丽生:《古希腊宗教的社会起源》,谢世坚译,广西师范大学出

版社,2004年。(24、550)

华莱士和哈里斯编:《转向帝国:纪念巴廷的希腊罗马历史论文集(公元前360—前146年)》,俄克拉荷马大学出版社,诺曼,1996年。(Wallace, R. W. , and Harris E. M. , ed. , *Transition to Empire, Essays in Greco-Roman History, 360-146 B. C. , in Honor of E. Badian*, University of Oklahoma Press, Norman, 1996.)(537、538、559、561、568、569、576)

黄民兴:《中东国家通史》伊拉克卷,彭树智主编,商务印书馆,2002年。(603、752、753、823)

黄天海:《希腊化时期的犹太思想》,上海人民出版社,1999年。(766、767、803、805、806、836、839、840、934、935)

黄洋:"雅典民主政治新论",载《世界历史》1994年第1期。(183)

黄洋:《古代希腊土地制度研究》,复旦大学出版社,1995年。(39、55、56、66、67、85、99、109、118、134、135、140、154、182、205、239、549、550、586、587)

黄洋:"希腊城邦的公共空间与政治文化",载《历史研究》2001年第5期。(36、72)

黄洋:"民主政治诞生2500周年?——当代西方雅典民主政治研究",载《历史研究》2002年第6期。(213、214、242、243)

惠特莱:"亚历山大的继承者,"载赫克尔和特里特尔编:《亚历山大大帝:新历史》,维莱—布莱克维尔出版公司,英国西苏塞克斯,2009年。(Wheatley, P. , "The Diadochi, or Successors to Alexander," in Heckel, W. , and Tritle, L. A. , ed. , *Alexander the Great: A New History*, Wiley-Blackwell Publishing Ltd. , West

Sussex, U. K. ,2009.)(621、622、623、629、630)

霍金森:"战争、财富和斯巴达社会的危机",载里奇和谢普莱编:《希腊世界的战争和社会》,鲁特莱奇出版公司,伦敦,1993 年。(Hodkinson, S. , "Warfare, Wealth, and the Crisis of Spartiate Society," in Rich, J. , and Shipley, G. , ed. , *War and Society in the Greek World*, Routledge, London, 1993.)(427、429、430)

J

基托:《希腊人》,徐卫翔、黄韬译,上海人民出版社,2006 年。(22、55、67、80、82、143、150、178、229、285、393、550)

加布里埃尔森:"希腊时代的战争和国家",载萨宾、威斯、维特比编:《剑桥希腊罗马战争史》第 1 卷《希腊、希腊化世界和罗马的兴起》,剑桥大学出版社,2007 年。(Gabrielsen, V. , "Warfare and the State," in Sabin, P. , Wees, H. V. , and Whitby M. , ed. , *The Cambridge History of Greek and Roman Warfare*, Vol. 1, *Greece, the Hellenistic World and the Rise of Rome*, Cambridge University Press, 2007.)(285、286、400、419、420、553、585)

杰弗雷斯和曼戈:"走向法兰克—希腊文化",载曼戈主编:《牛津拜占庭史》,牛津大学出版社,2002 年。(Jeffreys, Elizabeth, and Mango, C. , "Towards a Franco-Greek Culture," in Mango, C. , ed. , *The Oxford History of Byzantium*, Oxford University Press, 2002.)(1065)

杰克逊:"奥德赛世界中的战争和战利品掠夺",载里奇和谢普莱编:《希腊世界的战争和社会》,鲁特莱奇出版公司,伦敦,1993 年。(Jackson, A., "War and Raids for Booty in the World of Odysseus," in Rich, J., and Shipley, G., ed., *War and Society in the Greek World*, Routledge, London, 1993.)(56)

K

卡甘:《雅典帝国的衰落》,康奈尔大学出版社,1987 年。(Kagan, D., *The Fall of the Athenian Empire*, Cornell University Press, 1987.)(397、400、422、423、425、433)

卡奈:"亚历山大和他的'可怕的母亲'",载赫克尔和特里特尔编:《亚历山大大帝:新历史》,维莱—布莱克维尔出版公司,英国西苏塞克斯,2009 年。(Carney, Elizabeth D., "Alexander and his 'Terrible Mother'," in Heckel, W., and Tritle, L. A., ed., *Alexander the Great: A New History*, Wiley-Blackwell Publishing Ltd., West Sussex, U. K., 2009.)(578、581、582)

卡尔德利斯:《拜占庭的希腊文化》,剑桥大学出版社,2007 年。(Kaldellis, A., *Hellenism in Byzantium*, Cambridge University Press, 2007.)(804、837、838、840、1056、1057、1064)

卡特利奇:《斯巴达人:一部英雄的史诗》,梁建东、章颜译,上海三联书店,2010 年。

(112、113、148、153、155、256、260、278、295、299、300、301、356、373、374、390、394、395、410、432、435、439、442、567、575、600、683、685、689、690、691、692、694、695、711、736)

考克维尔:"希腊自由的终结",载华莱士和哈里斯编:《转向帝国:纪念巴廷的希腊罗马历史论文集(公元前 360—前 146

年)》,俄克拉荷马大学出版社,诺曼,1996年。(Cawkwell, G., "The End of Greek Liberty," in Wallace, R. W., and Harris, E. M., ed., *Transitions to Empire, Essays in Greco-Roman History, 360-146 B. C., in Honor of E. Badian*, University of Oklahoma Press, Norman, 1996.)(568、569、576)

科克、阿德柯克、查尔斯渥斯编:《剑桥古代史》第7卷《希腊化的君主国和罗马的兴起》,剑桥大学出版社,1928年。(Cook, S. A., Adcock, F. E., Charlesworth, M. P., ed. *The Cambridge Ancient History, Vol. 7, The Hellenistic Monarchies and the Rise of Rome*, Cambridge University Press, 1928.)(636、657、664、670、673、674、684、688、701、706、708、710、713、716、759、761、769、772、773、775、809、861、866、873、876、877、878、879、887、888、898、899、914、915、919、920、931、932、940、941、957、1013、1014)

科洛能:"罗马叙拉古希腊语与拉丁语地位不相等的三个案例",载奥斯顿费尔德编:《希腊的罗马人和罗马的希腊人:文化相互作用研究》,阿鲁斯大学出版社,2002年。(Korhonen, K., "Three Cases of Greek/Latin Imbalance in Roman Syracuse," in Ostenfeld, E. N., ed., *Greek Romans and Roman Greeks: Studies in Cultural Interaction*, Aarhus University Press, 2002.)(740)

克琳娜·库蕾:《古希腊的交流》,邓丽丹译,广西师范大学出版社,2005年。
(35、38、42、55、59、61、62、65、72、98、100、101、103、109、111、152、159、162、163、236、237、284、306、311、314、322、326、366、

487、496、497、533)

L

劳埃德:"早期托勒密时期的埃及精英:若干象形文字的证据",载奥格登编:《希腊化世界:新观察》,威尔斯古典出版社和杜克渥斯出版公司,伦敦,2002年。(Lloyd, A. B., "The Egyptian Elite in the Early Ptolemaic Period: Some Hieroglyphic Evidence," in Ogden, D., ed., *The Hellenistic World: New Perspetives*, The Classical Press of Wales and Duckworth & Co. Ltd., London, 2002.)(877、939、940)

伦东:"希腊化世界和罗马共和国时代的战争和社会,"载萨宾、威斯、维特比编:《剑桥希腊罗马战争史》第1卷《希腊、希腊化世界和罗马的兴起》,剑桥大学出版社,2007年。(Lendon J. E., "War and Society," in Sabin, P., Wees, H. V., and Whitby, M., ed., *The Combridge History of Greek and Roman Warfare*, Vol. 1, *Greece, the Hellenistic World and the Rise of Rome*, Cambridge University Press, 2007.)(428、1026)

里奇和谢普莱编:《希腊世界的战争和社会》,鲁特莱奇出版公司,伦敦,1993年。(Rich, J., and Shipley, G., ed., *War and Society in the Greek World*, Routledge, London, 1993.)(44、52、56、107、108、403、404、427、429、430、457)

里尔:"希腊早期的战争、奴隶制和殖民地,"载里奇和谢普莱编:《希腊世界的战争和社会》,鲁特莱奇出版公司,伦敦,1993年。(Rihll, T., "War Slavery, and Settlement in Early Greece," in Rich, J., and Shipley, G., ed., *War and Society in the Greek World*, Routledge, London, 1993.) (107、108)

厉以宁:《罗马—拜占庭经济史》上编,商务印书馆,2006 年。(184、217)

厉以宁:《罗马—拜占庭经济史》下编,商务印书馆,2006 年。(125、593、1066)

厉以宁:《资本主义的起源——比较经济史研究》,商务印书馆,2003 年。(329、330、480)

厉以宁:《工业化和制度调整——西欧经济史研究》,商务印书馆,2010 年。(328)

廖学盛:"古代雅典民主政治的确立和阶级斗争,"载《世界历史》1989 年第 6 期。(205、226、227)

廖学盛:"试析古代雅典民主产生的条件",载《世界历史》1997 年第 2 期。(141、169、213)

刘军:"近代西方公民权利发展史研究的若干问题",载武寅主编:《中国社会科学院世界历史研究所学术文集》第 2 集,江西人民出版社,2003 年。(68)

卢伯克:"从第一次伯罗奔尼撒战争到第二次伯罗奔尼撒战争",载斯特兰编:《古代希腊的贡献》,浩特、莱恩哈特和温斯顿出版公司,纽约,1971 年。(Roebuck, C., "From the First to the Second Peloponnesian War," in Strian, J., ed., *The Contribution of Ancient Greece*, Holt, Rinehard and Winston, Inc., New York, 1971.) (384、388)

詹姆斯·哈威·鲁滨孙:《新史学》,齐思和等译,商务印书馆,1964 年。(122、344、517、869、1054)

埃杜阿尔·勒·鲁瓦:《西方文明》序言,葛雷、齐彦芬译,载葛

雷、齐彦芬编:《西方文化概论》,中国文化书院,1987年。(1041)

罗斑:《希腊思想和科学精神的起源》(节选),陈修斋译,载葛雷、齐彦芬编:《西方文化概论》,中国文化书院,1987年。(648、1055)

罗伯逊:《基督教的起源》,宋桂煌译,载葛雷、齐彦芬编:《西方文化概论》,中国文化书院,1987年。(692)

埃里克·罗尔:《经济思想史》,陆元诚译,商务印书馆,1981年。(212、449、489、509、510、1033、1034)

罗斯:"希腊宗教的起源",载斯特兰编:《古代希腊的贡献》,浩特、莱恩哈特和温斯顿出版公司,纽约,1971年。(Rose, H. J., "The Origins of Greek Religion," in Strain, J., ed., *The Contribution of Ancient Greece*, Holt, Rinehard and Winston, Lnc., New York, 1971.)(127)

罗斯托夫采夫:《希腊化世界社会经济史》第1卷,克莱伦顿出版公司,牛津,1941年。(Rostovtzeff, M., *The Social and Economic History of the Hellenistic World*, Vol. 1, The Clarendon Press, Oxford, 1941.)(421、663、669、670、674、675、676、681、682、685、687、690、708、764、768、772、782、783、787、788、790、791、792、800、801、815、816、817、818、890、894、904、905、909、910、911、912、920、921、923、924、930、933、988)

罗斯托夫采夫:《希腊化世界社会经济史》第2卷,克莱伦顿出版公司,牛津,1941年。(Rostovtzeff, M., *The Social and Economic History of the Hellenistic World*, vol. 2, The Clarendon Press, Oxford, 1941.)(337、648、649、653、654、661、677、697、

698、699、700、702、703、704、733、734、735、746、763、787、790、791、795、796、826、828、829、830、832、833、844、845、855、897、898、907、912、916、917、929、956、957、965、966、977、978、981、982、984、991、992、993、994、998、999、1001、1012、1013、1030）

罗斯托夫采夫:《罗马帝国社会经济史》上册,马雍、厉以宁译,商务印书馆,1985 年。(495、529、778、812、834、835、848、849、856、895、910、929、943、945、946)

罗斯托夫采夫:《罗马帝国社会经济史》下册,马雍、厉以宁译,商务印书馆,1985 年。(836、857、863、864、873、880、882、883、899、900、901、902、903、944、955、978)

罗素:《西方哲学史》上卷,何兆武、李约瑟译,商务印书馆,2002 年。(31、100、122、126、495、593、610、744)

M

D. B. 马丁:"希腊人的迷信",载巴尔德、恩贝格-彼得森、汉纳斯塔德、查勒编:《希腊化时期希腊人的传统价值》,阿鲁斯大学出版社,1997 年。(Martin D. B., "Hellenistic Superstition," in Bilde, P., Engberg-Pedersen, T., Hannestad, L., and Zahle, J., ed., *Conventional Values of the Hellenistic Greeks*, Aarhus University Press, 1997.)(603、613、614)

T. R. 马丁:《古代希腊:从史前到希腊化时期》,耶鲁大学出版社,1996 年。(Martin, T. R., *Ancient Greece: From Prehistoric to Hellenistic Times*, Yale University Press, 1996.) (17、30、31、41、42、68、133、134、142、168、259、302、303、322、349、350、351、380、381、392、393、397、406、456、537、545、547、549、556、559、

570、618、760、800)

马哈菲:《亚历山大帝国希腊文化的发展》,芝加哥大学出版社,1905 年。(Mahaffy, J. P., *The Progress of Hellenism in Alexander's Empire*, University of Chicago Press, 1905.) (548、621、671、745、802、807、808、928、930、934、955、960、961、982)

马哈菲:《希腊的生活和思想:从亚历山大时代到罗马的征服》,阿尔诺出版公司,纽约,1887 年初版,1976 年重印。(Mahaffy, J. P., *Greek Life and Thought: From the Age of Alexander to the Roman Conquest*, Arno Press Inc., New York, 1st editon, 1887, reprint edition, 1976.) (588、630、634、636、645、646、649、650、661、704、721、725、726、809、828、831、865、875、924、925、1017)

马尔蒂诺:《罗马政制史》第 1 卷,薛军译,北京大学出版社,2009 年。(78、79)

曼戈主编:《牛津拜占庭史》,牛津大学出版社,2002 年。(Mango, C., ed., *The Oxford History of Byzantium*, Oxford University Press, 2002.) (1027、1030、1031、1032、1065)

曼戈:"新宗教,旧文化",载曼戈主编:《牛津拜占庭史》,牛津大学出版社,2002 年。(Mango, C., "New Religion, Old Culture," in Mango, C., ed., *The Oxford History of Byzantium*, Oxford University Press, 2002.) (1032)

蒙森:《罗马史》第 1 卷,李稼年译,李澍泖校,商务印书馆,2004 年。(99、111、112、113、115、116、117、120、121、498)

蒙森:《罗马史》第 2 卷,李稼年译,李澍泖校,商务印书馆,2004 年。(568、616、715)

米莱特:"战争、经济和古典雅典的民主",载里奇和谢普莱编:《希腊世界的战争和社会》,鲁特莱奇出版公司,伦敦,1993年。(Millett, P., "Warfare, Economy, and Democracy in Classical Athens," in Rich, J., and Shipley, G., ed., *War and Society in the Greek World*, Routledge, London, 1993.)(403、404)

米列塔:"国王和他的土地:关于希腊化小亚细亚王室土地的若干看法",载奥格登编:《希腊化世界:新观察》,威尔斯古典出版社和杜克渥斯出版公司,伦敦,2002年。(Mileta, C., "The King and His Land: Some Remarks on the Royal Area of Hellenistic Asia Minor," in Ogden, D., ed., *The Hellenistic World: New Perspectives*, The Classical Press of Wales and Duckworth & Co. Ltd., London, 2002.)(748、749、828、833、834)

摩尔根:《古代社会》上册,杨东莼、马雍、马巨译,商务印书馆,1997年。(48、60、89、90、143、203、243)

摩尔根:《古代社会》下册,杨东莼、马雍、马巨译,商务印书馆,1997年。(47、48、204)

S. E. 莫里逊:"一个历史学家的信仰",载《美国历史协会主席演说集》,何新译,黄巨兴校,商务印书馆,1963年。(1007、1008)

N

奈维特:"罗马统治下希腊人家庭的继续和变化:妇女在家务中的作用",载奥斯顿费尔德编:《希腊的罗马人和罗马的希腊人:文化相互作用研究》,阿鲁斯大学出版社,2002年。(Nevett, L., "Continuity and Change in Greek Households Under Roman Rule: The Role of Women in the Domestic Content," in

Ostenfeld, E. N., ed., *Greek Romans and Roman Greeks: Studies in Cultural Interaction*, Aarhus University Press, 2002.)(858)

道格拉斯·诺思和罗伯特·托马斯:《西方世界的兴起》,厉以平、蔡磊译,华夏出版社,1989年。(106、468、481)

O

欧林登:《希腊化世界史:公元前323—前30年》,布莱克维尔出版公司,牛津,2008年。(Errington, R. M., *A History of the Hellenistic World: 323-30B. C.*, Blackwell Publishing Ltd., 2008.) (631、632、633、637、638、726、735、739、810、811、838、842、843、845)

P

杰弗里·帕克:《城邦——从古希腊到当代》,石衡潭译,山东画报出版社,2007年。(84、86、152、323、464、516、552、561、562、569、584、605、610、615、927)

潘光旦:《潘光旦文集》第13卷,北京大学出版社,2000年。(45、74、297)

潘光旦:恩格斯著《家族、私产与国家的起源》一书中的译注,载《潘光旦文集》第13卷,北京大学出版社,2000年。(45、74、297)

彭树智主编:《中东国家通史》伊拉克卷,黄民兴著,商务印书馆,2002年。(603、752、753、823)

彭树智主编:《中东国家通史》叙利亚和黎巴嫩卷,王新刚著,商务印书馆,2003年。(26、27、744、779、796、797)

普鲁塔克:《希腊罗马名人传》第1卷,席代岳译,吉林出版集团有限责任公司,2009年。(141、146、151、450、451、452)

普鲁塔克:《希腊罗马名人传》第2卷,席代岳译,吉林出版集团有限责任公司,2009年。(600、611、714)

普鲁塔克:《希腊罗马名人传》第3卷,席代岳译,吉林出版集团有限责任公司,2009年。(448、688、689、691、692)

Q

琼斯:"米诺斯人和迈锡尼人",载斯特兰编:《古代希腊的贡献》,浩特、莱恩哈特和温斯顿出版公司,纽约,1971年。(Jones, T. B., "Minoans and Mycenaeans", in Strain, J., ed., *The Contribution of Ancient Greece*, Holt, Rinehart and Winston, INC., New York, 1971.)(17、20、32、36)

R

阮炜:"舶来的'怪力乱神'",载《读书》2010年第4期。(43)

茹贵:《亚历山大大帝和希腊化世界》,英译本,道比译,阿里斯出版公司,芝加哥,1985年。(Jouguet, P., *Alexander the Great and the Hellenistic World*, English lanquage edition, translated by Dobie, M. R., Ares Publishers, Inc., Chicago, 1985.)(429、652、653、684、685、690、691、692、716、720、807、843、874、877、882、885、897、902、926、942、966)

S

萨宾、威斯、维特比编:《剑桥希腊罗马战争史》第1卷《希腊、希腊化世界和罗马的兴起》,剑桥大学出版社,2007 年。(Sabin,P.,Wees,H. V. and Whitby,M.,ed.,*The Cambridge History of Greek and Roman Warfare*,Vol. 1,*Greece, the Hellenistic World and the Rise of Rome*,Cambridge University Press,2007.)(104、123、155、159、160、162、285、286、309、310、368、400、419、420、426、428、473、553、556、557、558、572、577、585、594、595、617、634、638、639、664、717、721、723、727、775、776、813、848、865、879、891、892、900、901、903、1026)

萨里斯:"从君士坦丁到赫勒克留的东帝国(306—641 年)",载曼戈主编:《牛津拜占庭史》,牛津大学出版社,2002 年。(Sarris,P.,"The Eastern Empire from Constantine to Heraclius (306—641)," in Mango, C., ed.,*The Oxford History of Byzantium*,Oxford University Press,2002.)(1027)

萨尔蒙:《富裕的科林斯:公元前 338 年以前的城市史》,克莱伦顿出版公司,牛津,1984 年。(Salmon,J. B.,*Wealthy Corinth: A History of the City to 338 B. C.*,Clarendon Press,Oxford,1984.)(82、83、84、118、119、133、402、436、449)

塞孔达:"希腊化世界和罗马共和国时代的军事力量:陆军",载萨宾、威斯、维特比编:《剑桥希腊罗马战争史》第 1 卷《希腊、希腊化世界和罗马的兴起》,剑桥大学出版社,2007 年。(Sekunda, N.,"Military Forces: Land Forces," in Sabin, P., Wees, H. V., and Whitby, M., ed.,*The Cambridge History of Greek and Roman Warfare*,Vol. 1,*Greece, the Hellenistic World and the Rise of Rome*,Cambridge University Press,2007.)(473、556、557、594、813、848、879)

色诺芬:《长征记》,崔金戎译,商务印书馆,2009 年。(430、431、432)

色诺芬:《经济论 雅典的收入》,张伯健、陆大年译,商务印书馆,2009 年。(172、176、244、245、332、333、334、335、364、431)

色诺芬:《经济论》,载色诺芬:《经济论 雅典的收入》,张伯健、陆大年译,商务印书馆,2009 年。(244、245、431)

色诺芬:《雅典的收入》,载色诺芬:《经济论 雅典的收入》,张伯健、陆大年译,商务印书馆,2009 年。(172、176、332、333、334、335、364)

色诺芬:《回忆苏格拉底》,吴永泉译,商务印书馆,2009 年。(363、367、418)

舍拉梯:"希腊化世界和罗马共和国时代的战争和国家",载萨宾、威斯、维特比编:《剑桥希腊罗马战争史》第 1 卷《希腊、希腊化世界和罗马的兴起》,剑桥大学出版社,2007 年。(Serrati, J., "Warfare and the State," in Sabin P., Wees, H. V., and Whitby, M., ed., *The Cambridge History of Greek and Roman Warfare*, Vol. 1, *Greece, the Hellenistic World and the Rise of Rome*, Cambridge University Press, 2007.)(634、664、775、776、865、891、892、900、901、903)

石敏敏:《希腊人文主义》,上海人民出版社,2003 年。(501、502、506、507)

舒扎:"希腊化世界和罗马共和国时代的军事力量:海军",载萨宾、威斯、维特比编:《剑桥希腊罗马战争史》第 1 卷《希腊、希腊化世界和罗马的兴起》,剑桥大学出版社,2007 年。(Souza, P. de, "Military Forces: Naval Forces," in Sabin, P., Wees, H. V., and Whitby, M., ed., *The Cambridge History of Greek and Roman Warfare*, Vol.1, *Greece, the Hellenistic World and the Rise of Rome*, Cambridge University Press, 2007.)(558、595、617、638、721、723)

斯东:《苏格拉底的审判》,董东山译,三联书店,1998年。(500、501、502)

斯塔斯:《批评的希腊哲学史》,庆泽彭译,华东师范大学出版社,2006年。(508、520、521、522、523、525、590)

斯塔尔:《希腊早期经济和社会的成长(公元前800—前500年)》,牛津大学出版社,1977年。(Starr, C. G., *The Economic and Social Growth*, 800-500 B. C., Oxford University Press, 1977.)(61、62、71、75、105、106、107、126、129、138、181、185)

斯塔尔:"希腊化文化",载斯特兰编:《古代希腊的贡献》,浩特、莱恩哈特和温斯顿出版公司,纽约,1971年。(Starr, C. G., "Hellenistic Culture," in Strain, J., ed., *The Contribution of Ancient Greece*, Holt, Rinehart and Winston, Inc., New York, 1971.)(638、645、651、679、713、756、776、777、817、864、1014、1018、1019、1029)

斯特兰编:《古代希腊的贡献》,浩特、莱恩哈特和温斯顿出版公司,纽约,1971年。(Strain, J., ed., *The Contribution of Ancient Greece*, Holt, Rinehart and Winston, Inc., New York, 1971.)(17、20、32、36、127、384、388、638、645、651、679、713、756、776、777、817、864、1014、1018、1019、1029)

斯特劳斯:《伯罗奔尼撒战争后的雅典》,克罗姆·赫尔姆出版公司,伦敦,1986 年。(Strauss, B. S., *Athens after the Peloponnesian War*, Croom Helm Ltd., London, 1986.)(417、421、477、478、482、484)

斯托巴特:《希腊曾经辉煌》,第 4 版,普莱格出版公司,纽约,1964 年。(Stobart, J. C., *The Glory That Was Greece*, 4th edition, Praeger Publishers, New York, 1964.)(553、673、678、686、690、704、746、1061、1062、1063)

史继忠:《地中海——世界文化的漩涡》,当代中国出版社,2004 年。(117、128、141、272、460、464、526、926)

孙道天:《古希腊历史遗产》,上海辞书出版社,2004 年。(147、238、293、424、437、553、554、560、562、574、629、694)

T

塔西佗:《编年史》上册,王以铸、崔妙因译,商务印书馆,2002 年。(614、660、661、789、979)

塔西佗:《编年史》下册,王以铸、崔妙因译,商务印书馆,2002 年。(39、123、124)

特雷得戈德:《拜占庭国家和社会史》,斯坦福大学出版社,1977 年。(Treadgold, W., *A History of the Byzantine State and Society*, Stanford University Press, 1977.)(835、969、1044)

特里特尔:"亚历山大和希腊人:艺术家和士兵,朋友和敌人",载赫克尔和特里特尔编:《亚历山大大帝:新历史》,维莱—布莱克维尔出版公司,英国西苏塞克斯,2009 年。(Tritle, L. A., "Alexander and the Greeks: Artists and Soldiers, Friend and Enemies," in Heckel, W., and Tritle, L. A. ed., *Alexander the*

Great：A New History，Wiley – Blackwell Publishing Ltd.，West Sussex，U. K.，2009.）(644、647)

D. 汤普逊："早期托勒密埃及的家庭"，载奥格登编：《希腊化世界：新观察》，威尔斯古典出版社和杜克渥斯出版公司，伦敦，2002年。（Thompson, D., "Families in Early Ptolemeic Egypt," in Ogden, D. ed., The Hellenistic World: New Perspectives, The Classical Press of Wales and Duckworth & Co. Ltd., London, 2002.）(958)

J. W. 汤普逊：《中世纪经济社会史》上册，耿淡如译，商务印书馆，1984年。(652、653、738、822、856、982、985)

W

汪子嵩、范明生、陈村富、姚介厚：《希腊哲学史》第3卷，人民出版社，2003年。(147、155、445、513、516、517、589、590)

王晴佳："伟大的古希腊史学家修昔底德"，载郭圣铭、王晴佳主编：《西方著名史学家评介》，华东师范大学出版社，1988年。(413)

王同亿主编译：《英汉辞海》，国防工业出版社，1987年。(178、364、424、897)

王晓朝：《罗马帝国文化转型论》，社会科学文献出版社，2002年。(576、1021、1022、1031、1039)

王新刚：《中东国家通史》叙利亚和黎巴嫩卷，彭树智主编，商务印书馆，2003年。(26、27、744、779、796、797)

王治来：《中亚史纲》，湖南教育出版社，1986年。(262、263、606、815、817、818、819、823、824)

威廉姆斯:《罗马的来临:公元1—5世纪罗马帝国边疆史》,康斯达伯尔出版公司,伦敦,1996年。(Williams, D., *The Reach of Rome:A History of the Roman Imperial Frontier 1st – 5th Centuries A. D.*, Constable and Company, Ltd. London, 1996.)(854、855、856、969、970、978)

威斯:"希腊时代的战争和社会",载萨宾、威斯、维特比编:《剑桥希腊罗马战争史》第1卷《希腊、希腊化世界和罗马的兴起》,剑桥大学出版社,2007年。(Wees, H. V., "War and Society," in Sabin, P., Wees, W. V., and Whitby, M., ed., *The Cambridge History of Greek and Roman Warfare*, Vol. 1, *Greece, the Hellenistic World and the Rise of Rome*, Cambridge University Press, 2007.)(104、155、160、309、310、368、426)

马克斯·韦伯(中译本译为维贝尔):《世界经济通史》,姚曾廙译,上海译文出版社,1981年。(61、324、327、329、332、333、336、870、903、958、1034)

马克斯·韦伯:《经济与社会》上卷,林荣远译,商务印书馆,2006年。(54、56、57、68、69、73、74、232、233、291、327)

马克斯·韦伯:《经济与社会》下卷,林荣远译,商务印书馆,2006年。(67、68、91、94、139、149、165、202、203、234、245、246、309、329、330、331、362、472、564、773、774、783、784、785、878、880、918、979)

韦尔斯:《亚历山大和希腊化世界》,哈克特出版公司,多伦多,1970年。(Welles, C. B., *Alexander and the Hellenistic World*, A. M. Hakkert Ltd., Toronto, 1970.)(619、621、666、697、699、706、707、745、785、860、887、934、1023、1024)

魏凤莲:《古希腊民主制研究的历史考察(近现代)》,山东大学出版社,2008年。(173、174、193、194、195、196、217、228、305、321、527、571、662、741)

沃格林:《希腊化、罗马和早期基督教》,谢华育译,华东师范大学出版社,2007年。(551、612、667、1032、1036)

乌特琴科主编:《世界通史》第2卷上册,北京编译社译,三联书店,1960年。(125、263、264、423、429、445、626、677、687、698、707、708、710、711、715、815、816、821、822、825、829、875、905、943、944、954、963、964、965、966、1003、1006)

巫宝三主编:《古代希腊、罗马经济思想资料选辑》,商务印书馆,1990年。(50、76、77、153、340、341)

吴恩裕:亚里士多德著《雅典政制》中译本序言,载亚里士多德:《雅典政制》,日知、力野译,商务印书馆,2009年。(511、515)

吴晓群:《希腊思想与文化》,上海社会科学院出版社,2009年。(40、42、60、69、70、146、240、413、414、476、503、527、549)

吴于廑:《古代的希腊和罗马》,三联书店,2008年。(21、30、45、51、52、54、57、58、71、137、150、151、152、171、185、199、224、227、283、347、348、425、426、441、472、552、557、558、560、573、647、675、831、891、913、919、928、931、988、989)

吴于廑:"希腊城邦的形成及其历史特点",载吴于廑:《古代的希腊和罗马》,附录,三联书店,2008年。(58、71、185)

吴于廑:"东西历史汇合下的希腊化文化",载吴于廑:《古代的希腊和罗马》,附录,三联书店,2008年。(647、675、831、891、913、919、928、931)

武寅主编:《中国社会科学院世界历史研究所学术文集》第1

集,江西人民出版社,2001年。(145)

武寅主编:《中国社会科学院世界历史研究所学术文集》第2集,江西人民出版社,2003年。(68)

X

西塞罗:《国家篇 法律篇》,沈叔平、苏力译,商务印书馆,2002年。(147、170、418)

西塞罗:《国家篇》,载西塞罗:《国家篇 法律篇》,沈叔平、苏力译,商务印书馆,2002年。(147、418)

西塞罗:《法律篇》,载西塞罗:《国家篇 法律篇》,沈叔平、苏力译,商务印书馆,2002年。(170)

希克斯:《经济史理论》,厉以平译,商务印书馆,1987年。(78、333、367、465、640)

希罗多德:《历史》上册,王以铸译,商务印书馆,2007年。(83、102、109、110、121、122、145、155、206、253、261、262、263、265、269、889、959)

希罗多德:《历史》下册,王以铸译,商务印书馆,2007年。(82、83、133、143、144、148、178、239、271、272、275、277、278、279、281)

夏遇南:《罗马帝国》,三秦出版社,2000年。(114)

筱敏:"圣火",载《随笔》2008年第2期。(461、463)

谢普莱:"隐藏的风景:希腊田野调查资料和希腊化历史",载奥格登编:《希腊化世界:新观察》,威尔斯古典出版社和杜克渥斯出版公司,伦敦,2002年。(Shipley, G., "Hidden Landscapes: Greek Field Survey Data and Hellenistic History," in Ogdan, D., ed., *The Hellenistic World: New Perspectives*, The Classical Press of Wales and Duckworth & Co. Ltd., London, 2002.)(685、686)

熊彼特:《经济分析史》第 1 卷,朱泱、孙鸿敞、李宏、陈锡龄译,商务印书馆,1991 年。(358、503、504、509、510)

修昔底德:《伯罗奔尼撒战争史》上册,谢德风译,商务印书馆,2007 年。(35、81、149、169、171、384、387、388、389、390、391、392、412、413)

修昔底德:《伯罗奔尼撒战争史》下册,谢德风译,商务印书馆,2007 年。(116、395、405、406、407、408)

Y

亚里士多德:《雅典政制》,日知、力野译,商务印书馆,2009 年。(194、196、197、199、202、208、212、219、221、222、225、226、232、233、235、238、239、301、302、306、315、338、339、453、454、511、515)

亚里士多德:《政治学》,吴寿彭译,商务印书馆,1997 年。(28、90、135、141、148、154、155、156、157、233、234、235、352、353、383、454、512、514、550)

杨巨平:《古希腊罗马犬儒现象研究》,人民出版社,2002 年。(525、526、1032)

姚介厚、李鹏程、杨深:《西欧文明》上册,中国社会科学出版社,2002 年。(806、1009、1019)

叶孟理:《欧洲文明的源头》,华夏出版社,2000 年。(46)

伊文斯:《希腊化时期的日常生活:从亚历山大到克娄巴特拉》,

格林渥德出版社,美国康涅狄格州韦斯特波特,2008年。(Evans, J. A., *Daily Life in the Hellenistic Age*: *From Alexander to Cleopatra*, Greenwood Press, Westport, Connecticut, U. S. A., 2008.)(524、557、596、672、676、680、704、750、829、935、946、997、1022、1023)

伊凡诺夫:《伊朗史纲》,李希泌、孙伟、汪德全译,三联书店,1973年。(259、266)

衣俊卿:《历史与乌托邦》,黑龙江教育出版社,1995年。(24、25、47)

易建平:"部落联盟模式、酋邦模式与对外战争问题",载武寅主编:《中国社会科学院世界历史研究所学术文集》第1集,江西人民出版社,2001年。(145)

晏绍祥:"雅典首席将军考辨",载《历史研究》2002年第2期。(237、238)

晏绍祥:"民主还是暴政——希腊化时代与罗马时代思想史中的雅典民主问题",载《世界历史》2004年第1期。(524、1015)

晏绍祥:弗格森著《希腊帝国主义》译后记,载弗格森:《希腊帝国主义》,晏绍祥译,上海三联书店,2005年。(592)

晏绍祥:《荷马社会研究》,上海三联书店,2006年。(18、19、30、37、41、44、50、51、54、62、63)

晏绍祥:"古代希腊作家笔下的荷马",载晏绍祥:《荷马社会研究》,附录1,上海三联书店,2006年。(44)

晏绍祥:"早期希腊史研究的新趋势",载晏绍祥:《荷马社会研究》,附录2,上海三联书店,2006年。(18、19)

晏绍祥:"演说家和希腊城邦政治",载《历史研究》2006年第6期。(148、218、219)

乐峰:《东正教史》,中国社会科学出版社,1999年。(1060、1064)

Z

扎尔恩特:"马其顿背景",载赫克尔和特里特尔编:《亚历山大大帝:新历史》,维莱—布莱克维尔出版公司,英国西苏塞克斯,2009年。(Zahrnt, M., "The Macedonian Background," in Heckel, W., and Tritle, L. A., ed., *Alexander the Great: A New History*, Willey-Blackwell Publishing Ltd., West Sussex, U. K., 2009.) (551、573、574、579、580、581)

周枬、吴文翰、谢邦宇:《罗马法》,群众出版社,1983年。(1061)

张星烺编注:《中西交通史料汇编》,朱杰勤校订,第一册,中华书局,1977年。(820、823)

张星烺编注:《中西交通史料汇编》,朱杰勤校订,第二册,中华书局,1977年。(752)

张星烺编注:《中西交通史料汇编》,朱杰勤校订,第四册,中华书局,1978年。(816)

周一良、吴于廑主编:《世界通史(上古部分)》,人民出版社,1980年。(134、167、360)

朱龙华:《罗马文化》,上海社会科学院出版社,2003年。(1021)

后　　记

30年前,当我为北京大学经济系的研究生开设"经济史比较研究"一课时,希腊古代经济史安排在第二讲。安排为第一讲的是"原始社会的经济",其中重要论点后来在我所著的《超越市场与超越政府:论道德力量在经济中的作用》一书中做了表述,并由经济出版社出版了(1999年出版,2010年修订版)。后来的几讲,也在前几年先后在商务印书馆出版的《资本主义的起源》(2003年出版)、《罗马—拜占庭经济史》(2006年出版)、《工业化和制度调整》(2010年出版)中加以阐释。读者也许会问我:希腊古代经济史为什么拖到最后才交稿呢?从历史顺序上应当早就出版的,却排到了最后才交稿,原因何在?我只能如实地奉告:这部希腊古代经济史与我以前的有关读书笔记和讲稿中的出入是最大的,修改是最多的。为什么会这样?因为我对希腊古典时期的民主制度的总体评价有了重大的变化,有些章节必须重写。整理读书笔记和整理原稿的过程,实际上是重新构思和重新调整思路的过程。

问题不在于对希腊古典时期奴隶制经济的看法。在这方面,我在本书中表述的观点同30年前基本上仍是一致的,即在我看来,"奴隶制社会"一词并没有多大的说服力,奴隶制经济只不过是希腊城邦以及后来的希腊化王朝辖区内多种经济成分中的一种,而且不是独立存在的,它通常依附于其他某一种经济成分。例如,国有矿山、国家公共设施和国有企业中使用了奴隶,这可以看成是依附于国家所有制的一种形式;私人兴办的工商业企业、小作坊、小商店、私人农场中也使用了奴隶,这也可以看成是依附于私人所有制的一种形式;家庭中所使用的奴隶,同样是依附于家庭的,不能把这种形式下对奴隶的使用看成是一种独立的经济成分。在希腊城邦中,社会中对立的双方从来就是贵族和平民,他们都是自由人,而且都是城邦的公民。在我已经出版的《罗马—拜占庭经济史》一书中,已经阐明这一论点了。在这部《希腊古代经济史》中,我仍坚持这一看法。

那么,我的观点的重大改变究竟在哪里?在于对希腊城邦的民主制度的看法。在以往的读书笔记中,我认为雅典或斯巴达所实行的公民大会制度是体现了公民的民主精神和决策的民主性的。如果说斯巴达还保留了较多的氏族社会的痕迹的话,那么雅典则是经过了梭伦以来的历次改革,直到伯里克利改革。长期的改革,即制度调整,使雅典的民主制度臻于完善。因此,30年前的我,在读书笔记中对雅典城邦的民主制度是充分肯定的、称赞的,我认为这是古代西方世界对以后的政治制度的积极贡献之一。但随着时间的推移,我读过的书籍、学术论文和报刊文章,使我原有的看法逐渐改变。后来去希腊考察,在雅典城内外的古希腊遗址上,在科林斯地峡的两侧海岸,我想到的很多。我想:难道古典时期的雅典民主制度真的像某些历史研究者笔下所赞美的那样完美吗?否则怎么解释公元前4世纪前期雅典城邦的危机和雅典社会危机的交织而引起的民怨情绪呢?怎么说明从那以后伊壁鸠鲁学派、犬儒学派、斯多噶学派的学说会风行一时呢？又怎么全面解释公元前3世纪后期斯巴达的动乱和斯巴达从此一蹶不振，以及公元前2世纪中叶罗马人对科林斯的彻底摧毁呢？

那种公民通过抽签方式轮流担任公务人员的做法，既制止不了社会贫富差距的扩大和土地的不断集中，又不能把民意真实地表达出来。公民大会所惯用以鼓噪方式通过的决议，难道就是真正的民意吗？即使是陪审团用投票方式做出的判决，难道一定是真正民意的表露吗？在民主的口号下实行的违反法律的暴力行为难道还少见吗？从众不一定代表真理，媚众很可能导向对真理的歪曲。民主啊民主，假借这一名义所干的破坏民主的事件，在希腊境内难道还少吗？为什么不少演说家这样活跃，不正因为他们的演说具有极大的煽动性，从而引起不同政治派别的追随者为下一步的暴力活动做好准备么？

贵族和平民的斗争不断加剧，双方的情绪不断升温，各方都通过正常的程序把政治领导权夺来夺去，有的得势了，有的失势了，得势的一方乘机打击失势的一方，失势的一方不甘心失败而蓄势再来，准备夺回失去的权力。公民大会的议事规则和决策程序未变，但谁也不想真正着手改善民间最为关心的改善民生和缩小贫富差距问题。

谁最失落？谁最绝望？是穷人。社会上最担心的是出现一批绝望者，他们对历来被公民们引以自豪的雅典民主体制感到失望、绝望之后，一切可以束缚自己行为的法律准则和道德规范都被置之脑后。这样，在雅典社会中出现了一些极端分子，也就是所谓的平民极端派。他们走向极端，诅咒现实社会，而采取的手段却是破坏现存秩序。他们走向街头，以富有煽动性的言辞或口号,号召人们起来打破旧秩序。他们还以政变的方式夺取了政权,于是一场极具破坏力的平民极端派专政的局面出现了。到处抓捕富人,没收富人财产,杀害他们,放逐他们,甚至波及不少小康之家。整个社会处于恐怖、惊慌之中。诬陷成风,告密成风,谁也不想被陷害而遭到厄运,谁都不愿生活在这样的无秩序状态中。最坏的政府也比无政府好,不管是富人还是小业主们,甚至包括穷人,都紧张地、战战兢兢地生活在无政府的社会中。大家都宁肯出现一个能使人人过上平安生活的"僭主"统治,而不愿听任"民主到极点"的极端分子继续执政,继续横行,继续实施暴政。有些人宁愿看到外来的征服者把自己"解救"出苦海,而不管这个征服者是波斯人还是马其顿人。

雅典式的城邦民主走到了尽头。到了菲利普二世率领马其顿军队南下击败希腊城邦联军时,雅典人对现实生活中民主的滥用已不存任何希望了,而古典式的民主制度也早已一去不复返,可望而不可即了。他们抛弃了幻想,宁肯现实一些,再现实一些。只要菲利普二世和他的继承人亚历山大承认希腊城邦有城市自治权,承认雅典还能作为希腊文化中心的典型继续存在下去,他们也就心满意足,别无奢求。

这段历史的重新探讨,使我懂得了一个道理:社会秩序对雅典人,也包括全体希腊人在内,比什么都重要。直接民主或民主的滥用只会导致社会秩序的丧失,导致"集体暴政"、"集体僭主",而社会秩序的丧失才是雅典人、希腊城邦公民最大的灾难。进一步说,社会秩序为什么会丧失?一个重要的原因是民主的变形,实际上也就是民主的扭曲和变质。民主和暴政并不是不能转化的:在民主的旗帜下,民主并非不可能演变为暴政。

何况,任何民主制度在当初设计时不是没有考虑制衡机制的,但制衡机制最终为什么在雅典失灵了呢?甚至最终不再起作用了呢?民主中应当包含制衡机制,并让这种机制充分发挥作用而不致失灵,这才是研究古典时期希腊史时不得不深思的问题。

在希腊诸城邦中,雅典还算是最幸运的。雅典受到菲利普二世和亚历山大的宽待。安提柯王朝时期雅典仍是受宽待的。一直到罗马人来到,雅典依然受到重视,雅典人生活如常,其文化中心和学术中心的地位未变。雅典人根据自己的经验,一直认为:社会秩序与民主权利相比,民主权利固然重要,社会秩序更加重要;僭主政治固然不可取,民主的滥用比这更糟。历史为此提供了足够的教训。

斯巴达远没有雅典这样幸运。在雅典自梭伦改革之后经历了多次改革(制度调整),直到伯里克利执政的同时,斯巴达仍然坚持着古老的氏族社会传统,没有制度调整的打算。但伯罗奔尼撒战争结束后,斯巴达的社会矛盾越来越尖锐,失地农民也不断增多。执政当局还是没有制度调整的迫切感。马其顿人南下了,亚历山大东征了,亚历山大死后帝国分裂、分治了,安提柯王朝在马其顿和希腊本土站稳脚跟了……这么多的事件没有触动死守祖先惯例的斯巴达领导层;这么长的时间内经历了多少届政府,谁也没有准备进行改革。斯巴达依旧是讲民主、讲纪律、讲程序的城邦,尽管这时的城邦已经不再是古典时期的城邦,而已成为安提柯王朝统治下只给予有限自治权的城邦,但"双国王制"仍保留着,公民大会仍保留着。

斯巴达的改革一拖再拖,贵族和平民之间的斗争照常存在,而平民派中的极端分子却再也无法等待,终于借着国王们准备改革并着手初步改革的混乱之际,成为斯巴达政局的主导力量,极端的措施使整个社会陷于混乱、无序和动摇。结果遭到了安提柯王朝和伯罗奔尼撒半岛上其他城邦的一致抵制、打压。斯巴达陷入了极大的困境之中,从此它在希腊境内成为一个无足轻重的小角色。斯巴达的教训告诉后人,不抓紧时机进行改革,越是拖延所付出的代价越沉重。甚至可以说,改革原来还是有可行性的,拖到最后,改革已不可行了。混乱滋生暴力,暴力破坏秩序,连生存都成了问题,还谈什么改革?

科林斯的遭遇比斯巴达更坏,结果更惨。这时已是公元前2世纪中叶,罗马人已经消灭了安提柯王朝,控制了马其顿和希腊全境。科林斯由于城邦内部贵族和平民的斗争依旧激烈,社会动荡不已,平民中的极端分子夺得了政权,鼓动科林斯人对富人进行清算,包括重新分配土地,驱逐和处死富人,没收他们的财产,甚至连一般市民也遭到迫害。不少人,包括一般的公民,逃出了科林斯,连财物都不要了,性命比财物重要得多。罗马在希腊的驻军首领派兵对科林斯进行镇压。以平民极端派为代表的科林斯号召并组织群众同罗马军队在科林斯激战,结果失败。罗马人杀害了幸存的男性,把妇女和儿童全体变卖为奴,科林斯全城被洗劫一空,房屋被焚毁。科林斯遭此浩劫,无疑是侵略者罗马军队的残暴所致,但同样无疑的是,此举含有向被征服的希腊各城邦警告之意,即告诉希腊人,反抗罗马占领的后果就是如此。然而仔细分析,罗马之所以如此残酷地镇压科林斯,在一定程度上同平民极端派在执政期间采取的极端措施有关。罗马原先认为,只要击败马其顿军队,灭掉安提柯王朝,把俘获的马其顿—希腊的官员中的反罗马分子押解到意大利半岛就可以维持自己对希腊城邦的控制了。但科林斯平民极端派的反抗行动，表明这些平民极端分子的煽动力不可轻视，一旦他们把希腊人煽动起来了，社会秩序就会大乱，罗马统治下的希腊社会就会陷入混乱之中，最终必然导致罗马的撤退。这就是罗马决心彻底摧毁科林斯城的主要原因。

这样，在对雅典城邦民主制度的评价方面，我修改了以往在读书笔记中的看法。当然，雅典城邦民主制度的产生有其历史原因和氏族社会背景，并且是逐渐形成和完善的。雅典制度调整的成绩需要肯定，制度调整的首创者可能有崇高的动机，但他们之中，有谁能想到用意高尚的改革会演变成后来的民主滥用和社会无序？有谁会想到以后的野心家使民主制度变了质？可见，民主的滥用所带来的灾难未必小于民主制度不完善所带来的灾难，公元前4世纪前期雅典的历史证实了这一点。

* * *

在本书行将出版之际，我要特别感谢老友马克垚教授。他不仅为本书撰写了序言，而且在阅读书稿的过程中提出了不少宝贵的意见，使我受益良多。

我的学生和同事程志强、郑少武、滕飞、李金波、赵锦勇、蒋承、张文彬、傅帅雄、黄国华、刘玉铭、尹俊、吴玉芹和贾羽，给了我许多帮助。没有他们的帮助，本书书稿不可能准时交给商务印书馆。

我还要感谢商务印书馆的陈小文、郑殿华、范海燕、黄一方、宋伟等同志。他们认真负责，一丝不苟。这种精神代表了商务印书馆的优良传统。

2011年11月28日